Staats- und Verwaltungsrecht
Freistaat Bayern

# Textbuch
# Deutsches Recht

# Staats- und Verwaltungsrecht Freistaat Bayern

Stand: 1. März 2021

Zusammengestellt und herausgegeben von

**Dr. Hartmut Bauer**
em. Professor an der Universität Potsdam

**Dr. Peter M. Huber**
Professor an der Universität München
Richter des Bundesverfassungsgerichts

**Dr. Reiner Schmidt**
em. Professor an der Universität Augsburg

28., neu bearbeitete Auflage

C.F. Müller

**Redaktioneller Hinweis:**
*Kursiv* gesetzte Fußnoten sind Hinweise der Herausgeber; alle übrigen Fußnoten sind amtliche Anmerkungen.

Bibliografische Information der Deutschen Nationalbibliothek
Die Deutsche Nationalbibliothek verzeichnet diese Publikation in der Deutschen Nationalbibliografie; detaillierte bibliografische Daten sind im Internet über http://dnb.d-nb.de abrufbar.

ISBN 978-3-8114-5457-6

E-Mail: kundenservice@cfmueller.de
Telefon: +49 6221 1859 599
Telefax: +49 6221 1859 598

www.cfmueller.de
www.cfmueller-campus.de

© 2021 C.F. Müller GmbH, Waldhofer Straße 100, 69123 Heidelberg

Dieses Werk, einschließlich aller seiner Teile, ist urheberrechtlich geschützt. Jede Verwertung außerhalb der engen Grenzen des Urheberrechtsgesetzes ist ohne Zustimmung des Verlages unzulässig und strafbar. Dies gilt insbesondere für Vervielfältigungen, Übersetzungen, Mikroverfilmungen und die Einspeicherung und Verarbeitung in elektronischen Systemen.

Satz: Textservice Zink, Schwarzach
Druck: CPI Clausen & Bosse, Leck

# Vorwort

Das Textbuch stellt den Studierenden an den Universitäten, den Hochschulen für angewandte Wissenschaften und den Verwaltungsakademien sowie den Rechtsreferendaren im Freistaat Bayern in übersichtlicher Form die für die Ausbildung notwendigen Landesgesetze zur Verfügung. Daneben wendet es sich gleichermaßen an die in der Rechtspraxis tätigen Juristen.

Die große Nachfrage in Ausbildung und Praxis sowie zahlreiche Gesetzesänderungen machten bereits nach kurzer Zeit eine Neuauflage erforderlich. Zu berücksichtigen waren insbesondere Änderungen des Verwaltungsverfahrensgesetzes, des Ausführungsgesetzes zur Verwaltungsgerichtsordnung, der Gemeindeordnung, der Landkreisordnung, der Bezirksordnung, der Verordnung über Aufgaben der Mitgliedsgemeinden von Verwaltungsgemeinschaften, des Kommunalabgabengesetzes, der Bauordnung und der Zuständigkeitsverordnung im Bauwesen. Ebenfalls eingearbeitet sind Änderungen des Landesstraf- und Verordnungsgesetzes, des Abfallwirtschaftsgesetzes, des Naturschutzgesetzes, des Bodenschutzgesetzes, des Leistungslaufbahngesetzes, des Landesplanungsgesetzes und des Straßen- und Wegegesetzes. Wie in den Vorauflagen enthält die Textsammlung weiterhin das Beamtenstatusgesetz. Das Beamtenstatusgesetz ist zwar Bundesrecht. Es regelt aber den Status der Beamten in den Ländern und steht deshalb in einem ebenenübergreifenden Zusammenhang mit dem Bayerischen Beamtengesetz. Das Stichwortverzeichnis der Textsammlung ist aktualisiert. Die Einführung der neuen Rechtschreibung bei den Gesetzesänderungen führt teilweise sogar innerhalb einer Norm zu zwei unterschiedlichen Schreibweisen; aus Gründen der Authentizität haben wir dies hingenommen. Die Sammlung ist auf dem Stand vom 1. März 2021. Weitere Gesetzestexte sind im Internet abrufbar unter http://www.staats-und-verwaltungsrecht-freistaat-bayern.de.

Für die sorgfältige Betreuung der achtundzwanzigsten Auflage danken wir unserer Mitarbeiterin Rechtsanwältin Christiane Melanie Kretschmer.

Augsburg, München, Potsdam, am Rosenmontag 2021　　*Hartmut Bauer*
*Peter M. Huber*
*Reiner Schmidt*

# Inhaltsverzeichnis

*Vorwort*

| | | |
|---|---|---|
| **1** | **Verfassungs- und Verfassungsprozessrecht** | |
| 10 | Verfassung des Freistaates Bayern (BV) | 1 |
| 11 | Gesetz über den Bayerischen Verfassungsgerichtshof (VfGHG) | 41 |
| 12 | Gesetz über Landtagswahl, Volksbegehren, Volksentscheid und Volksbefragung (LWG) – Auszug | 63 |
| **2** | **Verwaltungsverfahrens- und Verwaltungsprozessrecht** | |
| 20 | Bayerisches Verwaltungsverfahrensgesetz (BayVwVfG) | 81 |
| 21 | Bayerisches Verwaltungszustellungs- und Vollstreckungsgesetz (VwZVG) | 131 |
| 22 | Gesetz zur Ausführung der Verwaltungsgerichtsordnung (AGVwGO) | 149 |
| 23 | Verordnung über die Landesanwaltschaft Bayern (LABV) | 155 |
| **3** | **Kommunalrecht** | |
| 30 | Gemeindeordnung für den Freistaat Bayern (GO) | 159 |
| 31 | Landkreisordnung für den Freistaat Bayern (LKrO) | 221 |
| 32 | Bezirksordnung für den Freistaat Bayern (BezO) | 271 |
| 33 | Verordnung über Aufgaben der Großen Kreisstädte (GrKrV) | 317 |
| 34 | Verwaltungsgemeinschaftsordnung für den Freistaat Bayern (VGemO) | 319 |
| 35 | Verordnung über Aufgaben der Mitgliedsgemeinden von Verwaltungsgemeinschaften (AVO VGemMGem) | 325 |
| 36 | Verordnung über die amtliche Bekanntmachung gemeindlicher Satzungen und von Rechtsvorschriften der Verwaltungsgemeinschaften (BekV) | 327 |
| 37 | Kommunalabgabengesetz (KAG) | 329 |
| 38 | Gesetz über die kommunale Zusammenarbeit (KommZG) | 351 |
| **4** | **Baurecht** | |
| 40 | Bayerische Bauordnung (BayBO) | 377 |
| 41 | Zuständigkeitsverordnung im Bauwesen (ZustVBau) | 445 |

*Inhaltsverzeichnis*

## 5 Allgemeines Polizei- und Sicherheitsrecht

| | | |
|---|---|---|
| 50 | Gesetz über die Aufgaben und Befugnisse der Bayerischen Staatlichen Polizei (PAG) | 451 |
| 51 | Gesetz über die Organisation der Bayerischen Polizei (POG) | 515 |
| 52 | Gesetz über das Landesstrafrecht und das Verordnungsrecht auf dem Gebiet der öffentlichen Sicherheit und Ordnung (LStVG) | 525 |

## 6 Wirtschafts- und Umweltrecht

| | | |
|---|---|---|
| 60 | Gesetz zur Vermeidung, Verwertung und sonstigen Bewirtschaftung von Abfällen in Bayern (BayAbfG) | 547 |
| 61 | Bayerisches Immissionsschutzgesetz (BayImSchG) | 559 |
| 62 | Gesetz über den Schutz der Natur, die Pflege der Landschaft und die Erholung in der freien Natur (BayNatSchG) | 567 |
| 63 | Bayerisches Wassergesetz (BayWG) | 603 |
| 64 | Bayerisches Gesetz zur Ausführung des Bundes-Bodenschutzgesetzes (BayBodSchG) | 639 |

## 7 Beamtenrecht

| | | |
|---|---|---|
| 70 | Gesetz zur Regelung des Statusrechts der Beamtinnen und Beamten in den Ländern (BeamtStG) | 647 |
| 71 | Bayerisches Beamtengesetz (BayBG) | 669 |
| 72 | Gesetz über die Leistungslaufbahn und die Fachlaufbahnen der bayerischen Beamten und Beamtinnen (LlbG) | 733 |

## 8 Weitere Regelungsbereiche

| | | |
|---|---|---|
| 80 | Bayerisches Gesetz über die entschädigungspflichtige Enteignung (BayEG) | 777 |
| 81 | Bayerisches Landesplanungsgesetz (BayLplG) | 805 |
| 82 | Bayerisches Straßen- und Wegegesetz (BayStrWG) | 831 |
| 83 | Bayerisches Versammlungsgesetz (BayVersG) | 865 |
| 84 | Bayerisches Integrationsgesetz (BayIntG) | 877 |

*Stichwortverzeichnis* ............................................. 887

**BV 10**

# Verfassung des Freistaates Bayern

(BayRS 100-1-S) vom 2. Dezember 1946,
in der Fassung der Bekanntmachung vom 15. Dezember 1998 (GVBl. S. 992),
zuletzt geändert durch Gesetz vom 11. November 2013 (GVBl. S. 642)

## INHALTSÜBERSICHT*

### ERSTER HAUPTTEIL
**Aufbau und Aufgaben des Staates**

#### 1. Abschnitt
**Die Grundlagen des Bayerischen Staates**

| | | |
|---|---|---|
| Art. 1 | Freistaat. Landesfarben. Landeswappen | |
| Art. 2 | Volksstaat | |
| Art. 3 | Rechts-, Kultur-, Sozialstaat. Umweltschutz | |
| Art. 3a | Bekenntnis zu einem Europa der Regionen | |
| Art. 4 | Ausübung der Staatsgewalt | |
| Art. 5 | Gewaltenteilung | |
| Art. 6 | Staatsangehörigkeit | |
| Art. 7 | Staatsbürger | |
| Art. 8 | Gleichstellung aller Deutschen | |
| Art. 9 | Gliederung des Staatsgebiets | |
| Art. 10 | Gemeindeverbände | |
| Art. 11 | Gemeinden | |
| Art. 12 | Kommunalwahlen. Kommunalvermögen | |

#### 2. Abschnitt
**Der Landtag**

| | |
|---|---|
| Art. 13 | Abgeordnete |
| Art. 14 | Wahlrechtsgrundsätze |
| Art. 15 | Ausschluß von Wählergruppen |
| Art. 16 | Wahldauer |
| Art. 16a | Parlamentarische Opposition |
| Art. 17 | Tagungen |
| Art. 18 | Auflösung. Abberufung |
| Art. 19 | Verlust der Mitgliedschaft |
| Art. 20 | Präsidium. Geschäftsordnung |
| Art. 21 | Aufgaben des Präsidenten |
| Art. 22 | Öffentlichkeit der Verhandlungen |
| Art. 23 | Beschlußfassung. Beschlußfähigkeit |
| Art. 24 | Zitierrecht. Anhörungsrecht |
| Art. 25 | Untersuchungsausschüsse |
| Art. 25a | Enquete-Kommission |
| Art. 26 | Zwischenausschuß |
| Art. 27 | Indemnität |
| Art. 28 | Immunität |
| Art. 29 | Zeugnisverweigerung. Beschlagnahme |
| Art. 30 | Freistellung |
| Art. 31 | Freifahrt, Aufwandsentschädigung |
| Art. 32 | Präsidium, Zwischenausschuß |
| Art. 33 | Wahlprüfung |
| Art. 33a | Landesbeauftragter für den Datenschutz |

#### 3. Abschnitt
**Der Senat**

Art. 34-42 *(aufgehoben)*

#### 4. Abschnitt
**Die Staatsregierung**

| | |
|---|---|
| Art. 43 | Stellung. Zusammensetzung |
| Art. 44 | Wahl des Ministerpräsidenten. Rücktritt |
| Art. 45 | Staatsminister des Ministerpräsidenten |
| Art. 46 | Stellvertreter des Ministerpräsidenten |
| Art. 47 | Aufgaben und Befugnisse des Ministerpräsidenten |
| Art. 48 | Notstand |
| Art. 49 | Geschäftsbereiche |
| Art. 50 | Zuweisung der Geschäftsbereiche |
| Art. 51 | Ressortprinzip |
| Art. 52 | Staatskanzlei |
| Art. 53 | Geschäftsordnung |
| Art. 54 | Beschlüsse |
| Art. 55 | Grundsätze für Staatsregierung und -verwaltung |

---

* *Inhaltsübersicht und Artikelüberschriften nicht amtlich.*

[1]

| Art. 56 | Eid |
| Art. 57 | Nebentätigkeit |
| Art. 58 | Gehalt und Versorgung |
| Art. 59 | Ministeranklage |

### 5. Abschnitt
### Der Verfassungsgerichtshof

| Art. 60 | Aufgaben |
| Art. 61 | Anklagen gegen Regierungsmitglieder und Abgeordnete |
| Art. 62 | Ausschluß von Wählergruppen |
| Art. 63 | Wahlstreitigkeiten |
| Art. 64 | Organstreitigkeiten |
| Art. 65 | Normenkontrolle |
| Art. 66 | Verfassungsbeschwerde |
| Art. 67 | Sonderzuweisungen |
| Art. 68 | Bildung. Zusammensetzung |
| Art. 69 | Gesetz über den Verfassungsgerichtshof |

### 6. Abschnitt
### Die Gesetzgebung

| Art. 70 | Formelle Gesetze |
| Art. 71 | Gesetzesinitiative |
| Art. 72 | Gesetzesbeschlüsse. Staatsverträge |
| Art. 73 | Über Staatshaushalt kein Volksentscheid |
| Art. 74 | Volksbegehren und Volksentscheid |
| Art. 75 | Verfassungsänderung |
| Art. 76 | Ausfertigung und Verkündung. Inkrafttreten |

### 7. Abschnitt
### Die Verwaltung

| Art. 77 | Verwaltungsorganisation |
| Art. 78 | Haushaltsplan |
| Art. 79 | Deckungsgrundsatz |
| Art. 80 | Rechnungslegung. Rechnungshof |
| Art. 81 | Grundstockvermögen |
| Art. 82 | Kredite |
| Art. 83 | Wirkungskreis der Gemeinden |

### 8. Abschnitt
### Die Rechtspflege

| Art. 84 | Völkerrecht |
| Art. 85 | Sachliche Unabhängigkeit der Richter |
| Art. 86 | Ausnahmegerichte, gesetzlicher Richter. Gerichte für besondere Sachgebiete |
| Art. 87 | Persönliche Unabhängigkeit der Richter |
| Art. 88 | Laienrichter |
| Art. 89 | Staatsanwälte |
| Art. 90 | Öffentlichkeitsgrundsatz |
| Art. 91 | Rechtliches Gehör. Strafverteidiger |
| Art. 92 | Richtervorlage |
| Art. 93 | Verwaltungsgerichte |

### 9. Abschnitt
### Die Beamten

| Art. 94 | Wahl oder Ernennung. Leistungsprinzip |
| Art. 95 | Beamtenrechte |
| Art. 96 | Unparteilichkeit, Verfassungstreue |
| Art. 97 | Amtshaftung |

### ZWEITER HAUPTTEIL
### Grundrechte und Grundpflichten

| Art. 98 | Grundrechtseinschränkungen, Popularklage |
| Art. 99 | Schutz |
| Art. 100 | Menschenwürde |
| Art. 101 | Entfaltung der Persönlichkeit |
| Art. 102 | Freiheit der Person. Rechtsgarantien bei Freiheitsentziehung |
| Art. 103 | Eigentum und Erbrecht |
| Art. 104 | Keine Strafe ohne Gesetz. Verbot der Doppelbestrafung |
| Art. 105 | Asylrecht |
| Art. 106 | Wohnung |
| Art. 107 | Glaubens- und Gewissensfreiheit |
| Art. 108 | Kunst-, Wissenschaftsfreiheit |
| Art. 109 | Freizügigkeit |
| Art. 110 | Meinungsfreiheit |
| Art. 111 | Pressefreiheit |
| Art. 111a | Rundfunkfreiheit |
| Art. 112 | Post-, Fernmeldegeheimnis. Informationsfreiheit |
| Art. 113 | Versammlungsfreiheit |
| Art. 114 | Vereinigungsfreiheit |
| Art. 115 | Petitionsrecht |
| Art. 116 | Zugang zu öffentlichen Ämtern |
| Art. 117 | Treuepflicht |
| Art. 118 | Gleichheitssatz |

# Landesverfassung   BV 10

| | |
|---|---|
| Art. 118a | Verbot der Benachteiligung Behinderter |
| Art. 119 | Rassen- und Völkerhaß |
| Art. 120 | Verfassungsbeschwerde |
| Art. 121 | Ehrenämter |
| Art. 122 | Hilfspflicht |
| Art. 123 | Steuerwesen |

## DRITTER HAUPTTEIL
## Das Gemeinschaftsleben

### 1. Abschnitt
### Ehe, Familie und Kinder

| | |
|---|---|
| Art. 124 | Ehe und Familie |
| Art. 125 | Kinder. Schutz der Familie |
| Art. 126 | Erziehung |
| Art. 127 | Erziehungseinfluß der Religionsgemeinschaften |

### 2. Abschnitt
### Bildung und Schule, Schutz der natürlichen Lebensgrundlagen und der kulturellen Überlieferung

| | |
|---|---|
| Art. 128 | Ausbildungsanspruch |
| Art. 129 | Schulpflicht |
| Art. 130 | Schulaufsicht |
| Art. 131 | Bildungsziele |
| Art. 132 | Schulaufbau, Schulwahl |
| Art. 133 | Schulorganisation |
| Art. 134 | Privatschulen |
| Art. 135 | Volksschulen |
| Art. 136 | Religionsunterricht |
| Art. 137 | Teilnahme am Religionsunterricht |
| Art. 138 | Hochschulen. Selbstverwaltungsrecht |
| Art. 139 | Erwachsenenbildung |
| Art. 140 | Kunst-, Wissenschafts-, Kultur- und Sportförderung |
| Art. 141 | Schutz von Natur und Kultur. Recht auf Naturgenuß |

### 3. Abschnitt
### Religion und Religionsgemeinschaften

| | |
|---|---|
| Art. 142 | Freiheit der Religionsgemeinschaften |
| Art. 143 | Rechtsfähigkeit. Körperschaften des öffentlichen Rechts. Kirchensteuer |
| Art. 144 | Schutz der Religion und der Geistlichen |
| Art. 145 | Garantie staatlicher und kommunaler Leistungen |
| Art. 146 | Eigentumsgewährleistung |
| Art. 147 | Sonn- und Feiertage |
| Art. 148 | Anstaltsseelsorge |
| Art. 149 | Friedhöfe. Simultangebrauch |
| Art. 150 | Theologische Hochschulen. Theologische Fakultäten |

## VIERTER HAUPTTEIL
## Wirtschaft und Arbeit

### 1. Abschnitt
### Die Wirtschaftsordnung

| | |
|---|---|
| Art. 151 | Gemeinwohlbindung. Vertragsfreiheit |
| Art. 152 | Wirtschaftsüberwachung. Stromversorgung |
| Art. 153 | Klein-, Mittelstandsbetriebe |
| Art. 154 | Selbstverwaltungsorgane der Wirtschaft |
| Art. 155 | Bedarfsdeckungsgebiete |
| Art. 156 | Zusammenballung wirtschaftlicher Macht |
| Art. 157 | Kapitalbildung. Geld- und Kreditwesen |

### 2. Abschnitt
### Das Eigentum

| | |
|---|---|
| Art. 158 | Sozialbindung |
| Art. 159 | Enteignung |
| Art. 160 | Sozialisierung |
| Art. 161 | Bodenverteilung. Wertsteigerungen |
| Art. 162 | Geistiges Eigentum |

### 3. Abschnitt
### Die Landwirtschaft

| | |
|---|---|
| Art. 163 | Bauernland |
| Art. 164 | Auskommen. Einkommen |
| Art. 165 | Verhinderung der Überschuldung |

### 4. Abschnitt
### Die Arbeit

| | |
|---|---|
| Art. 166 | Recht auf Arbeit |
| Art. 167 | Schutz der Arbeitskraft |
| Art. 168 | Arbeitsentgelt. Fürsorge |
| Art. 169 | Mindestlöhne. Tarifverträge |
| Art. 170 | Koalitionsfreiheit |
| Art. 171 | Sozialversicherung |

| | | | |
|---|---|---|---|
| Art. 172 | Arbeitsgesetzgebung | Art. 180 | Ermächtigungen bis zur Errichtung eines Bundesstaates |
| Art. 173 | Arbeitszeit | | |
| Art. 174 | Urlaubsrecht | Art. 181 | Abschluß von Staatsverträgen |
| Art. 175 | Mitbestimmung, Betriebsräte | Art. 182 | Weitergeltung der Staatsverträge |
| Art. 176 | Mitwirkung der Arbeitnehmer im Wirtschaftsleben | | |
| Art. 177 | Arbeitsstreitigkeiten | Art. 183 | Wiedergutmachung |
| | | Art. 184 | Entnazifizierung |
| **Schluß- und Übergangsbestimmungen** | | Art. 185 | Wiederherstellung der Regierungsbezirke |
| Art. 178 | Beitritt zum Bundesstaat | Art. 186 | Bisheriges Recht |
| Art. 179 | Rechtsstellung sozialer, kultureller und wirtschaftlicher Organisationen | Art. 187 | Verfassungseid |
| | | Art. 188 | Verfassungstexte für Schüler |

# Verfassung des Freistaates Bayern*

Angesichts des Trümmerfeldes, zu dem eine Staats- und Gesellschaftsordnung ohne Gott, ohne Gewissen und ohne Achtung vor der Würde des Menschen die Überlebenden des zweiten Weltkrieges geführt hat, in dem festen Entschlusse, den kommenden deutschen Geschlechtern die Segnungen des Friedens, der Menschlichkeit und des Rechtes dauernd zu sichern, gibt sich das Bayerische Volk, eingedenk seiner mehr als tausendjährigen Geschichte, nachstehende demokratische Verfassung.

## ERSTER HAUPTTEIL
## Aufbau und Aufgaben des Staates

### 1. Abschnitt
### Die Grundlagen des Bayerischen Staates

**Art. 1 [Freistaat. Landesfarben. Landeswappen].** (1) Bayern ist ein Freistaat.

(2) Die Landesfarben sind Weiß und Blau.

(3) Das Landeswappen wird durch Gesetz bestimmt.

**Art. 2 [Volksstaat].** (1) ¹Bayern ist ein Volksstaat. ²Träger der Staatsgewalt ist das Volk.

(2) ¹Das Volk tut seinen Willen durch Wahlen und Abstimmung kund. ²Mehrheit entscheidet.

---

\* *Vom 2. Dezember 1946 (Nr. 23 des Gesetz- und Verordnungsblattes vom 8. Dezember 1946, S. 333).*

Landesverfassung **BV 10**

**Art. 3 [Rechts-, Kultur-, Sozialstaat. Umweltschutz].** (1) ¹Bayern ist ein Rechts-, Kultur- und Sozialstaat. ²Er dient dem Gemeinwohl.

(2) ¹Der Staat schützt die natürlichen Lebensgrundlagen und die kulturelle Überlieferung. ²Er fördert und sichert gleichwertige Lebensverhältnisse und Arbeitsbedingungen in ganz Bayern, in Stadt und Land.

**Art. 3a [Bekenntnis zu einem Europa der Regionen].** ¹Bayern bekennt sich zu einem geeinten Europa, das demokratischen, rechtsstaatlichen, sozialen und föderativen Grundsätzen sowie dem Grundsatz der Subsidiarität verpflichtet ist, die Eigenständigkeit der Regionen wahrt und deren Mitwirkung an europäischen Entscheidungen sichert. ²Bayern arbeitet mit anderen europäischen Regionen zusammen.

**Art. 4 [Ausübung der Staatsgewalt].** Die Staatsgewalt wird ausgeübt durch die stimmberechtigten Staatsbürger selbst, durch die von ihnen gewählte Volksvertretung und durch die mittelbar oder unmittelbar von ihr bestellten Vollzugsbehörden und Richter.

**Art. 5 [Gewaltenteilung].** (1) Die gesetzgebende Gewalt steht ausschließlich dem Volk und der Volksvertretung zu.

(2) Die vollziehende Gewalt liegt in den Händen der Staatsregierung und der nachgeordneten Vollzugsbehörden.

(3) Die richterliche Gewalt wird durch unabhängige Richter ausgeübt.

**Art. 6 [Staatsangehörigkeit].** (1) Die Staatsangehörigkeit wird erworben
1. durch Geburt;
2. durch Legitimation;
3. durch Eheschließung;
4. durch Einbürgerung.

(2) Die Staatsangehörigkeit kann nicht aberkannt werden.

(3) Das Nähere regelt ein Gesetz über die Staatsangehörigkeit.

**Art. 7 [Staatsbürger].** (1) Staatsbürger ist ohne Unterschied der Geburt, der Rasse, des Geschlechts, des Glaubens und des Berufs jeder Staatsangehörige, der das 18. Lebensjahr vollendet hat.

(2) Der Staatsbürger übt seine Rechte aus durch Teilnahme an Wahlen, Bürgerbegehren und Bürgerentscheiden sowie Volksbegehren und Volksentscheiden.

(3) Die Ausübung dieser Rechte kann von der Dauer eines Aufenthalts bis zu einem Jahr abhängig gemacht werden.

**Art. 8 [Gleichstellung aller Deutschen].** Alle deutschen Staatsangehörigen, die in Bayern ihren Wohnsitz haben, besitzen die gleichen Rechte und haben die gleichen Pflichten wie die bayerischen Staatsangehörigen.

**Art. 9 [Gliederung des Staatsgebiets].** (1) Das Staatsgebiet gliedert sich in Kreise (Regierungsbezirke); die Abgrenzung erfolgt durch Gesetz.

(2) ¹Die Kreise sind in Bezirke eingeteilt; die kreisunmittelbaren Städte stehen den Bezirken gleich. ²Die Einteilung wird durch Rechtsverordnung der Staatsregierung bestimmt; hierzu ist die vorherige Genehmigung des Landtags einzuholen.

**Art. 10 [Gemeindeverbände].** (1) Für das Gebiet jedes Kreises und jedes Bezirks besteht ein Gemeindeverband als Selbstverwaltungskörper.

(2) Der eigene Wirkungskreis der Gemeindeverbände wird durch die Gesetzgebung bestimmt.

(3) ¹Den Gemeindeverbänden können durch Gesetz weitere Aufgaben übertragen werden, die sie namens des Staates zu erfüllen haben. ²Sie besorgen diese Aufgaben entweder nach den Weisungen der Staatsbehörden oder kraft besonderer Bestimmung selbständig.

(4) Das wirtschaftliche und kulturelle Eigenleben im Bereich der Gemeindeverbände ist vor Verödung zu schützen.

**Art. 11 [Gemeinden].** (1) ¹Jeder Teil des Staatsgebiets ist einer Gemeinde zugewiesen. ²Eine Ausnahme hiervon machen bestimmte unbewohnte Flächen (ausmärkische Gebiete).

(2) ¹Die Gemeinden sind ursprüngliche Gebietskörperschaften des öffentlichen Rechts. ²Sie haben das Recht, ihre eigenen Angelegenheiten im Rahmen der Gesetze selbst zu ordnen und zu verwalten, insbesonders ihre Bürgermeister und Vertretungskörper zu wählen.

(3) Durch Gesetz können den Gemeinden Aufgaben übertragen werden, die sie namens des Staates zu erfüllen haben.

(4) Die Selbstverwaltung der Gemeinden dient dem Aufbau der Demokratie in Bayern von unten nach oben.

(5) Für die Selbstverwaltung in der Gemeinde gilt der Grundsatz der Gleichheit der politischen Rechte und Pflichten aller in der Gemeinde wohnenden Staatsbürger.

**Art. 12 [Kommunalwahlen. Kommunalvermögen].** (1) Die Grundsätze für die Wahl zum Landtag gelten auch für die Gemeinden und Gemeindeverbände.

(2) ¹Das Vermögen der Gemeinden und Gemeindeverbände kann unter keinen Umständen zum Staatsvermögen gezogen werden. ²Die Vergabung solchen Vermögens ist unzulässig.

(3) ¹Die Staatsbürger haben das Recht, Angelegenheiten des eigenen Wirkungskreises der Gemeinden und Landkreise durch Bürgerbegehren und Bürgerentscheid zu regeln. ²Das Nähere regelt ein Gesetz.

Landesverfassung

## 2. Abschnitt
## Der Landtag

**Art. 13 [Abgeordnete].** (1) Der Landtag besteht aus 180 Abgeordneten des bayerischen Volkes.

(2) ¹Die Abgeordneten sind Vertreter des Volkes, nicht nur einer Partei. ²Sie sind nur ihrem Gewissen verantwortlich und an Aufträge nicht gebunden.

**Art. 14 [Wahlrechtsgrundsätze].** (1) ¹Die Abgeordneten werden in allgemeiner, gleicher, unmittelbarer und geheimer Wahl nach einem verbesserten Verhältniswahlrecht von allen wahlberechtigten Staatsbürgern in Wahlkreisen und Stimmkreisen gewählt. ²Jeder Regierungsbezirk bildet einen Wahlkreis. ³Jeder Landkreis und jede kreisfreie Gemeinde bildet einen Stimmkreis. ⁴Soweit es der Grundsatz der Wahlgleichheit erfordert, sind räumlich zusammenhängende Stimmkreise abweichend von Satz 3 zu bilden. ⁵Je Wahlkreis darf höchstens ein Stimmkreis mehr gebildet werden als Abgeordnete aus der Wahlkreisliste zu wählen sind. ⁶Durch Überhang- und Ausgleichsmandate, die in Anwendung dieser Grundsätze zugeteilt werden, kann die Zahl der Abgeordneten nach Art. 13 Abs. 1 überschritten werden.

(2) Wählbar ist jeder wahlfähige Staatsbürger, der das 18. Lebensjahr vollendet hat.

(3) Die Wahl findet an einem Sonntag oder öffentlichen Ruhetag statt.

(4) Wahlvorschläge, auf die im Land nicht mindestens fünf vom Hundert der insgesamt abgegebenen gültigen Stimmen entfallen, erhalten keinen Sitz im Landtag zugeteilt.

(5) Das Nähere bestimmt das Landeswahlgesetz.

**Art. 15 [Ausschluß von Wählergruppen].** (1) Wählergruppen, deren Mitglieder oder Förderer darauf ausgehen, die staatsbürgerlichen Freiheiten zu unterdrücken oder gegen Volk, Staat oder Verfassung Gewalt anzuwenden, dürfen sich an Wahlen und Abstimmungen nicht beteiligen.

(2) Die Entscheidung darüber, ob diese Voraussetzungen vorliegen, trifft auf Antrag der Staatsregierung oder einer der im Landtag vertretenen politischen Parteien der Bayerische Verfassungsgerichtshof.

**Art. 16 [Wahldauer].** (1) ¹Der Landtag wird auf fünf Jahre gewählt. ²Seine Wahlperiode beginnt mit seinem ersten Zusammentritt und endet mit dem Zusammentritt eines neuen Landtags. ³Die Neuwahl findet frühestens 59 Monate, spätestens 62 Monate nach dem Tag statt, an dem der vorausgegangene Landtag gewählt worden ist.

(2) Der Landtag tritt spätestens am 22. Tag nach der Wahl zusammen.

**Art. 16a [Parlamentarische Opposition].** (1) Parlamentarische Opposition ist ein grundlegender Bestandteil der parlamentarischen Demokratie.

(2) ¹Die Fraktionen und die Mitglieder des Landtags, welche die Staatsregierung nicht stützen, haben das Recht auf ihrer Stellung entsprechende Wirkungsmöglichkeiten in Parlament und Öffentlichkeit. ²Sie haben Anspruch auf eine zur Erfüllung ihrer besonderen Aufgaben erforderliche Ausstattung.

(3) Das Nähere wird durch Gesetz geregelt.

**Art. 17 [Tagungen].** (1) Der Landtag tritt jedes Jahr im Herbst am Sitz der Staatsregierung zusammen.

(2) ¹Der Präsident kann ihn früher einberufen. ²Er muß ihn einberufen, wenn es die Staatsregierung oder mindestens ein Drittel der Landtagsmitglieder verlangt.

(3) Der Landtag bestimmt den Schluß der Tagung und den Zeitpunkt des Wiederzusammentritts.

**Art. 18 [Auflösung. Abberufung].** (1) Der Landtag kann sich vor Ablauf seiner Wahldauer durch Mehrheitsbeschluß seiner gesetzlichen Mitgliederzahl selbst auflösen.

(2) Er kann im Falle des Art. 44 Abs. 5 vom Landtagspräsidenten aufgelöst werden.

(3) Er kann auf Antrag von einer Million wahlberechtigter Staatsbürger durch Volksentscheid abberufen werden.

(4) Die Neuwahl des Landtags findet spätestens am sechsten Sonntag nach der Auflösung oder Abberufung statt.

**Art. 19 [Verlust der Mitgliedschaft].** Die Mitgliedschaft beim Landtag während der Wahldauer geht verloren durch Verzicht, Ungültigkeitserklärung der Wahl, nachträgliche Änderung des Wahlergebnisses und Verlust der Wahlfähigkeit.

**Art. 20 [Präsidium. Geschäftsordnung].** (1) Der Landtag wählt aus seiner Mitte ein Präsidium, bestehend aus einem Präsidenten, dessen Stellvertretern und den Schriftführern.

(2) Zwischen zwei Tagungen führt das Präsidium die laufenden Geschäfte des Landtags fort.

(3) Der Landtag gibt sich eine Geschäftsordnung.

**Art. 21 [Aufgaben des Präsidenten].** (1) Der Präsident übt das Hausrecht und die Polizeigewalt im Landtagsgebäude aus.

(2) Er führt die Hausverwaltung, verfügt über die Einnahmen und Ausgaben des Hauses und vertritt den Staat in allen Rechtsgeschäften und Rechtsstreitigkeiten dieser Verwaltung.

**Art. 22 [Öffentlichkeit der Verhandlungen].** (1) ¹Der Landtag verhandelt öffentlich. ²Auf Antrag von 50 Mitgliedern oder der Staatsregierung kann mit

Landesverfassung **BV 10**

Zweidrittelmehrheit der anwesenden Mitglieder die Öffentlichkeit für die Behandlung eines bestimmten Gegenstandes ausgeschlossen werden. ³Sie muß ausgeschlossen werden, wenn und solange es die Staatsregierung zur Begründung ihres Antrages auf Ausschluß der Öffentlichkeit verlangt. ⁴Der Landtag entscheidet darüber, ob und in welcher Art die Öffentlichkeit über solche Verhandlungen unterrichtet werden soll.

(2) Wahrheitsgetreue Berichte über die Verhandlungen in den öffentlichen Sitzungen des Landtags oder seiner Ausschüsse bleiben von jeder Verantwortlichkeit frei, es sei denn, daß es sich um die Wiedergabe von Ehrverletzungen handelt.

**Art. 23 [Beschlußfassung. Beschlußfähigkeit].** (1) Der Landtag beschließt mit einfacher Mehrheit der abgegebenen Stimmen, sofern die Verfassung kein anderes Stimmverhältnis vorschreibt.

(2) Zur Beschlußfähigkeit des Landtags ist die Anwesenheit der Mehrheit seiner Mitglieder erforderlich.

(3) Die in der Verfassung vorgesehenen Ausnahmen bleiben unberührt.

**Art. 24 [Zitierrecht. Anhörungsrecht].** (1) Der Landtag und seine Ausschüsse können das Erscheinen des Ministerpräsidenten und jedes Staatsministers und Staatssekretärs verlangen.

(2) ¹Die Mitglieder der Staatsregierung und die von ihnen bestellten Beauftragten haben zu allen Sitzungen des Landtags und seiner Ausschüsse Zutritt. ²Sie müssen während der Beratung jederzeit, auch außerhalb der Tagesordnung, gehört werden.

**Art. 25 [Untersuchungsausschüsse].** (1) Der Landtag hat das Recht und auf Antrag von einem Fünftel seiner Mitglieder die Pflicht, Untersuchungsausschüsse einzusetzen.

(2) Bei der Einsetzung jedes neuen Untersuchungsausschusses wechselt der Vorsitz unter den Fraktionen entsprechend ihrem Stärkeverhältnis im Landtag.

(3) ¹Diese Ausschüsse und die von ihnen ersuchten Behörden können in entsprechender Anwendung der Strafprozeßordnung alle erforderlichen Beweise erheben, auch Zeugen und Sachverständige vorladen, vernehmen, beeidigen und das Zeugniszwangsverfahren gegen sie durchführen. ²Das Brief-, Post-, Telegraphen- und Fernsprechgeheimnis bleibt jedoch unberührt. ³Die Gerichts- und Verwaltungsbehörden sind verpflichtet, dem Ersuchen dieser Ausschüsse um Beweiserhebung Folge zu leisten. ⁴Die Akten der Behörden sind ihnen auf Verlangen vorzulegen.

(4) ¹Auf Antrag von einem Fünftel ihrer Mitglieder haben die Ausschüsse zulässigen Anträgen nach Absatz 3 stattzugeben. ²Hält die Mehrheit der Mitglieder dieses Ausschusses einen Antrag nach Absatz 3 für unzulässig, so entscheidet darüber der Landtag. ³Gegen dessen Entscheidung kann der Bayerische Verfassungsgerichtshof angerufen werden.

(5) [1]Die Untersuchungsausschüsse verhandeln öffentlich, doch wird die Öffentlichkeit auf Verlangen einer Zweidrittelmehrheit ausgeschlossen. [2]Art. 22 Abs. 1 Satz 3 und 4 gilt entsprechend.

**Art. 25a [Enquete-Kommission].** [1]Zur Vorbereitung von Entscheidungen über umfangreiche und bedeutsame Angelegenheiten, die in die Zuständigkeit des Freistaates Bayern fallen, kann der Landtag eine Enquete-Kommission einsetzen. [2]Auf Antrag eines Fünftels seiner Mitglieder ist er dazu verpflichtet. [3]Der Antrag muß den Auftrag der Kommission bezeichnen. [4]Das Nähere regelt die Geschäftsordnung des Landtags.

**Art. 26 [Zwischenausschuß].** (1) [1]Der Landtag bestellt zur Wahrung der Rechte der Volksvertretung gegenüber der Staatsregierung und zur Behandlung dringlicher Staatsangelegenheiten für die Zeit außerhalb der Tagung sowie nach der Auflösung oder der Abberufung des Landtags bis zum Zusammentritt des neuen Landtags einen Zwischenausschuß. [2]Dieser Ausschuß hat die Befugnisse des Landtags, doch kann er nicht Ministeranklage erheben und nicht Gesetze beschließen oder Volksbegehren behandeln.

(2) Für diesen Ausschuß gelten die Bestimmungen des Art. 25.

**Art. 27 [Indemnität].** Kein Mitglied des Landtags darf zu irgendeiner Zeit wegen seiner Abstimmung gerichtlich oder dienstlich verfolgt oder sonst außerhalb der Versammlung zur Verantwortung gezogen werden.

**Art. 28 [Immunität].** (1) Kein Mitglied des Landtags kann ohne dessen Genehmigung während der Tagung wegen einer mit Strafe bedrohten Handlung zur Untersuchung gezogen oder verhaftet werden, es sei denn, daß es bei Ausübung der Tat oder spätestens im Laufe des folgenden Tages festgenommen worden ist.

(2) Die gleiche Genehmigung ist erforderlich, wenn der Abgeordnete anderweitig in seiner persönlichen Freiheit beschränkt und dadurch in der Ausübung seines Abgeordnetenberufes beeinträchtigt wird.

(3) [1]Jedes Strafverfahren gegen ein Mitglied des Landtags und jede Haft oder sonstige Beschränkung seiner persönlichen Freiheit wird auf Verlangen des Landtags für die Dauer der Tagung aufgehoben. [2]Ein solches Verlangen kann jedoch nicht gestellt werden, wenn der Abgeordnete eines unpolitischen Verbrechens bezichtigt wird. [3]Ob dieser Fall vorliegt, entscheidet der Landtag.

**Art. 29 [Zeugnisverweigerung. Beschlagnahme].** (1) [1]Die Mitglieder des Landtags sind berechtigt, über Personen, die ihnen in ihrer Eigenschaft als Abgeordnete Tatsachen anvertrauten oder denen sie in Ausübung ihres Abgeordnetenberufes Tatsachen anvertraut haben, sowie über diese Tatsachen selbst, das Zeugnis zu verweigern. [2]Soweit dieses Zeugnisverweigerungsrecht reicht, ist die Beschlagnahme von Schriftstücken bei ihnen unzulässig.

Landesverfassung **BV 10**

(2) Eine Untersuchung oder Beschlagnahme darf in den Räumen des Landtags nur mit Genehmigung des Präsidenten vorgenommen werden.

**Art. 30 [Freistellung].** Abgeordnete bedürfen zur Ausübung ihres Amtes als Mitglied des Landtags keines Urlaubs von ihrem Arbeitgeber.

**Art. 31 [Freifahrt, Aufwandsentschädigung].** Die Mitglieder des Landtags haben das Recht zur freien Fahrt auf allen staatlichen Verkehrseinrichtungen in Bayern sowie auf eine Aufwandsentschädigung.

**Art. 32 [Präsidium, Zwischenausschuß].** (1) Die Art. 27 mit 31 gelten für das Präsidium des Landtags sowie für die Mitglieder des Zwischenausschusses und ihre ersten Stellvertreter.

(2) In den Fällen des Art. 28 wird die Mitwirkung des Landtags durch die Mitwirkung des Zwischenausschusses ersetzt.

**Art. 33 [Wahlprüfung].** [1]Die Wahlprüfung obliegt dem Landtag. [2]Wird die Gültigkeit einer Wahl bestritten, so entscheidet der Bayerische Verfassungsgerichtshof. [3]Er entscheidet auch über die Frage, ob ein Abgeordneter die Mitgliedschaft beim Landtag verloren hat.

**Art. 33a [Landesbeauftragter für den Datenschutz].** (1) Der Landtag wählt auf Vorschlag der Staatsregierung einen Landesbeauftragten für den Datenschutz.

(2) Der Landesbeauftragte für den Datenschutz kontrolliert nach Maßgabe des Gesetzes bei den öffentlichen Stellen die Einhaltung der Vorschriften über den Datenschutz.

(3) [1]Der Landesbeauftragte für den Datenschutz ist in Ausübung seines Amts unabhängig und nur dem Gesetz unterworfen. [2]Er untersteht der Dienstaufsicht des Landtagspräsidenten.

(4) [1]Der Landesbeauftragte für den Datenschutz wird auf sechs Jahre gewählt. [2]Wiederwahl ist zulässig. [3]Er kann ohne seine Zustimmung vor Ablauf seiner Amtszeit nur mit Zweidrittelmehrheit der Mitgliederzahl des Landtags abberufen werden, wenn eine entsprechende Anwendung der Vorschriften über die Amtsenthebung von Richtern auf Lebenszeit dies rechtfertigt.

(5) Das Nähere wird durch Gesetz geregelt.

## 3. Abschnitt
## Der Senat

**Art. 34-42**  *(aufgehoben)*

## 4. Abschnitt
## Die Staatsregierung

**Art. 43 [Stellung. Zusammensetzung].** (1) Die Staatsregierung ist die oberste leitende und vollziehende Behörde des Staates.

(2) Sie besteht aus dem Ministerpräsidenten und bis zu 17 Staatsministern und Staatssekretären.

**Art. 44 [Wahl des Ministerpräsidenten. Rücktritt].** (1) Der Ministerpräsident wird von dem neu gewählten Landtag spätestens innerhalb einer Woche nach seinem Zusammentritt auf die Dauer von fünf Jahren gewählt.

(2) Wählbar ist jeder wahlberechtigte Bayer, der das 40. Lebensjahr vollendet hat.

(3) $^1$Der Ministerpräsident kann jederzeit von seinem Amt zurücktreten. $^2$Er muß zurücktreten, wenn die politischen Verhältnisse ein vertrauensvolles Zusammenarbeiten zwischen ihm und dem Landtag unmöglich machen. $^3$Der Rücktritt des Ministerpräsidenten hat den Rücktritt der Staatsregierung zur Folge. $^4$Bis zur Neuwahl eines Ministerpräsidenten geht die Vertretung Bayerns nach außen auf den Landtagspräsidenten über. $^5$Während dieser Zeit kann der Landtagspräsident vom Landtag nicht abberufen werden.

(4) Bei Rücktritt oder Tod des Ministerpräsidenten während seiner Amtsdauer wird in der nächsten Sitzung des Landtags ein neuer Ministerpräsident für den Rest der laufenden Amtsdauer gewählt.

(5) Kommt die Neuwahl innerhalb von vier Wochen nicht zustande, muß der Landtagspräsident den Landtag auflösen.

**Art. 45 [Staatsminister des Ministerpräsidenten].** Der Ministerpräsident beruft und entläßt mit Zustimmung des Landtags die Staatsminister und die Staatssekretäre.

**Art. 46 [Stellvertreter des Ministerpräsidenten].** Der Ministerpräsident bestimmt mit Zustimmung des Landtags seinen Stellvertreter aus der Zahl der Staatsminister.

**Art. 47 [Aufgaben und Befugnisse des Ministerpräsidenten].** (1) Der Ministerpräsident führt in der Staatsregierung den Vorsitz und leitet ihre Geschäfte.

(2) Er bestimmt die Richtlinien der Politik und trägt dafür die Verantwortung gegenüber dem Landtag.

(3) Er vertritt Bayern nach außen.

(4) Er übt in Einzelfällen das Begnadigungsrecht aus.

(5) Er unterbreitet dem Landtag die Vorlagen der Staatsregierung.

**Art. 48 [Notstand].** (1) Die Staatsregierung kann bei drohender Gefährdung der öffentlichen Sicherheit und Ordnung das Recht der öffentlichen freien Meinungsäußerung (Art. 110), die Pressefreiheit (Art. 111), das Brief-, Post-, Telegraphen- und Fernsprechgeheimnis (Art. 112) und die Versammlungsfreiheit (Art. 113) zunächst auf die Dauer einer Woche einschränken oder aufheben.

(2) [1]Sie hat gleichzeitig die Einberufung des Landtags zu veranlassen, ihn von allen getroffenen Maßnahmen unverzüglich zu verständigen und diese auf Verlangen des Landtags ganz oder teilweise aufzuheben. [2]Bestätigt der Landtag mit der Mehrheit seiner gesetzlichen Mitgliederzahl die getroffenen Maßnahmen, so wird ihre Geltung um einen Monat verlängert.

(3) Gegen die getroffenen Maßnahmen ist außerdem Beschwerde zum Bayerischen Verfassungsgerichtshof zulässig; dieser hat innerhalb einer Woche wenigstens eine vorläufige Entscheidung zu treffen.

**Art. 49 [Geschäftsbereiche].** [1]Der Ministerpräsident bestimmt die Zahl und die Abgrenzung der Geschäftsbereiche (Staatsministerien). [2]Dies bedarf der Bestätigung durch Beschluß des Landtags.

**Art. 50 [Zuweisung der Geschäftsbereiche].** [1]Jedem Staatsminister wird durch den Ministerpräsidenten ein Geschäftsbereich oder eine Sonderaufgabe zugewiesen. [2]Der Ministerpräsident kann sich selbst einen oder mehrere Geschäftsbereiche vorbehalten oder einem Staatsminister mehrere Geschäftsbereiche zuweisen.

**Art. 51 [Ressortprinzip].** (1) Gemäß den vom Ministerpräsidenten bestimmten Richtlinien der Politik führt jeder Staatsminister seinen Geschäftsbereich selbständig und unter eigener Verantwortung gegenüber dem Landtag.

(2) [1]Die Staatssekretäre sind an die Weisungen des Staatsministers, dem sie zugewiesen sind, gebunden. [2]Im Falle der Verhinderung des Staatsministers handeln sie selbständig und unter eigener Verantwortung gegenüber dem Landtag.

**Art. 52 [Staatskanzlei].** Zur Unterstützung des Ministerpräsidenten und der Staatsregierung in ihren verfassungsmäßigen Aufgaben besteht eine Staatskanzlei.

**Art. 53 [Geschäftsordnung].** [1]Die Staatsregierung gibt sich eine Geschäftsordnung. [2]In dieser wird die Zuweisung der Geschäfte an die einzelnen Geschäftsbereiche geregelt. [3]Jede Aufgabe der Staatsverwaltung ist einem Geschäftsbereich zuzuteilen.

**Art. 54 [Beschlüsse].** ¹Die Staatsregierung faßt ihre Beschlüsse mit Stimmenmehrheit der Abstimmenden. ²Bei Stimmengleichheit entscheidet die Stimme des Ministerpräsidenten. ³Zur Beschlußfähigkeit ist die Anwesenheit der Mehrheit der Mitglieder erforderlich. ⁴Kein Mitglied darf sich der Stimme enthalten.

**Art. 55 [Grundsätze für Staatsregierung und -verwaltung].** Für die Geschäftsführung der Staatsregierung und der einzelnen Staatsministerien gelten folgende Grundsätze:
1. Die Staatsverwaltung wird nach der Verfassung, den Gesetzen und dem Haushaltsplan geführt.
2. Der Staatsregierung und den einzelnen Staatsministerien obliegt der Vollzug der Gesetze und Beschlüsse des Landtags. Zu diesem Zwecke können die erforderlichen Ausführungs- und Verwaltungsverordnungen von ihr erlassen werden. Rechtsverordnungen, die über den Rahmen einer Ausführungsverordnung hinausgehen, bedürfen besonderer gesetzlicher Ermächtigung.
3. Die Staatsregierung beschließt über alle dem Landtag zu unterbreitenden Vorlagen. Die Unterrichtung des Landtags durch die Staatsregierung bleibt einer Vereinbarung zwischen Landtag und Staatsregierung auf gesetzlicher Grundlage vorbehalten.
4. Die Staatsregierung ernennt die leitenden Beamten der Staatsministerien und die Vorstände der den Ministerien unmittelbar untergeordneten Behörden. Die übrigen Beamten werden durch die zuständigen Staatsminister oder durch die von ihnen beauftragten Behörden ernannt.
5. Die gesamte Staatsverwaltung ist der Staatsregierung und den zuständigen Staatsministerien untergeordnet. Den Staatsministerien obliegt auch im Rahmen der Gesetze die Aufsicht über die Gemeinden und Gemeindeverbände sowie die sonstigen Körperschaften des öffentlichen Rechts und die öffentlich-rechtlichen Stiftungen.
6. Jeder Staatsminister übt die Dienstaufsicht über die Behörden und Beamten seines Geschäftsbereichs aus.
7. Jeder Staatsminister entscheidet über Verwaltungsbeschwerden im Rahmen seines Geschäftsbereichs.

**Art. 56 [Eid].** Sämtliche Mitglieder der Staatsregierung leisten vor ihrem Amtsantritt vor dem Landtag einen Eid auf die Staatsverfassung.

**Art. 57 [Nebentätigkeit].** ¹Der Ministerpräsident, die Staatsminister und die Staatssekretäre dürfen kein anderes besoldetes Amt, einen Beruf oder ein Gewerbe nicht ausüben; sie dürfen nicht Mitglieder des Aufsichtsrats oder Vorstands einer privaten Erwerbsgesellschaft sein. ²Eine Ausnahme besteht für Gesellschaften, bei denen der überwiegende Einfluß des Staates sichergestellt ist.

**Art. 58 [Gehalt und Versorgung].** Gehalt, Ruhegehalt und Hinterbliebenenversorgung der Mitglieder der Staatsregierung werden durch Gesetz geregelt.

Landesverfassung **BV 10**

**Art. 59 [Ministeranklage].** Der Landtag ist berechtigt, den Ministerpräsidenten, jeden Staatsminister und Staatssekretär vor dem Bayerischen Verfassungsgerichtshof anzuklagen, daß sie vorsätzlich die Verfassung oder ein Gesetz verletzt haben.

5. Abschnitt
## Der Verfassungsgerichtshof

**Art. 60 [Aufgaben].** Als oberstes Gericht für staatsrechtliche Fragen besteht der Bayerische Verfassungsgerichtshof.

**Art. 61 [Anklagen gegen Regierungsmitglieder und Abgeordnete].** (1) Der Verfassungsgerichtshof entscheidet über Anklagen gegen ein Mitglied der Staatsregierung oder des Landtags.

(2) Die Anklage gegen ein Mitglied der Staatsregierung ist darauf gerichtet, daß die Verfassung oder ein Gesetz von ihm vorsätzlich verletzt worden ist.

(3) Die Anklage gegen ein Mitglied des Landtags ist darauf gerichtet, daß es in gewinnsüchtiger Absicht seinen Einfluß oder sein Wissen als Mitglied des Vertretungskörpers in einer das Ansehen der Volksvertretung gröblich gefährdenden Weise mißbraucht hat oder daß es vorsätzlich Mitteilungen, deren Geheimhaltung in einer Sitzung des Landtags oder einer seiner Ausschüsse beschlossen worden ist, in der Voraussicht, daß sie öffentlich bekannt werden, einem anderen zur Kenntnis gebracht hat.

(4) [1]Die Erhebung der Anklage erfolgt durch den Landtag auf Antrag von einem Drittel der gesetzlichen Mitgliederzahl und bedarf einer Zweidrittelmehrheit dieser Zahl. [2]Jedes Mitglied der Staatsregierung oder des Landtags kann Antrag gegen sich selbst stellen.

**Art. 62 [Ausschluß von Wählergruppen].** Der Verfassungsgerichtshof entscheidet über den Ausschluß von Wählergruppen von Wahlen und Abstimmungen (Art. 15 Abs. 2).

**Art. 63 [Wahlstreitigkeiten].** Der Verfassungsgerichtshof entscheidet über die Gültigkeit der Wahl der Mitglieder des Landtags und den Verlust der Mitgliedschaft zum Landtag (Art. 33).

**Art. 64 [Organstreitigkeiten].** Der Verfassungsgerichtshof entscheidet über Verfassungsstreitigkeiten zwischen den obersten Staatsorganen oder in der Verfassung mit eigenen Rechten ausgestatteten Teilen eines obersten Staatsorgans.

**Art. 65 [Normenkontrolle].** Der Verfassungsgerichtshof entscheidet über die Verfassungsmäßigkeit von Gesetzen (Art. 92).

**Art. 66 [Verfassungsbeschwerde].** Der Verfassungsgerichtshof entscheidet über Beschwerden wegen Verletzung der verfassungsmäßigen Rechte durch eine Behörde (Art. 48 Abs. 3, Art. 120).

**Art. 67 [Sonderzuweisungen].** Der Verfassungsgerichtshof entscheidet ferner in den besonderen ihm durch Gesetz zugewiesenen Fällen.

**Art. 68 [Bildung. Zusammensetzung].** (1) Der Verfassungsgerichtshof wird beim Oberlandesgericht in München gebildet.

(2) Der Gerichtshof setzt sich zusammen:
a) in den in Art. 61 geregelten Fällen aus einem der Präsidenten der Bayerischen Oberlandesgerichte, acht Berufsrichtern, von denen drei dem Verwaltungsgerichtshof angehören, sowie zehn weiteren Mitgliedern, welche vom Landtag gewählt werden;
b) in den Fällen des Art. 65 aus dem Präsidenten und acht Berufsrichtern, von denen drei dem Verwaltungsgerichtshof angehören;
c) in den übrigen Fällen aus dem Präsidenten, drei Berufsrichtern, von denen zwei dem Verwaltungsgerichtshof angehören, und fünf vom Landtag gewählten Mitgliedern.

(3) [1]Der Präsident und die Berufsrichter werden vom Landtag gewählt. [2]Sie können nicht Mitglieder des Landtags sein.

**Art. 69 [Gesetz über den Verfassungsgerichtshof].** Die weiteren Bestimmungen über die Organisation des Gerichtshofs und über das Verfahren vor ihm sowie über die Vollstreckung seiner Urteile werden durch Gesetz geregelt.

## 6. Abschnitt
## Die Gesetzgebung

**Art. 70 [Formelle Gesetze].** (1) Die für alle verbindlichen Gebote und Verbote bedürfen der Gesetzesform.

(2) Auch der Staatshaushalt muß vom Landtag durch formelles Gesetz festgestellt werden.

(3) Das Recht der Gesetzgebung kann vom Landtag nicht übertragen werden, auch nicht auf seine Ausschüsse.

(4) [1]Über Angelegenheiten der Europäischen Union hat die Staatsregierung den Landtag zu unterrichten. [2]Ist das Recht der Gesetzgebung durch die Übertragung von Hoheitsrechten auf die Europäische Union betroffen, kann die Staatsregierung in ihren verfassungsmäßigen Aufgaben durch Gesetz gebunden werden. [3]Ist das Recht der Gesetzgebung durch ein Vorhaben der Europäischen Union betroffen, hat die Staatsregierung bei ihren verfassungsmäßigen Aufgaben die Stellungnahmen des Landtags maßgeblich zu berücksichtigen. [4]Das Nähere regelt ein Gesetz.

Landesverfassung **BV 10**

**Art. 71 [Gesetzesinitiative].** Die Gesetzesvorlagen werden vom Ministerpräsidenten namens der Staatsregierung, aus der Mitte des Landtags, oder vom Volk (Volksbegehren) eingebracht.

**Art. 72 [Gesetzesbeschlüsse. Staatsverträge].** (1) Die Gesetze werden vom Landtag oder vom Volk (Volksentscheid) beschlossen.

(2) Staatsverträge werden vom Ministerpräsidenten nach vorheriger Zustimmung des Landtags abgeschlossen.

**Art. 73 [Über Staatshaushalt kein Volksentscheid].** Über den Staatshaushalt findet kein Volksentscheid statt.

**Art. 74 [Volksbegehren und Volksentscheid].** (1) Ein Volksentscheid ist herbeizuführen, wenn ein Zehntel der stimmberechtigten Staatsbürger das Begehren nach Schaffung eines Gesetzes stellt.*

(2) Dem Volksbegehren muß ein ausgearbeiteter und mit Gründen versehener Gesetzentwurf zugrundeliegen.

(3) Das Volksbegehren ist vom Ministerpräsidenten namens der Staatsregierung unter Darlegung ihrer Stellungnahme dem Landtag zu unterbreiten.

(4) Wenn der Landtag das Volksbegehren ablehnt, kann er dem Volk einen eigenen Gesetzentwurf zur Entscheidung mit vorlegen.

(5) ¹Rechtsgültige Volksbegehren sind von der Volksvertretung binnen drei Monaten nach Unterbreitung zu behandeln und binnen weiterer drei Monate dem Volk zur Entscheidung vorzulegen. ²Der Ablauf dieser Fristen wird durch die Auflösung des Landtags gehemmt.

(6) Die Volksentscheide über Volksbegehren finden gewöhnlich im Frühjahr oder Herbst statt.

(7) Jeder dem Volk zur Entscheidung vorgelegte Gesetzentwurf ist mit einer Weisung der Staatsregierung zu begleiten, die bündig und sachlich sowohl die Begründung der Antragsteller wie die Auffassung der Staatsregierung über den Gegenstand darlegen soll.

**Art. 75 [Verfassungsänderung].** (1) ¹Die Verfassung kann nur im Wege der Gesetzgebung geändert werden. ²Anträge auf Verfassungsänderungen, die den demokratischen Grundgedanken der Verfassung widersprechen, sind unzulässig.

(2) ¹Beschlüsse des Landtags auf Änderung der Verfassung bedürfen einer Zweidrittelmehrheit der Mitgliederzahl. ²Sie müssen dem Volk zur Entscheidung vorgelegt werden.

(3) Meinungsverschiedenheiten darüber, ob durch ein Gesetz die Verfassung geändert wird oder ob ein Antrag auf unzulässige Verfassungsänderung vorliegt, entscheidet der Bayerische Verfassungsgerichtshof.

---

\* *Siehe dazu die Entscheidung des Bayerischen Verfassungsgerichtshofs vom 17. September 1999, Vf. 12-III-98 u.a., GVBl. S. 442; amtliche Leitsätze im Anhang an die BV abgedruckt.*

[17]

(4) Änderungen der Verfassung sind im Text der Verfassung oder in einem Anhang aufzunehmen.

**Art. 76 [Ausfertigung und Verkündung. Inkrafttreten].** (1) Die verfassungsmäßig zustandegekommenen Gesetze werden vom Ministerpräsidenten ausgefertigt und auf seine Anordnung binnen Wochenfrist im Bayerischen Gesetz- und Verordnungsblatt bekanntgemacht.

(2) In jedem Gesetz muß der Tag bestimmt sein, an dem es in Kraft tritt.

7. Abschnitt

## Die Verwaltung

**Art. 77 [Verwaltungsorganisation].** (1) [1]Die Organisation der allgemeinen Staatsverwaltung, die Regelung der Zuständigkeiten und der Art der Bestellung der staatlichen Organe erfolgen durch Gesetz. [2]Die Einrichtung der Behörden im einzelnen obliegt der Staatsregierung und auf Grund der von ihr erteilten Ermächtigung den einzelnen Staatsministerien.

(2) Für die Organisation der Behörden und die Regelung ihres Verfahrens hat als Richtschnur zu dienen, daß unter Wahrung der notwendigen Einheitlichkeit der Verwaltung alle entbehrliche Zentralisation vermieden, die Entschlußkraft und die Selbstverantwortung der Organe gehoben wird und die Rechte der Einzelperson genügend gewahrt werden.

**Art. 78 [Haushaltsplan].** (1) Alle Einnahmen und Ausgaben des Staates müssen für jedes Jahr veranschlagt und in den Haushaltsplan eingestellt werden.

(2) Ausgaben, die zur Deckung der Kosten bestehender bereits bewilligter Einrichtungen und zur Erfüllung rechtlicher Verpflichtungen des Staates erforderlich sind, müssen in den Haushaltsplan eingestellt werden.

(3) Der Haushaltsplan wird vor Beginn des Rechnungsjahres durch Gesetz festgestellt.

(4) Wird der Staatshaushalt im Landtag nicht rechtzeitig verabschiedet, so führt die Staatsregierung den Haushalt zunächst nach dem Haushaltsplan des Vorjahres weiter.

(5) [1]Beschlüsse des Landtags, welche die im Entwurf des Haushaltsplans eingesetzten Ausgaben erhöhen, sind auf Verlangen der Staatsregierung noch einmal zu beraten. [2]Diese Beratung darf ohne Zustimmung der Staatsregierung nicht vor Ablauf von 14 Tagen stattfinden.

(6) Die Ausgaben werden in der Regel für ein Jahr, in besonderen Fällen auch für eine längere Dauer bewilligt.

**Art. 79 [Deckungsgrundsatz].** Eine Angelegenheit, welche Ausgaben verursacht, für die im festgesetzten Haushaltsplan kein entsprechender Betrag ein-

Landesverfassung **BV 10**

gestellt ist, darf seitens des Landtags nur in Beratung gezogen und beschlossen werden, wenn gleichzeitig für die notwendige Deckung gesorgt wird.

**Art. 80 [Rechnungslegung. Rechnungshof].** (1) [1]Über die Verwendung aller Staatseinnahmen legt der Staatsminister der Finanzen im folgenden Rechnungsjahr zur Entlastung der Staatsregierung dem Landtag Rechnung. [2]Die Rechnungsprüfung erfolgt durch einen mit richterlicher Unabhängigkeit ausgestatteten Rechnungshof.

(2) [1]Der Landtag wählt auf Vorschlag der Staatsregierung den Präsidenten des Rechnungshofs. [2]Die Wahldauer beträgt 12 Jahre. [3]Wiederwahl ist ausgeschlossen. [4]Er kann ohne seine Zustimmung vor Ablauf seiner Amtszeit nur abberufen werden, wenn eine entsprechende Anwendung der Vorschriften über die Amtsenthebung von Richtern auf Lebenszeit dies rechtfertigt. [5]Die Durchführung eines Amtsenthebungsverfahrens bedarf der Zustimmung des Landtags mit Zweidrittelmehrheit seiner Mitgliederzahl.

(3) Das Nähere wird durch Gesetz geregelt.

**Art. 81 [Grundstockvermögen].** [1]Das Grundstockvermögen des Staates darf in seinem Wertbestand nur auf Grund eines Gesetzes verringert werden. [2]Der Erlös aus der Veräußerung von Bestandteilen des Grundstockvermögens ist zu Neuerwerbungen für dieses Vermögen zu verwenden.

**Art. 82 [Kredite, Schuldenbremse].** (1) Der Haushalt ist grundsätzlich ohne Nettokreditaufnahme auszugleichen.

(2) [1]Bei einer von der Normallage abweichenden konjunkturellen Entwicklung kann von Abs. 1 abgewichen werden. [2]In diesem Fall sind die Auswirkungen auf den Haushalt im Auf- und Abschwung symmetrisch zu berücksichtigen.

(3) [1]Bei Naturkatastrophen oder außergewöhnlichen Notsituationen, die sich der Kontrolle des Staates entziehen und die staatliche Finanzlage erheblich beeinträchtigen, kann von Abs. 1 abgewichen werden. [2]Hierfür ist eine entsprechende Tilgungsregelung vorzusehen. [3]Die Kredite sind binnen eines angemessenen Zeitraums zurückzuführen.

(4) Die Aufnahme von Krediten sowie die Übernahme von Bürgschaften, Garantien oder sonstigen Gewährleistungen, die zu Ausgaben in künftigen Rechnungsjahren führen können, bedürfen einer der Höhe nach bestimmten oder bestimmbaren Ermächtigung durch Gesetz.

(5) Das Nähere bestimmt ein Gesetz.

**Art. 83 [Wirkungskreis der Gemeinden].** (1) In den eigenen Wirkungskreis der Gemeinden (Art. 11 Abs. 2) fallen insbesonders die Verwaltung des Gemeindevermögens und der Gemeindebetriebe; der örtliche Verkehr nebst Straßen- und Wegebau; die Versorgung der Bevölkerung mit Wasser, Licht, Gas und elektrischer Kraft; Einrichtungen zur Sicherung der Ernährung; Ortspla-

**10 BV**                                                Landesverfassung

nung, Wohnungsbau und Wohnungsaufsicht; örtliche Polizei, Feuerschutz; örtliche Kulturpflege; Volks- und Berufsschulwesen und Erwachsenenbildung; Vormundschaftswesen und Wohlfahrtspflege; örtliches Gesundheitswesen; Ehe- und Mütterberatung sowie Säuglingspflege; Schulhygiene und körperliche Ertüchtigung der Jugend; öffentliche Bäder; Totenbestattung; Erhaltung ortsgeschichtlicher Denkmäler und Bauten.

(2) [1]Die Gemeinden sind verpflichtet, einen Haushaltsplan aufzustellen. [2]Sie haben das Recht, ihren Bedarf durch öffentliche Abgaben zu decken. [3]Der Staat gewährleistet den Gemeinden im Rahmen seiner finanziellen Leistungsfähigkeit eine angemessene Finanzausstattung.

(3) [1]Überträgt der Staat den Gemeinden Aufgaben, verpflichtet er sie zur Erfüllung von Aufgaben im eigenen Wirkungskreis oder stellt er besondere Anforderungen an die Erfüllung bestehender oder neuer Aufgaben, hat er gleichzeitig Bestimmungen über die Deckung der Kosten zu treffen. [2]Führt die Wahrnehmung dieser Aufgaben zu einer Mehrbelastung der Gemeinden, ist ein entsprechender finanzieller Ausgleich zu schaffen.

(4) [1]Die Gemeinden unterstehen der Aufsicht der Staatsbehörden. [2]In den Angelegenheiten des eigenen Wirkungskreises der Gemeinden wacht der Staat nur über die Erfüllung der gesetzlichen Pflichten und die Einhaltung der gesetzlichen Vorschriften durch die Gemeinden. [3]In den Angelegenheiten des übertragenen Wirkungskreises sind die Gemeinden überdies an die Weisungen der übergeordneten Staatsbehörden gebunden. [4]Der Staat schützt die Gemeinden bei Durchführung ihrer Aufgaben.

(5) Verwaltungsstreitigkeiten zwischen den Gemeinden und dem Staate werden von den Verwaltungsgerichten entschieden.

(6) Die Bestimmungen der Abs. 2 mit 5 gelten auch für die Gemeindeverbände.

(7) [1]Die kommunalen Spitzenverbände sollen rechtzeitig gehört werden, bevor durch Gesetz oder Rechtsverordnung Angelegenheiten geregelt werden, welche die Gemeinden oder die Gemeindeverbände berühren. [2]Die Staatsregierung vereinbart zur Umsetzung des Konnexitätsprinzips (Abs. 3) ein Konsultationsverfahren mit den kommunalen Spitzenverbänden.

8. Abschnitt

## Die Rechtspflege

**Art. 84 [Völkerrecht].** Die allgemein anerkannten Grundsätze des Völkerrechts gelten als Bestandteil des einheimischen Rechts.

**Art. 85 [Sachliche Unabhängigkeit der Richter].** Die Richter sind nur dem Gesetz unterworfen.

Landesverfassung **BV 10**

**Art. 86 [Ausnahmegerichte, gesetzlicher Richter. Gerichte für besondere Sachgebiete].** (1) [1]Ausnahmegerichte sind unstatthaft. [2]Niemand darf seinem gesetzlichen Richter entzogen werden.

(2) Gerichte für besondere Sachgebiete sind nur kraft gesetzlicher Bestimmung zulässig.

**Art. 87 [Persönliche Unabhängigkeit der Richter].** (1) [1]Die Richter können gegen ihren Willen nur kraft richterlicher Entscheidung und nur aus Gründen und unter den Formen, die gesetzlich bestimmt sind, dauernd oder zeitweise ihres Amtes enthoben oder an eine andere Stelle oder in den Ruhestand versetzt werden. [2]Die gesetzliche Bestimmung einer Altersgrenze ist zulässig.

(2) Die Richter der ordentlichen Gerichtsbarkeit werden auf Lebenszeit ernannt.

**Art. 88 [Laienrichter].** [1]An der Rechtspflege sollen Männer und Frauen aus dem Volke mitwirken. [2]Ihre Zuziehung und die Art ihrer Auswahl wird durch Gesetz geregelt.

**Art. 89 [Staatsanwälte].** Die öffentlichen Ankläger vor den Strafgerichten sind an die Weisungen ihrer vorgesetzten Behörde gebunden.

**Art. 90 [Öffentlichkeitsgrundsatz].** [1]Die Verhandlungen vor allen Gerichten sind öffentlich. [2]Bei Gefährdung der Staatssicherheit oder der öffentlichen Sittlichkeit kann die Öffentlichkeit durch Gerichtsbeschluß ausgeschlossen werden.

**Art. 91 [Rechtliches Gehör. Strafverteidiger].** (1) Vor Gericht hat jedermann Anspruch auf rechtliches Gehör.

(2) Jeder wegen einer strafbaren Handlung Angeklagte kann sich eines Verteidigers bedienen.

**Art. 92 [Richtervorlage].** Hält der Richter ein Gesetz für verfassungswidrig, so hat er die Entscheidung des Verfassungsgerichtshofs herbeizuführen.

**Art. 93 [Verwaltungsgerichte].** Verwaltungsrechtliche Streitigkeiten entscheiden die Verwaltungsgerichte.

9. Abschnitt

## Die Beamten

**Art. 94 [Wahl oder Ernennung. Leistungsprinzip].** (1) Die Beamten des Staates, der Gemeinden und Gemeindeverbände werden nach Maßgabe der Gesetze vom Volk gewählt oder von den zuständigen Behörden ernannt.

(2) [1]Die öffentlichen Ämter stehen allen wahlberechtigten Staatsbürgern nach ihrer charakterlichen Eignung, nach ihrer Befähigung und ihren Leistungen

offen, die, soweit möglich, durch Prüfungen im Wege des Wettbewerbs festgestellt werden. ²Für die Beförderung des Beamten gelten dieselben Grundsätze.

**Art. 95 [Beamtenrechte].** (1) ¹Die Grundlagen des Beamtenverhältnisses werden durch Gesetz geregelt. ²Das Berufsbeamtentum wird grundsätzlich aufrechterhalten.

(2) Den Beamten steht für die Verfolgung ihrer vermögensrechtlichen Ansprüche der ordentliche Rechtsweg offen.

(3) Gegen jedes dienstliche Straferkenntnis muß der Beschwerdeweg und ein Wiederaufnahmeverfahren offenstehen.

(4) ¹In die Nachweise über die Person des Beamten dürfen ungünstige Tatsachen erst eingetragen werden, wenn der Beamte Gelegenheit gehabt hat, sich über sie zu äußern. ²Die Äußerung des Beamten ist in den Personalnachweis mitaufzunehmen.

(5) Jeder Beamte hat das Recht, seine sämtlichen Personalnachweise jederzeit einzusehen.

**Art. 96 [Unparteilichkeit, Verfassungstreue].** ¹Die Beamten sind Diener des ganzen Volkes, nicht einer einzelnen Partei. ²Der Beamte hat sich jederzeit zum demokratisch-konstitutionellen Staat zu bekennen und zu ihm innerhalb und außerhalb des Dienstes zu stehen.

**Art. 97 [Amtshaftung].** ¹Verletzt ein Beamter in Ausübung der ihm anvertrauten öffentlichen Gewalt schuldhaft die ihm einem anderen gegenüber obliegende Amtspflicht, so haftet für die Folgen der Staat oder diejenige öffentliche Körperschaft, in deren Diensten der Beamte steht. ²Der Rückgriff gegen den Beamten bleibt vorbehalten. ³Der ordentliche Rechtsweg darf nicht ausgeschlossen werden.

ZWEITER HAUPTTEIL
## Grundrechte und Grundpflichten

**Art. 98 [Grundrechtseinschränkungen, Popularklage].** ¹Die durch die Verfassung gewährleisteten Grundrechte dürfen grundsätzlich nicht eingeschränkt werden. ²Einschränkungen durch Gesetz sind nur zulässig, wenn die öffentliche Sicherheit, Sittlichkeit, Gesundheit und Wohlfahrt es zwingend erfordern. ³Sonstige Einschränkungen sind nur unter den Voraussetzungen des Art. 48 zulässig. ⁴Der Verfassungsgerichtshof hat Gesetze und Verordnungen für nichtig zu erklären, die ein Grundrecht verfassungswidrig einschränken.

**Art. 99 [Schutz].** ¹Die Verfassung dient dem Schutz und dem geistigen und leiblichen Wohl aller Einwohner. ²Ihr Schutz gegen Angriffe von außen ist gewährleistet durch das Völkerrecht, nach innen durch die Gesetze, die Rechtspflege und die Polizei.

Landesverfassung **BV 10**

**Art. 100 [Menschenwürde].** [1]Die Würde des Menschen ist unantastbar. [2]Sie zu achten und zu schützen ist Verpflichtung aller staatlichen Gewalt.

**Art. 101 [Entfaltung der Persönlichkeit].** Jedermann hat die Freiheit, innerhalb der Schranken der Gesetze und der guten Sitten alles zu tun, was anderen nicht schadet.

**Art. 102 [Freiheit der Person. Rechtsgarantien bei Freiheitsentziehung].**
(1) Die Freiheit der Person ist unverletzlich.

(2) [1]Jeder von der öffentlichen Gewalt Festgenommene ist spätestens am Tage nach der Festnahme dem zuständigen Richter vorzuführen. [2]Dieser hat dem Festgenommenen mitzuteilen, von welcher Behörde und aus welchen Gründen die Festnahme verfügt worden ist, und ihm Gelegenheit zu geben, Einwendungen gegen die Festnahme zu erheben. [3]Er hat gegen den Festgenommenen entweder Haftbefehl zu erlassen oder ihn unverzüglich in Freiheit zu setzen.

**Art. 103 [Eigentum und Erbrecht].** (1) Eigentumsrecht und Erbrecht werden gewährleistet.

(2) Eigentumsordnung und Eigentumsgebrauch haben auch dem Gemeinwohl zu dienen.

**Art. 104 [Keine Strafe ohne Gesetz. Verbot der Doppelbestrafung].**
(1) Eine Handlung kann nur dann mit Strafe belegt werden, wenn die Strafbarkeit gesetzlich bestimmt war, bevor die Handlung begangen wurde.

(2) Niemand darf wegen derselben Tat zweimal gerichtlich bestraft werden.

**Art. 105 [Asylrecht].** Ausländer, die unter Nichtbeachtung der in dieser Verfassung niedergelegten Grundrechte im Ausland verfolgt werden und nach Bayern geflüchtet sind, dürfen nicht ausgeliefert und ausgewiesen werden.

**Art. 106 [Wohnung].** (1) Jeder Bewohner Bayerns hat Anspruch auf eine angemessene Wohnung.

(2) Die Förderung des Baues billiger Volkswohnungen ist Aufgabe des Staates und der Gemeinden.

(3) Die Wohnung ist für jedermann eine Freistätte und unverletzlich.

**Art. 107 [Glaubens- und Gewissensfreiheit].** (1) Die Glaubens- und Gewissensfreiheit ist gewährleistet.

(2) Die ungestörte Religionsausübung steht unter staatlichem Schutz.

(3) [1]Durch das religiöse Bekenntnis wird der Genuß der bürgerlichen und staatsbürgerlichen Rechte weder bedingt noch beschränkt. [2]Den staatsbürgerlichen Pflichten darf es keinen Abbruch tun.

(4) Die Zulassung zu den öffentlichen Ämtern ist von dem religiösen Bekenntnis unabhängig.

(5) ¹Niemand ist verpflichtet, seine religiöse Überzeugung zu offenbaren. ²Die Behörden haben nur soweit das Recht, nach der Zugehörigkeit zu einer Religionsgemeinschaft zu fragen, als davon Rechte und Pflichten abhängen oder eine gesetzlich angeordnete statistische Erhebung dies erfordert.

(6) Niemand darf zu einer kirchlichen Handlung oder zur Teilnahme an religiösen Übungen oder Feierlichkeiten oder zur Benutzung einer religiösen Eidesformel gezwungen werden.

**Art. 108 [Kunst-, Wissenschaftsfreiheit].** Die Kunst, die Wissenschaft und ihre Lehre sind frei.

**Art. 109 [Freizügigkeit].** (1) ¹Alle Bewohner Bayerns genießen volle Freizügigkeit. ²Sie haben das Recht, sich an jedem beliebigen Ort aufzuhalten und niederzulassen, Grundstücke zu erwerben und jeden Erwerbszweig zu betreiben.

(2) Alle Bewohner Bayerns sind berechtigt, nach außerdeutschen Ländern auszuwandern.

**Art. 110 [Meinungsfreiheit].** (1) ¹Jeder Bewohner Bayerns hat das Recht, seine Meinung durch Wort, Schrift, Druck, Bild oder in sonstiger Weise frei zu äußern. ²An diesem Recht darf ihn kein Arbeits- und Anstellungsvertrag hindern und niemand darf ihn benachteiligen, wenn er von diesem Recht Gebrauch macht.

(2) Die Bekämpfung von Schmutz und Schund ist Aufgabe des Staates und der Gemeinden.

**Art. 111 [Pressefreiheit].** (1) Die Presse hat die Aufgabe, im Dienst des demokratischen Gedankens über Vorgänge, Zustände und Einrichtungen und Persönlichkeiten des öffentlichen Lebens wahrheitsgemäß zu berichten.

(2) ¹Vorzensur ist verboten. ²Gegen polizeiliche Verfügungen, welche die Pressefreiheit berühren, kann gerichtliche Entscheidung verlangt werden.

**Art. 111a [Rundfunkfreiheit].** (1) ¹Die Freiheit des Rundfunks wird gewährleistet. ²Der Rundfunk dient der Information durch wahrheitsgemäße, umfassende und unparteiische Berichterstattung sowie durch die Verbreitung von Meinungen. ³Er trägt zur Bildung und Unterhaltung bei. ⁴Der Rundfunk hat die freiheitliche demokratische Grundordnung, die Menschenwürde, religiöse und weltanschauliche Überzeugungen zu achten. ⁵Die Verherrlichung von Gewalt sowie Darbietungen, die das allgemeine Sittlichkeitsgefühl grob verletzen, sind unzulässig. ⁶Meinungsfreiheit, Sachlichkeit, gegenseitige Achtung, Schutz vor Verunglimpfung sowie die Ausgewogenheit des Gesamtprogramms sind zu gewährleisten.

(2) ¹Rundfunk wird in öffentlicher Verantwortung und in öffentlich-rechtlicher Trägerschaft betrieben. ²An der Kontrolle des Rundfunks sind die in Betracht kommenden bedeutsamen politischen, weltanschaulichen und gesellschaftlichen Gruppen angemessen zu beteiligen. ³Der Anteil der von der Staats-

Landesverfassung  **BV 10**

regierung, dem Landtag und dem Senat* in die Kontrollorgane entsandten Vertreter darf ein Drittel nicht übersteigen. ⁴Die weltanschaulichen und gesellschaftlichen Gruppen wählen oder berufen ihre Vertreter selbst.

(3) Das Nähere regelt ein Gesetz.

**Art. 112 [Post-, Fernmeldegeheimnis. Informationsfreiheit].** (1) Das Brief-, Post-, Telegraphen- und Fernsprechgeheimnis ist unverletzlich.

(2) Beschränkungen des Rundfunkempfanges sowie des Bezuges von Druck-Erzeugnissen sind unzulässig.

**Art. 113 [Versammlungsfreiheit].** Alle Bewohner Bayerns haben das Recht, sich ohne Anmeldung oder besondere Erlaubnis friedlich und unbewaffnet zu versammeln.

**Art. 114 [Vereinigungsfreiheit].** (1) Alle Bewohner Bayerns haben das Recht, Vereine und Gesellschaften zu bilden.

(2) Vereine und Gesellschaften, die rechts- oder sittenwidrige Zwecke verfolgen oder solche Mittel gebrauchen oder die darauf ausgehen, die staatsbürgerlichen Freiheiten zu vernichten oder gegen Volk, Staat oder Verfassung Gewalt anzuwenden, können verboten werden.

(3) Der Erwerb der Rechtsfähigkeit steht jedem Verein gemäß den Vorschriften des bürgerlichen Rechts frei.

**Art. 115 [Petitionsrecht].** (1) Alle Bewohner Bayerns haben das Recht, sich schriftlich mit Bitten oder Beschwerden an die zuständigen Behörden oder an den Landtag zu wenden.

(2) Die Rechte des Landtags zur Überprüfung von Beschwerden werden durch Gesetz geregelt.

**Art. 116 [Zugang zu öffentlichen Ämtern].** Alle Staatsangehörigen ohne Unterschied sind entsprechend ihrer Befähigung und ihren Leistungen zu den öffentlichen Ämtern zuzulassen.

**Art. 117 [Treuepflicht].** ¹Der ungestörte Genuß der Freiheit für jedermann hängt davon ab, daß alle ihre Treuepflicht gegenüber Volk und Verfassung, Staat und Gesetzen erfüllen. ²Alle haben die Verfassung und die Gesetze zu achten und zu befolgen, an den öffentlichen Angelegenheiten Anteil zu nehmen und ihre körperlichen und geistigen Kräfte so zu betätigen, wie es das Wohl der Gesamtheit erfordert.

---

\* *Die durch Gesetz zur Abschaffung des Bayerischen Senates vom 20. Februar 1998 (GVBl. S. 42) gebotene Anpassung von Art. 111a Abs. 2 Satz 3 BV ist bislang nicht erfolgt.*

**Art. 118 [Gleichheitssatz].** (1) ¹Vor dem Gesetz sind alle gleich. ²Die Gesetze verpflichten jeden in gleicher Weise und jeder genießt auf gleiche Weise den Schutz der Gesetze.

(2) ¹Frauen und Männer sind gleichberechtigt. ²Der Staat fördert die tatsächliche Durchsetzung der Gleichberechtigung von Frauen und Männern und wirkt auf die Beseitigung bestehender Nachteile hin.

(3) ¹Alle öffentlich-rechtlichen Vorrechte und Nachteile der Geburt oder des Standes sind aufgehoben. ²Adelsbezeichnungen gelten nur als Bestandteil des Namens; sie dürfen nicht mehr verliehen und können durch Adoption nicht mehr erworben werden.

(4) ¹Titel dürfen nur verliehen werden, wenn sie mit einem Amt oder einem Beruf in Verbindung stehen. ²Sie sollen außerhalb des Amtes oder Berufs nicht geführt werden. ³Akademische Grade fallen nicht unter dieses Verbot.

(5) Orden und Ehrenzeichen dürfen vom Staat nur nach Maßgabe der Gesetze verliehen werden.

**Art. 118a [Verbot der Benachteiligung Behinderter].** ¹Menschen mit Behinderungen dürfen nicht benachteiligt werden. ²Der Staat setzt sich für gleichwertige Lebensbedingungen von Menschen mit und ohne Behinderung ein.

**Art. 119 [Rassen- und Völkerhaß].** Rassen- und Völkerhaß zu entfachen ist verboten und strafbar.

**Art. 120 [Verfassungsbeschwerde].** Jeder Bewohner Bayerns, der sich durch eine Behörde in seinen verfassungsmäßigen Rechten verletzt fühlt, kann den Schutz des Bayerischen Verfassungsgerichtshofes anrufen.

**Art. 121 [Ehrenämter].** ¹Alle Bewohner Bayerns sind zur Übernahme von Ehrenämtern, insbesondere als Vormund, Waisenrat, Jugendpfleger, Schöffe und Geschworener verpflichtet. ²Staat und Gemeinden fördern den ehrenamtlichen Einsatz für das Gemeinwohl. ³Das Nähere bestimmen die Gesetze.

**Art. 122 [Hilfspflicht].** Bei Unglücksfällen, Notständen und Naturkatastrophen und im nachbarlichen Verkehr sind alle nach Maßgabe der Gesetze zur gegenseitigen Hilfe verpflichtet.

**Art. 123 [Steuerwesen].** (1) Alle sind im Verhältnis ihres Einkommens und Vermögens und unter Berücksichtigung ihrer Unterhaltspflicht zu den öffentlichen Lasten heranzuziehen.

(2) Verbrauchssteuern und Besitzsteuern müssen zueinander in einem angemessenen Verhältnis stehen.

(3) ¹Die Erbschaftssteuer dient auch dem Zwecke, die Ansammlung von Riesenvermögen in den Händen einzelner zu verhindern. ²Sie ist nach dem Verwandtschaftsverhältnis zu staffeln.

## DRITTER HAUPTTEIL
## Das Gemeinschaftsleben

### 1. Abschnitt
### Ehe, Familie und Kinder

**Art. 124 [Ehe und Familie].** (1) Ehe und Familie sind die natürliche und sittliche Grundlage der menschlichen Gemeinschaft und stehen unter dem besonderen Schutz des Staates.

(2) Mann und Frau haben in der Ehe grundsätzlich die gleichen bürgerlichen Rechte und Pflichten.

**Art. 125 [Kinder. Schutz der Familie].** (1) ¹Kinder sind das köstlichste Gut eines Volkes. ²Sie haben Anspruch auf Entwicklung zu selbstbestimmungsfähigen und verantwortungsfähigen Persönlichkeiten. ³Jede Mutter hat Anspruch auf den Schutz und die Fürsorge des Staates.

(2) Die Reinhaltung, Gesundung und soziale Förderung der Familie ist gemeinsame Aufgabe des Staates und der Gemeinden.

(3) Kinderreiche Familien haben Anspruch auf angemessene Fürsorge, insbesondere auf gesunde Wohnungen.

**Art. 126 [Erziehung].** (1) ¹Die Eltern haben das natürliche Recht und die oberste Pflicht, ihre Kinder zur leiblichen, geistigen und seelischen Tüchtigkeit zu erziehen. ²Sie sind darin durch Staat und Gemeinden zu unterstützen. ³In persönlichen Erziehungsfragen gibt der Wille der Eltern den Ausschlag.

(2) Uneheliche Kinder haben den gleichen Anspruch auf Förderung wie eheliche Kinder.

(3) ¹Kinder und Jugendliche sind durch staatliche und gemeindliche Maßnahmen und Einrichtungen gegen Ausbeutung sowie gegen sittliche, geistige und körperliche Verwahrlosung und gegen Misshandlung zu schützen. ²Fürsorgeerziehung ist nur auf gesetzlicher Grundlage zulässig.

**Art. 127 [Erziehungseinfluß der Religionsgemeinschaften].** Das eigene Recht der Religionsgemeinschaften und staatlich anerkannten weltanschaulichen Gemeinschaften auf einen angemessenen Einfluß bei der Erziehung der Kinder ihres Bekenntnisses oder ihrer Weltanschauung wird unbeschadet des Erziehungsrechtes der Eltern gewährleistet.

## 2. Abschnitt
## Bildung und Schule, Schutz der natürlichen Lebensgrundlagen und der kulturellen Überlieferung

**Art. 128 [Ausbildungsanspruch].** (1) Jeder Bewohner Bayerns hat Anspruch darauf, eine seinen erkennbaren Fähigkeiten und seiner inneren Berufung entsprechende Ausbildung zu erhalten.

(2) Begabten ist der Besuch von Schulen und Hochschulen, nötigenfalls aus öffentlichen Mitteln zu ermöglichen.

**Art. 129 [Schulpflicht].** (1) Alle Kinder sind zum Besuch der Volksschule und der Berufsschule verpflichtet.

(2) Der Unterricht an diesen Schulen ist unentgeltlich.

**Art. 130 [Schulaufsicht].** (1) Das gesamte Schul- und Bildungswesen steht unter der Aufsicht des Staates, er kann daran die Gemeinden beteiligen.

(2) Die Schulaufsicht wird durch hauptamtlich tätige, fachmännisch vorgebildete Beamte ausgeübt.

**Art. 131 [Bildungsziele].** (1) Die Schulen sollen nicht nur Wissen und Können vermitteln, sondern auch Herz und Charakter bilden.

(2) Oberste Bildungsziele sind Ehrfurcht vor Gott, Achtung vor religiöser Überzeugung und vor der Würde des Menschen, Selbstbeherrschung, Verantwortungsgefühl und Verantwortungsfreudigkeit, Hilfsbereitschaft, Aufgeschlossenheit für alles Wahre, Gute und Schöne und Verantwortungsbewußtsein für Natur und Umwelt.

(3) Die Schüler sind im Geiste der Demokratie, in der Liebe zur bayerischen Heimat und zum deutschen Volk und im Sinne der Völkerversöhnung zu erziehen.

(4) Die Mädchen und Buben sind außerdem in der Säuglingspflege, Kindererziehung und Hauswirtschaft besonders zu unterweisen.

**Art. 132 [Schulaufbau, Schulwahl].** Für den Aufbau des Schulwesens ist die Mannigfaltigkeit der Lebensberufe, für die Aufnahme eines Kindes in eine bestimmte Schule sind seine Anlagen, seine Neigung, seine Leistung und seine innere Berufung maßgebend, nicht aber die wirtschaftliche und gesellschaftliche Stellung der Eltern.

**Art. 133 [Schulorganisation].** (1) ¹Für die Bildung der Jugend ist durch öffentliche Anstalten zu sorgen. ²Bei ihrer Einrichtung wirken Staat und Gemeinde zusammen. ³Auch die anerkannten Religionsgemeinschaften und weltanschaulichen Gemeinschaften sind Bildungsträger.

(2) Die Lehrer an öffentlichen Schulen haben grundsätzlich die Rechte und Pflichten der Staatsbeamten.

Landesverfassung **BV 10**

**Art. 134 [Privatschulen].** (1) ¹Privatschulen müssen den an die öffentlichen Schulen gestellten Anforderungen entsprechen. ²Sie können nur mit Genehmigung des Staates errichtet und betrieben werden.

(2) Die Genehmigung ist zu erteilen, wenn die Schule in ihren Lehrzielen (Art. 131) und Einrichtungen sowie in der wissenschaftlichen Ausbildung ihrer Lehrer nicht hinter den gleichartigen öffentlichen Schulen zurücksteht, wenn die wirtschaftliche und rechtliche Stellung der Lehrer genügend gesichert ist und gegen die Person des Schulleiters keine Bedenken bestehen.

(3) ¹Private Volksschulen dürfen nur unter besonderen Voraussetzungen zugelassen werden. ²Diese Voraussetzungen liegen insbesonders vor, wenn den Erziehungsberechtigten eine öffentliche Schule ihres Bekenntnisses oder ihrer Weltanschauung nicht zur Verfügung steht.

**Art. 135 [Volksschulen].** ¹Die öffentlichen Volksschulen sind gemeinsame Schulen für alle volksschulpflichtigen Kinder. ²In ihnen werden die Schüler nach den Grundsätzen der christlichen Bekenntnisse unterrichtet und erzogen. ³Das Nähere bestimmt das Volksschulgesetz.

**Art. 136 [Religionsunterricht].** (1) An allen Schulen sind beim Unterricht die religiösen Empfindungen aller zu achten.

(2) ¹Der Religionsunterricht ist ordentliches Lehrfach aller Volksschulen, Berufsschulen, mittleren und höheren Lehranstalten. ²Er wird erteilt in Übereinstimmung mit den Grundsätzen der betreffenden Religionsgemeinschaft.

(3) Kein Lehrer kann gezwungen oder gehindert werden, Religionsunterricht zu erteilen.

(4) Die Lehrer bedürfen der Bevollmächtigung durch die Religionsgemeinschaften zur Erteilung des Religionsunterrichts.

(5) Die erforderlichen Schulräume sind zur Verfügung zu stellen.

**Art. 137 [Teilnahme am Religionsunterricht].** (1) Die Teilnahme am Religionsunterricht und an kirchlichen Handlungen und Feierlichkeiten bleibt der Willenserklärung der Erziehungsberechtigten, vom vollendeten 18. Lebensjahr ab der Willenserklärung der Schüler überlassen.

(2) Für Schüler, die nicht am Religionsunterricht teilnehmen, ist ein Unterricht über die allgemein anerkannten Grundsätze der Sittlichkeit einzurichten.

**Art. 138 [Hochschulen. Selbstverwaltungsrecht].** (1) ¹Die Errichtung und Verwaltung der Hochschulen ist Sache des Staates. ²Eine Ausnahme bilden die kirchlichen Hochschulen (Art. 150 Abs. 1). ³Weitere Ausnahmen bedürfen staatlicher Genehmigung.

(2) ¹Die Hochschulen haben das Recht der Selbstverwaltung. ²Die Studierenden sind daran zu beteiligen, soweit es sich um ihre Angelegenheiten handelt.

**Art. 139 [Erwachsenenbildung].** Die Erwachsenenbildung ist durch Volkshochschulen und sonstige mit öffentlichen Mitteln unterstützte Einrichtungen zu fördern.

**Art. 140 [Kunst-, Wissenschafts-, Kultur- und Sportförderung].**
(1) Kunst und Wissenschaft sind von Staat und Gemeinde zu fördern.

(2) Sie haben insbesonders Mittel zur Unterstützung schöpferischer Künstler, Gelehrter und Schriftsteller bereitzustellen, die den Nachweis ernster künstlerischer oder kultureller Tätigkeit erbringen.

(3) Das kulturelle Leben und der Sport sind von Staat und Gemeinden zu fördern.

**Art. 141 [Schutz von Natur und Kultur. Recht auf Naturgenuß].** (1) [1]Der Schutz der natürlichen Lebensgrundlagen ist, auch eingedenk der Verantwortung für die kommenden Generationen, der besonderen Fürsorge jedes einzelnen und der staatlichen Gemeinschaft anvertraut. [2]Tiere werden als Lebewesen und Mitgeschöpfe geachtet und geschützt. [3]Mit Naturgütern ist schonend und sparsam umzugehen. [4]Es gehört auch zu den vorrangigen Aufgaben von Staat, Gemeinden und Körperschaften des öffentlichen Rechts,

– Boden, Wasser und Luft als natürliche Lebensgrundlagen zu schützen, eingetretene Schäden möglichst zu beheben oder auszugleichen und auf möglichst sparsamen Umgang mit Energie zu achten,

– die Leistungsfähigkeit des Naturhaushaltes zu erhalten und dauerhaft zu verbessern,

– den Wald wegen seiner besonderen Bedeutung für den Naturhaushalt zu schützen und eingetretene Schäden möglichst zu beheben oder auszugleichen,

– die heimischen Tier- und Pflanzenarten und ihre notwendigen Lebensräume sowie kennzeichnende Orts- und Landschaftsbilder zu schonen und zu erhalten.

(2) Staat, Gemeinden und Körperschaften des öffentlichen Rechts haben die Aufgabe,

– die Denkmäler der Kunst, der Geschichte und der Natur sowie die Landschaft zu schützen und zu pflegen,

– herabgewürdigte Denkmäler der Kunst und der Geschichte möglichst ihrer früheren Bestimmung wieder zuzuführen,

– die Abwanderung deutschen Kunstbesitzes ins Ausland zu verhüten.

(3) [1]Der Genuß der Naturschönheiten und die Erholung in der freien Natur, insbesondere das Betreten von Wald und Bergweide, das Befahren der Gewässer und die Aneignung wildwachsender Waldfrüchte in ortsüblichem Umfang ist jedermann gestattet. [2]Dabei ist jedermann verpflichtet, mit Natur und Landschaft pfleglich umzugehen. [3]Staat und Gemeinde sind berechtigt und verpflichtet, der Allgemeinheit die Zugänge zu Bergen, Seen, Flüssen und

Landesverfassung **BV 10**

sonstigen landschaftlichen Schönheiten freizuhalten und allenfalls durch Einschränkungen des Eigentumsrechtes freizumachen sowie Wanderwege und Erholungsparks anzulegen.

### 3. Abschnitt
## Religion und Religionsgemeinschaften

**Art. 142 [Freiheit der Religionsgemeinschaften].** (1) Es besteht keine Staatskirche.

(2) Die Freiheit der Vereinigung zu gemeinsamer Hausandacht, zu öffentlichen Kulthandlungen und Religionsgemeinschaften sowie deren Zusammenschluß innerhalb Bayerns unterliegen im Rahmen der allgemein geltenden Gesetze keinerlei Beschränkung.

(3) [1]Kirchen und anerkannte Religionsgemeinschaften sowie solche weltanschauliche Gemeinschaften, deren Bestrebungen den allgemein geltenden Gesetzen nicht widersprechen, sind von staatlicher Bevormundung frei. [2]Sie ordnen und verwalten ihre Angelegenheiten innerhalb der Schranken der für alle geltenden Gesetze selbständig. [3]Sie verleihen ihre Ämter ohne Mitwirkung des Staates oder der politischen Gemeinde.

**Art. 143 [Rechtsfähigkeit. Körperschaften des öffentlichen Rechts. Kirchensteuer].** (1) Die Religionsgemeinschaften und weltanschaulichen Gemeinschaften erwerben die Rechtsfähigkeit nach den Vorschriften des bürgerlichen Rechts.

(2) [1]Kirchen und anerkannte Religionsgemeinschaften bleiben Körperschaften des öffentlichen Rechts, soweit sie es bisher waren. [2]Anderen anerkannten Religionsgemeinschaften sowie solchen weltanschaulichen Gemeinschaften, deren Bestrebungen den allgemein geltenden Gesetzen nicht widersprechen, sind nach einer Bestandszeit von fünf Jahren auf Antrag die gleichen Rechte zu gewähren.

(3) Kirchen und Religionsgemeinschaften sowie weltanschauliche Gemeinschaften, die Körperschaften des öffentlichen Rechts sind, dürfen auf Grund der öffentlichen Steuerlisten Steuern erheben.

**Art. 144 [Schutz der Religion und der Geistlichen].** (1) In der Erfüllung ihrer Amtspflichten genießen die Geistlichen den Schutz des Staates.

(2) Jede öffentliche Verächtlichmachung der Religion, ihrer Einrichtungen, der Geistlichen und Ordensleute in ihrer Eigenschaft als Religionsdiener ist verboten und strafbar.

(3) Geistliche können vor Gerichten und anderen Behörden nicht um Auskunft über Tatsachen angehalten werden, die ihnen in ihrer Eigenschaft als Seelsorger anvertraut worden sind.

**Art. 145 [Garantie staatlicher und kommunaler Leistungen].** (1) Die auf Gesetz, Vertrag oder anderen Rechtstiteln beruhenden bisherigen Leistungen des Staates oder der politischen Gemeinden an die Religionsgemeinschaften bleiben aufrechterhalten.

(2) Neue freiwillige Leistungen des Staates, der politischen Gemeinden und Gemeindeverbände an eine Religionsgemeinschaft werden durch Zuschläge zu den Staatssteuern und Umlagen der Angehörigen dieser Religionsgemeinschaft aufgebracht.

**Art. 146 [Eigentumsgewährleistung].** Das Eigentum und andere Rechte der Religionsgemeinschaften, religiöser Vereine, Orden, Kongregationen, weltanschaulicher Gemeinschaften an ihren für Kultus-, Unterrichts- und Wohltätigkeitszwecke bestimmten Anstalten, Stiftungen und sonstigen Vermögen werden gewährleistet.

**Art. 147 [Sonn- und Feiertage].** Die Sonntage und staatlich anerkannten Feiertage bleiben als Tage der seelischen Erhebung und der Arbeitsruhe gesetzlich geschützt.

**Art. 148 [Anstaltsseelsorge].** Soweit das Bedürfnis nach Gottesdienst und Seelsorge in Krankenhäusern, Strafanstalten oder sonstigen öffentlichen Anstalten besteht, sind die Religionsgemeinschaften zur Vornahme religiöser Handlungen zuzulassen, wobei jeder Zwang fernzuhalten ist.

**Art. 149 [Friedhöfe. Simultangebrauch].** (1) ¹Die Gemeinden haben dafür zu sorgen, daß jeder Verstorbene schicklich beerdigt werden kann. ²Über die Mitwirkung der Religionsgemeinschaften haben diese selbst zu bestimmen.

(2) In Friedhöfen, die nur für einzelne Religionsgemeinschaften bestimmt sind, ist die Beisetzung Andersgläubiger unter den für sie üblichen Formen und ohne räumliche Absonderung zu gestatten, wenn ein anderer geeigneter Begräbnisplatz nicht vorhanden ist.

(3) Im übrigen bemißt sich der Simultangebrauch der Kirchen und Friedhöfe nach bisherigem Recht, soweit nicht durch Gesetz Abänderungen getroffen werden.

**Art. 150 [Theologische Hochschulen. Theologische Fakultäten].** (1) Die Kirchen haben das Recht, ihre Geistlichen auf eigenen kirchlichen Hochschulen auszubilden und fortzubilden.

(2) Die theologischen Fakultäten an den Hochschulen bleiben erhalten.

Landesverfassung BV 10

VIERTER HAUPTTEIL
## Wirtschaft und Arbeit

1. Abschnitt
## Die Wirtschaftsordnung

**Art. 151 [Gemeinwohlbindung. Vertragsfreiheit].** (1) Die gesamte wirtschaftliche Tätigkeit dient dem Gemeinwohl, insbesonders der Gewährleistung eines menschenwürdigen Daseins für alle und der allmählichen Erhöhung der Lebenshaltung aller Volksschichten.

(2) ¹Innerhalb dieser Zwecke gilt Vertragsfreiheit nach Maßgabe der Gesetze. ²Die Freiheit der Entwicklung persönlicher Entschlußkraft und die Freiheit der selbständigen Betätigung des einzelnen in der Wirtschaft wird grundsätzlich anerkannt. ³Die wirtschaftliche Freiheit des einzelnen findet ihre Grenze in der Rücksicht auf den Nächsten und auf die sittlichen Forderungen des Gemeinwohls. ⁴Gemeinschädliche und unsittliche Rechtsgeschäfte, insbesonders alle wirtschaftlichen Ausbeutungsverträge sind rechtswidrig und nichtig.

**Art. 152 [Wirtschaftsüberwachung. Stromversorgung].** ¹Die geordnete Herstellung und Verteilung der wirtschaftlichen Güter zur Deckung des notwendigen Lebensbedarfes der Bevölkerung wird vom Staat überwacht. ²Ihm obliegt die Sicherstellung der Versorgung des Landes mit elektrischer Kraft.

**Art. 153 [Klein-, Mittelstandsbetriebe].** ¹Die selbständigen Kleinbetriebe und Mittelstandsbetriebe in Landwirtschaft, Handwerk, Handel, Gewerbe und Industrie sind in der Gesetzgebung und Verwaltung zu fördern und gegen Überlastung und Aufsaugung zu schützen. ²Sie sind in ihren Bestrebungen, ihre wirtschaftliche Freiheit und Unabhängigkeit sowie ihre Entwicklung durch genossenschaftliche Selbsthilfe zu sichern, vom Staat zu unterstützen. ³Der Aufstieg tüchtiger Kräfte aus nichtselbständiger Arbeit zu selbständigen Existenzen ist zu fördern.

**Art. 154 [Selbstverwaltungsorgane der Wirtschaft].** ¹Die auf demokratischer Grundlage aus den Kreisen der Berufsverbände gewählten Selbstverwaltungsorgane der Wirtschaft nehmen an den wirtschaftlichen Gestaltungsaufgaben teil. ²Das Nähere bestimmt ein Gesetz.

**Art. 155 [Bedarfsdeckungsgebiete].** ¹Zum Zweck einer möglichst gleichmäßigen Befriedigung der wirtschaftlichen Bedürfnisse aller Bewohner können unter Berücksichtigung der Lebensinteressen der selbständigen, produktiv tätigen Kräfte der Wirtschaft durch Gesetz besondere Bedarfsdeckungsgebiete gebildet und dafür Körperschaften des öffentlichen Rechts auf genossenschaftlicher Grundlage errichtet werden. ²Sie haben im Rahmen der Gesetze das Recht auf Selbstverwaltung.

**Art. 156 [Zusammenballung wirtschaftlicher Macht].** ¹Der Zusammenschluß von Unternehmungen zum Zwecke der Zusammenballung wirtschaftlicher Macht und der Monopolbildung ist unzulässig. ²Insbesondere sind Kartelle, Konzerne und Preisabreden verboten, welche die Ausbeutung der breiten Massen der Bevölkerung oder die Vernichtung selbständiger mittelständischer Existenzen bezwecken.

**Art. 157 [Kapitalbildung. Geld- und Kreditwesen].** (1) Kapitalbildung ist nicht Selbstzweck, sondern Mittel zur Entfaltung der Volkswirtschaft.

(2) Das Geld- und Kreditwesen dient der Werteschaffung und der Befriedigung der Bedürfnisse aller Bewohner.

2. Abschnitt

## Das Eigentum

**Art. 158 [Sozialbindung].** ¹Eigentum verpflichtet gegenüber der Gesamtheit. ²Offenbarer Mißbrauch des Eigentums- oder Besitzrechts genießt keinen Rechtsschutz.

**Art. 159 [Enteignung].** ¹Eine Enteignung darf nur in den gesetzlich vorgesehenen Fällen und gegen angemessene Entschädigung erfolgen, die auch in Form einer Rente gewährt werden kann. ²Wegen der Höhe der Entschädigung steht im Streitfall der Rechtsweg vor den ordentlichen Gerichten offen.

**Art. 160 [Sozialisierung].** (1) Eigentum an Bodenschätzen, die für die allgemeine Wirtschaft von größerer Bedeutung sind, an wichtigen Kraftquellen, Eisenbahnen und anderen der Allgemeinheit dienenden Verkehrswegen und Verkehrsmitteln, an Wasserleitungen und Unternehmungen der Energieversorgung steht in der Regel Körperschaften oder Genossenschaften des öffentlichen Rechtes zu.

(2) ¹Für die Allgemeinheit lebenswichtige Produktionsmittel, Großbanken und Versicherungsunternehmungen können in Gemeineigentum übergeführt werden, wenn die Rücksicht auf die Gesamtheit es erfordert. ²Die Überführung erfolgt auf gesetzlicher Grundlage und gegen angemessene Entschädigung.

(3) In Gemeineigentum stehende Unternehmen können, wenn es dem wirtschaftlichen Zweck entspricht, in einer privatwirtschaftlichen Form geführt werden.

**Art. 161 [Bodenverteilung. Wertsteigerungen].** (1) ¹Die Verteilung und Nutzung des Bodens wird von Staats wegen überwacht. ²Mißbräuche sind abzustellen.

(2) Steigerungen des Bodenwertes, die ohne besonderen Arbeits- oder Kapitalaufwand des Eigentümers entstehen, sind für die Allgemeinheit nutzbar zu machen.

**Art. 162 [Geistiges Eigentum].** Das geistige Eigentum, das Recht der Urheber, der Erfinder und Künstler genießen den Schutz und die Obsorge des Staates.

3. Abschnitt

## Die Landwirtschaft

**Art. 163 [Bauernland].** (1) ¹Grund und Boden sind frei. ²Der Bauer ist nicht an die Scholle gebunden.

(2) Der in der land- und forstwirtschaftlichen Kultur stehende Grund und Boden aller Besitzgrößen dient der Gesamtheit des Volkes.

(3) Das bäuerliche Eigentum an Grund und Boden wird gewährleistet.

(4) ¹Bauernland soll seiner Zweckbestimmung nicht entfremdet werden. ²Der Erwerb von land- und forstwirtschaftlich genutztem Boden soll von einem Nachweis der Eignung für sachgemäße Bewirtschaftung abhängig gemacht werden; er darf nicht lediglich der Kapitalanlage dienen.

(5) Enteignungen an land- und forstwirtschaftlichem Grund und Boden sind nur für dringende Zwecke des Gesamtwohls, insbesonders der Siedlung, gegen angemessene Entschädigung unter Schonung der Mustergüter und Beispielwirtschaften zulässig.

**Art. 164 [Auskommen. Einkommen].** (1) Der landwirtschaftlichen Bevölkerung wird durch Anwendung des technischen Fortschritts auf ihren Lebensbereich, Verbesserung der Berufsausbildung, Pflege des landwirtschaftlichen Genossenschaftswesens und Förderung der Erzeugung und des Absatzes ein menschenwürdiges Auskommen auf der ererbten Heimatscholle gewährleistet.

(2) ¹Ein angemessenes landwirtschaftliches Einkommen wird durch eine den allgemeinen Wirtschaftsverhältnissen entsprechende Preis- und Lohngestaltung sowie durch Marktordnungen sichergestellt. ²Diesen werden Vereinbarungen zwischen den Organisationen der Erzeuger, Verteiler und Verbraucher zugrundegelegt.

**Art. 165 [Verhinderung der Überschuldung].** Die Überschuldung landwirtschaftlicher Betriebe ist durch die Gesetzgebung möglichst zu verhindert.

4. Abschnitt

## Die Arbeit

**Art. 166 [Recht auf Arbeit].** (1) Arbeit ist die Quelle des Volkswohlstandes und steht unter dem besonderen Schutz des Staates.

(2) Jedermann hat das Recht, sich durch Arbeit eine auskömmliche Existenz zu schaffen.

(3) Er hat das Recht und die Pflicht, eine seinen Anlagen und seiner Ausbildung entsprechende Arbeit im Dienste der Allgemeinheit nach näherer Bestimmung der Gesetze zu wählen.

**Art. 167 [Schutz der Arbeitskraft].** (1) Die menschliche Arbeitskraft ist als wertvollstes wirtschaftliches Gut eines Volkes gegen Ausbeutung, Betriebsgefahren und sonstige gesundheitliche Schädigungen geschützt.

(2) Ausbeutung, die gesundheitliche Schäden nach sich zieht, ist als Körperverletzung strafbar.

(3) Die Verletzung von Bestimmungen zum Schutz gegen Gefahren und gesundheitliche Schädigungen in Betrieben wird bestraft.

**Art. 168 [Arbeitsentgelt. Fürsorge].** (1) $^1$Jede ehrliche Arbeit hat den gleichen sittlichen Wert und Anspruch auf angemessenes Entgelt. $^2$Männer und Frauen erhalten für gleiche Arbeit den gleichen Lohn.

(2) Arbeitsloses Einkommen arbeitsfähiger Personen wird nach Maßgabe der Gesetze mit Sondersteuern belegt.

(3) Jeder Bewohner Bayerns, der arbeitsunfähig ist oder dem keine Arbeit vermittelt werden kann, hat ein Recht auf Fürsorge.

**Art. 169 [Mindestlöhne. Tarifverträge].** (1) Für jeden Berufszweig können Mindestlöhne festgesetzt werden, die dem Arbeitnehmer eine den jeweiligen kulturellen Verhältnissen entsprechende Mindestlebenshaltung für sich und seine Familie ermöglichen.

(2) Die Gesamtvereinbarungen zwischen Arbeitgeber- und Arbeitnehmerverbänden über das Arbeitsverhältnis sind für die Verbandsangehörigen verpflichtend und können, wenn es das Gesamtinteresse erfordert, für allgemein verbindlich erklärt werden.

**Art. 170 [Koalitionsfreiheit].** (1) Die Vereinigungsfreiheit zur Wahrung und Förderung der Arbeits- und Wirtschaftsbedingungen ist für jedermann und für alle Berufe gewährleistet.

(2) Alle Abreden und Maßnahmen, welche die Vereinigungsfreiheit einschränken oder zu behindern suchen, sind rechtswidrig und nichtig.

**Art. 171 [Sozialversicherung].** Jedermann hat Anspruch auf Sicherung gegen die Wechselfälle des Lebens durch eine ausreichende Sozialversicherung im Rahmen der Gesetze.

**Art. 172 [Arbeitsgesetzgebung].** Die Rechte und Pflichten der Arbeitnehmer und Arbeitgeber werden in einem besonderen Gesetz geregelt.

**Art. 173 [Arbeitszeit].** Über die tägliche und wöchentliche Höchstarbeitszeit werden durch Gesetz besondere Bestimmungen erlassen.

Landesverfassung **BV 10**

**Art. 174 [Urlaubsrecht].** (1) [1]Jeder Arbeitnehmer hat ein Recht auf Erholung. [2]Es wird grundsätzlich gewährleistet durch ein freies Wochenende und durch einen Jahresurlaub unter Fortbezug des Arbeitsentgelts. [3]Die besonderen Verhältnisse in einzelnen Berufen werden durch Gesetz geregelt. [4]Der Lohnausfall an gesetzlichen Feiertagen ist zu vergüten.

(2) Der 1. Mai ist gesetzlicher Feiertag.

**Art. 175 [Mitbestimmung, Betriebsräte].** [1]Die Arbeitnehmer haben bei allen wirtschaftlichen Unternehmungen ein Mitbestimmungsrecht in den sie berührenden Angelegenheiten sowie in Unternehmungen von erheblicher Bedeutung einen unmittelbaren Einfluß auf die Leitung und die Verwaltung der Betriebe. [2]Zu diesem Zwecke bilden sie Betriebsräte nach Maßgabe eines besonderen Gesetzes. [3]Dieses enthält auch Bestimmungen über die Mitwirkung der Betriebsräte bei Einstellung und Entlassung von Arbeitnehmern.

**Art. 176 [Mitwirkung der Arbeitnehmer im Wirtschaftsleben].** Die Arbeitnehmer als gleichberechtigte Glieder der Wirtschaft nehmen zusammen mit den übrigen in der Wirtschaft Tätigen an den wirtschaftlichen Gestaltungsaufgaben teil.

**Art. 177 [Arbeitsstreitigkeiten].** (1) Arbeitsstreitigkeiten werden durch Arbeitsgerichte entschieden, die aus einer gleichen Anzahl von Arbeitnehmern und Arbeitgebern und einem unabhängigen Vorsitzenden zusammengesetzt sind.

(2) Schiedssprüche in Arbeitsstreitigkeiten können gemäß den bestehenden Gesetzen für allgemeinverbindlich erklärt werden.

# Schluß- und Übergangsbestimmungen

**Art. 178 [Beitritt zum Bundesstaat].** [1]Bayern wird einem künftigen deutschen demokratischen Bundesstaat beitreten. [2]Er soll auf einem freiwilligen Zusammenschluß der deutschen Einzelstaaten beruhen, deren staatsrechtliches Eigenleben zu sichern ist.

**Art. 179 [Rechtsstellung sozialer, kultureller und wirtschaftlicher Organisationen].** [1]Die in dieser Verfassung bezeichneten sozialen, wirtschaftlichen und kulturellen Körperschaften, Selbstverwaltungsorgane der Wirtschaft und Organisationen der Erzeuger, Verteiler und Verbraucher (Art. 154, 155, 164) sind keine öffentlichen Behörden und dürfen keine staatlichen Machtbefugnisse ausüben. [2]Zwangsmitgliedschaft bei ihnen ist ausgeschlossen.

**Art. 180 [Ermächtigungen bis zur Errichtung eines Bundesstaates].** Bis zur Errichtung eines deutschen demokratischen Bundesstaates ist die Bayerische Staatsregierung ermächtigt, soweit es unumgänglich notwendig ist, mit

Zustimmung des Bayerischen Landtags Zuständigkeiten des Staates Bayern auf den Gebieten der auswärtigen Beziehungen, der Wirtschaft, Ernährung, des Geldwesens und des Verkehrs an den Rat der Ministerpräsidenten der Staaten der US-Zone oder andere deutsche Gemeinschaftseinrichtungen mehrerer Staaten oder Zonen abzutreten.

**Art. 181 [Abschluß von Staatsverträgen].** Das Recht des Bayerischen Staates, im Rahmen seiner Zuständigkeit Staatsverträge abzuschließen, bleibt unberührt.

**Art. 182 [Weitergeltung der Staatsverträge].** Die früher geschlossenen Staatsverträge, insbesonders die Verträge mit den christlichen Kirchen vom 24. Januar 1925 bleiben in Kraft.

**Art. 183 [Wiedergutmachung].** Alle durch die nationalsozialistische Gewaltherrschaft wegen ihrer religiösen oder politischen Haltung oder wegen ihrer Rasse Geschädigten haben im Rahmen der Gesetzgebung Anspruch auf Wiedergutmachung.

**Art. 184 [Entnazifizierung].** Die Gültigkeit von Gesetzen, die gegen Nationalsozialismus und Militarismus gerichtet sind oder ihre Folgen beseitigen wollen, wird durch diese Verfassung nicht berührt oder beschränkt.

**Art. 185 [Wiederherstellung der Regierungsbezirke].** Die alten Kreise (Regierungsbezirke) mit ihren Regierungssitzen werden ehestens wiederhergestellt.

**Art. 186 [Bisheriges Recht].** (1) Die Bayerische Verfassung vom 14. August 1919 ist aufgehoben.

(2) Die übrigen Gesetze und Verordnungen bleiben vorläufig in Kraft, soweit ihnen diese Verfassung nicht entgegensteht.

(3) Anordnungen der Behörden, die auf Grund bisheriger Gesetze in rechtsüblicher Weise getroffen waren, behalten ihre Gültigkeit bis zur Aufhebung im Wege anderweitiger Anordnung oder Gesetzgebung.

**Art. 187 [Verfassungseid].** Alle Beamten und Angestellten im öffentlichen Dienst sind auf diese Verfassung zu vereidigen.

**Art. 188 [Verfassungstexte für Schüler].** Jeder Schüler erhält vor Beendigung der Schulpflicht einen Abdruck dieser Verfassung.

Landesverfassung **BV 10**

## Anhang
## Entscheidung des Bayerischen Verfassungsgerichtshofs

vom 17.9.1999 – Vf. 12-III-98 u.a., (GVBl. S. 442)

Amtliche Leitsätze:
1. Die Abschaffung des Bayerischen Senats widerspricht nicht den demokratischen Grundgedanken der Verfassung im Sinn des Art. 75 Abs. 1 Satz 2 BV.
2. Die Bayerische Verfassung kann auch im Wege der Volksgesetzgebung nach Art. 74 BV geändert werden.
3. Bei Verfassungsänderungen im Wege der Volksgesetzgebung nach Art. 74 BV ist beim Volksentscheid ein Quorum erforderlich. Die gegenteilige Auffassung des Verfassungsgerichtshofs in der Entscheidung vom 2. Dezember 1949 (VerfGH 2, 181/218) wird aufgegeben.
4. Dass ein solches Quorum in der Verfassung nicht ausdrücklich vorgeschrieben ist, stellt eine planwidrige Unvollständigkeit des Verfassungstextes dar, eine Lücke, die im Wege der Auslegung zu schließen ist.
5. Bei der lückenfüllenden Auslegung geht der Verfassungsgerichtshof davon aus, dass die Verfassung auch im Verfahren der Volksgesetzgebung einen erhöhten Bestandsschutz beansprucht und eine angemessene demokratische Legitimation sicherstellen will. Er legt andererseits zugrunde, dass die Verfassung keine Hürden für die verfassungsändernde Volksgesetzgebung aufrichten will, die praktisch nicht zu übersteigen sind und deshalb prohibitiv wirken.
6. Es ist nicht Sache des Verfassungsgerichtshofs, punktgenau anzugeben, durch welche Lösung den Intentionen der Verfassung am besten entsprochen wird. Zu einer entsprechenden Konkretisierung des Willens der Verfassung ist der einfache Gesetzgeber verpflichtet.
7. Der Gesetzgeber hat die von der Verfassung insoweit vorgegebenen gegensätzlichen Ziele im Wege des schonenden Ausgleichs miteinander zu vereinen. Sein grundsätzlich gegebener Gestaltungsspielraum reduziert sich angesichts der Vorgaben der Verfassung auf eine relativ enge Bandbreite. Eine mögliche Lösung, die den verfassungsrechtlichen Vorgaben entspricht, ist ein Zustimmungsquorum von 25 v.H. der stimmberechtigten Bürger.
8. Das Gesetz zur Abschaffung des Bayerischen Senates hat beim Volksentscheid vom 8. Februar 1998 die Zustimmung von 27,3 v.H. der Stimmberechtigten erhalten. Diese Zustimmungsquote ist ausreichend, um diesem verfassungsändernden Gesetz die erforderliche demokratische Legitimation zu verleihen und nicht mit dem Ziel der Verfassungsstabilität in Konflikt zu geraten. Ein höheres Quorum ist von Verfassungs wegen nicht gefordert.
9. Aus dem Homogenitätsgebot des Art. 28 Abs. 1 Satz 1 GG lässt sich nicht herleiten, dass das Gesetz zur Abschaffung des Bayerischen Senates verfassungswidrig ist.

# Gesetz über den Bayerischen Verfassungsgerichtshof (VfGHG)

(BayRS 1103-1-I) vom 10. Mai 1990 (GVBl. S. 122, ber. S. 231), zuletzt geändert durch Gesetz vom 22. März 2018 (GVBl. S. 118)

## INHALTSÜBERSICHT

### ERSTER TEIL
### Einrichtung und Zuständigkeit

Art. 1 Sitz
Art. 2 Zuständigkeit

### ZWEITER TEIL
### Zusammensetzung und Organisation

Art. 3 Besetzung
Art. 4 Wahl der Verfassungsrichter
Art. 5 Wählbarkeit
Art. 6 Vorschläge für die Wahl der berufsrichterlichen Mitglieder
Art. 7 Vereidigung
Art. 8 Vorrang der Amtsausübung
Art. 9 Ausschließung und Ablehnung
Art. 10 Geschäftsverteilung
Art. 11 Generalsekretär
Art. 12 Befugnisse außerhalb der Sitzung; Vertretung des Präsidenten und des Generalsekretärs
Art. 13 Geschäftsstelle

### DRITTER TEIL
### Verfahren

### Kapitel I
### Allgemeine Verfahrensvorschriften

Art. 14 Antragstellung
Art. 15 Zustellung, Ladung
Art. 16 Verfahrensbevollmächtigte
Art. 17 Fristen, Wiedereinsetzung
Art. 18 Amts- und Rechtshilfe
Art. 19 Akteneinsicht
Art. 20 Terminierung, Sitzungsort
Art. 21 Berichterstatter
Art. 22 Mündliche Verhandlung
Art. 23 Beweisaufnahme
Art. 24 Beratung, Abstimmung, Öffentlichkeit, Sitzungspolizei und Gerichtssprache
Art. 25 Entscheidung
Art. 26 Einstweilige Anordnung
Art. 27 Kosten
Art. 28 Prozeßkostenhilfe, Kostenfestsetzung, Gegenstandswert
Art. 29 Bindungswirkung der Entscheidung, Vollzug
Art. 30 Ergänzende Bestimmungen

### Kapitel II
### Besondere Verfahrensvorschriften

#### 1. Abschnitt
#### Anklagen gegen ein Mitglied der Staatsregierung oder des Landtags (Art. 2 Nr. 1)

##### 1. Unterabschnitt
##### Anklagen gegen ein Mitglied der Staatsregierung

Art. 31 Erhebung der Anklage
Art. 32 Rücktritt und Entlassung des Anzuklagenden; Auflösung des Landtags
Art. 33 Zurücknahme der Anklage
Art. 34 Mehrere Angeklagte
Art. 35 Aussetzung des Verfahrens
Art. 36 Zustellung der Anklageschrift
Art. 37 Voruntersuchung
Art. 38 Mündliche Verhandlung
Art. 39 Gang der mündlichen Verhandlung
Art. 40 Urteil
Art. 41 Verkündung des Urteils; Zustellung
Art. 42 Sonstige Verfahrensvorschriften
Art. 43 Wiederaufnahme des Verfahrens

##### 2. Unterabschnitt
##### Anklagen gegen Abgeordnete

Art. 44 Verfahren

## 2. Abschnitt
### Entscheidungen über den Ausschluß von Wählergruppen von Wahlen und Abstimmungen (Art. 2 Nr. 2)

Art. 46 Antrag
Art. 47 Verfahren

## 3. Abschnitt
### Entscheidungen über die Gültigkeit der Wahl der Mitglieder des Landtags und den Verlust der Mitgliedschaft beim Landtag (Art. 2 Nr. 3)

Art. 48 Antrag, Verfahren

## 4. Abschnitt
### Verfassungsstreitigkeiten zwischen obersten Staatsorganen; Meinungsverschiedenheiten über Verfassungsänderung (Art. 2 Nrn. 4 und 8)

Art. 49 Verfahren, Zustellung

## 5. Abschnitt
### Richtervorlagen (Art. 2 Nr. 5)

Art. 50 Verfahren, Zustellung

## 6. Abschnitt
### Verfassungsbeschwerden (Art. 2 Nr. 6)

Art. 51 Inhalt und Voraussetzung der Verfassungsbeschwerde; Frist
Art. 52 Äußerung der Staatsregierung oder des zuständigen Staatsministeriums
Art. 53 Verfahren
Art. 54 Inhalt der Entscheidung

## 7. Abschnitt
### Popularklagen (Art. 2 Nr. 7)

Art. 55 Popularklage

## VIERTER TEIL
### Änderungs-, Übergangs- und Schlußvorschriften

Art. 56 Änderung von Vorschriften
Art. 57 Inkrafttreten; Außerkrafttreten; Übergangsregelung

## ERSTER TEIL
# Einrichtung und Zuständigkeit

**Art. 1 Sitz.** Der Verfassungsgerichtshof besteht beim Oberlandesgericht München.

**Art. 2 Zuständigkeit.** Der Verfassungsgerichtshof ist zuständig zur Entscheidung

1. über Anklagen des Landtags gegen ein Mitglied der Staatsregierung oder des Landtags (Art. 61 Abs. 1 der Verfassung),
2. über den Ausschluß von Wählergruppen von Wahlen und Abstimmungen (Art. 62 der Verfassung),
3. über die Gültigkeit der Wahl der Mitglieder des Landtags und den Verlust der Mitgliedschaft zum Landtag (Art. 63 der Verfassung),
4. über Verfassungsstreitigkeiten zwischen den obersten Staatsorganen oder in der Verfassung mit eigenen Rechten ausgestatteten Teilen eines obersten Staatsorgans (Art. 64 der Verfassung),
5. über Richtervorlagen wegen Verfassungswidrigkeit von Rechtsvorschriften (Art. 65 der Verfassung),
6. über Verfassungsbeschwerden (Art. 66 der Verfassung),
7. über Popularklagen wegen Verfassungswidrigkeit von Rechtsvorschriften (Art. 98 Satz 4 der Verfassung),

Verfassungsgerichtshofsgesetz **VfGHG 11**

8. über Meinungsverschiedenheiten darüber, ob durch ein Gesetz die Verfassung verletzt wird oder ob ein Antrag auf unzulässige Verfassungsänderung vorliegt (Art. 75 Abs. 3 der Verfassung),
9. in den übrigen durch Gesetz zugewiesenen Fällen (Art. 67 der Verfassung).

ZWEITER TEIL
## Zusammensetzung und Organisation

**Art. 3 Besetzung.** (1) Der Verfassungsgerichtshof besteht aus dem Präsidenten, 22 berufsrichterlichen Mitgliedern, 15 weiteren Mitgliedern und deren Vertretern.

(2) ¹An den einzelnen Verfahren wirken mit:
1. in den Fällen des Art. 2 Nr. 1 der Präsident, acht berufsrichterliche Mitglieder, von denen drei dem Verwaltungsgerichtshof angehören, sowie zehn weitere Mitglieder,
2. in den Fällen des Art. 2 Nrn. 5, 7 und 8 und, wenn der Organstreit die Verfassungsmäßigkeit einer Rechtsvorschrift betrifft, auch im Fall des Art. 2 Nr. 4, der Präsident und acht berufsrichterliche Mitglieder, von denen drei dem Verwaltungsgerichtshof angehören,
3. in den übrigen Fällen der Präsident, drei berufsrichterliche Mitglieder, von denen zwei dem Verwaltungsgerichtshof angehören, und fünf weitere Mitglieder.

²Für die Verfahrensarten im Sinn des Satzes 1 können im Geschäftsverteilungsplan jeweils mehrere Spruchgruppen gebildet werden. ³Jedes Mitglied des Verfassungsgerichtshofs gehört mindestens einer Spruchgruppe an.

(3) ¹Kommt der Verfassungsgerichtshof in einem vor ihm anhängigen anderen Verfahren in der Zusammensetzung nach Art. 3 Abs. 2 Nrn. 1 oder 3 zu der Auffassung, daß eine entscheidungserhebliche Rechtsvorschrift des bayerischen Landesrechts verfassungswidrig sei, so hat er über diese Frage in der in Art. 3 Abs. 2 Nr. 2 vorgeschriebenen Zusammensetzung vorab zu entscheiden. ²Er hat das bei ihm anhängige Verfahren bis zu dieser Entscheidung auszusetzen. ³Die Entscheidung ist zu begründen und die für verfassungswidrig gehaltene Rechtsvorschrift zu bezeichnen.

(4) ¹Hält eine Spruchgruppe ihre Zuständigkeit nicht für gegeben, gibt sie durch Beschluß das Verfahren an die nach ihrer Ansicht zuständige Spruchgruppe ab. ²Hält sich auch diese nicht für zuständig, bestimmt das Berufsrichterplenum die zuständige Spruchgruppe mit bindender Wirkung; das gleiche gilt, wenn mehrere Spruchgruppen sich für zuständig halten.

(5) ¹In den vom Gesetz bestimmten Fällen entscheidet der Verfassungsgerichtshof in der kleinen Besetzung. ²Diese besteht aus dem Präsidenten und zwei berufsrichterlichen Mitgliedern, von denen einer dem Verwaltungsgerichtshof angehören muß.

(6) ¹Der Präsident und die berufsrichterlichen Mitglieder bilden das Berufsrichterplenum. ²Es ist beschlußfähig, wenn seine Mitglieder rechtzeitig geladen sind und der Präsident und mindestens die Hälfte der berufsrichterlichen Mitglieder anwesend sind. ³Die Ladungsfrist beträgt zwei Wochen. ⁴Das Berufsrichterplenum entscheidet mit der Mehrheit der Stimmen der anwesenden Mitglieder. ⁵Bei Stimmengleichheit gibt die Stimme des Präsidenten, im Vertretungsfall die seines Vertreters, den Ausschlag.

**Art. 4 Wahl der Verfassungsrichter.** (1) ¹Der Präsident, die berufsrichterlichen Mitglieder des Verfassungsgerichtshofs und der aus diesen zu wählende erste und zweite Vertreter des Präsidenten werden vom Landtag auf die Dauer von acht Jahren gewählt. ²Die Wahl findet ohne Aussprache in der Vollversammlung statt. ³Sie ist in einem Gremium des Landtags vorzubereiten, dessen Zusammensetzung und Verfahren der Landtag bestimmt. ⁴Die Sitzungen des Gremiums sind nichtöffentlich; über den Inhalt der Beratungen ist Stillschweigen zu bewahren. ⁵Die Teilnahme an den Sitzungen des Gremiums ist anderen Abgeordneten als seinen Mitgliedern oder deren Vertretern nicht gestattet. ⁶Der Präsident des Verfassungsgerichtshofs oder sein Vertreter nimmt an den Sitzungen teil. ⁷Eine Anhörung der Vorgeschlagenen findet nicht statt.

(2) Die weiteren Mitglieder und ihre Vertreter werden jeweils vom neuen Landtag nach seinem Zusammentritt gemäß den Grundsätzen des Verhältniswahlrechts gewählt.

(3) Wiederwahl ist zulässig.

(4) Bis zur Neuwahl führen die bisherigen Mitglieder ihr Amt weiter, sofern das Ausscheiden nicht auf einem Verlust der Wählbarkeit beruht.

**Art. 5 Wählbarkeit.** (1) ¹Die Mitglieder des Verfassungsgerichtshofs müssen das 40. Lebensjahr vollendet haben und zum Landtag wählbar sein. ²Sie sollen sich durch besondere Kenntnisse im öffentlichen Recht auszeichnen. ³Auch die weiteren Mitglieder sollen die Befähigung zum Richteramt haben oder Lehrer der Rechtswissenschaft an einer bayerischen Universität sein.

(2) Die Mitglieder des Verfassungsgerichtshofs können nicht Mitglieder des Landtags, der Staatsregierung oder eines entsprechenden Organs des Bundes oder eines anderen Landes sein.

(3) ¹Der Präsident des Verfassungsgerichtshofs ist aus den Präsidenten der bayerischen Oberlandesgerichte zu wählen. ²Die übrigen berufsrichterlichen Mitglieder müssen Richter auf Lebenszeit an einem Gericht des Freistaates Bayern sein. ³Mit dem Ausscheiden aus dem richterlichen Hauptamt an einem Gericht des Freistaates Bayern endet die Mitgliedschaft beim Verfassungsgerichtshof.

**Art. 6 Vorschläge für die Wahl der berufsrichterlichen Mitglieder.**
(1) ¹Wird die Wahl eines berufsrichterlichen Mitglieds wegen des Ablaufs der Amtszeit oder aus sonstigen Gründen erforderlich, unterbreitet der Präsi-

Verfassungsgerichtshofsgesetz **VfGHG 11**

dent des Verfassungsgerichtshofs nach Anhörung der berufsrichterlichen Mitglieder des Verfassungsgerichtshofs der Staatsregierung für jedes zu wählende berufsrichterliche Mitglied einen Wahlvorschlag. ²Der Vorschlag wird von der Staatsregierung dem Landtag übermittelt.

(2) ¹Dem Wahlvorschlag ist eine schriftliche Erklärung des Vorgeschlagenen beizufügen, daß er im Fall der Wahl bereit ist, das Amt anzunehmen. ²Das gilt auch für Wahlvorschläge der Staatsregierung oder aus der Mitte des Landtags.

**Art. 7 Vereidigung.** (1) Die weiteren Mitglieder des Verfassungsgerichtshofs leisten beim Präsidenten vor ihrer ersten Amtshandlung folgenden Eid:

„Ich schwöre, das Richteramt getreu dem Grundgesetz für die Bundesrepublik Deutschland, getreu der Verfassung des Freistaates Bayern und getreu dem Gesetz auszuüben, nach bestem Wissen und Gewissen ohne Ansehen der Person zu urteilen und nur der Wahrheit und Gerechtigkeit zu dienen, so wahr mir Gott helfe."

(2) ¹Der Eid kann auch ohne religiöse Beteuerungsformel geleistet werden. ²Erklärt ein Richter, daß er aus Glaubens- oder Gewissensgründen keinen Eid leisten könne, so hat er an Stelle der Worte „ich schwöre" die Worte „ich gelobe" zu sprechen oder das Gelöbnis mit einer dem Bekenntnis seiner Religionsgemeinschaft oder der Überzeugung seiner Weltanschauungsgemeinschaft entsprechenden, gleichwertigen Beteuerungsformel einzuleiten.

(3) ¹Die Vereidigung der Mitglieder des Verfassungsgerichtshofs gilt für die Dauer ihres Amts. ²Werden sie für eine weitere Amtszeit wiedergewählt, so ist ihre erneute Vereidigung nicht erforderlich.

(4) Über die Vereidigung ist eine Niederschrift aufzunehmen, die vom Präsidenten des Verfassungsgerichtshofs und dem Vereidigten zu unterzeichnen ist.

**Art. 8 Vorrang der Amtsausübung.** ¹Die Tätigkeit als Mitglied des Verfassungsgerichtshofs geht allen anderen Aufgaben vor. ²Der Generalsekretär ist von den Aufgaben im richterlichen Hauptamt freigestellt. ³Für den Präsidenten und die berufsrichterlichen Mitglieder des Verfassungsgerichtshofs gelten die Vorschriften des Bayerischen Richter- und Staatsanwaltsgesetzes sowie des Deutschen Richtergesetzes nicht hinsichtlich ihrer Stellung als Verfassungsrichter.

**Art. 9 Ausschließung und Ablehnung.** Auf die Ausschließung und die Ablehnung eines Mitglieds des Verfassungsgerichtshofs sind die Vorschriften der §§ 22 bis 30 StPO entsprechend anzuwenden.

**Art. 10 Geschäftsverteilung.** (1) ¹Vor Ablauf eines Kalenderjahres beschließt das Berufsrichterplenum den Geschäftsverteilungsplan für das neue Kalenderjahr. ²Der Geschäftsverteilungsplan enthält Bestimmungen über Bildung und Besetzung von Spruchgruppen, die Verteilung der Geschäfte und die Vertretung.

(2) Während des Kalenderjahres kann der Präsident den Geschäftsverteilungsplan ändern, soweit das wegen des Ausscheidens oder Eintretens von Mitgliedern erforderlich ist.

(3) Der Geschäftsverteilungsplan und seine Änderungen sind im Bayerischen Staatsanzeiger zu veröffentlichen.

(4) [1]Jedes einzelne Verfahren wird in der Zusammensetzung zu Ende geführt, in der es begonnen wurde. [2]Es ist begonnen, wenn die Spruchgruppe die Beratung aufgenommen hat. [3]Scheidet ein Mitglied nach Beginn des Verfahrens aus oder ist es für längere Zeit verhindert, tritt sein Vertreter an seine Stelle.

**Art. 11 Generalsekretär.** [1]Der Präsident ernennt aus dem Kreis der berufsrichterlichen Mitglieder des Verfassungsgerichtshofs zu seiner Unterstützung und zur Durchführung der Verwaltungsgeschäfte einen Generalsekretär. [2]Die Ernennung zum Generalsekretär gilt für die Dauer der Amtszeit als berufsrichterliches Mitglied des Verfassungsgerichtshofs. [3]Im Fall seiner Wiederwahl kann das Mitglied erneut zum Generalsekretär ernannt werden.

**Art. 12 Befugnisse außerhalb der Sitzung; Vertretung des Präsidenten und des Generalsekretärs.** (1) [1]Die dem Verfassungsgerichtshof zustehenden Befugnisse werden außerhalb der Sitzung von seinem Präsidenten oder nach Anordnung des Präsidenten vom Generalsekretär wahrgenommen. [2]Dem Generalsekretär können insbesondere die zur Vorbereitung der Sitzung erforderlichen verfahrensleitenden Befugnisse sowie die Durchführung der Verwaltungsgeschäfte übertragen werden.

(2) Im Fall seiner Verhinderung wird der Präsident durch den ersten oder zweiten Vertreter, im Fall auch ihrer Verhinderung von einem der übrigen berufsrichterlichen Mitglieder nach Maßgabe der in der Geschäftsverteilung festgelegten Reihenfolge vertreten.

(3) [1]Der Präsident ordnet an, wer den Generalsekretär in dessen Aufgabenbereich außerhalb seines Richteramts vertritt. [2]Der Vertreter des Generalsekretärs muß Richter auf Lebenszeit an einem Gericht des Freistaates Bayern sein.

**Art. 13 Geschäftsstelle.** Beim Verfassungsgerichtshof wird eine Geschäftsstelle eingerichtet.

DRITTER TEIL
# Verfahren

Kapitel I
## Allgemeine Verfahrensvorschriften

**Art. 14 Antragstellung.** (1) [1]Das Verfahren vor dem Verfassungsgerichtshof wird nur auf schriftlichen Antrag eingeleitet. [2]Dem Antrag und allen anderen Schriftsätzen sind jeweils so viele Abschriften beizufügen, als weitere Beteiligte vorhanden sind.

Verfassungsgerichtshofsgesetz **VfGHG 11**

(2) ¹Den übrigen Beteiligten ist vom Verfassungsgerichtshof eine Abschrift des Antrags zu übermitteln. ²Zugleich ist ihnen Gelegenheit zu geben, innerhalb bestimmter Frist schriftlich Stellung zu nehmen.

**Art. 15 Zustellung, Ladung.** ¹Zustellungen und Ladungen geschehen von Amts wegen. ²Die Zustellungsvorschriften der Zivilprozeßordnung sind entsprechend anzuwenden. ³Zustellungen und Ladungen können auch durch eingeschriebenen Brief gegen Rückschein sowie in der Weise bewirkt werden, daß der Urkundsbeamte oder ein anderer damit beauftragter Beamter das Schriftstück gegen Empfangsbestätigung aushändigt.

**Art. 16 Verfahrensbevollmächtigte.** (1) ¹Die Beteiligten können sich in jeder Lage des Verfahrens durch Bevollmächtigte vertreten lassen. ²Die Vollmacht ist schriftlich zu erteilen oder zu bestätigen und kann nachgereicht werden. ³Der Verfassungsgerichtshof kann hierfür eine Frist bestimmen.

(2) ¹Erfordert es die Sach- und Rechtslage oder ist der Antragsteller zum Vortrag nicht geeignet, so kann ihm der Verfassungsgerichtshof auftragen, einen Bevollmächtigten nach Absatz 4 Satz 1 zu bestellen. ²Der Verfassungsgerichtshof kann mehreren Beteiligten mit gleichen Interessen die Bestellung eines gemeinsamen Bevollmächtigten auftragen.

(3) Ist ein Bevollmächtigter bestellt, so sind die Mitteilungen des Gerichts an ihn zu richten.

(4) ¹Als Bevollmächtigte sind zugelassen Rechtsanwälte und Rechtslehrer an Hochschulen allgemein, Vertreter beruflicher, genossenschaftlicher und gewerkschaftlicher Vereinigungen für den von ihnen in dieser Eigenschaft vertretenen Personenkreis. ²Andere Personen können vom Verfassungsgerichtshof zurückgewiesen werden, wenn sie die Vertretung geschäftsmäßig betreiben oder zum geeigneten Vortrag unfähig sind.

(5) In den Fällen, in denen die Vertretung Beteiligter durch einen Bevollmächtigten vorgeschrieben oder aufgetragen ist, kann nur der Bevollmächtigte rechtswirksam Anträge stellen und rechtsverbindlich Erklärungen abgeben.

(6) Soweit nicht etwas anderes bestimmt ist, gelten für die Bevollmächtigung die Vorschriften der Zivilprozeßordnung entsprechend.

**Art. 17 Fristen, Wiedereinsetzung.** (1) ¹Die Fristen werden nach den Vorschriften des Bürgerlichen Gesetzbuchs berechnet. ²Fällt das Ende einer Frist auf einen Samstag, einen Sonntag oder einen allgemeinen Feiertag, so endet die Frist mit Ablauf des nächstfolgenden Werktags.

(2) ¹Wer glaubhaft macht, daß er ohne Verschulden verhindert war, eine gesetzliche Frist einzuhalten, innerhalb derer ein Antrag zu stellen war, ist auf seinen Antrag in den vorigen Stand einzusetzen. ²Innerhalb der Antragsfrist ist die versäumte Handlung nachzuholen. ³Ist das geschehen, kann die Wiedereinsetzung auch ohne Antrag gewährt werden.

(3) ¹Die Wiedereinsetzung in den vorigen Stand muß binnen zwei Wochen nach Beseitigung des Hindernisses beantragt werden. ²Nach Ablauf eines Jahres seit dem Ende der versäumten Frist ist der Antrag ausgeschlossen, es sei denn, daß höhere Gewalt vorliegt.

(4) ¹Über den Antrag auf Wiedereinsetzung in den vorigen Stand beschließt nach Anhörung der Beteiligten der Verfassungsgerichtshof in der kleinen Besetzung. ²Wird die Wiedereinsetzung abgelehnt, kann binnen zwei Wochen die Entscheidung der nach Art. 3 Abs. 2 für die Hauptsache zuständigen Spruchgruppe beantragt werden. ³Diese kann über den Antrag auf Wiedereinsetzung in den vorigen Stand unmittelbar entscheiden, wenn sie dabei zugleich über die Hauptsache entscheidet.

(5) Richterliche Fristen können jederzeit verlängert werden.

**Art. 18 Amts- und Rechtshilfe.** ¹Gerichte und Behörden haben dem Verfassungsgerichtshof Rechts- und Amtshilfe zu leisten und ihm insbesondere die von ihm verlangten Akten und Urkunden vorzulegen. ²§ 99 Abs. 1 und 2 Sätze 1 und 2 VwGO finden entsprechende Anwendung.

**Art. 19 Akteneinsicht.** (1) ¹Die Beteiligten haben das Recht, auf der Geschäftsstelle des Verfassungsgerichtshofs Einsicht in die Akten zu nehmen. ²Ist für einen Beteiligten die Akteneinsicht auf der Geschäftsstelle des Verfassungsgerichtshofs wegen persönlicher Umstände erheblich erschwert oder unmöglich, so können die Akten an ein anderes Gericht oder eine andere Behörde zur Einsichtnahme übersandt werden.

(2) ¹Ausgenommen von dem Recht auf Akteneinsicht sind Akten oder Aktenstücke, deren Einsichtnahme vom Verfassungsgerichtshof mit dem Staatswohl für unvereinbar erklärt wird. ²Hält der Präsident die Einsichtnahme in Akten oder Aktenstücke mit dem Staatswohl für unvereinbar, so ist diese bis zur Entscheidung des Verfassungsgerichtshofs vorläufig zu verweigern; dasselbe gilt, wenn der Landtag, die Staatsregierung oder das zuständige Staatsministerium, soweit sie am Verfahren beteiligt sind, die Einsichtnahme mit dem Staatswohl für unvereinbar halten. ³Die Entscheidung des Verfassungsgerichtshofs ist unverzüglich herbeizuführen. ⁴Er entscheidet in der für die Hauptsache nach Art. 3 Abs. 2 vorgeschriebenen Besetzung.

(3) Die Akteneinsicht ist den Beteiligten und ihren Bevollmächtigten auch noch nach der Entscheidung des Verfassungsgerichtshofs zu gewähren, wenn sie ein berechtigtes Interesse glaubhaft machen.

(4) Ist zu einer Entscheidung eine abweichende Ansicht niedergelegt, erstreckt sich das Recht auf Akteneinsicht nicht auf die Erlangung der Kenntnis von der Person des Richters, der sie niedergelegt hat.

(5) Anderen Personen als Beteiligten kann Akteneinsicht gewährt werden, wenn sie ein berechtigtes Interesse glaubhaft machen und die Belange der Beteiligten, Dritter, des Staates oder die Erfordernisse des Verfahrens nicht entgegenstehen.

Verfassungsgerichtshofsgesetz **VfGHG 11**

**Art. 20 Terminierung, Sitzungsort.** Termin und Ort der Sitzungen werden vom Präsidenten bestimmt.

**Art. 21 Berichterstatter.** Der Präsident kann für jedes Verfahren aus dem Kreis der berufsrichterlichen Mitglieder der zuständigen Spruchgruppe einen Berichterstatter und, falls er es für geboten erachtet, einen Mitberichterstatter ernennen.

**Art. 22 Mündliche Verhandlung.** (1) ¹Der Verfassungsgerichtshof entscheidet, soweit nichts anderes bestimmt ist, auf Grund mündlicher Verhandlung. ²Einer solchen bedarf es nicht, wenn alle Beteiligten ausdrücklich auf sie verzichten.

(2) ¹Zur mündlichen Verhandlung sind die Beteiligten von Amts wegen mit einer Frist von zwei Wochen zu laden. ²In dringenden Fällen kann der Präsident die Frist abkürzen.

(3) ¹Nach Aufruf der Sache und Feststellung, wer von den Beteiligten erschienen ist, trägt der Vorsitzende oder der Berichterstatter den Sachverhalt vor. ²Hierauf erhalten die Beteiligten Gelegenheit zu ihren Ausführungen und Anträgen. ³Die Antragsteller haben das letzte Wort.

(4) ¹Der Vorsitzende schließt die mündliche Verhandlung. ²Das Gericht kann ihre Wiedereröffnung beschließen.

(5) ¹Zur mündlichen Verhandlung ist ein Urkundsbeamter der Geschäftsstelle als Schriftführer zuzuziehen. ²Der Schriftführer nimmt über den Gang der Verhandlung und die gestellten Anträge eine Niederschrift auf, die von ihm und dem Vorsitzenden zu unterzeichnen ist.

(6) Im übrigen gelten die §§ 136 bis 139, 141 und 159 bis 164 ZPO entsprechend.

**Art. 23 Beweisaufnahme.** (1) ¹Der Verfassungsgerichtshof erhebt ohne Bindung an Anträge den nach seinem Ermessen erforderlichen Beweis. ²Zur Vorbereitung der Verhandlung kann auch der Präsident außerhalb der Sitzung durch ein berufsrichterliches Mitglied des Verfassungsgerichtshofs als beauftragten Richter Beweise aufnehmen lassen oder zu bestimmten Beweisthemen ein anderes Gericht um die Aufnahme bestimmter Beweise ersuchen.

(2) ¹Die Beteiligten werden von allen Beweisterminen unter Mitteilung des Beweisthemas benachrichtigt und können der Beweisaufnahme beiwohnen. ²Sie können an Zeugen und Sachverständige sachdienliche Fragen richten oder richten lassen. ³Über die Aussagen von Zeugen, Sachverständigen und Beteiligten ist eine Niederschrift aufzunehmen.

(3) Bei Beweisaufnahmen außerhalb der Sitzung entscheidet über eine Beschwerde gegen die Festsetzung eines Ordnungsmittels im Fall des § 180 GVG oder die Anordnung von Zwangsmitteln der Verfassungsgerichtshof in der kleinen Besetzung; im übrigen sind richterliche Maßnahmen im Rahmen der Beweisaufnahme nicht gesondert anfechtbar.

(4) Auf die Beweisaufnahme finden im übrigen in den Fällen des Art. 2 Nr. 1 die Vorschriften der Strafprozeßordnung, in den übrigen Fällen die Vorschriften der Zivilprozeßordnung entsprechende Anwendung.

**Art. 24 Beratung, Abstimmung, Öffentlichkeit, Sitzungspolizei und Gerichtssprache.** (1) Bei der Beratung und Abstimmung dürfen nur die zur Entscheidung berufenen Mitglieder des Verfassungsgerichtshofs anwesend sein.

(2) [1]Die zur Entscheidung berufenen Mitglieder des Verfassungsgerichtshofs stimmen nach dem Lebensalter; der Jüngere stimmt vor dem Älteren. [2]Wenn ein Berichterstatter ernannt ist, stimmt er zuerst; nach ihm stimmt gegebenenfalls der Mitberichterstatter. [3]Zuletzt stimmt der Vorsitzende. [4]Stimmenthaltung ist nicht zulässig.

(3) Eine schriftliche Abstimmung, insbesondere eine solche im Weg des Umlaufs bei den zur Entscheidung berufenen Mitgliedern des Verfassungsgerichtshofs, ist nicht zulässig.

(4) Die Mitglieder des Verfassungsgerichtshofs sind verpflichtet, über den Gang der Beratung und Abstimmung Stillschweigen zu wahren.

(5) Im übrigen sind hinsichtlich der Öffentlichkeit, Sitzungspolizei, Gerichtssprache, Beratung und Abstimmung die Vorschriften der Titel 14 bis 16 des Gerichtsverfassungsgesetzes entsprechend anwendbar.

**Art. 25 Entscheidung.** (1) Der Verfassungsgerichtshof entscheidet: „Im Namen des Freistaates Bayern".

(2) [1]Der Verfassungsgerichtshof entscheidet nach seiner freien, aus dem Inhalt der Verhandlung und dem Ergebnis der Beweisaufnahme geschöpften Überzeugung. [2]Die Entscheidung ist am Schluß der mündlichen Verhandlung oder in einem späteren, den Beteiligten bekanntgegebenen Termin durch Verlesen der Entscheidungsformel zu verkünden. [3]Die Entscheidungsgründe werden bei der Verkündung vorgelesen oder ihrem wesentlichen Inhalt nach mitgeteilt. [4]Die Entscheidung wird mit der Verkündung wirksam. [5]Entscheidet der Verfassungsgerichtshof ohne mündliche Verhandlung, so wird die Entscheidung mit Zustellung an die Beteiligten wirksam.

(3) [1]Die Entscheidung ist schriftlich niederzulegen, zu begründen und von den Richtern, die bei ihr mitgewirkt haben, zu unterschreiben. [2]Ist ein Richter an der Unterzeichnung der Entscheidung verhindert, so wird dies unter Angabe des Verhinderungsgrundes von dem Vorsitzenden, bei dessen Verhinderung vom lebensältesten berufsrichterlichen Beisitzer unter der Entscheidung vermerkt.

(4) Schreibfehler, Rechenfehler und ähnliche offenbare Unrichtigkeiten in der Entscheidung kann der Vorsitzende berichtigen.

(5) Jeder Richter hat das Recht, seine von der Entscheidung oder von deren Begründung abweichende Ansicht in einem Sondervotum schriftlich niederzulegen; das Sondervotum ist ohne Angabe des Verfassers der Entscheidung anzuschließen.

Verfassungsgerichtshofsgesetz **VfGHG 11**

(6) Ausfertigungen der Entscheidung sind den Beteiligten durch den Urkundsbeamten der Geschäftsstelle zuzustellen.

(7) Wird eine Rechtsvorschrift für verfassungswidrig, nichtig oder nur in einer bestimmten Auslegung für verfassungsgemäß erklärt, ist die Entscheidung des Verfassungsgerichtshofs im Gesetz- und Verordnungsblatt zu veröffentlichen.

**Art. 26 Einstweilige Anordnung.** (1) Der Verfassungsgerichtshof kann eine einstweilige Anordnung erlassen, wenn dies zur Abwehr schwerer Nachteile, zur Verhinderung drohender Gewalt oder aus einem anderen wichtigen Grund dringend geboten ist.

(2) [1]Die einstweilige Anordnung kann ohne mündliche Verhandlung ergehen. [2]Bei besonderer Dringlichkeit kann der Verfassungsgerichtshof davon absehen, den am Verfahren zur Hauptsache Beteiligten oder Äußerungsberechtigten vor der Entscheidung Gelegenheit zur Stellungnahme zu geben.

(3) [1]Kann in Fällen besonderer Dringlichkeit die Entscheidung der zuständigen Spruchgruppe nicht rechtzeitig herbeigeführt werden, so entscheidet der Präsident oder im Fall seiner Verhinderung sein Vertreter. [2]Gegen die Entscheidung kann jeder Beteiligte innerhalb von zwei Wochen nach Bekanntgabe Widerspruch erheben. [3]Über den Widerspruch entscheidet der Verfassungsgerichtshof in der Besetzung nach Art. 3 Abs. 2. [4]Der Widerspruch hat keine aufschiebende Wirkung. [5]Der Verfassungsgerichtshof kann die Vollziehung der einstweiligen Anordnung aussetzen.

(4) Die einstweilige Anordnung tritt mit der Beendigung des Hauptsacheverfahrens außer Kraft, sofern sie der Verfassungsgerichtshof nicht früher aufhebt.

**Art. 27 Kosten.** (1) [1]Das Verfahren des Verfassungsgerichtshofs ist kostenfrei. [2]Ist jedoch in den Fällen des Art. 2 Nr. 6 die Beschwerde und in den Fällen des Art. 2 Nr. 7 die Popularklage unzulässig oder offensichtlich unbegründet, so kann der Verfassungsgerichtshof dem Beschwerdeführer oder Antragsteller eine Gebühr bis zu eintausendfünfhundert Euro auferlegen. [3]Der Verfassungsgerichtshof kann dem Beschwerdeführer oder Antragsteller aufgeben, einen entsprechenden Vorschuß zu leisten. [4]Über die Auferlegung eines Kostenvorschusses entscheidet der Verfassungsgerichtshof in der kleinen Besetzung.

(2) In den Fällen des Art. 2 Nr. 1 sind dem nicht für schuldig Befundenen die notwendigen Auslagen einschließlich der Kosten der Verteidigung zu ersetzen.

(3) Erklärt der Verfassungsgerichtshof in einem Verfahren nach Art. 55 eine Rechtsvorschrift für verfassungswidrig, nichtig oder nur in einer bestimmten Auslegung für verfassungsgemäß, ordnet er an, daß die juristische Person des öffentlichen Rechts, deren Vorschrift Gegenstand des Verfahrens war, dem Antragsteller oder Beschwerdeführer die notwendigen Auslagen ganz oder teilweise zu erstatten hat.

(4) [1]Erweist sich eine Verfassungsbeschwerde als begründet, sind dem Beschwerdeführer die notwendigen Auslagen ganz oder teilweise zu erstatten.

# 11 VfGHG — Verfassungsgerichtshofsgesetz

²Erstattungspflichtig ist die juristische Person des öffentlichen Rechts, der die Verletzung des verfassungsmäßigen Rechts zuzurechnen ist.

(5) In den übrigen Fällen kann der Verfassungsgerichtshof volle oder teilweise Erstattung von Kosten und Auslagen anordnen.

**Art. 28 Prozeßkostenhilfe, Kostenfestsetzung, Gegenstandswert.** (1) ¹Die Vorschriften der Zivilprozeßordnung über Prozeßkostenhilfe gelten entsprechend. ²Über einen Antrag auf Gewährung von Prozeßkostenhilfe entscheidet der Verfassungsgerichtshof in der kleinen Besetzung.

(2) Ist ein Kostenvorschuß eingefordert oder die Erstattung von Kosten oder Auslagen von einem Beteiligten beantragt worden, so entscheidet über die Pflicht zur Kostentragung nach Erledigung der Hauptsache der Verfassungsgerichtshof in der kleinen Besetzung.

(3) ¹Der Urkundsbeamte der Geschäftsstelle setzt auf Antrag die zu erstattenden Kosten und Auslagen fest. ²Dem Antrag sind Kostenberechnung und Belege beizufügen.

(4) ¹Gegen den Kostenfestsetzungsbeschluß kann binnen einer Frist von zwei Wochen ab Zustellung Erinnerung eingelegt werden. ²Über die Erinnerung entscheidet der Verfassungsgerichtshof in der kleinen Besetzung. ³Die Erinnerung hat aufschiebende Wirkung.

(5) Der Verfassungsgerichtshof setzt in der kleinen Besetzung den Gegenstandswert nach der Bundesgebührenordnung für Rechtsanwälte fest.

**Art. 29 Bindungswirkung der Entscheidung, Vollzug.** (1) Die Entscheidungen des Verfassungsgerichtshofs sind für alle anderen Verfassungsorgane sowie für Gerichte und Behörden bindend.

(2) Der Verfassungsgerichtshof kann in seiner Entscheidung die Art und Weise des Vollzugs regeln.

**Art. 30 Ergänzende Bestimmungen.** (1) Soweit dieses Gesetz keine Bestimmungen über das Verfahren enthält, sind die Vorschriften der Verwaltungsgerichtsordnung, ergänzend die der Zivilprozeßordnung entsprechend heranzuziehen.

(2) ¹Im übrigen kann das Berufsrichterplenum des Verfassungsgerichtshofs das Verfahren und den Geschäftsgang durch eine Geschäftsordnung regeln. ²Diese ist im Gesetz- und Verordnungsblatt zu veröffentlichen.

Verfassungsgerichtshofsgesetz **VfGHG 11**

Kapitel II
## Besondere Verfahrensvorschriften

1. Abschnitt
## Anklagen gegen ein Mitglied der Staatsregierung oder des Landtags (Art. 2 Nr. 1)

1. Unterabschnitt
## Anklagen gegen ein Mitglied der Staatsregierung

**Art. 31 Erhebung der Anklage.** (1) [1]Der Landtag erhebt die Anklage durch Übersendung einer Anklageschrift an den Präsidenten des Verfassungsgerichtshofs. [2]Der Anklageschrift sind die Akten über die Erhebung der Anklage sowie eine Ausfertigung des Beschlusses, durch den der Landtag bestimmt hat, wer die Anklage vor dem Verfassungsgerichtshof vertritt, beizufügen.

(2) [1]Die Anklageschrift muß die Handlung oder Unterlassung, wegen welcher die Anklage erhoben ist, die Bestimmung der Verfassung oder des Gesetzes, die verletzt sein soll, und die Tatsachen, auf welche sich die Anklage stützt, bezeichnen. [2]Sie muß die Feststellung enthalten, daß der Beschluß des Landtags auf Erhebung der Anklage mit Zweidrittelmehrheit der gesetzlichen Mitgliederzahl gefaßt ist.

(3) [1]Der Landtag bestimmt, wer die Anklage vor dem Verfassungsgerichtshof vertritt. [2]Der Anklagevertreter kann seine Bestellung nicht ablehnen. [3]Er darf nicht Mitglied des Verfassungsgerichtshofs sein.

**Art. 32 Rücktritt und Entlassung des Anzuklagenden; Auflösung des Landtags.** Die Erhebung oder Weiterverfolgung der Anklage werden durch den Rücktritt (Art. 44 Abs. 3 der Verfassung) oder die Entlassung (Art. 45 der Verfassung) des Anzuklagenden, die Vertagung oder Auflösung des Landtags oder den Ablauf der Wahldauer nicht berührt.

**Art. 33 Zurücknahme der Anklage.** (1) Die Anklage kann mit Zustimmung des Angeklagten bis zur Verkündung des Urteils durch Beschluß des Landtags zurückgenommen werden; für diesen Beschluß ist eine Zweidrittelmehrheit der gesetzlichen Mitgliederzahl erforderlich.

(2) [1]Wird die Anklage zurückgenommen, ist eine Ausfertigung des Beschlusses an den Präsidenten des Verfassungsgerichtshofs zu übersenden. [2]Ist die Zustimmungserklärung des Angeklagten nicht beigefügt, so fordert der Präsident den Angeklagten auf, binnen bestimmter Frist sich über die Zustimmung schriftlich zu erklären.

**Art. 34 Mehrere Angeklagte.** [1]Gegen mehrere Mitglieder der Staatsregierung kann gemeinschaftlich Anklage erhoben werden. [2]Der Verfassungsge-

# 11 VfGHG

richtshof kann durch Beschluß die Verfahren gegen Mitglieder der Staatsregierung auch nachträglich verbinden oder ein verbundenes Verfahren trennen.

**Art. 35 Aussetzung des Verfahrens.** Ist gegen den Angeklagten wegen einer mit dem Verfahren vor dem Verfassungsgerichtshof zusammenhängenden Handlung ein Strafverfahren anhängig, so kann der Verfassungsgerichtshof die Verhandlung bis zur Erledigung des Strafverfahrens aussetzen.

**Art. 36 Zustellung der Anklageschrift.** Die Anklageschrift wird dem Angeklagten zugestellt.

**Art. 37 Voruntersuchung.** (1) [1]Der Verfassungsgerichtshof kann zur Vorbereitung der Verhandlung eine Voruntersuchung anordnen. [2]Der Anklagevertreter und der Angeklagte können Antrag auf Anordnung einer Voruntersuchung stellen. [3]Über die Anordnung der Voruntersuchung und über Anträge auf Ergänzung der Voruntersuchung entscheidet der Verfassungsgerichtshof in der Besetzung nach Art. 3 Abs. 2 Nr. 1.

(2) [1]Mit der Führung der Voruntersuchung ist ein berufsrichterliches Mitglied des Verfassungsgerichtshofs zu betrauen. [2]Der Untersuchungsführer ist unabhängig und an Weisungen nicht gebunden. [3]Sein Amt erlischt, sobald seine Mitgliedschaft beim Verfassungsgerichtshof endet (Art. 5 Abs. 3 Satz 3). [4]Maßgebender Zeitpunkt für die Ablehnung im Sinn des § 25 Abs. 1 StPO ist das Ende der erstmaligen Vernehmung des Angeklagten. [5]Über die Ablehnung entscheidet der Verfassungsgerichtshof in der kleinen Besetzung abschließend.

(3) [1]Zeugen und Sachverständige werden in der Voruntersuchung nur dann beeidigt, wenn sie voraussichtlich am Erscheinen in der Verhandlung vor dem Verfassungsgerichtshof verhindert sein werden oder wenn ihr Erscheinen wegen großer Entfernung besonders erschwert sein würde. [2]Ist die Vernehmung eines Zeugen oder Sachverständigen wegen großer Entfernung erschwert, so kann der die Voruntersuchung führende Richter das Amtsgericht, in dessen Bezirk der Zeuge oder Sachverständige sich aufhält, um die Vernehmung ersuchen.

(4) [1]Die Voruntersuchung beginnt mit einer Vernehmung des Angeklagten. [2]Ist er aus zwingenden Gründen am Erscheinen verhindert und hat er dies unverzüglich mitgeteilt, ist er erneut zu laden. [3]Erscheint der Angeklagte zu seiner Vernehmung nicht, so wird die Voruntersuchung ohne ihn weitergeführt. [4]Die Verhaftung, die vorläufige Festnahme und die Vorführung des Angeklagten sind unzulässig.

(5) [1]Vor Abschluß der Voruntersuchung ist dem Angeklagten Gelegenheit zu seiner Verteidigung zu geben. [2]Nach der abschließenden Anhörung legt der Untersuchungsführer die Akten mit einem zusammenfassenden Bericht dem Präsidenten vor.

(6) [1]Im Übrigen finden Art. 26, 27, 29, 30, 32 und 51 Abs. 2, Art. 54 des Bayerischen Disziplinargesetzes auf die Voruntersuchung entsprechende An-

Verfassungsgerichtshofsgesetz **VfGHG 11**

wendung. ²Dem Angeklagten ist zu gestatten, die Akten und beigezogenen Schriftstücke einzusehen, soweit dies ohne Gefährdung des Untersuchungszwecks möglich ist. ³An Stelle des Verwaltungsgerichts entscheidet der Verfassungsgerichtshof in der kleinen Besetzung.

(7) Der Präsident des Verfassungsgerichtshofs kann in den Fällen, in denen eine Voruntersuchung nicht stattfindet, zur Vorbereitung der Verhandlung vor dem Verfassungsgerichtshof einzelne Ermittlungen anordnen und mit der Durchführung ein berufsrichterliches Mitglied der zuständigen Spruchgruppe beauftragen.

**Art. 38 Mündliche Verhandlung.** (1) ¹Über die Anklage wird mündlich verhandelt. ²Zu der Verhandlung sind der Anklagevertreter, der Angeklagte, sein Bevollmächtigter und die erforderlichen Zeugen und Sachverständigen zu laden. ³Bei der Ladung ist der Angeklagte darauf hinzuweisen, daß ohne ihn verhandelt wird, wenn er unentschuldigt ausbleibt oder sich ohne hinreichenden Grund vorzeitig entfernt. ⁴Im übrigen finden die §§ 217 bis 222 StPO entsprechende Anwendung.

(2) ¹Die Zeugen und Sachverständigen werden von Amts wegen geladen, soweit der Präsident oder die zuständige Spruchgruppe die Ladung nach Lage der Sache, insbesondere nach dem Ergebnis der Voruntersuchung oder der angestellten Ermittlungen, für nötig erachtet. ²Über Anträge des Anklagevertreters oder des Angeklagten oder seines Bevollmächtigten auf Ladung von Zeugen oder Sachverständigen entscheidet in der mündlichen Verhandlung die zuständige Spruchgruppe, außerhalb der mündlichen Verhandlung der Präsident.

**Art. 39 Gang der mündlichen Verhandlung.** ¹In der Verhandlung wird zunächst die Anklageschrift verlesen. ²Sodann wird der Angeklagte vernommen. ³Hierauf findet die Beweisaufnahme statt. ⁴Zum Schluß wird der Anklagevertreter mit seinem Antrag und der Angeklagte mit seinem Verteidigungsvorbringen gehört. ⁵Der Angeklagte hat das letzte Wort.

**Art. 40 Urteil.** (1) Der Verfassungsgerichtshof entscheidet auf der Grundlage der Anklageschrift des Landtags nach dem Ergebnis der mündlichen Verhandlung.

(2) Der Verfassungsgerichtshof spricht in seinem Urteil aus, daß der Angeklagte vorsätzlich die Verfassung oder ein näher zu bezeichnendes Gesetz verletzt hat oder daß er von der Anklage freigesprochen wird.

(3) Zur Bejahung der Schuldfrage sind mehr als zwölf Stimmen erforderlich.

**Art. 41 Verkündung des Urteils; Zustellung.** (1) Die Verkündung des Urteils erfolgt durch Verlesung der Urteilsformel und Eröffnung der Urteilsgründe am Schluß der Verhandlung oder spätestens nach Ablauf eines Monats nach dem Schluß der Verhandlung.

(2) Ausfertigungen des Urteils samt Gründen sind dem Landtag, der Staatsregierung und dem Angeklagten zuzustellen.

# 11 VfGHG

**Art. 42 Sonstige Verfahrensvorschriften.** Im übrigen finden auf die Verhandlung vor dem Verfassungsgerichtshof die Vorschriften der §§ 226 bis 229, 236, 238, 240 bis 258, 271 bis 273 und 275 StPO entsprechend Anwendung.

**Art. 43 Wiederaufnahme des Verfahrens.** (1) ¹Die Wiederaufnahme des Verfahrens findet nur zugunsten des Verurteilten und nur auf seinen Antrag oder nach seinem Tod auf Antrag seines Ehegatten oder seiner Abkömmlinge unter den Voraussetzungen der §§ 359 und 364 StPO statt. ²In dem Antrag müssen der gesetzliche Grund der Wiederaufnahme sowie die Beweismittel angegeben werden; er ist schriftlich bei dem Präsidenten des Verfassungsgerichtshofs einzureichen. ³Durch den Antrag auf Wiederaufnahme wird die Wirksamkeit des Urteils nicht gehemmt.

(2) ¹Über die Zulassung des Antrags entscheidet der Verfassungsgerichtshof in der Besetzung nach Art. 3 Abs. 2 Nr. 1 ohne mündliche Verhandlung. ²Die Vorschriften der §§ 368 bis 370 und 371 Abs. 1 bis 3 StPO finden entsprechende Anwendung.

(3) Auf die erneute Hauptverhandlung finden die Vorschriften der Art. 38 bis 42 Anwendung.

(4) In dem erneuten Urteil ist entweder das frühere Urteil aufrechtzuerhalten oder aufzuheben und der Angeklagte freizusprechen.

## 2. Unterabschnitt
### Anklagen gegen Abgeordnete

**Art. 44 Verfahren.** (1) Auf das Verfahren finden die besonderen Verfahrensvorschriften bei Anklagen gegen Mitglieder der Staatsregierung entsprechende Anwendung.

(2) Die Erhebung und Weiterverfolgung der Anklage werden durch den Verlust der Mitgliedschaft beim Landtag nicht berührt.

(3) Ausfertigungen des Urteils samt Gründen sind dem Landtag, dem Angeklagten und der Staatsregierung zuzustellen.

## 3. Unterabschnitt
*(aufgehoben)*

Verfassungsgerichtshofsgesetz **VfGHG 11**

## 2. Abschnitt
## Entscheidungen über den Ausschluß von Wählergruppen von Wahlen und Abstimmungen (Art. 2 Nr. 2)

**Art. 46 Antrag.** (1) Der Antrag auf Entscheidung über den Ausschluß von Wählergruppen von Wahlen und Abstimmungen kann von der Staatsregierung oder von einer der im Landtag vertretenen politischen Parteien gestellt werden.

(2) In dem Antrag sind die Tatsachen und Beweismittel zu bezeichnen, aus denen hervorgeht, daß die Mitglieder oder Förderer der Wählergruppe darauf ausgehen, die staatsbürgerlichen Freiheiten zu unterdrücken oder gegen Volk, Staat oder Verfassung Gewalt anzuwenden.

**Art. 47 Verfahren.** (1) ¹Der Antrag ist der beteiligten Wählergruppe zur Äußerung binnen einer zu bestimmenden Frist mitzuteilen. ²Hat eine im Landtag vertretene politische Partei den Antrag gestellt, ist der Staatsregierung Gelegenheit zur Äußerung zu geben.

(2) ¹Der Antragsteller und die Wählergruppe müssen sich durch einen Bevollmächtigten vertreten lassen. ²Dieser hat bei seiner ersten Äußerung eine schriftliche Vollmacht vorzulegen. ³Wird der Antrag von einer politischen Partei gestellt, ist zugleich der Nachweis vorzulegen, daß die Vollmacht von dem nach der Parteisatzung hierzu Berechtigten erteilt wurde.

(3) Ausfertigungen der Entscheidung sind der Staatsregierung, auch wenn sie den Antrag nicht gestellt hat, den Bevollmächtigten des Antragstellers und der beteiligten Wählergruppe, dem Landtag und dem Landeswahlleiter zuzustellen.

## 3. Abschnitt
## Entscheidungen über die Gültigkeit der Wahl der Mitglieder des Landtags und den Verlust der Mitgliedschaft beim Landtag (Art. 2 Nr. 3)

**Art. 48 Antrag, Verfahren.** (1) Gegen Beschlüsse des Landtags über die Gültigkeit der Wahl oder den Verlust der Mitgliedschaft können die Entscheidung des Verfassungsgerichtshofs beantragen
1. Abgeordnete, deren Mitgliedschaft im Landtag bestritten ist,
2. Fraktionen des Landtags oder Minderheiten des Landtags, die wenigstens ein Zehntel der gesetzlichen Mitgliederzahl umfassen,
3. Stimmberechtigte, deren Wahlbeanstandung vom Landtag verworfen worden ist.

(2) ¹Der Antrag ist schriftlich bei dem Präsidenten des Verfassungsgerichtshofs binnen einem Monat seit der Beschlußfassung des Landtags einzureichen;

er ist durch die Anführung von Tatsachen und Beweismitteln zu begründen. ²Eine Landtagsminderheit muß sich durch einen Bevollmächtigten vertreten lassen. ³Dieser hat bei der Antragstellung den Nachweis seiner Bevollmächtigung vorzulegen.

(3) ¹Der fristgemäß eingereichte Antrag ist den weiteren Beteiligten zur Äußerung binnen einer zu bestimmenden Frist mitzuteilen. ²Beteiligt sind außer dem Antragsteller der Landtag und die Personen, deren Mitgliedschaft im Landtag durch die beantragte Entscheidung betroffen wäre. ³Die Äußerung und die Gegenerklärung erfolgen schriftlich. ⁴Der Verfassungsgerichtshof kann von einer mündlichen Verhandlung absehen, wenn er eine solche nach der Sach- und Rechtslage nicht für geboten erachtet.

(4) Ist die Frist des Absatzes 2 Satz 1 nicht eingehalten worden, so ist der Antrag als unzulässig zurückzuweisen.

(5) Ausfertigungen der Entscheidung sind dem Abgeordneten, dem Landtag, den etwaigen übrigen Beteiligten, der Staatsregierung und dem Landeswahlleiter zuzustellen.

## 4. Abschnitt
## Verfassungsstreitigkeiten zwischen obersten Staatsorganen; Meinungsverschiedenheiten über Verfassungsänderung (Art. 2 Nrn. 4 und 8)

**Art. 49 Verfahren, Zustellung.** (1) Bei Verfassungsstreitigkeiten zwischen den obersten Staatsorganen oder in der Verfassung mit eigenen Rechten ausgestatteten Teilen eines obersten Staatsorgans (Art. 64 der Verfassung) sowie bei Meinungsverschiedenheiten darüber, ob durch ein Gesetz die Verfassung verletzt wird oder ob ein Antrag auf eine unzulässige Verfassungsänderung vorliegt (Art. 75 Abs. 3 der Verfassung), kann die Entscheidung des Verfassungsgerichtshofs herbeigeführt werden.

(2) ¹Antragsberechtigt sind der Landtag, die Staatsregierung und die in der Verfassung mit eigenen Rechten ausgestatteten Teile eines obersten Staatsorgans. ²Letztere müssen sich durch einen Bevollmächtigten vertreten lassen, der den Antrag zu stellen und dabei den Nachweis seiner Bevollmächtigung vorzulegen hat. ³Bei Meinungsverschiedenheiten innerhalb des Landtags (Art. 75 Abs. 3 der Verfassung) müssen sich auch die Mitglieder des Landtags, die gegenteilige Ansicht vertreten, durch einen Bevollmächtigten vertreten lassen.

(3) Ausfertigungen der Entscheidung sind dem Landtag und der Staatsregierung zuzustellen.

## 5. Abschnitt
## Richtervorlagen (Art. 2 Nr. 5)

**Art. 50 Verfahren, Zustellung.** (1) Hält ein Gericht eine Rechtsvorschrift des bayerischen Landesrechts, die für die Entscheidung eines bei ihm anhängigen Verfahrens erheblich ist, für verfassungswidrig, so hat es das Verfahren auszusetzen und die Entscheidung des Verfassungsgerichtshofs herbeizuführen.

(2) [1]Das Gericht leitet den Vorlagebeschluß mit den Akten dem Verfassungsgerichtshof unmittelbar zu. [2]In der Begründung des Beschlusses ist auszuführen, aus welchen Gründen die Rechtsvorschrift für das anhängige Verfahren entscheidungserheblich ist und für verfassungswidrig erachtet wird.

(3) Der Verfassungsgerichtshof gibt dem Landtag, der Staatsregierung und den sonst am Verfahren Beteiligten Gelegenheit zur Äußerung.

(4) Ausfertigungen der Entscheidung sind dem Landtag und der Staatsregierung zuzustellen.

## 6. Abschnitt
## Verfassungsbeschwerden (Art. 2 Nr. 6)

**Art. 51 Inhalt und Voraussetzung der Verfassungsbeschwerde; Frist.**
(1) [1]In der Beschwerde nach Art. 120 der Verfassung sind die Handlung oder Unterlassung der Behörde, gegen die sich der Beschwerdeführer wendet, und das verfassungsmäßige Recht, dessen Verletzung der Beschwerdeführer geltend macht, zu bezeichnen; die Bestimmungen der Verfassung, deren Verletzung behauptet wird, sollen angeführt werden. [2]Die Beschwerde kann auch gegen die Handlung oder Unterlassung eines Gerichts erhoben werden.

(2) [1]Ist hinsichtlich des Beschwerdegegenstands ein Rechtsweg zulässig, so ist bei Einreichung der Beschwerde nachzuweisen, daß der Rechtsweg erschöpft worden ist. [2]Die Verfassungsbeschwerde ist spätestens zwei Monate nach der schriftlichen Bekanntgabe der vollständigen letztgerichtlichen Entscheidung an den Beschwerdeführer beim Verfassungsgerichtshof einzureichen.

(3) [1]Ist ein Rechtsweg nicht zulässig und wird die Beschwerde gegen eine einem Staatsministerium nachgeordnete Behörde erhoben, so muß der Beschwerdeführer bei Einreichung der Beschwerde nachweisen, daß er innerhalb eines Monats, seit er von der Handlung der Behörde Kenntnis hat, ohne Erfolg bei dem zuständigen Staatsministerium um Abhilfe nachgesucht hat. [2]Sind seit der Einreichung des Gesuchs um Abhilfe drei Monate verstrichen, ohne daß dem Beschwerdeführer ein Bescheid zugegangen ist, so wird angenommen, daß das Gesuch um Abhilfe erfolglos geblieben ist. [3]Die Verfassungsbeschwerde ist spätestens zwei Monate nach der Entscheidung des Staatsministeriums oder der von ihm beauftragten Dienststelle und, falls eine Entscheidung nicht

ergangen ist, zwei Monate nach Ablauf der Frist des Satzes 2 beim Verfassungsgerichtshof einzureichen.

(4) Wird der Nachweis, daß der Rechtsweg erschöpft oder das Abhilfegesuch an das zuständige Staatsministerium ohne Erfolg geblieben ist, bei Einreichung der Verfassungsbeschwerde nicht erbracht, so kann ihn der Präsident unter Setzung einer Frist beim Beschwerdeführer anfordern.

(5) Ist ein Rechtsweg nicht zulässig und auch ein Gesuch um Abhilfe nach Absatz 3 Satz 1 nicht möglich, so ist
1. die Verfassungsbeschwerde gegen die Handlung einer Behörde spätestens zwei Monate seit der Kenntnisnahme des Beschwerdeführers,
2. die Verfassungsbeschwerde gegen eine gerichtliche Entscheidung spätestens zwei Monate seit der schriftlichen Bekanntgabe der vollständigen Entscheidung an den Beschwerdeführer,
3. die Verfassungsbeschwerde gegen die Unterlassung einer beantragten Handlung spätestens sechs Monate nach der Antragstellung
zu erheben.

(6) Im Fall des Art. 48 Abs. 3 der Verfassung findet Absatz 1 Satz 1 entsprechende Anwendung.

**Art. 52 Äußerung der Staatsregierung oder des zuständigen Staatsministeriums.** Vor einer abschließenden Entscheidung übermittelt der Verfassungsgerichtshof eine Abschrift der Beschwerde im Fall des Art. 48 Abs. 3 der Verfassung der Staatsregierung, im Fall des Art. 120 der Verfassung dem beteiligten Staatsministerium und gibt Gelegenheit zur Äußerung binnen einer zu bestimmenden Frist.

**Art. 53 Verfahren.** (1) [1]Über die Beschwerde entscheidet der Verfassungsgerichtshof ohne mündliche Verhandlung. [2]Der Präsident oder der Verfassungsgerichtshof können mündliche Verhandlung anordnen.

(2) Zur mündlichen Verhandlung sind der Beschwerdeführer und die Staatsregierung oder das beteiligte Staatsministerium zu laden.

(3) Der Präsident oder der Verfassungsgerichtshof können das persönliche Erscheinen des Beschwerdeführers anordnen.

**Art. 54 Inhalt der Entscheidung.** [1]Wird einer Verfassungsbeschwerde stattgegeben, so ist in der Entscheidung festzustellen, welche Verfassungsbestimmung verletzt wurde und durch welche gerichtliche oder behördliche Handlung oder Unterlassung die Verletzung erfolgt ist. [2]Der Verfassungsgerichtshof bestimmt, in welcher Weise der Beschwerde abzuhelfen ist.

## 7. Abschnitt
## Popularklagen (Art. 2 Nr. 7)

**Art. 55 Popularklage.** (1) ¹Die Verfassungswidrigkeit einer Rechtsvorschrift des bayerischen Landesrechts kann jedermann durch Beschwerde beim Verfassungsgerichtshof geltend machen. ²Er hat darzulegen, daß ein durch die Verfassung gewährleistetes Grundrecht verfassungswidrig eingeschränkt wird.

(2) Der Verfassungsgerichtshof hat dem Landtag, der Staatsregierung und den übrigen Beteiligten Gelegenheit zur Äußerung zu geben.

(3) Der Verfassungsgerichtshof kann von einer mündlichen Verhandlung absehen, wenn er eine solche nach der Sach- und Rechtslage nicht für geboten erachtet.

(4) Ausfertigungen der Entscheidung sind dem Landtag und der Staatsregierung zuzustellen.

(5) Der Verfassungsgerichtshof kann trotz einer Rücknahme der Popularklage über diese entscheiden, wenn er eine Entscheidung im öffentlichen Interesse für geboten hält; er hat über die Popularklage zu entscheiden, wenn die juristische Person des öffentlichen Rechts, deren Rechtsvorschrift angegriffen ist, eine Entscheidung binnen vier Wochen ab Zustellung der Rücknahmeerklärung beantragt.

## VIERTER TEIL
## Änderungs-, Übergangs- und Schlußvorschriften

**Art. 56** *(aufgehoben)*

**Art. 57 Inkrafttreten; Außerkrafttreten; Übergangsregelung.** (1) ¹Dieses Gesetz tritt am 1. Januar 1991 in Kraft. ²*(aufgehoben)*

(2) Abweichend von Absatz 1 Satz 1 treten Art. 3 Abs. 6, Art. 10 Abs. 1 und Art. 30 Abs. 2 am 1. August 1990 in Kraft.

(3) *(aufgehoben)*

# LWG 12

# Gesetz über Landtagswahl, Volksbegehren, Volksentscheid und Volksbefragung (Landeswahlgesetz – LWG)

(BayRS 111-1-I) in der Fassung der Bekanntmachung vom 5. Juli 2002 (GVBl. S. 277, ber. S. 620), zuletzt geändert durch Gesetz vom 24. Juli 2019 (GVBl. S. 342)

– Auszug –

## INHALTSÜBERSICHT*

### ERSTER TEIL
### Allgemeine Bestimmungen

#### Kapitel 1
#### Stimmrecht

- Art. 1 Voraussetzungen des Stimmrechts
- Art. 2 Ausschluss vom Stimmrecht
- Art. 3 Ausübung des Stimmrechts
- Art. 4 Wählerverzeichnis und Wahlschein

#### Kapitel 2
#### Räumliche Gliederung und Wahlorgane

- Art. 5 Wahlkreis, Stimmkreis, Stimmbezirk
- Art. 6 Wahlorgane
- Art. 7 Bildung der Wahlorgane
- Art. 8 Tätigkeit der Wahlausschüsse und Wahlvorstände
- Art. 9 Ehrenämter

#### Kapitel 3
#### Durchführung der Abstimmung

- Art. 10 Tag der Abstimmung
- Art. 11 Öffentlichkeit der Abstimmung
- Art. 12 Unzulässige Beeinflussung der Abstimmenden, unzulässige Veröffentlichung von Befragungen zur Stimmabgabe
- Art. 13 Abstimmungsgeheimnis
- Art. 14 Stimmzettel, Stimmenzählgeräte
- Art. 15 Briefwahl
- Art. 16 Entscheidungen des Wahlvorstands
- Art. 17 Kosten der Abstimmung
- Art. 18 Dienstbefreiung ohne Lohnabzug

### ZWEITER TEIL
### Besondere Bestimmungen für die Landtagswahl

Art. 19-61*(nicht abgedruckt)*

### DRITTER TEIL
### Besondere Bestimmungen über Volksbegehren, Volksentscheid und Volksbefragung

#### Abschnitt I
#### Das unmittelbare Gesetzgebungsrecht des Volkes

- Art. 62 Volksgesetzgebung

#### Kapitel 1
#### Volksbegehren

- Art. 63 Zulassungsantrag
- Art. 64 Entscheidung über den Zulassungsantrag
- Art. 65 Bekanntmachung des Volksbegehrens und der Eintragungsfrist

---

\* *Inhaltsübersicht nicht amtlich.*

# 12 LWG — Landeswahlgesetz

| | |
|---|---|
| Art. 66 | Änderung und Rücknahme des Zulassungsantrags |
| Art. 67 | Eintragungsbezirke |
| Art. 68 | Auslegung der Eintragungslisten |
| Art. 69 | Eintragungsberechtigung, Inhalt der Eintragung, Eintragungsschein |
| Art. 70 | Ungültige Eintragungen |
| Art. 71 | Feststellung des Ergebnisses des Volksbegehrens |
| Art. 72 | Vorlage des Volksbegehrens an den Landtag |
| Art. 73 | Behandlung des Volksbegehrens im Landtag |
| Art. 74 | Kosten |

### Kapitel 2
### Volksentscheid

| | |
|---|---|
| Art. 75 | Bekanntmachung von Tag und Gegenstand des Volksentscheids |
| Art. 76 | Stimmzettel, Stimmabgabe |
| Art. 77 | Ungültige Stimmen |
| Art. 78 | Feststellung des Abstimmungsergebnisses |
| Art. 79 | Ergebnis des Volksentscheids |
| Art. 80 | Prüfung des Volksentscheids |
| Art. 81 | Ausfertigung und Verkündung der Gesetze |
| Art. 82 | Beteiligung des Beauftragten des Volksbegehrens in Verfahren vor dem Verfassungsgerichtshof |

### Abschnitt II
### Die Abberufung des Landtags durch das Volk

| | |
|---|---|
| Art. 83 | Abberufung des Landtags durch das Volk |
| Art. 84 | Volksbegehren |
| Art. 85 | Volksentscheid |
| Art. 86 | Ergebnis des Volksentscheids |
| Art. 87 | Vollzug der Abberufung |

### Abschnitt III
### Volksentscheid über Beschlüsse des Landtags auf Änderung der Verfassung

| | |
|---|---|
| Art. 88 | Volksentscheid über Beschlüsse des Landtags auf Änderung der Verfassung |

### Abschnitt IV
### Volksbefragung

| | |
|---|---|
| Art. 88a | Volksbefragung |

### VIERTER TEIL
### Schlussbestimmungen

| | |
|---|---|
| Art. 89 | Ordnungswidrigkeiten |
| Art. 90 | Fristen, Termine und Form |
| Art. 91 | Wahlstatistik |
| Art. 92 | Landeswahlordnung |
| Art. 93 | In-Kraft-Treten |

### Anlage

Stimmkreiseinteilung für die Wahl zum Bayerischen Landtag

Landeswahlgesetz **LWG 12**

ERSTER TEIL
## Allgemeine Bestimmungen

Kapitel 1
### Stimmrecht

**Art. 1 Voraussetzungen des Stimmrechts.** (1) Stimmberechtigt bei den Wahlen zum Landtag, bei Volksbegehren, Volksentscheiden und Volksbefragungen sind alle Deutschen im Sinn des Art. 116 Abs. 1 des Grundgesetzes*, die am Tag der Abstimmung, bei Volksbegehren spätestens am letzten Tag der Eintragungsfrist,
1. das 18. Lebensjahr vollendet haben,
2. seit mindestens drei Monaten in Bayern ihre Wohnung, bei mehreren Wohnungen ihre Hauptwohnung, haben oder sich sonst in Bayern gewöhnlich aufhalten,
3. nicht nach Art. 2 vom Stimmrecht ausgeschlossen sind.

(2) ¹Stimmberechtigt sind bei Vorliegen der sonstigen Voraussetzungen auch Beamte und Arbeitnehmer im öffentlichen Dienst, die ihre Wohnung, bei mehreren Wohnungen ihre Hauptwohnung, aus beruflichen Gründen aus Bayern in einen Ort im Ausland nahe der Landesgrenze verlegen mussten, sowie die Angehörigen ihres Hausstands. ²Bei Rückkehr nach Bayern gilt die Dreimonatsfrist des Absatzes 1 Nr. 2 nicht.

(3) Bei der Berechnung der Dreimonatsfrist nach Absatz 1 Nr. 2 wird der Tag der Wohnungs- oder Aufenthaltsnahme in die Frist einbezogen.

**Art. 2 Ausschluss vom Stimmrecht.** Ausgeschlossen vom Stimmrecht ist, wer infolge Richterspruchs das Stimmrecht nicht besitzt.

**Art. 3 Ausübung des Stimmrechts.** (1) Abstimmen kann nur, wer in ein Wählerverzeichnis eingetragen ist oder einen Wahlschein hat.

(2) Wer im Wählerverzeichnis eingetragen ist, kann nur in dem Stimmbezirk abstimmen, in dessen Wählerverzeichnis er geführt wird.

(3) ¹Wer einen Wahlschein hat, kann sein Stimmrecht in dem Stimmkreis, in dem der Wahlschein ausgestellt ist,

---

\* *Art. 116 Abs. 1 Grundgesetz für die Bundesrepublik Deutschland vom 23. Mai 1949 (BGBl. S. 1), Gesetz zuletzt geändert durch Gesetz vom 29. September 2020 (BGBl. I S. 2048), lautet:*
**Art. 116.** (1) Deutscher im Sinne dieses Grundgesetzes ist vorbehaltlich anderweitiger gesetzlicher Regelung, wer die deutsche Staatsangehörigkeit besitzt oder als Flüchtling oder Vertriebener deutscher Volkszugehörigkeit oder als dessen Ehegatte oder Abkömmling in dem Gebiete des Deutschen Reiches nach dem Stande vom 31. Dezember 1937 Aufnahme gefunden hat.

1. durch Stimmabgabe in einem beliebigen Stimmbezirk dieses Stimmkreises oder
2. durch Briefwahl

ausüben. ²Beim Volksentscheid und bei einer Volksbefragung kann der Inhaber eines Wahlscheins sein Stimmrecht in einem beliebigen Stimmbezirk innerhalb der kreisfreien Gemeinde oder des Landkreises ausüben, sofern der Volksentscheid oder die Volksbefragung nicht zusammen mit einer Landtagswahl durchgeführt wird.

(4) ¹Jede stimmberechtigte Person kann ihr Stimmrecht nur einmal und nur persönlich ausüben. ²Eine Ausübung des Stimmrechts durch einen Vertreter anstelle der stimmberechtigten Person ist unzulässig.

(5) ¹Eine stimmberechtigte Person, die des Lesens unkundig oder wegen einer Behinderung an der Abgabe ihrer Stimme gehindert ist, kann sich hierzu der Hilfe einer anderen Person bedienen. ²Die Hilfeleistung ist auf technische Hilfe bei der Kundgabe einer von der stimmberechtigten Person selbst getroffenen und geäußerten Wahlentscheidung beschränkt. ³Unzulässig ist eine Hilfeleistung, die unter missbräuchlicher Einflussnahme erfolgt, die selbstbestimmte Willensbildung oder Entscheidung der stimmberechtigten Person ersetzt oder verändert oder wenn ein Interessenkonflikt der Hilfsperson besteht.

**Art. 4 Wählerverzeichnis und Wahlschein.** (1) ¹Die Gemeinden legen für jeden Stimmbezirk ein Verzeichnis der Stimmberechtigten an. ²Jede stimmberechtigte Person hat das Recht, an den Werktagen, außer Samstagen, vom 20. bis 16. Tag vor der Abstimmung während der allgemeinen Dienststunden die Richtigkeit oder Vollständigkeit der zu ihrer Person im Wählerverzeichnis eingetragenen Daten zu überprüfen. ³Zur Überprüfung der Richtigkeit oder Vollständigkeit der Daten von anderen im Wählerverzeichnis eingetragenen Personen haben Stimmberechtigte während des in Satz 2 genannten Zeitraums nur dann ein Recht auf Einsicht in das Wählerverzeichnis, wenn sie Tatsachen glaubhaft machen, aus denen sich eine Unrichtigkeit oder Unvollständigkeit des Wählerverzeichnisses ergeben kann. ⁴Das Recht zur Überprüfung gemäß Satz 3 besteht nicht hinsichtlich der Daten von Stimmberechtigten, für die im Melderegister eine Auskunftssperre gemäß § 51 des Bundesmeldegesetzes eingetragen ist.

(2) Eine stimmberechtigte Person, die im Wählerverzeichnis eingetragen ist oder die aus einem von ihr nicht zu vertretenden Grund in das Wählerverzeichnis nicht aufgenommen worden ist, erhält auf Antrag einen Wahlschein.

Landeswahlgesetz

## Kapitel 2
## Räumliche Gliederung und Wahlorgane

**Art. 5 Wahlkreis, Stimmkreis, Stimmbezirk.** (1) Jeder Regierungsbezirk bildet einen Wahlkreis.

(2) [1]Jeder Landkreis und jede kreisfreie Gemeinde bildet einen Stimmkreis. [2]Soweit es der Grundsatz der Wahlgleichheit erfordert, sind räumlich zusammenhängende Stimmkreise abweichend von Satz 1 zu bilden; das Gebiet kreisangehöriger Gemeinden und der räumliche Wirkungsbereich von Verwaltungsgemeinschaften dürfen nicht durchschnitten werden. [3]Die Einwohnerzahl eines Stimmkreises soll von der durchschnittlichen Einwohnerzahl der Stimmkreise im jeweiligen Wahlkreis nicht um mehr als 15 v.H. nach oben oder unten abweichen; beträgt die Abweichung mehr als 25 v.H. ist eine Neuabgrenzung vorzunehmen.

(3) [1]Wird eine Gemeinde oder ein Gemeindeteil in eine Gemeinde eingegliedert, die einem anderen Stimmkreis angehört, so fällt sie diesem Stimmkreis zu. [2]Wird eine neue Gemeinde oder eine Verwaltungsgemeinschaft aus Gemeinden verschiedener Stimmkreise gebildet, so fällt sie dem Stimmkreis zu, dem der größere Teil der Einwohner bisher angehört hat. [3]Dies gilt jedoch nicht, wenn hierdurch die Einwohnerzahl eines der Stimmkreise von der durchschnittlichen Einwohnerzahl der Stimmkreise in dem jeweiligen Wahlkreis um mehr als 25 v.H. nach oben oder unten abweicht; in diesem Fall fällt sie dem Stimmkreis zu, dem der nächstgrößere Teil der Einwohner bisher angehört hat. [4]Die Feststellungen trifft der Landeswahlleiter.

(4) [1]Die sich hieraus ergebende Einteilung regelt die **Anlage*** zu diesem Gesetz. [2]Berichtigungen der Anlage nach Absatz 3 gibt das Staatsministerium des Innern, für Sport und Integration bekannt.

(5) [1]Die Staatsregierung erstattet dem Landtag 36 Monate nach dem Tag, an dem der Landtag gewählt worden ist, einen schriftlichen Bericht über die Veränderung der Einwohnerzahlen in den Wahl- und den Stimmkreisen. [2]Der Bericht hat Vorschläge zur Änderung der Zahl der auf die Wahlkreise entfallenden Abgeordnetensitze und zur Änderung der Stimmkreiseinteilung zu enthalten, soweit das durch die Veränderung der Einwohnerzahlen geboten ist.

(6) Jeder Stimmkreis wird für die Stimmabgabe in Stimmbezirke eingeteilt.

**Art. 6 Wahlorgane.** Wahlorgane sind
1. der Landeswahlleiter und der Landeswahlausschuss für das Staatsgebiet,
2. bei Landtagswahlen ein Beschwerdeausschuss für das Staatsgebiet,
3. bei Landtagswahlen ein Wahlkreisleiter und ein Wahlkreisausschuss für jeden Wahlkreis,

---

\* *Nicht abgedruckt.*

4. bei Landtagswahlen ein Stimmkreisleiter und ein Stimmkreisausschuss für jeden Stimmkreis, bei Volksentscheiden und Volksbefragungen ein Abstimmungsleiter und ein Abstimmungsausschuss für jeden Landkreis und für jede kreisfreie Gemeinde,
5. ein Wahlvorsteher und ein Wahlvorstand für jeden Stimmbezirk; die Gemeinde soll anordnen, dass ein Wahlvorstand, der weniger als 50 Stimmberechtigte zur Abstimmung zugelassen hat, die Abstimmungsverhandlungen zur Ergebnisermittlung einem anderen Wahlvorstand übergibt, und
6. mindestens ein Wahlvorsteher und ein Wahlvorstand für jede Gemeinde zur Feststellung des Briefwahlergebnisses (Briefwahlvorstand); das Landratsamt kann anordnen, dass für mehrere Gemeinden ein gemeinsamer Briefwahlvorstand zu bilden ist, und eine dieser Gemeinden mit der Durchführung der Briefwahl betrauen.

**Art. 7 Bildung der Wahlorgane.** (1) Der Landeswahlleiter und sein Stellvertreter sowie die Wahlkreisleiter und ihre Stellvertreter werden vom Staatsministerium des Innern, für Sport und Integration, die Stimmkreisleiter und die Abstimmungsleiter sowie ihre Stellvertreter von der Regierung, die Wahlvorsteher und ihre Stellvertreter von der Gemeinde ernannt.

(2) [1]Der Landeswahlausschuss, die Wahlkreisausschüsse, die Stimmkreisausschüsse und die Abstimmungsausschüsse bestehen jeweils aus dem Wahlleiter als Vorsitzendem und sechs von ihm berufenen Stimmberechtigten als Beisitzern. [2]Der Beschwerdeausschuss besteht aus dem Landeswahlleiter als Vorsitzendem sowie den sechs Beisitzern des Landeswahlausschusses und zwei vom Landeswahlleiter berufenen Richtern des Verwaltungsgerichtshofs. [3]Die Wahlvorstände bestehen aus dem Wahlvorsteher als Vorsitzendem, seinem Stellvertreter und weiteren drei bis sieben von der Gemeinde berufenen Stimmberechtigten als Beisitzern. [4]Bei der Berufung der Beisitzer sind die in dem jeweiligen Gebiet vertretenen Parteien und sonstigen organisierten Wählergruppen nach Möglichkeit zu berücksichtigen.

(3) [1]Niemand darf in mehr als einem Wahlorgan Mitglied sein. [2]Wahlbewerber, Beauftragte für Wahlkreisvorschläge und ihre Stellvertreter dürfen nicht zu Mitgliedern eines Wahlorgans bestellt werden.

(4) [1]Die Gemeinden sind befugt, personenbezogene Daten von Stimmberechtigten zum Zweck ihrer Berufung zu Mitgliedern von Wahlvorständen zu erheben, zu verarbeiten und zu nutzen. [2]Zu diesem Zweck dürfen personenbezogene Daten von Stimmberechtigten, die zur Tätigkeit in Wahlvorständen geeignet sind, auch für künftige Abstimmungen verarbeitet und genutzt werden, sofern die betroffene Person der Verarbeitung oder Nutzung nicht widersprochen hat. [3]Die betroffene Person ist über das Widerspruchsrecht zu unterrichten. [4]Im Einzelnen dürfen folgende Daten erhoben, verarbeitet und genutzt werden: Name, Vorname, akademische Grade, Geburtsdatum, Anschriften, Telefonnummern, Zahl der Berufungen zu einem Mitglied der Wahlvorstände und die dabei ausgeübte Funktion.

Landeswahlgesetz **LWG 12**

(5) ¹Auf Ersuchen der Gemeinde sind zur Sicherstellung der Durchführung der Abstimmung die Behörden des Freistaates Bayern, der Gemeinden, der Landkreise und der Bezirke sowie der sonstigen der Aufsicht des Freistaates Bayern unterstehenden juristischen Personen des öffentlichen Rechts verpflichtet, aus dem Kreis ihrer Bediensteten unter Angabe von Name, Vorname, akademischen Graden, Geburtsdatum, Anschriften und Telefonnummern zum Zweck der Berufung als Mitglieder der Wahlvorstände stimmberechtigte Personen zu benennen, die im Gebiet der ersuchenden Gemeinde wohnen. ²Die ersuchte Stelle hat die Betroffenen über die übermittelten Daten und den Empfänger zu benachrichtigen.

**Art. 8 Tätigkeit der Wahlausschüsse und Wahlvorstände.** (1) ¹Die Wahlausschüsse und Wahlvorstände verhandeln, beraten und entscheiden in öffentlicher Sitzung. ²Soweit nicht in diesem Gesetz etwas anderes bestimmt ist, entscheidet bei den Abstimmungen Stimmenmehrheit. ³Bei Stimmengleichheit entscheidet die Stimme des Vorsitzenden.

(2) ¹Die Mitglieder der Wahlorgane, ihre Stellvertreter und die Schriftführer sind zur unparteiischen Wahrnehmung ihres Amts und zur Verschwiegenheit über die ihnen bei ihrer amtlichen Tätigkeit bekannt gewordenen Angelegenheiten verpflichtet. ²Sie dürfen bei der Ausübung ihres Amts ihr Gesicht nicht verhüllen.

**Art. 9 Ehrenämter.** ¹Die Beisitzer der Wahlausschüsse und die Mitglieder der Wahlvorstände üben ihre Tätigkeit ehrenamtlich aus. ²Zur Übernahme des Ehrenamts ist jede stimmberechtigte Person verpflichtet. ³Das Ehrenamt darf nur aus wichtigem Grund abgelehnt werden.


Kapitel 3
## Durchführung der Abstimmung

**Art. 10 Tag der Abstimmung.** Die Abstimmungen finden an einem Sonntag oder gesetzlichen Feiertag statt.

**Art. 11 Öffentlichkeit der Abstimmung.** ¹Die Durchführung der Abstimmung und die Ermittlung des Abstimmungsergebnisses sind öffentlich. ²Der Wahlvorstand kann Personen, die Ruhe und Ordnung stören, aus dem Abstimmungsraum verweisen. ³Stimmberechtigten ist zuvor Gelegenheit zur Stimmabgabe zu geben.

**Art. 12 Unzulässige Beeinflussung der Abstimmenden, unzulässige Veröffentlichung von Befragungen zur Stimmabgabe.** (1) Während der Abstimmungszeit ist in und an dem Gebäude, in dem sich der Abstimmungsraum befindet, sowie unmittelbar vor dem Zugang zu dem Gebäude jede Beeinflussung der Abstimmenden durch Wort, Ton, Schrift, Bild oder auf andere Weise, insbesondere durch Umfragen oder Unterschriftensammlungen, sowie jede Behinderung oder erhebliche Belästigung der Abstimmenden verboten.

(2) Vor Ablauf der Abstimmungszeit dürfen Ergebnisse von Befragungen nach der Stimmabgabe über den Inhalt der Abstimmungsentscheidung nicht veröffentlicht werden.

(3) Den Behörden des Staates und den Gemeinden ist es untersagt, die Abstimmung in irgendeiner Weise zu beeinflussen oder das Abstimmungsgeheimnis zu verletzen.

**Art. 13 Abstimmungsgeheimnis.** (1) ¹Es sind Vorkehrungen zu treffen, dass die abstimmende Person die Stimmzettel unbeobachtet kennzeichnen kann. ²Für die Aufnahme der Stimmzettel sind Wahlurnen zu verwenden, die die Wahrung des Abstimmungsgeheimnisses sicherstellen.

(2) ¹Die nach Art. 3 Abs. 5 zulässige Hilfe bei der Stimmabgabe bleibt unberührt. ²Die Hilfsperson ist zur Geheimhaltung der Kenntnisse verpflichtet, die sie bei der Hilfeleistung von der Abstimmung einer anderen Person erhalten hat.

**Art. 14 Stimmzettel, Stimmenzählgeräte.** (1) Für die Stimmabgabe werden amtliche Stimmzettel verwendet.

(2) Das Staatsministerium des Innern, für Sport und Integration kann zulassen, dass an Stelle von Stimmzetteln amtlich zugelassene Stimmenzählgeräte verwendet werden.

**Art. 15 Briefwahl.** (1) ¹Bei der Briefwahl hat die abstimmende Person der Gemeinde, die den Wahlschein ausgestellt hat, im verschlossenen Wahlbriefumschlag
1. ihren Wahlschein,
2. in einem besonderen verschlossenen Stimmzettelumschlag ihre Stimmzettel
so rechtzeitig zu übersenden, dass der Wahlbrief spätestens am Tag der Abstimmung bis zum Ende der Abstimmungszeit eingeht. ²Art. 13 Abs. 2 gilt entsprechend.

(2) Auf dem Wahlschein hat die abstimmende Person oder die Person ihres Vertrauens an Eides statt zu versichern, dass die Stimmzettel persönlich oder gemäß dem erklärten Willen der abstimmenden Person gekennzeichnet worden sind.

**Art. 16 Entscheidungen des Wahlvorstands.** ¹Der Wahlvorstand leitet die Durchführung der Abstimmung. ²Vorbehaltlich einer Nachprüfung durch den Stimmkreisausschuss oder den Abstimmungsausschuss entscheidet er über die Gültigkeit der abgegebenen Stimmen und stellt das Abstimmungsergebnis fest.

**Art. 17 Kosten der Abstimmung.** (1) Der Freistaat Bayern erstattet den Gemeinden und den Verwaltungsgemeinschaften die durch die Abstimmung veranlassten notwendigen Ausgaben durch einen festen Betrag je stimmberechtigte Person.

Landeswahlgesetz **LWG 12**

(2) ¹Der Betrag wird vom Staatsministerium des Innern, für Sport und Integration festgesetzt. ²Bei der Festsetzung werden laufende persönliche und sächliche Kosten sowie Kosten für die Bereitstellung von Räumen und Einrichtungen der Gemeinden und der Verwaltungsgemeinschaften nicht berücksichtigt.

(3) Blindenvereinen, die ihre Bereitschaft zur Herstellung von Stimmzettelschablonen erklärt haben, werden die durch die Herstellung und Verteilung der Stimmzettelschablonen veranlassten notwendigen Ausgaben erstattet.

**Art. 18 Dienstbefreiung ohne Lohnabzug.** Stimmberechtigten in einem Dienst- oder Arbeitsverhältnis muss die freie Zeit, die sie zur Stimmabgabe und zur Ausübung von Ehrenämtern bei den Abstimmungen benötigen, ohne Abzug an Lohn oder Gehalt gewährt werden.

ZWEITER TEIL
## Besondere Bestimmungen für die Landtagswahl

**Art. 19-61** *(nicht abgedruckt)*

DRITTER TEIL
## Besondere Bestimmungen über Volksbegehren, Volksentscheid und Volksbefragung

Abschnitt I
### Das unmittelbare Gesetzgebungsrecht des Volkes

**Art. 62 Volksgesetzgebung.** (1) Das Volk übt das unmittelbare Recht der Gesetzgebung aus durch die Vorlage von Gesetzentwürfen in Volksbegehren und durch die Abstimmung über Gesetze in Volksentscheiden.

(2) ¹Über den Staatshaushalt findet kein Volksentscheid statt (Art. 73 der Verfassung). ²Ebenso sind Volksbegehren und Volksentscheid auf Verfassungsänderungen, die dem demokratischen Grundgedanken der Verfassung widersprechen, unzulässig.

Kapitel 1
### Volksbegehren

**Art. 63 Zulassungsantrag.** (1) ¹Der Antrag auf Zulassung eines Volksbegehrens ist schriftlich an das Staatsministerium des Innern, für Sport und Integration zu richten. ²Ihm muss der ausgearbeitete, mit Gründen versehene Gesetzentwurf, der den Gegenstand des Volksbegehrens bilden soll, beigegeben sein. ³Der Antrag bedarf der Unterschrift von 25 000 Stimmberechtigten; das Stimmrecht der Unterzeichner muss im Zeitpunkt der Unterzeichnung gegeben sein und ist bei der Einreichung des Zulassungsantrags nachzuweisen. ⁴Der Nachweis darf bei Einreichung des Zulassungsantrags nicht älter als zwei Jahre sein.

(2) ¹In dem Zulassungsantrag sind ein Beauftragter und ein Stellvertreter zu benennen. ²Der Beauftragte und sein Stellvertreter sind jeder für sich berechtigt, verbindliche Erklärungen zum Antrag abzugeben und entgegenzunehmen; im Zweifelsfall gilt die Erklärung des Beauftragten. ³Für den Fall des Ausscheidens des Beauftragten oder seines Stellvertreters sind in dem Zulassungsantrag zusätzlich mindestens drei weitere Stellvertreter zu benennen.

**Art. 64 Entscheidung über den Zulassungsantrag.** (1) ¹Erachtet das Staatsministerium des Innern, für Sport und Integration die gesetzlichen Voraussetzungen für die Zulassung des Volksbegehrens nicht für gegeben, so hat es die Entscheidung des Verfassungsgerichtshofs herbeizuführen (Art. 67 der Verfassung). ²Dies gilt insbesondere dann, wenn angenommen wird, dass der Antrag eine unzulässige Verfassungsänderung (Art. 75 Abs. 1 Satz 2 der Verfassung) oder eine verfassungswidrige Einschränkung eines Grundrechts (Art. 98 der Verfassung) enthält.

(2) ¹Auf das Verfahren vor dem Verfassungsgerichtshof finden die besonderen Verfahrensvorschriften über Verfassungsstreitigkeiten sinngemäß Anwendung. ²Die Entscheidung des Verfassungsgerichtshofs muss innerhalb eines Monats nach Schluss der mündlichen Verhandlung, bei Entscheidung im schriftlichen Verfahren nach Beendigung der Anhörung der Verfahrensbeteiligten getroffen werden, spätestens jedoch drei Monate nach Anrufung durch das Staatsministerium des Innern, für Sport und Integration. ³Sie ist im Staatsanzeiger und im Gesetz- und Verordnungsblatt bekannt zu machen.

**Art. 65 Bekanntmachung des Volksbegehrens und der Eintragungsfrist.** (1) Wird dem Zulassungsantrag stattgegeben, so macht das Staatsministerium des Innern, für Sport und Integration das Volksbegehren in der gesetzlich vorgeschriebenen Form bekannt und setzt Beginn und Ende der Frist fest, während deren die Eintragungen für das Volksbegehren vorgenommen werden können (Eintragungsfrist).

(2) Die Bekanntmachung hat spätestens sechs Wochen nach dem Eingang des vollständigen Zulassungsantrags beim Staatsministerium des Innern, für Sport und Integration, im Fall des Art. 64 vier Wochen nach der Verkündung der dem Zulassungsantrag stattgebenden Entscheidung des Verfassungsgerichtshofs zu ergehen.

(3) ¹Die Eintragungsfrist beträgt 14 Tage. ²Sie beginnt frühestens acht, spätestens zwölf Wochen nach der Veröffentlichung im Staatsanzeiger. ³Sind die Eintragungslisten aus Gründen, die die Unterzeichner des Zulassungsantrags nicht zu vertreten haben, nicht oder nicht ordnungsgemäß während der gesam-

Landeswahlgesetz **LWG 12**

ten Eintragungsfrist zum Eintrag der Unterzeichnungserklärung bereitgehalten worden, so verlängert das Staatsministerium des Innern, für Sport und Integration die Eintragungsfrist allgemein oder für einzelne Gemeinden entsprechend.

**Art. 66 Änderung und Rücknahme des Zulassungsantrags.** (1) [1]Nach der Bekanntmachung kann der Zulassungsantrag nicht mehr geändert, aber bis zum Ablauf der Eintragungsfrist jederzeit zurückgenommen werden. [2]Die Rücknahmeerklärung ist gültig, wenn sie von mehr als der Hälfte der Unterzeichner des Antrags abgegeben ist.

(2) [1]Auf Antrag des Beauftragten und des Stellvertreters kann das Staatsministerium des Innern, für Sport und Integration den Zulassungsantrag für erledigt erklären, wenn durch ein vom Landtag beschlossenes Gesetz die mit dem Antrag erstrebte Gesetzesvorlage als überholt zu betrachten ist. [2]Diese Entscheidung kann von Unterzeichnern des Zulassungsantrags beim Verfassungsgerichtshof angefochten werden. [3]Auf das Verfahren vor diesem Gericht ist Art. 64 Abs. 2 entsprechend anzuwenden.

(3) Das Volksbegehren ist durch das Staatsministerium des Innern, für Sport und Integration einzustellen, wenn von den Antragstellern die ihnen obliegenden Maßnahmen nicht innerhalb einer angemessenen Frist getroffen werden.

**Art. 67 Eintragungsbezirke.** [1]Die Gemeinden, in denen Eintragungslisten aufgelegt werden sollen, bestimmen die Anzahl der Eintragungsbezirke so, dass jede stimmberechtigte Person ausreichend Gelegenheit findet, sich an dem Volksbegehren zu beteiligen. [2]Jede Gemeinde bildet mindestens einen Eintragungsbezirk.

**Art. 68 Auslegung der Eintragungslisten.** (1) [1]Die Unterzeichner des Zulassungsantrags haben den kreisfreien Gemeinden, für die kreisangehörigen Gemeinden den Landratsämtern die erforderliche Anzahl vorschriftsmäßiger Eintragungslisten gegen Empfangsnachweis spätestens zwei Wochen vor Beginn der Eintragungsfrist zuzuleiten. [2]Diese müssen den vollen Inhalt des Volksbegehrens enthalten.

(2) [1]Die Gemeinden sind verpflichtet, die Eintragungslisten für die Dauer der Eintragungsfrist zum Eintrag der Unterzeichnungserklärung bereitzuhalten. [2]Die Eintragungsräume und -stunden sind so zu bestimmen, dass jede stimmberechtigte Person ausreichend Gelegenheit findet, sich an dem Volksbegehren zu beteiligen.

**Art. 69 Eintragungsberechtigung, Inhalt der Eintragung, Eintragungsschein.** (1) [1]In eine Eintragungsliste kann sich nur eintragen, wer in ein Wählerverzeichnis eingetragen ist oder einen Eintragungsschein hat. [2]Wer im Wählerverzeichnis eingetragen ist, kann sich nur in dem Eintragungsbezirk eintragen, in dessen Wählerverzeichnis er geführt wird. [3]Wer einen Eintragungsschein hat, kann sich in die Eintragungsliste eines beliebigen Eintragungsbezirks in Bayern eintragen.

(2) Eine stimmberechtigte Person, die im Wählerverzeichnis eingetragen ist oder die aus einem von ihr nicht zu vertretenden Grund in das Wählerverzeichnis nicht aufgenommen worden ist, erhält auf Antrag einen Eintragungsschein.

(3) [1]Die Eintragung muss Vor- und Familienname sowie die Unterschrift enthalten. [2]Die Unterschrift muss eigenhändig geleistet werden. [3]Wer auf einem Eintragungsschein an Eides statt versichert, dass er wegen Krankheit oder körperlicher Behinderung während der gesamten Eintragungszeit nicht oder nur unter unzumutbaren Schwierigkeiten in der Lage ist, einen Eintragungsraum aufzusuchen, kann die Eintragung in diesem Fall dadurch bewirken, dass er auf dem Eintragungsschein seine Unterstützung des Volksbegehrens erklärt und eine von ihm beauftragte Hilfsperson die Eintragung im Eintragungsraum für ihn vornimmt.

(4) Die Eintragung kann nicht zurückgenommen werden.

**Art. 70 Ungültige Eintragungen.** (1) Ungültig sind Eintragungen, wenn
1. sie keine eigenhändige Unterschrift enthalten,
2. sie die Person des Eingetragenen nicht deutlich erkennen lassen,
3. der Eingetragene nicht stimmberechtigt ist,
4. sie nicht auf vorschriftsmäßigen Eintragungslisten stehen,
5. sie nicht rechtzeitig geleistet worden sind,
6. sie außerhalb der amtlichen Eintragungsräume geleistet worden sind,
7. der Eintragungsschein ungültig ist, die Erklärung der Unterstützung des Volksbegehrens oder die Versicherung an Eides statt nicht unterschrieben ist.

(2) Mehrere Eintragungen einer Person gelten als eine Eintragung.

(3) Die von einer beauftragten Hilfsperson gemäß Art. 69 Abs. 3 vorgenommene Eintragung ist nicht unwirksam, wenn die stimmberechtigte Person vor der Eintragung gestorben oder aus dem Wahlgebiet weggezogen ist oder sonst ihr Stimmrecht verloren hat.

**Art. 71 Feststellung des Ergebnisses des Volksbegehrens.** (1) [1]Der Landeswahlausschuss stellt das Ergebnis des Volksbegehrens fest. [2]Er ist dabei an die Auffassung der Gemeinde oder des Landratsamts über die Gültigkeit der Eintragungen nicht gebunden.

(2) Zur Rechtsgültigkeit des Volksbegehrens ist es erforderlich, dass das Verlangen nach Schaffung eines Gesetzes von mindestens einem Zehntel der Stimmberechtigten gestellt worden ist.

(3) Der Landeswahlleiter macht das vom Landeswahlausschuss festgestellte Ergebnis des Volksbegehrens bekannt.

**Art. 72 Vorlage des Volksbegehrens an den Landtag.** (1) Der Ministerpräsident hat rechtsgültige Volksbegehren innerhalb von vier Wochen namens der Staatsregierung unter Darlegung ihrer Stellungnahme dem Landtag zu unterbreiten.

Landeswahlgesetz **LWG 12**

(2) In den Fällen des Art. 73 Abs. 2 hat der Ministerpräsident sämtliche Volksbegehren dem Landtag gemeinsam vorzulegen; die Frist des Absatzes 1 beginnt hier mit der Feststellung des Ergebnisses des vom Landeswahlausschuss zuletzt behandelten Volksbegehrens.

**Art. 73 Behandlung des Volksbegehrens im Landtag.** (1) [1]Rechtsgültige Volksbegehren sind vom Landtag binnen drei Monaten nach Unterbreitung zu behandeln und – vorbehaltlich des Absatzes 3 – binnen weiterer drei Monate dem Volk zur Entscheidung vorzulegen. [2]Bei Ablauf dieser Fristen während einer Vertagung des Landtags hat der Präsident den Landtag zu einer außerordentlichen Tagung einzuberufen.

(2) [1]Mehrere rechtsgültige Volksbegehren, die den gleichen Gegenstand betreffen, werden vom Landtag gemeinsam behandelt und dem Volk gemeinsam zur Entscheidung vorgelegt, wenn ihre Laufzeit zusammengefallen war oder sich überschnitten hatte. [2]Die Laufzeit im Sinn des Satzes 1 umfasst den Zeitraum vom Eingang des Zulassungsantrags beim Staatsministerium des Innern, für Sport und Integration (Art. 63 Abs. 1 Satz 1) bis zur Feststellung des Ergebnisses des Volksbegehrens durch den Landeswahlausschuss (Art. 71 Abs. 1 Satz 1).

(3) Nimmt der Landtag den begehrten Gesetzentwurf unverändert an, so entfällt ein Volksentscheid vorbehaltlich der Bestimmung des Art. 75 Abs. 2 der Verfassung.

(4) Lehnt der Landtag den im Volksbegehren unterbreiteten Gesetzesantrag ab, so kann er dem Volk einen eigenen Gesetzentwurf zur Entscheidung mit vorlegen.

(5) [1]Wird durch den Landtag die Rechtsgültigkeit des Volksbegehrens bestritten, so ist der hierüber ergangene Beschluss durch das Staatsministerium des Innern, für Sport und Integration öffentlich bekannt zu machen. [2]Auf Antrag von Unterzeichnern des Volksbegehrens entscheidet hierüber der Verfassungsgerichtshof (Art. 67 der Verfassung). [3]Art. 64 ist entsprechend anzuwenden.

**Art. 74 Kosten.** [1]Die Kosten der Herstellung der Eintragungslisten und deren Versendung an die kreisfreien Gemeinden und an die Landratsämter tragen die Antragsteller. [2]Die Kosten der Feststellung des Ergebnisses des Volksbegehrens fallen dem Staat, die übrigen Kosten den Gemeinden zur Last.

Kapitel 2

## Volksentscheid

**Art. 75 Bekanntmachung von Tag und Gegenstand des Volksentscheids.**
(1) [1]Die Staatsregierung setzt den Tag der Abstimmung fest. [2]Sie macht ihn mit dem Gegenstand des Volksentscheids bekannt.

(2) Die Bekanntmachung hat zu enthalten:
1. den Tag der Abstimmung,
2. den Text des Gesetzentwurfs,

3. eine Erläuterung der Staatsregierung (Art. 74 Abs. 7 der Verfassung), die bündig und sachlich sowohl die Begründung der Antragsteller wie die Auffassung der Staatsregierung und des Landtags einschließlich des Abstimmungsergebnisses im Landtag über den Gegenstand darlegen soll.

**Art. 76 Stimmzettel, Stimmabgabe.** (1) [1]Inhalt und Form des Stimmzettels werden vom Staatsministerium des Innern, für Sport und Integration bestimmt. [2]Der Stimmzettel hat den Text des zur Abstimmung vorgelegten Gesetzentwurfs zu enthalten. [3]Vom Abdruck umfangreicher Gesetzentwürfe kann abgesehen werden; der Gesetzentwurf ist dann den Stimmberechtigten vor der Abstimmung zu übermitteln.

(2) [1]Stehen mehrere Gesetzentwürfe, die den gleichen Gegenstand betreffen, inhaltlich aber miteinander nicht vereinbar sind, zur Abstimmung, so sind sie auf einem Stimmzettel gemeinsam aufzuführen; Absatz 1 Satz 3 gilt entsprechend. [2]Ihre Reihenfolge richtet sich nach der vom Landeswahlausschuss festgestellten Zahl der gültigen Eintragungen. [3]Hat der Landtag dem Volk einen eigenen Gesetzentwurf mit zur Abstimmung vorgelegt, so wird dieser vor den mit Volksbegehren gestellten Gesetzentwürfen aufgeführt.

(3) Die abstimmende Person hat ihre Entscheidung, ob sie dem Gesetzentwurf zustimmt (Ja-Stimme) oder diesen ablehnt (Nein-Stimme), auf dem Stimmzettel durch ein Kreuz oder auf andere Weise eindeutig kenntlich zu machen.

(4) [1]Stehen mehrere Gesetzentwürfe, die den gleichen Gegenstand betreffen, inhaltlich aber miteinander nicht vereinbar sind, zur Abstimmung, so hat die abstimmende Person zu jedem einzelnen Gesetzentwurf kenntlich machen, ob sie ihn dem geltenden Recht vorzieht (Ja-Stimme) oder nicht (Nein-Stimme). [2]Zusätzlich kann sie kenntlich machen, welchen der Gesetzentwürfe sie vorzieht für den Fall, dass zwei oder mehr Gesetzentwürfe jeweils die erforderliche Zustimmung (Art. 79 Abs. 1) erreichen (Stichfrage).

**Art. 77 Ungültige Stimmen.** [1]Ungültig sind Stimmen, wenn der Stimmzettel nicht amtlich hergestellt ist. [2]Art. 40 Abs. 1 Nrn. 2 bis 4 und Abs. 3 bis 6 gelten entsprechend*. [3]Stehen mehrere Gesetzentwürfe, die den gleichen Ge-

---

\* *Art. 40 Abs. 1 Nrn. 2 bis 4 und Abs. 3 bis 6 LWG lauten:*

**Art. 40 Ungültige Stimmen, Zurückweisung von Wahlbriefen.** (1) Ungültig sind Stimmen, wenn der Stimmzettel
1. …,
2. nicht gekennzeichnet ist,
3. den Willen der wählenden Person nicht zweifelsfrei erkennen lässt,
4. mit einem besonderen Merkmal versehen ist, einen Zusatz oder Vorbehalt enthält.
(2) …
(3) … Sind bei der Briefwahl mehrere gleichartige Stimmzettel in einem Stimmzettelumschlag enthalten, gelten sie als ein Stimmzettel, wenn sie gleich lauten oder nur einer von ihnen gekennzeichnet ist; sonst zählen sie als ein Stimmzettel mit einer ungültigen Stimme.

Landeswahlgesetz **LWG 12**

genstand betreffen, inhaltlich aber miteinander nicht vereinbar sind, zur Abstimmung, so macht die Ungültigkeit der Stimmabgabe zu einer einzelnen Frage die Stimmabgabe zu den übrigen Fragen nicht ungültig.

**Art. 78 Feststellung des Abstimmungsergebnisses.** (1) Nach Beendigung der Abstimmung stellt der Wahlvorstand das Abstimmungsergebnis für den Stimmbezirk fest.

(2) Im Anschluss daran stellt der Abstimmungsausschuss das Abstimmungsergebnis für den Landkreis oder die kreisfreie Gemeinde fest.

(3) Der Landeswahlausschuss stellt das Ergebnis des Volksentscheids fest.

**Art. 79 Ergebnis des Volksentscheids.** (1) Ein Gesetzentwurf erreicht die erforderliche Zustimmung durch Volksentscheid, wenn
1. er mehr gültige Ja-Stimmen als Nein-Stimmen erhält und
2. im Fall, dass der Gesetzentwurf eine Verfassungsänderung beinhaltet, diese Ja-Stimmen mindestens 25 v.H. der Stimmberechtigten entsprechen (Quorum); beinhaltet der Gesetzentwurf sowohl eine Verfassungsänderung als auch die Schaffung oder die Änderung einfachen Rechts, so unterliegt er insgesamt dem Quorum.

(2) Steht ein einziger Gesetzentwurf zur Abstimmung, so ist er durch Volksentscheid angenommen, wenn er die erforderliche Zustimmung (Absatz 1) erreicht.

(3) ¹Hat von mehreren nach Art. 76 Abs. 4 zur Abstimmung stehenden Gesetzentwürfen nur ein Gesetzentwurf die erforderliche Zustimmung (Absatz 1) erreicht, so ist dieser Gesetzentwurf angenommen. ²Haben zwei oder mehr Gesetzentwürfe die erforderliche Zustimmung (Absatz 1) erreicht, so ist von die-

---

(4) Wird bei der Briefwahl ein Stimmzettelumschlag leer abgegeben, so gelten beide Stimmen als ungültig.

(5) ¹Bei der Briefwahl sind Wahlbriefe zurückzuweisen, wenn
1. der Wahlbrief nicht rechtzeitig eingegangen ist,
2. dem Wahlbriefumschlag kein oder kein gültiger Wahlschein beigefügt ist oder die Versicherung an Eides statt nicht unterschrieben ist,
3. dem Wahlbriefumschlag kein Stimmzettelumschlag beigefügt ist,
4. weder der Wahlbriefumschlag noch der Stimmzettelumschlag verschlossen ist,
5. der Wahlbriefumschlag mehrere Stimmzettelumschläge, aber nicht eine gleiche Anzahl gültiger und mit der vorgeschriebenen Versicherung an Eides statt versehener Wahlscheine enthält,
6. kein amtlicher Stimmzettelumschlag benutzt worden ist,
7. ein Stimmzettelumschlag benutzt worden ist, der offensichtlich in einer das Wahlgeheimnis gefährdenden Weise von den übrigen abweicht oder einen deutlich fühlbaren Gegenstand enthält.

²Die Einsender zurückgewiesener Wahlbriefe werden nicht als wählende Personen gezählt; ihre Stimmen gelten als nicht abgegeben.

(6) Die Stimmen einer wählenden Person, die an der Briefwahl teilgenommen hat, werden nicht dadurch ungültig, dass sie vor dem oder am Wahltag stirbt, aus dem Wahlgebiet wegzieht oder sonst ihr Stimmrecht verliert.

sen der Gesetzentwurf angenommen, der bei der Stichfrage (Art. 76 Abs. 4 Satz 2) die Mehrheit der gültigen Stimmen erhält. ³Ergibt sich bei der Stichfrage Stimmengleichheit, so ist der Gesetzentwurf angenommen, der die meisten gültigen Ja-Stimmen (Art. 76 Abs. 4 Satz 1) erhalten hat. ⁴Haben dabei zwei oder mehr Gesetzentwürfe die gleiche Zahl an gültigen Ja-Stimmen erhalten, so ist derjenige angenommen, der nach Abzug der auf ihn entfallenden Nein-Stimmen die größte Zahl an Ja-Stimmen auf sich vereinigt. ⁵Ergibt sich auch danach Stimmengleichheit zwischen zwei oder mehr Gesetzentwürfen, so wird über diese Gesetzentwürfe erneut abgestimmt.

**Art. 80 Prüfung des Volksentscheids.** (1) Für die Prüfung des Volksentscheids gelten Art. 51 bis 55 entsprechend.

(2) ¹Gegen die Beschlüsse des Landtags im Rahmen der Prüfung des Volksentscheids können die Entscheidung des Verfassungsgerichtshofs beantragen
1. Fraktionen des Landtags oder Minderheiten des Landtags, die wenigstens ein Zehntel der gesetzlichen Mitgliederzahl umfassen,
2. Stimmberechtigte, deren Beanstandung des Volksentscheids vom Landtag verworfen worden ist,
3. die Beauftragten der dem Volksentscheid unterstellten Volksbegehren.

²Für das Verfahren gelten Art. 48 Abs. 2 bis 5 des Gesetzes über den Verfassungsgerichtshof entsprechend.

**Art. 81 Ausfertigung und Verkündung der Gesetze.** Wird ein durch Volksbegehren verlangtes Gesetz durch Volksentscheid angenommen, so ist es als Gesetz auszufertigen und bekannt zu machen.

**Art. 82 Beteiligung des Beauftragten des Volksbegehrens in Verfahren vor dem Verfassungsgerichtshof.** Der Verfassungsgerichtshof soll dem Beauftragten eines Volksbegehrens (Art. 63 Abs. 2) Gelegenheit zur Äußerung geben, wenn Gegenstand des verfassungsgerichtlichen Verfahrens eine Rechtsvorschrift ist, die im Weg eines durch Volksbegehren verlangten Gesetzes durch Volksentscheid angenommen worden ist.

Abschnitt II

## Die Abberufung des Landtags durch das Volk

**Art. 83 Abberufung des Landtags durch das Volk.** Auf Antrag von einer Million Stimmberechtigter ist ein Volksentscheid über die Abberufung des Landtags herbeizuführen.

**Art. 84 Volksbegehren.** Für die Durchführung des Volksbegehrens finden Art. 63 bis 70, 71 Abs. 1 und 3, Art. 72, 73 Abs. 1 und 5 und Art. 74 entsprechende Anwendung.

Landeswahlgesetz **LWG 12**

**Art. 85 Volksentscheid.** Für die Durchführung des Volksentscheids finden Art. 75, 76 Abs. 1 und 3, Art. 77 Sätze 1 und 2, Art. 78 und 80 entsprechende Anwendung.

**Art. 86 Ergebnis des Volksentscheids.** Zur Abberufung des Landtags durch Volksentscheid ist die Mehrheit der abgegebenen gültigen Stimmen erforderlich.

**Art. 87 Vollzug der Abberufung.** Die Abberufung des Landtags ist durch seinen Präsidenten umgehend zu vollziehen.

Abschnitt III
## Volksentscheid über Beschlüsse des Landtags auf Änderung der Verfassung

**Art. 88 Volksentscheid über Beschlüsse des Landtags auf Änderung der Verfassung.** (1) Vom Landtag beschlossene Verfassungsänderungen sind dem Volk zur Entscheidung vorzulegen.

(2) Für die Durchführung des Volksentscheids finden die Art. 75, 76 Abs. 1 und 3, Art. 77 Sätze 1 und 2, Art. 78, 80 und 81 entsprechende Anwendung.

(3) Eine vom Landtag beschlossene Verfassungsänderung ist durch Volksentscheid angenommen, wenn sie mehr gültige Ja-Stimmen als Nein-Stimmen erhält.

Abschnitt IV
## Volksbefragung

**Art. 88a\*** *(nichtig)*

VIERTER TEIL
## Schlussbestimmungen

**Art. 89** *(nicht abgedruckt)*

**Art. 90 Fristen, Termine und Form.** (1) ¹Die in diesem Gesetz und in der auf Grund dieses Gesetzes erlassenen Landeswahlordnung vorgesehenen Fristen und Termine verlängern oder ändern sich nicht dadurch, dass der letzte Tag

---

\* Art. 88a LWG ist mit Art. 7 Abs. 2 der Verfassung unvereinbar und nichtig (Entscheidung des Bayerischen Verfassungsgerichtshofs vom 21. November 2016, GVBl. S. 330).

**12 LWG** Landeswahlgesetz

der Frist oder ein Termin auf einen Samstag, Sonntag oder gesetzlichen oder staatlich geschützten Feiertag fällt. ²Eine behördliche Verlängerung von Fristen ist ebenso ausgeschlossen wie eine Wiedereinsetzung in den vorigen Stand.

(2) Soweit in diesem Gesetz oder in der auf Grund dieses Gesetzes erlassenen Landeswahlordnung nichts anderes bestimmt ist, müssen vorgeschriebene Erklärungen persönlich und handschriftlich unterzeichnet sein und bei der zuständigen Stelle im Original vorliegen.

**Art. 91-92** *(nicht abgedruckt)*

**Art. 93 In-Kraft-Treten.** ¹Dieses Gesetz ist dringlich. ²Es tritt am 15. August 1954 in Kraft*.

Anlage
## Stimmkreiseinteilung für die Wahl zum Bayerischen Landtag

*(nicht abgedruckt)*

---

\* Diese Vorschrift betrifft das In-Kraft-Treten des Gesetzes in der ursprünglichen Fassung vom 11. August 1954 (GVBl S. 177). Der Zeitpunkt des In-Kraft-Tretens der späteren Änderungen ergibt sich aus den jeweiligen Änderungsgesetzen.

# BayVwVfG 20

# Bayerisches Verwaltungsverfahrensgesetz (BayVwVfG)

(BayRS 2010-1-I) vom 23. Dezember 1976 (GVBl. S. 544),
zuletzt geändert durch Gesetz vom 25. März 2020 (GVBl. S. 174)

## INHALTSÜBERSICHT*

### ERSTER TEIL
**Anwendungsbereich, örtliche Zuständigkeit, elektronische Kommunikation, Amtshilfe, europäische Verwaltungszusammenarbeit**

#### Abschnitt I
**Anwendungsbereich, örtliche Zuständigkeit, elektronische Kommunikation**

| | |
|---|---|
| Art. 1 | Anwendungsbereich |
| Art. 2 | Ausnahmen vom Anwendungsbereich |
| Art. 3 | Örtliche Zuständigkeit |
| Art. 3a | Elektronische Kommunikation |
| Art. 3b | Selbsteintritt |

#### Abschnitt II
**Amtshilfe**

| | |
|---|---|
| Art. 4 | Amtshilfepflicht |
| Art. 5 | Voraussetzungen und Grenzen der Amtshilfe |
| Art. 6 | Auswahl der Behörde |
| Art. 7 | Durchführung der Amtshilfe |
| Art. 8 | Kosten der Amtshilfe |

#### Abschnitt III
**Europäische Verwaltungszusammenarbeit**

| | |
|---|---|
| Art. 8a | Grundsätze der Hilfeleistung |
| Art. 8b | Form und Behandlung der Ersuchen |
| Art. 8c | Kosten der Hilfeleistung |
| Art. 8d | Mitteilungen von Amts wegen |
| Art. 8e | Anwendbarkeit |

### ZWEITER TEIL
**Allgemeine Vorschriften über das Verwaltungsverfahren**

#### Abschnitt I
**Verfahrensgrundsätze**

| | |
|---|---|
| Art. 9 | Begriff des Verwaltungsverfahrens |
| Art. 10 | Nichtförmlichkeit des Verwaltungsverfahrens |
| Art. 11 | Beteiligungsfähigkeit |
| Art. 12 | Handlungsfähigkeit |
| Art. 13 | Beteiligte |
| Art. 14 | Bevollmächtigte und Beistände |
| Art. 15 | Bestellung eines Empfangsbevollmächtigten |
| Art. 16 | Bestellung eines Vertreters von Amts wegen |
| Art. 17 | Vertreter bei gleichförmigen Eingaben |
| Art. 18 | Vertreter für Beteiligte bei gleichem Interesse |
| Art. 19 | Gemeinsame Vorschriften für Vertreter bei gleichförmigen Eingaben und bei gleichem Interesse |
| Art. 20 | Ausgeschlossene Personen |
| Art. 21 | Besorgnis der Befangenheit |
| Art. 22 | Beginn des Verfahrens |
| Art. 23 | Amtssprache |
| Art. 24 | Untersuchungsgrundsatz |
| Art. 25 | Beratung, Auskunft, frühe Öffentlichkeitsbeteiligung |
| Art. 26 | Beweismittel |
| Art. 27 | Versicherung an Eides Statt |
| Art. 27a | Öffentliche Bekanntmachung im Internet |
| Art. 28 | Anhörung Beteiligter |
| Art. 29 | Akteneinsicht durch Beteiligte |
| Art. 30 | Geheimhaltung |

---

\* *Inhaltsübersicht nicht amtlich.*

# 20 BayVwVfG — Verwaltungsverfahrensgesetz

## Abschnitt II
### Fristen, Termine, Wiedereinsetzung
- Art. 31 Fristen und Termine
- Art. 32 Wiedereinsetzung in den vorigen Stand

## Abschnitt III
### Amtliche Beglaubigung
- Art. 33 Beglaubigung von Dokumenten
- Art. 34 Beglaubigung von Unterschriften

## DRITTER TEIL
### Verwaltungsakt

### Abschnitt I
#### Zustandekommen des Verwaltungsakts
- Art. 35 Begriff des Verwaltungsakts
- Art. 36 Nebenbestimmungen zum Verwaltungsakt
- Art. 37 Bestimmtheit und Form des Verwaltungsakts
- Art. 38 Zusicherung
- Art. 39 Begründung des Verwaltungsakts
- Art. 40 Ermessen
- Art. 41 Bekanntgabe des Verwaltungsakts
- Art. 42 Offenbare Unrichtigkeiten im Verwaltungsakt
- Art. 42a Genehmigungsfiktion

### Abschnitt II
#### Bestandskraft des Verwaltungsakts
- Art. 43 Wirksamkeit des Verwaltungsakts
- Art. 44 Nichtigkeit des Verwaltungsakts
- Art. 45 Heilung von Verfahrens- und Formfehlern
- Art. 46 Folgen von Verfahrens- und Formfehlern
- Art. 47 Umdeutung eines fehlerhaften Verwaltungsakts
- Art. 48 Rücknahme eines rechtswidrigen Verwaltungsakts
- Art. 49 Widerruf eines rechtmäßigen Verwaltungsakts
- Art. 49a Erstattung, Verzinsung
- Art. 50 Rücknahme und Widerruf im Rechtsbehelfsverfahren
- Art. 51 Wiederaufgreifen des Verfahrens
- Art. 52 Rückgabe von Urkunden und Sachen

### Abschnitt III
#### Einfluß des Verwaltungsakts auf Verjährung und Erlöschen
- Art. 53 Hemmung der Verjährung und des Erlöschens durch Verwaltungsakt

## VIERTER TEIL
### Öffentlich-rechtlicher Vertrag
- Art. 54 Zulässigkeit des öffentlich-rechtlichen Vertrags
- Art. 55 Vergleichsvertrag
- Art. 56 Austauschvertrag
- Art. 57 Schriftform
- Art. 58 Zustimmung von Dritten und Behörden
- Art. 59 Nichtigkeit des öffentlich-rechtlichen Vertrags
- Art. 60 Anpassung und Kündigung in besonderen Fällen
- Art. 61 Unterwerfung unter die sofortige Vollstreckung
- Art. 62 Ergänzende Anwendung von Vorschriften

## FÜNFTER TEIL
### Besondere Verfahrensarten

### Abschnitt I
#### Förmliches Verwaltungsverfahren
- Art. 63 Anwendung der Vorschriften über das förmliche Verwaltungsverfahren
- Art. 64 Form des Antrags
- Art. 65 Mitwirkung von Zeugen und Sachverständigen
- Art. 66 Verpflichtung zur Anhörung von Beteiligten
- Art. 67 Erfordernis der mündlichen Verhandlung
- Art. 68 Verlauf der mündlichen Verhandlung
- Art. 69 Entscheidung
- Art. 70 Anfechtung der Entscheidung
- Art. 71 Besondere Vorschriften für das förmliche Verfahren vor Ausschüssen

Verwaltungsverfahrensgesetz **BayVwVfG 20**

### Abschnitt Ia
**Verfahren über eine einheitliche Stelle**

- Art. 71a Anwendbarkeit
- Art. 71b Verfahren
- Art. 71c Informationspflichten
- Art. 71d Gegenseitige Unterstützung
- Art. 71e Elektronisches Verfahren

### Abschnitt II
**Planfeststellungsverfahren**

- Art. 72 Anwendung der Vorschriften über das Planfeststellungsverfahren
- Art. 73 Anhörungsverfahren
- Art. 74 Planfeststellungsbeschluß, Plangenehmigung
- Art. 75 Rechtswirkungen der Planfeststellung
- Art. 76 Planänderungen vor Fertigstellung des Vorhabens
- Art. 77 Aufhebung des Planfeststellungsbeschlusses
- Art. 78 Zusammentreffen mehrerer Vorhaben

### Abschnitt III
**Verwaltungsverfahren mit Umweltverträglichkeitsprüfung**

- Art. 78a Anwendung des Gesetzes über die Umweltverträglichkeitsprüfung
- Art. 78b-78l *(aufgehoben)*

### SECHSTER TEIL
**Rechtsbehelfsverfahren**

- Art. 79 Rechtsbehelfe gegen Verwaltungsakte
- Art. 80 Kosten im Vorverfahren

### SIEBTER TEIL
**Ehrenamtliche Tätigkeit, Ausschüsse**

#### Abschnitt I
**Ehrenamtliche Tätigkeit**

- Art. 81 Anwendung der Vorschriften über die ehrenamtliche Tätigkeit
- Art. 82 Pflicht zu ehrenamtlicher Tätigkeit
- Art. 83 Ausübung ehrenamtlicher Tätigkeit
- Art. 84 Verschwiegenheitspflicht
- Art. 85 Entschädigung
- Art. 86 Abberufung
- Art. 87 *(aufgehoben)*

#### Abschnitt II
**Ausschüsse**

- Art. 88 Anwendung der Vorschriften über Ausschüsse
- Art. 89 Ordnung in den Sitzungen
- Art. 90 Beschlußfähigkeit
- Art. 91 Beschlußfassung
- Art. 92 Wahlen durch Ausschüsse
- Art. 93 Niederschrift

### ACHTER TEIL
**Schlußvorschriften**

- Art. 94 Länderübergreifende Verfahren
- Art. 95 Sonderregelung für Verteidigungsangelegenheiten
- Art. 96 Überleitung von Verfahren
- Art. 96a Übergangsregelung
- Art. 97 Revision
- Art. 98 *(aufgehoben)*
- Art. 99 Inkrafttreten

# ERSTER TEIL
# Anwendungsbereich, örtliche Zuständigkeit, Amtshilfe, europäische Verwaltungszusammenarbeit

## Abschnitt I
## Anwendungsbereich, örtliche Zuständigkeit, elektronische Kommunikation

**Art. 1 Anwendungsbereich.** (1) [1]Dieses Gesetz gilt für die öffentlich-rechtliche Verwaltungstätigkeit der Behörden des Freistaates Bayern, der Gemeinden und Gemeindeverbände und der sonstigen der Aufsicht des Freistaates Bayern unterstehenden juristischen Personen des öffentlichen Rechts, soweit nicht Rechtsvorschriften des Freistaates Bayern inhaltsgleiche oder entgegenstehende Bestimmungen enthalten. [2]Verfahrensregelungen in Rechtsvorschriften des Bundes bleiben unberührt.

(2) Behörde im Sinn dieses Gesetzes ist jede Stelle, die Aufgaben der öffentlichen Verwaltung wahrnimmt.

**Art. 2 Ausnahmen vom Anwendungsbereich.** (1) [1]Dieses Gesetz gilt nicht für die Tätigkeit der Kirchen, der Religionsgemeinschaften und der weltanschaulichen Gemeinschaften sowie ihrer Verbände und Einrichtungen. [2]Das Gesetz gilt auch nicht für die Anstalt des öffentlichen Rechts „Bayerischer Rundfunk".

(2) Dieses Gesetz gilt ferner nicht für
1. Verfahren der Finanzbehörden nach der Abgabenordnung,
2. die Strafverfolgung, die Verfolgung und Ahndung von Ordnungswidrigkeiten, die Rechtshilfe für das Ausland in Straf- und Zivilsachen und, unbeschadet des Art. 80 Abs. 4, für Maßnahmen des Richterdienstrechts,
3. Verfahren im Zusammenhang mit Ehrungen und der Ausübung des Begnadigungsrechts,
4. Verfahren nach dem Sozialgesetzbuch,
5. das Recht des Lastenausgleichs,
6. das Recht der Wiedergutmachung.

(3) Das Gesetz gilt für die Tätigkeit
1. der Gerichtsverwaltungen und der Behörden der Justizverwaltung einschließlich der ihrer Aufsicht unterliegenden Körperschaften des öffentlichen Rechts nur, soweit die Tätigkeit der Nachprüfung durch die Gerichte der Verwaltungsgerichtsbarkeit oder durch die in verwaltungsrechtlichen Anwalts- und Notarsachen zuständigen Gerichte unterliegt,
2. der Behörden bei Leistungs-, Eignungs- und ähnlichen Prüfungen von Personen nur, soweit nicht die Besonderheiten des Prüfungsverfahrens entgegenstehen.

Verwaltungsverfahrensgesetz **BayVwVfG 20**

**Art. 3 Örtliche Zuständigkeit.** (1) Örtlich zuständig ist
1. in Angelegenheiten, die sich auf unbewegliches Vermögen oder ein ortsgebundenes Recht oder Rechtsverhältnis beziehen, die Behörde, in deren Bezirk das Vermögen oder der Ort liegt,
2. in Angelegenheiten, die sich auf den Betrieb eines Unternehmens oder einer seiner Betriebsstätten, auf die Ausübung eines Berufs oder auf eine andere dauernde Tätigkeit beziehen, die Behörde, in deren Bezirk das Unternehmen oder die Betriebsstätte betrieben oder der Beruf oder die Tätigkeit ausgeübt wird oder werden soll,
3. in anderen Angelegenheiten, die
   a) eine natürliche Person betreffen, die Behörde, in deren Bezirk die natürliche Person ihren gewöhnlichen Aufenthalt hat oder zuletzt hatte,
   b) eine juristische Person oder eine Vereinigung betreffen, die Behörde, in deren Bezirk die juristische Person oder die Vereinigung ihren Sitz hat oder zuletzt hatte,
4. in Angelegenheiten, bei denen sich die Zuständigkeit nicht aus den Nummern 1 bis 3 ergibt, die Behörde, in deren Bezirk der Anlaß für die Amtshandlung hervortritt.

(2) [1]Sind nach Absatz 1 mehrere Behörden zuständig, so entscheidet die Behörde, die zuerst mit der Sache befaßt worden ist, es sei denn, die gemeinsame fachlich zuständige Aufsichtsbehörde bestimmt, daß eine andere örtlich zuständige Behörde zu entscheiden hat. [2]Sie kann in den Fällen, in denen eine gleiche Angelegenheit sich auf mehrere Betriebsstätten eines Betriebs oder Unternehmens bezieht, eine der nach Absatz 1 Nr. 2 zuständigen Behörden als gemeinsame zuständige Behörde bestimmen, wenn dies unter Wahrung der Interessen der Beteiligten zur einheitlichen Entscheidung geboten ist. [3]Diese Aufsichtsbehörde entscheidet ferner über die örtliche Zuständigkeit, wenn sich mehrere Behörden für zuständig oder für unzuständig halten oder wenn die Zuständigkeit aus anderen Gründen zweifelhaft ist. [4]Fehlt eine gemeinsame Aufsichtsbehörde, so treffen die fachlich zuständigen Aufsichtsbehörden die Entscheidung gemeinsam.

(3) Ändern sich im Lauf des Verwaltungsverfahrens die die Zuständigkeit begründenden Umstände, so kann die bisher zuständige Behörde das Verwaltungsverfahren fortführen, wenn dies unter Wahrung der Interessen der Beteiligten der einfachen und zweckmäßigen Durchführung des Verfahrens dient und die nunmehr zuständige Behörde zustimmt.

(4) [1]Bei Gefahr im Verzug ist für unaufschiebbare Maßnahmen jede Behörde örtlich zuständig, in deren Bezirk der Anlaß für die Amtshandlung hervortritt. [2]Die nach Absatz 1 Nrn. 1 bis 3 örtlich zuständige Behörde ist unverzüglich zu unterrichten.

**Art. 3a Elektronische Kommunikation.** (1) Die Übermittlung elektronischer Dokumente ist zulässig, soweit der Empfänger hierfür einen Zugang eröffnet.

(2) ¹Eine durch Rechtsvorschrift angeordnete Schriftform kann, soweit nicht durch Rechtsvorschrift etwas anderes bestimmt ist, durch die elektronische Form ersetzt werden. ²Der elektronischen Form genügt ein elektronisches Dokument, das mit einer qualifizierten elektronischen Signatur versehen ist. ³Die Signierung mit einem Pseudonym, das die Identifizierung der Person des Signaturschlüsselinhabers nicht unmittelbar durch die Behörde ermöglicht, ist nicht zulässig. ⁴Die Schriftform kann auch ersetzt werden

1. durch unmittelbare Abgabe der Erklärung in einem elektronischen Formular, das von der Behörde in einem Eingabegerät oder über öffentlich zugängliche Netze zur Verfügung gestellt wird;
2. bei Anträgen und Anzeigen durch Versendung eines elektronischen Dokuments an die Behörde mit der Versandart nach § 5 Abs. 5 des De-Mail-Gesetzes;
3. bei elektronischen Verwaltungsakten oder sonstigen elektronischen Dokumenten der Behörden durch Versendung einer De-Mail-Nachricht nach § 5 Abs. 5 des De-Mail-Gesetzes, bei der die Bestätigung des akkreditierten Diensteanbieters die erlassende Behörde als Nutzer des De-Mail-Kontos erkennen lässt;
4. durch sonstige sichere Verfahren, die durch Rechtsverordnung der Staatsregierung festgelegt werden, welche den Datenübermittler (Absender der Daten) authentifizieren und die Integrität des elektronisch übermittelten Datensatzes sowie die Barrierefreiheit gewährleisten.

⁵In den Fällen des Satzes 4 Nr. 1 muss bei einer Eingabe über öffentlich zugängliche Netze ein sicherer Identitätsnachweis nach § 18 des Personalausweisgesetzes oder nach § 78 Abs. 5 des Aufenthaltsgesetzes erfolgen.

(3) ¹Ist ein der Behörde übermitteltes elektronisches Dokument für sie zur Bearbeitung nicht geeignet, teilt sie dies dem Absender unter Angabe der für sie geltenden technischen Rahmenbedingungen unverzüglich mit. ²Macht ein Empfänger geltend, er könne das von der Behörde übermittelte elektronische Dokument nicht bearbeiten, hat sie es ihm erneut in einem geeigneten elektronischen Format oder als Schriftstück zu übermitteln.

**Art. 3b Selbsteintritt.** (1) Kommt eine staatliche Behörde einer schriftlichen Weisung der Aufsichtsbehörde nicht fristgerecht nach, so kann der Leiter der Aufsichtsbehörde an Stelle der angewiesenen Behörde handeln (Selbsteintritt).

(2) Der Selbsteintritt gegenüber einem Landratsamt als Staatsbehörde ist nur zulässig, wenn der fachlich zuständige Minister ein sofortiges Handeln aus wichtigen Gründen des öffentlichen Wohls, insbesondere in Fällen von überörtlicher oder landesweiter Bedeutung, im Einzelfall für erforderlich hält und dies gegenüber der Aufsichtsbehörde erklärt.

## Abschnitt II
## Amtshilfe

**Art. 4 Amtshilfepflicht.** (1) Jede Behörde leistet anderen Behörden auf Ersuchen ergänzende Hilfe (Amtshilfe).

(2) Amtshilfe liegt nicht vor, wenn
1. Behörden einander innerhalb eines bestehenden Weisungsverhältnisses Hilfe leisten,
2. die Hilfeleistung in Handlungen besteht, die der ersuchten Behörde als eigene Aufgabe obliegen.

**Art. 5 Voraussetzungen und Grenzen der Amtshilfe.** (1) Eine Behörde kann um Amtshilfe insbesondere dann ersuchen, wenn sie
1. aus rechtlichen Gründen die Amtshandlung nicht selbst vornehmen kann,
2. aus tatsächlichen Gründen, besonders weil die zur Vornahme der Amtshandlung erforderlichen Dienstkräfte oder Einrichtungen fehlen, die Amtshandlung nicht selbst vornehmen kann,
3. zur Durchführung ihrer Aufgaben auf die Kenntnis von Tatsachen angewiesen ist, die ihr unbekannt sind und die sie selbst nicht ermitteln kann,
4. zur Durchführung ihrer Aufgaben Urkunden oder sonstige Beweismittel benötigt, die sich im Besitz der ersuchten Behörde befinden,
5. die Amtshandlung nur mit wesentlich größerem Aufwand vornehmen könnte als die ersuchte Behörde.

(2) [1]Die ersuchte Behörde darf Hilfe nicht leisten, wenn
1. sie hierzu aus rechtlichen Gründen nicht in der Lage ist,
2. durch die Hilfeleistung dem Wohl des Bundes oder eines Landes erhebliche Nachteile bereitet würden.

[2]Die ersuchte Behörde ist insbesondere zur Vorlage von Urkunden oder Akten sowie zur Erteilung von Auskünften nicht verpflichtet, wenn die Vorgänge nach einem Gesetz oder ihrem Wesen nach geheimgehalten werden müssen.

(3) Die ersuchte Behörde braucht Hilfe nicht zu leisten, wenn
1. eine andere Behörde die Hilfe wesentlich einfacher oder mit wesentlich geringerem Aufwand leisten kann,
2. sie die Hilfe nur mit unverhältnismäßig großem Aufwand leisten könnte,
3. sie unter Berücksichtigung der Aufgaben der ersuchenden Behörde durch die Hilfeleistung die Erfüllung ihrer eigenen Aufgaben ernstlich gefährden würde.

(4) Die ersuchte Behörde darf die Hilfe nicht deshalb verweigern, weil sie das Ersuchen aus anderen als den in Absatz 3 genannten Gründen oder weil sie die mit der Amtshilfe zu verwirklichende Maßnahme für unzweckmäßig hält.

(5) [1]Hält die ersuchte Behörde sich zur Hilfe nicht für verpflichtet, so teilt sie der ersuchenden Behörde ihre Auffassung mit. [2]Besteht diese auf der Amtshilfe, so entscheidet über die Verpflichtung zur Amtshilfe die gemeinsame fachlich zuständige Aufsichtsbehörde oder, sofern eine solche nicht besteht, die für die ersuchte Behörde fachlich zuständige Aufsichtsbehörde.

**Art. 6 Auswahl der Behörde.** Kommen für die Amtshilfe mehrere Behörden in Betracht, so soll nach Möglichkeit eine Behörde der untersten Verwaltungsstufe des Verwaltungszweigs ersucht werden, dem die ersuchende Behörde angehört.

**Art. 7 Durchführung der Amtshilfe.** (1) Die Zulässigkeit der Maßnahme, die durch die Amtshilfe verwirklicht werden soll, richtet sich nach dem für die ersuchende Behörde, die Durchführung der Amtshilfe nach dem für die ersuchte Behörde geltenden Recht.

(2) [1]Die ersuchende Behörde trägt gegenüber der ersuchten Behörde die Verantwortung für die Rechtmäßigkeit der zu treffenden Maßnahme. [2]Die ersuchte Behörde ist für die Durchführung der Amtshilfe verantwortlich.

**Art. 8 Kosten der Amtshilfe.** (1) [1]Die ersuchende Behörde hat der ersuchten Behörde für die Amtshilfe keine Verwaltungsgebühr zu entrichten. [2]Besondere Aufwendungen hat sie der ersuchten Behörde auf Anforderung zu erstatten, wenn sie fünfundzwanzig Euro übersteigen. [3]Leisten Behörden desselben Rechtsträgers einander Amtshilfe, so werden die Aufwendungen nicht erstattet.

(2) Nimmt die ersuchte Behörde zur Durchführung der Amtshilfe eine kostenpflichtige Amtshandlung vor, so stehen ihr die von einem Dritten hierfür geschuldeten Kosten (Verwaltungsgebühren, Benutzungsgebühren und Auslagen) zu.

Abschnitt III

## Europäische Verwaltungszusammenarbeit

**Art. 8a Grundsätze der Hilfeleistung.** (1) Jede Behörde leistet Behörden anderer Mitgliedstaaten der Europäischen Union auf Ersuchen Hilfe, soweit dies nach Maßgabe von Rechtsakten der Europäischen Union geboten ist.

(2) [1]Behörden anderer Mitgliedstaaten der Europäischen Union können um Hilfe ersucht werden, soweit dies nach Maßgabe von Rechtsakten der Europäischen Union zugelassen ist. [2]Um Hilfe ist zu ersuchen, soweit dies nach Maßgabe von Rechtsakten der Europäischen Union geboten ist.

(3) Art. 5, 7 und 8 Abs. 2 sind entsprechend anzuwenden, soweit Rechtsakte der Europäischen Union nicht entgegenstehen.

**Art. 8b Form und Behandlung der Ersuchen.** (1) [1]Ersuchen sind in deutscher Sprache an Behörden anderer Mitgliedstaaten der Europäischen Union zu richten; soweit erforderlich, ist eine Übersetzung beizufügen. [2]Die Ersuchen sind gemäß den gemeinschaftsrechtlichen Vorgaben und unter Angabe des maßgeblichen Rechtsakts zu begründen.

(2) [1]Ersuchen von Behörden anderer Mitgliedstaaten der Europäischen Union dürfen nur erledigt werden, wenn sich ihr Inhalt in deutscher Sprache aus

den Akten ergibt. ²Soweit erforderlich, soll bei Ersuchen in einer anderen Sprache von der ersuchenden Behörde eine Übersetzung verlangt werden.

(3) Ersuchen von Behörden anderer Mitgliedstaaten der Europäischen Union können abgelehnt werden, wenn sie nicht ordnungsgemäß und unter Angabe des maßgeblichen Rechtsakts begründet sind und die erforderliche Begründung nach Aufforderung nicht nachgereicht wird.

(4) ¹Einrichtungen und Hilfsmittel der Kommission zur Behandlung von Ersuchen sollen genutzt werden. ²Informationen sollen elektronisch übermittelt werden.

**Art. 8c Kosten der Hilfeleistung.** Ersuchende Behörden anderer Mitgliedstaaten der Europäischen Union haben Verwaltungsgebühren oder Auslagen nur zu erstatten, soweit dies nach Maßgabe von Rechtsakten der Europäischen Union verlangt werden kann.

**Art. 8d Mitteilungen von Amts wegen.** (1) ¹Die zuständige Behörde teilt den Behörden anderer Mitgliedstaaten der Europäischen Union und der Kommission Angaben über Sachverhalte und Personen mit, soweit dies nach Maßgabe von Rechtsakten der Europäischen Union geboten ist. ²Dabei sollen die hierzu eingerichteten Informationsnetze genutzt werden.

(2) Übermittelt eine Behörde Angaben nach Abs. 1 an die Behörde eines anderen Mitgliedstaates der Europäischen Union, unterrichtet sie den Betroffenen über die Tatsache der Übermittlung, soweit Rechtsakte der Europäischen Union dies vorsehen; dabei ist auf die Art der Angaben sowie auf die Zweckbestimmung und die Rechtsgrundlage der Übermittlung hinzuweisen.

**Art. 8e Anwendbarkeit.** ¹Die Regelungen dieses Abschnitts sind mit Inkrafttreten des jeweiligen Rechtsakts der Europäischen Union, wenn dieser unmittelbare Wirkung entfaltet, im Übrigen mit Ablauf der jeweiligen Umsetzungsfrist anzuwenden. ²Sie gelten auch im Verhältnis zu den anderen Vertragsstaaten des Abkommens über den Europäischen Wirtschaftsraum, soweit Rechtsakte der Europäischen Union auch auf diese Staaten anzuwenden sind.

ZWEITER TEIL
# Allgemeine Vorschriften über das Verwaltungsverfahren

Abschnitt I
## Verfahrensgrundsätze

**Art. 9 Begriff des Verwaltungsverfahrens.** Das Verwaltungsverfahren im Sinn dieses Gesetzes ist die nach außen wirkende Tätigkeit der Behörden, die auf die Prüfung der Voraussetzungen, die Vorbereitung und den Erlaß eines Verwaltungsakts oder auf den Abschluß eines öffentlich-rechtlichen Vertrags gerichtet ist; es schließt den Erlaß des Verwaltungsakts oder den Abschluß des öffentlich-rechtlichen Vertrags ein.

**Art. 10 Nichtförmlichkeit des Verwaltungsverfahrens.** ¹Das Verwaltungsverfahren ist an bestimmte Formen nicht gebunden, soweit keine besonderen Rechtsvorschriften für die Form des Verfahrens bestehen. ²Es ist einfach, zweckmäßig und zügig durchzuführen.

**Art. 11 Beteiligungsfähigkeit.** Fähig, am Verfahren beteiligt zu sein, sind
1. natürliche und juristische Personen,
2. Vereinigungen, soweit ihnen ein Recht zustehen kann,
3. Behörden.

**Art. 12 Handlungsfähigkeit.** (1) Fähig zur Vornahme von Verfahrenshandlungen sind
1. natürliche Personen, die nach bürgerlichem Recht geschäftsfähig sind,
2. natürliche Personen, die nach bürgerlichem Recht in der Geschäftsfähigkeit beschränkt sind, soweit sie für den Gegenstand des Verfahrens durch Vorschriften des bürgerlichen Rechts als geschäftsfähig oder durch Vorschriften des öffentlichen Rechts als handlungsfähig anerkannt sind,
3. juristische Personen und Vereinigungen (Art. 11 Nr. 2) durch ihre gesetzlichen Vertreter oder durch besonders Beauftragte,
4. Behörden durch ihre Leiter, deren Vertreter oder Beauftragte.

(2) Betrifft ein Einwilligungsvorbehalt nach § 1903 des Bürgerlichen Gesetzbuchs den Gegenstand des Verfahrens, so ist ein geschäftsfähiger Betreuter nur insoweit zur Vornahme von Verfahrenshandlungen fähig, als er nach den Vorschriften des bürgerlichen Rechts ohne Einwilligung des Betreuers handeln kann oder durch Vorschriften des öffentlichen Rechts als handlungsfähig anerkannt ist.

(3) Die §§ 53 und 55 der Zivilprozeßordnung gelten entsprechend.

**Art. 13 Beteiligte.** (1) Beteiligte sind
1. Antragsteller und Antragsgegner,
2. diejenigen, an die die Behörde den Verwaltungsakt richten will oder gerichtet hat,
3. diejenigen, mit denen die Behörde einen öffentlich-rechtlichen Vertrag schließen will oder geschlossen hat,
4. diejenigen, die nach Absatz 2 von der Behörde zu dem Verfahren hinzugezogen worden sind.

(2) ¹Die Behörde kann von Amts wegen oder auf Antrag diejenigen, deren rechtliche Interessen durch den Ausgang des Verfahrens berührt werden können, als Beteiligte hinzuziehen. ²Hat der Ausgang des Verfahrens rechtsgestaltende Wirkung für einen Dritten, so ist dieser auf Antrag als Beteiligter zu dem Verfahren hinzuzuziehen; soweit er der Behörde bekannt ist, hat diese ihn von der Einleitung des Verfahrens zu benachrichtigen.

(3) Wer anzuhören ist, ohne daß die Voraussetzungen des Absatzes 1 vorliegen, wird dadurch nicht Beteiligter.

Verwaltungsverfahrensgesetz

**Art. 14 Bevollmächtigte und Beistände.** (1) ¹Ein Beteiligter kann sich durch einen Bevollmächtigten vertreten lassen. ²Die Vollmacht ermächtigt zu allen das Verwaltungsverfahren betreffenden Verfahrenshandlungen, sofern sich aus ihrem Inhalt nicht etwas anderes ergibt. ³Der Bevollmächtigte hat auf Verlangen seine Vollmacht schriftlich nachzuweisen. ⁴Ein Widerruf der Vollmacht wird der Behörde gegenüber erst wirksam, wenn er ihr zugeht.

(2) Die Vollmacht wird weder durch den Tod des Vollmachtgebers noch durch eine Veränderung in seiner Handlungsfähigkeit oder seiner gesetzlichen Vertretung aufgehoben; der Bevollmächtigte hat jedoch, wenn er für den Rechtsnachfolger im Verwaltungsverfahren auftritt, dessen Vollmacht auf Verlangen schriftlich beizubringen.

(3) ¹Ist für das Verfahren ein Bevollmächtigter bestellt, so soll sich die Behörde an ihn wenden. ²Sie kann sich an den Beteiligten selbst wenden, soweit er zur Mitwirkung verpflichtet ist. ³Wendet sich die Behörde an den Beteiligten, so soll der Bevollmächtigte verständigt werden. ⁴Vorschriften über die Zustellung an Bevollmächtigte bleiben unberührt.

(4) ¹Ein Beteiligter kann zu Verhandlungen und Besprechungen mit einem Beistand erscheinen. ²Das von dem Beistand Vorgetragene gilt als von dem Beteiligten vorgebracht, soweit dieser nicht unverzüglich widerspricht.

(5) Bevollmächtigte und Beistände sind zurückzuweisen, wenn sie entgegen § 3 des Rechtsdienstleistungsgesetzes Rechtsdienstleistungen erbringen.

(6) ¹Bevollmächtigte und Beistände können vom Vortrag zurückgewiesen werden, wenn sie hierzu ungeeignet sind; vom mündlichen Vortrag können sie nur zurückgewiesen werden, wenn sie zum sachgemäßen Vortrag nicht fähig sind. ²Nicht zurückgewiesen werden können Personen, die nach § 67 Abs. 2 Sätze 1 und 2 Nrn. 3 bis 7 der Verwaltungsgerichtsordnung zur Vertretung im verwaltungsgerichtlichen Verfahren befugt sind.

(7) ¹Die Zurückweisung nach den Absätzen 5 und 6 ist auch dem Beteiligten, dessen Bevollmächtigter oder Beistand zurückgewiesen wird, mitzuteilen. ²Verfahrenshandlungen des zurückgewiesenen Bevollmächtigten oder Beistands, die dieser nach der Zurückweisung vornimmt, sind unwirksam.

**Art. 15 Bestellung eines Empfangsbevollmächtigten.** ¹Ein Beteiligter ohne Wohnsitz oder gewöhnlichen Aufenthalt, Sitz oder Geschäftsleitung im Inland hat der Behörde auf Verlangen innerhalb einer angemessenen Frist einen Empfangsbevollmächtigten im Inland zu benennen. ²Unterlässt er dies, gilt ein an ihn gerichtetes Schriftstück am siebten Tag nach der Aufgabe zur Post und ein elektronisch übermitteltes Dokument am dritten Tag nach der Absendung als zugegangen. ³Dies gilt nicht, wenn feststeht, dass das Dokument den Empfänger nicht oder zu einem späteren Zeitpunkt erreicht hat. ⁴Auf die Rechtsfolgen der Unterlassung ist der Beteiligte hinzuweisen.

**Art. 16 Bestellung eines Vertreters von Amts wegen.** (1) Ist ein Vertreter nicht vorhanden, so hat das Betreuungsgericht, für einen minderjährigen Betei-

**20 BayVwVfG**  Verwaltungsverfahrensgesetz

ligten das Familiengericht auf Ersuchen der Behörde einen geeigneten Vertreter zu bestellen
1. für einen Beteiligten, dessen Person unbekannt ist,
2. für einen abwesenden Beteiligten, dessen Aufenthalt unbekannt ist oder der an der Besorgung seiner Angelegenheiten verhindert ist,
3. für einen Beteiligten ohne Aufenthalt im Geltungsbereich des Grundgesetzes, wenn er der Aufforderung der Behörde, einen Vertreter zu bestellen, innerhalb der ihm gesetzten Frist nicht nachgekommen ist,
4. für einen Beteiligten, der infolge einer psychischen Krankheit oder körperlichen, geistigen oder seelischen Behinderung nicht in der Lage ist, in dem Verwaltungsverfahren selbst tätig zu werden,
5. bei herrenlosen Sachen, auf die sich das Verfahren bezieht, zur Wahrung der sich in bezug auf die Sache ergebenden Rechte und Pflichten.

(2) Für die Bestellung des Vertreters ist in den Fällen des Absatzes 1 Nr. 4 das Gericht zuständig, in dessen Bezirk der Beteiligte seinen gewöhnlichen Aufenthalt hat; im übrigen ist das Gericht zuständig, in dessen Bezirk die ersuchende Behörde ihren Sitz hat.

(3) [1]Der Vertreter hat gegen den Rechtsträger der Behörde, die um seine Bestellung ersucht hat, Anspruch auf eine angemessene Vergütung und auf die Erstattung seiner baren Auslagen. [2]Die Behörde kann von dem Vertretenen Ersatz ihrer Aufwendungen verlangen. [3]Sie bestimmt die Vergütung und stellt die Auslagen und Aufwendungen fest.

(4) Im übrigen gelten für die Bestellung und für das Amt des Vertreters in den Fällen des Absatzes 1 Nr. 4 die Vorschriften über die Betreuung, in den übrigen Fällen die Vorschriften über die Pflegschaft entsprechend.

**Art. 17 Vertreter bei gleichförmigen Eingaben.** (1) [1]Bei Anträgen und Eingaben, die in einem Verwaltungsverfahren von mehr als 50 Personen auf Unterschriftslisten unterzeichnet oder in Form vervielfältigter gleichlautender Texte eingereicht worden sind (gleichförmige Eingaben), gilt für das Verfahren derjenige Unterzeichner als Vertreter der übrigen Unterzeichner, der darin mit seinem Namen, seinem Beruf und seiner Anschrift als Vertreter bezeichnet ist, soweit er nicht von ihnen als Bevollmächtigter bestellt worden ist. [2]Vertreter kann nur eine natürliche Person sein.

(2) [1]Die Behörde kann gleichförmige Eingaben, die die Angaben nach Absatz 1 Satz 1 nicht deutlich sichtbar auf jeder mit einer Unterschrift versehenen Seite enthalten oder dem Erfordernis des Absatzes 1 Satz 2 nicht entsprechen, unberücksichtigt lassen. [2]Will die Behörde so verfahren, so hat sie dies durch ortsübliche Bekanntmachung mitzuteilen. [3]Die Behörde kann ferner gleichförmige Eingaben insoweit unberücksichtigt lassen, als Unterzeichner ihren Namen oder ihre Anschrift nicht oder unleserlich angegeben haben.

(3) [1]Die Vertretungsmacht erlischt, sobald der Vertreter oder der Vertretene dies der Behörde schriftlich erklärt; der Vertreter kann eine solche Erklärung nur hinsichtlich aller Vertretenen abgeben. [2]Gibt der Vertretene eine solche Er-

klärung ab, so soll er der Behörde zugleich mitteilen, ob er seine Eingabe aufrechterhält und ob er einen Bevollmächtigten bestellt hat.

(4) ¹Endet die Vertretungsmacht des Vertreters, so kann die Behörde die nicht mehr Vertretenen auffordern, innerhalb einer angemessenen Frist einen gemeinsamen Vertreter zu bestellen. ²Sind mehr als 50 Personen aufzufordern, so kann die Behörde die Aufforderung ortsüblich bekanntmachen. ³Wird der Aufforderung nicht fristgemäß entsprochen, so kann die Behörde von Amts wegen einen gemeinsamen Vertreter bestellen.

**Art. 18 Vertreter für Beteiligte bei gleichem Interesse.** (1) ¹Sind an einem Verwaltungsverfahren mehr als 50 Personen im gleichen Interesse beteiligt, ohne vertreten zu sein, so kann die Behörde sie auffordern, innerhalb einer angemessenen Frist einen gemeinsamen Vertreter zu bestellen, wenn sonst die ordnungsmäßige Durchführung des Verwaltungsverfahrens beeinträchtigt wäre. ²Kommen sie der Aufforderung nicht fristgemäß nach, so kann die Behörde von Amts wegen einen gemeinsamen Vertreter bestellen. ³Vertreter kann nur eine natürliche Person sein.

(2) ¹Die Vertretungsmacht erlischt, sobald der Vertreter oder der Vertretene dies der Behörde schriftlich erklärt; der Vertreter kann eine solche Erklärung nur hinsichtlich aller Vertretenen abgeben. ²Gibt der Vertretene eine solche Erklärung ab, so soll er der Behörde zugleich mitteilen, ob er seine Eingabe aufrechterhält und ob er einen Bevollmächtigten bestellt hat.

**Art. 19 Gemeinsame Vorschriften für Vertreter bei gleichförmigen Eingaben und bei gleichem Interesse.** (1) ¹Der Vertreter hat die Interessen der Vertretenen sorgfältig wahrzunehmen. ²Er kann alle das Verwaltungsverfahren betreffenden Verfahrenshandlungen vornehmen. ³An Weisungen ist er nicht gebunden.

(2) Art. 14 Abs. 5 bis 7 gelten entsprechend.

(3) ¹Der von der Behörde bestellte Vertreter hat gegen deren Rechtsträger Anspruch auf angemessene Vergütung und auf Erstattung seiner baren Auslagen. ²Die Behörde kann von den Vertretenen zu gleichen Anteilen Ersatz ihrer Aufwendungen verlangen. ³Sie bestimmt die Vergütung und stellt die Auslagen und Aufwendungen fest.

**Art. 20 Ausgeschlossene Personen.** (1) ¹In einem Verwaltungsverfahren darf für eine Behörde nicht tätig werden,
1. wer selbst Beteiligter ist,
2. wer Angehöriger eines Beteiligten ist,
3. wer einen Beteiligten kraft Gesetzes oder Vollmacht allgemein oder in diesem Verwaltungsverfahren vertritt,
4. wer Angehöriger einer Person ist, die einen Beteiligten in diesem Verfahren vertritt,
5. wer bei einem Beteiligten gegen Entgelt beschäftigt ist oder bei ihm als Mitglied des Vorstands, des Aufsichtsrats oder eines gleichartigen Organs tätig ist; dies gilt nicht für den, dessen Anstellungskörperschaft Beteiligte ist,

6. wer außerhalb seiner amtlichen Eigenschaft in der Angelegenheit ein Gutachten abgegeben hat oder sonst tätig geworden ist.
²Dem Beteiligten steht gleich, wer durch die Tätigkeit oder durch die Entscheidung einen unmittelbaren Vorteil oder Nachteil erlangen kann. ³Dies gilt nicht, wenn der Vor- oder Nachteil nur darauf beruht, daß jemand einer Berufs- oder Bevölkerungsgruppe angehört, deren gemeinsame Interessen durch die Angelegenheit berührt werden.

(2) Absatz 1 gilt nicht für Wahlen zu einer ehrenamtlichen Tätigkeit und für die Abberufung von ehrenamtlich Tätigen.

(3) Wer nach Absatz 1 ausgeschlossen ist, darf bei Gefahr im Verzug unaufschiebbare Maßnahmen treffen.

(4) ¹Hält sich ein Mitglied eines Ausschusses (Art. 88) für ausgeschlossen oder bestehen Zweifel, ob die Voraussetzungen des Absatzes 1 gegeben sind, ist dies dem Vorsitzenden des Ausschusses mitzuteilen. ²Der Ausschuß entscheidet über den Ausschluß. ³Der Betroffene darf an dieser Entscheidung nicht mitwirken. ⁴Das ausgeschlossene Mitglied darf bei der weiteren Beratung und Beschlußfassung nicht zugegen sein.

(5) ¹Angehörige im Sinn des Absatzes 1 Nrn. 2 und 4 sind:
1. der Verlobte,
2. der Ehegatte oder der Lebenspartner im Sinn des Lebenspartnerschaftsgesetzes (Lebenspartner),
3. Verwandte und Verschwägerte gerader Linie,
4. Geschwister,
5. Kinder der Geschwister,
6. Ehegatten der Geschwister und Geschwister des Ehegatten sowie Lebenspartner der Geschwister und Geschwister des Lebenspartners,
7. Geschwister der Eltern,
8. Personen, die durch ein auf längere Dauer angelegtes Pflegeverhältnis mit häuslicher Gemeinschaft wie Eltern und Kind miteinander verbunden sind (Pflegeeltern und Pflegekinder).

²Angehörige sind die in Satz 1 aufgeführten Personen auch dann, wenn
1. in den Fällen der Nummern 2, 3 und 6 die die Beziehung begründende Ehe oder Lebenspartnerschaft nicht mehr besteht,
2. in den Fällen der Nummern 3 bis 7 die Verwandtschaft oder Schwägerschaft durch Annahme als Kind erloschen ist,
3. im Fall der Nummer 8 die häusliche Gemeinschaft nicht mehr besteht, sofern die Personen weiterhin wie Eltern und Kind miteinander verbunden sind.

**Art. 21 Besorgnis der Befangenheit.** (1) ¹Liegt ein Grund vor, der geeignet ist, Mißtrauen gegen eine unparteiische Amtsausübung zu rechtfertigen, oder wird von einem Beteiligten das Vorliegen eines solchen Grundes behauptet, so hat, wer in einem Verwaltungsverfahren für eine Behörde tätig werden soll, den Leiter der Behörde oder den von diesem Beauftragten zu unterrichten und sich auf dessen Anordnung der Mitwirkung zu enthalten. ²Betrifft die Besorgnis der Befangenheit den Leiter der Behörde, so trifft diese Anordnung die Aufsichtsbehörde, sofern sich der Behördenleiter nicht selbst einer Mitwirkung enthält.

(2) Für Mitglieder eines Ausschusses (Art. 88) gilt Art. 20 Abs. 4 entsprechend.

**Art. 22 Beginn des Verfahrens.** [1]Die Behörde entscheidet nach pflichtgemäßem Ermessen, ob und wann sie ein Verwaltungsverfahren durchführt. [2]Dies gilt nicht, wenn die Behörde auf Grund von Rechtsvorschriften
1. von Amts wegen oder auf Antrag tätig werden muß,
2. nur auf Antrag tätig werden darf und ein Antrag nicht vorliegt.

**Art. 23 Amtssprache.** (1) Die Amtssprache ist deutsch.

(2) [1]Werden bei einer Behörde in einer fremden Sprache Anträge gestellt oder Eingaben, Belege, Urkunden oder sonstige Dokumente vorgelegt, soll die Behörde unverzüglich die Vorlage einer Übersetzung verlangen. [2]In begründeten Fällen kann die Vorlage einer beglaubigten oder von einem öffentlich bestellten oder beeidigten Dolmetscher oder Übersetzer angefertigten Übersetzung verlangt werden. [3]Wird die verlangte Übersetzung nicht unverzüglich vorgelegt, so kann die Behörde auf Kosten des Beteiligten selbst eine Übersetzung beschaffen. [4]Hat die Behörde Dolmetscher oder Übersetzer herangezogen, erhalten diese in entsprechender Anwendung des Justizvergütungs- und -entschädigungsgesetzes eine Vergütung.

(3) Soll durch eine Anzeige, einen Antrag oder die Abgabe einer Willenserklärung eine Frist in Lauf gesetzt werden, innerhalb deren die Behörde in einer bestimmten Weise tätig werden muß, und gehen diese in einer fremden Sprache ein, so beginnt der Lauf der Frist erst mit dem Zeitpunkt, in dem der Behörde eine Übersetzung vorliegt.

(4) [1]Soll durch eine Anzeige, einen Antrag oder eine Willenserklärung, die in fremder Sprache eingehen, zugunsten eines Beteiligten eine Frist gegenüber der Behörde gewahrt, ein öffentlich-rechtlicher Anspruch geltend gemacht oder eine Leistung begehrt werden, so gelten die Anzeige, der Antrag oder die Willenserklärung als zum Zeitpunkt des Eingangs bei der Behörde abgegeben, wenn auf Verlangen der Behörde innerhalb einer von dieser zu setzenden angemessenen Frist eine Übersetzung vorgelegt wird. [2]Andernfalls ist der Zeitpunkt des Eingangs der Übersetzung maßgebend, soweit sich nicht aus zwischenstaatlichen Vereinbarungen etwas anderes ergibt. [3]Auf diese Rechtsfolge ist bei der Fristsetzung hinzuweisen.

**Art. 24 Untersuchungsgrundsatz.** (1) [1]Die Behörde ermittelt den Sachverhalt von Amts wegen. [2]Sie bestimmt Art und Umfang der Ermittlungen; an das Vorbringen und an die Beweisanträge der Beteiligten ist sie nicht gebunden.

(2) Die Behörde hat alle für den Einzelfall bedeutsamen, auch die für die Beteiligten günstigen Umstände zu berücksichtigen.

(3) Die Behörde darf die Entgegennahme von Erklärungen oder Anträgen, die in ihren Zuständigkeitsbereich fallen, nicht deshalb verweigern, weil sie die Erklärung oder den Antrag in der Sache für unzulässig oder unbegründet hält.

**Art. 25 Beratung, Auskunft, frühe Öffentlichkeitsbeteiligung.** (1) [1]Die Behörde soll die Abgabe von Erklärungen, die Stellung von Anträgen oder die Berichtigung von Erklärungen oder Anträgen anregen, wenn diese offensichtlich nur versehentlich oder aus Unkenntnis unterblieben oder unrichtig abgegeben oder gestellt worden sind. [2]Sie erteilt, soweit erforderlich, Auskunft über die den Beteiligten im Verwaltungsverfahren zustehenden Rechte und die ihnen obliegenden Pflichten.

(2) [1]Die Behörde erörtert, soweit erforderlich, bereits vor Stellung eines Antrags mit dem zukünftigen Antragsteller, welche Nachweise und Unterlagen von ihm zu erbringen sind und in welcher Weise das Verfahren beschleunigt werden kann. [2]Soweit es der Verfahrensbeschleunigung dient, soll sie dem Antragsteller nach Eingang des Antrags unverzüglich Auskunft über die voraussichtliche Verfahrensdauer und die Vollständigkeit der Antragsunterlagen geben.

(3) [1]Die Behörde wirkt darauf hin, dass der Träger bei der Planung von Vorhaben, die nicht nur unwesentliche Auswirkungen auf die Belange einer größeren Zahl von Dritten haben können, die betroffene Öffentlichkeit frühzeitig über die Ziele des Vorhabens, die Mittel, es zu verwirklichen, und die voraussichtlichen Auswirkungen des Vorhabens unterrichtet (frühe Öffentlichkeitsbeteiligung). [2]Die frühe Öffentlichkeitsbeteiligung soll möglichst bereits vor Stellung eines Antrags stattfinden. [3]Der betroffenen Öffentlichkeit soll Gelegenheit zur Äußerung und zur Erörterung gegeben werden. [4]Das Ergebnis der vor Antragstellung durchgeführten frühen Öffentlichkeitsbeteiligung soll der betroffenen Öffentlichkeit und der Behörde spätestens mit der Antragstellung, im Übrigen unverzüglich mitgeteilt werden. [5]Satz 1 gilt nicht, soweit die betroffene Öffentlichkeit bereits nach anderen Rechtsvorschriften vor der Antragstellung zu beteiligen ist. [6]Beteiligungsrechte nach anderen Rechtsvorschriften bleiben unberührt.

**Art. 26 Beweismittel.** (1) [1]Die Behörde bedient sich der Beweismittel, die sie nach pflichtgemäßem Ermessen zur Ermittlung des Sachverhalts für erforderlich hält. [2]Sie kann insbesondere
1. Auskünfte jeder Art einholen,
2. Beteiligte anhören, Zeugen und Sachverständige vernehmen oder die schriftliche oder elektronische Äußerung von Beteiligten, Sachverständigen und Zeugen einholen,
3. Urkunden und Akten beiziehen,
4. den Augenschein einnehmen.

(2) [1]Die Beteiligten sollen bei der Ermittlung des Sachverhalts mitwirken. [2]Sie sollen insbesondere ihnen bekannte Tatsachen und Beweismittel angeben. [3]Eine weitergehende Pflicht, bei der Ermittlung des Sachverhalts mitzuwirken,

insbesondere eine Pflicht zum persönlichen Erscheinen oder zur Aussage, besteht nur, soweit sie durch Rechtsvorschrift besonders vorgesehen ist.

(3) [1]Für Zeugen und Sachverständige besteht eine Pflicht zur Aussage oder zur Erstattung von Gutachten, wenn sie durch Rechtsvorschrift vorgesehen ist. [2]Falls die Behörde Zeugen und Sachverständige herangezogen hat, erhalten diese auf Antrag in entsprechender Anwendung des Justizvergütungs- und -entschädigungsgesetzes eine Entschädigung oder Vergütung.

**Art. 27 Versicherung an Eides Statt.** (1) [1]Die Behörde darf bei der Ermittlung des Sachverhalts eine Versicherung an Eides Statt nur verlangen und abnehmen, wenn die Abnahme der Versicherung über den betreffenden Gegenstand und in dem betreffenden Verfahren durch Gesetz oder Rechtsverordnung vorgesehen und die Behörde durch Rechtsvorschrift für zuständig erklärt worden ist. [2]Eine Versicherung an Eides Statt soll nur gefordert werden, wenn andere Mittel zur Erforschung der Wahrheit nicht vorhanden sind, zu keinem Ergebnis geführt haben oder einen unverhältnismäßigen Aufwand erfordern. [3]Von eidesunfähigen Personen im Sinn des § 393 der Zivilprozeßordnung darf eine eidesstattliche Versicherung nicht verlangt werden.

(2) [1]Wird die Versicherung an Eides Statt von einer Behörde zur Niederschrift aufgenommen, so sind zur Aufnahme nur der Behördenleiter, sein allgemeiner Vertreter sowie Angehörige des öffentlichen Dienstes befugt, welche die Befähigung zum Richteramt haben oder die Voraussetzungen des § 110 Satz 1 des Deutschen Richtergesetzes erfüllen. [2]Andere Angehörige des öffentlichen Dienstes kann der Behördenleiter oder sein allgemeiner Vertreter hierzu allgemein oder im Einzelfall schriftlich ermächtigen.

(3) [1]Die Versicherung besteht darin, daß der Versichernde die Richtigkeit seiner Erklärung über den betreffenden Gegenstand bestätigt und erklärt: „Ich versichere an Eides Statt, daß ich nach bestem Wissen die reine Wahrheit gesagt und nichts verschwiegen habe." [2]Bevollmächtigte und Beistände sind berechtigt, an der Aufnahme der Versicherung an Eides Statt teilzunehmen.

(4) [1]Vor der Aufnahme der Versicherung an Eides Statt ist der Versichernde über die Bedeutung der eidesstattlichen Versicherung und die strafrechtlichen Folgen einer unrichtigen oder unvollständigen eidesstattlichen Versicherung zu belehren. [2]Die Belehrung ist in der Niederschrift zu vermerken.

(5) [1]Die Niederschrift hat ferner die Namen der anwesenden Personen sowie den Ort und den Tag der Niederschrift zu enthalten. [2]Die Niederschrift ist demjenigen, der die eidesstattliche Versicherung abgibt, zur Genehmigung vorzulesen oder auf Verlangen zur Durchsicht vorzulegen. [3]Die erteilte Genehmigung ist zu vermerken und von dem Versichernden zu unterschreiben. [4]Die Niederschrift ist sodann von demjenigen, der die Versicherung an Eides Statt aufgenommen hat, sowie von dem Schriftführer zu unterschreiben.

**Art. 27a Öffentliche Bekanntmachung im Internet.** (1) [1]Ist durch Rechtsvorschrift eine öffentliche oder ortsübliche Bekanntmachung angeordnet, soll die Behörde deren Inhalt zusätzlich im Internet veröffentlichen. ²Dies wird dadurch bewirkt, dass der Inhalt der Bekanntmachung auf einer Internetseite der Behörde oder ihres Verwaltungsträgers zugänglich gemacht wird. ³Bezieht sich die Bekanntmachung auf zur Einsicht auszulegende Unterlagen, sollen auch diese über das Internet zugänglich gemacht werden. ⁴Soweit durch Rechtsvorschrift nichts anderes geregelt ist, ist der Inhalt der zur Einsicht ausgelegten Unterlagen maßgeblich.

(2) In der öffentlichen oder ortsüblichen Bekanntmachung ist die Internetseite anzugeben.

**Art. 28 Anhörung Beteiligter.** (1) Bevor ein Verwaltungsakt erlassen wird, der in Rechte eines Beteiligten eingreift, ist diesem Gelegenheit zu geben, sich zu den für die Entscheidung erheblichen Tatsachen zu äußern.

(2) Von der Anhörung kann abgesehen werden, wenn sie nach den Umständen des Einzelfalls nicht geboten ist, insbesondere wenn
1. eine sofortige Entscheidung wegen Gefahr im Verzug oder im öffentlichen Interesse notwendig erscheint,
2. durch die Anhörung die Einhaltung einer für die Entscheidung maßgeblichen Frist in Frage gestellt würde,
3. von den tatsächlichen Angaben eines Beteiligten, die dieser in einem Antrag oder einer Erklärung gemacht hat, nicht zu seinen Ungunsten abgewichen werden soll,
4. die Behörde eine Allgemeinverfügung oder gleichartige Verwaltungsakte in größerer Zahl oder Verwaltungsakte mit Hilfe automatischer Einrichtungen erlassen will,
5. Maßnahmen in der Verwaltungsvollstreckung getroffen werden sollen.

(3) Eine Anhörung unterbleibt, wenn ihr ein zwingendes öffentliches Interesse entgegensteht.

**Art. 29 Akteneinsicht durch Beteiligte.** (1) ¹Die Behörde hat den Beteiligten Einsicht in die einzelnen Teile der das Verfahren betreffenden Akten zu gestatten, soweit deren Kenntnis zur Geltendmachung oder Verteidigung ihrer rechtlichen Interessen erforderlich ist. ²Satz 1 gilt bis zum Abschluß des Verwaltungsverfahrens nicht für Entwürfe zu Entscheidungen sowie die Arbeiten zu ihrer unmittelbaren Vorbereitung. ³Soweit nach den Art. 17 und 18 eine Vertretung stattfindet, haben nur die Vertreter Anspruch auf Akteneinsicht.

(2) ¹Die Behörde ist zur Gestattung der Akteneinsicht nicht verpflichtet, soweit durch sie die ordnungsgemäße Erfüllung der Aufgaben der Behörde beeinträchtigt, das Bekanntwerden des Inhalts der Akten dem Wohl des Bundes oder eines Landes Nachteile bereiten würde oder soweit die Vorgänge nach einem Gesetz oder ihrem Wesen nach, namentlich wegen der berechtigten Interessen der Beteiligten oder dritter Personen, geheimgehalten werden müssen.

(3) ¹Die Akteneinsicht erfolgt bei der Behörde, die die Akten führt. ²Organen der Rechtspflege können die Akten zur Einsicht vorübergehend in

ihre Geschäftsräume hinausgegeben werden. ³Im Einzelfall kann die Einsicht auch bei einer anderen Behörde oder bei einer diplomatischen oder berufskonsularischen Vertretung der Bundesrepublik Deutschland im Ausland erfolgen; weitere Ausnahmen kann die Behörde, die die Akten führt, gestatten.

**Art. 30 Geheimhaltung.** Die Beteiligten haben Anspruch darauf, daß ihre Geheimnisse, insbesondere die zum persönlichen Lebensbereich gehörenden Geheimnisse sowie die Betriebs- und Geschäftsgeheimnisse, von der Behörde nicht unbefugt offenbart werden.


Abschnitt II
## Fristen, Termine, Wiedereinsetzung

**Art. 31 Fristen und Termine.** (1) Für die Berechnung von Fristen und für die Bestimmung von Terminen gelten die §§ 187 bis 193 des Bürgerlichen Gesetzbuchs entsprechend, soweit nicht durch die Absätze 2 bis 5 etwas anderes bestimmt ist.

(2) Der Lauf einer Frist, die von einer Behörde gesetzt wird, beginnt mit dem Tag, der auf die Bekanntgabe der Frist folgt, außer wenn dem Betroffenen etwas anderes mitgeteilt wird.

(3) ¹Fällt das Ende einer Frist auf einen Sonntag, einen gesetzlichen Feiertag oder einen Samstag, so endet die Frist mit dem Ablauf des nächstfolgenden Werktags. ²Dies gilt nicht, wenn dem Betroffenen unter Hinweis auf diese Vorschrift ein bestimmter Tag als Ende der Frist mitgeteilt worden ist.

(4) Hat eine Behörde Leistungen nur für einen bestimmten Zeitraum zu erbringen, so endet dieser Zeitraum auch dann mit dem Ablauf seines letzten Tags, wenn dieser auf einen Sonntag, einen gesetzlichen Feiertag oder einen Samstag fällt.

(5) Der von einer Behörde gesetzte Termin ist auch dann einzuhalten, wenn er auf einen Sonntag, gesetzlichen Feiertag oder Samstag fällt.

(6) Ist eine Frist nach Stunden bestimmt, so werden Sonntage, gesetzliche Feiertage oder Samstage mitgerechnet.

(7) ¹Fristen, die von einer Behörde gesetzt sind, können verlängert werden. ²Sind solche Fristen bereits abgelaufen, so können sie rückwirkend verlängert werden, insbesondere wenn es unbillig wäre, die durch den Fristablauf eingetretenen Rechtsfolgen bestehen zu lassen. ³Die Behörde kann die Verlängerung der Frist nach Art. 36 mit einer Nebenbestimmung verbinden.

**Art. 32 Wiedereinsetzung in den vorigen Stand.** (1) ¹War jemand ohne Verschulden verhindert, eine gesetzliche Frist einzuhalten, so ist ihm auf Antrag Wiedereinsetzung in den vorigen Stand zu gewähren. ²Das Verschulden eines Vertreters ist dem Vertretenen zuzurechnen.

(2) ¹Der Antrag ist innerhalb von zwei Wochen nach Wegfall des Hindernisses zu stellen. ²Die Tatsachen zur Begründung des Antrags sind bei der Antragstellung oder im Verfahren über den Antrag glaubhaft zu machen. ³Innerhalb der Antragsfrist ist die versäumte Handlung nachzuholen. ⁴Ist dies geschehen, so kann Wiedereinsetzung auch ohne Antrag gewährt werden.

(3) Nach einem Jahr seit dem Ende der versäumten Frist kann die Wiedereinsetzung nicht mehr beantragt oder die versäumte Handlung nicht mehr nachgeholt werden, außer wenn dies vor Ablauf der Jahresfrist infolge höherer Gewalt unmöglich war.

(4) Über den Antrag auf Wiedereinsetzung entscheidet die Behörde, die über die versäumte Handlung zu befinden hat.

(5) Die Wiedereinsetzung ist unzulässig, wenn sich aus einer Rechtsvorschrift ergibt, daß sie ausgeschlossen ist.

Abschnitt III
## Amtliche Beglaubigung

**Art. 33 Beglaubigung von Dokumenten.** (1) ¹Jede Behörde ist befugt, Abschriften von Urkunden, die sie selbst ausgestellt hat, zu beglaubigen. ²Darüber hinaus sind die von der Staatsregierung durch Rechtsverordnung bestimmten Behörden befugt, Abschriften zu beglaubigen, wenn die Urschrift von einer Behörde ausgestellt ist oder die Abschrift zur Vorlage bei einer Behörde benötigt wird, sofern nicht durch Rechtsvorschrift die Erteilung beglaubigter Abschriften aus amtlichen Registern und Archiven anderer Behörden ausschließlich vorbehalten ist.

(2) ¹Abschriften dürfen nicht beglaubigt werden, wenn Umstände zu der Annahme berechtigen, daß der ursprüngliche Inhalt des Schriftstücks, dessen Abschrift beglaubigt werden soll, geändert worden ist, insbesondere wenn dieses Schriftstück Lücken, Durchstreichungen, Einschaltungen, Änderungen, unleserliche Wörter, Zahlen oder Zeichen, Spuren der Beseitigung von Wörtern, Zahlen und Zeichen enthält oder wenn der Zusammenhang eines aus mehreren Blättern bestehenden Schriftstücks aufgehoben ist.

(3) ¹Eine Abschrift wird beglaubigt durch einen Beglaubigungsvermerk, der unter die Abschrift zu setzen ist. ²Der Vermerk muß enthalten
1. die genaue Bezeichnung des Schriftstücks, dessen Abschrift beglaubigt wird,
2. die Feststellung, daß die beglaubigte Abschrift mit dem vorgelegten Schriftstück übereinstimmt,
3. den Hinweis, daß die beglaubigte Abschrift nur zur Vorlage bei der angegebenen Behörde erteilt wird, wenn die Urschrift nicht von einer Behörde ausgestellt worden ist,
4. den Ort und den Tag der Beglaubigung, die Unterschrift des für die Beglaubigung zuständigen Bediensteten und das Dienstsiegel.

Verwaltungsverfahrensgesetz **BayVwVfG 20**

(4) Die Absätze 1 bis 3 gelten entsprechend für die Beglaubigungen von
1. Ablichtungen, Lichtdrucken und ähnlichen in technischen Verfahren hergestellten Vervielfältigungen,
2. auf fototechnischem Weg von Schriftstücken hergestellten Negativen, die bei einer Behörde aufbewahrt werden,
3. Ausdrucken elektronischer Dokumente,
4. elektronischen Dokumenten,
   a) die zur Abbildung eine Schriftstücks hergestellt wurden,
   b) die ein anderes technisches Format als das mit einer qualifizierten elektronischen Signatur verbundene Ausgangsdokument erhalten haben.

(5) [1]Der Beglaubigungsvermerk muss zusätzlich zu den Angaben nach Absatz 3 Satz 2 bei der Beglaubigung
1. des Ausdrucks eines elektronischen Dokuments, das mit einer qualifizierten elektronischen Signatur verbunden ist, die Feststellungen enthalten,
   a) wen die Signaturprüfung als Inhaber der Signatur ausweist,
   b) welchen Zeitpunkt die Signaturprüfung für die Anbringung der Signatur ausweist und
   c) welche Zertifikate mit welchen Daten dieser Signatur zugrunde lagen;
2. eines elektronischen Dokuments den Namen des für die Beglaubigung zuständigen Bediensteten und die Bezeichnung der Behörde, die die Beglaubigung vornimmt, enthalten; die Unterschrift des für die Beglaubigung zuständigen Bediensteten und das Dienstsiegel nach Absatz 3 Satz 2 Nr. 4 werden durch eine dauerhaft überprüfbare qualifizierte elektronische Signatur ersetzt.
[2]Wird ein elektronisches Dokument, das ein anderes technisches Format als das mit einer qualifizierten elektronischen Signatur verbundene Ausgangsdokument erhalten hat, nach Satz 1 Nr. 2 beglaubigt, muss der Beglaubigungsvermerk zusätzlich die Feststellungen nach Satz 1 Nr. 1 für das Ausgangsdokument enthalten.

(6) Die nach Absatz 4 hergestellten Dokumente stehen, sofern sie beglaubigt sind, beglaubigten Abschriften gleich.

(7) Jede Behörde soll von Urkunden, die sie selbst ausgestellt hat, auf Verlangen ein elektronisches Dokument nach Abs. 4 Nr. 4 Buchst. a oder eine elektronische Abschrift fertigen und beglaubigen.

**Art. 34 Beglaubigung von Unterschriften.** (1) [1]Die von der Staatsregierung durch Rechtsverordnung bestimmten Behörden sind befugt, Unterschriften zu beglaubigen, wenn das unterzeichnete Schriftstück zur Vorlage bei einer Behörde oder bei einer sonstigen Stelle, der auf Grund einer Rechtsvorschrift das unterzeichnete Schriftstück vorzulegen ist, benötigt wird. [2]Dies gilt nicht für
1. Unterschriften ohne zugehörigen Text,
2. Unterschriften, die der öffentlichen Beglaubigung (§ 129 des Bürgerlichen Gesetzbuchs) bedürfen.

(2) Eine Unterschrift soll nur beglaubigt werden, wenn sie in Gegenwart des beglaubigenden Bediensteten vollzogen oder anerkannt wird.

# 20 BayVwVfG

(3) ¹Der Beglaubigungsvermerk ist unmittelbar bei der Unterschrift, die beglaubigt werden soll, anzubringen. ²Er muß enthalten
1. die Bestätigung, daß die Unterschrift echt ist,
2. die genaue Bezeichnung desjenigen, dessen Unterschrift beglaubigt wird, sowie die Angabe, ob sich der für die Beglaubigung zuständige Bedienstete Gewißheit über diese Person verschafft hat und ob die Unterschrift in seiner Gegenwart vollzogen oder anerkannt worden ist,
3. den Hinweis, daß die Beglaubigung nur zur Vorlage bei der angegebenen Behörde oder Stelle bestimmt ist,
4. den Ort und den Tag der Beglaubigung, die Unterschrift des für die Beglaubigung zuständigen Bediensteten und das Dienstsiegel.

(4) Die Absätze 1 bis 3 gelten für die Beglaubigung von Handzeichen entsprechend.

## DRITTER TEIL
## Verwaltungsakt

### Abschnitt I
### Zustandekommen des Verwaltungsakts

**Art. 35 Begriff des Verwaltungsakts.** ¹Verwaltungsakt ist jede Verfügung, Entscheidung oder andere hoheitliche Maßnahme, die eine Behörde zur Regelung eines Einzelfalls auf dem Gebiet des öffentlichen Rechts trifft und die auf unmittelbare Rechtswirkung nach außen gerichtet ist. ²Allgemeinverfügung ist ein Verwaltungsakt, der sich an einen nach allgemeinen Merkmalen bestimmten oder bestimmbaren Personenkreis richtet oder die öffentlich-rechtliche Eigenschaft einer Sache oder ihre Benutzung durch die Allgemeinheit betrifft.

**Art. 36 Nebenbestimmungen zum Verwaltungsakt.** (1) Ein Verwaltungsakt, auf den ein Anspruch besteht, darf mit einer Nebenbestimmung nur versehen werden, wenn sie durch Rechtsvorschrift zugelassen ist oder wenn sie sicherstellen soll, daß die gesetzlichen Voraussetzungen des Verwaltungsakts erfüllt werden.

(2) Unbeschadet des Absatzes 1 darf ein Verwaltungsakt nach pflichtgemäßem Ermessen erlassen werden mit
1. einer Bestimmung, nach der eine Vergünstigung oder Belastung zu einem bestimmten Zeitpunkt beginnt, endet oder für einen bestimmten Zeitraum gilt (Befristung),
2. einer Bestimmung, nach der der Eintritt oder der Wegfall einer Vergünstigung oder einer Belastung von dem ungewissen Eintritt eines zukünftigen Ereignisses abhängt (Bedingung),
3. einem Vorbehalt des Widerrufs

oder verbunden werden mit

Verwaltungsverfahrensgesetz **BayVwVfG 20**

4. einer Bestimmung, durch die dem Begünstigten ein Tun, Dulden oder Unterlassen vorgeschrieben wird (Auflage),
5. einem Vorbehalt der nachträglichen Aufnahme, Änderung oder Ergänzung einer Auflage.

(3) Eine Nebenbestimmung darf dem Zweck des Verwaltungsakts nicht zuwiderlaufen.

**Art. 37 Bestimmtheit und Form des Verwaltungsakts.** (1) Ein Verwaltungsakt muß inhaltlich hinreichend bestimmt sein.

(2) [1]Ein Verwaltungsakt kann schriftlich, elektronisch, mündlich oder in anderer Weise erlassen werden. [2]Ein mündlicher Verwaltungsakt ist schriftlich oder elektronisch zu bestätigen, wenn hieran ein berechtigtes Interesse besteht und der Betroffene dies unverzüglich verlangt. [3]Ein elektronischer Verwaltungsakt ist unter denselben Voraussetzungen schriftlich zu bestätigen; Art. 3a Abs. 2 findet insoweit keine Anwendung.

(3) [1]Ein schriftlicher oder elektronischer Verwaltungsakt muss die erlassende Behörde erkennen lassen und die Unterschrift oder die Namenswiedergabe des Behördenleiters, seines Vertreters oder seines Beauftragten enthalten. [2]Wird für einen Verwaltungsakt, für den durch Rechtsvorschrift die Schriftform angeordnet ist, die elektronische Form verwendet, muss auch das der Signatur zugrunde liegende qualifizierte Zertifikat oder ein zugehöriges qualifiziertes Attributzertifikat die erlassende Behörde erkennen lassen. [3]Im Fall des Art. 3a Abs. 2 Satz 4 Nr. 3 muss die Bestätigung nach § 5 Abs. 5 des De-Mail-Gesetzes die erlassende Behörde als Nutzer des De-Mail-Kontos erkennen lassen.

(4) Für einen Verwaltungsakt kann für die nach Art. 3a Abs. 2 erforderliche Signatur durch Rechtsvorschrift die dauerhafte Überprüfbarkeit vorgeschrieben werden.

(5) [1]Bei einem schriftlichen Verwaltungsakt, der mit Hilfe automatischer Einrichtungen erlassen wird, können abweichend von Absatz 3 Unterschrift und Namenswiedergabe fehlen. [2]Zur Inhaltsangabe können Schlüsselzeichen verwendet werden, wenn derjenige, für den der Verwaltungsakt bestimmt ist oder der von ihm betroffen wird, auf Grund der dazu gegebenen Erläuterungen den Inhalt des Verwaltungsakts eindeutig erkennen kann.

**Art. 38 Zusicherung.** (1) [1]Eine von der zuständigen Behörde erteilte Zusage, einen bestimmten Verwaltungsakt später zu erlassen oder zu unterlassen (Zusicherung), bedarf zu ihrer Wirksamkeit der schriftlichen Form. [2]Ist vor dem Erlaß des zugesicherten Verwaltungsakts die Anhörung Beteiligter oder die Mitwirkung einer anderen Behörde oder eines Ausschusses auf Grund einer Rechtsvorschrift erforderlich, so darf die Zusicherung erst nach Anhörung der Beteiligten oder nach Mitwirkung dieser Behörde oder des Ausschusses gegeben werden.

(2) Auf die Unwirksamkeit der Zusicherung finden, unbeschadet des Absatzes 1 Satz 1, Art. 44, auf die Heilung von Mängeln bei der Anhörung Beteiligter

und der Mitwirkung anderer Behörden oder Ausschüsse Art. 45 Abs. 1 Nrn. 3 bis 5 sowie Abs. 2, auf die Rücknahme Art. 48, auf den Widerruf, unbeschadet des Absatzes 3, Art. 49 entsprechende Anwendung.

(3) Ändert sich nach Abgabe der Zusicherung die Sach- oder Rechtslage derart, daß die Behörde bei Kenntnis der nachträglich eingetretenen Änderung die Zusicherung nicht gegeben hätte oder aus rechtlichen Gründen nicht hätte geben dürfen, ist die Behörde an die Zusicherung nicht mehr gebunden.

**Art. 39 Begründung des Verwaltungsakts.** (1) ¹Ein schriftlicher oder elektronischer sowie ein schriftlich oder elektronisch bestätigter Verwaltungsakt ist mit einer Begründung zu versehen. ²In der Begründung sind die wesentlichen tatsächlichen und rechtlichen Gründe mitzuteilen, die die Behörde zu ihrer Entscheidung bewogen haben. ³Die Begründung von Ermessensentscheidungen soll auch die Gesichtspunkte erkennen lassen, von denen die Behörde bei der Ausübung ihres Ermessens ausgegangen ist.

(2) Einer Begründung bedarf es nicht,
1. soweit die Behörde einem Antrag entspricht oder einer Erklärung folgt und der Verwaltungsakt nicht in Rechte eines anderen eingreift,
2. soweit demjenigen, für den der Verwaltungsakt bestimmt ist oder der von ihm betroffen wird, die Auffassung der Behörde über die Sach- und Rechtslage bereits bekannt oder auch ohne Begründung für ihn ohne weiteres erkennbar ist,
3. wenn die Behörde gleichartige Verwaltungsakte in größerer Zahl oder Verwaltungsakte mit Hilfe automatischer Einrichtungen erläßt und die Begründung nach den Umständen des Einzelfalls nicht geboten ist,
4. wenn sich dies aus einer Rechtsvorschrift ergibt,
5. wenn eine Allgemeinverfügung öffentlich bekanntgegeben wird.

**Art. 40 Ermessen.** Ist die Behörde ermächtigt, nach ihrem Ermessen zu handeln, hat sie ihr Ermessen entsprechend dem Zweck der Ermächtigung auszuüben und die gesetzlichen Grenzen des Ermessens einzuhalten.

**Art. 41 Bekanntgabe des Verwaltungsakts.** (1) ¹Ein Verwaltungsakt ist demjenigen Beteiligten bekanntzugeben, für den er bestimmt ist oder der von ihm betroffen wird. ²Ist ein Bevollmächtigter bestellt, so kann die Bekanntgabe ihm gegenüber vorgenommen werden.

(2) ¹Ein schriftlicher Verwaltungsakt, der im Inland durch die Post übermittelt wird, gilt am dritten Tag nach der Aufgabe zur Post als bekannt gegeben. ²Ein Verwaltungsakt, der im Inland oder in das Ausland elektronisch übermittelt wird, gilt am dritten Tag nach der Absendung als bekannt gegeben. ³Dies gilt nicht, wenn der Verwaltungsakt nicht oder zu einem späteren Zeitpunkt zugegangen ist; im Zweifel hat die Behörde den Zugang des Verwaltungsakts und den Zeitpunkt des Zugangs nachzuweisen.

(3) ¹Ein Verwaltungsakt darf öffentlich bekanntgegeben werden, wenn dies durch Rechtsvorschrift zugelassen ist. ²Eine Allgemeinverfügung darf auch

dann öffentlich bekanntgegeben werden, wenn eine Bekanntgabe an die Beteiligten untunlich ist.

(4) ¹Die öffentliche Bekanntgabe eines schriftlichen oder elektronischen Verwaltungsakts wird dadurch bewirkt, daß sein verfügender Teil ortsüblich bekanntgemacht wird. ²In der ortsüblichen Bekanntmachung ist anzugeben, wo der Verwaltungsakt und seine Begründung eingesehen werden können. ³Der Verwaltungsakt gilt zwei Wochen nach der ortsüblichen Bekanntmachung als bekanntgegeben. ⁴In einer Allgemeinverfügung kann ein hiervon abweichender Zeitpunkt bestimmt werden.

(5) Vorschriften über die Bekanntgabe eines Verwaltungsakts mittels Zustellung bleiben unberührt.

**Art. 42 Offenbare Unrichtigkeiten im Verwaltungsakt.** ¹Die Behörde kann Schreibfehler, Rechenfehler und ähnliche offenbare Unrichtigkeiten in einem Verwaltungsakt jederzeit berichtigen. ²Bei berechtigtem Interesse des Beteiligten ist zu berichtigen. ³Die Behörde ist berechtigt, die Vorlage des Dokuments zu verlangen, das berichtigt werden soll.

**Art. 42a Genehmigungsfiktion.** (1) ¹Eine beantragte Genehmigung gilt nach Ablauf einer für die Entscheidung festgelegten Frist als erteilt (Genehmigungsfiktion), wenn dies durch Rechtsvorschrift angeordnet und der Antrag hinreichend bestimmt ist. ²Die Vorschriften über die Bestandskraft von Verwaltungsakten und über das Rechtsbehelfsverfahren gelten entsprechend.

(2) ¹Die Frist nach Abs. 1 Satz 1 beträgt drei Monate, soweit durch Rechtsvorschrift nichts Abweichendes bestimmt ist. ²Die Frist beginnt mit Eingang der vollständigen Unterlagen. ³Sie kann einmal angemessen verlängert werden, wenn dies wegen der Schwierigkeit der Angelegenheit gerechtfertigt ist. ⁴Die Fristverlängerung ist zu begründen und rechtzeitig mitzuteilen.

(3) Auf Verlangen ist demjenigen, dem der Verwaltungsakt nach Art. 41 Abs. 1 hätte bekannt gegeben werden müssen, der Eintritt der Genehmigungsfiktion schriftlich zu bescheinigen.

Abschnitt II

## Bestandskraft des Verwaltungsakts

**Art. 43 Wirksamkeit des Verwaltungsakts.** (1) ¹Ein Verwaltungsakt wird gegenüber demjenigen, für den er bestimmt ist oder der von ihm betroffen wird, in dem Zeitpunkt wirksam, in dem er ihm bekanntgegeben wird. ²Der Verwaltungsakt wird mit dem Inhalt wirksam, mit dem er bekanntgegeben wird.

(2) Ein Verwaltungsakt bleibt wirksam, solange und soweit er nicht zurückgenommen, widerrufen, anderweitig aufgehoben oder durch Zeitablauf oder auf andere Weise erledigt ist.

(3) Ein nichtiger Verwaltungsakt ist unwirksam.

**Art. 44 Nichtigkeit des Verwaltungsakts.** (1) Ein Verwaltungsakt ist nichtig, soweit er an einem besonders schwerwiegenden Fehler leidet und dies bei verständiger Würdigung aller in Betracht kommenden Umstände offenkundig ist.

(2) Ohne Rücksicht auf das Vorliegen der Voraussetzungen des Absatzes 1 ist ein Verwaltungsakt nichtig,
1. der schriftlich oder elektronisch erlassen worden ist, die erlassende Behörde aber nicht erkennen läßt,
2. der nach einer Rechtsvorschrift nur durch die Aushändigung einer Urkunde erlassen werden kann, aber dieser Form nicht genügt,
3. den eine Behörde in bezug auf unbewegliches Vermögen außerhalb ihres Bezirks oder in bezug auf ein Recht oder Rechtsverhältnis, das an einen Ort außerhalb ihres Bezirks gebunden ist, erlassen hat, ohne dazu ermächtigt zu sein,
4. den aus tatsächlichen Gründen niemand ausführen kann,
5. der die Begehung einer rechtswidrigen Tat verlangt, die einen Straf- oder Bußgeldtatbestand verwirklicht,
6. der gegen die guten Sitten verstößt.

(3) Ein Verwaltungsakt ist nicht schon deshalb nichtig, weil
1. Vorschriften über die örtliche Zuständigkeit nicht eingehalten worden sind, außer wenn ein Fall des Absatzes 2 Nr. 3 vorliegt,
2. eine nach Art. 20 Abs. 1 Satz 1 Nrn. 2 bis 6 ausgeschlossene Person mitgewirkt hat,
3. ein durch Rechtsvorschrift zur Mitwirkung berufener Ausschuß den für den Erlaß des Verwaltungsakts vorgeschriebenen Beschluß nicht gefaßt hat oder nicht beschlußfähig war,
4. die nach einer Rechtsvorschrift erforderliche Mitwirkung einer anderen Behörde unterblieben ist.

(4) Betrifft die Nichtigkeit nur einen Teil des Verwaltungsakts, so ist er im ganzen nichtig, wenn der nichtige Teil so wesentlich ist, daß die Behörde den Verwaltungsakt ohne den nichtigen Teil nicht erlassen hätte.

(5) Die Behörde kann die Nichtigkeit jederzeit von Amts wegen feststellen; auf Antrag ist sie festzustellen, wenn der Antragsteller hieran ein berechtigtes Interesse hat.

**Art. 45 Heilung von Verfahrens- und Formfehlern.** (1) Eine Verletzung von Verfahrens- oder Formvorschriften, die nicht den Verwaltungsakt nach Art. 44 nichtig macht, ist unbeachtlich, wenn
1. der für den Erlaß des Verwaltungsakts erforderliche Antrag nachträglich gestellt wird,
2. die erforderliche Begründung nachträglich gegeben wird,
3. die erforderliche Anhörung eines Beteiligten nachgeholt wird,
4. der Beschluß eines Ausschusses, dessen Mitwirkung für den Erlaß des Verwaltungsakts erforderlich ist, nachträglich gefaßt wird,
5. die erforderliche Mitwirkung einer anderen Behörde nachgeholt wird.

Verwaltungsverfahrensgesetz **BayVwVfG 20**

(2) Handlungen nach Absatz 1 können bis zum Abschluss der letzten Tatsacheninstanz eines verwaltungsgerichtlichen Verfahrens nachgeholt werden.

(3) [1]Fehlt einem Verwaltungsakt die erforderliche Begründung oder ist die erforderliche Anhörung eines Beteiligten vor Erlaß des Verwaltungsakts unterblieben und ist dadurch die rechtzeitige Anfechtung des Verwaltungsakts versäumt worden, so gilt die Versäumung der Rechtsbehelfsfrist als nicht verschuldet. [2]Das für die Wiedereinsetzungsfrist maßgebende Ereignis tritt im Zeitpunkt der Nachholung der unterlassenen Verfahrenshandlung ein.

**Art. 46 Folgen von Verfahrens- und Formfehlern.** Die Aufhebung eines Verwaltungsakts, der nicht nach Art. 44 nichtig ist, kann nicht allein deshalb beansprucht werden, weil er unter Verletzung von Vorschriften über das Verfahren, die Form oder die örtliche Zuständigkeit zustande gekommen ist, wenn offensichtlich ist, daß die Verletzung die Entscheidung in der Sache nicht beeinflußt hat.

**Art. 47 Umdeutung eines fehlerhaften Verwaltungsakts.** (1) Ein fehlerhafter Verwaltungsakt kann in einen anderen Verwaltungsakt umgedeutet werden, wenn er auf das gleiche Ziel gerichtet ist, von der erlassenden Behörde in der geschehenen Verfahrensweise und Form rechtmäßig hätte erlassen werden können und wenn die Voraussetzungen für dessen Erlaß erfüllt sind.

(2) [1]Absatz 1 gilt nicht, wenn der fehlerhafte Verwaltungsakt, in den der fehlerhafte Verwaltungsakt umzudeuten wäre, der erkennbaren Absicht der erlassenden Behörde widerspräche oder seine Rechtsfolgen für den Betroffenen ungünstiger wären als die des fehlerhaften Verwaltungsakts. [2]Eine Umdeutung ist ferner unzulässig, wenn der fehlerhafte Verwaltungsakt nicht zurückgenommen werden dürfte.

(3) Eine Entscheidung, die nur als gesetzlich gebundene Entscheidung ergehen kann, kann nicht in eine Ermessensentscheidung umgedeutet werden.

(4) Art. 28 ist entsprechend anzuwenden.

**Art. 48 Rücknahme eines rechtswidrigen Verwaltungsakts.** (1) [1]Ein rechtswidriger Verwaltungsakt kann, auch nachdem er unanfechtbar geworden ist, ganz oder teilweise mit Wirkung für die Zukunft oder für die Vergangenheit zurückgenommen werden. [2]Ein Verwaltungsakt, der ein Recht oder einen rechtlich erheblichen Vorteil begründet oder bestätigt hat (begünstigender Verwaltungsakt), darf nur unter den Einschränkungen der Absätze 2 bis 4 zurückgenommen werden.

(2) [1]Ein rechtswidriger Verwaltungsakt, der eine einmalige oder laufende Geldleistung oder teilbare Sachleistung gewährt oder hierfür Voraussetzung ist, darf nicht zurückgenommen werden, soweit der Begünstigte auf den Bestand des Verwaltungsakts vertraut hat und sein Vertrauen unter Abwägung mit dem öffentlichen Interesse an einer Rücknahme schutzwürdig ist. [2]Das Vertrauen ist in der Regel schutzwürdig, wenn der Begünstigte gewährte Leistungen verbraucht oder eine Vermögensdisposition getroffen hat, die er nicht mehr oder

## 20 BayVwVfG — Verwaltungsverfahrensgesetz

nur unter unzumutbaren Nachteilen rückgängig machen kann. ³Auf Vertrauen kann sich der Begünstigte nicht berufen, wenn er
1. den Verwaltungsakt durch arglistige Täuschung, Drohung oder Bestechung erwirkt hat,
2. den Verwaltungsakt durch Angaben erwirkt hat, die in wesentlicher Beziehung unrichtig oder unvollständig waren,
3. die Rechtswidrigkeit des Verwaltungsakts kannte oder infolge grober Fahrlässigkeit nicht kannte.

⁴In den Fällen des Satzes 3 wird der Verwaltungsakt in der Regel mit Wirkung für die Vergangenheit zurückgenommen.

(3) ¹Wird ein rechtswidriger Verwaltungsakt, der nicht unter Absatz 2 fällt, zurückgenommen, so hat die Behörde dem Betroffenen auf Antrag den Vermögensnachteil auszugleichen, den dieser dadurch erleidet, daß er auf den Bestand des Verwaltungsakts vertraut hat, soweit sein Vertrauen unter Abwägung mit dem öffentlichen Interesse schutzwürdig ist. ²Absatz 2 Satz 3 ist anzuwenden. ³Der Vermögensnachteil ist jedoch nicht über den Betrag des Interesses hinaus zu ersetzen, das der Betroffene an dem Bestand des Verwaltungsakts hat. ⁴Der auszugleichende Vermögensnachteil wird durch die Behörde festgesetzt. ⁵Der Anspruch kann nur innerhalb eines Jahres geltend gemacht werden; die Frist beginnt, sobald die Behörde den Betroffenen auf sie hingewiesen hat.

(4) ¹Erhält die Behörde von Tatsachen Kenntnis, welche die Rücknahme eines rechtswidrigen Verwaltungsakts rechtfertigen, so ist die Rücknahme nur innerhalb eines Jahres seit dem Zeitpunkt der Kenntnisnahme zulässig. ²Dies gilt nicht im Fall des Absatzes 2 Satz 3 Nr. 1.

(5) Über die Rücknahme entscheidet nach Unanfechtbarkeit des Verwaltungsakts die nach Art. 3 zuständige Behörde; dies gilt auch dann, wenn der zurückzunehmende Verwaltungsakt von einer anderen Behörde erlassen worden ist.

**Art. 49 Widerruf eines rechtmäßigen Verwaltungsakts.** (1) Ein rechtmäßiger nicht begünstigender Verwaltungsakt kann, auch nachdem er unanfechtbar geworden ist, ganz oder teilweise mit Wirkung für die Zukunft widerrufen werden, außer wenn ein Verwaltungsakt gleichen Inhalts erneut erlassen werden müßte oder aus anderen Gründen ein Widerruf unzulässig ist.

(2) ¹Ein rechtmäßiger begünstigender Verwaltungsakt darf, auch nachdem er unanfechtbar geworden ist, ganz oder teilweise mit Wirkung für die Zukunft nur widerrufen werden,
1. wenn der Widerruf durch Rechtsvorschrift zugelassen oder im Verwaltungsakt vorbehalten ist,
2. wenn mit dem Verwaltungsakt eine Auflage verbunden ist und der Begünstigte diese nicht oder nicht innerhalb einer ihm gesetzten Frist erfüllt hat,
3. wenn die Behörde auf Grund nachträglich eingetretener Tatsachen berechtigt wäre, den Verwaltungsakt nicht zu erlassen und wenn ohne den Widerruf das öffentliche Interesse gefährdet würde,

Verwaltungsverfahrensgesetz **BayVwVfG 20**

4. wenn die Behörde auf Grund einer geänderten Rechtsvorschrift berechtigt wäre, den Verwaltungsakt nicht zu erlassen, soweit der Begünstigte von der Vergünstigung noch keinen Gebrauch gemacht oder auf Grund des Verwaltungsakts noch keine Leistungen empfangen hat, und wenn ohne den Widerruf das öffentliche Interesse gefährdet würde,
5. um schwere Nachteile für das Gemeinwohl zu verhüten oder zu beseitigen.
²Art. 48 Abs. 4 gilt entsprechend.

(2a) ¹Ein rechtmäßiger Verwaltungsakt, der eine einmalige oder laufende Geldleistung oder teilbare Sachleistung zur Erfüllung eines bestimmten Zweckes gewährt oder hierfür Voraussetzung ist, kann, auch nachdem er unanfechtbar geworden ist, ganz oder teilweise auch mit Wirkung für die Vergangenheit widerrufen werden,
1. wenn die Leistung nicht, nicht alsbald nach der Erbringung oder nicht mehr für den in dem Verwaltungsakt bestimmten Zweck verwendet wird;
2. wenn mit dem Verwaltungsakt eine Auflage verbunden ist und der Begünstigte diese nicht oder nicht innerhalb einer ihm gesetzten Frist erfüllt hat.
²Art. 48 Abs. 4 gilt entsprechend.

(3) Der widerrufene Verwaltungsakt wird mit dem Wirksamwerden des Widerrufs unwirksam, wenn die Behörde keinen anderen Zeitpunkt bestimmt.

(4) Über den Widerruf entscheidet nach Unanfechtbarkeit des Verwaltungsakts die nach Art. 3 zuständige Behörde; dies gilt auch dann, wenn der zu widerrufende Verwaltungsakt von einer anderen Behörde erlassen worden ist.

(5) ¹Wird ein begünstigender Verwaltungsakt in den Fällen des Absatzes 2 Nrn. 3 bis 5 widerrufen, so hat die Behörde den Betroffenen auf Antrag für den Vermögensnachteil zu entschädigen, den dieser dadurch erleidet, daß er auf den Bestand des Verwaltungsakts vertraut hat, soweit sein Vertrauen schutzwürdig ist. ²Art. 48 Abs. 3 Sätze 3 bis 5 gelten entsprechend. ³Für Streitigkeiten über die Entschädigung ist der ordentliche Rechtsweg gegeben.

**Art. 49a Erstattung, Verzinsung.** (1) ¹Soweit ein Verwaltungsakt mit Wirkung für die Vergangenheit zurückgenommen oder widerrufen worden oder infolge Eintritts einer auflösenden Bedingung unwirksam geworden ist, sind bereits erbrachte Leistungen zu erstatten. ²Die zu erstattende Leistung ist durch schriftlichen Verwaltungsakt festzusetzen.

(2) ¹Für den Umfang der Erstattung mit Ausnahme der Verzinsung gelten die Vorschriften des Bürgerlichen Gesetzbuchs über die Herausgabe einer ungerechtfertigten Bereicherung entsprechend. ²Auf den Wegfall der Bereicherung kann sich der Begünstigte nicht berufen, soweit er die Umstände kannte oder infolge grober Fahrlässigkeit nicht kannte, die zur Rücknahme, zum Widerruf oder zur Unwirksamkeit des Verwaltungsakts geführt haben.

(3) ¹Der zu erstattende Betrag ist vom Eintritt der Unwirksamkeit des Verwaltungsakts an mit drei Prozentpunkten über dem Basiszinssatz jährlich zu verzinsen. ²Von der Geltendmachung des Zinsanspruchs kann insbesondere dann abgesehen werden, wenn der Begünstigte die Umstände, die zur Rücknah-

me, zum Widerruf oder zur Unwirksamkeit des Verwaltungsakts geführt haben, nicht zu vertreten hat und den zu erstattenden Betrag innerhalb der von der Behörde festgesetzten Frist leistet.

(4) [1]Wird eine Leistung nicht alsbald nach der Auszahlung für den bestimmten Zweck verwendet, so können für die Zeit bis zur zweckentsprechenden Verwendung Zinsen nach Absatz 3 Satz 1 verlangt werden. [2]Entsprechendes gilt, soweit eine Leistung in Anspruch genommen wird, obwohl andere Mittel anteilig oder vorrangig einzusetzen sind. [3]Art. 49 Abs. 2a Satz 1 Nr. 1 bleibt unberührt.

**Art. 50 Rücknahme und Widerruf im Rechtsbehelfsverfahren.** Art. 48 Abs. 1 Satz 2 und Abs. 2 bis 4 sowie Art. 49 Abs. 2 bis 3 und 5 gelten nicht, wenn ein begünstigender Verwaltungsakt, der von einem Dritten angefochten worden ist, während des Vorverfahrens oder während des verwaltungsgerichtlichen Verfahrens aufgehoben wird, soweit dadurch dem Widerspruch oder der Klage abgeholfen wird.

**Art. 51 Wiederaufgreifen des Verfahrens.** (1) Die Behörde hat auf Antrag des Betroffenen über die Aufhebung oder Änderung eines unanfechtbaren Verwaltungsakts zu entscheiden, wenn
1. sich die dem Verwaltungsakt zugrunde liegende Sach- oder Rechtslage nachträglich zugunsten des Betroffenen geändert hat,
2. neue Beweismittel vorliegen, die eine dem Betroffenen günstigere Entscheidung herbeigeführt haben würden,
3. Wiederaufnahmegründe entsprechend § 580 der Zivilprozeßordnung gegeben sind.

(2) Der Antrag ist nur zulässig, wenn der Betroffene ohne grobes Verschulden außerstande war, den Grund für das Wiederaufgreifen in dem früheren Verfahren, insbesondere durch Rechtsbehelf, geltend zu machen.

(3) [1]Der Antrag muß binnen drei Monaten gestellt werden. [2]Die Frist beginnt mit dem Tag, an dem der Betroffene von dem Grund für das Wiederaufgreifen Kenntnis erhalten hat.

(4) Über den Antrag entscheidet die nach Art. 3 zuständige Behörde; dies gilt auch dann, wenn der Verwaltungsakt, dessen Aufhebung oder Änderung begehrt wird, von einer anderen Behörde erlassen worden ist.

(5) Die Vorschriften des Art. 48 Abs. 1 Satz 1 und des Art. 49 Abs. 1 bleiben unberührt.

**Art. 52 Rückgabe von Urkunden und Sachen.** [1]Ist ein Verwaltungsakt unanfechtbar widerrufen oder zurückgenommen oder ist seine Wirksamkeit aus einem anderen Grund nicht oder nicht mehr gegeben, so kann die Behörde die auf Grund dieses Verwaltungsakts erteilten Urkunden oder Sachen, die zum Nachweis der Rechte aus dem Verwaltungsakt oder zu deren Ausübung bestimmt sind, zurückfordern. [2]Der Inhaber und, sofern er nicht der Besitzer ist, auch der Besitzer dieser Urkunden oder Sachen sind zu ihrer Herausgabe verpflichtet. [3]Der Inhaber oder der Besitzer kann jedoch verlangen, daß ihm die

Urkunden oder Sachen wieder ausgehändigt werden, nachdem sie von der Behörde als ungültig gekennzeichnet sind; dies gilt nicht bei Sachen, bei denen eine solche Kennzeichnung nicht oder nicht mit der erforderlichen Offensichtlichkeit oder Dauerhaftigkeit möglich ist.

## Abschnitt III
## Einfluß des Verwaltungsakts auf Verjährung und Erlöschen

**Art. 53 Hemmung der Verjährung und des Erlöschens durch Verwaltungsakt.** (1) ¹Ein Verwaltungsakt, der zur Feststellung oder Durchsetzung des Anspruchs eines öffentlich-rechtlichen Rechtsträgers erlassen wird, hemmt die Verjährung und das Erlöschen dieses Anspruchs. ²Die Hemmung endet mit Eintritt der Unanfechtbarkeit des Verwaltungsakts oder sechs Monate nach seiner anderweitigen Erledigung.

(2) ¹Wird ein Verwaltungsakt im Sinn des Absatzes 1 unanfechtbar, beginnt eine Verjährungs- und Erlöschensfrist von 30 Jahren. ²Soweit der Verwaltungsakt einen Anspruch auf künftig fällig werdende regelmäßig wiederkehrende Leistungen zum Inhalt hat, bleibt es bei der für diesen Anspruch geltenden Verjährungs- und Erlöschensfrist.

## VIERTER TEIL
## Öffentlich-rechtlicher Vertrag

**Art. 54 Zulässigkeit des öffentlich-rechtlichen Vertrags.** ¹Ein Rechtsverhältnis auf dem Gebiet des öffentlichen Rechts kann durch Vertrag begründet, geändert oder aufgehoben werden (öffentlich-rechtlicher Vertrag), soweit Rechtsvorschriften nicht entgegenstehen. ²Insbesondere kann die Behörde, anstatt einen Verwaltungsakt zu erlassen, einen öffentlich-rechtlichen Vertrag mit demjenigen schließen, an den sie sonst den Verwaltungsakt richten würde.

**Art. 55 Vergleichsvertrag.** Ein öffentlich-rechtlicher Vertrag im Sinn des Art. 54 Satz 2, durch den eine bei verständiger Würdigung des Sachverhalts oder der Rechtslage bestehende Ungewißheit durch gegenseitiges Nachgeben beseitigt wird (Vergleich), kann geschlossen werden, wenn die Behörde den Abschluß des Vergleichs zur Beseitigung der Ungewißheit nach pflichtgemäßem Ermessen für zweckmäßig hält.

**Art. 56 Austauschvertrag.** (1) ¹Ein öffentlich-rechtlicher Vertrag im Sinn des Art. 54 Satz 2, in dem sich der Vertragspartner der Behörde zu einer Gegenleistung verpflichtet, kann geschlossen werden, wenn die Gegenleistung für einen bestimmten Zweck im Vertrag vereinbart wird und der Behörde zur Erfüllung ihrer öffentlichen Aufgaben dient. ²Die Gegenleistung muß den gesamten Umständen nach angemessen sein und im sachlichen Zusammenhang mit der vertraglichen Leistung der Behörde stehen.

(2) Besteht auf die Leistung der Behörde ein Anspruch, so kann nur eine solche Gegenleistung vereinbart werden, die bei Erlaß eines Verwaltungsakts Inhalt einer Nebenbestimmung nach Art. 36 sein könnte.

**Art. 57 Schriftform.** Ein öffentlich-rechtlicher Vertrag ist schriftlich zu schließen, soweit nicht durch Rechtsvorschrift eine andere Form vorgeschrieben ist.

**Art. 58 Zustimmung von Dritten und Behörden.** (1) Ein öffentlich-rechtlicher Vertrag, der in Rechte eines Dritten eingreift, wird erst wirksam, wenn der Dritte schriftlich zustimmt.

(2) Wird anstatt eines Verwaltungsakts, bei dessen Erlaß nach einer Rechtsvorschrift die Genehmigung, die Zustimmung oder das Einvernehmen einer anderen Behörde erforderlich ist, ein Vertrag geschlossen, so wird dieser erst wirksam, nachdem die andere Behörde in der vorgeschriebenen Form mitgewirkt hat.

**Art. 59 Nichtigkeit des öffentlich-rechtlichen Vertrags.** (1) Ein öffentlich-rechtlicher Vertrag ist nichtig, wenn sich die Nichtigkeit aus der entsprechenden Anwendung von Vorschriften des Bürgerlichen Gesetzbuchs ergibt.

(2) Ein Vertrag im Sinn des Art. 54 Satz 2 ist ferner nichtig, wenn
1. ein Verwaltungsakt mit entsprechendem Inhalt nichtig wäre,
2. ein Verwaltungsakt mit entsprechendem Inhalt nicht nur wegen eines Verfahrens- oder Formfehlers im Sinn des Art. 46 rechtswidrig wäre und dies den Vertragschließenden bekannt war,
3. die Voraussetzungen zum Abschluß eines Vergleichsvertrags nicht vorlagen und ein Verwaltungsakt mit entsprechendem Inhalt nicht nur wegen eines Verfahrens- oder Formfehlers im Sinn des Art. 46 rechtswidrig wäre,
4. sich die Behörde eine nach Art. 56 unzulässige Gegenleistung versprechen läßt.

(3) Betrifft die Nichtigkeit nur einen Teil des Vertrags, so ist er im ganzen nichtig, wenn nicht anzunehmen ist, daß er auch ohne den nichtigen Teil geschlossen worden wäre.

**Art. 60 Anpassung und Kündigung in besonderen Fällen.** (1) ¹Haben die Verhältnisse, die für die Festsetzung des Vertragsinhalts maßgebend gewesen sind, sich seit Abschluß des Vertrags so wesentlich geändert, daß einer Vertragspartei das Festhalten an der ursprünglichen vertraglichen Regelung nicht zuzumuten ist, so kann diese Vertragspartei eine Anpassung des Vertragsinhalts an die geänderten Verhältnisse verlangen oder, sofern eine Anpassung nicht möglich oder einer Vertragspartei nicht zuzumuten ist, den Vertrag kündigen. ²Die Behörde kann den Vertrag auch kündigen, um schwere Nachteile für das Gemeinwohl zu verhüten oder zu beseitigen.

Verwaltungsverfahrensgesetz **BayVwVfG 20**

(2) ¹Die Kündigung bedarf der Schriftform, soweit nicht durch Rechtsvorschrift eine andere Form vorgeschrieben ist. ²Sie soll begründet werden.

**Art. 61 Unterwerfung unter die sofortige Vollstreckung.** (1) ¹Jeder Vertragschließende kann sich der sofortigen Vollstreckung aus einem öffentlich-rechtlichen Vertrag im Sinn des Art. 54 Satz 2 unterwerfen. ²Die Behörde muß hierbei von dem Behördenleiter, seinem allgemeinen Vertreter oder einem Angehörigen des öffentlichen Dienstes, der die Befähigung zum Richteramt hat oder die Voraussetzungen des § 110 Satz 1 des Deutschen Richtergesetzes erfüllt, vertreten werden.

(2) ¹Auf öffentlich-rechtliche Verträge im Sinn des Absatzes 1 Satz 1 ist der Zweite Hauptteil des Bayerischen Verwaltungszustellungs- und Vollstreckungsgesetzes entsprechend anzuwenden. ²Will eine natürliche oder juristische Person des Privatrechts oder eine nichtrechtsfähige Vereinigung die Vollstreckung wegen einer Geldforderung betreiben, so sind § 170 Abs. 1 bis 3 der Verwaltungsgerichtsordnung (VwGO) entsprechend anzuwenden. ³Richtet sich die Vollstreckung wegen der Erzwingung einer Handlung, Duldung oder Unterlassung gegen eine Behörde, so ist § 172 VwGO entsprechend anzuwenden.

**Art. 62 Ergänzende Anwendung von Vorschriften.** ¹Soweit sich aus den Art. 54 bis 61 nichts Abweichendes ergibt, gelten die übrigen Vorschriften dieses Gesetzes. ²Ergänzend gelten die Vorschriften des Bürgerlichen Gesetzbuchs entsprechend.

FÜNFTER TEIL
## Besondere Verfahrensarten

Abschnitt I
## Förmliches Verwaltungsverfahren

**Art. 63 Anwendung der Vorschriften über das förmliche Verwaltungsverfahren.** (1) Das förmliche Verwaltungsverfahren nach diesem Gesetz findet statt, wenn es durch Rechtsvorschrift angeordnet ist.

(2) Für das förmliche Verwaltungsverfahren gelten die Art. 64 bis 71 und, soweit sich aus ihnen nichts Abweichendes ergibt, die übrigen Vorschriften dieses Gesetzes.

(3) ¹Die Mitteilung nach Art. 17 Abs. 2 Satz 2 und die Aufforderung nach Art. 17 Abs. 4 Satz 2 sind im förmlichen Verwaltungsverfahren öffentlich bekanntzumachen. ²Die öffentliche Bekanntmachung wird dadurch bewirkt, daß die Behörde die Mitteilung oder die Aufforderung in ihrem amtlichen Veröffentlichungsblatt und außerdem in örtlichen Tageszeitungen, die in dem Bereich verbreitet sind, in dem sich die Entscheidung voraussichtlich auswirken wird, bekanntmacht.

# 20 BayVwVfG

Verwaltungsverfahrensgesetz

**Art. 64 Form des Antrags.** Setzt das förmliche Verwaltungsverfahren einen Antrag voraus, so ist er schriftlich oder zur Niederschrift bei der Behörde zu stellen.

**Art. 65 Mitwirkung von Zeugen und Sachverständigen.** (1) [1]Im förmlichen Verwaltungsverfahren sind Zeugen zur Aussage und Sachverständige zur Erstattung von Gutachten verpflichtet. [2]Die Vorschriften der Zivilprozeßordnung über die Pflicht, als Zeuge auszusagen oder als Sachverständiger ein Gutachten zu erstatten, über die Ablehnung von Sachverständigen sowie über die Vernehmung von Angehörigen des öffentlichen Dienstes als Zeugen oder Sachverständige gelten entsprechend.

(2) [1]Verweigern Zeugen oder Sachverständige ohne Vorliegen eines der in den §§ 376, 383 bis 385 und 408 der Zivilprozeßordnung bezeichneten Gründe die Aussage oder die Erstattung des Gutachtens, so kann die Behörde das für den Wohnsitz oder den Aufenthaltsort des Zeugen oder des Sachverständigen zuständige Verwaltungsgericht um die Vernehmung ersuchen. [2]Befindet sich der Wohnsitz oder der Aufenthaltsort des Zeugen oder des Sachverständigen nicht am Sitz eines Verwaltungsgerichts oder einer besonders errichteten Kammer, so kann auch das zuständige Amtsgericht um die Vernehmung ersucht werden. [3]In dem Ersuchen hat die Behörde den Gegenstand der Vernehmung darzulegen sowie die Namen und Anschriften der Beteiligten anzugeben. [4]Das Gericht hat die Beteiligten von den Beweisterminen zu benachrichtigen.

(3) Hält die Behörde mit Rücksicht auf die Bedeutung der Aussage eines Zeugen oder des Gutachtens eines Sachverständigen oder zur Herbeiführung einer wahrheitsgemäßen Aussage die Beeidigung für geboten, so kann sie das nach Absatz 2 zuständige Gericht um die eidliche Vernehmung ersuchen.

(4) Das Gericht entscheidet über die Rechtmäßigkeit einer Verweigerung des Zeugnisses, des Gutachtens oder der Eidesleistung.

(5) Ein Ersuchen nach den Absätzen 2 oder 3 an das Gericht darf nur von dem Behördenleiter, seinem allgemeinen Vertreter oder einem Angehörigen des öffentlichen Dienstes gestellt werden, der die Befähigung zum Richteramt hat oder die Voraussetzungen des § 110 Satz 1 des Deutschen Richtergesetzes erfüllt.

(6) § 180 VwGO findet entsprechende Anwendung.

**Art. 66 Verpflichtung zur Anhörung von Beteiligten.** (1) Im förmlichen Verwaltungsverfahren ist den Beteiligten Gelegenheit zu geben, sich vor der Entscheidung zu äußern.

(2) Den Beteiligten ist Gelegenheit zu geben, der Vernehmung von Zeugen und Sachverständigen und der Einnahme des Augenscheins beizuwohnen und hierbei sachdienliche Fragen zu stellen; ein schriftlich oder elektronisch vorliegendes Gutachten soll ihnen zugänglich gemacht werden.

**Art. 67 Erfordernis der mündlichen Verhandlung.** (1) [1]Die Behörde entscheidet nach mündlicher Verhandlung. [2]Hierzu sind die Beteiligten mit ange-

Verwaltungsverfahrensgesetz **BayVwVfG 20**

messener Frist schriftlich zu laden. ³Bei der Ladung ist darauf hinzuweisen, daß bei Ausbleiben eines Beteiligten auch ohne ihn verhandelt und entschieden werden kann. ⁴Sind mehr als 50 Ladungen vorzunehmen, so können sie durch öffentliche Bekanntmachung ersetzt werden. ⁵Die öffentliche Bekanntmachung wird dadurch bewirkt, daß der Verhandlungstermin mindestens zwei Wochen vorher im amtlichen Veröffentlichungsblatt der Behörde und außerdem in örtlichen Tageszeitungen, die in dem Bereich verbreitet sind, in dem sich die Entscheidung voraussichtlich auswirken wird, mit dem Hinweis nach Satz 3 bekanntgemacht wird. ⁶Maßgebend für die Frist nach Satz 5 ist die Bekanntgabe im amtlichen Veröffentlichungsblatt.

(2) Die Behörde kann ohne mündliche Verhandlung entscheiden, wenn
1. einem Antrag im Einvernehmen mit allen Beteiligten in vollem Umfang entsprochen wird,
2. kein Beteiligter innerhalb einer hierfür gesetzten Frist Einwendungen gegen die vorgesehene Maßnahme erhoben hat,
3. die Behörde den Beteiligten mitgeteilt hat, daß sie beabsichtige, ohne mündliche Verhandlung zu entscheiden, und kein Beteiligter innerhalb einer hierfür gesetzten Frist Einwendungen dagegen erhoben hat,
4. alle Beteiligten auf sie verzichtet haben,
5. wegen Gefahr im Verzug eine sofortige Entscheidung notwendig ist.

(3) Die Behörde soll das Verfahren so fördern, daß es möglichst in einem Verhandlungstermin erledigt werden kann.

**Art. 68 Verlauf der mündlichen Verhandlung.** (1) ¹Die mündliche Verhandlung ist nicht öffentlich. ²An ihr können Vertreter der Aufsichtsbehörden und Personen, die bei der Behörde zur Ausbildung beschäftigt sind, teilnehmen. ³Anderen Personen kann der Verhandlungsleiter die Anwesenheit gestatten, wenn kein Beteiligter widerspricht.

(2) ¹Der Verhandlungsleiter hat die Sache mit den Beteiligten zu erörtern. ²Er hat darauf hinzuwirken, daß unklare Anträge erläutert, sachdienliche Anträge gestellt, ungenügende Angaben ergänzt sowie alle für die Feststellung des Sachverhalts wesentlichen Erklärungen abgegeben werden.

(3) ¹Der Verhandlungsleiter ist für die Ordnung verantwortlich. ²Er kann Personen, die seine Anordnungen nicht befolgen, entfernen lassen. ³Die Verhandlung kann ohne diese Personen fortgesetzt werden.

(4) ¹Über die mündliche Verhandlung ist eine Niederschrift zu fertigen. ²Die Niederschrift muß Angaben enthalten über
1. den Ort und den Tag der Verhandlung,
2. die Namen des Verhandlungsleiters, der erschienenen Beteiligten, Zeugen und Sachverständigen,
3. den behandelten Verfahrensgegenstand und die gestellten Anträge,
4. den wesentlichen Inhalt der Aussagen der Zeugen und Sachverständigen,
5. das Ergebnis eines Augenscheins.

³Die Niederschrift ist von dem Verhandlungsleiter und, soweit ein Schriftführer hinzugezogen worden ist, auch von diesem zu unterzeichnen. ⁴Der Aufnahme in die Verhandlungsniederschrift steht die Aufnahme in eine Schrift gleich, die ihr als Anlage beigefügt und als solche bezeichnet ist; auf die Anlage ist in der Verhandlungsniederschrift hinzuweisen.

**Art. 69 Entscheidung.** (1) Die Behörde entscheidet unter Würdigung des Gesamtergebnisses des Verfahrens.

(2) ¹Verwaltungsakte, die das förmliche Verfahren abschließen, sind schriftlich zu erlassen, schriftlich zu begründen und den Beteiligten zuzustellen; in den Fällen des Art. 39 Abs. 2 Nrn. 1 und 3 bedarf es einer Begründung nicht. ²Ein elektronischer Verwaltungsakt nach Satz 1 ist mit einer dauerhaft überprüfbaren qualifizierten elektronischen Signatur zu versehen. ³Sind mehr als 50 Zustellungen vorzunehmen, so können sie durch öffentliche Bekanntmachung ersetzt werden. ⁴Die öffentliche Bekanntmachung wird dadurch bewirkt, daß der verfügende Teil des Verwaltungsakts und die Rechtsbehelfsbelehrung im amtlichen Veröffentlichungsblatt der Behörde und außerdem in örtlichen Tageszeitungen bekanntgemacht werden, die in dem Bereich verbreitet sind, in dem sich die Entscheidung voraussichtlich auswirken wird. ⁵Der Verwaltungsakt gilt mit dem Tag als zugestellt, an dem seit dem Tag der Bekanntmachung in dem amtlichen Veröffentlichungsblatt zwei Wochen verstrichen sind; hierauf ist in der Bekanntmachung hinzuweisen. ⁶Nach der öffentlichen Bekanntmachung kann der Verwaltungsakt bis zum Ablauf der Rechtsbehelfsfrist von den Beteiligten schriftlich oder elektronisch angefordert werden; hierauf ist in der Bekanntmachung gleichfalls hinzuweisen.

(3) ¹Wird das förmliche Verwaltungsverfahren auf andere Weise abgeschlossen, so sind die Beteiligten hiervon zu benachrichtigen. ²Sind mehr als 50 Benachrichtigungen vorzunehmen, so können sie durch öffentliche Bekanntmachung ersetzt werden; Absatz 2 Satz 4 gilt entsprechend.

**Art. 70 Anfechtung der Entscheidung.** Vor Erhebung einer verwaltungsgerichtlichen Klage, die einen im förmlichen Verwaltungsverfahren erlassenen Verwaltungsakt zum Gegenstand hat, bedarf es keiner Nachprüfung in einem Vorverfahren.

**Art. 71 Besondere Vorschriften für das förmliche Verfahren vor Ausschüssen.** (1) ¹Findet das förmliche Verwaltungsverfahren vor einem Ausschuß (Art. 88) statt, so hat jedes Mitglied das Recht, sachdienliche Fragen zu stellen. ²Wird eine Frage von einem Beteiligten beanstandet, so entscheidet der Ausschuß über ihre Zulässigkeit.

(2) ¹Bei der Beratung und Abstimmung dürfen nur Ausschußmitglieder zugegen sein, die an der mündlichen Verhandlung teilgenommen haben. ²Ferner dürfen Personen zugegen sein, die bei der Behörde, bei der der Ausschuß gebildet ist, zur Ausbildung beschäftigt sind, soweit der Vorsitzende ihre Anwesenheit gestattet. ³Die Abstimmungsergebnisse sind festzuhalten.

Verwaltungsverfahrensgesetz **BayVwVfG 20**

(3) ¹Jeder Beteiligte kann ein Mitglied des Ausschusses ablehnen, das in diesem Verwaltungsverfahren nicht tätig werden darf (Art. 20) oder bei dem die Besorgnis der Befangenheit besteht (Art. 21). ²Eine Ablehnung vor der mündlichen Verhandlung ist schriftlich oder zur Niederschrift zu erklären. ³Die Erklärung ist unzulässig, wenn sich der Beteiligte, ohne den ihm bekannten Ablehnungsgrund geltend zu machen, in die mündliche Verhandlung eingelassen hat. ⁴Für die Entscheidung über die Ablehnung gelten Art. 20 Abs. 4 Sätze 2 bis 4.

Abschnitt Ia
## Verfahren über eine einheitliche Stelle

**Art. 71a Anwendbarkeit.** (1) Ist durch Rechtsvorschrift angeordnet, dass ein Verwaltungsverfahren über eine einheitliche Stelle abgewickelt werden kann, so gelten die Vorschriften dieses Abschnitts und, soweit sich aus ihnen nichts Abweichendes ergibt, die übrigen Vorschriften dieses Gesetzes.

(2) Der zuständigen Behörde obliegen die Pflichten aus Art. 71b Abs. 3, 4 und 6, Art. 71c Abs. 2 und Art. 71e auch dann, wenn sich der Antragsteller oder Anzeigepflichtige unmittelbar an die zuständige Behörde wendet.

**Art. 71b Verfahren.** (1) Die einheitliche Stelle nimmt Anzeigen, Anträge, Willenserklärungen und Unterlagen entgegen und leitet sie unverzüglich an die zuständigen Behörden weiter.

(2) ¹Anzeigen, Anträge, Willenserklärungen und Unterlagen gelten am dritten Tag nach Eingang bei der einheitlichen Stelle als bei der zuständigen Behörde eingegangen. ²Fristen werden mit Eingang bei der einheitlichen Stelle gewahrt.

(3) ¹Soll durch die Anzeige, den Antrag oder die Abgabe einer Willenserklärung eine Frist in Lauf gesetzt werden, innerhalb deren die zuständige Behörde tätig werden muss, stellt die zuständige Behörde eine Empfangsbestätigung aus. ²In der Empfangsbestätigung ist das Datum des Eingangs bei der einheitlichen Stelle mitzuteilen und auf die Frist, die Voraussetzungen für den Beginn des Fristlaufs und auf eine an den Fristablauf geknüpfte Rechtsfolge sowie auf die verfügbaren Rechtsbehelfe hinzuweisen.

(4) ¹Ist die Anzeige oder der Antrag unvollständig, teilt die zuständige Behörde unverzüglich mit, welche Unterlagen nachzureichen sind. ²Die Mitteilung enthält den Hinweis, dass der Lauf der Frist nach Abs. 3 erst mit Eingang der vollständigen Unterlagen beginnt. ³Das Datum des Eingangs der nachgereichten Unterlagen bei der einheitlichen Stelle ist mitzuteilen.

(5) ¹Soweit die einheitliche Stelle zur Verfahrensabwicklung in Anspruch genommen wird, sollen Mitteilungen der zuständigen Behörde an den Antragsteller oder Anzeigepflichtigen über sie weitergegeben werden. ²Verwaltungsakte werden auf Verlangen desjenigen, an sich der Verwaltungsakt richtet, von der zuständigen Behörde unmittelbar bekannt gegeben.

(6) ¹Ein schriftlicher Verwaltungsakt, der durch die Post in das Ausland übermittelt wird, gilt einen Monat nach Aufgabe zur Post als bekannt gegeben. ²Art. 41 Abs. 2 Satz 3 gilt entsprechend.

**Art. 71c Informationspflichten.** (1) ¹Die einheitliche Stelle erteilt auf Anfrage unverzüglich Auskunft über die maßgeblichen Vorschriften, die zuständigen Behörden, den Zugang zu den öffentlichen Registern und Datenbanken, die zustehenden Verfahrensrechte und die Einrichtungen, die den Antragsteller oder Anzeigepflichtigen bei der Aufnahme oder Ausübung seiner Tätigkeit unterstützen. ²Sie teilt unverzüglich mit, wenn eine Anfrage zu unbestimmt ist.

(2) ¹Die zuständigen Behörden erteilen auf Anfrage unverzüglich Auskunft über die maßgeblichen Vorschriften und deren gewöhnliche Auslegung. ²Nach Art. 25 erforderliche Anregungen und Auskünfte werden unverzüglich gegeben.

**Art. 71d Gegenseitige Unterstützung.** ¹Die einheitliche Stelle und die zuständigen Behörden wirken gemeinsam auf eine ordnungsgemäße und zügige Verfahrensabwicklung hin; die Pflicht zur Unterstützung besteht auch gegenüber einheitlichen Stellen oder sonstigen Behörden des Bundes oder anderer Länder. ²Die zuständigen Behörden stellen der einheitlichen Stelle insbesondere die erforderlichen Informationen zum Verfahrensstand zur Verfügung.

**Art. 71e Elektronisches Verfahren.** ¹Das Verfahren nach diesem Abschnitt wird auf Verlangen in elektronischer Form abgewickelt. ²Art. 3a Abs. 2 Sätze 2 und 3 und Abs. 3 bleiben unberührt.

Abschnitt II
# Planfeststellungsverfahren

**Art. 72 Anwendung der Vorschriften über das Planfeststellungsverfahren.** (1) Ist ein Planfeststellungsverfahren durch Rechtsvorschrift angeordnet, so gelten hierfür die Art. 73 bis 78 und, soweit sich aus ihnen nichts Abweichendes ergibt, die übrigen Vorschriften dieses Gesetzes; Art. 51 ist nicht anzuwenden, Art. 29 ist mit der Maßgabe anzuwenden, daß Akteneinsicht nach pflichtgemäßem Ermessen zu gewähren ist.

(2) ¹Die Mitteilung nach Art. 17 Abs. 2 Satz 2 und die Aufforderung nach Art. 17 Abs. 4 Satz 2 sind im Planfeststellungsverfahren öffentlich bekanntzumachen. ²Die öffentliche Bekanntmachung wird dadurch bewirkt, daß die Behörde die Mitteilung oder die Aufforderung in ihrem amtlichen Veröffentlichungsblatt und außerdem in örtlichen Tageszeitungen, die in dem Bereich verbreitet sind, in dem sich das Vorhaben voraussichtlich auswirken wird, bekanntmacht.

**Art. 73 Anhörungsverfahren.** (1) ¹Der Träger des Vorhabens hat den Plan der Anhörungsbehörde zur Durchführung des Anhörungsverfahrens einzurei-

Verwaltungsverfahrensgesetz **BayVwVfG 20**

chen. ²Der Plan besteht aus den Zeichnungen und Erläuterungen, die das Vorhaben, seinen Anlaß und die von dem Vorhaben betroffenen Grundstücke und Anlagen erkennen lassen.

(2) Innerhalb eines Monats nach Zugang des vollständigen Plans fordert die Anhörungsbehörde die Behörden, deren Aufgabenbereich durch das Vorhaben berührt wird, zur Stellungnahme auf und veranlaßt, daß der Plan in den Gemeinden, in denen sich das Vorhaben voraussichtlich auswirken wird, ausgelegt wird.

(3) ¹Die Gemeinden nach Absatz 2 haben den Plan innerhalb von drei Wochen nach Zugang für die Dauer eines Monats zur Einsicht auszulegen. ²Auf eine Auslegung kann verzichtet werden, wenn der Kreis der Betroffenen und die Vereinigungen nach Abs. 4 Satz 5 bekannt sind und ihnen innerhalb angemessener Frist Gelegenheit gegeben wird, den Plan einzusehen.

(3a) ¹Die Behörden nach Absatz 2 haben ihre Stellungnahme innerhalb einer von der Anhörungsbehörde zu setzenden Frist abzugeben, die drei Monate nicht überschreiten darf. ²Stellungnahmen, die nach Ablauf der Frist nach Satz 1 eingehen, sind zu berücksichtigen, wenn der Planfeststellungsbehörde die vorgebrachten Belange bekannt sind oder hätten bekannt sein müssen oder für die Rechtmäßigkeit der Entscheidung von Bedeutung sind; im Übrigen können sie berücksichtigt werden.

(4) ¹Jeder, dessen Belange durch das Vorhaben berührt werden, kann bis zwei Wochen nach Ablauf der Auslegungsfrist schriftlich oder zur Niederschrift bei der Anhörungsbehörde oder bei der Gemeinde Einwendungen gegen den Plan erheben. ²Im Fall des Absatzes 3 Satz 2 bestimmt die Anhörungsbehörde die Einwendungsfrist. ³Mit Ablauf der Einwendungsfrist sind alle Einwendungen ausgeschlossen, die nicht auf besonderen privatrechtlichen Titeln beruhen. ⁴Hierauf ist in der Bekanntmachung der Auslegung oder bei der Bekanntgabe der Einwendungsfrist hinzuweisen. ⁵Vereinigungen, die auf Grund einer Anerkennung nach anderen Rechtsvorschriften befugt sind, Rechtsbehelfe nach der Verwaltungsgerichtsordnung gegen die Entscheidung nach Art. 74 einzulegen, können innerhalb der Frist nach Satz 1 Stellungnahmen zu dem Plan abgeben. ⁶Sätze 2 bis 4 gelten entsprechend.

(5) ¹Die Gemeinden, in denen der Plan auszulegen ist, haben die Auslegung vorher ortsüblich bekanntzumachen. ²In der Bekanntmachung ist darauf hinzuweisen,
1. wo und in welchem Zeitraum der Plan zur Einsicht ausgelegt ist,
2. daß etwaige Einwendungen oder Stellungnahmen von Vereinigungen nach Abs. 4 Satz 5 bei den in der Bekanntmachung zu bezeichnenden Stellen innerhalb der Einwendungsfrist vorzubringen sind,
3. daß bei Ausbleiben eines Beteiligten in dem Erörterungstermin auch ohne ihn verhandelt werden kann,
4. daß
    a) die Personen, die Einwendungen erhoben haben, oder die Vereinigungen, die Stellungnahmen abgegeben haben, von dem Erörterungstermin durch öffentliche Bekanntmachung benachrichtigt werden können,

b) die Zustellung der Entscheidung über die Einwendungen durch öffentliche Bekanntmachung ersetzt werden kann,

wenn mehr als 50 Benachrichtigungen oder Zustellungen vorzunehmen sind. [3]Nicht ortsansässige Betroffene, deren Person und Aufenthalt bekannt sind oder sich innerhalb angemessener Frist ermitteln lassen, sollen auf Veranlassung der Anhörungsbehörde von der Auslegung mit dem Hinweis nach Satz 2 benachrichtigt werden.

(6) [1]Nach Ablauf der Einwendungsfrist hat die Anhörungsbehörde die rechtzeitig gegen den Plan erhobenen Einwendungen, die rechtzeitig abgegebenen Stellungnahmen von Vereinigungen nach Abs. 4 Satz 5 sowie die Stellungnahmen der Behörden zu dem Plan mit dem Träger des Vorhabens, den Behörden, den Betroffenen sowie denjenigen, die Einwendungen erhoben oder Stellungnahmen abgegeben haben, zu erörtern. [2]Der Erörterungstermin ist mindestens eine Woche vorher ortsüblich bekanntzumachen. [3]Die Behörden, der Träger des Vorhabens und diejenigen, die Einwendungen erhoben oder Stellungnahmen abgegeben haben, sind von dem Erörterungstermin zu benachrichtigen. [4]Sind außer der Benachrichtigung der Behörden und des Trägers des Vorhabens mehr als 50 Benachrichtigungen vorzunehmen, so können diese Benachrichtigungen durch öffentliche Bekanntmachung ersetzt werden. [5]Die öffentliche Bekanntmachung wird dadurch bewirkt, daß abweichend von Satz 2 der Erörterungstermin im amtlichen Veröffentlichungsblatt der Anhörungsbehörde und außerdem in örtlichen Tageszeitungen bekanntgemacht wird, die in dem Bereich verbreitet sind, in dem sich das Vorhaben voraussichtlich auswirken wird; maßgebend für die Frist nach Satz 2 ist die Bekanntgabe im amtlichen Veröffentlichungsblatt. [6]Im übrigen gelten für die Erörterung die Vorschriften über die mündliche Verhandlung im förmlichen Verwaltungsverfahren (Art. 67 Abs. 1 Satz 3, Abs. 2 Nrn. 1 und 4 und Abs. 3, Art. 68) entsprechend. [7]Die Anhörungsbehörde schließt die Erörterung innerhalb von drei Monaten nach Ablauf der Einwendungsfrist ab.

(7) Abweichend von den Vorschriften des Absatzes 6 Sätze 2 bis 5 kann der Erörterungstermin bereits in der Bekanntmachung nach Absatz 5 Satz 2 bestimmt werden.

(8) [1]Soll ein ausgelegter Plan geändert werden und werden dadurch der Aufgabenbereich einer Behörde oder einer Vereinigung nach Abs. 4 Satz 5 oder Belange Dritter erstmals oder stärker als bisher berührt, so ist diesen die Änderung mitzuteilen und ihnen Gelegenheit zu Stellungnahmen und Einwendungen innerhalb von zwei Wochen zu geben; Abs. 4 Sätze 3 bis 6 gelten entsprechend. [2]Wird sich die Änderung voraussichtlich auf das Gebiet einer anderen Gemeinde auswirken, so ist der geänderte Plan in dieser Gemeinde auszulegen; die Absätze 2 bis 6 gelten entsprechend.

(9) Die Anhörungsbehörde gibt zum Ergebnis des Anhörungsverfahrens eine Stellungnahme ab und leitet diese der Planfeststellungsbehörde innerhalb eines Monats nach Abschluss der Erörterung mit dem Plan, den Stellungnahmen der Behörden und der Vereinigungen nach Abs. 4 Satz 5 sowie den nicht erledigten Einwendungen zu.

**Art. 74 Planfeststellungsbeschluß, Plangenehmigung.** (1) [1]Die Planfeststellungsbehörde stellt den Plan fest (Planfeststellungsbeschluß). [2]Die Vorschriften über die Entscheidung und die Anfechtung der Entscheidung im förmlichen Verwaltungsverfahren (Art. 69 und 70) sind anzuwenden.

(2) [1]Im Planfeststellungsbeschluß entscheidet die Planfeststellungsbehörde über die Einwendungen, über die bei der Erörterung vor der Anhörungsbehörde keine Einigung erzielt worden ist. [2]Sie hat dem Träger des Vorhabens Vorkehrungen oder die Errichtung und Unterhaltung von Anlagen aufzuerlegen, die zum Wohl der Allgemeinheit oder zur Vermeidung nachteiliger Wirkungen auf Rechte anderer erforderlich sind. [3]Sind solche Vorkehrungen oder Anlagen untunlich oder mit dem Vorhaben unvereinbar, so hat der Betroffene Anspruch auf angemessene Entschädigung in Geld.

(3) Soweit eine abschließende Entscheidung noch nicht möglich ist, ist diese im Planfeststellungsbeschluß vorzubehalten; dem Träger des Vorhabens ist dabei aufzugeben, noch fehlende oder von der Planfeststellungsbehörde bestimmte Unterlagen rechtzeitig vorzulegen.

(4) [1]Der Planfeststellungsbeschluß ist dem Träger des Vorhabens, denjenigen, über deren Einwendungen entschieden worden ist, und den Vereinigungen, über deren Stellungnahmen entschieden worden ist, zuzustellen. [2]Eine Ausfertigung des Beschlusses ist mit einer Rechtsbehelfsbelehrung und einer Ausfertigung des festgestellten Plans in den Gemeinden zwei Wochen zur Einsicht auszulegen; der Ort und die Zeit der Auslegung sind ortsüblich bekanntzumachen. [3]Mit dem Ende der Auslegungsfrist gilt der Beschluß gegenüber den übrigen Betroffenen als zugestellt; darauf ist in der Bekanntmachung hinzuweisen.

(5) [1]Sind außer an den Träger des Vorhabens mehr als 50 Zustellungen nach Absatz 4 vorzunehmen, so können diese Zustellungen durch öffentliche Bekanntmachung ersetzt werden. [2]Die öffentliche Bekanntmachung wird dadurch bewirkt, daß der verfügende Teil des Planfeststellungsbeschlusses, die Rechtsbehelfsbelehrung und ein Hinweis auf die Auslegung nach Absatz 4 Satz 2 im amtlichen Veröffentlichungsblatt der zuständigen Behörde und außerdem in örtlichen Tageszeitungen bekanntgemacht werden, die in dem Bereich verbreitet sind, in dem sich das Vorhaben voraussichtlich auswirken wird; auf Auflagen ist hinzuweisen. [3]Mit dem Ende der Auslegungsfrist gilt der Beschluß den Betroffenen und denjenigen gegenüber, die Einwendungen erhoben haben, als zugestellt; hierauf ist in der Bekanntmachung hinzuweisen. [4]Nach der öffentlichen Bekanntmachung kann der Planfeststellungsbeschluß bis zum Ablauf der Rechtsbehelfsfrist von den Betroffenen und von denjenigen, die Einwendungen erhoben haben, schriftlich angefordert werden; hierauf ist in der Bekanntmachung gleichfalls hinzuweisen.

(6) [1]An Stelle eines Planfeststellungsbeschlusses kann eine Plangenehmigung erteilt werden, wenn
1. Rechte anderer nicht oder nur unwesentlich beeinträchtigt werden oder die Betroffenen sich mit der Inanspruchnahme ihres Eigentums oder eines anderen Rechts schriftlich einverstanden erklärt haben,

2. mit den Trägern öffentlicher Belange, deren Aufgabenbereich berührt wird, das Benehmen hergestellt worden ist und
3. nicht andere Rechtsvorschriften eine Öffentlichkeitsbeteiligung vorschreiben, die den Anforderungen der Art. 73 Abs. 3 Satz 1 und Abs. 4 bis 7 entsprechen muss.

[2]Die Plangenehmigung hat die Rechtswirkungen der Planfeststellung; auf ihre Erteilung sind die Vorschriften über das Planfeststellungsverfahren nicht anzuwenden; davon ausgenommen sind Abs. 4 Satz 1 und Abs. 5, die entsprechend anzuwenden sind. [3]Vor Erhebung einer verwaltungsgerichtlichen Klage bedarf es keiner Nachprüfung in einem Vorverfahren. [4]Art. 75 Abs. 4 gilt entsprechend.

(7) [1]Planfeststellung und Plangenehmigung entfallen in Fällen von unwesentlicher Bedeutung. [2]Diese liegen vor, wenn
1. andere öffentliche Belange nicht berührt sind oder die erforderlichen behördlichen Entscheidungen vorliegen und sie dem Plan nicht entgegenstehen,
2. Rechte anderer nicht beeinflußt werden oder mit den vom Plan Betroffenen entsprechende Vereinbarungen getroffen worden sind und
3. nicht andere Rechtsvorschriften eine Öffentlichkeitsbeteiligung vorschreiben, die den Anforderungen der Art. 73 Abs. 3 Satz 1 und Abs. 4 bis 7 entsprechen muss.

**Art. 75 Rechtswirkungen der Planfeststellung.** (1) [1]Durch die Planfeststellung wird die Zulässigkeit des Vorhabens einschließlich der notwendigen Folgemaßnahmen an anderen Anlagen im Hinblick auf alle von ihm berührten öffentlichen Belange festgestellt; neben der Planfeststellung sind andere behördliche Entscheidungen nach Landes- oder Bundesrecht, insbesondere öffentlich-rechtliche Genehmigungen, Verleihungen, Erlaubnisse, Bewilligungen, Zustimmungen und Planfeststellungen nicht erforderlich. [2]Durch die Planfeststellung werden alle öffentlich-rechtlichen Beziehungen zwischen dem Träger des Vorhabens und den durch den Plan Betroffenen rechtsgestaltend geregelt.

(1a) [1]Mängel bei der Abwägung der von dem Vorhaben berührten öffentlichen und privaten Belange sind nur erheblich, wenn sie offensichtlich und auf das Abwägungsergebnis von Einfluß gewesen sind. [2]Erhebliche Mängel bei der Abwägung oder eine Verletzung von Verfahrens- oder Formvorschriften führen nur dann zur Aufhebung des Planfeststellungsbeschlusses oder der Plangenehmigung, wenn sie nicht durch Planergänzung oder durch ein ergänzendes Verfahren behoben werden können; Art. 45 und 46 bleiben unberührt.

(2) [1]Ist der Planfeststellungsbeschluß unanfechtbar geworden, so sind Ansprüche auf Unterlassung des Vorhabens, auf Beseitigung oder Änderung der Anlagen oder auf Unterlassung ihrer Benutzung ausgeschlossen. [2]Treten nicht voraussehbare Wirkungen des Vorhabens oder der dem festgestellten Plan entsprechenden Anlagen auf das Recht eines anderen erst nach Unanfechtbarkeit des Plans auf, so kann der Betroffene Vorkehrungen oder die Errichtung und Un-

terhaltung von Anlagen verlangen, welche die nachteiligen Wirkungen ausschließen. ³Sie sind dem Träger des Vorhabens durch Beschluß der Planfeststellungsbehörde aufzuerlegen. ⁴Sind solche Vorkehrungen oder Anlagen untunlich oder mit dem Vorhaben unvereinbar, so richtet sich der Anspruch auf angemessene Entschädigung in Geld. ⁵Werden Vorkehrungen oder Anlagen im Sinn des Satzes 2 notwendig, weil nach Abschluß des Planfeststellungsverfahrens auf einem benachbarten Grundstück Veränderungen eingetreten sind, so hat die hierdurch entstehenden Kosten der Eigentümer des benachbarten Grundstücks zu tragen, es sei denn, daß die Veränderungen durch natürliche Ereignisse oder höhere Gewalt verursacht worden sind; Satz 4 ist nicht anzuwenden.

(3) ¹Anträge, mit denen Ansprüche auf Herstellung von Einrichtungen oder auf angemessene Entschädigung nach Absatz 2 Sätze 2 und 4 geltend gemacht werden, sind schriftlich an die Planfeststellungsbehörde zu richten. ²Sie sind nur innerhalb von drei Jahren nach dem Zeitpunkt zulässig, zu dem der Betroffene von den nachteiligen Wirkungen des dem unanfechtbar festgestellten Plan entsprechenden Vorhabens oder der Anlage Kenntnis erhalten hat; sie sind ausgeschlossen, wenn nach Herstellung des dem Plan entsprechenden Zustands 30 Jahre verstrichen sind.

(4) ¹Wird mit der Durchführung des Plans nicht innerhalb von fünf Jahren nach Eintritt der Unanfechtbarkeit begonnen, so tritt er außer Kraft, es sei denn, er wird vorher von der Planfeststellungsbehörde um höchstens fünf Jahre verlängert. ²Als Beginn der Durchführung des Plans gilt jede erstmals nach außen erkennbare Tätigkeit von mehr als nur geringfügiger Bedeutung zur plangemäßen Verwirklichung des Vorhabens; eine spätere Unterbrechung der Verwirklichung des Vorhabens berührt den Beginn der Durchführung nicht.

**Art. 76 Planänderungen vor Fertigstellung des Vorhabens.** (1) Soll vor Fertigstellung des Vorhabens der festgestellte Plan geändert werden, bedarf es eines neuen Planfeststellungsverfahrens.

(2) Bei Planänderungen von unwesentlicher Bedeutung kann die Planfeststellungsbehörde von einem neuen Planfeststellungsverfahren absehen, wenn die Belange anderer nicht berührt werden oder wenn die Betroffenen der Änderung zugestimmt haben.

(3) Führt die Planfeststellungsbehörde in den Fällen des Absatzes 2 oder in anderen Fällen einer Planänderung von unwesentlicher Bedeutung ein Planfeststellungsverfahren durch, so bedarf es keines Anhörungsverfahrens und keiner öffentlichen Bekanntgabe des Planfeststellungsbeschlusses.

**Art. 77 Aufhebung des Planfeststellungsbeschlusses.** ¹Wird ein Vorhaben, mit dessen Durchführung begonnen worden ist, endgültig aufgegeben, so hat die Planfeststellungsbehörde den Planfeststellungsbeschluß aufzuheben. ²In dem Aufhebungsbeschluß sind dem Träger des Vorhabens die Wiederherstellung des früheren Zustands oder geeignete andere Maßnahmen aufzuerlegen, soweit dies zum Wohl der Allgemeinheit oder zur Vermeidung nachteiliger Wirkungen auf

Rechte anderer erforderlich ist. ³Werden solche Maßnahmen notwendig, weil nach Abschluß des Planfeststellungsverfahrens auf einem benachbarten Grundstück Veränderungen eingetreten sind, so kann der Träger des Vorhabens durch Beschluß der Planfeststellungsbehörde zu geeigneten Vorkehrungen verpflichtet werden; die hierdurch entstehenden Kosten hat jedoch der Eigentümer des benachbarten Grundstücks zu tragen, es sei denn, daß die Veränderungen durch natürliche Ereignisse oder höhere Gewalt verursacht worden sind.

**Art. 78 Zusammentreffen mehrerer Vorhaben.** (1) Treffen mehrere selbständige Vorhaben, für deren Durchführung Planfeststellungsverfahren vorgeschrieben sind, derart zusammen, daß für diese Vorhaben oder für Teile von ihnen nur eine einheitliche Entscheidung möglich ist, so findet für diese Vorhaben oder für deren Teile nur ein Planfeststellungsverfahren statt.

(2) ¹Zuständigkeiten und Verfahren richten sich nach den Rechtsvorschriften über das Planfeststellungsverfahren, das für diejenige Anlage vorgeschrieben ist, die einen größeren Kreis öffentlich-rechtlicher Beziehungen berührt. ²Bestehen Zweifel, welche Rechtsvorschrift anzuwenden ist, so entscheidet, falls nach den in Betracht kommenden Rechtsvorschriften mehrere Behörden des Geschäftsbereichs eines Staatsministeriums zuständig sind, das Staatsministerium; gehören die Behörden zum Geschäftsbereich verschiedener Staatsministerien, so entscheidet die Staatsregierung. ³Bestehen Zweifel, welche Rechtsvorschrift anzuwenden ist, und sind nach den in Betracht kommenden Rechtsvorschriften Behörden verschiedener Länder zuständig, so führen, falls sich die obersten Behörden der Länder nicht einigen, die Landesregierungen das Einvernehmen darüber herbei, welche Rechtsvorschrift anzuwenden ist; sind nach den in Betracht kommenden Rechtsvorschriften eine Bundesbehörde und eine Landesbehörde zuständig, so führen, falls sich die obersten Bundes- und Landesbehörden nicht einigen, die Bundesregierung und die Staatsregierung das Einvernehmen darüber herbei, welche Rechtsvorschrift anzuwenden ist.

## Abschnitt III
## Verwaltungsverfahren mit Umweltverträglichkeitsprüfung

**Art. 78a Anwendung des Gesetzes über die Umweltverträglichkeitsprüfung.*** ¹Ist in Rechtsvorschriften des Freistaates Bayern für Vorhaben ein Verwaltungsverfahren mit Umweltverträglichkeitsprüfung vorgeschrieben, so gelten hierfür die §§ 2 bis 4, 15 bis 23, 24 Abs. 1, §§ 25 bis 30, 31 Abs. 1, 2 Satz 1 Nr. 2 bis 6, Satz 2 bis 4 und Abs. 4, §§ 32, 54 bis 59, 64, 72, 73 Abs. 1 Nr. 1 und Abs. 2 des Gesetzes über die Umweltverträglichkeitsprüfung (UVPG) mit folgenden Maßgaben entsprechend:

---

\* *Beachte die Übergangsregelung in Art. 96a BayVwVfG.*

Verwaltungsverfahrensgesetz **BayVwVfG 20**

1. Abweichend von § 18 Abs. 1 Satz 4 UVPG entfällt der Erörterungstermin, wenn für die Entscheidung über die Zulässigkeit des Vorhabens ein Verwaltungsverfahren ohne Erörterungstermin vorgeschrieben ist oder die zuständige Behörde einen Erörterungstermin nicht für erforderlich hält.
2. Abweichend von § 73 Abs. 1 Nr. 1 UVPG sind die Vorhaben getrennt nach den im jeweiligen Fachrecht genannten Vorhabenarten mitzuteilen.
3. Verweisungen des UVPG auf das Verwaltungsverfahrensgesetz des Bundes gelten als Verweisungen auf die entsprechenden Vorschriften dieses Gesetzes.

[2]Im Übrigen gelten die Vorschriften dieses Gesetzes.

**Art. 78b-78l** *(aufgehoben)*

## SECHSTER TEIL
## Rechtsbehelfsverfahren

**Art. 79 Rechtsbehelfe gegen Verwaltungsakte.** Für förmliche Rechtsbehelfe gegen Verwaltungsakte gilt die Verwaltungsgerichtsordnung, soweit nicht durch Gesetz etwas anderes bestimmt ist; im übrigen gelten die Vorschriften dieses Gesetzes.

**Art. 80 Kosten im Vorverfahren.** (1) [1]Ist der Widerspruch erfolgreich, so hat der Rechtsträger, dessen Behörde den angefochtenen Verwaltungsakt erlassen hat, die Kosten des Widerspruchsverfahrens zu tragen; dies gilt auch, wenn der Widerspruch nur deshalb keinen Erfolg hat, weil die Verletzung einer Verfahrens- oder Formvorschrift nach Art. 45 unbeachtlich ist. [2]Ist der Widerspruch erfolglos geblieben oder zurückgenommen worden, so hat derjenige, der den Widerspruch eingelegt hat, die Kosten des Widerspruchsverfahrens zu tragen; dies gilt nicht für die Verwaltungskosten und die zur zweckentsprechenden Rechtsverfolgung oder Rechtsverteidigung notwendigen Aufwendungen der Behörde, die den angefochtenen Verwaltungsakt erlassen hat, wenn der Widerspruch gegen einen Verwaltungsakt eingelegt wird, der im Rahmen
1. eines bestehenden oder früheren öffentlich-rechtlichen Dienst- oder Amtsverhältnisses oder
2. einer bestehenden oder früheren gesetzlichen Dienstpflicht oder einer Tätigkeit, die an Stelle der gesetzlichen Dienstpflicht geleistet werden kann,

erlassen wurde. [3]Ist der Widerspruch zum Teil erfolgreich, so gilt § 155 Abs. 1 VwGO entsprechend. [4]Aufwendungen, die einem Beteiligten durch eigenes Verschulden oder das Verschulden seines Vertreters entstanden sind, hat er selbst zu tragen. [5]Erledigt sich der Widerspruch auf andere Weise, so wird über die Kosten nach billigem Ermessen entschieden; der bisherige Sachstand ist zu berücksichtigen.

(2) [1]Zu den Kosten des Widerspruchsverfahrens gehören nur die Verwaltungskosten und die zur zweckentsprechenden Rechtsverfolgung oder Rechts-

verteidigung notwendigen Aufwendungen dessen, der den Widerspruch eingelegt hat, und der Behörde, die den angefochtenen Verwaltungsakt erlassen hat. ²Aufwendungen anderer Beteiligter sind erstattungsfähig, wenn sie aus Billigkeit demjenigen, der die Kosten des Widerspruchsverfahrens zu tragen hat, oder der Staatskasse auferlegt werden. ³Die Gebühren und Auslagen eines Rechtsanwalts oder eines sonstigen Bevollmächtigten im Widerspruchsverfahren sind nur dann notwendige Aufwendungen, wenn die Zuziehung eines Bevollmächtigten notwendig war.

(3) ¹Die Behörde, die die Kostenentscheidung getroffen hat, setzt auf Antrag den Betrag der zu erstattenden Aufwendungen fest; hat ein Ausschuß oder Beirat (§ 73 Abs. 2 VwGO) die Kostenentscheidung getroffen, so obliegt die Kostenfestsetzung der Behörde, bei der der Ausschuß oder Beirat gebildet ist. ²Die Kostenentscheidung bestimmt auch, ob die Zuziehung eines Rechtsanwalts oder eines sonstigen Bevollmächtigten notwendig war.

(4) Die Absätze 1 bis 3 gelten auch für andere förmliche verwaltungsrechtliche Rechtsbehelfe und für Vorverfahren bei Maßnahmen des Richterdienstrechts.

## SIEBTER TEIL
## Ehrenamtliche Tätigkeit, Ausschüsse

### Abschnitt I
### Ehrenamtliche Tätigkeit

**Art. 81 Anwendung der Vorschriften über die ehrenamtliche Tätigkeit.**
Für die ehrenamtliche Tätigkeit im Verwaltungsverfahren gelten die Art. 82 bis 87, soweit Rechtsvorschriften nichts Abweichendes bestimmen.

**Art. 82 Pflicht zu ehrenamtlicher Tätigkeit.** Eine Pflicht zur Übernahme ehrenamtlicher Tätigkeit besteht nur, wenn sie durch Rechtsvorschrift vorgesehen ist.

**Art. 83 Ausübung ehrenamtlicher Tätigkeit.** (1) Der ehrenamtlich Tätige hat seine Tätigkeit gewissenhaft und unparteiisch auszuüben.

(2) ¹Bei Übernahme seiner Aufgaben ist er zur gewissenhaften und unparteiischen Tätigkeit und zur Verschwiegenheit besonders zu verpflichten. ²Die Verpflichtung ist aktenkundig zu machen.

**Art. 84 Verschwiegenheitspflicht.** (1) ¹Der ehrenamtlich Tätige hat, auch nach Beendigung seiner ehrenamtlichen Tätigkeit, über die ihm dabei bekanntgewordenen Angelegenheiten Verschwiegenheit zu wahren. ²Dies gilt nicht für Mitteilungen im dienstlichen Verkehr oder über Tatsachen, die offenkundig sind oder ihrer Bedeutung nach keiner Geheimhaltung bedürfen.

(2) Der ehrenamtlich Tätige darf ohne Genehmigung über Angelegenheiten, über die er Verschwiegenheit zu wahren hat, weder vor Gericht noch außergerichtlich Aussagen oder Erklärungen abgeben.

(3) Die Genehmigung, als Zeuge auszusagen, darf nur versagt werden, wenn die Aussage dem Wohl des Bundes oder eines Landes Nachteile bereiten oder die Erfüllung öffentlicher Aufgaben ernstlich gefährden oder erheblich erschweren würde.

(4) [1]Ist der ehrenamtlich Tätige Beteiligter in einem gerichtlichen Verfahren oder soll sein Vorbringen der Wahrnehmung seiner berechtigten Interessen dienen, so darf die Genehmigung auch dann, wenn die Voraussetzungen des Absatzes 3 erfüllt sind, nur versagt werden, wenn ein zwingendes öffentliches Interesse dies erfordert. [2]Wird sie versagt, so ist dem ehrenamtlich Tätigen der Schutz zu gewähren, den die öffentlichen Interessen zulassen.

(5) Die Genehmigung nach den Absätzen 2 bis 4 erteilt die fachlich zuständige Aufsichtsbehörde der Stelle, die den ehrenamtlich Tätigen berufen hat.

**Art. 85 Entschädigung.** Der ehrenamtlich Tätige hat Anspruch auf Ersatz seiner notwendigen Auslagen und seines Verdienstausfalls.

**Art. 86 Abberufung.** [1]Personen, die zu ehrenamtlicher Tätigkeit herangezogen worden sind, können von der Stelle, die sie berufen hat, abberufen werden, wenn ein wichtiger Grund vorliegt. [2]Ein wichtiger Grund liegt insbesondere vor, wenn der ehrenamtlich Tätige
1. seine Pflicht gröblich verletzt oder sich als unwürdig erwiesen hat,
2. seine Tätigkeit nicht mehr ordnungsgemäß ausüben kann.

**Art. 87** *(aufgehoben)*


Abschnitt II
## Ausschüsse

**Art. 88 Anwendung der Vorschriften über Ausschüsse.** Für Ausschüsse, Beiräte und andere kollegiale Einrichtungen (Ausschüsse) gelten, wenn sie in einem Verwaltungsverfahren tätig werden, die Art. 89 bis 93, soweit Rechtsvorschriften nichts Abweichendes bestimmen.

**Art. 89 Ordnung in den Sitzungen.** Der Vorsitzende eröffnet, leitet und schließt die Sitzungen; er ist für die Ordnung verantwortlich.

**Art. 90 Beschlußfähigkeit.** (1) [1]Ausschüsse sind beschlußfähig, wenn alle Mitglieder geladen und mehr als die Hälfte, mindestens aber drei der stimmberechtigten Mitglieder anwesend sind. [2]Beschlüsse können auch im schriftlichen Verfahren gefaßt werden, wenn kein Mitglied widerspricht.

(2) Ist eine Angelegenheit wegen Beschlußunfähigkeit zurückgestellt worden und wird der Ausschuß zur Behandlung desselben Gegenstands erneut geladen, so ist er ohne Rücksicht auf die Zahl der Erschienenen beschlußfähig, wenn darauf in dieser Ladung hingewiesen worden ist.

**Art. 91 Beschlußfassung.** [1]Beschlüsse werden mit Stimmenmehrheit gefaßt. [2]Bei Stimmengleichheit entscheidet die Stimme des Vorsitzenden, wenn er stimmberechtigt ist; sonst gilt Stimmengleichheit als Ablehnung.

**Art. 92 Wahlen durch Ausschüsse.** (1) [1]Gewählt wird, wenn kein Mitglied des Ausschusses widerspricht, durch Zuruf oder Zeichen, sonst durch Stimmzettel. [2]Auf Verlangen eines Mitglieds ist geheim zu wählen.

(2) [1]Gewählt ist, wer von den abgegebenen Stimmen die meisten erhalten hat. [2]Bei Stimmengleichheit entscheidet das vom Leiter der Wahl zu ziehende Los.

(3) [1]Sind mehrere gleichartige Wahlstellen zu besetzen, so ist nach dem Höchstzahlverfahren d'Hondt zu wählen, außer wenn einstimmig etwas anderes beschlossen worden ist. [2]Über die Zuteilung der letzten Wahlstelle entscheidet bei gleicher Höchstzahl das vom Leiter der Wahl zu ziehende Los.

**Art. 93 Niederschrift.** [1]Über die Sitzung ist eine Niederschrift zu fertigen. [2]Die Niederschrift muß Angaben enthalten über
1. den Ort und den Tag der Sitzung,
2. die Namen des Vorsitzenden und der anwesenden Ausschußmitglieder,
3. den behandelten Gegenstand und die gestellten Anträge,
4. die gefaßten Beschlüsse,
5. das Ergebnis von Wahlen.

[3]Die Niederschrift ist von dem Vorsitzenden und, soweit ein Schriftführer hinzugezogen worden ist, auch von diesem zu unterzeichnen.

ACHTER TEIL
## Schlußvorschriften

**Art. 94 Länderübergreifende Verfahren.** [1]Ist nach Art. 3 Abs. 2 Satz 4 eine gemeinsame zuständige Behörde bestimmt und erstreckt sich das Verwaltungsverfahren auf das Gebiet eines anderen Bundeslandes, so ist insoweit das Verfahrensrecht dieses Landes anzuwenden. [2]Die fachlich zuständigen Aufsichtsbehörden können durch Vereinbarung eine abweichende Regelung treffen.

**Art. 95 Sonderregelung für Verteidigungsangelegenheiten.** [1]Nach Feststellung des Verteidigungsfalls oder des Spannungsfalls kann in Verteidigungsangelegenheiten von der Anhörung Beteiligter (Art. 28 Abs. 1), von der schriftlichen Bestätigung (Art. 37 Abs. 2 Satz 2) und von der schriftlichen Begründung

Verwaltungsverfahrensgesetz **BayVwVfG 20**

eines Verwaltungsakts (Art. 39 Abs. 1) abgesehen werden; in diesen Fällen gilt ein Verwaltungsakt abweichend von Art. 41 Abs. 4 Satz 3 mit dem auf die Bekanntmachung folgenden Tag als bekanntgegeben. ²Dasselbe gilt für die sonstigen gemäß Art. 80a des Grundgesetzes anzuwendenden Rechtsvorschriften.

**Art. 96 Überleitung von Verfahren.** (1) ¹Art. 53 in der ab dem 1. Januar 2003 geltenden Fassung findet auf die an diesem Tag bestehenden und noch nicht verjährten oder erloschenen Ansprüche Anwendung. ²Eine vor Ablauf des 31. Dezember 2002 eingetretene und mit diesem Zeitpunkt noch nicht beendete Unterbrechung der Verjährung oder des Erlöschens gilt mit Ablauf des 31. Dezember 2002 als beendet; die neue Verjährung ist mit Beginn des 1. Januar 2003 gehemmt. ³Ist ein Verwaltungsakt, der zur Unterbrechung der Verjährung oder des Erlöschens geführt hat, vor Ablauf des 31. Dezember 2002 aufgehoben worden und ist an diesem Tag die in § 212 Abs. 2 Satz 1 des Bürgerlichen Gesetzbuchs in der bis zum 31. Dezember 2001 geltenden Fassung bestimmte Frist noch nicht abgelaufen, so ist § 212 Abs. 2 des Bürgerlichen Gesetzbuchs in dieser Fassung entsprechend anzuwenden.

(2) ¹Vor dem 1. Juni 2015 begonnene Verfahren werden nach den Vorschriften dieses Gesetzes in der ab dem 1. Juni 2015 geltenden Fassung weitergeführt. ²Fachgesetzliche Sonderregelungen bleiben unberührt. ³Art. 75 Abs. 4 Satz 2 gilt auch für Planfeststellungsbeschlüsse und Plangenehmigungen, die vor dem 1. Juni 2015 erlassen worden sind, soweit der Plan noch nicht außer Kraft getreten ist.

**Art. 96a Übergangsregelung.** (1) ¹Verfahren für die in Art. 78a bezeichneten Vorhaben, die vor dem 16. Mai 2017 begonnen worden sind, sind nach den Vorschriften dieses Gesetzes in der ab dem 1. August 2018 geltenden Fassung zu Ende zu führen. ²Satz 1 findet keine Anwendung auf Verfahren, bei denen vor dem 16. Mai 2017 das Verfahren zur Unterrichtung des Trägers des Vorhabens nach Art. 78d in der bis 31. Juli 2018 geltenden Fassung eingeleitet oder die Unterlagen nach Art. 78e in der bis 31. Juli 2018 geltenden Fassung vorgelegt wurden.

(2) ¹Vor dem 1. Juni 2015 begonnene Verfahren werden nach den Vorschriften dieses Gesetzes in der ab dem 1. Juni 2015 geltenden Fassung weitergeführt. ²Fachgesetzliche Sonderregelungen bleiben unberührt. ³Art. 75 Abs. 4 Satz 2 gilt auch für Planfeststellungsbeschlüsse und Plangenehmigungen, die vor dem 1. Juni 2015 erlassen worden sind, soweit der Plan noch nicht außer Kraft getreten ist.

**Art. 97 Revision.** In einem gerichtlichen Verfahren kann die Revision auch darauf gestützt werden, daß das angefochtene Urteil auf der Verletzung dieses Gesetzes beruht.

**Art. 98** *(aufgehoben)*

**Art. 99 Inkrafttreten.** ¹Dieses Gesetz ist dringlich. ²Es tritt am 1. Januar 1977 in Kraft.

# VwZVG 21
# Bayerisches Verwaltungszustellungs- und Vollstreckungsgesetz (VwZVG)

(BayRS 2010-2-I) in der Fassung der Bekanntmachung vom 11. November 1970
(GVBl. 1971, S. 1),
zuletzt geändert durch Verordnung vom 26. März 2019 (GVBl. S. 98)

## INHALTSÜBERSICHT*

### ERSTER HAUPTTEIL
**Zustellungsverfahren**

*Erster Abschnitt*
**Geltungsbereich und Erfordernis der Zustellung**

- Art. 1 Geltungsbereich und Zustellungserfordernis

*Zweiter Abschnitt*
**Arten der Zustellung**

- Art. 2 Allgemeines
- Art. 3 Zustellung durch die Post mit Zustellungsurkunde
- Art. 4 Zustellung durch die Post mittels Einschreiben
- Art. 5 Zustellung durch die Behörde gegen Empfangsbekenntnis; elektronische Zustellung
- Art. 6 Elektronische Zustellung gegen Abholbestätigung über De-Mail-Dienste

*Dritter Abschnitt*
**Gemeinsame Vorschriften für alle Zustellungsarten**

- Art. 7 Zustellung an gesetzliche Vertreter
- Art. 8 Zustellung an Bevollmächtigte
- Art. 8a Zustellung an Ehegatten und Lebenspartner
- Art. 9 Heilung von Zustellungsmängeln

*Vierter Abschnitt*
- Art. 10-13 *(aufgehoben)*

*Fünfter Abschnitt*
**Sonderarten der Zustellung**

- Art. 14 Zustellung im Ausland
- Art. 15 Öffentliche Zustellung
- Art. 16 *(aufgehoben)*
- Art. 17 Zustellungen im Besteuerungsverfahren und bei der Heranziehung zu sonstigen öffentlichen Abgaben und Umlagen

### ZWEITER HAUPTTEIL
**Vollstreckungsverfahren**

*Erster Abschnitt*
**Gemeinsame Vorschriften**

- Art. 18 Geltungsbereich
- Art. 19 Voraussetzungen der Vollstreckung
- Art. 20 Begriffsbestimmungen
- Art. 21 Einwendungen gegen den zu vollstreckenden Anspruch
- Art. 21a Sofortige Vollziehbarkeit
- Art. 22 Einstellung der Vollstreckung

*Zweiter Abschnitt*
**Vollstreckung von Verwaltungsakten, mit denen eine Geldleistung gefordert wird**

- Art. 23 Besondere Voraussetzungen der Vollstreckung
- Art. 24 Vollstreckungsanordnung
- Art. 25 Vollstreckung von Geldforderungen des Staates
- Art. 26 Vollstreckung von Geldforderungen der Gemeinden, Landkreise, Bezirke und Zweckverbände

---

\* *Inhaltsübersicht nicht amtlich.*

| | |
|---|---|
| Art. 27 | Vollstreckung von Geldforderungen sonstiger juristischer Personen des öffentlichen Rechts |
| Art. 28 | Erstattungsanspruch |

**Dritter Abschnitt**
**Vollstreckung von Verwaltungsakten, mit denen eine Handlung, Duldung oder Unterlassung gefordert wird**

| | |
|---|---|
| Art. 29 | Zulässigkeit des Verwaltungszwangs; Zwangsmittel |
| Art. 30 | Zuständigkeit |
| Art. 31 | Zwangsgeld |
| Art. 32 | Ersatzvornahme |
| Art. 33 | Ersatzzwangshaft |
| Art. 34 | Unmittelbarer Zwang |
| Art. 35 | Zwangsmittel in unaufschiebbaren Fällen |
| Art. 36 | Androhung der Zwangsmittel |
| Art. 37 | Anwendung der Zwangsmittel |
| Art. 38 | Rechtsbehelfe |
| Art. 39 | Anspruch auf Beseitigung von Vollstreckungsfolgen |

**Vierter Abschnitt**
**Einschränkungen von Grundrechten**

| | |
|---|---|
| Art. 40 | Einschränkung von Grundrechten |

**Fünfter Abschnitt**
**Kosten**

| | |
|---|---|
| Art. 41 | Kostenschuldner; Kostenersatz; Forderungsübergang; Zwangsgelder |
| Art. 41a | Kosten der Ersatzvornahme |

**DRITTER HAUPTTEIL**
**Übergangs- und Schlußbestimmungen**

| | |
|---|---|
| Art. 42 | Durchführungsvorschriften, Verordnungsermächtigung |
| Art. 43 | Vollstreckung öffentlichrechtlicher Geldforderungen nach § 350b Abs. 5 des Lastenausgleichsgesetzes |
| Art. 44 | Finanzämter als Vollstreckungsbehörden für bestimmte Fälle |
| Art. 45 | Inkrafttreten |

# ERSTER HAUPTTEIL
## Zustellungsverfahren

### Erster Abschnitt
## Geltungsbereich und Erfordernis der Zustellung

**Art. 1 [Geltungsbereich und Zustellungserfordernis].** (1) [1]Die Behörden des Freistaates Bayern und die Körperschaften, Anstalten und Stiftungen des öffentlichen Rechts, die unmittelbar oder mittelbar seiner Aufsicht unterstehen (Behörden), stellen nach den Vorschriften dieses Hauptteils zu. [2]Im Widerspruchsverfahren wird nach den Vorschriften des Verwaltungszustellungsgesetzes zugestellt.

(2) [1]Gerichte können bei der Erledigung von Verwaltungsangelegenheiten auch nach den Vorschriften zustellen, nach denen sie im Rahmen ihrer rechtsprechenden Tätigkeit zu verfahren haben. [2]Das gilt entsprechend für Staatsanwaltschaften.

(3) Die Landesfinanzbehörden stellen nach den Vorschriften des Verwaltungszustellungsgesetzes zu.

Verwaltungszustellungs- und VollstreckungsG **VwZVG 21**

(4) Die Vorschriften dieses Hauptteils gelten nicht für Zustellungen nach dem Justizbeitreibungsgesetz.

(5) Zugestellt wird, wenn es durch Rechtsvorschrift oder behördliche Anordnung bestimmt ist.

Zweiter Abschnitt

## Arten der Zustellung

**Art. 2 Allgemeines.** (1) Zustellung ist die Bekanntgabe eines schriftlichen oder elektronischen Dokuments in der in diesem Gesetz bestimmten Form.

(2) [1]Die Zustellung wird durch einen Erbringer von Postdienstleistungen (Post), einen nach § 17 des De-Mail-Gesetzes akkreditierten Diensteanbieter oder durch die Behörde ausgeführt. [2]Daneben gelten die in den Art. 14, 15 und 17 geregelten Sonderarten der Zustellung.

(3) [1]Die Behörde hat die Wahl zwischen den einzelnen Zustellungsarten. [2]Art. 5 Abs. 5 Satz 1 Halbsatz 2 bleibt unberührt.

**Art. 3 Zustellung durch die Post mit Zustellungsurkunde.** (1) Soll durch die Post mit Zustellungsurkunde zugestellt werden, übergibt die Behörde der Post den Zustellungsauftrag, das zuzustellende Dokument in einem verschlossenen Umschlag und einen vorbereiteten Vordruck einer Zustellungsurkunde.

(2) [1]Für die Ausführung der Zustellung gelten die §§ 177 bis 182 der Zivilprozessordnung entsprechend. [2]Im Fall des § 181 Abs. 1 der Zivilprozessordnung kann das zuzustellende Dokument bei einer von der Post dafür bestimmten Stelle am Ort der Zustellung oder am Ort des Amtsgerichts, in dessen Bezirk der Ort der Zustellung liegt, niedergelegt werden oder bei der Behörde, die den Zustellungsauftrag erteilt hat, wenn sie ihren Sitz an einem der vorbezeichneten Orte hat. [3]Für die Zustellungsurkunde, den Zustellungsauftrag, den verschlossenen Umschlag nach Abs. 1 und die schriftliche Mitteilung nach § 181 Abs. 1 Satz 3 der Zivilprozessordnung sind die Vordrucke nach der Zustellungsvordruckverordnung zu verwenden.

**Art. 4 Zustellung durch die Post mittels Einschreiben.** (1) Ein Dokument kann durch die Post mittels Einschreiben durch Übergabe oder mittels Einschreiben mit Rückschein zugestellt werden.

(2) [1]Zum Nachweis der Zustellung genügt der Rückschein. [2]Im Übrigen gilt das Dokument am dritten Tag nach der Aufgabe zur Post als zugestellt, es sei denn, dass es nicht oder zu einem späteren Zeitpunkt zugegangen ist. [3]Im Zweifel hat die Behörde den Zugang und dessen Zeitpunkt nachzuweisen. [4]Der Tag der Aufgabe zur Post ist in den Akten zu vermerken. [5]An Stelle des Vermerks kann ein Vordruck mit der genauen Bezeichnung des zuzustellenden Dokuments – Betreff, Datum und Aktenzeichen – und dem eingedruckten, von der Post bestätigten Einlieferungsschein zu den Akten genommen werden.

**Art. 5 Zustellung durch die Behörde gegen Empfangsbekenntnis; elektronische Zustellung.** (1) ¹Bei der Zustellung durch die Behörde händigt der zustellende Bedienstete das Dokument dem Empfänger in einem verschlossenen Umschlag aus. ²Das Dokument kann auch offen ausgehändigt werden, wenn keine schutzwürdigen Interessen des Empfängers entgegenstehen. ³Der Empfänger hat ein mit dem Datum der Aushändigung versehenes Empfangsbekenntnis zu unterschreiben. ⁴Der Bedienstete vermerkt das Datum der Zustellung auf dem Umschlag des auszuhändigenden Dokuments oder bei offener Aushändigung auf dem Dokument selbst.

(2) ¹Die §§ 177 bis 181 der Zivilprozessordnung sind anzuwenden. ²Zum Nachweis der Zustellung ist in den Akten zu vermerken:
1. im Fall der Ersatzzustellung in der Wohnung, in Geschäftsräumen und Einrichtungen nach § 178 der Zivilprozessordnung der Grund, der diese Art der Zustellung rechtfertigt,
2. im Fall der Zustellung bei verweigerter Annahme nach § 179 der Zivilprozessordnung, wer die Annahme verweigert hat und dass das Dokument am Ort der Zustellung zurückgelassen oder an den Absender zurückgesandt wurde sowie der Zeitpunkt und der Ort der verweigerten Annahme,
3. in den Fällen der Ersatzzustellung nach §§ 180 und 181 der Zivilprozessordnung der Grund der Ersatzzustellung sowie wann und wo das Dokument in einen Briefkasten eingelegt oder sonst niedergelegt und in welcher Weise die Niederlegung schriftlich mitgeteilt wurde.

³Im Fall des § 181 Abs. 1 der Zivilprozessordnung kann das zuzustellende Dokument bei der Behörde, die den Zustellungsauftrag erteilt hat, niedergelegt werden, wenn diese Behörde ihren Sitz am Ort der Zustellung oder am Ort des Amtsgerichts hat, in dessen Bezirk der Ort der Zustellung liegt.

(3) ¹Zur Nachtzeit, an Sonntagen und gesetzlichen Feiertagen darf nach Abs. 1 und 2 im Inland nur mit schriftlicher oder elektronischer Erlaubnis des Behördenleiters oder seines Stellvertreters oder eines Beamten mit der Befähigung für das Richteramt zugestellt werden. ²Die Nachtzeit umfasst die Stunden von 21 bis 6 Uhr. ³Die Erlaubnis ist bei der Zustellung in Kopie mitzuteilen. ⁴Eine Zustellung, bei der diese Vorschriften nicht beachtet sind, ist wirksam, wenn die Annahme nicht verweigert wird.

(4) Das Dokument kann an Behörden, Körperschaften, Anstalten und Stiftungen des öffentlichen Rechts, an Rechtsanwälte, Patentanwälte, Notare, Steuerberater, Steuerbevollmächtigte, Wirtschaftsprüfer, vereidigte Buchprüfer, Steuerberatungsgesellschaften, Wirtschaftsprüfungsgesellschaften und Buchprüfungsgesellschaften auch auf andere Weise, auch elektronisch, gegen Empfangsbekenntnis zugestellt werden.

(5) ¹Ein elektronisches Dokument kann im Übrigen unbeschadet des Abs. 4 elektronisch zugestellt werden, soweit der Empfänger hierfür einen Zugang eröffnet; es ist elektronisch zuzustellen, wenn auf Grund einer Rechtsvorschrift ein Verfahren auf Verlangen des Empfängers in elektronischer Form abgewickelt wird. ²Für die Übermittlung ist das Dokument mit einer qualifizierten elek-

tronischen Signatur zu versehen und gegen unbefugte Kenntnisnahme Dritter zu schützen.

(6) ¹Bei der elektronischen Zustellung ist die Übermittlung mit dem Hinweis „Zustellung gegen Empfangsbekenntnis" einzuleiten. ²Die Übermittlung muss die absendende Behörde, den Namen und die Anschrift des Zustellungsadressaten sowie den Namen des Bediensteten erkennen lassen, der das Dokument zur Übermittlung aufgegeben hat.

(7) ¹Zum Nachweis der Zustellung nach Abs. 4 und 5 genügt das mit Datum und Unterschrift versehene Empfangsbekenntnis, das an die Behörde durch die Post oder elektronisch zurückzusenden ist. ²Ein elektronisches Dokument gilt in den Fällen des Abs. 5 Satz 1 Halbsatz 2 am dritten Tag nach der Absendung an den vom Empfänger hierfür eröffneten Zugang als zugestellt, wenn der Behörde nicht spätestens an diesem Tag ein Empfangsbekenntnis nach Satz 1 zugeht. ³Satz 2 gilt nicht, wenn der Empfänger nachweist, dass das Dokument nicht oder zu einem späteren Zeitpunkt zugegangen ist. ⁴Der Empfänger ist in den Fällen des Abs. 5 Satz 1 Halbsatz 2 vor der Übermittlung über die Rechtsfolge nach den Sätzen 2 und 3 zu belehren. ⁵Zum Nachweis der Zustellung ist von der absendenden Behörde in den Akten zu vermerken, zu welchem Zeitpunkt und an welchen Zugang das Dokument gesendet wurde. ⁶Der Empfänger ist über den Eintritt der Zustellungsfiktion nach Satz 2 zu benachrichtigen.

**Art. 6 Elektronische Zustellung gegen Abholbestätigung über De-Mail-Dienste.** (1) ¹Die elektronische Zustellung kann unbeschadet von Art. 5 Abs. 4 und 5 Satz 1 durch Übermittlung der nach § 17 des De-Mail-Gesetzes akkreditierten Diensteanbieter gegen Abholbestätigung nach § 5 Abs. 9 des De-Mail-Gesetzes an das De-Mail-Postfach des Empfängers erfolgen. ²Für die Zustellung nach Satz 1 sind Art. 5 Abs. 4 und 6 mit der Maßgabe anzuwenden, dass an die Stelle des Empfangsbekenntnisses die Abholbestätigung tritt.

(2) Die absendende Behörde hat vom nach § 17 des De-Mail-Gesetzes akkreditierten Diensteanbieter eine Versandbestätigung nach § 5 Abs. 7 des De-Mail-Gesetzes und eine Abholbestätigung nach § 5 Abs. 9 des De-Mail-Gesetzes zu verlangen.

(3) ¹Zum Nachweis der elektronischen Zustellung genügt die Abholbestätigung nach § 5 Abs. 9 des De-Mail-Gesetzes. ²Für die Abholbestätigung gelten § 371 Abs. 1 Satz 2 und § 371a Abs. 2 der Zivilprozessordnung entsprechend.

(4) ¹Ein elektronisches Dokument gilt in den Fällen des Art. 5 Abs. 5 Satz 1 Halbsatz 2 am dritten Tag nach der Absendung an das De-Mail-Postfach des Empfängers als zugestellt, wenn er dieses Postfach als Zugang eröffnet hat und der Behörde nicht spätestens an diesem Tag eine elektronische Abholbestätigung nach § 5 Abs. 9 des De-Mail-Gesetzes zugeht. ²Satz 1 gilt nicht, wenn der Empfänger nachweist, dass das Dokument nicht oder zu einem späteren Zeitpunkt zugegangen ist. ³Der Empfänger ist in den Fällen des Art. 5 Abs. 5 Satz 1 Halbsatz 2 vor der Übermittlung über die Rechtsfolgen nach den Sätzen 1 und 2 zu belehren. ⁴Als Nachweis der Zustellung nach Satz 1 dient die Versandbe-

stätigung nach § 5 Abs. 7 des De-Mail-Gesetzes oder ein Vermerk der absendenden Behörde in den Akten, zu welchem Zeitpunkt und an welches De-Mail-Postfach das Dokument gesendet wurde. [5]Der Empfänger ist über den Eintritt der Zustellungsfiktion nach Satz 1 elektronisch zu benachrichtigen.

Dritter Abschnitt

## Gemeinsame Vorschriften für alle Zustellungsarten

**Art. 7 Zustellung an gesetzliche Vertreter.** (1) [1]Zustellungen für eine natürliche Person, die nicht handlungsfähig im Sinn des Art. 12 des Bayerischen Verwaltungsverfahrensgesetzes ist, sind an ihren gesetzlichen Vertreter zu richten. [2]Gleiches gilt bei Personen, für die ein Betreuer bestellt ist, soweit der Aufgabenkreis des Betreuers reicht.

(2) Bei Behörden wird an den Behördenleiter, bei juristischen Personen, nicht rechtsfähigen Personenvereinigungen und Zweckvermögen an ihre gesetzlichen Vertreter zugestellt.

(3) Bei mehreren gesetzlichen Vertretern oder Behördenleitern genügt die Zustellung an einen von ihnen.

(4) Der zustellende Bedienstete braucht nicht zu prüfen, ob die Anschrift den Abs. 1 bis 3 entspricht.

**Art. 8 Zustellung an Bevollmächtigte.** (1) [1]Zustellungen können an den allgemein oder für bestimmte Angelegenheiten bestellten Bevollmächtigten gerichtet werden. [2]Sie sind an ihn zu richten, wenn er schriftliche Vollmacht vorgelegt hat. [3]Ist ein Bevollmächtigter für mehrere Beteiligte bestellt, so genügt die Zustellung eines Dokuments an ihn für alle Beteiligten.

(2) Einem Zustellungsbevollmächtigten mehrerer Beteiligter sind so viele Ausfertigungen oder Kopien zuzustellen, als Beteiligte vorhanden sind.

**Art. 8a Zustellung an Ehegatten und Lebenspartner.** [1]Betrifft ein zusammengefaßter schriftlicher Bescheid Ehegatten oder Ehegatten mit ihren Kindern oder Alleinstehende mit ihren Kindern, so reicht es für die Zustellung an alle Beteiligten aus, wenn ihnen eine Ausfertigung unter ihrer gemeinsamen Anschrift zugestellt wird. [2]Der Bescheid ist den Beteiligten einzeln zuzustellen, soweit sie dies beantragt haben. [3]Sätze 1 und 2 gelten entsprechend für Lebenspartner im Sinn des Lebenspartnerschaftsgesetzes.

**Art. 9 Heilung von Zustellungsmängeln.** Lässt sich die formgerechte Zustellung eines Dokuments nicht nachweisen oder ist es unter Verletzung zwingender Zustellungsvorschriften zugegangen, gilt es als in dem Zeitpunkt zugestellt, in dem es dem Empfangsberechtigten tatsächlich zugegangen ist, im Fall des Art. 5 Abs. 5 in dem Zeitpunkt, in dem der Empfänger das Empfangsbekenntnis zurückgesendet hat.

Vierter Abschnitt

**Art. 10–13** *(aufgehoben)*

Fünfter Abschnitt
## Sonderarten der Zustellung

**Art. 14 Zustellung im Ausland.** (1) Eine Zustellung im Ausland erfolgt
1. durch Einschreiben mit Rückschein, soweit die Zustellung von Dokumenten unmittelbar durch die Post völkerrechtlich zulässig ist,
2. auf Ersuchen der Behörde durch die Behörden des fremden Staates oder durch die zuständige diplomatische oder konsularische Vertretung der Bundesrepublik Deutschland,
3. auf Ersuchen der Behörde durch das Auswärtige Amt an eine Person, die das Recht der Immunität genießt und zu einer Vertretung der Bundesrepublik Deutschland im Ausland gehört, sowie an Familienangehörige einer solchen Person, wenn diese das Recht der Immunität genießen, oder
4. durch Übermittlung elektronischer Dokumente, soweit dies völkerrechtlich zulässig ist.

(2) ¹Zum Nachweis der Zustellung nach Abs. 1 Nr. 1 genügt der Rückschein. ²Die Zustellung nach Abs. 1 Nrn. 2 und 3 wird durch das Zeugnis der ersuchten Behörde nachgewiesen. ³Der Nachweis der Zustellung gemäß Abs. 1 Nr. 4 richtet sich nach Art. 5 Abs. 7 Sätze 1 bis 3 und 5 sowie nach Art. 6 Abs. 3 und 4 Sätze 1, 2 und 4.

(3) ¹Die Behörde kann bei der Zustellung nach Abs. 1 Nrn. 2 und 3 anordnen, dass die Person, an die zugestellt werden soll, innerhalb einer angemessenen Frist einen Zustellungsbevollmächtigten benennt, der im Inland wohnt oder dort einen Geschäftsraum hat. ²Wird kein Zustellungsbevollmächtigter benannt, können spätere Zustellungen bis zur nachträglichen Benennung dadurch bewirkt werden, dass das Dokument unter der Anschrift der Person, an die zugestellt werden soll, zur Post gegeben wird. ³Das Dokument gilt am siebenten Tag nach Aufgabe zur Post als zugestellt, wenn nicht feststeht, dass es dem Empfänger nicht oder zu einem späteren Zeitpunkt erreicht hat. ⁴Die Behörde kann eine längere Frist bestimmen. ⁵In der Anordnung nach Satz 1 ist auf diese Rechtsfolgen hinzuweisen. ⁶Zum Nachweis der Zustellung ist in den Akten zu vermerken, zu welcher Zeit und unter welcher Anschrift das Dokument zur Post gegeben wurde.

**Art. 15 Öffentliche Zustellung.** (1) ¹Die Zustellung kann durch öffentliche Bekanntmachung erfolgen, wenn
1. der Aufenthaltsort des Empfängers unbekannt ist und eine Zustellung an einen Vertreter oder Zustellungsbevollmächtigten nicht möglich ist,
2. bei juristischen Personen, die zur Anmeldung einer inländischen Geschäftsanschrift zum Handelsregister verpflichtet sind, eine Zustellung weder unter

**21 VwZVG** Verwaltungszustellungs- und VollstreckungsG

der eingetragenen Anschrift noch unter einer im Handelsregister eingetragenen Anschrift einer für Zustellungen empfangsberechtigten Person oder einer ohne Ermittlungen bekannten anderen inländischen Anschrift möglich ist,
3. der Inhaber der Wohnung, in der zugestellt werden müsste, der inländischen Gerichtsbarkeit nicht unterworfen und die Zustellung in der Wohnung deshalb nicht möglich ist, oder
4. sie im Fall des Art. 14 nicht möglich ist oder keinen Erfolg verspricht.
²Die Anordnung über die öffentliche Zustellung trifft ein zeichnungsberechtigter Bediensteter.

(2) ¹Die öffentliche Zustellung erfolgt durch Bekanntmachung einer Benachrichtigung an der Stelle, die von der Behörde hierfür allgemein bestimmt ist, oder durch Veröffentlichung einer Benachrichtigung im Bundesanzeiger oder im elektronischen Bundesanzeiger. ²Die Benachrichtigung muss
1. die Behörde, für die zugestellt wird,
2. den Namen und die letzte bekannte Anschrift des Zustellungsadressaten,
3. das Datum und das Aktenzeichen des Dokuments sowie
4. die Stelle, wo das Dokument eingesehen werden kann,
erkennen lassen.
³Die Benachrichtigung muss den Hinweis enthalten, dass das Dokument öffentlich zugestellt wird und Fristen in Gang gesetzt werden können, nach deren Ablauf Rechtsverluste drohen können. ⁴Bei der Zustellung einer Ladung muss die Benachrichtigung den Hinweis enthalten, dass das Dokument eine Ladung zu einem Termin enthält, dessen Versäumung Rechtsnachteile zur Folge haben kann. ⁵In den Akten ist zu vermerken, von wann bis wann und wie die Benachrichtigung bekannt gemacht wurde. ⁶Das Dokument gilt als zugestellt, wenn seit dem Tag der Bekanntmachung der Benachrichtigung zwei Wochen vergangen sind.

### Art. 16 *(aufgehoben)*

### Art. 17 Zustellungen im Besteuerungsverfahren und bei der Heranziehung zu sonstigen öffentlichen Abgaben und Umlagen.
(1) Die Zustellung von schriftlichen Bescheiden, die im Besteuerungsverfahren und bei der Heranziehung zu sonstigen öffentlichen Abgaben und Umlagen ergehen, kann dadurch ersetzt werden, daß der Bescheid dem Empfänger durch einfachen Brief verschlossen zugesandt wird.

(2) ¹Bei Zusendung durch einfachen Brief gilt die Bekanntgabe mit dem dritten Tag nach der Aufgabe zur Post als bewirkt, es sei denn, daß das zuzusendende Schriftstück nicht oder zu einem späteren Zeitpunkt zugegangen ist. ²Im Zweifel hat die Behörde den Zugang des Schriftstücks und den Zeitpunkt des Zugangs nachzuweisen.

(3) ¹Die Aufgabe geschieht durch Einwerfen in einen Postbriefkasten oder Einlieferung bei der Post. ²Bei Einwurf in einen Straßenbriefkasten gilt der Tag der auf den Einwurf folgenden Leerung als Tag der Aufgabe zur Post.

(4) ¹Auf der bei den Akten verbleibenden Urschrift ist der Tag der Aufgabe zur Post zu vermerken; des Namenszeichens des damit beauftragten Bediensteten bedarf es nicht. ²Bei der Zustellung maschinell erstellter Bescheide können an Stelle des Vermerks die Bescheide numeriert und die Absendung in einer Sammelliste eingetragen werden.

## ZWEITER HAUPTTEIL
## Vollstreckungsverfahren

### Erster Abschnitt
### Gemeinsame Vorschriften

**Art. 18 Geltungsbereich.** (1) Verwaltungsakte, die zur Leistung von Geld oder zu einem sonstigen Handeln, einem Dulden oder einem Unterlassen verpflichten oder zu einer unmittelbar kraft einer Rechtsnorm bestehenden solchen Pflicht anhalten, werden nach diesem Gesetz vollstreckt, soweit die Vollstreckung nicht durch Bundesrecht unmittelbar geregelt ist oder bundesrechtliche Vollstreckungsvorschriften durch Landesrecht für anwendbar erklärt sind.

(2) Die Vorschriften des Polizeiaufgabengesetzes bleiben unberührt.

**Art. 19 Voraussetzungen der Vollstreckung.** (1) Verwaltungsakte können vollstreckt werden,
1. wenn sie nicht mehr mit einem förmlichen Rechtsbehelf angefochten werden können oder
2. wenn der förmliche Rechtsbehelf keine aufschiebende Wirkung hat oder
3. wenn die sofortige Vollziehung angeordnet ist.

(2) Die Vollstreckung setzt voraus, daß der zur Zahlung von Geld oder zu einer sonstigen Handlung, einer Duldung oder einer Unterlassung Verpflichtete (Vollstreckungsschuldner) seine Verpflichtung nicht rechtzeitig erfüllt.

**Art. 20 Begriffsbestimmungen.** Im Sinn dieses Gesetzes ist
1. Anordnungsbehörde die Behörde, die den zu vollstreckenden Verwaltungsakt erlassen hat,
2. Vollstreckungsbehörde die Behörde, die zur Vollstreckung eines Verwaltungsakts zuständig ist,
3. Vollstreckungsgericht das um die Vollstreckung ersuchte Amtsgericht.

**Art. 21 Einwendungen gegen den zu vollstreckenden Anspruch.** ¹Über Einwendungen gegen die Vollstreckung, die den zu vollstreckenden Anspruch betreffen, entscheidet die Anordnungsbehörde. ²Sie sind nur zulässig, soweit die geltend gemachten Gründe erst nach Erlaß des zu vollstreckenden Verwaltungsakts entstanden sind und mit förmlichen Rechtsbehelfen nicht mehr geltend gemacht werden können.

**Art. 21a Sofortige Vollziehbarkeit.** [1]Rechtsbehelfe haben keine aufschiebende Wirkung, soweit sie sich gegen Maßnahmen richten, die in der Verwaltungsvollstreckung getroffen werden. [2]§ 80 Abs. 4, 5, 7 und 8 der Verwaltungsgerichtsordnung gelten entsprechend.

**Art. 22 Einstellung der Vollstreckung.** Vollstreckungsmaßnahmen sind einzustellen, wenn und soweit
1. sie für unzulässig erklärt werden oder
2. der zu vollstreckende Verwaltungsakt rechtskräftig aufgehoben wird oder
3. die Verpflichtung offensichtlich erloschen ist oder
4. die Anordnungsbehörde aus sonstigen Gründen um die Einstellung ersucht.

Zweiter Abschnitt
## Vollstreckung von Verwaltungsakten, mit denen eine Geldleistung gefordert wird

**Art. 23 Besondere Voraussetzungen der Vollstreckung.** (1) Ein Verwaltungsakt, mit dem eine öffentlich-rechtliche Geldleistung gefordert wird (Leistungsbescheid), kann vollstreckt werden, wenn
1. er dem Leistungspflichtigen zugestellt ist,
2. die Forderung fällig ist und
3. der Leistungspflichtige von der Anordnungsbehörde oder von der für sie zuständigen Kasse oder Zahlstelle nach Eintritt der Fälligkeit durch verschlossenen Brief, durch Nachnahme oder durch ortsübliche öffentliche Bekanntmachung ergebnislos aufgefordert worden ist, innerhalb einer bestimmten Frist von mindestens einer Woche zu leisten (Mahnung).

(2) Bei Verwaltungsakten, die bei der Festsetzung und Erhebung von Realsteuern ergehen, genügt an Stelle der Zustellung die Zusendung gemäß Art. 17.

(3) Die Mahnung kann unterbleiben, wenn die sofortige Vollstreckung im überwiegenden öffentlichen Interesse liegt oder wenn die Mahnung den Vollstreckungserfolg gefährden würde.

**Art. 24 Vollstreckungsanordnung.** (1) Die Anordnungsbehörde oder die für sie zuständige Kasse oder Zahlstelle ordnet die Vollstreckung dadurch an, daß sie
1. in den Fällen des Art. 25 das Finanzamt oder die nach dem Recht eines anderen Landes der Bundesrepublik Deutschland oder die nach einer völkerrechtlichen Vereinbarung zuständige Stelle um Beitreibung ersucht und auf das Beitreibungsersuchen die Erklärung setzt, daß der beizutreibende Anspruch vollstreckbar ist;
2. in den Fällen der Art. 26 und 27 auf eine Ausfertigung des Leistungsbescheids oder eines Ausstandsverzeichnisses die Klausel setzt: „Diese Ausfertigung ist vollstreckbar".

Verwaltungszustellungs- und VollstreckungsG **VwZVG 21**

(2) Mit der Vollstreckungsanordnung übernimmt die Anordnungsbehörde oder die für sie zuständige Kasse oder Zahlstelle die Verantwortung dafür, daß die in den Art. 19 und 23 bezeichneten Voraussetzungen der Zwangsvollstreckung gegeben sind.

(3) Bei einer Vollstreckungsanordnung, die mit Hilfe automatischer Einrichtungen erlassen wird, können Unterschrift und Dienstsiegel fehlen.

**Art. 25 Vollstreckung von Geldforderungen des Staates.** (1) Vollstreckungsbehörden für Leistungsbescheide des Staates sind die Finanzämter.

(2) [1]Für das Verfahren der Finanzämter und die Kosten der Vollstreckung gelten die Vorschriften der Abgabenordnung und der zu ihrer Durchführung erlassenen Rechtsvorschriften entsprechend. [2]Soweit nicht ein anderer Rechtsweg ausdrücklich gegeben ist, findet die Finanzgerichtsordnung Anwendung.

**Art. 26 Vollstreckung von Geldforderungen der Gemeinden, Landkreise, Bezirke und Zweckverbände.** (1) Gemeinden, Landkreise, Bezirke und Zweckverbände sind berechtigt, zur Beitreibung von Geldforderungen, die sie durch einen Leistungsbescheid geltend machen, eine Vollstreckungsanordnung zu erteilen.

(2) [1]Für die Vollstreckung sind die ordentlichen Gerichte zuständig. [2]Die Gemeinden, Landkreise, Bezirke und Zweckverbände sind auch befugt, vom Schuldner die Abgabe einer Vermögensauskunft gegenüber dem Gerichtsvollzieher zu verlangen und die von den zentralen Vollstreckungsgerichten verwalteten Vermögensverzeichnisse abzurufen.

(2a) [1]Die Großen Kreisstädte, kreisfreien Städte, Landkreise und Bezirke können auch selbst vom Schuldner, der innerhalb ihres Gebiets seinen gewöhnlichen Aufenthalt oder Sitz hat, die Vermögensauskunft abnehmen, sie haben die erstellten Vermögensverzeichnisse bei dem zentralen Vollstreckungsgericht zu hinterlegen und können die Eintragung in das bei dem zentralen Vollstreckungsgericht geführte Schuldnerverzeichnis anordnen. [2]Zur Abnahme der Vermögensauskunft nach Pfändungsversuch (§ 807 der Zivilprozessordnung) sind sie nicht befugt. [3]Bleibt der Schuldner dem Termin zur Abgabe der Vermögensauskunft unentschuldigt fern oder verweigert er die Abgabe der Vermögensauskunft ohne Grund, kann zur Erzwingung der Abgabe ein Haftbefehl bei den ordentlichen Gerichten beantragt werden. [4]Die Verhaftung des Schuldners und eine Abnahme der Vermögensauskunft nach der Verhaftung bleiben dem Gerichtsvollzieher vorbehalten.

(3) Die Pfändung und Verwertung beweglicher Sachen können die Gemeinden, Landkreise, Bezirke und Zweckverbände durch Gerichtsvollzieher oder innerhalb ihres Gebiets durch eigene Vollstreckungsbedienstete bewirken lassen.

(4) [1]Schon vor der Pfändung einer Geldforderung können die Gemeinden, Landkreise, Bezirke und Zweckverbände dem Drittschuldner verbieten, vor der Entscheidung des Vollstreckungsgerichts an den Schuldner zu zahlen, und dem Schuldner gebieten, sich vor dieser Entscheidung jeder Verfügung über die For-

derung zu enthalten. ²Diese Anordnungen verlieren ihre Wirkung, wenn die Pfändung der Forderung nicht innerhalb von drei Wochen bewirkt wird. ³Die Frist beginnt mit dem Tag, an dem das Zahlungsverbot dem Drittschuldner zugestellt wird.

(5) ¹Gemeinden, Landkreise, Bezirke und Zweckverbände können Geldforderungen und andere Vermögensrechte, die nicht Gegenstand der Zwangsvollstreckung in das unbeweglichen Vermögen sind, selbst pfänden und einziehen, wenn Schuldner und der Drittschuldner ihren gewöhnlichen Aufenthalt oder Sitz in Bayern haben. ²Dies gilt auch, wenn Schuldner oder der Drittschuldner oder beide ihren gewöhnlichen Aufenthalt oder Sitz in einem anderen Land haben, sofern das dort geltende Landesrecht dies zuläßt. ³Kommunale Vollstreckungsbehörden, die ihren Sitz in einem anderen Land haben, können Geldforderungen und andere Vermögensrechte, die nicht Gegenstand der Zwangsvollstreckung in das unbeweglichen Vermögen sind, auch dann selbst pfänden und einziehen, wenn der Schuldner oder der Drittschuldner oder beide ihren gewöhnlichen Aufenthalt oder Sitz in Bayern haben.

(6) Für die Bezirke üben die Regierungen die Befugnisse nach Abs. 2a, 3, 4 und 5 aus, soweit diese Aufgaben nach Art. 35b der Bezirksordnung auf den Freistaat Bayern übertragen sind.

(7) ¹Die Vorschriften des Achten Buchs der Zivilprozeßordnung über die Zwangsvollstreckung mit Ausnahme der §§ 883 bis 898 und 946 bis 959 sind entsprechend anzuwenden. ²Nach der Zivilprozeßordnung regelt sich auch die Entscheidung über Rechtsbehelfe gegen Maßnahmen der Vollstreckungsgerichte und Gerichtsvollzieher. ³Rechtsbehelfe gegen Vollstreckungsmaßnahmen der Gemeinden, Landkreise, Bezirke und Zweckverbände sowie der für die Bezirke handelnden Regierungen (Abs. 6) unterliegen der verwaltungsgerichtlichen Entscheidung.

**Art. 27 Vollstreckung von Geldforderungen sonstiger juristischer Personen des öffentlichen Rechts.** (1) ¹Für die Vollstreckung von Geldforderungen sonstiger juristischer Personen des öffentlichen Rechts gilt Art. 26 entsprechend, soweit sie Verwaltungsakte erlassen können und zur Anbringung der Vollstreckungsklausel befugt sind. ²Zur Abnahme der Vermögensauskunft, zur Hinterlegung der Vermögensverzeichnisse und zur Anordnung der Eintragung in das Schuldnerverzeichnis sowie zur Pfändung und Einziehung von Geldforderungen sind diese juristischen Personen jedoch nicht befugt.

(2) ¹Soweit die juristische Person des öffentlichen Rechts ihre Geldforderungen durch Verwaltungsakt geltend machen darf, kann die Staatsregierung durch Rechtsverordnung die Befugnis zur Anbringung der Vollstreckungsklausel und abweichend von Abs. 1 Satz 2 auch die Befugnis zur Pfändung und Einziehung von Geldforderungen erteilen, wenn bei der juristischen Person des öffentlichen Rechts gewährleistet ist, daß die Vollstreckungsverfahren ordnungsgemäß durchgeführt werden. ²Art. 91 Abs. 4 der Gemeindeordnung, Art. 79 Abs. 4 der Landkreisordnung und Art. 77 Abs. 4 der Bezirksordnung bleiben unberührt.

**Art. 28 Erstattungsanspruch.** (1) ¹Ist zu Unrecht vollstreckt worden, weil kein vollstreckbarer Verwaltungsakt vorlag oder weil er ganz oder teilweise aufgehoben wurde oder weil die Geldforderung nach Erlaß des zu vollstreckenden Verwaltungsakts erloschen ist oder gestundet wurde oder das Zwangsverfahren gegen den nicht durchgeführt werden durfte, gegen den es gerichtet war, so ist der zu Unrecht gezahlte Betrag zu erstatten. ²Weitergehende Ansprüche auf Schadensersatz bleiben unberührt.

(2) Über den Erstattungsanspruch entscheidet die Anordnungsbehörde.

Dritter Abschnitt
# Vollstreckung von Verwaltungsakten, mit denen eine Handlung, Duldung oder Unterlassung gefordert wird

**Art. 29 Zulässigkeit des Verwaltungszwangs; Zwangsmittel.** (1) Verwaltungsakte, mit denen die Herausgabe einer Sache, die Vornahme einer sonstigen Handlung oder eine Duldung oder eine Unterlassung gefordert wird, können nach den Vorschriften dieses Abschnitts mit Zwangsmitteln vollstreckt werden (Verwaltungszwang).

(2) Zwangsmittel sind
1. das Zwangsgeld (Art. 31),
2. die Ersatzvornahme (Art. 32),
3. die Ersatzzwangshaft (Art. 33),
4. der unmittelbare Zwang (Art. 34).

(3) ¹Das Zwangsmittel muß in angemessenem Verhältnis zu seinem Zweck stehen. ²Dabei ist das Zwangsmittel möglichst so zu bestimmen, daß der Betroffene und die Allgemeinheit am wenigsten beeinträchtigt werden.

(4) Gegen Behörden und juristische Personen des öffentlichen Rechts ist Verwaltungszwang nur zulässig, soweit er durch Gesetz oder auf Grund eines Gesetzes besonders zugelassen ist.

**Art. 30 Zuständigkeit.** (1) ¹Die Anordnungsbehörde vollstreckt ihre Verwaltungsakte innerhalb ihres Bereichs grundsätzlich selbst; sie vollstreckt auch die im Verwaltungsverfahren ergangenen Rechtsbehelfsentscheidungen. ²Die Abschiebung von Ausländern obliegt der Polizei; hierfür gelten die Vorschriften des Polizeiaufgabengesetzes. ³Abmeldungsbescheide der Zulassungsbehörden wegen nicht entrichteter Kraftfahrzeugsteuer vollstrecken die Finanzämter. ⁴Für das Verfahren der Finanzämter und die Kosten der Vollstreckung gelten die Vorschriften der Abgabenordnung und der zu ihrer Durchführung erlassenen Rechtsvorschriften entsprechend. ⁵Art. 35 bleibt unberührt.

(2) ¹Die Kreisverwaltungsbehörde, in deren Gebiet die Zwangsmittel angewendet werden müssen, ist auf Ersuchen einer anderen Anordnungsbehörde zur

Durchführung des Verwaltungszwangs verpflichtet; sie ist dann Vollstreckungsbehörde. ²Vollstreckt ein Landratsamt als ersuchte Kreisverwaltungsbehörde, so ist die Vollstreckung eine staatliche Aufgabe. ³Ist die ersuchte Kreisverwaltungsbehörde eine kreisfreie Gemeinde, so ist die Durchführung des Ersuchens eine übertragene Aufgabe. ⁴Ist die ersuchende Stelle die Rechtsaufsichtsbehörde der ersuchten Gemeinde oder ist sie hinsichtlich des zu vollstreckenden Verwaltungsakts ihre Fachaufsichtsbehörde, so ist sie zu Weisungen über die Wahl und die Anwendung des Zwangsmittels befugt, wenn dies zur Erreichung des mit der Vollstreckung angestrebten Erfolgs erforderlich ist.

(3) ¹Zweckverbände und Verwaltungsgemeinschaften vollstrecken ihre Verwaltungsakte selbst oder lassen sie durch die Kreisverwaltungsbehörde nach Absatz 2 vollstrecken. ²Im übrigen können juristische Personen des öffentlichen Rechts, die nicht Gebietskörperschaften sind, ihre Verwaltungsakte nur durch die Kreisverwaltungsbehörde nach Absatz 2 vollstrecken lassen, wenn sie nicht durch besonderes Gesetz oder auf Grund eines besonderen Gesetzes selbst zur Anwendung von Verwaltungszwang ermächtigt sind. ³Zur Androhung von Zwangsmitteln sind sie jedoch stets befugt.

**Art. 31 Zwangsgeld.** (1) Wird die Pflicht zu einer Handlung, einer Duldung oder einer Unterlassung nicht oder nicht vollständig oder nicht zur gehörigen Zeit erfüllt, so kann die Vollstreckungsbehörde den Pflichtigen durch ein Zwangsgeld zur Erfüllung anhalten.

(2) ¹Das Zwangsgeld beträgt mindestens fünfzehn und höchstens fünfzigtausend Euro. ²Das Zwangsgeld soll das wirtschaftliche Interesse, das der Pflichtige an der Vornahme oder am Unterbleiben der Handlung hat, erreichen. ³Reicht das gesetzliche Höchstmaß hierzu nicht aus, so kann es überschritten werden. ⁴Das wirtschaftliche Interesse des Pflichtigen ist nach pflichtgemäßem Ermessen zu schätzen.

(3) ¹Das Zwangsgeld wird nach den Vorschriften des Zweiten Abschnitts beigetrieben. ²Die Androhung des Zwangsgeldes (Art. 36) ist dabei ein Leistungsbescheid im Sinn des Art. 23 Abs. 1. ³Wird die Pflicht nach Absatz 1 bis zum Ablauf der Frist des Art. 36 Abs. 1 Satz 2 nicht erfüllt, so wird die Zwangsgeldforderung fällig (Art. 23 Abs. 1 Nr. 2).

**Art. 32 Ersatzvornahme.** ¹Wird die Pflicht zu einer Handlung, die auch ein anderer vornehmen kann (vertretbare Handlung), nicht oder nicht vollständig oder nicht zur gehörigen Zeit erfüllt, so kann die Vollstreckungsbehörde die Handlung auf Kosten des Pflichtigen vornehmen lassen. ²Die Ersatzvornahme ist nur zulässig, wenn ein Zwangsgeld keinen Erfolg erwarten läßt.

**Art. 33 Ersatzzwangshaft.** (1) Ist das Zwangsgeld uneinbringlich und verspricht auch unmittelbarer Zwang keinen Erfolg, so kann das Verwaltungsgericht nach Anhörung des Pflichtigen auf Antrag der Vollstreckungsbehörde durch Beschluß Ersatzzwangshaft anordnen, wenn der Pflichtige bei der Androhung des Zwangsgeldes auf diese Möglichkeit hingewiesen worden ist.

(2) Die Ersatzzwangshaft beträgt mindestens einen Tag und höchstens zwei Wochen.

(3) Die Ersatzzwangshaft ist auf Antrag der Vollstreckungsbehörde von der Justizverwaltung nach den § 802g Abs. 2, §§ 802h und 802j Abs. 2 der Zivilprozeßordnung zu vollstrecken.

**Art. 34 Unmittelbarer Zwang.** ¹Führen die sonstigen zulässigen Zwangsmittel nicht zum Ziel oder würden sie dem Pflichtigen einen erheblich größeren Nachteil verursachen als unmittelbarer Zwang oder läßt ihre Anwendung keinen zweckentsprechenden und rechtzeitigen Erfolg erwarten, so kann die Vollstreckungsbehörde den Verwaltungsakt durch unmittelbaren Zwang vollziehen. ²Die Vollstreckungsbehörde kann unmittelbaren Zwang auch dann anwenden, wenn gegen die Ersatzvornahme Widerstand geleistet wird.

**Art. 35 Zwangsmittel in unaufschiebbaren Fällen.** Ersatzvornahme und unmittelbarer Zwang können innerhalb der Zuständigkeit der handelnden Behörde ohne vorausgehende Androhung angewendet werden, wenn es zur Verhütung oder Unterbindung einer mit Strafe bedrohten Handlung oder zur Abwehr einer drohenden Gefahr oder zur Durchführung der Abmeldung nicht versteuerter Kraftfahrzeuge von Amts wegen notwendig ist.

**Art. 36 Androhung der Zwangsmittel.** (1) ¹Die Zwangsmittel müssen unbeschadet des Art. 34 Satz 2 und des Art. 35 schriftlich angedroht werden. ²Hierbei ist für die Erfüllung der Verpflichtung eine Frist zu bestimmen, innerhalb welcher dem Pflichtigen der Vollzug billigerweise zugemutet werden kann.

(2) ¹Die Androhung kann mit dem Verwaltungsakt verbunden werden, durch den die Handlung, Duldung oder Unterlassung aufgegeben wird. ²Sie soll mit ihm verbunden werden, wenn der sofortige Vollzug angeordnet ist oder wenn den Rechtsbehelfen keine aufschiebende Wirkung zukommt.

(3) ¹Es muß ein bestimmtes Zwangsmittel angedroht werden. ²Es darf nicht angedroht werden, daß mehrere Zwangsmittel gleichzeitig angewendet werden.

(4) ¹Soll die Handlung durch Ersatzvornahme auf Kosten des Pflichtigen ausgeführt werden, so ist in der Androhung der Kostenbetrag vorläufig zu veranschlagen. ²In der Androhung kann bestimmt werden, daß dieser Betrag bereits vor der Durchführung der Ersatzvornahme fällig wird. ³Das Recht auf Nachforderung bleibt unberührt, wenn die Ersatzvornahme einen höheren Kostenaufwand verursacht.

(5) Der Betrag des Zwangsgeldes ist in bestimmter Höhe anzudrohen.

(6) ¹Die Zwangsmittel können auch neben einer Strafe oder Geldbuße angedroht werden. ²Eine neue Androhung ist erst dann zulässig, wenn die vorausgegangene Androhung des Zwangsmittels erfolglos geblieben ist.

(7) ¹Die Androhung ist zuzustellen. ²Das gilt auch dann, wenn sie mit dem zugrundeliegenden Verwaltungsakt verbunden ist und für ihn keine Zustellung vorgesehen ist.

**Art. 37 Anwendung der Zwangsmittel.** (1) ¹Wird die Verpflichtung nicht innerhalb der in der Androhung bestimmten Frist erfüllt, so kann die Vollstreckungsbehörde das angedrohte Zwangsmittel anwenden. ²Zwangsmittel können so lange und so oft angewendet werden, bis die Verpflichtung erfüllt ist. ³Die zur Durchsetzung eines bestimmten Verwaltungsakts insgesamt festgesetzte Ersatzzwangshaft darf jedoch die Höchstdauer von vier Wochen nicht übersteigen.

(2) Soweit zur Anwendung unmittelbaren Zwangs die Heranziehung von Polizeibeamten erforderlich ist, hat die örtlich zuständige Polizeidienststelle auf Ersuchen der Vollstreckungsbehörde Hilfe zu leisten.

(3) ¹Die mit der Durchführung des Verwaltungszwangs beauftragten Bediensteten der Vollstreckungsbehörde und Polizeibeamten sind, soweit es der Zweck der Vollstreckung erfordert, befugt, die Wohnung des Pflichtigen zu betreten und verschlossene Türen und Behältnisse zu öffnen. ²Sie dürfen zur Nachtzeit (Art. 5 Abs. 3 Satz 2), an Sonntagen und an gesetzlichen Feiertagen ein Zwangsmittel nur mit schriftlicher Erlaubnis der Vollstreckungsbehörde anwenden.

(4) ¹Die Anwendung des Zwangsmittels ist einzustellen, sobald der Pflichtige seiner Verpflichtung nachkommt. ²Ein angedrohtes Zwangsgeld ist jedoch beizutreiben, wenn der Duldungs- oder Unterlassungspflicht zuwidergehandelt worden ist, deren Erfüllung durch die Androhung des Zwangsgeldes erreicht werden sollte; sind weitere Zuwiderhandlungen nicht mehr zu befürchten, so kann die Vollstreckungsbehörde von der Beitreibung absehen, wenn diese eine besondere Härte darstellen würde.

**Art. 38 Rechtsbehelfe.** (1) ¹Gegen die Androhung des Zwangsmittels sind die förmlichen Rechtsbehelfe gegeben, die gegen den Verwaltungsakt zulässig sind, dessen Durchsetzung erzwungen werden soll. ²Ist die Androhung mit dem zugrundeliegenden Verwaltungsakt verbunden, so erstreckt sich der förmliche Rechtsbehelf zugleich auf den Verwaltungsakt, soweit er nicht bereits Gegenstand eines Rechtsbehelfs- oder gerichtlichen Verfahrens ist oder der Rechtsbehelf ausdrücklich auf die Androhung des Zwangsmittels beschränkt wird. ³Ist die Androhung nicht mit dem zugrundeliegenden Verwaltungsakt verbunden und ist dieser unanfechtbar geworden, so kann die Androhung nur insoweit angefochten werden, als eine Rechtsverletzung durch die Androhung selbst behauptet wird.

(2) Wird ein Zwangsmittel nach Art. 35 ohne vorausgehende Androhung angewendet, so sind die förmlichen Rechtsbehelfe zulässig, die gegen Verwaltungsakte allgemein gegeben sind.

(3) Förmliche Rechtsbehelfe gegen Maßnahmen der Vollstreckungsbehörde bei der Anwendung eines Zwangsmittels sind insoweit zulässig, als geltend gemacht werden kann, daß diese Maßnahmen eine selbständige Rechtsverletzung darstellen.

**Art. 39 Anspruch auf Beseitigung von Vollstreckungsfolgen.** ¹Ist Verwaltungszwang zur Vollstreckung eines Verwaltungsakts angewendet worden, weil die sofortige Vollziehung angeordnet war oder die Anfechtung mit einem förmlichen Rechtsbehelf keine aufschiebende Wirkung hatte (Art. 19 Abs. 1 Nrn. 2 und 3), so kann der Pflichtige die Beseitigung der Vollstreckungsfolgen insoweit verlangen, als der Verwaltungsakt nach der Vollstreckung rechtskräftig aufgehoben oder abgeändert wird. ²Ein gleicher Anspruch besteht, wenn der Verwaltungszwang nach Art. 35 durchgeführt wurde und nachträglich rechtskräftig festgestellt wird, daß dem Pflichtigen hierdurch rechtswidrig ein Nachteil verursacht wurde. ³Weitergehende Ansprüche auf Schadensersatz bleiben unberührt.

Vierter Abschnitt
## Einschränkungen von Grundrechten

**Art. 40 Einschränkung von Grundrechten.** Nach diesem Hauptteil können das Recht auf körperliche Unversehrtheit, das Recht auf Freiheit der Person, das Recht auf Unverletzlichkeit der Wohnung und das Recht auf Eigentum eingeschränkt werden (Art. 2 Abs. 2 Sätze 1 und 2, Art. 13 und 14 des Grundgesetzes, Art. 102 Abs. 1, Art. 106 Abs. 3 und Art. 103 der Verfassung).

Fünfter Abschnitt
## Kosten

**Art. 41 Kostenschuldner; Kostenersatz; Forderungsübergang; Zwangsgelder.** (1) ¹Für Amtshandlungen im Vollstreckungsverfahren werden Kosten nach dem Kostengesetz erhoben, soweit nicht bundesrechtliche Kostenvorschriften unmittelbar gelten oder landesrechtlich für anwendbar erklärt sind. ²Kostenschuldner ist der Vollstreckungsschuldner; das gilt auch dann, wenn die Vollstreckungsbehörde auf Veranlassung der Anordnungsbehörde tätig wird.

(2) ¹Wenn Behörden Verwaltungsakte vollstrecken, die sie nicht selbst erlassen haben, so können sie von den juristischen Personen des öffentlichen Rechts, denen die Anordnungsbehörden angehören, Ersatz der Kosten verlangen, die beim Vollstreckungsschuldner nicht beigetrieben werden können, sofern diese im Einzelfall fünfundzwanzig Euro übersteigen. ²Die Kostenforderung gegen den Vollstreckungsschuldner geht insoweit auf diese juristische Person über, als sie Ersatz leistet.

(3) Zwangsgelder fließen der Vollstreckungsbehörde zu.

**Art. 41a Kosten der Ersatzvornahme.** ¹Der Kostenbetrag einer Ersatzvornahme ist ab Fälligkeit mit einem Zinssatz von sechs v.H. zu verzinsen. ²Von der Erhebung geringfügiger Zinsen kann abgesehen werden.

## DRITTER HAUPTTEIL
## Übergangs- und Schlußbestimmungen

**Art. 42 Durchführungsvorschriften, Verordnungsermächtigung.** ¹Die zur Durchführung dieses Gesetzes erforderlichen Rechtsvorschriften erläßt die Staatsregierung. ²Die Zuständigkeit des Staatsministeriums der Finanzen und für Heimat in kostenrechtlichen Angelegenheiten bleibt unberührt.

**Art. 43 Vollstreckung öffentlich-rechtlicher Geldforderungen nach § 350b Abs. 5 des Lastenausgleichsgesetzes.** (1) ¹Öffentlich-rechtliche Geldforderungen des Bundes nach § 350b des Lastenausgleichsgesetzes werden nach den Bestimmungen dieses Gesetzes über die Vollstreckung von Geldforderungen des Staates beigetrieben. ²Dieses Gesetz tritt an die Stelle des Verwaltungs-Vollstreckungsgesetzes (VwVG).

(2) Anordnungsbehörden sind die Regierungen.

**Art. 44 Finanzämter als Vollstreckungsbehörden für bestimmte Fälle.** Für Vollstreckungen nach § 66 Abs. 2 des Zehntes Buchs Sozialgesetzbuch und nach § 200 Abs. 2 des Sozialgerichtsgesetzes ist Vollstreckungsbehörde im Sinn des § 4 VwVG das nach Art. 25 zuständige Finanzamt.

**Art. 45 Inkrafttreten.** Dieses Gesetz tritt am 1. Juli 1961 in Kraft.*

---

\* Diese Vorschrift betrifft das Inkrafttreten des Gesetzes in der ursprünglichen Fassung vom 30. Mai 1961 (GVBl. S. 148). Der Zeitpunkt des Inkrafttretens der späteren Änderungen ergibt sich aus den Änderungsgesetzen.

# AGVwGO 22

# Gesetz zur Ausführung der Verwaltungsgerichtsordnung (AGVwGO)

(BayRS 34-1-I)
in der Fassung der Bekanntmachung vom 20. Juni 1992 (GVBl. S. 162),
zuletzt geändert durch Verordnung vom 23. Dezember 2020
(GVBl. S. 663)

## INHALTSÜBERSICHT*

| | |
|---|---|
| Art. 1 | Gerichtssitz und Bezeichnung der Gerichte |
| Art. 2 | Personalvertretungsrecht, Disziplinargerichtsbarkeit, Ausländer- und Asylrecht |
| Art. 3 | Ernennung |
| Art. 4 | Dienstaufsicht |
| Art. 5 | Normenkontrollverfahren |
| Art. 6 | Zuständigkeit bei Besitzeinweisungen i.S.d. § 48 Abs. 1 S. 1 VwGO |
| Art. 7 | Großer Senat beim Verwaltungsgerichtshof |
| Art. 8 | Veröffentlichung von Entscheidungen |
| Art. 9 | Geschäftsordnung |
| Art. 10 | Urkundsbeamte |
| Art. 11 | Wahlausschuß |
| Art. 12 | Schiedsgerichtsbarkeit |
| Art. 13 | Zulässigkeit des Verwaltungsrechtswegs |
| Art. 14 | Rechtsbehelfe im Verwaltungsverfahren |
| Art. 15 | Vorverfahren |
| Art. 16 | Landesanwaltschaft |
| Art. 17 | Ausführung des Gesetzes |
| Art. 18 | Inkrafttreten |

**Art. 1 (Zu §§ 2, 3 Abs. 1, § 184 VwGO) [Gerichtssitz und Bezeichnung der Gerichte].** (1) ¹Das Oberverwaltungsgericht für den Freistaat Bayern führt die Bezeichnung „Bayerischer Verwaltungsgerichtshof". ²Der Verwaltungsgerichtshof hat seinen Sitz in München. ³In Ansbach werden vier auswärtige Senate des Verwaltungsgerichtshofs errichtet.

(2) Die Bayerischen Verwaltungsgerichte haben ihren Sitz
1. in München für den Regierungsbezirk Oberbayern,
2. in Regensburg für die Regierungsbezirke Niederbayern und Oberpfalz,
3. in Bayreuth für den Regierungsbezirk Oberfranken,
4. in Ansbach für den Regierungsbezirk Mittelfranken,
5. in Würzburg für den Regierungsbezirk Unterfranken,
6. in Augsburg für den Regierungsbezirk Schwaben.

**Art. 2 (Zu § 3 Abs. 1, § 187 Abs. 1 und 2 VwGO) [Personalvertretungsrecht, Disziplinargerichtsbarkeit, Ausländer- und Asylrecht].** (1) ¹Für Personalvertretungsangelegenheiten nach Bundes- und nach Landesrecht werden gebildet:

---

\* *Inhaltsübersicht und Artikelüberschriften nicht amtlich.*

**22 AGVwGO**  Ausführungsgesetz zur Verwaltungsgerichtsordnung

1. im ersten Rechtszug je eine Fachkammer am Verwaltungsgericht München mit Zuständigkeit für Oberbayern, Niederbayern und Schwaben sowie je eine Fachkammer am Verwaltungsgericht Ansbach mit Zuständigkeit für die Oberpfalz, Oberfranken, Mittelfranken und Unterfranken,
2. im zweiten Rechtszug je ein Fachsenat am Verwaltungsgerichtshof.

²Für die Besetzung und das Verfahren der Gerichte der Verwaltungsgerichtsbarkeit in Personalvertretungsangelegenheiten nach dem Bayerischen Personalvertretungsgesetz gelten dessen Vorschriften.

(2) ¹Die Vorschriften des Bayerischen Disziplinargesetzes über die Bildung von Spruchkörpern für Disziplinarsachen bleiben unberührt. ²Für die Besetzung und das Verfahren der Gerichte der Verwaltungsgerichtsbarkeit in Disziplinarsachen gelten die Vorschriften des Bayerischen Disziplinargesetzes.

**Art. 3 [Ernennung].**  ¹Die Staatsregierung ernennt den Präsidenten des Verwaltungsgerichtshofs. ²Die übrigen Richter des Verwaltungsgerichtshofs und die Richter der Verwaltungsgerichte werden vom Staatsminister des Innern, für Sport und Integration ernannt.

**Art. 4 (Zu § 38 VwGO) [Dienstaufsicht].**  Der Staatsminister des Innern, für Sport und Integration übt die Dienstaufsicht über den Präsidenten des Verwaltungsgerichtshofs aus.

**Art. 5 (Zu § 9 Abs. 3, § 47 VwGO) [Normenkontrollverfahren].**  ¹Der Verwaltungsgerichtshof entscheidet im Rahmen seiner Gerichtsbarkeit auf Antrag über die Gültigkeit von Rechtsvorschriften, die im Rang unter dem Landesgesetz stehen. ²Über Satzungen nach Art. 81 Abs. 1 der Bayerischen Bauordnung entscheidet der Verwaltungsgerichtshof nur, wenn
1. der Antrag von einer Behörde gestellt wird und
2. die Rechtssache grundsätzliche Bedeutung hat.

**Art. 6 (Zu § 48 Abs. 1 Satz 3 VwGO) [Zuständigkeit bei Besitzeinweisungen i.S.d. § 48 Abs. 1 S. 1 VwGO].**  Der Verwaltungsgerichtshof entscheidet im ersten Rechtszug über Streitigkeiten, die Besitzeinweisungen in den Fällen des § 48 Abs. 1 Satz 1 VwGO betreffen.

**Art. 7 (Zu § 12 Abs. 3 VwGO) [Großer Senat beim Verwaltungsgerichtshof].**  ¹Der Große Senat beim Verwaltungsgerichtshof besteht aus dem Präsidenten und sechs Richtern. ²Bei einer Verhinderung des Präsidenten tritt sein Stellvertreter an seine Stelle. ³Ruft der erkennende Senat den Großen Senat an, weil er in einer Rechtsfrage von der Entscheidung eines anderen Senats oder des Großen Senats abweichen will, so entsendet jeder beteiligte Senat einen abstimmungsberechtigten Richter zu den Sitzungen des Großen Senats. ⁴Wird der Große Senat zur Klärung einer grundsätzlichen Rechtsfrage angerufen, so entsendet der erkennende Senat einen abstimmungsberechtigten Richter zu den Sitzungen des Großen Senats.

**Art. 8 [Veröffentlichung von Entscheidungen].** [1]Der Verwaltungsgerichtshof hat seine Entscheidungen zu veröffentlichen, soweit sie grundsätzliche Bedeutung haben. [2]Die Auswahl trifft das Präsidium.

**Art. 9 [Geschäftsordnung].** (1) [1]Der Verwaltungsgerichtshof gibt sich eine Geschäftsordnung, die das Präsidium beschließt. [2]Sie bedarf der Genehmigung des Staatsministers des Innern, für Sport und Integration.

(2) [1]Der Präsident des Verwaltungsgerichtshofs erläßt für jedes Verwaltungsgericht eine Geschäftsordnung. [2]Das Präsidium des Verwaltungsgerichts ist vorher gutachtlich zu hören.

(3) Die Präsidenten der Verwaltungsgerichte und des Verwaltungsgerichtshofs können nach Maßgabe des Art. 56 Abs. 2 des Bayerischen Besoldungsgesetzes besondere Zulagen nach gerichtsinterner Ausschreibung im Benehmen mit dem Präsidium und dem Richterrat jeweils für die Dauer eines Geschäftsjahres gewähren.

**Art. 10 (Zu § 13 Satz 2 VwGO) [Urkundsbeamte].** (1) Urkundsbeamte der Geschäftsstelle sind Beamte beim Verwaltungsgerichtshof und bei den Verwaltungsgerichten, die für ein Amt ab der Besoldungsgruppe A 7 qualifiziert sind.

(2) Als stellvertretende Urkundsbeamte können bei Bedarf bestellt werden:
1. Beamte auf Widerruf für den Einstieg in der zweiten oder dritten Qualifikationsebene,
2. nichtbeamtete Kräfte und
3. in Ausnahmefällen, insbesondere während ihrer Ausbildung im Rahmen der Ausbildungsqualifizierung für Ämter ab der zweiten Qualifikationsebene, Beamte beim Verwaltungsgerichtshof und den Verwaltungsgerichten, die in der ersten Qualifikationsebene eingestiegen sind.

(3) [1]Die stellvertretenden Urkundsbeamten werden vom Präsidenten des Gerichts bestellt. [2]Die Bestellung ist schriftlich vorzunehmen; sie kann auf einzelne Arten von Geschäften oder zeitlich beschränkt werden. [3]Sie ist jederzeit widerruflich und gilt nur für die Dauer der Verwendung bei dem Gericht, dessen Präsident die Bestellung verfügt hat.

**Art. 11 (Zu § 26 Abs. 2 VwGO) [Wahlausschuß].** (1) [1]Die Vertrauensleute und ihre Vertreter werden vom Bezirkstag, mit seiner Ermächtigung vom Bezirksausschuß gewählt. [2]Art. 42 Abs. 3 der Bezirksordnung ist anzuwenden.

(2) Für den beim Verwaltungsgericht Regensburg zu bestellenden Ausschuß zur Wahl der ehrenamtlichen Verwaltungsrichter wählt der Bezirkstag Niederbayern je vier, der Bezirkstag Oberpfalz je drei Vertrauensleute und Vertreter.

(3) [1]Die Vertrauensleute und ihre Vertreter werden auf vier Jahre gewählt. [2]Die §§ 23 und 24 Abs. 1 und 2 VwGO gelten entsprechend; über die Befreiung von der Übernahme oder der weiteren Ausübung des Amts und über die Entbindung von diesem Amt entscheidet der Bezirkstag, mit seiner Ermächtigung der Bezirksausschuß.

# 22 AGVwGO  Ausführungsgesetz zur Verwaltungsgerichtsordnung

**Art. 12 (Zu § 187 Abs. 1 VwGO) [Schiedsgerichtsbarkeit].** (1) Die Gerichte der Verwaltungsgerichtsbarkeit sind als Schiedsgerichte zuständig für Vermögensauseinandersetzungen öffentlich-rechtlicher Verbände, soweit das in besonderen Gesetzen bestimmt ist.

(2) ¹Für die Besetzung der Schiedsgerichte und für das Verfahren gelten die Bestimmungen der Verwaltungsgerichtsordnung, für das Verfahren jedoch nur, soweit in besonderen Gesetzen nicht anderes bestimmt ist. ²Die Schiedsgerichte entscheiden unter Würdigung der Rechts- und Sachlage nach billigem Ermessen.

**Art. 13 (Zu § 40 Abs. 1 Satz 2 VwGO) [Zulässigkeit des Verwaltungsrechtswegs].** Soweit öffentlich-rechtliche Streitigkeiten bisher einem anderen Gericht zugewiesen sind, hat es dabei sein Bewenden.

**Art. 14 [Rechtsbehelfe im Verwaltungsverfahren].** (1) Soweit nicht anderes bestimmt wird, tritt der Widerspruch an die Stelle aller förmlichen Rechtsbehelfe, die das Landesrecht für das Verwaltungsverfahren einräumt.

(2) Unberührt bleiben die Rechtsbehelfe nach dem Bayerischen Disziplinargesetz.

(3) Unberührt bleiben die Rechtsbehelfe nach dem Landeswahlgesetz, dem Bezirkswahlgesetz und dem Gemeinde- und Landkreiswahlgesetz, soweit sie nicht Voraussetzung der verwaltungsgerichtlichen Klage sind.

**Art. 15 [Vorverfahren].** (1) ¹Gegen einen nur an ihn gerichteten Verwaltungsakt kann der Betroffene
1. im Bereich des Kommunalabgabenrechts,
2. im Bereich des Landwirtschaftsrechts einschließlich des Rechts landwirtschaftlicher Subventionen sowie im Bereich des Rechts forstlicher Subventionen und jagdrechtlicher Abschussplanverfahren,
3. im Bereich des Schulrechts einschließlich des Rechts der Schulfinanzierung und Schülerbeförderung,
4. in den Bereichen des Ausbildungs- und Studienförderungsrechts, des Heimrechts, des Kinder- und Jugendhilferechts, der Kinder-, Jugend- und Familienförderung, des Kriegsopferfürsorgerechts, des Schwerbehindertenrechts, des Unterhaltsvorschussrechts, des Wohngeldrechts, des Rundfunkabgabenrechts und im Rahmen der Förderungen nach dem Europäischen Sozialfonds (ESF-Förderung), soweit jeweils der Verwaltungsrechtsweg eröffnet ist,
5. in Angelegenheiten der Beamten mit Ausnahme des Disziplinarrechts,
6. bei personenbezogenen Prüfungsentscheidungen

entweder Widerspruch einlegen oder unmittelbar Klage erheben; in den Angelegenheiten der Nr. 5 gilt Entsprechendes für Leistungs- und Feststellungsklagen. ²Richtet sich der Verwaltungsakt in diesen Bereichen an mehrere Betroffene, kann jeder von ihnen unmittelbar Klage erheben, wenn alle Betroffenen zustimmen. ³Wird unmittelbar Klage erhoben, bedarf es keiner Durchführung eines Vorverfahrens nach § 68 VwGO.

(2) Soweit in Abs. 1 nichts Abweichendes geregelt ist, entfällt das Vorverfahren nach § 68 VwGO.

(3) [1]Die Abs. 1 und 2 gelten nur für Verfahren der Behörden des Freistaates Bayern, der Gemeinden und Gemeindeverbände und der sonstigen der Aufsicht des Freistaates Bayern unterstehenden juristischen Personen des öffentlichen Rechts. [2]§ 68 Abs. 1 Satz 2 Nrn. 1 und 2 VwGO sowie sonstige abweichende Regelungen in anderen Gesetzen und Rechtsverordnungen bleiben unberührt.

**Art. 16 (Zu § 36 Abs. 1 Satz 2 VwGO) [Landesanwaltschaft].** [1]Vertretungsbehörde des Freistaates Bayern vor den Gerichten der Verwaltungsgerichtsbarkeit ist in den Fällen des § 45 VwGO die Ausgangsbehörde und in den übrigen Fällen die Landesanwaltschaft Bayern, soweit die Vertretung nicht auf eine andere Behörde oder Stelle übertragen ist. [2]Das Nähere regelt die Staatsregierung durch Rechtsverordnung. [3]Die Regelungen der Vertretungsverordnung bleiben unberührt.

**Art. 17 [Ausführung des Gesetzes].** [1]Die Staatsregierung erläßt die zur Ausführung dieses Gesetzes erforderlichen Rechtsvorschriften. [2]Die Verwaltungsvorschriften zur Ausführung dieses Gesetzes erläßt das Staatsministerium des Innern, für Sport und Integration, soweit erforderlich im Einvernehmen mit dem Staatsministerium der Finanzen und für Heimat.

**Art. 18 [Inkrafttreten].** [1]Dieses Gesetz ist dringlich. [2]Es tritt am 1. Dezember 1960 in Kraft. [3]Die Art. 1, 5 bis 8, 10 und 11 des Gesetzes treten am 1. April 1960 in Kraft.*

---

\* Diese Vorschrift betrifft das Inkrafttreten des Gesetzes in der ursprünglichen Fassung vom 28. November 1960 (GVBl. S. 266). Der Zeitpunkt des Inkrafttretens der späteren Änderungen ergibt sich aus den jeweiligen Änderungsgesetzen.

# LABV 23

# Verordnung über die Landesanwaltschaft Bayern (LABV)

(BayRS 34-3-I) vom 29. Juli 2008 (GVBl. S. 554),
zuletzt geändert durch Verordnung vom 26. März 2019
(GVBl. S. 98)

Auf Grund von

1. § 36 Abs. 1 der Verwaltungsgerichtsordnung (VwGO) in der Fassung der Bekanntmachung vom 19. März 1991 (BGBl I S. 686), zuletzt geändert durch § 62 Abs. 11 des Gesetzes vom 17. Juni 2008 (BGBl I S. 1010),
2. Art. 16 Satz 2 des Gesetzes zur Ausführung der Verwaltungsgerichtsordnung (AGVwGO) in der Fassung der Bekanntmachung vom 20. Juni 1992 (GVBl S. 162, BayRS 34-1-I), zuletzt geändert durch § 2 des Gesetzes vom 20. Dezember 2007 (GVBl S. 958), und
3. Art. 43 Abs. 1 und Art. 55 Nr. 2 der Verfassung des Freistaates Bayern in der Fassung der Bekanntmachung vom 15. Dezember 1998 (GVBl S. 991, BayRS 100-1-I), geändert durch Gesetze vom 10. November 2003 (GVBl S. 816, 817),

erlässt die Bayerische Staatsregierung folgende Verordnung:

## INHALTÜBERSICHT*

| | | | |
|---|---|---|---|
| § 1 | Landesanwaltschaft Bayern, Generallandesanwalt | § 4 | Vertretung der Staatskasse |
| § 2 | Ernennung der Landesanwälte, Dienstaufsicht, Amtstracht | § 5 | Vertretung des öffentlichen Interesses |
| § 3 | Vertretung des Freistaates Bayern | § 6 | Erlass von Verwaltungsvorschriften |
| | | § 7 | Inkrafttreten, Außerkrafttreten |

**§ 1 Landesanwaltschaft Bayern, Generallandesanwalt.** (1) [1]Die Landesanwaltschaft Bayern ist eine dem Staatsministerium des Innern, für Sport und Integration unmittelbar nachgeordnete Behörde am Sitz des Verwaltungsgerichtshofs und dessen auswärtiger Senate. [2]Sie wird vom Generallandesanwalt geleitet.

(2) Der Landesanwaltschaft Bayern obliegt die Vertretung des Freistaates Bayern als Kläger, Beklagter oder Beigeladener (§ 63 Nrn. 1 bis 3 VwGO) und die Vertretung des öffentlichen Interesses (§§ 36, 63 Nr. 4 VwGO) in Verfahren vor den Gerichten der Verwaltungsgerichtsbarkeit nach Maßgabe dieser Verordnung sowie die Wahrnehmung der Aufgabe als Disziplinarbehörde oder Dienstvorgesetzter nach Maßgabe der auf Grund des Bayerischen Disziplinargesetzes (BayDG) erlassenen Rechtsverordnungen.

---

\* *Inhaltsübersicht nicht amtlich.*

(3) Der Generallandesanwalt sorgt für die Einheitlichkeit der Gesetzesauslegung und der Rechtsanwendung.

**§ 2 Ernennung der Landesanwälte, Dienstaufsicht, Amtstracht.** (1) Die Beamten der Landesanwaltschaft Bayern werden nach Art. 55 Nr. 4 der Verfassung sowie den Vorschriften des Beamtenstatusgesetzes und des Bayerischen Beamtengesetzes ernannt.

(2) Die Landesanwälte müssen die Befähigung zum Richteramt besitzen oder die Voraussetzungen des § 174 VwGO erfüllen.

(3) [1]Die Dienstaufsicht über den Generallandesanwalt übt der Staatsminister des Innern, für Sport und Integration aus. [2]Der Generallandesanwalt ist Dienstvorgesetzter der Beamten der Landesanwaltschaft Bayern. [3]Aufsichtsbehörde in den Fällen, in denen die Befugnisse als Disziplinarbehörde nach § 2 Nr. 2 oder § 5 der Verordnung über die Zuständigkeiten zur Durchführung des Bayerischen Disziplinargesetzes und zur Vertretung des Freistaates Bayern in Disziplinarsachen (ZustV-BayDG) auf die Landesanwaltschaft Bayern übertragen wurden, ist – vorbehaltlich des Satzes 1 – die jeweils zuständige oberste Dienstbehörde. [4]Aufsichtsbehörde in den Fällen, in denen die Disziplinarbefugnisse gemäß § 4 Abs. 2 Satz 1 oder § 5 Satz 1 der Verordnung zur Durchführung des Bayerischen Disziplinargesetzes und zur Vertretung des Freistaates Bayern in Disziplinarsachen für den kommunalen Bereich (DVKommBayDG) auf die Landesanwaltschaft Bayern übertragen wurden, ist das Staatsministerium des Innern, für Sport und Integration. [5]Aufsichtsbehörde in den Fällen, in denen die Disziplinarbefugnisse von einer weiteren auf Grund des Art. 18 Abs. 5 BayDG erlassenen Rechtsverordnung auf die Landesanwaltschaft Bayern übertragen wurden, ist – vorbehaltlich des Satzes 1 – das jeweils für die Rechtsaufsicht zuständige Staatsministerium.

(4) Die Bestimmungen der Geschäftsordnung des Verwaltungsgerichtshofs über die Amtstracht gelten für die Landesanwälte der Landesanwaltschaft Bayern entsprechend.

**§ 3 Vertretung des Freistaates Bayern.** (1) [1]Die Vertretung des Freistaates Bayern in verwaltungsgerichtlichen Verfahren bestimmt sich nach den folgenden Absätzen, wenn
1. die Klage oder ein sonstiger Antrag gegen den Freistaat Bayern gerichtet ist,
2. die Klage gegen den Freistaat Bayern gerichtet ist und der Freistaat Bayern Widerklage nach § 89 VwGO erhebt,
3. der Freistaat Bayern als Hoheitsträger beigeladen wird,
4. der Freistaat Bayern vor dem Bundesverwaltungsgericht Klage nach § 50 Abs. 1 Nr. 1 VwGO erhebt.

[2]Für die Vertretung in Disziplinarsachen nach dem Bayerischen Disziplinargesetz gelten § 6 ZustV-BayDG, § 6 DVKommBayDG sowie die Regelungen der weiteren auf Grund des Art. 18 Abs. 5 BayDG erlassenen Rechtsverordnungen.

(2) [1]In Verfahren vor den Verwaltungsgerichten obliegt die Vertretung der Ausgangsbehörde. [2]Ist eine Ausgangsbehörde nicht zu ermitteln oder fehlt eine solche, ist die Regierung am Sitz des Gerichts Vertretungsbehörde. [3]Die Ausgangsbehörde kann die Vertretung in Verfahren, die ihr von herausgehobener Bedeutung oder prozessrechtlich schwierig erscheinen, auf die Widerspruchsbehörde, eine andere oder höhere Behörde desselben Geschäftsbereichs mit Ausnahme der obersten Landesbehörde oder die für die Vertretung des öffentlichen Interesses zuständige Regierung mit deren Einverständnis übertragen. [4]Die Übernahme der Vertretung ist dem Gericht durch die übernehmende Behörde mitzuteilen. [5]Ab Eingang der Mitteilung bei Gericht ist die Zuständigkeit übergegangen. [6]Ist die Ausgangsbehörde einem Präsidium der Bayerischen Landespolizei oder dem Präsidium der Bayerischen Bereitschaftspolizei nachgeordnet, obliegt die Vertretung dem jeweiligen Präsidium.

(3) [1]In Verfahren vor dem Verwaltungsgerichtshof und dem Bundesverwaltungsgericht wird der Freistaat Bayern durch die Landesanwaltschaft Bayern vertreten. [2]Die Landesanwaltschaft Bayern kann die Vertretung im Einzelfall auf die Ausgangsbehörde oder in den Fällen des Abs. 2 Satz 6 auf die Vertretungsbehörde mit deren Einverständnis übertragen. [3]Ist das Landesjustizprüfungsamt oder ein Amt für Ländliche Entwicklung Ausgangsbehörde, so obliegt diesem die Vertretung, es sei denn, es überträgt sie im Einzelfall auf die Landesanwaltschaft Bayern. [4]Für die Übertragung gelten jeweils Abs. 2 Sätze 4 und 5 entsprechend.

(4) Die Vertretung umfasst auch die Befugnis zur Einlegung eines Rechtsmittels oder die Stellung eines Antrags auf Zulassung eines Rechtsmittels; die Landesanwaltschaft Bayern kann bereits bei den Verwaltungsgerichten Rechtsmittel einlegen oder deren Zulassung beantragen.

(5) Sofern nicht im Einzelfall die Staatskanzlei oder das Staatsministerium, dessen Geschäftsbereich berührt ist, die Vertretung des Freistaates Bayern übernimmt oder die Vertretung abweichend regelt, vertritt die Landesanwaltschaft Bayern diesen in Zwischen- und Folgeverfahren zu Verfahren nach Abs. 1 vor dem Bundesverfassungsgericht und dem Europäischen Gerichtshof.

(6) Die Vertretungsbehörden können Vertreter anderer Staatsbehörden zur mündlichen Verhandlung und zum Beweistermin zuziehen.

(7) [1]Behörden, denen die Vertretung übertragen wurde oder gemäß Abs. 2 Satz 6 obliegt, sowie die Landesanwaltschaft Bayern nehmen ihre Aufgaben im Benehmen mit den beteiligten Verwaltungsbehörden wahr. [2]Sie haben grundsätzlich den ihnen im Einzelfall von den beteiligten Behörden gegebenen Instruktionen zu entsprechen. [3]Satz 2 gilt nicht, soweit der Vertretungsbehörde als Widerspruchsbehörde die Vertretung übertragen wurde oder ihr die Vertretung gemäß Abs. 2 Satz 6 obliegt. [4]Lassen sich Meinungsverschiedenheiten zwischen Staatsministerien und der Landesanwaltschaft Bayern nicht ausgleichen, entscheidet die Staatsregierung.

## 23 LABV — Landesanwaltschaft Bayern

**§ 4 Vertretung der Staatskasse.** Vor den Gerichten der Verwaltungsgerichtsbarkeit wird die Staatskasse in Verfahren kostenrechtlicher Art, wenn sie an einem Verfahren zur Wert-, Kosten- oder Entschädigungs-(Vergütungs-)festsetzung oder anderen Verfahren kostenrechtlicher Art beteiligt ist, durch die Landesanwaltschaft Bayern vertreten.

**§ 5 Vertretung des öffentlichen Interesses.** (1) [1]Die Vertretung des öffentlichen Interesses gemäß § 36 VwGO in Verfahren vor den Gerichten der Verwaltungsgerichtsbarkeit, auch soweit sie als Schiedsgerichte entscheiden, nehmen
1. vor den Verwaltungsgerichten die örtlich zuständigen Regierungen,
2. vor dem Verwaltungsgerichtshof und vor dem Bundesverwaltungsgericht die Landesanwaltschaft Bayern wahr.
[2]§ 3 Abs. 4 gilt entsprechend.

(2) [1]Die Vertretung des öffentlichen Interesses hat daran mitzuwirken, dass das Recht sich durchsetzt und das Gemeinwohl keinen Schaden leidet. [2]Sie ist hierbei nur an Weisungen der Staatsregierung gebunden.

(3) Unbeschadet des Weisungsrechts der Staatsregierung beschränkt sich die Beteiligung nach Abs. 1 auf Rechtsgebiete und Verfahren, die von besonderem öffentlichen Interesse sind.

(4) In Verfahren vor den Kammern für Disziplinarsachen und vor den Disziplinarsenaten wirkt die Vertretung des öffentlichen Interesses nicht mit.

**§ 6 Erlass von Verwaltungsvorschriften.** Das Staatsministerium des Innern, für Sport und Integration erlässt die zum Vollzug dieser Verordnung erforderlichen Verwaltungsvorschriften.

**§ 7 Inkrafttreten, Außerkrafttreten.** (1) Diese Verordnung tritt am 1. September 2008 in Kraft.

(2) Mit Ablauf des 31. August 2008 tritt die Verordnung über die Landesanwaltschaft Bayern (LABV) vom 4. November 1975 (BayRS 34-3-I), zuletzt geändert durch § 16 der Verordnung vom 25. November 2003 (GVBl S. 880), außer Kraft.

# GO 30

# Gemeindeordnung für den Freistaat Bayern (Gemeindeordnung – GO)

(BayRS 2020-1-1-I) in der Fassung der Bekanntmachung
vom 22. August 1998 (GVBl. S. 796),
zuletzt geändert durch Gesetz vom 24. Juli 2020 (GVBl. S. 350)

## INHALTSÜBERSICHT*

### ERSTER TEIL
### Wesen und Aufgaben der Gemeinde

#### 1. Abschnitt
#### Begriff, Benennung und Hoheitszeichen

- Art. 1  Begriff
- Art. 2  Name
- Art. 3  Städte und Märkte
- Art. 4  Wappen und Fahnen; Dienstsiegel

#### 2. Abschnitt
#### Rechtsstellung und Wirkungskreis

- Art. 5  Kreisangehörigkeit und Kreisfreiheit
- Art. 5a  Eingliederung in den Landkreis; Große Kreisstadt
- Art. 6  Allseitiger Wirkungskreis
- Art. 7  Eigene Angelegenheiten
- Art. 8  Übertragene Angelegenheiten
- Art. 9  Weitere Aufgaben der kreisfreien Gemeinden und Großen Kreisstädte

#### 3. Abschnitt
#### Gemeindegebiet und gemeindefreies Gebiet

- Art. 10  Gemeindegebiet und Bestandsgarantie
- Art. 10a  Gemeindefreie Gebiete
- Art. 11  Änderungen
- Art. 12  Zuständige Behörde; Fortgeltung des Ortsrechts
- Art. 13  Weitere Folgen der Änderungen
- Art. 13a  *(aufgehoben)*
- Art. 14  Bekanntmachung; Gebühren

#### 4. Abschnitt
#### Rechte und Pflichten der Gemeindeangehörigen

- Art. 15  Einwohner und Bürger
- Art. 16  Ehrenbürgerrecht
- Art. 17  Wahlrecht
- Art. 18  Mitberatungsrecht (Bürgerversammlung)
- Art. 18a  Bürgerbegehren und Bürgerentscheid
- Art. 18b  Bürgerantrag
- Art. 19  Ehrenamtliche Tätigkeit
- Art. 20  Sorgfalts- und Verschwiegenheitspflicht
- Art. 20a  Entschädigung
- Art. 21  Benutzung öffentlicher Einrichtungen; Tragung der Gemeindelasten

#### 5. Abschnitt
#### Gemeindehoheit

- Art. 22  Verwaltungs- und Finanzhoheit
- Art. 23  Ortsrecht
- Art. 24  Inhalt der Satzungen
- Art. 25  *(aufgehoben)*
- Art. 26  Inkrafttreten; Ausfertigung und Bekanntmachung
- Art. 27  Verwaltungsverfügungen; Zwangsmaßnahmen
- Art. 28  Geldbußen und Verwarnungsgelder

### ZWEITER TEIL
### Verfassung und Verwaltung der Gemeinde

#### 1. Abschnitt
#### Gemeindeorgane und ihre Hilfskräfte

- Art. 29  Hauptorgane

##### a) Der Gemeinderat und seine Ausschüsse

- Art. 30  Rechtsstellung; Aufgaben des Gemeinderats

---

\*  *Inhaltsübersicht nicht amtlich.*

# 30 GO  Gemeindeordnung

| | | | | |
|---|---|---|---|---|
| Art. 31 | Zusammensetzung des Gemeinderats | | Art. 52 | Öffentlichkeit |
| Art. 32 | Aufgaben der Ausschüsse | | Art. 53 | Handhabung der Ordnung |
| Art. 33 | Zusammensetzung der Ausschüsse; Vorsitz | | Art. 54 | Niederschrift |
| | | | Art. 55 | *(aufgehoben)* |

### b) Der erste Bürgermeister und seine Stellvertreter

### 3. Abschnitt
### Verwaltungsgrundsätze und Verwaltungsaufgaben

- Art. 34 Rechtsstellung des ersten Bürgermeisters
- Art. 35 Rechtsstellung der weiteren Bürgermeister
- Art. 36 Vollzug der Beschlüsse des Gemeinderats
- Art. 37 Zuständigkeit des ersten Bürgermeisters
- Art. 38 Verpflichtungsgeschäfte; Vertretung der Gemeinde nach außen
- Art. 39 Stellvertretung; Übertragung von Befugnissen

- Art. 56 Gesetzmäßigkeit; Geschäftsgang
- Art. 56a Geheimhaltung
- Art. 57 Aufgaben des eigenen Wirkungskreises
- Art. 58 Aufgaben des übertragenen Wirkungskreises
- Art. 59 Zuständigkeit für den Gesetzesvollzug

### 4. Abschnitt
### Stadtbezirke und Gemeindeteile

- Art. 60 Einteilung in Stadtbezirke
- Art. 60a Ortssprecher

### c) Die berufsmäßigen Gemeinderatsmitglieder

- Art. 40 Berufung und Aufgaben
- Art. 41 Rechtsstellung

## DRITTER TEIL
## Gemeindewirtschaft

### 1. Abschnitt
### Haushaltswirtschaft

### d) Gemeindebedienstete

- Art. 42 Notwendigkeit bestimmter Fachkräfte
- Art. 43 Anstellung und Arbeitsbedingungen
- Art. 44 Stellenplan

### 2. Abschnitt
### Geschäftsgang

- Art. 45 Geschäftsordnung und Geschäftsgang der Ausschüsse
- Art. 46 Geschäftsleitung
- Art. 47 Sitzungszwang; Beschlußfähigkeit
- Art. 48 Teilnahmepflicht; Ordnungsgeld gegen Säumige
- Art. 49 Ausschluß wegen persönlicher Beteiligung
- Art. 50 Einschränkung des Vertretungsrechts
- Art. 51 Form der Beschlußfassung; Wahlen

- Art. 61 Allgemeine Haushaltsgrundsätze
- Art. 62 Grundsätze der Einnahmebeschaffung
- Art. 63 Haushaltssatzung
- Art. 64 Haushaltsplan
- Art. 65 Erlaß der Haushaltssatzung
- Art. 66 Planabweichungen
- Art. 67 Verpflichtungsermächtigungen
- Art. 68 Nachtragshaushaltssatzungen
- Art. 69 Vorläufige Haushaltsführung
- Art. 70 Mittelfristige Finanzplanung

### 2. Abschnitt
### Kreditwesen

- Art. 71 Kredite
- Art. 72 Kreditähnliche Verpflichtungen; Sicherheiten
- Art. 73 Kassenkredite

## 3. Abschnitt
### Vermögenswirtschaft
#### a) Allgemeines

| | |
|---|---|
| Art. 74 | Erwerb und Verwaltung von Vermögen, Wertansätze |
| Art. 75 | Veräußerung von Vermögen |
| Art. 76 | Rücklagen, Rückstellungen |
| Art. 77 | Insolvenzverfahren |
| Art. 78 und 79 | *(aufgehoben)* |

#### b) Öffentliche Nutzungsrechte

| | |
|---|---|
| Art. 80 | Verbot der Neubegründung; Übertragungsbeschränkungen |
| Art. 81 | Lasten und Ausgabe |
| Art. 82 | Ablösung und Aufhebung |
| Art. 83 | Art und Umfang der Entschädigung |

#### c) Von der Gemeinde verwaltete nichtrechtsfähige (fiduziarische) Stiftungen

| | |
|---|---|
| Art. 84 | Begriff; Verwaltung |
| Art. 85 | Änderung des Verwendungszwecks; Aufhebung der Zweckbestimmung |

## 4. Abschnitt
### Gemeindliche Unternehmen

| | |
|---|---|
| Art. 86 | Rechtsformen |
| Art. 87 | Allgemeine Zulässigkeit von Unternehmen und Beteiligungen |
| Art. 88 | Eigenbetriebe |
| Art. 89 | Selbständige Kommunalunternehmen des öffentlichen Rechts |
| Art. 90 | Organe des Kommunalunternehmens; Personal |
| Art. 91 | Sonstige Vorschriften für Kommunalunternehmen |
| Art. 92 | Unternehmen in Privatrechtsform |
| Art. 93 | Vertretung der Gemeinde in Unternehmen in Privatrechtsform |
| Art. 94 | Sonstige Vorschriften für Unternehmen in Privatrechtsform Art. 95 Grundsätze für die Führung gemeindlicher Unternehmen |
| Art. 96 | Anzeigepflichten |
| Art. 97–99 | *(aufgehoben)* |

## 5. Abschnitt
### Kassen- und Rechnungswesen

| | |
|---|---|
| Art. 100 | Gemeindekasse |
| Art. 101 | Übertragung von Kassen- und Rechnungsgeschäften |
| Art. 102 | Rechnungslegung, Jahresabschluss |
| Art. 102a | Konsolidierter Jahresabschluss |

## 6. Abschnitt
### Prüfungswesen

| | |
|---|---|
| Art. 103 | Örtliche Prüfungen |
| Art. 104 | Rechtsprüfungsamt |
| Art. 105 | Überörtliche Prüfungen |
| Art. 106 | Inhalte der Rechnungs- und Kassenprüfungen |
| Art. 107 | Abschlussprüfung bei Eigenbetrieben und Kommunalunternehmen |

## VIERTER TEIL
### Staatliche Aufsicht und Rechtsmittel

## 1. Abschnitt
### Rechtsaufsicht und Fachaufsicht

| | |
|---|---|
| Art. 108 | Sinn der staatlichen Aufsicht |
| Art. 109 | Inhalt und Grenzen der Aufsicht |
| Art. 110 | Rechtsaufsichtsbehörden |
| Art. 111 | Informationsrecht |
| Art. 112 | Beanstandungsrecht |
| Art. 113 | Recht der Ersatzvornahme |
| Art. 114 | Bestellung eines Beauftragten |
| Art. 115 | Fachaufsichtsbehörden |
| Art. 116 | Befugnisse der Fachaufsicht |
| Art. 117 | Genehmigungsbehörde |
| Art. 117a | Ausnahmegenehmigungen |

## 2. Abschnitt
### Rechtsmittel

| | |
|---|---|
| Art. 118 | Erlaß des Widerspruchsbescheids (§ 73 der Verwaltungsgerichtsordnung-VwGO) |

## FÜNFTER TEIL
### Übergangs- und Schlußvorschriften

| | |
|---|---|
| Art. 119 | Einwohnerzahl |
| Art. 120 | Ausführungsvorschriften |
| Art. 120a | Gemeindewirtschaftliche Erleichterungen anlässlich der Corona-Pandemie |
| Art. 121 | Einschränkung von Grundrechten |
| Art. 122 | Inkrafttreten, Außerkrafttreten |

# ERSTER TEIL
# Wesen und Aufgaben der Gemeinde

## 1. Abschnitt
## Begriff, Benennung und Hoheitszeichen

**Art. 1 Begriff.** [1]Die Gemeinden sind ursprüngliche Gebietskörperschaften mit dem Recht, die örtlichen Angelegenheiten im Rahmen der Gesetze zu ordnen und zu verwalten. [2]Sie bilden die Grundlagen des Staates und des demokratischen Lebens.

**Art. 2 Name.** (1) Die Gemeinden haben ein Recht auf ihren geschichtlichen Namen.

(2) Die Rechtsaufsichtsbehörde kann nach Anhörung des Gemeinderates und der beteiligten Gemeindebürger
1. wegen eines öffentlichen Bedürfnisses den Namen einer Gemeinde oder eines Gemeindeteils ändern oder den Namen eines Gemeindeteils aufheben;
2. einem bewohnten Gemeindeteil einen Namen geben.

(3) [1]Wird eine Gemeinde oder werden Gemeindeteile als Heilbad, Kneippheilbad oder Schrothheilbad nach Art. 7 Abs. 1 und 5 des Kommunalabgabengesetzes anerkannt, spricht die Anerkennungsbehörde auf Antrag der Gemeinde aus, daß die Bezeichnung Bad Bestandteil des Namens der Gemeinde oder eines Gemeindeteils wird. [2]Wird die Anerkennung aufgehoben, entfällt der Namensbestandteil Bad. [3]Wegen eines dringenden öffentlichen Bedürfnisses kann die Anerkennungsbehörde abweichend vom Antrag nach Satz 1 oder von Satz 2 entscheiden.

(4) Die Entscheidungen und die Änderungen nach den Absätzen 2 und 3 sind im Staatsanzeiger bekanntzumachen.

**Art. 3 Städte und Märkte.** (1) Städte und Märkte heißen die Gemeinden, die diese Bezeichnung nach bisherigem Recht führen oder denen sie durch das Staatsministerium des Innern, für Sport und Integration neu verliehen wird.

(2) Die Bezeichnung Stadt oder Markt darf nur an Gemeinden verliehen werden, die nach Einwohnerzahl, Siedlungsform und wirtschaftlichen Verhältnissen der Bezeichnung entsprechen.

(3) Die Stadt München führt die Bezeichnung Landeshauptstadt.

**Art. 4 Wappen und Fahnen; Dienstsiegel.** (1) [1]Die Gemeinden können ihre geschichtlichen Wappen und Fahnen führen. [2]Sie sind verpflichtet, sich bei der Änderung bestehender und der Annahme neuer Wappen und Fahnen von der Generaldirektion der Staatlichen Archive Bayerns beraten zu lassen und, soweit sie deren Stellungnahme nicht folgen wollen, den Entwurf der Rechtsaufsichtsbehörde vorzulegen.

Gemeindeordnung

(2) ¹Gemeinden mit eigenem Wappen führen dieses in ihrem Dienstsiegel. ²Die übrigen Gemeinden führen in ihrem Dienstsiegel das kleine Staatswappen.

(3) Von Dritten dürfen Wappen und Fahnen der Gemeinde nur mit deren Genehmigung verwendet werden.

2. Abschnitt

## Rechtsstellung und Wirkungskreis

**Art. 5 Kreisangehörigkeit und Kreisfreiheit.** (1) Die Gemeinden sind kreisangehörig oder kreisfrei.

(2) Kreisfrei sind die Gemeinden, die diese Eigenschaft beim Inkrafttreten dieses Gesetzes besitzen.

(3) ¹Mit Zustimmung des Landtags können Gemeinden mit mehr als 50 000 Einwohnern bei entsprechender Bedeutung nach Anhörung des Kreistags durch Rechtsverordnung der Staatsregierung für kreisfrei erklärt werden. ²Hierbei ist auf die Leistungsfähigkeit des Landkreises Rücksicht zu nehmen. ³Die Rechtsverordnung kann finanzielle Verpflichtungen der ausscheidenden Gemeinde gegenüber dem Landkreis festlegen. ⁴Im übrigen werden die vermögensrechtlichen Verhältnisse durch Übereinkunft zwischen dem Landkreis und der ausscheidenden Gemeinde geregelt. ⁵Der Übereinkunft kommt mit dem in ihr bestimmten Zeitpunkt, frühestens jedoch mit Inkrafttreten der Rechtsverordnung, unmittelbar rechtsbegründende Wirkung zu. ⁶Kommt eine Übereinkunft nicht zustande, so entscheiden das Verwaltungsgericht und in der Berufungsinstanz der Verwaltungsgerichtshof als Schiedsgerichte.

**Art. 5a Eingliederung in den Landkreis; Große Kreisstadt.** (1) ¹Aus Gründen des öffentlichen Wohls können durch Rechtsverordnung der Staatsregierung mit Zustimmung des Landtags kreisfreie Gemeinden auf ihren Antrag oder von Amts wegen nach Anhörung der Gemeinde in einen Landkreis eingegliedert werden. ²Der Landkreis ist vorher zu hören; den Gemeindebürgern soll Gelegenheit gegeben werden, zu der Eingliederung in geheimer Abstimmung Stellung zu nehmen.

(2) ¹Der Landkreis ist auf Verlangen der eingegliederten Gemeinde verpflichtet, bisher von der Gemeinde betriebene Einrichtungen zu übernehmen, wenn deren Betrieb allgemein zu den Aufgaben eines Landkreises gehört. ²Die Schulden aus Darlehen für diese Einrichtungen muß der Landkreis dann und insoweit nicht übernehmen, als die Übernahme nicht zumutbar ist, insbesondere, wenn für die Einrichtungen in unverhältnismäßig hohem überdurchschnittlichem Umfang Darlehen aufgenommen worden sind. ³Die Sätze 1 und 2 gelten entsprechend für die Mitgliedschaft der eingegliederten Gemeinde in einem Zweckverband, dessen Aufgabe allgemein zu den Aufgaben eines Landkreises gehört. ⁴Der Landkreis ist verpflichtet, gemeindliche Arbeitnehmer, deren Auf-

gabenbereich auf den Landkreis übergeht, auf deren Verlangen oder auf Verlangen der eingegliederten Gemeinde in sinngemäßer Anwendung des Art. 51 des Bayerischen Beamtengesetzes (BayBG) zu übernehmen. [5]Art. 5 Abs. 3 Sätze 4 bis 6 gelten sinngemäß.

(3) [1]Mit dem Inkrafttreten der Rechtsverordnung (Absatz 1 Satz 1) wird die bisher kreisfreie Gemeinde Große Kreisstadt. [2]Eine Gemeinde kann auf die Rechte einer Großen Kreisstadt verzichten; das Staatsministerium des Innern, für Sport und Integration bestimmt nach Anhörung des Kreistags durch Rechtsverordnung den Zeitpunkt, zu dem der Verzicht wirksam wird.

(4) Gemeinden mit mehr als 30 000 Einwohnern können auf ihren Antrag nach Anhörung des Kreistags durch Rechtsverordnung des Staatsministeriums des Innern, für Sport und Integration zu Großen Kreisstädten erklärt werden, wenn ihre Leistungs- und Verwaltungskraft die Gewähr dafür bietet, daß sie die Aufgaben einer Großen Kreisstadt ordnungsgemäß erfüllen können.

**Art. 6 Allseitiger Wirkungskreis.** (1) [1]Den Gemeinden steht in ihrem Gebiet die Erfüllung aller öffentlichen Aufgaben zu. [2]Ausnahmen bedürfen eines Gesetzes.

(2) Die Gemeindeaufgaben sind eigene oder übertragene Angelegenheiten.

**Art. 7 Eigene Angelegenheiten.** (1) Der eigene Wirkungskreis der Gemeinden umfaßt alle Angelegenheiten der örtlichen Gemeinschaft (Art. 83 Abs. 1 der Verfassung).

(2) [1]In Angelegenheiten des eigenen Wirkungskreises handeln die Gemeinden nach eigenem Ermessen. [2]Sie sind nur an die gesetzlichen Vorschriften gebunden.

**Art. 8 Übertragene Angelegenheiten.** (1) Der übertragene Wirkungskreis der Gemeinden umfaßt alle Angelegenheiten, die das Gesetz den Gemeinden zur Besorgung namens des Staates oder anderer Körperschaften des öffentlichen Rechts zuweist.

(2) Für die Erledigung übertragener Angelegenheiten können die zuständigen Staatsbehörden den Gemeinden Weisungen erteilen.

(3) [1]Den Gemeinden, insbesondere den kreisfreien Gemeinden, können Angelegenheiten auch zur selbständigen Besorgung übertragen werden. [2]Art. 7 Abs. 2 ist hierbei sinngemäß anzuwenden.

(4) Bei der Zuweisung von Angelegenheiten sind gleichzeitig die notwendigen Mittel zur Verfügung zu stellen.

**Art. 9 Weitere Aufgaben der kreisfreien Gemeinden und Großen Kreisstädte.** (1) [1]Die kreisfreie Gemeinde erfüllt im übertragenen Wirkungskreis alle Aufgaben, die sonst vom Landratsamt als der unteren staatlichen Verwaltungsbehörde wahrzunehmen sind; sie ist insoweit Kreisverwaltungsbehörde. [2]Sie erfüllt ferner die den Landkreisen obliegenden Aufgaben des eigenen und des übertragenen Wirkungskreises.

Gemeindeordnung  **GO 30**

(2) ¹Die Große Kreisstadt erfüllt im übertragenen Wirkungskreis Aufgaben, die sonst vom Landratsamt als der unteren staatlichen Verwaltungsbehörde wahrzunehmen sind in dem Umfang, der durch Rechtsverordnung der Staatsregierung allgemein bestimmt wird; sie ist insoweit Kreisverwaltungsbehörde. ²In der Rechtsverordnung nach Art. 5a Abs. 1 oder in einer Rechtsverordnung des Staatsministeriums des Innern, für Sport und Integration können ihr weitere Aufgaben der unteren staatlichen Verwaltungsbehörde und auf Antrag mit Zustimmung des Kreistags auch einzelne Aufgaben des übertragenen Wirkungskreises der Landkreise übertragen werden.

3. Abschnitt
## Gemeindegebiet und gemeindefreies Gebiet

**Art. 10 Gemeindegebiet und Bestandsgarantie.** (1) ¹Jeder Teil des Staatsgebiets ist grundsätzlich einer Gemeinde zugewiesen. ²Die Gesamtheit der zu einer Gemeinde gehörenden Grundstücke bildet das Gemeindegebiet.

(2) Die Gemeinden haben ein Recht auf Erhaltung ihres Bestands und ihres Gebiets unbeschadet der Vorschrift des Art. 11.

**Art. 10a Gemeindefreie Gebiete.** (1) Die keiner Gemeinde zugewiesenen Teile des Staatsgebiets sind gemeindefreie (ausmärkische) Gebiete.

(2) ¹Die Aufgaben, die aus Gründen des öffentlichen Wohls erfüllt werden müssen und die in den kreisangehörigen Gemeinden zum eigenen Wirkungskreis gehören, nimmt im gemeindefreien Gebiet der Grundstückseigentümer auf seine Kosten wahr. ²Gehören die Grundstücke verschiedenen Eigentümern, so erfüllen diese die Aufgaben gemeinsam und tragen die Kosten anteilig nach dem Verhältnis der Größe der Fläche ihrer im gemeindefreien Gebiet gelegenen Grundstücke; forstwirtschaftlich genutzte Flächen sind zu zwei Dritteln und minderwertige landwirtschaftliche Nutzflächen (insbesondere Hutungen, Streuwiesen und Ödländereien) zu einem Drittel anzurechnen. ³Die Grundstückseigentümer können die Verteilung der Aufgaben und die Kostentragung mit Genehmigung der Aufsichtsbehörde in anderer Weise vereinbaren, wenn dadurch die Erfüllung der Aufgaben nicht gefährdet wird.

(3) ¹Wenn es zur ordnungsmäßigen Erfüllung der Aufgaben nach Absatz 2 erforderlich ist, kann die Aufsichtsbehörde den Eigentümer der größten anrechenbaren Grundstücksfläche verpflichten, die Aufgaben im ganzen gemeindefreien Gebiet zu erfüllen; die anderen Grundstückseigentümer haben sich an den notwendigen Kosten, die hieraus entstehen, nach dem Verhältnis der anrechenbaren Größe ihrer Grundstücksflächen zu beteiligen. ²Werden die Kosten nicht innerhalb von drei Monaten erstattet, so setzt die Aufsichtsbehörde die auf die einzelnen Grundstückseigentümer entfallenden Erstattungsbeträge fest und zieht sie für den verpflichteten Grundstückseigentümer wie Verwaltungskosten ein.

**30 GO** Gemeindeordnung

(4) ¹Bewirkt die Kostenverteilung nach dem Verhältnis der anrechenbaren Größe der Grundstücksflächen (Absatz 2 Satz 2) für einzelne Eigentümer eine besondere Härte und kommt eine Vereinbarung nach Absatz 2 Satz 3 innerhalb einer auf Antrag eines Beteiligten von der Aufsichtsbehörde zu setzenden Frist von drei Monaten nicht zustande, so setzt die Aufsichtsbehörde die von den einzelnen Grundstückseigentümern zu tragenden Kostenanteile fest. ²Absatz 3 Satz 2 gilt sinngemäß.

(5) ¹Die hoheitlichen Befugnisse, die im Gemeindegebiet den kreisangehörigen Gemeinden zustehen, übt im gemeindefreien Gebiet das Landratsamt als untere staatliche Verwaltungsbehörde aus. ²Es erledigt ferner alle Aufgaben, die zum übertragenen Wirkungskreis einer Gemeinde gehören.

(6) Die Absätze 2 bis 5 gelten nicht, soweit die Erfüllung von Aufgaben des eigenen Wirkungskreises oder die Ausübung hoheitlicher Befugnisse und die Wahrnehmung von Aufgaben des übertragenen Wirkungskreises im gemeindefreien Gebiet durch besondere Rechtsvorschriften anders geregelt sind.

(7) ¹Aufsichtsbehörde über die gemeindefreien Gebiete für die Aufgaben nach den Absätzen 2 bis 4 ist das Landratsamt als untere staatliche Verwaltungsbehörde. ²Für die Aufsicht gelten die Art. 108, 109 Abs. 1 und Art. 111 bis 113 entsprechend.

(8) Die gemeindefreien Gebiete oder Teile hiervon werden vom Landratsamt benannt.

**Art. 11 Änderungen.** (1) ¹Gemeindefreie Gebiete oder Teile hiervon sind auf Antrag angrenzender Gemeinden in diese einzugliedern, wenn nicht dringende Gründe des öffentlichen Wohls entgegenstehen. ²Beantragen mehrere Gemeinden die Eingliederung, so richtet sich die Entscheidung darüber, ob und in welchem Umfang den Anträgen stattgegeben wird, nach Gründen des öffentlichen Wohls. ³Aus den gleichen Gründen können Entscheidungen nach den Sätzen 1 und 2 auch von Amts wegen getroffen werden; dabei können auch neue Gemeinden gebildet werden. ⁴Falls dringende Gründe des öffentlichen Wohls vorliegen, können auf Antrag oder von Amts wegen unbewohntes Gemeindegebiet oder Teile hiervon einem gemeindefreien Gebiet angegliedert oder zu einem neuen gemeindefreien Gebiet erklärt werden. ⁵Vor der Änderung sind die beteiligten Gemeinden und Landkreise sowie die Eigentümer der gemeindefreien Grundstücke im Änderungsgebiet zu hören. ⁶Für die Kreisbürger, die seit mindestens sechs Monaten im Änderungsgebiet ihren Aufenthalt haben, kann eine geheime Abstimmung angeordnet werden.

(2) ¹Änderungen im Bestand oder Gebiet von Gemeinden können unbeschadet des Absatzes 1 vorgenommen werden,
1. wenn Gründe des öffentlichen Wohls vorliegen und die beteiligten Gemeinden einverstanden sind,
2. gegen den Willen beteiligter Gemeinden, wenn dringende Gründe des öffentlichen Wohls vorliegen.

²Vor Maßnahmen nach Satz 1 Nr. 2 sind die beteiligten Gemeinden zu hören.

(3) Eine Gemeinde kann durch Ausgliederung aus einer bestehenden Gemeinde gebildet werden, wenn
1. Gründe des öffentlichen Wohls vorliegen,
2. die zu bildende Gemeinde mindestens 2000 Einwohner hat oder Mitgliedsgemeinde einer Verwaltungsgemeinschaft wird und
3. die bestehende Gemeinde mit einer Mehrheit von zwei Dritteln der Mitglieder des Gemeinderats zustimmt.

(4) Den Gemeindebürgern, deren gemeindliche Zugehörigkeit wechselt, soll Gelegenheit gegeben werden, zu der Änderung, bei der Bildung einer Gemeinde auch zu deren Namen, in geheimer Abstimmung Stellung zu nehmen.

**Art. 12 Zuständige Behörde; Fortgeltung des Ortsrechts.** (1) [1]Die in Art. 11 genannten Änderungen werden durch Gesetz vorgenommen, wenn dadurch eine Gemeinde im Bestand geändert oder neu gebildet wird. [2]Die übrigen in Art. 11 genannten Änderungen werden durch Rechtsverordnung vorgenommen; diese erläßt das Landratsamt, wenn nur Teile von Gemeindegebiet umgemeindet werden, die von nicht mehr als 50 Einwohnern bewohnt werden, sonst die Regierung. [3]Die Regierung kann in der Rechtsverordnung, für deren Erlaß sie zuständig ist, auch Teile von Gemeindegebieten, die von nicht mehr als 50 Einwohnern bewohnt werden, umgemeinden, wenn die Umgemeindung mit der anderen Änderung rechtlich oder sachlich zusammenhängt.

(2) [1]Wird eine Gemeinde durch Ausgliederung aus einer bestehenden Gemeinde gebildet, gilt das Ortsrecht in seinem bisherigen Geltungsbereich fort. [2]Bei Gebietsänderungen erstreckt sich das Ortsrecht der aufnehmenden Gemeinde auf das aufgenommene Gebiet, wenn nicht in der Vorschrift über die Gebietsänderung etwas Abweichendes bestimmt ist.

**Art. 13 Weitere Folgen der Änderungen.** (1) [1]Unbeschadet des Art. 9 Abs. 2 Satz 3 der Bezirksordnung und des Art. 9 Abs. 2 Satz 3 der Landkreisordnung regelt im Fall des Art. 12 Abs. 1 Satz 1 die Regierung, im Übrigen die gemäß Art. 12 Abs. 1 Sätze 2 und 3 zuständige Behörde die mit der Änderung zusammenhängenden weiteren Rechts- und Verwaltungsfragen. [2]Sie kann insbesondere eine Neuwahl oder Ergänzung der gemeindlichen Vertretungsorgane für den Rest der Wahlzeit anordnen. [3]Art. 31 Abs. 2 Satz 4 findet insoweit keine Anwendung. [4]Beträgt der Rest der Wahlzeit weniger als zwei Jahre, so kann die zuständige Behörde bestimmen, daß die Wahlzeit der neu gewählten Vertretungsorgane erst mit Ablauf der folgenden Wahlzeit endet.

(2) [1]Die vermögensrechtlichen Verhältnisse werden durch Übereinkunft der beteiligten Gemeinden geregelt. [2]Der Übereinkunft kommt mit dem in ihr bestimmten Zeitpunkt, frühestens jedoch mit Rechtswirksamkeit der Änderung, unmittelbar rechtsbegründende Wirkung zu. [3]Kommt eine Übereinkunft nicht zustande, so entscheiden das Verwaltungsgericht und in der Berufungsinstanz der Verwaltungsgerichtshof als Schiedsgerichte.

(3) Soweit der Aufenthalt Voraussetzung für Rechte und Pflichten ist, gilt in den Fällen des Art. 11 der vor der Änderung liegende Aufenthalt im Änderungsgebiet als Aufenthalt in der neuen Gemeinde.

**Art. 13a** *(aufgehoben)*

**Art. 14 Bekanntmachung; Gebühren.** (1) Rechtsverordnungen nach Art. 12 sind, soweit sie vom Landratsamt erlassen werden, gemäß Art. 51 Abs. 1 des Landesstraf- und Verordnungsgesetzes in Verbindung mit Art. 20 Abs. 2 der Landkreisordnung, soweit sie von der Regierung erlassen werden, im Amtsblatt der Regierung bekanntzumachen.

(2) [1]Für Änderungen nach Art. 11 und Rechtshandlungen, die aus Anlaß solcher Änderungen erforderlich sind, werden Abgaben nicht erhoben, soweit eine Befreiung landesrechtlich zulässig ist. [2]Auslagen werden nicht ersetzt.

4. Abschnitt

## Rechte und Pflichten der Gemeindeangehörigen

**Art. 15 Einwohner und Bürger.** (1) [1]Gemeindeangehörige sind alle Gemeindeeinwohner. [2]Sie haben gegenüber der Gemeinde die gleichen Rechte und Pflichten. [3]Ausnahmen bedürfen eines besonderen Rechtstitels.

(2) Gemeindebürger sind die Gemeindeangehörigen, die in ihrer Gemeinde das Recht, an den Gemeindewahlen teilzunehmen, besitzen.*

---

\* *Vgl. hierzu Art. 1 und 2 Gemeinde- und Landkreiswahlgesetz in der Fassung der Bekanntmachung vom 7. November 2006 (GVBl. S. 834), Gesetz zuletzt geändert durch Gesetz vom 25. März 2020 (GVBl. S. 174):*

**Art. 1 Wahlrecht.** (1) Wahlberechtigt bei Gemeinde- und Landkreiswahlen sind alle Personen, die am Wahltag
1. Unionsbürger sind,
2. das 18. Lebensjahr vollendet haben,
3. sich seit mindestens zwei Monaten im Wahlkreis mit dem Schwerpunkt ihrer Lebensbeziehungen aufhalten,
4. nicht nach Art. 2 vom Wahlrecht ausgeschlossen sind.

(2) Unionsbürger sind alle Deutschen im Sinn des Art. 116 Abs. 1 des Grundgesetzes[a] sowie die Staatsangehörigen der übrigen Mitgliedstaaten der Europäischen Union.

(3) [1]Der Aufenthalt mit dem Schwerpunkt der Lebensbeziehungen wird dort vermutet, wo die Person gemeldet ist. [2]Ist eine Person in mehreren Gemeinden gemeldet, wird dieser Aufenthalt dort vermutet, wo sie mit der Hauptwohnung gemeldet ist. [3]Bei der Berechnung der Frist nach Abs. 1 Nr. 3 wird der Tag der Aufenthaltsnahme in die Frist einbezogen.

(4) Wer das Wahlrecht in einer Gemeinde oder in einem Landkreis infolge Wegzugs verloren hat, jedoch innerhalb eines Jahres seit dem Wegzug in den Wahlkreis zurückkehrt, ist mit dem Zuzug wieder wahlberechtigt.

Gemeindeordnung **GO 30**

**Art. 16 Ehrenbürgerrecht.** (1) Die Gemeinden können Persönlichkeiten, die sich um sie besonders verdient gemacht haben, zu Ehrenbürgern ernennen.

(2) Die Gemeinden können die Ernennung zu Ehrenbürgern wegen unwürdigen Verhaltens widerrufen; der Beschluß bedarf einer Mehrheit von zwei Dritteln der stimmberechtigten Mitglieder des Gemeinderats.

**Art. 17 Wahlrecht.** Die Gemeindebürger wählen den Gemeinderat und mit der Mehrheit der abgegebenen gültigen Stimmen den ersten Bürgermeister.

**Art. 18 Mitberatungsrecht (Bürgerversammlung).** (1) ¹In jeder Gemeinde hat der erste Bürgermeister mindestens einmal jährlich, auf Verlangen des Gemeinderats auch öfter, eine Bürgerversammlung zur Erörterung gemeindlicher Angelegenheiten einzuberufen. ²In größeren Gemeinden sollen Bürgerversammlungen auf Teile des Gemeindegebiets beschränkt werden.

(2) ¹Eine Bürgerversammlung muß innerhalb von drei Monaten stattfinden, wenn das von mindestens 5 v.H., in den Gemeinden mit mehr als 10 000 Einwohnern von mindestens 2,5 v.H. der Gemeindebürger unter Angabe der Tagesordnung schriftlich beantragt wird; die Bürgerversammlung kann eine Ergänzung der Tagesordnung beschließen, wenn es spätestens eine Woche vor der Bürgerversammlung bei der Gemeinde schriftlich beantragt wird. ²Die Tagesordnung darf nur gemeindliche Angelegenheiten zum Gegenstand haben. ³Die Sätze 1 und 2 gelten entsprechend für Gemeindeteile, die bei Inkrafttreten dieses Gesetzes noch selbständige Gemeinden waren, und in Städten mit mehr als 100 000 Einwohnern für Stadtbezirke; die Tagesordnungspunkte sollen sich vor allem auf den Gemeindeteil oder Stadtbezirk beziehen. ⁴Die Einberufung einer Bürgerversammlung nach den Sätzen 1 und 3 kann nur einmal jährlich beantragt werden.

(3) ¹Das Wort können grundsätzlich nur Gemeindeangehörige erhalten. ²Ausnahmen kann die Bürgerversammlung beschließen; der Vorsitzende soll einem Vertreter der Aufsichtsbehörde auf Verlangen das Wort erteilen. ³Den Vorsitz in der Versammlung führt der erste Bürgermeister oder ein von ihm bestellter Vertreter. ⁴Stimmberechtigt sind ausschließlich Gemeindebürger.

(4) ¹Empfehlungen der Bürgerversammlungen müssen innerhalb einer Frist von drei Monaten vom Gemeinderat behandelt werden. ²Diese Frist und die

---

**Art. 2 Ausschluss vom Wahlrecht.** Ausgeschlossen vom Wahlrecht ist, wer infolge deutschen Richterspruchs das Wahlrecht nicht besitzt.

a *Art. 116 Abs. 1 Grundgesetz für die Bundesrepublik Deutschland vom 23. Mai 1949 (BGBl. S. 1), Gesetz zuletzt geändert durch Gesetz vom 29. September 2020 (BGBl. I S. 2048), lautet:*
**Art. 116.** (1) Deutscher im Sinne dieses Grundgesetzes ist vorbehaltlich anderweitiger gesetzlicher Regelung, wer die deutsche Staatsangehörigkeit besitzt oder als Flüchtling oder Vertriebener deutscher Volkszugehörigkeit oder als dessen Ehegatte oder Abkömmling in dem Gebiete des Deutschen Reiches nach dem Stande vom 31. Dezember 1937 Aufnahme gefunden hat.

Frist nach Absatz 2 Satz 1 ruhen während der gemäß Art. 32 Abs. 4 Satz 1 bestimmten Ferienzeit.

**Art. 18a Bürgerbegehren und Bürgerentscheid.** (1) Die Gemeindebürger können über Angelegenheiten des eigenen Wirkungskreises der Gemeinde einen Bürgerentscheid beantragen (Bürgerbegehren).

(2) Der Gemeinderat kann beschließen, daß über eine Angelegenheit des eigenen Wirkungskreises der Gemeinde ein Bürgerentscheid stattfindet.

(3) Ein Bürgerentscheid findet nicht statt über Angelegenheiten, die kraft Gesetz dem ersten Bürgermeister obliegen, über Fragen der inneren Organisation der Gemeindeverwaltung, über die Rechtsverhältnisse der Gemeinderatsmitglieder, der Bürgermeister und der Gemeindebediensteten und über die Haushaltssatzung.

(4) ¹Das Bürgerbegehren muss bei der Gemeinde eingereicht werden und eine mit Ja oder Nein zu entscheidende Fragestellung und eine Begründung enthalten sowie bis zu drei Personen benennen, die berechtigt sind, die Unterzeichnenden zu vertreten. ²Für den Fall ihrer Verhinderung oder ihres Ausscheidens können auf den Unterschriftenlisten zusätzlich stellvertretende Personen benannt werden.

(5) ¹Das Bürgerbegehren kann nur von Personen unterzeichnet werden, die am Tag der Einreichung des Bürgerbegehrens Gemeindebürger sind. ²Für die Feststellung der Zahl der gültigen Unterschriften ist das von der Gemeinde zum Stand dieses Tages anzulegende Bürgerverzeichnis maßgebend.

(6) Ein Bürgerbegehren muss in Gemeinden

| | | |
|---|---|---|
| bis zu | 10 000 Einwohnern von mindestens | 10 v.H., |
| bis zu | 20 000 Einwohnern von mindestens | 9 v.H., |
| bis zu | 30 000 Einwohnern von mindestens | 8 v.H., |
| bis zu | 50 000 Einwohnern von mindestens | 7 v.H., |
| bis zu | 100 000 Einwohnern von mindestens | 6 v.H., |
| bis zu | 500 000 Einwohnern von mindestens | 5 v.H., |
| mit mehr als | 500 000 Einwohnern von mindestens | 3 v.H., |

der Gemeindebürger unterschrieben sein.

(7) *(aufgehoben)*

(8) ¹Über die Zulässigkeit des Bürgerbegehrens entscheidet der Gemeinderat unverzüglich, spätestens innerhalb eines Monats nach Einreichung des Bürgerbegehrens. ²Gegen die Entscheidung können die vertretungsberechtigten Personen des Bürgerbegehrens ohne Vorverfahren Klage erheben.

(9) Ist die Zulässigkeit des Bürgerbegehrens festgestellt, darf bis zur Durchführung des Bürgerentscheids eine dem Begehren entgegenstehende Entscheidung der Gemeindeorgane nicht mehr getroffen oder mit dem Vollzug einer derartigen Entscheidung nicht mehr begonnen werden, es sei denn, zu diesem Zeitpunkt haben rechtliche Verpflichtungen der Gemeinde hierzu bestanden.

# Gemeindeordnung GO 30

(10) [1]Der Bürgerentscheid ist an einem Sonntag innerhalb von drei Monaten nach der Feststellung der Zulässigkeit des Bürgerbegehrens durchzuführen; der Gemeinderat kann die Frist im Einvernehmen mit den vertretungsberechtigten Personen des Bürgerbegehrens um höchstens drei Monate verlängern. [2]Die Kosten des Bürgerentscheids trägt die Gemeinde. [3]Stimmberechtigt ist jeder Gemeindebürger. [4]Die Möglichkeit der brieflichen Abstimmung ist zu gewährleisten.

(11) [1]Ist in einem Stadtbezirk ein Bezirksausschuß gebildet worden, so kann über Angelegenheiten, die diesem Bezirksausschuß zur Entscheidung übertragen sind, auch innerhalb des Stadtbezirks ein Bürgerentscheid stattfinden. [2]Stimmberechtigt ist jeder im Stadtbezirk wohnhafte Gemeindebürger. [3]Das Bürgerbegehren ist beim Bezirksausschuss zur Weiterleitung an den Stadtrat einzureichen. [4]Die Vorschriften der Absätze 2 bis 16 finden entsprechend Anwendung.

(12) [1]Bei einem Bürgerentscheid ist die gestellte Frage in dem Sinn entschieden, in dem sie von der Mehrheit der abgegebenen gültigen Stimmen beantwortet wurde, sofern diese Mehrheit in Gemeinden

| | | |
|---|---|---|
| bis zu | 50 000 Einwohnern mindestens | 20 v.H., |
| bis zu | 100 000 Einwohnern mindestens | 15 v.H., |
| mit mehr als | 100 000 Einwohnern mindestens | 10 v.H. |

der Stimmberechtigten beträgt. [2]Bei Stimmengleichheit gilt die Frage als mit Nein beantwortet. [3]Sollen an einem Tag mehrere Bürgerentscheide stattfinden, hat der Gemeinderat eine Stichfrage für den Fall zu beschließen, dass die gleichzeitig zur Abstimmung gestellten Fragen in einer miteinander nicht zu vereinbarenden Weise beantwortet werden (Stichentscheid). [4]Es gilt dann diejenige Entscheidung, für die sich im Stichentscheid die Mehrheit der abgegebenen gültigen Stimmen ausspricht. [5]Bei Stimmengleichheit im Stichentscheid gilt der Bürgerentscheid, dessen Frage mit der höchsten Stimmenzahl mehrheitlich beantwortet worden ist.

(13) [1]Der Bürgerentscheid hat die Wirkung eines Beschlusses des Gemeinderats. [2]Der Bürgerentscheid kann innerhalb eines Jahres nur durch einen neuen Bürgerentscheid abgeändert werden, es sei denn, dass sich die dem Bürgerentscheid zugrunde liegende Sach- oder Rechtslage wesentlich geändert hat.

(14) [1]Der Bürgerentscheid entfällt, wenn der Gemeinderat die Durchführung der mit dem Bürgerbegehren verlangten Maßnahme beschließt. [2]Für einen Beschluss nach Satz 1 gilt die Bindungswirkung des Absatzes 13 Satz 2 entsprechend.

(15) [1]Die im Gemeinderat und die von den vertretungsberechtigte Personen des Bürgerbegehrens vertretenen Auffassungen zum Gegenstand des Bürgerentscheids dürfen in Veröffentlichungen und Veranstaltungen der Gemeinde nur in gleichem Umfang dargestellt werden. [2]Zur Information der Bürgerinnen und Bürger werden von der Gemeinde den Beteiligten die gleichen Möglichkeiten wie bei Gemeinderatswahlen eröffnet.

(16) Das Ergebnis des Bürgerentscheids ist in der Gemeinde in der ortsüblichen Weise bekanntzumachen.

(17) ¹Die Gemeinden können das Nähere durch Satzung regeln. ²Das Recht auf freies Unterschriftensammeln darf nicht eingeschränkt werden.

(18) Art. 3a des Bayerischen Verwaltungsverfahrensgesetzes findet keine Anwendung.

**Art. 18b Bürgerantrag.** (1) ¹Die Gemeindebürger können beantragen, dass das zuständige Gemeindeorgan eine gemeindliche Angelegenheit behandelt (Bürgerantrag). ²Ein Bürgerantrag darf nicht Angelegenheiten zum Gegenstand haben, für die innerhalb eines Jahres vor Antragseinreichung bereits ein Bürgerantrag gestellt worden ist.

(2) ¹Der Bürgerantrag muss bei der Gemeinde eingereicht werden, eine Begründung enthalten und bis zu drei Personen benennen, die berechtigt sind, die Unterzeichnenden zu vertreten. ²Für den Fall ihrer Verhinderung oder ihres Ausscheidens können auf den Unterschriftenlisten zusätzlich stellvertretende Personen benannt werden.

(3) ¹Der Bürgerantrag muss von mindestens 1 v.H. der Gemeindeeinwohner unterschrieben sein. ²Unterschriftsberechtigt sind die Gemeindebürger.

(4) Über die Zulässigkeit eines Bürgerantrags entscheidet das für die Behandlung der Angelegenheit zuständige Gemeindeorgan innerhalb eines Monats seit der Einreichung des Bürgerantrags.

(5) Ist die Zulässigkeit des Bürgerantrags festgestellt, hat ihn das zuständige Gemeindeorgan innerhalb von drei Monaten zu behandeln.

(6) ¹In Gemeinden, in denen Bezirksausschüsse gebildet sind, können in Angelegenheiten, für die die Bezirksausschüsse zuständig sind, Bürgeranträge gestellt werden. ²Hierfür gelten die Absätze 1 bis 5 entsprechend mit der Maßgabe, dass
1. unterschriftsberechtigt nur ist, wer im Zuständigkeitsbereich des Bezirksausschusses Gemeindebürger ist,
2. sich die erforderliche Unterschriftenzahl nach der Einwohnerzahl des Stadtbezirks berechnet,
3. der Bezirksausschuss über die Zulässigkeit des Bürgerantrags und über für zulässig erklärte Bürgeranträge entscheidet.

(7) Die Fristen nach den Absätzen 4 und 5 ruhen während der gemäß Art. 32 Abs. 4 Satz 1 bestimmten Ferienzeit.

(8) Art. 3a des Bayerischen Verwaltungsverfahrensgesetzes findet keine Anwendung.

**Art. 19 Ehrenamtliche Tätigkeit.** (1) ¹Die Gemeindebürger sind zur Übernahme gemeindlicher Ehrenämter verpflichtet. ²Sie können nur aus wichtigem Grund die Übernahme von Ehrenämtern ablehnen oder ein Ehrenamt niederlegen. ³Als wichtiger Grund ist es insbesondere anzusehen, wenn der Verpflichtete die Tätigkeit nicht ordnungsgemäß ausüben kann. [4]Wer ohne wichtigen Grund die Übernahme eines Ehrenamts ablehnt oder ein Ehrenamt niederlegt, kann mit Ordnungsgeld bis zu fünfhundert Euro belegt werden.

(2) [1]Ehrenamtlich tätige Personen können von der Stelle, die sie berufen hat, abberufen werden, wenn ein wichtiger Grund vorliegt. [2]Ein solcher liegt auch dann vor, wenn die ehrenamtlich tätige Person ihre Pflichten gröblich verletzt oder sich als unwürdig erwiesen hat.

(3) Die besonderen gesetzlichen Vorschriften bleiben unberührt.

**Art. 20 Sorgfalts- und Verschwiegenheitspflicht.** (1) Ehrenamtlich tätige Personen sind verpflichtet, ihre Obliegenheiten gewissenhaft wahrzunehmen.

(2) [1]Sie haben über die ihnen bei ihrer ehrenamtlichen Tätigkeit bekanntgewordenen Angelegenheiten Verschwiegenheit zu bewahren; das gilt nicht für Mitteilungen im amtlichen Verkehr und über Tatsachen, die offenkundig sind oder ihrer Bedeutung nach keiner Geheimhaltung bedürfen. [2]Sie dürfen die Kenntnis der nach Satz 1 geheimzuhaltenden Angelegenheiten nicht unbefugt verwerten. [3]Sie haben auf Verlangen des Gemeinderats amtliche Schriftstücke, Zeichnungen, bildliche Darstellungen und Aufzeichnungen jeder Art über dienstliche Vorgänge herauszugeben, auch soweit es sich um Wiedergaben handelt. [4]Diese Verpflichtungen bestehen auch nach Beendigung des Ehrenamts fort. [5]Die Herausgabepflicht trifft auch die Hinterbliebenen und Erben.

(3) [1]Ehrenamtlich tätige Personen dürfen ohne Genehmigung über Angelegenheiten, über die sie Verschwiegenheit zu bewahren haben, weder vor Gericht noch außergerichtlich aussagen oder Erklärungen abgeben. [2]Über die Genehmigung entscheidet der erste Bürgermeister; im Übrigen gelten Art. 84 Abs. 3 und 4 des Bayerischen Verwaltungsverfahrensgesetzes.

(4) [1]Wer den Verpflichtungen der Absätze 1, 2 oder 3 Satz 1 schuldhaft zuwiderhandelt, kann im Einzelfall mit Ordnungsgeld bis zu zweihundertfünfzig Euro, bei unbefugter Offenbarung personenbezogener Daten bis zu fünfhundert Euro, belegt werden; die Verantwortlichkeit nach anderen gesetzlichen Vorschriften bleibt unberührt. [2]Die Haftung gegenüber der Gemeinde richtet sich nach den für den ersten Bürgermeister geltenden Vorschriften. [3]Die Gemeinde stellt die Verantwortlichen von der Haftung frei, wenn sie von Dritten unmittelbar in Anspruch genommen werden und der Schaden weder vorsätzlich noch grob fahrlässig verursacht worden ist.

(5) Für die ehrenamtlichen Bürgermeister gelten die besonderen gesetzlichen Vorschriften.

**Art. 20a Entschädigung.** (1) [1]Ehrenamtlich tätige Personen haben Anspruch auf angemessene Entschädigung. [2]Das Nähere wird durch Satzung bestimmt. [3]Auf die Entschädigung kann nicht verzichtet werden. [4]Der Anspruch ist nicht übertragbar.

(2) Ehrenamtlich tätige Personen erhalten ferner für die nach Maßgabe näherer Bestimmung in der Satzung zur Wahrnehmung des Ehrenamts notwendi-

ge Teilnahme an Sitzungen, Besprechungen oder anderen Veranstaltungen folgende Ersatzleistungen:
1. Arbeitnehmern wird der ihnen entstandene nachgewiesene Verdienstausfall ersetzt.
2. ¹Selbständig Tätige können für die ihnen entstehende Zeitversäumnis eine Verdienstausfallentschädigung erhalten. ²Die Entschädigung wird auf der Grundlage eines satzungsmäßig festgelegten Pauschalsatzes gewährt. ³Wegezeiten können in angemessenem Umfang berücksichtigt werden.
3. ¹Personen, die keine Ersatzansprüche nach Nummern 1 und 2 haben, denen aber im beruflichen oder häuslichen Bereich ein Nachteil entsteht, der in der Regel nur durch das Nachholen versäumter Arbeit oder die Inanspruchnahme einer Hilfskraft ausgeglichen werden kann, können eine Entschädigung erhalten. ²Die Entschädigung wird auf der Grundlage eines satzungsmäßig festgelegten Pauschalsatzes gewährt. ³Der Pauschalsatz darf nicht höher sein als der Pauschalsatz nach Nummer 2. ⁴Wegezeiten können in angemessenem Umfang berücksichtigt werden.

(3) Abs. 1 und 2 gelten nicht für den ersten Bürgermeister und für die berufsmäßigen weiteren Bürgermeister.

(4) ¹Vergütungen für Tätigkeiten, die ehrenamtlich tätige Personen kraft Amts oder auf Vorschlag oder Veranlassung der Gemeinde in einem Aufsichtsrat, Vorstand oder sonstigen Organ oder Gremium eines privatrechtlich oder öffentlich-rechtlich organisierten Unternehmens wahrnehmen, sind an die Gemeinde abzuführen, soweit sie insgesamt einen Betrag von 6400 Euro im Kalenderjahr übersteigen; mit einem Vomhundertsatz benannte Änderungen des Grundgehalts der Beamten mit einer Besoldung nach Besoldungsgruppe A 13 gelten ab dem auf das Inkrafttreten der Änderung folgenden Kalenderjahr mit dem gleichen Vomhundertsatz für den in Halbsatz 1 genannten Betrag. ²Von der Gemeinde veranlasst sind auch Tätigkeiten, die von einem Unternehmen, an dem sie unmittelbar oder mittelbar ganz oder mehrheitlich beteiligt ist, einer ehrenamtlich tätigen Person übertragen werden. ³Der Betrag verdoppelt sich für Vorsitzende des Aufsichtsrats oder eines vergleichbaren Organs der in Satz 1 genannten Unternehmen und erhöht sich für deren Stellvertreter um 50 v.H. ⁴Bei der Festsetzung des abzuführenden Betrags sind von den Vergütungen Aufwendungen abzusetzen, die im Zusammenhang mit der Tätigkeit nachweislich entstanden sind. ⁵Die Ablieferungsregelungen nach dem beamtenrechtlichen Nebentätigkeitsrecht finden keine Anwendung.

**Art. 21 Benutzung öffentlicher Einrichtungen; Tragung der Gemeindelasten.** (1) ¹Alle Gemeindeangehörigen sind nach den bestehenden allgemeinen Vorschriften berechtigt, die öffentlichen Einrichtungen der Gemeinde zu benutzen. ²Sie sind verpflichtet, die Gemeindelasten zu tragen.

(2) ¹Mehrere technisch selbständige Anlagen der Gemeinde, die demselben Zweck dienen, können eine Einrichtung oder einzelne rechtlich selbständige Einrichtungen bilden. ²Die Gemeinde entscheidet das durch Satzung; trifft sie keine Regelung, liegt nur eine Einrichtung vor.

Gemeindeordnung **GO 30**

(3) Auswärts wohnende Personen haben für ihren Grundbesitz oder ihre gewerbliche Niederlassungen im Gemeindegebiet gegenüber der Gemeinde die gleichen Rechte und Pflichten wie ortsansässige Grundbesitzer und Gewerbetreibende.

(4) Die Vorschriften in den Absätzen 1 und 3 finden auf juristische Personen und Personenvereinigungen entsprechende Anwendung.

(5) [1]Die Benutzung der öffentlichen, dem Gemeingebrauch dienenden Einrichtungen steht nach Maßgabe der bestehenden Vorschriften jedermann zu. [2]Die Zulassung kann von einer vorherigen Belehrung und dem ausdrücklichen Anerkenntnis der bestehenden Vorschriften abhängig gemacht werden.

5. Abschnitt

## Gemeindehoheit

**Art. 22 Verwaltungs- und Finanzhoheit.** (1) Die Hoheitsgewalt der Gemeinde umfaßt das Gemeindegebiet und seine gesamte Bevölkerung (Gemeindehoheit).

(2) [1]Die Gemeinden haben das Recht, ihr Finanzwesen im Rahmen der gesetzlichen Bestimmungen selbst zu regeln. [2]Sie sind insbesondere befugt, zur Deckung des für die Erfüllung ihrer Aufgaben notwendigen Finanzbedarfs Abgaben nach Maßgabe der Gesetze zu erheben, soweit ihre sonstigen Einnahmen nicht ausreichen. [3]Zu diesem Zweck ist ihnen das Recht zur Erhebung eigener Steuern und sonstiger Abgaben im ausreichenden Maß zu gewährleisten.

(3) Der Staat hat den Gemeinden zur Erfüllung ihrer Aufgaben weitere Mittel im Rahmen des Staatshaushalts zuzuweisen.

**Art. 23 Ortsrecht.** [1]Die Gemeinden können zur Regelung ihrer Angelegenheiten Satzungen erlassen. [2]Satzungen zur Regelung übertragener Angelegenheiten, bewehrte Satzungen (Art. 24 Abs. 2) und Verordnungen sind nur in den gesetzlich bestimmten Fällen zulässig. [3]In solchen Satzungen und in Verordnungen soll ihre besondere Rechtsgrundlage angegeben werden.

**Art. 24 Inhalt der Satzungen.** (1) In den Satzungen können die Gemeinden insbesondere
1. die Benutzung ihres Eigentums und ihrer öffentlichen Einrichtungen regeln,
2. aus Gründen des öffentlichen Wohls den Anschluß an die Wasserversorgung, die Abwasserbeseitigung, die Abfallentsorgung, die Straßenreinigung und ähnliche der Gesundheit dienende Einrichtungen vorschreiben und vorbehaltlich anderweitiger gesetzlicher Vorschriften die Benutzung dieser Einrichtungen sowie der Bestattungseinrichtungen und von Schlachthöfen zur Pflicht machen,
3. für Grundstücke, die einer neuen Bebauung zugeführt werden, und in Sanierungsgebieten den Anschluß an Einrichtungen zur Versorgung mit Fernwärme und deren Benutzung zur Pflicht machen, sofern der Anschluß aus besonderen

städtebaulichen Gründen oder zum Schutz vor schädlichen Umwelteinwirkungen im Sinn des Bundes-Immissionsschutzgesetzes notwendig ist; ausgenommen sind Grundstücke mit emissionsfreien Heizeinrichtungen,
4. Gemeindedienste (Hand- und Spanndienste) zur Erfüllung gemeindlicher Aufgaben unter angemessener Berücksichtigung der persönlichen Verhältnisse der Pflichtigen anordnen.

(2) ¹In den Satzungen kann die Ersatzvornahme auf Kosten säumiger Verpflichteter für zulässig erklärt werden. ²In den Fällen des Absatzes 1 Nrn. 1 bis 3 können in der Satzung Zuwiderhandlungen als Ordnungswidrigkeiten mit Geldbuße bis zu zweitausendfünfhundert Euro bedroht werden (bewehrte Satzung). ³In Satzungen nach Absatz 1 Nrn. 2 und 3 kann vorgeschrieben werden, daß Eigentümer das Anbringen und Verlegen örtlicher Leitungen für die Wasserversorgung, die Abwasserbeseitigung und die Versorgung mit Fernwärme auf ihrem Grundstück zu dulden haben, wenn dieses an die Einrichtung angeschlossen oder anzuschließen ist, in wirtschaftlichem Zusammenhang mit der Einrichtung benutzt wird oder wenn die Möglichkeit der Inanspruchnahme der Einrichtung für das Grundstück sonst vorteilhaft ist; die Duldungspflicht entfällt, wenn die Inanspruchnahme des Grundstücks Eigentümer mehr als notwendig oder in unzumutbarer Weise belasten würde.

(3)* In Satzungen nach Absatz 1 Nrn. 1 bis 3 und in Satzungen, die auf Grund anderer Gesetze, die auf diesen Artikel verweisen, erlassen werden, kann bestimmt werden, daß die von der Gemeinde mit dem Vollzug dieser Satzungen beauftragten Personen berechtigt sind, zur Überwachung der Pflichten, die sich nach diesen Satzungen und Gesetzen ergeben, zu angemessener Tageszeit Grundstücke, Gebäude, Anlagen, Einrichtungen, Wohnungen und Wohnräume im erforderlichen Umfang zu betreten.

(4) ¹In Satzungen nach Abs. 1 Nr. 2 kann für Einrichtungen der Wasserversorgung bestimmt werden, dass die Gemeinde berechtigt ist, elektronische Wasserzähler mit oder ohne Funkmodul einzusetzen und zu betreiben. ²In einem elektronischen Wasserzähler dürfen nur Daten gespeichert und verarbeitet werden, die zur Erfüllung der Pflichtaufgabe der Wasserversorgung und zur Gewährleistung der Betriebssicherheit und Hygiene der gesamten Wasserversorgungseinrichtung erforderlich sind. ³Die gespeicherten Daten dürfen nur ausgelesen und verwendet werden
1. zur periodischen Abrechnung oder Zwischenabrechnung des Wasserverbrauchs und
2. anlassbezogen, soweit dies im Einzelfall zur Abwehr von Gefahren für den ordnungsgemäßen Betrieb der Wasserversorgungseinrichtung und zur Aufklärung von Störungen im Wasserversorgungsnetz erforderlich ist.

---

\* *Entscheidung des Bayerischen Verfassungsgerichtshofs v. 10. Oktober 2007 – Vf. 15-VII-06, GVBl. S. 729, amtlicher Leitsatz: Art. 24 Abs. 3 GO ist – soweit er Wohnungen betrifft – in verfassungskonformer Auslegung um die Einschränkung zu ergänzen, die sich aus dem unmittelbar anzuwendenden Art. 13 Abs. 7 GG ergeben.*

[4]Jahresverbrauchswerte dürfen ferner zur Berechnung und Festsetzung der Gebühren für die Benutzung einer Abwasserbeseitigungseinrichtung ausgelesen und verwendet werden. [5]Soll ein Wasserzähler mit Funkmodul eingesetzt werden, weist die Gemeinde den Gebührenschuldner und den Eigentümer des versorgten Objekts spätestens drei Wochen vorher in einer verständlichen und von anderen Informationen getrennten Form darauf hin, dass sie oder ein berechtigter Nutzer dem Betrieb eines Wasserzählers unter Verwendung der Funkfunktion innerhalb einer Ausschlussfrist von zwei Wochen nach Zugang des Hinweises jeweils unabhängig voneinander schriftlich widersprechen können. [6]Übt einer der Berechtigten das Widerspruchsrecht fristgerecht aus, darf ein elektronischer Wasserzähler nicht unter Verwendung der Funkfunktion betrieben werden. [7]Die Sätze 5 und 6 finden keine Anwendung, soweit in einem versorgten Objekt mehrere Einheiten einen gemeinsamen Wasserzähler haben.

(5) [1]Ein Benutzungszwang nach Absatz 1 Nr. 2 und Absatz 2 darf nicht zum Nachteil von Einrichtungen der Kirchen, anerkannter Religionsgemeinschaften oder solcher weltanschaulicher Gemeinschaften verfügt werden, deren Bestrebungen den allgemein geltenden Gesetzen nicht widersprechen. [2]Voraussetzung ist, daß diese Einrichtungen unmittelbar religiösen oder weltanschaulichen Zwecken dienen.

**Art. 25** *(aufgehoben)*

**Art. 26 Inkrafttreten; Ausfertigung und Bekanntmachung.** (1) [1]Satzungen treten eine Woche nach ihrer Bekanntmachung in Kraft. [2]In der Satzung kann ein anderer Zeitpunkt bestimmt werden, in bewehrten Satzungen und anderen Satzungen, die nicht mit rückwirkender Kraft erlassen werden dürfen, jedoch frühestens der auf die Bekanntmachung folgende Tag.

(2) [1]Satzungen sind auszufertigen und im Amtsblatt der Gemeinde amtlich bekanntzumachen; das Amtsblatt der Verwaltungsgemeinschaft gilt als Amtsblatt der Gemeinde, wenn die Gemeinde, die einer Verwaltungsgemeinschaft angehört, kein eigenes Amtsblatt unterhält. [2]Hat die Gemeinde kein Amtsblatt im Sinn des Satzes 1, so sind die Satzungen im Amtsblatt des Landkreises oder des Landratsamts, sonst in anderen regelmäßig erscheinenden Druckwerken amtlich bekanntzumachen; die amtliche Bekanntmachung kann auch dadurch bewirkt werden, daß die Satzung in der Verwaltung der Gemeinde niedergelegt und die Niederlegung durch Anschlag an den für öffentliche Bekanntmachungen allgemein bestimmten Stellen (Gemeindetafeln) oder durch Mitteilung in einer Tageszeitung bekanntgegeben wird.

**Art. 27 Verwaltungsverfügungen; Zwangsmaßnahmen.** (1) Die Gemeinden können im eigenen und im übertragenen Wirkungskreis die zur Durchführung von Gesetzen, Rechtsverordnungen und Satzungen notwendigen Verfügungen an bestimmte Personen erlassen und unter Anwendung der gesetzlichen Zwangsmittel vollziehen.

**30 GO**                                                                 Gemeindeordnung

(2) [1]Verwaltungsakte, Ladungen oder sonstige Mitteilungen, die auf Grund von Rechtsvorschriften außerhalb dieses Gesetzes amtlich, öffentlich oder ortsüblich bekanntzumachen sind, hat die Gemeinde wie ihre Satzungen bekanntzumachen. [2]Sind Pläne, Karten oder sonstige Nachweise Bestandteil einer Mitteilung nach Satz 1, so kann die Bekanntmachung unbeschadet anderer Vorschriften auch dadurch bewirkt werden, daß die Mitteilung mit den Nachweisen auf die Dauer von zwei Wochen in der Verwaltung der Gemeinde ausgelegt wird; der Gegenstand der Mitteilung sowie Ort und Zeit der Auslegung sind mindestens eine Woche vorher nach Satz 1 bekanntzumachen.

**Art. 28 Geldbußen und Verwarnungsgelder.** Geldbußen und Verwarnungsgelder, die auf Grund bewehrter Satzungen und Verordnungen festgesetzt werden, fließen in die Gemeindekasse.

ZWEITER TEIL
# Verfassung und Verwaltung der Gemeinde

1. Abschnitt
## Gemeindeorgane und ihre Hilfskräfte

**Art. 29 Hauptorgane.** Die Gemeinde wird durch den Gemeinderat verwaltet, soweit nicht der erste Bürgermeister selbständig entscheidet (Art. 37).

### a) Der Gemeinderat und seine Ausschüsse

**Art. 30 Rechtsstellung; Aufgaben des Gemeinderats.** (1) [1]Der Gemeinderat ist die Vertretung der Gemeindebürger. [2]Er führt in Städten die Bezeichnung Stadtrat, in Märkten die Bezeichnung Marktgemeinderat.

(2) Der Gemeinderat entscheidet im Rahmen des Art. 29 über alle Angelegenheiten, für die nicht beschließende Ausschüsse (Art. 32) bestellt sind.

(3) Der Gemeinderat überwacht die gesamte Gemeindeverwaltung, insbesondere auch die Ausführung seiner Beschlüsse.

**Art. 31 Zusammensetzung des Gemeinderats.** (1) Der Gemeinderat besteht aus dem ersten Bürgermeister und den Gemeinderatsmitgliedern.

(2) [1]Die Gemeinderatsmitglieder werden in ehrenamtlicher Eigenschaft gewählt*. [2]Ihre Zahl, einschließlich weiterer Bürgermeister, beträgt in Gemeinden

---

\*   *Vgl. hierzu Art. 23 Abs. 1 des Gemeinde- und Landkreiswahlgesetzes in der Fassung der Bekanntmachung vom 7. November 2006 (GVBl. S. 834), Gesetz zuletzt geändert durch Gesetz vom 25. März 2020 (GVBl. S. 174):*

    **Art. 23 Wahlzeit.** (1) Die Wahlzeit der bei allgemeinen Gemeinde- und Landkreiswahlen neu gewählten Gemeinderäte und Kreistage beträgt sechs Jahre und beginnt jeweils an dem der Wahl folgenden 1. Mai.

Gemeindeordnung  **GO 30**

|              | mit     | bis zu | 1 000   | Einwohnern | 8,  |
|--------------|---------|--------|---------|------------|-----|
| mit mehr als | 1 000   | bis zu | 2 000   | Einwohnern | 12, |
| mit mehr als | 2 000   | bis zu | 3 000   | Einwohnern | 14, |
| mit mehr als | 3 000   | bis zu | 5 000   | Einwohnern | 16, |
| mit mehr als | 5 000   | bis zu | 10 000  | Einwohnern | 20, |
| mit mehr als | 10 000  | bis zu | 20 000  | Einwohnern | 24, |
| mit mehr als | 20 000  | bis zu | 30 000  | Einwohnern | 30, |
| mit mehr als | 30 000  | bis zu | 50 000  | Einwohnern | 40, |
| mit mehr als | 50 000  | bis zu | 100 000 | Einwohnern | 44, |
| mit mehr als | 100 000 | bis zu | 200 000 | Einwohnern | 50, |
| mit mehr als | 200 000 | bis zu | 500 000 | Einwohnern | 60. |

³Die Zahl der ehrenamtlichen Gemeinderatsmitglieder einschließlich weiterer Bürgermeister beträgt in der Stadt Nürnberg 70 und in der Landeshauptstadt München 80. ⁴Sinkt die Einwohnerzahl in einer Gemeinde unter eine der in Satz 2 genannten Einwohnergrenzen, so ist die Zahl der ehrenamtlichen Gemeinderatsmitglieder erst in der übernächsten Wahlzeit auf die gesetzlich vorgeschriebene Zahl zu verringern.

(3) ¹Ehrenamtliche Gemeinderatsmitglieder können nicht sein:
1. Beamte und leitende oder hauptberufliche Arbeitnehmer dieser Gemeinde,
2. Beamte und leitende oder hauptberufliche Arbeitnehmer einer Verwaltungsgemeinschaft, der die Gemeinde angehört,
3. leitende Beamte und leitende Arbeitnehmer von juristischen Personen oder sonstigen Organisationen des öffentlichen oder privaten Rechts, an denen die Gemeinde mit mehr als 50 v.H. beteiligt ist; eine Beteiligung am Stimmrecht genügt,
4. Beamte und Arbeitnehmer der Rechtsaufsichtsbehörde, die unmittelbar mit Fragen der Rechtsaufsicht befaßt sind, ausgenommen der gewählte Stellvertreter des Landrats,
5. ehrenamtliche Gemeinderatsmitglieder einer anderen Gemeinde,
6. der erste Bürgermeister der eigenen oder einer anderen Gemeinde,
7. ein Landrat in einer kreisfreien Gemeinde,
8. ein Kreisrat in einer kreisfreien Gemeinde

²Als Arbeitnehmer im Sinn das Satzes 1 gilt nicht, wer überwiegend körperliche Arbeit verrichtet. ³Satz 1 ist nicht anzuwenden, wenn der Beamte während der Dauer des Ehrenamts ohne Dienstbezüge beurlaubt ist, im Rahmen von Altersteilzeit im Blockmodell vollständig vom Dienst freigestellt ist oder wenn seine Rechte und Pflichten aus dem Dienstverhältnis wegen der Wahl in eine gesetzgebende Körperschaft ruhen; dies gilt für Arbeitnehmer entsprechend.

(4) ¹Alle Gemeinderatsmitglieder sind in der ersten nach ihrer Berufung stattfindenden öffentlichen Sitzung in feierlicher Form zu vereidigen. ²Die Eidesformel lautet:

„Ich schwöre Treue dem Grundgesetz für die Bundesrepublik Deutschland und der Verfassung des Freistaates Bayern. Ich schwöre, den Gesetzen gehorsam zu sein und meine Amtspflichten gewissenhaft zu erfüllen. Ich schwöre, die Rechte der Selbstverwaltung zu wahren und ihren Pflichten nachzukommen, so wahr mir Gott helfe."

³Der Eid kann auch ohne die Worte „so wahr mir Gott helfe" geleistet werden. ⁴Erklärt ein Gemeinderatsmitglied, daß es aus Glaubens- oder Gewissensgründen keinen Eid leisten könne, so hat es an Stelle der Worte „ich schwöre" die Worte „ich gelobe" zu sprechen oder das Gelöbnis mit einer dem Bekenntnis seiner Religionsgemeinschaft oder der Überzeugung seiner Weltanschauungsgemeinschaft entsprechenden, gleichwertigen Beteuerungsformel einzuleiten. ⁵Den Eid nimmt der erste Bürgermeister ab. ⁶Die Eidesleistung entfällt für die Gemeinderatsmitglieder, die im Anschluß an ihre Amtszeit wieder zum Gemeinderatsmitglied der gleichen Gemeinde gewählt wurden.

**Art. 32 Aufgaben der Ausschüsse.** (1) Der Gemeinderat kann vorberatende Ausschüsse bilden.

(2) ¹Der Gemeinderat kann die Verwaltung bestimmter Geschäftszweige oder die Erledigung einzelner Angelegenheiten beschließenden Ausschüssen (Gemeindesenaten) übertragen. ²Auf beschließende Ausschüsse können nicht übertragen werden
1. die Beschlußfassung über Angelegenheiten, zu deren Erledigung die Gemeinde der Genehmigung bedarf,
2. der Erlaß von Satzungen und Verordnungen, ausgenommen alle Bebauungspläne und alle sonstige Satzungen nach den Vorschriften des Ersten Kapitels des Baugesetzbuchs sowie alle örtlichen Bauvorschriften im Sinn des Art. 81 BayBO, auch in den Fällen des Art. 81 Abs. 2 BayBO,
3. die Beschlußfassung über die allgemeine Regelung der Bezüge der Gemeindebediensteten und über beamten-, besoldungs-, versorgungs- und disziplinarrechtliche Angelegenheiten der Bürgermeister und der berufsmäßigen Gemeinderatsmitglieder, soweit nicht das Kommunal-Wahlbeamten-Gesetz oder das Bayerische Disziplinargesetz etwas anderes bestimmen,
4. die Beschlußfassung über die Haushaltssatzung und über die Nachtragshaushaltssatzungen (Art. 65 und 68),
5. die Beschlußfassung über den Finanzplan (Art. 70),
6. die Feststellung der Jahresrechnung und der Jahresabschlüsse der Eigenbetriebe und der Krankenhäuser mit kaufmännischem Rechnungswesen sowie die Beschlußfassung über die Entlastung (Art. 102),
7. Entscheidungen über gemeindliche Unternehmen im Sinn von Art. 96,
8. die hinsichtlich der Eigenbetriebe dem Gemeinderat im übrigen vorbehaltenen Angelegenheiten (Art. 88),
9. die Bestellung und die Abberufung des Leiters des Rechnungsprüfungsamts sowie seines Stellvertreters,
10. die Beschlußfassung über Änderungen von bewohntem Gemeindegebiet.

(3) ¹Beschließende Ausschüsse erledigen die ihnen übertragenen Angelegenheiten an Stelle des Gemeinderats, wenn nicht der erste Bürgermeister oder

Gemeindeordnung GO 30

sein Stellvertreter im Ausschuß, ein Drittel der stimmberechtigten Ausschußmitglieder oder ein Viertel der Gemeinderatsmitglieder binnen einer Woche die Nachprüfung durch den Gemeinderat beantragt. ²Soweit ein Beschluß eines Ausschusses die Rechte Dritter berührt, wird er erst nach Ablauf einer Frist von einer Woche wirksam.

(4) ¹Der Gemeinderat kann in der Geschäftsordnung eine Ferienzeit bis zu sechs Wochen bestimmen. ²Für die Dauer der Ferienzeit ist ein Ferienausschuß nach den für beschließende Ausschüsse geltenden Vorschriften zu bilden, der alle Aufgaben erledigt, für die sonst der Gemeinderat oder ein beschließender Ausschuß zuständig ist; die Absätze 2 und 3 sind nicht anzuwenden. ³Der Ferienausschuß kann jedoch keine Aufgaben erledigen, die dem Werkausschuß obliegen oder kraft Gesetzes von besonderen Ausschüssen wahrgenommen werden müssen oder nach der Geschäftsordnung nicht vom Ferienausschuß wahrgenommen werden dürfen.

(5) Der Gemeinderat kann Ausschüsse jederzeit auflösen.

**Art. 33 Zusammensetzung der Ausschüsse; Vorsitz.** (1) ¹Die Zusammensetzung der Ausschüsse regelt der Gemeinderat in der Geschäftsordnung (Art. 45); die Mitglieder werden vom Gemeinderat für die Dauer der Wahlzeit aus seiner Mitte bestellt. ²Hierbei hat der Gemeinderat dem Stärkeverhältnis der in ihm vertretenen Parteien und Wählergruppen Rechnung zu tragen. ³Haben dabei mehrere Parteien oder Wählergruppen gleichen Anspruch auf einen Sitz, so ist statt eines Losentscheids auch der Rückgriff auf die Zahl der bei der Wahl auf diese Parteien oder Wählergruppen abgegebenen Stimmen zulässig. ⁴Die Bestellung anderer als der von den Parteien oder Wählergruppen vorgeschlagenen Personen ist nicht zulässig. ⁵Gemeinderatsmitglieder können sich zur Entsendung gemeinsamer Vertreter in die Ausschüsse zusammenschließen.

(2) ¹Den Vorsitz in den Ausschüssen führt der erste Bürgermeister, einer seiner Stellvertreter oder ein vom ersten Bürgermeister bestimmtes ehrenamtliches Gemeinderatsmitglied. ²Ist dieses bereits Mitglied des Ausschusses, nimmt dessen Vertreter für die Dauer der Übertragung den Sitz im Ausschuss ein.

(3) ¹Während der Wahlzeit im Gemeinderat eintretende Änderungen des Stärkeverhältnisses der Parteien und Wählergruppen sind auszugleichen. ²Scheidet ein Mitglied aus der von ihm vertretenen Partei oder Wählergruppe aus, so verliert es seinen Sitz im Ausschuss.

### b) Der erste Bürgermeister und seine Stellvertreter

**Art. 34 Rechtsstellung des ersten Bürgermeisters.** (1) ¹Der erste Bürgermeister ist Beamter der Gemeinde*. ²In kreisfreien Gemeinden und in Großen Kreisstädten führt er die Amtsbezeichnung Oberbürgermeister. ³In diesen Gemeinden und in kreisangehörigen Gemeinden mit mehr als 5000 Einwohnern ist der erste Bürgermeister Beamter auf Zeit (berufsmäßiger Bürgermeister).

(2) ¹In kreisangehörigen Gemeinden, die mehr als 5000, höchstens aber 10 000 Einwohner haben, ist der erste Bürgermeister Ehrenbeamter (ehrenamtlicher Bürgermeister), wenn das der Gemeinderat spätestens am 90. Tag vor einer Bürgermeisterwahl durch Satzung bestimmt. ²In Gemeinden bis zu 5000 Einwohnern ist der erste Bürgermeister Ehrenbeamter, wenn nicht der Gemeinderat spätestens am 90. Tag vor einer Bürgermeisterwahl durch Satzung bestimmt, daß der erste Bürgermeister Beamter auf Zeit sein soll.

(3) Entscheidend ist die letzte fortgeschriebene Einwohnerzahl, die vom Landesamt für Statistik früher als sechs Monate vor der Bürgermeisterwahl veröffentlicht wurde.

(4) Satzungen nach Absatz 2 gelten auch für künftige Amtszeiten, wenn sie nicht der Gemeinderat spätestens am 90. Tag vor einer Bürgermeisterwahl aufhebt.

(5) Erste Bürgermeister können nicht sein:
1. die in Art. 31 Abs. 3 Satz 1 Nrn. 1 bis 5 genannten Personen und
2. der erste Bürgermeister einer anderen Gemeinde.

**Art. 35 Rechtsstellung der weiteren Bürgermeister.** (1) ¹Der Gemeinderat wählt aus seiner Mitte für die Dauer seiner Wahlzeit einen oder zwei weitere Bürgermeister. ²Weitere Bürgermeister sind Ehrenbeamte der Gemeinde (ehrenamtliche weitere Bürgermeister), wenn nicht der Gemeinderat durch Satzung bestimmt, daß sie Beamte auf Zeit sein sollen (berufsmäßige weitere Bürgermeister).

(2) Zum weiteren Bürgermeister sind die ehrenamtlichen Gemeinderatsmitglieder wählbar, welche die Voraussetzungen für die Wahl zum ersten Bürgermeister erfüllen.

(3) Endet das Beamtenverhältnis eines weiteren Bürgermeisters während der Wahlzeit des Gemeinderats, so findet für den Rest der Wahlzeit innerhalb von

---

\* *Vgl. hierzu Art. 41 Abs. 1 und 42 Abs. 1 Satz 1 des Gemeinde- und Landkreiswahlgesetzes in der Fassung der Bekanntmachung vom 7. November 2006 (GVBl. S. 834), Gesetz zuletzt geändert durch Gesetz vom 25. März 2020 (GVBl. S. 174):*
   **Art. 41 Amtszeit des ehrenamtlichen ersten Bürgermeisters.** (1) Der ehrenamtliche erste Bürgermeister wird zugleich mit dem Gemeinderat auf die Dauer von sechs Jahren gewählt.
   **Art. 42 Amtszeit des berufsmäßigen ersten Bürgermeisters und des Landrats.**
   (1) ¹Der berufsmäßige erste Bürgermeister und der Landrat werden auf die Dauer von sechs Jahren gewählt.

drei Monaten eine Neuwahl statt; dasselbe gilt, wenn das Ruhen der Rechte und Pflichten aus dem Beamtenverhältnis wegen der Wahl in eine gesetzgebende Körperschaft eintritt.

**Art. 36 Vollzug der Beschlüsse des Gemeinderats.** [1]Der erste Bürgermeister führt den Vorsitz im Gemeinderat und vollzieht seine Beschlüsse. [2]Soweit er persönlich beteiligt ist, handelt sein Vertreter.

**Art. 37 Zuständigkeit des ersten Bürgermeisters.** (1) [1]Der erste Bürgermeister erledigt in eigener Zuständigkeit
1. die laufenden Angelegenheiten, die für die Gemeinde keine grundsätzliche Bedeutung haben und keine erheblichen Verpflichtungen erwarten lassen,
2. die den Gemeinden durch ein Bundesgesetz oder auf Grund eines Bundesgesetzes übertragenen hoheitlichen Aufgaben in Angelegenheiten der Verteidigung einschließlich des Wehrersatzwesens und des Schutzes der Zivilbevölkerung, soweit nicht für haushalts- oder personalrechtliche Entscheidungen der Gemeinderat zuständig ist,
3. die Angelegenheiten, die im Interesse der Sicherheit der Bundesrepublik oder eines ihrer Länder geheimzuhalten sind.

[2]Für die laufenden Angelegenheiten nach Satz 1 Nr. 1, die nicht unter Nummern 2 und 3 fallen, kann der Gemeinderat Richtlinien aufstellen.

(2) [1]Der Gemeinderat kann dem ersten Bürgermeister durch die Geschäftsordnung weitere Angelegenheiten zur selbständigen Erledigung übertragen; das gilt nicht für den Erlaß von Satzungen und für Angelegenheiten, die nach Art. 32 Abs. 2 Satz 2 nicht auf beschließende Ausschüsse übertragen werden können. [2]Der Gemeinderat kann dem ersten Bürgermeister übertragene Angelegenheiten im Einzelfall nicht wieder an sich ziehen; das Recht des Gemeinderats, die Übertragung allgemein zu widerrufen, bleibt unberührt.

(3) [1]Der erste Bürgermeister ist befugt, an Stelle des Gemeinderats oder eines Ausschusses dringliche Anordnungen zu treffen und unaufschiebbare Geschäfte zu besorgen. [2]Hiervon hat er dem Gemeinderat oder dem Ausschuß in der nächsten Sitzung Kenntnis zu geben.

(4) Der erste Bürgermeister führt die Dienstaufsicht über die Beamten und Arbeitnehmer der Gemeinde.

**Art. 38 Verpflichtungsgeschäfte; Vertretung der Gemeinde nach außen.**

(1) [1]Der erste Bürgermeister vertritt die Gemeinde nach außen. [2]Der Umfang der Vertretungsmacht ist auf seine Befugnisse beschränkt.

(2) [1]Erklärungen, durch welche die Gemeinde verpflichtet werden soll, bedürfen der Schriftform; das gilt nicht für ständig wiederkehrende Geschäfte des täglichen Lebens, die finanziell von unerheblicher Bedeutung sind. [2]Die Erklärungen sind durch den ersten Bürgermeister oder seinen Stellvertreter unter Angabe der Amtsbezeichnung zu unterzeichnen. [3]Sie können auf Grund einer den vorstehenden Erfordernissen entsprechenden Vollmacht auch von Gemeindebediensteten unterzeichnet werden.

**Art. 39 Stellvertretung; Übertragung von Befugnissen.** (1) ¹Die weiteren Bürgermeister vertreten den ersten Bürgermeister im Fall seiner Verhinderung in ihrer Reihenfolge. ²Die weiteren Stellvertreter bestimmt der Gemeinderat aus der Mitte der Gemeinderatsmitglieder, die Deutsche im Sinn des Art. 116 Abs. 1 des Grundgesetzes sind.

(2) Der erste Bürgermeister kann im Rahmen der Geschäftsverteilung (Art. 46) einzelne seiner Befugnisse den weiteren Bürgermeistern, nach deren Anhörung auch einem Gemeinderatsmitglied und in Angelegenheiten der laufenden Verwaltung einem Gemeindebediensteten übertragen; eine darüber hinausgehende Übertragung auf einen Bediensteten bedarf zusätzlich der Zustimmung des Gemeinderats.

### c) Die berufsmäßigen Gemeinderatsmitglieder

**Art. 40 Berufung und Aufgaben.** ¹In Gemeinden mit mehr als 10 000 Einwohnern kann der Gemeinderat berufsmäßige Gemeinderatsmitglieder wählen. ²Sie haben in den Sitzungen des Gemeinderats und seiner Ausschüsse in Angelegenheiten ihres Aufgabengebiets beratende Stimme.

**Art. 41 Rechtsstellung.** ¹Die berufsmäßigen Gemeinderatsmitglieder werden auf höchstens sechs Jahre gewählt und auf Grund dieser Wahl zum Beamten auf Zeit ernannt. ²Wiederwahl ist zulässig.

### d) Gemeindebedienstete

**Art. 42 Notwendigkeit bestimmter Fachkräfte.** (1) Die Gemeinden müssen das fachlich geeignete Verwaltungspersonal anstellen, das erforderlich ist, um den ordnungsgemäßen Gang der Geschäfte zu gewährleisten.

(2) Unbeschadet der Verpflichtung nach Abs. 1 gilt:
1. Kreisfreie Gemeinden und Große Kreisstädte müssen mindestens einen Gemeindebeamten haben, der in der Fachlaufbahn Verwaltung und Finanzen, fachlicher Schwerpunkt nichttechnischer Verwaltungsdienst, für ein Amt ab der Besoldungsgruppe A 14 qualifiziert ist, wenn nicht der Oberbürgermeister diese Qualifikation besitzt;
2. andere Gemeinden sollen mindestens einen Gemeindebeamten haben, der in der Fachlaufbahn Verwaltung und Finanzen, fachlicher Schwerpunkt nichttechnischer Verwaltungsdienst, für ein Amt ab der Besoldungsgruppe A 10 qualifiziert ist, wenn nicht der erste Bürgermeister mindestens diese Qualifikation besitzt und berufsmäßig tätig ist oder die Gemeinde einer Verwaltungsgemeinschaft angehört.

**Art. 43 Anstellung und Arbeitsbedingungen.** (1) ¹Der Gemeinderat ist zuständig,
1. die Beamten der Gemeinde ab Besoldungsgruppe A 9 zu ernennen, zu befördern, abzuordnen oder zu versetzen, an eine Einrichtung zuzuweisen, in den Ruhestand zu versetzen und zu entlassen,

Gemeindeordnung  **GO 30**

2. die Arbeitnehmer der Gemeinde ab Entgeltgruppe 9 des Tarifvertrags für den öffentlichen Dienst oder ab einem entsprechenden Entgelt einzustellen, höherzugruppieren, abzuordnen oder zu versetzen, einem Dritten zuzuweisen, mittels Personalgestellung zu beschäftigen und zu entlassen.
[2]Befugnisse nach Satz 1 kann der Gemeinderat einem beschließenden Ausschuss (Art. 32 Abs. 2 bis 5) übertragen. [3]In kreisfreien Gemeinden kann der Gemeinderat die Befugnisse nach Satz 1 für Beamte bis zur Besoldungsgruppe A 14 und für Arbeitnehmer bis zur Entgeltgruppe 14 des Tarifvertrags für den öffentlichen Dienst oder mit einem entsprechenden Entgelt dem Oberbürgermeister übertragen; Art. 39 Abs. 2 findet Anwendung. [4]Ein solcher Beschluss bedarf der Mehrheit der Mitglieder des Gemeinderats; falls der Beschluss nicht mit dieser Mehrheit wieder aufgehoben wird, gilt er bis zum Ende der Wahlzeit des Gemeinderats.

(2) [1]Für Beamte der Gemeinde bis zur Besoldungsgruppe A 8 und für Arbeitnehmer der Gemeinde bis zur Entgeltgruppe 8 des Tarifvertrags für den öffentlichen Dienst oder bis zu einem entsprechenden Entgelt obliegen die in Abs. 1 genannten personalrechtlichen Befugnisse dem ersten Bürgermeister. [2]Art. 39 Abs. 2 findet Anwendung.

(3) Dienstvorgesetzter der Gemeindebeamten ist der erste Bürgermeister.

(4) Die Arbeitsbedingungen und das Entgelt der Arbeitnehmer müssen angemessen sein.

**Art. 44 Stellenplan.** [1]Der Stellenplan (Art. 64 Abs. 2 Satz 2) ist einzuhalten. [2]Abweichungen sind nur im Rahmen des Art. 68 Abs. 3 Nr. 2 zulässig.

2. Abschnitt

## Geschäftsgang

**Art. 45 Geschäftsordnung und Geschäftsgang der Ausschüsse.** (1) Der Gemeinderat gibt sich eine Geschäftsordnung.

(2) [1]Die Geschäftsordnung muß Bestimmungen über die Frist und Form der Einladung zu den Sitzungen sowie über den Geschäftsgang des Gemeinderats und seiner Ausschüsse enthalten. [2]Auf den Geschäftsgang der beschließenden Ausschüsse finden die Vorschriften der Art. 46 bis 54 entsprechende Anwendung.

**Art. 46 Geschäftsleitung.** (1) [1]Im Rahmen der Geschäftsordnung leitet und verteilt der erste Bürgermeister die Geschäfte. [2]Über die Verteilung der Geschäfte unter die Gemeinderatsmitglieder beschließt der Gemeinderat.

(2) [1]Der erste Bürgermeister bereitet die Beratungsgegenstände vor. [2]Er beruft den Gemeinderat unter Angabe der Tagesordnung mit angemessener Frist ein, erstmals unverzüglich nach Beginn der Wahlzeit. [3]Der Gemeinderat ist auch unverzüglich einzuberufen, wenn es ein Viertel der ehrenamtlichen Gemeinderatsmitglieder schriftlich oder elektronisch unter Bezeichnung des Be-

## 30 GO

ratungsgegenstands verlangt. ⁴Die Sitzung muß spätestens am 14. Tag nach Beginn der Wahlzeit oder nach Eingang des Verlangens stattfinden.

**Art. 47 Sitzungszwang; Beschlußfähigkeit.** (1) Der Gemeinderat beschließt in Sitzungen.

(2) Er ist beschlußfähig, wenn sämtliche Mitglieder ordnungsgemäß geladen sind und die Mehrheit der Mitglieder anwesend und stimmberechtigt ist.

(3) ¹Wird der Gemeinderat zum zweiten Mal zur Verhandlung über denselben Gegenstand zusammengerufen, so ist er ohne Rücksicht auf die Zahl der Erschienenen beschlußfähig. ²Bei der zweiten Einladung muß auf diese Bestimmung hingewiesen werden.

**Art. 48 Teilnahmepflicht; Ordnungsgeld gegen Säumige.** (1) ¹Die Gemeinderatsmitglieder sind verpflichtet, an den Sitzungen und Abstimmungen teilzunehmen und die ihnen zugewiesenen Geschäfte zu übernehmen. ²Kein Mitglied darf sich der Stimme enthalten.

(2) Gegen Mitglieder, die sich diesen Verpflichtungen ohne genügende Entschuldigung entziehen, kann der Gemeinderat Ordnungsgeld bis zu zweihundertfünfzig Euro im Einzelfall verhängen.

(3) Entzieht sich ein ehrenamtliches Gemeinderatsmitglied nach zwei wegen Versäumnis erkannten Ordnungsgeldern innerhalb von sechs Monaten weiterhin seiner Pflicht, an den Gemeinderatssitzungen teilzunehmen, so kann der Gemeinderat den Verlust des Amts aussprechen.

**Art. 49 Ausschluß wegen persönlicher Beteiligung.** (1) ¹Ein Mitglied kann an der Beratung und Abstimmung nicht teilnehmen, wenn der Beschluss ihm selbst, einem Angehörigen (Art. 20 Abs. 5 des Bayerischen Verwaltungsverfahrensgesetzes) oder einer von ihm vertretenen natürlichen oder juristischen Person oder sonstigen Vereinigung einen unmittelbaren Vorteil oder Nachteil bringen kann. ²Gleiches gilt, wenn ein Mitglied in anderer als öffentlicher Eigenschaft ein Gutachten abgegeben hat.

(2) Absatz 1 gilt nicht
1. für Wahlen,
2. für Beschlüsse, mit denen der Gemeinderat eine Person zum Mitglied eines Ausschusses bestellt oder sie zur Wahrnehmung von Interessen der Gemeinde in eine andere Einrichtung entsendet, dafür vorschlägt oder daraus abberuft.

(3) Ob die Voraussetzungen des Absatzes 1 vorliegen, entscheidet der Gemeinderat ohne Mitwirkung des persönlich Beteiligten.

(4) Die Mitwirkung eines wegen persönlicher Beteiligung ausgeschlossenen Mitglieds hat die Ungültigkeit des Beschlusses nur zur Folge, wenn sie für das Abstimmungsergebnis entscheidend war.

**Art. 50 Einschränkung des Vertretungsrechts.** Gemeinderatsmitglieder dürfen Ansprüche Dritter gegen die Gemeinde nur als gesetzliche Vertreter geltend machen.

Gemeindeordnung **GO 30**

**Art. 51 Form der Beschlußfassung; Wahlen.** (1) [1]Beschlüsse des Gemeinderats werden in offener Abstimmung mit Mehrheit der Abstimmenden gefaßt. [2]Bei Stimmengleichheit ist der Antrag abgelehnt.

(2) [1]Kein Mitglied des Gemeinderats darf zu irgendeiner Zeit wegen seiner Abstimmung gerichtlich oder dienstlich verfolgt oder sonst außerhalb des Gemeinderats zur Verantwortung gezogen werden. [2]Die Haftung gegenüber der Gemeinde ist nicht ausgeschlossen, wenn das Abstimmungsverhalten eine vorsätzliche Pflichtverletzung darstellt. [3]Die Verantwortlichkeit nach bundesrechtlichen Vorschriften bleibt unberührt.

(3) [1]Wahlen werden in geheimer Abstimmung vorgenommen. [2]Sie sind nur gültig, wenn sämtliche Mitglieder unter Angabe des Gegenstands geladen sind und die Mehrheit von ihnen anwesend und stimmberechtigt ist. [3]Gewählt ist, wer mehr als die Hälfte der abgegebenen gültigen Stimmen erhält. [4]Neinstimmen und leere Stimmzettel sind ungültig. [5]Ist mindestens die Hälfte der abgegebenen Stimmen ungültig, ist die Wahl zu wiederholen. [6]Ist die Mehrheit der abgegebenen Stimmen gültig und erhält keiner der Bewerber mehr als die Hälfte der abgegebenen gültigen Stimmen, so tritt Stichwahl unter den beiden Bewerbern mit den höchsten Stimmenzahlen ein. [7]Bei Stimmengleichheit in der Stichwahl entscheidet das Los.

(4) Absatz 3 gilt für alle Entscheidungen des Gemeinderats, die in diesem Gesetz oder in anderen Rechtsvorschriften als Wahlen bezeichnet werden.

**Art. 52 Öffentlichkeit.** (1) [1]Zeitpunkt und Ort der öffentlichen Sitzungen des Gemeinderats sind unter Angabe der Tagesordnung, spätestens am dritten Tag vor der Sitzung, ortsüblich bekanntzumachen. [2]Ausnahmen bedürfen der Genehmigung des Gemeinderats.

(2) [1]Die Sitzungen sind öffentlich, soweit nicht Rücksichten auf das Wohl der Allgemeinheit oder auf berechtigte Ansprüche einzelner entgegenstehen. [2]Über den Ausschluß der Öffentlichkeit wird in nichtöffentlicher Sitzung beraten und entschieden.

(3) Die in nichtöffentlicher Sitzung gefaßten Beschlüsse sind der Öffentlichkeit bekanntzugeben, sobald die Gründe für die Geheimhaltung weggefallen sind.

(4) Die Sitzungen haben in einem der Allgemeinheit zugänglichen Raum stattzufinden.

**Art. 53 Handhabung der Ordnung.** (1) [1]Der Vorsitzende handhabt die Ordnung und übt das Hausrecht aus. [2]Er ist berechtigt, Zuhörer, welche die Ordnung stören, entfernen zu lassen. [3]Er kann mit Zustimmung des Gemeinderats Mitglieder, welche die Ordnung fortgesetzt erheblich stören, von der Sitzung ausschließen.

(2) Wird durch ein bereits von einer früheren Sitzung ausgeschlossenes Mitglied die Ordnung innerhalb von zwei Monaten neuerdings erheblich gestört, so kann ihm der Gemeinderat für zwei weitere Sitzungen die Teilnahme untersagen.

**Art. 54 Niederschrift.** (1) ¹Die Verhandlungen des Gemeinderats sind niederzuschreiben. ²Die Niederschrift muß Tag und Ort der Sitzung, die Namen der anwesenden Gemeinderatsmitglieder und die der abwesenden unter Angabe ihres Abwesenheitsgrundes, die behandelten Gegenstände, die Beschlüsse und das Abstimmungsergebnis ersehen lassen. ²Jedes Mitglied kann verlangen, daß in der Niederschrift festgehalten wird, wie es abgestimmt hat.

(2) Die Niederschrift ist vom Vorsitzenden und vom Schriftführer zu unterschreiben und vom Gemeinderat zu genehmigen.

(3) ¹Die Gemeinderatsmitglieder können jederzeit die Niederschrift einsehen und sich Abschriften der in öffentlicher Sitzung gefaßten Beschlüsse erteilen lassen. ²Die Einsicht in die Niederschriften über öffentliche Sitzungen steht allen Gemeindebürgern frei; dasselbe gilt für auswärts wohnende Personen hinsichtlich ihres Grundbesitzes oder ihrer gewerblichen Niederlassungen im Gemeindegebiet.

**Art. 55** *(aufgehoben)*

3. Abschnitt

# Verwaltungsgrundsätze und Verwaltungsaufgaben

**Art. 56 Gesetzmäßigkeit; Geschäftsgang.** (1) ¹Die gemeindliche Verwaltungstätigkeit muß mit der Verfassung und den Gesetzen im Einklang stehen. ²Sie darf nur von sachlichen Gesichtspunkten geleitet sein.

(2) Die Gemeinden sind verpflichtet, für den ordnungsgemäßen Gang der Geschäfte zu sorgen und die dafür erforderlichen Einrichtungen zu schaffen.

(3) Jeder Gemeindeeinwohner kann sich mit Eingaben und Beschwerden an den Gemeinderat wenden.

**Art. 56a Geheimhaltung.** (1) ¹Alle Angelegenheiten, die im Interesse der Sicherheit oder anderer wichtiger Belange der Bundesrepublik oder eines ihrer Länder Unbefugten nicht bekannt zu werden dürfen, sind von den Gemeinden geheimzuhalten. ²Die in anderen Rechtsvorschriften geregelte Verpflichtung zur Verschwiegenheit bleibt unberührt.

(2) ¹Zur Geheimhaltung der in Absatz 1 Satz 1 bezeichneten Angelegenheiten haben die Gemeinden die notwendigen Vorkehrungen zu treffen. ²Sie haben insoweit auch die für die Behörden des Freistaates Bayern geltenden Verwaltungsvorschriften zu beachten. ³Das Staatsministerium des Innern, für Sport und Integration kann hierzu Richtlinien aufstellen und Weisungen erteilen, die nicht der Einschränkung nach Art. 109 Abs. 2 Satz 2 unterliegen.

(3) ¹Der erste Bürgermeister ist zu Beginn seiner Amtszeit durch die Rechtsaufsichtsbehörde schriftlich besonders zu verpflichten, die in Absatz 1 Satz 1 genannten Angelegenheiten geheimzuhalten und die hierfür geltenden Vor-

Gemeindeordnung **GO 30**

schriften zu beachten. ²In gleicher Weise hat der erste Bürgermeister seine Stellvertreter zu verpflichten. ³Gemeinderatsmitglieder und Gemeindebedienstete hat er zu verpflichten, bevor sie mit den in Absatz 1 Satz 1 genannten Angelegenheiten befaßt werden. ⁴Art. 3a des Bayerischen Verwaltungsverfahrensgesetzes findet keine Anwendung.

**Art. 57 Aufgaben des eigenen Wirkungskreises.** (1) ¹Im eigenen Wirkungskreis sollen die Gemeinden in den Grenzen ihrer Leistungsfähigkeit die öffentlichen Einrichtungen schaffen und erhalten, die nach den örtlichen Verhältnissen für das wirtschaftliche, soziale und kulturelle Wohl und die Förderung des Gemeinschaftslebens ihrer Einwohner erforderlich sind, insbesondere Einrichtungen zur Aufrechterhaltung der öffentlichen Sicherheit und Ordnung, der Feuersicherheit, der öffentlichen Reinlichkeit, des öffentlichen Verkehrs, der Gesundheit, der öffentlichen Wohlfahrtspflege einschließlich der Jugendhilfe, des öffentlichen Unterrichts und der Erwachsenenbildung, der Jugendertüchtigung, des Breitensports und der Kultur- und Archivpflege; hierbei sind die Belange des Natur- und Umweltschutzes zu berücksichtigen. ²Die Verpflichtung, diese Aufgaben zu erfüllen, bestimmt sich nach den besonderen gesetzlichen Vorschriften.

(2) ¹Die Gemeinden sind unbeschadet bestehender Verbindlichkeiten Dritter in den Grenzen ihrer Leistungsfähigkeit verpflichtet, die aus Gründen des öffentlichen Wohls erforderlichen Einrichtungen zur Versorgung mit Trinkwasser herzustellen und zu unterhalten. ²Sonstige gesetzlich festgelegte Verpflichtungen der Gemeinden bleiben unberührt.

(3) Übersteigt eine Pflichtaufgabe die Leistungsfähigkeit einer Gemeinde, so ist die Aufgabe in kommunaler Zusammenarbeit zu erfüllen.

**Art. 58 Aufgaben des übertragenen Wirkungskreises.** (1) Im übertragenen Wirkungskreis obliegt den Gemeinden die Erfüllung der örtlichen Aufgaben der inneren Verwaltung, soweit hierfür nicht besondere Behörden bestellt sind, und die gesetzlich vorgesehene Mitwirkung in der sonstigen öffentlichen Verwaltung.

(2) Die Gemeinden sind in den Grenzen ihrer Verwaltungskraft den Gemeindeangehörigen bei der Einleitung von Verwaltungsverfahren behilflich, auch wenn für deren Durchführung eine andere Behörde zuständig ist.

(3) Vordrucke für Anträge, Anzeigen und Meldungen, die ihnen von anderen Behörden überlassen werden, haben die Gemeinden bereitzuhalten.

(4) ¹Soweit Anträge bei der Regierung, dem Bezirk oder dem Landratsamt einzureichen sind, haben auch die Gemeinden die Anträge entgegenzunehmen und unverzüglich an die betreffende Behörde weiterzuleiten. ²Die Staatsregierung kann durch Rechtsverordnung Anträge, die bei anderen Behörden zu stellen sind, in diese Regelung einbeziehen. ³Die Antragstellung bei der Gemeinde gilt als Antragstellung bei der zuständigen Behörde, soweit sich nicht aus Bundesrecht etwas anderes ergibt.

**Art. 59 Zuständigkeit für den Gesetzesvollzug.** (1) Der Vollzug der gesetzlichen Vorschriften im eigenen und im übertragenen Wirkungskreis und die Durchführung der gesetzmäßigen Anordnungen und Weisungen der Staatsbehörden obliegen dem Gemeinderat, in den Fällen des Art. 37 dem ersten Bürgermeister.

(2) Hält der erste Bürgermeister Entscheidungen des Gemeinderats oder seiner Ausschüsse für rechtswidrig, so hat er sie zu beanstanden, ihren Vollzug auszusetzen und, soweit erforderlich, die Entscheidung der Rechtsaufsichtsbehörde (Art. 110) herbeizuführen.

4. Abschnitt
## Stadtbezirke und Gemeindeteile

**Art. 60 Einteilung in Stadtbezirke.** (1) [1]Das Gebiet der Städte mit mehr als 100 000 Einwohnern ist in Stadtbezirke einzuteilen. [2]Dabei sind die geschichtlichen Zusammenhänge und Namen sowie die Besonderheiten der Bevölkerungs- und Wirtschaftsverhältnisse zu beachten.

(2) [1]In den Stadtbezirken können für bestimmte auf ihren Bereich entfallende Verwaltungsaufgaben vom Stadtrat Bezirksverwaltungsstellen und Bezirksausschüsse gebildet werden. [2]Der Stadtrat und in Angelegenheiten nach Art. 37 Abs. 1 Satz 1 Nr. 1 der erste Bürgermeister können dabei den Bezirksausschüssen die Vorberatung oder die Entscheidung unter Beachtung der Belange der gesamten Stadt übertragen. [3]In Städten mit mehr als einer Million Einwohnern sind Bezirksausschüsse zu bilden.

(3) [1]Werden Bezirksausschüsse gebildet, so hat deren Zusammensetzung entsprechend dem Wahlergebnis der Stadtratswahlen im jeweiligen Stadtbezirk zu erfolgen. [2]Sind den Bezirksausschüssen eigene Entscheidungsrechte übertragen, werden die Mitglieder der Bezirksausschüsse von den im Stadtbezirk wohnenden Gemeindebürgern gleichzeitig mit den Stadtratsmitgliedern für die Wahlzeit des Stadtrats gewählt. [3]Geschieht die Übertragung eigener Entscheidungsrechte innerhalb der Wahlzeit des Stadtrats, erfolgt die Wahl der Mitglieder der Bezirksausschüsse zum Zeitpunkt der Übertragung der Entscheidungsrechte. [4]Für die Wahl gelten die Vorschriften über die Wahl der Gemeinderäte mit Ausnahme des Art. 31 Abs. 3 sinngemäß mit der Maßgabe, dass die Wahlorgane für die Wahl der Stadträte auch für die Wahl der Mitglieder der Bezirksausschüsse zuständig sind und dass das Ergebnis dieser Wahl erst nach der Feststellung des Ergebnisses der Stadtratswahl zu ermitteln und festzustellen ist.

(4) Empfehlungen und Anträge der Bezirksausschüsse, für die der Stadtrat zuständig ist, sind von diesem oder einem beschließenden Ausschuß innerhalb einer Frist von drei Monaten zu behandeln.

(5) [1]Das Nähere regelt eine Gemeindesatzung. [2]Den Bezirksverwaltungsstellen kann der erste Bürgermeister in Angelegenheiten der laufenden Verwaltung auch einzelne seiner Befugnisse übertragen (Art. 39 Abs. 2 Halbsatz 1).

Gemeindeordnung **GO 30**

**Art. 60a Ortssprecher.** (1) ¹In den Gemeindeteilen, die am 18. Januar 1952 noch selbständige Gemeinden waren und die im Gemeinderat nicht vertreten sind, hat auf Antrag eines Drittels der dort ansässigen Gemeindebürger der erste Bürgermeister eine Ortsversammlung einzuberufen, die aus ihrer Mitte in geheimer Wahl einen Ortssprecher wählt. ²Art. 51 Abs. 3 Satz 3 bis 7 gilt entsprechend. ³Die Amtszeit des Ortssprechers endet mit der Wahlzeit des Gemeinderats; sie endet nicht deshalb, weil der Gemeindeteil im Gemeinderat vertreten wird.

(2) ¹Der Ortssprecher kann an allen Sitzungen des Gemeinderats mit beratender Stimme teilnehmen und Anträge stellen. ²Der Gemeinderat kann diese Rechte durch die Geschäftsordnung auf die Wahrnehmung örtlicher Angelegenheiten beschränken.

(3) Die Absätze 1 und 2 sind nicht anzuwenden, wenn für den Gemeindeteil ein Bezirksausschuß nach Art. 60 Abs. 2 besteht.

DRITTER TEIL
## Gemeindewirtschaft

1. Abschnitt
## Haushaltswirtschaft

**Art. 61 Allgemeine Haushaltsgrundsätze.** (1) ¹Die Gemeinde hat ihre Haushaltswirtschaft so zu planen und zu führen, daß die stetige Erfüllung ihrer Aufgaben gesichert ist. ²Die dauernde Leistungsfähigkeit der Gemeinde ist sicherzustellen, eine Überschuldung ist zu vermeiden. ³Dabei ist § 51 des Haushaltsgrundsätzegesetzes Rechnung zu tragen.

(2) ¹Die Haushaltswirtschaft ist sparsam und wirtschaftlich zu planen und zu führen. ²Aufgaben sollen in geeigneten Fällen daraufhin untersucht werden, ob und in welchem Umfang sie durch nichtkommunale Stellen, insbesondere durch private Dritte oder unter Heranziehung Dritter, mindestens ebenso gut erledigt werden können.

(3) ¹Bei der Führung der Haushaltswirtschaft hat die Gemeinde finanzielle Risiken zu minimieren. ²Ein erhöhtes Risiko liegt vor, wenn besondere Umstände, vor allem ein grobes Missverhältnis bei der Risikoverteilung zu Lasten der Gemeinde, die Gefahr eines erheblichen Vermögensschadens begründen.

(4) Die Haushaltswirtschaft ist nach den Grundsätzen der doppelten kommunalen Buchführung oder nach den Grundsätzen der Kameralistik zu führen.

**Art. 62 Grundsätze der Einnahmebeschaffung.** (1) Die Gemeinde erhebt Abgaben nach den gesetzlichen Vorschriften.

(2) Sie hat die zur Erfüllung ihrer Aufgaben erforderlichen Einnahmen

**30 GO** Gemeindeordnung

1. soweit vertretbar und geboten aus besonderen Entgelten für die von ihr erbrachten Leistungen,
2. im übrigen aus Steuern

zu beschaffen, soweit die sonstigen Einnahmen nicht ausreichen.

(3) die Gemeinde darf Kredite nur aufnehmen, wenn eine andere Finanzierung nicht möglich ist oder wirtschaftlich unzweckmäßig wäre.

**Art. 63 Haushaltssatzung.** (1) [1]Die Gemeinde hat für jedes Haushaltsjahr eine Haushaltssatzung zu erlassen. [2]Die Haushaltssatzung kann Festsetzungen für zwei Haushaltsjahre, nach Jahren getrennt, enthalten.

(2) [1]Die Haushaltssatzung enthält die Festsetzung
1. des Haushaltsplans unter Angabe
   a) des Gesamtbetrags der Erträge und Aufwendungen des Haushaltsjahres sowie des sich daraus ergebenden Saldos des Ergebnishaushalts, des Gesamtbetrags der Einzahlungen und Auszahlungen aus laufender Verwaltungstätigkeit, aus der Investitionstätigkeit und aus der Finanzierungstätigkeit des Haushaltsjahres sowie des sich daraus ergebenden Saldos des Finanzhaushalts bei Haushaltswirtschaft nach den Grundsätzen der doppelten kommunalen Buchführung,
   b) des Gesamtbetrags der Einnahmen und Ausgaben des Haushaltsjahres bei Haushaltswirtschaft nach den Grundsätzen der Kameralistik,
2. des Gesamtbetrags der vorgesehenen Kreditaufnahmen für Investitionen und Investitionsförderungsmaßnahmen (Kreditermächtigungen),
3. des Gesamtbetrags der vorgesehenen Ermächtigungen zum Eingehen von Verpflichtungen, die künftige Haushaltsjahre mit Auszahlungen beziehungsweise Ausgaben für Investitionen und Investionsförderungsmaßnahmen belasten (Verpflichtungsermächtigungen),
4. der Abgabesätze, die für jedes Haushaltsjahr neu festzusetzen sind,
5. des Höchstbetrags der Kassenkredite.

[2]Die Angaben nach Satz 1 Nrn. 2, 3 und 5 sind getrennt für das Haushaltswesen der Gemeinde und die Wirtschaftsführung von Eigenbetrieben zu machen. [3]Die Haushaltssatzung kann weitere Vorschriften enthalten, die sich auf die Erträge und Einzahlungen sowie Aufwendungen und Auszahlungen beziehungsweise auf die Einnahmen und Ausgaben und den Stellenplan des Haushaltsjahres beziehen.

(3) Die Haushaltssatzung tritt mit Beginn des Haushaltsjahres in Kraft und gilt für das Haushaltsjahr.

(4) Haushaltsjahr ist das Kalenderjahr, soweit für einzelne Bereiche durch Gesetz oder Rechtsverordnung nichts anderes bestimmt ist.

**Art. 64 Haushaltsplan.** (1) [1]Der Haushaltsplan enthält alle im Haushaltsjahr für die Erfüllung der Aufgaben der Gemeinde voraussichtlich
1. anfallenden Erträge, eingehenden Einzahlungen, entstehenden Aufwendungen sowie zu leistenden Auszahlungen bei Haushaltswirtschaft nach den Grundsätzen der doppelten kommunalen Buchführung,

Gemeindeordnung **GO 30**

2. zu erwartenden Einnahmen und zu leistenden Ausgaben bei Haushaltswirtschaft nach den Grundsätzen der Kameralistik,
3. benötigten Verpflichtungsermächtigungen.

²Die Vorschriften über die Einzahlungen und Auszahlungen sowie Erträge und Aufwendungen beziehungsweise Einnahmen, Ausgaben und Verpflichtungsermächtigungen der Eigenbetriebe der Gemeinde bleiben unberührt.

(2) ¹Der Haushaltsplan ist bei Haushaltswirtschaft nach den Grundsätzen der doppelten kommunalen Buchführung in einen Ergebnishaushalt und einen Finanzhaushalt, bei Haushaltswirtschaft nach den Grundsätzen der Kameralistik in einen Verwaltungshaushalt und einen Vermögenshaushalt zu gliedern. ²Der Stellenplan für die Beamten und Arbeitnehmer der Gemeinde ist Teil des Haushaltsplans. ³Die bei der Sparkasse beschäftigten Beamten und Arbeitnehmer sind in diesem Stellenplan nicht auszuweisen, wenn und soweit nach Sparkassenrecht ein verbindlicher Stellenplan aufzustellen ist.

(3) ¹Der Haushaltsplan muß ausgeglichen sein. ²Er ist Grundlage für die Haushaltswirtschaft der Gemeinde und nach Maßgabe dieses Gesetzes und der auf Grund dieses Gesetzes erlassenen Vorschriften für die Haushaltsführung verbindlich. ³Ansprüche und Verbindlichkeiten Dritter werden durch ihn weder begründet noch aufgehoben.

**Art. 65 Erlaß der Haushaltssatzung.** (1) Der Gemeinderat beschließt über die Haushaltssatzung samt ihren Anlagen in öffentlicher Sitzung.

(2) Die Haushaltssatzung ist mit ihren Anlagen spätestens einen Monat vor Beginn des Haushaltsjahres der Rechtsaufsichtsbehörde vorzulegen.

(3) ¹Haushaltssatzungen mit genehmigungspflichtigen Bestandteilen sind sogleich nach der Genehmigung amtlich bekanntzumachen. ²Haushaltssatzungen ohne solche Bestandteile sind frühestens einen Monat nach der Vorlage an die Rechtsaufsichtsbehörde amtlich bekanntzumachen, sofern nicht die Rechtsaufsichtsbehörde die Satzung beanstandet. ³Gleichzeitig ist die Haushaltssatzung samt ihren Anlagen bis zur nächsten amtlichen Bekanntmachung einer Haushaltssatzung öffentlich zugänglich zu machen; darauf ist in der amtlichen Bekanntmachung der Haushaltssatzung hinzuweisen.

**Art. 66 Planabweichungen.** (1) ¹Überplanmäßige und außerplanmäßige Aufwendungen und Auszahlungen beziehungsweise Ausgaben sind nur zulässig, wenn sie unabweisbar sind und die Deckung gewährleistet ist. ²Sind sie erheblich, sind sie vom Gemeinderat zu beschließen.

(2) Absatz 1 findet entsprechende Anwendung auf Maßnahmen, durch die im Haushaltsplan nicht vorgesehene Verpflichtungen zu Leistungen der Gemeinde entstehen können.

(3) Art. 68 Abs. 2 bleibt unberührt.

(4) ¹Für Investitionen, die im folgenden Jahr fortgesetzt werden, sind überplanmäßige Aufwendungen und Auszahlungen beziehungsweise Ausgaben in nicht erheblichem Umfang auch dann zulässig, wenn ihre Deckung im laufen-

den Jahr nur durch Erlaß einer Nachtragshaushaltssatzung möglich wäre, die Deckung aber im folgenden Jahr gewährleistet ist. ²Hierüber entscheidet der Gemeinderat.

(5) Der Gemeinderat kann Richtlinien über die Abgrenzungen aufstellen.

**Art. 67 Verpflichtungsermächtigungen.** (1) Verpflichtungen zur Leistung von Auszahlungen beziehungsweise Ausgaben für Investitionen und Investitionsförderungsmaßnahmen in künftigen Jahren dürfen unbeschadet des Abs. 5 nur eingegangen werden, wenn der Haushaltsplan hierzu ermächtigt.

(2) Die Verpflichtungsermächtigungen dürfen in der Regel zu Lasten der dem Haushaltsjahr folgenden drei Jahre vorgesehen werden, in Ausnahmefällen bis zum Abschluß einer Maßnahme; sie sind nur zulässig, wenn durch sie der Ausgleich künftiger Haushalte nicht gefährdet wird.

(3) Die Verpflichtungsermächtigungen gelten bis zum Ende des Haushaltsjahres und, wenn die Haushaltssatzung für das folgende Haushaltsjahr nicht rechtzeitig amtlich bekanntgemacht wird, bis zum Erlaß dieser Haushaltssatzung.

(4) Der Gesamtbetrag der Verpflichtungsermächtigungen bedarf im Rahmen der Haushaltssatzung der Genehmigung, wenn in den Jahren, zu deren Lasten sie vorgesehen sind, Kreditaufnahmen geplant sind.

(5) ¹Verpflichtungen im Sinn des Abs. 1 dürfen überplanmäßig oder außerplanmäßig eingegangen werden, wenn ein dringendes Bedürfnis besteht und der in der Haushaltssatzung festgesetzte Gesamtbetrag der Verpflichtungsermächtigungen nicht überschritten wird. ²Art. 66 Abs. 1 Satz 2 gilt entsprechend.

**Art. 68 Nachtragshaushaltssatzungen.** (1) ¹Die Haushaltssatzung kann nur bis zum Ablauf des Haushaltsjahres durch Nachtragshaushaltssatzung geändert werden. ²Für die Nachtragshaushaltssatzung gelten die Vorschriften für die Haushaltssatzung entsprechend.

(2) Die Gemeinde hat unverzüglich eine Nachtragshaushaltssatzung zu erlassen, wenn

1. sich zeigt, daß trotz Ausnutzung jeder Sparmöglichkeit ein Fehlbetrag entstehen wird und der Haushaltsausgleich nur durch eine Änderung der Haushaltssatzung erreicht werden kann,
2. bisher nicht veranschlagte oder zusätzliche einzelne Aufwendungen und Auszahlungen beziehungsweise Ausgaben in einem im Verhältnis zu den Gesamtaufwendungen und -auszahlungen beziehungsweise Gesamtausgaben des Haushaltsplans erheblichen Umfang geleistet werden müssen,
3. Auszahlungen des Finanzhaushalts beziehungsweise Ausgaben des Vermögenshaushalts für bisher nicht veranschlagte Investitionen oder Investitionsförderungsmaßnahmen geleistet werden sollen,
4. Beamte oder Arbeitnehmer eingestellt, befördert oder in eine höhere Entgeltgruppe eingestuft werden sollen und der Stellenplan die entsprechenden Stellen nicht enthält.

(3) Absatz 2 Nrn. 2 bis 4 finden keine Anwendung auf
1. Investitionen und Investitionsförderungsmaßnahmen, soweit die Auszahlungen beziehungsweise Ausgaben nicht erheblich und unabweisbar sind,
2. Abweichungen vom Stellenplan und die Leistung höherer Personalausgaben, die auf Grund des Beamten- oder Tarifrechts oder für die Erfüllung neuer Aufgaben notwendig werden.

**Art. 69 Vorläufige Haushaltsführung.** (1) Ist die Haushaltssatzung bei Beginn des Haushaltsjahres noch nicht bekanntgemacht, so darf die Gemeinde
1. finanzielle Leistungen erbringen, zu denen sie rechtlich verpflichtet ist oder die für die Weiterführung notwendiger Aufgaben unaufschiebbar sind; sie darf insbesondere Bauten, Beschaffungen und sonstige Leistungen des Finanzhaushalts beziehungsweise des Vermögenshaushalts, für die im Haushaltsplan eines Vorjahres Beträge vorgesehen waren, fortsetzen,
2. die in der Haushaltssatzung jährlich festzusetzenden Abgaben nach den Sätzen des Vorjahres erheben,
3. Kredite umschulden,
4. Kassenkredite bis zu dem zuletzt in einer Haushaltssatzung festgesetzten Höchstbetrag oder, wenn besondere Umstände im Einzelfall eine Erhöhung rechtfertigen, auch darüber hinaus aufnehmen.

(2) [1]Reichen die Deckungsmittel für die Fortsetzung der Bauten, der Beschaffungen und der sonstigen Leistungen nach Abs. 1 Nr. 1 nicht aus, darf die Gemeinde Kredite für Investitionen und Investitionsförderungsmaßnahmen bis zu einem Viertel des durchschnittlichen Betrags der für die vier Vorjahre festgesetzten Kredite aufnehmen. [2]Eine angemessene Erhöhung dieser Kreditaufnahme ist zulässig, wenn besondere Umstände im Einzelfall die Erhöhung rechtfertigen.

(3) Der Stellenplan des Vorjahres gilt weiter, bis die Haushaltssatzung für das neue Jahr erlassen ist.

(4) [1]Maßnahmen nach Abs. 1 Nr. 4 Halbsatz 2 und Abs. 2 bedürfen der Genehmigung. [2]Die Gemeinde hat im Antrag darzulegen, wie und bis wann sie den Erlass einer Haushaltssatzung sicherstellen kann. [3]Die Genehmigung darf den Zielen der Wiederherstellung einer geordneten Haushaltswirtschaft und der dauernden Leistungsfähigkeit nicht widersprechen; sie kann unter Bedingungen und Auflagen erteilt werden.

**Art. 70 Mittelfristige Finanzplanung.** (1) [1]Die Gemeinde hat ihrer Haushaltswirtschaft eine fünfjährige Finanzplanung zugrundezulegen. [2]Das erste Planungsjahr der Finanzplanung ist das laufende Haushaltsjahr.

(2) Als Unterlage für die Finanzplanung ist ein Investitionsprogramm aufzustellen.

(3) Im Finanzplan sind Umfang und Zusammensetzung der voraussichtlichen Aufwendungen und Auszahlungen beziehungsweise Ausgaben und die Deckungsmöglichkeiten darzustellen.

(4) Der Finanzplan ist dem Gemeinderat spätestens mit dem Entwurf der Haushaltssatzung vorzulegen.

(5) Der Finanzplan und das Investitionsprogramm sind jährlich der Entwicklung anzupassen und fortzuführen.

## 2. Abschnitt
## Kreditwesen

**Art. 71 Kredite.** (1) Kredite dürfen unter der Voraussetzung des Art. 62 Abs. 3 nur im Finanzhaushalt beziehungsweise im Vermögenshaushalt und nur für Investitionen, für Investitionsförderungsmaßnahmen und zur Umschuldung aufgenommen werden.

(2) ¹Der Gesamtbetrag der vorgesehenen Kreditaufnahmen für Investitionen und Investitionsförderungsmaßnahmen bedarf im Rahmen der Haushaltssatzung der Genehmigung (Gesamtgenehmigung). ²Die Genehmigung soll unter dem Gesichtspunkt einer geordneten Haushaltswirtschaft erteilt oder versagt werden; sie kann unter Bedingungen und Auflagen erteilt werden. ³Sie ist in der Regel zu versagen, wenn die Kreditverpflichtungen mit der dauernden Leistungsfähigkeit der Gemeinde nicht im Einklang stehen.

(3) Die Kreditermächtigung gilt bis zum Ende des auf das Haushaltsjahr folgenden Jahres und, wenn die Haushaltssatzung für das übernächste Jahr nicht rechtzeitig amtlich bekanntgemacht wird, bis zum Erlaß dieser Haushaltssatzung.

(4) ¹Die Aufnahme der einzelnen Kredite bedarf der Genehmigung (Einzelgenehmigung), sobald die Kreditaufnahmen für die Gemeinden nach § 19 des Gesetzes zur Förderung der Stabilität und des Wachstums der Wirtschaft beschränkt worden sind. ²Die Einzelgenehmigung kann nach Maßgabe der Kreditbeschränkungen versagt werden.

(5) ¹Das Staatsministerium des Innern, für Sport und Integration kann im Einvernehmen mit dem Staatsministerium der Finanzen und für Heimat und dem Staatsministerium für Wirtschaft, Landesentwicklung und Energie durch Rechtsverordnung die Aufnahme von Krediten von der Genehmigung (Einzelgenehmigung) abhängig machen, wenn der Konjunkturrat für die öffentliche Hand nach § 18 Abs. 2 des Gesetzes zur Förderung der Stabilität und des Wachstums der Wirtschaft eine Beschränkung der Kreditaufnahme durch die Gemeinden und Gemeindeverbände empfohlen hat. ²Die Genehmigung ist zu versagen, wenn dies zur Abwehr einer Störung des gesamtwirtschaftlichen Gleichgewichts geboten ist oder wenn die Kreditbedingungen wirtschaftlich nicht vertretbar sind. ³Solche Rechtsverordnungen sind auf längstens ein Jahr zu befristen.

(6) ¹Die Gemeinde darf zur Sicherung des Kredits keine Sicherheiten bestellen. ²Die Rechtsaufsichtsbehörde kann Ausnahmen zulassen, wenn die Bestellung von Sicherheiten der Verkehrsübung entspricht.

Gemeindeordnung

**Art. 72 Kreditähnliche Verpflichtungen; Sicherheiten.** (1) Der Abschluß von Rechtsgeschäften, die der Kreditaufnahme wirtschaftlich gleichkommen, bedarf der Genehmigung.

(2) ¹Die Gemeinde darf Bürgschaften, Gewährverträge und Verpflichtungen aus verwandten Rechtsgeschäften, die ein Einstehen für fremde Schuld oder für den Eintritt oder Nichteintritt bestimmter Umstände zum Gegenstand haben, nur zur Erfüllung ihrer Aufgaben übernehmen. ²Die Rechtsgeschäfte bedürfen der Genehmigung, wenn sie nicht im Rahmen der laufenden Verwaltung abgeschlossen werden.

(3) Die Gemeinde bedarf zur Bestellung von Sicherheiten zugunsten Dritter der Genehmigung.

(4) ¹Für die Genehmigung gelten Art. 71 Abs. 2 Sätze 2 und 3, im Fall der vorläufigen Haushaltsführung Art. 69 Abs. 4 Sätze 2 und 3 entsprechend. ²Die Genehmigung ist zu versagen, wenn das Rechtsgeschäft nicht eine Investition zum Gegenstand hat, sondern auf die Erzielung wirtschaftlicher Vorteile dadurch gerichtet ist, dass die Gemeinde einem Dritten inländische steuerliche Vorteile verschafft.

(5) Das Staatsministerium des Innern, für Sport und Integration kann im Einvernehmen mit dem Staatsministerium der Finanzen und für Heimat durch Rechtsverordnung Rechtsgeschäfte von der Genehmigung freistellen,
1. die die Gemeinden zur Erfüllung bestimmter Aufgaben eingehen oder
2. die für die Gemeinden keine besondere Belastung bedeuten oder
3. die ihrer Natur nach regelmäßig wiederkehren.

**Art. 73 Kassenkredite.** (1) Zur rechtzeitigen Leistung ihrer Auszahlungen beziehungsweise Ausgaben kann die Gemeinde Kassenkredite bis zu dem in der Haushaltssatzung festgesetzten Höchstbetrag aufnehmen, soweit für die Kasse keine anderen Mittel zur Verfügung stehen.

(2) Der in der Haushaltssatzung festgesetzte Höchstbetrag soll für die Haushaltswirtschaft ein Fünftel der im Finanzhaushalt veranschlagten Einzahlungen aus der laufenden Verwaltungstätigkeit beziehungsweise ein Sechstel der im Verwaltungshaushalt veranschlagten Einnahmen und für den Eigenbetrieb ein Sechstel der im Erfolgsplan vorgesehenen Erträge nicht übersteigen.

## 3. Abschnitt
## Vermögenswirtschaft
### a) Allgemeines

**Art. 74 Erwerb und Verwaltung von Vermögen, Wertansätze.** (1) Die Gemeinde soll Vermögensgegenstände nur erwerben, wenn das zur Erfüllung ihrer Aufgaben erforderlich ist.

(2) ¹Die Vermögensgegenstände sind pfleglich und wirtschaftlich zu verwalten und ordnungsgemäß nachzuweisen. ²Bei Geldanlagen ist auf eine ausreichende Sicherheit zu achten; sie sollen einen angemessenen Ertrag bringen.

(3) Für die Bewirtschaftung eines Gemeindewaldes gelten neben den Vorschriften dieses Gesetzes die Vorschriften des Waldgesetzes für Bayern.

(4) ¹Vermögensgegenstände sind mit den Anschaffungs- oder Herstellungskosten, vermindert um Abschreibungen, anzusetzen. ²Verbindlichkeiten sind zu ihrem Rückzahlungsbetrag und Rückstellungen nur in Höhe des Betrags anzusetzen, der nach sachgerechter Beurteilung notwendig ist.

**Art. 75 Veräußerung von Vermögen.** (1) ¹Die Gemeinde darf Vermögensgegenstände, die sie zur Erfüllung ihrer Aufgaben nicht braucht, veräußern. ²Vermögensgegenstände dürfen in der Regel nur zu ihrem vollen Wert veräußert werden.

(2) ¹Für die Überlassung der Nutzung eines Vermögensgegenstands gilt Absatz 1 entsprechend. ²Ausnahmen sind insbesondere zulässig bei der Vermietung kommunaler Gebäude zur Sicherung preiswerten Wohnens und zur Sicherung der Existenz kleiner und ertragsschwacher Gewerbebetriebe.

(3) ¹Die Verschenkung und die unentgeltliche Überlassung von Gemeindevermögen sind unzulässig (Art. 12 Abs. 2 Satz 2 der Verfassung). ²Die Veräußerung oder Überlassung von Gemeindevermögen in Erfüllung von Gemeindeaufgaben oder herkömmlicher Anstandspflichten fällt nicht unter dieses Verbot.

(4) Gemeindevermögen darf nur im Rahmen der Aufgabenerfüllung der Gemeinde und nur dann in Stiftungsvermögen eingebracht werden, wenn der mit der Stiftung verfolgte Zweck auf andere Weise nicht erreicht werden kann.

**Art. 76 Rücklagen und Rückstellungen.** (1) ¹Bei Haushaltswirtschaft nach den Grundsätzen der doppelten kommunalen Buchführung hat die Gemeinde ihre stetige Zahlungsfähigkeit sicherzustellen. ²Überschüsse der Ergebnisrechnung sind den Rücklagen zuzuführen, soweit nicht Fehlbeträge aus Vorjahren auszugleichen sind.

(2) Bei Haushaltswirtschaft nach den Grundsätzen der doppelten kommunalen Buchführung sind für ungewisse Verbindlichkeiten und unterlassene Aufwendungen für Instandhaltung Rückstellungen zu bilden.

Gemeindeordnung  GO 30

(3) ¹Bei Haushaltswirtschaft nach den Grundsätzen der Kameralistik hat die Gemeinde für Zwecke des Vermögenshaushalts und zur Sicherung der Haushaltswirtschaft Rücklagen in angemessener Höhe zu bilden. ²Rücklagen für andere Zwecke sind zulässig.

**Art. 77 Insolvenzverfahren.** Über das Vermögen der Gemeinde findet ein Insolvenzverfahren nicht statt.

**Art. 78, 79** *(aufgehoben)*

### b) Öffentliche Nutzungsrechte

**Art. 80 Verbot der Neubegründung; Übertragungsbeschränkungen.**

(1) Öffentliche Rechte einzelner auf Nutzungen am Gemeindevermögen oder an ehemaligem Ortschaftsvermögen (Nutzungsrechte) können nicht neu begründet, erweitert oder in der Nutzungsart geändert oder aufgeteilt werden.

(2) ¹Nutzungsrechte sind nur begründet, wenn ein besonderer Rechtstitel vorhanden ist oder wenn das Recht mindestens seit dem 18. Januar 1922 ununterbrochen kraft Rechtsüberzeugung ausgeübt wird. ²Unschädlich sind
1. Unterbrechungen, die die Berechtigten nicht zu vertreten haben,
2. Unterbrechungen bei der Ausübung eines ausschließlich landwirtschaftlichen Nutzungsrechts, die nicht länger als drei Jahre dauern und durch die Umstrukturierung des landwirtschaftlichen Betriebs verursacht sind.
³Nutzungsrechte, die nicht ausschließlich landwirtschaftlichen Zwecken dienen, erlöschen nicht durch die Einstellung des landwirtschaftlichen Betriebs.

(3) ¹Die Übertragung eines Nutzungsrechts, das auf einem Anwesen ruht, auf ein anderes Anwesen, die Häufung von mehr als einem vollen Nutzungsrecht auf ein Anwesen oder die Zerstückelung eines Nutzungsrechts sind nur aus wichtigem Grund, nur innerhalb derselben Gemeinde und nur dann zulässig, wenn das Anwesen, auf welches das Nutzungsrecht übertragen werden soll, das Haus- und Hofgrundstück eines ausübenden Land- oder Forstwirts ist. ²Sie bedürfen der Genehmigung der Gemeinde. ³Die Übertragung eines Nutzungsrechts auf eine juristische Person des privaten Rechts oder eine Gesellschaft des Handelsrechts ist unzulässig.

**Art. 81 Lasten und Ausgaben.** (1) ¹Wer Nutzungen bezieht, hat die auf dem Gegenstand des Nutzungsrechts ruhenden Lasten zu tragen und die zur Gewinnung der Nutzungen und zur Erhaltung oder zur Erhöhung der Ertragsfähigkeit erforderlichen Ausgaben zu bestreiten. ²Wird Gemeindevermögen teilweise von der Gemeinde, teilweise von Berechtigten genutzt, so sind diese Lasten und Ausgaben entsprechend zu teilen.

(2) ¹Die Berechtigten sind verpflichtet, für die Nutzungen Gegenleistungen an die Gemeinde zu entrichten, soweit dies bisher der Fall war. ²Die Höhe der Gegenleistungen bemißt sich nach dem Wertverhältnis zwischen Nutzungen und Gegenleistungen am 1. Januar 1938.

**Art. 82 Ablösung und Aufhebung.** (1) [1]Nutzungsrechte können durch Vereinbarung zwischen den Berechtigten und der Gemeinde abgelöst werden. [2]Mit Zustimmung der Mehrheit der Berechtigten können sämtliche Nutzungsrechte von der Gemeinde abgelöst werden; dabei richtet sich das Stimmrecht nach den Anteilen am Gesamtnutzungsrecht. [3]Werden einzelne Nutzungsrechte abgelöst, so gehen sie auf die Gemeinde über; sie kann die Rechte nicht auf Dritte übertragen. [4]Werden sämtliche Nutzungsrechte abgelöst, so gehen sie unter.

(2) Nutzungsrechte können auf Antrag der Gemeinde durch die Rechtsaufsichtsbehörde aufgehoben werden, wenn die Gemeinde belastete Grundstücke ganz oder teilweise aus Gründen des Gemeinwohls zur Erfüllung öffentlicher Aufgaben benötigt.

(3) Werden Nutzungsrechte von der Gemeinde abgelöst oder von der Rechtsaufsichtsbehörde aufgehoben, so sind die Berechtigten von der Gemeinde angemessen zu entschädigen.

**Art. 83 Art und Umfang der Entschädigung.** (1) [1]Die Entschädigung ist in Geld durch Zahlung eines einmaligen Betrags zu leisten. [2]Die Berechtigten können verlangen, in Grundstücken entschädigt zu werden, wenn
1. sie zur Sicherung ihrer Berufs- und Erwerbstätigkeit darauf angewiesen sind,
2. das der Gemeinde zugemutet werden kann und
3. andere Vorschriften einer Entschädigung in Grundstücken nicht entgegenstehen.

[3]Ein Anspruch auf Zuteilung bestimmter Grundstücke besteht nicht.

(2) [1]Als Grundlage einer angemessenen Entschädigung gilt im allgemeinen der Wert des Fünfundzwanzigfachen des durchschnittlichen jährlichen Reinertrags der Nutzungen, die in den der Ablösung oder Aufhebung unmittelbar vorhergehenden 15 Jahren gezogen worden sind oder bei ungehinderter rechtmäßiger Ausübung des Rechts hätten gezogen werden können. [2]Für die vereinbarte Ablösung gilt Entsprechendes.

(3) Über die Höhe der Entschädigung entscheiden im Streitfall die ordentlichen Gerichte.

(4) [1]Waldgenossenschaften, die im Zusammenhang mit der Ablösung oder Aufhebung von Nutzungsrechten als Körperschaften des öffentlichen Rechts gebildet wurden, können aufgelöst werden, wenn andere Vorschriften nicht entgegenstehen. [2]Die Rechtsverhältnisse bestehender Waldgenossenschaften, insbesondere ihre Aufgaben, die Rechte und Pflichten ihrer Mitglieder, ihre Auflösung und die Aufsicht werden durch Rechtsverordnung des Staatsministeriums des Innern, für Sport und Integration geregelt.

Gemeindeordnung GO 30

c) **Von der Gemeinde verwaltete nichtrechtsfähige (fiduziarische) Stiftungen**

**Art. 84 Begriff; Verwaltung.** (1) Vermögenswerte, die die Gemeinde von Dritten unter der Auflage entgegennimmt, sie zu einem bestimmten öffentlichen Zweck zu verwenden, ohne daß eine rechtsfähige Stiftung entsteht, sind ihrer Zweckbestimmung gemäß nach den für das Gemeindevermögen geltenden Vorschriften zu verwalten.

(2) ¹Die Vermögenswerte sind in ihrem Bestand ungeschmälert zu erhalten. ²Sie sind vom übrigen Gemeindevermögen getrennt zu verwalten und so anzulegen, daß sie für ihren Verwendungszweck verfügbar sind.

(3) ¹Der Ertrag darf nur für den Stiftungszweck verwendet werden. ²Ist eine Minderung eingetreten, so sollen die Vermögensgegenstände aus dem Ertrag wieder ergänzt werden.

**Art. 85 Änderung des Verwendungszwecks; Aufhebung der Zweckbestimmung.** ¹Soweit eine Änderung des Verwendungszwecks oder die Aufhebung der Zweckbestimmung zulässig ist, beschließt hierüber der Gemeinderat. ²Der Beschluß bedarf der Genehmigung.

4. Abschnitt

## Gemeindliche Unternehmen

**Art. 86 Rechtsformen.** Die Gemeinde kann Unternehmen außerhalb ihrer allgemeinen Verwaltung in folgenden Rechtsformen betreiben:
1. als Eigenbetrieb,
2. als selbständiges Kommunalunternehmen des öffentlichen Rechts,
3. in den Rechtsformen des Privatrechts.

**Art. 87 Allgemeine Zulässigkeit von Unternehmen und Beteiligungen.**

(1) ¹Die Gemeinde darf ein Unternehmen im Sinn von Art. 86 nur errichten, übernehmen oder wesentlich erweitern, wenn
1. ein öffentlicher Zweck das Unternehmen erfordert, insbesondere wenn die Gemeinde mit ihm wesentliche Verpflichtungen oder ihre Aufgaben gemäß Art. 83 Abs. 1 der Verfassung und Art. 57 erfüllen will,
2. das Unternehmen nach Art und Umfang in einem angemessenen Verhältnis zur Leistungsfähigkeit der Gemeinde und zum voraussichtlichen Bedarf steht,
3. die dem Unternehmen zu übertragenden Aufgaben für die Wahrnehmung außerhalb der allgemeinen Verwaltung geeignet sind,
4. bei einem Tätigwerden außerhalb der kommunalen Daseinsvorsorge der Zweck nicht ebenso gut und wirtschaftlich durch einen anderen erfüllt wird oder erfüllt werden kann.

²Alle Tätigkeiten oder Tätigkeitsbereiche, mit denen die Gemeinde oder ihre Unternehmen an dem vom Wettbewerb beherrschten Wirtschaftsleben teilneh-

men, um Gewinn zu erzielen, entsprechen keinem öffentlichen Zweck. ³Soweit Unternehmen entgegen Satz 2 vor dem 1. September 1998 errichtet oder übernommen wurden, dürfen sie weitergeführt, jedoch nicht erweitert werden.

(2) ¹Die Gemeinde darf mit ihren Unternehmen außerhalb des Gemeindegebiets nur tätig werden, wenn dafür die Voraussetzungen des Absatzes 1 vorliegen und die berechtigten Interessen der betroffenen kommunalen Gebietskörperschaften gewahrt sind. ²Bei der Versorgung mit Strom und Gas gelten nur die Interessen als berechtigt, die nach den Vorschriften des Energiewirtschaftsgesetzes eine Einschränkung des Wettbewerbs zulassen.

(3) ¹Für die Beteiligung der Gemeinde an einem Unternehmen gilt Absatz 1 entsprechend. ²Absatz 2 gilt entsprechend, wenn sich die Gemeinde an einem auch außerhalb ihres Gebiets tätigen Unternehmen in einem Ausmaß beteiligt, das den auf das Gemeindegebiet entfallenden Anteil an den Leistungen des Unternehmens erheblich übersteigt.

(4) ¹Bankunternehmen darf die Gemeinde weder errichten noch sich an ihnen beteiligen. ²Für das öffentliche Sparkassenwesen verbleibt es bei den besonderen Vorschriften. ³Die Gemeinde kann einen einzelnen Geschäftsanteil an einer eingetragenen Kreditgenossenschaft erwerben, wenn eine Nachschußpflicht ausgeschlossen oder die Haftsumme auf einen bestimmten Betrag beschränkt ist.

**Art. 88 Eigenbetriebe.** (1) Eigenbetriebe sind gemeindliche Unternehmen, die außerhalb der allgemeinen Verwaltung als Sondervermögen ohne eigene Rechtspersönlichkeit geführt werden.

(2) Für Eigenbetriebe bestellt der Gemeinderat eine Werkleitung und einen Werkausschuß.

(3) ¹Die Werkleitung führt die laufenden Geschäfte des Eigenbetriebs. ²Sie ist insoweit zur Vertretung nach außen befugt; der Gemeinderat kann ihr mit Zustimmung des ersten Bürgermeisters weitere Vertretungsbefugnisse übertragen. ³Die Werkleitung ist Dienstvorgesetzter der Beamten im Eigenbetrieb und führt die Dienstaufsicht über sie und die im Eigenbetrieb tätigen Arbeitnehmer. ⁴Der Gemeinderat kann mit Zustimmung des ersten Bürgermeisters der Werkleitung für Beamte und Arbeitnehmer im Eigenbetrieb die personalrechtlichen Befugnisse in entsprechender Anwendung von Art. 43 Abs. 1 Satz 3 Halbsatz 1 und Abs. 2 Satz 1 übertragen.

(4) ¹Im übrigen beschließt über die Angelegenheiten des Eigenbetriebs der Werkausschuß, soweit nicht der Gemeinderat sich die Entscheidung allgemein vorbehält oder im Einzelfall an sich zieht. ²Der Werkausschuß ist ein beschließender Ausschuß im Sinn der Art. 32 und 45 Abs. 2 Satz 2. ³Im Fall des Art. 43 Abs. 1 Satz 2 sollen Befugnisse gegenüber Beamten und Arbeitnehmern im Eigenbetrieb auf den Werkausschuß übertragen werden.

(5) ¹Die Art. 61 Abs. 1 bis 3, Art. 62, 67, 69 bis 72, 73 Abs. 1, Art. 74 Abs. 1 bis 3, Art. 75, 77, 100 Abs. 4 und Art. 101 gelten entsprechend. ²Im Rahmen der

# Gemeindeordnung GO 30

gesetzlichen Vorschriften werden die Angelegenheiten des Eigenbetriebs durch eine Betriebssatzung geregelt.

(6) ¹Die Gemeinde kann Einrichtungen innerhalb der allgemeinen Verwaltung (Regiebetriebe) ganz oder teilweise nach den Vorschriften über die Wirtschaftsführung der Eigenbetriebe führen, wenn die Abweichung von den allgemeinen kommunalwirtschaftlichen Vorschriften nach Art und Umfang der Einrichtung zweckmäßig ist. ²Hierbei können auch Regelungen getroffen werden, die von einzelnen für Eigenbetriebe geltenden Vorschriften abweichen.

**Art. 89 Selbständige Kommunalunternehmen des öffentlichen Rechts.**

(1) ¹Die Gemeinde kann selbständige Unternehmen in der Rechtsform einer Anstalt des öffentlichen Rechts (Kommunalunternehmen) errichten oder bestehende Regie- und Eigenbetriebe im Weg der Gesamtrechtsnachfolge in Kommunalunternehmen umwandeln. ²Das Kommunalunternehmen kann sich nach Maßgabe der Unternehmenssatzung und in entsprechender Anwendung der für die Gemeinde geltenden Vorschriften an anderen Unternehmen beteiligen, wenn das dem Unternehmenszweck dient.

(2) ¹Die Gemeinde kann dem Kommunalunternehmen einzelne oder alle mit einem bestimmten Zweck zusammenhängende Aufgaben ganz oder teilweise übertragen. ²Sie kann nach Maßgabe des Art. 24 durch gesonderte Satzung einen Anschluß- und Benutzungszwang zugunsten des Kommunalunternehmens festlegen und das Unternehmen zur Durchsetzung entsprechend Art. 27 ermächtigen. ³Sie kann ihm auch das Recht einräumen, an ihrer Stelle Satzungen und, soweit Landesrecht zu deren Erlaß ermächtigt, auch Verordnungen für das übertragene Aufgabengebiet zu erlassen; Art. 26 gilt sinngemäß.

(2a) ¹Ein Unternehmen in der Rechtsform einer Kapitalgesellschaft, an dem ausschließlich die Gemeinde beteiligt ist, kann durch Formwechsel in ein Kommunalunternehmen umgewandelt werden. ²Die Umwandlung ist nur zulässig, wenn keine Sonderrechte im Sinn des § 23 des Umwandlungsgesetzes (UmwG) und keine Rechte Dritter an den Anteilen der Gemeinde bestehen. ³Der Formwechsel setzt den Erlass der Unternehmenssatzung durch die Gemeinde und einen sich darauf beziehenden Umwandlungsbeschluss der formwechselnden Gesellschaft voraus. ⁴Die §§ 193 bis 195, 197 bis 199, 200 Abs. 1 und § 201 UmwG sind entsprechend anzuwenden. ⁵Die Anmeldung zum Handelsregister entsprechend § 198 UmwG erfolgt durch das vertretungsberechtigte Organ der Kapitalgesellschaft. ⁶Abweichend von Abs. 3 Satz 4 wird die Umwandlung einer Kapitalgesellschaft in ein Kommunalunternehmen mit dessen Eintragung oder, wenn es nicht eingetragen wird, mit der Eintragung der Umwandlung in das Handelsregister wirksam; § 202 Abs. 1 und 3 UmwG ist entsprechend anzuwenden. ⁷Ist bei der Kapitalgesellschaft ein Betriebsrat eingerichtet, bleibt dieser nach dem Wirksamwerden der Umwandlung als Personalrat des Kommunalunternehmens bis zu den nächsten regelmäßigen Personalratswahlen bestehen.

(3) ¹Die Gemeinde regelt die Rechtsverhältnisse des Kommunalunternehmens durch eine Unternehmenssatzung. ²Die Unternehmenssatzung muß Be-

stimmungen über den Namen und die Aufgaben des Unternehmens, die Anzahl der Mitglieder des Vorstands und des Verwaltungsrats und die Höhe des Stammkapitals enthalten. ³Die Gemeinde hat die Unternehmenssatzung und deren Änderungen gemäß Art. 26 Abs. 2 bekanntzumachen. ⁴Das Kommunalunternehmen entsteht am Tag nach der Bekanntmachung, wenn nicht in der Unternehmenssatzung ein späterer Zeitpunkt bestimmt ist.

(4) Die Gemeinde haftet für die Verbindlichkeiten des Kommunalunternehmens unbeschränkt, soweit nicht Befriedigung aus dessen Vermögen zu erlangen ist (Gewährträgerschaft).

**Art. 90 Organe des Kommunalunternehmens; Personal.** (1) ¹Das Kommunalunternehmen wird von einem Vorstand in eigener Verantwortung geleitet, soweit nicht gesetzlich oder durch die Unternehmenssatzung etwas anderes bestimmt ist. ²Der Vorstand vertritt das Kommunalunternehmen nach außen. ³Die Gemeinde hat darauf hinzuwirken, daß jedes Vorstandsmitglied vertraglich verpflichtet wird, die ihm im Geschäftsjahr jeweils gewährten Bezüge im Sinn von § 285 Nr. 9 Buchst. a des Handelsgesetzbuchs der Gemeinde jährlich zur Veröffentlichung mitzuteilen.

(2) ¹Die Geschäftsführung des Vorstands wird von einem Verwaltungsrat überwacht. ²Der Verwaltungsrat bestellt den Vorstand auf höchstens fünf Jahre; eine erneute Bestellung ist zulässig. ³Er entscheidet außerdem über
1. den Erlaß von Satzungen und Verordnungen gemäß Art. 89 Abs. 2 Satz 3,
2. die Feststellung des Wirtschaftsplans und des Jahresabschlusses,
3. die Festsetzung allgemein geltender Tarife und Entgelte für die Leistungsnehmer,
4. die Beteiligung des Kommunalunternehmens an anderen Unternehmen,
5. die Bestellung des Abschlußprüfers,
6. die Ergebnisverwendung.

⁴Im Fall des Satzes 3 Nr. 1 unterliegen die Mitglieder des Verwaltungsrats den Weisungen des Gemeinderats. ⁵Die Unternehmenssatzung kann vorsehen, daß der Gemeinderat den Mitgliedern des Verwaltungsrats auch in bestimmten anderen Fällen Weisungen erteilen kann. ⁶Die Abstimmung entgegen der Weisung berührt die Gültigkeit des Beschlusses des Verwaltungsrats nicht. ⁷Für den Ausschluss wegen persönlicher Beteiligung gilt Art. 49 entsprechend.

(3) ¹Der Verwaltungsrat besteht aus dem vorsitzenden Mitglied und den übrigen Mitgliedern. ²Den Vorsitz führt der erste Bürgermeister; mit seiner Zustimmung kann der Gemeinderat eine andere Person zum vorsitzenden Mitglied bestellen. ³Das vorsitzende Mitglied nach Satz 2 Halbsatz 2 und die übrigen Mitglieder des Verwaltungsrats werden vom Gemeinderat für sechs Jahre bestellt. ⁴Die Amtszeit von Mitgliedern des Verwaltungsrats, die dem Gemeinderat angehören, endet mit dem Ende der Wahlzeit oder dem vorzeitigen Ausscheiden aus dem Gemeinderat oder bei berufsmäßigen Gemeinderatsmitgliedern mit dem Ausscheiden aus dem Beamtenverhältnis. ⁵Die Mitglieder des Verwaltungsrats üben ihr Amt bis zum Amtsantritt der neuen Mitglieder weiter aus. ⁶Mitglieder des Verwaltungsrats können nicht sein:

Gemeindeordnung GO 30

1. Beamte und leitende oder hauptberufliche Arbeitnehmer des Kommunalunternehmens,
2. leitende Beamte und leitende Arbeitnehmer von juristischen Personen oder sonstigen Organisationen des öffentlichen oder privaten Rechts, an denen das Kommunalunternehmen mit mehr als 50 v.H. beteiligt ist; eine Beteiligung am Stimmrecht genügt,
3. Beamte und Arbeitnehmer der Rechtsaufsichtsbehörde, die unmittelbar mit Aufgaben der Aufsicht über das Kommunalunternehmen befaßt sind.

[7]Art. 31 Abs. 3 Sätze 2 und 3 gelten entsprechend.

(4) [1]Das Kommunalunternehmen hat das Recht, Dienstherr von Beamten zu sein, wenn es auf Grund einer Aufgabenübertragung nach Art. 89 Abs. 2 hoheitliche Befugnisse ausübt. [2]Wird es aufgelöst, hat die Gemeinde die Beamten und die Versorgungsempfänger zu übernehmen. [3]Wird das Unternehmensvermögen ganz oder teilweise auf andere juristische Personen des öffentlichen Rechts mit Dienstherrnfähigkeit übertragen, so gelten für die Übernahme und die Rechtsstellung der Beamten und der Versorgungsempfänger des Kommunalunternehmens Art. 51 bis 54 und 69 BayBG, bei länderübergreifendem Vermögensübergang §§ 16 bis 19 des Beamtenstatusgesetzes.

(5) *(aufgehoben)*

**Art. 91 Sonstige Vorschriften für Kommunalunternehmen.** (1) Der Jahresabschluß und der Lagebericht von Kommunalunternehmen werden nach den für große Kapitalgesellschaften geltenden Vorschriften des Handelsgesetzbuchs aufgestellt und geprüft, sofern nicht weitergehende gesetzliche Vorschriften gelten oder andere gesetzliche Vorschriften entgegenstehen.

(2) Die Organe der Rechnungsprüfung der Gemeinde haben das Recht, sich zur Klärung von Fragen, die bei der Prüfung nach Art. 106 Abs. 4 Sätze 2 und 3 auftreten, unmittelbar zu unterrichten und zu diesem Zweck den Betrieb, die Bücher und Schriften des Kommunalunternehmens einzusehen.

(3) Die Art. 4 Abs. 2, Art. 61 Abs. 1 bis 3, Art. 62, 69, 70, 74 Abs. 1 bis 3, Art. 75, 77 und 101 und die Vorschriften des Vierten Teils über die staatliche Aufsicht und die Rechtsmittel sind auf das Kommunalunternehmen sinngemäß anzuwenden.

(4) Das Unternehmen ist zur Vollstreckung von Verwaltungsakten in demselben Umfang berechtigt wie die Gemeinde, wenn es auf Grund einer Aufgabenübertragung nach Art. 89 Abs. 2 hoheitliche Befugnisse ausübt und bei der Aufgabenübertragung nichts Abweichendes geregelt wird.

**Art. 92 Unternehmen in Privatrechtsform.** (1) [1]Gemeindliche Unternehmen in Privatrechtsform und gemeindliche Beteiligungen an Unternehmen in Privatrechtsform sind nur zulässig, wenn
1. im Gesellschaftsvertrag oder in der Satzung sichergestellt ist, daß das Unternehmen den öffentlichen Zweck gemäß Art. 87 Abs. 1 Satz 1 Nr. 1 erfüllt,
2. die Gemeinde angemessenen Einfluß im Aufsichtsrat oder in einem entsprechenden Gremium erhält,

3. die Haftung der Gemeinde auf einen bestimmten, ihrer Leistungsfähigkeit angemessenen Betrag begrenzt wird; die Rechtsaufsichtsbehörde kann von der Haftungsbegrenzung befreien.

²Zur Sicherstellung des öffentlichen Zwecks von Gesellschaften mit beschränkter Haftung soll im Gesellschaftsvertrag oder in der Satzung bestimmt werden, daß die Gesellschafterversammlung auch über den Erwerb und die Veräußerung von Unternehmen und Beteiligungen und über den Abschluß und die Änderung von Unternehmensverträgen beschließt. ³In der Satzung von Aktiengesellschaften soll bestimmt werden, daß zum Erwerb und zur Veräußerung von Unternehmen und Beteiligungen die Zustimmung des Aufsichtsrats notwendig ist.

(2) Die Gemeinde darf dem Erwerb von Unternehmen und Beteiligungen durch Unternehmen in Privatrechtsform, an denen sie unmittelbar oder mittelbar beteiligt ist, nur unter entsprechender Anwendung der für sie selbst geltenden Vorschriften zustimmen.

### Art. 93 Vertretung der Gemeinde in Unternehmen in Privatrechtsform.

(1) ¹Der erste Bürgermeister vertritt die Gemeinde in der Gesellschafterversammlung oder einem entsprechenden Organ. ²Mit Zustimmung des ersten Bürgermeisters und der weiteren Bürgermeister kann der Gemeinderat eine andere Person zur Vertretung widerruflich bestellen.

(2) ¹Die Gemeinde soll bei der Ausgestaltung des Gesellschaftsvertrags oder der Satzung darauf hinwirken, daß ihr das Recht eingeräumt wird, Mitglieder in einen Aufsichtsrat oder ein entsprechendes Gremium zu entsenden, soweit das zur Sicherung eines angemessenen Einflusses notwendig ist. ²Vorbehaltlich entgegenstehender gesetzlicher Vorschriften haben Personen, die von der Gemeinde entsandt oder auf ihre Veranlassung gewählt wurden, die Gemeinde über alle wichtigen Angelegenheiten möglichst frühzeitig zu unterrichten und ihr auf Verlangen Auskunft zu erteilen. ³Soweit zulässig, soll sich die Gemeinde ihnen gegenüber Weisungsrechte im Gesellschaftsvertrag oder der Satzung vorbehalten.

(3) ¹Wird die Person, die die Gemeinde vertritt oder werden die in Absatz 2 genannten Personen aus ihrer Tätigkeit haftbar gemacht, stellt die Gemeinde sie von der Haftung frei. ²Bei Vorsatz oder grober Fahrlässigkeit kann die Gemeinde Rückgriff nehmen, es sei denn, das schädigende Verhalten beruhte auf ihrer Weisung. ³Die Sätze 1 und 2 gelten entsprechend für Personen, die auf Veranlassung der Gemeinde als nebenamtliche Mitglieder des geschäftsführenden Unternehmensorganges bestellt sind.

### Art. 94 Sonstige Vorschriften für Unternehmen in Privatrechtsform.

(1) ¹Gehören der Gemeinde Anteile an einem Unternehmen in dem in § 53 des Haushaltsgrundsätzegesetzes (HGrG) bezeichneten Umfang, so hat sie
1. darauf hinzuwirken, daß in sinngemäßer Anwendung der für Eigenbetriebe geltenden Vorschriften für jedes Wirtschaftsjahr ein Wirtschaftsplan aufgestellt und der Wirtschaftsführung eine fünfjährige Finanzplanung zugrundegelegt wird,

2. dafür Sorge zu tragen, daß der Jahresabschluß und der Lagebericht nach den für große Kapitalgesellschaften geltenden Vorschriften des Handelsgesetzbuchs aufgestellt und geprüft werden, sofern nicht weitergehende gesetzliche Vorschriften gelten oder andere gesetzliche Vorschriften entgegenstehen,
3. die Rechte nach § 53 Abs. 1 HGrG auszuüben,
4. darauf hinzuwirken, daß ihr und dem für sie zuständigen überörtlichen Prüfungsorgan die in § 54 HGrG vorgesehenen Befugnisse eingeräumt werden,
5. darauf hinzuwirken, daß jedes Mitglied des geschäftsführenden Unternehmensorgans vertraglich verpflichtet wird, die ihm im Geschäftsjahr jeweils gewährten Bezüge im Sinn von § 285 Nr. 9 Buchst. a des Handelsgesetzbuchs der Gemeinde jährlich zur Veröffentlichung entsprechend Absatz 3 Satz 2 mitzuteilen.

²Die Rechtsaufsichtsbehörde kann Ausnahmen zulassen.

(2) ¹Ist eine Beteiligung der Gemeinde an einem Unternehmen keine Mehrheitsbeteiligung im Sinn des § 53 HGrG, so soll die Gemeinde, soweit ihr Interesse das erfordert, darauf hinwirken, daß in der Satzung oder im Gesellschaftsvertrag der Gemeinde die Rechte nach § 53 Abs. 1 HGrG und der Gemeinde und dem für sie zuständigen überörtlichen Prüfungsorgan die Befugnisse nach § 54 HGrG eingeräumt werden. ²Bei mittelbaren Beteiligungen gilt das nur, wenn die Beteiligung den vierten Teil der Anteile übersteigt und einer Gesellschaft zusteht, an der die Gemeinde allein oder zusammen mit anderen Gebietskörperschaften oder deren Zusammenschlüssen mit Mehrheit im Sinn des § 53 HGrG beteiligt ist.

(3) ¹Die Gemeinde hat jährlich einen Bericht über ihre Beteiligungen an Unternehmen in einer Rechtsform des Privatrechts zu erstellen, wenn ihr mindestens der zwanzigste Teil der Anteile eines Unternehmens gehört. ²Der Beteiligungsbericht soll insbesondere Angaben über die Erfüllung des öffentlichen Zwecks, die Beteiligungsverhältnisse, die Zusammensetzung der Organe der Gesellschaft, die Bezüge der einzelnen Mitglieder des geschäftsführenden Unternehmensorgans gemäß Absatz 1 Nr. 5, die Ertragslage und die Kreditaufnahme enthalten. ³Haben die Mitglieder des geschäftsführenden Unternehmensorgans ihr Einverständnis mit der Veröffentlichung ihrer Einzelbezüge nicht erklärt, sind ihre Gesamtbezüge so zu veröffentlichen, wie sie von der Gesellschaft nach den Vorschriften des Handelsgesetzbuchs in den Anhang zum Jahresabschluß aufgenommen werden. ⁴Der Bericht ist dem Gemeinderat vorzulegen. ⁵Die Gemeinde weist ortsüblich darauf hin, daß jeder Einsicht in den Bericht nehmen kann.

(4) ¹Gehören der Gemeinde Anteile an einem Unternehmen der öffentlichen Versorgung mit Wasser (Wasserversorgungsunternehmen) in dem in § 53 HGrG bezeichneten Umfang oder bedient sie sich zur Durchführung der Wasserversorgung eines Dritten, so hat sie dafür Sorge zu tragen, dass Art. 24 Abs. 4 Satz 5 bis 7 zur entsprechenden Anwendung kommt. ²Ist eine Beteiligung der Gemeinde an einem Wasserversorgungsunternehmen keine Mehrheitsbeteiligung im Sinn des § 53 HGrG, so soll sie darauf hinwirken, dass Art. 24 Abs. 4 Satz 5 bis 7 zur entsprechenden Anwendung kommt.

## 30 GO
Gemeindeordnung

**Art. 95 Grundsätze für die Führung gemeindlicher Unternehmen.**
(1) [1]Eigenbetriebe und Kommunalunternehmen sind unter Beachtung betriebswirtschaftlicher Grundsätze und des Grundsatzes der Sparsamkeit und Wirtschaftlichkeit so zu führen, daß der öffentliche Zweck erfüllt wird. [2]Entsprechendes gilt für die Steuerung und Überwachung von Unternehmen in Privatrechtsform, an denen die Gemeinde mit mehr als 50 v.H. beteiligt ist; bei einer geringeren Beteiligung soll die Gemeinde darauf hinwirken.

(2) Gemeindliche Unternehmen dürfen keine wesentliche Schädigung und keine Aufsaugung selbständiger Betriebe in Landwirtschaft, Handwerk, Handel, Gewerbe und Industrie bewirken.

**Art. 96 Anzeigepflichten.** (1) [1]Entscheidungen der Gemeinde über
1. die Errichtung, Übernahme und wesentliche Erweiterung sowie die Änderung der Rechtsform oder der Aufgaben gemeindlicher Unternehmen,
2. die unmittelbare oder mittelbare Beteiligung der Gemeinde an Unternehmen,
3. die gänzliche oder teilweise Veräußerung gemeindlicher Unternehmen oder Beteiligungen,
4. die Auflösung von Kommunalunternehmen

sind der Rechtsaufsichtsbehörde rechtzeitig, mindestens aber sechs Wochen vor ihrem Vollzug, vorzulegen. [2]In den Fällen des Satzes 1 Nrn. 2 und 3 besteht keine Anzeigepflicht, wenn die Entscheidung weniger als den zwanzigsten Teil der Anteile des Unternehmens betrifft. [3]Aus der Vorlage muß zu ersehen sein, ob die gesetzlichen Voraussetzungen erfüllt sind. [4]Die Unternehmenssatzung von Kommunalunternehmen ist der Rechtsaufsichtsbehörde stets vorzulegen.

(2) Abs. 1 Satz 1 Nrn. 1 bis 3 und die Sätze 2 und 3 gelten entsprechend für Entscheidungen des Verwaltungsrats eines Kommunalunternehmens.

**Art. 97 bis 99** *(aufgehoben)*

5. Abschnitt
# Kassen- und Rechnungswesen

**Art. 100 Gemeindekasse.** (1) Die Gemeindekasse erledigt alle Kassengeschäfte der Gemeinde.

(2) [1]Die Gemeinde hat einen Kassenverwalter und einen Stellvertreter zu bestellen. [2]Diese Verpflichtung entfällt, wenn sie ihre Kassengeschäfte ganz durch eine Stelle außerhalb der Gemeindeverwaltung besorgen läßt. [3]Die Anordnungsbefugten der Gemeindeverwaltung, der Leiter und die Prüfer des Rechnungsprüfungsamts und Bedienstete, denen örtliche Kassenprüfungen übertragen sind, können nicht gleichzeitig die Aufgaben eines Kassenverwalters oder seines Stellvertreters wahrnehmen.

(3) Der Kassenverwalter und sein Stellvertreter dürfen weder miteinander noch mit den Anordnungsbefugten der Gemeindeverwaltung, dem Leiter und

Gemeindeordnung **GO 30**

den Prüfern des Rechnungsprüfungsamts und den Bediensteten, denen örtliche Kassenprüfungen übertragen sind, durch ein Angehörigenverhältnis im Sinn des Art. 20 Abs. 5 des Bayerischen Verwaltungsverfahrensgesetzes verbunden sein.

(4) [1]Sonderkassen sollen mit der Gemeindekasse verbunden werden. [2]Ist eine Sonderkasse nicht mit der Gemeindekasse verbunden, gelten für den Verwalter der Sonderkasse und dessen Stellvertreter die Absätze 2 und 3 entsprechend.

**Art. 101 Übertragung von Kassen- und Rechnungsgeschäften.** Die Gemeinde kann das Ermitteln von Ansprüchen und von Zahlungsverpflichtungen, das Vorbereiten der entsprechenden Kassenanordnungen, die Kassengeschäfte und das Rechnungswesen ganz oder zum Teil von einer Stelle außerhalb der Gemeindeverwaltung besorgen lassen, wenn die ordnungsgemäße und sichere Erledigung und die Prüfung nach den für die Gemeinde geltenden Vorschriften gewährleistet sind.

**Art. 102 Rechnungslegung, Jahresabschluss.** (1) [1]Im Jahresabschluss beziehungsweise in der Jahresrechnung ist das Ergebnis der Haushaltswirtschaft einschließlich des Stands des Vermögens und der Verbindlichkeiten zu Beginn und am Ende des Haushaltsjahres nachzuweisen. [2]Bei Haushaltswirtschaft nach den Grundsätzen der doppelten kommunalen Buchführung besteht der Jahresabschluss aus der Ergebnisrechnung, der Finanzrechnung, der Vermögensrechnung (Bilanz) und dem Anhang. [3]Bei Haushaltswirtschaft nach den Grundsätzen der Kameralistik besteht die Jahresrechnung aus dem kassenmäßigen Abschluss und der Haushaltsrechnung. [4]Der Jahresabschluss beziehungsweise die Jahresrechnung ist durch einen Rechenschaftsbericht zu erläutern.

(2) Der Jahresabschluss beziehungsweise die Jahresrechnung ist innerhalb von sechs Monaten, der konsolidierte Jahresabschluss (Art. 102a) innerhalb von zehn Monaten nach Abschluss des Haushaltsjahres aufzustellen und sodann dem Gemeinderat vorzulegen.

(3) [1]Nach Durchführung der örtlichen Prüfung der Jahresrechnung und der Jahresabschlüsse (Art. 103) und Aufklärung etwaiger Unstimmigkeiten stellt der Gemeinderat alsbald, jedoch in der Regel bis zum 30. Juni des auf das Haushaltsjahr folgenden übernächsten Jahres den Jahresabschluss beziehungsweise die Jahresrechnung in öffentlicher Sitzung fest und beschließt über die Entlastung. [2]Ist ein konsolidierter Jahresabschluss aufzustellen (Art. 102a), tritt an die Stelle des 30. Juni der 31. Dezember des auf das Haushaltsjahr folgenden übernächsten Jahres. [3]Verweigert der Gemeinderat die Entlastung oder spricht er sie mit Einschränkungen aus, hat er die dafür maßgebenden Gründe anzugeben.

(4) Die Gemeinderatsmitglieder können jederzeit die Berichte über die Prüfungen einsehen.

**Art. 102a Konsolidierter Jahresabschluss.** (1) [1]Mit dem Jahresabschluss der Gemeinde sind die Jahresabschlüsse

**30 GO** Gemeindeordnung

1. der außerhalb der allgemeinen Verwaltung geführten Sondervermögen ohne eigene Rechtspersönlichkeit,
2. der rechtlich selbstständigen Organisationseinheiten und Vermögensmassen mit Nennkapital oder variablen Kapitalanteilen,
3. der Zweckverbände und Verwaltungsgemeinschaften mit kaufmännischer Rechnungslegung und der gemeinsamen Kommunalunternehmen und
4. der von der Gemeinde verwalteten kommunalen Stiftungen mit kaufmännischem Rechnungswesen

zu konsolidieren. ²Das gilt nicht für die Jahresabschlüsse der Sparkassen.

(2) ¹Aufgabenträger nach Abs. 1 sind entsprechend den §§ 300 bis 309 des Handelsgesetzbuchs zu konsolidieren (Vollkonsolidierung), wenn bei der Gemeinde die dem § 290 Abs. 1 und 2 des Handelsgesetzbuchs entsprechenden Voraussetzungen vorliegen. ²Andere Aufgabenträger als nach Satz 1 sind entsprechend den §§ 311 und 312 des Handelsgesetzbuchs zu konsolidieren, es sei denn, sie sind für die Vermittlung eines den tatsächlichen Verhältnissen entsprechenden Bildes der Vermögens-, Finanz- und Ertragslage von untergeordneter Bedeutung. ³Aufgabenträger nach Abs. 1 Nr. 3 können auch entsprechend § 310 des Handelsgesetzbuchs anteilsmäßig konsolidiert werden. ⁴Für den Anteil an einem Zweckverband oder einer Verwaltungsgemeinschaft ist der Umlageschlüssel maßgebend.

(3) Der konsolidierte Jahresabschluss ist durch eine Kapitalflussrechnung zu ergänzen und durch einen Konsolidierungsbericht zu erläutern.

(4) Die Gemeinde hat bei den in Abs. 1 Satz 1 genannten Aufgabenträgern, Organisationseinheiten und Vermögensmassen darauf hinzuwirken, dass ihr das Recht eingeräumt wird, von diesen alle Informationen und Unterlagen zu erhalten, die sie für die Konsolidierung der Jahresabschlüsse für erforderlich hält.

### 6. Abschnitt
## Prüfungswesen

**Art. 103 Örtliche Prüfungen.** (1) ¹Der Jahresabschluss und der konsolidierte Jahresabschluss beziehungsweise die Jahresrechnung sowie die Jahresabschlüsse der Eigenbetriebe, der Krankenhäuser und der Pflegeeinrichtungen mit kaufmännischem Rechnungswesen werden entweder vom Gemeinderat oder von einem Rechnungsprüfungsausschuss geprüft (örtliche Rechnungsprüfung). ²Über die Beratungen sind Niederschriften aufzunehmen.

(2) In Gemeinden mit mehr als 5000 Einwohnern bildet der Gemeinderat aus seiner Mitte einen Rechnungsprüfungsausschuß mit mindestens drei und höchstens sieben Mitgliedern und bestimmt ein Ausschußmitglied zum Vorsitzenden; Art. 33 Abs. 2 findet keine Anwendung.

Gemeindeordnung GO 30

(3) ¹Zur Prüfung der Jahresabschlüsse und des konsolidierten Jahresabschlusses sowie der Jahresrechnung können Sachverständige zugezogen werden. ²In Gemeinden, in denen ein Rechnungsprüfungsamt eingerichtet ist (Art. 104), ist das Rechnungsprüfungsamt umfassend als Sachverständiger heranzuziehen.

(4) Die örtliche Prüfung der Jahresrechnung und der Jahresabschlüsse ist innerhalb von zwölf Monaten, die des konsolidierten Jahresabschlusses innerhalb von 18 Monaten nach Abschluß des Haushaltsjahres durchzuführen.

(5) ¹Die örtliche Kassenprüfung obliegt dem ersten Bürgermeister. ²Er bedient sich in Gemeinden, in denen ein Rechnungsprüfungsamt eingerichtet ist, dieses Amts.

**Art. 104 Rechnungsprüfungsamt.** (1) ¹Kreisfreie Gemeinden müssen ein Rechnungsprüfungsamt einrichten. ²Kreisangehörige Gemeinden können ein Rechnungsprüfungsamt einrichten, wenn ein Bedürfnis dafür besteht und die Kosten in angemessenem Verhältnis zum Umfang der Verwaltung stehen.

(2) ¹Das Rechnungsprüfungsamt ist bei der örtlichen Rechnungsprüfung dem Gemeinderat und bei den örtlichen Kassenprüfungen dem ersten Bürgermeister unmittelbar verantwortlich. ²Der Gemeinderat und der erste Bürgermeister können besondere Aufträge zur Prüfung der Verwaltung erteilen. ³Das Rechnungsprüfungsamt ist bei der Wahrnehmung seiner Aufgaben unabhängig und nur dem Gesetz unterworfen. ⁴Im übrigen bleiben die Befugnisse des ersten Bürgermeisters unberührt, dem das Rechnungsprüfungsamt unmittelbar untersteht.

(3) ¹Der Gemeinderat bestellt den Leiter, seinen Stellvertreter und die Prüfer des Rechnungsprüfungsamts und beruft sie ab. ²Der Gemeinderat kann den Leiter des Rechnungsprüfungsamts und seinen Stellvertreter gegen ihren Willen nur mit einer Mehrheit von zwei Dritteln der gesetzlichen Zahl der Mitglieder des Gemeinderats abberufen, wenn sie ihre Aufgabe nicht ordnungsgemäß erfüllen. ³Die Abberufung von Prüfern des Rechnungsprüfungsamts gegen ihren Willen bedarf einer Mehrheit von zwei Dritteln der stimmberechtigten Gemeinderatsmitglieder.

(4) ¹Der Leiter des Rechnungsprüfungsamts muß Beamter auf Lebenszeit sein. ²Er muß in der Fachlaufbahn Verwaltung und Finanzen, fachlicher Schwerpunkt nichttechnischer Verwaltungsdienst, für ein Amt ab der Besoldungsgruppe A 10 qualifiziert sein sowie die für sein Amt erforderliche Erfahrung und Eignung besitzen.

(5) ¹Der Leiter, sein Stellvertreter und die Prüfer des Rechnungsprüfungsamts dürfen eine andere Stellung in der Gemeinde nur innehaben, wenn das mit ihren Prüfungsaufgaben vereinbar ist. ²Sie dürfen Zahlungen für die Gemeinde weder anordnen noch ausführen. ³Für den Leiter des Rechnungsprüfungsamts und seinen Stellvertreter gilt außerdem Art. 100 Abs. 3 entsprechend.

**Art. 105 Überörtliche Prüfungen.** (1) Die überörtlichen Rechnungs- und Kassenprüfungen werden bei den Mitgliedern des Bayerischen Kommunalen

Prüfungsverbands durch diesen Verband, bei den übrigen Gemeinden durch die staatlichen Rechnungsprüfungsstellen der Landratsämter durchgeführt (überörtliche Prüfungsorgane).

(2) Die überörtliche Rechnungsprüfung findet alsbald nach der Feststellung des Jahresabschlusses und des konsolidierten Jahresabschlusses beziehungsweise der Jahresrechnung sowie der Jahresabschlüsse der Eigenbetriebe, der Krankenhäuser und der Pflegeeinrichtungen mit kaufmännischem Rechnungswesen statt.

**Art. 106 Inhalt der Rechnungs- und Kassenprüfungen.** (1) Die Rechnungsprüfung erstreckt sich auf die Einhaltung der für die Wirtschaftsführung geltenden Vorschriften und Grundsätze, insbesondere darauf, ob

1. die Haushaltssatzung und der Haushaltsplan eingehalten worden sind,
2. die Einzahlungen und Auszahlungen sowie Erträge und Aufwendungen beziehungsweise die Einnahmen und Ausgaben begründet und belegt sind sowie der Jahresabschluss und der konsolidierte Jahresabschluss beziehungsweise die Jahresrechnung sowie die Vermögensnachweise ordnungsgemäß aufgestellt sind,
3. wirtschaftlich und sparsam verfahren wird,
4. die Aufgaben mit geringerem Personal- oder Sachaufwand oder auf andere Weise wirksamer erfüllt werden können.

(2) [1]Die Wirtschaftsführung der Krankenhäuser und der Pflegeeinrichtungen einschließlich der Jahresabschlüsse unterliegen der Rechnungsprüfung. [2]Absatz 1 gilt entsprechend.

(3) [1]Die Rechnungsprüfung umfaßt auch die Wirtschaftsführung der Eigenbetriebe unter entsprechender Anwendung des Absatzes 1. [2]Dabei ist auf das Ergebnis der Abschlußprüfung (Art. 107) mit abzustellen.

(4) [1]Im Rahmen der Rechnungsprüfung wird die Betätigung der Gemeinde bei Unternehmen in einer Rechtsform des privaten Rechts, an denen die Gemeinde unmittelbar oder mittelbar beteiligt ist, unter Beachtung kaufmännischer Grundsätze mitgeprüft. [2]Entsprechendes gilt bei Erwerbs- und Wirtschaftsgenossenschaften, in denen die Gemeinde Mitglied ist, sowie bei Kommunalunternehmen. [3]Die Rechnungsprüfung umfaßt ferner die Buch-, Betriebs- und sonstigen Prüfungen, die sich die Gemeinde bei der Hingabe eines Darlehens oder sonst vorbehalten hat.

(5) Durch Kassenprüfungen werden die ordnungsmäßige Erledigung der Kassengeschäfte, die ordnungsmäßige Einrichtung der Kassen und das Zusammenwirken mit der Verwaltung geprüft.

(6) [1]Die Organe der Rechnungsprüfung der Gemeinde und das für sie zuständige überörtliche Prüfungsorgan können verlangen, dass ihnen oder ihren beauftragten Prüfern Unterlagen, die sie zur Erfüllung ihrer Aufgaben für erforderlich halten, vorgelegt oder ihnen innerhalb einer bestimmten Frist übersandt werden. [2]Auskünfte sind ihnen oder ihren beauftragten Prüfern zu ertei-

len. ³Die Auskunftspflicht nach den Sätzen 1 und 2 besteht auch, soweit hierfür in anderen Bestimmungen eine besondere Rechtsvorschrift gefordert wird, und umfasst auch elektronisch gespeicherte Daten sowie deren automatisierten Abruf.

**Art. 107 Abschlussprüfung bei Eigenbetrieben und Kommunalunternehmen.** (1) Der Jahresabschluß und der Lagebericht eines Eigenbetriebs und eines Kommunalunternehmens sollen spätestens innerhalb von neun Monaten nach Schluß des Wirtschaftsjahres durch einen sachverständigen Prüfer (Abschlußprüfer) geprüft sein.

(2) Die Abschlußprüfung wird vom Bayerischen Kommunalen Prüfungsverband oder von einem Wirtschaftsprüfer oder von einer Wirtschaftsprüfungsgesellschaft durchgeführt.

(3) ¹Die Abschlußprüfung erstreckt sich auf die Vollständigkeit und Ordnungsmäßigkeit des Jahresabschlusses unter Einbeziehung der Buchführung und des Lageberichts. ²Dabei werden auch geprüft
1. die Ordnungsmäßigkeit der Geschäftsführung,
2. die Entwicklung der Vermögens- und Ertragslage sowie die Liquidität und Rentabilität,
3. die verlustbringenden Geschäfte und die Ursachen der Verluste, wenn diese Geschäfte und die Ursachen für die Vermögens- und Ertragslage von Bedeutung waren,
4. die Ursachen eines in der Gewinn- und Verlustrechnung ausgewiesenen Jahresfehlbetrags.

VIERTER TEIL
## Staatliche Aufsicht und Rechtsmittel

1. Abschnitt
## Rechtsaufsicht und Fachaufsicht

**Art. 108 Sinn der staatlichen Aufsicht.** Die Aufsichtsbehörden sollen die Gemeinden bei der Erfüllung ihrer Aufgaben verständnisvoll beraten, fördern und schützen sowie die Entschlußkraft und die Selbstverantwortung der Gemeindeorgane stärken.

**Art. 109 Inhalt und Grenzen der Aufsicht.** (1) In den Angelegenheiten des eigenen Wirkungskreises (Art. 7) beschränkt sich die staatliche Aufsicht darauf, die Erfüllung der gesetzlich festgelegten und übernommenen öffentlich-rechtlichen Aufgaben und Verpflichtungen der Gemeinden und die Gesetzmäßigkeit ihrer Verwaltungstätigkeit zu überwachen (Rechtsaufsicht).

(2) ¹In den Angelegenheiten des übertragenen Wirkungskreises (Art. 8) erstreckt sich die staatliche Aufsicht auch auf die Handhabung des gemeindlichen

Verwaltungsermessen (Fachaufsicht). ²Eingriffe in das Verwaltungsermessen sind auf die Fälle zu beschränken, in denen
1. das Gemeinwohl oder öffentlich-rechtliche Ansprüche einzelner eine Weisung oder Entscheidung erfordern oder
2. die Bundesregierung nach Art. 84 Abs. 5 oder Art. 85 Abs. 3 des Grundgesetzes eine Weisung erteilt.

**Art. 110 Rechtsaufsichtsbehörden.** ¹Die Rechtsaufsicht über die kreisangehörigen Gemeinden obliegt dem Landratsamt als staatliche Verwaltungsaufgabe. ²Die Rechtsaufsicht über die kreisfreien Gemeinden obliegt der Regierung. ³Diese ist obere Rechtsaufsichtsbehörde für die kreisangehörigen Gemeinden. ⁴Das Staatsministerium des Innern, für Sport und Integration ist obere Rechtsaufsichtsbehörde für die kreisfreien Gemeinden. ⁵Soweit Große Kreisstädte Aufgaben wahrnehmen, die ihnen nach Art. 9 Abs. 2 übertragen sind, richtet sich die Rechtsaufsicht nach den für kreisfreie Gemeinden geltenden Vorschriften.

**Art. 111 Informationsrecht.** ¹Die Rechtsaufsichtsbehörde ist befugt, sich über alle Angelegenheiten der Gemeinde zu unterrichten. ²Sie kann insbesondere Anstalten und Einrichtungen der Gemeinde besichtigen, die Geschäfts- und Kassenführung prüfen sowie Berichte und Akten einfordern.

**Art. 112 Beanstandungsrecht.** ¹Die Rechtsaufsichtsbehörde kann rechtswidrige Beschlüsse und Verfügungen der Gemeinde beanstanden und ihre Aufhebung oder Änderung verlangen. ²Bei Nichterfüllung öffentlich-rechtlicher Aufgaben oder Verpflichtungen kann die Rechtsaufsichtsbehörde die Gemeinde zur Durchführung der notwendigen Maßnahmen auffordern.

**Art. 113 Recht der Ersatzvornahme.** ¹Kommt die Gemeinde binnen einer ihr gesetzten angemessenen Frist den Anordnungen der Rechtsaufsichtsbehörde nicht nach, kann diese die notwendigen Maßnahmen an Stelle der Gemeinde verfügen und vollziehen. ²Die Kosten trägt die Gemeinde.

**Art. 114 Bestellung eines Beauftragten.** (1) Ist der geordnete Gang der Verwaltung durch Beschlußunfähigkeit des Gemeinderats oder durch seine Weigerung, gesetzmäßige Anordnungen der Rechtsaufsichtsbehörde auszuführen, ernstlich behindert, so kann die Rechtsaufsichtsbehörde den ersten Bürgermeister ermächtigen, bis zur Behebung des gesetzwidrigen Zustands für die Gemeinde zu handeln.

(2) ¹Weigert sich der erste Bürgermeister oder ist er aus tatsächlichen oder rechtlichen Gründen verhindert, die Aufgaben nach Absatz 1 wahrzunehmen, so beauftragt die Rechtsaufsichtsbehörde die weiteren Bürgermeister in ihrer Reihenfolge, für die Gemeinde zu handeln, solange es erforderlich ist. ²Sind keine weiteren Bürgermeister vorhanden oder sind auch sie verhindert oder nicht handlungswillig, so handelt die Rechtsaufsichtsbehörde für die Gemeinde.

(3) Die Staatsregierung kann ferner, wenn sich der gesetzwidrige Zustand anders nicht beheben lässt, den Gemeinderat auflösen und dessen Neuwahl anordnen.

**Art. 115 Fachaufsichtsbehörden.** (1) [1]Die Zuständigkeit zur Führung der Fachaufsicht auf den einzelnen Gebieten des übertragenen Wirkungskreises bestimmt sich nach den hierfür geltenden besonderen Vorschriften. [2]Soweit solche besonderen Vorschriften nicht bestehen, obliegt den Rechtsaufsichtsbehörden auch die Führung der Fachaufsicht.

(2) Soweit Große Kreisstädte Aufgaben wahrnehmen, die ihnen nach Art. 9 Abs. 2 übertragen sind, richtet sich die Fachaufsicht nach den für kreisfreie Gemeinden geltenden Vorschriften.

**Art. 116 Befugnisse der Fachaufsicht.** (1) [1]Die Fachaufsichtsbehörden können sich über Angelegenheiten des übertragenen Wirkungskreises in gleicher Weise wie die Rechtsaufsichtsbehörden unterrichten (Art. 111). [2]Sie können ferner der Gemeinde für die Behandlung übertragener Angelegenheiten unter Beachtung des Art. 109 Abs. 2 Satz 2 Weisungen erteilen. [3]Zu weitergehenden Eingriffen in die Gemeindeverwaltung sind die Fachaufsichtsbehörden unbeschadet der Entscheidung über Widersprüche (Art. 118 Nr. 2) nicht befugt.

(2) [1]Die Rechtsaufsichtsbehörden sind verpflichtet, die Fachaufsichtsbehörden bei der Durchführung ihrer gesetzlichen Aufgaben nötigenfalls unter Anwendung der in den Art. 113 und 114 festgelegten Befugnisse zu unterstützen. [2]Bei der Ersatzvornahme tritt die Weisung der Fachaufsichtsbehörde an die Stelle der Anordnung der Rechtsaufsichtsbehörde.

**Art. 117 Genehmigungsbehörde.** (1) Die in diesem Gesetz vorgeschriebenen Genehmigungen erteilt, soweit nichts anderes bestimmt ist, die Rechtsaufsichtsbehörde (Art. 110).

(2) Gemeindliche Beschlüsse sowie Geschäfte des bürgerlichen Rechts erlangen Rechtswirksamkeit erst mit der Erteilung der nach diesem Gesetz erforderlichen Genehmigung.

(3) Die Anträge auf Erteilung der Genehmigungen sind ohne schuldhafte Verzögerung zu verbescheiden.

**Art. 117a Ausnahmegenehmigungen.** [1]Das Staatsministerium des Innern, für Sport und Integration kann im Interesse der Weiterentwicklung der kommunalen Selbstverwaltung zur Erprobung neuer Modelle der Steuerung und des Haushalts- und Rechnungswesens, der Verfahrensvereinfachung und der Verwaltungsführung auf Antrag im Einzelfall Ausnahmen von Regelungen dieses Gesetzes und der nach Art. 120 erlassenen Vorschriften genehmigen. [2]Die Genehmigung ist zu befristen. [3]Bedingungen und Auflagen sind insbesondere zulässig, um die Vergleichbarkeit des Kommunalrechtsvollzugs auch im Rahmen einer Erprobung möglichst zu wahren und die Ergebnisse der Erprobung für andere Gemeinden, für Landkreise und für Bezirke nutzbar zu machen.

## 2. Abschnitt
## Rechtsmittel

**Art. 118 Erlaß des Widerspruchsbescheids (§ 73 der Verwaltungsgerichtsordnung – VwGO).** Den Widerspruchsbescheid erläßt
1. in Angelegenheiten des eigenen Wirkungskreises die Rechtsaufsichtsbehörde, die dabei auf die Prüfung der Rechtmäßigkeit beschränkt ist; zuvor hat die Selbstverwaltungsbehörde nach § 72 VwGO auch die Zweckmäßigkeit zu überprüfen,
2. in Angelegenheiten des übertragenen Wirkungskreises die Fachaufsichtsbehörde; ist Fachaufsichtsbehörde eine oberste Landesbehörde, so entscheidet die Behörde, die den Verwaltungsakt erlassen hat; Art. 109 Abs. 2 Satz 2 findet keine Anwendung.

## FÜNFTER TEIL
## Übergangs- und Schlußvorschriften

**Art. 119 Einwohnerzahl.** [1]Soweit nach diesem Gesetz oder einer auf Grund dieses Gesetzes erlassenen Rechtsverordnung die Einwohnerzahl von rechtlicher Bedeutung ist, ist die Einwohnerzahl maßgebend, die bei der letzten Wahl der Gemeinderatsmitglieder zugrundegelegt wurde. [2]Art. 34 Abs. 3 bleibt unberührt.

**Art. 120 Ausführungsvorschriften.** (1) [1]Das Staatsministerium des Innern, für Sport und Integration erläßt die zum Vollzug dieses Gesetzes erforderlichen Ausführungsvorschriften. [2]Es wird insbesondere ermächtigt, im Einvernehmen mit dem Staatsministerium der Finanzen und für Heimat durch Rechtsverordnungen zu regeln:
1. den Inhalt und die Gestaltung des Haushaltsplans einschließlich des Stellenplans, der mittelfristigen Finanzplanung und des Investitionsprogramms, ferner die Veranschlagung von Einzahlungen, Auszahlungen, Erträgen und Aufwendungen beziehungsweise Einnahmen, Ausgaben und Verpflichtungsermächtigungen für einen vom Haushaltsjahr abweichenden Wirtschaftszeitraum,
2. die Ausführung des Haushaltsplans, die Anordnung von Zahlungen, die Haushaltsüberwachung, die Stundung, die Niederschlagung und den Erlaß von Ansprüchen und die Behandlung von Kleinbeträgen,
3. die Ausschreibung von Lieferungen und Leistungen und die Vergabe von Aufträgen,
4. die Bildung, vorübergehende Inanspruchnahme und Verwendung von Rücklagen und deren Mindesthöhe,
5. die Bildung und Auflösung von Rückstellungen,
6. die Geldanlagen und ihre Sicherung,

Gemeindeordnung **GO 30**

7. die Erfassung, den Nachweis, die Bewertung und die Abschreibung der Vermögensgegenstände; dabei kann die Bewertung und Abschreibung auf einzelne Bereiche beschränkt werden,
8. die Aufstellung der Eröffnungsbilanz auch unter Abweichung von Art. 74 Abs. 4 und der folgenden Bilanzen,
9. die Kassenanordnungen, die Aufgaben und die Organisation der Gemeindekasse und der Sonderkassen, den Zahlungsverkehr, die Verwaltung der Kassenmittel, der Wertgegenstände und anderer Gegenstände, die Buchführung sowie die Möglichkeit, daß die Buchführung und die Verwahrung von Wertgegenständen von den Kassengeschäften abgetrennt werden können,
10. den Inhalt und die Gestaltung der Jahresrechnung und die Abwicklung der Vorjahresergebnisse,
11. den Inhalt und die Gestaltung des Jahresabschlusses und des konsolidierten Jahresabschlusses; dabei können auch Ausnahmen von der und Übergangsfristen für die Konsolidierungspflicht vorgesehen werden,
12. den Inhalt und die Gestaltung des Rechenschaftsberichts zur Jahresrechnung beziehungsweise zum Jahresabschluss, des Anhangs zum Jahresabschluss sowie des Konsolidierungsberichts zum konsolidierten Jahresabschluss,
13. den Aufbau und die Verwaltung, die Wirtschaftsführung, das Rechnungswesen und die Prüfung der Eigenbetriebe,
14. die Prüfung der Jahresrechnungen, der Jahresabschlüsse und der konsolidierten Jahresabschlüsse, die Prüfung der Gemeindekasse und der Sonderkassen, die Abschlußprüfung und die Freistellung von der Abschlußprüfung, die Prüfung von Verfahren der automatisierten Datenverarbeitung im Bereich des Finanzwesens der Gemeinden, die Rechte und Pflichten der Prüfer, die über Prüfungen zu erstellenden Berichte und deren weitere Behandlung sowie die Organisation der staatlichen Rechnungsprüfungsstellen der Landratsämter,
15. das Verfahren bei der Errichtung der Kommunalunternehmen sowie bei der Umwandlung von Kapitalgesellschaften in Kommunalunternehmen und den Aufbau, die Verwaltung, die Wirtschaftsführung sowie das Rechnungs- und Prüfungswesen der Kommunalunternehmen.

³Das Staatsministerium des Innern, für Sport und Integration wird weiter ermächtigt, im Einvernehmen mit dem Staatsministerium für Gesundheit und Pflege und mit dem Staatsministerium der Finanzen und für Heimat die Wirtschaftsführung der Krankenhäuser und der Pflegeeinrichtungen der Gemeinden durch Rechtsverordnung zu regeln.

(2) ¹Das Staatsministerium des Innern, für Sport und Integration erläßt die erforderlichen Verwaltungsvorschriften und gibt Muster, insbesondere für
1. die Haushaltssatzung und die Nachtragshaushaltssatzung,
2. die Darstellung des Haushaltsplans und des mittelfristigen Finanzplans insbesondere
   a) die Konten und Produkte bei Haushaltswirtschaft nach den Grundsätzen der doppelten kommunalen Buchführung,

**30 GO** Gemeindeordnung

    b) die Gliederung und die Gruppierung bei Haushaltswirtschaft nach den Grundsätzen der Kameralistik,
3. die Form des Haushaltsplans und seiner Anlagen, des mittelfristigen Finanzplans und des Investitionsprogramms,
4. die Gliederung und die Form des Jahresabschlusses und des konsolidierten Jahresabschlusses,
5. die Darstellung und die Form der Vermögensnachweise,
6. die Kassenanordnungen, die Buchführung, die Jahresrechnung und ihre Anlagen,
7. die Gliederung und die Form des Wirtschaftsplans und seiner Anlagen, des mittelfristigen Finanzplans und des Investitionsprogramms, des Jahresabschlusses, der Anlagenachweise und der Erfolgsübersicht für Eigenbetriebe und für Krankenhäuser mit kaufmännischem Rechnungswesen,

im Bayerischen Ministerialblatt bekannt. ²Es kann solche Muster für verbindlich erklären. ³Die Zuordnung der einzelnen Geschäftsvorfälle zu den Darstellungen gemäß Satz 1 Nrn. 2 bis 5 kann durch Verwaltungsvorschrift in gleicher Weise verbindlich festgelegt werden. ⁴Die Verwaltungsvorschriften zur Darstellung des Haushaltsplans und des mittelfristigen Finanzplans sind im Einvernehmen mit dem Staatsministerium der Finanzen und für Heimat zu erlassen.

**Art. 120a Gemeindewirtschaftliche Erleichterungen anlässlich der Corona-Pandemie.**\* ¹Das Staatsministerium des Innern, für Sport und Integration wird ermächtigt, im Einvernehmen mit dem Staatsministerium der Finanzen und für Heimat und dem Staatsministerium für Wirtschaft, Landesentwicklung und Energie durch Rechtsverordnungen für die Haushaltsjahre 2020 und 2021 Abweichungen von den gemeindewirtschaftlichen Bestimmungen des dritten Teils sowie der auf Grund des Art. 120 erlassenen Rechtsverordnungen zuzulassen, insbesondere bezüglich
1. vorübergehender Abweichungen von einer sichergestellten dauernden Leistungsfähigkeit (Art. 61 Abs. 1 Satz 2),
2. der Bekanntmachung einer nicht genehmigungspflichtigen Haushaltssatzung oder Nachtragshaushaltssatzung (Art. 65 Abs. 3, Art. 68 Abs. 1 Satz 2),
3. der Genehmigungspflicht für Verpflichtungsermächtigungen (Art. 67 Abs. 4),
4. der unverzüglichen Pflicht zum Erlass einer Nachtragshaushaltssatzung (Art. 68 Abs. 2),
5. des grundsätzlichen Nachrangs der Aufnahme von Krediten (Art. 71 Abs. 1, Art. 62 Abs. 3),
6. der Beschränkung des Zwecks der Aufnahme von Krediten auf Investitionen, auf Investitionsförderungsmaßnahmen und zur Umschuldung (Art. 71 Abs. 1),

---

\* *Beachte Art. 122 Abs. 2.*

7. der rechtsaufsichtlichen Genehmigung des Gesamtbetrags vorgesehener Kreditaufnahmen und des hieran anzulegenden Maßstabs (Art. 71 Abs. 2),
8. der Geltungsdauer von Kreditermächtigungen (Art. 71 Abs. 3),
9. des Nachrangs der Aufnahme von Kassenkrediten (Art. 73 Abs. 1),
10. des Höchstbetrags für die Aufnahme von Kassenkrediten (Art. 73 Abs. 2) und
11. der Erstellung eines konsolidierten Jahresabschlusses (Art. 102 Abs. 2, Abs. 3 Satz 2, Art. 102a).

²Die aufgrund von Satz 1 erlassenen Rechtsverordnungen treten spätestens am 31. Dezember 2022 außer Kraft. ³Die in den Haushaltsjahren 2020 und 2021 angelegten und betätigten Abweichungen von gemeindewirtschaftlichen Bestimmungen dürfen sich auf nachfolgende Haushaltsjahre auswirken, längstens jedoch auf das Haushaltsjahr 2032.

**Art. 121 Einschränkung von Grundrechten.** Auf Grund dieses Gesetzes können die Grundrechte auf Freiheit der Person (Art. 2 Abs. 2 des Grundgesetzes, Art. 102 der Verfassung) und der Unverletzlichkeit der Wohnung (Art. 13 des Grundgesetzes, Art. 106 Abs. 3 der Verfassung) eingeschränkt werden.

**Art. 122 Inkrafttreten, Außerkrafttreten.** (1) ¹Dieses Gesetz ist dringlich. ²Es tritt am 18. Januar 1952 in Kraft*.

(2) Art. 120a Satz 1 und 2 tritt mit Ablauf des 31. Dezember 2022, Art. 120a Satz 3 tritt mit Ablauf des 31. Dezember 2032 außer Kraft.

---

\* Diese Vorschrift betrifft das Inkrafttreten des Gesetzes in der ursprünglichen Fassung vom 25. Januar 1952 (GVBl. S. 19). Der Zeitpunkt des Inkrafttretens der späteren Änderungen ergibt sich aus den jeweiligen Änderungsgesetzen.

# LKrO 31

# Landkreisordnung für den Freistaat Bayern (Landkreisordnung – LKrO)

(BayRS 2020-3-1-I)
in der Fassung der Bekanntmachung vom 22. August 1998 (GVBl. S. 826),
zuletzt geändert durch Gesetz vom 24. Juli 2020 (GVBl. S. 350)

## INHALTSÜBERSICHT*

### ERSTER TEIL
**Wesen und Aufgaben des Landkreises**

#### 1. Abschnitt
**Begriff, Benennung und Hoheitszeichen**

- Art. 1 Begriff
- Art. 2 Name; Sitz der Kreisverwaltung
- Art. 3 Wappen und Fahnen; Dienstsiegel

#### 2. Abschnitt
**Wirkungskreis**

- Art. 4 Wirkungskreis im allgemeinen
- Art. 5 Eigene Angelegenheiten
- Art. 6 Übertragene Angelegenheiten

#### 3. Abschnitt
**Kreisgebiet**

- Art. 7 Gebietsumfang
- Art. 8 Änderungen und Zuständigkeit
- Art. 9 Folgen der Änderungen
- Art. 10 Bekanntmachung; Gebühren

#### 4. Abschnitt
**Kreisangehörige**

- Art. 11 Kreiseinwohner und Kreisbürger
- Art. 12 Wahlrecht
- Art. 12a Bürgerbegehren und Bürgerentscheid
- Art. 12b Bürgerantrag
- Art. 13 Ehrenamtliche Tätigkeit
- Art. 14 Sorgfalts- und Verschwiegenheitspflicht
- Art. 14a Entschädigung
- Art. 15 Benutzung öffentlicher Einrichtungen; Tragung der Kreislasten

#### 5. Abschnitt
**Kreishoheit**

- Art. 16 Umfang der Kreishoheit
- Art. 17 Kreisrecht
- Art. 18 Inhalt der Satzungen
- Art. 19 *(aufgehoben)*
- Art. 20 Inkrafttreten; Ausfertigung und Bekanntmachung
- Art. 21 Verwaltungsverfügungen; Zwangsmaßnahmen

### ZWEITER TEIL
**Verfassung und Verwaltung des Landkreises**

#### 1. Abschnitt
**Kreisorgane und ihre Hilfskräfte**

- Art. 22 Hauptorgane

##### a) Der Kreistag

- Art. 23 Rechtsstellung; Aufgaben des Kreistags
- Art. 24 Zusammensetzung des Kreistags
- Art. 25 Einberufung des Kreistags

##### b) Der Kreisausschuß und die weiteren Ausschüsse

- Art. 26 Aufgaben des Kreisausschusses
- Art. 27 Zusammensetzung
- Art. 28 Einberufung
- Art. 29 Weitere Ausschüsse
- Art. 30 Dem Kreistag vorbehaltene Angelegenheiten

---

\* *Inhaltsübersicht nicht amtlich.*

# 31 LKrO — Landkreisordnung

### c) Der Landrat und sein Stellvertreter
- Art. 31 Der Landrat
- Art. 32 Stellvertreter des Landrats
- Art. 33 Vorsitz im Kreistag; Vollzug der Beschlüsse
- Art. 34 Zuständigkeit des Landrats
- Art. 35 Vertretung des Landkreises nach außen; Verpflichtungsgeschäfte
- Art. 36 *(aufgehoben)*

### d) Das Landratsamt und die Kreisbediensteten
- Art. 37 Landratsamt
- Art. 38 Kreisbedienstete
- Art. 39 Stellenplan

## 2. Abschnitt
### Geschäftsgang
- Art. 40 Geschäftsordnung und Geschäftsgang der Ausschüsse
- Art. 41 Sitzungszwang; Beschlußfähigkeit
- Art. 42 Teilnahme- und Abstimmungspflicht; Ordnungsgeld gegen Säumige
- Art. 43 Ausschluß wegen persönlicher Beteiligung
- Art. 44 Einschränkung des Vertretungsrechts
- Art. 45 Form der Beschlußfassung; Wahlen
- Art. 46 Öffentlichkeit
- Art. 47 Handhabung der Ordnung
- Art. 48 Niederschrift
- Art. 49 *(aufgehoben)*

## 3. Abschnitt
### Verwaltungsgrundsätze und Verwaltungsaufgaben
- Art. 50 Gesetzmäßigkeit; Unparteilichkeit
- Art. 50a Geheimhaltung
- Art. 51 Aufgaben des eigenen Wirkungskreises
- Art. 52 Übernahme von Gemeindeaufgaben
- Art. 53 Aufgaben des übertragenen Wirkungskreises
- Art. 54 Zuständigkeit für den Gesetzesvollzug

# DRITTER TEIL
## Landkreiswirtschaft

### 1. Abschnitt
### Haushaltswirtschaft
- Art. 55 Allgemeine Haushaltsgrundsätze
- Art. 56 Grundsätze der Einnahmebeschaffung
- Art. 57 Haushaltssatzung
- Art. 58 Haushaltsplan
- Art. 59 Erlaß der Haushaltssatzung
- Art. 60 Planabweichungen
- Art. 61 Verpflichtungsermächtigungen
- Art. 62 Nachtragshaushaltssatzungen
- Art. 63 Vorläufige Haushaltsführung
- Art. 64 Mittelfristige Finanzplanung

### 2. Abschnitt
### Kreditwesen
- Art. 65 Kredite
- Art. 66 Kreditähnliche Verpflichtungen; Sicherheiten
- Art. 67 Kassenkredite

### 3. Abschnitt
### Vermögenswirtschaft
#### a) Allgemeines
- Art. 68 Erwerb und Verwaltung von Vermögen, Wertansätze
- Art. 69 Veräußerung von Vermögen
- Art. 70 Rücklagen, Rückstellungen
- Art. 71 Insolvenzverfahren

#### b) Vom Landkreis verwaltete nichtrechtsfähige (fiduziarische) Stiftungen
- Art. 72 Begriff; Verwaltung
- Art. 73 Änderung des Verwendungszwecks; Aufhebung der Zweckbestimmung

### 4. Abschnitt
### Unternehmen des Landkreises
- Art. 74 Rechtsformen

Landkreisordnung                                           **LKrO 31**

| | |
|---|---|
| Art. 75 | Allgemeine Zulässigkeit von Unternehmen und Beteiligungen |
| Art. 76 | Eigenbetriebe |
| Art. 77 | Selbständige Kommunalunternehmen des öffentlichen Rechts |
| Art. 78 | Organe des Kommunalunternehmens; Personal |
| Art. 79 | Sonstige Vorschriften für Kommunalunternehmen |
| Art. 80 | Unternehmen in Privatrechtsform |
| Art. 81 | Vertretung des Landkreises in Unternehmen in Privatrechtsform |
| Art. 82 | Sonstige Vorschriften für Unternehmen in Privatrechtsform |
| Art. 83 | Grundsätze für die Führung von Unternehmen des Landkreises |
| Art. 84 | Anzeigepflichten |
| Art. 85 | *(aufgehoben)* |

### 5. Abschnitt
**Kassen- und Rechnungswesen**

| | |
|---|---|
| Art. 86 | Kreiskasse |
| Art. 87 | Übertragung von Kassen- und Rechnungsgeschäften |
| Art. 88 | Rechnungslegung, Jahresabschluss |
| Art. 88a | Konsolidierter Jahresabschluss |

### 6. Abschnitt
**Prüfungswesen**

| | |
|---|---|
| Art. 89 | Örtliche Prüfungen |
| Art. 90 | Rechnungsprüfungsamt |
| Art. 91 | Überörtliche Prüfungen |
| Art. 92 | Inhalt der Rechnungs- und Kassenprüfungen |
| Art. 93 | Abschlussprüfung bei Eigenbetrieben und Kommunalunternehmen |

### VIERTER TEIL
**Staatliche Aufsicht und Rechtsmittel**

### 1. Abschnitt
**Rechtsaufsicht und Fachaufsicht**

| | |
|---|---|
| Art. 94 | Sinn der staatlichen Aufsicht |
| Art. 95 | Inhalt und Grenzen der Aufsicht |
| Art. 96 | Rechtsaufsichtsbehörden |
| Art. 97 | Informationsrecht |
| Art. 98 | Beanstandungsrecht |
| Art. 99 | Recht der Ersatzvornahme |
| Art. 100 | Bestellung eines Beauftragten |
| Art. 101 | Fachaufsichtsbehörden |
| Art. 102 | Befugnisse der Fachaufsicht |
| Art. 103 | Genehmigungsbehörde |
| Art. 103a | Ausnahmegenehmigungen |

### 2. Abschnitt
**Rechtsmittel**

| | |
|---|---|
| Art. 104 | Erlaß des Widerspruchsbescheids (§ 73 der Verwaltungsgerichtsordnung – VwGO) |

### FÜNFTER TEIL
**Übergangs- und Schlußvorschriften**

| | |
|---|---|
| Art. 105 | Einwohnerzahl |
| Art. 106 | Ausführungsvorschriften |
| Art. 106a | Landkreiswirtschaftliche Erleichterungen anlässlich der Corona-Pandemie |
| Art. 107 | Einschränkung von Grundrechten |
| Art. 108 | Inkrafttreten, Außerkrafttreten |

# 31 LKrO  Landkreisordnung

## ERSTER TEIL
## Wesen und Aufgaben des Landkreises

### 1. Abschnitt
### Begriff, Benennung und Hoheitszeichen

**Art. 1 Begriff.** [1]Die Landkreise sind Gebietskörperschaften mit dem Recht, überörtliche Angelegenheiten, deren Bedeutung über das Kreisgebiet nicht hinausgeht, im Rahmen der Gesetze zu ordnen und zu verwalten. [2]Ihr Gebiet bildet zugleich den Bereich der unteren staatlichen Verwaltungsbehörde.

**Art. 2 Name; Sitz der Kreisverwaltung.** [1]Der Sitz der Kreisverwaltung und der Name des Landkreises werden nach Anhörung des Kreistags mit Zustimmung des Landtags durch Rechtsverordnung der Staatsregierung bestimmt. [2]Namensänderungen, die nur die Schreibweise betreffen, bedürfen nicht der Zustimmung des Landtags.

**Art. 3 Wappen und Fahnen; Dienstsiegel.** (1) [1]Die Landkreise können ihre geschichtlichen Wappen und Fahnen führen. [2]Sie sind verpflichtet, sich bei der Änderung bestehender und der Annahme neuer Wappen und Fahnen von der Generaldirektion der Staatlichen Archive Bayerns beraten zu lassen und, soweit sie deren Stellungnahme nicht folgen wollen, den Entwurf der Rechtsaufsichtsbehörde vorzulegen.

(2) [1]Landkreise mit eigenem Wappen führen dieses in ihrem Dienstsiegel. [2]Die übrigen Landkreise führen in ihrem Dienstsiegel das kleine Staatswappen.

(3) Von Dritten dürfen Wappen und Fahnen des Landkreises nur mit dessen Genehmigung verwendet werden.

### 2. Abschnitt
### Wirkungskreis

**Art. 4 Wirkungskreis im allgemeinen.** (1) Den Landkreisen steht die Erfüllung der auf das Kreisgebiet beschränkten öffentlichen Aufgaben zu, die über die Zuständigkeit oder das Leistungsvermögen der kreisangehörigen Gemeinden hinausgehen, soweit es sich nicht um Staatsaufgaben handelt.

(2) Die Aufgaben der Landkreise sind eigene oder übertragene Angelegenheiten.

**Art. 5 Eigene Angelegenheiten.** (1) Der eigene Wirkungskreis der Landkreise umfaßt die Angelegenheiten der durch das Kreisgebiet begrenzten überörtlichen Gemeinschaft.

(2) ¹In Angelegenheiten des eigenen Wirkungskreises handeln die Landkreise nach eigenem Ermessen. ²Sie sind nur an die gesetzlichen Vorschriften gebunden.

**Art. 6 Übertragene Angelegenheiten.** (1) Der übertragene Wirkungskreis der Landkreise umfaßt die staatlichen Aufgaben, die das Gesetz den Landkreisen zur Besorgung im Auftrag des Staates zuweist.

(2) Für die Erledigung übertragener Angelegenheiten können die zuständigen Staatsbehörden den Landkreisen Weisungen erteilen.

(3) ¹Den Landkreisen können Angelegenheiten auch zur selbständigen Besorgung übertragen werden. ²Art. 5 Abs. 2 ist hierbei sinngemäß anzuwenden.

(4) Bei der Zuweisung von Angelegenheiten sind gleichzeitig die notwendigen Mittel zur Verfügung zu stellen.

## 3. Abschnitt

# Kreisgebiet

**Art. 7 Gebietsumfang.** Die Gesamtfläche der dem Landkreis zugeteilten Gemeinden und gemeindefreien Gebiete bildet das Kreisgebiet.

**Art. 8 Änderungen und Zuständigkeit.** (1) ¹Aus Gründen des öffentlichen Wohls können Landkreise in ihrem Bestand oder Gebiet geändert werden. ²Änderungen im Gebiet müssen insbesondere auf die Leistungsfähigkeit der beteiligten Landkreise Rücksicht nehmen. ³Art. 5 Abs. 3 und Art. 5a Abs. 1 der Gemeindeordnung (GO) bleiben unberührt.

(2) Änderungen im Bestand von Landkreisen werden mit Zustimmung des Landtags durch Rechtsverordnung der Staatsregierung vorgenommen.

(3) ¹Änderungen im Gebiet von Landkreisen werden mit Zustimmung des Landtags durch Rechtsverordnung der Staatsregierung vorgenommen, wenn mindestens eine ganze Gemeinde oder ein ganzes gemeindefreies Gebiet umgegliedert wird. ²Sonstige Gebietsänderungen werden durch Rechtsverordnung der Regierung, wenn sie mit einer Änderung im Gebiet von Bezirken verbunden sind, durch Rechtsverordnung des Staatsministeriums des Innern, für Sport und Integration vorgenommen.

(4) ¹Im Verfahren nach Absatz 2 oder 3 können Änderungen nach Art. 11 GO, die mit Änderungen im Bestand oder Gebiet von Landkreisen rechtlich oder sachlich zusammenhängen, miterledigt werden, soweit die Änderungen gemäß Art. 12 Abs. 1 Satz 2 GO durch Rechtsverordnung vorgenommen werden können.

(5) ¹Vor der Änderung sind die beteiligten Landkreise sowie die Gemeinden und die Eigentümer der gemeindefreien Grundstücke im Änderungsgebiet zu hören. ²Den Kreisbürgern, deren Kreiszugehörigkeit wechselt, soll Gelegen-

# 31 LKrO — Landkreisordnung

heit gegeben werden, zu der Änderung in geheimer Abstimmung Stellung zu nehmen.

**Art. 9 Folgen der Änderungen.** (1) ¹Bei Änderungen im Bestand von Landkreisen ist die Fortgeltung von Kreisrecht in der Rechtsverordnung gemäß Art. 8 Abs. 2 zu regeln. ²Bei Gebietsänderungen erstreckt sich das Recht des aufnehmenden Landkreises auf das aufgenommene Gebiet, wenn nicht in der Vorschrift über die Gebietsänderung etwas Abweichendes bestimmt ist. ³Satz 2 gilt entsprechend für das Recht der durch die Änderung betroffenen Gemeinden.

(2) ¹Soweit nicht das Staatsministerium des Innern, für Sport und Integration gemäß Art. 9 Abs. 2 der Bezirksordnung zuständig ist, regelt die Regierung die mit der Änderung zusammenhängenden weiteren Rechts- und Verwaltungsfragen. ²Sie kann insbesondere eine Neuwahl oder Ergänzung des Kreistags für den Rest der Wahlzeit anordnen. ³Art. 24 Abs. 2 Satz 2 findet insoweit keine Anwendung. ⁴Die Regierung trifft auch entsprechende Regelungen für die durch die Änderung betroffenen Gemeinden oder kann damit für kreisangehörige Gemeinden die Landratsämter beauftragen.

(3) ¹Bei Änderungen im Gebiet werden die vermögensrechtlichen Verhältnisse durch Übereinkunft der beteiligten Landkreise und kreisfreien Gemeinden geregelt. ²Der Übereinkunft kommt in dem in ihr bestimmten Zeitpunkt, frühestens jedoch mit Rechtswirksamkeit der Änderung, unmittelbar rechtsbegründende Wirkung zu. ³Kommt eine Übereinkunft nicht zustande, so entscheiden das Verwaltungsgericht und in der Berufungsinstanz der Verwaltungsgerichtshof als Schiedsgerichte.

(4) ¹Bei Änderungen im Bestand wird in der Rechtsverordnung nach Art. 8 Abs. 2 ein Landkreis als Gesamtrechtsnachfolger bestimmt. ²Die Bestimmung hat unmittelbar rechtsbegründende Wirkung. ³Wird das Gebiet eines Landkreises auf mehrere Landkreise oder kreisfreie Gemeinden aufgeteilt, so findet zwischen dem Gesamtrechtsnachfolger und den anderen Landkreisen oder kreisfreien Gemeinden, denen Gebiet des aufgeteilten Landkreises zugeteilt wurde, eine Auseinandersetzung nach besonderen gesetzlichen Vorschriften statt.

(5) Soweit der Aufenthalt Voraussetzung für Rechte und Pflichten ist, gilt der vor der Änderung liegende Aufenthalt im Änderungsgebiet als Aufenthalt im neuen Landkreis.

**Art. 10 Bekanntmachung; Gebühren.** (1) Rechtsverordnungen der Regierung nach Art. 8 Abs. 3 Satz 2 und nach Art. 9 Abs. 1 Satz 1 sind im Amtsblatt der Regierung bekanntzumachen.

(2) Für Änderungen nach Art. 8 und Rechtshandlungen, die aus Anlaß solcher Änderungen erforderlich sind, werden landesrechtlich geregelte Abgaben nicht erhoben.

## 4. Abschnitt
## Kreisangehörige

**Art. 11 Kreiseinwohner und Kreisbürger.** (1) ¹Kreisangehörige sind alle Kreiseinwohner. ²Sie haben gegenüber dem Landkreis die gleichen Rechte und Pflichten. ³Ausnahmen bedürfen eines besonderen Rechtstitels.

(2) Kreisbürger sind alle Kreisangehörigen, die das Wahlrecht für die Kreiswahlen besitzen.*

**Art. 12 Wahlrecht.** Die Kreisbürger wählen den Kreistag und den Landrat**.

---

\* *Vgl. hierzu Art. 1 und 2 Gemeinde- und Landkreiswahlgesetz in der Fassung der Bekanntmachung vom 7. November 2006 (GVBl. S. 834), Gesetz zuletzt geändert durch Gesetz vom 25. März 2020 (GVBl. S. 174):*

**Art. 1 Wahlrecht.** (1) Wahlberechtigt bei Gemeinde- und Landkreiswahlen sind alle Personen, die am Wahltag
1. Unionsbürger sind,
2. das 18. Lebensjahr vollendet haben,
3. sich seit mindestens zwei Monaten im Wahlkreis mit dem Schwerpunkt ihrer Lebensbeziehungen aufhalten,
4. nicht nach Art. 2 vom Wahlrecht ausgeschlossen sind.

(2) Unionsbürger sind alle Deutschen im Sinn des Art. 116 Abs. 1 des Grundgesetzes$^a$ sowie die Staatsangehörigen der übrigen Mitgliedstaaten der Europäischen Union.

(3) ¹Der Aufenthalt mit dem Schwerpunkt der Lebensbeziehungen wird dort vermutet, wo die Person gemeldet ist. ²Ist eine Person in mehreren Gemeinden gemeldet, wird dieser Aufenthalt dort vermutet, wo sie mit der Hauptwohnung gemeldet ist. ³Bei der Berechnung der Frist nach Abs. 1 Nr. 3 wird der Tag der Aufenthaltsnahme in die Frist einbezogen.

(4) Wer das Wahlrecht in einer Gemeinde oder in einem Landkreis infolge Wegzugs verloren hat, jedoch innerhalb eines Jahres seit dem Wegzug in den Wahlkreis zurückkehrt, ist mit dem Zuzug wieder wahlberechtigt.

**Art. 2 Ausschluss vom Wahlrecht.** Ausgeschlossen vom Wahlrecht ist, wer infolge deutschen Richterspruchs das Wahlrecht nicht besitzt.

a *Art. 116 Abs. 1 Grundgesetz für die Bundesrepublik Deutschland vom 23. Mai 1949 (BGBl. S. 1), Gesetz zuletzt geändert durch Gesetz vom 29. September 2020 (BGBl. I S. 2048), lautet:*

**Art. 116.** (1) Deutscher im Sinne dieses Grundgesetzes ist vorbehaltlich anderweitiger gesetzlicher Regelung, wer die deutsche Staatsangehörigkeit besitzt oder alsFlüchtling oder Vertriebener deutscher Volkszugehörigkeit oder als dessen Ehegatte oder Abkömmling in dem Gebiete des Deutschen Reiches nach dem Stande vom 31. Dezember 1937 Aufnahme gefunden hat.

\*\* *Vgl. hierzu Art. 23 Abs. 1 und 42 Abs. 1 Satz 1 des Gemeinde- und Landkreiswahlgesetzes in der Fassung der Bekanntmachung vom 7. November 2006 (GVBl. S. 834), Gesetz zuletzt geändert durch Gesetz vom 25. März 2020 (GVBl. S. 174):*

**Art. 23 Wahlzeit.** (1) Die Wahlzeit der bei allgemeinen Gemeinde- und Landkreiswahlen neu gewählten Gemeinderäte und Kreistage beträgt sechs Jahre und beginnt jeweils an dem der Wahl folgenden 1. Mai.

# 31 LKrO

Landkreisordnung

**Art. 12a Bürgerbegehren und Bürgerentscheid.** (1) Die Kreisbürger können über Angelegenheiten des eigenen Wirkungskreises des Landkreises einen Bürgerentscheid beantragen (Bürgerbegehren).

(2) Der Kreistag kann beschließen, daß über eine Angelegenheit des eigenen Wirkungskreises des Landkreises ein Bürgerentscheid stattfindet.

(3) Ein Bürgerentscheid findet nicht statt über Angelegenheiten, die kraft Gesetz dem Landrat obliegen, über Fragen der inneren Organisation der Kreisverwaltung, über die Rechtsverhältnisse der Kreisräte, des Landrats und der Kreisbediensteten und über die Haushaltssatzung.

(4) [1]Das Bürgerbegehren muss beim Landkreis eingereicht werden und eine mit Ja oder Nein zu entscheidende Fragestellung und eine Begründung enthalten sowie bis zu drei Personen benennen, die berechtigt sind, die Unterzeichnenden zu vertreten. [2]Für den Fall ihrer Verhinderung oder ihres Ausscheidens können auf den Unterschriftenlisten zusätzlich stellvertretende Personen benannt werden.

(5) [1]Das Bürgerbegehren kann nur von Personen unterzeichnet werden, die am Tag der Einreichung des Bürgerbegehrens Kreisbürger sind. [2]Für die Feststellung der Zahl der gültigen Unterschriften sind die von den Gemeinden zum Stand dieses Tages anzulegenden Bürgerverzeichnisse maßgebend. [3]Die Unterschriften für ein Bürgerbegehren müssen getrennt nach Gemeinden gesammelt werden. [4]Enthält eine Liste auch Unterschriften von Kreisbürgern aus einer anderen Gemeinde, sind diese Unterschriften ungültig.

(6) Ein Bürgerbegehren muss in Landkreisen bis zu 100 000 Einwohnern von mindestens 6 v.H., im übrigen von mindestens 5 v.H. der Kreisbürger unterschrieben sein.

(7) [1]Ist eine kreisangehörige Gemeinde von einer Maßnahme des Landkreises besonders betroffen, so kann ein Bürgerentscheid über diese Maßnahme auch von den Bürgern dieser Gemeinde beantragt werden. [2]Dieses Bürgerbegehren muß von mindestens 25 vom Hundert der Gemeindebürger unterzeichnet sein. [3]Die Vorschriften der Absätze 1 bis 5 finden entsprechend Anwendung.

(8) [1]Über die Zulässigkeit des Bürgerbegehrens entscheidet der Kreistag unverzüglich, spätestens innerhalb eines Monats nach Einreichung des Bürgerbegehrens. [2]Gegen die Entscheidung können die vertretungsberechtigten Personen des Bürgerbegehrens ohne Vorverfahren Klage erheben.

(9) Ist die Zulässigkeit des Bürgerbegehrens festgestellt, darf bis zur Durchführung des Bürgerentscheids eine dem Begehren entgegenstehende Entscheidung der Kreisorgane nicht mehr getroffen oder mit dem Vollzug einer derarti-

---

**Art. 42 Amtszeit des berufsmäßigen ersten Bürgermesiters und des Landrats.**
(1) [1]Der berufsmäßige erste Bürgermeister und der Landrat werden auf die Dauer von sechs Jahren gewählt.

# Landkreisordnung LKrO 31

gen Entscheidung nicht mehr begonnen werden, es sei denn, zu diesem Zeitpunkt haben rechtliche Verpflichtungen des Landkreises hierzu bestanden.

(10) [1]Der Bürgerentscheid ist an einem Sonntag innerhalb von drei Monaten nach der Feststellung der Zulässigkeit des Bürgerbegehrens durchzuführen; der Kreistag kann die Frist im Einvernehmen mit den vertretungsberechtigten Personen des Bürgerbegehrens um höchstens drei Monate verlängern. [2]Die Kosten des Bürgerentscheids trägt der Landkreis. [3]Stimmberechtigt ist jeder Kreisbürger. [4]Die Möglichkeit der brieflichen Abstimmung ist zu gewährleisten.

(11) [1]Bei einem Bürgerentscheid ist die gestellte Frage in dem Sinn entschieden, in dem sie von der Mehrheit der abgegebenen gültigen Stimmen beantwortet wurde, sofern diese Mehrheit in Landkreisen bis zu 100 000 Einwohnern mindestens 15 v.H., mit mehr als 100 000 Einwohnern mindestens 10 v.H. der Stimmberechtigten beträgt. [2]Bei Stimmengleichheit gilt die Frage als mit Nein beantwortet. [3]Sollen an einem Tag mehrere Bürgerentscheide stattfinden, hat der Kreistag eine Stichfrage für den Fall zu beschließen, dass die gleichzeitig zur Abstimmung gestellten Fragen in einer miteinander nicht zu vereinbarenden Weise beantwortet werden (Stichentscheid). [4]Es gilt dann diejenige Entscheidung, für die sich im Stichentscheid die Mehrheit der abgegebenen gültigen Stimmen ausspricht. [5]Bei Stimmengleichheit im Stichentscheid gilt der Bürgerentscheid, dessen Frage mit der höchsten Stimmenzahl mehrheitlich beantwortet worden ist.

(12) [1]Der Bürgerentscheid hat die Wirkung eines Beschlusses des Kreistags. [2]Der Bürgerentscheid kann innerhalb eines Jahres nur durch einen neuen Bürgerentscheid abgeändert werden, es sei denn, dass sich die dem Bürgerentscheid zugrunde liegende Sach- oder Rechtslage wesentlich geändert hat.

(13) [1]Der Bürgerentscheid entfällt, wenn der Kreistag die Durchführung der mit dem Bürgerbegehren verlangten Maßnahme beschließt. [2]Für einen Beschluss nach Satz 1 gilt die Bindungswirkung des Absatzes 12 Satz 2 entsprechend.

(14) [1]Die im Kreistag und die von den vertretungsberechtigten Personen des Bürgerbegehrens vertretenen Auffassungen zum Gegenstand des Bürgerentscheids dürfen in Veröffentlichungen und Veranstaltungen des Landkreises nur in gleichem Umfang dargestellt werden. [2]Zur Information der Bürgerinnen und Bürger werden vom Landkreis den Beteiligten die gleichen Möglichkeiten wie bei Kreistagswahlen eröffnet.

(15) Das Ergebnis des Bürgerentscheids ist im Landkreis in der ortsüblichen Weise bekanntzumachen.

(16) [1]Die Gemeinden wirken im erforderlichen Umfang bei der Überprüfung von Bürgerbegehren und bei der Durchführung von Bürgerentscheiden mit. [2]Der Landkreis erstattet den Gemeinden die dadurch entstehenden besonderen Aufwendungen.

(17) [1]Die Landkreise können das Nähere durch Satzung regeln. [2]Das Recht auf freies Unterschriftensammeln darf nicht eingeschränkt werden.

(18) Art. 3a des Bayerischen Verwaltungsverfahrensgesetzes findet keine Anwendung.

**Art. 12b Bürgerantrag.** (1) ¹Die Kreisbürger können beantragen, dass das zuständige Kreisorgan eine Kreisangelegenheit behandelt (Bürgerantrag). ²Ein Bürgerantrag darf nicht Angelegenheiten zum Gegenstand haben, für die innerhalb eines Jahres vor Antragseinreichung bereits ein Bürgerantrag gestellt worden ist.

(2) ¹Der Bürgerantrag muss beim Landkreis eingereicht werden, eine Begründung enthalten und bis zu drei Personen benennen, die berechtigt sind, die Unterzeichnenden zu vertreten. ²Für den Fall ihrer Verhinderung oder ihres Ausscheidens können auf den Unterschriftenlisten zusätzlich stellvertretende Personen benannt werden.

(3) ¹Der Bürgerantrag muss von mindestens 1 v.H. der Kreiseinwohner unterschrieben sein. ²Unterschriftsberechtigt sind die Kreisbürger.

(4) Über die Zulässigkeit eines Bürgerantrags entscheidet das für die Behandlung der Angelegenheit zuständige Kreisorgan innerhalb eines Monats seit der Einreichung des Bürgerantrags.

(5) Ist die Zulässigkeit des Bürgerantrags festgestellt, hat ihn das zuständige Kreisorgan innerhalb von drei Monaten zu behandeln.

(6) Art. 3a des Bayerischen Verwaltungsverfahrensgesetzes findet keine Anwendung.

**Art. 13 Ehrenamtliche Tätigkeit.** (1) ¹Die Kreisbürger sind zur Übernahme von Ehrenämtern des Landkreises verpflichtet. ²Sie können nur aus wichtigem Grund die Übernahme von Ehrenämtern ablehnen oder ein Ehrenamt niederlegen. ³Als wichtiger Grund ist es insbesondere anzusehen, wenn der Verpflichtete die Tätigkeit nicht ordnungsgemäß ausüben kann. ⁴Wer ohne wichtigen Grund die Übernahme eines Ehrenamts ablehnt oder ein Ehrenamt niederlegt, kann mit Ordnungsgeld bis zu fünfhundert Euro belegt werden.

(2) ¹Ehrenamtlich tätige Personen können von der Stelle, die sie berufen hat, abberufen werden, wenn ein wichtiger Grund vorliegt. ²Ein solcher liegt auch dann vor, wenn die ehrenamtlich tätige Person ihre Pflichten gröblich verletzt oder sich als unwürdig erwiesen hat.

(3) Die besonderen gesetzlichen Vorschriften bleiben unberührt.

**Art. 14 Sorgfalts- und Verschwiegenheitspflicht.** (1) Ehrenamtlich tätige Personen sind verpflichtet, ihre Obliegenheiten gewissenhaft wahrzunehmen.

(2) ¹Sie haben über die ihnen bei ihrer ehrenamtlichen Tätigkeit bekanntgewordenen Angelegenheiten Verschwiegenheit zu bewahren; das gilt nicht für Mitteilungen im amtlichen Verkehr oder über Tatsachen, die offenkundig sind oder ihrer Bedeutung nach keiner Geheimhaltung bedürfen. ²Sie dürfen die Kenntnis der nach Satz 1 geheimzuhaltenden Angelegenheiten nicht unbefugt verwerten. ³Sie haben auf Verlangen des Kreistags amtliche Schriftstücke,

Zeichnungen, bildliche Darstellungen und Aufzeichnungen jeder Art über dienstliche Vorgänge herauszugeben, auch soweit es sich um Wiedergaben handelt. [4]Diese Verpflichtungen bestehen auch nach Beendigung des Ehrenamts fort. [5]Die Herausgabepflicht trifft auch die Hinterbliebenen und Erben.

(3) [1]Ehrenamtlich tätige Personen dürfen ohne Genehmigung über Angelegenheiten, über die sie Verschwiegenheit zu bewahren haben, weder vor Gericht noch außergerichtlich aussagen oder Erklärungen abgeben. [2]Über die Genehmigung entscheidet der Landrat; im Übrigen gelten Art. 84 Abs. 3 und 4 des Bayerischen Verwaltungsverfahrensgesetzes.

(4) [1]Wer den Verpflichtungen der Absätze 1, 2 oder 3 Satz 1 schuldhaft zuwiderhandelt, kann im Einzelfall mit Ordnungsgeld bis zu zweihundertfünfzig Euro, bei unbefugter Offenbarung personenbezogener Daten bis zu fünfhundert Euro, belegt werden; die Verantwortlichkeit nach anderen gesetzlichen Vorschriften bleibt unberührt. [2]Die Haftung gegenüber dem Landkreis richtet sich nach den für den Landrat geltenden Vorschriften. [3]Der Landkreis stellt die Verantwortlichen von der Haftung frei, wenn sie von Dritten unmittelbar in Anspruch genommen werden und der Schaden weder vorsätzlich noch grob fahrlässig verursacht worden ist.

(5) Für den gewählten Stellvertreter des Landrats gelten die besonderen gesetzlichen Vorschriften.

**Art. 14a Entschädigung.** (1) [1]Ehrenamtlich tätige Personen haben Anspruch auf angemessene Entschädigung. [2]Das Nähere wird durch Satzung bestimmt. [3]Auf die Entschädigung kann nicht verzichtet werden. [4]Der Anspruch ist nicht übertragbar.

(2) Ehrenamtlich tätige Personen erhalten ferner für die nach Maßgabe näherer Bestimmung in der Satzung zur Wahrnehmung des Ehrenamts notwendige Teilnahme an Sitzungen und Besprechungen oder anderen Veranstaltungen folgende Ersatzleistungen:
1. Arbeitnehmern wird der ihnen entstandene nachgewiesene Verdienstausfall ersetzt.
2. [1]Selbständig Tätige können für die ihnen entstehende Zeitversäumnis eine Verdienstausfallentschädigung erhalten. [2]Die Entschädigung wird auf der Grundlage eines satzungsmäßig festgelegten Pauschalsatzes gewährt. [3]Wegezeiten können in angemessenem Umfang berücksichtigt werden.
3. [1]Personen, die keine Ersatzansprüche nach Nummern 1 und 2 haben, denen aber im beruflichen oder häuslichen Bereich ein Nachteil entsteht, der in der Regel nur durch das Nachholen versäumter Arbeit oder die Inanspruchnahme einer Hilfskraft ausgeglichen werden kann, können eine Entschädigung erhalten. [2]Die Entschädigung wird auf der Grundlage eines satzungsmäßig festgelegten Pauschalsatzes gewährt. [3]Der Pauschalsatz darf nicht höher sein als der Pauschalsatz nach Nummer 2. [4]Wegezeiten können in angemessenem Umfang berücksichtigt werden.

(3) ¹Vergütungen für Tätigkeiten, die ehrenamtlich tätige Personen kraft Amts oder auf Vorschlag oder Veranlassung des Landkreises in einem Aufsichtsrat, Vorstand oder sonstigen Organ oder Gremium eines privatrechtlich oder öffentlich-rechtlich organisierten Unternehmens wahrnehmen, sind an den Landkreis abzuführen, soweit sie insgesamt einen Betrag von 6400 Euro im Kalenderjahr übersteigen; mit einem Vomhundertsatz benannte Änderungen des Grundgehalts der Beamten mit einer Besoldung nach Besoldungsgruppe A 13 gelten ab dem auf das Inkrafttreten der Änderung folgenden Kalenderjahr mit dem gleichen Vomhundertsatz für den in Halbsatz 1 genannten Betrag. ²Vom Landkreis veranlasst sind auch Tätigkeiten, die von einem Unternehmen, an dem er unmittelbar oder mittelbar ganz oder mehrheitlich beteiligt ist, einer ehrenamtlich tätigen Person übertragen werden. ³Der Betrag verdoppelt sich für Vorsitzende des Aufsichtsrats oder eines vergleichbaren Organs der in Satz 1 genannten Unternehmen und erhöht sich für deren Stellvertreter um 50 v.H. ⁴Bei der Festsetzung des abzuführenden Betrags sind von den Vergütungen Aufwendungen abzusetzen, die im Zusammenhang mit der Tätigkeit nachweislich entstanden sind. ⁵Die Ablieferungsregelungen nach dem beamtenrechtlichen Nebentätigkeitsrecht finden keine Anwendung.

**Art. 15 Benutzung öffentlicher Einrichtungen; Tragung der Kreislasten.**

(1) Alle Kreisangehörigen sind nach den bestehenden allgemeinen Vorschriften berechtigt, die öffentlichen Einrichtungen des Landkreises zu benutzen, und verpflichtet, die Kreislasten zu tragen.

(2) ¹Mehrere technisch selbständige Anlagen des Landkreises, die demselben Zweck dienen, können eine Einrichtung oder einzelne rechtlich selbständige Einrichtungen bilden. ²Der Landkreis entscheidet das durch Satzung; trifft er keine Regelung, liegt nur eine Einrichtung vor.

(3) Auswärts wohnende Personen haben für ihren Grundbesitz oder ihre gewerblichen Niederlassungen im Kreisgebiet gegenüber dem Landkreis die gleichen Rechte und Pflichten wie im Landkreis wohnende Grundbesitzer und Gewerbetreibende.

(4) Die Vorschriften in den Absätzen 1 und 3 finden auf juristische Personen und auf Personenvereinigungen entsprechende Anwendung.

(5) ¹Die Benutzung der öffentlichen, dem Gemeingebrauch dienenden Einrichtungen steht nach Maßgabe der bestehenden Vorschriften jedermann zu. ²Die Zulassung kann von einer vorherigen Belehrung und dem ausdrücklichen Anerkenntnis der bestehenden Vorschriften abhängig gemacht werden.

## 5. Abschnitt
## Kreishoheit

**Art. 16 Umfang der Kreishoheit.** (1) Die Hoheitsgewalt des Landkreises umfaßt das Kreisgebiet und seine gesamte Bevölkerung (Kreishoheit).

(2) [1]Die Landkreise haben das Recht, ihr Finanzwesen im Rahmen der gesetzlichen Bestimmungen selbst zu regeln. [2]Sie sind insbesondere befugt, zur Deckung des für die Erfüllung ihrer Aufgaben notwendigen Finanzbedarfs Abgaben nach Maßgabe der Gesetze zu erheben, soweit ihre sonstigen Einnahmen nicht ausreichen. [3]Zu diesem Zweck ist ihnen das Recht zur Erhebung eigener Steuern und sonstiger Abgaben in ausreichendem Maß zu gewährleisten.

(3) Der Staat hat den Landkreisen zur Erfüllung ihrer Aufgaben weitere Mittel im Rahmen des Staatshaushalts zuzuweisen.

**Art. 17 Kreisrecht.** [1]Die Landkreise können zur Regelung ihrer Angelegenheiten Satzungen erlassen. [2]Satzungen zur Regelung übertragener Angelegenheiten, bewehrte Satzungen (Art. 18 Abs. 2) und Verordnungen sind nur in den gesetzlich bestimmten Fällen zulässig. [3]In solchen Satzungen und in Verordnungen soll ihre besondere Rechtsgrundlage angegeben werden.

**Art. 18 Inhalt der Satzungen.** (1) In den Satzungen können die Landkreise insbesondere
1. die Benutzung ihres Eigentums und ihrer öffentlichen Einrichtungen regeln,
2. aus Gründen des öffentlichen Wohls, insbesondere zur Abwehr von Gefahren für die Sicherheit oder Gesundheit der Kreisangehörigen, den Anschluß- und Benutzungszwang für Einrichtungen des Landkreises anordnen,
3. bestimmen, daß bei öffentlichen Notständen, insbesondere wenn es die Sicherheit des Verkehrs erfordert, Hand- und Spanndienste unter angemessener Berücksichtigung der wirtschaftlichen Verhältnisse der Pflichtigen angeordnet werden können.

(2) [1]In den Satzungen kann die Ersatzvornahme auf Kosten säumiger Verpflichteter für zulässig erklärt werden. [2]In den Fällen des Absatzes 1 Nrn. 1 und 2 können in der Satzung Zuwiderhandlungen als Ordnungswidrigkeiten mit Geldbuße bis zu zweitausendfünfhundert Euro bedroht werden (bewehrte Satzung).

(3) In Satzungen nach Absatz 1 Nrn. 1 und 2 und in Satzungen, die auf Grund anderer Gesetze, die auf diesen Artikel verweisen, erlassen werden, kann bestimmt werden, daß die vom Landkreis mit dem Vollzug dieser Satzungen beauftragten Personen berechtigt sind, zur Überwachung der Pflichten, die sich nach diesen Satzungen und Gesetzen ergeben, zu angemessener Tageszeit Grundstücke, Gebäude, Anlagen, Einrichtungen, Wohnungen und Wohnräume im erforderlichen Umfang zu betreten.

**Art. 19** *(aufgehoben)*

# 31 LKrO

**Art. 20 Inkrafttreten; Ausfertigung und Bekanntmachung.** (1) ¹Satzungen treten eine Woche nach ihrer Bekanntmachung in Kraft. ²In der Satzung kann ein anderer Zeitpunkt bestimmt werden, in bewehrten Satzungen und anderen Satzungen, die nicht mit rückwirkender Kraft erlassen werden dürfen, jedoch frühestens der auf die Bekanntmachung folgende Tag.

(2) Satzungen sind auszufertigen und im Amtsblatt des Landkreises oder des Landratsamts, sonst im Amtsblatt der Regierung oder des Bezirks oder im Staatsanzeiger bekanntzumachen.

**Art. 21 Verwaltungsverfügungen; Zwangsmaßnahmen.** (1) Die Landkreise können im eigenen und im übertragenen Wirkungskreis die zur Durchführung von Gesetzen, Rechtsverordnungen und Satzungen notwendigen Einzelverfügungen erlassen und unter Anwendung der gesetzlichen Zwangsmittel vollziehen.

(2) ¹Verwaltungsakte, Ladungen oder sonstige Mitteilungen, die auf Grund von Rechtsvorschriften außerhalb dieses Gesetzes amtlich, öffentlich oder ortsüblich bekanntzumachen sind, hat der Landkreis oder das Landratsamt wie Satzungen des Landkreises bekanntzumachen. ²Sind Pläne, Karten oder sonstige Nachweise Bestandteil einer Mitteilung nach Satz 1, so kann die Bekanntmachung unbeschadet anderer Vorschriften auch dadurch bewirkt werden, daß die Mitteilung mit den Nachweisen auf die Dauer von zwei Wochen im Landratsamt ausgelegt wird; der Gegenstand der Mitteilung sowie Ort und Zeit der Auslegung sind mindestens eine Woche vorher nach Satz 1 bekanntzumachen.

(3) Geldbußen und Verwarnungsgelder, die auf Grund bewehrter Satzungen und Verordnungen festgesetzt werden, fließen in die Kreiskasse.

## ZWEITER TEIL
## Verfassung und Verwaltung des Landkreises

### 1. Abschnitt
### Kreisorgane und ihre Hilfskräfte

**Art. 22 Hauptorgane.** Der Landkreis wird durch den Kreistag verwaltet, soweit nicht vom Kreistag bestellte Ausschüsse (Art. 26 ff.) über Kreisangelegenheiten beschließen oder der Landrat selbständig entscheidet (Art. 34).

#### a) Der Kreistag

**Art. 23 Rechtsstellung; Aufgaben des Kreistags.** (1) ¹Der Kreistag ist die Vertretung der Kreisbürger. ²Er entscheidet im Rahmen des Art. 22 über alle wichtigen Angelegenheiten der Kreisverwaltung.

Landkreisordnung **LKrO 31**

(2) [1]Der Kreistag überwacht die gesamte Kreisverwaltung, insbesondere auch die Ausführung seiner Beschlüsse. [2]Jedem Kreisrat muß durch das Landratsamt Auskunft erteilt werden.

**Art. 24 Zusammensetzung des Kreistags.** (1) Der Kreistag besteht aus dem Landrat und den Kreisräten.

(2) [1]Die Zahl der Kreisräte beträgt in Landkreisen
mit bis zu 75 000 Einwohnern 50,
mit mehr als 75 000 bis 150 000 Einwohnern 60,
mit mehr als 150 000 Einwohnern 70.
[2]Sinkt die Einwohnerzahl in einem Landkreis unter eine der in Satz 1 genannten Einwohnergrenzen, so ist die Zahl der Kreisräte erst in der übernächsten Wahlzeit auf die gesetzlich vorgeschriebene Zahl zu verringern. [3]Die Kreisräte sind ehrenamtlich tätig.

(3) [1]Kreisräte können nicht sein:
1. Beamte und leitende oder hauptberufliche Arbeitnehmer des Landkreises und des Landratsamts,
2. leitende Beamte und leitende Arbeitnehmer von juristischen Personen oder sonstigen Organisationen des öffentlichen oder privaten Rechts, an denen der Landkreis mit mehr als 50 v.H. beteiligt ist; eine Beteiligung am Stimmrecht genügt,
3. Beamte und Arbeitnehmer der Rechtsaufsichtsbehörden, die unmittelbar mit Aufgaben der Rechtsaufsicht befaßt sind,
4. der Landrat des eigenen oder eines anderen Landkreises,
5. der Oberbürgermeister einer kreisfreien Gemeinde,
6. Kreisräte eines anderen Landkreises,
7. ehrenamtliche Gemeinderatsmitglieder einer kreisfreien Gemeinde.

[2]Als Arbeitnehmer im Sinn des Satzes 1 gilt nicht, wer überwiegend körperliche Arbeit verrichtet. [3]Satz 1 ist nicht anzuwenden, wenn der Beamte während der Dauer des Ehrenamts ohne Dienstbezüge beurlaubt ist, im Rahmen von Altersteilzeit im Blockmodell vollständig vom Dienst freigestellt ist oder wenn seine Rechte und Pflichten aus dem Dienstverhältnis wegen der Wahl in eine gesetzgebende Körperschaft ruhen; dies gilt für Arbeitnehmer entsprechend.

(4) [1]Alle Kreisräte sind alsbald nach ihrer Berufung in feierlicher Form zu vereidigen. [2]Die Eidesformel lautet:

„Ich schwöre Treue dem Grundgesetz für die Bundesrepublik Deutschland und der Verfassung des Freistaates Bayern. Ich schwöre, den Gesetzen gehorsam zu sein und meine Amtspflichten gewissenhaft zu erfüllen. Ich schwöre, die Rechte der Selbstverwaltung zu wahren und ihren Pflichten nachzukommen, so wahr mir Gott helfe".

[3]Der Eid kann auch ohne die Worte „so wahr mir Gott helfe" geleistet werden. [4]Erklärt ein Kreisrat, daß er aus Glaubens- oder Gewissensgründen keinen Eid leisten könne, so hat er an Stelle der Worte „ich schwöre" die Worte „ich gelobe" zu sprechen oder das Gelöbnis mit einer dem Bekenntnis seiner Religionsgemeinschaft oder der Überzeugung seiner Weltanschauungsgemeinschaft ent-

# 31 LKrO — Landkreisordnung

sprechenden, gleichwertigen Beteuerungsformel einzuleiten. [5]Den Eid nimmt der Landrat ab. [6]Die Eidesleistung entfällt für die Kreisräte, die im Anschluß an ihre Amtszeit wieder zum Kreisrat des gleichen Landkreises gewählt wurden.

**Art. 25 Einberufung des Kreistags.** [1]Der Landrat bereitet die Beratungsgegenstände vor. [2]Er beruft den Kreistag unter Angabe der Tagesordnung mit angemessener Frist ein, erstmals binnen vier Wochen nach der Wahl. [3]Der Kreistag ist einzuberufen, wenn es der Kreisausschuß oder ein Drittel der Kreisräte unter Bezeichnung des Verhandlungsgegenstands schriftlich oder elektronisch beantragt.

## b) Der Kreisausschuß und die weiteren Ausschüsse

**Art. 26 Aufgaben des Kreisausschusses.** [1]Der Kreisausschuß ist ein vom Kreistag bestellter ständiger Ausschuß. [2]Er bereitet die Verhandlungen des Kreistags vor und erledigt an seiner Stelle die ihm vom Kreistag übertragenen Angelegenheiten. [3]In der Geschäftsordnung (Art. 40) kann bestimmt werden, dass der Kreistag Empfehlungen der Fachausschüsse auch ohne Vorbereitung durch den Kreisausschuss behandeln kann.

**Art. 27 Zusammensetzung.** (1) [1]Der Kreisausschuß besteht aus dem Landrat und den Kreisräten. [2]Die Zahl der Kreisräte beträgt in Landkreisen

mit bis zu 75 000 Einwohnern 10,
mit mehr als 75 000 bis 150 000 Einwohnern 12,
mit mehr als 150 000 Einwohnern 14.

[3]Art. 24 Abs. 2 Satz 2 gilt entsprechend.

(2) [1]Die Mitglieder des Kreisausschusses werden vom Kreistag für die Dauer der Wahlzeit aus seiner Mitte bestellt. [2]Hierbei hat der Kreistag dem Stärkeverhältnis der in ihm vertretenen Parteien und Wählergruppen Rechnung zu tragen. [3]Haben dabei mehrere Parteien oder Wählergruppen gleichen Anspruch auf einen Sitz, so ist statt eines Losentscheids auch der Rückgriff auf die Zahl der bei der Wahl auf diese Parteien oder Wählergruppen abgegebenen Stimmen zulässig. [4]Die Bestellung anderer als der von den Parteien und Wählergruppen vorgeschlagenen Personen ist nicht zulässig. [5]Kreisräte können sich zur Entsendung gemeinsamer Vertreter in den Kreisausschuß zusammenschließen.

(3) [1]Während der Wahlzeit im Kreistag eintretende Änderungen des Stärkeverhältnisses der Parteien und Wählergruppen sind auszugleichen. [2]Scheidet ein Mitglied aus der von ihm vertretenen Partei oder Wählergruppe aus, so verliert es seinen Sitz im Kreisausschuß.

**Art. 28 Einberufung.** [1]Der Kreisausschuß wird vom Landrat nach Bedarf einberufen. [2]Er muß einberufen werden, wenn es die Hälfte der Mitglieder unter Angabe des Beratungsgegenstands schriftlich beantragt.

**Art. 29 Weitere Ausschüsse.** (1) [1]Der Kreistag kann im Bedarfsfall weitere vorberatende und beschließende Ausschüsse bilden. [2]Die Zusammensetzung

Landkreisordnung **LKrO 31**

der Ausschüsse regelt der Kreistag in der Geschäftsordnung (Art. 40). ³Art. 27 Abs. 2 und 3 und Art. 28 gelten entsprechend.

(2) Ausschüsse nach Absatz 1 können vom Kreistag jederzeit aufgelöst werden.

**Art. 30 Dem Kreistag vorbehaltene Angelegenheiten.** Der Kreistag kann dem Kreisausschuß und den weiteren beschließenden Ausschüssen folgende in diesem Gesetz geregelten Angelegenheiten nicht übertragen:
1. die Beschlußfassung über den Sitz der Kreisverwaltung und den Namen des Landkreises (Art. 2 Abs. 1),
2. die Annahme und Änderung von Wappen und Fahnen (Art. 3 Abs. 1),
3. die Beschlußfassung über Änderungen von bewohntem Kreisgebiet,
4. die Festsetzung der Entschädigung für ehrenamtlich tätige Personen (Art. 14a),
5. die Festsetzung öffentlicher Abgaben und Gebühren,
6. den Erlaß, die Änderung und die Aufhebung von Satzungen, bewehrten Satzungen und Verordnungen,
7. die Bestellung des Kreisausschusses und die Übertragung von Aufgaben auf den Kreisausschuß (Art. 26 und 27),
8. die Bildung, Besetzung und Auflösung weiterer Ausschüsse (Art. 29),
9. die Beschlußfassung in beamten-, besoldungs-, versorgungs- und disziplinarrechtlichen Angelegenheiten des Landrats und des gewählten Stellvertreters des Landrats, soweit nicht das Kommunal-Wahlbeamten-Gesetz oder das Bayerische Disziplinargesetz etwas anderes bestimmen,
10. die Aufstellung der Richtlinien über die laufenden Angelegenheiten (Art. 34 Abs. 1),
11. die Wahl des Stellvertreters des Landrats und die Regelung der weiteren Stellvertretung (Abs. 32),
12. den Erlaß der Geschäftsordnung für den Kreistag (Art. 40),
13. die Übernahme von Selbstverwaltungsaufgaben kreisangehöriger Gemeinden (Art. 52 Abs. 2),
14. die Beschlußfassung über die Haushaltssatzung, über die Nachtragshaushaltssatzungen sowie die Beschlußfassung über die Aufnahme von zusätzlichen Krediten während der vorläufigen Haushaltsführung (Art. 59, 62 und 63 Abs. 2),
15. die Beschlußfassung über den Finanzplan (Art. 64),
16. die Feststellung der Jahresrechnung und der Jahresabschlüsse der Eigenbetriebe und der Krankenhäuser mit kaufmännischem Rechnungswesen sowie die Beschlußfassung über die Entlastung (Art. 88),
17. Entscheidungen über Unternehmen der Landkreise im Sinn von Art. 84,
18. die hinsichtlich der Eigenbetriebe dem Kreistag im übrigen vorbehaltenen Angelegenheiten (Art. 76),
19. die Bestellung und die Abberufung des Leiters des Rechnungsprüfungsamts sowie seines Stellvertreters.

# 31 LKrO   Landkreisordnung

## c) Der Landrat und sein Stellvertreter

**Art. 31 Der Landrat.** ¹Der Landrat ist Beamter des Landkreises; er ist Beamter auf Zeit*. ²Landrat kann nicht der Landrat eines anderen Landkreises sein.

**Art. 32 Stellvertreter des Landrats.** (1) ¹Der Kreistag wählt aus seiner Mitte für die Dauer seiner Wahlzeit den Stellvertreter des Landrats. ²Der gewählte Stellvertreter des Landrats ist Ehrenbeamter des Landkreises.

(2) Zum Stellvertreter des Landrats sind die Kreisräte wählbar, welche die Voraussetzungen für die Wahl zum Landrat erfüllen; abweichend hiervon ist auch wählbar, wer am Tag des Beginns der Amtszeit das 65. Lebensjahr vollendet hat.

(3) Endet das Beamtenverhältnis eines gewählten Stellvertreters des Landrats während der Wahlzeit des Kreistags, so findet für den Rest der Wahlzeit innerhalb von drei Monaten eine Neuwahl statt.

(4) Die weitere Stellvertretung des Landrats regelt der Kreistag durch Beschluss; es können nur Deutsche im Sinn des Art. 116 Abs. 1 des Grundgesetzes** bestellt werden.

**Art. 33 Vorsitz im Kreistag; Vollzug der Beschlüsse.** ¹Der Landrat führt den Vorsitz im Kreistag, im Kreisausschuß und in den weiteren Ausschüssen. ²Er vollzieht die gefaßten Beschlüsse. ³Ist der Landrat verhindert oder persönlich beteiligt, so handelt sein Vertreter. ⁴Ist dieser bereits Mitglied des jeweiligen Ausschusses, nimmt dessen Vertreter für die Dauer der Vertretung den Sitz im Ausschuss ein.

**Art. 34 Zuständigkeit des Landrats.** (1) ¹Der Landrat erledigt in eigener Zuständigkeit
1. die laufenden Angelegenheiten, die für den Landkreis keine grundsätzliche Bedeutung haben und keine erheblichen Verpflichtungen erwarten lassen,

---

\* *Vgl. hierzu Art. 42 Abs. 1 Satz 1 des Gemeinde- und Landkreiswahlgesetzes in der Fassung der Bekanntmachung vom 7. November 2006 (GVBl. S. 834), Gesetz zuletzt geändert durch Gesetz vom 25. März 2020 (GVBl. S. 174):*
**Art. 42 Amtszeit des berufsmäßigen ersten Bürgermeisters und des Landrats.** (1) ¹Der berufsmäßige erste Bürgermeister und der Landrat werden auf die Dauer von sechs Jahren gewählt.

\*\* *Art. 116 Abs. 1 Grundgesetz für die Bundesrepublik Deutschland vom 23. Mai 1949 (BGBl. S. 1), Gesetz zuletzt geändert durch Gesetz vom 29. September 2020 (BGBl. I S. 2048), lautet:*
**Art. 116.** (1) Deutscher im Sinne dieses Grundgesetzes ist vorbehaltlich anderweitiger gesetzlicher Regelung, wer die deutsche Staatsangehörigkeit besitzt oder als Flüchtling oder Vertriebener deutscher Volkszugehörigkeit oder als dessen Ehegatte oder Abkömmling in dem Gebiete des Deutschen Reiches nach dem Stande vom 31. Dezember 1937 Aufnahme gefunden hat.

Landkreisordnung **LKrO 31**

2. die Angelegenheiten des Landkreises, die im Interesse der Sicherheit der Bundesrepublik oder eines ihrer Länder geheimzuhalten sind.
²Für die laufenden Angelegenheiten nach Satz 1 Nr. 1, die nicht unter Nummer 2 fallen, kann der Kreistag Richtlinien aufstellen.

(2) ¹Der Kreistag kann dem Landrat durch die Geschäftsordnung weitere Angelegenheiten zur selbständigen Erledigung übertragen. ²Das gilt nicht für Angelegenheiten, die nach Art. 30 Abs. 1 nicht auf beschließende Ausschüsse übertragen werden können. ³Der Kreistag kann dem Landrat übertragene Angelegenheiten im Einzelfall nicht wieder an sich ziehen; das Recht des Kreistags, die Übertragung allgemein zu widerrufen, bleibt unberührt.

(3) ¹Der Landrat ist befugt, an Stelle des Kreistags, des Kreisausschusses und der weiteren Ausschüsse dringliche Anordnungen zu treffen und unaufschiebbare Geschäfte zu besorgen. ²Hiervon hat er dem Kreistag oder dem Ausschuß in der nächsten Sitzung Kenntnis zu geben.

**Art. 35 Vertretung des Landkreises nach außen; Verpflichtungsgeschäfte.**
(1) ¹Der Landrat vertritt den Landkreis nach außen. ²Der Umfang der Vertretungsmacht ist auf seine Befugnisse beschränkt.

(2) ¹Erklärungen, durch welche der Landkreis verpflichtet werden soll, bedürfen der Schriftform; das gilt nicht für ständig wiederkehrende Geschäfte des täglichen Lebens, die finanziell von unerheblicher Bedeutung sind. ²Die Erklärungen sind durch den Landrat oder seinen Stellvertreter unter Angabe der Amtsbezeichnung zu unterzeichnen. ³Sie können auf Grund einer diesen Erfordernissen entsprechenden Vollmacht auch von Bediensteten des Landratsamts unterzeichnet werden.

(3) ¹Verletzt der Landrat in Ausübung der ihm anvertrauten öffentlichen Gewalt schuldhaft die ihm einem anderen gegenüber obliegende Amtspflicht, so haftet für die Folgen der Staat, wenn es sich um reine Staatsangelegenheiten handelt. ²Im übrigen haftet der Landkreis.

**Art. 36** *(aufgehoben)*

## d) Das Landratsamt und die Kreisbediensteten

**Art. 37 Landratsamt.** (1) ¹Das Landratsamt ist Kreisbehörde. ²Soweit es rein staatliche Aufgaben, insbesondere die staatliche Aufsicht über die kreisangehörigen Gemeinden und über sonstige Körperschaften, Stiftungen und Anstalten des öffentlichen Rechts wahrnimmt, ist es Staatsbehörde.

(2) Geeignete staatliche Aufgaben sind mit Ausnahme der staatlichen Aufsicht durch Einzelgesetze auf die Kreisverwaltung zu übertragen.

(3) ¹Jedem Landratsamt wird mindestens ein Staatsbeamter mit der Befähigung für das Richteramt zugeteilt. ²Er soll als juristischer Sachverständiger zu den Sitzungen des Kreistags, des Kreisausschusses und der weiteren Ausschüs-

se zugezogen werden. ³Nach Bedarf werden weitere Staatsbeamte zugewiesen. ⁴Die Staatsbeamten unterstehen der Dienstaufsicht des Landrats.

(4) Der Landrat kann seine Befugnisse in Angelegenheiten der laufenden Verwaltung teilweise den Staatsbediensteten oder den Kreisbediensteten übertragen und hierbei entsprechende Zeichnungsvollmacht erteilen; eine darüber hinausgehende Übertragung bedarf der Zustimmung des Kreistags.

(5) Für die Haftung der Staats- und Kreisbediensteten gegenüber Dritten gilt Art. 35 Abs. 3 entsprechend.

(6) Im Vollzug der Staatsaufgaben wird der Landrat als Organ des Staates tätig und untersteht lediglich den Weisungen seiner vorgesetzten Dienststellen.

**Art. 38 Kreisbedienstete.** (1) ¹Der Kreistag ist zuständig,
1. die Beamten des Landkreises ab Besoldungsgruppe A 9 zu ernennen, zu befördern, abzuordnen oder zu versetzen, an eine Einrichtung zuzuweisen, in den Ruhestand zu versetzen und zu entlassen,
2. die Arbeitnehmer des Landkreises ab Entgeltgruppe 9 des Tarifvertrags für den öffentlichen Dienst oder ab einem entsprechenden Entgelt einzustellen, höherzugruppieren, abzuordnen oder zu versetzen, einem Dritten zuzuweisen, mittels Personalgestellung zu beschäftigen und zu entlassen.

²Befugnisse nach Satz 1 kann der Kreistag dem Kreisausschuss oder einem weiteren beschließenden Ausschuss übertragen. ³Der Kreistag kann die Befugnisse nach Satz 1 für Beamte bis zur Besoldungsgruppe A 14 und für Arbeitnehmer bis zur Entgeltgruppe 14 des Tarifvertrags für den öffentlichen Dienst oder mit einem entsprechenden Entgelt dem Landrat übertragen; Art. 37 Abs. 4 findet Anwendung. ⁴Ein solcher Beschluss bedarf der Mehrheit der stimmberechtigten Mitglieder des Kreistags; falls der Beschluss nicht mit dieser Mehrheit wieder aufgehoben wird, gilt er bis zum Ende der Wahlzeit des Kreistags.

(2) ¹Für Beamte des Landkreises bis zur Besoldungsgruppe A 8 und für Arbeitnehmer des Landkreises bis zur Entgeltgruppe 8 des Tarifvertrags für den öffentlichen Dienst oder bis zu einem entsprechenden Entgelt obliegen die in Abs. 1 genannten personalrechtlichen Befugnisse dem Landrat. ²Art. 37 Abs. 4 findet Anwendung.

(3) ¹Dienstvorgesetzter der Kreisbeamten ist der Landrat. ²Er führt die Dienstaufsicht über die Kreisbediensteten.

(4) Die Arbeitsbedingungen und das Entgelt der Arbeitnehmer müssen angemessen sein.

**Art. 39 Stellenplan.** ¹Der Stellenplan (Art. 58 Abs. 2 Satz 2) ist einzuhalten. ²Abweichungen sind nur im Rahmen des Art. 62 Abs. 3 Nr. 2 zulässig.

## 2. Abschnitt
## Geschäftsgang

**Art. 40 Geschäftsordnung und Geschäftsgang der Ausschüsse.** (1) Der Kreistag gibt sich eine Geschäftsordnung.

(2) ¹Die Geschäftsordnung muß Bestimmungen über die Frist und Form der Einladung zu den Sitzungen sowie über den Geschäftsgang des Kreistags, des Kreisausschusses und der weiteren Ausschüsse enthalten. ²Auf den Geschäftsgang des Kreisausschusses und der weiteren beschließenden Ausschüsse finden die Vorschriften der Art. 25 Satz 1 und 2 und Art. 41 bis 48 entsprechende Anwendung.

(3) Im Rahmen der Geschäftsordnung leitet und verteilt der Landrat die Geschäfte.

**Art. 41 Sitzungszwang; Beschlußfähigkeit.** (1) Der Kreistag beschließt in Sitzungen.

(2) Er ist beschlußfähig, wenn sämtliche Mitglieder ordnungsgemäß geladen sind und die Mehrheit der Mitglieder anwesend und stimmberechtigt ist.

(3) ¹Wird der Kreistag zum zweiten Mal zur Verhandlung über denselben Gegenstand zusammengerufen, so ist er ohne Rücksicht auf die Zahl der Erschienenen beschlußfähig. ²Bei der zweiten Einladung muß auf diese Bestimmung hingewiesen werden.

**Art. 42 Teilnahme- und Abstimmungspflicht; Ordnungsgeld gegen Säumige.** (1) ¹Die Kreisräte sind verpflichtet, an den Sitzungen und Abstimmungen teilzunehmen und die ihnen zugewiesenen Geschäfte zu übernehmen. ²Im Kreistag darf sich niemand der Stimme enthalten.

(2) ¹Gegen Kreisräte, die sich diesen Verpflichtungen ohne genügende Entschuldigung entziehen, kann der Kreistag Ordnungsgeld bis zu zweihundertfünfzig Euro im Einzelfall verhängen. ²Das Ordnungsgeld fließt in die Kreiskasse.

**Art. 43 Ausschluß wegen persönlicher Beteiligung.** (1) ¹Ein Mitglied kann an der Beratung und Abstimmung nicht teilnehmen, wenn der Beschluss ihm selbst, einem Angehörigen (Art. 20 Abs. 5 des Bayerischen Verwaltungsverfahrensgesetzes) oder einer von ihm vertretenen natürlichen oder juristischen Person oder sonstigen Vereinigung einen unmittelbaren Vorteil oder Nachteil bringen kann.

(2) Absatz 1 gilt nicht
1. für Wahlen,
2. für Beschlüsse, mit denen der Kreistag eine Person zum Mitglied eines Ausschusses bestellt oder sie zur Wahrnehmung von Interessen des Landkreises in eine andere Einrichtung entsendet, dafür vorschlägt oder daraus abberuft.

(3) Ob die Voraussetzungen des Absatzes 1 vorliegen, entscheidet der Kreistag ohne Mitwirkung des persönlich Beteiligten.

(4) Die Mitwirkung eines wegen persönlicher Beteiligung ausgeschlossenen Mitglieds hat die Ungültigkeit des Beschlusses nur zur Folge, wenn sie für das Abstimmungsergebnis entscheidend war.

**Art. 44 Einschränkung des Vertretungsrechts.** Mitglieder des Kreistags dürfen Ansprüche Dritter gegen den Landkreis nur als gesetzliche Vertreter geltend machen.

**Art. 45 Form der Beschlußfassung; Wahlen.** (1) [1]Beschlüsse des Kreistags werden in offener Abstimmung mit Mehrheit der Abstimmenden gefaßt. [2]Bei Stimmengleichheit ist der Antrag abgelehnt.

(2) [1]Kein Kreisrat darf zu irgendeiner Zeit wegen seiner Abstimmung gerichtlich oder dienstlich verfolgt oder sonst außerhalb des Kreistags zur Verantwortung gezogen werden. [2]Die Haftung gegenüber dem Landkreis ist nicht ausgeschlossen, wenn das Abstimmungsverhalten eine vorsätzliche Pflichtverletzung darstellt. [3]Die Verantwortlichkeit nach bundesrechtlichen Vorschriften bleibt unberührt.

(3) [1]Wahlen werden in geheimer Abstimmung vorgenommen. [2]Sie sind nur gültig, wenn sämtliche Mitglieder unter Angabe des Gegenstands geladen sind und die Mehrheit von ihnen anwesend und stimmberechtigt ist. [3]Gewählt ist, wer mehr als die Hälfte der abgegebenen gültigen Stimmen erhält. [4]Neinstimmen und leere Stimmzettel sind ungültig. [5]Ist mindestens die Hälfte der abgegebenen Stimmen ungültig, ist die Wahl zu wiederholen. [6]Ist die Mehrheit der abgegebenen Stimmen gültig und erhält keiner der Bewerber mehr als die Hälfte der abgegebenen gültigen Stimmen, so tritt Stichwahl unter den beiden Bewerbern mit den höchsten Stimmenzahlen ein. [7]Bei Stimmengleichheit in der Stichwahl entscheidet das Los.

(4) Absatz 3 gilt für alle Entscheidungen des Kreistags, die in diesem Gesetz oder in anderen Rechtsvorschriften als Wahlen bezeichnet werden.

**Art. 46 Öffentlichkeit.** (1) Zeitpunkt und Ort der öffentlichen Sitzungen des Kreistags sind unter Angabe der Tagesordnung, spätestens am fünften Tag vor der Sitzung, öffentlich bekanntzumachen.

(2) [1]Die Sitzungen sind öffentlich, soweit nicht Rücksichten auf das Wohl der Allgemeinheit oder auf berechtigte Ansprüche einzelner entgegenstehen. [2]Über den Ausschluß der Öffentlichkeit wird in nichtöffentlicher Sitzung beraten und entschieden.

(3) Die in nichtöffentlicher Sitzung gefaßten Beschlüsse sind der Öffentlichkeit bekanntzugeben, sobald die Gründe für die Geheimhaltung weggefallen sind.

**Art. 47 Handhabung der Ordnung.** (1) [1]Der Vorsitzende handhabt die Ordnung und übt das Hausrecht aus. [2]Er ist berechtigt, Zuhörer, welche die Ordnung stören, entfernen zu lassen. [3]Er kann mit Zustimmung des Kreistags Kreisräte, welche die Ordnung fortgesetzt erheblich stören, von der Sitzung ausschließen.

Landkreisordnung **LKrO 31**

(2) Wird durch einen bereits von einer früheren Sitzung ausgeschlossenen Kreisrat die Ordnung innerhalb von zwei Monaten neuerdings erheblich gestört, so kann ihm der Kreistag für zwei weitere Sitzungen die Teilnahme untersagen.

**Art. 48 Niederschrift.** (1) [1]Die Verhandlungen des Kreistags sind niederzuschreiben. [2]Die Niederschrift muß Tag und Ort der Sitzung, die anwesenden Kreisräte, die behandelten Gegenstände, die Beschlüsse und das Abstimmungsergebnis ersehen lassen. [3]Jedes Mitglied kann verlangen, daß in der Niederschrift festgehalten wird, wie es abgestimmt hat.

(2) [1]Die Kreisräte können jederzeit die Niederschrift einsehen und sich Abschriften der in öffentlicher Sitzung gefaßten Beschlüsse erteilen lassen. [2]Die Einsicht in die Niederschriften über öffentliche Sitzungen steht allen Kreisbürgern frei.

**Art. 49** *(aufgehoben)*

3. Abschnitt
## Verwaltungsgrundsätze und Verwaltungsaufgaben

**Art. 50 Gesetzmäßigkeit; Unparteilichkeit.** [1]Die Verwaltungstätigkeit des Landkreises muß mit der Verfassung und den Gesetzen im Einklang stehen. [2]Sie darf nur von sachlichen Gesichtspunkten geleitet sein.

**Art. 50a Geheimhaltung.** (1) [1]Alle Angelegenheiten, die im Interesse der Sicherheit oder anderer wichtiger Belange der Bundesrepublik oder eines ihrer Länder Unbefugten nicht bekannt werden dürfen, sind von den Landkreisen geheimzuhalten. [2]Die in anderen Rechtsvorschriften geregelte Verpflichtung zur Verschwiegenheit bleibt unberührt.

(2) [1]Zur Geheimhaltung der in Absatz 1 Satz 1 bezeichneten Angelegenheiten haben die Landkreise die notwendigen Vorkehrungen zu treffen. [2]Sie haben insoweit auch die für die Behörden des Freistaates Bayern geltenden Verwaltungsvorschriften zu beachten. [3]Das Staatsministerium des Innern, für Sport und Integration kann hierzu Richtlinien aufstellen und Weisungen erteilen, die nicht der Einschränkung nach Art. 95 Abs. 2 Satz 2 unterliegen.

(3) [1]Der Landrat ist zu Beginn seiner Amtszeit durch die Rechtsaufsichtsbehörde schriftlich besonders zu verpflichten, die in Absatz 1 Satz 1 genannten Angelegenheiten geheimzuhalten und die hierfür geltenden Vorschriften zu beachten. [2]In gleicher Weise hat der Landrat seinen Stellvertreter zu verpflichten. [3]Kreisbedienstete hat er zu verpflichten, bevor sie mit den in Absatz 1 Satz 1 genannten Angelegenheiten befaßt werden. [4]Art. 3a des Bayerischen Verwaltungsverfahrensgesetzes findet keine Anwendung.

**Art. 51 Aufgaben des eigenen Wirkungskreises.** (1) Im eigenen Wirkungskreis sollen die Landkreise in den Grenzen ihrer Leistungsfähigkeit die öffentlichen Einrichtungen schaffen, die für das wirtschaftliche, soziale und kulturelle Wohl ihrer Einwohner nach den Verhältnissen des Kreisgebiets erforderlich sind; hierbei sind die Belange des Natur- und Umweltschutzes zu berücksichtigen.

(2) Im Rahmen des Absatzes 1 sind die Landkreise, unbeschadet bestehender Verbindlichkeiten Dritter, verpflichtet, nach Maßgabe der gesetzlichen Vorschriften die erforderlichen Maßnahmen auf den Gebieten der Straßenverwaltung, der Feuersicherheit, des Gesundheitswesens sowie der öffentlichen Fürsorge und Wohlfahrtspflege zu treffen oder die nötigen Leistungen für solche Maßnahmen aufzuwenden.

(3) [1]Die Landkreise sind, unbeschadet bestehender Verbindlichkeiten Dritter, in den Grenzen ihrer Leistungsfähigkeit verpflichtet,
1. die erforderlichen Krankenhäuser zu errichten und zu unterhalten und die Hebammenhilfe für die Bevölkerung sicherzustellen,
2. die aus Gründen des öffentlichen Wohls erforderlichen Einrichtungen zur Versorgung mit Trinkwasser herzustellen und zu unterhalten, soweit eine solche Aufgabe überörtlicher Natur ist und daher aus tatsächlichen oder wirtschaftlichen Gründen die Errichtung einer zentralen Einrichtung für das gesamte oder überwiegende Kreisgebiet geboten ist,
3. Gartenkultur und Landespflege unbeschadet anderer gesetzlicher Vorschriften zu fördern.

[2]Sonstige gesetzlich festgelegte Verpflichtungen der Landkreise bleiben unberührt.

(4) Übersteigt eine Pflichtaufgabe die Leistungsfähigkeit eines Landkreises, so ist diese Aufgabe in kommunaler Zusammenarbeit zu erfüllen.

**Art. 52 Übernahme von Gemeindeaufgaben.** (1) Auf Antrag kreisangehöriger Gemeinden können die Landkreise deren Aufgaben des eigenen Wirkungskreises (Art. 57 GO) übernehmen, wenn und solange diese das Leistungsvermögen der beteiligten Gemeinden übersteigen.

(2) Der Beschluß bedarf einer Mehrheit von zwei Dritteln der gesetzlichen Mitgliederzahl des Kreistags.

**Art. 53 Aufgaben des übertragenen Wirkungskreises.** (1) [1]Im übertragenen Wirkungskreis haben die Landkreise die staatlichen Verwaltungsaufgaben, die auf die Kreisverwaltung nach Art. 37 Abs. 2 durch Einzelgesetze übertragen werden, zu erfüllen. [2]Unberührt bleibt die Zuständigkeit des Landratsamts als Staatsbehörde (Art. 37 Abs. 1 Satz 2) und die Zuständigkeit von Sonderbehörden.

(2) [1]Zur Erledigung der staatlichen Aufgaben stellen die Landkreise die erforderlichen Einrichtungen zur Verfügung. [2]Für Mehrbelastungen im Sinn des Art. 83 Abs. 3 der Verfassung ist ein entsprechender finanzieller Ausgleich nach dessen Grundsätzen zu leisten.

**Art. 54 Zuständigkeit für den Gesetzesvollzug.** (1) Der Vollzug der gesetzlichen Vorschriften im eigenen und im übertragenen Wirkungskreis und die

Durchführung der gesetzmäßigen Anordnungen und Weisungen der Staatsbehörden obliegen dem Kreistag oder dem Kreisausschuß, in den Fällen des Art. 34 dem Landrat.

(2) Hält der Landrat Entscheidungen des Kreistags oder seiner Ausschüsse für rechtswidrig, so hat er sie zu beanstanden, ihren Vollzug auszusetzen und, soweit erforderlich, die Entscheidung der Rechtsaufsichtsbehörde (Art. 96) herbeizuführen.

## DRITTER TEIL
## Landkreiswirtschaft

### 1. Abschnitt
### Haushaltswirtschaft

**Art. 55 Allgemeine Haushaltsgrundsätze.** (1) ¹Der Landkreis hat seine Haushaltswirtschaft so zu planen und zu führen, daß die stetige Erfüllung seiner Aufgaben gesichert ist. ²Die dauernde Leistungsfähigkeit des Landkreises ist sicherzustellen, eine Überschuldung ist zu vermeiden. ³Dabei ist § 51 des Haushaltsgrundsätzegesetzes Rechnung zu tragen.

(2) ¹Die Haushaltswirtschaft ist sparsam und wirtschaftlich zu planen und zu führen. ²Aufgaben sollen in geeigneten Fällen daraufhin untersucht werden, ob und in welchem Umfang sie durch nichtkommunale Stellen, insbesondere durch private Dritte oder unter Heranziehung Dritter, mindestens ebenso gut erledigt werden können.

(3) ¹Bei der Führung der Haushaltswirtschaft hat der Landkreis finanzielle Risiken zu minimieren. ²Ein erhöhtes Risiko liegt vor, wenn besondere Umstände, vor allem ein grobes Missverhältnis bei der Risikoverteilung zu Lasten des Landkreises, die Gefahr eines erheblichen Vermögensschadens begründen.

(4) Die Haushaltswirtschaft ist nach den Grundsätzen der doppelten kommunalen Buchführung oder nach den Grundsätzen der Kameralistik zu führen.

**Art. 56 Grundsätze der Einnahmebeschaffung.** (1) Der Landkreis erhebt Abgaben nach den gesetzlichen Vorschriften.

(2) Er hat die zur Erfüllung seiner Aufgaben erforderlichen Einnahmen
1. soweit vertretbar und geboten aus besonderen Entgelten für die von ihm erbrachten Leistungen,
2. im übrigen aus Steuern und durch die Kreisumlage
zu beschaffen, soweit die sonstigen Einnahmen nicht ausreichen.

(3) Der Landkreis darf Kredite nur aufnehmen, wenn eine andere Finanzierung nicht möglich ist oder wirtschaftlich unzweckmäßig wäre.

# 31 LKrO

**Art. 57 Haushaltssatzung.** (1) [1]Der Landkreis hat für jedes Haushaltsjahr eine Haushaltssatzung zu erlassen. [2]Die Haushaltssatzung kann Festsetzungen für zwei Haushaltsjahre, nach Jahren getrennt, enthalten.

(2) [1]Die Haushaltssatzung enthält die Festsetzung
1. des Haushaltsplans unter Angabe
   a) des Gesamtbetrags der Erträge und Aufwendungen des Haushaltsjahres sowie des sich daraus ergebenden Saldos des Ergebnishaushalts, des Gesamtbetrags der Einzahlungen und Auszahlungen aus laufender Verwaltungstätigkeit, aus der Investitionstätigkeit und aus der Finanzierungstätigkeit des Haushaltsjahres sowie des sich daraus ergebenden Saldos des Finanzhaushalts bei Haushaltswirtschaft nach den Grundsätzen der doppelten kommunalen Buchführung,
   b) des Gesamtbetrags der Einnahmen und Ausgaben des Haushaltsjahres bei Haushaltswirtschaft nach den Grundsätzen der Kameralistik,
2. des Gesamtbetrags der vorgesehenen Kreditaufnahmen für Investitionen und Investitionsförderungsmaßnahmen (Kreditermächtigungen),
3. des Gesamtbetrags der vorgesehenen Ermächtigungen zum Eingehen von Verpflichtungen, die künftige Haushaltsjahre mit Auszahlungen beziehungsweise Ausgaben für Investitionen und Investitionsförderungsmaßnahmen belasten (Verpflichtungsermächtigungen),
4. der Kreisumlage (Umlagesoll und Umlagesätze) und der Abgabesätze, die für jedes Haushaltsjahr neu festzusetzen sind,
5. des Höchstbetrags der Kassenkredite.

[2]Die Angaben nach Satz 1 Nrn. 2, 3 und 5 sind getrennt für das Haushaltswesen des Landkreises und die Wirtschaftsführung von Eigenbetrieben zu machen. [3]Die Haushaltssatzung kann weitere Vorschriften enthalten, die sich auf die Erträge und Einzahlungen sowie Aufwendungen und Auszahlungen beziehungsweise auf die Einnahmen und Ausgaben und den Stellenplan des Haushaltsjahres beziehen.

(3) Die Haushaltssatzung tritt mit Beginn des Haushaltsjahres in Kraft und gilt für das Haushaltsjahr.

(4) Haushaltsjahr ist das Kalenderjahr, soweit für einzelne Bereiche durch Gesetz oder Rechtsverordnung nichts anderes bestimmt ist.

**Art. 58 Haushaltsplan.** (1) [1]Der Haushaltsplan enthält alle im Haushaltsjahr für die Erfüllung der Aufgaben des Landkreises voraussichtlich
1. anfallenden Erträge, eingehenden Einzahlungen, entstehenden Aufwendungen sowie zu leistenden Auszahlungen bei Haushaltswirtschaft nach den Grundsätzen der doppelten kommunalen Buchführung,
2. zu erwartenden Einnahmen und zu leistenden Ausgaben bei Haushaltswirtschaft nach den Grundsätzen der Kameralistik,
3. benötigten Verpflichtungsermächtigungen.

[2]Die Vorschriften über die Einzahlungen und Auszahlungen sowie Erträge und Aufwendungen beziehungsweise Einnahmen, Ausgaben und Verpflichtungsermächtigungen der Eigenbetriebe des Landkreises bleiben unberührt.

Landkreisordnung

(2) ¹Die Vermögenswerte sind in ihrem Bestand ungeschmälert zu erhalten. ²Sie sind vom übrigen Kreisvermögen getrennt zu verwalten und so anzulegen, daß sie für ihren Verwendungszweck verfügbar sind.

(3) ¹Der Ertrag darf nur für den Stiftungszweck verwendet werden. ²Ist eine Minderung eingetreten, so sollen die Vermögensgegenstände aus dem Ertrag wieder ergänzt werden.

**Art. 73 Änderung des Verwendungszwecks; Aufhebung der Zweckbestimmung.** ¹Soweit eine Änderung des Verwendungszwecks oder die Aufhebung der Zweckbestimmung zulässig ist, beschließt hierüber der Kreistag. ²Der Beschluß bedarf der Genehmigung.

## 4. Abschnitt
## Unternehmen des Landkreises

**Art. 74 Rechtsformen.** Der Landkreis kann Unternehmen außerhalb seiner allgemeinen Verwaltung in folgenden Rechtsformen betreiben:
1. als Eigenbetrieb,
2. als selbständiges Kommunalunternehmen des öffentlichen Rechts,
3. in den Rechtsformen des Privatrechts.

**Art. 75 Allgemeine Zulässigkeit von Unternehmen und Beteiligungen.**

(1) ¹Der Landkreis darf ein Unternehmen im Sinn von Art. 74 nur errichten, übernehmen oder wesentlich erweitern, wenn
1. ein öffentlicher Zweck das Unternehmen erfordert, insbesondere wenn der Landkreis mit ihm gesetzliche Verpflichtungen oder seine Aufgaben gemäß Art. 51 erfüllen will,
2. das Unternehmen nach Art und Umfang in einem angemessenen Verhältnis zur Leistungsfähigkeit des Landkreises und zum voraussichtlichen Bedarf steht,
3. die dem Unternehmen zu übertragenden Aufgaben für die Wahrnehmung außerhalb der allgemeinen Verwaltung geeignet sind,
4. bei einem Tätigwerden außerhalb der kommunalen Daseinsvorsorge der Zweck nicht ebenso gut und wirtschaftlich durch einen anderen erfüllt wird oder erfüllt werden kann.

²Alle Tätigkeiten oder Tätigkeitsbereiche, mit denen der Landkreis oder seine Unternehmen an dem vom Wettbewerb beherrschten Wirtschaftsleben teilnehmen, um Gewinn zu erzielen, entsprechen keinem öffentlichen Zweck. ³Soweit Unternehmen entgegen Satz 2 vor dem 1. September 1998 errichtet oder übernommen wurden, dürfen sie weitergeführt, jedoch nicht erweitert werden.

(2) Der Landkreis darf mit seinen Unternehmen außerhalb des Kreisgebiets nur tätig werden, wenn dafür die Voraussetzungen des Absatzes 1 vorliegen und

**31 LKrO** Landkreisordnung

die berechtigten Interessen der betroffenen kommunalen Gebietskörperschaften gewahrt sind.

(3) ¹Für die Beteiligung des Landkreises an einem Unternehmen gilt Absatz 1 entsprechend. ²Absatz 2 gilt entsprechend, wenn sich der Landkreis an einem auch außerhalb seines Gebiets tätigen Unternehmen in einem Ausmaß beteiligt, das den auf das Kreisgebiet entfallenden Anteil an den Leistungen des Unternehmens erheblich übersteigt.

(4) ¹Bankunternehmen darf der Landkreis weder errichten noch sich an ihnen beteiligen. ²Für das öffentliche Sparkassenwesen verbleibt es bei den besonderen Vorschriften.

**Art. 76 Eigenbetriebe.** (1) Eigenbetriebe sind Unternehmen des Landkreises, die außerhalb der allgemeinen Verwaltung als Sondervermögen ohne eigene Rechtspersönlichkeit geführt werden.

(2) Für Eigenbetriebe bestellt der Kreistag eine Werkleitung und einen Werkausschuß.

(3) ¹Die Werkleitung führt die laufenden Geschäfte des Eigenbetriebs. ²Sie ist insoweit zur Vertretung nach außen befugt; der Kreistag kann ihr mit Zustimmung des Landrats weitere Vertretungsbefugnisse übertragen. ³Die Werkleitung ist Dienstvorgesetzter der Beamten im Eigenbetrieb und führt die Dienstaufsicht über sie und die im Eigenbetrieb tätigen Arbeitnehmer. ⁴Der Kreistag kann mit Zustimmung des Landrats der Werkleitung für Beamte und Arbeitnehmer im Eigenbetrieb die personalrechtlichen Befugnisse in entsprechender Anwendung von Art. 38 Abs. 1 Satz 3 Halbsatz 1 und Abs. 2 Satz 1 übertragen.

(4) ¹Im übrigen beschließt über die Angelegenheiten des Eigenbetriebs der Werkausschuß, soweit nicht der Kreistag sich die Entscheidung allgemein vorbehält oder im Einzelfall an sich zieht. ²Der Werkausschuß ist ein beschließender Ausschuß im Sinn der Art. 29 und 40 Abs. 2 Satz 2. ³Im Fall des Art. 38 Abs. 1 Satz 2 sollen Befugnisse gegenüber Beamten und Arbeitnehmern im Eigenbetrieb auf den Werkausschuß übertragen werden.

(5) ¹Die Art. 55 Abs. 1 bis 3, Art. 56, 61, 63 bis 66, 67 Abs. 1, Art. 68 Abs. 1 und 2, Art. 69, 71, 86 Abs. 4 und Art. 87 gelten entsprechend. ²Im Rahmen der gesetzlichen Vorschriften werden die Angelegenheiten des Eigenbetriebs durch eine Betriebssatzung geregelt.

(6) ¹Der Landkreis kann Einrichtungen innerhalb der allgemeinen Verwaltung (Regiebetriebe) ganz oder teilweise nach den Vorschriften über die Wirtschaftsführung der Eigenbetriebe führen, wenn die Abweichung von den allgemeinen kommunalwirtschaftlichen Vorschriften nach Art und Umfang der Einrichtung zweckmäßig ist. ²Hierbei können auch Regelungen getroffen werden, die von einzelnen für Eigenbetriebe geltenden Vorschriften abweichen.

**Art. 77 Selbständige Kommunalunternehmen des öffentlichen Rechts.**

(1) ¹Der Landkreis kann selbständige Unternehmen in der Rechtsform einer Anstalt des öffentlichen Rechts (Kommunalunternehmen) errichten oder

Landkreisordnung **LKrO 31**

bestehende Regie- und Eigenbetriebe im Weg der Gesamtrechtsnachfolge in Kommunalunternehmen umwandeln. ²Das Kommunalunternehmen kann sich nach Maßgabe der Unternehmenssatzung und in entsprechender Anwendung der für den Landkreis geltenden Vorschriften an anderen Unternehmen beteiligen, wenn das dem Unternehmenszweck dient.

(2) ¹Der Landkreis kann dem Kommunalunternehmen einzelne oder alle mit einem bestimmten Zweck zusammenhängende Aufgaben ganz oder teilweise übertragen. ²Er kann nach Maßgabe des Art. 18 durch gesonderte Satzung einen Anschluß- und Benutzungszwang zugunsten des Kommunalunternehmens festlegen und das Unternehmen zur Durchsetzung entsprechend Art. 21 ermächtigen. ³Er kann ihm auch das Recht einräumen, an seiner Stelle Satzungen und, soweit Landesrecht zu deren Erlaß ermächtigt, auch Verordnungen für das übertragene Aufgabengebiet zu erlassen; Art. 20 gilt sinngemäß.

(2a) ¹Ein Unternehmen in der Rechtsform einer Kapitalgesellschaft, an dem ausschließlich der Landkreis beteiligt ist, kann durch Formwechsel in ein Kommunalunternehmen umgewandelt werden. ²Die Umwandlung ist nur zulässig, wenn keine Sonderrechte im Sinn des § 23 des Umwandlungsgesetzes (UmwG) und keine Rechte Dritter an den Anteilen des Landkreises bestehen. ³Der Formwechsel setzt den Erlass der Unternehmenssatzung durch den Landkreis und einen sich darauf beziehenden Umwandlungsbeschluss der formwechselnden Gesellschaft voraus. ⁴Die §§ 193 bis 195, 197 bis 199, 200 Abs. 1 und § 201 UmwG sind entsprechend anzuwenden. ⁵Die Anmeldung zum Handelsregister entsprechend § 198 UmwG erfolgt durch das Vertretungsorgan der Kapitalgesellschaft. ⁶Abweichend von Abs. 3 Satz 4 wird die Umwandlung einer Kapitalgesellschaft in ein Kommunalunternehmen mit dessen Eintragung oder, wenn es nicht eingetragen wird, mit der Eintragung der Umwandlung in das Handelsregister wirksam; § 202 Abs. 1 und Abs. 3 UmwG ist entsprechend anzuwenden. ⁷Ist bei der Kapitalgesellschaft ein Betriebsrat eingerichtet, bleibt dieser nach dem Wirksamwerden der Umwandlung als Personalrat des Kommunalunternehmens bis zu den nächsten regelmäßigen Personalratswahlen bestehen.

(3) ¹Der Landkreis regelt die Rechtsverhältnisse des Kommunalunternehmens durch eine Unternehmenssatzung. ²Die Unternehmenssatzung muß Bestimmungen über den Namen und die Aufgaben des Unternehmens, die Anzahl der Mitglieder des Vorstands und des Verwaltungsrats und die Höhe des Stammkapitals enthalten. ³Der Landkreis hat die Unternehmenssatzung und deren Änderungen gemäß Art. 20 Abs. 2 bekanntzumachen. ⁴Das Kommunalunternehmen entsteht am Tag nach der Bekanntmachung, wenn nicht in der Unternehmenssatzung ein späterer Zeitpunkt bestimmt ist.

(4) Der Landkreis haftet für die Verbindlichkeiten des Kommunalunternehmens unbeschränkt, soweit nicht Befriedigung aus dessen Vermögen zu erlangen ist (Gewährträgerschaft).

**Art. 78 Organe des Kommunalunternehmens; Personal.** (1) ¹Das Kommunalunternehmen wird von einem Vorstand in eigener Verantwortung gelei-

## 31 LKrO — Landkreisordnung

tet, soweit nicht gesetzlich oder durch die Unternehmenssatzung etwas anderes bestimmt ist. ²Der Vorstand vertritt das Kommunalunternehmen nach außen. ³Der Landkreis hat darauf hinzuwirken, daß jedes Vorstandsmitglied vertraglich verpflichtet wird, die ihm im Geschäftsjahr jeweils gewährten Bezüge im Sinn von § 285 Nr. 9 Buchst. a des Handelsgesetzbuchs dem Landkreis jährlich zur Veröffentlichung mitzuteilen.

(2) ¹Die Geschäftsführung des Vorstands wird von einem Verwaltungsrat überwacht. ²Der Verwaltungsrat bestellt den Vorstand auf höchstens fünf Jahre; eine erneute Bestellung ist zulässig. ³Er entscheidet außerdem über
1. den Erlaß von Satzungen und Verordnungen gemäß Art. 77 Abs. 2 Satz 3,
2. die Feststellung des Wirtschaftsplans und des Jahresabschlusses,
3. die Festsetzung allgemein geltender Tarife und Entgelte für die Leistungsnehmer,
4. die Beteiligung des Kommunalunternehmens an anderen Unternehmen,
5. die Bestellung des Abschlußprüfers,
6. die Ergebnisverwendung.

⁴Im Fall des Satzes 3 Nr. 1 unterliegen die Mitglieder des Verwaltungsrats den Weisungen des Kreistags. ⁵Die Unternehmenssatzung kann vorsehen, daß der Kreistag den Mitgliedern des Verwaltungsrats auch in bestimmten anderen Fällen Weisungen erteilen kann. ⁶Die Abstimmung entgegen der Weisung berührt die Gültigkeit des Beschlusses des Verwaltungsrats nicht. ⁷Für den Ausschluss wegen persönlicher Beteiligung gilt Art. 43 entsprechend.

(3) ¹Der Verwaltungsrat besteht aus dem vorsitzenden Mitglied und den übrigen Mitgliedern. ²Den Vorsitz führt der Landrat; mit seiner Zustimmung kann der Kreistag eine andere Person zum vorsitzenden Mitglied bestellen. ³Das vorsitzende Mitglied nach Satz 2 Halbsatz 2 und die übrigen Mitglieder des Verwaltungsrats werden vom Kreistag für sechs Jahre bestellt. ⁴Die Amtszeit von Mitgliedern des Verwaltungsrats, die dem Kreistag angehören, endet mit dem Ende der Wahlzeit oder dem vorzeitigen Ausscheiden aus dem Kreistag. ⁵Die Mitglieder des Verwaltungsrats üben ihr Amt bis zum Amtsantritt der neuen Mitglieder weiter aus. ⁶Mitglieder des Verwaltungsrats können nicht sein:
1. Beamte und leitende oder hauptberufliche Arbeitnehmer des Kommunalunternehmens,
2. leitende Beamte und leitende Arbeitnehmer von juristischen Personen oder sonstigen Organisationen des öffentlichen oder privaten Rechts, an denen das Kommunalunternehmen mit mehr als 50 v.H. beteiligt ist; eine Beteiligung am Stimmrecht genügt,
3. Beamte und Arbeitnehmer der Rechtsaufsichtsbehörde, die unmittelbar mit Aufgaben der Aufsicht über das Kommunalunternehmen befaßt sind.

⁷Art. 24 Abs. 3 Sätze 2 und 3 gelten entsprechend.

(4) ¹Das Kommunalunternehmen hat das Recht, Dienstherr von Beamten zu sein, wenn es auf Grund einer Aufgabenübertragung nach Art. 77 Abs. 2 hoheitliche Befugnisse ausübt. ²Wird es aufgelöst, hat der Landkreis die Beamten und Versorgungsempfänger zu übernehmen. ³Wird das Unternehmensvermö-

Landkreisordnung

gen ganz oder teilweise auf andere juristische Personen des öffentlichen Rechts mit Dienstherrnfähigkeit übertragen, so gelten für die Übernahme und die Rechtsstellung der Beamten und Versorgungsempfänger des Kommunalunternehmens Art. 51 bis 54 und 69 des Bayerischen Beamtengesetzes, bei länderübergreifendem Vermögensübergang §§ 16 bis 19 des Beamtenstatusgesetzes.

**Art. 79 Sonstige Vorschriften für Kommunalunternehmen.** (1) Der Jahresabschluß und der Lagebericht werden nach den für große Kapitalgesellschaften geltenden Vorschriften des Handelsgesetzbuchs aufgestellt und geprüft, sofern nicht weitergehende gesetzliche Vorschriften gelten oder andere gesetzliche Vorschriften entgegenstehen.

(2) Die Organe der Rechnungsprüfung der Landkreise haben das Recht, sich zur Klärung von Fragen, die bei der Prüfung nach Art. 92 Abs. 4 Sätze 2 und 3 auftreten, unmittelbar zu unterrichten und zu diesem Zweck den Betrieb, die Bücher und Schriften des Kommunalunternehmens einzusehen.

(3) Die Art. 3 Abs. 2, Art. 55 Abs. 1 bis 3, Art. 56, 63, 64, 68 Abs. 1 und 2, Art. 69, 71 und 87 und die Vorschriften des Vierten Teils über die staatliche Aufsicht und die Rechtsmittel sind sinngemäß anzuwenden.

(4) Das Unternehmen ist zur Vollstreckung von Verwaltungsakten in demselben Umfang berechtigt wie der Landkreis, wenn es auf Grund einer Aufgabenübertragung nach Art. 77 Abs. 2 hoheitliche Befugnisse ausübt und bei der Aufgabenübertragung nichts Abweichendes geregelt wird.

**Art. 80 Unternehmen in Privatrechtsform.** (1) ¹Unternehmen des Landkreises in Privatrechtsform und Beteiligungen des Landkreises an Unternehmen in Privatrechtsform sind nur zulässig, wenn
1. im Gesellschaftsvertrag oder in der Satzung sichergestellt ist, daß das Unternehmen den öffentlichen Zweck gemäß Art. 75 Abs. 1 Satz 1 Nr. 1 erfüllt,
2. der Landkreis angemessenen Einfluß im Aufsichtsrat oder in einem entsprechenden Gremium erhält,
3. die Haftung des Landkreises auf einen bestimmten, seiner Leistungsfähigkeit angemessenen Betrag begrenzt wird; die Rechtsaufsichtsbehörde kann von der Haftungsbegrenzung befreien.

²Zur Sicherstellung des öffentlichen Zwecks von Gesellschaften mit beschränkter Haftung soll im Gesellschaftsvertrag oder in der Satzung bestimmt werden, daß die Gesellschafterversammlung auch über den Erwerb und die Veräußerung von Unternehmen und Beteiligungen und über den Abschluß und die Änderung von Unternehmensverträgen beschließt. ³In der Satzung von Aktiengesellschaften soll bestimmt werden, daß zum Erwerb und zur Veräußerung von Unternehmen und Beteiligungen die Zustimmung des Aufsichtsrats notwendig ist.

(2) Der Landkreis darf dem Erwerb von Unternehmen und Beteiligungen durch Unternehmen in Privatrechtsform, an denen er unmittelbar oder mittelbar beteiligt ist, nur unter entsprechender Anwendung der für ihn selbst geltenden Vorschriften zustimmen.

## 31 LKrO — Landkreisordnung

### Art. 81 Vertretung des Landkreises in Unternehmen in Privatrechtsform.

(1) [1]Der Landrat vertritt den Landkreis in der Gesellschafterversammlung oder einem entsprechenden Organ. [2]Mit Zustimmung des Landrats und seines gewählten Stellvertreters kann der Kreistag eine andere Person zur Vertretung widerruflich bestellen.

(2) [1]Der Landkreis soll bei der Ausgestaltung des Gesellschaftsvertrags oder der Satzung darauf hinwirken, daß ihm das Recht eingeräumt wird, Mitglieder in einen Aufsichtsrat oder ein entsprechendes Gremium zu entsenden, soweit das zur Sicherung eines angemessenen Einflusses notwendig ist. [2]Vorbehaltlich entgegenstehender gesetzlicher Vorschriften haben Personen, die vom Landkreis entsandt oder auf seine Veranlassung gewählt wurden, den Landkreis über alle wichtigen Angelegenheiten möglichst frühzeitig zu unterrichten und ihm auf Verlangen Auskunft zu erteilen. [3]Soweit zulässig, soll sich der Landkreis ihnen gegenüber Weisungsrechte im Gesellschaftsvertrag oder der Satzung vorbehalten.

(3) [1]Wird die Person, die den Landkreis vertritt oder werden die in Absatz 2 genannten Personen aus ihrer Tätigkeit haftbar gemacht, stellt der Landkreis sie von der Haftung frei. [2]Bei Vorsatz oder grober Fahrlässigkeit kann der Landkreis Rückgriff nehmen, es sei denn, das schädigende Verhalten beruhte auf seiner Weisung. [3]Die Sätze 1 und 2 gelten entsprechend für Personen, die auf Veranlassung des Landkreises als nebenamtliche Mitglieder des geschäftsführenden Unternehmensorgans bestellt sind.

### Art. 82 Sonstige Vorschriften für Unternehmen in Privatrechtsform.

(1) [1]Gehören dem Landkreis Anteile an einem Unternehmen in dem in § 53 des Haushaltsgrundsätzegesetzes (HGrG) bezeichneten Umfang, so hat er
1. darauf hinzuwirken, daß in sinngemäßer Anwendung der für Eigenbetriebe geltenden Vorschriften für jedes Wirtschaftsjahr ein Wirtschaftsplan aufgestellt und der Wirtschaftsführung eine fünfjährige Finanzplanung zugrundegelegt wird,
2. dafür Sorge zu tragen, daß der Jahresabschluß und der Lagebericht nach den für große Kapitalgesellschaften geltenden Vorschriften des Handelsgesetzbuchs aufgestellt und geprüft werden, sofern nicht weitergehende gesetzliche Vorschriften gelten oder andere gesetzliche Vorschriften entgegenstehen,
3. die Rechte nach § 53 Abs. 1 HGrG auszuüben,
4. darauf hinzuwirken, daß ihm und dem Bayerischen Kommunalen Prüfungsverband die in § 54 HGrG vorgesehenen Befugnisse eingeräumt werden,
5. darauf hinzuwirken, daß jedes Mitglied des geschäftsführenden Unternehmensorgans vertraglich verpflichtet wird, die ihm im Geschäftsjahr jeweils gewährten Bezüge im Sinn von § 285 Nr. 9 Buchst. a des Handelsgesetzbuchs dem Landkreis jährlich zur Veröffentlichung entsprechend Absatz 3 Satz 2 mitzuteilen.

[2]Die Rechtsaufsichtsbehörde kann Ausnahmen zulassen.

(2) [1]Ist eine Beteiligung des Landkreises an einem Unternehmen keine Mehrheitsbeteiligung im Sinn des § 53 HGrG, so soll der Landkreis, soweit

sein Interesse das erfordert, darauf hinwirken, daß in der Satzung oder im Gesellschaftsvertrag dem Landkreis die Rechte nach § 53 Abs. 1 HGrG und dem Landkreis und dem Bayerischen Kommunalen Prüfungsverband die Befugnisse nach § 54 HGrG eingeräumt werden. ²Bei mittelbaren Beteiligungen gilt dies nur, wenn die Beteiligung den vierten Teil der Anteile übersteigt und einer Gesellschaft zusteht, an der der Landkreis allein oder zusammen mit anderen Gebietskörperschaften oder deren Zusammenschlüssen mit Mehrheit im Sinn des § 53 HGrG beteiligt ist.

(3) ¹Der Landkreis hat jährlich einen Bericht über seine Beteiligungen an Unternehmen in einer Rechtsform des Privatrechts zu erstellen, wenn ihm mindestens der zwanzigste Teil der Anteile eines Unternehmens gehört. ²Der Beteiligungsbericht soll insbesondere Angaben über die Erfüllung des öffentlichen Zwecks, die Beteiligungsverhältnisse, die Zusammensetzung der Organe der Gesellschaft, die Bezüge der einzelnen Mitglieder des geschäftsführenden Unternehmensorgans gemäß Absatz 1 Nr. 5, die Ertragslage und die Kreditaufnahme enthalten. ³Haben die Mitglieder des geschäftsführenden Unternehmensorgans ihr Einverständnis mit der Veröffentlichung ihrer Einzelbezüge nicht erklärt, sind ihre Gesamtbezüge so zu veröffentlichen, wie sie von der Gesellschaft nach den Vorschriften des Handelsgesetzbuchs in den Anhang zum Jahresabschluß aufgenommen werden. ⁴Der Bericht ist dem Kreistag vorzulegen. ⁵Der Landkreis weist ortsüblich darauf hin, daß jeder Einsicht in den Bericht nehmen kann.

**Art. 83 Grundsätze für die Führung von Unternehmen des Landkreises.**
(1) ¹Eigenbetriebe und Kommunalunternehmen sind unter Beachtung betriebswirtschaftlicher Grundsätze und des Grundsatzes der Sparsamkeit und Wirtschaftlichkeit so zu führen, daß der öffentliche Zweck erfüllt wird. ²Entsprechendes gilt für die Steuerung und Überwachung von Unternehmen in Privatrechtsform, an denen der Landkreis mit mehr als 50 v.H. beteiligt ist; bei einer geringeren Beteiligung soll der Landkreis darauf hinwirken.

(2) Unternehmen des Landkreises dürfen keine wesentliche Schädigung und keine Aufsaugung selbständiger Betriebe in Landwirtschaft, Handwerk, Handel, Gewerbe und Industrie bewirken.

**Art. 84 Anzeigepflichten.** (1) ¹Entscheidungen des Landkreises über
1. die Errichtung, Übernahme und wesentliche Erweiterung sowie die Änderung der Rechtsform oder der Aufgaben von Unternehmen des Landkreises,
2. die unmittelbare oder mittelbare Beteiligung des Landkreises an Unternehmen,
3. die gänzliche oder teilweise Veräußerung von Unternehmen oder Beteiligungen des Landkreises,
4. die Auflösung von Kommunalunternehmen

sind der Rechtsaufsichtsbehörde rechtzeitig, mindestens aber sechs Wochen vor ihrem Vollzug, vorzulegen. ²In den Fällen des Satzes 1 Nrn. 2 und 3 besteht keine Anzeigepflicht, wenn die Entscheidung weniger als den zwanzigsten Teil der Anteile des Unternehmens betrifft. ³Aus der Vorlage muß zu ersehen sein,

# 31 LKrO
*Landkreisordnung*

ob die gesetzlichen Voraussetzungen erfüllt sind. [4]Die Unternehmenssatzung von Kommunalunternehmen ist der Rechtsaufsichtsbehörde stets vorzulegen.

(2) Abs. 1 Satz 1 Nrn. 1 bis 3 und die Sätze 2 und 3 gelten entsprechend für die Entscheidungen des Verwaltungsrats eines Kommunalunternehmens.

**Art. 85** *(aufgehoben)*

## 5. Abschnitt
## Kassen- und Rechnungswesen

**Art. 86 Kreiskasse.** (1) Die Kreiskasse erledigt alle Kassengeschäfte des Landkreises.

(2) [1]Der Landkreis hat einen Kassenverwalter und einen Stellvertreter zu bestellen. [2]Diese Verpflichtung entfällt, wenn er seine Kassengeschäfte ganz durch eine Stelle außerhalb der Landkreisverwaltung besorgen läßt. [3]Die Anordnungsbefugten der Landkreisverwaltung, der Leiter und die Prüfer des Rechnungsprüfungsamts können nicht gleichzeitig die Aufgaben eines Kassenverwalters oder seines Stellvertreters wahrnehmen.

(3) Der Kassenverwalter und sein Stellvertreter dürfen weder miteinander noch mit den Anordnungsbefugten der Landkreisverwaltung, dem Leiter und den Prüfern des Rechnungsprüfungsamts durch ein Angehörigenverhältnis im Sinn des Art. 20 Abs. 5 des Bayerischen Verwaltungsverfahrensgesetzes verbunden sein.

(4) [1]Sonderkassen sollen mit der Kreiskasse verbunden werden. [2]Ist eine Sonderkasse nicht mit der Kreiskasse verbunden, gelten für den Verwalter der Sonderkasse und dessen Stellvertreter die Absätze 2 und 3 entsprechend.

**Art. 87 Übertragung von Kassen- und Rechnungsgeschäften.** Der Landkreis kann das Ermitteln von Ansprüchen und von Zahlungsverpflichtungen, das Vorbereiten der entsprechenden Kassenanordnungen, die Kassengeschäfte und das Rechnungswesen ganz oder zum Teil von einer Stelle außerhalb der Landkreisverwaltung besorgen lassen, wenn die ordnungsgemäße und sichere Erledigung und die Prüfung nach den für den Landkreis geltenden Vorschriften gewährleistet sind.

**Art. 88 Rechnungslegung, Jahresabschluss.** (1) [1]Im Jahresabschluss beziehungsweise in der Jahresrechnung ist das Ergebnis der Haushaltswirtschaft einschließlich des Stands des Vermögens und der Verbindlichkeiten zu Beginn und am Ende des Haushaltsjahres nachzuweisen. [2]Bei Haushaltswirtschaft nach den Grundsätzen der doppelten kommunalen Buchführung besteht der Jahresabschluss aus der Ergebnisrechnung, der Finanzrechnung, der Vermögensrechnung (Bilanz) und dem Anhang. [3]Bei Haushaltswirtschaft nach den Grundsätzen der Kameralistik besteht die Jahresrechnung aus dem kassenmäßigen

Abschluss und der Haushaltsrechnung. ⁴Der Jahresabschluss beziehungsweise die Jahresrechnung ist durch einen Rechenschaftsbericht zu erläutern.

(2) Der Jahresabschluss beziehungsweise die Jahresrechnung ist innerhalb von sechs Monaten, der konsolidierte Jahresabschluss (Art. 88a) innerhalb von zehn Monaten nach Abschluss des Haushaltsjahres aufzustellen und sodann dem Kreisausschuss vorzulegen.

(3) ¹Nach Durchführung der örtlichen Prüfung der Jahresrechnung und der Jahresabschlüsse (Art. 89) und Aufklärung etwaiger Unstimmigkeiten stellt der Kreistag alsbald, jedoch in der Regel bis zum 30. Juni des auf das Haushaltsjahr folgenden übernächsten Jahres den Jahresabschluss beziehungsweise die Jahresrechnung in öffentlicher Sitzung fest und beschließt über die Entlastung. ²Ist ein konsolidierter Jahresabschluss aufzustellen (Art. 88a), tritt an die Stelle des 30. Juni der 31. Dezember des auf das Haushaltsjahr folgenden übernächsten Jahres. ³Verweigert der Kreistag die Entlastung oder spricht er sie mit Einschränkungen aus, hat er die dafür maßgebenden Gründe anzugeben.

(4) Die Kreisräte können jederzeit die Berichte über die Prüfungen einsehen.

**Art. 88a Konsolidierter Jahresabschluss.** (1) ¹Mit dem Jahresabschluss des Landkreises sind die Jahresabschlüsse
1. der außerhalb der allgemeinen Verwaltung geführten Sondervermögen ohne eigene Rechtspersönlichkeit,
2. der rechtlich selbstständigen Organisationseinheiten und Vermögensmassen mit Nennkapital oder variablen Kapitalanteilen,
3. der Zweckverbände mit kaufmännischer Rechnungslegung und der gemeinsamen Kommunalunternehmen und
4. der von dem Landkreis verwalteten kommunalen Stiftungen mit kaufmännischem Rechnungswesen

zu konsolidieren. ²Das gilt nicht für die Jahresabschlüsse der Sparkassen.

(2) ¹Aufgabenträger nach Abs. 1 sind entsprechend den §§ 300 bis 309 des Handelsgesetzbuchs zu konsolidieren (Vollkonsolidierung), wenn bei dem Landkreis die dem § 290 Abs. 1 und 2 des Handelsgesetzbuchs entsprechenden Voraussetzungen vorliegen. ²Andere Aufgabenträger als nach Satz 1 sind entsprechend den §§ 311 und 312 des Handelsgesetzbuchs zu konsolidieren, es sei denn, sie sind für die Vermittlung eines den tatsächlichen Verhältnissen entsprechenden Bildes der Vermögens-, Finanz- und Ertragslage von untergeordneter Bedeutung. ³Aufgabenträger nach Abs. 1 Nr. 3 können auch entsprechend § 310 des Handelsgesetzbuchs anteilsmäßig konsolidiert werden. ⁴Für den Anteil an einem Zweckverband ist der Umlageschlüssel maßgebend.

(3) Der konsolidierte Jahresabschluss ist durch eine Kapitalflussrechnung zu ergänzen und durch einen Konsolidierungsbericht zu erläutern.

(4) Der Landkreis hat bei den in Abs. 1 Satz 1 genannten Aufgabenträgern, Organisationseinheiten und Vermögensmassen darauf hinzuwirken, dass ihm das Recht eingeräumt wird, von diesen alle Informationen und Unterlagen zu erhalten, die er für die Konsolidierung der Jahresabschlüsse für erforderlich hält.

# 31 LKrO

Landkreisordnung

## 6. Abschnitt
## Prüfungswesen

**Art. 89 Örtliche Prüfungen.** (1) ¹Der Jahresabschluss und der konsolidierte Jahresabschluss beziehungsweise die Jahresrechnung sowie die Jahresabschlüsse der Eigenbetriebe, der Krankenhäuser und der Pflegeeinrichtungen mit kaufmännischem Rechnungswesen werden von einem Rechnungsprüfungsausschuss geprüft (örtliche Rechnungsprüfung). ²Über die Beratungen sind Niederschriften aufzunehmen.

(2) Der Kreistag bildet aus seiner Mitte einen Rechnungsprüfungsausschuß mit mindestens drei und höchstens sieben Mitgliedern und bestimmt ein Ausschußmitglied zum Vorsitzenden; Art. 33 Satz 1 findet keine Anwendung.

(3) ¹Zur Prüfung der Jahresabschlüsse und des konsolidierten Jahresabschlusses sowie der Jahresrechnung können Sachverständige zugezogen werden. ²Das Rechnungsprüfungsamt ist umfassend als Sachverständiger heranzuziehen.

(4) Die örtliche Prüfung der Jahresrechnung und der Jahresabschlüsse ist innerhalb von zwölf Monaten, die des konsolidierten Jahresabschlusses innerhalb von 18 Monaten nach Abschluß des Haushaltsjahres durchzuführen.

(5) ¹Die örtliche Kassenprüfung obliegt dem Landrat. ²Er bedient sich des Rechnungsprüfungsamts.

**Art. 90 Rechnungsprüfungsamt.** (1) Landkreise müssen ein Rechnungsprüfungsamt einrichten.

(2) ¹Das Rechnungsprüfungsamt ist bei der örtlichen Rechnungsprüfung dem Kreistag und bei den örtlichen Kassenprüfungen dem Landrat unmittelbar verantwortlich. ²Der Kreistag und der Landrat können besondere Aufträge zur Prüfung der Verwaltung erteilen. ³Das Rechnungsprüfungsamt ist bei der Wahrnehmung seiner Aufgaben unabhängig und nur dem Gesetz unterworfen. ⁴Im übrigen bleiben die Befugnisse des Landrats unberührt, dem das Rechnungsprüfungsamt unmittelbar untersteht.

(3) ¹Der Kreistag bestellt den Leiter, seinen Stellvertreter und die Prüfer des Rechnungsprüfungsamts und beruft sie ab. ²Der Kreistag kann den Leiter des Rechnungsprüfungsamts und seinen Stellvertreter gegen ihren Willen nur mit einer Mehrheit von zwei Dritteln der gesetzlichen Zahl der Mitglieder des Kreistags abberufen, wenn sie ihre Aufgabe nicht ordnungsgemäß erfüllen. ³Die Abberufung von Prüfern des Rechnungsprüfungsamts gegen ihren Willen bedarf einer Mehrheit von zwei Dritteln der stimmberechtigten Kreisräte.

(4) ¹Der Leiter des Rechnungsprüfungsamts muß Beamter auf Lebenszeit sein. ²Er muß in der Fachlaufbahn Verwaltung und Finanzen, fachlicher Schwerpunkt nichttechnischer Verwaltungsdienst, für ein Amt ab der Besoldungsgruppe A 10 qualifiziert sein sowie die für sein Amt erforderliche Erfahrung und Eignung besitzen.

Landkreisordnung  **LKrO 31**

(5) [1]Der Leiter, sein Stellvertreter und die Prüfer des Rechnungsprüfungsamts dürfen eine andere Stellung in dem Landkreis nur innehaben, wenn das mit ihren Prüfungsaufgaben vereinbar ist. [2]Sie dürfen Zahlungen für den Landkreis weder anordnen noch ausführen. [3]Für den Leiter des Rechnungsprüfungsamts und seinen Stellvertreter gilt außerdem Art. 86 Abs. 3 entsprechend.

**Art. 91 Überörtliche Prüfungen.** (1) Die überörtlichen Rechnungs- und Kassenprüfungen werden vom Bayerischen Kommunalen Prüfungsverband (überörtliches Prüfungsorgan) durchgeführt.

(2) Die überörtliche Rechnungsprüfung findet alsbald nach der Feststellung des Jahresabschlusses und des konsolidierten Jahresabschlusses beziehungsweise der Jahresrechnung sowie der Jahresabschlüsse der Eigenbetriebe, der Krankenhäuser und der Pflegeeinrichtungen mit kaufmännischem Rechnungswesen statt.

**Art. 92 Inhalt der Rechnungs- und Kassenprüfungen.** (1) Die Rechnungsprüfung erstreckt sich auf die Einhaltung der für die Wirtschaftsführung geltenden Vorschriften und Grundsätze, insbesondere darauf, ob
1. die Haushaltssatzung und der Haushaltsplan eingehalten worden sind,
2. die Einzahlungen und Auszahlungen sowie Erträge und Aufwendungen beziehungsweise die Einnahmen und Ausgaben begründet und belegt sind sowie der Jahresabschluss und der konsolidierte Jahresabschluss beziehungsweise die Jahresrechnung sowie die Vermögensnachweise ordnungsgemäß aufgestellt sind,
3. wirtschaftlich und sparsam verfahren wird,
4. die Aufgaben mit geringerem Personal- oder Sachaufwand oder auf andere Weise wirksamer erfüllt werden können.

(2) [1]Die Wirtschaftsführung der Krankenhäuser und der Pflegeeinrichtungen einschließlich der Jahresabschlüsse unterliegen der Rechnungsprüfung. [2]Absatz 1 gilt entsprechend.

(3) [1]Die Rechnungsprüfung umfaßt auch die Wirtschaftsführung der Eigenbetriebe unter entsprechender Anwendung des Absatzes 1. [2]Dabei ist auf das Ergebnis der Abschlußprüfung (Art. 93) mit abzustellen.

(4) [1]Im Rahmen der Rechnungsprüfung wird die Betätigung des Landkreises bei Unternehmen in einer Rechtsform des privaten Rechts, an denen der Landkreis unmittelbar oder mittelbar beteiligt ist, unter Beachtung kaufmännischer Grundsätze mitgeprüft. [2]Entsprechendes gilt bei Erwerbs- und Wirtschaftsgenossenschaften, in denen der Landkreis Mitglied ist, sowie bei Kommunalunternehmen. [3]Die Rechnungsprüfung umfaßt ferner die Buch-, Betriebs- und sonstigen Prüfungen, die sich der Landkreis bei der Hingabe eines Darlehens oder sonst vorbehalten hat.

(5) Durch Kassenprüfungen werden die ordnungsmäßige Erledigung der Kassengeschäfte, die ordnungsmäßige Einrichtung der Kassen und das Zusammenwirken mit der Verwaltung geprüft.

# 31 LKrO

Landkreisordnung

(6) ¹Die Organe der Rechnungsprüfung des Landkreises und das überörtliche Prüfungsorgan können verlangen, dass ihnen oder ihren beauftragten Prüfern Unterlagen, die sie zur Erfüllung ihrer Aufgaben für erforderlich halten, vorgelegt oder innerhalb einer bestimmten Frist übersandt werden. ²Auskünfte sind ihnen oder ihren beauftragten Prüfern zu erteilen. ³Die Auskunftspflicht nach den Sätzen 1 und 2 besteht auch, soweit hierfür in anderen Bestimmungen eine besondere Rechtsvorschrift gefordert wird, und umfasst auch elektronisch gespeicherte Daten sowie deren automatisierten Abruf.

**Art. 93 Abschlussprüfung bei Eigenbetrieben und Kommunalunternehmen.** (1) Der Jahresabschluß und der Lagebericht eines Eigenbetriebs und eines Kommunalunternehmens sollen spätestens innerhalb von neun Monaten nach Schluß des Wirtschaftsjahres durch einen sachverständigen Prüfer (Abschlußprüfer) geprüft sein.

(2) Die Abschlußprüfung wird vom Bayerischen Kommunalen Prüfungsverband oder von einem Wirtschaftsprüfer oder von einer Wirtschaftsprüfungsgesellschaft durchgeführt.

(3) ¹Die Abschlußprüfung erstreckt sich auf die Vollständigkeit und Ordnungsmäßigkeit des Jahresabschlusses unter Einbeziehung der Buchführung und des Lageberichts. ²Dabei werden auch geprüft
1. die Ordnungsmäßigkeit der Geschäftsführung,
2. die Entwicklung der Vermögens- und Ertragslage sowie die Liquidität und Rentabilität,
3. die verlustbringenden Geschäfte und die Ursachen der Verluste, wenn diese Geschäfte und die Ursachen für die Vermögens- und Ertragslage von Bedeutung waren,
4. die Ursachen eines in der Gewinn- und Verlustrechnung ausgewiesenen Jahresfehlbetrags.

## VIERTER TEIL
## Staatliche Aufsicht und Rechtsmittel

### 1. Abschnitt
### Rechtsaufsicht und Fachaufsicht

**Art. 94 Sinn der staatlichen Aufsicht.** Die Aufsichtsbehörden sollen die Landkreise bei der Erfüllung ihrer Aufgaben verständnisvoll beraten, fördern und schützen sowie die Entschlußkraft und die Selbstverantwortung der Kreisorgane stärken.

**Art. 95 Inhalt und Grenzen der Aufsicht.** (1) In den Angelegenheiten des eigenen Wirkungskreises (Art. 5) beschränkt sich die staatliche Aufsicht darauf, die Erfüllung der gesetzlich festgelegten und übernommenen öffentlich-

Landkreisordnung **LKrO 31**

rechtlichen Aufgaben und Verpflichtungen der Landkreise und die Gesetzmäßigkeit ihrer Verwaltungstätigkeit zu überwachen (Rechtsaufsicht).

(2) [1]In den Angelegenheiten des übertragenen Wirkungskreises (Art. 6) erstreckt sich die staatliche Aufsicht auch auf die Handhabung des Verwaltungsermessens der Landkreise (Fachaufsicht). [2]Eingriffe in das Verwaltungsermessen sind auf die Fälle zu beschränken, in denen
1. das Gemeinwohl oder öffentlich-rechtliche Ansprüche einzelner eine Weisung oder Entscheidung erfordern oder
2. die Bundesregierung nach Art. 84 Abs. 5 oder Art. 85 Abs. 3 des Grundgesetzes eine Weisung erteilt.

**Art. 96 Rechtsaufsichtsbehörden.** [1]Die Rechtsaufsicht über die Landkreise obliegt der Regierung. [2]Das Staatsministerium des Innern, für Sport und Integration ist obere Rechtsaufsichtsbehörde der Landkreise.

**Art. 97 Informationsrecht.** [1]Die Rechtsaufsichtsbehörde ist befugt, sich jederzeit über alle Angelegenheiten des Landkreises zu unterrichten. [2]Sie kann insbesondere Anstalten und Einrichtungen des Landkreises besichtigen, die Geschäfts- und Kassenführung prüfen sowie Berichte und Akten einfordern.

**Art. 98 Beanstandungsrecht.** [1]Die Rechtsaufsichtsbehörde kann rechtswidrige Beschlüsse und Verfügungen des Landkreises beanstanden und ihre Aufhebung oder Änderung verlangen. [2]Bei Nichterfüllung öffentlich-rechtlicher Aufgaben oder Verpflichtungen kann die Rechtsaufsichtsbehörde den Landkreis zur Durchführung der notwendigen Maßnahmen auffordern.

**Art. 99 Recht der Ersatzvornahme.** [1]Kommt der Landkreis binnen einer ihm gesetzten angemessenen Frist den Anordnungen der Rechtsaufsichtsbehörde nicht nach, so kann diese die notwendigen Maßnahmen an Stelle des Landkreises verfügen und vollziehen. [2]Die Kosten trägt der Landkreis.

**Art. 100 Bestellung eines Beauftragten.** (1) Ist der geordnete Gang der Verwaltung durch Beschlußunfähigkeit des Kreistags oder durch seine Weigerung, gesetzmäßige Anordnungen der Rechtsaufsichtsbehörde auszuführen, ernstlich behindert, so kann die Rechtsaufsichtsbehörde den Landrat ermächtigen, bis zur Behebung des gesetzwidrigen Zustands für den Landkreis zu handeln.

(2) [1]Weigert sich der Landrat oder ist er aus tatsächlichen oder rechtlichen Gründen verhindert, die Aufgaben nach Absatz 1 wahrzunehmen, so beauftragt die Rechtsaufsichtsbehörde den gewählten Stellvertreter des Landrats, für den Landkreis zu handeln, solange es erforderlich ist. [2]Ist kein gewählter Stellvertreter des Landrats vorhanden oder ist auch er verhindert oder nicht handlungswillig, so handelt die Rechtsaufsichtsbehörde für den Landkreis.

(3) Die Staatsregierung kann ferner, wenn sich der gesetzwidrige Zustand anders nicht beheben lässt, den Kreistag auflösen und dessen Neuwahl anordnen.

**Art. 101 Fachaufsichtsbehörden.** ¹Die Zuständigkeit zur Führung der Fachaufsicht auf den einzelnen Gebieten des übertragenen Wirkungskreises bestimmt sich nach den hierfür geltenden besonderen Vorschriften. ²Soweit solche besonderen Vorschriften nicht bestehen, obliegt den Rechtsaufsichtsbehörden auch die Führung der Fachaufsicht.

**Art. 102 Befugnisse der Fachaufsicht.** (1) ¹Die Fachaufsichtsbehörden können sich über Angelegenheiten des übertragenen Wirkungskreises in gleicher Weise wie die Rechtsaufsichtsbehörden unterrichten (Art. 97). ²Sie können ferner dem Landkreis für die Behandlung übertragener Angelegenheiten unter Beachtung des Art. 95 Abs. 2 Satz 2 Weisungen erteilen. ³Zu weitergehenden Eingriffen in die Landkreisverwaltung sind die Fachaufsichtsbehörden unbeschadet der Entscheidung über Widersprüche (Art. 104 Nr. 2) nicht befugt.

(2) ¹Die Rechtsaufsichtsbehörden sind verpflichtet, die Fachaufsichtsbehörden bei der Durchführung ihrer gesetzlichen Aufgaben nötigenfalls unter Anwendung der in den Art. 99 und 100 festgelegten Befugnisse zu unterstützen. ²Bei der Ersatzvornahme tritt die Weisung der Fachaufsichtsbehörde an die Stelle der Anordnung der Rechtsaufsichtsbehörde.

**Art. 103 Genehmigungsbehörde.** (1) Die in diesem Gesetz vorgeschriebenen Genehmigungen erteilt, soweit nichts anderes bestimmt ist, die Rechtsaufsichtsbehörde (Art. 96).

(2) Beschlüsse sowie Geschäfte des bürgerlichen Rechts erlangen Rechtswirksamkeit erst mit der Erteilung der nach diesem Gesetz erforderlichen Genehmigung.

(3) Die Anträge auf Erteilung der Genehmigungen sind ohne schuldhafte Verzögerung zu verbescheiden.

**Art. 103a Ausnahmegenehmigungen.** ¹Das Staatsministerium des Innern, für Sport und Integration kann im Interesse der Weiterentwicklung der kommunalen Selbstverwaltung zur Erprobung neuer Modelle der Steuerung und des Haushalts- und Rechnungswesens, der Verfahrensvereinfachung und der Verwaltungsführung auf Antrag im Einzelfall Ausnahmen von Regelungen dieses Gesetzes und der nach Art. 106 erlassenen Vorschriften genehmigen. ²Die Genehmigung ist zu befristen. ³Bedingungen und Auflagen sind insbesondere zulässig, um die Vergleichbarkeit des Kommunalrechtsvollzugs auch im Rahmen einer Erprobung möglichst zu wahren und die Ergebnisse der Erprobung für Gemeinden, für andere Landkreise und für Bezirke nutzbar zu machen.

Landkreisordnung  **LKrO 31**

2. Abschnitt
## Rechtsmittel

**Art. 104 Erlaß des Widerspruchsbescheids (§ 73 der Verwaltungsgerichtsordnung – VwGO).** Den Widerspruchsbescheid erläßt
1. in Angelegenheiten des eigenen Wirkungskreises die Rechtsaufsichtsbehörde, die dabei auf die Prüfung der Rechtmäßigkeit beschränkt ist; zuvor hat die Selbstverwaltungsbehörde nach § 72 VwGO auch die Zweckmäßigkeit zu überprüfen,
2. in Angelegenheiten des übertragenen Wirkungskreises die Fachaufsichtsbehörde; ist Fachaufsichtsbehörde eine oberste Landesbehörde, so entscheidet die Behörde, die den Verwaltungsakt erlassen hat; Art. 95 Abs. 2 Satz 2 findet keine Anwendung.

FÜNFTER TEIL
## Übergangs- und Schlußvorschriften

**Art. 105 Einwohnerzahl.** Soweit nach diesem Gesetz oder einer auf Grund dieses Gesetzes erlassenen Rechtsverordnung die Einwohnerzahl von rechtlicher Bedeutung ist, ist die Einwohnerzahl maßgebend, die bei der letzten Wahl der Kreisräte zugrunde gelegt wurde.

**Art. 106 Ausführungsvorschriften.** (1) [1]Das Staatsministerium des Innern, für Sport und Integration erläßt die zum Vollzug dieses Gesetzes erforderlichen Ausführungsvorschriften. [2]Es wird insbesondere ermächtigt, im Einvernehmen mit dem Staatsministerium der Finanzen und für Heimat durch Rechtsverordnungen zu regeln:
1. den Inhalt und die Gestaltung des Haushaltsplans einschließlich des Stellenplans, der mittelfristigen Finanzplanung und des Investitionsprogramms, ferner die Veranschlagung von Einzahlungen, Auszahlungen, Erträgen und Aufwendungen beziehungsweise Einnahmen, Ausgaben und Verpflichtungsermächtigungen für einen vom Haushaltsjahr abweichenden Wirtschaftszeitraum,
2. die Ausführung des Haushaltsplans, die Anordnung von Zahlungen, die Haushaltsüberwachung, die Stundung, die Niederschlagung und den Erlaß von Ansprüchen und die Behandlung von Kleinbeträgen,
3. die Ausschreibung von Lieferungen und Leistungen und die Vergabe von Aufträgen,
4. die Bildung, vorübergehende Inanspruchnahme und Verwendung von Rücklagen und deren Mindesthöhe,
5. die Bildung und Auflösung von Rückstellungen,
6. die Geldanlagen und ihre Sicherung,
7. die Erfassung, den Nachweis, die Bewertung und die Abschreibung der Vermögensgegenstände; dabei kann die Bewertung und Abschreibung auf einzelne Bereiche beschränkt werden,

**31 LKrO**  Landkreisordnung

8. die Aufstellung der Eröffnungsbilanz auch unter Abweichung von Art. 68 Abs. 3 und der folgenden Bilanzen,
9. die Kassenanordnungen, die Aufgaben und die Organisation der Kreiskasse und der Sonderkassen, den Zahlungsverkehr, die Verwaltung der Kassenmittel, der Wertgegenstände und anderer Gegenstände, die Buchführung sowie die Möglichkeit, daß die Buchführung und die Verwahrung von Wertgegenständen von den Kassengeschäften abgetrennt werden können,
10. den Inhalt und die Gestaltung der Jahresrechnung und die Abwicklung der Vorjahresergebnisse,
11. den Inhalt und die Gestaltung des Jahresabschlusses und des konsolidierten Jahresabschlusses; dabei können auch Ausnahmen von der und Übergangsfristen für die Konsolidierungspflicht vorgesehen werden,
12. den Inhalt und die Gestaltung des Rechenschaftsberichts zur Jahresrechnung beziehungsweise zum Jahresabschluss, des Anhangs zum Jahresabschluss sowie des Konsolidierungsberichts zum konsolidierten Jahresabschluss,
13. den Aufbau und die Verwaltung, die Wirtschaftsführung, das Rechnungswesen und die Prüfung der Eigenbetriebe,
14. die Prüfung der Jahresrechnungen, der Jahresabschlüsse und der konsolidierten Jahresabschlüsse, die Prüfung der Kreiskasse und der Sonderkassen, die Abschlußprüfung und die Freistellung von der Abschlußprüfung, die Prüfung von Verfahren der automatisierten Datenverarbeitung im Bereich des Finanzwesens der Landkreise, die Rechte und Pflichten der Prüfer, die über Prüfungen zu erstellenden Berichte und deren weitere Behandlung sowie die Organisation der staatlichen Rechnungsprüfungsstellen der Landratsämter,
15. das Verfahren bei der Errichtung der Kommunalunternehmen sowie der Umwandlung von Kapitalgesellschaften in Kommunalunternehmen und den Aufbau, die Verwaltung, die Wirtschaftsführung sowie das Rechnungs- und Prüfungswesen der Kommunalunternehmen.

[3]Das Staatsministerium des Innern, für Sport und Integration wird weiter ermächtigt, im Einvernehmen mit dem Staatsministerium für Gesundheit und Pflege und mit dem Staatsministerium der Finanzen und für Heimat die Wirtschaftsführung der Krankenhäuser und der Pflegeeinrichtungen der Landkreise durch Rechtsverordnung zu regeln.

(2) [1]Das Staatsministerium des Innern, für Sport und Integration erläßt die erforderlichen Verwaltungsvorschriften und gibt Muster, insbesondere für
1. die Haushaltssatzung und die Nachtragshaushaltssatzung,
2. die Darstellung des Haushaltsplans und des mittelfristigen Finanzplans insbesondere
   a) die Konten und Produkte bei Haushaltswirtschaft nach den Grundsätzen der doppelten kommunalen Buchführung,
   b) die Gliederung und die Gruppierung bei Haushaltswirtschaft nach den Grundsätzen der Kameralistik,

Landkreisordnung **LKrO 31**

3. die Form des Haushaltsplans und seiner Anlagen, des mittelfristigen Finanzplans und des Investitionsprogramms,
4. die Gliederung und die Form des Jahresabschlusses und des konsolidierten Jahresabschlusses,
5. die Darstellung und die Form der Vermögensnachweise,
6. die Kassenanordnungen, die Buchführung, die Jahresrechnung und ihre Anlagen,
7. die Gliederung und die Form des Wirtschaftsplans und seiner Anlagen, des mittelfristigen Finanzplans und des Investitionsprogramms, des Jahresabschlusses, der Anlagenachweise und der Erfolgsübersicht für Eigenbetriebe und für Krankenhäuser mit kaufmännischem Rechnungswesen,

im Bayerischen Ministerialblatt bekannt. ²Es kann solche Muster für verbindlich erklären. ³Die Zuordnung der einzelnen Geschäftsvorfälle zu den Darstellungen gemäß Satz 1 Nrn. 2 bis 5 kann durch Verwaltungsvorschrift in gleicher Weise verbindlich festgelegt werden. ⁴Die Verwaltungsvorschriften zur Darstellung des Haushaltsplans und des mittelfristigen Finanzplans sind im Einvernehmen mit dem Staatsministerium der Finanzen und für Heimat zu erlassen.

**Art. 106a Landkreiswirtschaftliche Erleichterungen anlässlich der Corona-Pandemie.**\* ¹Das Staatsministerium des Innern, für Sport und Integration wird ermächtigt, im Einvernehmen mit dem Staatsministerium der Finanzen und für Heimat und dem Staatsministerium für Wirtschaft, Landesentwicklung und Energie durch Rechtsverordnungen für die Haushaltsjahre 2020 und 2021 Abweichungen von den landkreiswirtschaftlichen Bestimmungen des dritten Teils sowie der auf Grund des Art. 106 erlassenen Rechtsverordnungen zuzulassen, insbesondere bezüglich
1. vorübergehender Abweichungen von einer sichergestellten dauernden Leistungsfähigkeit (Art. 55 Abs. 1 Satz 2),
2. der Bekanntmachung einer nicht genehmigungspflichtigen Haushaltssatzung oder Nachtragshaushaltssatzung (Art. 59 Abs. 3, Art. 62 Abs. 1 Satz 2),
3. der Genehmigungspflicht für Verpflichtungsermächtigungen (Art. 61 Abs. 4),
4. der unverzüglichen Pflicht zum Erlass einer Nachtragshaushaltssatzung (Art. 62 Abs. 2),
5. des grundsätzlichen Nachrangs der Aufnahme von Krediten (Art. 65 Abs. 1, Art. 56 Abs. 3),
6. der Beschränkung des Zwecks der Aufnahme von Krediten auf Investitionen, auf Investitionsförderungsmaßnahmen und zur Umschuldung (Art. 65 Abs. 1),
7. der rechtsaufsichtlichen Genehmigung des Gesamtbetrags vorgesehener Kreditaufnahmen und des hieran anzulegenden Maßstabs (Art. 65 Abs. 2),
8. der Geltungsdauer von Kreditermächtigungen (Art. 65 Abs. 3),

---

\* *Beachte Art. 108 Abs. 2.*

**31 LKrO**  Landkreisordnung

9. des Nachrangs der Aufnahme von Kassenkrediten (Art. 67 Abs. 1),
10. des Höchstbetrags für die Aufnahme von Kassenkrediten (Art. 67 Abs. 2) und
11. der Erstellung eines konsolidierten Jahresabschlusses (Art. 88 Abs. 2, Abs. 3 Satz 2, Art. 88a).

²Die aufgrund von Satz 1 erlassenen Rechtsverordnungen treten spätestens am 31. Dezember 2022 außer Kraft. ³Die in den Haushaltsjahren 2020 und 2021 angelegten und betätigten Abweichungen von landkreiswirtschaftlichen Bestimmungen dürfen sich auf nachfolgende Haushaltsjahre auswirken, längstens jedoch auf das Haushaltsjahr 2032.

**Art. 107 Einschränkung von Grundrechten.** Auf Grund dieses Gesetzes können die Grundrechte auf Freiheit der Person und der Unverletzlichkeit der Wohnung eingeschränkt werden (Art. 2 Abs. 2, Art. 13 des Grundgesetzes, Art. 102 und 106 Abs. 3 der Verfassung).

**Art. 108 Inkrafttreten, Außerkrafttreten**. (1) ¹Dieses Gesetz ist dringlich. ²Es tritt am 14. Februar 1952 in Kraft*.

(2) Art. 106a Satz 1 und 2 tritt mit Ablauf des 31. Dezember 2022, Art. 106a Satz 3 tritt mit Ablauf des 31. Dezember 2032 außer Kraft.

---

\* Diese Vorschrift betrifft das Inkrafttreten des Gesetzes in der ursprünglichen Fassung vom 16.2.1952 (GVBl. S. 39). Der Zeitpunkt des Inkrafttretens der späteren Änderungen ergibt sich aus den jeweiligen Änderungsgesetzen.

# BezO 32

# Bezirksordnung für den Freistaat Bayern (Bezirksordnung – BezO)

(BayRS 2020-4-2-I)
in der Fassung der Bekanntmachung vom 22. August 1998 (GVBl. S. 850),
zuletzt geändert durch Gesetz vom 24. Juli 2020 (GVBl. S. 350)

## INHALTSÜBERSICHT*

### ERSTER TEIL
### Wesen und Aufgaben des Bezirks

#### 1. Abschnitt
#### Begriff, Benennung und Hoheitszeichen

- Art. 1 Begriff
- Art. 2 Name; Sitz der Bezirksverwaltung
- Art. 3 Wappen und Fahnen; Dienstsiegel

#### 2. Abschnitt
#### Wirkungskreis

- Art. 4 Wirkungskreis im allgemeinen
- Art. 5 Eigene Angelegenheiten
- Art. 6 Übertragene Angelegenheiten

#### 3. Abschnitt
#### Bezirksgebiet

- Art. 7 Gebietsumfang
- Art. 8 Änderungen und Zuständigkeit
- Art. 9 Folgen der Änderungen
- Art. 10 Gebühren

#### 4. Abschnitt
#### Bezirksangehörige

- Art. 11 Bezirkseinwohner und Bezirksbürger
- Art. 12 Wahlrecht
- Art. 13 Ehrenamtliche Tätigkeit
- Art. 14 Sorgfalts- und Verschwiegenheitspflicht
- Art. 14a Entschädigung
- Art. 15 Benutzung öffentlicher Einrichtungen; Tragung der Bezirkslasten

#### 5. Abschnitt
#### Bezirkshoheit

- Art. 16 Umfang der Bezirkshoheit
- Art. 17 Bezirksrecht
- Art. 18 Inhalt von Satzungen
- Art. 19 Inkrafttreten; Ausfertigung und Bekanntmachung
- Art. 20 Verwaltungsverfügungen; Zwangsmaßnahmen

### ZWEITER TEIL
### Verfassung und Verwaltung des Bezirks

#### 1. Abschnitt
#### Bezirksorgane und ihre Hilfskräfte

- Art. 21 Hauptorgane

##### a) Der Bezirkstag

- Art. 22 Rechtsstellung; Aufgaben des Bezirkstags
- Art. 23 Zusammensetzung des Bezirkstags
- Art. 24 Einberufung des Bezirkstags

##### b) Der Bezirksausschuß und die weiteren Ausschüsse

- Art. 25 Aufgaben des Bezirksausschusses
- Art. 26 Zusammensetzung
- Art. 27 Einberufung
- Art. 28 Weitere Ausschüsse
- Art. 29 Dem Bezirkstag vorbehaltene Angelegenheiten

##### c) Der Bezirkstagspräsident

- Art. 30 Wahl und Rechtsstellung des Bezirkstagspräsidenten und seines Stellvertreters
- Art. 31 Weitere Stellvertreter; Übertragung von Befugnissen
- Art. 32 Vorsitz im Bezirkstag; Vollzug der Beschlüsse
- Art. 33 Zuständigkeit des Bezirkstagspräsidenten

---

\* *Inhaltsübersicht nicht amtlich.*

# 32 BezO  Bezirksordnung

Art. 33a Vertretung des Bezirks nach außen; Verpflichtungsgeschäfte

### d) Bezirksbedienstete
Art. 34 Bezirksbedienstete

### 2. Abschnitt
### Regierung und Bezirk
Art. 35 Verwaltungsverbund
Art. 35a Bereitstellung von Bediensteten und Einrichtungen
Art. 35b Erledigung von Bezirksaufgaben durch die Regierung
Art. 36 Regierungspräsident und Bezirkstag

### 3. Abschnitt
### Geschäftsgang
Art. 37 Geschäftsordnung und Geschäftsgang der Ausschüsse
Art. 38 Sitzungszwang; Beschlußfähigkeit
Art. 39 Teilnahmepflicht; Ordnungsgeld gegen Säumige
Art. 40 Ausschluß wegen persönlicher Beteiligung
Art. 41 Einschränkung des Vertretungsrechts
Art. 42 Form der Beschlußfassung; Wahlen
Art. 43 Öffentlichkeit
Art. 44 Handhabung der Ordnung
Art. 45 Niederschrift
Art. 46 *(aufgehoben)*

### 4. Abschnitt
### Verwaltungsgrundsätze und Verwaltungsaufgaben
Art. 47 Gesetzmäßigkeit; Unparteilichkeit
Art. 47a Geheimhaltung
Art. 48 Aufgaben des eigenen Wirkungskreises; Pflichtaufgaben
Art. 49 Übernahme von Kreisaufgaben
Art. 50 Aufgaben des übertragenen Wirkungskreises
Art. 51 *(aufgehoben)*
Art. 52 Zuständigkeit für den Gesetzesvollzug

## DRITTER TEIL
### Bezirkswirtschaft

### 1. Abschnitt
### Haushaltswirtschaft
Art. 53 Allgemeine Haushaltsgrundsätze
Art. 54 Grundsätze der Einnahmebeschaffung
Art. 55 Haushaltssatzung
Art. 56 Haushaltsplan
Art. 57 Erlaß der Haushaltssatzung
Art. 58 Planabweichungen
Art. 59 Verpflichtungsermächtigungen
Art. 60 Nachtragshaushaltssatzungen
Art. 61 Vorläufige Haushaltsführung
Art. 62 Mittelfristige Finanzplanung

### 2. Abschnitt
### Kreditwesen
Art. 63 Kredite
Art. 64 Kreditähnliche Verpflichtungen; Sicherheiten
Art. 65 Kassenkredite

### 3. Abschnitt
### Vermögenswirtschaft

### a) Allgemeines
Art. 66 Erwerb und Verwaltung von Vermögen, Wertansätze
Art. 67 Veräußerung von Vermögen
Art. 68 Rücklagen, Rückstellungen
Art. 69 Insolvenzverfahren

### b) Vom Bezirk verwaltete nichtrechtsfähige (fiduziarische) Stiftungen
Art. 70 Begriff; Verwaltung
Art. 71 Änderung des Verwendungszwecks; Aufhebung der Zweckbestimmung

### 4. Abschnitt
### Unternehmen des Bezirks
Art. 72 Rechtsformen
Art. 73 Allgemeine Zulässigkeit von Unternehmen und Beteiligungen
Art. 74 Eigenbetriebe

| Art. 75 | Selbständige Kommunalunternehmen des öffentlichen Rechts |
|---|---|
| Art. 76 | Organe des Kommunalunternehmens; Personal |
| Art. 77 | Sonstige Vorschriften für Kommunalunternehmen |
| Art. 78 | Unternehmen in Privatrechtsform |
| Art. 79 | Vertretung des Bezirks in Unternehmen in Privatrechtsform |
| Art. 80 | Sonstige Vorschriften für Unternehmen in Privatrechtsform |
| Art. 81 | Grundsätze für die Führung von Unternehmen des Bezirks |
| Art. 81a | Anzeigepflichten |

### 5. Abschnitt
### Kassen- und Rechnungswesen

| Art. 82 | Kassengeschäfte des Bezirks |
|---|---|
| Art. 83 | Übertragung von Kassen- und Rechnungsgeschäften |
| Art. 84 | Rechnungslegung, Jahresabschluss |
| Art. 84a | Konsolidierter Jahresabschluss |

### 6. Abschnitt
### Prüfungswesen

| Art. 85 | Örtliche Prüfungen |
|---|---|
| Art. 86 | Rechnungsprüfungsamt |
| Art. 87 | Überörtliche Prüfungen |
| Art. 88 | Inhalt der Rechnungs- und Kassenprüfung |
| Art. 89 | Abschlussprüfung bei Eigenbetrieben und Kommunalunternehmen |

## VIERTER TEIL
### Staatliche Aufsicht und Rechtsmittel

### 1. Abschnitt
### Rechtsaufsicht und Fachaufsicht

| Art. 90 | Sinn der staatlichen Aufsicht |
|---|---|
| Art. 91 | Inhalt und Grenzen der Aufsicht |
| Art. 92 | Rechtsaufsichtsbehörde |
| Art. 93 | Informationsrecht der Rechtsaufsichtsbehörde |
| Art. 94 | Beanstandungsrecht |
| Art. 95 | Recht der Ersatzvornahme |
| Art. 96 | Bestellung eines Beauftragten |
| Art. 97 | Fachaufsichtsbehörden |
| Art. 98 | Befugnisse der Fachaufsicht |
| Art. 99 | Genehmigungsbehörde |
| Art. 99a | Ausnahmegenehmigungen |

### 2. Abschnitt
### Rechtsmittel

| Art. 100 | Erlaß des Widerspruchsbescheids (§ 73 der Verwaltungsgerichtsordnung) |
|---|---|

## FÜNFTER TEIL
### Übergangs- und Schlußvorschriften

| Art. 101 | Ausführungsvorschriften |
|---|---|
| Art. 101a | Bezirkswirtschaftliche Erleichterungen anlässlich der Corona-Pandemie |
| Art. 102 | Einschränkung von Grundrechten |
| Art. 103 | Inkrafttreten, Außerkrafttreten |

## ERSTER TEIL
# Wesen und Aufgaben des Bezirks

### 1. Abschnitt
## Begriff, Benennung und Hoheitszeichen

**Art. 1 Begriff.** Die Bezirke sind Gebietskörperschaften mit dem Recht, überörtliche Angelegenheiten, die über die Zuständigkeit oder das Leistungsvermögen der Landkreise und kreisfreien Gemeinden hinausgehen und deren Bedeutung über das Gebiet des Bezirks nicht hinausreicht, im Rahmen der Gesetze selbst zu ordnen und zu verwalten.

**Art. 2 Name; Sitz der Bezirksverwaltung.** Der Name der Bezirke und der Sitz der Bezirksverwaltung werden durch Gesetz bestimmt.

**Art. 3 Wappen und Fahnen; Dienstsiegel.** (1) ¹Die Bezirke können ihre geschichtlichen Wappen und Fahnen führen. ²Sie sind verpflichtet, sich bei der Änderung bestehender und der Annahme neuer Wappen und Fahnen von der Generaldirektion der Staatlichen Archive Bayerns beraten zu lassen und, soweit sie deren Stellungnahme nicht folgen wollen, den Entwurf der Rechtsaufsichtsbehörde vorzulegen.

(2) ¹Bezirke mit eigenem Wappen führen dieses in ihrem Dienstsiegel. ²Die übrigen Bezirke führen in ihrem Dienstsiegel das große Staatswappen.

(3) Von Dritten dürfen Wappen und Fahnen des Bezirks nur mit dessen Genehmigung verwendet werden.

## 2. Abschnitt
## Wirkungskreis

**Art. 4 Wirkungskreis im allgemeinen.** (1) Den Bezirken steht die Erfüllung öffentlicher Aufgaben zu, die sich auf das Gebiet des Bezirks beschränken und über die Zuständigkeit oder das Leistungsvermögen der Landkreise und kreisfreien Gemeinden hinausgehen.

(2) Die Aufgaben der Bezirke sind eigene oder übertragene Angelegenheiten.

**Art. 5 Eigene Angelegenheiten.** (1) Der eigene Wirkungskreis der Bezirke umfaßt die Angelegenheit der durch das Gebiet des Bezirks begrenzten überörtlichen Gemeinschaft.

(2) ¹In Angelegenheiten des eigenen Wirkungskreises handeln die Bezirke nach eigenem Ermessen. ²Sie sind nur an die gesetzlichen Vorschriften gebunden.

**Art. 6 Übertragene Angelegenheiten.** (1) Der übertragene Wirkungskreis der Bezirke umfaßt alle Angelegenheiten, die das Gesetz den Bezirken zur Besorgung im Auftrag des Staates zuweist.

(2) Für die Erledigung übertragener Angelegenheiten können die zuständigen Staatsbehörden den Bezirken Weisungen erteilen.

(3) ¹Den Bezirken können Angelegenheiten auch zur selbständigen Besorgung übertragen werden. ²Art. 5 Abs. 2 ist hierbei sinngemäß anzuwenden.

(4) Bei der Zuweisung von Angelegenheiten sind gleichzeitig die notwendigen Mittel zur Verfügung zu stellen.

3. Abschnitt

# Bezirksgebiet

**Art. 7 Gebietsumfang.** Die Gesamtfläche der dem Bezirk zugeteilten Landkreise und kreisfreien Gemeinden bildet das Bezirksgebiet.

**Art. 8 Änderungen und Zuständigkeit.** (1) Regierungsbezirke können nur aus Gründen des öffentlichen Wohls in ihrem Gebietsumfang geändert werden.

(2) [1]Wird mindestens ein ganzer Landkreis oder mindestens eine ganze kreisfreie Gemeinde umgegliedert, erfolgt die Änderung durch Gesetz. [2]Vor der Änderung sind außer den Landkreisen bzw. Gemeinden des Änderungsgebiets die beteiligten Bezirkstage zu hören. [3]Den Bezirksbürgern, deren Bezirkszugehörigkeit wechselt, soll Gelegenheit gegeben werden, zu der Änderung in geheimer Abstimmung Stellung zu nehmen.

(3) Sonstige Änderungen werden im Verfahren nach Art. 8 Abs. 2 bis 4 der Landkreisordnung (LKrO) miterledigt, wobei zusätzlich die beteiligten Bezirke zu hören sind.

**Art. 9 Folgen der Änderungen.** (1) [1]Das Recht des aufnehmenden Bezirks erstreckt sich auf das aufgenommene Gebiet, wenn nicht in der Vorschrift über die Gebietsänderung etwas Abweichendes bestimmt ist. [2]Entsprechendes gilt für das Recht der durch die Änderung betroffenen Landkreise und Gemeinden.

(2) [1]Das Staatsministerium des Innern, für Sport und Integration regelt die für den Bezirk mit der Änderung zusammenhängenden weiteren Rechts- und Verwaltungsfragen. [2]Es kann insbesondere eine Neuwahl oder Ergänzung des Bezirkstags für den Rest der Wahlzeit anordnen. [3]Das Staatsministerium des Innern, für Sport und Integration trifft auch entsprechende Regelungen für die durch die Änderung betroffenen Landkreise und Gemeinden oder beauftragt damit die Regierungen oder für kreisangehörige Gemeinden die Landratsämter.

(3) [1]Die vermögensrechtlichen Verhältnisse werden durch Übereinkunft der beteiligten Bezirke geregelt. [2]Der Übereinkunft kommt in dem in ihr bestimmten Zeitpunkt, frühestens jedoch mit Rechtswirksamkeit der Änderung, unmittelbar rechtsbegründende Wirkung zu. [3]Kommt eine Übereinkunft nicht zustande, so entscheiden das Verwaltungsgericht und in der Berufungsinstanz der Verwaltungsgerichtshof als Schiedsgerichte.

(4) Soweit der Aufenthalt Voraussetzung für Rechte und Pflichten ist, gilt der vor der Änderung liegende Aufenthalt in dem Änderungsgebiet als Aufenthalt im neuen Bezirk.

**Art. 10 Gebühren.** Für Änderungen nach Art. 8 und Rechtshandlungen, die aus Anlaß solcher Änderungen erforderlich sind, werden landesrechtlich geregelte Abgaben nicht erhoben.

4. Abschnitt
## Bezirksangehörige

**Art. 11 Bezirkseinwohner und Bezirksbürger.** (1) ¹Bezirksangehörige sind alle Bezirkseinwohner. ²Sie haben gegenüber dem Bezirk die gleichen Rechte und Pflichten. ³Ausnahmen bedürfen eines besonderen Rechtstitels.

(2) Bezirksbürger sind alle Bezirksangehörigen, die das Wahlrecht für die Bezirkswahlen besitzen.*

**Art. 12 Wahlrecht.** Die Bezirksbürger wählen den Bezirkstag.**

**Art. 13 Ehrenamtliche Tätigkeit.** (1) ¹Die Bezirksbürger sind zur Übernahme von Ehrenämtern des Bezirks verpflichtet. ²Sie können nur aus wichtigem Grund die Übernahme von Ehrenämtern ablehnen oder ein Ehrenamt niederlegen. ³Als wichtiger Grund ist es insbesondere anzusehen, wenn der Verpflichtete die Tätigkeit nicht ordnungsgemäß ausüben kann. ⁴Wer ohne wichtigen Grund die Übernahme eines Ehrenamts ablehnt oder ein Ehrenamt niederlegt, kann mit Ordnungsgeld bis zu fünfhundert Euro belegt werden.

(2) ¹Ehrenamtlich tätige Personen können von der Stelle, die sie berufen hat, abberufen werden, wenn ein wichtiger Grund vorliegt. ²Ein solcher liegt auch dann vor, wenn die ehrenamtlich tätige Person ihre Pflichten gröblich verletzt oder sich als unwürdig erwiesen hat.

(3) Die besonderen gesetzlichen Vorschriften bleiben unberührt.

**Art. 14 Sorgfalts- und Verschwiegenheitspflicht.** (1) Ehrenamtlich tätige Personen sind verpflichtet, ihre Obliegenheiten gewissenhaft wahrzunehmen.

(2) ¹Sie haben über die ihnen bei ihrer ehrenamtlichen Tätigkeit bekanntgewordenen Angelegenheiten Verschwiegenheit zu bewahren; das gilt nicht für Mitteilungen im amtlichen Verkehr oder über Tatsachen, die offenkundig sind oder ihrer Bedeutung nach keiner Geheimhaltung bedürfen. ²Sie dürfen die Kenntnis der nach Satz 1 geheimzuhaltenden Angelegenheit nicht unbefugt

---

\* *Vgl. hierzu Art. 4 Abs. 1 Nr. 1 Bezirkswahlgesetz in der Fassung der Bekanntmachung vom 12. Februar 2003 (GVBl. S. 144), Gesetz zuletzt geändert durch Gesetz vom 26. März 2019 (GVBl. S. 98):*

**Art. 4 Wahl der Bezirksräte.** (1) Für die Wahl der Bezirksräte finden die nachstehenden Vorschriften des Landeswahlgesetzes *(abgedruckt unter Ordnungsnummer 12)* Anwendung:
1. Art. 1 Abs. 1 und 3 mit der Maßgabe, dass an die Stelle der Wohnung oder des gewöhnlichen Aufenthalts in Bayern die Wohnung oder der gewöhnliche Aufenthalt im Bezirk tritt, ferner Art. 2 …

\*\* *Vgl. hierzu Art. 1 Abs. 1 Satz 1 Bezirkswahlgesetz in der Fassung der Bekanntmachung vom 12. Februar 2003 (GVBl. S. 144), Gesetz zuletzt geändert durch Gesetz vom 26. März 2019 (GVBl. S. 98):*

**Art. 1 Bezirkswahlen.** (1) ¹Die Bezirkstagsmitglieder (Bezirksräte) werden in allgemeiner, gleicher, unmittelbarer und geheimer Wahl nach einem verbesserten Verhältniswahlrecht auf die Dauer von fünf Jahren gewählt.

Bezirksordnung **BezO 32**

verwerten. ³Sie haben auf Verlangen des Bezirkstags amtliche Schriftstücke, Zeichnungen, bildliche Darstellungen und Aufzeichnungen jeder Art über dienstliche Vorgänge herauszugeben, auch soweit es sich um Wiedergaben handelt. ⁴Diese Verpflichtungen bestehen auch nach Beendigung des Ehrenamts fort. ⁵Die Herausgabepflicht trifft auch die Hinterbliebenen und Erben.

(3) ¹Ehrenamtlich tätige Personen dürfen ohne Genehmigung über Angelegenheiten, über die sie Verschwiegenheit zu bewahren haben, weder vor Gericht noch außergerichtlich aussagen oder Erklärungen abgeben. ²Über die Genehmigung entscheidet der Bezirkstagspräsident; im Übrigen gelten Art. 84 Abs. 3 und 4 des Bayerischen Verwaltungsverfahrensgesetzes.

(4) ¹Wer den Verpflichtungen der Absätze 1, 2 oder 3 Satz 1 schuldhaft zuwiderhandelt, kann im Einzelfall mit Ordnungsgeld bis zu zweihundertfünfzig Euro, bei unbefugter Offenbarung personenbezogener Daten bis zu fünfhundert Euro, belegt werden; die Verantwortlichkeit nach anderen gesetzlichen Vorschriften bleibt unberührt. ²Die Haftung gegenüber dem Bezirk richtet sich nach den für den Bezirkstagspräsidenten geltenden Vorschriften. ³Der Bezirk stellt die Verantwortlichen von der Haftung frei, wenn sie von Dritten unmittelbar in Anspruch genommen werden und der Schaden weder vorsätzlich noch grob fahrlässig verursacht worden ist.

**Art. 14a Entschädigung.** (1) ¹Ehrenamtlich tätige Personen haben Anspruch auf angemessene Entschädigung. ²Das Nähere wird durch Satzung bestimmt. ³Auf die Entschädigung kann nicht verzichtet werden. ⁴Der Anspruch ist nicht übertragbar.

(2) Ehrenamtlich tätige Personen erhalten ferner für die nach Maßgabe näherer Bestimmung in der Satzung zur Wahrnehmung des Ehrenamts notwendige Teilnahme an Sitzungen, Besprechungen oder anderen Veranstaltungen folgende Ersatzleistungen:
1. Arbeitnehmern wird der ihnen entstandene nachgewiesene Verdienstausfall ersetzt.
2. ¹Selbständig Tätige können für die ihnen entstandene Zeitversäumnis eine Verdienstausfallentschädigung erhalten. ²Die Entschädigung wird auf der Grundlage eines satzungsmäßig festgelegten Pauschalsatzes gewährt. ³Wegezeiten können in angemessenem Umfang berücksichtigt werden.
3. ¹Personen, die keine Ersatzansprüche nach Nummern 1 und 2 haben, denen aber im beruflichen oder häuslichen Bereich ein Nachteil entsteht, der in der Regel nur durch das Nachholen versäumter Arbeit oder die Inanspruchnahme einer Hilfskraft ausgeglichen werden kann, können eine Entschädigung erhalten. ²Die Entschädigung wird auf der Grundlage eines satzungsmäßig festgelegten Pauschalsatzes gewährt. ³Der Pauschalsatz darf nicht höher sein als der Pauschalsatz nach Nummer 2. ⁴Wegezeiten können in angemessenem Umfang berücksichtigt werden.

(3) Für den Bezirkstagspräsidenten und seinen gewählten Stellvertreter gelten die besonderen gesetzlichen Vorschriften.

## 32 BezO — Bezirksordnung

(4) [1]Vergütungen für Tätigkeiten, die ehrenamtlich tätige Personen kraft Amts oder auf Vorschlag oder Veranlassung des Bezirks in einem Aufsichtsrat, Vorstand oder sonstigen Organ oder Gremium eines privatrechtlich oder öffentlich-rechtlich organisierten Unternehmens wahrnehmen, sind an den Bezirk abzuführen, soweit sie insgesamt einen Betrag von 6400 Euro im Kalenderjahr übersteigen; mit einem Vomhundertsatz benannte Änderungen des Grundgehalts der Beamten mit einer Besoldung nach Besoldungsgruppe A 13 gelten ab dem auf das Inkrafttreten der Änderung folgenden Kalenderjahr mit dem gleichen Vomhundertsatz für den in Halbsatz 1 genannten Betrag. [2]Vom Bezirk veranlasst sind auch Tätigkeiten, die von einem Unternehmen, an dem er unmittelbar oder mittelbar ganz oder mehrheitlich beteiligt ist, einer ehrenamtlich tätigen Person übertragen werden. [3]Der Betrag verdoppelt sich für Vorsitzende des Aufsichtsrats oder eines vergleichbaren Organs der in Satzung 1 genannten Unternehmen und erhöht sich für deren Stellvertreter um 50 v.H. [4]Bei der Festsetzung des abzuführenden Betrags sind von den Vergütungen Aufwendungen abzusetzen, die im Zusammenhang mit der Tätigkeit nachweislich entstanden sind. [5]Die Ablieferungsregelungen nach dem beamtenrechtlichen Nebentätigkeitsrecht finden keine Anwendung.

**Art. 15 Benutzung öffentlicher Einrichtungen; Tragung der Bezirkslasten.** (1) Alle Bezirksangehörigen sind nach den bestehenden allgemeinen Vorschriften berechtigt, die öffentlichen Einrichtungen des Bezirks zu benutzen, und verpflichtet, die Bezirkslasten zu tragen.

(2) [1]Mehrere technisch selbständige Anlagen des Bezirks, die demselben Zweck dienen, können eine Einrichtung oder einzelne rechtlich selbständige Einrichtungen bilden. [2]Der Bezirk entscheidet das durch Satzung; trifft er keine Regelung, liegt nur eine Einrichtung vor.

(3) Auswärts wohnende Personen haben für ihren Grundbesitz oder ihre gewerblichen Niederlassungen im Bezirksgebiet gegenüber dem Bezirk die gleichen Rechte und Pflichten wie im Bezirk wohnende Grundbesitzer und Gewerbetreibende.

(4) Die Vorschriften in den Absätzen 1 und 3 finden auf juristische Personen und Personenvereinigungen mit Sitz oder Niederlassung im Bezirksgebiet entsprechende Anwendung.

(5) [1]Die Benutzung der öffentlichen, dem Gemeingebrauch dienenden Einrichtungen des Bezirks steht nach Maßgabe der bestehenden Vorschriften jedermann zu. [2]Die Zulassung kann von einer vorherigen Belehrung und dem ausdrücklichen Anerkenntnis der bestehenden Vorschriften abhängig gemacht werden.

## 5. Abschnitt
## Bezirkshoheit

**Art. 16 Umfang der Bezirkshoheit.** (1) Die Hoheitsgewalt des Bezirks umfaßt das Bezirksgebiet und seine gesamte Bevölkerung (Bezirkshoheit).

(2) Die Bezirke können zur Aufbringung der für ihre Aufgaben nötigen Mittel im Rahmen der Gesetze Abgaben erheben.

**Art. 17 Bezirksrecht.** ¹Die Bezirke können zur Regelung ihrer Angelegenheiten Satzungen erlassen. ²Satzungen zur Regelung übertragener Angelegenheiten, bewehrte Satzungen und Verordnungen sind nur in den gesetzlich bestimmten Fällen zulässig. ³In solchen Satzungen und in Verordnungen soll ihre besondere Rechtsgrundlage angegeben werden.

**Art. 18 Inhalt von Satzungen.** (1) ¹In den Satzungen können die Bezirke insbesondere die Benutzung ihres Eigentums und ihrer öffentlichen Einrichtungen regeln. ²In diesen Satzungen können Zuwiderhandlungen als Ordnungswidrigkeit mit Geldbuße bis zu zweitausendfünfhundert Euro bedroht werden (bewehrte Satzungen).

(2) In Satzungen nach Absatz 1 und in Satzungen, die auf Grund anderer Gesetze, die auf diesen Artikel verweisen, erlassen werden, kann bestimmt werden, daß die von dem Bezirk mit dem Vollzug dieser Satzung beauftragten Personen berechtigt sind, zur Überwachung der Pflichten, die sich nach diesen Satzungen und Gesetzen ergeben, zu angemessener Tageszeit Grundstücke, Gebäude, Anlagen, Einrichtungen, Wohnungen und Wohnräume im erforderlichen Umfang zu betreten.

**Art. 19 Inkrafttreten; Ausfertigung und Bekanntmachung.** (1) ¹Satzungen treten eine Woche nach ihrer Bekanntmachung in Kraft. ²In der Satzung kann ein anderer Zeitpunkt bestimmt werden, in bewehrten Satzungen und anderen Satzungen, die nicht mit rückwirkender Kraft erlassen werden dürfen, jedoch frühestens der auf die Bekanntmachung folgende Tag.

(2) Satzungen sind auszufertigen und im Amtsblatt des Bezirks oder der Regierung, sonst im Staatsanzeiger bekanntzumachen.

**Art. 20 Verwaltungsverfügungen; Zwangsmaßnahmen.** (1) Die Bezirke können im eigenen und im übertragenen Wirkungskreis die zur Durchführung von Gesetzen, Rechtsverordnungen und Satzungen notwendigen Einzelverfügungen erlassen und unter Anwendung der gesetzlichen Zwangsmittel vollziehen.

(2) ¹Verwaltungsakte, Ladungen oder sonstige Mitteilungen, die auf Grund von Rechtsvorschriften außerhalb dieses Gesetzes amtlich, öffentlich oder ortsüblich bekanntzumachen sind, hat der Bezirk wie seine Satzungen bekanntzumachen. ²Sind Pläne, Karten oder sonstige Nachweise Bestandteil einer Mitteilung nach Satz 1, so kann die Bekanntmachung unbeschadet anderer Vorschriften auch dadurch bewirkt werden, daß die Mitteilung mit den Nachweisen auf die Dauer

von zwei Wochen in der Verwaltung des Bezirks oder in der Regierung ausgelegt wird; der Gegenstand der Mitteilung sowie Ort und Zeit der Bekanntmachung sind mindestens eine Woche vorher nach Satz 1 bekanntzumachen.

(3) Geldbußen und Verwarnungsgelder, die auf Grund bewehrter Satzungen und Verordnungen festgesetzt werden, fließen dem Bezirk zu.

ZWEITER TEIL
## Verfassung und Verwaltung des Bezirks

1. Abschnitt
### Bezirksorgane und ihre Hilfskräfte

**Art. 21 Hauptorgane.** Der Bezirk wird durch den Bezirkstag verwaltet, soweit nicht vom Bezirkstag bestellte Ausschüsse (Art. 25 und 28) über Bezirksangelegenheiten beschließen, der Bezirkstagspräsident selbständig entscheidet (Art. 33 Abs. 1 und 2) oder die Regierung gemäß Art. 35b tätig wird.

#### a) Der Bezirkstag

**Art. 22 Rechtsstellung; Aufgaben des Bezirkstags.** (1) [1]Der Bezirkstag ist die Vertretung der Bezirksbürger. [2]Er entscheidet im Rahmen des Art. 21 über die Angelegenheiten der Bezirksverwaltung.

(2) [1]Der Bezirkstag überwacht die gesamte Bezirksverwaltung, insbesondere auch die Ausführung seiner Beschlüsse. [2]Er kann hierfür Richtlinien aufstellen.

**Art. 23 Zusammensetzung des Bezirkstags.** (1) [1]Der Bezirkstag besteht aus den Bezirkstagsmitgliedern (Bezirksräten). [2]Sie sind ehrenamtlich tätig.

(2) In den Bezirkstag sind so viele Bezirksräte zu wählen, als Landtagsabgeordnete nach dem Landeswahlgesetz auf den Bezirk treffen.

(3) Das Nähere regelt das Bezirkswahlgesetz.

(4) [1]Bezirksräte können nicht sein
1. Beamte und leitende oder hauptberufliche Arbeitnehmer des Bezirks,
2. leitende Beamte und leitende Arbeitnehmer von juristischen Personen oder sonstigen Organisationen des öffentlichen oder privaten Rechts, an denen der Bezirk mit mehr als 50 v.H. beteiligt ist; eine Beteiligung am Stimmrecht genügt,
3. Beamte und Arbeitnehmer der Regierung, die unmittelbar mit Aufgaben des Bezirks befaßt sind (Art. 35a und 35b),
4. Beamte und Arbeitnehmer der Rechtsaufsichtsbehörde, die unmittelbar mit Aufgaben der Rechtsaufsicht befaßt sind,
5. Bezirksräte eines anderen Bezirks.

²Als Arbeitnehmer im Sinn des Satzes 1 gilt nicht, wer überwiegend körperliche Arbeit verrichtet. ³Satz 1 ist nicht anzuwenden, wenn der Beamte während der Dauer des Ehrenamts ohne Dienstbezüge beurlaubt ist, im Rahmen von Altersteilzeit im Blockmodell vollständig vom Dienst freigestellt ist oder wenn seine Rechte und Pflichten aus dem Dienstverhältnis wegen der Wahl in eine gesetzgebende Körperschaft ruhen; dies gilt für Arbeitnehmer entsprechend.

**Art. 24 Einberufung des Bezirkstags.** (1) ¹Der Bezirkstagspräsident beruft den Bezirkstag mit angemessener Frist und unter Angabe der Tagesordnung ein und bereitet die Beratungsgegenstände vor. ²Er hat ihn einzuberufen, wenn es der Bezirksausschuss oder ein Drittel der Bezirksräte unter Bezeichnung des Verhandlungsgegenstands schriftlich oder elektronisch beantragt. ³Die erste Sitzung des Bezirkstags nach seiner Neuwahl beruft abweichend von Satz 1 der Regierungspräsident spätestens am 26. Tag nach der Wahl ein.

(2) ¹Alle Bezirksräte sind alsbald nach ihrer Berufung in feierlicher Form zu vereidigen. ²Die Eidesformel lautet:

„Ich schwöre Treue dem Grundgesetz für die Bundesrepublik Deutschland und der Verfassung des Freistaates Bayern. Ich schwöre, den Gesetzen gehorsam zu sein und meine Amtspflichten gewissenhaft zu erfüllen. Ich schwöre, die Rechte der Selbstverwaltung zu wahren und ihren Pflichten nachzukommen, so wahr mir Gott helfe."

³Der Eid kann auch ohne die Worte „so wahr mir Gott helfe" geleistet werden. ⁴Erklärt ein Bezirksrat, daß er aus Glaubens- oder Gewissensgründen keinen Eid leisten könne, so hat er an Stelle der Worte „ich schwöre" die Worte „ich gelobe" zu sprechen oder das Gelöbnis mit einer dem Bekenntnis seiner Religionsgemeinschaft oder der Überzeugung seiner Weltanschauungsgemeinschaft entsprechenden, gleichwertigen Beteuerungsformel einzuleiten. ⁵Den Eid nimmt der Bezirkstagspräsident ab. ⁶Die Eidesleistung entfällt für die Bezirksräte, die im Anschluß an ihre Amtszeit wieder zum Bezirksrat des gleichen Bezirks gewählt wurden.

### b) Der Bezirksausschuß und die weiteren Ausschüsse

**Art. 25 Aufgaben des Bezirksausschusses.** ¹Der Bezirksausschuß ist ein vom Bezirkstag bestellter ständiger Ausschuß. ²Er bereitet die Verhandlungen des Bezirkstags vor und beschließt über die ihm vom Bezirkstag übertragenen Angelegenheiten. ³In der Geschäftsordnung (Art. 37) kann bestimmt werden, dass der Bezirkstag Empfehlungen der Fachausschüsse auch ohne Vorbereitung durch den Bezirksausschuss behandeln kann.

**Art. 26 Zusammensetzung.** (1) ¹Der Bezirksausschuß besteht aus dem Bezirkstagspräsidenten und weiteren Bezirksräten. ²Die Zahl der weiteren Bezirksräte beträgt in Bezirken

mit bis zu 2 Millionen Einwohnern 8,
mit mehr als 2 Millionen Einwohnern 12.

(2) ¹Die weiteren Bezirksräte des Bezirksausschusses werden vom Bezirkstag für die Dauer der Wahlzeit aus seiner Mitte bestellt. ²Hierbei hat der Bezirkstag dem Stärkeverhältnis der in ihm vertretenen Parteien und Wählergruppen Rechnung zu tragen. ³Haben dabei mehrere Parteien oder Wählergruppen gleichen Anspruch auf einen Sitz, so ist statt eines Losentscheids auch der Rückgriff auf die Zahl der bei der Wahl auf diese Parteien oder Wählergruppen abgegebenen Stimmen zulässig. ⁴Die Bestellung anderer als der von den Parteien oder Wählergruppen vorgeschlagenen Personen ist nicht zulässig. ⁵Bezirksräte können sich zur Entsendung gemeinsamer Vertreter in den Bezirksausschuß zusammenschließen.

(3) ¹Während der Wahlzeit im Bezirkstag eintretende Änderungen des Stärkeverhältnisses der Parteien und Wählergruppen sind auszugleichen. ²Scheidet ein Mitglied aus der von ihm vertretenen Partei oder Wählergruppe aus, so verliert es seinen Sitz im Bezirksausschuß.

**Art. 27 Einberufung.** ¹Der Bezirksausschuß wird vom Bezirkstagspräsidenten nach Bedarf einberufen. ²Er muß einberufen werden, wenn es die Hälfte der Mitglieder unter Angabe des Beratungsgegenstands schriftlich beantragt.

**Art. 28 Weitere Ausschüsse.** (1) ¹Der Bezirkstag kann im Bedarfsfall weitere vorberatende und beschließende Ausschüsse bilden. ²Die Zusammensetzung der Ausschüsse regelt der Bezirkstag in der Geschäftsordnung (Art. 37). ³Art. 26 Abs. 2 und 3 und Art. 27 gelten entsprechend.

(2) ¹Den Vorsitz in den weiteren Ausschüssen führt der Bezirkstagspräsident. ²Mit seiner Zustimmung kann sein gewählter Stellvertreter, mit Zustimmung des Bezirkstagspräsidenten und seines gewählten Stellvertreters auch ein vom Bezirkstag bestimmter Bezirksrat den Vorsitz führen. ³Ist der Vorsitzende verhindert oder persönlich beteiligt, so führt sein Vertreter den Vorsitz. ⁴Ist dieser bereits Mitglied des Ausschusses, nimmt dessen Vertreter für die Dauer der Vertretung den Sitz im Ausschuss ein.

(3) Weiter Ausschüsse können vom Bezirkstag jederzeit aufgelöst werden.

**Art. 29 Dem Bezirkstag vorbehaltene Angelegenheiten.** Der Bezirkstag kann dem Bezirksausschuß und weiteren beschließenden Ausschüssen folgende Angelegenheiten nicht übertragen:
1. den Erlaß, die Änderung und die Aufhebung von Satzungen und Verordnungen des Bezirks,
2. die Festsetzung öffentlicher Abgaben und Gebühren,
3. die Festsetzung der Entschädigung für ehrenamtlich tätige Personen (Art. 14a)
4. die Beschlußfassung in beamtenrechtlichen Angelegenheiten des Bezirkstagspräsidenten und seines gewählten Stellvertreters, soweit nicht das Kommunal-Wahlbeamten-Gesetz etwas anderes bestimmt,
5. die Beschlußfassung über die Haushaltssatzung, über die Nachtragshaushaltssatzung sowie die Beschlußfassung über die Aufnahme von zusätzlichen Krediten während der vorläufigen Haushaltsführung (Art. 57, 60 und 61 Abs. 2),

Bezirksordnung

6. die Beschlußfassung über den Finanzplan (Art. 62),
7. die Feststellung der Jahresrechnung und der Jahresabschlüsse der Eigenbetriebe und der Krankenhäuser mit kaufmännischem Rechnungswesen sowie die Beschlußfassung über die Entlastung (Art. 84 Abs. 4),
8. Entscheidungen über Unternehmen des Bezirks im Sinn von Art. 81a,
9. die hinsichtlich der Eigenbetriebe dem Bezirkstag im übrigen vorbehaltenen Angelegenheiten (Art. 74),
10. die Bestellung und die Abberufung des Leiters des Rechnungsprüfungsamts sowie seines Stellvertreters,
11. die Beschlußfassung über Änderungen von bewohntem Bezirksgebiet.

### c) Der Bezirkstagspräsident

**Art. 30 Wahl und Rechtsstellung des Bezirkstagspräsidenten und seines Stellvertreters.** (1) ¹Der Bezirkstagspräsident und sein Stellvertreter werden vom Bezirkstag in seiner ersten Sitzung aus der Mitte des Bezirkstags gewählt. ²Art. 39 Abs. 2 Satz 1 des Gemeinde- und Landkreiswahlgesetzes gilt entsprechend.

(2) Der Bezirkstagspräsident und sein gewählter Stellvertreter sind Ehrenbeamte des Bezirks.

(3) ¹Endet das Beamtenverhältnis des Bezirkstagspräsidenten oder seines gewählten Stellvertreters während der Wahlzeit des Bezirkstags, so findet innerhalb von drei Monaten eine Neuwahl für den Rest der Wahlzeit statt. ²Beträgt der Rest der Wahlzeit weniger als sechs Monate, so findet eine Neuwahl nur statt, wenn der Bezirkstag eine Neuwahl beschließt oder das Beamtenverhältnis des Bezirkstagspräsidenten und seines gewählten Stellvertreters geendet hat.

**Art. 31 Weitere Stellvertreter; Übertragung von Befugnissen.** (1) Die weitere Stellvertretung des Bezirkstagspräsidenten regelt der Bezirkstag durch Beschluß.

(2) Der Bezirkstagspräsident kann im Rahmen der Geschäftsverteilung (Art. 37 Abs. 3) einzelne seiner Befugnisse dem gewählten Stellvertreter, nach dessen Anhörung auch einem Bezirksrat und in Angelegenheiten der laufenden Verwaltung dem leitenden Verwaltungsbeamten, dem leitenden Beamten der Sozialhilfeverwaltung oder anderen beim Bezirk tätigen Bediensteten übertragen; eine darüber hinausgehende Übertragung auf einen Bediensteten bedarf zusätzlich der Zustimmung des Bezirkstags.

**Art. 32 Vorsitz im Bezirkstag; Vollzug der Beschlüsse.** ¹Der Bezirkstagspräsident führt den Vorsitz im Bezirkstag und im Bezirksausschuß. ²Er vollzieht die Beschlüsse des Bezirkstags und seiner Ausschüsse. ³Soweit er verhindert oder persönlich beteiligt ist, handelt sein Vertreter. ⁴Ist dieser bereits Mitglied des Bezirksausschusses, nimmt dessen Vertreter für die Dauer der Vertretung den Sitz im Ausschuss ein.

**Art. 33 Zuständigkeit des Bezirkstagspräsidenten.** (1) ¹Der Bezirkstagspräsident erledigt in eigener Zuständigkeit
1. die laufenden Angelegenheiten, die für den Bezirk keine grundsätzliche Bedeutung haben und keine erheblichen Verpflichtungen erwarten lassen,
2. die Angelegenheiten des Bezirks, die im Interesse der Sicherheit der Bundesrepublik oder eines ihrer Länder geheimzuhalten sind.

²Für die laufenden Angelegenheiten nach Satz 1 Nr. 1, die nicht unter Nummer 2 fallen, kann der Bezirkstag Richtlinien aufstellen.

(2) ¹Der Bezirkstag kann dem Bezirkstagspräsidenten durch die Geschäftsordnung weitere Angelegenheiten zur selbständigen Erledigung übertragen. ²Das gilt nicht für Angelegenheiten, die nach Art. 29 nicht auf beschließende Ausschüsse übertragen werden können. ³Der Bezirkstag kann dem Bezirkstagspräsidenten übertragene Angelegenheiten im Einzelfall nicht wieder an sich ziehen; das Recht des Bezirkstags, die Übertragung allgemein zu widerrufen, bleibt unberührt.

(3) ¹Der Bezirkstagspräsident ist befugt, an Stelle des Bezirkstags oder seiner Ausschüsse dringliche Anordnungen zu treffen und unaufschiebbare Geschäfte zu besorgen. ²Hiervon hat er dem Bezirkstag oder den Ausschüssen in der nächsten Sitzung Kenntnis zu geben.

(4) Der Bezirkstagspräsident kann den Bezirksbediensteten und den gemäß Art. 35a Abs. 1 dem Bezirk zur Verfügung gestellten staatlichen Bediensteten allgemein und im Einzelfall sachliche Weisungen erteilen.

**Art. 33a Vertretung des Bezirks nach außen; Verpflichtungsgeschäft.**
(1) ¹Der Bezirkstagspräsident vertritt den Bezirk nach außen. ²Der Umfang der Vertretungsmacht ist auf seine Befugnisse beschränkt.

(2) ¹Erklärungen, durch welche der Bezirk verpflichtet werden soll, bedürfen der Schriftform; das gilt nicht für ständig wiederkehrende Geschäfte des täglichen Lebens, die finanziell von unerheblicher Bedeutung sind. ²Die Erklärungen sind durch den Bezirkstagspräsidenten oder seinen Stellvertreter unter Angabe der Amtsbezeichnung zu unterzeichnen. ³Sie können auf Grund einer den vorstehenden Erfordernissen entsprechenden Vollmacht auch durch Bedienstete, die beim Bezirk tätig sind, unterzeichnet werden.

### d) Bezirksbedienstete

**Art. 34 Bezirksbedienstete.** (1) ¹Der Bezirkstag ist zuständig,
1. die Beamten des Bezirks ab Besoldungsgruppe A 9 zu ernennen, zu befördern, abzuordnen oder zu versetzen, an eine Einrichtung zuzuweisen, in den Ruhestand zu versetzen und zu entlassen,
2. die Arbeitnehmer des Bezirks ab Entgeltgruppe 9 des Tarifvertrags für den öffentlichen Dienst oder ab einem entsprechenden Entgelt einzustellen, höherzugruppieren, abzuordnen oder zu versetzen, einem Dritten zuzuweisen, mittels Personalgestellung zu beschäftigen und zu entlassen.

²Befugnisse nach Satz 1 kann der Bezirkstag dem Bezirksausschuss oder einem weiteren beschließenden Ausschuss übertragen. ³Der Bezirkstag kann die Befugnisse nach Satz 1 für Beamte bis zur Besoldungsgruppe A 14 und für Arbeitnehmer bis zur Entgeltgruppe 14 des Tarifvertrags für den öffentlichen Dienst oder mit einem entsprechenden Entgelt dem Bezirkstagspräsidenten übertragen; Art. 31 Abs. 2 findet Anwendung. ⁴Ein solcher Beschluss bedarf der Mehrheit der stimmberechtigten Mitglieder des Bezirkstags; falls der Beschluss nicht mit dieser Mehrheit wieder aufgehoben wird, gilt er bis zum Ende der Wahlzeit des Bezirkstags.

(2) ¹Für Beamte des Bezirks bis zur Besoldungsgruppe A 8 und für Arbeitnehmer des Bezirks bis zur Entgeltgruppe 8 des Tarifvertrags für den öffentlichen Dienst oder bis zu einem entsprechenden Entgelt obliegen die in Abs. 1 genannten personalrechtlichen Befugnisse dem Bezirkstagspräsidenten. ²Art. 31 Abs. 2 findet Anwendung.

(3) ¹Die Dienstaufsicht über die Bezirksbediensteten führt der Bezirkstagspräsident. ²Er ist Dienstvorgesetzter der Bezirksbeamten.

(4) ¹Bezirksbedienstete müssen die für eine vergleichbare Tätigkeit im Staatsdienst erforderliche Vorbildung nachweisen. ²Zu ärztlichen Direktoren der Nervenkrankenhäuser der Bezirke und zu deren Stellvertretern können nur Nervenärzte bestellt werden, die eine hauptberufliche Tätigkeit von mindestens drei Jahren an einem Nervenkrankenhaus ausgeübt haben und besondere Kenntnisse für die Leitung eines Nervenkrankenhauses besitzen.

(5) Die Arbeitsbedingungen und das Entgelt der Arbeitnehmer müssen angemessen sein.

(6) ¹Der Stellenplan (Art. 56 Abs. 2 Satz 2) ist einzuhalten. ²Abweichungen sind nur im Rahmen des Art. 60 Abs. 3 Nr. 2 zulässig.

## 2. Abschnitt
## Regierung und Bezirk

**Art. 35 Verwaltungsverbund.** ¹Die Verwaltung des Bezirks wird im organisatorischen und nach Maßgabe der Art. 35a und 35b im personellen und sächlichen Verwaltungsverbund mit der Regierung geführt. ²Die Einzelheiten werden durch ergänzende Vereinbarung zwischen Bezirk und Regierung geregelt.

**Art. 35a Bereitstellung von Bediensteten und Einrichtungen.** (1) ¹Die Regierung stellt dem Bezirk die leitenden Verwaltungsbeamten der Hauptverwaltung und der Sozialhilfeverwaltung sowie für weitere zentrale Verwaltungsaufgaben staatliche Dienstkräfte nach Maßgabe des Staatshaushalts zur Verfügung. ²Der leitende Verwaltungsbeamte und der leitende Beamte der Sozialhilfeverwaltung werden im Einvernehmen mit dem Bezirkstagspräsidenten bestellt.

# 32 BezO — Bezirksordnung

(2) Soweit der Bezirk seine Verwaltungsaufgaben nicht mit eigenen Verwaltungseinrichtungen erledigt, stellt ihm die Regierung ihre Einrichtungen nach Maßgabe des Staatshaushalts zur Verfügung.

(3) Der Bezirk und die Regierung leisten sich in Fachfragen zur Erfüllung ihrer Aufgaben gegenseitig gutachtliche Hilfe.

(4) [1]Für Amtspflichtverletzungen der für den Bezirk tätigen Staatsbediensteten haftet der Bezirk. [2]Für Amtspflichtverletzungen der für die Regierung tätigen Bezirksbediensteten haftet der Freistaat Bayern.

**Art. 35b Erledigung von Bezirksaufgaben durch die Regierung.** (1) [1]Der Bezirkstag kann durch Beschluß im Benehmen mit der Regierung die Erfüllung von Verwaltungsaufgaben auf die Regierung übertragen. [2]Die Übertragung ist gemäß Art. 19 Abs. 2 bekanntzumachen.

(2) [1]Bei der Erfüllung dieser Verwaltungsaufgaben obliegt der Regierung die verwaltungsmäßige Vorbereitung und der verwaltungsmäßige Vollzug der Beschlüsse des Bezirkstags, seiner Ausschüsse und der Entscheidungen des Bezirkstagspräsidenten nach Art. 33 Abs. 2. [2]Die Regierung erledigt in diesem Bereich ferner die laufenden Verwaltungsangelegenheiten, die für den Bezirk keine grundsätzliche Bedeutung haben und keine erheblichen Verpflichtungen erwarten lassen. [3]Hierfür kann der Bezirkstag Richtlinien aufstellen.

(3) [1]Die Regierung vertritt insoweit den Bezirk nach außen, soweit sich nicht der Bezirkstagspräsident in Angelegenheiten, die nicht zu den laufenden Verwaltungsangelegenheiten nach Absatz 2 gehören, die Vertretung vorbehält. [2]Art. 33a Abs. 2 gilt entsprechend.

**Art. 36 Regierungspräsident und Bezirkstag.** (1) Der Regierungspräsident wird im Benehmen mit dem Bezirkstag von der Staatsregierung ernannt.

(2) [1]Der Regierungspräsident und sein Stellvertreter haben zu allen Sitzungen des Bezirkstags und seiner Ausschüsse Zutritt. [2]Zu den Sitzungen der Ausschüsse können sie Beauftragte entsenden.

(3) Der Bezirkstag und seine Ausschüsse können das Erscheinen des Regierungspräsidenten verlangen.

## 3. Abschnitt
## Geschäftsgang

**Art. 37 Geschäftsordnung und Geschäftsgang der Ausschüsse.** (1) Der Bezirkstag gibt sich eine Geschäftsordnung.

(2) [1]Die Geschäftsordnung muß Bestimmungen über die Frist und Form der Einladungen zu den Sitzungen sowie über den Geschäftsgang des Bezirkstags, des Bezirksausschusses und der weiteren Ausschüsse enthalten. [2]Auf den Ge-

schäftsgang des Bezirksausschusses und der weiteren beschließenden Ausschüsse finden die Vorschriften der Art. 24 Abs. 1 Satz 1 und 2 und Art. 38 bis 45 entsprechende Anwendung.

(3) Im Rahmen der Geschäftsordnung leitet und verteilt der Bezirkstagspräsident die Geschäfte.

(4) Der Regierungspräsident muß zu allen Sitzungen des Bezirkstags und seiner Ausschüsse eingeladen werden.

**Art. 38 Sitzungszwang; Beschlußfähigkeit.** (1) [1]Der Bezirkstag beschließt in Sitzungen. [2]Er ist beschlußfähig, wenn sämtliche Bezirksräte ordnungsgemäß geladen sind und die Mehrheit der Bezirksräte anwesend und stimmberechtigt ist.

(2) [1]Wird der Bezirkstag infolge vorausgegangener Beschlußunfähigkeit zum zweiten Mal zur Verhandlung über denselben Gegenstand zusammengerufen, so ist er ohne Rücksicht auf die Zahl der Erschienenen beschlußfähig. [2]Bei der zweiten Einladung muß auf diese Bestimmung hingewiesen werden.

**Art. 39 Teilnahmepflicht; Ordnungsgeld gegen Säumige.** (1) [1]Die Bezirksräte sind verpflichtet, an den Sitzungen und Abstimmungen teilzunehmen und die ihnen zugewiesenen Geschäfte zu übernehmen. [2]Kein Bezirksrat darf sich der Stimme enthalten.

(2) Gegen Bezirksräte, die sich diesen Verpflichtungen ohne genügende Entschuldigung entziehen, kann der Bezirkstag Ordnungsgeld bis zu zweihundertfünfzig Euro im Einzelfall verhängen.

(3) Ordnungsgeld wird als Einnahme des Bezirks behandelt.

**Art. 40 Ausschluß wegen persönlicher Beteiligung.** (1) [1]Ein Mitglied kann an der Beratung und Abstimmung nicht teilnehmen, wenn der Beschluss ihm selbst, einem Angehörigen (Art. 20 Abs. 5 des Bayerischen Verwaltungsverfahrensgesetzes) oder einer von ihm vertretenen natürlichen oder juristischen Person oder sonstigen Vereinigung einen unmittelbaren Vorteil oder Nachteil bringen kann. [2]Gleiches gilt, wenn ein Bezirksrat in anderer als öffentlicher Eigenschaft ein Gutachten abgegeben hat.

(2) Absatz 1 gilt nicht
1. für Wahlen,
2. für Beschlüsse, mit denen der Bezirkstag eine Person zum Mitglied eines Ausschusses bestellt oder sie zur Wahrnehmung von Interessen des Bezirks in eine andere Einrichtung entsendet, dafür vorschlägt oder daraus abberuft.

(3) Ob die Voraussetzungen des Absatzes 1 vorliegen, entscheidet der Bezirkstag.

(4) Die Mitwirkung eines wegen persönlicher Beteiligung ausgeschlossenen Bezirksrats hat die Ungültigkeit des Beschlusses nur zur Folge, wenn sie für das Abstimmungsergebnis entscheidend war.

**Art. 41 Einschränkung des Vertretungsrechts.** Mitglieder des Bezirkstags dürfen Ansprüche Dritter gegen den Bezirk nur als gesetzliche Vertreter geltend machen.

**Art. 42 Form der Beschlußfassung; Wahlen.** (1) [1]Beschlüsse des Bezirkstags werden in offener Abstimmung mit Mehrheit der Abstimmenden gefaßt. [2]Bei Stimmengleichheit ist der Antrag abgelehnt.

(2) [1]Kein Bezirksrat darf zu irgendeiner Zeit wegen seiner Abstimmung gerichtlich oder dienstlich verfolgt oder sonst außerhalb des Bezirkstags zur Verantwortung gezogen werden. [2]Die Haftung gegenüber dem Bezirk ist nicht ausgeschlossen, wenn das Abstimmungsverhalten eine vorsätzliche Pflichtverletzung darstellt. [3]Die Verantwortlichkeit nach bundesrechtlichen Vorschriften bleibt unberührt.

(3) [1]Wahlen werden in geheimer Abstimmung vorgenommen. [2]Sie sind nur gültig, wenn sämtliche Bezirksräte unter Angabe des Gegenstands geladen sind und die Mehrheit von ihnen anwesend und stimmberechtigt ist. [3]Gewählt ist, wer mehr als die Hälfte der abgegebenen gültigen Stimmen erhält. [4]Neinstimmen und leere Stimmzettel sind ungültig. [5]Ist mindestens die Hälfte der abgegebenen Stimmen ungültig, ist die Wahl zu wiederholen. [6]Ist die Mehrheit der abgegebenen Stimmen gültig und erhält keiner der Bewerber mehr als die Hälfte der abgegebenen gültigen Stimmen, so tritt Stichwahl unter den beiden Bewerbern mit den höchsten Stimmenzahlen ein. [7]Bei Stimmengleichheit in der Stichwahl entscheidet das Los.

(4) Absatz 3 gilt für alle Entscheidungen des Bezirkstags, die in diesem Gesetz oder in anderen Rechtsvorschriften als Wahlen bezeichnet werden.

**Art. 43 Öffentlichkeit.** (1) Zeitpunkt und Ort der öffentlichen Sitzungen des Bezirkstags sind unter Angabe der Tagesordnung spätestens eine Woche vor der Sitzung öffentlich bekanntzumachen.

(2) [1]Die Sitzungen sind öffentlich, soweit nicht Rücksichten auf das Wohl der Allgemeinheit oder auf berechtigte Ansprüche einzelner entgegenstehen. [2]Über den Ausschluß der Öffentlichkeit wird in nichtöffentlicher Sitzung beraten und entschieden.

(3) Die in nichtöffentlicher Sitzung gefaßten Beschlüsse sind der Öffentlichkeit bekanntzugeben, sobald die Gründe für die Geheimhaltung weggefallen sind.

**Art. 44 Handhabung der Ordnung.** (1) [1]Der Vorsitzende handhabt die Ordnung und übt das Hausrecht aus. [2]Er ist berechtigt, Zuhörer, welche die Ordnung stören, entfernen zu lassen. [3]Er kann mit Zustimmung des Bezirkstags Bezirksräte, welche die Ordnung fortgesetzt erheblich stören, von der Sitzung ausschließen.

(2) Wird durch einen bereits von einer früheren Sitzung ausgeschlossenen Bezirksrat die Ordnung innerhalb von zwei Monaten neuerdings erheblich gestört, so kann ihm der Bezirkstag für zwei weitere Sitzungen die Teilnahme untersagen.

**Art. 45 Niederschrift.** (1) ¹Die Verhandlungen des Bezirkstags sind niederzuschreiben. ²Die Niederschrift muß Tag und Ort der Sitzung, die anwesenden Bezirksräte, die behandelten Gegenstände, die Beschlüsse und das Abstimmungsergebnis ersehen lassen. ³Jedes Mitglied kann verlangen, daß in der Niederschrift festgehalten wird, wie es abgestimmt hat.

(2) ¹Die Bezirksräte können jederzeit die Niederschrift einsehen und sich Abschriften der in öffentlicher Sitzung gefaßten Beschlüsse erteilen lassen. ²Die Einsicht in die Niederschriften über öffentliche Sitzungen steht allen Bezirksbürgern frei.

**Art. 46** *(aufgehoben)*

4. Abschnitt

## Verwaltungsgrundsätze und Verwaltungsaufgaben

**Art. 47 Gesetzmäßigkeit; Unparteilichkeit.** ¹Die Verwaltungstätigkeit des Bezirks muß mit der Verfassung und den Gesetzen im Einklang stehen. ²Sie darf nur von sachlichen Gesichtspunkten geleitet sein.

**Art. 47a Geheimhaltung.** (1) ¹Alle Angelegenheiten, die im Interesse der Sicherheit oder anderer wichtiger Belange der Bundesrepublik oder eines ihrer Länder Unbefugten nicht bekannt werden dürfen, sind von den Bezirken geheimzuhalten. ²Die in anderen Rechtsvorschriften geregelte Verpflichtung zur Verschwiegenheit bleibt unberührt.

(2) ¹Zur Geheimhaltung der in Absatz 1 Satz 1 bezeichneten Angelegenheiten haben die Bezirke die notwendigen Vorkehrungen zu treffen. ²Sie haben insoweit auch die für die Behörden des Freistaates Bayern geltenden Verwaltungsvorschriften zu beachten. ³Das Staatsministerium des Innern, für Sport und Integration kann hierzu Richtlinien aufstellen und Weisungen erteilen, die nicht der Einschränkung nach Art. 91 Abs. 2 Satz 2 unterliegen.

(3) ¹Der Bezirkstagspräsident ist zu Beginn seiner Amtszeit durch die Rechtsaufsichtsbehörde schriftlich besonders zu verpflichten, die in Absatz 1 Satz 1 genannten Angelegenheiten geheimzuhalten und die hierfür geltenden Vorschriften zu beachten. ²In gleicher Weise hat der Bezirkstagspräsident seinen Stellvertreter zu verpflichten. ³Bezirksbedienstete hat er zu verpflichten, bevor sie mit den in Absatz 1 Satz 1 genannten Angelegenheiten befaßt werden. ⁴Art. 3a des Bayerischen Verwaltungsverfahrensgesetzes findet keine Anwendung.

**Art. 48 Aufgaben des eigenen Wirkungskreises; Pflichtaufgaben.** (1) Im eigenen Wirkungskreis sollen die Bezirke in den Grenzen ihrer Leistungsfähigkeit die öffentlichen Einrichtungen schaffen, die für das wirtschaftliche, soziale und kulturelle Wohl ihrer Einwohner nach den Verhältnissen des Bezirks erfor-

## 32 BezO — Bezirksordnung

derlich sind; hierbei sind die Belange des Natur- und Umweltschutzes zu berücksichtigen.

(2) Im Rahmen des Absatzes 1 sind die Bezirke unbeschadet bestehender Verbindlichkeiten Dritter verpflichtet, nach Maßgabe der gesetzlichen Vorschriften die erforderlichen Maßnahmen auf den Gebieten der Sozialhilfe, der Jugendhilfe, der Kriegsopferfürsorge, des Gesundheitswesens, des Sonderschulwesens, des Wasserbaus, der Denkmalpflege und der Heimatpflege zu treffen oder die nötigen Leistungen für solche Maßnahmen zu erbringen.

(3) Die Bezirke sind unbeschadet bestehender Verbindlichkeiten Dritter in den Grenzen ihrer Leistungsfähigkeit verpflichtet, die erforderlichen Einrichtungen oder Dienste
1. für Psychiatrie und Neurologie, für Menschen mit einer Suchterkrankung sowie für Menschen mit einer wesentlichen Seh-, Hör-, und Sprachbehinderung zu errichten, zu unterhalten und zu betreiben,
2. für die Eingliederung von Menschen mit Behinderung bereitzustellen, zu unterhalten oder zu fördern, soweit sie als zentrale Einrichtungen für das gesamte oder überwiegende Bezirksgebiet geboten sind und freie Träger hierfür nicht tätig werden.

**Art. 49 Übernahme von Kreisaufgaben.** (1) Auf Antrag von Landkreisen und kreisfreien Gemeinden können die Bezirke deren Aufgaben des eigenen Wirkungskreises (Art. 52 LKrO, Art. 7 Abs. 1 GO) übernehmen, wenn und solange diese das Leistungsvermögen der beteiligten Landkreise und kreisfreien Gemeinden übersteigen.

(2) Der Beschluß bedarf einer Mehrheit von zwei Dritteln der gesetzlichen Mitgliederzahl des Bezirkstags.

**Art. 50 Aufgaben des übertragenen Wirkungskreises.** Im übertragenen Wirkungskreis haben die Bezirke die staatlichen Verwaltungsaufgaben zu erfüllen, die ihnen durch Gesetz zugewiesen sind.

**Art. 51** *(aufgehoben)*

**Art. 52 Zuständigkeit für den Gesetzesvollzug.** (1) Der Vollzug der gesetzlichen Vorschriften im eigenen und im übertragenen Wirkungskreis und die Durchführung der gesetzmäßigen Anordnungen und Weisungen der Staatsbehörden obliegen dem Bezirkstag oder dem Bezirksausschuß, in den Fällen des Art. 33 Abs. 1, 2 und 3 dem Bezirkstagspräsidenten.

(2) [1]Hält der Bezirkstagspräsident Entscheidungen des Bezirkstags oder seiner Ausschüsse für rechtswidrig, so hat er sie zu beanstanden, ihren Vollzug auszusetzen und, soweit erforderlich, die Entscheidung der Rechtsaufsichtsbehörde herbeizuführen. [2]Diese Befugnisse stehen dem Regierungspräsidenten zu, soweit die Regierung Verwaltungsaufgaben des Bezirks nach Art. 35b erledigt.

DRITTER TEIL
## Bezirkswirtschaft

1. Abschnitt
## Haushaltswirtschaft

**Art. 53 Allgemeine Haushaltsgrundsätze.** (1) ¹Der Bezirk hat seine Haushaltswirtschaft so zu planen und zu führen, daß die stetige Erfüllung seiner Aufgaben gesichert ist. ²Die dauernde Leistungsfähigkeit des Bezirks ist sicherzustellen, eine Überschuldung zu vermeiden. ³Dabei ist § 51 des Haushaltsgrundsätzegesetzes Rechnung zu tragen.

(2) ¹Die Haushaltswirtschaft ist sparsam und wirtschaftlich zu planen und zu führen. ²Aufgaben sollen in geeigneten Fällen daraufhin untersucht werden, ob und in welchem Umfang sie durch nichtkommunale Stellen, insbesondere durch private Dritte oder unter Heranziehung Dritter, mindestens ebenso gut erledigt werden können.

(3) ¹Bei der Führung der Haushaltswirtschaft hat der Bezirk finanzielle Risiken zu minimieren. ²Ein erhöhtes Risiko liegt vor, wenn besondere Umstände, vor allem ein grobes Missverhältnis bei der Risikoverteilung zu Lasten des Bezirks, die Gefahr eines erheblichen Vermögensschadens begründen.

(4) Die Haushaltswirtschaft ist nach den Grundsätzen der doppelten kommunalen Buchführung oder nach den Grundsätzen der Kameralistik zu führen.

**Art. 54 Grundsätze der Einnahmebeschaffung.** (1) Der Bezirk erhebt Abgaben nach den gesetzlichen Vorschriften.

(2) Er hat die zur Erfüllung seiner Aufgaben erforderlichen Einnahmen
1. soweit vertretbar und geboten aus besonderen Entgelten für die von ihm erbrachten Leistungen,
2. im übrigen durch die Bezirksumlage

zu beschaffen, soweit die sonstigen Einnahmen nicht ausreichen.

(3) Der Bezirk darf Kredite nur aufnehmen, wenn eine andere Finanzierung nicht möglich ist oder wirtschaftlich unzweckmäßig wäre.

**Art. 55 Haushaltssatzung.** (1) ¹Der Bezirk hat für jedes Haushaltsjahr eine Haushaltssatzung zu erlassen. ²Die Haushaltssatzung kann Festsetzungen für zwei Haushaltsjahre, nach Jahren getrennt, enthalten.

(2) ¹Die Haushaltssatzung enthält die Festsetzung
1. des Haushaltsplans unter Angabe
    a) des Gesamtbetrags der Erträge und Aufwendungen des Haushaltsjahres sowie des sich daraus ergebenden Saldos des Ergebnishaushalts, des Gesamtbetrags der Einzahlungen und Auszahlungen aus laufender Verwaltungstätigkeit, aus der Investitionstätigkeit und aus der Finanzierungstätigkeit des Haushaltsjahres sowie des sich daraus ergebenden Saldos des

Finanzhaushalts bei Haushaltswirtschaft nach den Grundsätzen der doppelten kommunalen Buchführung,
b) des Gesamtbetrags der Einnahmen und Ausgaben des Haushaltsjahres bei Haushaltswirtschaft nach den Grundsätzen der Kameralistik,
2. des Gesamtbetrags der vorgesehenen Kreditaufnahmen für Investitionen und Investitionsförderungsmaßnahmen (Kreditermächtigungen),
3. des Gesamtbetrags der vorgesehenen Ermächtigungen zum Eingehen von Verpflichtungen, die künftige Haushaltsjahre mit Auszahlungen beziehungsweise Ausgaben für Investitionen und Investitionsförderungsmaßnahmen belasten (Verpflichtungsermächtigungen),
4. der Bezirksumlage (Umlagesoll und Umlagesätze),
5. des Höchstbetrags der Kassenkredite.
[2]Die Angaben nach Satz 1 Nrn. 2, 3 und 5 sind getrennt für das Haushaltswesen des Bezirks und die Wirtschaftsführung von Eigenbetrieben zu machen. [3]Die Haushaltssatzung kann weitere Vorschriften enthalten, die sich auf die Erträge und Einzahlungen sowie Aufwendungen und Auszahlungen beziehungsweise auf die Einnahmen und Ausgaben und den Stellenplan des Haushaltsjahres beziehen.

(3) Die Haushaltssatzung tritt mit Beginn des Haushaltsjahres in Kraft und gilt für das Haushaltsjahr.

(4) Haushaltsjahr ist das Kalenderjahr, soweit für einzelne Bereiche durch Gesetz oder Rechtsverordnung nichts anderes bestimmt ist.

**Art. 56 Haushaltsplan.** (1) [1]Der Haushaltsplan enthält alle im Haushaltsjahr für die Erfüllung der Aufgaben des Bezirks voraussichtlich
1. anfallenden Erträge, eingehenden Einzahlungen, entstehenden Aufwendungen sowie zu leistenden Auszahlungen bei Haushaltswirtschaft nach den Grundsätzen der doppelten kommunalen Buchführung,
2. zu erwartenden Einnahmen und zu leistenden Ausgaben bei Haushaltswirtschaft nach den Grundsätzen der Kameralistik,
3. benötigten Verpflichtungsermächtigungen.
[2]Die Vorschriften über die Einzahlungen und Auszahlungen sowie Erträge und Aufwendungen beziehungsweise Einnahmen, Ausgaben und Verpflichtungsermächtigungen der Eigenbetriebe des Bezirks bleiben unberührt.

(2) [1]Der Haushaltsplan ist bei Haushaltswirtschaft nach den Grundsätzen der doppelten kommunalen Buchführung in einen Ergebnishaushalt und einen Finanzhaushalt, bei Haushaltswirtschaft nach den Grundsätzen der Kameralistik in einen Verwaltungshaushalt und einen Vermögenshaushalt zu gliedern. [2]Der Stellenplan für die Beamten und Arbeitnehmer des Bezirks ist Teil des Haushaltsplans.

(3) [1]Der Haushaltsplan muß ausgeglichen sein. [2]Er ist Grundlage für die Haushaltswirtschaft des Bezirks und nach Maßgabe dieses Gesetzes und der auf Grund dieses Gesetzes erlassenen Vorschriften für die Haushaltsführung verbindlich. [3]Ansprüche und Verbindlichkeiten Dritter werden durch ihn weder begründet noch aufgehoben.

**Art. 57 Erlaß der Haushaltssatzung.** (1) Der Bezirkstag beschließt über die Haushaltssatzung samt ihren Anlagen in öffentlicher Sitzung.

(2) Die Haushaltssatzung ist mit ihren Anlagen spätestens einen Monat vor Beginn des Haushaltsjahres der Rechtsaufsichtsbehörde vorzulegen.

(3) [1]Haushaltssatzungen mit genehmigungspflichtigen Bestandteilen sind sogleich nach der Genehmigung amtlich bekanntzumachen. [2]Haushaltssatzungen ohne solche Bestandteile sind frühestens einen Monat nach der Vorlage an die Rechtsaufsichtsbehörde amtlich bekanntzumachen, sofern nicht die Rechtsaufsichtsbehörde die Satzung beanstandet. [3]Gleichzeitig ist die Haushaltssatzung samt ihren Anlagen bis zur nächsten amtlichen Bekanntmachunng einer Haushaltssatzung öffentlich zugänglich zu machen; darauf ist in der amtlichen Bekanntmachung der Haushaltssatzung hinzuweisen.

**Art. 58 Planabweichungen.** (1) [1]Überplanmäßige und außerplanmäßige Aufwendungen und Auszahlungen beziehungsweise Ausgaben sind nur zulässig, wenn sie unabweisbar sind und die Deckung gewährleistet ist. [2]Sind sie erheblich, sind sie vom Bezirkstag zu beschließen.

(2) Absatz 1 findet entsprechende Anwendung auf Maßnahmen, durch die im Haushaltsplan nicht vorgesehene Verpflichtungen zu Leistungen des Bezirks entstehen können.

(3) Art. 60 Abs. 2 bleibt unberührt.

(4) [1]Für Investitionen, die im folgenden Jahr fortgesetzt werden, sind überplanmäßige Aufwendungen und Auszahlungen beziehungsweise Ausgaben in nicht erheblichem Umfang auch dann zulässig, wenn ihre Deckung im laufenden Jahr nur durch Erlaß einer Nachtragshaushaltssatzung möglich wäre, die Deckung aber im folgenden Jahr gewährleistet ist. [2]Hierüber entscheidet der Bezirkstag.

(5) Der Bezirkstag kann Richtlinien über die Abgrenzungen aufstellen.

**Art. 59 Verpflichtungsermächtigungen.** (1) Verpflichtungen zur Leistung von Auszahlungen beziehungsweise Ausgaben für Investitionen und Investitionsförderungsmaßnahmen in künftigen Jahren dürfen unbeschadet des Abs. 5 nur eingegangen werden, wenn der Haushaltsplan hierzu ermächtigt.

(2) Die Verpflichtungsermächtigungen dürfen in der Regel zu Lasten der dem Haushaltsjahr folgenden drei Jahre vorgesehen werden, in Ausnahmefällen bis zum Abschluß einer Maßnahme; sie sind nur zulässig, wenn durch sie der Ausgleich künftiger Haushalte nicht gefährdet wird.

(3) Die Verpflichtungsermächtigungen gelten bis zum Ende des Haushaltsjahres und, wenn die Haushaltssatzung für das folgende Haushaltsjahr nicht rechtzeitig amtlich bekanntgemacht wird, bis zum Erlaß dieser Haushaltssatzung.

(4) Der Gesamtbetrag der Verpflichtungsermächtigungen bedarf im Rahmen der Haushaltssatzung der Genehmigung, wenn in den Jahren, zu deren Lasten sie vorgesehen sind, Kreditaufnahmen geplant sind.

(5) ¹Verpflichtungen im Sinn des Abs. 1 dürfen überplanmäßig oder außerplanmäßig eingegangen werden, wenn ein dringendes Bedürfnis besteht und der in der Haushaltssatzung festgesetzte Gesamtbetrag der Verpflichtungsermächtigungen nicht überschritten wird. ²Art. 58 Abs. 1 Satz 2 gilt entsprechend.

**Art. 60 Nachtragshaushaltssatzungen.** (1) ¹Die Haushaltssatzung kann nur bis zum Ablauf des Haushaltsjahres durch Nachtragshaushaltssatzung geändert werden. ²Für die Nachtragshaushaltssatzung gelten die Vorschriften für die Haushaltssatzung entsprechend.

(2) Der Bezirk hat unverzüglich eine Nachtragshaushaltssatzung zu erlassen wenn
1. sich zeigt, daß trotz Ausnutzung jeder Sparmöglichkeit ein Fehlbetrag entstehen wird und der Haushaltsausgleich nur durch eine Änderung der Haushaltssatzung erreicht werden kann,
2. bisher nicht veranschlagte oder zusätzliche einzelne Aufwendungen und Auszahlungen beziehungsweise Ausgaben in einem im Verhältnis zu den Gesamtaufwendungen und -auszahlungen beziehungsweise Gesamtausgaben des Haushaltsplans erheblichen Umfang geleistet werden müssen,
3. Auszahlungen des Finanzhaushalts beziehungsweise Ausgaben des Vermögenshaushalts für bisher nicht veranschlagte Investitionen oder Investitionsförderungsmaßnahmen geleistet werden sollen,
4. Beamte oder Arbeitnehmer eingestellt, befördert oder in eine höhere Entgeltgruppe eingestuft werden sollen und der Stellenplan die entsprechenden Stellen nicht enthält.

(3) Absatz 2 Nrn. 2 bis 4 finden keine Anwendung auf
1. Investitionen und Investitionsförderungsmaßnahmen, soweit die Auszahlungen beziehungsweise Ausgaben nicht erheblich und unabweisbar sind,
2. Abweichungen vom Stellenplan und die Leistung höherer Personalausgaben, die auf Grund des Beamten- oder Tarifrechts oder für die Erfüllung neuer Aufgaben notwendig werden.

**Art. 61 Vorläufige Haushaltsführung.** (1) Ist die Haushaltssatzung bei Beginn des Haushaltsjahres noch nicht bekanntgemacht, so darf der Bezirk
1. finanzielle Leistungen erbringen, zu denen er rechtlich verpflichtet ist oder die für die Weiterführung notwendiger Aufgaben unaufschiebbar sind; er darf insbesondere Bauten, Beschaffungen und sonstige Leistungen des Finanzhaushalts beziehungsweise des Vermögenshaushalts, für die im Haushaltsplan eines Vorjahres Beträge vorgesehen waren, fortsetzen,
2. Kredite umschulden,
3. Kassenkredite bis zu dem zuletzt in einer Haushaltssatzung festgesetzten Höchstbetrag oder, wenn besondere Umstände im Einzelfall eine Erhöhung rechtfertigen, auch darüber hinaus aufnehmen.

(2) ¹Reichen die Deckungsmittel für die Fortsetzung der Bauten, der Beschaffungen und der sonstigen Leistungen nach Abs. 1 Nr. 1 nicht aus, darf der

Bezirk Kredite für Investitionen und Investitionsförderungsmaßnahmen bis zu einem Viertel des durchschnittlichen Betrags der für die vier Vorjahre festgesetzten Kredite aufnehmen. ²Eine angemessene Erhöhung dieser Kreditaufnahme ist zulässig, wenn besondere Umstände im Einzelfall die Erhöhung rechtfertigen.

(3) Der Stellenplan des Vorjahres gilt weiter, bis die Haushaltssatzung für das neue Jahr erlassen ist.

(4) ¹Maßnahmen nach Abs. 1 Nr. 3 Halbsatz 2 und Abs. 2 bedürfen der Genehmigung. ²Der Bezirk hat im Antrag darzulegen, wie und bis wann er den Erlass einer Haushaltssatzung sicherstellen kann. ³Die Genehmigung darf den Zielen der Wiederherstellung einer geordneten Haushaltswirtschaft und der dauernden Leistungsfähigkeit nicht widersprechen; sie kann unter Bedingungen und Auflagen erteilt werden.

**Art. 62 Mittelfristige Finanzplanung.** (1) ¹Der Bezirk hat seiner Haushaltswirtschaft eine fünfjährige Finanzplanung zugrundezulegen. ²Das erste Planungsjahr der Finanzplanung ist das laufende Haushaltsjahr.

(2) Als Unterlage für die Finanzplanung ist ein Investitionsprogramm aufzustellen.

(3) Im Finanzplan sind Umfang und Zusammensetzung der voraussichtlichen Aufwendungen und Auszahlungen beziehungsweise Ausgaben und die Deckungsmöglichkeiten darzustellen.

(4) Der Finanzplan ist dem Bezirkstag spätestens mit dem Entwurf der Haushaltssatzung vorzulegen.

(5) Der Finanzplan und das Investitionsprogramm sind jährlich der Entwicklung anzupassen und fortzuführen.

2. Abschnitt

## Kreditwesen

**Art. 63 Kredite.** (1) Kredite dürfen unter der Voraussetzung des Art. 54 Abs. 3 nur im Finanzhaushalt beziehungsweise im Vermögenshaushalt und nur für Investitionen, für Investitionsförderungsmaßnahmen und zur Umschuldung aufgenommen werden.

(2) ¹Der Gesamtbetrag der vorgesehenen Kreditaufnahmen für Investitionen und Investitionsförderungsmaßnahmen bedarf im Rahmen der Haushaltssatzung der Genehmigung (Gesamtgenehmigung). ²Die Genehmigung soll unter dem Gesichtspunkt einer geordneten Haushaltswirtschaft erteilt oder versagt werden; sie kann unter Bedingungen und Auflagen erteilt werden. ³Sie ist in der Regel zu versagen, wenn die Kreditverpflichtungen mit der dauernden Leistungsfähigkeit des Bezirks nicht im Einklang stehen.

(3) Die Kreditermächtigung gilt bis zum Ende des auf das Haushaltsjahr folgenden Jahres und, wenn die Haushaltssatzung für das übernächste Jahr nicht rechtzeitig amtlich bekanntgemacht wird, bis zum Erlaß dieser Haushaltssatzung.

(4) [1]Die Aufnahme der einzelnen Kredite bedarf der Genehmigung (Einzelgenehmigung), sobald die Kreditaufnahmen für die Bezirke nach § 19 des Gesetzes zur Förderung der Stabilität und des Wachstums der Wirtschaft beschränkt worden sind. [2]Die Einzelgenehmigung kann nach Maßgabe der Kreditbeschränkungen versagt werden.

(5) [1]Das Staatsministerium des Innern, für Sport und Integration kann im Einvernehmen mit dem Staatsministerium der Finanzen und für Heimat und dem Staatsministgerium für Wirtschaft, Landesentwicklung und Energie durch Rechtsverordnung die Aufnahme von Krediten von der Genehmigung (Einzelgenehmigung) abhängig machen, wenn der Konjunkturrat für die öffentliche Hand nach § 18 Abs. 2 des Gesetzes zur Förderung der Stabilität und des Wachstums der Wirtschaft eine Beschränkung der Kreditaufnahme durch die Gemeinden und Gemeindeverbände empfohlen hat. [2]Die Genehmigung ist zu versagen, wenn dies zur Abwehr einer Störung des gesamtwirtschaftlichen Gleichgewichts geboten ist oder wenn die Kreditbedingungen wirtschaftlich nicht vertretbar sind. [3]Solche Rechtsverordnungen sind auf längstens ein Jahr zu befristen.

(6) [1]Der Bezirk darf zur Sicherung des Kredits keine Sicherheiten bestellen. [2]Die Rechtsaufsichtsbehörde kann Ausnahmen zulassen, wenn die Bestellung von Sicherheiten der Verkehrsübung entspricht.

**Art. 64 Kreditähnliche Verpflichtungen; Sicherheiten.** (1) Der Abschluß von Rechtsgeschäften, die der Kreditaufnahme wirtschaftlich gleichkommen, bedarf der Genehmigung.

(2) [1]Der Bezirk darf Bürgschaften, Gewährverträge und Verpflichtungen aus verwandten Rechtsgeschäften, die ein Einstehen für fremde Schuld oder für den Eintritt oder Nichteintritt bestimmter Umstände zum Gegenstand haben, nur zur Erfüllung seiner Aufgaben übernehmen. [2]Die Rechtsgeschäfte bedürfen der Genehmigung, wenn sie nicht im Rahmen der laufenden Verwaltung abgeschlossen werden.

(3) Der Bezirk bedarf zur Bestellung von Sicherheiten zugunsten Dritter der Genehmigung.

(4) [1]Für die Genehmigung gelten Art. 63 Abs. 2 Sätze 2 und 3, im Fall der vorläufigen Haushaltsführung Art. 61 Abs. 4 Sätze 2 und 3 entsprechend. [2]Die Genehmigung ist zu versagen, wenn das Rechtsgeschäft nicht eine Investition zum Gegenstand hat, sondern auf die Erzielung wirtschaftlicher Vorteile dadurch gerichtet ist, dass der Bezirk einem Dritten inländische steuerliche Vorteile verschafft.

(5) Das Staatsministerium des Innern, für Sport und Integration kann im Einvernehmen mit dem Staatsministerium der Finanzen und für Heimat durch Rechtsverordnung Rechtsgeschäfte von der Genehmigung freistellen,
1. die die Bezirke zur Erfüllung bestimmter Aufgaben eingehen oder
2. die für die Bezirke keine besondere Belastung bedeuten oder
3. die ihrer Natur nach regelmäßig wiederkehren.

**Art. 65 Kassenkredite.** (1) Zur rechtzeitigen Leistung seiner Auszahlungen beziehungsweise Ausgaben kann der Bezirk Kassenkredite bis zu dem in der Haushaltssatzung festgesetzten Höchstbetrag aufnehmen, soweit für die Kasse keine anderen Mittel zur Verfügung stehen.

(2) Der in der Haushaltssatzung festgesetzte Höchstbetrag soll für die Haushaltswirtschaft ein Fünftel der im Finanzhaushalt veranschlagten Einzahlungen aus der laufenden Verwaltungstätigkeit beziehungsweise ein Sechstel der im Verwaltungshaushalt veranschlagten Einnahmen und für den Eigenbetrieb ein Sechstel der im Erfolgsplan vorgesehenen Erträge nicht übersteigen.

3. Abschnitt
## Vermögenswirtschaft

### a) Allgemeines

**Art. 66 Erwerb und Verwaltung von Vermögen, Wertansätze.** (1) Der Bezirk soll Vermögensgegenstände nur erwerben, wenn das zur Erfüllung seiner Aufgaben erforderlich ist.

(2) [1]Die Vermögensgegenstände sind pfleglich und wirtschaftlich zu verwalten und ordnungsgemäß nachzuweisen. [2]Bei Geldanlagen ist auf eine ausreichende Sicherheit zu achten; sie sollen einen angemessenen Ertrag bringen.

(3) [1]Vermögensgegenstände sind mit den Anschaffungs- oder Herstellungskosten, vermindert um Abschreibungen, anzusetzen. [2]Verbindlichkeiten sind zu ihrem Rückzahlungsbetrag und Rückstellungen nur in Höhe des Betrags anzusetzen, der nach sachgerechter Beurteilung notwendig ist.

**Art. 67 Veräußerung von Vermögen.** (1) [1]Der Bezirk darf Vermögensgegenstände, die er zur Erfüllung seiner Aufgaben nicht braucht, veräußern. [2]Vermögensgegenstände dürfen in der Regel nur zu ihrem vollen Wert veräußert werden.

(2) [1]Für die Überlassung der Nutzung eines Vermögensgegenstands gilt Absatz 1 entsprechend. [2]Ausnahmen sind insbesondere zulässig bei der Vermietung von Gebäuden zur Sicherung preiswerten Wohnens und zur Sicherung der Existenz kleiner und ertragsschwacher Gewerbebetriebe.

(3) ¹Die Verschenkung und die unentgeltliche Überlassung von Bezirksvermögen sind unzulässig (Art. 12 Abs. 2 Satz 2 der Verfassung). ²Die Veräußerung oder Überlassung von Bezirksvermögen in Erfüllung von Bezirksaufgaben oder herkömmlicher Anstandspflichten fällt nicht unter dieses Verbot.

(4) Bezirksvermögen darf nur im Rahmen der Aufgabenerfüllung des Bezirks und nur dann in Stiftungsvermögen eingebracht werden, wenn der mit der Stiftung verfolgte Zweck auf andere Weise nicht erreicht werden kann.

**Art. 68 Rücklagen, Rückstellungen.** (1) ¹Bei Haushaltswirtschaft nach den Grundsätzen der doppelten kommunalen Buchführung hat der Bezirk seine stetige Zahlungsfähigkeit sicherzustellen. ²Überschüsse der Ergebnisrechnung sind den Rücklagen zuzuführen, soweit nicht Fehlbeträge aus Vorjahren auszugleichen sind.

(2) Bei Haushaltswirtschaft nach den Grundsätzen der doppelten kommunalen Buchführung sind für ungewisse Verbindlichkeiten und unterlassene Aufwendungen für Instandhaltung Rückstellungen zu bilden.

(3) ¹Bei Haushaltswirtschaft nach den Grundsätzen der Kameralistik hat der Bezirk für Zwecke des Vermögenshaushalts und zur Sicherung der Haushaltswirtschaft Rücklagen in angemessener Höhe zu bilden. ²Rücklagen für andere Zwecke sind zulässig.

**Art. 69 Insolvenzverfahren.** Über das Vermögen des Bezirks findet ein Insolvenzverfahren nicht statt.

### b) Vom Bezirk verwaltete nichtrechtsfähige (fiduziarische) Stiftungen

**Art. 70 Begriff; Verwaltung.** (1) Vermögenswerte, die der Bezirk von Dritten unter der Auflage entgegennimmt, sie zu einem bestimmten öffentlichen Zweck zu verwenden, ohne daß eine rechtsfähige Stiftung entsteht, sind ihrer Zweckbestimmung gemäß nach den für das Bezirksvermögen geltenden Vorschriften zu verwalten.

(2) ¹Die Vermögenswerte sind in ihrem Bestand ungeschmälert zu erhalten. ²Sie sind vom übrigen Bezirksvermögen getrennt zu verwalten und so anzulegen, daß sie für ihren Verwendungszweck verfügbar sind.

(3) ¹Der Ertrag darf nur für den Stiftungszweck verwendet werden. ²Ist eine Minderung eingetreten, so sollen die Vermögensgegenstände aus dem Ertrag wieder ergänzt werden.

**Art. 71 Änderung des Verwendungszwecks; Aufhebung der Zweckbestimmung.** ¹Soweit eine Änderung des Verwendungszwecks oder die Aufhebung der Zweckbestimmung zulässig ist, beschließt hierüber der Bezirkstag. ²Der Beschluß bedarf der Genehmigung.

## 4. Abschnitt
## Unternehmen des Bezirks

**Art. 72 Rechtsformen.** Der Bezirk kann Unternehmen außerhalb seiner allgemeinen Verwaltung in folgenden Rechtsformen betreiben:
1. als Eigenbetrieb,
2. als selbständiges Kommunalunternehmen des öffentlichen Rechts,
3. in den Rechtsformen des Privatrechts.

**Art. 73 Allgemeine Zulässigkeit von Unternehmen und Beteiligungen.**
(1) ¹Der Bezirk darf ein Unternehmen im Sinn von Art. 72 nur errichten, übernehmen oder wesentlich erweitern, wenn
1. ein öffentlicher Zweck das Unternehmen erfordert, insbesondere wenn der Bezirk mit ihm gesetzliche Verpflichtungen oder seine Aufgaben gemäß Art. 48 erfüllen will,
2. das Unternehmen nach Art und Umfang in einem angemessenen Verhältnis zur Leistungsfähigkeit des Bezirks und zum voraussichtlichen Bedarf steht,
3. die dem Unternehmen zu übertragenen Aufgaben für die Wahrnehmung außerhalb der allgemeinen Verwaltung geeignet sind,
4. bei einem Tätigwerden außerhalb der kommunalen Daseinsvorsorge der Zweck nicht ebenso gut und wirtschaftlich durch einen anderen erfüllt wird oder erfüllt werden kann.

²Alle Tätigkeiten oder Tätigkeitsbereiche, mit denen der Bezirk oder seine Unternehmen an dem vom Wettbewerb beherrschten Wirtschaftsleben teilnehmen, um Gewinn zu erzielen, entsprechen keinem öffentlichen Zweck. ³Soweit Unternehmen entgegen Satz 2 vor dem 1. September 1998 errichtet oder übernommen wurden, dürfen sie weitergeführt, jedoch nicht erweitert werden.

(2) Der Bezirk darf mit seinen Unternehmen außerhalb des Bezirksgebiets nur tätig werden, wenn dafür die Voraussetzungen des Absatzes 1 vorliegen und die berechtigten Interessen der betroffenen kommunalen Gebietskörperschaften gewahrt sind.

(3) ¹Für die Beteiligung des Bezirks an einem Unternehmen gilt Absatz 1 entsprechend. ²Absatz 2 gilt entsprechend, wenn sich der Bezirk an einem auch außerhalb seines Gebiets tätigen Unternehmen in einem Ausmaß beteiligt, das den auf das Bezirksgebiet entfallenden Anteil an den Leistungen des Unternehmens erheblich übersteigt.

(4) Bankunternehmen darf der Bezirk weder errichten noch sich an ihnen beteiligen.

**Art. 74 Eigenbetriebe.** (1) Eigenbetriebe sind Unternehmen des Bezirks, die außerhalb der allgemeinen Verwaltung als Sondervermögen ohne eigene Rechtspersönlichkeit geführt werden.

(2) Für Eigenbetriebe bestellt der Bezirkstag eine Werkleitung und einen Werkausschuß.

(3) ¹Die Werkleitung führt die laufenden Geschäfte des Eigenbetriebs. ²Sie ist insoweit zur Vertretung nach außen befugt; der Bezirkstag kann ihr mit Zustimmung des Bezirkstagspräsidenten weitere Vertretungsbefugnisse übertragen. ³Die Werkleitung ist Dienstvorgesetzter der Beamten im Eigenbetrieb und führt die Dienstaufsicht über sie und die im Eigenbetrieb tätigen Arbeitnehmer. ⁴Der Bezirkstag kann mit Zustimmung des Bezirkstagspräsidenten der Werkleitung für Beamte und Arbeitnehmer im Eigenbetrieb die personalrechtlichen Befugnisse in entsprechender Anwendung von Art. 34 Abs. 1 Satz 3 Halbsatz 1 und Abs. 2 Satz 1 übertragen.

(4) ¹Im übrigen beschließt über die Angelegenheiten des Eigenbetriebs der Werkausschuß, soweit nicht der Bezirkstag sich die Entscheidung allgemein vorbehält oder im Einzelfall an sich zieht. ²Der Werkausschuß ist ein beschließender Ausschuß im Sinn der Art. 28 und 37 Abs. 2 Satz 2. ³Im Fall des Art. 34 Abs. 1 Satz 2 sollen Befugnisse gegenüber Beamten und Arbeitnehmern im Eigenbetrieb auf den Werkausschuß übertragen werden.

(5) ¹Die Art. 53 Abs. 1 bis 3, Art. 54, 59, 61 bis 64, 65 Abs. 1, Art. 66 Abs. 1 und 2, Art. 67, 69, 82 Abs. 4 und Art. 83 gelten entsprechend. ²Im Rahmen der gesetzlichen Vorschriften werden die Angelegenheiten des Eigenbetriebs durch eine Betriebssatzung geregelt.

(6) ¹Der Bezirk kann Einrichtungen innerhalb der allgemeinen Verwaltung (Regiebetriebe) ganz oder teilweise nach den Vorschriften über die Wirtschaftsführung der Eigenbetriebe führen, wenn die Abweichung von den allgemeinen kommunalwirtschaftlichen Vorschriften nach Art und Umfang der Einrichtung zweckmäßig ist. ²Hierbei können auch Regelungen getroffen werden, die von einzelnen für Eigenbetriebe geltenden Vorschriften abweichen.

### Art. 75 Selbständige Kommunalunternehmen des öffentlichen Rechts.

(1) ¹Der Bezirk kann selbständige Unternehmen in der Rechtsform einer Anstalt des öffentlichen Rechts (Kommunalunternehmen) errichten oder bestehende Regie- oder Eigenbetriebe im Weg der Gesamtrechtsnachfolge in Kommunalunternehmen umwandeln. ²Das Kommunalunternehmen kann sich nach Maßgabe der Unternehmenssatzung und in entsprechender Anwendung der für den Bezirk geltenden Vorschriften an anderen Unternehmen beteiligen, wenn das dem Unternehmenszweck dient.

(2) ¹Der Bezirk kann dem Kommunalunternehmen einzelne oder alle mit einem bestimmten Zweck zusammenhängende Aufgaben ganz oder teilweise übertragen. ²Er kann ihm auch das Recht einräumen, an seiner Stelle Satzungen und, soweit Landesrecht zu deren Erlaß ermächtigt, auch Verordnungen für das übertragene Aufgabengebiet zu erlassen; Art. 19 gilt sinngemäß.

(2a) ¹Ein Unternehmen in der Rechtsform einer Kapitalgesellschaft, an dem ausschließlich der Bezirk beteiligt ist, kann durch Formwechsel in ein Kommunalunternehmen umgewandelt werden. ²Die Umwandlung ist nur zulässig, wenn keine Sonderrechte im Sinn des § 23 des Umwandlungsgesetzes (UmwG) und keine Rechte Dritter an den Anteilen des Bezirks bestehen. ³Der Formwechsel setzt den Erlass der Unternehmenssatzung durch den Bezirk und einen sich darauf beziehenden Umwandlungsbeschluss der formwechselnden Gesellschaft voraus. [4]Die §§ 193 bis 195, 197 bis 199, 200 Abs. 1 und § 201 UmwG sind entsprechend anzuwenden. [5]Die Anmeldung zum Handelsregister entsprechend § 198 UmwG erfolgt durch das vertretungsberechtigte Organ der Kapitalgesellschaft. [6]Abweichend von Abs. 3 Satz 4 wird die Umwandlung einer Kapitalgesellschaft in ein Kommunalunternehmen mit dessen Eintragung oder, wenn es nicht eingetragen wird, mit der Eintragung der Umwandlung in das Handelsregister wirksam; § 202 Abs. 1 und Abs. 3 UmwG ist entsprechend anzuwenden. [7]Ist bei der Kapitalgesellschaft ein Betriebsrat eingerichtet, bleibt dieser nach dem Wirksamwerden der Umwandlung als Personalrat des Kommunalunternehmens bis zu den nächsten regelmäßigen Personalratswahlen bestehen.

(3) [1]Der Bezirk regelt die Rechtsverhältnisse des Kommunalunternehmens durch eine Unternehmenssatzung. [2]Die Unternehmenssatzung muß Bestimmungen über den Namen und die Aufgaben des Unternehmens, die Anzahl der Mitglieder des Vorstands und des Verwaltungsrats und die Höhe des Stammkapitals enthalten. [3]Der Bezirk hat die Unternehmenssatzung und deren Änderung gemäß Art. 19 Abs. 2 bekanntzumachen. [4]Das Kommunalunternehmen entsteht am Tag nach der Bekanntmachung, wenn nicht in der Unternehmenssatzung ein späterer Zeitpunkt bestimmt ist.

(4) Der Bezirk haftet für die Verbindlichkeiten des Kommunalunternehmens unbeschränkt, soweit nicht Befriedigung aus dessen Vermögen zu erlangen ist (Gewährträgerschaft).

**Art. 76 Organe des Kommunalunternehmens; Personal.** (1) [1]Das Kommunalunternehmen wird von einem Vorstand in eigener Verantwortung geleitet, soweit nicht gesetzlich oder durch die Unternehmenssatzung etwas anderes bestimmt ist. [2]Der Vorstand vertritt das Kommunalunternehmen nach außen. [3]Der Bezirk hat darauf hinzuwirken, daß jedes Vorstandsmitglied vertraglich verpflichtet wird, die ihm im Geschäftsjahr jeweils gewährten Bezüge im Sinn von § 285 Nr. 9 Buchst. a des Handelsgesetzbuchs dem Bezirk jährlich zur Veröffentlichung mitzuteilen.

(2) [1]Die Geschäftsführung des Vorstands wird von einem Verwaltungsrat überwacht. [2]Der Verwaltungsrat bestellt den Vorstand auf höchstens fünf Jahre, eine erneute Bestellung ist zulässig. [3]Er entscheidet außerdem über
1. den Erlaß von Satzungen und Verordnungen gemäß Art. 75 Abs. 2 Satz 2,
2. die Feststellung des Wirtschaftsplans und des Jahresabschlusses,
3. die Festsetzung allgemein geltender Tarife und Entgelte für die Leistungsnehmer,
4. die Beteiligung des Kommunalunternehmens an anderen Unternehmen,
5. die Bestellung des Abschlußprüfers,
6. die Ergebnisverwendung.

[4]Im Fall des Satzes 3 Nr. 1 unterliegen die Mitglieder des Verwaltungsrats den Weisungen des Bezirkstags. [5]Die Unternehmenssatzung kann vorsehen, daß der

Bezirkstag den Mitgliedern des Verwaltungsrats auch in bestimmten anderen Fällen Weisungen erteilen kann. [6]Die Abstimmung entgegen der Weisung berührt die Gültigkeit des Beschlusses des Verwaltungsrats nicht. [7]Für den Ausschluss wegen persönlicher Beteiligung gilt Art. 40 entsprechend.

(3) [1]Der Verwaltungsrat besteht aus dem vorsitzenden Mitglied und den übrigen Mitgliedern. [2]Den Vorsitz führt der Bezirkstagspräsident; mit seiner Zustimmung kann der Bezirkstag eine andere Person zum vorsitzenden Mitglied bestellen. [3]Das vorsitzende Mitglied nach Satz 2 Halbsatz 2 und die übrigen Mitglieder des Verwaltungsrats werden vom Bezirkstag für fünf Jahre bestellt. [4]Die Amtszeit von Mitgliedern des Verwaltungsrats, die dem Bezirkstag angehören, endet mit dem Ende der Wahlzeit oder dem vorzeitigen Ausscheiden aus dem Bezirkstag. [5]Die Mitglieder des Verwaltungsrats üben ihr Amt bis zum Amtsantritt der neuen Mitglieder weiter aus. [6]Mitglieder des Verwaltungsrats können nicht sein:
1. Beamte und leitende oder hauptberufliche Arbeitnehmer des Kommunalunternehmens,
2. leitende Beamte und leitende Arbeitnehmer von juristischen Personen oder sonstigen Organisationen des öffentlichen oder privaten Rechts, an denen das Kommunalunternehmen mit mehr als 50 v.H. beteiligt ist; eine Beteiligung am Stimmrecht genügt,
3. Beamte und Arbeitnehmer der Rechtsaufsichtsbehörde, die unmittelbar mit Aufgaben der Aufsicht über das Kommunalunternehmen befaßt sind.

[7]Art. 23 Abs. 4 Sätze 2 und 3 gelten entsprechend.

(4) [1]Das Kommunalunternehmen hat das Recht, Dienstherr von Beamten zu sein, wenn es auf Grund einer Aufgabenübertragung nach Art. 75 Abs. 2 hoheitliche Befugnisse ausübt. [2]Wird es aufgelöst, hat der Bezirk die Beamten und Versorgungsempfänger zu übernehmen. [3]Wird das Unternehmensvermögen ganz oder teilweise auf andere juristische Personen des öffentlichen Rechts mit Dienstherrnfähigkeit übertragen, so gelten für die Übernahme und die Rechtsstellung der Beamten und Versorgungsempfänger des Kommunalunternehmens Art. 51 bis 54 und 69 des Bayerischen Beamtengesetzes, bei länderübergreifendem Vermögensübergang §§ 16 bis 19 des Beamtenstatusgesetzes.

**Art. 77 Sonstige Vorschriften für Kommunalunternehmen.** (1) Der Jahresabschluß und der Lagebericht werden nach den für große Kapitalgesellschaften geltenden Vorschriften des Handelsgesetzbuchs aufgestellt und geprüft, sofern nicht weitergehende gesetzliche Vorschriften gelten oder andere gesetzliche Vorschriften entgegenstehen.

(2) Die Organe der Rechnungsprüfung des Bezirks haben das Recht, sich zur Klärung von Fragen, die bei der Prüfung nach Art. 88 Abs. 4 Sätze 2 und 3 auftreten, unmittelbar zu unterrichten und zu diesem Zweck den Betrieb, die Bücher und Schriften des Kommunalunternehmens einzusehen.

(3) Die Art. 3 Abs. 2, Art. 53 Abs. 1 bis 3, Art. 54, 61, 62, 66 Abs. 1 und 2, Art. 67, 69 und 83 und die Vorschriften des Vierten Teils über die staatliche Aufsicht und die Rechtsmittel sind sinngemäß anzuwenden.

Bezirksordnung  **BezO 32**

(4) Das Unternehmen ist zur Vollstreckung von Verwaltungsakten in demselben Umfang berechtigt wie der Bezirk, wenn es auf Grund einer Aufgabenübertragung nach Art. 75 Abs. 2 hoheitliche Befugnisse ausübt und bei der Aufgabenübertragung nichts Abweichendes geregelt wird.

**Art. 78 Unternehmen in Privatrechtsform.** (1) ¹Unternehmen des Bezirks in Privatrechtsform und Beteiligungen des Bezirks an Unternehmen in Privatrechtsform sind nur zulässig, wenn
1. im Gesellschaftsvertrag oder in der Satzung sichergestellt ist, daß das Unternehmen den öffentlichen Zweck gemäß Art. 73 Abs. 1 Satz 1 Nr. 1 erfüllt,
2. der Bezirk angemessenen Einfluß im Aufsichtsrat oder in einem entsprechenden Gremium erhält,
3. die Haftung des Bezirks auf einen bestimmten, seiner Leistungsfähigkeit angemessenen Betrag begrenzt wird; die Rechtsaufsichtsbehörde kann von der Haftungsbegrenzung befreien.

²Zur Sicherstellung des öffentlichen Zwecks von Gesellschaften mit beschränkter Haftung soll im Gesellschaftsvertrag oder in der Satzung bestimmt werden, daß die Gesellschafterversammlung auch über den Erwerb und die Veräußerung von Unternehmen und Beteiligungen und über den Abschluß und die Änderung von Unternehmensverträgen beschließt. ³In der Satzung von Aktiengesellschaften soll bestimmt werden, daß zum Erwerb und zur Veräußerung von Unternehmen und Beteiligungen die Zustimmung des Aufsichtsrats notwendig ist.

(2) Der Bezirk darf dem Erwerb von Unternehmen und Beteiligungen durch Unternehmen in Privatrechtsform, an denen er unmittelbar oder mittelbar beteiligt ist, nur unter entsprechender Anwendung der für ihn selbst geltenden Vorschriften zustimmen.

**Art. 79 Vertretung des Bezirks in Unternehmen in Privatrechtsform.**
(1) ¹Der Bezirkstagspräsident vertritt den Bezirk in der Gesellschafterversammlung oder einem entsprechenden Organ. ²Mit Zustimmung des Bezirkstagspräsidenten und seines gewählten Stellvertreters kann der Bezirkstag eine andere Person zur Vertretung widerruflich bestellen.

(2) ¹Der Bezirk soll bei der Ausgestaltung des Gesellschaftsvertrags oder der Satzung darauf hinwirken, daß ihm das Recht eingeräumt wird, Mitglieder in einen Aufsichtsrat oder ein entsprechendes Gremium zu entsenden, soweit das zur Sicherung eines angemessenen Einflusses notwendig ist. ²Vorbehaltlich entgegenstehender gesetzlicher Vorschriften haben Personen, die vom Bezirk entsandt oder auf seine Veranlassung gewählt worden sind, den Bezirk über alle wichtigen Angelegenheiten möglichst frühzeitig zu unterrichten und ihm auf Verlang Auskunft zu erteilen. ³Soweit zulässig, soll sich der Bezirk ihnen gegenüber Weisungsrechte im Gesellschaftsvertrag oder der Satzung vorbehalten.

(3) ¹Wird die Person, die den Bezirk vertritt oder werden die in Absatz 2 genannten Personen aus ihrer Tätigkeit haftbar gemacht, stellt der Bezirk sie von der Haftung frei. ²Bei Vorsatz oder grober Fahrlässigkeit kann der Bezirk

Rückgriff nehmen, es sei denn, das schädigende Verhalten beruhte auf seiner Weisung. ³Die Sätze 1 und 2 gelten entsprechend für Personen, die auf Veranlassung des Bezirks als nebenamtliche Mitglieder des geschäftsführenden Unternehmensorgans bestellt sind.

**Art. 80 Sonstige Vorschriften für Unternehmen in Privatrechtsform.**
(1) ¹Gehören dem Bezirk Anteile an einem Unternehmen in dem in § 53 des Haushaltsgrundsätzegesetzes (HGrG) bezeichneten Umfang, so hat er
1. darauf hinzuwirken, daß in sinngemäßer Anwendung der für Eigenbetriebe geltenden Vorschriften für jedes Wirtschaftsjahr ein Wirtschaftsplan aufgestellt und der Wirtschaftsführung eine fünfjährige Finanzplanung zugrundegelegt wird,
2. dafür Sorge zu tragen, daß der Jahresabschluß und der Lagebericht nach den für große Kapitalgesellschaften geltenden Vorschriften des Handelsgesetzbuchs aufgestellt und geprüft werden, sofern nicht weitergehende gesetzliche Vorschriften gelten oder andere gesetzliche Vorschriften entgegenstehen,
3. die Rechte nach § 53 Abs. 1 HGrG auszuüben,
4. darauf hinzuwirken, daß ihm und dem Bayerischen Kommunalen Prüfungsverband die in § 54 HGrG vorgesehenen Befugnisse eingeräumt werden,
5. darauf hinzuwirken, daß jedes Mitglied des geschäftsführenden Unternehmensorgans vertraglich verpflichtet wird, die ihm im Geschäftsjahr jeweils gewährten Bezüge im Sinn von § 285 Nr. 9 Buchst. a des Handelsgesetzbuchs dem Bezirks jährlich zur Veröffentlichung entsprechend Absatz 3 Satz 2 mitzuteilen.

²Die Rechtsaufsichtsbehörde kann Ausnahmen zulassen.

(2) ¹Ist eine Beteiligung des Bezirks an einem Unternehmen keine Mehrheitsbeteiligung im Sinn des § 53 HGrG, so soll der Bezirk, soweit sein Interesse das erfordert, darauf hinwirken, daß in der Satzung oder im Gesellschaftsvertrag dem Bezirk die Rechte nach § 53 Abs. 1 HGrG und dem Bezirk und dem Bayerischen Kommunalen Prüfungsverband die Befugnisse nach § 54 HGrG eingeräumt werden. ²Bei mittelbaren Beteiligungen gilt dies nur, wenn die Beteiligung den vierten Teil der Anteile übersteigt und einer Gesellschaft zusteht, an der der Bezirk allein oder zusammen mit anderen Gebietskörperschaften oder deren Zusammenschlüssen mit Mehrheit im Sinn des § 53 HGrG beteiligt ist.

(3) ¹Der Bezirk hat jährlich einen Bericht über seine Beteiligungen an Unternehmen in einer Rechtsform des Privatrechts zu erstellen, wenn ihm mindestens der zwanzigste Teil der Anteile eines Unternehmens gehört. ²Der Beteiligungsbericht soll insbesondere Angaben über die Erfüllung des öffentlichen Zwecks, die Beteiligungsverhältnisse, die Zusammensetzung der Organe der Gesellschaft, die Bezüge der einzelnen Mitglieder des geschäftsführenden Unternehmensorgans gemäß Absatz 1 Nr. 5, die Ertragslage und die Kreditaufnahme enthalten. ³Haben die Mitglieder des geschäftsführenden Unternehmensorgans ihr Einverständnis mit der Veröffentlichung ihrer Einzelbezüge nicht erklärt, sind ihre Gesamtbezüge so zu veröffentlichen, wie sie von der Gesell-

schaft nach den Vorschriften des Handelsgesetzbuchs in den Anhang zum Jahresabschluß aufgenommen werden. [4]Der Bericht ist dem Bezirkstag vorzulegen. [5]Der Bezirk weist ortsüblich darauf hin, daß jeder Einsicht in den Bericht nehmen kann.

**Art. 81 Grundsätze für die Führung von Unternehmen des Bezirks.**
(1) [1]Eigenbetriebe und Kommunalunternehmen sind unter Beachtung betriebswirtschaftlicher Grundsätze und des Grundsatzes der Sparsamkeit und Wirtschaftlichkeit so zu führen, daß der öffentliche Zweck erfüllt wird. [2]Entsprechendes gilt für die Steuerung und Überwachung von Unternehmen in Privatrechtsform, an denen der Bezirk mit mehr als 50 v.H. beteiligt ist; bei einer geringeren Beteiligung soll der Bezirk darauf hinwirken.

(2) Unternehmen des Bezirks dürfen keine wesentliche Schädigung und keine Aufsaugung selbständiger Betriebe in Landwirtschaft, Handwerk, Handel, Gewerbe und Industrie bewirken.

**Art. 81a Anzeigepflichten.** (1) [1]Entscheidungen des Bezirks über
1. die Errichtung, Übernahme und wesentliche Erweiterung sowie die Änderung der Rechtsform oder der Aufgaben von Unternehmen des Bezirks,
2. die unmittelbare oder mittelbare Beteiligung des Bezirks an Unternehmen,
3. die gänzliche oder teilweise Veräußerung von Unternehmen oder Beteiligungen des Bezirks,
4. die Auflösung von Kommunalunternehmen

sind der Rechtsaufsichtsbehörde rechtzeitig, mindestens aber sechs Wochen vor ihrem Vollzug, vorzulegen. [2]In den Fällen des Satzes 1 Nrn. 2 und 3 besteht keine Anzeigepflicht, wenn die Entscheidung weniger als den zwanzigsten Teil der Anteile des Unternehmens betrifft. [3]Aus der Vorlage muß zu ersehen sein, ob die gesetzlichen Voraussetzungen erfüllt sind. [4]Die Unternehmenssatzung von Kommunalunternehmen ist der Rechtsaufsichtsbehörde stets vorzulegen.

(2) Abs. 1 Satz 1 Nrn. 1 bis 3 und die Sätze 2 und 3 gelten entsprechend für Entscheidungen des Verwaltungsrats eines Kommunalunternehmens.

5. Abschnitt

# Kassen- und Rechnungswesen

**Art. 82 Kassengeschäfte des Bezirks.** (1) [1]Die Kassengeschäfte des Bezirks führt die Staatsoberkasse unentgeltlich nach den Weisungen des Bezirks, in den Fällen des Art. 35b nach den Weisungen der Regierung. [2]Die Staatsoberkasse unterliegt auch insoweit der staatlichen Kassenaufsicht. [3]Sonderkassen der Einrichtungen und rechtsfähigen Stiftungen sind zulässig. [4]Der Bezirk muß eine Sonderkasse errichten, wenn und soweit die Rechnung nach den Regeln der kaufmännischen doppelten Buchführung gelegt wird.

## 32 BezO
Bezirksordnung

(2) ¹Abweichend von Absatz 1 kann der Bezirk Kassengeschäfte selbst erledigen und eine Bezirkskasse errichten. ²Die Entscheidung, eine Bezirkskasse zu errichten, ist rechtzeitig der Staatsoberkasse mitzuteilen. ³Der Bezirk und die Staatsoberkasse vereinbaren die Einzelheiten des Übergangs der Kassengeschäfte.

(3) Wird eine Bezirkskasse errichtet, so gilt folgendes:
1. ¹Die Bezirkskasse erledigt alle Kassengeschäfte des Bezirks. ²Die Buchführung kann von den übrigen Kassengeschäften abgetrennt werden.
2. ¹Der Bezirk hat einen Kassenverwalter und einen Stellvertreter zu bestellen. ²Diese Verpflichtung entfällt, wenn der Bezirk seine Kassengeschäfte durch eine Stelle außerhalb der Bezirksverwaltung besorgen läßt. ³Die Anordnungsbefugten, der Leiter und die Prüfer des Rechnungsprüfungsamts können nicht gleichzeitig die Aufgaben eines Kassenverwalters oder seines Stellvertreters wahrnehmen.
3. Der Kassenverwalter und sein Stellvertreter dürfen weder miteinander noch mit den Anordnungsbefugten, dem Leiter und den Prüfern des Rechnungsprüfungsamts durch ein Angehörigenverhältnis im Sinn des Art. 20 Abs. 5 des Bayerischen Verwaltungsverfahrensgesetzes verbunden sein.

(4) ¹Sonderkassen sollen mit der Bezirkskasse verbunden werden. ²Ist eine Sonderkasse nicht mit der Bezirkskasse verbunden, gelten für den Verwalter der Sonderkasse und dessen Stellvertreter Absatz 3 Nrn. 2 und 3 entsprechend.

**Art. 83 Übertragung von Kassen- und Rechnungsgeschäften.** Der Bezirk kann das Ermitteln von Ansprüchen und von Zahlungsverpflichtungen, das Vorbereiten der entsprechenden Kassenanordnungen, die Kassengeschäfte und das Rechnungswesen ganz oder zum Teil von einer Stelle außerhalb der Bezirksverwaltung besorgen lassen, wenn die ordnungsgemäße und sichere Erledigung und die Prüfung nach den für den Bezirk geltenden Vorschriften gewährleistet sind.

**Art. 84 Rechnungslegung, Jahresabschluss.** (1) ¹Im Jahresabschluss beziehungsweise in der Jahresrechnung ist das Ergebnis der Haushaltswirtschaft einschließlich des Stands des Vermögens und der Verbindlichkeiten zu Beginn und am Ende des Haushaltsjahres nachzuweisen. ²Bei Haushaltswirtschaft nach den Grundsätzen der doppelten kommunalen Buchführung besteht der Jahresabschluss aus der Ergebnisrechnung, der Finanzrechnung, der Vermögensrechnung (Bilanz) und dem Anhang. ³Bei Haushaltswirtschaft nach den Grundsätzen der Kameralistik besteht die Jahresrechnung aus dem kassenmäßigen Abschluss und der Haushaltsrechnung. ⁴Der Jahresabschluss beziehungsweise die Jahresrechnung ist durch einen Rechenschaftsbericht zu erläutern.

(2) Der Jahresabschluss beziehungsweise die Jahresrechnung ist innerhalb von sechs Monaten, der konsolidierte Jahresabschluss (Art. 84a) innerhalb von zehn Monaten nach Abschluss des Haushaltsjahres aufzustellen und sodann dem Bezirksausschuss vorzulegen.

(3) ¹Nach Durchführung der örtlichen Prüfung der Jahresrechnung und der Jahresabschlüsse (Art. 85) und Aufklärung etwaiger Unstimmigkeiten stellt der Bezirkstag alsbald, jedoch in der Regel bis zum 30. Juni des auf das Haushaltsjahr folgenden übernächsten Jahres den Jahresabschluss beziehungsweise die Jahresrechnung in öffentlicher Sitzung fest und beschließt über die Entlastung. ²Ist ein konsolidierter Jahresabschluss aufzustellen (Art. 84a), tritt an die Stelle des 30. Juni der 31. Dezember des auf das Haushaltsjahr folgenden übernächsten Jahres. ³Verweigert der Bezirkstag die Entlastung oder spricht er sie mit Einschränkungen aus, hat er die dafür maßgebenden Gründe anzugeben.

(4) Die Bezirksräte können jederzeit die Berichte über die Prüfungen einsehen.

**Art. 84a Konsolidierter Jahresabschluss.** (1) Mit dem Jahresabschluss des Bezirks sind die Jahresabschlüsse
1. der außerhalb der allgemeinen Verwaltung geführten Sondervermögen ohne eigene Rechtspersönlichkeit,
2. der rechtlich selbstständigen Organisationseinheiten und Vermögensmassen mit Nennkapital oder variablen Kapitalanteilen,
3. der Zweckverbände mit kaufmännischer Rechnungslegung und der gemeinsamen Kommunalunternehmen und
4. der von dem Bezirk verwalteten kommunalen Stiftungen mit kaufmännischem Rechnungswesen

zu konsolidieren.

(2) ¹Aufgabenträger nach Abs. 1 sind entsprechend den §§ 300 bis 309 des Handelsgesetzbuchs zu konsolidieren (Vollkonsolidierung), wenn bei dem Bezirk die dem § 290 Abs. 1 und 2 des Handelsgesetzbuchs entsprechenden Voraussetzungen vorliegen. ²Andere Aufgabenträger als nach Satz 1 sind entsprechend den §§ 311 und 312 des Handelsgesetzbuchs zu konsolidieren, es sei denn, sie sind für die Vermittlung eines den tatsächlichen Verhältnissen entsprechenden Bildes der Vermögens-, Finanz- und Ertragslage von untergeordneter Bedeutung. ³Aufgabenträger nach Abs. 1 Nr. 3 können auch entsprechend § 310 des Handelsgesetzbuchs anteilsmäßig konsolidiert werden. ⁴Für den Anteil an einem Zweckverband ist der Umlageschlüssel maßgebend.

(3) Der konsolidierte Jahresabschluss ist durch eine Kapitalflussrechnung zu ergänzen und durch einen Konsolidierungsbericht zu erläutern.

(4) Der Bezirk hat bei den in Abs. 1 genannten Aufgabenträgern, Organisationseinheiten und Vermögensmassen darauf hinzuwirken, dass ihm das Recht eingeräumt wird, von diesen alle Informationen und Unterlagen zu erhalten, die er für die Konsolidierung der Jahresabschlüsse für erforderlich hält.

## 6. Abschnitt
## Prüfungswesen

**Art. 85 Örtliche Prüfungen.** (1) ¹Der Jahresabschluss und der konsolidierte Jahresabschluss beziehungsweise die Jahresrechnung sowie die Jahresabschlüsse der Eigenbetriebe, der Krankenhäuser und der Pflegeeinrichtungen mit kaufmännischem Rechnungswesen werden von einem Rechnungsprüfungsausschuss geprüft (örtliche Rechnungsprüfung). ²Über die Beratungen sind Niederschriften aufzunehmen.

(2) Der Bezirkstag bildet aus seiner Mitte einen Rechnungsprüfungsausschuß mit mindestens drei und höchstens sieben Mitgliedern und bestimmt ein Ausschußmitglied zum Vorsitzenden; Art. 28 Abs. 2 findet keine Anwendung.

(3) ¹Zur Prüfung der Jahresabschlüsse und des konsolidierten Jahresabschlusses sowie der Jahresrechnung können Sachverständige zugezogen werden. ²Das Rechnungsprüfungsamt ist umfassend als Sachverständiger heranzuziehen.

(4) Die örtliche Prüfung der Jahresrechnung und der Jahresabschlüsse ist innerhalb von zwölf Monaten, die des konsolidierten Jahresabschlusses innerhalb von 18 Monaten nach Abschluß des Haushaltsjahres durchzuführen.

(5) ¹Die örtliche Kassenprüfung obliegt dem Bezirkstagspräsidenten. ²Er bedient sich des Rechnungsprüfungsamts.

**Art. 86 Rechnungsprüfungsamt.** (1) Bezirke müssen ein Rechnungsprüfungsamt einrichten.

(2) ¹Das Rechnungsprüfungsamt ist bei der örtlichen Rechnungsprüfung dem Bezirkstag und bei den örtlichen Kassenprüfungen dem Bezirkstagspräsidenten unmittelbar verantwortlich. ²Der Bezirkstag und der Bezirkstagspräsident können besondere Aufträge zur Prüfung der Verwaltung erteilen. ³Das Rechnungsprüfungsamt ist bei der Wahrnehmung seiner Aufgaben unabhängig und nur dem Gesetz unterworfen. ⁴Im übrigen bleiben die Befugnisse des Bezirkstagspräsidenten unberührt, dem das Rechnungsprüfungsamt unmittelbar untersteht.

(3) ¹Der Bezirkstag bestellt den Leiter, seinen Stellvertreter und die Prüfer des Rechnungsprüfungsamts und beruft sie ab. ²Der Bezirkstag kann den Leiter des Rechnungsprüfungsamts und seinen Stellvertreter gegen ihren Willen nur mit einer Mehrheit von zwei Dritteln der gesetzlichen Zahl der Mitglieder des Bezirkstags abberufen, wenn sie ihre Aufgabe nicht ordnungsgemäß erfüllen. ³Die Abberufung von Prüfern des Rechnungsprüfungsamts gegen ihren Willen bedarf einer Mehrheit von zwei Dritteln der stimmberechtigten Bezirksräte.

(4) ¹Der Leiter des Rechnungsprüfungsamts muß Beamter auf Lebenszeit sein. ²Er muß in der Fachlaufbahn Verwaltung und Finanzen, fachlicher Schwerpunkt nichttechnischer Verwaltungsdienst, für ein Amt ab der Besoldungsgrup-

Bezirksordnung **BezO 32**

pe A 10 qualifiziert sein sowie die für sein Amt erforderliche Erfahrung und Eignung besitzen.

(5) ¹Der Leiter, sein Stellvertreter und die Prüfer des Rechnungsprüfungsamts dürfen eine andere Stellung in dem Bezirk nur innehaben, wenn das mit ihren Prüfungsaufgaben vereinbar ist. ²Sie dürfen Zahlungen für den Bezirk weder anordnen noch ausführen. ³Für den Leiter des Rechnungsprüfungsamts und seinen Stellvertreter gilt außerdem Art. 82 Abs. 3 Nr. 3 entsprechend.

**Art. 87 Überörtliche Prüfungen.** (1) ¹Die überörtlichen Rechnungs- und Kassenprüfungen werden vom Bayerischen Kommunalen Prüfungsverband (überörtliches Prüfungsorgan) durchgeführt. ²Die überörtlichen Kassenprüfungen erstrecken sich nicht auf die von der Staatsoberkasse zu erledigenden Kassengeschäfte.

(2) Die überörtliche Rechnungsprüfung findet alsbald nach der Feststellung des Jahresabschlusses und des konsolidierten Jahresabschlusses beziehungsweise der Jahresrechnung sowie der Jahresabschlüsse der Eigenbetriebe, der Krankenhäuser und der Pflegeeinrichtungen mit kaufmännischem Rechnungswesen statt.

**Art. 88 Inhalt der Rechnungs- und Kassenprüfung.** (1) Die Rechnungsprüfung erstreckt sich auf die Einhaltung der für die Wirtschaftsführung geltenden Vorschriften und Grundsätze, insbesondere darauf, ob
1. die Haushaltssatzung und der Haushaltsplan eingehalten worden sind,
2. die Einzahlungen und Auszahlungen sowie Erträge und Aufwendungen beziehungsweise die Einnahmen und Ausgaben begründet und belegt sind sowie der Jahresabschluss und der konsolidierte Jahresabschluss beziehungsweise die Jahresrechnung sowie die Vermögensnachweise ordnungsgemäß aufgestellt sind,
3. wirtschaftlich und sparsam verfahren wird,
4. die Aufgaben mit geringerem Personal- oder Sachaufwand oder auf andere Weise wirksamer erfüllt werden können.

(2) ¹Die Wirtschaftsführung der Krankenhäuser und der Pflegeeinrichtungen einschließlich der Jahresabschlüsse unterliegen der Rechnungsprüfung. ²Absatz 1 gilt entsprechend.

(3) ¹Die Rechnungsprüfung umfaßt auch die Wirtschaftsführung der Eigenbetriebe unter entsprechender Anwendung des Absatzes 1. ²Dabei ist auf das Ergebnis der Abschlußprüfung (Art. 89) mit abzustellen.

(4) ¹Im Rahmen der Rechnungsprüfung wird die Betätigung des Bezirks bei Unternehmen in einer Rechtsform des privaten Rechts, an denen der Bezirk unmittelbar oder mittelbar beteiligt ist, unter Beachtung kaufmännischer Grundsätze mitgeprüft. ²Entsprechendes gilt bei Erwerbs- und Wirtschaftsgenossenschaften, in denen der Bezirk Mitglied ist, sowie bei Kommunalunternehmen. ³Die Rechnungsprüfung umfaßt ferner die Buch-, Betriebs- und sonstigen Prüfungen, die sich der Bezirk bei der Hingabe eines Darlehens oder sonst vorbehalten hat.

(5) Durch Kassenprüfung werden die ordnungsmäßige Erledigung der Kassengeschäfte, die ordnungsmäßige Einrichtung der Kassen und das Zusammenwirken mit der Verwaltung geprüft.

(6) ¹Die Organe der Rechnungsprüfung des Bezirks und das überörtliche Prüfungsorgan können verlangen, dass ihnen oder ihren beauftragten Prüfern Unterlagen, die sie zur Erfüllung ihrer Aufgaben für erforderlich halten, vorgelegt oder innerhalb einer bestimmten Frist übersandt werden. ²Auskünfte sind ihnen oder ihren beauftragten Prüfern zu erteilen. ³Die Auskunftspflicht nach den Sätzen 1 und 2 besteht auch, soweit hierfür in anderen Bestimmungen eine besondere Rechtsvorschrift gefordert wird, und umfasst auch elektronisch gespeicherte Daten sowie deren automatisierten Abruf.

**Art. 89 Abschlussprüfung bei Eigenbetrieben und Kommunalunternehmen.** (1) Der Jahresabschluß und der Lagebericht eines Eigenbetriebs und eines Kommunalunternehmens sollen spätestens innerhalb von neun Monaten nach Schluß des Wirtschaftsjahres durch einen sachverständigen Prüfer (Abschlußprüfer) geprüft sein.

(2) Die Abschlußprüfung wird vom Bayerischen Kommunalen Prüfungsverband oder von einem Wirtschaftsprüfer oder von einer Wirtschaftsprüfungsgesellschaft durchgeführt.

(3) ¹Die Abschlußprüfung erstreckt sich auf die Vollständigkeit und Ordnungsmäßigkeit des Jahresabschlusses unter Einbeziehung der Buchführung und des Lageberichts. ²Dabei werden auch geprüft
1. die Ordnungsmäßigkeit der Geschäftsführung,
2. die Entwicklung der Vermögens- und Ertragslage sowie die Liquidität und Rentabilität,
3. die verlustbringenden Geschäfte und die Ursachen der Verluste, wenn diese Geschäfte und die Ursachen für die Vermögens- und Ertragslage von Bedeutung waren,
4. die Ursachen eines in der Gewinn- und Verlustrechnung ausgewiesenen Jahresfehlbetrags.

## VIERTER TEIL
## Staatliche Aufsicht und Rechtsmittel

### 1. Abschnitt
### Rechtsaufsicht und Fachaufsicht

**Art. 90 Sinn der staatlichen Aufsicht.** Die Aufsichtsbehörden sollen die Bezirke bei der Erfüllung ihrer Aufgaben verständnisvoll beraten, fördern und schützen sowie die Entschlußkraft und die Selbstverantwortung der Bezirksorgane stärken.

**Art. 91 Inhalt und Grenzen der Aufsicht.** (1) In den Angelegenheiten des eigenen Wirkungskreises (Art. 5) beschränkt sich die staatliche Aufsicht darauf, die Erfüllung der gesetzlich festgelegten und übernommenen öffentlich-rechtlichen Aufgaben und Verpflichtungen der Bezirke und die Gesetzmäßigkeit ihrer Verwaltungstätigkeit zu überwachen (Rechtsaufsicht).

(2) ¹In den Angelegenheiten des übertragenen Wirkungskreises (Art. 6) erstreckt sich die staatliche Aufsicht auch auf die Handhabung des Verwaltungsermessens der Bezirke (Fachaufsicht). ²Eingriffe in das Verwaltungsermessen sind auf die Fälle zu beschränken, in denen
1. das Gemeinwohl oder öffentlich-rechtliche Ansprüche einzelner eine Weisung oder Entscheidung erfordern oder
2. die Bundesregierung nach Art. 84 Abs. 5 oder Art. 85 Abs. 3 des Grundgesetzes eine Weisung erteilt.

**Art. 92 Rechtsaufsichtsbehörde.** Die Rechtsaufsicht über die Bezirke obliegt dem Staatsministerium des Innern, für Sport und Integration.

**Art. 93 Informationsrecht der Rechtsaufsichtsbehörde.** ¹Die Rechtsaufsichtsbehörde ist befugt, sich jederzeit über alle Angelegenheiten des Bezirks zu unterrichten. ²Sie kann insbesondere Anstalten und Einrichtungen des Bezirks besichtigen, die Geschäfts- und Kassenführung prüfen sowie Berichte und Akten einfordern.

**Art. 94 Beanstandungsrecht.** ¹Die Rechtsaufsichtsbehörde kann rechtswidrige Beschlüsse und Verfügungen des Bezirks beanstanden und ihre Aufhebung oder Änderung verlangen. ²Bei Nichterfüllung öffentlich-rechtlicher Aufgaben oder Verpflichtungen kann die Rechtsaufsichtsbehörde den Bezirk zur Durchführung der notwendigen Maßnahmen auffordern.

**Art. 95 Recht der Ersatzvornahme.** ¹Kommt der Bezirk binnen einer ihm gesetzten angemessenen Frist den Anordnungen der Rechtsaufsichtsbehörde nicht nach, so kann diese die notwendigen Maßnahmen an Stelle des Bezirks verfügen und vollziehen. ²Die Kosten trägt der Bezirk.

**Art. 96 Bestellung eines Beauftragten.** (1) Ist der geordnete Gang der Verwaltung durch Beschlußunfähigkeit des Bezirkstags oder durch seine Weigerung, gesetzmäßige Anordnungen der Rechtsaufsichtsbehörde auszuführen, ernstlich behindert, so kann die Rechtsaufsichtsbehörde den Bezirkstagspräsidenten ermächtigen, bis zur Behebung des gesetzwidrigen Zustands für den Bezirk zu handeln.

(2) ¹Weigert sich der Bezirkstagspräsident oder ist er aus tatsächlichen oder rechtlichen Gründen verhindert, die Aufgaben nach Absatz 1 wahrzunehmen, so beauftragt die Rechtsaufsichtsbehörde den gewählten Stellvertreter des Bezirkstagspräsidenten, für den Bezirk zu handeln, solange es erforderlich ist. ²Ist kein gewählter Stellvertreter des Bezirkstagspräsidenten vorhanden oder ist auch er verhindert oder nicht handlungswillig, so handelt die Rechtsaufsichtsbehörde für den Bezirk; sie kann die Regierung damit beauftragen.

(3) Die Staatsregierung kann ferner, wenn sich der gesetzwidrige Zustand anders nicht beheben lässt, den Bezirkstag auflösen und dessen Neuwahl anordnen.

**Art. 97 Fachaufsichtsbehörden.** ¹Die Zuständigkeit zur Führung der Fachaufsicht auf den einzelnen Gebieten des übertragenen Wirkungskreises bestimmt sich nach den hierfür geltenden besonderen Vorschriften. ²Soweit solche besonderen Vorschriften nicht bestehen, obliegt den Rechtsaufsichtsbehörden auch die Führung der Fachaufsicht.

**Art. 98 Befugnisse der Fachaufsicht.** (1) ¹Die Fachaufsichtsbehörden können sich über Angelegenheiten des übertragenen Wirkungskreises in gleicher Weise wie die Rechtsaufsichtsbehörde unterrichten (Art. 93). ²Sie können ferner dem Bezirk für die Behandlung übertragener Angelegenheiten unter Beachtung des Art. 91 Abs. 2 Satz 2 Weisungen erteilen. ³Zu weitergehenden Eingriffen in die Bezirksverwaltung sind die Fachaufsichtsbehörden nicht befugt.

(2) ¹Die Rechtsaufsichtsbehörde ist verpflichtet, die Fachaufsichtsbehörden bei der Durchführung ihrer gesetzlichen Aufgaben nötigenfalls unter Anwendung der in den Art. 95 und 96 festgelegten Befugnisse zu unterstützen. ²Bei der Ersatzvornahme tritt die Weisung der Fachaufsichtsbehörde an die Stelle der Anordnung der Rechtsaufsichtsbehörde.

**Art. 99 Genehmigungsbehörde.** (1) Die in diesem Gesetz vorgeschriebenen Genehmigungen erteilt, soweit nichts anderes bestimmt ist, die Rechtsaufsichtsbehörde (Art. 92).

(2) Genehmigungspflichtige Beschlüsse sowie genehmigungspflichtige Geschäfte des bürgerlichen Rechts erlangen Rechtswirksamkeit erst mit der Erteilung der nach diesem Gesetz erforderlichen Genehmigung.

**Art. 99a Ausnahmegenehmigungen.** ¹Das Staatsministerium des Innern, für Sport und Integration kann im Interesse der Weiterentwicklung der kommunalen Selbstverwaltung zur Erprobung neuer Modelle der Steuerung und des Haushalts- und Rechnungswesens, der Verfahrensvereinfachung und der Verwaltungsführung auf Antrag im Einzelfall Ausnahmen von Regelungen dieses Gesetzes und der nach Art. 101 erlassenen Vorschriften genehmigen. ²Die Genehmigung ist zu befristen. ³Bedingungen und Auflagen sind insbesondere zulässig, um die Vergleichbarkeit des Kommunalrechtsvollzugs auch im Rahmen einer Erprobung möglichst zu wahren und die Ergebnisse der Erprobung für Gemeinden, für Landkreise und für andere Bezirke nutzbar zu machen.

Bezirksordnung **BezO 32**

## 2. Abschnitt
## Rechtsmittel

**Art. 100 Erlaß des Widerspruchsbescheids (§ 73 der Verwaltungsgerichtsordnung).** Den Widerspruchsbescheid erläßt in Angelegenheiten des eigenen und des übertragenen Wirkungskreises der Bezirk.

### FÜNFTER TEIL
## Übergangs- und Schlußvorschriften

**Art. 101 Ausführungsvorschriften.** (1) [1]Das Staatsministerium des Innern, für Sport und Integration erläßt die zum Vollzug dieses Gesetzes erforderlichen Ausführungsvorschriften. [2]Es wird insbesondere ermächtigt, im Einvernehmen mit dem Staatsministerium für Finanzen und für Heimat durch Rechtsverordnungen zu regeln:
1. den Inhalt und die Gestaltung des Haushaltsplans einschließlich des Stellenplans, der mittelfristigen Finanzplanung und des Investitionsprogramms, ferner die Veranschlagung von Einzahlungen, Auszahlungen, Erträgen und Aufwendungen beziehungsweise Einnahmen, Ausgaben und Verpflichtungsermächtigungen für einen vom Haushaltsjahr abweichenden Wirtschaftszeitraum,
2. die Ausführung des Haushaltsplans, die Anordnung von Zahlungen, die Haushaltsüberwachung, die Stundung, die Niederschlagung und den Erlaß von Ansprüchen und die Behandlung von Kleinbeträgen,
3. die Ausschreibung von Lieferungen und Leistungen und die Vergabe von Aufträgen,
4. die Bildung, vorübergehende Inanspruchnahme und Verwendung von Rücklagen und deren Mindesthöhe,
5. die Bidlung und Auflösung von Rückstellungen,
6. die Geldanlagen und ihre Sicherung,
7. die Erfassung, den Nachweis, die Bewertung und die Abschreibung der Vermögensgegenstände; dabei kann die Bewertung und Abschreibung auf einzelne Bereiche beschränkt werden,
8. die Aufstellung der Eröffnungsbilanz auch unter Abweichung von Art. 66 Abs. 3 und der folgenden Bilanzen,
9. die Kassenanordnungen, die Aufgaben und die Organisation der Kassen, die vom Bezirk eingerichtet sind, den Zahlungsverkehr, die Verwaltung der Kassenmittel, der Wertgegenstände und anderer Gegenstände, die Buchführung sowie die Möglichkeit, daß die Buchführung und die Verwahrung von Wertgegenständen von den Kassengeschäften abgetrennt werden können,
10. den Inhalt und die Gestaltung der Jahresrechnung und die Abwicklung der Vorjahresergebnisse,

11. den Inhalt und die Gestaltung des Jahresabschlusses und des konsolidierten Jahresabschlusses; dabei können auch Ausnahmen von der und Übergangsfristen für die Konsolidierungspflicht vorgesehen werden,
12. den Inhalt und die Gestaltung des Rechenschaftsberichts zur Jahresrechnung beziehungsweise zum Jahresabschluss, des Anhangs zum Jahresabschluss sowie des Konsolidierungsberichts zum konsolidierten Jahresabschluss,
13. den Aufbau und die Verwaltung, die Wirtschaftsführung, das Rechnungswesen und die Prüfung der Eigenbetriebe,
14. die Prüfung der Jahresrechnungen, der Jahresabschlüsse und der konsolidierten Jahresabschlüsse, die Prüfung der Kassen, die vom Bezirk eingerichtet sind, die Abschlußprüfung und die Freistellung von der Abschlußprüfung, die Prüfung von Verfahren der automatisierten Datenverarbeitung im Bereich des Finanzwesens der Bezirke, die Rechte und Pflichten der Prüfer, die über Prüfungen zu erstellenden Berichte und deren weitere Behandlung,
15. das Verfahren bei der Errichtung der Kommunalunternehmen sowie der Umwandlung von Kapitalgesellschaften in Kommunalunternehmen und den Aufbau, die Verwaltung, die Wirtschaftsführung sowie das Rechnungs- und Prüfungswesen der Kommunalunternehmen.

[3]Das Staatsministerium des Innern, für Sport und Integration wird weiter ermächtigt, im Einvernehmen mit dem Staatsministerium für Gesundheit und Pflege und mit dem Staatsministerium der Finanzen und für Heimat die Wirtschaftsführung der Krankenhäuser und der Pflegeeinrichtungen der Bezirke durch Rechtsverordnung zu regeln.

(2) [1]Das Staatsministerium des Innern, für Sport und Integration erläßt die erforderliche Verwaltungsvorschriften und gibt Muster, insbesondere für
1. die Haushaltssatzung und die Nachtragshaushaltssatzung,
2. die Darstellung des Haushaltsplans und des mittelfristigen Finanzplans insbesondere
    a) die Konten und Produkte bei Haushaltswirtschaft nach den Grundsätzen der doppelten kommunalen Buchführung,
    b) die Gliederung und die Gruppierung bei Haushaltswirtschaft nach den Grundsätzen der Kameralistik,
3. die Form des Haushaltsplans und seiner Anlagen, des mittelfristigen Finanzplans und des Investitionsprogramms,
4. die Gliederung und die Form des Jahresabschlusses und des konsolidierten Jahresabschlusses,
5. die Darstellung und die Form der Vermögensnachweise,
6. die Kassenanordnungen, die Buchführung, die Jahresrechnung und ihre Anlagen,
7. die Gliederung und die Form des Wirtschaftsplans und seiner Anlagen, des mittelfristigen Finanzplans und des Investitionsprogramms, des Jahresabschlusses, der Anlagenachweise und der Erfolgsübersicht für Eigenbetriebe und für Krankenhäuser mit kaufmännischem Rechnungswesen,

im Bayerischen Ministerialblatt bekannt. ²Es kann solche Muster für verbindlich erklären. ³Die Zuordnung der einzelnen Geschäftsvorfälle zu den Darstellungen gemäß Satz 1 Nrn. 2 bis 5 kann durch Verwaltungsvorschrift in gleicher Weise verbindlich festgelegt werden. ⁴Die Verwaltungsvorschriften zur Darstellung des Haushaltsplans und des mittelfristigen Finanzplans sind im Einvernehmen mit dem Staatsministerium der Finanzen und für Heimat zu erlassen.

**Art. 101a Bezirkswirtschaftliche Erleichterungen anlässlich der Corona-Pandemie.*** ¹Das Staatsministerium des Innern, für Sport und Integration wird ermächtigt, im Einvernehmen mit dem Staatsministerium der Finanzen und für Heimat und dem Staatsministerium für Wirtschaft, Landesentwicklung und Energie durch Rechtsverordnungen für die Haushaltsjahre 2020 und 2021 Abweichungen von den bezirkswirtschaftlichen Bestimmungen des dritten Teils sowie der auf Grund des Art. 101 erlassenen Rechtsverordnungen zuzulassen, insbesondere bezüglich

1. vorübergehender Abweichungen von einer sichergestellten dauernden Leistungsfähigkeit (Art. 53 Abs. 1 Satz 2),
2. der Bekanntmachung einer nicht genehmigungspflichtigen Haushaltssatzung oder Nachtragshaushaltssatzung (Art. 57 Abs. 3, Art. 60 Abs. 1 Satz 2),
3. der Genehmigungspflicht für Verpflichtungsermächtigungen (Art. 59 Abs. 4),
4. der unverzüglichen Pflicht zum Erlass einer Nachtragshaushaltssatzung (Art. 60 Abs. 2),
5. des grundsätzlichen Nachrangs der Aufnahme von Krediten (Art. 63 Abs. 1, Art. 54 Abs. 3),
6. der Beschränkung des Zwecks der Aufnahme von Krediten auf Investitionen, auf Investitionsförderungsmaßnahmen und zur Umschuldung (Art. 63 Abs. 1),
7. der rechtsaufsichtlichen Genehmigung des Gesamtbetrags vorgesehener Kreditaufnahmen und des hieran anzulegenden Maßstabs (Art. 63 Abs. 2),
8. der Geltungsdauer von Kreditermächtigungen (Art. 63 Abs. 3),
9. des Nachrangs der Aufnahme von Kassenkrediten (Art. 65 Abs. 1),
10. des Höchstbetrags für die Aufnahme von Kassenkrediten (Art. 65 Abs. 2) und
11. der Erstellung eines konsolidierten Jahresabschlusses (Art. 84 Abs. 2, Abs. 3 Satz 2, Art. 84a).

²Die aufgrund von Satz 1 erlassenen Rechtsverordnungen treten spätestens am 31. Dezember 2022 außer Kraft. ³Die in den Haushaltsjahren 2020 und 2021 angelegten und betätigten Abweichungen von bezirkswirtschaftlichen Bestimmungen dürfen sich auf nachfolgende Haushaltsjahre auswirken, längstens jedoch auf das Haushaltsjahr 2032.

---

\* *Beachte Art. 103 Abs. 2.*

**Art. 102 Einschränkung von Grundrechten.** Auf Grund dieses Gesetzes können die Grundrechte auf Freiheit der Person und der Unverletzlichkeit der Wohnung eingeschränkt werden (Art. 2 Abs. 2, Art. 13 des Grundgesetzes, Art. 102 und 106 Abs. 3 der Verfassung).

**Art. 103 Inkrafttreten, Außerkrafttreten.** (1) Art. 101 dieses Gesetzes tritt am 1. Juni 1953, die übrigen Bestimmungen treten am 1. Dezember 1954 in Kraft.*

(2) Art. 101a Satz 1 und 2 tritt mit Ablauf des 31. Dezember 2022, Art. 101a Satz 3 tritt mit Ablauf des 31. Dezember 2032 außer Kraft.

---

\* Diese Vorschrift betrifft das Inkrafttreten des Gesetzes in der ursprünglichen Fassung vom 27.07.1953 (GVBl S. 107). Der Zeitpunkt des Inkrafttretens der späteren Änderungen ergibt sich aus den jeweiligen Änderungsgesetzen.

## GrKrV 33

# Verordnung über Aufgaben der Großen Kreisstädte (GrKrV)

(BayRS 2020-1-1-3-I)
in der Fassung der Bekanntmachung vom 25. März 1991 (GVBl. S. 123),
zuletzt geändert durch Verordnung vom 20. Juni 2017
(GVBl. S. 282)

Auf Grund des Art. 9 Abs. 2 Satz 1 der Gemeindeordnung und des § 36 Abs. 2 Satz 1 des Gesetzes über Ordnungswidrigkeiten erläßt die Bayerische Staatsregierung folgende Verordnung:

**§ 1 [Aufgaben der Großen Kreisstädte].** (1) Die Großen Kreisstädte erfüllen im übertragenen Wirkungskreis folgende Aufgaben, die sonst vom Landratsamt als der unteren staatlichen Verwaltungsbehörde wahrzunehmen sind:

1. Aufgaben der unteren Bauaufsichtsbehörde (Art. 53 Abs. 1 der Bayerischen Bauordnung),
2. Aufgaben der Kreisverwaltungsbehörde (§ 101 des Wasserhaushaltsgesetzes – WHG –, Art. 58, 61 und 63 des Bayerischen Wassergesetzes – BayWG –)
   a) in Verfahren über eine Erlaubnis nach § 10 WHG in Verbindung mit § 15 WHG, Art. 15 und 70 BayWG für das Einleiten von Abwasser aus Kleinkläranlagen mit einem Anfall häuslicher Abwässer bis zu 8 m$^3$ je Tag und von Niederschlagswasser, soweit die Einleitung nicht nach § 7 Abs. 1 in Verbindung mit § 10 Abs. 1 Nr. 4 des Abwasserabgabengesetzes abgabepflichtig ist, in Gewässer,
   b) nach §§ 62, 63 WHG und der darauf gestützten Verordnung über Anlagen zum Umgang mit wassergefährdenden Stoffen vom 31. März 2010 (BGBl I S. 377) sowie der Anlagenverordnung bei Heizölverbrauchertankanlagen,
   c) nach § 101 WHG, Art. 58 und 61 BayWG in den Fällen der Buchst. a und b,
   d) nach § 78 Abs. 3 WHG,
3. Aufgaben der unteren Straßenverkehrsbehörde (Art. 4 Abs. 1 des Gesetzes über Zuständigkeiten im Verkehrswesen),
4. Aufgaben der Kreisverwaltungsbehörde zum Vollzug des Gaststättengesetzes und der auf Grund des Gaststättengesetzes ergangenen Verordnung (§ 1 Abs. 1 der Gaststättenverordnung) sowie zum Vollzug des § 15 Abs. 2 Satz 1 bezieht, die den Vorschriften des Gaststättengesetzes unterliegen,
5. Aufgaben der Kreisverwaltungsbehörde zum Vollzug der §§ 33 a und 33 i der Gewerbeordnung (GewO) sowie des § 15 Abs. 2 Satz 1 GewO, soweit sich diese Vorschrift auf Gewerbebetriebe bezieht, die den Vorschriften der §§ 33 a und 33 i GewO unterliegen (§ 1 Abs. 1 Nr. 1 der Verordnung zur Durchführung der Gewerbeordnung),

6. Aufgaben der Kreisverwaltungsbehörde zum Vollzug des Bestattungsgesetzes und der auf Grund des Bestattungsgesetzes ergangenen Verordnung (§ 31 der Bestattungsverordnung),
7. *(aufgehoben)*,
8. Aufgaben der Kreisverwaltungsbehörde zum Vollzug des § 1 Abs. 2 der Verordnung zur Durchführung des Wohnraumförderungs- und Wohnungsbindungsrechts (DVWoR),
9. Aufgaben der Kreisverwaltungsbehörde zum Vollzug des Art. 19 Abs. 3 und 5 des Landesstraf- und Verordnungsgesetzes,
10. Aufgaben der Kreisverwaltungsbehörde zum Vollzug des Prostituiertenschutzgesetzes,
11. Aufgaben der Kreisverwaltungsbehörde zum Vollzug des § 11 der Zuständigkeitsverordnung im Bauwesen, wenn das Bauprodukt ausschließlich im bauaufsichtlichen Bereich oder in einem Bereich Verwendung findet, für den den Großen Kreisstädten nach den vorstehenden Nummern der Aufgabenvollzug übertragen worden ist,
12. Aufgaben der Kreisverwaltungsbehörde nach Art. 15 Abs. 1 Satz 1 des Gesetzes über die Zuständigkeiten zum Vollzug wirtschaftsrechtlicher Vorschriften.

(2) Die Zuständigkeit der Großen Kreisstädte für die Verfolgung und Ahndung von Ordnungswidrigkeiten richtet sich nach der Verordnung über Zuständigkeiten im Ordnungswidrigkeitenrecht.

**§ 2 [Inkrafttreten].** Diese Verordnung tritt am 1. Juli 1972 in Kraft.*

---

\* Diese Vorschrift betrifft das Inkrafttreten der Verordnung in der ursprünglichen Fassung vom 15. Juni 1972 (GVBl. S. 202). Der Zeitpunkt des Inkrafttretens der späteren Änderungen ergibt sich aus den jeweiligen Änderungsverordnungen.

**VGemO 34**

# Verwaltungsgemeinschaftsordnung für den Freistaat Bayern (Verwaltungsgemeinschaftsordnung – VGemO)

(BayRS 2020-2-1-I) in der Fassung der Bekanntmachung vom
26. Oktober 1982 (GVBl. S. 965),
zuletzt geändert durch Verordnung vom 26. März 2019 (GVBl. S. 98)

### INHALTSÜBERSICHT*

**ERSTER TEIL**
**Die Verwaltungsgemeinschaft**
Art. 1 Wesen und Rechtsform
Art. 2 Bildung und Erweiterung
Art. 3 Bestimmung von Name und Sitz
Art. 4 Aufgaben
Art. 5 Mitwirkung der Gemeinden
Art. 6 Organe der Verwaltungsgemeinschaft
Art. 7 Bedienstete der Verwaltungsgemeinschaft
Art. 8 Deckung des Finanzbedarfs
Art. 9 Auflösung und Entlassung
Art. 10 Bekanntmachung; Anwendung des Gesetzes über die kommunale Zusammenarbeit

**ZWEITER TEIL**
**Übergangs- und Schlußvorschriften**
Art. 11 Übergangsvorschriften
Art. 12 Inkrafttreten

## ERSTER TEIL
## Die Verwaltungsgemeinschaft

**Art. 1 Wesen und Rechtsform.** (1) ¹Die Verwaltungsgemeinschaft ist ein Zusammenschluß benachbarter kreisangehöriger Gemeinden unter Aufrechterhaltung des Bestands der beteiligten Gemeinden. ²Sie erfüllt öffentliche Aufgaben nach Maßgabe der folgenden Bestimmungen und dient der Stärkung der Leistungs- und Verwaltungskraft ihrer Mitglieder.

(2) ¹Die Verwaltungsgemeinschaft ist eine Körperschaft des öffentlichen Rechts. ²Sie kann Dienstherr von Beamten sein.

**Art. 2 Bildung und Erweiterung.** (1) Verwaltungsgemeinschaften können gebildet werden,
1. wenn die beteiligten Gemeinden einverstanden sind,
2. gegen den Willen beteiligter Gemeinden, wenn Gründe des öffentlichen Wohls vorliegen; die beteiligten Gemeinden sind vorher zu hören.

(2) Eine Gemeinde kann in eine bestehende Verwaltungsgemeinschaft aufgenommen werden,
1. wenn die Gemeinde, die Verwaltungsgemeinschaft und deren Mitgliedsgemeinden einverstanden sind,

---

\* *Inhaltsübersicht nicht amtlich.*

## 34 VGemO — Verwaltungsgemeinschaftsordnung

2. gegen den Willen der Gemeinde, der Verwaltungsgemeinschaft oder einer Mitgliedsgemeinde, wenn Gründe des öffentlichen Wohls vorliegen; die Gemeinde, die Verwaltungsgemeinschaft und deren Mitgliedsgemeinden sind vorher zu hören.

(3) Verwaltungsgemeinschaften werden durch Gesetz gebildet oder erweitert.

(4) Die mit der Bildung oder Erweiterung von Verwaltungsgemeinschaften zusammenhängenden Rechts- und Verwaltungsfragen regelt die Regierung.

(5) [1]Im Fall der Bildung einer Verwaltungsgemeinschaft dürfen bis zur Bekanntmachung ihrer ersten Haushaltssatzung ausgabenwirksame Maßnahmen nur getroffen werden, wenn und soweit sie für eine ordnungsgemäße Aufgabenerfüllung unerläßlich sind; insoweit dürfen Ausgaben geleistet werden. [2]Bis zum gleichen Zeitpunkt kann die Verwaltungsgemeinschaft nach Maßgabe des Art. 8 Abs. 1 Sätze 1 und 2 eine vorläufige Umlage erheben. [3]Sie kann ferner einen vorläufigen Höchstbetrag für Kassenkredite festsetzen. [4]Der Stellenplan gilt insoweit als festgesetzt, als Beamte und Angestellte von Mitgliedsgemeinden übernommen werden.

**Art. 3 Bestimmung von Name und Sitz.** (1) Name und Sitz einer neuen Verwaltungsgemeinschaft werden durch Rechtsverordnung der Regierung bestimmt, sofern das nach Art. 2 Abs. 3 erlassene Gesetz dazu nichts bestimmt.

(2) [1]Die Regierung kann durch Rechtsverordnung nach Anhörung der Verwaltungsgemeinschaft deren Namen und Sitz ändern. [2]Die Namensänderung setzt ein öffentliches Bedürfnis, die Sitzänderung ein dringendes öffentliches Bedürfnis voraus.

**Art. 4 Aufgaben.** (1) [1]Die Verwaltungsgemeinschaft nimmt alle Angelegenheiten des übertragenen Wirkungskreises ihrer Mitgliedsgemeinden wahr, ausgenommen den Erlaß von Satzungen und Verordnungen. [2]Die Mitgliedsgemeinden sind über die sie betreffenden Vorgänge im übertragenen Wirkungskreis zu informieren. [3]Das Staatsministerium des Innern, für Sport und Integration kann durch Rechtsverordnung allgemein bestimmen, daß einzelne Aufgaben des übertragenen Wirkungskreises bei den Mitgliedsgemeinden verbleiben.

(2) [1]Die Mitgliedsgemeinden der Verwaltungsgemeinschaft erfüllen die Aufgaben des eigenen Wirkungskreises. [2]Die Verwaltungsgemeinschaft führt dabei die Aufgaben nach den folgenden Sätzen 3 und 4 als Behörde der jeweiligen Mitgliedsgemeinde nach deren Weisung aus; der erste Bürgermeister kann die Mitgliedsgemeinde auch insoweit vertreten. [3]Der Verwaltungsgemeinschaft obliegen die verwaltungsmäßige Vorbereitung und der verwaltungsmäßige Vollzug der Beschlüsse der Mitgliedsgemeinden sowie die Besorgung der laufenden Verwaltungsangelegenheiten, die für die Mitgliedsgemeinden keine grundsätzliche Bedeutung haben und keine erheblichen Verpflichtungen erwarten lassen. [4]Das gleiche gilt für die Aufgaben, die nach Absatz 1 bei den Mitgliedsgemeinden verbleiben.

(3) Die Mitgliedsgemeinden können durch Zweckvereinbarung einzelne Aufgaben und Befugnisse des eigenen Wirkungskreises auf die Verwaltungsgemeinschaft übertragen.

(4) ¹Mit dem Inkrafttreten des Gesetzes (Art. 2 Abs. 3) tritt die Verwaltungsgemeinschaft an die Stelle von Zweckverbänden, die aus denselben Mitgliedern wie die Verwaltungsgemeinschaft bestehen; solche Zweckverbände können nicht neu gebildet werden. ²Andere Zweckverbände können ihre Verwaltungsaufgaben (Absatz 2) durch Zweckvereinbarung auf die Verwaltungsgemeinschaft übertragen. ³Die Aufgaben und Befugnisse von Verbänden, die nicht auf Grund des Gesetzes über die kommunale Zusammenarbeit, sondern auf Grund anderer Rechtsvorschriften gebildet sind, können nach Maßgabe der für sie geltenden Vorschriften auf die Verwaltungsgemeinschaft übertragen werden.

(5) Die Verwaltungsgemeinschaft soll ihre Mitgliedsgemeinden bei der Erfüllung der übrigen gemeindlichen Aufgaben beraten.

**Art. 5 Mitwirkung der Gemeinden.** Die Mitgliedsgemeinden sind verpflichtet, die Verwaltungsgemeinschaft bei der Durchführung ihrer Aufgaben zu unterstützen.

**Art. 6 Organe der Verwaltungsgemeinschaft.** (1) Die Verwaltungsgemeinschaft wird durch die Gemeinschaftsversammlung verwaltet, soweit nicht der Gemeinschaftsvorsitzende zuständig ist.

(2) ¹Die Gemeinschaftsversammlung besteht aus den Vertretern der Mitgliedsgemeinden. ²Vertreter sind die ersten Bürgermeister und je ein Gemeinderatsmitglied; für jedes volle Tausend ihrer Einwohner entsenden die Mitgliedsgemeinden ein weiteres Gemeinderatsmitglied. ³Die ersten Bürgermeister werden im Fall der Verhinderung durch ihre Stellvertreter vertreten. ⁴Für jedes der übrigen Mitglieder der Gemeinschaftsversammlung ist für den Fall, daß es verhindert ist oder den ersten Bürgermeister nach Satz 3 vertritt, ein Stellvertreter aus der Mitte des Gemeinderats zu bestellen. ⁵Bei der Bestellung der übrigen Mitglieder und ihrer Stellvertreter gelten Art. 33 Abs. 1 Sätze 2 bis 5 der Gemeindeordnung (GO) entsprechend. ⁶Jede Mitgliedsgemeinde hat so viele einzeln abzugebende Stimmen, als Vertreter von ihr anwesend sind.

(3) ¹Die Gemeinschaftsversammlung wählt aus ihrer Mitte einen der ersten Bürgermeister zum Gemeinschaftsvorsitzenden und einen oder zwei Stellvertreter, und zwar je auf die Dauer ihres gemeindlichen Amts. ²Die Vertreter der Mitgliedsgemeinden sind insoweit an Weisungen nicht gebunden.

(4) ¹Für die Aufgaben und Befugnisse des Gemeinschaftsvorsitzenden gelten die Vorschriften über die Zuständigkeit des Verbandsvorsitzenden eines Zweckverbands entsprechend. ²Er führt die Dienstaufsicht über die Dienstkräfte der Verwaltungsgemeinschaft und ist Dienstvorgesetzter ihrer Beamten.

**Art. 7 Bedienstete der Verwaltungsgemeinschaft.** (1) ¹Die Verwaltungsgemeinschaft stellt das fachlich geeignete Verwaltungspersonal an, das erforderlich ist, um den ordnungsmäßigen Gang der Geschäfte zu gewährleisten. ²Unbeschadet der Verpflichtung nach Satz 1 soll die Verwaltungsgemeinschaft mindestens einen Beamten haben, der in der Fachlaufbahn Verwaltung und Finanzen, fachlicher Schwerpunkt nichttechnischer Verwaltungsdienst, für ein Amt ab der Besoldungsgruppe A 10 qualifiziert ist.

(2) ¹Der Gemeinschaftsvorsitzende kann dem Leiter der Geschäftsstelle laufende Angelegenheiten zur selbständigen Erledigung übertragen. ²Der Leiter der Geschäftsstelle nimmt an den Sitzungen der Gemeinschaftsversammlung beratend teil.

**Art. 8 Deckung des Finanzbedarfs.** (1) ¹Die Verwaltungsgemeinschaft erhebt von ihren Mitgliedsgemeinden eine Umlage, soweit ihre sonstigen Einnahmen nicht ausreichen, um ihren Finanzbedarf zu decken. ²Die Umlage wird für die Aufgaben nach Art. 4 Abs. 1 und 2 nach dem Verhältnis der Einwohnerzahl der Mitgliedsgemeinden bemessen; maßgebend ist die auf der Grundlage der letzten Volkszählung fortgeschriebene Einwohnerzahl nach dem Stand vom 30. Juni des vorausgegangenen Jahres. ³Durch einstimmigen Beschluß der Gemeinschaftsversammlung kann eine andere Regelung getroffen werden. ⁴Die Regierung soll für die Bemessung der Umlage ein anderes Verhältnis festlegen oder die Umlage für eine oder mehrere Mitgliedsgemeinden abweichend von Satz 2 festsetzen, wenn das erforderlich ist, um eine unbillige Härte zu vermeiden. ⁵Der Kostenersatz für die Wahrnehmung der Aufgaben nach Art. 4 Abs. 3 und 4 Satz 2 bleibt der besonderen Regelung in der Zweckvereinbarung vorbehalten. ⁶In den Fällen des Art. 4 Abs. 4 Sätze 1 und 3 verbleibt es bei der bisherigen Kostenregelung, soweit sie nicht durch Beschluß der Gemeinschaftsversammlung mit den Stimmenzahlen der Mitglieder des früheren Verbands aufgehoben wird.

(2) ¹Die Verwaltungsgemeinschaft ist verpflichtet, eine Haushaltssatzung zu erlassen. ²Die Höhe der Umlage ist für jedes Rechnungsjahr durch Beschluß der Gemeinschaftsversammlung in der Haushaltssatzung festzusetzen.

**Art. 9 Auflösung und Entlassung.** (1) Aus Gründen des öffentlichen Wohls kann
1. eine Verwaltungsgemeinschaft aufgelöst werden,
2. eine Mitgliedsgemeinde aus einer Verwaltungsgemeinschaft entlassen werden.

(2) ¹Maßnahmen nach Absatz 1 werden durch Gesetz vorgenommen. ²Die Verwaltungsgemeinschaft und die Mitgliedsgemeinden sind vorher zu hören.

(3) Die mit der Auflösung oder Entlassung zusammenhängenden Rechts- und Verwaltungsfragen regelt die Regierung.

⁴Im Fall der Auflösung der Verwaltungsgemeinschaft bestimmt die Regierung eine Gemeinde oder eine neu entstehende Verwaltungsgemeinschaft zur Gesamtrechtsnachfolgerin, die im Bereich der bisherigen Verwaltungsgemeinschaft deren Geschäfte einschließlich der Rechnungslegung abwickelt. ²Über das Ergebnis der Haushaltswirtschaft und das Vermögen setzen sich die bisherigen Mitgliedsgemeinden durch Übereinkunft auseinander. ³Im Fall der Ent-

lassung einer Mitgliedsgemeinde findet eine Auseinandersetzung zwischen der Verwaltungsgemeinschaft und der entlassenen Gemeinde statt. ⁴Der Übereinkunft kommt mit dem in ihr bestimmten Zeitpunkt, frühestens jedoch mit Rechtswirksamkeit der Auflösung oder Entlassung, unmittelbar rechtsbegründende Wirkung zu. ⁵Kommt eine Übereinkunft nicht zustande, so entscheiden das Verwaltungsgericht und in der Berufungsinstanz der Verwaltungsgerichtshof als Schiedsgerichte.

**Art. 10 Bekanntmachung; Anwendung des Gesetzes über die kommunale Zusammenarbeit.** (1) ¹Rechtsvorschriften der Verwaltungsgemeinschaft sind im Amtsblatt der Verwaltungsgemeinschaft amtlich bekanntzumachen. ²Unterhält die Verwaltungsgemeinschaft kein Amtsblatt, so sind die Rechtsvorschriften im Amtsblatt des Landkreises oder des Landratsamts, sonst in anderen regelmäßig erscheinenden Druckwerken amtlich bekanntzumachen. ³Die amtliche Bekanntmachung kann auch dadurch bewirkt werden, daß die Rechtsvorschrift in der Geschäftsstelle der Verwaltungsgemeinschaft niedergelegt und die Niederlegung durch Anschlag an den für öffentliche Bekanntmachungen allgemein bestimmten Stellen oder durch Mitteilung in einer Tageszeitung bekanntgegeben wird; diese Form der Bekanntmachung ist nur zulässig, wenn sämtliche Mitgliedsgemeinden dieselbe Art der Bekanntmachung gewählt haben. ⁴Für die öffentliche Bekanntmachung von Verwaltungsakten, Ladungen und sonstigen Mitteilungen gilt Art. 27 Abs. 2 GO entsprechend.

(2) Soweit nichts anderes bestimmt ist, gelten für die Verwaltungsgemeinschaft die Bestimmungen des Gesetzes über die kommunale Zusammenarbeit entsprechend.

ZWEITER TEIL
# Übergangs- und Schlußvorschriften

**Art. 11 Übergangsvorschriften.** (1) ¹Für Rechtsgeschäfte, die aus Anlaß der Bildung, Erweiterung oder Auflösung einer Verwaltungsgemeinschaft oder der Entlassung von Mitgliedsgemeinden aus einer Verwaltungsgemeinschaft erforderlich werden, werden Abgaben nicht erhoben, soweit eine Befreiung landesrechtlich zulässig ist. ²Auslagen werden nicht ersetzt.

(2) Die Behandlung der Verwaltungsgemeinschaften im Finanzausgleich bleibt besonderer gesetzlicher Regelung vorbehalten; die Bildung von Verwaltungsgemeinschaften ist dabei finanziell zu fördern.

**Art. 12 Inkrafttreten.**\* (1) *Art. 4 dieses Gesetzes* tritt am 1. Januar 1976, *Art. 17* am 1. Januar 1970 in Kraft.

(2) Im übrigen tritt das Gesetz am 1. August 1971 in Kraft.

---

\* Betrifft die ursprüngliche Fassung – Erstes Gesetz zur Stärkung der kommunalen Selbstverwaltung – vom 27. Juli 1971 (GVBl. S. 247).

# AVO VGemMGem 35

## Verordnung über Aufgaben der Mitgliedsgemeinden von Verwaltungsgemeinschaften

(BayRS 2020-2-1-1-I) vom 30. April 1995 (GVBl. S. 259),
zuletzt geändert durch Verordnung vom 23. Dezember 2020 (GVBl. S. 663)

Auf Grund des Art. 4 Abs. 1 Satz 3 der Verwaltungsgemeinschaftsordnung (BayRS 2020-2-1-I), geändert durch § 2 des Gesetzes vom 10. Juni 1994 (GVBl. S. 426), erlässt das Bayerische Staatsministerium des Innern folgende Verordnung:

**§ 1 [Aufgaben der Mitgliedsgemeinden].** Bei den Mitgliedsgemeinden von Verwaltungsgemeinschaften verbleiben folgende Aufgaben des übertragenen Wirkungskreises:
1. die Aufgaben der unteren Bauaufsichtsbehörden nach Art. 53 Abs. 2, die Erklärung nach Art. 58 Abs. 1 Nr. 5, Entscheidungen nach Art. 63 Abs. 3, die Stellungnahme nach Art. 64 Abs. 1 Satz 2, das Widersprechen nach Art. 73 Abs. 1 Satz 3 und die Äußerung bei der Anhörung nach Art. 73 Abs. 2 Satz 4 der Bayerischen Bauordnung,
2. die Wahrnehmung der Aufgaben der Katastrophenschutzbehörde bei fehlender Verbindung zur Kreisverwaltungsbehörde nach Art. 2 Abs. 1 Satz 2 des Bayerischen Katastrophenschutzgesetzes,
3. die Unterstützung benachbarter Gemeinden bei unaufschiebbaren Vorkehrungen zur Abwendung von Wasser- und Eisgefahr nach Art. 66 Abs. 1 des Bayerischen Wassergesetzes,
4. die Aufstellung der Vorschlagslisten für Schöffen nach § 36 des Gerichtsverfassungsgesetzes,
5. die Wahrnehmung der Aufgaben der örtlichen Straßenverkehrsbehörde nach Art. 2 Nr. 1, Art. 3 des Gesetzes über Zuständigkeiten im Verkehrswesen,
6. die Vornahme des Sühneversuchs in Privatklageverfahren nach Art. 49 des Gesetzes zur Ausführung des Gerichtsverfassungsgesetzes und von Verfahrensgesetzen des Bundes,
7. die Durchführung des Zertifizierungsverfahrens sowie des Kontrollverfahrens für Hopfen und Hopfenerzeugnisse, die nicht der Zertifizierung unterliegen, und die amtliche Aufsicht in den Zertifizierungsstellen außerhalb der gemeindlichen Siegelhallen nach § 5 Nr. 3 der Verordnung über Zuständigkeiten zur Ausführung von Verordnungen der Europäischen Gemeinschaften im Geschäftsbereich des Bayerischen Staatsministeriums für Ernährung, Landwirtschaft und Forsten,
8. der Vollzug von Satzungen und Verordnungen des übertragenen Wirkungskreises,
9. die Entscheidung über Gastschulverhältnisse nach Art. 43 Abs. 1 des Bayerischen Gesetzes über das Erziehungs- und Unterrichtswesen,

10. die Anordnung von Ausnahmen von der Sperrzeit für einzelne Betriebe nach § 11 der Gaststättenverordnung.

**§ 2 [Inkrafttreten].** [1]Diese Verordnung tritt am 1. Juni 1995 in Kraft. [2]Gleichzeitig tritt die Verordnung über Aufgaben der Mitgliedsgemeinden von Verwaltungsgemeinschaften vom 25. September 1979 (BayRS 2020-2-1-1-I), zuletzt geändert durch Verordnung vom 24. August 1993 (GVBl. S. 641), außer Kraft.

**BekV 36**

# Verordnung über die amtliche Bekanntmachung gemeindlicher Satzungen und von Rechtsvorschriften der Verwaltungsgemeinschaften (Bekanntmachungsverordnung – BekV)

(BayRS 2020-1-1-2-I) vom 19. Januar 1983 (GVBl. S. 14)

Auf Grund des Art. 123 Abs. 1 Satz 1 der Gemeindeordnung (GO) und des Art. 10 Abs. 2 der Verwaltungsgemeinschaftsordnung (VGemO) in Verbindung mit Art. 27 Abs. 1 Satz 1* des Gesetzes über die kommunale Zusammenarbeit (KommZG) erläßt das Bayerische Staatsministerium des Innern folgende Verordnung:

### INHALTSÜBERSICHT**

| | | | |
|---|---|---|---|
| § 1 | Regelung der amtlichen Bekanntmachung | § 3 | Bekanntmachungsvermerk; Mitteilungspflicht |
| § 2 | Tag der amtlichen Bekanntmachung | § 4 | Sammlung der Vorschriften |
| | | § 5 | Inkrafttreten |

**§ 1 Regelung der amtlichen Bekanntmachung.** (1) ¹Gemeinden, die kein Amtsblatt im Sinn des Art. 26 Abs. 2 Satz 1 GO haben, müssen in der Geschäftsordnung oder durch Beschluß des Gemeinderats die Art der Bekanntmachung und das Amtsblatt oder regelmäßig erscheinende Druckwerk oder den Ort, an dem die Amtstafel (Gemeindetafel) aufgestellt ist, oder die Tageszeitung im Sinn des Art. 26 Abs. 2 Satz 2 GO bestimmen. ²Eine andere als die bestimmte Art der Bekanntmachung darf nur gewählt werden, wenn im Einzelfall ein wichtiger Grund es erfordert; in diesem Fall ist auf die Satzung und die Art ihrer Bekanntmachung an der Stelle hinzuweisen, an der die Satzungen sonst abzudrucken sind oder ihre Niederlegung bekanntzugeben ist.

(2) ¹Gemeinden, die ihre Satzungen nach Art. 26 Abs. 2 Satz 2 Halbsatz 2 GO durch Niederlegung und Bekanntgabe der Niederlegung durch Anschlag amtlich bekanntmachen, müssen in der Gemeinde eine Amtstafel (Gemeindetafel) unterhalten und dort die Anschläge anheften, mit denen die Niederlegung bekanntgegeben wird. ²Die Gemeinden sollen weitere Gemeindetafeln in größeren, siedlungsmäßig selbständigen Gemeindeteilen unterhalten und die Anschläge auch an diesen Gemeindetafeln anheften. ³Die Anschläge sollen 14 Tage angeheftet bleiben.

(3) ¹Für die amtliche Bekanntmachung von Rechtsvorschriften der Verwaltungsgemeinschaften gelten die Absätze 1 und 2 entsprechend. ²Verwaltungs-

---

\* *Nunmehr Art. 26 Abs. 1 Satz 1.*
\*\* *Inhaltsübersicht nicht amtlich.*

gemeinschaften, die ihre Rechtsvorschriften nach Art. 10 Abs. 1 Satz 3 VGemO durch Niederlegung und Bekanntgabe der Niederlegung durch Anschlag amtlich bekanntmachen, müssen am Sitz der Verwaltungsgemeinschaft eine Amtstafel unterhalten; der Anschlag soll auch an den Gemeindetafeln der Mitgliedsgemeinden angeheftet werden.

**§ 2 Tag der amtlichen Bekanntmachung.** [1]Wird eine gemeindliche Satzung oder eine Rechtsvorschrift einer Verwaltungsgemeinschaft durch Abdruck in einem Amtsblatt oder in einem anderen regelmäßig erscheinenden Druckwerk amtlich bekanntgemacht, so ist sein Ausgabetag der Tag der amtlichen Bekanntmachung. [2]Wird eine solche Vorschrift nach Art. 26 Abs. 2 Satz 2 Halbsatz 2 GO oder Art. 10 Abs. 1 Satz 3 VGemO amtlich bekanntgemacht, so ist Tag der amtlichen Bekanntmachung der Tag, an dem die Niederlegung durch Anschlag bekanntgegeben wird, oder der Ausgabetag der Tageszeitung; der Anschlag darf erst angebracht oder die Mitteilung in der Tageszeitung erst bekanntgegeben werden, wenn die Niederlegung erfolgt ist.

**§ 3 Bekanntmachungsvermerk; Mitteilungspflicht.** [1]Auf gemeindlichen Satzungen oder Rechtsvorschriften einer Verwaltungsgemeinschaft, die nicht in einem Amtsblatt amtlich bekanntgemacht worden sind, sollen die Art und der Tag ihrer amtlichen Bekanntmachung vermerkt werden. [2]Die Vorschriften sind mit Bekanntmachungsvermerk in beglaubigter Abschrift oder Ablichtung in doppelter Fertigung der Rechtsaufsichtsbehörde zu übersenden, bewehrte Satzungen außerdem dem Amtsgericht, zu dessen Bezirk die Gemeinde oder Verwaltungsgemeinschaft gehört, und der örtlich zuständigen Polizeidienststelle.

**§ 4 Sammlung der Vorschriften.** [1]Die Vorschriften sind zu sammeln und für die Dauer ihrer Gültigkeit zur Einsicht bereitzuhalten; auf Verlangen sind Abschriften oder Ablichtungen zu erteilen. [2]Das gilt auch für Vorschriften, die vor dem Inkrafttreten dieser Verordnung erlassen worden sind.

**§ 5 Inkrafttreten.** [1]Diese Verordnung tritt am 1. April 1983 in Kraft. [2]Gleichzeitig tritt die Verordnung über die amtliche Bekanntmachung gemeindlicher Satzungen (Bekanntmachungsverordnung – BekV) vom 3. März 1959 (GVBl. S. 121) außer Kraft.

# Kommunalabgabengesetz (KAG)

(BayRS 2024-1-I)
in der Fassung der Bekanntmachung vom 4. April 1993 (GVBl. S. 264),
zuletzt geändert durch Gesetz vom 19. Februar 2021 (GVBl. S. 40)

## INHALTSÜBERSICHT*

### I. Abschnitt
**Abgaben nach diesem Gesetz**

- Art. 1 Abgabenberechtigte
- Art. 2 Abgabesatzung
- Art. 3 Örtliche Verbrauch- und Aufwandsteuern
- Art. 4 *(aufgehoben)*
- Art. 5 Beiträge
- Art. 5a Erschließungsbeitrag
- Art. 5b Wiederkehrende Beiträge für Verkehrsanlagen
- Art. 6 Fremdenverkehrsbeitrag
- Art. 7 Kurbeitrag
- Art. 8 Benutzungsgebühren
- Art. 9 Erstattung von Kosten für Grundstücksanschlüsse

### II. Abschnitt
**Allgemeine Vorschriften für Kommunalabgaben**

- Art. 10 Geltungsbereich
- Art. 11 Verpflichtung Dritter
- Art. 12 Abgabebescheide
- Art. 13 Anwendung von Vorschriften der Abgabenordnung; besondere Vorschriften
- Art. 14 Abgabenhinterziehung
- Art. 15 Leichtfertige Abgabeverkürzung
- Art. 16 Abgabegefährdung
- Art. 17 Geldbußen

### III. Abschnitt
**Verwaltung der kommunalen Steuern**

- Art. 18 Zuständigkeit

### IV. Abschnitt
**Übergangs- und Schlußvorschriften**

- Art. 19 Übergangsvorschriften
- Art. 19a Härteausgleich Straßenausbaubeitrag
- Art. 20 Einschränkung von Grundrechten
- Art. 21 Inkrafttreten

### I. Abschnitt
## Abgaben nach diesem Gesetz

**Art. 1 Abgabenberechtigte.** Die Gemeinden, Landkreise und Bezirke sind berechtigt, nach diesem Gesetz Abgaben zu erheben, soweit nicht Bundesrecht oder Landesrecht etwas anderes bestimmen.

**Art. 2 Abgabesatzung.** (1) ¹Die Abgaben werden auf Grund einer besonderen Abgabesatzung erhoben. ²Die Satzung muß die Schuldner, den die Abgabe begründenden Tatbestand, den Maßstab, den Satz der Abgabe sowie die Entstehung und die Fälligkeit der Abgabeschuld bestimmen. ³In der Satzung können für die elektronische Übermittlung der für die Ermittlung und Festset-

---

\* *Inhaltsübersicht nicht amtlich.*

zung der Abgaben erforderlichen Daten Bestimmungen über diese Daten und zum Übermittlungsverfahren getroffen werden; § 87a Abs. 6 der Abgabenordnung (AO) gilt unabhängig von etwaigen Satzungsregelungen für das zur Verfügung gestellte Übermittlungsverfahren sinngemäß.

(2) Das Staatsministerium des Innern, für Sport und Integration kann Mustersatzungen erlassen, die im Bayerischen Ministerialblatt veröffentlicht werden.

(3)* [1]Satzungen nach Art. 3 bedürfen der Genehmigung durch die Rechtsaufsichtsbehörde, wenn durch die Satzung erstmalig eine in Bayern bisher nicht erhobene kommunale Steuer eingeführt wird. [2]Die Genehmigung bedarf der Zustimmung des Staatsministeriums des Innern, für Sport und Integration. [3]Genehmigung und Zustimmung dürfen nur versagt werden, wenn die Satzung höherrangigem Recht widerspricht oder wenn die Steuer öffentliche Belange, insbesondere volkswirtschaftliche oder steuerliche Interessen des Staates, beeinträchtigt.

**Art. 3 Örtliche Verbrauch- und Aufwandsteuern.** (1) Die Gemeinden können örtliche Verbrauch- und Aufwandsteuern erheben, solange und soweit diese nicht bundesrechtlich geregelten Steuern gleichartig sind.

(2) [1]Die Landkreise können örtliche Verbrauch- und Aufwandsteuern, die bundesrechtlich geregelten Steuern nicht gleichartig sind, dort erheben, wo die kreisangehörige Gemeinde diese Steuern nicht selbst erhebt. [2]Die kreisangehörigen Gemeinden dürfen Steuern, die der Landkreis erhebt, nur vom Beginn eines Jahres an selbst erheben.

(3) [1]Eine Getränkesteuer, eine Jagdsteuer, eine Speiseeissteuer und eine Vergnügungssteuer dürfen nicht erhoben werden. [2]Eine Steuer auf das Innehaben einer Wohnung wird nicht erhoben, wenn die Summe der positiven Einkünfte des Steuerpflichtigen nach § 2 Abs. 1, 2 und 5a des Einkommensteuergesetzes (EStG) im vorletzten Jahr vor Entstehen der Steuerpflicht 29 000 € nicht überschritten hat. [3]Bei nicht dauernd getrennt lebenden Ehegatten und Lebenspartnern beträgt die Summe der positiven Einkünfte 37 000 €. [4]Bezieht der Steuerpflichtige Leistungen nach § 22 Nr. 1 Satz 3 Buchst. a oder Nr. 5 Satz 2 Buchst. a EStG, ist den positiven Einkünften der nicht steuerpflichtige Anteil der Leistungen hinzuzurechnen. [5]Ist die Summe der positiven Einkünfte im Steuerjahr voraussichtlich niedriger, so ist von den Einkommensverhältnissen dieses Jahres auszugehen. [6]Die Steuer wird nicht höher festgesetzt als ein Drittel des Betrags, um den die Summe der positiven Einkünfte 29 000 € bzw. 37 000 € übersteigt. [7]Entscheidungen nach den Sätzen 2 bis 6 setzen einen Antrag voraus, der bis zum Ende des Kalendermonats, der auf das Steuerjahr folgt, gestellt sein muss. [8]Sie stehen in den Fällen des Satzes 5 unter dem Vorbehalt der Nachforderung.

---

\* *Vgl. hierzu § 11 Abs. 1 des Gesetzes zur Änderung des Kommunalrechts vom 26. Juli 2004 (GVBl. S. 272):*

**§ 11 Übergangsvorschrift, In-Kraft-Treten.** (1) Art. 2 Abs. 3 des Kommunalabgabengesetzes gilt nicht für diejenige Satzung, mit der erstmalig in Bayern die Zweitwohnungssteuer eingeführt wird.

Kommunalabgabengesetz **KAG 37**

(4) ¹Vereinbarungen mit einem Steuerschuldner über die Abrechnung, Fälligkeit, Erhebung und Pauschalierung örtlicher Verbrauch- und Aufwandsteuern sind zulässig, soweit sie die Besteuerung vereinfachen und das steuerliche Ergebnis im Einzelfall voraussichtlich nicht wesentlich verändern. ²Die Vereinbarungen sind jederzeit widerruflich.

**Art. 4** *(aufgehoben)*

**Art. 5 Beiträge.** (1) ¹Die Gemeinden und Landkreise können zur Deckung des Aufwands für die Herstellung, Anschaffung, Verbesserung oder Erneuerung ihrer öffentlichen Einrichtungen (Investitionsaufwand) Beiträge von den Grundstückseigentümern und Erbbauberechtigten erheben, denen die Möglichkeit der Inanspruchnahme dieser Einrichtungen besondere Vorteile bietet. ²Der Investitionsaufwand umfaßt auch den Wert der von der Gebietskörperschaft aus ihrem Vermögen bereitgestellten Sachen und Rechte im Zeitpunkt der Bereitstellung sowie der vom Personal des Beitragsberechtigten erbrachten Werk- und Dienstleistungen für die technische Herstellung der Einrichtung; er ist beitragsfähig, soweit er erforderlich ist. ³Für die Verbesserung oder Erneuerung von Ortsstraßen, beschränkt-öffentlichen Wegen, in der Baulast der Gemeinden stehenden Teilen von Ortsdurchfahrten und der Straßenbeleuchtung (Straßenausbaubeitragsmaßnahmen) werden keine Beiträge erhoben; Art. 5a bleibt unberührt. ⁴Bei der Ermittlung von Beiträgen für die Herstellung und Anschaffung leitungsgebundener Einrichtungen kann der durchschnittliche Investitionsaufwand für die gesamte Einrichtung veranschlagt und zugrunde gelegt werden. ⁵Bei leitungsgebundenen Einrichtungen kann der Aufwand, unbeschadet der Art. 21 Abs. 2 der Gemeindeordnung (GO), Art. 15 Abs. 2 der Landkreisordnung und Art. 15 Abs. 2 der Bezirksordnung nicht für bestimmte Abschnitte der Einrichtung ermittelt werden; bei nicht leitungsgebundenen Einrichtungen kann der Aufwand für mehrere Einrichtungen, die für die Erschließung der Grundstücke eine Einheit bilden, insgesamt ermittelt werden. ⁶Der Beitrag kann für den Grunderwerb, die Freilegung und für Teile der nichtleitungsgebundenen Einrichtung selbständig erhoben werden (Kostenspaltung).

(1a) Die Gemeinden und Landkreise sollen die voraussichtlich Beitragspflichtigen möglichst frühzeitig über beabsichtigte beitragsfähige Vorhaben und das Verfahren der Beitragserhebung einschließlich in Betracht kommender Billigkeitsmaßnahmen informieren.

(2) ¹Sind die Vorteile der Beitragspflichtigen verschieden hoch, so sind die Beiträge entsprechend abzustufen. ²Beitragsmaßstäbe sind insbesondere
1. die Art und das Maß der baulichen oder sonstigen Nutzung,
2. die Grundstücksflächen,
sowie Kombinationen hieraus. ³In der Beitragssatzung kann bestimmt werden, daß Grundstücke bis zu ihrer Bebauung oder gewerblichen Nutzung nur mit dem auf die Grundstücksfläche entfallenden Beitrag herangezogen werden. ⁴In der Beitragssatzung für leitungsgebundene Einrichtungen soll bestimmt werden, daß Gebäude oder selbständige Gebäudeteile, die nach der Art ihrer Nut-

zung keinen Bedarf nach Anschluß an die gemeindliche Einrichtung auslösen oder nicht angeschlossen werden dürfen, nicht zum Beitrag herangezogen werden; das gilt nicht für Gebäude oder Gebäudeteile, die tatsächlich angeschlossen sind. [5]Stellt der Beitragsmaßstab von Beitragssatzungen für leitungsgebundene Einrichtungen nicht auf die vorhandene Bebauung ab, soll bestimmt werden, dass der auf solche Gebäude oder Gebäudeteile entfallende Beitragsteil als Abzugsposten Berücksichtigung findet. [6]Für übergroße Grundstücke in unbeplanten Gebieten ist in der Beitragssatzung für leitungsgebundene Einrichtungen eine Begrenzung der beitragspflichtigen Grundstücksfläche vorzunehmen.

(2a) [1]Ändern sich die für die Beitragsbemessung maßgeblichen Umstände nachträglich und erhöht sich dadurch der Vorteil, so entsteht damit ein zusätzlicher Beitrag. [2]Die Beitragspflichtigen sind verpflichtet, dem Beitragsgläubiger für die Höhe des Beitrags maßgebliche Veränderungen unverzüglich zu melden und über den Umfang dieser Veränderungen, auf Verlangen auch unter Vorlage entsprechender Unterlagen, Auskunft zu erteilen.

(3) [1]Kommt die Einrichtung neben den Beitragspflichtigen nicht nur unbedeutend auch der Allgemeinheit zugute, so ist in der Abgabesatzung (Art. 2) eine Eigenbeteiligung vorzusehen. [2]Die Eigenbeteiligung muß die Vorteile für die Allgemeinheit angemessen berücksichtigen.

(4) Steht im Zeitpunkt des Satzungserlasses der Aufwand nach Absatz 1 noch nicht fest, so kann in Abweichung von Art. 2 Abs. 1 davon abgesehen werden, den Abgabesatz festzulegen; es müssen aber die wesentlichen Bestandteile der einzelnen Einrichtung in der Satzung nach Art und Umfang bezeichnet und der umzulegende Teil der Gesamtkosten bestimmt sein.

(5) [1]Für ein Grundstück, für das eine Beitragspflicht noch nicht oder nicht in vollem Umfang entstanden ist, können Vorauszahlungen auf den Beitrag verlangt werden, wenn mit der Herstellung, Anschaffung, Verbesserung oder Erneuerung der Einrichtung begonnen worden ist. [2]Die Vorauszahlung ist mit der endgültigen Beitragsschuld zu verrechnen, auch wenn der Vorauszahlende nicht beitragspflichtig ist. [3]Ist die Beitragspflicht sechs Jahre nach Erlaß des Vorauszahlungsbescheids noch nicht entstanden, kann die Vorauszahlung zurückverlangt werden, wenn die Einrichtung bis zu diesem Zeitpunkt noch nicht benutzbar ist. [4]Die Rückzahlungsschuld ist ab Erhebung der Vorauszahlung mit zwei Prozentpunkten über dem Basiszinssatz nach § 247 des Bürgerlichen Gesetzbuchs (BGB) jährlich zu verzinsen. [5]Ist eine Beitragspflicht bereits entstanden, können Vorschüsse auf den Beitrag erhoben werden, sofern die endgültige Beitragsschuld noch nicht berechnet werden kann.

(6) [1]Beitragspflichtig ist, wer im Zeitpunkt des Entstehens der Beitragsschuld Eigentümer des Grundstücks oder Erbbauberechtigter ist. [2]Mehrere Beitragspflichtige sind Gesamtschuldner; bei Wohnungs- und Teileigentum sind die einzelnen Wohnungs- und Teileigentümer nur entsprechend ihrem Miteigentumsanteil beitragspflichtig.

Kommunalabgabengesetz **KAG 37**

(7) ¹Der Beitrag ruht als öffentliche Last auf dem Grundstück oder dem Erbbaurecht, im Fall des Absatzes 6 Satz 2 auf dem Wohnungs- oder dem Teileigentum; die öffentliche Last erlischt nicht, solange die persönliche Schuld besteht. ²Der Duldungsbescheid, mit dem die öffentliche Last geltend gemacht wird, ist wie ein Leistungsbescheid zu vollstrecken.

(8) Ein Beitrag kann auch für öffentliche Einrichtungen erhoben werden, die vor Inkrafttreten der Abgabesatzung hergestellt, angeschafft, verbessert oder erneuert wurden.

(9) ¹Der Beitragsberechtigte kann die Ablösung des Beitrags vor Entstehung der Beitragspflicht gegen eine angemessene Gegenleistung zulassen. ²Das Nähere ist in der Beitragssatzung (Art. 2) zu bestimmen. ³Die vertragliche Übernahme beitragsfähiger Aufwendungen ist auch im Rahmen städtebaulicher Verträge möglich; § 11 des Baugesetzbuchs (BauGB) gilt entsprechend.

**Art. 5a Erschließungsbeitrag.** (1) Die Gemeinden erheben zur Deckung ihres anderweitig nicht gedeckten Aufwands für Erschließungsanlagen einen Erschließungsbeitrag nach Maßgabe der folgenden Vorschriften.

(2) Mit Ausnahme der § 128 Abs. 2 und § 135 Abs. 6 BauGB gelten die §§ 127 Abs. 2 und 128 bis 135 sowie § 242 Abs. 2 bis 8 BauGB jeweils in der am 8. September 2015 geltenden Fassung entsprechend.

(3) Grünanlagen zur Erschließung der Baugebiete sind nicht notwendig im Sinn des § 127 Abs. 2 Nr. 4 BauGB,
1. wenn sie über die unmittelbare Bedeutung und den unmittelbaren Nutzen für das Baugebiet hinausgehen, in dem sie ausgewiesen werden sollen; dies ist insbesondere dann der Fall, wenn Grünflächen wegen der Schaffung stadt- bzw. ortsteilübergreifender Grünzüge oder der Vernetzung vorhandener Grün- und Freizeitflächen sowohl von ihrer Größe als auch von ihrem Ausbau her baugebietsübergreifende Bedeutung haben,
2. wenn sie in einer ausreichenden Größe vorhanden sind und in ihrer bisherigen Beschaffenheit den Ansprüchen der anwohnenden Bevölkerung genügt haben, oder
3. wenn wegen des vorhandenen innerörtlichen Grüns ein städtebauliches Bedürfnis nach weiterer Begrünung nicht zu erkennen ist.

(4) Die vertragliche Übernahme erschließungsbeitragsfähiger Aufwendungen ist auch im Rahmen städtebaulicher Verträge möglich; § 11 BauGB gilt entsprechend.

(5) Art. 5 Abs. 1 Satz 2 und 6 sowie Abs. 1a gilt entsprechend.

(6) ¹Das Recht, Abgaben für Anlagen zu erheben, die nicht Erschließungsanlagen sind, bleibt unberührt. ²Dies gilt insbesondere für Anlagen zur Ableitung von Abwasser sowie zur Versorgung mit Elektrizität, Gas, Wärme und Wasser.

(7) ¹Für vorhandene Erschließungsanlagen, für die eine Beitragspflicht auf Grund der bis zum 29. Juni 1961 geltenden Vorschriften nicht entstehen konnte, kann auch nach diesem Gesetz kein Erschließungsbeitrag erhoben werden.

²*Dies gilt auch, sofern seit dem Beginn der erstmaligen technischen Herstellung einer Erschließungsanlage mindestens 25 Jahre vergangen sind.* ³*Bezieht sich der Beginn der technischen Herstellung nur auf eine Teilstrecke der Erschließungsanlage, so gilt Satz 2 nur für diese Teilstrecke.*\*

(8) Soweit für Erschließungsanlagen nach Abs. 7 oder Art. 13 Abs. 1 Nr. 4 Buchst. b Doppelbuchst. bb Spiegelstrich 1 kein Beitrag mehr erhoben werden kann, gelten diese Erschließungsanlagen als erstmalig hergestellt.

**Art. 5b** *(aufgehoben)*

**Art. 6 Fremdenverkehrsbeitrag.** (1) Gemeinden, in denen die Zahl der Fremdenübernachtungen im Jahr in der Regel das Siebenfache der Einwohnerzahl übersteigt, können zur Deckung des gemeindlichen Aufwands für die Fremdenverkehrsförderung von den selbständig tätigen, natürlichen und den juristischen Personen, den offenen Handelsgesellschaften und den Kommanditgesellschaften, denen durch den Fremdenverkehr im Gemeindegebiet unmittelbar oder mittelbar wirtschaftliche Vorteile erwachsen, einen Fremdenverkehrsbeitrag erheben.

(2) ¹Die Satzung kann bestimmen, dass Daten verpflichtend elektronisch an den Abgabenberechtigten zu übermitteln sind. ²Art. 2 Abs. 1 Satz 3 gilt entsprechend.

(3) Die Abgabe bemißt sich nach den besonderen wirtschaftlichen Vorteilen, die dem einzelnen Abgabepflichtigen aus dem Fremdenverkehr erwachsen.

(4) Die Gemeinden können auf die Beitragsschuld eines Kalenderjahres bereits während dieses Jahres Vorauszahlungen verlangen.

(5) Art. 3 Abs. 4 gilt entsprechend.

**Art. 7 Kurbeitrag.** (1) ¹Gemeinden, die ganz oder teilweise als Heilbad, Kneipphheilbad, Kneippkurort, Schrothheilbad, Schrothkurort, heilklimatischer Kurort, Ort mit Heilquellenkurbetrieb, Ort mit Heilstollenkurbetrieb, Ort mit Peloid-Kurbetrieb, Luftkurort oder Erholungsort anerkannt sind, können im Rahmen der Anerkennung zur Deckung ihres Aufwands für Einrichtungen und Veranstaltungen, die Kur- oder Erholungszwecken der Kurgäste dienen, einen Beitrag erheben. ²Einrichtungen und Veranstaltungen außerhalb des Gemeindegebiets können einbezogen werden, sofern der regionale Bezug eine regelmäßige Inanspruchnahme durch die Kurgäste der Gemeinde zu Kur- oder Erholungszwecken erwarten lässt. ³Zum Aufwand nach Satz 1 kann auch ein Finanzierungsanteil am öffentlichen Personennahverkehr zählen, der auf die Kurgäste entfällt.

(2) ¹Beitragspflichtig sind alle Personen, die sich in dem nach Absatz 1 anerkannten Gebiet zu Kur- oder Erholungszwecken aufhalten, ohne dort ihre

---

\* *Hervorhebung durch Herausgeber. Art. 5a Abs. 7 Satz 2 und 3 treten am 1. April 2021 in Kraft.*

Kommunalabgabengesetz **KAG 37**

Hauptwohnung im Sinn des Melderechts zu haben, und denen die Möglichkeit zur Benutzung der Einrichtungen und zur Teilnahme an den Veranstaltungen geboten ist (Kurgäste). [2]Sind die Vorteile, die den Beitragspflichtigen aus den Einrichtungen und Veranstaltungen erwachsen können, verschieden groß, so ist das durch entsprechende Abstufung der Beitragshöhe zu berücksichtigen. [3]Die Beitragssatzung kann aus wichtigen Gründen vollständige oder teilweise Befreiung von der Beitragspflicht vorsehen. [4]In der Beitragssatzung können die in Satz 1 bezeichneten Personen verpflichtet werden, der Gemeinde unverzüglich die für die Feststellung der Beitragspflicht notwendigen Angaben zu machen; Inhaber von Zweitwohnungen können verpflichtet werden, über die Benutzung der Zweitwohnung der Gemeinde Auskunft zu geben. [5]Die Gemeinden können für Inhaber von Zweitwohnungen, für deren nicht dauernd von ihnen getrennt lebende Ehegatten oder Lebenspartner und für die im Haushalt des Inhabers der Zweitwohnung lebenden Kinder bis zur Vollendung des 16. Lebensjahres in der Abgabesatzung eine pauschale Abgeltung des Kurbeitrags vorschreiben, die sich jeweils an deren durchschnittlicher Aufenthaltsdauer in der Gemeinde zu orientieren hat. [6]Die Pauschalierung entfällt, wenn der Beitragspflichtige nachweist, daß er sich im Veranlagungszeitraum nicht in der Gemeinde aufgehalten hat.

(3) Art. 3 Abs. 4 gilt entsprechend.

(4) [1]Wer Personen beherbergt oder ihnen Wohnraum überläßt, kann in der Satzung verpflichtet werden, diese Personen der Gemeinde zu melden, ferner den Beitrag einzuheben und an die Gemeinde abzuführen. [2]Die Satzung kann bestimmen, dass Daten verpflichtend elektronisch an den Abgabenberechtigten zu übermitteln sind. [3]Art. 2 Abs. 1 Satz 3 gilt entsprechend. [4]Dieselben Verpflichtungen können den Inhabern von Campingplätzen auferlegt werden. [5]Die Satzung kann bestimmen, daß die in den Sätzen 1 und 4 Genannten neben den Beitragspflichtigen als Gesamtschuldner haften. [6]Die Sätze 1 und 5 gelten auch für die Inhaber von Kuranstalten, soweit der Kurbeitrag von Personen erhoben wird, welche die Kuranstalten benutzen, ohne in der Gemeinde zu übernachten. [7]Ist der Kurbeitrag im Preis für eine Gesellschaftsreise enthalten, so kann die Satzung die Reiseunternehmer verpflichten, den Beitrag an die Gemeinde abzuführen; Satz 5 gilt entsprechend.

(5) [1]Zuständig für die Anerkennung nach Absatz 1 ist das Staatsministerium des Innern, für Sport und Integration im Einvernehmen mit den Staatsministerien für Wirtschaft, Landesentwicklung und Energie und für Gesundheit und Pflege. [2]Die Anerkennung kann erteilt werden, wenn natürliche und sonstige Gegebenheiten sowie zweckentsprechende Einrichtungen, die der Erholung, der Heilung und Linderung von Krankheiten, ihrer Nachbehandlung oder ihrer Vorbeugung dienen, vorhanden sind. [3]Die Anerkennung kann aufgehoben werden. [4]Vor der Entscheidung über die Anerkennung oder deren Aufhebung ist der Bayerische Fachausschuß für Kurorte, Erholungsorte und Heilbrunnen gutachtlich zu hören. [5]Das Staatsministerium des Innern, für Sport und Integration trifft im Einvernehmen mit den Staatsministerien für Wirtschaft, Landesentwicklung und Energie und für Gesundheit und Pflege durch Rechtsverordnung Bestim-

mungen über die näheren Voraussetzungen für die Anerkennung, die Aufhebung der Anerkennung und das Verfahren, über die Verwendung der gemäß Absatz 1 verliehenen Prädikate und über den Bayerischen Fachausschuß für Kurorte, Erholungsorte und Heilbrunnen, insbesondere dessen Bildung und Zusammensetzung.

**Art. 8 Benutzungsgebühren.** (1) [1]Gemeinden, Landkreise und Bezirke können für die Benutzung ihrer öffentlichen Einrichtungen und ihres Eigentums Benutzungsgebühren erheben. [2]Benutzungsgebühren sollen erhoben werden, wenn und soweit eine Einrichtung überwiegend dem Vorteil einzelner Personen oder Personengruppen dient, sofern nicht ein privatrechtliches Entgelt gefordert wird. [3]Das Nehmen eines Anschlusses ist keine Benutzung im Sinn dieses Gesetzes.

(2) [1]Das Gebührenaufkommen soll die nach betriebswirtschaftlichen Grundsätzen ansatzfähigen Kosten einschließlich der Kosten für die Ermittlung und Anforderung von einrichtungsbezogenen Abgaben decken. [2]Sind die Schuldner zur Benutzung verpflichtet, so soll das Aufkommen die Kosten nach Satz 1 nicht übersteigen. [3]Zur Deckung der verbrauchsunabhängigen Kosten (Vorhaltekosten) kann eine Grundgebühr erhoben werden, die – unter besonderer Beachtung des Absatzes 5 – so zu bemessen ist, daß neben ihr in der Mehrzahl der Fälle noch eine angemessene Abrechnung nach der tatsächlichen Benutzung stattfindet; die Erhebung einer Mindestgebühr ist bei der Wasserversorgung und der Abwasserbeseitigung unzulässig.

(3) [1]Zu den Kosten im Sinn des Absatzes 2 Satz 1 gehören insbesondere angemessene Abschreibungen und eine angemessene Verzinsung des Anlagekapitals. [2]Den Abschreibungen zugrunde zu legen sind die Anschaffungs- und Herstellungskosten oder Wiederbeschaffungszeitwerte, die jeweils um Beiträge und ähnliche Entgelte zu kürzen sind und um Zuwendungen gekürzt werden können. [3]Bei der Verzinsung des Anlagekapitals bleibt der durch Beiträge und ähnliche Entgelte sowie der aus Zuwendungen aufgebrachte Kapitalanteil außer Betracht; das gilt für Zuwendungen nur insoweit, als es Zweck der Zuwendung ist, die Gebührenschuldner zu entlasten. [4]Mehrerlöse, die sich aus einer Abschreibung von Wiederbeschaffungszeitwerten gegenüber einer Abschreibung von Anschaffungs- und Herstellungskosten oder dadurch ergeben, dass Zuwendungen nicht in Abzug gebracht werden, sind der Einrichtung einschließlich einer angemessenen Verzinsung wieder zuzuführen. [5]Zu den Kosten im Sinn des Abs. 2 Satz 1 gehören auch die Aufwendungen für einrichtungsbezogene Informationsmaßnahmen.

(4) Die Gebühren sind nach dem Ausmaß zu bemessen, in dem die Gebührenschuldner die öffentliche Einrichtung oder das kommunale Eigentum benutzen; sonstige Merkmale können zusätzlich berücksichtigt werden, wenn öffentliche Belange das rechtfertigen.

(5) [1]Die Gebührenbemessung bei der Wasserversorgung und der Abwasserbeseitigung hat dem schonenden und sparsamen Umgang mit Wasser zu dienen. [2]Sie erfolgt grundsätzlich linear. [3]Wassergebühren und Abwassergebühren können für

Kommunalabgabengesetz **KAG 37**

gewerbliche Betriebe degressiv bemessen werden, wenn der Betrieb Sparvorkehrungen trifft. ⁴Eine degressive Gebührenbemessung ist bei der Abwasserbeseitigung außerdem insoweit zulässig, als sie der Vermeidung einer unangemessenen Gebührenbelastung für die Niederschlagswasserbeseitigung dient.

(6) ¹Bei der Gebührenbemessung können die Kosten für einen mehrjährigen Zeitraum berücksichtigt werden, der jedoch höchstens vier Jahre umfassen soll. ²Kostenüberdeckungen, die sich am Ende des Bemessungszeitraums ergeben, sind innerhalb des folgenden Bemessungszeitraums auszugleichen; Kostenunterdeckungen sollen in diesem Zeitraum ausgeglichen werden. ³Satz 2 findet bei Gebühren für die Inanspruchnahme gemeindlicher Bestattungseinrichtungen keine Anwendung.

(7) Auf die Gebührenschuld aus einem Dauerbenutzungsverhältnis können vom Beginn des Erhebungszeitraums an angemessene Vorauszahlungen verlangt werden.

(8) Für grundstücksbezogene Benutzungsgebühren gilt Art. 5 Abs. 7 entsprechend.

**Art. 9 Erstattung von Kosten für Grundstücksanschlüsse.** (1) Die Gemeinden, Landkreise und Bezirke können bestimmen, daß ihnen der Aufwand für die Herstellung, Anschaffung, Verbesserung, Erneuerung, Veränderung und Beseitigung sowie für die Unterhaltung des Teils eines Grundstücksanschlusses an Versorgungs- und Entwässerungseinrichtungen, der sich nicht im öffentlichen Straßengrund befindet, in der tatsächlichen Höhe oder nach Einheitssätzen (§ 130 BauGB) erstattet wird.

(2) ¹Zahlungspflichtig ist, wer im Zeitpunkt des Entstehens des Erstattungsanspruchs Eigentümer des Grundstücks oder Erbbauberechtigter ist. ²Mehrere Zahlungspflichtige sind Gesamtschuldner. ³Art. 5 Abs. 7 gilt entsprechend.

(3) Die Art der Ermittlung des Aufwands sowie die Höhe des Einheitssatzes sind in der Satzung festzulegen.

(4) ¹Der Abgabeberechtigte kann die Ablösung des Erstattungsanspruchs vor dessen Entstehung gegen eine angemessene Gegenleistung zulassen. ²Das Nähere ist in der Abgabesatzung (Art. 2) zu bestimmen. ³Die vertragliche Übernahme erstattungsfähiger Aufwendungen ist auch im Rahmen städtebaulicher Verträge möglich; § 11 BauGB gilt entsprechend.

(5)* Ortsrechtliche Regelungen auf Grund eines Anschluss- und Benutzungszwangs, wonach die Bewirtschaftung des Grundstücksanschlusses ein-

---

\* *Art. 9 KAG geändert durch § 1 Gesetz zur Änderung des Kommunalabgabengesetzes vom 25. Juli 2002 (GVBl. S. 322). Beachte hierzu § 2 Abs. 1 und 2 Gesetz zur Änderung des Kommunalabgabengesetzes:*

§ 2 (1) Dieses Gesetz tritt am 1. August 2002 in Kraft.
(2) Abweichend von Absatz 1 treten in § 1 Nr. 5 der Art. 9 Abs. 5 *[KAG]* ... mit Wirkung vom 1. Januar 1993 in Kraft.

schließlich der in Absatz 1 genannten Maßnahmen auch im öffentlichen Straßengrund vom Anlieger in eigener Regie und auf eigene Kosten vorzunehmen ist, werden durch dieses Gesetz nicht beschränkt.

## II. Abschnitt
## Allgemeine Vorschriften für Kommunalabgaben

**Art. 10 Geltungsbereich.** Die Vorschriften dieses Abschnitts gelten
1. für Abgaben nach dem I. Abschnitt dieses Gesetzes,
2. für Abgaben und Umlagen der Gemeinden, Landkreise und Bezirke, die auf Grund anderer Gesetze erhoben werden, soweit gesetzlich nichts anderes bestimmt ist.

**Art. 11 Verpflichtung Dritter.** Die Steuersatzung kann Dritte, die zwar nicht Steuerschuldner sind, aber in engen rechtlichen oder wirtschaftlichen Beziehungen zum Steuergegenstand oder zu einem Sachverhalt stehen, an den die Steuerpflicht oder der Steuergegenstand anknüpft, verpflichten, die Steuer einzuheben, abzuführen und Nachweise darüber zu führen, und ferner bestimmen, daß sie für die Steuer neben dem Steuerschuldner haften.

**Art. 12 Abgabebescheide.** (1) [1]Die Gemeinden, Landkreise und Bezirke können in Bescheiden über Abgaben, die für einen Zeitabschnitt erhoben werden, bestimmen, daß diese Bescheide auch für die folgenden Zeitabschnitte gelten. [2]Dabei ist anzugeben, an welchen Tagen und mit welchen Beträgen die Abgaben jeweils fällig werden.

(2) Bescheide, die für mehrere Zeitabschnitte gelten, sind
1. von Amts wegen oder auf Antrag durch einen neuen Bescheid zu ersetzen, wenn sich die Berechnungsgrundlagen ändern,
2. auf Antrag des Schuldners für die nach der Antragstellung beginnenden neuen Zeitabschnitte zu ändern, wenn sie sachlich unrichtig sind.

**Art. 13 Anwendung von Vorschriften der Abgabenordnung; besondere Vorschriften.** (1) Soweit gesetzlich nicht anders bestimmt, sind in ihrer jeweils geltenden Fassung vorbehaltlich des Abs. 7 folgende Bestimmungen der Abgabenordnung (AO) entsprechend anzuwenden:
1. aus dem Ersten Teil – Einleitende Vorschriften –
   a) über den Anwendungsbereich:
      § 1 Abs. 3 AO und § 2 AO,
   b) über die steuerlichen Begriffsbestimmungen:
      § 3 Abs. 1, Abs. 4 ohne die Nrn. 6 bis 9, Abs. 5 AO, §§ 4, 5, 7 bis 15 AO,
   c) über das Steuergeheimnis:
      § 30 AO mit folgenden Maßgaben:

aa) die Vorschrift gilt nur für kommunale Steuern, die Feuerschutzabgabe und den Fremdenverkehrsbeitrag,
bb) die Offenbarung nach Abs. 4 Nr. 1a ist zulässig, soweit sie einer Verarbeitung nach Maßgabe des Art. 6 Abs. 1 des Bayerischen Datenschutzgesetzes dient,
cc) die Offenbarung nach Abs. 4 Nr. 2 kann auch durch Landesgesetz ausdrücklich zugelassen werden,
dd) die Entscheidung nach Abs. 4 Nr. 5 Buchst. c trifft die Körperschaft, der die Abgabe zusteht,
§§ 31a und 31b AO,
d) über die Haftungsbeschränkung für Amtsträger:
§ 32 AO,
2. aus dem Zweiten Teil – Steuerschuldrecht –
a) über die Steuerpflichtigen:
§§ 33 bis 36 AO,
b) über das Steuerschuldverhältnis:
§§ 37 bis 50 AO,
c) über die Haftung:
§§ 69 bis 71, 72a Abs. 1 AO mit der Maßgabe, dass in Satz 1 die Wörter „steuerliche Vorteile" durch das Wort „Abgabevorteile" ersetzt werden,
§§ 73 bis 75, 77 AO,
3. aus dem Dritten Teil – Allgemeine Verfahrensvorschriften –
a) über die Verfahrensgrundsätze:
aa) Beteiligung am Verfahren:
§§ 78 bis 80 AO, § 81 AO,
bb) Ausschließung und Ablehnung von Amtsträgern und anderen Personen:
§ 82 Abs. 1 und 2 AO, § 83 Abs. 1 AO mit der Maßgabe, dass in den Fällen des Satzes 2 beim Ersten Bürgermeister und bei den weiteren Bürgermeistern der Gemeinderat und beim Landrat und seinem gewählten Stellvertreter der Kreistag die Anordnung trifft,
cc) Besteuerungsgrundsätze, Beweismittel, Fristen, Termine:
aaa) §§ 85 bis 87 AO,
bbb) § 87a AO mit der Maßgabe,
– dass die Schriftform auch durch sonstige sichere Verfahren ersetzt werden kann, die durch Rechtsverordnung der Staatsregierung gemäß Art. 3a Abs. 2 Satz 4 Nr. 4 des Bayerischen Verwaltungsverfahrensgesetzes festgelegt werden, und
– dass in Abs. 8 an die Stelle der Finanzverwaltung die Körperschaft, der die Abgabe zusteht, tritt,
ccc) § 87c Abs. 1, 2, 3 Satz 1, Abs. 6 AO, §§ 88, 88a, 89 bis 93, 96 Abs. 1 bis 7 Satz 2 AO, §§ 97, 98, 99 AO mit der Maßgabe, dass im Kurbeitragsrecht von einer vorhergehenden Verständi-

gung des Betroffenen abgesehen werden kann, § 101 Abs. 1 AO, §§ 102 bis 108, 109 Abs. 1 und 3 AO,
  dd) Rechts- und Amtshilfe:
    § 111 Abs. 1 bis 3 und 5 AO, §§ 112 bis 115, 117 Abs. 1, 2 und 4 AO,
 b) über die Verwaltungsakte:
    §§ 118 bis 133 AO mit der Maßgabe, dass in § 122 Abs. 1 Satz 4 AO die Wörter „nach amtlich vorgeschriebenem Datensatz elektronisch übermittelte Empfangsvollmacht" durch die Wörter „Empfangsvollmacht in schriftformersetzender elektronischer Form", in § 122 Abs. 5 Satz 2 AO das Wort „Verwaltungszustellungsgesetzes" durch die Wörter „Bayerischen Verwaltungszustellungs- und Vollstreckungsgesetzes", in § 122 Abs. 5 Satz 3 AO die Wörter „§ 7 Absatz 1 Satz 2 des Verwaltungszustellungsgesetzes" durch die Wörter „Art. 8 Abs. 1 Satz 2 des Bayerischen Verwaltungszustellungs- und Vollstreckungsgesetzes" und in § 132 Satz 1 und 2 AO jeweils das Wort „finanzgerichtlichen" durch das Wort „verwaltungsgerichtlichen" ersetzt werden,
4. aus dem Vierten Teil – Durchführung der Besteuerung –
 a) über die Mitwirkungspflichten:
    § 140 AO ohne die Wörter „als den Steuergesetzen", §§ 145 bis 148, 149 Abs. 1 und 2 AO, § 150 Abs. 1 bis 5 AO, §§ 151, 152 Abs. 1, 4 bis 6 und 8 bis 12 AO mit der Maßgabe, dass die Höhe des Verspätungszuschlags abweichend von Abs. 5 im Ermessen des Abgabenberechtigten steht, 10 % der festgesetzten Steuer oder des festgesetzten Messbetrags nicht übersteigen und höchstens 25 000 € betragen darf; bei der Bemessung des Verspätungszuschlags sind neben seinem Zweck, den Steuerpflichtigen zur rechtzeitigen Abgabe der Steuererklärung anzuhalten, die Dauer der Fristüberschreitung, die Höhe des sich aus der Steuerfestsetzung ergebenden Zahlungsanspruchs, die aus der verspäteten Abgabe der Steuererklärung gezogenen Vorteile, sowie das Verschulden und die wirtschaftliche Leistungsfähigkeit des Steuerpflichtigen zu berücksichtigen, § 153 AO,
 b) über das Festsetzungs- und Feststellungsverfahren:
  aa) § 155 Abs. 1 bis 3 und 5 AO, § 156 Abs. 2 AO, §§ 157 bis 162 AO, § 163 Abs. 1 Satz 1, Abs. 2 bis 4 AO, § 165 Abs. 1 AO, §§ 166, 167 AO,
  bb) § 169 AO mit der Maßgabe,
   – dass über Abs. 1 Satz 1 hinaus die Festsetzung eines Beitrags ohne Rücksicht auf die Entstehung der Beitragsschuld spätestens 20 Jahre nach Ablauf des Jahres, in dem die Vorteilslage eintrat, nicht mehr zulässig ist; liegt ein Verstoß gegen die Mitwirkungspflicht nach Art. 5 Abs. 2a vor und kann der Beitrag deswegen nicht festgesetzt werden, beträgt die Frist 25 Jahre,
   – dass in Abs. 1 Satz 3 Nr. 2 die Wörter „§ 10 des Verwaltungszustellungsgesetzes" durch die Wörter „Art. 15 des Bayerischen Ver-

waltungszustellungs- und Vollstreckungsgesetzes" ersetzt werden und
- dass die Festsetzungsfrist nach Abs. 2 Satz 1 einheitlich vier Jahre beträgt,
cc) § 170 Abs. 1 AO mit der Maßgabe,
- dass die Festsetzungsfrist dann, wenn die Forderung im Zeitpunkt des Entstehens aus tatsächlichen Gründen noch nicht berechnet werden kann, erst mit Ablauf des Kalenderjahres beginnt, in dem die Berechnung möglich ist, und
- *dass im Fall der Ungültigkeit einer Beitragssatzung die Festsetzungsfrist erst mit Ablauf des Kalenderjahres zu laufen beginnt, in dem die gültige Beitragssatzung bekanntgemacht worden ist,*\*
und § 170 Abs. 3 AO,
dd) § 171 AO mit der Maßgabe, dass in Abs. 3a Satz 3 die Bezugnahmen „§ 100 Abs. 1 Satz 1, Abs. 2 Satz 2, Abs. 3 Satz 1, § 101 der Finanzgerichtsordnung" durch die Bezugnahmen „§ 113 Abs. 1 Satz 1 und Abs. 5 der Verwaltungsgerichtsordnung" ersetzt werden,
ee) §§ 191 bis 194 AO, § 195 Satz 1 AO mit der Maßgabe, dass auch Organe der überörtlichen Rechnungsprüfung mit der Prüfung betraut werden können, §§ 196 bis 203 AO mit der Maßgabe, dass in § 196 AO die Angabe „nach § 356" entfällt,
5. aus dem Fünften Teil – Erhebungsverfahren –
a) über die Verwirklichung, die Fälligkeit und das Erlöschen von Ansprüchen aus dem Steuerschuldverhältnis:
§§ 218, 219, 221, 222 AO, § 224 Abs. 1 und 2 AO, §§ 225, 226, 227, 228 bis 232 AO,
b) über die Verzinsung und die Säumniszuschläge:
aa) § 233 AO, § 234 Abs. 1 und 2 AO, § 235 AO,
bb) § 236 AO mit der Maßgabe,
- dass in Abs. 1 Satz 1 nach den Wörtern „durch eine rechtskräftige gerichtliche Entscheidung" die Wörter „oder eine bestandskräftige Widerspruchsentscheidung", nach den Wörtern „vorbehaltlich des

---

\* *Hervorhebung durch Herausgeber. Siehe dazu die Entscheidung des Bundesverfassungsgerichts vom 5. März 2013, 1 BvR 2457/08, GVBl. S. 242 (Entscheidungsformel):*
*Artikel 13 Absatz 1 Nummer 4 Buchstabe b Doppelbuchstabe cc Spiegelstrich 2 des Bayerischen Kommunalabgabengesetzes in der Fassung des Gesetzes zur Änderung des Kommunalabgabengesetzes vom 28. Dezember 1992 (Bayerisches Gesetz- und Verordnungsblatt Seite 775) ist mit Artikel 2 Absatz 1 des Grundgesetzes in Verbindung mit dem verfassungsrechtlichen Grundsatz der Rechtssicherheit (Artikel 20 Absatz 3 des Grundgesetzes) unvereinbar. Ersetzt der Gesetzgeber Artikel 13 Absatz 1 Nummer 4 Buchstabe b Doppelbuchstabe cc Spiegelstrich 2 des Bayerischen Kommunalabgabengesetzes nicht bis zum 1. April 2014 durch eine verfassungsgemäße Neuregelung, tritt Nichtigkeit der Vorschrift ein.*

Absatzes 3 vom" die Wörter „Tag der Einlegung des Widerspruchs, oder wenn ein Widerspruchsverfahren nicht vorausgegangen ist, vom" einzufügen sind,
- dass in Abs. 1 Satz 2 nach den Wörtern „der zu erstattende Betrag erst" die Wörter „nach Einlegung des Widerspruchs, wenn ein Widerspruchsverfahren nicht vorausgegangen ist" einzufügen sind,
- dass in Abs. 2 Nr. 2 im Satzteil vor Buchst. a den Wörtern „eine rechtskräftige" die Wörter „eine bestandskräftige Widerspruchsentscheidung," voranzustellen sind und
- dass in Abs. 3 an die Stelle der Bezugnahme „§ 137 Satz 1 der Finanzgerichtsordnung" die Bezugnahme „§ 155 Abs. 4 der Verwaltungsgerichtsordnung" tritt,
cc) § 237 Abs. 1, 2 und 4 AO mit der Maßgabe,
- dass in Abs. 1 Satz 1 die Wörter „eine Einspruchsentscheidung" durch die Wörter „einen Widerspruchsbescheid"
- sowie in Abs. 4 die Wörter „und 3 gelten" durch das Wort „gilt" ersetzt werden,
dd) §§ 238 bis 240 AO mit der Maßgabe, dass die Höhe der Zinsen abweichend vom § 238 Abs. 1 Satz 1 AO zwei Prozentpunkte über dem Basiszinssatz nach § 247 BGB jährlich beträgt,
c) über die Sicherheitsleistung:
§§ 241 bis 248 AO,
6. aus dem Sechsten Teil – Vollstreckung –
a) über die allgemeinen Vorschriften:
§ 251 Abs. 2 und 3 AO und § 254 Abs. 2 AO,
b) über die Niederschlagung:
§ 261 AO.

(2) Bei der Anwendung der in Abs. 1 bezeichneten Vorschriften tritt jeweils an die Stelle
a) der Finanzbehörde oder des Finanzamts die Körperschaft, der die Abgabe zusteht,
b) des Worts „Steuer(n)" – allein oder in Wortzusammensetzungen – das Wort „Abgabe(n)",
c) des Worts „Besteuerung" die Worte „Heranziehung zu Abgaben".

(3) [1]Eine erhebliche Härte im Sinn des § 222 AO (Stundung) kann bei Beitragsforderungen insbesondere für unbebaute beitragspflichtige Grundstücke sowie für Grundstücke, die nur mit landwirtschaftlich genutzten Gebäuden zur überdachten Pflanzenproduktion bebaut sind, vorliegen, wenn deren landwirtschaftliche Nutzung weiterhin notwendig ist oder deren Nichtbebauung im Interesse der Erhaltung der charakteristischen Siedlungsstruktur oder der Erhaltung des Ortsbildes liegt. [2]Das Gleiche gilt auch bei Beitragsforderungen zu leitungsgebundenen Einrichtungen für bebaute Grundstücke, deren landwirtschaftliche Nutzung weiterhin notwendig ist, jedoch nicht hinsichtlich des auf das Wohnen entfallenden Beitragsteils. [3]Grundstücke im Sinn der Sätze 1 und 2 sind auch ab-

Kommunalabgabengesetz **KAG 37**

grenzbare, selbständig nutzbare Grundstücksteile. ⁴In den Fällen des Satzes 1 soll, in den Fällen des Satzes 2 kann auf die Erhebung von Zinsen ganz oder teilweise verzichtet werden. ⁵Die Regelung gilt auch für die Fälle der Nutzungsüberlassung und Betriebsübergabe an Familienangehörige im Sinn des § 15 AO.

(4) ¹Wenn eine Gemeinde von Art. 5 Abs. 2 Sätze 4 und 5 Gebrauch macht, kann hinsichtlich der bereits entstandenen Beiträge für Gebäude oder selbständige Gebäudeteile im Sinn dieser Regelung eine erhebliche Härte im Sinn des § 222 AO (Stundung) vorliegen. ²In diesen Fällen soll auf die Erhebung von Zinsen verzichtet werden.

(5) ¹Die Gemeinde kann in der Erschließungsbeitragssatzung bestimmen, dass Erschließungsbeiträge bis zur Hälfte des nachzuerhebenden Betrags erlassen werden, wenn ein für diese Erschließungsmaßnahme ergangener endgültiger Straßenausbaubeitragsbescheid bestandskräftig geworden ist. ²Ein weitergehender Erlass nach § 227 AO bleibt unberührt.

(6) ¹Die Gemeinde kann in der Erschließungsbeitragssatzung bestimmen, dass Erschließungsbeiträge bis zu einem Drittel des zu erhebenden oder bereits erhobenen Betrags erlassen werden, sofern seit dem Beginn der erstmaligen technischen Herstellung der Erschließungsanlagen mindestens 25 Jahre vergangen sind und die Beitragspflichten im Zeitraum vom 1. April 2012 bis 31. März 2021 entstanden sind oder entstehen. ²Liegt der Zeitraum zwischen dem 1. Januar 2018 und dem 31. März 2021, so kann die Gemeinde in der Satzung auch einen höheren Anteil festlegen oder den Beitrag ganz erlassen. ³Ein weitergehender Erlass nach § 227 AO bleibt unberührt.

(7) ¹Bei der Hundesteuer finden auf die Verarbeitung personenbezogener Daten die allgemeinen datenschutzrechtlichen Regelungen Anwendung. ²In Schadensfällen darf Auskunft über Namen und Anschrift des Hundehalters an Behörden und Schadensbeteiligte gegeben werden. ³Bei Kampfhunden im Sinn des Art. 37 Abs. 1 Satz 2 des Landesstraf- und Verordnungsgesetzes dürfen die Gemeinden Namen und Anschrift der Halter sowie die Hunderasse auch zum Vollzug der Vorschriften über Kampfhunde verarbeiten, insbesondere an andere zum Vollzug dieser Vorschriften zuständige Behörden übermitteln. ⁴Weitergehende Befugnisse bleiben unberührt.

**Art. 14 Abgabehinterziehung.** (1) ¹Mit Freiheitsstrafe bis zu zwei Jahren oder mit Geldstrafe wird bestraft, wer
1. der Körperschaft, der die Abgabe zusteht, oder einer anderen Behörde über abgaberechtlich erhebliche Tatsachen unrichtige oder unvollständige Angaben macht oder
2. die Körperschaft, der die Abgabe zusteht, pflichtwidrig über abgaberechtlich erhebliche Tatsachen in Unkenntnis läßt

und dadurch Abgaben verkürzt oder für sich oder einen anderen nicht gerechtfertigte Abgabevorteile erlangt. ²§ 370 Abs. 4, §§ 371 und 376 AO sind in ihrer jeweils geltenden Fassung entsprechend anzuwenden.

(2) Der Versuch ist strafbar.

# 37 KAG Kommunalabgabengesetz

**Art. 15 Leichtfertige Abgabeverkürzung.** [1]Mit Geldbuße bis zu zehntausend Euro kann belegt werden, wer als Abgabepflichtiger oder bei Wahrnehmung der Angelegenheiten eines Abgabepflichtigen eine der in Art. 14 Abs. 1 Satz 1 bezeichneten Taten leichtfertig begeht. [2]§ 370 Abs. 4 und § 378 Abs. 3 AO sind in ihrer jeweils geltenden Fassung entsprechend anzuwenden.

**Art. 16 Abgabegefährdung.** Mit Geldbuße bis zu fünftausend Euro kann, wenn die Handlung nicht nach Art. 15 geahndet werden kann, belegt werden, wer vorsätzlich oder leichtfertig
1. Belege ausstellt, die in tatsächlicher Hinsicht unrichtig sind, oder
2. den Vorschriften zur Sicherung oder Erleichterung der Abgabeerhebung, insbesondere zur Anmeldung und Anzeige von Tatsachen, zur Führung von Aufzeichnungen oder Nachweisen, zur Kennzeichnung oder Vorlegung von Gegenständen oder zur Erhebung und Abführung von Abgaben zuwiderhandelt,

und es dadurch ermöglicht, eine Abgabe zu verkürzen oder nicht gerechtfertigte Abgabevorteile zu erlangen.

**Art. 17 Geldbußen.** Die Geldbuße fließt in die Kasse der Körperschaft, der die Abgabe, auf die sich die Ordnungswidrigkeit bezieht, zusteht.

### III. Abschnitt
## Verwaltung der kommunalen Steuern

**Art. 18 Zuständigkeit.** Die Verwaltung der Realsteuern mit Ausnahme des Meßbetrags- und des Zerlegungsverfahrens und die Verwaltung der örtlichen Verbrauch- und Aufwandsteuern obliegen den steuerberechtigten Gemeinden und Landkreisen.

### IV. Abschnitt
## Übergangs- und Schlußvorschriften

**Art. 19 Übergangsvorschriften.** (1) Soweit Fristen nach Art. 13 Abs. 1 Nr. 4 Buchst. b Doppelbuchst. bb Spiegelstrich 1 mit Ablauf des 31. Dezember 2014 oder des 31. Dezember 2015 enden würden, verlängern sie sich bis zum 31. März 2016.

(2) Für Beiträge, die vor dem 1. April 2014 durch nicht bestandskräftigen Bescheid festgesetzt sind, gilt Art. 13 Abs. 1 Nr. 4 Buchst. b Doppelbuchst. bb Spiegelstrich 1 mit der Maßgabe, dass die Frist einheitlich 30 Jahre beträgt.

Kommunalabgabengesetz **KAG 37**

(3)* ¹Satzungsregelungen, die einen Erstattungsanspruch gemäß Art. 9 in der Fassung des Kommunalabgabengesetzes vom 4. Februar 1977 (GVBl. S. 82) beinhalten, entfalten nur noch insoweit Rechtswirkungen, als sie von Art. 9 in der Fassung dieses Gesetzes gedeckt sind. ²Die Einbeziehung der Grundstücksanschlüsse im öffentlichen Straßengrund in eine öffentliche Einrichtung mit Anschluss- und Benutzungszwang und damit ihre Bewirtschaftung durch den Einrichtungsträger sind von den Eigentümern und sonst Berechtigten unentgeltlich zu dulden, wenn es in der Benutzungssatzung angeordnet wird.

(4) ¹Die Verpflichtungen des Art. 5 Abs. 2 Sätze 4 und 6 gelten nur für Satzungen, die nach dem 1. Januar 1994 erlassen oder hinsichtlich des Beitragsmaßstabs geändert werden. ²Die Verpflichtung des Art. 5 Abs. 2 Satz 5 gilt nur für Satzungen, die nach dem 31. Juli 2002 erlassen oder hinsichtlich des Beitragsmaßstabs geändert werden. ³Die Möglichkeit, entsprechende Regelungen auch in andere Satzungen zu übernehmen, bleibt hiervon unberührt.

(5) Die für Zuwendungen maßgeblichen Regelungen in Art. 8 Abs. 3 Sätze 2 und 4 gelten auch in Fällen, in denen Anlagenteile vor dem 1. Januar 2000 mit Zuwendungen finanziert worden sind.

(6) Art. 5 Abs. 5 Satz 3 ist in der ab 1. August 2002 geltenden Fassung anzuwenden, wenn der Vorauszahlungsbescheid nach diesem Zeitpunkt bekannt gegeben wird.

(7) ¹Für die Erhebung von Beiträgen für Straßenausbaubeitragsmaßnahmen sowie die Erhebung von wiederkehrenden Beiträgen für Verkehrsanlagen gilt das Kommunalabgabengesetz in der bis zum 31. Dezember 2017 geltenden Fassung, sofern die Beiträge jeweils spätestens am 31. Dezember 2017 durch Bescheid festgesetzt worden sind. ²Bescheide, mit denen ab dem 1. Januar 2018 Beiträge festgesetzt wurden, sind aufzuheben. ³Die auf Grund solcher Bescheide vereinnahmten Beiträge sind zu erstatten. ⁴Eine Erstattung nach Satz 3 kann frühestens ab dem 1. Mai 2019 verlangt werden. ⁵Die Sätze 1 bis 4 gelten für Vorauszahlungen entsprechende.

(8) ¹Hatte eine Gemeinde bis zum 31. Dezember 2017 Vorauszahlungen auf den Beitrag für Straßenausbaubeitragsmaßnahmen erhoben, den endgültigen Beitrag hingegen noch nicht festgesetzt, hebt sie diese Vorauszahlungsbescheide ab dem 1. Januar 2025 auf Antrag auf und erstattet die Vorauszahlungen frühestens ab dem 1. Mai 2025 zurück. ²Dies gilt nicht, wenn bis 31. Dezember 2024 die Vorteilslage entstanden ist und die Gemeinde eine fiktive Abrechnung des endgültigen Beitrags vorgenommen hat. ³Ergibt die fiktive Abrechnung,

---

\* *Art. 19 KAG geändert durch § 1 Gesetz zur Änderung des Kommunalabgabengesetzes vom 25. Juli 2002 (GVBl. S. 322). Beachte hierzu § 2 Abs. 1 und 2 Gesetz zur Änderung des Kommunalabgabengesetzes:*
　**§ 2**　*(1) Dieses Gesetz tritt am 1. August 2002 in Kraft.*
　*(2) Abweichend von Absatz 1 treten in ... § 1 Nr. 7 der Art. 19 Abs. 3 Satz 2 [KAG] mit Wirkung vom 1. Januar 1993 in Kraft.*

dass die Vorauszahlung den endgültigen Beitrag übersteigt, erstattet die Gemeinde auf Antrag den Unterschiedsbetrag. [4]Der Antrag nach Satz 1 ist spätestens bis 31. Dezember 2025 zu stellen. [5]Art. 5 Abs. 5 Satz 4 ist für Erstattungen nach Satz 1 nicht anzuwenden. [6]Unberührt bleiben Ansprüche auf Erstattung von Vorauszahlungen aus anderen Gründen.

(9) [1]Der Freistaat Bayern erstattet den Gemeinden auf Antrag diejenigen Beträge, die ihnen unmittelbar dadurch entgehen, dass sie infolge der Änderungen des Kommunalabgabengesetzes zum 1. Januar 2018 Beiträge für Straßenausbaubeitragsmaßnahmen sowie wiederkehrende Beiträge für Verkehrsanlagen nicht mehr erheben können. [2]Eine Erstattung nach Satz 1 kann frühestens ab dem 1. Januar 2019 und nach Abschluss des Jahres beantragt werden, in dem die sachlichen Beitragspflichten für die beitragsfähige Maßnahme oder die wiederkehrenden Beiträge entstanden sind oder nach dem Kommunalabgabengesetz in der bis zum 31. Dezember 2017 geltenden Fassung und der gemeindlichen Beitragssatzung entstanden wären. [3]Ein Erstattungsanspruch nach Satz 1 setzt voraus, dass die Gemeinde

1. spätestens bis zum 11. April 2018 eine Satzung nach Art. 5 Abs. 1 Satz 3 oder Art. 5b Abs. 1 jeweils in der bis zum 31. Dezember 2017 geltenden Fassung erlassen hatte,
2. für die demnach beitragsfähige Maßnahme in einem der Rechtsaufsichtsbehörde nach Art. 65 Abs. 2 GO spätestens am 11. April 2018 vorgelegten Haushaltsplan Ausgaben im Vermögenshaushalt, Auszahlungen aus Investitionstätigkeit oder Verpflichtungsermächtigungen veranschlagt hatte,
3. spätestens bis zum 11. April 2018 das Vergabeverfahren für die erste Bauleistung bereits eingeleitet hatte oder mit eigenem Personal mit der technischen Herstellung begonnen hatte und
4. den Antrag auf Erstattung spätestens am 30. April 2028 gestellt hat.

[4]Eine Erstattung nach Satz 1 ist ausgeschlossen, wenn am 11. April 2018 die sachlichen Beitragspflichten allein deshalb nicht entstanden waren oder entstanden gewesen wären, weil die Gemeinde als Straßenbaubehörde eine hierfür erforderliche straßenrechtliche Widmung nicht innerhalb eines Jahres nach ordnungsgemäßer Herstellung der Straße vorgenommen hatte. [5]Für Maßnahmen, für die am 11. April 2018 die sachlichen Beitragspflichten noch nicht entstanden waren oder gewesen wären, werden höchstens die Beiträge erstattet, die sich bei Ausführung der Maßnahme gemäß dem an diesem Tag bestehenden Bauprogramm ergeben hätten. [6]Der Freistaat Bayern erstattet den Gemeinden auf Antrag ihre vor dem 11. April 2018 getätigten Aufwendungen für Planung und Vorbereitung von Straßenausbaubeitragsmaßnahmen, sofern diese Aufwendungen nicht von einer Erstattung nach Satz 1 umfasst sind und die Voraussetzungen nach den Sätzen 3 und 5 mit Ausnahme von Satz 3 Nr. 3 vorliegen, es sei denn eine Erstattung ist nach Satz 4 ausgeschlossen; Aufwendungen für Grunderwerb oder die Übernahme von Anlagen werden nicht erstattet. [7]Eine Erstattung nach Satz 6 kann frühestens ab dem 1. Januar 2019 beantragt werden. [8]Die Erstattungsansprüche nach den Sätzen 1 und 6 werden nach Maßgabe der im Staats-

haushalt für diesen Zweck bereitgestellten Mittel erfüllt. [9]Das Staatsministerium des Innern, für Sport und Integration wird ermächtigt, im Einvernehmen mit dem Staatsministerium der Finanzen und für Heimat durch Rechtsverordnung das Verfahren der Antragstellung, der Aufteilung der für die Erstattungsleistungen bereitgestellten Haushaltsmittel, der Auszahlung und der Fälligkeit der Erstattungsleistungen nach Maßgabe der im Staatshaushalt bereitgestellten Mittel sowie die zuständigen Verwaltungsbehörden näher zu regeln.

(10) [1]In den Fällen des Art. 5a Abs. 8 sind festgesetzte und erhobene Vorausleistungen nicht zu erstatten, wenn die Erschließungsanlage mit Ablauf einer der Fristen nach Art. 5a Abs. 8 benutzbar war und die Vorausleistungen bis spätestens 31. Dezember 2019 festgesetzt wurden. [2]Auf Antrag hat die Gemeinde eine fiktive Abrechnung des endgültigen Beitrags auf Grund der bis zum Ablauf einer der Fristen nach Art. 5a Abs. 8 entstandenen Kosten vorzunehmen und den Unterschiedsbetrag zu erstatten, wenn die fiktive Abrechnung ergibt, dass die Vorausleistung den fiktiven endgültigen Beitrag übersteigt. [3]Der Antrag kann ab Ablauf einer der Fristen nach Art. 5a Abs. 8 gestellt werden. [4]Art. 5 Abs. 5 Satz 4 ist für Erstattungen nach Satz 3 nicht anzuwenden. [5]Sofern die Frist nach Art. 13 Abs. 1 Nr. 4 Buchst. b Doppelbuchst. bb Spiegelstrich 1 zum 1. März 2021 bereits abgelaufen ist, findet das Kommunalabgabengesetz in der am 28. Februar 2021 geltenden Fassung weiterhin Anwendung.

**Art. 19a Härteausgleich Straßenausbaubeitrag.**\* (1) [1]Zum anteiligen Ausgleich besonderer Härten durch Straßenausbaubeiträge, die nach den Bestimmungen dieses Gesetzes für den Zeitraum vom 1. Januar 2014 bis zum 31. Dezember 2017 erhoben wurden, errichtet der Freistaat Bayern einen Härtefallfonds. [2]Dieser wird einmalig mit 50 Mio. € ausgestattet.

(2) [1]Über Leistungen aus dem Härtefallfonds wird auf Antrag durch eine unabhängige und an fachliche Weisungen nicht gebundene Kommission durch Verwaltungsakt entschieden. [2]Der Kommission gehören folgende vom Staatsminister des Innern, für Sport und Integration berufene Mitglieder an:
1. ein vom Ministerrat benanntes Mitglied, das den Vorsitz führt,
2. zwei vom Staatsministerium des Innern, für Sport und Integration benannte Mitglieder,
3. zwei vom Staatsministerium für Wirtschaft, Landesentwicklung und Energie benannte Mitglieder.

[3]Für jedes Mitglied wird ein stellvertretendes Mitglied berufen. [4]Satz 2 gilt entsprechend. [5]Die Mitglieder sollen Bedienstete des Freistaates Bayern sein.

(3) Die Kommission entscheidet mit der Mehrheit ihrer Mitglieder.

(4) [1]Für die Kommission wird im Geschäftsbereich des Staatsministeriums des Innern, für Sport und Integration eine Geschäftsstelle eingerichtet. [2]Die Geschäftsstelle wird im Namen der Kommission tätig.

---

\* *Beachte Art. 21 Abs. 2 KAG.*

## 37 KAG — Kommunalabgabengesetz

(5) ¹Anträge können nur vom 1. Juli 2019 bis zum Ablauf des 31. Dezember 2019 gestellt werden. ²Ist der Bescheid oder die Vereinbarung, durch die eine Zahlungspflicht in Bezug auf eine Straßenausbaumaßnahme geschaffen wird, an mehrere Personen gemeinschaftlich gerichtet, können die Adressaten oder die Parteien einen Antrag nur gemeinschaftlich stellen.

(6) ¹Jeder Antragsteller hat bei der Ermittlung des Sachverhalts sowohl im Rahmen der Bewilligung als auch im Rahmen einer etwaigen späteren Überprüfung mitzuwirken und geforderte Unterlagen oder Nachweise beizubringen. ²Die Kommission kann für die Mitwirkung jeweils angemessene Fristen setzen. ³Ein Antrag wird ohne weitere Prüfung abgelehnt oder eine bereits erteilte Bewilligung widerrufen oder zurückgenommen, wenn der Antragsteller seiner Mitwirkungspflicht nach Satz 1 und 2 nicht fristgerecht nachkommt und auf Verlangen der Kommission nicht unverzüglich glaubhaft macht, dass die Verspätung nicht auf seinem Verschulden beruht; hierauf ist der Antragsteller bei der Fristsetzung hinzuweisen.

(7) ¹Antragsbefugt sind natürliche Personen, Personengesellschaften und juristische Personen des Privatrechts. ²Ausgenommen sind Personengesellschaften und juristische Personen, bei denen ein überwiegender Einfluss des Staates insbesondere durch seine Mehrheit am Grundkapital oder durch sein Stimmrecht oder durch die rechtlichen oder organisatorischen Verhältnisse besteht. ³Unter Staat sind der Freistaat Bayern, der Bund, ein ausländischer Staat, die Länder oder andere Gebietskörperschaften oder Einrichtungen der mittelbaren Staatsverwaltung alleine oder zusammen zu verstehen. ⁴Antragsbefugt ist nur,

1. gegen wen nach den Bestimmungen dieses Gesetzes durch Bescheid, Vergleich oder Vereinbarung im Zeitraum vom 1. Januar 2014 bis zum Ablauf des 31. Dezember 2017 Straßenausbaubeiträge, entsprechende Vorauszahlungen oder eine entsprechende Ablöse in Höhe von mindestens 2000 € festgesetzt wurden, soweit die Beiträge nicht erlassen oder anderweitig erstattet worden sind, und
2. wer bei Antragstellung Eigentümer oder beitragspflichtig dinglich Nutzungsberechtigter des Grundstücks ist, auf das die Belastung zurückgeht, und
3. wer im Jahr der Festsetzung der Belastung über ein zu versteuerndes Einkommen von nicht mehr als 100 000 €, bei Zusammenveranlagung von Ehegatten oder Lebenspartnern von nicht mehr als 200 000 € verfügte.

⁵Das zu versteuernde Einkommen richtet sich nach Wahl der Antragsteller entweder nach dem im Zeitpunkt der Antragstellung gültigen Steuerbescheid des Jahres des Bescheiderlasses oder der Vereinbarung oder nach dem Mittelwert der durch im Zeitpunkt der Antragstellung gültigen Steuerbescheide belegten Einkommen aus einem Dreijahreszeitraum, dessen letztes Jahr dem Jahr des Bescheiderlasses oder der Vereinbarung entspricht. ⁶Sofern für den maßgeblichen Zeitraum eine Befreiung von der Abgabe einer Einkommensteuererklärung besteht, sind dem Antrag geeignete Unterlagen beizufügen, aus denen sich das zu versteuernde Einkommen ergibt. ⁷Ist der Bescheid oder die Vereinba-

Kommunalabgabengesetz **KAG 37**

rung, durch die eine Zahlungspflicht in Bezug auf eine Straßenausbaumaßnahme geschaffen wird, an mehrere Personen gemeinschaftlich oder an eine Personengesellschaft gerichtet, so bestimmt sich die Einkommensgrenze aus der Summe der einzelnen Einkommensgrenzen und das relevante Einkommen aus der Summe der der entsprechend Satz 5 und 6 ermittelten Einkommen der einzelnen Personen oder Gesellschafter.

(8) [1]Die Gewährung eines Härteausgleichs nach diesem Artikel ist eine freiwillige Leistung. [2]Auf sie besteht kein Rechtsanspruch.

(9) [1]Eine ausgleichsfähige Härte liegt nur vor, soweit die Belastung dem Betroffenen unter Berücksichtigung insbesondere systemischer Härten, der zeitlichen Nähe der Bekanntgabe des Beitragsbescheids zum Stichtag des Art. 19 Abs. 7 Satz 1, der Einkommensverhältnisse und der Höhe des Beitrags nicht zugemutet werden kann. [2]Der Kommission kommt hinsichtlich des Vorliegens einer Härte sowie deren Gewichtung ein freier Beurteilungsspielraum zu. [3]Der Härteausgleich kann maximal in Höhe der geleisteten Beiträge abzüglich einer Eigenbelastung in Höhe von 2000 € erfolgen. [4]Ein Härteausgleich unterbleibt, soweit er für den Betroffenen als unerlaubte Beihilfe nach europarechtlichen Vorschriften zu bewerten wäre.

(10) [1]Erstattungsansprüche des Leistungsempfängers bezüglich der den Härteausgleich begründenden Zahlung gegenüber der Gemeinde insbesondere nach Art. 5 Abs. 5 Satz 2 und 3 sowie Art. 19 Abs. 8 gehen mit der Leistungsgewährung aus dem Härtefallfonds in Höhe des Härteausgleichs auf den Freistaat Bayern über. [2]Der Leistungsempfänger ist verpflichtet, dem Freistaat Bayern die zur Geltendmachung der Forderung nötigen Auskünfte zu erteilen und ihm die zum Beweis der Forderung dienenden Urkunden, soweit sie sich in seinem Besitz befinden, vorzulegen. [3]Daneben ist er verpflichtet, den Forderungsschuldner von dem Forderungsübergang in Kenntnis zu setzen. [4]Leistungen aus dem Härtefallfonds sind an den Freistaat Bayern zurückzuzahlen, soweit der betroffene Beitrag endgültig erlassen oder erstattet oder der Bescheid endgültig aufgehoben wird; soweit dies der Fall ist, ist der Bewilligungsbescheid aufzuheben. [5]Satz 4 gilt nicht, wenn der Härteausgleich durch einen Forderungsübergang nach Satz 1 ausgeglichen wurde. [6]Abs. 5 findet Anwendung.

(11) [1]Das Staatsministerium des Innern, für Sport und Integration kann im Einvernehmen mit dem Staatsministerium für Wirtschaft, Landesentwicklung und Energie das Nähere
1. zur dienstlichen Stellung der Mitglieder der Kommission,
2. zur Organisation der Geschäftsstelle,
3. zum Verfahren der Kommission,
4. zum Nachweis der antragsbegründenden Tatsachen
durch Rechtsverordnung regeln.

**Art. 20 Einschränkung von Grundrechten.** Auf Grund dieses Gesetzes können die Grundrechte auf Freiheit der Person und der Unverletzlichkeit der

**37 KAG** Kommunalabgabengesetz

Wohnung eingeschränkt werden (Art. 2 Abs. 2, Art. 13 des Grundgesetzes, Art. 102 und 106 Abs. 3 der Verfassung).

**Art. 21 Inkrafttreten.** (1) Dieses Gesetz tritt am 1. Juli 1974 in Kraft.\*

(2) Art. 19a tritt mit Ablauf des 31. Dezember 2027 außer Kraft.

---

\* Betrifft die ursprüngliche Fassung vom 26. März 1974 (GVBl. S. 109).

**KommZG 38**

# Gesetz über die kommunale Zusammenarbeit (KommZG)

(BayRS 2020-6-1-I) in der Fassung der Bekanntmachung vom 20. Juni 1994 (GVBl. S. 555, ber. 1995, S. 98), zuletzt geändert durch Verordnung vom 26. März 2019 (GVBl. S. 98)

## INHALTSÜBERSICHT

### ERSTER TEIL
### Allgemeine Vorschriften

- Art. 1  Anwendungsbereich
- Art. 2  Rechtsformen der kommunalen Zusammenarbeit
- Art. 3  Voraussetzungen der kommunalen Zusammenarbeit

### ZWEITER TEIL
### Kommunale Arbeitsgemeinschaften

- Art. 4  Einfache Arbeitsgemeinschaften
- Art. 5  Besondere Arbeitsgemeinschaften
- Art. 6  Aufhebung und Kündigung besonderer Arbeitsgemeinschaften

### DRITTER TEIL
### Zweckvereinbarungen

- Art. 7  Beteiligte und Aufgaben
- Art. 8  Übergang der Befugnisse
- Art. 9  *(aufgehoben)*
- Art. 10 Inhalt
- Art. 11 Satzungs- und Verordnungsrecht
- Art. 12 Anzeige und Genehmigung
- Art. 13 Amtliche Bekanntmachung und Wirksamwerden
- Art. 14 Änderung, Aufhebung und Kündigung
- Art. 15 Wegfall von Beteiligten
- Art. 16 Pflichtvereinbarung

### VIERTER TEIL
### Zweckverbände

#### 1. Abschnitt
#### Bildung und grundsätzliche Bestimmungen

- Art. 17 Beteiligte und Aufgaben
- Art. 18 Bildung des Zweckverbands
- Art. 19 Inhalt der Verbandssatzung
- Art. 20 Genehmigung der Verbandssatzung
- Art. 21 Amtliche Bekanntmachung der Verbandssatzung, Zeitpunkt des Entstehens des Zweckverbands
- Art. 22 Übergang von Aufgaben und Befugnissen, Satzungs- und Verordnungsrecht
- Art. 23 Dienstherrneigenschaft
- Art. 24 Amtliche Bekanntmachung von Satzungen und Verordnungen des Zweckverbands
- Art. 25 Wappenführung
- Art. 26 Anzuwendende Vorschriften
- Art. 27 Ausgleich
- Art. 28 Pflichtverband

#### 2. Abschnitt
#### Verfassung und Verwaltung

- Art. 29 Organe
- Art. 30 Rechtsstellung des Verbandsvorsitzenden und der übrigen Verbandsräte
- Art. 31 Zusammensetzung der Verbandsversammlung
- Art. 32 Einberufung der Verbandsversammlung, Öffentlichkeit
- Art. 33 Beschlüsse und Wahlen in der Verbandsversammlung
- Art. 34 Zuständigkeit der Verbandsversammlung
- Art. 35 Wahl des Verbandsvorsitzenden
- Art. 36 Zuständigkeit des Verbandsvorsitzenden
- Art. 37 Form der Vertretung nach außen
- Art. 38 Dienstkräfte
- Art. 39 Geschäftsstelle und Geschäftsleiter

**38 KommZG** Gesetz über die kommunale Zusammenarbeit

3. Abschnitt
**Verbandswirtschaft**
Art. 40 Anzuwendende Vorschriften
Art. 41 Haushaltssatzung
Art. 42 Deckung des Finanzbedarfs
Art. 43 Prüfungswesen

4. Abschnitt
**Änderung der Verbandssatzung und Auflösung**
Art. 44 Änderung der Verbandssatzung, Kündigung aus wichtigem Grund
Art. 45 Wegfall von Verbandsmitgliedern
Art. 46 Auflösung
Art. 47 Abwicklung
Art. 48 Genehmigung, Anzeige und Bekanntmachung

FÜNFTER TEIL
**Gemeinsame Kommunalunternehmen**
Art. 49 Entstehung

Art. 50 Vorschriften für gemeinsame Kommunalunternehmen

SECHSTER TEIL
**Aufsicht und Rechtsbehelfe**

1. Abschnitt
**Aufsicht**
Art. 51 Grundsatz
Art. 52 Aufsichtsbehörden

2. Abschnitt
**Schlichtung von Streitigkeiten, Rechtsbehelfe**
Art. 53 Schlichtung von Streitigkeiten
Art. 54 Erlaß des Widerspruchsbescheids (§ 73 der Verwaltungsgerichtsordnung – VwGO)

SIEBTER TEIL
**Übergangs- und Schlußvorschriften**
Art. 55 Inkrafttreten

ERSTER TEIL
# Allgemeine Vorschriften

**Art. 1 Anwendungsbereich.** (1) [1]Dieses Gesetz regelt die kommunale Zusammenarbeit von Gemeinden, Landkreisen und Bezirken. [2]Verwaltungsgemeinschaften stehen für ihren Aufgabenbereich Gemeinden gleich; das gilt auch für die Eigentümer gemeindefreier Grundstücke, soweit sie öffentliche Aufgaben zu erfüllen haben, die im Gemeindegebiet der Gemeinde obliegen. [3]Andere Körperschaften, Anstalten und Stiftungen des öffentlichen Rechts, ferner natürliche Personen und juristische Personen des Privatrechts können sich nur nach den Vorschriften dieses Gesetzes an der Zusammenarbeit beteiligen.

(2) [1]Für die Beteiligung von Zweckverbänden an der kommunalen Zusammenarbeit gelten die gleichen Vorschriften wie für die ihnen angehörenden Gemeinden, Landkreise oder Bezirke. [2]Für die Beteiligung selbständiger Kommunalunternehmen des öffentlichen Rechts sind die für ihre Gewährträger geltenden Vorschriften maßgebend.

(3) [1]Vorschriften anderer Gesetze über die kommunale Zusammenarbeit oder die gemeinsame Wahrnehmung von Aufgaben in privatrechtlicher Form bleiben unberührt. [2]Auf Planungsverbände nach § 205 des Baugesetzbuchs sind unbeschadet des § 205 Abs. 2 bis 5 des Baugesetzbuchs die für die Zweckver-

bände geltenden Vorschriften dieses Gesetzes einschließlich des Art. 20 entsprechend anzuwenden.

(4) ¹Dieses Gesetz ist nicht anzuwenden, wenn es gesetzlich ausgeschlossen ist, Aufgaben oder Befugnisse gemeinsam wahrzunehmen. ²Das Recht, Steuern zu erheben und eine eigene Polizei zu errichten, kann nicht übertragen werden.

**Art. 2 Rechtsformen der kommunalen Zusammenarbeit.** (1) Für die kommunale Zusammenarbeit können kommunale Arbeitsgemeinschaften gegründet, Zweckvereinbarungen geschlossen und Zweckverbände sowie gemeinsame Kommunalunternehmen gebildet werden.

(2) Durch kommunale Arbeitsgemeinschaften und Zweckvereinbarungen entstehen keine neuen Rechtspersönlichkeiten.

(3) ¹Die Zweckverbände sind Körperschaften des öffentlichen Rechts. ²Sie verwalten ihre Angelegenheiten im Rahmen der Gesetze unter eigener Verantwortung.

(4) Gemeinsame Kommunalunternehmen sind selbständige Unternehmen in der Rechtsform einer Anstalt des öffentlichen Rechts, die von mehreren kommunalen Gebietskörperschaften getragen werden.

**Art. 3 Voraussetzungen der kommunalen Zusammenarbeit.** (1) ¹Gemeinden, Landkreise und Bezirke können nach den Vorschriften dieses Gesetzes zusammenarbeiten, um Aufgaben, zu deren Wahrnehmung sie berechtigt oder verpflichtet sind, gemeinsam zu erfüllen. ²Das gilt nicht für Gemeinden, die der gleichen Verwaltungsgemeinschaft angehören, wenn die Verwaltungsgemeinschaft die Aufgabe ebenso wirkungsvoll und wirtschaftlich erfüllen kann.

(2) Sieht dieses Gesetz eine Verpflichtung zur Zusammenarbeit vor (Art. 16 und 28), so kann sie nur zwischen Gebietskörperschaften gleicher Art angeordnet werden, ferner zwischen kreisfreien und kreisangehörigen Gemeinden und zwischen Landkreisen und kreisfreien Gemeinden, wenn diese Gebietskörperschaften gleiche Pflichtaufgaben zu erfüllen haben.

## ZWEITER TEIL
## Kommunale Arbeitsgemeinschaften

**Art. 4 Einfache Arbeitsgemeinschaften.** (1) ¹Gemeinden, Landkreise und Bezirke können durch öffentlich-rechtlichen Vertrag eine Arbeitsgemeinschaft bilden. ²An ihr können sich auch sonstige Körperschaften, Anstalten und Stiftungen des öffentlichen Rechts, ferner natürliche Personen und juristische Personen des Privatrechts beteiligen.

(2) ¹Die Arbeitsgemeinschaft befaßt sich mit Angelegenheiten, welche die an ihr Beteiligten gemeinsam berühren. ²Sie dient insbesondere dazu, Planungen der einzelnen Beteiligten und das Tätigwerden von Einrichtungen aufein-

# 38 KommZG Gesetz über die kommunale Zusammenarbeit

ander abzustimmen, gemeinsame Flächennutzungspläne vorzubereiten und die gemeinsame wirtschaftliche und zweckmäßige Erfüllung der Aufgaben in einem größeren nachbarlichen Gebiet sicherzustellen.

(3) Durch die Beteiligung an einer Arbeitsgemeinschaft werden die Rechte und Pflichten der Beteiligten als Träger von Aufgaben und Befugnissen gegenüber Dritten nicht berührt.

(4) [1]In dem öffentlich-rechtlichen Vertrag sind die Aufgaben der Arbeitsgemeinschaft und, soweit das erforderlich ist, die Geschäftsordnung und die Deckung des Finanzbedarfs zu regeln. [2]Der Vertrag wird wirksam, sobald er von allen Beteiligten beschlossen und unterschrieben ist. [3]In dem Vertrag kann ein anderer Zeitpunkt für sein Wirksamwerden bestimmt werden.

(5) *(aufgehoben)*

**Art. 5 Besondere Arbeitsgemeinschaften.** (1) [1]Es kann vereinbart werden, daß die Beteiligten an Beschlüsse der Arbeitsgemeinschaft gebunden sind, wenn die zuständigen Organe aller Beteiligten diesen Beschlüssen zugestimmt haben. [2]Ferner kann vereinbart werden, daß die Beteiligten an Beschlüsse über Angelegenheiten der Geschäftsführung und des Finanzbedarfs, Verfahrensfragen und den Erlaß von Richtlinien für die Planung und Durchführung einzelner Aufgaben gebunden sind, wenn die Mehrheit der zuständigen Organe der beteiligten Gebietskörperschaften diesen Beschlüssen zugestimmt hat.

(2) Es kann vereinbart werden, daß die zuständigen Organe der Beteiligten verpflichtet sind, binnen drei Monaten über Anregungen der Arbeitsgemeinschaft zu beschließen; in der Vereinbarung kann eine andere Frist festgelegt werden.

(3) *(aufgehoben)*

**Art. 6 Aufhebung und Kündigung besonderer Arbeitsgemeinschaften.**
(1) [1]Wird eine besondere Arbeitsgemeinschaft aufgehoben, so hat eine Auseinandersetzung stattzufinden, soweit das erforderlich ist. [2]Der Vertrag soll hierüber das Nähere bestimmen.

(2) [1]Wird eine besondere Arbeitsgemeinschaft auf unbestimmte Zeit oder auf mehr als 20 Jahre gebildet, so ist in der Vereinbarung über ihre Bildung zu bestimmen, unter welchen Voraussetzungen, innerhalb welcher Frist und in welcher Form sie von den Beteiligten gekündigt werden kann (ordentliche Kündigung). [2]Eine besondere Arbeitsgemeinschaft kann auch aus wichtigem Grund gekündigt werden (außerordentliche Kündigung).

Gesetz über die kommunale Zusammenarbeit

# DRITTER TEIL
## Zweckvereinbarungen

**Art. 7 Beteiligte und Aufgaben.** (1) Gemeinden, Landkreise und Bezirke können durch öffentlich-rechtlichen Vertrag eine Zweckvereinbarung schließen.

(2) [1]Auf Grund einer Zweckvereinbarung können die beteiligten Gebietskörperschaften einer von ihnen einzelne oder alle mit einem bestimmten Zweck zusammenhängenden Aufgaben übertragen; eine Gebietskörperschaft kann dabei insbesondere gestatten, daß die übrigen eine von ihr betriebene Einrichtung mitbenutzen. [2]Der Umfang der übertragenen Aufgaben soll im Verhältnis zum Umfang der entsprechenden eigenen Aufgaben der übernehmenden Gebietskörperschaft nachrangig sein.

(3) Auf Grund einer Zweckvereinbarung können die beteiligten Gebietskörperschaften einzelne oder alle mit einem bestimmten Zweck zusammenhängenden Aufgaben gemeinschaftlich durchführen und hierzu gemeinschaftliche Einrichtungen schaffen oder betreiben.

(4) In einer Zweckvereinbarung kann auch geregelt werden, daß eine Gebietskörperschaft den beteiligten anderen Gebietskörperschaften Dienstkräfte zur Erfüllung ihrer Aufgaben zeitanteilig zur Verfügung stellt.

(5) [1]Ein Zweckverband kann eine Zweckvereinbarung abschließen, soweit das der Erfüllung der ihm von seinen Mitgliedern übertragenen Aufgaben dient. [2]Darüber hinaus kann er mit Zustimmung einer Mehrheit von zwei Dritteln der satzungsmäßigen Stimmenzahl in der Verbandsversammlung durch eine Zweckvereinbarung Aufgaben anderer Gebietskörperschaften übernehmen, wenn
1. diese Aufgaben seinen Aufgaben gleichartig sind,
2. der Umfang der Aufgaben im Verhältnis zum Umfang der dem Zweckverband von seinen Mitgliedern übertragenen Aufgaben nachrangig ist,
3. die anderen Gebietskörperschaften sich in der Zweckvereinbarung das Recht zur Steuerung der Aufgabenerfüllung vorbehalten,
4. in der Zweckvereinbarung ein angemessener Kostenersatz vereinbart wird und
5. die Übernahme der Aufgaben dem öffentlichen Wohl entspricht, z.B. der Verwaltungsvereinfachung oder Kostensenkung im Rahmen nachbarschaftlicher Zusammenarbeit dient.

**Art. 8 Übergang der Befugnisse.** (1) Wird einer Gebietskörperschaft durch Zweckvereinbarung eine Aufgabe übertragen (Art. 7 Abs. 2), so gehen auch die zur Erfüllung dieser Aufgabe notwendigen Befugnisse auf sie über, es sei denn, daß in der Zweckvereinbarung ausdrücklich etwas anderes bestimmt wird.

(2) Die übrigen Beteiligten werden durch die Zweckvereinbarung von ihrer gesetzlichen Pflicht insoweit befreit, als gesetzliche Aufgaben auf eine andere Gebietskörperschaft übertragen werden oder Befugnisse auf sie übergehen.

# 38 KommZG — Gesetz über die kommunale Zusammenarbeit

(3) Im Fall des Art. 7 Abs. 3 verbleiben die Befugnisse bei den Beteiligten; sie können nicht gemeinschaftlich ausgeübt werden.

(4) Gebietskörperschaften, denen gemäß Art. 7 Abs. 4 Dienstkräfte zur Verfügung gestellt werden, können ihnen wie eigenen Bediensteten Befugnisse übertragen.

**Art. 9** *(aufgehoben)*

**Art. 10 Inhalt.** (1) Die Zweckvereinbarung muß die Aufgaben aufführen, die einer der beteiligten Gebietskörperschaften übertragen oder die gemeinschaftlich durchgeführt werden sollen.

(2) Werden Aufgaben übertragen, so kann den übrigen Beteiligten durch die Zweckvereinbarung das Recht auf Anhörung oder Zustimmung in bestimmten Angelegenheiten eingeräumt werden.

(3) In der Zweckvereinbarung kann ein angemessener Kostenersatz für die Erfüllung der übertragenen Aufgaben vorgesehen werden; er darf höchstens so bemessen sein, daß der nach den Grundsätzen einer ordnungsgemäßen Wirtschaftsführung berechnete Aufwand gedeckt wird.

(4) Werden Aufgaben gemeinschaftlich durchgeführt, so muß die Zweckvereinbarung bestimmen, nach welchem Maßstab der Aufwand unter die Beteiligten verteilt wird.

**Art. 11 Satzungs- und Verordnungsrecht.** (1) [1]Durch die Zweckvereinbarung kann der Gebietskörperschaft, auf die Aufgaben übergehen, das Recht übertragen werden, zur Erfüllung dieser Aufgaben Satzungen und Verordnungen auch für das Gebiet der übrigen Beteiligten zu erlassen. [2]Bereits geltende Satzungen und Verordnungen der Gebietskörperschaft können auch durch die Zweckvereinbarung auf dieses Gebiet erstreckt werden; sie sind in der Zweckvereinbarung unter Angabe ihrer Fundstelle genau zu bezeichnen. [3]Die übrigen Beteiligten haben in der für die Bekanntmachung ihrer Satzungen vorgesehenen Form auf die Veröffentlichung der Satzungen oder Verordnungen hinzuweisen.

(2) In den Fällen des Absatzes 1 kann in der Zweckvereinbarung bestimmt werden, daß die Gebietskörperschaft im Geltungsbereich der von ihr erlassenen Satzungen oder Verordnungen alle zu deren Durchführung erforderlichen Maßnahmen wie im eigenen Gebiet treffen kann.

**Art. 12 Anzeige und Genehmigung.** (1) Eine Zweckvereinbarung, nach der nur Aufgaben übertragen oder gemeinschaftlich durchgeführt werden, ist der Aufsichtsbehörde anzuzeigen.

(2) [1]Eine Zweckvereinbarung, durch die eine beteiligte Gebietskörperschaft auch Befugnisse erhält, bedarf der Genehmigung der Aufsichtsbehörde. [2]Die Genehmigung kann nur versagt werden, wenn dem Abschluß der Zweckvereinbarung Gründe des öffentlichen Wohls entgegenstehen, der Abschluß der Vereinbarung nicht zulässig ist oder die Vereinbarung den gesetzlichen Vorschriften nicht entspricht. [3]Sollen durch die Zweckvereinbarung Angelegenheiten des

Gesetz über die kommunale Zusammenarbeit **KommZG 38**

übertragenen Wirkungskreises wahrgenommen werden, so entscheidet die Aufsichtsbehörde nach Anhörung der Fachaufsichtsbehörde über die Genehmigung nach pflichtgemäßem Ermessen. ⁴Äußert sich die Fachaufsichtsbehörde nicht binnen eines Monats nach Eingang der Anfrage, kann die Aufsichtsbehörde davon ausgehen, dass die von der Fachaufsichtsbehörde zu vertretenden Belange von der Zweckvereinbarung nicht berührt werden.

(3) Ist für die Durchführung einer Angelegenheit, zu deren Erfüllung eine Zweckvereinbarung abgeschlossen werden soll, eine besondere Genehmigung erforderlich, so kann die Vereinbarung nicht genehmigt werden, wenn zu erwarten ist, daß die besondere Genehmigung versagt wird.

(4) *(aufgehoben)*

**Art. 13 Amtliche Bekanntmachung und Wirksamwerden.** (1) ¹Die Aufsichtsbehörde hat eine genehmigungspflichtige Zweckvereinbarung und ihre Genehmigung in ihrem Amtsblatt amtlich bekanntzumachen. ²Die Zweckvereinbarung wird am Tag nach der amtlichen Bekanntmachung wirksam.

(2) Teile einer genehmigungspflichtigen Zweckvereinbarung, die nur das Verhältnis der Beteiligten untereinander betreffen, ohne daß Rechte oder Pflichten Dritter berührt werden, brauchen nicht amtlich bekanntgemacht zu werden.

(3) Eine anzeigepflichtige Zweckvereinbarung wird ohne amtliche Bekanntmachung wirksam, sobald sie von allen Beteiligten beschlossen und unterschrieben ist.

(4) In der Zweckvereinbarung kann ein Zeitpunkt für ihr Wirksamwerden abweichend von Absatz 1 Satz 2 und Absatz 3 bestimmt werden.

**Art. 14 Änderung, Aufhebung und Kündigung.** (1) War die Zweckvereinbarung anzeigepflichtig, so ist auch ihre Änderung oder Aufhebung der Aufsichtsbehörde anzuzeigen.

(2) ¹War die Zweckvereinbarung genehmigungspflichtig, so bedarf auch ihre Änderung oder Aufhebung der Genehmigung. ²Die Vorschriften des Art. 12 über die Genehmigung einer Zweckvereinbarung gelten entsprechend. ³Der Genehmigung zur Aufhebung oder zur Änderung auf Grund einer Kündigung können Gründe des öffentlichen Wohls nur entgegenstehen, wenn die Voraussetzungen für eine Pflichtvereinbarung vorliegen.

(3) ¹Ist die Zweckvereinbarung nicht befristet oder auf mehr als 20 Jahre geschlossen, so muß sie bestimmen, unter welchen Voraussetzungen, innerhalb welcher Frist und in welcher Form sie von einem Beteiligten gekündigt werden kann (ordentliche Kündigung). ²Jede Zweckvereinbarung kann auch aus wichtigem Grund gekündigt werden (außerordentliche Kündigung).

(4) ¹Wird eine Zweckvereinbarung aufgehoben, so hat eine Auseinandersetzung stattzufinden, soweit das erforderlich ist. ²Die Zweckvereinbarung soll hierüber das Nähere bestimmen.

(5) Wird die Zweckvereinbarung geändert oder aufgehoben, so gilt Art. 13 entsprechend.

**Art. 15 Wegfall von Beteiligten.** (1) ¹Wird eine Gebietskörperschaft, die an einer Zweckvereinbarung beteiligt ist, in eine andere Gebietskörperschaft eingegliedert oder mit einer anderen zusammengeschlossen, so tritt die Gebietskörperschaft, in welche die an der Zweckvereinbarung beteiligte Körperschaft eingegliedert oder zu der sie zusammengeschlossen wird, an die Stelle der früheren. ²Das gleiche gilt, wenn eine Gebietskörperschaft auf mehrere andere aufgeteilt wird oder wenn ihre Aufgaben oder Befugnisse, die Gegenstand der Zweckvereinbarung sind, auf eine oder mehrere andere Gebietskörperschaften übergehen.

(2) ¹Wenn Gründe des öffentlichen Wohls nicht entgegenstehen, kann jeder Beteiligte die Zweckvereinbarung bis zum Ablauf von drei Monaten nach dem Eintritt der neuen Körperschaft kündigen. ²Die Art. 13 und 14 Abs. 1 und 2 gelten entsprechend.

**Art. 16 Pflichtvereinbarung.** (1) Ist der Abschluß einer Zweckvereinbarung zur Erfüllung von Pflichtaufgaben einer Gebietskörperschaft aus zwingenden Gründen des öffentlichen Wohls geboten, so kann die Aufsichtsbehörde den beteiligten Gebietskörperschaften eine angemessene Frist setzen, die Zweckvereinbarung zu schließen.

(2) ¹Kommt innerhalb der Frist die Zweckvereinbarung nicht zustande, so trifft die Aufsichtsbehörde eine Regelung, die wie eine Vereinbarung zwischen den Beteiligten gilt (Pflichtvereinbarung). ²Ehe die Aufsichtsbehörde hierüber entscheidet, muß sie den beteiligten Gebietskörperschaften Gelegenheit geben, ihre Auffassung darzulegen. ³Die Erörterung kann in einer gemeinsamen Besprechung nach Art. 9 Abs. 2 Satz 2 stattfinden.

(3) ¹Die Art. 8, 10, 11 und 13 bis 15 gelten entsprechend. ²Die Pflichtvereinbarung kann jedoch von den Beteiligten nur mit Genehmigung der Aufsichtsbehörde geändert werden. ³Für die Genehmigung gelten Art. 12 Abs. 2 Sätze 2 und 3 und Abs. 3 entsprechend.

(4) ¹Die Beteiligten können eine Pflichtvereinbarung nicht von sich aus aufheben. ²Sind die Gründe für eine Pflichtvereinbarung weggefallen, so hat die Aufsichtsbehörde das den Beteiligten mitzuteilen. ³Die Pflichtvereinbarung gilt in diesem Fall als einfache Zweckvereinbarung weiter; sie kann von jedem Beteiligten innerhalb einer Frist von sechs Monaten seit dem Zugang der Mitteilung gekündigt werden.

Gesetz über die kommunale Zusammenarbeit **KommZG 38**

Vierter Teil
# Zweckverbände

1. Abschnitt
## Bildung und grundsätzliche Bestimmungen

**Art. 17 Beteiligte und Aufgaben.** (1) Gemeinden, Landkreise und Bezirke können sich zu einem Zweckverband (Freiverband) zusammenschließen und ihm einzelne Aufgaben oder alle mit einem bestimmten Zweck zusammenhängenden Aufgaben übertragen.

(2) [1]Neben einer der in Absatz 1 genannten Gebietskörperschaften können auch andere Körperschaften, Anstalten und Stiftungen des öffentlichen Rechts Mitglieder eines Zweckverbands sein, wenn nicht die für sie geltenden besonderen Vorschriften die Beteiligung ausschließen. [2]Ebenso können natürliche Personen und juristische Personen des Privatrechts Mitglieder eines Zweckverbands sein, wenn die Erfüllung der Verbandsaufgaben dadurch gefördert wird und Gründe des öffentlichen Wohls nicht entgegenstehen.

(3) [1]Die Mitgliedschaft einer Gemeinde oder eines Gemeindeverbands außerhalb des Freistaates Bayern oder einer sonstigen nicht der Aufsicht des Freistaates Bayern unterstehenden Körperschaft, Anstalt oder Stiftung des öffentlichen Rechts in einem Zweckverband, der innerhalb des Freistaates Bayern seinen Sitz hat, bedarf der Genehmigung des Staatsministeriums des Innern, für Sport und Integration. [2]Das gleiche gilt, wenn eine Gemeinde, ein Landkreis, ein Bezirk oder eine sonstige der Aufsicht des Freistaates Bayern unterstehende Körperschaft, Anstalt oder Stiftung des öffentlichen Rechts in einem Zweckverband Mitglied werden will, der seinen Sitz außerhalb des Freistaates Bayern hat.

**Art. 18 Bildung des Zweckverbands.** Die Rechtsverhältnisse des Zweckverbands werden im Rahmen dieses Gesetzes durch eine von den Beteiligten zu vereinbarende Verbandssatzung geregelt.

**Art. 19 Inhalt der Verbandssatzung.** (1) Die Verbandssatzung muß enthalten
1. den Namen und den Sitz des Zweckverbands,
2. die Verbandsmitglieder und den räumlichen Wirkungsbereich des Zweckverbands,
3. die Aufgaben des Zweckverbands,
4. die Sitz- und Stimmverteilung in der Verbandsversammlung,
5. den Maßstab, nach dem die Verbandsmitglieder zur Deckung des Finanzbedarfs des Zweckverbands beizutragen haben (Umlegungsschlüssel).

(2) Die Verbandssatzung kann darüber hinaus weitere Vorschriften enthalten über
1. die Verfassung und Verwaltung,
2. die Verbandswirtschaft,

3. die Abwicklung im Fall der Auflösung des Zweckverbands,
4. die Schlichtung von Streitigkeiten durch ein besonderes Schiedsverfahren,
5. sonstige Rechtsverhältnisse des Zweckverbands,

soweit dieses Gesetz keine Vorschriften enthält oder die Regelung in der Verbandssatzung zuläßt.

**Art. 20 Genehmigung der Verbandssatzung.** (1) [1]Die Verbandssatzung bedarf der Genehmigung der Aufsichtsbehörde. [2]Die Genehmigung kann nur versagt werden, wenn der Bildung des Zweckverbands Gründe des öffentlichen Wohls entgegenstehen, die Bildung des Verbands unzulässig ist oder die Satzung den gesetzlichen Vorschriften nicht entspricht. [3]Sollen durch den Zweckverband Aufgaben des übertragenen Wirkungskreises wahrgenommen werden, so entscheidet die Aufsichtsbehörde nach Anhörung der Fachaufsichtsbehörde über die Genehmigung nach pflichtgemäßem Ermessen. [4]Äußert sich die Fachaufsichtsbehörde nicht binnen eines Monats nach Eingang der Anfrage, kann die Aufsichtsbehörde davon ausgehen, dass die von der Fachaufsichtsbehörde zu vertretenden Belange von der Bildung des Zweckverbands nicht berührt werden.

(2) Ist für die Übernahme oder Durchführung einer Aufgabe, für die der Zweckverband gebildet werden soll, eine besondere Genehmigung erforderlich, so kann die Verbandssatzung nicht genehmigt werden, wenn zu erwarten ist, daß die besondere Genehmigung versagt wird.

(3) *(aufgehoben)*

**Art. 21 Amtliche Bekanntmachung der Verbandssatzung, Zeitpunkt des Entstehens des Zweckverbands.** (1) [1]Die Aufsichtsbehörde hat die Verbandssatzung und ihre Genehmigung in ihrem Amtsblatt amtlich bekanntzumachen. [2]Der Zweckverband entsteht am Tag nach dieser Bekanntmachung, wenn nicht in der Verbandssatzung ein späterer Zeitpunkt bestimmt ist. [3]Nach der ordnungsgemäßen Bekanntmachung können Rechtsverstöße bei der Gründung des Zweckverbands nur mit Wirkung für die Zukunft geltend gemacht werden.

(2) Verbandsmitglieder, die Gebietskörperschaften sind, sollen in der für die Bekanntmachung ihrer Satzungen vorgesehenen Form auf die Veröffentlichung nach Absatz 1 Satz 1 hinweisen.

**Art. 22 Übergang von Aufgaben und Befugnissen, Satzungs- und Verordnungsrecht.** (1) Das Recht und die Pflicht der Verbandsmitglieder, die dem Zweckverband übertragenen Aufgaben zu erfüllen und die dazu notwendigen Befugnisse auszuüben, gehen auf den Zweckverband über.

(2) Der Zweckverband kann an Stelle der Verbandsmitglieder Satzungen und Verordnungen für das übertragene Aufgabengebiet erlassen.

(3) Die Verbandssatzung kann den Übergang einzelner Befugnisse und das Recht, Satzungen und Verordnungen zu erlassen, ausschließen; das gilt nicht,

Gesetz über die kommunale Zusammenarbeit **KommZG 38**

wenn der Übergang nach der Natur der übertragenen Aufgaben zwingend erforderlich ist.

(4) Hat der Zweckverband nach den ihm in der Verbandssatzung übertragen Aufgaben an Stelle der Verbandsmitglieder deren Beteiligung an Unternehmen oder deren Mitgliedschaft an Verbänden zu übernehmen, so sind die einzelnen Verbandsmitglieder zu den entsprechenden Rechtsgeschäften und Verwaltungsmaßnahmen verpflichtet.

**Art. 23 Dienstherrneigenschaft.** (1) [1]Den Zweckverbänden steht das Recht zu, Dienstherr von Beamten zu sein, wenn ihnen nur Körperschaften, Anstalten und Stiftungen des öffentlichen Rechts angehören, die selbst Dienstherrneigenschaft besitzen. [2]Anderen Zweckverbänden kann das Recht, Dienstherr von Beamten zu sein, mit Genehmigung der Aufsichtsbehörde durch die Verbandssatzung verliehen werden.

(2) [1]Gehen Aufgaben eines Zweckverbands wegen Auflösung oder aus anderen Gründen ganz oder teilweise auf andere juristische Personen des öffentlichen Rechts mit Dienstherrnfähigkeit über, so gelten für die Übernahme und die Rechtsstellung der Beamten und Versorgungsempfänger des Zweckverbands Art. 51 bis 54 und 69 des Bayerischen Beamtengesetzes, bei länderübergreifendem Aufgabenübergang §§ 16 bis 19 des Beamtenstatusgesetzes. [2]Die Verbandssatzung eines Zweckverbands, der Dienstherr von Beamten werden soll, muß Bestimmungen darüber enthalten, wer die Beamten und Versorgungsempfänger zu übernehmen hat, wenn der Zweckverband aufgelöst wird, ohne daß seine bisherigen Aufgaben auf andere juristische Personen des öffentlichen Rechts mit Dienstherrnfähigkeit übergehen.

**Art. 24 Amtliche Bekanntmachung von Satzungen und Verordnungen des Zweckverbands.** (1) [1]Der Zweckverband macht seine Satzungen und Verordnungen in seinem Amtsblatt amtlich bekannt. [2]Unterhält er kein eigenes Amtsblatt, werden die Satzungen und Verordnungen im Amtsblatt des Landratsamts oder des Landkreises oder den Amtsblättern aller Beteiligten, wenn sich der räumliche Wirkungskreis des Zweckverbands über den Landkreis hinaus erstreckt, im Amtsblatt der Aufsichtsbehörde oder den Amtsblättern aller Beteiligten bekannt gemacht.

(2) Verbandsmitglieder, die Gebietskörperschaften sind, sollen in der für die Bekanntmachung ihrer Satzungen vorgesehenen Form auf die Veröffentlichung nach Absatz 1 hinweisen.

**Art. 25 Wappenführung.** [1]Der Zweckverband führt weder Fahne noch eigenes Wappen. [2]Mit Zustimmung eines Verbandsmitglieds kann er dessen Wappen führen. [3]Die Führung des kleinen Staatswappens regelt sich nach den hierfür geltenden besonderen Vorschriften.

**Art. 26 Anzuwendende Vorschriften.** (1) [1]Soweit nicht dieses Gesetz oder in seinem Rahmen die Verbandssatzung besondere Vorschriften enthalten, sind

**38 KommZG**  Gesetz über die kommunale Zusammenarbeit

auf den Zweckverband die für Gemeinden geltenden Vorschriften entsprechend anzuwenden. [2]Gehören einem Zweckverband als kommunale Gebietskörperschaft nur Landkreise oder nur Landkreise und Bezirke an, so sind die für Landkreise, gehören ihm nur Bezirke an, so sind die für Bezirke geltenden Vorschriften entsprechend anzuwenden. [3]Die Verbandssatzung kann mit Genehmigung der Aufsichtsbehörde vorschreiben, daß abweichend von den Sätzen 1 und 2 die Vorschriften entsprechend anzuwenden sind, die für andere dem Zweckverband angehörende Gebietskörperschaften gelten.

(2) In Satzungen des Zweckverbands können Zuwiderhandlungen als Ordnungswidrigkeiten mit Geldbuße bedroht werden, soweit das nach den Vorschriften, die gemäß Absatz 1 entsprechend anwendbar sind, zulässig ist (bewehrte Satzungen).

(3) Für die Voraussetzungen und das Verfahren zum Erlaß von Verordnungen, deren Übertretung mit Strafe oder als Ordnungswidrigkeit mit Geldbuße bedroht ist, gelten die Vorschriften des Landesstraf- und Verordnungsgesetzes entsprechend; Art. 24 bleibt unberührt.

(4) Verordnungen, zu deren Erlaß die Zweckverbände ermächtigt sind, werden von der Verbandsversammlung, dringliche Verordnungen vom Verbandsvorsitzenden, als Verbandsverordnung erlassen.

**Art. 27 Ausgleich.** (1) [1]Neben der Verbandssatzung können die Beteiligten Abmachungen über den Ausgleich von Vorteilen und Nachteilen treffen, die sich aus der Bildung des Zweckverbands ergeben. [2]Entsprechendes gilt für den Ausgleich von Vor- und Nachteilen aus der Tätigkeit des Zweckverbands, wenn eine Regelung in der Verbandssatzung oder durch die Festsetzung der Verbandsumlage nicht möglich oder nicht zweckmäßig ist. [3]Die Abmachungen sind der Aufsichtsbehörde anzuzeigen.

(2) [1]Auf Antrag sämtlicher Beteiligter, für die ein Ausgleich in Betracht kommt, regelt die Aufsichtsbehörde diesen Ausgleich. [2]Für einen Pflichtverband kann die Aufsichtsbehörde den Ausgleich auch dann regeln, wenn sie einen solchen für erforderlich hält und die betroffenen Beteiligten sich nicht innerhalb einer von der Aufsichtsbehörde gesetzten angemessenen Frist einigen.

**Art. 28 Pflichtverband.** (1) Ist die Bildung eines Zweckverbands zur Erfüllung von Pflichtaufgaben einer Gebietskörperschaft aus zwingenden Gründen des öffentlichen Wohls geboten, so kann die Aufsichtsbehörde den Beteiligten eine angemessene Frist setzen, den Zweckverband zu bilden.

(2) [1]Kommt innerhalb der Frist der Zweckverband nicht zustande, so bildet ihn die Aufsichtsbehörde dadurch, daß sie die Verbandssatzung erläßt (Pflichtverband). [2]Ehe die Aufsichtsbehörde hierüber entscheidet, muß sie den beteiligten Gebietskörperschaften Gelegenheit geben, ihre Auffassung zur Bildung des Zweckverbands und zur Verbandssatzung darzulegen; die Erörterung kann in einer gemeinsamen Besprechung nach Art. 18 Abs. 3 Satz 2 stattfinden. [3]Art. 21 gilt entsprechend.

Gesetz über die kommunale Zusammenarbeit **KommZG 38**

(3) Die Absätze 1 und 2 gelten entsprechend, wenn aus den in Absatz 1 genannten Gründen eine weitere Gebietskörperschaft an einen bestehenden Zweckverband angeschlossen werden muß.

(4) [1]Die Vorschriften über den Inhalt der Verbandssatzung (Art. 19) gelten auch für Pflichtverbände. [2]Soweit erforderlich, muß die Verbandssatzung die Ausstattung des Zweckverbands mit Dienstkräften regeln.

## 2. Abschnitt
## Verfassung und Verwaltung

**Art. 29 Organe.** [1]Notwendige Organe des Zweckverbands sind die Verbandsversammlung und die Person, die den Verbandsvorsitz führt (Verbandsvorsitzender). [2]Die Verbandssatzung kann regeln, ob und wie ein Verbandsausschuß und weitere beschließende Ausschüsse gebildet werden.

**Art. 30 Rechtsstellung des Verbandsvorsitzenden und der übrigen Verbandsräte.** (1) Der Verbandsvorsitzende, seine Stellvertreter und die übrigen Mitglieder der Verbandsversammlung (Verbandsräte) sind ehrenamtlich tätig.

(2) [1]Der Zweckverband entschädigt die Verbandsräte entsprechend den Vorschriften der Gemeindeordnung über die Entschädigung ehrenamtlich tätiger Gemeindebürger. [2]Verbandsräte gemäß Art. 31 Abs. 2 Satz 1 haben, soweit sie nicht Verbandsvorsitzende, Ausschußvorsitzende oder deren Stellvertreter sind, nur Anspruch auf Ersatz ihrer Auslagen. [3]Art. 20a Abs. 4 der Gemeindeordnung gilt entsprechend; er gilt nicht für Verbandsräte kraft Amtes, die kommunale Wahlbeamte auf Zeit sind; für sie gelten die Ablieferungsregelungen nach dem beamtenrechtlichen Nebentätigkeitsrecht.

(3) [1]Die wählbaren Bürger jener Gemeinden, Landkreise und Bezirke, die Verbandsmitglieder sind, können die Übernahme oder die weitere Ausübung des Amts eines Verbandsrats nur aus wichtigen Gründen ablehnen. [2]Als wichtiger Grund ist es insbesondere anzusehen, wenn der Verpflichtete durch sein Alter, seine Berufs- oder Familienverhältnisse, seinen Gesundheitszustand oder sonstige in seiner Person liegende Umstände an der Übernahme oder weiteren Ausübung des Amts verhindert ist. [3]Ob ein wichtiger Grund vorliegt, entscheidet die Gebietskörperschaft, die den Verbandsrat bestellt.

(4) [1]Verbandsräte können nicht sein:
1. Beamte und leitende oder hauptberufliche Arbeitnehmer des Zweckverbands,
2. leitende Beamte und leitende Arbeitnehmer von juristischen Personen oder sonstigen Organisationen des öffentlichen oder privaten Rechts, an denen der Zweckverband mit mehr als 50 v.H. beteiligt ist; eine Beteiligung am Stimmrecht genügt,
3. Beamte und Arbeitnehmer der Aufsichtsbehörde, die unmittelbar mit Aufgaben der Aufsicht über Zweckverbände befaßt sind, ausgenommen die für die Stellvertretung des Landrats gewählte Person.

# 38 KommZG  Gesetz über die kommunale Zusammenarbeit

²Als Arbeitnehmer im Sinn des Satzes 1 gilt nicht, wer überwiegend körperliche Arbeit verrichtet. ³Satz 1 ist nicht anzuwenden, wenn Beamte während der Dauer des Ehrenamts ohne Dienstbezüge beurlaubt sind, im Rahmen von Altersteilzeit im Blockmodell vollständig vom Dienst freigestellt sind oder wenn ihre Rechte und Pflichten aus dem Dienstverhältnis wegen der Wahl in eine gesetzgebende Körperschaft ruhen; das gilt für Arbeitnehmer entsprechend.

**Art. 31 Zusammensetzung der Verbandsversammlung.** (1) ¹Die Verbandsversammlung besteht aus dem Verbandsvorsitzenden und den übrigen Verbandsräten. ²Jedes Verbandsmitglied entsendet mindestens einen Verbandsrat in die Verbandsversammlung. ³Die Verbandssatzung kann bestimmen, daß einzelne oder alle Verbandsmitglieder mehrere Vertreter in die Verbandsversammlung entsenden oder daß die Vertreter einzelner Verbandsmitglieder ein mehrfaches Stimmrecht haben; außerdem kann bestimmt werden, daß die Stimmen mehrerer Vertreter eines Verbandsmitglieds nur einheitlich abgegeben werden können. ⁴Sind natürliche Personen oder juristische Personen des Privatrechts Verbandsmitglieder, so dürfen ihre Stimmen insgesamt zwei Fünftel der in der Verbandssatzung festgelegten Stimmenzahl nicht erreichen; dies gilt nicht für juristische Personen des Privatrechts, deren Kapital sich ganz oder überwiegend in öffentlicher Hand befindet. ⁵Die Vertretung einer kommunalen Gebietskörperschaft in der Verbandsversammlung soll in einem angemessenen Verhältnis zu ihrem Anteil an der gemeinsamen Erfüllung der Aufgaben stehen.

(2) ¹Eine Gemeinde wird in der Verbandsversammlung durch den ersten Bürgermeister, ein Landkreis durch den Landrat, ein Bezirk durch den Bezirkstagspräsidenten kraft Amtes vertreten. ²Mit Zustimmung der in Satz 1 Genannten und ihrer gewählten Stellvertreter kann eine beteiligte Gebietskörperschaft andere Personen als ihre Vertreter bestellen. ³Die weiteren Vertreter einer Gebietskörperschaft in der Verbandsversammlung werden durch die Beschlußorgane der Gebietskörperschaften bestellt.

(3) ¹Die Verbandsräte kraft Amtes werden im Fall ihrer Verhinderung durch ihre Stellvertreter vertreten; mit deren Zustimmung können die Gebietskörperschaften auch andere Stellvertreter bestellen. ²Für die anderen Verbandsräte bestellen die entsendenden Verbandsmitglieder jeweils Stellvertreter. ³Verbandsräte können sich nicht untereinander vertreten.

(4) ¹Die Amtszeit der bestellten Verbandsräte und Stellvertreter dauert sechs Jahre. ²Abweichend hiervon endet sie
1. bei Mitgliedern der Vertretungskörperschaft eines Verbandsmitglieds mit dem Ende der Wahlzeit oder dem vorzeitigen Ausscheiden aus der Vertretungskörperschaft,
2. bei berufsmäßigen Gemeinderatsmitgliedern mit der Beendigung des Beamtenverhältnisses.

³Die Verbandsräte und ihre Stellvertreter üben ihr Amt bis zum Amtsantritt der neuen Verbandsräte weiter aus.

Gesetz über die kommunale Zusammenarbeit

**Art. 32 Einberufung der Verbandsversammlung, Öffentlichkeit.** (1) ¹Die Verbandsversammlung wird durch den Verbandsvorsitzenden schriftlich oder elektronisch einberufen. ²Ist noch kein Verbandsvorsitzender gewählt oder durch die Verbandssatzung bestimmt und enthält die Verbandssatzung keine Regelung über die Einberufung in diesem Fall, beruft die Aufsichtsbehörde die Verbandsversammlung schriftlich oder elektronisch ein. ³Die Einladung muß Tagungszeit und -ort und die Beratungsgegenstände angeben und den Verbandsräten spätestens eine Woche vor der Sitzung zugehen. ⁴In dringenden Fällen kann der Verbandsvorsitzende die Frist bis auf 24 Stunden abkürzen.

(2) ¹Die Verbandsversammlung ist jährlich mindestens einmal einzuberufen. ²Sie muß außerdem einberufen werden, wenn es ein Drittel der Verbandsräte unter Angabe der Beratungsgegenstände beantragt. ³Die Verbandssatzung kann den Antrag einer anderen Zahl von Verbandsräten oder weitere Antragsberechtigte vorsehen.

(3) ¹Die Vertreter der Aufsichtsbehörden haben das Recht, an der Verbandsversammlung teilzunehmen. ²Auf Antrag ist ihnen das Wort zu erteilen.

(4) Die Vorschriften der Gemeindeordnung über die Öffentlichkeit gelten entsprechend, soweit nicht nach Maßgabe von Art. 26 Abs. 1 Sätze 2 und 3 die Vorschriften für die Landkreise oder die Bezirke anzuwenden sind.

**Art. 33 Beschlüsse und Wahlen in der Verbandsversammlung.** (1) ¹Die Verbandsversammlung ist beschlußfähig, wenn sämtliche Verbandsräte ordnungsgemäß geladen sind und die anwesenden stimmberechtigten Verbandsräte die Mehrheit der von der Verbandssatzung vorgesehenen Stimmenzahl erreichen. ²Dabei dürfen die Stimmen von Verbandsmitgliedern gemäß Art. 31 Abs. 1 Satz 4 nicht überwiegen. ³Wird die Verbandsversammlung wegen Beschlußunfähigkeit, die nicht auf der persönlichen Beteiligung der Mehrheit der Verbandsräte beruht, innerhalb von vier Wochen zum zweitenmal zur Verhandlung über denselben Gegenstand einberufen, so ist sie, unbeschadet des Satzes 2, ohne Rücksicht auf die Zahl der Erschienenen beschlußfähig; auf diese Folge ist in der zweiten Einladung ausdrücklich hinzuweisen.

(2) ¹Beschlüsse werden mit einfacher Stimmenmehrheit gefaßt, soweit das Gesetz oder die Verbandssatzung nicht etwas anderes vorschreibt. ²Bei Stimmengleichheit ist der Antrag abgelehnt. ³Es wird offen abgestimmt. ⁴Die Verbandsmitglieder können ihre Verbandsräte anweisen, wie sie in der Verbandsversammlung abzustimmen haben. ⁵Die Abstimmung entgegen der Weisung berührt die Gültigkeit des Beschlusses der Verbandsversammlung nicht.

(3) ¹Für Wahlen gilt Absatz 1 entsprechend. ²Es wird geheim abgestimmt. ³Gewählt ist, wer mehr als die Hälfte der abgegebenen gültigen Stimmen erhält. ⁴Wird die Mehrheit im ersten Wahlgang nicht erreicht, so findet Stichwahl unter den beiden Bewerbern mit den höchsten Stimmenzahlen statt. ⁵Bei Stimmengleichheit in der Stichwahl entscheidet das Los. ⁶Haben im ersten Wahlgang drei oder mehr Bewerber die gleiche Anzahl von Stimmen erhalten, so entscheidet das Los, welche Bewerber in die Stichwahl kommen. ⁷Hat ein Bewer-

**38 KommZG**  Gesetz über die kommunale Zusammenarbeit

ber die höchste, zwei oder mehr Bewerber die gleiche nächsthöhere Stimmenzahl erhalten, so entscheidet das Los, wer von diesen in die Stichwahl mit dem Bewerber mit der höchsten Stimmenzahl kommt.

(4) [1]Die Vorschriften der Gemeindeordnung über den Ausschluß wegen persönlicher Beteiligung sind entsprechend anzuwenden. [2]Sie gelten nicht für die Teilnahme von Verbandsräten an der Beratung und Abstimmung bei Beschlüssen, die einem Verbandsmitglied einen unmittelbaren Vor- oder Nachteil bringen können.

**Art. 34 Zuständigkeit der Verbandsversammlung.** (1) Die Aufgaben des Zweckverbands werden von der Verbandsversammlung wahrgenommen, soweit nicht nach diesem Gesetz, der Verbandssatzung oder besonderen Beschlüssen der Verbandsversammlung der Verbandsvorsitzende, der Verbandsausschuß, ein anderer beschließender Ausschuß oder ein Geschäftsleiter selbständig entscheidet.

(2) Folgende Angelegenheiten können nicht auf den Verbandsvorsitzenden, den Verbandsausschuß, einen anderen beschließenden Ausschuß oder einen Geschäftsleiter übertragen werden:
1. die Entscheidung über die Errichtung und die wesentliche Erweiterung der den Verbandsaufgaben dienenden Einrichtungen,
2. die Beschlußfassung über den Erlaß, die Änderung oder die Aufhebung von Satzungen und Verordnungen,
3. die Beschlußfassung über die Haushaltssatzung, die Nachtragshaushaltssatzungen und die Aufnahme von zusätzlichen Krediten während der vorläufigen Haushaltsführung,
4. die Beschlußfassung über den Finanzplan,
5. die Feststellung der Jahresrechnung oder des Jahresabschlusses und die Entlastung,
6. die Wahl des Verbandsvorsitzenden und seiner Stellvertreter, die Bestellung der Mitglieder des Verbandsausschusses und die Festsetzung von Entschädigungen,
7. die Bildung, Besetzung und Auflösung weiterer Ausschüsse,
8. der Erlaß, die Änderung oder die Aufhebung der Geschäftsordnung für die Verbandsversammlung,
9. der Erlaß, die Änderung oder die Aufhebung der Betriebssatzung für einen Eigenbetrieb oder der Unternehmenssatzung für ein Kommunalunternehmen des Zweckverbands,
10. die Entscheidung über die unmittelbare oder mittelbare Beteiligung sowie die Veräußerung einer solchen Beteiligung eines Zweckverbands an einem Unternehmen in Privatrechtsform,
11. die Beschlußfassung über die Änderung der Verbandssatzung, die Auflösung des Zweckverbands und die Bestellung von Abwicklern.

**Art. 35 Wahl des Verbandsvorsitzenden.** (1) [1]Der Verbandsvorsitzende und sein Stellvertreter werden vonß der Verbandsversammlung aus ihrer Mitte

Gesetz über die kommunale Zusammenarbeit **KommZG 38**

nach Art. 33 Abs. 3 gewählt; die Verbandsversammlung kann einen weiteren Stellvertreter wählen. ²Der Verbandsvorsitzende soll der gesetzliche Vertreter einer Gemeinde oder eines Landkreises oder der Bezirkstagspräsident eines Bezirks sein, die dem Zweckverband angehören.

(2) ¹Der Verbandsvorsitzende und seine Stellvertreter werden auf die Dauer von sechs Jahren, sind sie Inhaber eines kommunalen Wahlamts eines Verbandsmitglieds, auf die Dauer dieses Amts gewählt. ²Sie üben ihr Amt nach Ablauf der Zeit, für die sie gewählt sind, bis zum Amtsantritt des neugewählten Verbandsvorsitzenden weiter aus.

(3) Die Verbandssatzung kann von den Vorschriften der Absätze 1 und 2 abweichen.

**Art. 36 Zuständigkeit des Verbandsvorsitzenden.** (1) ¹Der Verbandsvorsitzende vertritt den Zweckverband nach außen. ²Der Umfang der Vertretungsmacht ist auf seine Befugnisse beschränkt. ³Er bereitet die Beratungsgegenstände der Verbandsversammlung vor und führt in ihr den Vorsitz.

(2) Der Verbandsvorsitzende vollzieht ferner die Beschlüsse der Verbandsversammlung und erledigt in eigener Zuständigkeit alle Angelegenheiten, die nach der Gemeindeordnung kraft Gesetzes dem ersten Bürgermeister zukommen.

(3) Durch besonderen Beschluß der Verbandsversammlung können dem Verbandsvorsitzenden unbeschadet des Art. 34 Abs. 2 weitere Angelegenheiten zur selbständigen Erledigung übertragen werden.

(4) Der Verbandsvorsitzende kann einzelne seiner Befugnisse seinen Stellvertretern und in Angelegenheiten der laufenden Verwaltung Dienstkräften des Zweckverbands oder mit Zustimmung des Verbandsmitglieds dessen vertretungsberechtigtem Organ oder dessen Dienstkräften übertragen.

**Art. 37 Form der Vertretung nach außen.** (1) ¹Erklärungen, durch welche der Zweckverband verpflichtet werden soll, bedürfen der Schriftform oder müssen in elektronischer Form mit einer dauerhaft überprüfbarer qualifizierten elektronischen Signatur versehen sein. ²Die Erklärungen sind durch den Verbandsvorsitzenden oder seinen Stellvertreter unter Angabe der Amtsbezeichnung zu unterzeichnen. ³Sie können auf Grund einer den vorstehenden Erfordernissen entsprechenden Vollmacht auch von Bediensteten des Zweckverbands unterzeichnet werden.

(2) Absatz 1 Satz 1 findet keine Anwendung auf ständig wiederkehrende Geschäfte des täglichen Lebens, die finanziell von unerheblicher Bedeutung sind.

**Art. 38 Dienstkräfte.** (1) ¹Die Verbandsversammlung ist zuständig,
1. die Beamten des Zweckverbands ab Besoldungsgruppe A 9 zu ernennen, zu befördern, abzuordnen oder zu versetzen, an eine Einrichtung zuzuweisen, in den Ruhestand zu versetzen und zu entlassen,
2. die Arbeitnehmer des Zweckverbands ab Entgeltgruppe 9 des Tarifvertrags für den öffentlichen Dienst oder ab einem entsprechenden Entgelt einzustel-

## 38 KommZG     Gesetz über die kommunale Zusammenarbeit

len, höherzugruppieren, abzuordnen oder zu versetzen, einem Dritten zuzuweisen, mittels Personalgestellung zu beschäftigen und zu entlassen. ²Befugnisse nach Satz 1 kann die Verbandsversammlung dem Verbandsausschuss oder einem anderen beschließenden Ausschuss übertragen. ³In Zweckverbänden, bei denen der Stellenplan mehr als 400 Planstellen ausweist, kann die Verbandsversammlung die Befugnisse nach Satz 1 für Beamte bis zur Besoldungsgruppe A 14 und für Arbeitnehmer bis zur Entgeltgruppe 14 des Tarifvertrags für den öffentlichen Dienst oder mit einem entsprechenden Entgelt dem Verbandsvorsitzenden übertragen; Art. 36 Abs. 4 findet Anwendung.

(2) ¹Für Beamte des Zweckverbands bis zur Besoldungsgruppe A 8 und für Arbeitnehmer des Zweckverbands bis zur Entgeltgruppe 8 des Tarifvertrags für den öffentlichen Dienst oder bis zu einem entsprechenden Entgelt obliegen die in Abs. 1 genannten personalrechtlichen Befugnisse dem Verbandsvorsitzenden. ²Art. 36 Abs. 4 findet Anwendung.

(3) ¹Der Verbandsvorsitzende führt die Dienstaufsicht über die Dienstkräfte des Zweckverbands. ²Er ist Dienstvorgesetzter der Beamten.

**Art. 39 Geschäftsstelle und Geschäftsleiter.** (1) ¹Der Zweckverband muß eine Geschäftsstelle unterhalten, wenn das für den ordnungsgemäßen Gang der Geschäfte erforderlich ist. ²Die Geschäftsstelle unterstützt den Verbandsvorsitzenden nach seinen Weisungen bei den Angelegenheiten der laufenden Verwaltung.

(2) ¹Die Geschäftsstelle wird durch eine leitende Person geführt (Geschäftsleiter); wird kein Geschäftsleiter bestellt, durch den Verbandsvorsitzenden. ²Die Verbandsversammlung kann dem Geschäftsleiter durch Beschluß mit Zustimmung des Verbandsvorsitzenden
1. Zuständigkeiten des Verbandsvorsitzenden nach Art. 36 Abs. 2,
2. weitere Angelegenheiten unbeschadet des Art. 34 Abs. 2
zur selbständigen Erledigung übertragen. ³Soweit die Verbandsversammlung dem Geschäftsleiter Aufgaben übertragen hat, ist er zur Vertretung des Zweckverbands nach außen berechtigt. ⁴Der Geschäftsleiter nimmt an den Sitzungen der Verbandsversammlung beratend teil.


### 3. Abschnitt

# Verbandswirtschaft

**Art. 40 Anzuwendende Vorschriften.** (1) ¹Soweit nicht dieses Gesetz etwas anderes vorschreibt, gelten für die Verbandswirtschaft die Vorschriften über die Gemeindewirtschaft oder nach Art. 26 Abs. 1 Satz 2 oder Satz 3 die Vorschriften über die Landkreiswirtschaft oder die Bezirkswirtschaft entsprechend. ²Die Verbandssatzung kann vorschreiben, daß die Aufgaben eines Werkausschusses von der Verbandsversammlung und die Aufgaben einer Werkleitung vom Verbandsvorsitzenden oder vom Geschäftsleiter wahrgenommen werden.

(2) [1]Ist Hauptaufgabe des Zweckverbands der Betrieb eines Unternehmens, das nach den Vorschriften der Eigenbetriebsverordnung geführt wird, kann die Verbandssatzung vorschreiben, daß diese Vorschriften auch auf die Haushaltswirtschaft, die Vermögenswirtschaft sowie das Kassen- und Rechnungswesen des Zweckverbands selbst anzuwenden sind. [2]In diesem Fall ist durch die Haushaltssatzung der Wirtschaftsplan an Stelle des Haushaltsplans festzusetzen.

(3) [1]Ist Hauptaufgabe eines Zweckverbands der Betrieb eines Krankenhauses, das nach den Vorschriften der Krankenhaus-Buchführungsverordnung sowie der Verordnung über die Wirtschaftsführung der kommunalen Krankenhäuser zu führen ist, kann die Verbandssatzung vorschreiben, daß für die Verbandswirtschaft diese Vorschriften entsprechend gelten. [2]Absatz 2 Satz 2 findet Anwendung.

**Art. 41 Haushaltssatzung.** (1) Der Verbandsvorsitzende gibt den Entwurf der Haushaltssatzung rechtzeitig, jedoch mindestens einen Monat vor dem Beschluß über die Haushaltssatzung, den Verbandsmitgliedern bekannt.

(2) Die Verbandsversammlung kann beschließen, daß eine Finanzplanung nicht erstellt wird.

**Art. 42 Deckung des Finanzbedarfs.** (1) [1]Der Zweckverband erhebt von den Verbandsmitgliedern eine Umlage, soweit seine Einnahmen aus besonderen Entgelten für die von ihm erbrachten Leistungen und seine sonstigen Einnahmen nicht ausreichen, um seinen Finanzbedarf zu decken. [2]Die Umlagepflicht einzelner Verbandsmitglieder kann durch die Verbandssatzung auf einen Höchstbetrag beschränkt oder ausgeschlossen werden.

(2) [1]Die Umlage soll nach dem Verhältnis des Nutzens bemessen werden, den die einzelnen Verbandsmitglieder aus der Erfüllung der Aufgaben des Zweckverbands haben und die Leistungskraft der einzelnen Verbandsmitglieder berücksichtigen. [2]Ein anderer Maßstab (z.B. Größe, Einwohnerzahl, Umlagegrundlagen, Aufwand für die einzelnen Verbandsmitglieder) kann zugrundegelegt werden, wenn das angemessen ist. [3]Wird die Umlage nach den Umlagegrundlagen bemessen, so gelten die Vorschriften über die Kreisumlage, für Zweckverbände, denen als Gebietskörperschaften nur Bezirke angehören, die Vorschriften über die Bezirksumlage entsprechend.

(3) [1]Die Höhe der Umlage ist in der Haushaltssatzung für jedes Haushaltsjahr festzusetzen. [2]Art. 19 des Gesetzes über den Finanzausgleich zwischen Staat, Gemeinden und Gemeindeverbänden ist entsprechend anzuwenden; im Umlagebescheid kann die Fälligkeit abweichend von dieser Vorschrift bestimmt werden.

(4) Auf die Erhebung von Kommunalabgaben sind die Vorschriften des Kommunalabgabenrechts entsprechend anzuwenden; Art. 1 Abs. 4 Satz 2 bleibt unberührt.

**38 KommZG** Gesetz über die kommunale Zusammenarbeit

**Art. 43 Kassenverwaltung, Rechnungs- und Prüfungswesen.** (1) Die Verbandssatzung kann vorschreiben, daß das Rechnungsprüfungsamt eines Verbandsmitglieds als Sachverständiger zur Prüfung der Jahresrechnung oder des Jahresabschlusses umfassend heranzuziehen ist.

(2) Überörtliche Rechnungs- und Kassenprüfungen werden bei den Mitgliedern des Bayerischen Kommunalen Prüfungsverbands durch diesen Verband, bei den übrigen Zweckverbänden durch die staatlichen Rechnungsprüfungsstellen der Landratsämter durchgeführt (überörtliche Prüfungsorgane).

4. Abschnitt
## Änderung der Verbandssatzung und Auflösung

**Art. 44 Änderung der Verbandssatzung, Kündigung aus wichtigem Grund.**
(1) [1]Die Änderung der Verbandsaufgabe, der Austritt von Verbandsmitgliedern und deren Ausschluß bedürfen einer Mehrheit von zwei Dritteln, sonstige Änderungen der Verbandssatzung der einfachen Mehrheit der satzungsmäßigen Stimmenzahl in der Verbandsversammlung. [2]Die Verbandssatzung kann größere Mehrheiten oder die Notwendigkeit der Zustimmung bestimmter oder aller Verbandsmitglieder vorschreiben.

(2) [1]Der Beschluß über eine Übernahme weiterer Aufgaben oder über eine Änderung der Verbandssatzung im Fall des Art. 23 Abs. 2 Satz 2 setzt das Einverständnis der betroffenen Verbandsmitglieder voraus. [2]Der Beschluß über einen Beitritt oder Austritt setzt einen Antrag des Beteiligten voraus. [3]Ein Ausschluß ist nur aus wichtigem Grund zulässig.

(3) Ohne Rücksicht auf Absatz 1 kann jedes Verbandsmitglied seine Mitgliedschaft aus wichtigem Grund kündigen.

**Art. 45 Wegfall von Verbandsmitgliedern.** (1) [1]Wird eine Körperschaft des öffentlichen Rechts, die Verbandsmitglied ist, in eine andere Körperschaft eingegliedert oder mit einer anderen zusammengeschlossen, so tritt die Körperschaft des öffentlichen Rechts, in die das Verbandsmitglied eingegliedert oder zu der es zusammengeschlossen wird, an die Stelle des früheren Verbandsmitglieds. [2]Das gleiche gilt, wenn eine Körperschaft auf mehrere andere Körperschaften aufgeteilt wird oder wenn ihre Aufgaben und Befugnisse auf eine oder mehrere andere Körperschaften übergehen.

(2) [1]Der Zweckverband kann bis zum Ablauf von drei Monaten nach dem Wirksamwerden der Änderung die neue Körperschaft mit einfacher Mehrheit der satzungsmäßigen Stimmenzahl ausschließen. [2]Im gleichen Zeitraum kann die Körperschaft ihren Austritt aus dem Zweckverband einseitig erklären.

(3) Die Absätze 1 und 2 gelten für andere Verbandsmitglieder entsprechend.

**Art. 46 Auflösung.** (1) [1]Die Auflösung des Zweckverbands bedarf einer Mehrheit von zwei Dritteln der satzungsmäßigen Stimmenzahl in der Verbandsversammlung. [2]Art. 44 Abs. 1 Satz 2 gilt entsprechend.

Gesetz über die kommunale Zusammenarbeit **KommZG 38**

(2) ¹Die Beteiligten können einen Pflichtverband nicht von sich aus auflösen. ²Sind die Gründe für seine zwangsweise Bildung weggefallen, so hat das die Aufsichtsbehörde dem Pflichtverband mitzuteilen. ³Der Fortbestand des Zweckverbands als Freiverband wird dadurch nicht berührt. ⁴Der Zweckverband hat die Mitteilung den Verbandsmitgliedern in einer alsbald einzuberufenden Verbandsversammlung bekanntzugeben. ⁵Innerhalb von sechs Monaten vom Zeitpunkt der Verbandsversammlung ab kann jedes Verbandsmitglied seinen Austritt erklären.

(3) ¹Der Zweckverband ist aufgelöst, wenn seine Aufgaben durch ein Gesetz oder auf Grund einer besonderen gesetzlichen Regelung vollständig auf andere juristische Personen des öffentlichen Rechts übergehen. ²Er ist auch aufgelöst, wenn er nur noch aus einem Mitglied besteht; in diesem Fall tritt das Mitglied an die Stelle des Zweckverbands.

**Art. 47 Abwicklung.** (1) ¹Wird der Zweckverband aufgelöst, so hat er seine Geschäfte abzuwickeln. ²Das gilt auch, wenn er nach Art. 46 Abs. 3 Satz 1 aufgelöst ist, aber eine Gesamtrechtsnachfolge nicht eingetreten ist. ³Der Zweckverband gilt bis zum Ende der Abwicklung als fortbestehend, soweit es der Zweck der Abwicklung erfordert:

(2) Abwickler ist der Verbandsvorsitzende, wenn nicht die Verbandsversammlung etwas anderes beschließt.

(3) ¹Der Abwickler beendigt die laufenden Geschäfte und zieht die Forderungen ein. ²Um schwebende Geschäfte zu beenden, kann er auch neue Geschäfte eingehen. ³Er fordert die bekannten Gläubiger besonders, andere Gläubiger durch öffentliche Bekanntmachung auf, ihre Ansprüche anzumelden.

(4) ¹Der Abwickler befriedigt die Ansprüche der Gläubiger. ²Im übrigen ist das Verbandsvermögen nach dem Umlegungsschlüssel im Zeitpunkt der Auflösung auf die Verbandsmitglieder zu verteilen.

(5) ¹Die Verbandssatzung kann für die Abwicklung etwas anderes vorschreiben. ²Die Abwicklung eines Zweckverbands mit überwiegend wirtschaftlichen Aufgaben soll die Verbandssatzung dem Handelsrecht anpassen.

(6) ¹Scheidet ein Verbandsmitglied aus dem Zweckverband aus, so findet keine Abwicklung statt. ²Die Verbandssatzung kann vorschreiben, daß mit dem ausscheidenden Verbandsmitglied eine Auseinandersetzung stattzufinden hat; die Verbandssatzung eines Pflichtverbands muß Bestimmungen über die Auseinandersetzung enthalten.

**Art. 48 Genehmigung, Anzeige und Bekanntmachung.** (1) ¹Der Genehmigung der Aufsichtsbehörde bedürfen
1. die Änderung der Verbandsaufgabe, der Beitritt und der Ausschluß von Verbandsmitgliedern und deren Austritt in den Fällen der Art. 44 Abs. 1 und 45 Abs. 2 Satz 2,
2. die Kündigung aus wichtigem Grund,

**38 KommZG**  Gesetz über die kommunale Zusammenarbeit

3. die Auflösung des Zweckverbands gemäß Art. 46 Abs. 1,
4. jede Änderung der Satzung eines Pflichtverbands.

²Für die Genehmigung gilt Art. 20 entsprechend. ³Der Genehmigung des Ausschlusses, des Austritts, der Kündigung aus wichtigem Grund und der Auflösung können Gründe des öffentlichen Wohls nur entgegenstehen, wenn die Voraussetzungen für einen Pflichtverband vorliegen.

(2) In Absatz 1 Satz 1 Nr. 1 nicht genannte Änderungen der Verbandssatzung und der Austritt im Fall des Art. 46 Abs. 2 Satz 5 sind der Aufsichtsbehörde anzuzeigen.

(3) ¹Die Aufsichtsbehörde hat die genehmigungs- und anzeigepflichtigen Maßnahmen einschließlich erforderlicher Genehmigungen in ihrem Amtsblatt amtlich bekanntzumachen. ²Die Maßnahmen werden am Tag nach der Bekanntmachung wirksam, wenn nicht in der Verbandssatzung oder im Auflösungsbeschluß ein anderer Zeitpunkt bestimmt ist. ³Bei einer Auflösung des Zweckverbands gemäß Art. 46 Abs. 3 hat die Aufsichtsbehörde in ihrem Amtsblatt auf die Auflösung und den Übergang der Aufgaben hinzuweisen. ⁴Verbandsmitglieder, die Gebietskörperschaften sind, sollen in der für die Bekanntmachung ihrer Satzungen vorgesehenen Form auf die Veröffentlichungen der Aufsichtsbehörde hinweisen.

FÜNFTER TEIL
## Gemeinsame Kommunalunternehmen

**Art. 49 Entstehung.** (1) ¹Gemeinden, Landkreise und Bezirke können ein gemeinsames Kommunalunternehmen durch Vereinbarung einer Unternehmenssatzung errichten. ²Sie können auch einem bestehenden Kommunalunternehmen oder einem bestehenden gemeinsamen Kommunalunternehmen beitreten; der Beitritt erfolgt durch die zwischen den Beteiligten zu vereinbarende Änderung der Unternehmenssatzung. ³Die Zulässigkeit der Errichtung oder des Beitritts richtet sich nach den allgemeinen Vorschriften des kommunalen Unternehmensrechts. ⁴Die Beteiligten können bestehende Regie- und Eigenbetriebe auf das gemeinsame Kommunalunternehmen im Weg der Gesamtrechtsnachfolge ausgliedern. ⁵Die Vereinbarung über die Ausgliederung ist in die Unternehmenssatzung aufzunehmen.

(2) Ein Kommunalunternehmen kann mit einem anderen durch Vereinbarung einer entsprechenden Änderung der Unternehmenssatzung des aufnehmenden Unternehmens im Weg der Gesamtrechtsnachfolge zu einem gemeinsamen Kommunalunternehmen verschmolzen werden.

(3) ¹Das Kommunalunternehmen eines Zweckverbands, dem nur kommunale Körperschaften angehören, kann als gemeinsames Kommunalunternehmen der Verbandsmitglieder fortgeführt werden, wenn diese die Verschmelzung des Zweckverbands mit dem Kommunalunternehmen im Weg der Gesamtrechts-

nachfolge zu einem gemeinsamen Kommunalunternehmen und eine entsprechende Änderung der Unternehmenssatzung vereinbaren. ²Ein Zweckverband im Sinn des Satzes 1, der Träger eines Eigenbetriebs oder Regiebetriebs ist, kann im Weg der Gesamtrechtsnachfolge in ein gemeinsames Kommunalunternehmen umgewandelt werden, wenn seine Mitglieder die Umwandlung und die Unternehmenssatzung vereinbaren. ³Entscheidungen nach den Sätzen 1 und 2 sind der für den Zweckverband zuständigen Aufsichtsbehörde anzuzeigen; soweit sie Pflichtverbände betreffen, bedürfen sie der Genehmigung.

(4) ¹Ein Unternehmen in der Rechtsform einer Kapitalgesellschaft, an dem ausschließlich mehrere kommunale Körperschaften des öffentlichen Rechts beteiligt sind, kann durch Formwechsel in ein gemeinsames Kommunalunternehmen umgewandelt werden. ²Die Umwandlung ist nur zulässig, wenn keine Sonderrechte im Sinn des § 23 des Umwandlungsgesetzes (UmwG) und keine Rechte Dritter an den Anteilen der formwechselnden Rechtsträger bestehen. ³Der Formwechsel setzt voraus:
1. die Vereinbarung der Unternehmenssatzung des gemeinsamen Kommunalunternehmens durch die beteiligten kommunalen Körperschaften,
2. einen sich darauf beziehenden einstimmigen Umwandlungsbeschluss der Anteilsinhaber der formwechselnden Gesellschaft.

⁴Die §§ 193 bis 195, 197 bis 199, 200 Abs. 1 und § 201 UmwG sind entsprechend anzuwenden. ⁵Die Anmeldung zum Handelsregister entsprechend § 198 UmwG erfolgt durch das vertretungsberechtigte Organ der Kapitalgesellschaft. ⁶Ist bei der Kapitalgesellschaft ein Betriebsrat eingerichtet, bleibt dieser nach dem Wirksamwerden der Umwandlung als Personalrat des gemeinsamen Kommunalunternehmens bis zu den nächsten regelmäßigen Personalratswahlen bestehen.

(5) ¹Die in den Abs. 1 bis 3 genannten Entscheidungen werden am Tag nach der Bekanntmachung der Unternehmenssatzung oder ihrer Änderung wirksam, wenn nicht in der Unternehmenssatzung ein späterer Zeitpunkt bestimmt ist. ²Art. 21 Abs. 1 Satz 3 gilt entsprechend. ³Die Umwandlung einer Kapitalgesellschaft in ein gemeinsames Kommunalunternehmen wird mit dessen Eintragung oder, wenn es nicht eingetragen wird, mit der Eintragung der Umwandlung in das Handelsregister wirksam; § 202 Abs. 1 und Abs. 3 UmwG ist entsprechend anzuwenden.

**Art. 50 Vorschriften für gemeinsame Kommunalunternehmen.** (1) Soweit nachstehend nichts Abweichendes geregelt ist, sind die für Kommunalunternehmen von Gemeinden, Landkreisen und Bezirken geltenden Vorschriften nach Maßgabe des Art. 26 Abs. 1 entsprechend anzuwenden.

(2) ¹Die Unternehmenssatzung eines gemeinsamen Kommunalunternehmens muss auch Angaben enthalten über
1. die Träger des Unternehmens (Beteiligte),
2. den Sitz des Unternehmens,
3. den Betrag der von jedem Beteiligten auf das Stammkapital zu leistenden Einlage (Stammeinlage),

**38 KommZG** Gesetz über die kommunale Zusammenarbeit

4. den räumlichen Wirkungsbereich, wenn dem Unternehmen hoheitliche Befugnisse oder das Recht, Satzungen und Verordnungen zu erlassen, übertragen werden,
5. die Sitz- und Stimmenverteilung im Verwaltungsrat.

²Art. 23 Abs. 2 Satz 2 gilt für die Unternehmenssatzung eines gemeinsamen Kommunalunternehmens entsprechend. ³Sollen Sacheinlagen geleistet werden, müssen der Gegenstand der Sacheinlage und der Betrag der Stammeinlage, auf die sich die Sacheinlage bezieht, in der Unternehmenssatzung festgesetzt werden.

(3) ¹Die Unternehmenssatzung ist im Amtsblatt der Aufsichtsbehörde amtlich bekannt zu machen. ²Für die amtliche Bekanntmachung von Satzungen und Verordnungen des gemeinsamen Kommunalunternehmens gilt Art. 24 Abs. 1 entsprechend.

(4) ¹Für die Vertretung der Träger des gemeinsamen Kommunalunternehmens im Verwaltungsrat gelten Art. 31 Abs. 1 Sätze 2, 3 und 5 und Abs. 2 entsprechend. ²Das vorsitzende Mitglied des Verwaltungsrats wird von diesem gewählt; Art. 35 Abs. 1 und Abs. 3 gilt entsprechend. ³Für den Ausschluss wegen persönlicher Beteiligung gilt Art. 33 Abs. 4 entsprechend. ⁴Für die Einberufung zur Verwaltungsratssitzung gelten Art. 32 Abs. 1 Sätze 1 und 2 entsprechend.

(5) ¹Soweit die Träger für die Verbindlichkeiten des gemeinsamen Kommunalunternehmens einzutreten haben, haften sie als Gesamtschuldner. ²Der Ausgleich im Innenverhältnis richtet sich vorbehaltlich einer abweichenden Regelung in der Unternehmenssatzung nach dem Verhältnis der Stammeinlagen zueinander.

(6) ¹Über Änderungen der Unternehmenssatzung und die Auflösung des gemeinsamen Kommunalunternehmens beschließt der Verwaltungsrat. ²Die Änderung der Unternehmensaufgabe, der Beitritt zur Trägerschaft und der Austritt, die Erhöhung des Stammkapitals, die Verschmelzung und die Auflösung bedürfen der Zustimmung aller Träger. ³Art. 44 Abs. 2 Sätze 1 und 2, Abs. 3 und Art. 45 sind entsprechend anzuwenden. ⁴Die Abwicklung des gemeinsamen Kommunalunternehmens besorgen die Vorstandsmitglieder als Abwickler; im Übrigen gilt Art. 47 entsprechend. ⁴Die Abwicklung des gemeinsamen Kommunalunternehmens besorgen die Vorstandsmitglieder als Abwickler; im Übrigen gilt Art. 27 entsprechend.

(7) Art. 25 gilt entsprechend.

(8) Das Staatsministerium des Innern, für Sport und Integration wird ermächtigt, durch Rechtsverordnung zu regeln
1. das Verfahren bei der Errichtung eines gemeinsamen Kommunalunternehmens und in den in Art. 49 Abs. 3 und 4 genannten Fällen,
2. den Aufbau und die Verwaltung des gemeinsamen Kommunalunternehmens.

SECHSTER TEIL
## Aufsicht und Rechtsbehelfe

1. Abschnitt
## Aufsicht

**Art. 51 Grundsatz.** (1) [1]Die Zweckverbände und die gemeinsamen Kommunalunternehmen unterstehen staatlicher Aufsicht. [2]Soweit sie Angelegenheiten des eigenen Wirkungskreises erfüllen, unterstehen sie der Rechtsaufsicht, soweit sie Angelegenheiten des übertragenen Wirkungskreises erfüllen, auch der Fachaufsicht. [3]Art. 26 Abs. 1 findet Anwendung; Vorschriften durch die Verbandssatzung oder die Unternehmenssatzung sind ausgeschlossen.

(2) [1]Die Aufsicht über Gebietskörperschaften erstreckt sich auch auf die ihnen durch Zweckvereinbarungen übertragenen Aufgaben und Befugnisse. [2]Absatz 1 Satz 2 gilt entsprechend.

**Art. 52 Aufsichtsbehörden.** (1) [1]Aufsichtsbehörde ist
1. das Staatsministerium des Innern, für Sport und Integration,
   a) wenn ein Bezirk oder der Freistaat Bayern beteiligt ist,
   b) wenn ein anderes Land, eine Gemeinde oder ein Gemeindeverband eines anderen Landes oder der Bund beteiligt ist;
2. die Regierung, wenn ein Landkreis oder eine kreisfreie Gemeinde beteiligt ist;
3. im übrigen die Kreisverwaltungsbehörde.

[2]Gehören die Beteiligten im Fall der Nr. 2 mehreren Regierungsbezirken oder im Fall der Nr. 3 mehreren Landkreisen an, so ist die Aufsichtsbehörde zuständig, in deren Bereich der Zweckverband oder das gemeinsame Kommunalunternehmen seinen Sitz hat oder die Körperschaft liegt, der durch Zweckvereinbarung die Aufgabe übertragen ist.

(2) [1]Wenn eine Gemeinde, ein Landkreis, ein Bezirk oder eine sonstige der Aufsicht des Freistaates Bayern unterstehende Körperschaft, Anstalt oder Stiftung des öffentlichen Rechts in einem Zweckverband Mitglied wird, der seinen Sitz außerhalb des Freistaates Bayern hat, so kann das Staatsministerium des Innern, für Sport und Integration durch Vereinbarung mit der für den Sitz des Zweckverbands zuständigen obersten Aufsichtsbehörde die zuständige Aufsichtsbehörde bestimmen. [2]Für die Beteiligung einer Gemeinde, eines Landkreises oder eines Bezirks an einem gemeinsamen Kommunalunternehmen mit Sitz außerhalb des Freistaates Bayern gilt Entsprechendes.

(3) [1]Wenn das Staatsministerium des Innern, für Sport und Integration oder die Regierung Aufsichtsbehörden sind, können sie eine unmittelbar nachgeordnete Behörde zur Aufsichtsbehörde bestimmen. [2]Die Bestimmung kann sich auch auf einzelne aufsichtliche Maßnahmen beschränken. [3]Die Bestimmung einer anderen Behörde zur Aufsichtsbehörde und der Umfang der Bestimmung ist den Beteiligten mitzuteilen.

(4) Die Zuständigkeit der Fachaufsichtsbehörden bleibt unberührt.

## 2. Abschnitt
## Schlichtung von Streitigkeiten, Rechtsbehelfe

**Art. 53 Schlichtung von Streitigkeiten.** Bei Streitigkeiten
1. über Rechte und Pflichten der Beteiligten aus einer Zweckvereinbarung,
2. zwischen einem Zweckverband und seinen Verbandsmitgliedern, wenn sie sich gleichgeordnet gegenüberstehen,
3. der Mitglieder eines Zweckverbands untereinander aus dem Verbandsverhältnis,
4. der Träger eines gemeinsamen Kommunalunternehmens untereinander aus der Beteiligung an der Trägerschaft

soll die Aufsichtsbehörde zur Schlichtung angerufen werden, wenn nicht die Beteiligten in der Zweckvereinbarung oder in der Verbandssatzung oder in der Unternehmenssatzung ein besonderes Schiedsverfahren vorgesehen haben.

**Art. 54 Erlaß des Widerspruchsbescheids (§ 73 der Verwaltungsgerichtsordnung – VwGO).** Wird gegen den Verwaltungsakt eines Zweckverbands Widerspruch erhoben, so erläßt den Widerspruchsbescheid
1. in Angelegenheiten des eigenen Wirkungskreises die Aufsichtsbehörde, die dabei auf die Prüfung der Rechtmäßigkeit beschränkt ist; zuvor hat der Zweckverband nach § 72 VwGO auch die Zweckmäßigkeit zu überprüfen; ist die Aufsichtsbehörde das Staatsministerium des Innern, für Sport und Integration, so erläßt den Widerspruchsbescheid der Zweckverband;
2. in Angelegenheiten des übertragenen Wirkungskreises die Fachaufsichtsbehörde; ist Fachaufsichtsbehörde eine oberste Landesbehörde, so entscheidet der Zweckverband.


## SIEBTER TEIL
## Übergangs- und Schlußvorschriften

**Art. 55 Inkrafttreten.** [1]Dieses Gesetz ist dringlich. [2]Es tritt am 1. Juli 1966 in Kraft.*

---

\* Diese Vorschrift betrifft das Inkrafttreten des Gesetzes in der ursprünglichen Fassung vom 12. Juli 1966 (GVBl. S. 218, ber. S. 314). Der Zeitpunkt des Inkrafttretens der späteren Änderungen ergibt sich aus den jeweiligen Änderungsgesetzen.

# BayBO 40

# Bayerische Bauordnung (BayBO)

(BayRS 2132-1-I) in der Fassung der Bekanntmachung
vom 14. August 2007 (GVBl. S. 588),
zuletzt geändert durch Gesetz vom 23. Dezember 2020 (GVBl. S. 663)

## INHALTSÜBERSICHT*

### ERSTER TEIL
**Allgemeine Vorschriften**

- Art. 1 Anwendungsbereich
- Art. 2 Begriffe
- Art. 3 Allgemeine Anforderungen

### ZWEITER TEIL
**Das Grundstück und seine Bebauung**

- Art. 4 Bebauung der Grundstücke mit Gebäuden
- Art. 5 Zugänge und Zufahrten auf den Grundstücken
- Art. 6 Abstandsflächen, Abstände
- Art. 7 Begrünung, Kinderspielplätze

### DRITTER TEIL
**Bauliche Anlagen**

#### Abschnitt I
**Baugestaltung**

- Art. 8 Baugestaltung

#### Abschnitt II
**Allgemeine Anforderungen an die Bauausführung**

- Art. 9 Baustelle
- Art. 10 Standsicherheit
- Art. 11 Schutz gegen Einwirkungen
- Art. 12 Brandschutz
- Art. 13 Wärme-, Schall- und Erschütterungsschutz
- Art. 14 Verkehrssicherheit

#### Abschnitt III
**Bauarten und Bauprodukte**

- Art. 15 Bauarten
- Art. 16 Verwendung von Bauprodukten
- Art. 17 Verwendbarkeitsnachweise
- Art. 18 Allgemeine bauaufsichtliche Zulassung
- Art. 19 Allgemeines bauaufsichtliches Prüfzeugnis
- Art. 20 Zustimmung im Einzelfall
- Art. 21 Übereinstimmungserklärung, Zertifizierung
- Art. 22 Besondere Sachkunde- und Sorgfaltsanforderungen
- Art. 23 Zuständigkeiten

#### Abschnitt IV
**Brandverhalten von Baustoffen und Bauteilen; Wände, Decken, Dächer**

- Art. 24 Allgemeine Anforderungen an das Brandverhalten von Baustoffen und Bauteilen
- Art. 25 Tragende Wände, Stützen
- Art. 26 Außenwände
- Art. 27 Trennwände
- Art. 28 Brandwände
- Art. 29 Decken
- Art. 30 Dächer

#### Abschnitt V
**Rettungswege, Öffnungen, Umwehrungen**

- Art. 31 Rettungswege
- Art. 32 Treppen
- Art. 33 Notwendige Treppenräume, Ausgänge
- Art. 34 Notwendige Flure, offene Gänge
- Art. 35 Fenster, Türen, sonstige Öffnungen
- Art. 36 Umwehrungen

#### Abschnitt VI
**Technische Gebäudeausrüstung**

- Art. 37 Aufzüge
- Art. 38 Leitungsanlagen, Installationsschächte und -kanäle
- Art. 39 Lüftungsanlagen

---

\* *Inhaltsübersicht nicht amtlich.*

# 40 BayBO — Bauordnung

| Art. 40 | Feuerungsanlagen, sonstige Anlagen zur Wärmeerzeugung, Brennstoffversorgung |
| Art. 41 | Nicht durch Sammelkanalisation erschlossene Anwesen |
| Art. 42 | Sanitäre Anlagen |
| Art. 43 | Aufbewahrung fester Abfallstoffe |
| Art. 44 | Blitzschutzanlagen |

## Abschnitt VII
### Nutzungsbedingte Anforderungen

| Art. 45 | Aufenthaltsräume |
| Art. 46 | Wohnungen |
| Art. 47 | Stellplätze, Verordnungsermächtigung |
| Art. 48 | Barrierefreies Bauen |

## VIERTER TEIL
### Die am Bau Beteiligten

| Art. 49 | Grundpflichten |
| Art. 50 | Bauherr |
| Art. 51 | Entwurfsverfasser |
| Art. 52 | Unternehmer |

## FÜNFTER TEIL
### Bauaufsichtsbehörden, Verfahren

#### Abschnitt I
#### Bauaufsichtsbehörden

| Art. 53 | Aufbau und Zuständigkeit der Bauaufsichtsbehörden, Verordnungsermächtigung |
| Art. 54 | Aufgaben und Befugnisse der Bauaufsichtsbehörden |

#### Abschnitt II
#### Genehmigungspflicht, Genehmigungsfreiheit

| Art. 55 | Grundsatz |
| Art. 56 | Vorrang anderer Gestattungsverfahren |
| Art. 57 | Verfahrensfreie Bauvorhaben, Beseitigung von Anlagen |
| Art. 58 | Genehmigungsfreistellung |

#### Abschnitt III
#### Genehmigungsverfahren

| Art. 59 | Vereinfachtes Baugenehmigungsverfahren |
| Art. 60 | Baugenehmigungsverfahren |
| Art. 61 | Bauvorlageberechtigung |
| Art. 62 | Bautechnische Nachweise |
| Art. 62a | Standsicherheitsnachweis |
| Art. 62b | Brandschutznachweis |
| Art. 63 | Abweichungen |
| Art. 64 | Bauantrag, Bauvorlagen |
| Art. 65 | Behandlung des Bauantrags |
| Art. 66 | Beteiligung des Nachbarn |
| Art. 66a | Beteiligung der Öffentlichkeit |
| Art. 67 | Ersetzung des gemeindlichen Einvernehmens |
| Art. 68 | Baugenehmigung, Genehmigungsfiktion und Baubeginn |
| Art. 69 | Geltungsdauer der Baugenehmigung und der Teilbaugenehmigung |
| Art. 70 | Teilbaugenehmigung |
| Art. 71 | Vorbescheid |
| Art. 72 | Genehmigung fliegender Bauten |
| Art. 73 | Bauaufsichtliche Zustimmung |
| Art. 73a | Typengenehmigung |

#### Abschnitt IV
#### Bauaufsichtliche Maßnahmen

| Art. 74 | Verbot unrechtmäßig gekennzeichneter Bauprodukte |
| Art. 75 | Einstellung von Arbeiten |
| Art. 76 | Beseitigung von Anlagen, Nutzungsuntersagung |

#### Abschnitt V
#### Bauüberwachung

| Art. 77 | Bauüberwachung |
| Art. 78 | Bauzustandsanzeigen, Aufnahme der Nutzung |

## SECHSTER TEIL
### Ordnungswidrigkeiten, Rechtsvorschriften

| Art. 79 | Ordnungswidrigkeiten |
| Art. 80 | Rechtsverordnungen |
| Art. 80a | Digitale Baugenehmigung, digitale Verfahren |
| Art. 81 | Örtliche Bauvorschriften |
| Art. 81a | Technische Baubestimmungen |

## SIEBTER TEIL
### Ausführungsbestimmungen zum Baugesetzbuch

| Art. 82 | Windenergie und Nutzungsänderung ehemaliger landwirtschaftlicher Gebäude |

## ACHTER TEIL
### Übergangs- und Schlussvorschriften

| Art. 83 | Übergangsvorschriften |
| Art. 84 | Inkrafttreten |

Bauordnung **BayBO 40**

ERSTER TEIL
# Allgemeine Vorschriften

**Art. 1 Anwendungsbereich.** (1) [1]Dieses Gesetz gilt für alle baulichen Anlagen und Bauprodukte. [2]Es gilt auch für Grundstücke sowie für andere Anlagen und Einrichtungen, an die nach diesem Gesetz oder in Vorschriften auf Grund dieses Gesetzes Anforderungen gestellt werden.

(2) Dieses Gesetz gilt nicht für
1. Anlagen des öffentlichen Verkehrs sowie ihre Nebenanlagen und Nebenbetriebe, ausgenommen Gebäude an Flugplätzen,
2. Anlagen, die der Bergaufsicht unterliegen,
3. Rohrleitungsanlagen sowie Leitungen aller Art, ausgenommen in Gebäuden,
4. Kräne und Krananlagen,
5. Gerüste,
6. Feuerstätten, die nicht der Raumheizung oder der Brauchwassererwärmung dienen, ausgenommen Gas-Haushalts-Kochgeräte,
7. Einrichtungsgegenstände, insbesondere Regale und Messestände.

**Art. 2 Begriffe.** (1) [1]Bauliche Anlagen sind mit dem Erdboden verbundene, aus Bauprodukten hergestellte Anlagen. [2]Ortsfeste Anlagen der Wirtschaftswerbung (Werbeanlagen) einschließlich Automaten sind bauliche Anlagen. [3]Als bauliche Anlagen gelten Anlagen, die nach ihrem Verwendungszweck dazu bestimmt sind, überwiegend ortsfest benutzt zu werden, sowie
1. Aufschüttungen, soweit sie nicht unmittelbare Folge von Abgrabungen sind,
2. Lagerplätze, Abstellplätze und Ausstellungsplätze,
3. Campingplätze und Wochenendplätze,
4. Freizeit- und Vergnügungsparks,
5. Stellplätze für Kraftfahrzeuge.
[4]Anlagen sind bauliche Anlagen sowie andere Anlagen und Einrichtungen im Sinn des Art. 1 Abs. 1 Satz 2.

(2) Gebäude sind selbständig benutzbare, überdeckte bauliche Anlagen, die von Menschen betreten werden können.

(3) [1]Gebäude werden in folgende Gebäudeklassen eingeteilt:
1. Gebäudeklasse 1:
   a) freistehende Gebäude mit einer Höhe bis zu 7 m und nicht mehr als zwei Nutzungseinheiten von insgesamt nicht mehr als 400 m² und
   b) land- oder forstwirtschaftlich genutzte Gebäude,
2. Gebäudeklasse 2:
   Gebäude mit einer Höhe bis zu 7 m und nicht mehr als zwei Nutzungseinheiten von insgesamt nicht mehr als 400 m²,
3. Gebäudeklasse 3:
   sonstige Gebäude mit einer Höhe bis zu 7 m,

4. Gebäudeklasse 4:
   Gebäude mit einer Höhe bis zu 13 m und Nutzungseinheiten mit jeweils nicht mehr als 400 m²,
5. Gebäudeklasse 5:
   sonstige Gebäude einschließlich unterirdischer Gebäude.

²Höhe im Sinn des Satzes 1 ist das Maß der Fußbodenoberkante des höchstgelegenen Geschosses, in dem ein Aufenthaltsraum möglich ist, über der Geländeoberfläche im Mittel. ³Bei der Berechnung der Flächen nach Satz 1 bleiben die Flächen im Kellergeschoss außer Betracht.

(4) Sonderbauten sind Anlagen und Räume besonderer Art oder Nutzung, die einen der nachfolgenden Tatbestände erfüllen:
1. Hochhäuser (Gebäude mit einer Höhe nach Abs. 3 Satz 2 von mehr als 22 m),
2. bauliche Anlagen mit einer Höhe von mehr als 30 m,
3. Gebäude mit mehr als 1600 m² Fläche des Geschosses mit der größten Ausdehnung, ausgenommen Wohngebäude und Garagen,
4. Verkaufsstätten, deren Verkaufsräume und Ladenstraßen eine Fläche von insgesamt mehr als 800 m² haben,
5. Gebäude mit Räumen, die einer Büro- oder Verwaltungsnutzung dienen und einzeln mehr als 400 m² haben,
6. Gebäude mit Räumen, die einzeln für eine Nutzung durch mehr als 100 Personen bestimmt sind,
7. Versammlungsstätten
   a) mit Versammlungsräumen, die insgesamt mehr als 200 Besucher fassen, wenn diese Versammlungsräume gemeinsame Rettungswege haben,
   b) im Freien mit Szenenflächen sowie Freisportanlagen jeweils mit Tribünen, die keine fliegenden Bauten sind und insgesamt mehr als 1000 Besucher fassen,
8. Gaststätten mit mehr als 40 Gastplätzen in Gebäuden oder mehr als 1000 Gastplätzen im Freien, Beherbergungsstätten mit mehr als zwölf Betten und Spielhallen mit mehr als 150 m²,
9. Gebäude mit Nutzungseinheiten zum Zweck der Pflege oder Betreuung von Personen mit Pflegebedürftigkeit oder Behinderung, deren Selbstrettungsfähigkeit eingeschränkt ist, wenn die Nutzungseinheiten
   a) einzeln für mehr als sechs Personen bestimmt sind,
   b) für Personen mit Intensivpflegebedarf bestimmt sind oder
   c) einen gemeinsamen Rettungsweg haben und für insgesamt mehr als zwölf Personen bestimmt sind,
10. Krankenhäuser,
11. sonstige Einrichtungen zur Unterbringung von Personen sowie Wohnheime,
12. Tageseinrichtungen für Kinder, Menschen mit Behinderung und alte Menschen, in denen mehr als zehn Personen betreut werden,
13. Schulen, Hochschulen und ähnliche Einrichtungen,
14. Justizvollzugsanstalten und bauliche Anlagen für den Maßregelvollzug,

15. Camping- und Wochenendplätze,
16. Freizeit- und Vergnügungsparks,
17. fliegende Bauten, soweit sie einer Ausführungsgenehmigung bedürfen, sowie Fahrgeschäfte, die keine fliegenden Bauten und nicht verfahrensfrei sind,
18. Regale mit einer Oberkante Lagerguthöhe von mehr als 7,50 m,
19. bauliche Anlagen, deren Nutzung durch Umgang mit oder Lagerung von Stoffen mit Explosions- oder erhöhter Brandgefahr verbunden ist,
20. Anlagen und Räume, die in den Nrn. 1 bis 19 nicht aufgeführt und deren Art oder Nutzung mit vergleichbaren Gefahren verbunden sind, ausgenommen Wohngebäude, die keine Hochhäuser sind.

(5) Aufenthaltsräume sind Räume, die zum nicht nur vorübergehenden Aufenthalt von Menschen bestimmt oder geeignet sind.

(6) Flächen von Gebäuden, Geschossen, Nutzungseinheiten und Räumen sind als Brutto-Grundfläche zu ermitteln, soweit nichts anderes geregelt ist.

(7) [1]Geschosse sind oberirdische Geschosse, wenn ihre Deckenoberkanten im Mittel mehr als 1,40 m über die Geländeoberfläche hinausragen; im Übrigen sind sie Kellergeschosse. [2]Hohlräume zwischen der obersten Decke und der Bedachung, in denen Aufenthaltsräume nicht möglich sind, sind keine Geschosse.

(8) [1]Stellplätze sind Flächen, die dem Abstellen von Kraftfahrzeugen außerhalb der öffentlichen Verkehrsfläche dienen. [2]Garagen sind Gebäude oder Gebäudeteile zum Abstellen von Kraftfahrzeugen. [3]Ausstellungs-, Verkaufs-, Werk- und Lagerräume für Kraftfahrzeuge sind keine Stellplätze oder Garagen.

(9) Feuerstätten sind in oder an Gebäuden ortsfest benutzte Anlagen, die dazu bestimmt sind, durch Verbrennung Wärme zu erzeugen.

(10) Barrierefrei sind bauliche Anlagen, soweit sie für Menschen mit Behinderung in der allgemein üblichen Weise, ohne besondere Erschwernis und grundsätzlich ohne fremde Hilfe zugänglich und nutzbar sind.

(11) Bauprodukte sind
1. Produkte, Baustoffe, Bauteile, Anlagen und Bausätze gemäß Art. 2 Nr. 2 der Verordnung (EU) Nr. 305/2011, die hergestellt werden, um dauerhaft in bauliche Anlagen eingebaut zu werden,
2. aus ihnen vorgefertigte Anlagen, die hergestellt werden, um mit dem Erdboden verbunden zu werden,

wenn sich deren Verwendung auf die Anforderungen nach Art. 3 Satz 1 auswirken kann.

(12) Bauart ist das Zusammenfügen von Bauprodukten zu baulichen Anlagen oder Teilen von baulichen Anlagen.

**Art. 3 Allgemeine Anforderungen.** [1]Bei der Anordnung, Errichtung, Änderung, Nutzungsänderung, Instandhaltung und Beseitigung von Anlagen sind die Belange der Baukultur, insbesondere die anerkannten Regeln der Baukunst, so zu berücksichtigen, dass die öffentliche Sicherheit und Ordnung, insbesondere Leben und Gesundheit, und die natürlichen Lebensgrundlagen nicht gefährdet werden. ²Anlagen müssen bei ordnungsgemäßer Instandhaltung die Anforderungen des Satzes 1 während einer dem Zweck entsprechenden angemessenen Zeitdauer erfüllen und ohne Missstände benutzbar sein.

ZWEITER TEIL
## Das Grundstück und seine Bebauung

**Art. 4 Bebauung der Grundstücke mit Gebäuden.** (1) Gebäude dürfen nur unter folgenden Voraussetzungen errichtet werden:
1. Das Grundstück muss nach Lage, Form, Größe und Beschaffenheit für die beabsichtigte Bebauung geeignet sein;
2. das Grundstück muss in einer angemessenen Breite an einer befahrbaren öffentlichen Verkehrsfläche liegen.

(2) Abweichend von Abs. 1 Nr. 2 sind im Geltungsbereich eines Bebauungsplans im Sinn der §§ 12 und 30 Abs. 1 des Baugesetzbuchs (BauGB) und innerhalb eines im Zusammenhang bebauten Ortsteils (§ 34 BauGB) nicht erforderlich
1. die Befahrbarkeit von Wohnwegen begrenzter Länge, wenn keine Bedenken wegen des Brandschutzes oder des Rettungsdienstes bestehen,
2. die Widmung von Wohnwegen begrenzter Länge, wenn von dem Wohnweg nur Wohngebäude der Gebäudeklassen 1 bis 3 erschlossen werden und gegenüber dem Rechtsträger der Bauaufsichtsbehörde rechtlich gesichert ist, dass der Wohnweg sachgerecht unterhalten wird und allgemein benutzt werden kann.

(3) Im Außenbereich genügt eine befahrbare, gegenüber dem Rechtsträger der Bauaufsichtsbehörde rechtlich gesicherte Zufahrt zu einem befahrbaren öffentlichen Weg.

**Art. 5 Zugänge und Zufahrten auf den Grundstücken.** (1) ¹Von öffentlichen Verkehrsflächen ist insbesondere für die Feuerwehr ein geradliniger Zu- oder Durchgang zu rückwärtigen Gebäuden zu schaffen; zu anderen Gebäuden ist er zu schaffen, wenn der zweite Rettungsweg dieser Gebäude über Rettungsgeräte der Feuerwehr führt. ²Zu Gebäuden, bei denen die Oberkante der Brüstung von zum Anleitern bestimmten Fenstern oder Stellen mehr als 8 m über dem Gelände liegt, ist in den Fällen des Satzes 1 an Stelle eines Zu- oder Durchgangs eine Zu- oder Durchfahrt zu schaffen. ³Ist für die Personenrettung der Einsatz von Hubrettungsfahrzeugen erforderlich, sind die dafür erforderlichen Aufstell- und Bewegungsflächen vorzusehen. ⁴Bei Gebäuden, die ganz oder mit Teilen mehr als 50 m von einer öffentlichen Verkehrsfläche entfernt sind, sind Zufahrten oder Durchfahrten nach Satz 2 zu den vor und hinter den Gebäuden gelegenen Grundstücksteilen und Bewegungsflächen herzustellen, wenn sie aus Gründen des Feuerwehreinsatzes erforderlich sind.

(2) ¹Zu- und Durchfahrten, Aufstellflächen und Bewegungsflächen müssen für Feuerwehreinsatzfahrzeuge ausreichend befestigt und tragfähig sein; sie sind als solche zu kennzeichnen und ständig frei zu halten; die Kennzeichnung

von Zufahrten muss von der öffentlichen Verkehrsfläche aus sichtbar sein. ²Fahrzeuge dürfen auf den Flächen nach Satz 1 nicht abgestellt werden.

**Art. 6 Abstandsflächen, Abstände.** (1) ¹Vor den Außenwänden von Gebäuden sind Abstandsflächen von oberirdischen Gebäuden freizuhalten. ²Satz 1 gilt entsprechend für andere Anlagen, von denen Wirkungen wie von Gebäuden ausgehen, gegenüber Gebäuden und Grundstücksgrenzen. ³Eine Abstandsfläche ist nicht erforderlich vor Außenwänden, die an Grundstücksgrenzen errichtet werden, wenn nach planungsrechtlichen Vorschriften an die Grenze gebaut werden muss oder gebaut werden darf. ⁴Art. 63 bleibt unberührt.

(2) ¹Abstandsflächen sowie Abstände nach Art. 28 Abs. 2 Nr. 1 und Art. 30 Abs. 2 müssen auf dem Grundstück selbst liegen. ²Sie dürfen auch auf öffentlichen Verkehrs-, Grün- und Wasserflächen liegen, jedoch nur bis zu deren Mitte. ³Abstandsflächen sowie Abstände im Sinn des Satzes 1 dürfen sich ganz oder teilweise auf andere Grundstücke erstrecken, wenn rechtlich oder tatsächlich gesichert ist, dass sie nicht überbaut werden, oder wenn der Nachbar gegenüber der Bauaufsichtsbehörde schriftlich zustimmt; die Zustimmung des Nachbarn gilt auch für und gegen seinen Rechtsnachfolger. ⁴Abstandsflächen dürfen auf die auf diesen Grundstücken erforderlichen Abstandsflächen nicht angerechnet werden.

(3) Die Abstandsflächen dürfen sich nicht überdecken; das gilt nicht für
1. Außenwände, die in einem Winkel von mehr als 75 Grad zueinander stehen,
2. Außenwände zu einem fremder Sicht entzogenen Gartenhof bei Wohngebäuden der Gebäudeklassen 1 und 2,
3. Gebäude und andere bauliche Anlagen, die in den Abstandsflächen zulässig sind.

(4) ¹Die Tiefe der Abstandsfläche bemisst sich nach der Wandhöhe; sie wird senkrecht zur Wand gemessen. ²Wandhöhe ist das Maß von der Geländeoberfläche bis zum Schnittpunkt der Wand mit der Dachhaut oder bis zum oberen Abschluss der Wand. ³Die Höhe von Dächern mit einer Neigung von bis einschließlich 70 Grad wird zu einem Drittel der Wandhöhe, von Dächern mit einer Neigung von mehr als 70 Grad voll der Wandhöhe hinzugerechnet. ⁴Die Sätze 1 bis 3 gelten für Dachaufbauten entsprechend. ⁵Das sich ergebende Maß ist H.

(5) ¹Die Tiefe der Abstandsflächen beträgt 0,4 H, in Gewerbe- und Industriegebieten 0,2 H, jeweils aber mindestens 3 m. ²Durch städtebauliche Satzung oder eine Satzung nach Art. 81 kann ein abweichendes Maß der Tiefe der Abstandsfläche zugelassen oder vorgeschrieben werden. ³Für solche Regelungen in Bebauungsplänen gilt § 33 BauGB entsprechend.

(5a) ¹Abweichend von Abs. 5 Satz 1 beträgt die Abstandsfläche in Gemeinden mit mehr als 250 000 Einwohnern außerhalb von Gewerbe-, Kern- und Industriegebieten sowie festgesetzten urbanen Gebieten 1 H, mindestens jedoch 3 m. ²Vor bis zu zwei Außenwänden von nicht mehr als 16 m Länge genügen in diesen Fällen 0,5 H, mindestens jedoch 3 m, wenn das Gebäude an mindestens zwei Außenwänden Satz 1 beachtet. ³Abweichend von Abs. 4 Satz 3 wird

die Höhe von Dächern mit einer Neigung von mehr als 45 Grad zu einem Drittel, mit einer Neigung von mehr als 70 Grad voll der Wandhöhe hinzugerechnet. [4]Die Höhe der Giebelflächen im Bereich des Dachs wird abweichend von Satz 3 und von Abs. 4 Satz 3 bei Dachneigung von mehr als 70 Grad voll, im Übrigen zu einem Drittel angerechnet. [5]Dabei bleiben auch untergeordnete Dachgauben bei der Bemessung der Abstandsfläche außer Betracht, wenn
1. sie insgesamt nicht mehr als ein Drittel der Breite der Außenwand des jeweiligen Gebäudes, höchstens jeweils 5 m in Anspruch nehmen und
2. ihre Ansichtsfläche jeweils nicht mehr als 4 m$^2$ beträgt und eine Höhe von nicht mehr als 2,5 m aufweist.

(6) [1]Bei der Bemessung der Abstandsflächen bleiben außer Betracht
1. vor die Außenwand vortretende Bauteile wie Gesimse und Dachüberstände,
2. untergeordnete Vorbauten wie Balkone und eingeschossige Erker, wenn sie
   a) insgesamt nicht mehr als ein Drittel der Breite der Außenwand des jeweiligen Gebäudes, höchstens jeweils 5 m, in Anspruch nehmen,
   b) nicht mehr als 1,50 m vor diese Außenwand vortreten und
   c) mindestens 2 m von der gegenüberliegenden Nachbargrenze entfernt bleiben,
3. bei Gebäuden an der Grundstücksgrenze die Seitenwände von Vorbauten und Dachaufbauten, auch wenn sie nicht an der Grundstücksgrenze errichtet werden,
4. Maßnahmen zum Zwecke der Energieeinsparung an bestehenden Gebäuden, wenn sie
   a) eine Stärke von nicht mehr als 0,30 m aufweisen und
   b) mindestens 2,50 m von der Grundstücksgrenze zurückbleiben.

[2]Abs. 5a Satz 5 bleibt unberührt.

(7) [1]In den Abstandsflächen sowie ohne eigene Abstandsflächen sind, auch wenn sie nicht an der Grundstücksgrenze errichtet werden, zulässig
1. Garagen einschließlich ihrer Nebenräume, überdachte Tiefgaragenzufahrten, Aufzüge zu Tiefgaragen und Gebäude ohne Aufenthaltsräume und Feuerstätten mit einer mittleren Wandhöhe bis zu 3 m und einer Gesamtlänge je Grundstücksgrenze von 9 m; die Höhe von Dächern mit einer Neigung von mehr als 45 Grad wird zu einem Drittel, mit einer Neigung von mehr als 70 Grad voll der Wandhöhe hinzugerechnet,
2. gebäudeunabhängige Solaranlagen mit einer Höhe bis zu 3 m und einer Gesamtlänge je Grundstücksgrenze von 9 m,
3. Stützmauern und geschlossene Einfriedungen in Gewerbe- und Industriegebieten, außerhalb dieser Baugebiete mit einer Höhe bis zu 2 m.

[2]Die Länge der die Abstandsflächentiefe gegenüber den Grundstücksgrenzen nicht einhaltenden Bebauung nach den Nrn. 1 und 2 darf auf einem Grundstück insgesamt 15 m nicht überschreiten.

**Art. 7 Begrünung, Kinderspielplätze.** (1) [1]Die nicht mit Gebäuden oder vergleichbaren baulichen Anlagen überbauten Flächen der bebauten Grundstücke sind

1. wasseraufnahmefähig zu belassen oder herzustellen und
2. zu begrünen oder zu bepflanzen, soweit dem nicht die Erfordernisse einer anderen zulässigen Verwendung der Flächen entgegenstehen.

[2]Satz 1 findet keine Anwendung, soweit Bebauungspläne oder andere Satzungen Festsetzungen zu den nicht überbauten Flächen treffen.

(2) [1]Im Eigentum des Freistaates Bayern stehende Gebäude und ihre zugehörigen Freiflächen sollen über Abs. 1 hinaus vorbehaltlich der bestehenden baurechtlichen, satzungsrechtlichen, denkmalschützenden oder sonstigen rechtlichen Festlegungen angemessen begrünt oder bepflanzt werden. [2]Den kommunalen Gebietskörperschaften wird empfohlen, hinsichtlich ihrer Gebäude und zugehörigen Freiflächen entsprechend Satz 1 zu verfahren.

(3) [1]Bei der Errichtung von Gebäuden mit mehr als drei Wohnungen ist ein ausreichend großer Kinderspielplatz anzulegen. [2]Art. 47 Abs. 3 gilt entsprechend. [3]Die Gemeinde hat den Geldbetrag für die Ablösung von Kinderspielplätzen für die Herstellung oder Unterhaltung einer örtlichen Kinder- oder Jugendfreizeiteinrichtung zu verwenden.

## DRITTER TEIL
## Bauliche Anlagen

### Abschnitt I
### Baugestaltung

**Art. 8 Baugestaltung.** [1]Bauliche Anlagen müssen nach Form, Maßstab, Verhältnis der Baumassen und Bauteile zueinander, Werkstoff und Farbe so gestaltet sein, dass sie nicht verunstaltet wirken. [2]Bauliche Anlagen dürfen das Straßen-, Orts- und Landschaftsbild nicht verunstalten. [3]Die störende Häufung von Werbeanlagen ist unzulässig.

### Abschnitt II
### Allgemeine Anforderungen an die Bauausführung

**Art. 9 Baustelle.** (1) Baustellen sind so einzurichten, dass bauliche Anlagen ordnungsgemäß errichtet, geändert, beseitigt oder instand gehalten werden können und dass keine Gefahren, vermeidbaren Nachteile oder vermeidbaren Belästigungen entstehen.

(2) Öffentliche Verkehrsflächen, Versorgungs-, Abwasserbeseitigungs- und Meldeanlagen, Grundwassermessstellen, Vermessungszeichen, Abmarkungszeichen und Grenzzeichen sind für die Dauer der Bauausführung zu schützen

## 40 BayBO — Bauordnung

und, soweit erforderlich, unter den notwendigen Sicherheitsvorkehrungen zugänglich zu halten.

(3) Bei der Ausführung nicht verfahrensfreier Bauvorhaben hat der Bauherr an der Baustelle ein Schild, das die Bezeichnung des Bauvorhabens sowie die Namen und Anschriften des Bauherrn und des Entwurfsverfassers enthalten muss, dauerhaft und von der öffentlichen Verkehrsfläche aus sichtbar anzubringen.

**Art. 10 Standsicherheit.** [1]Jede bauliche Anlage muss im Ganzen, in ihren einzelnen Teilen und für sich allein standsicher sein. [2]Die Standsicherheit muss auch während der Errichtung und bei der Änderung und der Beseitigung gewährleistet sein. [3]Die Standsicherheit anderer baulicher Anlagen und die Tragfähigkeit des Baugrunds des Nachbargrundstücks dürfen nicht gefährdet werden.

**Art. 11 Schutz gegen Einwirkungen.** Bauliche Anlagen sind so anzuordnen, zu errichten, zu ändern und instand zu halten, dass durch Wasser, Feuchtigkeit, pflanzliche und tierische Schädlinge sowie andere chemische, physikalische oder biologische Einflüsse Gefahren oder unzumutbare Belästigungen nicht entstehen.

**Art. 12 Brandschutz.** Bauliche Anlagen sind so anzuordnen, zu errichten, zu ändern und instand zu halten, dass der Entstehung eines Brandes und der Ausbreitung von Feuer und Rauch (Brandausbreitung) vorgebeugt wird und bei einem Brand die Rettung von Menschen und Tieren sowie wirksame Löscharbeiten möglich sind.

**Art. 13 Wärme-, Schall- und Erschütterungsschutz.** (1) Gebäude müssen einen ihrer Nutzung und den klimatischen Verhältnissen entsprechenden Wärmeschutz haben.

(2) [1]Gebäude müssen einen ihrer Nutzung entsprechenden Schallschutz haben. [2]Geräusche, die von ortsfesten Einrichtungen in baulichen Anlagen oder auf Baugrundstücken ausgehen, sind so zu dämmen, dass Gefahren oder unzumutbare Belästigungen nicht entstehen.

(3) Erschütterungen oder Schwingungen, die von ortsfesten Einrichtungen in baulichen Anlagen oder auf Baugrundstücken ausgehen, sind so zu dämmen, dass Gefahren oder unzumutbare Belästigungen nicht entstehen.

**Art. 14 Verkehrssicherheit.** (1) Bauliche Anlagen und die dem Verkehr dienenden nicht überbauten Flächen bebauter Grundstücke müssen verkehrssicher sein.

(2) Die Sicherheit und Leichtigkeit des öffentlichen Verkehrs darf durch bauliche Anlagen und deren Nutzung nicht gefährdet werden.

## Abschnitt III
## Bauarten und Bauprodukte

**Art. 15 Bauarten.** (1) Bauarten dürfen nur angewendet werden, wenn sie für ihren Anwendungszweck tauglich sind und bei ihrer Anwendung die baulichen Anlagen bei ordnungsgemäßer Instandhaltung während einer dem Zweck entsprechenden angemessenen Zeitdauer die Anforderungen dieses Gesetzes oder auf Grund dieses Gesetzes erfüllen.

(2) [1]Bauarten, die von Technischen Baubestimmungen in Bezug auf die Planung, Bemessung und Ausführung baulicher Anlagen und ihrer Teile wesentlich abweichen, oder für die es keine allgemein anerkannten Regeln der Technik gibt, dürfen nur angewendet werden, wenn für sie
1. eine allgemeine Bauartgenehmigung oder
2. eine vorhabenbezogene Bauartgenehmigung
erteilt worden ist. [2]Art. 18 gilt entsprechend.

(3) [1]Anstelle einer allgemeinen Bauartgenehmigung genügt ein allgemeines bauaufsichtliches Prüfzeugnis, wenn die Bauart nach allgemein anerkannten Prüfverfahren beurteilt werden kann. [2]Art. 18 gilt entsprechend.

(4) Sind Gefahren für die öffentliche Sicherheit und Ordnung, insbesondere Leben und Gesundheit, und die natürlichen Lebensgrundlagen nicht zu erwarten, kann die oberste Bauaufsichtsbehörde festlegen, dass eine Bauartgenehmigung nicht erforderlich ist.

(5) [1]Für jede Bauart muss bestätigt werden, dass sie mit den Technischen Baubestimmungen, den allgemeinen Bauartgenehmigungen, den allgemeinen bauaufsichtlichen Prüfzeugnissen für Bauarten oder den vorhabenbezogenen Bauartgenehmigungen übereinstimmt. [2]Unwesentliche Abweichungen bleiben außer Betracht. [3]Art. 21 Abs. 3 gilt für den Anwender der Bauart entsprechend.

(6) Hängt die Anwendung einer Bauart in außergewöhnlichem Maß von der Sachkunde und Erfahrung der damit betrauten Personen oder von einer Ausstattung mit besonderen Vorrichtungen ab oder bedarf die Bauart einer außergewöhnlichen Sorgfalt bei Ausführung oder Instandhaltung, gilt Art. 22 entsprechend.

**Art. 16 Verwendung von Bauprodukten.** (1) [1]CE-gekennzeichnete Bauprodukte dürfen verwendet werden, wenn die erklärten Leistungen den in diesem Gesetz oder auf Grund dieses Gesetzes festgelegten Anforderungen für diese Verwendung entsprechen. [2]Auf Bauprodukte, die die CE-Kennzeichnung auf Grund der Verordnung (EU) Nr. 305/2011 tragen, finden die Art. 17 bis 22 Nr. 1 und Art. 23 keine Anwendung.

(2) [1]Im Übrigen dürfen Bauprodukte nur verwendet werden, wenn sie gebrauchstauglich sind und bei ihrer Verwendung die baulichen Anlagen bei ordnungsgemäßer Instandhaltung während einer dem Zweck entsprechenden angemessenen Zeitdauer die Anforderungen dieses Gesetzes oder auf Grund

dieses Gesetzes erfüllen. ²Dies gilt auch für Bauprodukte, die technischen Anforderungen entsprechen, wie sie in den Vorschriften anderer Vertragsstaaten des Abkommens vom 2. Mai 1992 über den Europäischen Wirtschaftsraum enthalten sind.

**Art. 17 Verwendbarkeitsnachweise.** Die in Art. 16 Abs. 2 Satz 1 genannten Anforderungen sind für Bauprodukte, die für die Erfüllung der Anforderungen dieses Gesetzes oder auf Grund dieses Gesetzes nicht nur eine untergeordnete Bedeutung haben, durch eine allgemeine bauaufsichtliche Zulassung, ein allgemeines bauaufsichtliches Prüfzeugnis oder eine Zustimmung im Einzelfall (Verwendbarkeitsnachweise) nachzuweisen, wenn
1. es keine Technische Baubestimmung oder allgemein anerkannte Regel der Technik gibt,
2. das Bauprodukt von einer Technischen Baubestimmung in Bezug auf die Leistung von Bauprodukten wesentlich abweicht oder
3. eine Rechtsverordnung nach Art. 80 Abs. 5 Nr. 5 es vorsieht.

**Art. 18 Allgemeine bauaufsichtliche Zulassung.** (1) Eine allgemeine bauaufsichtliche Zulassung wird auf Antrag erteilt und nach Gegenstand und wesentlichem Inhalt öffentlich bekannt gemacht.

(2) ¹Der Antrag ist zu begründen. ²Soweit erforderlich, sind Probestücke vom Antragsteller zur Verfügung zu stellen, durch sachverständige Stellen zu entnehmen oder Probeausführungen unter Aufsicht dieser sachverständigen Stellen vorzunehmen. ³Art. 65 Abs. 2 gilt entsprechend.

(3) ¹Die allgemeine bauaufsichtliche Zulassung wird widerruflich und befristet erteilt. ²Die Frist beträgt in der Regel fünf Jahre. ³Die Zulassung kann auf Antrag verlängert werden. ⁴Art. 69 Abs. 2 Satz 2 gilt entsprechend.

(4) Die Zulassung wird unbeschadet der Rechte Dritter erteilt.

(5) Allgemeine bauaufsichtliche Zulassungen nach dem Recht anderer Länder gelten auch im Freistaat Bayern.

**Art. 19 Allgemeines bauaufsichtliches Prüfzeugnis.** ¹Anstelle einer allgemeinen bauaufsichtlichen Zulassung bedarf es nur eines allgemeinen bauaufsichtlichen Prüfzeugnisses, wenn allgemein anerkannte Prüfverfahren bestehen. ²Art. 18 gilt entsprechend.

**Art. 20 Zustimmung im Einzelfall.** ¹Ein Bauprodukt darf auch verwendet werden, wenn die Verwendbarkeit durch Zustimmung im Einzelfall nachgewiesen ist. ²Die Zustimmung kann außer in den Fällen des Art. 16 Abs. 2 Satz 1 auch erteilt werden, wenn Gefahren für die öffentliche Sicherheit und Ordnung, insbesondere Leben und Gesundheit, und die natürlichen Lebensgrundlagen nicht zu erwarten sind.

**Art. 21 Übereinstimmungserklärung, Zertifizierung.** (1) ¹Bauprodukte bedürfen einer Bestätigung ihrer Übereinstimmung mit den Technischen Baubestimmungen oder den Verwendbarkeitsnachweisen. ²Unwesentliche Abweichungen bleiben außer Betracht.

(2) ¹Der Hersteller erklärt die Übereinstimmung, die er durch werkseigene Produktionskontrolle sicherzustellen hat, durch Kennzeichnung der Bauprodukte mit dem Übereinstimmungszeichen (Ü-Zeichen) unter Hinweis auf den Verwendungszweck. ²Das Ü-Zeichen ist auf dem Bauprodukt, auf einem Beipackzettel oder auf seiner Verpackung oder, wenn dies Schwierigkeiten bereitet, auf dem Lieferschein oder auf einer Anlage zum Lieferschein anzubringen. ³Ü-Zeichen aus anderen Ländern und aus anderen Staaten gelten auch im Freistaat Bayern.

(3) ¹Soweit in den Technischen Baubestimmungen nichts Näheres geregelt ist, kann in den Verwendbarkeitsnachweisen eine Regelung zur Prüfung der Bauprodukte vor Abgabe der Übereinstimmungserklärung oder deren Zertifizierung vorgeschrieben werden, wenn dies zur Sicherung oder zum Nachweis einer ordnungsgemäßen Herstellung erforderlich ist. ²Im Übrigen bedürfen Bauprodukte, die nicht in Serie hergestellt werden, nur der Übereinstimmungserklärung des Herstellers nach Abs. 2.

(4) ¹Dem Hersteller ist das Zertifikat für Bauprodukte zu erteilen, wenn sie den Technischen Baubestimmungen oder den Verwendbarkeitsnachweisen entsprechen und die Übereinstimmung durch werkseigene Produktionskontrolle und regelmäßige Fremdüberwachung sichergestellt ist. ²Im Einzelfall kann die Verwendung von Bauprodukten ohne Zertifizierung gestattet werden.

**Art. 22 Besondere Sachkunde- und Sorgfaltsanforderungen.** In der allgemeinen bauaufsichtlichen Zulassung oder in der Zustimmung im Einzelfall kann vorgeschrieben werden, dass
1. der Hersteller von Bauprodukten, deren Herstellung in außergewöhnlichem Maß von der Sachkunde und Erfahrung der damit betrauten Personen oder von einer Ausstattung mit besonderen Vorrichtungen abhängt, über solche Fachkräfte und Vorrichtungen verfügen muss und den Nachweis hierüber gegenüber einer Prüfstelle zu erbringen hat,
2. der Einbau, der Transport, die Instandhaltung oder die Reinigung von Bauprodukten, die wegen ihrer besonderen Eigenschaften oder ihres besonderen Verwendungszwecks einer außergewöhnlichen Sorgfalt bedürfen, durch eine Überwachungsstelle zu überwachen sind, soweit diese Tätigkeiten nicht bereits durch die Verordnung (EU) Nr. 305/2011 erfasst sind.

**Art. 23 Zuständigkeiten.** (1) ¹Das Deutsche Institut für Bautechnik erteilt die allgemeine Bauartgenehmigung nach Art. 15 Abs. 2 Satz 1 Nr. 1 und die allgemeine bauaufsichtliche Zulassung nach Art. 18 Abs. 1. ²Es kann vorschreiben, wann welche sachverständige Stelle die Prüfung durchzuführen oder nach Art. 18 Abs. 2 Satz 2 eine Probeausführung vorzunehmen oder Probestücke zu entnehmen hat.

(2) ¹Die oberste Bauaufsichtsbehörde erteilt die vorhabenbezogene Bauartgenehmigung nach Art. 15 Abs. 2 Satz 1 Nr. 2 sowie die Zustimmung im Ein-

**40 BayBO** Bauordnung

zelfall nach Art. 20. ²Art. 6 Abs. 3 des Bayerischen Denkmalschutzgesetzes bleibt unberührt. ³Die oberste Bauaufsichtsbehörde kann die Verwendung von Bauprodukten ohne Zertifizierung nach Art. 21 Abs. 4 Satz 2 gestatten.

(3) ¹Es obliegen die Aufgaben
1. der Prüfung nach Art. 15 Abs. 3 und 6, Art. 19, Art. 21 Abs. 3 Satz 1, Art. 22 Nr. 1 den anerkannten Prüfstellen,
2. der Überwachung nach Art. 15 Abs. 6, Art. 21 Abs. 4 Satz 1, Art. 22 Nr. 2 den anerkannten Überwachungsstellen und
3. der Zertifizierung nach Art. 21 Abs. 3 Satz 1 den anerkannten Zertifizierungsstellen.

²Die Anerkennung der in Satz 1 genannten Stellen erteilt die oberste Bauaufsichtsbehörde oder nach Art. 80 Abs. 5 Nr. 2 das Deutsche Institut für Bautechnik an private Träger, wenn die privaten Träger oder die bei ihr Beschäftigten nach ihrer Ausbildung, Fachkenntnis, persönlichen Zuverlässigkeit, ihrer Unparteilichkeit und ihren Leistungen die Gewähr dafür bieten, dass diese Aufgaben den öffentlich-rechtlichen Vorschriften entsprechend wahrgenommen werden, und wenn die privaten Träger über die erforderlichen Vorrichtungen verfügen. ³Soweit und solange solche Stellen von privaten Trägern nicht zur Verfügung stehen, kann eine Behörde die Aufgaben nach Satz 1 wahrnehmen. ⁴Die Anerkennung von Prüf-, Zertifizierungs- und Überwachungsstellen anderer Länder gilt auch im Freistaat Bayern.

(4) Die Anerkennungsbehörde nach Abs. 3 Satz 2 kann allgemeine bauaufsichtliche Prüfzeugnisse nach Art. 15 Abs. 3, Art. 19 zurücknehmen oder widerrufen.

Abschnitt IV
## Brandverhalten von Baustoffen und Bauteilen; Wände, Decken, Dächer

**Art. 24 Allgemeine Anforderungen an das Brandverhalten von Baustoffen und Bauteilen.** (1) ¹Baustoffe werden nach den Anforderungen an ihr Brandverhalten unterschieden in
1. nichtbrennbare,
2. schwerentflammbare,
3. normalentflammbare.

²Baustoffe, die nicht mindestens normalentflammbar sind (leichtentflammbare Baustoffe), dürfen nicht verwendet werden; das gilt nicht, wenn sie in Verbindung mit anderen Baustoffen nicht leichtentflammbar sind.

(2) ¹Bauteile werden nach den Anforderungen an ihre Feuerwiderstandsfähigkeit unterschieden in
1. feuerbeständige,
2. hochfeuerhemmende,
3. feuerhemmende;

die Feuerwiderstandsfähigkeit bezieht sich bei tragenden und aussteifenden Bauteilen auf deren Standsicherheit im Brandfall, bei raumabschließenden Bauteilen auf deren Widerstand gegen die Brandausbreitung. [2]Bauteile werden zusätzlich nach dem Brandverhalten ihrer Baustoffe unterschieden in
1. Bauteile aus nichtbrennbaren Baustoffen,
2. Bauteile, deren tragende und aussteifende Teile aus nichtbrennbaren Baustoffen bestehen und die bei raumabschließenden Bauteilen zusätzlich eine in Bauteilebene durchgehende Schicht aus nichtbrennbaren Baustoffen haben,
3. Bauteile, deren tragende und aussteifende Teile aus brennbaren Baustoffen bestehen und die allseitig eine brandschutztechnisch wirksame Bekleidung aus nichtbrennbaren Baustoffen (Brandschutzbekleidung) und Dämmstoffe aus nichtbrennbaren Baustoffen haben,
4. Bauteile aus brennbaren Baustoffen.

[3]Soweit in diesem Gesetz oder in Vorschriften auf Grund dieses Gesetzes nichts anderes bestimmt ist, müssen
1. Bauteile, die feuerbeständig sein müssen, mindestens den Anforderungen des Satzes 2 Nr. 2,
2. Bauteile, die hochfeuerhemmend sein müssen, mindestens den Anforderungen des Satzes 2 Nr. 3 entsprechen; das gilt nicht für feuerwiderstandsfähige Abschlüsse von Öffnungen.

[4]Abweichend von Satz 3 sind Bauteile, die feuerbeständig oder hochfeuerhemmend sein müssen, aus brennbaren Baustoffen zulässig, sofern sie den Technischen Baubestimmungen nach Art. 81a entsprechen. [5]Satz 4 gilt nicht für Brandwände nach Art. 28 Abs. 3 Satz 1 und Wände notwendiger Treppenräume nach Art. 33 Abs. 4 Satz 1 Nr. 1.

**Art. 25 Tragende Wände, Stützen.** (1) [1]Tragende und aussteifende Wände und Stützen müssen im Brandfall ausreichend lang standsicher sein. [2]Sie müssen
1. in Gebäuden der Gebäudeklasse 5 feuerbeständig,
2. in Gebäuden der Gebäudeklasse 4 hochfeuerhemmend,
3. in Gebäuden der Gebäudeklassen 2 und 3 feuerhemmend

sein. [3]Satz 2 gilt
1. für Geschosse im Dachraum nur, wenn darüber noch Aufenthaltsräume möglich sind; Art. 27 Abs. 4 bleibt unberührt,
2. nicht für Balkone, ausgenommen offene Gänge, die als notwendige Flure dienen.

(2) Im Kellergeschoss müssen tragende und aussteifende Wände und Stützen
1. in Gebäuden der Gebäudeklassen 3 bis 5 feuerbeständig,
2. in Gebäuden der Gebäudeklassen 1 und 2 feuerhemmend

sein.

**Art. 26 Außenwände.** (1) Außenwände und Außenwandteile wie Brüstungen und Schürzen sind so auszubilden, dass eine Brandausbreitung auf und in diesen Bauteilen ausreichend lang begrenzt ist.

## 40 BayBO

(2) ¹Nichttragende Außenwände und nichttragende Teile tragender Außenwände müssen aus nichtbrennbaren Baustoffen bestehen; sie sind aus brennbaren Baustoffen zulässig, wenn sie als raumabschließende Bauteile feuerhemmend sind. ²Satz 1 gilt nicht für
1. Fenster und Türen,
2. Fugendichtungen und
3. brennbare Dämmstoffe in nichtbrennbaren geschlossenen Profilen der Außenwandkonstruktion.

(3) ¹Oberflächen von Außenwänden sowie Außenwandbekleidungen müssen einschließlich der Dämmstoffe und Unterkonstruktionen schwerentflammbar sein; Unterkonstruktionen aus normalentflammbaren Baustoffen sind zulässig, wenn die Anforderungen nach Abs. 1 erfüllt sind. ²Balkonbekleidungen, die über die erforderliche Umwehrungshöhe hinaus hochgeführt werden, und mehr als zwei Geschosse überbrückende Solaranlagen an Außenwänden müssen schwerentflammbar sein. ³Baustoffe, die schwerentflammbar sein müssen, in Bauteilen nach Satz 1 Halbsatz 1 und Satz 2 dürfen nicht brennend abfallen oder abtropfen.

(4) Bei Außenwandkonstruktionen mit geschossübergreifenden Hohl- oder Lufträumen wie Doppelfassaden sind gegen die Brandausbreitung besondere Vorkehrungen zu treffen; das gilt für hinterlüftete Außenwandbekleidungen entsprechend.

(5) ¹Die Abs. 2, 3 und 4 Halbsatz 2 gelten nicht für Gebäude der Gebäudeklassen 1 bis 3, Abs. 4 Halbsatz 1 nicht für Gebäude der Gebäudeklassen 1 und 2. ²Abweichend von Abs. 3 sind Außenwandbekleidungen, die den Technischen Baubestimmungen nach Art. 81a entsprechen, mit Ausnahme der Dämmstoffe, aus normalentflammbaren Baustoffen zulässig.

**Art. 27 Trennwände.** (1) Trennwände nach Abs. 2 müssen als raumabschließende Bauteile von Räumen oder Nutzungseinheiten innerhalb von Geschossen ausreichend lang widerstandsfähig gegen die Brandausbreitung sein.

(2) Trennwände sind erforderlich
1. zwischen Nutzungseinheiten sowie zwischen Nutzungseinheiten und anders genutzten Räumen, ausgenommen notwendigen Fluren,
2. zum Abschluss von Räumen mit Explosions- oder erhöhter Brandgefahr,
3. zwischen Aufenthaltsräumen und anders genutzten Räumen im Kellergeschoss.

(3) ¹Trennwände nach Abs. 2 Nrn. 1 und 3 müssen die Feuerwiderstandsfähigkeit der tragenden und aussteifenden Bauteile des Geschosses haben, jedoch mindestens feuerhemmend sein. ²Trennwände nach Abs. 2 Nr. 2 müssen feuerbeständig sein.

(4) Die Trennwände nach Abs. 2 sind bis zur Rohdecke, im Dachraum bis unter die Dachhaut zu führen; werden in Dachräumen Trennwände nur bis zur Rohdecke geführt, ist diese Decke als raumabschließendes Bauteil einschließlich der sie tragenden und aussteifenden Bauteile feuerhemmend herzustellen.

Bauordnung **BayBO 40**

(5) Öffnungen in Trennwänden nach Abs. 2 sind nur zulässig, wenn sie auf die für die Nutzung erforderliche Zahl und Größe beschränkt sind; sie müssen feuerhemmende, dicht- und selbstschließende Abschlüsse haben.

(6) Die Abs. 1 bis 5 gelten nicht für Wohngebäude der Gebäudeklassen 1 und 2.

**Art. 28 Brandwände.** (1) Brandwände müssen als raumabschließende Bauteile zum Abschluss von Gebäuden (Gebäudeabschlusswand) oder zur Unterteilung von Gebäuden in Brandabschnitte (innere Brandwand) ausreichend lang die Brandausbreitung auf andere Gebäude oder Brandabschnitte verhindern.

(2) Brandwände sind erforderlich
1. als Gebäudeabschlusswand, ausgenommen von Gebäuden ohne Aufenthaltsräume und ohne Feuerstätten mit nicht mehr als 50 m³ Brutto-Rauminhalt, wenn diese Abschlusswände an oder mit einem Abstand von weniger als 2,50 m gegenüber der Grundstücksgrenze errichtet werden, es sei denn, dass ein Abstand von mindestens 5 m zu bestehenden oder nach den baurechtlichen Vorschriften zulässigen künftigen Gebäuden gesichert ist,
2. als innere Brandwand zur Unterteilung ausgedehnter Gebäude in Abständen von nicht mehr als 40 m,
3. als innere Brandwand zur Unterteilung land- oder forstwirtschaftlich genutzter Gebäude in Brandabschnitte von nicht mehr als 10 000 m³ Brutto-Rauminhalt,
4. als Gebäudeabschlusswand zwischen Wohngebäuden und angebauten land- oder forstwirtschaftlich genutzten Gebäuden sowie als innere Brandwand zwischen dem Wohnteil und dem land- oder forstwirtschaftlich genutzten Teil eines Gebäudes.

(3) [1]Brandwände müssen auch unter zusätzlicher mechanischer Beanspruchung feuerbeständig sein und aus nichtbrennbaren Baustoffen bestehen. [2]An Stelle von Brandwänden sind in den Fällen von Abs. 1 Nrn. 1 bis 3 zulässig
1. für Gebäude der Gebäudeklasse 4 Wände, die auch unter zusätzlicher mechanischer Beanspruchung hochfeuerhemmend sind,
2. für Gebäude der Gebäudeklassen 1 bis 3 hochfeuerhemmende Wände,
3. für Gebäude der Gebäudeklassen 1 bis 3 Gebäudeabschlusswände, die jeweils von innen nach außen die Feuerwiderstandsfähigkeit der tragenden und aussteifenden Teile des Gebäudes, mindestens jedoch feuerhemmende Bauteile, und von außen nach innen die Feuerwiderstandsfähigkeit feuerbeständiger Bauteile haben.

[3]In den Fällen des Abs. 2 Nr. 4 sind an Stelle von Brandwänden feuerbeständige Wände zulässig, wenn der Brutto-Rauminhalt des land- oder forstwirtschaftlich genutzten Gebäudes oder Gebäudeteils nicht größer als 2000 m³ ist.

(4) [1]Brandwände müssen durchgehend und in allen Geschossen und dem Dachraum übereinander angeordnet sein. [2]Abweichend davon dürfen an Stelle innerer Brandwände Wände geschossweise versetzt angeordnet werden, wenn
1. die Wände im Übrigen Abs. 3 Satz 1 entsprechen,

[393]

2. die Decken, soweit sie in Verbindung mit diesen Wänden stehen, feuerbeständig sind, aus nichtbrennbaren Baustoffen bestehen und keine Öffnungen haben,
3. die Bauteile, die diese Wände und Decken unterstützen, feuerbeständig sind und aus nichtbrennbaren Baustoffen bestehen,
4. die Außenwände in der Breite des Versatzes in dem Geschoss oberhalb oder unterhalb des Versatzes feuerbeständig sind und
5. Öffnungen in den Außenwänden im Bereich des Versatzes so angeordnet oder andere Vorkehrungen so getroffen sind, dass eine Brandausbreitung in andere Brandabschnitte nicht zu befürchten ist.

(5) [1]Brandwände sind 0,30 m über die Bedachung zu führen oder in Höhe der Dachhaut mit einer beiderseits 0,50 m auskragenden feuerbeständigen Platte aus nichtbrennbaren Baustoffen abzuschließen; darüber dürfen brennbare Teile des Dachs nicht hinweggeführt werden. [2]Bei Gebäuden der Gebäudeklassen 1 bis 3 sind Brandwände mindestens bis unter die Dachhaut zu führen. [3]Verbleibende Hohlräume sind vollständig mit nichtbrennbaren Baustoffen auszufüllen.

(6) Müssen Gebäude oder Gebäudeteile, die über Eck zusammenstoßen, durch eine Brandwand getrennt werden, so muss der Abstand dieser Wand von der inneren Ecke mindestens 5 m betragen; das gilt nicht, wenn der Winkel der inneren Ecke mehr als 120 Grad beträgt oder mindestens eine Außenwand auf 5 m Länge als öffnungslose feuerbeständige Wand aus nichtbrennbaren Baustoffen, bei Gebäuden der Gebäudeklassen 1 bis 4 als öffnungslose hochfeuerhemmende Wand ausgebildet ist.

(7) [1]Bauteile mit brennbaren Baustoffen dürfen über Brandwände nicht hinweggeführt werden. [2]Bei Außenwandkonstruktionen, die eine seitliche Brandausbreitung begünstigen können, wie hinterlüfteten Außenwandbekleidungen oder Doppelfassaden, sind gegen die Brandausbreitung im Bereich der Brandwände besondere Vorkehrungen zu treffen. [3]Außenwandbekleidungen von Gebäudeabschlusswänden müssen einschließlich der Dämmstoffe und Unterkonstruktionen nichtbrennbar sein. [4]Bauteile dürfen in Brandwände nur so weit eingreifen, dass deren Feuerwiderstandsfähigkeit nicht beeinträchtigt wird; für Leitungen, Leitungsschlitze und Kamine gilt dies entsprechend.

(8) [1]Öffnungen in Brandwänden sind unzulässig. [2]Sie sind in inneren Brandwänden nur zulässig, wenn sie auf die für die Nutzung erforderliche Zahl und Größe beschränkt sind; die Öffnungen müssen feuerbeständige, dicht- und selbstschließende Abschlüsse haben.

(9) In inneren Brandwänden sind feuerbeständige Verglasungen nur zulässig, wenn sie auf die für die Nutzung erforderliche Zahl und Größe beschränkt sind.

(10) Abs. 2 Nr. 1 gilt nicht für seitliche Wände von Vorbauten im Sinn des Art. 6 Abs. 6, wenn sie von dem Nachbargebäude oder der Nachbargrenze einen Abstand einhalten, der ihrer eigenen Ausladung entspricht, mindestens jedoch 1 m beträgt.

Bauordnung  **BayBO 40**

(11) Die Abs. 4 bis 10 gelten entsprechend auch für Wände, die an Stelle von Brandwänden zulässig sind.

**Art. 29 Decken.** (1) ¹Decken müssen als tragende und raumabschließende Bauteile zwischen Geschossen im Brandfall ausreichend lang standsicher und widerstandsfähig gegen die Brandausbreitung sein. ²Sie müssen
1. in Gebäuden der Gebäudeklasse 5 feuerbeständig,
2. in Gebäuden der Gebäudeklasse 4 hochfeuerhemmend,
3. in Gebäuden der Gebäudeklassen 2 und 3 feuerhemmend

sein. ³Satz 2 gilt
1. für Geschosse im Dachraum nur, wenn darüber Aufenthaltsräume möglich sind; Art. 27 Abs. 4 bleibt unberührt,
2. nicht für Balkone, ausgenommen offene Gänge, die als notwendige Flure dienen.

(2) ¹Im Kellergeschoss müssen Decken
1. in Gebäuden der Gebäudeklassen 3 bis 5 feuerbeständig,
2. in Gebäuden der Gebäudeklassen 1 und 2 feuerhemmend

sein. ²Decken müssen feuerbeständig sein
1. unter und über Räumen mit Explosions- oder erhöhter Brandgefahr, ausgenommen in Wohngebäuden der Gebäudeklassen 1 und 2,
2. zwischen dem land- oder forstwirtschaftlich genutzten Teil und dem Wohnteil eines Gebäudes.

(3) Der Anschluss der Decken an die Außenwand ist so herzustellen, dass er den Anforderungen aus Abs. 1 Satz 1 genügt.

(4) Öffnungen in Decken, für die eine Feuerwiderstandsfähigkeit vorgeschrieben ist, sind nur zulässig
1. in Gebäuden der Gebäudeklassen 1 und 2,
2. innerhalb derselben Nutzungseinheit mit insgesamt nicht mehr als 400 m² in nicht mehr als zwei Geschossen,
3. im Übrigen, wenn sie auf die für die Nutzung erforderliche Zahl und Größe beschränkt sind und Abschlüsse mit der Feuerwiderstandsfähigkeit der Decke haben.

**Art. 30 Dächer.** (1) Bedachungen müssen gegen eine Brandbeanspruchung von außen durch Flugfeuer und strahlende Wärme ausreichend lang widerstandsfähig sein (harte Bedachung).

(2) ¹Bedachungen, die die Anforderungen nach Abs. 1 nicht erfüllen, sind zulässig bei Gebäuden der Gebäudeklassen 1 bis 3, wenn die Gebäude
1. einen Abstand von der Grundstücksgrenze von mindestens 12 m,
2. von Gebäuden auf demselben Grundstück mit harter Bedachung einen Abstand von mindestens 12 m,
3. von Gebäuden auf demselben Grundstück mit Bedachungen, die die Anforderungen nach Abs. 1 nicht erfüllen, einen Abstand von mindestens 24 m,

4. von Gebäuden auf demselben Grundstück ohne Aufenthaltsräume und ohne Feuerstätten mit nicht mehr als 50 m³ Brutto-Rauminhalt einen Abstand von mindestens 5 m

einhalten. ²Soweit Gebäude nach Satz 1 Abstand halten müssen, genügt bei Wohngebäuden der Gebäudeklassen 1 und 2 in den Fällen
1. der Nrn. 1 und 2 ein Abstand von mindestens 9 m,
2. der Nr. 3 ein Abstand von mindestens 12 m.

(3) Die Abs. 1 und 2 gelten nicht für
1. Gebäude ohne Aufenthaltsräume und ohne Feuerstätten mit nicht mehr als 50 m³ Brutto-Rauminhalt,
2. lichtdurchlässige Bedachungen aus nichtbrennbaren Baustoffen; brennbare Fugendichtungen und brennbare Dämmstoffe in nichtbrennbaren Profilen sind zulässig,
3. Dachflächenfenster, Lichtkuppeln und Oberlichte von Wohngebäuden,
4. Eingangsüberdachungen und Vordächer aus nichtbrennbaren Baustoffen,
5. Eingangsüberdachungen aus brennbaren Baustoffen, wenn die Eingänge nur zu Wohnungen führen.

(4) Abweichend von den Abs. 1 und 2 sind
1. lichtdurchlässige Teilflächen aus brennbaren Baustoffen in Bedachungen nach Abs. 1 und
2. begrünte Bedachungen

zulässig, wenn eine Brandentstehung bei einer Brandbeanspruchung von außen durch Flugfeuer und strahlende Wärme nicht zu befürchten ist oder Vorkehrungen hiergegen getroffen werden.

(5) ¹Dachüberstände, Dachgesimse und Dachaufbauten, lichtdurchlässige Bedachungen, Dachflächenfenster, Lichtkuppeln, Oberlichte und Solaranlagen sind so anzuordnen und herzustellen, dass Feuer nicht auf andere Gebäudeteile und Nachbargrundstücke übertragen werden kann. ²Von Brandwänden und von Wänden, die an Stelle von Brandwänden zulässig sind, müssen
1. mindestens 1,25 m entfernt sein
    a) Dachflächenfenster, Oberlichte, Lichtkuppeln und Öffnungen in der Bedachung, wenn diese Wände nicht mindestens 0,30 m über die Bedachung geführt sind, und
    b) Photovoltaikanlagen, Dachgauben und ähnliche Dachaufbauten aus brennbaren Baustoffen, wenn sie nicht durch diese Wände gegen Brandübertragung geschützt sind, und
2. mindestens 0,50 m entfernt sein
    a) dachparallel installierte Photovoltaikanlagen, deren Außenseiten und Unterkonstruktion aus nichtbrennbaren Baustoffen bestehen, und
    b) dachparallel installierte Solarthermieanlagen.

(6) ¹Dächer von traufseitig aneinandergebauten Gebäuden müssen als raumabschließende Bauteile für eine Brandbeanspruchung von innen nach außen einschließlich der sie tragenden und aussteifenden Bauteile feuerhemmend sein. ²Öffnungen in diesen Dachflächen müssen waagerecht gemessen mindes-

tens 1,25 m von der Brandwand oder der Wand, die an Stelle der Brandwand zulässig ist, entfernt sein.

(7) ¹Dächer von Anbauten, die an Außenwände mit Öffnungen oder ohne Feuerwiderstandsfähigkeit anschließen, müssen innerhalb eines Abstands von 5 m von diesen Wänden als raumabschließende Bauteile für eine Brandbeanspruchung von innen nach außen einschließlich der sie tragenden und aussteifenden Bauteile die Feuerwiderstandsfähigkeit der Decken des Gebäudeteils haben, an den sie angebaut werden. ²Das gilt nicht für Anbauten an Wohngebäude der Gebäudeklassen 1 bis 3.

(8) Für vom Dach aus vorzunehmende Arbeiten sind sicher benutzbare Vorrichtungen anzubringen.

Abschnitt V
## Rettungswege, Öffnungen, Umwehrungen

**Art. 31 Rettungswege.** (1) ¹Für Nutzungseinheiten mit mindestens einem Aufenthaltsraum wie Wohnungen, Praxen, selbstständige Betriebsstätten müssen in jedem Geschoss mindestens zwei voneinander unabhängige Rettungswege ins Freie vorhanden sein; beide Rettungswege dürfen jedoch innerhalb des Geschosses über denselben notwendigen Flur führen. ²Abweichend von Satz 1 genügt ein Rettungsweg
1. aus Geschossen ohne Aufenthaltsräume,
2. bei zu ebener Erde liegenden Geschossen bis 400 m², wenn dieser aus der Nutzungseinheit unmittelbar ins Freie führt; Art. 34 Abs. 3 Satz 4 gilt entsprechend.

(2) ¹Für Nutzungseinheiten nach Abs. 1, die nicht zu ebener Erde liegen, muss der erste Rettungsweg über eine notwendige Treppe führen. ²Der zweite Rettungsweg kann eine weitere notwendige Treppe oder eine mit Rettungsgeräten der Feuerwehr erreichbare Stelle der Nutzungseinheit sein. ³Ein zweiter Rettungsweg ist nicht erforderlich, wenn die Rettung über einen sicher erreichbaren Treppenraum möglich ist, in den Feuer und Rauch nicht eindringen können (Sicherheitstreppenraum).

(3) ¹Gebäude, deren zweiter Rettungsweg über Rettungsgeräte der Feuerwehr führt und bei denen die Oberkante der Brüstung von zum Anleitern bestimmten Fenstern oder Stellen mehr als 8 m über der Geländeoberfläche liegt, dürfen nur errichtet werden, wenn die Feuerwehr über die erforderlichen Rettungsgeräte wie Hubrettungsfahrzeuge verfügt. ²Bei Sonderbauten ist der zweite Rettungsweg über Rettungsgeräte der Feuerwehr nur zulässig, wenn keine Bedenken wegen der Personenrettung bestehen.

**Art. 32 Treppen.** (1) ¹Jedes nicht zu ebener Erde liegende Geschoss und der benutzbare Dachraum eines Gebäudes müssen über mindestens eine Treppe zugänglich sein (notwendige Treppe). ²Statt notwendiger Treppen sind Rampen mit flacher Neigung zulässig.

(2) ¹Einschiebbare Treppen und Rolltreppen sind als notwendige Treppen unzulässig. ²In Gebäuden der Gebäudeklassen 1 und 2 sind einschiebbare Treppen und Leitern als Zugang zu einem Dachraum ohne Aufenthaltsraum zulässig.

(3) ¹Notwendige Treppen sind in einem Zuge zu allen angeschlossenen Geschossen zu führen; sie müssen mit den Treppen zum Dachraum unmittelbar verbunden sein. ²Das gilt nicht für Treppen
1. in Gebäuden der Gebäudeklassen 1 bis 3,
2. nach Art. 33 Abs. 1 Satz 3 Nr. 2.

(4) ¹Die tragenden Teile notwendiger Treppen müssen
1. in Gebäuden der Gebäudeklasse 5 feuerhemmend und aus nichtbrennbaren Baustoffen,
2. in Gebäuden der Gebäudeklasse 4 aus nichtbrennbaren Baustoffen,
3. in Gebäuden der Gebäudeklasse 3 aus nichtbrennbaren Baustoffen oder feuerhemmend

sein. ²Tragende Teile von Außentreppen nach Art. 33 Abs. 1 Satz 3 Nr. 3 für Gebäude der Gebäudeklassen 3 bis 5 müssen aus nichtbrennbaren Baustoffen bestehen.

(5) Die nutzbare Breite der Treppenläufe und Treppenabsätze notwendiger Treppen muss für den größten zu erwartenden Verkehr ausreichen.

(6) ¹Treppen müssen einen festen und griffsicheren Handlauf haben. ²Für Treppen sind Handläufe auf beiden Seiten und bei großer nutzbarer Breite auch Zwischenhandläufe vorzusehen,
1. in Gebäuden mit mehr als zwei nicht stufenlos erreichbaren Wohnungen,
2. im Übrigen, soweit es die Verkehrssicherheit erfordert.

### Art. 33 Notwendige Treppenräume, Ausgänge.
(1) ¹Jede notwendige Treppe muss zur Sicherung der Rettungswege aus den Geschossen ins Freie in einem eigenen, durchgehenden Treppenraum liegen (notwendiger Treppenraum). ²Notwendige Treppenräume müssen so angeordnet und ausgebildet sein, dass die Nutzung der notwendigen Treppen im Brandfall ausreichend lang möglich ist. ³Notwendige Treppen sind ohne eigenen Treppenraum zulässig
1. in Gebäuden der Gebäudeklassen 1 und 2,
2. für die Verbindung von höchstens zwei Geschossen innerhalb derselben Nutzungseinheit von insgesamt nicht mehr als 200 m², wenn in jedem Geschoss ein anderer Rettungsweg erreicht werden kann,
3. als Außentreppe, wenn ihre Nutzung ausreichend sicher ist und im Brandfall nicht gefährdet werden kann.

(2) ¹Von jeder Stelle eines Aufenthaltsraums sowie eines Kellergeschosses muss mindestens ein Ausgang in einen notwendigen Treppenraum oder ins Freie in höchstens 35 m Entfernung erreichbar sein; das gilt nicht für land- oder forstwirtschaftlich genutzte Gebäude. ²Übereinanderliegende Kellergeschosse

müssen jeweils mindestens zwei Ausgänge in notwendige Treppenräume oder ins Freie haben. [3]Sind mehrere notwendige Treppenräume erforderlich, müssen sie so verteilt sein, dass sie möglichst entgegengesetzt liegen und dass die Rettungswege möglichst kurz sind.

(3) [1]Jeder notwendige Treppenraum muss einen unmittelbaren Ausgang ins Freie haben. [2]Sofern der Ausgang eines notwendigen Treppenraums nicht unmittelbar ins Freie führt, muss der Raum zwischen dem notwendigen Treppenraum und dem Ausgang ins Freie
1. mindestens so breit sein wie die dazugehörigen Treppenläufe,
2. Wände haben, die die Anforderungen an die Wände des Treppenraums erfüllen,
3. rauchdichte und selbstschließende Abschlüsse zu notwendigen Fluren haben und
4. ohne Öffnungen zu anderen Räumen, ausgenommen zu notwendigen Fluren, sein.

(4) [1]Die Wände notwendiger Treppenräume müssen als raumabschließende Bauteile
1. in Gebäuden der Gebäudeklasse 5 die Bauart von Brandwänden haben,
2. in Gebäuden der Gebäudeklasse 4 auch unter zusätzlicher mechanischer Beanspruchung hochfeuerhemmend und
3. in Gebäuden der Gebäudeklasse 3 feuerhemmend

sein. [2]Dies ist nicht erforderlich für Außenwände von Treppenräumen, die aus nichtbrennbaren Baustoffen bestehen und durch andere an diese Außenwände anschließende Gebäudeteile im Brandfall nicht gefährdet werden können. [3]Der obere Abschluss notwendiger Treppenräume muss als raumabschließendes Bauteil die Feuerwiderstandsfähigkeit der Decken des Gebäudes haben; das gilt nicht, wenn der obere Abschluss das Dach ist und die Treppenraumwände bis unter die Dachhaut reichen.

(5) In notwendigen Treppenräumen und in Räumen nach Abs. 3 Satz 2 müssen
1. Bekleidungen, Putze, Dämmstoffe, Unterdecken und Einbauten aus nichtbrennbaren Baustoffen bestehen,
2. Wände und Decken aus brennbaren Baustoffen eine Bekleidung aus nichtbrennbaren Baustoffen in ausreichender Dicke haben,
3. Bodenbeläge, ausgenommen Gleitschutzprofile, aus mindestens schwerentflammbaren Baustoffen bestehen.

(6) [1]In notwendigen Treppenräumen müssen Öffnungen
1. zu Kellergeschossen, zu nicht ausgebauten Dachräumen, Werkstätten, Läden, Lager- und ähnlichen Räumen sowie zu sonstigen Räumen und Nutzungseinheiten mit mehr als 200 m², ausgenommen Wohnungen, mindestens feuerhemmende, rauchdichte und selbstschließende Abschlüsse,
2. zu notwendigen Fluren rauchdichte und selbstschließende Abschlüsse,
3. zu sonstigen Räumen und Nutzungseinheiten mindestens vollwandige, dicht- und selbstschließende Abschlüsse

# 40 BayBO

haben. ²Die Feuerschutz- und Rauchschutzabschlüsse dürfen lichtdurchlässige Seitenteile und Oberlichte enthalten, wenn der Abschluss insgesamt nicht breiter als 2,50 m ist.

(7) ¹Notwendige Treppenräume müssen zu beleuchten sein. ²Notwendige Treppenräume ohne Fenster müssen in Gebäuden mit einer Höhe nach Art. 2 Abs. 3 Satz 2 von mehr als 13 m eine Sicherheitsbeleuchtung haben.

(8) ¹Notwendige Treppenräume müssen belüftet und zur Unterstützung wirksamer Löscharbeiten entraucht werden können. ²Die Treppenräume müssen
1. in jedem oberirdischen Geschoss unmittelbar ins Freie führende Fenster mit einem freien Querschnitt von mindestens 0,50 m² haben, die geöffnet werden können, oder
2. an der obersten Stelle eine Öffnung zur Rauchableitung haben.

³Im Fall des Satzes 2 Nr. 1 ist in Gebäuden mit einer Höhe nach Art. 2 Abs. 3 Satz 2 von mehr als 13 m an der obersten Stelle eine Öffnung zur Rauchableitung erforderlich. ⁴Öffnungen zur Rauchableitung nach Sätzen 2 und 3 müssen in jedem Treppenraum einen freien Querschnitt von mindestens 1 m² und Vorrichtungen zum Öffnen ihrer Abschlüsse haben, die vom Erdgeschoss sowie vom obersten Treppenabsatz aus bedient werden können.

**Art. 34 Notwendige Flure, offene Gänge.** (1) ¹Flure, über die Rettungswege aus Aufenthaltsräumen oder aus Nutzungseinheiten mit Aufenthaltsräumen zu Ausgängen in notwendige Treppenräume oder ins Freie führen (notwendige Flure), müssen so angeordnet und ausgebildet sein, dass die Nutzung im Brandfall ausreichend lang möglich ist. ²Notwendige Flure sind nicht erforderlich
1. in Wohngebäuden der Gebäudeklassen 1 und 2,
2. in sonstigen Gebäuden der Gebäudeklassen 1 und 2, ausgenommen in Kellergeschossen,
3. innerhalb von Nutzungseinheiten mit nicht mehr als 200 m² und innerhalb von Wohnungen,
4. innerhalb von Nutzungseinheiten, die einer Büro- oder Verwaltungsnutzung dienen, mit nicht mehr als 400 m²; das gilt auch für Teile größerer Nutzungseinheiten, wenn diese Teile nicht größer als 400 m² sind, Trennwände nach Art. 27 Abs. 2 Nr. 1 haben und jeder Teil unabhängig von anderen Teilen Rettungswege nach Art. 31 Abs. 1 hat.

(2) ¹Notwendige Flure müssen so breit sein, dass sie für den größten zu erwartenden Verkehr ausreichen. ²In den Fluren ist eine Folge von weniger als drei Stufen unzulässig.

(3) ¹Notwendige Flure sind durch nichtabschließbare, rauchdichte und selbstschließende Abschlüsse in Rauchabschnitte zu unterteilen. ²Die Rauchabschnitte sollen nicht länger als 30 m sein. ³Die Abschlüsse sind bis an die Rohdecke zu führen; sie dürfen bis an die Unterdecke der Flure geführt werden, wenn die Unterdecke feuerhemmend ist. ⁴Notwendige Flure mit nur einer Fluchtrichtung, die zu einem Sicherheitstreppenraum führen, dürfen nicht län-

ger als 15 m sein. [5]Die Sätze 1 bis 4 gelten nicht für notwendige Flure, die als offene Gänge vor den Außenwänden angeordnet sind.

(4) [1]Die Wände notwendiger Flure müssen als raumabschließende Bauteile feuerhemmend, in Kellergeschossen, deren tragende und aussteifende Bauteile feuerbeständig sein müssen, feuerbeständig sein. [2]Die Wände sind bis an die Rohdecke zu führen. [3]Sie dürfen bis an die Unterdecke der Flure geführt werden, wenn die Unterdecke feuerhemmend und ein demjenigen nach Satz 1 vergleichbarer Raumabschluss sichergestellt ist. [4]Türen in diesen Wänden müssen dicht schließen; Öffnungen zu Lagerbereichen im Kellergeschoss müssen feuerhemmende, dicht- und selbstschließende Abschlüsse haben.

(5) [1]Für Wände und Brüstungen notwendiger Flure mit nur einer Fluchtrichtung, die als offene Gänge vor den Außenwänden angeordnet sind, gilt Abs. 4 entsprechend. [2]Fenster sind in diesen Außenwänden ab einer Brüstungshöhe von 0,90 m zulässig.

(6) In notwendigen Fluren sowie in offenen Gängen nach Abs. 5 müssen
1. Bekleidungen, Putze, Unterdecken und Dämmstoffe aus nichtbrennbaren Baustoffen bestehen,
2. Wände und Decken aus brennbaren Baustoffen eine Bekleidung aus nichtbrennbaren Baustoffen in ausreichender Dicke haben.

**Art. 35 Fenster, Türen, sonstige Öffnungen.** (1) [1]Glastüren und andere Glasflächen, die bis zum Fußboden allgemein zugänglicher Verkehrsflächen herabreichen, sind so zu kennzeichnen, dass sie leicht erkannt werden können. [2]Weitere Schutzmaßnahmen sind für größere Glasflächen vorzusehen, wenn dies die Verkehrssicherheit erfordert.

(2) Eingangstüren von Wohnungen, die über Aufzüge erreichbar sein müssen, müssen eine lichte Durchgangsbreite von mindestens 0,90 m haben.

(3) [1]Jedes Kellergeschoss ohne Fenster muss mindestens eine Öffnung ins Freie haben, um eine Rauchableitung zu ermöglichen. [2]Gemeinsame Kellerlichtschächte für übereinander liegende Kellergeschosse sind unzulässig.

(4) [1]Fenster, die als Rettungswege nach Art. 31 Abs. 2 Satz 2 dienen, müssen in der Breite mindestens 0,60 m, in der Höhe mindestens 1 m groß, von innen zu öffnen und nicht höher als 1,20 m über der Fußbodenoberkante angeordnet sein. [2]Liegen diese Fenster in Dachschrägen oder Dachaufbauten, so darf ihre Unterkante oder ein davor liegender Austritt von der Traufkante horizontal gemessen nicht mehr als 1 m entfernt sein.

**Art. 36 Umwehrungen.** (1) In, an und auf baulichen Anlagen sind zu umwehren
1. Flächen, die im Allgemeinen zum Begehen bestimmt sind und unmittelbar an mehr als 0,50 m tiefer liegende Flächen angrenzen; das gilt nicht, wenn die Umwehrung dem Zweck der Flächen widerspricht,
2. Dächer, die zum Aufenthalt von Menschen bestimmt sind, sowie Öffnungen und nicht begehbare Flächen in diesen Dächern und in begehbaren Decken, soweit sie nicht sicher abgedeckt oder gegen Betreten gesichert sind,

**40 BayBO** Bauordnung

3. die freien Seiten von Treppenläufen, Treppenabsätzen und Treppenöffnungen (Treppenaugen); Fenster, die unmittelbar an Treppen und deren Brüstungen unter der notwendigen Umwehrungshöhe liegen, sind zu sichern.

(2) ¹Die Umwehrungen müssen ausreichend hoch und fest sein. ²Ist mit der Anwesenheit unbeaufsichtigter Kleinkinder auf der zu sichernden Fläche üblicherweise zu rechnen, müssen Umwehrungen so ausgebildet werden, dass sie Kleinkindern das Über- oder Durchklettern nicht erleichtern; das gilt nicht innerhalb von Wohngebäuden der Gebäudeklassen 1 und 2 und innerhalb von Wohnungen.

## Abschnitt VI
## Technische Gebäudeausrüstung

**Art. 37 Aufzüge.** (1) ¹Aufzüge im Innern von Gebäuden müssen eigene Fahrschächte haben, um eine Brandausbreitung in andere Geschosse ausreichend lang zu verhindern. ²In einem Fahrschacht dürfen bis zu drei Aufzüge liegen. ³Aufzüge ohne eigene Fahrschächte sind zulässig
1. innerhalb eines notwendigen Treppenraums, ausgenommen in Hochhäusern,
2. innerhalb von Räumen, die Geschosse überbrücken,
3. zur Verbindung von Geschossen, die offen miteinander in Verbindung stehen dürfen,
4. in Gebäuden der Gebäudeklassen 1 und 2;
sie müssen sicher umkleidet sein.

(2) ¹Die Fahrschachtwände müssen als raumabschließende Bauteile
1. in Gebäuden der Gebäudeklasse 5 feuerbeständig und aus nichtbrennbaren Baustoffen,
2. in Gebäuden der Gebäudeklasse 4 hochfeuerhemmend,
3. in Gebäuden der Gebäudeklasse 3 feuerhemmend

sein; Fahrschachtwände aus brennbaren Baustoffen müssen schachtseitig eine Bekleidung aus nichtbrennbaren Baustoffen in ausreichender Dicke haben. ²Fahrschachttüren und andere Öffnungen in Fahrschachtwänden mit erforderlicher Feuerwiderstandsfähigkeit sind so herzustellen, dass die Anforderungen nach Abs. 1 Satz 1 nicht beeinträchtigt werden.

(3) ¹Fahrschächte müssen zu lüften sein und eine Öffnung zur Rauchableitung mit einem freien Querschnitt von mindestens 2,5 v.H. der Fahrschachtgrundfläche, mindestens jedoch 0,10 m² haben. ²Diese Öffnung darf einen Abschluss haben, der im Brandfall selbsttätig öffnet und von mindestens einer geeigneten Stelle aus bedient werden kann. ³Die Lage der Rauchaustrittsöffnungen muss so gewählt werden, dass der Rauchaustritt durch Windeinfluss nicht beeinträchtigt wird.

Bauordnung **BayBO 40**

(4) ¹Gebäude mit einer Höhe nach Art. 2 Abs. 3 Satz 2 von mehr als 13 m müssen Aufzüge in ausreichender Zahl haben. ²Von diesen Aufzügen muss mindestens ein Aufzug Kinderwagen, Rollstühle, Krankentragen und Lasten aufnehmen können und Haltestellen in allen Geschossen haben. ³Dieser Aufzug muss von allen Wohnungen in dem Gebäude und von der öffentlichen Verkehrsfläche aus stufenlos erreichbar sein. ⁴Haltestellen im obersten Geschoss, im Erdgeschoss und in den Kellergeschossen sind nicht erforderlich, wenn sie nur unter besonderen Schwierigkeiten hergestellt werden können. ⁵Die Sätze 1 bis 4 gelten nicht bei der Schaffung von Wohnraum durch Aufstockung, wenn die Anforderungen nur mit einem unverhältnismäßigen Aufwand erfüllt werden können.

(5) ¹Fahrkörbe zur Aufnahme einer Krankentrage müssen eine nutzbare Grundfläche von mindestens 1,10 m × 2,10 m, zur Aufnahme eines Rollstuhls von mindestens 1,10 m × 1,40 m haben; Türen müssen eine lichte Durchgangsbreite von mindestens 0,90 m haben. ²In einem Aufzug für Rollstühle und Krankentragen darf der für Rollstühle nicht erforderliche Teil der Fahrkorbgrundfläche durch eine verschließbare Tür abgesperrt werden. ³Vor den Aufzügen muss eine ausreichende Bewegungsfläche vorhanden sein.

**Art. 38 Leitungsanlagen, Installationsschächte und -kanäle.** (1) Leitungen dürfen durch raumabschließende Bauteile, für die eine Feuerwiderstandsfähigkeit vorgeschrieben ist, nur hindurchgeführt werden, wenn eine Brandausbreitung ausreichend lang nicht zu befürchten ist oder Vorkehrungen hiergegen getroffen sind; das gilt nicht
1. innerhalb von Gebäuden der Gebäudeklassen 1 und 2,
2. innerhalb von Wohnungen,
3. innerhalb derselben Nutzungseinheit mit insgesamt nicht mehr als 400 m² in nicht mehr als zwei Geschossen.

(2) In notwendigen Treppenräumen, in Räumen nach Art. 33 Abs. 3 Satz 2 und in notwendigen Fluren sind Leitungsanlagen nur zulässig, wenn eine Nutzung als Rettungsweg im Brandfall ausreichend lang möglich ist.

(3) Für Installationsschächte und -kanäle gelten Abs. 1 sowie Art. 39 Abs. 2 Satz 1 und Abs. 3 entsprechend.

**Art. 39 Lüftungsanlagen.** (1) Lüftungsanlagen müssen betriebssicher und brandsicher sein; sie dürfen den ordnungsgemäßen Betrieb von Feuerungsanlagen nicht beeinträchtigen.

(2) ¹Lüftungsleitungen sowie deren Bekleidungen und Dämmstoffe müssen aus nichtbrennbaren Baustoffen bestehen; brennbare Baustoffe sind zulässig, wenn ein Beitrag der Lüftungsleitung zur Brandentstehung und Brandweiterleitung nicht zu befürchten ist. ²Lüftungsleitungen dürfen raumabschließende Bauteile, für die eine Feuerwiderstandsfähigkeit vorgeschrieben ist, nur überbrücken, wenn eine Brandausbreitung ausreichend lang nicht zu befürchten ist oder wenn Vorkehrungen hiergegen getroffen sind.

(3) Lüftungsanlagen sind so herzustellen, dass sie Gerüche und Staub nicht in andere Räume übertragen.

(4) [1]Lüftungsanlagen dürfen nicht in Abgasanlagen eingeführt werden; die gemeinsame Nutzung von Lüftungsleitungen zur Lüftung und zur Ableitung der Abgase von Feuerstätten ist zulässig, wenn keine Bedenken wegen der Betriebssicherheit und des Brandschutzes bestehen. [2]Die Abluft ist ins Freie zu führen. [3]Nicht zur Lüftungsanlage gehörende Einrichtungen sind in Lüftungsleitungen unzulässig.

(5) Die Abs. 2 und 3 gelten nicht
1. innerhalb von Gebäuden der Gebäudeklassen 1 und 2,
2. innerhalb von Wohnungen,
3. innerhalb derselben Nutzungseinheit mit insgesamt nicht mehr als 400 m² in nicht mehr als zwei Geschossen.

(6) Für raumlufttechnische Anlagen und Warmluftheizungen gelten die Abs. 1 bis 5 entsprechend.

**Art. 40 Feuerungsanlagen, sonstige Anlagen zur Wärmeerzeugung, Brennstoffversorgung.** (1) Feuerstätten und Abgasanlagen (Feuerungsanlagen) müssen betriebssicher und brandsicher sein.

(2) Feuerstätten dürfen in Räumen nur aufgestellt werden, wenn nach der Art der Feuerstätte und nach Lage, Größe, baulicher Beschaffenheit und Nutzung der Räume Gefahren nicht entstehen.

(3) [1]Abgase von Feuerstätten sind durch Abgasleitungen, Kamine und Verbindungsstücke (Abgasanlagen) so abzuführen, dass keine Gefahren oder unzumutbaren Belästigungen entstehen. [2]Abgasanlagen sind in solcher Zahl und Lage und so herzustellen, dass die Feuerstätten des Gebäudes ordnungsgemäß angeschlossen werden können. [3]Sie müssen leicht gereinigt werden können.

(4) [1]Behälter und Rohrleitungen für brennbare Gase und Flüssigkeiten müssen betriebssicher und brandsicher sein. [2]Diese Behälter sowie feste Brennstoffe sind so aufzustellen oder zu lagern, dass keine Gefahren oder unzumutbaren Belästigungen entstehen.

(5) Für die Aufstellung von ortsfesten Verbrennungsmotoren, Blockheizkraftwerken, Brennstoffzellen und Verdichtern sowie die Ableitung ihrer Verbrennungsgase gelten die Abs. 1 bis 3 entsprechend.

**Art. 41 Nicht durch Sammelkanalisation erschlossene Anwesen.** (1) Die einwandfreie Beseitigung des Abwassers einschließlich des Fäkalschlamms innerhalb und außerhalb des Grundstücks muss gesichert sein.

(2) Hausabwässer aus abgelegenen landwirtschaftlichen Anwesen oder abgelegenen Anwesen, die früher einem landwirtschaftlichen Betrieb dienten und deren Hausabwässer bereits in Gruben eingeleitet worden sind, dürfen in Gruben eingeleitet werden, wenn
1. das Abwasser in einer Mehrkammerausfaulgrube vorbehandelt wird und

Bauordnung **BayBO 40**

2. die ordnungsgemäße Entsorgung oder Verwertung des geklärten Abwassers und des Fäkalschlamms gesichert ist.

(3) ¹Für die Einleitung von Hausabwässern aus abgelegenen landwirtschaftlichen Anwesen in Biogasanlagen gilt Abs. 2 entsprechend. ²Die Vorbehandlung in einer Mehrkammerausfaulgrube ist nicht erforderlich, wenn durch den Betrieb der Biogasanlage eine gleichwertige Hygienisierung sichergestellt ist.

**Art. 42 Sanitäre Anlagen.** Fensterlose Bäder und Toiletten sind nur zulässig, wenn eine wirksame Lüftung gewährleistet ist.

**Art. 43 Aufbewahrung fester Abfallstoffe.** Feste Abfallstoffe dürfen innerhalb von Gebäuden vorübergehend aufbewahrt werden, in Gebäuden der Gebäudeklassen 3 bis 5 jedoch nur, wenn die dafür bestimmten Räume
1. Trennwände und Decken als raumabschließende Bauteile mit der Feuerwiderstandsfähigkeit der tragenden Wände und
2. Öffnungen vom Gebäudeinnern zum Aufstellraum mit feuerhemmenden, dicht- und selbstschließenden Abschlüssen haben,
3. unmittelbar vom Freien entleert werden können und
4. eine ständig wirksame Lüftung haben.

**Art. 44 Blitzschutzanlagen.** Bauliche Anlagen, bei denen nach Lage, Bauart oder Nutzung Blitzschlag leicht eintreten oder zu schweren Folgen führen kann, sind mit dauernd wirksamen Blitzschutzanlagen zu versehen.

Abschnitt VII
## Nutzungsbedingte Anforderungen

**Art. 45 Aufenthaltsräume.** (1) ¹Aufenthaltsräume müssen eine lichte Raumhöhe von mindestens 2,40 m, im Dachgeschoss über der Hälfte ihrer Nutzfläche 2,20 m haben, wobei Raumteile mit einer lichten Höhe unter 1,50 m außer Betracht bleiben. ²Das gilt nicht für Aufenthaltsräume in Wohngebäuden der Gebäudeklassen 1 und 2.

(2) ¹Aufenthaltsräume müssen ausreichend belüftet und mit Tageslicht belichtet werden können. ²Sie müssen Fenster mit einem Rohbaumaß der Fensteröffnungen von mindestens einem Achtel der Netto-Grundfläche des Raums einschließlich der Netto-Grundfläche verglaster Vorbauten und Loggien haben.

(3) Aufenthaltsräume, deren Nutzung eine Belichtung mit Tageslicht verbietet, sowie Verkaufsräume, Schank- und Speisegaststätten, ärztliche Behandlungs-, Sport-, Spiel-, Werk- und ähnliche Räume sind ohne Fenster zulässig.

**Art. 46 Wohnungen.** (1) ¹Jede Wohnung muss eine Küche oder Kochnische haben. ²Fensterlose Küchen oder Kochnischen sind zulässig, wenn eine wirksame Lüftung gewährleistet ist.

[405]

# 40 BayBO

(2) Für Gebäude der Gebäudeklassen 3 bis 5 sind für jede Wohnung ein ausreichend großer Abstellraum und, soweit die Wohnungen nicht nur zu ebener Erde liegen, leicht erreichbare und gut zugängliche Abstellräume für Kinderwagen, Fahrräder und Mobilitätshilfen erforderlich.

(3) Jede Wohnung muss ein Bad mit Badewanne oder Dusche und eine Toilette haben.

(4) [1]In Wohnungen müssen Schlafräume und Kinderzimmer sowie Flure, die zu Aufenthaltsräumen führen, jeweils mindestens einen Rauchwarnmelder haben. [2]Die Rauchwarnmelder müssen so eingebaut oder angebracht und betrieben werden, dass Brandrauch frühzeitig erkannt und gemeldet wird. [3]Die Eigentümer vorhandener Wohnungen sind verpflichtet, jede Wohnung bis zum 31. Dezember 2017 entsprechend auszustatten. [4]Die Sicherstellung der Betriebsbereitschaft obliegt den unmittelbaren Besitzern, es sei denn, der Eigentümer übernimmt diese Verpflichtung selbst.

(5) Sollen Nutzungseinheiten mit Aufenthaltsräumen in bestandsgeschützten Gebäuden in Wohnraum umgewandelt werden, sind auf bestehende Bauteile Art. 6, 25, 26, 28, 29 und 30 nicht anzuwenden.

**Art. 47 Stellplätze, Verordnungsermächtigung.** (1) [1]Werden Anlagen errichtet, bei denen ein Zu- oder Abfahrtsverkehr zu erwarten ist, sind Stellplätze in ausreichender Zahl und Größe und in geeigneter Beschaffenheit herzustellen. [2]Bei Änderungen oder Nutzungsänderungen von Anlagen sind Stellplätze in solcher Zahl und Größe herzustellen, dass die Stellplätze die durch die Änderung zusätzlich zu erwartenden Kraftfahrzeuge aufnehmen können. [3]Das gilt nicht, wenn sonst die Schaffung oder Erneuerung von Wohnraum auch unter Berücksichtigung der Möglichkeit einer Ablösung nach Abs. 3 Nr. 3 erheblich erschwert oder verhindert würde.

(2) [1]Die Zahl der notwendigen Stellplätze nach Abs. 1 Satz 1 legt das Staatsministerium für Wohnen, Bau und Verkehr durch Rechtsverordnung fest. [2]Wird die Zahl der notwendigen Stellplätze durch eine örtliche Bauvorschrift oder eine städtebauliche Satzung festgelegt, ist diese Zahl maßgeblich.

(3) Die Stellplatzpflicht kann erfüllt werden durch
1. Herstellung der notwendigen Stellplätze auf dem Baugrundstück,
2. Herstellung der notwendigen Stellplätze auf einem geeigneten Grundstück in der Nähe des Baugrundstücks, wenn dessen Benutzung für diesen Zweck gegenüber dem Rechtsträger der Bauaufsichtsbehörde rechtlich gesichert ist, oder
3. Übernahme der Kosten für die Herstellung der notwendigen Stellplätze durch den Bauherrn gegenüber der Gemeinde (Ablösungsvertrag).

(4) Die Gemeinde hat den Geldbetrag für die Ablösung notwendiger Stellplätze zu verwenden für
1. die Herstellung zusätzlicher oder die Instandhaltung, die Instandsetzung oder die Modernisierung bestehender Parkeinrichtungen einschließlich der Ausstattung mit Elektroladestationen,

2. den Bau und die Einrichtung von innerörtlichen Radverkehrsanlagen, die Schaffung von öffentlichen Fahrradabstellplätzen und gemeinlichen Mietfahrradanlagen einschließlich der Ausstattung mit Elektroladestationen,
3. sonstige Maßnahmen zur Entlastung der Straßen vom ruhenden Verkehr einschließlich investiver Maßnahmen des öffentlichen Personennahverkehrs.

**Art. 48 Barrierefreies Bauen.** (1) [1]In Gebäuden mit mehr als zwei Wohnungen müssen die Wohnungen eines Geschosses barrierefrei erreichbar sein; diese Verpflichtung kann auch durch barrierefrei erreichbare Wohnungen in mehreren Geschossen erfüllt werden. [2]In Gebäuden mit mehr als zwei Wohnungen und mit nach Art. 37 Abs. 4 Satz 1 erforderlichen Aufzügen muss ein Drittel der Wohnungen barrierefrei erreichbar sein. [3]In den Wohnungen nach den Sätzen 1 und 2 müssen die Wohn- und Schlafräume, eine Toilette. ein Bad, Küche oder Kochnische sowie der Raum mit Anschlussmöglichkeit für eine Waschmaschine barrierefrei sein. [4]Art. 32 Abs. 6 Satz 2, Art. 35 Abs. 2 und Art. 37 Abs. 4 und 5 bleiben unberührt.

(2) [1]Bauliche Anlagen, die öffentlich zugänglich sind, müssen in den dem allgemeinen Besucher- und Benutzerverkehr dienenden Teilen barrierefrei sein. [2]Dies gilt insbesondere für
1. Einrichtungen der Kultur und des Bildungswesens,
2. Tageseinrichtungen für Kinder,
3. Sport- und Freizeitstätten,
4. Einrichtungen des Gesundheitswesens,
5. Büro-, Verwaltungs- und Gerichtsgebäude,
6. Verkaufsstätten,
7. Gaststätten, die keiner gaststättenrechtlichen Erlaubnis bedürfen,
8. Beherbergungsstätten,
9. Stellplätze, Garagen und Toilettenanlagen.

[3]Für die der zwecksprechenden Nutzung dienenden Räume und Anlagen genügt es, wenn sie in dem erforderlichen Umfang barrierefrei sind. [4]Toilettenräume und notwendige Stellplätze für Besucher und Benutzer müssen in der erforderlichen Anzahl barrierefrei sein. [5]Diese Anforderungen gelten nicht bei Nutzungsänderungen, wenn die Anforderungen nur mit unverhältnismäßigem Aufwand erfüllt werden können. [6]Die Anforderungen an Gaststätten, die einer gaststättenrechtlichen Erlaubnis bedürfen, sind im Rahmen des gaststättenrechtlichen Erlaubnisverfahrens zu beachten.

(3) Bauliche Anlagen und Einrichtungen, die überwiegend oder ausschließlich von Menschen mit Behinderung, alten Menschen und Personen mit Kleinkindern genutzt werden, wie
1. Tagesstätten, Werkstätten und stationäre Einrichtungen für Menschen mit Behinderung,
2. stationäre Einrichtungen für pflegebedürftige und alte Menschen

müssen in allen der zwecksprechenden Nutzung dienenden Teilen barrierefrei sein.

(4) ¹Die Abs. 1 bis 3 gelten nicht, soweit die Anforderungen wegen schwieriger Geländeverhältnisse, wegen ungünstiger vorhandener Bebauung oder im Hinblick auf die Sicherheit der Menschen mit Behinderung oder alten Menschen oder bei Anlagen nach Abs. 1 auch wegen des Einbaus eines sonst nicht erforderlichen Aufzugs nur mit einem unverhältnismäßigen Mehraufwand erfüllt werden können. ²Bei bestehenden baulichen Anlagen im Sinn der Abs. 2 und 3 soll die Bauaufsichtsbehörde verlangen, dass ein gleichwertiger Zustand hergestellt wird, wenn das technisch möglich und dem Eigentümer wirtschaftlich zumutbar ist.

## VIERTER TEIL
## Die am Bau Beteiligten

**Art. 49 Grundpflichten.** Bei der Errichtung, Änderung, Nutzungsänderung und der Beseitigung von Anlagen sind der Bauherr und im Rahmen ihres Wirkungskreises die anderen am Bau Beteiligten dafür verantwortlich, dass die öffentlich-rechtlichen Vorschriften eingehalten werden.

**Art. 50 Bauherr.** (1) ¹Der Bauherr hat zur Vorbereitung, Überwachung und Ausführung eines nicht verfahrensfreien Bauvorhabens sowie der Beseitigung von Anlagen geeignete Beteiligte nach Maßgabe der Art. 51 und 52 zu bestellen, soweit er nicht selbst zur Erfüllung der Verpflichtungen nach diesen Vorschriften geeignet ist. ²Dem Bauherrn obliegen außerdem die nach den öffentlich-rechtlichen Vorschriften erforderlichen Anträge und Anzeigen. ³Erforderliche Nachweise und Unterlagen hat er bereitzuhalten. ⁴Werden Bauprodukte verwendet, die die CE-Kennzeichnung nach der Verordnung (EU) Nr. 305/2011 tragen, ist die Leistungserklärung bereitzuhalten. ⁵Wechselt der Bauherr, hat der neue Bauherr dies der Bauaufsichtsbehörde unverzüglich in Textform mitzuteilen.

(2) ¹Treten bei einem Bauvorhaben mehrere Personen als Bauherr auf, so kann die Bauaufsichtsbehörde verlangen, dass ihr gegenüber ein Vertreter bestellt wird, der die dem Bauherrn nach den öffentlich-rechtlichen Vorschriften obliegenden Verpflichtungen zu erfüllen hat. ²Im Übrigen finden Art. 18 Abs. 1 Sätze 2 und 3 sowie Abs. 2 des Bayerischen Verwaltungsverfahrensgesetzes (BayVwVfG) mit der Maßgabe entsprechende Anwendung, dass eine Erklärung in Textform ausreichend ist.

**Art. 51 Entwurfsverfasser.** (1) ¹Der Entwurfsverfasser muss nach Sachkunde und Erfahrung zur Vorbereitung des jeweiligen Bauvorhabens geeignet sein. ²Er ist für die Vollständigkeit und Brauchbarkeit seines Entwurfs verantwortlich. ³Der Entwurfsverfasser hat dafür zu sorgen, dass die für die Ausführung notwendigen Einzelzeichnungen, Einzelberechnungen und Anweisungen den öffentlich-rechtlichen Vorschriften entsprechen.

(2) ¹Hat der Entwurfsverfasser auf einzelnen Fachgebieten nicht die erforderliche Sachkunde und Erfahrung, so hat er den Bauherrn zu veranlassen, geeignete Fachplaner heranzuziehen. ²Diese sind für die von ihnen gefertigten Unterlagen, die sie zu unterzeichnen haben, verantwortlich. ³Für das ordnungsgemäße Ineinandergreifen aller Fachplanungen bleibt der Entwurfsverfasser verantwortlich.

**Art. 52 Unternehmer.** (1) ¹Jeder Unternehmer ist für die mit den öffentlich-rechtlichen Anforderungen übereinstimmende Ausführung der von ihm übernommenen Arbeiten und insoweit für die ordnungsgemäße Einrichtung und den sicheren Betrieb der Baustelle verantwortlich. ²Erforderliche Nachweise und Unterlagen hat er zu erbringen und auf der Baustelle bereitzuhalten. ³Werden Bauprodukte verwendet, die die CE-Kennzeichnung nach der Verordnung (EU) Nr. 305/2011 tragen, ist die Leistungserklärung bereitzuhalten.

(2) Jeder Unternehmer hat auf Verlangen der Bauaufsichtsbehörde für Arbeiten, bei denen die Sicherheit der Anlage in außergewöhnlichem Maße von der besonderen Sachkenntnis und Erfahrung des Unternehmers oder von einer Ausstattung des Unternehmens mit besonderen Vorrichtungen abhängt, nachzuweisen, dass er für diese Arbeiten geeignet ist und über die erforderlichen Vorrichtungen verfügt.

## FÜNFTER TEIL
# Bauaufsichtsbehörden, Verfahren

### Abschnitt I
## Bauaufsichtsbehörden

**Art. 53 Aufbau und Zuständigkeit der Bauaufsichtsbehörden, Verordnungsermächtigung.** (1) ¹Untere Bauaufsichtsbehörden sind die Kreisverwaltungsbehörden, höhere Bauaufsichtsbehörden sind die Regierungen, oberste Bauaufsichtsbehörde ist das Staatsministerium für Wohnen, Bau und Verkehr. ²Für den Vollzug dieses Gesetzes sowie anderer öffentlich-rechtlicher Vorschriften für die Errichtung, Änderung, Nutzungsänderung und Beseitigung sowie die Nutzung und Instandhaltung von Anlagen ist die untere Bauaufsichtsbehörde zuständig, soweit nichts anderes bestimmt ist.

(2) ¹Das Staatsministerium für Wohnen, Bau und Verkehr überträgt leistungsfähigen kreisangehörigen Gemeinden auf Antrag durch Rechtsverordnung
1. alle Aufgaben der unteren Bauaufsichtsbehörde oder
2. Aufgaben der unteren Bauaufsichtsbehörde für
   a) Wohngebäude der Gebäudeklassen 1 bis 3,

b) Gebäude der Gebäudeklassen 1 bis 3, die neben einer Wohnnutzung teilweise oder ausschließlich freiberuflich oder gewerblich im Sinn des § 13 der Baunutzungsverordnung (BauNVO) genutzt werden,

einschließlich ihrer jeweiligen Nebengebäude und Nebenanlagen im Geltungsbereich von Bebauungsplänen im Sinn der §§ 12, 30 Abs. 1 und 2 BauGB.

²Das Staatsministerium für Wohnen, Bau und Verkehr kann die Rechtsverordnung nach Satz 1 auf Antrag der Gemeinde aufheben. ³Die Rechtsverordnung ist aufzuheben, wenn die Voraussetzungen für ihren Erlass nach Satz 1 und Abs. 3 Sätze 1 bis 4 nicht vorgelegen haben oder nicht mehr vorliegen. ⁴Werden Aufgaben der unteren Bauaufsichtsbehörde nach Satz 1 übertragen, ist für die Entscheidung über Anträge nach Art. 63 Abs. 2 Satz 2, Art. 64 Abs. 1 Satz 1, Art. 70 Satz 1 und Art. 71 Satz 1 als untere Bauaufsichtsbehörde diejenige Behörde zuständig, die zum Zeitpunkt des Eingangs des Antrags bei der Gemeinde zuständig war; das gilt entsprechend bei der Erhebung einer Gemeinde zur Großen Kreisstadt. ⁵Die Aufhebung eines Verwaltungsakts der unteren Bauaufsichtsbehörde kann nicht allein deshalb beansprucht werden, weil er unter Verletzung von Vorschriften über die sachliche Zuständigkeit zustande gekommen ist, wenn diese Verletzung darauf beruht, dass eine sachliche Zuständigkeit nach Satz 1 Nr. 2 wegen Unwirksamkeit des zugrunde liegenden Bebauungsplans nicht begründet war; das gilt nicht, wenn zum Zeitpunkt der Entscheidung der unteren Bauaufsichtsbehörde die Unwirksamkeit des Bebauungsplans gemäß § 47 Abs. 5 Satz 2 der Verwaltungsgerichtsordnung (VwGO) rechtskräftig festgestellt war. ⁶Art. 46 BayVwVfG bleibt unberührt.

(3) ¹Die Bauaufsichtsbehörden sind für ihre Aufgaben ausreichend mit geeigneten Fachkräften zu besetzen. ²Den unteren Bauaufsichtsbehörden müssen
1. Beamte in der Fachlaufbahn Verwaltung und Finanzen, fachlicher Schwerpunkt nichttechnischer Verwaltungsdienst,
2. Beamte in der Fachlaufbahn Naturwissenschaft und Technik, fachlicher Schwerpunkt bautechnischer und umweltfachlicher Verwaltungsdienst, mit besonderen Kenntnissen im Hochbau oder Städtebau

angehören, die jeweils mindestens ein Amt der Besoldungsgruppe A 13 innehaben und für ein Amt ab der Besoldungsgruppe A 14 qualifiziert sind. ³An Stelle von Beamten im Sinn des Satzes 2 Nr. 2 können auch Beamte, die mindestens ein Amt der Besoldungsgruppe A 9 in der Fachlaufbahn Naturwissenschaft und Technik, fachlicher Schwerpunkt bautechnischer und umweltfachlicher Verwaltungsdienst, innehaben und für ein Amt ab der Besoldungsgruppe A 10 qualifiziert sind, beschäftigt werden, wenn sie über eine langjährige Berufserfahrung im Aufgabenbereich des leitenden bautechnischen Mitarbeiters der unteren Bauaufsichtsbehörde verfügen und sich in diesem Aufgabenbereich bewährt haben; in begründeten Ausnahmefällen, insbesondere wenn geeignete Beamte des bautechnischen Verwaltungsdienstes nicht gewonnen werden können, dürfen an Stelle von Beamten auch vergleichbar qualifizierte Arbeitnehmer beschäftigt werden. ⁴In Gemeinden, denen nach Abs. 2 Satz 1 Nr. 2 Aufgaben der unteren Bauaufsichtsbehörde übertragen worden sind, genügt es, dass an Stelle von Beamten im Sinn des Satzes 2 Nr. 1 Beamte, die mindestens ein Amt der Besoldungsgruppe A 9 in der Fachlaufbahn Verwaltung und Finanzen, fachlicher Schwerpunkt nichttechnischer Verwaltungsdienst, innehaben und für ein Amt ab der Besoldungsgruppe A 10 qualifiziert sind, an Stelle von Beamten im Sinn des Satzes 2 Nr. 2 auch sonstige Bedienstete, beschäftigt werden, die mindestens einen Fachhochschulabschluss der Fachrichtung Hochbau, Städtebau oder konstruktiver Ingenieurbau erworben haben. [5]Das bautechnische Personal und die notwendigen Hilfskräfte bei den Landratsämtern sind von den Landkreisen anzustellen.

**Art. 54 Aufgaben und Befugnisse der Bauaufsichtsbehörden.** (1) Die Aufgaben der Bauaufsichtsbehörden sind Staatsaufgaben; für die Gemeinden sind sie übertragene Aufgaben.

(2) [1]Die Bauaufsichtsbehörden haben bei der Errichtung, Änderung, Nutzungsänderung und Beseitigung sowie bei der Nutzung und Instandhaltung von Anlagen darüber zu wachen, dass die öffentlich-rechtlichen Vorschriften und die auf Grund dieser Vorschriften erlassenen Anordnungen eingehalten werden, soweit nicht andere Behörden zuständig sind. [2]Sie können in Wahrnehmung dieser Aufgaben die erforderlichen Maßnahmen treffen; sie sind berechtigt, die Vorlage von Bescheinigungen von Prüfsachverständigen zu verlangen. [3]Bauaufsichtliche Genehmigungen, Vorbescheide und sonstige Maßnahmen gelten auch für und gegen die Rechtsnachfolger; das gilt auch für Personen, die ein Besitzrecht nach Erteilung einer bauaufsichtlichen Genehmigung, eines Vorbescheids oder nach Erlass einer bauaufsichtlichen Maßnahme erlangt haben. [4]Die mit dem Vollzug dieses Gesetzes beauftragten Personen sind berechtigt, in Ausübung ihres Amtes Grundstücke und Anlagen einschließlich der Wohnungen zu betreten; das Grundrecht der Unverletzlichkeit der Wohnung (Art. 13 des Grundgesetzes, Art. 106 Abs. 3 der Verfassung) wird insoweit eingeschränkt*.

(3) [1]Soweit die Vorschriften des Zweiten und des Dritten Teils mit Ausnahme der Art. 8 und 9 und die auf Grund dieses Gesetzes erlassenen Vorschriften nicht ausreichen, um die Anforderungen nach Art. 3 zu erfüllen, können die Bauaufsichtsbehörden im Einzelfall weitergehende Anforderungen stellen, um erhebliche Gefahren abzuwehren, bei Sonderbauten auch zur Abwehr von Nachteilen; dies gilt nicht für Sonderbauten, soweit für sie eine Rechtsverordnung nach Art. 80 Abs. 1 Nr. 4 erlassen worden ist. [2]Die Anforderungen des Satzes 1 Halbsatz 1 gelten nicht für Sonderbauten, wenn ihre Erfüllung wegen der besonderen Art oder Nutzung oder wegen anderer besonderer Anforderungen nicht erforderlich ist.

---

\* *Beachte die für Art. 54 Abs. 2 Satz 4 BayBO entsprechend geltende Entscheidung des Bayerischen Verfassungsgerichtshofs v. 30. Januar 2006 – Vf. 5-VII-05, GVBl. S. 103, zu Art. 83 BayBO a.F. Amtlicher Leitsatz der Entscheidung: Art. 83 BayBO ist – soweit er Wohnungen betrifft – in verfassungskonformer Auslegung um die sich aus dem unmittelbar anzuwendenden Art. 13 Abs. 7 (früher Abs. 3) GG ergebenden Einschränkungen zu ergänzen.*

# 40 BayBO

(4) Bei bestandsgeschützten baulichen Anlagen können Anforderungen gestellt werden, wenn das zur Abwehr von erheblichen Gefahren für Leben und Gesundheit notwendig ist.

(5) Werden bestehende bauliche Anlagen wesentlich geändert, so kann angeordnet werden, dass auch die von der Änderung nicht berührten Teile dieser baulichen Anlagen mit diesem Gesetz oder den auf Grund dieses Gesetzes erlassenen Vorschriften in Einklang gebracht werden, wenn das aus Gründen des Art. 3 Satz 1 erforderlich und dem Bauherrn wirtschaftlich zumutbar ist und diese Teile mit den Teilen, die geändert werden sollen, in einem konstruktiven Zusammenhang stehen oder mit ihnen unmittelbar verbunden sind.

(6) Bei Modernisierungsvorhaben soll von der Anwendung des Abs. 5 abgesehen werden, wenn sonst die Modernisierung erheblich erschwert würde.

## Abschnitt II
## Genehmigungspflicht, Genehmigungsfreiheit

**Art. 55 Grundsatz.** (1) Die Errichtung, Änderung und Nutzungsänderung von Anlagen bedürfen der Baugenehmigung, soweit in Art. 56 bis 58, 72 und 73 nichts anderes bestimmt ist.

(2) Die Genehmigungsfreiheit nach Art. 56 bis 58, 72 und 73 Abs. 1 Satz 3, die Beschränkung der bauaufsichtlichen Prüfung nach Art. 59, 60, 62a Abs. 2, Art. 62b Abs. 2, Art. 73 Abs. 2 und Art. 73a sowie die Genehmigungsfiktion nach Art. 68 Abs. 2 entbinden nicht von der Verpflichtung zur Einhaltung der Anforderungen, die durch öffentlich-rechtliche Vorschriften an Anlagen gestellt werden, und lassen die bauaufsichtlichen Eingriffsbefugnisse unberührt.

**Art. 56 Vorrang anderer Gestattungsverfahren.** [1]Keiner Baugenehmigung, Abweichung, Genehmigungsfreistellung, Zustimmung und Bauüberwachung nach diesem Gesetz bedürfen
1. nach anderen Rechtsvorschriften zulassungsbedürftige Anlagen in oder an oberirdischen Gewässern und Anlagen, die dem Ausbau, der Unterhaltung oder der Benutzung eines Gewässers dienen oder als solche gelten, ausgenommen Gebäude, Überbrückungen, Lager-, Camping- und Wochenendplätze,
2. Anlagen, die einer Genehmigung nach dem Bayerischen Abgrabungsgesetz bedürfen,
3. nach anderen Rechtsvorschriften zulassungsbedürftige Anlagen für die öffentliche Versorgung mit Elektrizität, Gas, Wärme, Wasser und für die öffentliche Verwertung oder Entsorgung von Abwässern, ausgenommen oberirdische Anlagen mit einem Brutto-Rauminhalt von mehr als 100 m³, Gebäude und Überbrückungen,

Bauordnung **BayBO 40**

4. nichtöffentliche Eisenbahnen, nichtöffentliche Seilbahnen und sonstige Bahnen besonderer Bauart, auf die die Vorschriften über fliegende Bauten keine Anwendung finden, im Sinn des Bayerischen Eisenbahn- und Seilbahngesetzes (BayESG),
5. Werbeanlagen, soweit sie einer Ausnahmegenehmigung nach Straßenverkehrsrecht bedürfen,
6. Anlagen, die nach dem Kreislaufwirtschafts- und Abfallgesetz (KrW-/AbfG) einer Genehmigung bedürfen,
7. Beschneiungsanlagen nach Art. 35 des Bayerischen Wassergesetzes (BayWG),
8. Anlagen, die einer Gestattung nach Produktsicherheitsrecht bedürfen,
9. Anlagen, die einer Errichtungsgenehmigung nach dem Atomgesetz bedürfen,
10. Friedhöfe, die einer Genehmigung nach dem Bestattungsgesetz (BestG) bedürfen.

²Für Anlagen, bei denen ein anderes Gestattungsverfahren die Baugenehmigung, die Abweichung oder die Zustimmung einschließt oder die nach Satz 1 keiner Baugenehmigung, Abweichung oder Zustimmung bedürfen, nimmt die für den Vollzug der entsprechenden Rechtsvorschriften zuständige Behörde die Aufgaben und Befugnisse der Bauaufsichtsbehörde wahr. ³Sie kann Prüfingenieure, Prüfämter und Prüfsachverständige in entsprechender Anwendung der Art. 62a Abs. 2, Art. 62b Abs. 2 und Art. 77 Abs. 2 sowie der auf Grund des Art. 80 Abs. 2 erlassenen Rechtsverordnung heranziehen; Art. 59 Satz 1, Art. 60 Satz 1, Art. 62, 62a Abs. 1 und 2 Satz 3 Nr. 2, Art. 62b Abs. 1, Art. 63 Abs. 1 Satz 3 und Art. 77 Abs. 2 Satz 3 gelten entsprechend.

**Art. 57 Verfahrensfreie Bauvorhaben, Beseitigung von Anlagen.** (1) Verfahrensfrei sind
1. folgende Gebäude:
    a) Gebäude mit einem Brutto-Rauminhalt bis zu 75 m³, außer im Außenbereich,
    b) Garagen einschließlich überdachter Stellplätze im Sinn des Art. 6 Abs. 7 Satz 1 Nr. 1 mit einer Fläche bis zu 50 m², außer im Außenbereich,
    c) freistehende Gebäude ohne Feuerungsanlagen, die einem land- oder forstwirtschaftlichen Betrieb oder einem Betrieb der gartenbaulichen Erzeugung im Sinn des § 35 Abs. 1 Nrn. 1 und 2, § 201 BauGB dienen, nur eingeschossig und nicht unterkellert sind, höchstens 100 m² Brutto-Grundfläche und höchstens 140 m² überdachte Fläche haben und nur zur Unterbringung von Sachen oder zum vorübergehenden Schutz von Tieren bestimmt sind,
    d) Gewächshäuser mit einer Firsthöhe bis zu 5 m und nicht mehr als 1600 m² Fläche, die einem land- oder forstwirtschaftlichen Betrieb oder einem Betrieb der gartenbaulichen Erzeugung im Sinn der § 35 Abs. 1 Nrn. 1 und 2, § 201 BauGB dienen,

# 40 BayBO

Bauordnung

- e) Fahrgastunterstände, die dem öffentlichen Personenverkehr oder der Schülerbeförderung dienen,
- f) Schutzhütten für Wanderer, die jedermann zugänglich sind und keine Aufenthaltsräume haben,
- g) Terrassenüberdachungen mit einer Fläche bis zu 30 m² und einer Tiefe bis zu 3 m,
- h) Gartenlauben in Kleingartenanlagen im Sinn des § 1 Abs. 1 des Bundeskleingartengesetzes (BKleingG) vom 28. Februar 1983 (BGBl I S. 210), zuletzt geändert durch Art. 11 des Gesetzes vom 19. September 2006 (BGBl I S. 2146),

2. folgende Anlagen der technischen Gebäudeausrüstung:
   - a) Abgasanlagen in, auf und an Gebäuden sowie freistehende Abgasanlagen mit einer freien Höhe bis zu 10 m,
   - b) sonstige Anlagen der technischen Gebäudeausrüstung,

3. folgende Energiegewinnungsanlagen:
   - a) Solarenergieanlagen und Sonnenkollektoren
     - aa) in, auf und an Dach- und Außenwandflächen sowie, soweit sie in, auf oder an einer bestehenden baulichen Anlage errichtet werden, die damit verbundene Änderung der Nutzung oder der äußeren Gestalt der Anlage,
     - bb) gebäudeunabhängig mit einer Höhe bis zu 3 m und einer Gesamtlänge bis zu 9 m,
   - b) Kleinwindkraftanlagen mit einer freien Höhe bis zu 10 m,
   - c) Blockheizkraftwerke,

4. folgende Anlagen der Versorgung:
   - a) Brunnen,
   - b) Anlagen, die der Telekommunikation, der öffentlichen Versorgung mit Elektrizität einschließlich Trafostationen, Gas, Öl oder Wärme dienen, mit einer Höhe bis zu 5 m und einer Fläche bis zu 10 m²,

5. folgende Masten, Antennen und ähnliche Anlagen:
   - a) aa) Antennen und Antennen tragende Masten mit einer freien Höhe bis zu 10 m, imAußenbereich bis zu 15 m,
     - bb) zugehörige Versorgungseinheiten mit einem Brutto-Rauminhalt bis zu 10 m³
     
     sowie die mit solchen Vorhaben verbundene Änderung der Nutzung oder der äußeren Gestalt einer bestehenden baulichen Anlage,
   - b) Masten und Unterstützungen für Fernsprechleitungen, für Leitungen zur Versorgung mit Elektrizität, für Sirenen und für Fahnen,
   - c) Masten, die aus Gründen des Brauchtums errichtet werden,
   - d) Signalhochbauten für die Landesvermessung,
   - e) Flutlichtmasten mit einer freien Höhe bis zu 10 m,

6. folgende Behälter:
   - a) ortsfeste Behälter für Flüssiggas mit einem Fassungsvermögen von weniger als 3 t, für nicht verflüssigte Gase mit einem Rauminhalt bis zu 6 m³,

Bauordnung **BayBO 40**

    b) ortsfeste Behälter für brennbare oder wassergefährdende Flüssigkeiten mit einem Rauminhalt bis zu 10 m³,
    c) ortsfeste Behälter sonstiger Art mit einem Rauminhalt bis zu 50 m³,
    d) Gülle- und Jauchebehälter und -gruben mit einem Rauminhalt bis zu 50 m³ und einer Höhe bis zu 3 m,
    e) Gärfutterbehälter mit einer Höhe bis zu 6 m und Schnitzelgruben,
    f) Dungstätten, Fahrsilos, Kompost- und ähnliche Anlagen, ausgenommen Biomasselager für den Betrieb von Biogasanlagen,
    g) Wasserbecken mit einem Beckeninhalt bis zu 100 m³,
7. folgende Mauern und Einfriedungen:
    a) Mauern einschließlich Stützmauern und Einfriedungen, Sichtschutzräumen und Terrassentrennwänden mit einer Höhe bis zu 2 m, außer im Außenbereich,
    b) offene, sockellose Einfriedungen im Außenbereich, soweit sie der Hoffläche eines landwirtschaftlichen Betriebs, der Weidewirtschaft einschließlich der Haltung geeigneter Schalenwildarten für Zwecke der Landwirtschaft, dem Erwerbsgartenbau oder dem Schutz von Forstkulturen und Wildgehegen zu Jagdzwecken oder dem Schutz landwirtschaftlicher Kulturen vor Schalenwild sowie der berufsmäßigen Binnenfischerei dienen,
8. private Verkehrsanlagen einschließlich Brücken und Durchlässen mit einer lichten Weite bis zu 5 m und Untertunnelungen mit einem Durchmesser bis zu 3 m,
9. Aufschüttungen mit einer Höhe bis zu 2 m und einer Fläche bis zu 500 m²,
10. folgende Anlagen in Gärten und zur Freizeitgestaltung:
    a) Schwimmbecken mit einem Beckeninhalt bis zu 100 m³ einschließlich dazugehöriger temporärer luftgetragener Überdachungen, außer im Außenbereich,
    b) Sprungschanzen, Sprungtürme und Rutschbahnen mit einer Höhe bis zu 10 m,
    c) Anlagen, die der zweckentsprechenden Einrichtung von Spiel-, Abenteuerspiel-, Bolz- und Sportplätzen, Reit- und Wanderwegen, Trimm- und Lehrpfaden dienen, ausgenommen Gebäude und Tribünen,
    d) Wohnwagen, Zelte und bauliche Anlagen, die keine Gebäude sind, auf Camping-, Zelt- und Wochenendplätzen,
    e) Anlagen, die der Gartennutzung, der Gartengestaltung oder der zweckentsprechenden Einrichtung von Gärten dienen, ausgenommen Gebäude und Einfriedungen,
11. folgende tragende und nichttragende Bauteile:
    a) nichttragende und nichtaussteifende Bauteile in baulichen Anlagen,
    b) die Änderung tragender oder aussteifender Bauteile innerhalb von Wohngebäuden,
    c) zur Errichtung einzelner Aufenthaltsräume, die zu Wohnzwecken genutzt werden, im Dachgeschoss überwiegend zu Wohnzwecken genutzter Gebäude, wenn die Dachkonstruktion und die äußere Gestalt des Gebäudes nicht in genehmigungspflichtiger Weise verändert werden,

# 40 BayBO

d) Fenster und Türen sowie die dafür bestimmten Öffnungen,
e) Außenwandbekleidungen einschließlich Maßnahmen der Wärmedämmung, ausgenommen bei Hochhäusern, Verblendungen und Verputz baulicher Anlagen,
f) Bedachungen einschließlich Maßnahmen der Wärmedämmung ausgenommen bei Hochhäusern,

auch vor Fertigstellung der Anlage,

12. folgende Werbeanlagen:
    a) Werbeanlagen in Auslagen oder an Schaufenstern, im Übrigen mit einer Ansichtsfläche bis zu 1 m$^2$,
    b) Warenautomaten,
    c) Werbeanlagen, die nicht vom öffentlichen Verkehrsraum aus sichtbar sind,
    d) Werbeanlagen, die nach ihrem erkennbaren Zweck nur vorübergehend für höchstens zwei Monate angebracht werden, im Außenbereich nur, soweit sie einem Vorhaben im Sinn des § 35 Abs. 1 BauGB dienen,
    e) Zeichen, die auf abseits oder versteckt gelegene Stätten hinweisen (Hinweiszeichen), außer im Außenbereich,
    f) Schilder, die Inhaber und Art gewerblicher Betriebe kennzeichnen (Hinweisschilder), wenn sie vor Ortsdurchfahrten auf einer einzigen Tafel zusammengefasst sind,
    g) Werbeanlagen in durch Bebauungsplan festgesetzten Gewerbe-, Industrie- und vergleichbaren Sondergebieten an der Stätte der Leistung, an und auf Flugplätzen, Sportanlagen, auf abgegrenzten Versammlungsstätten, Ausstellungs- und Messegeländen, soweit sie nicht in die freie Landschaft wirken, mit einer freien Höhe bis zu 10 m, sowie, soweit sie in, auf oder an einer bestehenden baulichen Anlage errichtet werden, die damit verbundene Änderung der Nutzung oder der äußeren Gestalt der Anlage,
13. folgende vorübergehend aufgestellte oder benutzbare Anlagen:
    a) Baustelleneinrichtungen einschließlich der Lagerhallen, Schutzhallen und Unterkünfte,
    b) Toilettenwagen,
    c) Behelfsbauten, die der Landesverteidigung, dem Katastrophenschutz oder der Unfallhilfe dienen,
    d) bauliche Anlagen, die für höchstens drei Monate auf genehmigtem Messe- und Ausstellungsgelände errichtet werden, ausgenommen fliegende Bauten,
    e) Verkaufsstände und andere bauliche Anlagen auf Straßenfesten, Volksfesten und Märkten, ausgenommen fliegende Bauten,
    f) Zeltlager, die nach ihrem erkennbaren Zweck gelegentlich, höchstens für zwei Monate errichtet werden,
14. Fahrgeschäfte mit einer Höhe bis zu 5 m, die für Kinder betrieben werden und eine Geschwindigkeit von höchstens 1 m/s haben,

Bauordnung  **BayBO 40**

15. folgende Plätze:
    a) Lager-, Abstell- und Ausstellungsplätze, die einem land- oder forstwirtschaftlichen Betrieb oder einem Betrieb der gartenbaulichen Erzeugung im Sinn der § 35 Abs. 1 Nrn. 1 und 2, § 201 BauGB dienen,
    b) nicht überdachte Stellplätze und sonstige Lager- und Abstellplätze mit einer Fläche bis zu 300 m² und deren Zufahrten, außer im Außenbereich,
    c) Kinderspielplätze im Sinn des Art. 7 Abs. 3 Satz 1,
    d) Freischankflächen bis zu 40 m² einschließlich einer damit verbundenen Nutzungsänderung einer Gaststätte oder einer Verkaufsstelle des Lebensmittelhandwerks,
16. folgende sonstige Anlagen:
    a) Fahrradabstellanlagen mit einer Fläche bis zu 50 m²,
    b) Ladestationen für Elektrofahrzeuge mit einer Höhe bis zu 2 m, einer Breite bis zu 1 m und einer Tiefe bis zu 1 m,
    c) Zapfsäulen und Tankautomaten genehmigter Tankstellen,
    d) Regale mit einer Höhe bis zu 7,50 m Oberkante Lagergut,
    e) Grabdenkmale auf Friedhöfen, Feldkreuze, Denkmäler und sonstige Kunstwerke jeweils mit einer Höhe bis zu 4 m,
    f) transparente Wetterschutzeinrichtungen, die auf Masten mit einer Höhe bis zu 10 m befestigt werden und einem Betrieb der gartenbaulichen Erzeugung im Sinn von § 35 Abs. 1 Nr. 2 BauGB dienen,
    g) andere unbedeutende Anlagen oder unbedeutende Teile von Anlagen wie Hauseingangsüberdachungen, Markisen, Rollläden, Terrassen, Maschinenfundamente, Straßenfahrzeugwaagen, Pergolen, Jägerstände, Wildfütterungen, Bienenfreistände, Taubenhäuser, Hofeinfahrten und Teppichstangen.

(2) Unbeschadet des Abs. 1 sind verfahrensfrei
1. Garagen mit einer Nutzfläche bis zu 100 m² sowie überdachte Stellplätze,
2. Wochenendhäuser sowie Anlagen, die keine Gebäude sind, in durch Bebauungsplan festgesetzten Wochenendhausgebieten,
3. Anlagen in Dauerkleingärten im Sinn des § 1 Abs. 3 BKleingG,
4. Dachgauben und vergleichbare Dachaufbauten,
5. Mauern und Einfriedungen,
6. Werbeanlagen mit einer freien Höhe bis zu 10 m, sowie, soweit sie in, auf oder an einer bestehenden baulichen Anlage errichtet werden, die damit verbundene Änderung der Nutzung oder der äußeren Gestalt der Anlage,
7. Kinderspiel-, Bolz- und Abenteuerspielplätze,
8. Friedhöfe,
9. Solarenergieanlagen und Sonnenkollektoren sowie, soweit sie in, auf oder an einer bestehenden baulichen Anlage errichtet werden, die damit verbundene Änderung der Nutzung oder der äußeren Gestalt der Anlage

im Geltungsbereich einer städtebaulichen oder einer Satzung nach Art. 81, die Regelungen über die Zulässigkeit, den Standort und die Größe der Anlage enthält, wenn sie den Festsetzungen der Satzung entspricht.

(3) ¹Verfahrensfrei sind luftrechtlich zugelassenen Flugplätzen dienende Anlagen, ausgenommen Gebäude, die Sonderbauten sind. ²Für nach Satz 1 verfahrensfreie Anlagen gelten Art. 61 bis 62b entsprechend.

(4) Verfahrensfrei ist die Änderung der Nutzung von Anlagen, wenn
1. für die neue Nutzung keine anderen öffentlich-rechtlichen Anforderungen nach Art. 60 Satz 1 und Art. 62 bis 62b als für die bisherige Nutzung in Betracht kommen oder
2. die Errichtung oder Änderung der Anlagen nach Abs. 1 und 2 verfahrensfrei wäre.

(5) ¹Verfahrensfrei ist die Beseitigung von
1. Anlagen nach Abs. 1 bis 3,
2. freistehenden Gebäuden der Gebäudeklassen 1 und 3,
3. sonstigen Anlagen, die keine Gebäude sind, mit einer Höhe bis zu 10 m.

²Im Übrigen ist die beabsichtigte Beseitigung von Anlagen mindestens einen Monat zuvor der Gemeinde und der Bauaufsichtsbehörde anzuzeigen. ³Bei nicht freistehenden Gebäuden muss durch einen qualifizierten Tragwerksplaner im Sinne des Art. 62a Abs. 1 beurteilt und im erforderlichen Umfang nachgewiesen werden, dass das Gebäude oder die Gebäude, an die das zu beseitigende Gebäude angebaut ist, während und nach der Beseitigung standsicher sind; die Beseitigung ist, soweit notwendig, durch den qualifizierten Tragwerksplaner zu überwachen. ⁴Satz 3 gilt nicht, soweit an verfahrensfreie Gebäude angebaut ist. ⁵Art. 68 Abs. 6 Nr. 3 und Abs. 8 gelten entsprechend.

(6) Verfahrensfrei sind Instandhaltungsarbeiten.

**Art. 58 Genehmigungsfreistellung.** (1) ¹Die Errichtung, Änderung und Nutzungsänderung einer baulichen Anlage, die kein Sonderbau ist, ist genehmigungsfrei gestellt, wenn
1. sie im Geltungsbereich eines Bebauungsplans im Sinn des § 30 Abs. 1 oder der §§ 12, 30 Abs. 2 BauGB liegt,
2. sie den Festsetzungen des Bebauungsplans und den Regelungen örtlicher Bauvorschriften im Sinn des Art. 81 Abs. 1 nicht widerspricht,
3. die Erschließung im Sinn des Baugesetzbuchs gesichert ist,
4. sie nicht die Errichtung, Änderung oder Nutzungsänderung baulicher Anlagen betrifft,
   a) durch die dem Wohnen dienende Nutzungseinheiten mit einer Größe von insgesamt mehr als 5000 m² Bruttogrundfläche geschaffen werden oder
   b) die öffentlich zugänglich sind und der gleichzeitigen Nutzung durch mehr als 100 Personen dienen und die Vorhaben den angemessenen Sicherheitsabstand im Sinn des Art. 13 Abs. 2 Buchst. a der Richtlinie 2012/18/EU zu einem Betriebsbereich nicht einhalten und
5. die Gemeinde nicht innerhalb der Frist nach Abs. 3 Satz 3 erklärt, dass das vereinfachte Baugenehmigungsverfahren durchgeführt werden soll, oder eine vorläufige Untersagung nach § 15 Abs. 1 Satz 2 BauGB beantragt.

²Die Gemeinde kann durch örtliche Bauvorschrift im Sinn des Art. 81 Abs. 2 die Anwendung dieser Vorschrift auf bestimmte handwerkliche und gewerbliche Bauvorhaben ausschließen.

(2) ¹Genehmigungsfrei gestellt ist die Änderung und Nutzungsänderung von Dachgeschossen zu Wohnzwecken einschließlich der Errichtung von Dachgauben im Anwendungsbereich des § 34 Abs. 1 Satz 1 BauGB. ²Abs. 1 Satz 1 Nr. 3 und 5 gilt entsprechend.

(3) ¹Der Bauherr hat die erforderlichen Unterlagen bei der Gemeinde einzureichen; die Gemeinde legt, soweit sie nicht selbst Bauaufsichtsbehörde ist, eine Fertigung der Unterlagen unverzüglich der unteren Bauaufsichtsbehörde vor. ²Spätestens mit der Vorlage bei der Gemeinde benachrichtigt der Bauherr die Eigentümer der benachbarten Grundstücke von dem Bauvorhaben. ³Ist ein zu benachrichtigender Eigentümer nur unter Schwierigkeiten zu ermitteln oder zu benachrichtigen, so genügt die Benachrichtigung des unmittelbaren Besitzers. ⁴Art. 66 Abs. 1 Satz 1 und 2 und Abs. 3 gilt entsprechend. ⁵Mit dem Bauvorhaben darf einen Monat nach Vorlage der erforderlichen Unterlagen bei der Gemeinde begonnen werden. ⁶Teilt die Gemeinde dem Bauherrn vor Ablauf der Frist schriftlich mit, dass kein Genehmigungsverfahren durchgeführt werden soll und sie eine Untersagung nach § 15 Abs. 1 Satz 2 BauGB nicht beantragen wird, darf der Bauherr mit der Ausführung des Bauvorhabens beginnen; von der Mitteilung nach Halbsatz 1 hat die Gemeinde die Bauaufsichtsbehörde zu unterrichten. ⁷Will der Bauherr mit der Ausführung des Bauvorhabens mehr als vier Jahre, nachdem die Bauausführung nach den Sätzen 5 und 6 zulässig geworden ist, beginnen, gelten die Sätze 1 bis 6 entsprechend.

(4) ¹Die Erklärung der Gemeinde nach Abs. 1 Satz 1 Nr. 5 Alternative 1 kann insbesondere deshalb erfolgen, weil sie eine Überprüfung der sonstigen Voraussetzungen des Abs. 2 oder des Bauvorhabens aus anderen Gründen für erforderlich hält. ²Darauf, dass die Gemeinde von ihrer Erklärungsmöglichkeit keinen Gebrauch macht, besteht kein Rechtsanspruch. ³Hat der Bauherr bei der Vorlage der Unterlagen bestimmt, dass seine Vorlage im Fall der Erklärung nach Abs. 1 Nr. 5 als Bauantrag zu behandeln ist, leitet sie die Unterlagen gleichzeitig mit der Erklärung an die Bauaufsichtsbehörde weiter.

(5) ¹Die Art. 62 bis 62b bleiben unberührt. ²Art. 64 Abs. 2 Satz 1, Abs. 4 Sätze 1 und 2, Art. 68 Abs. 6 Nr. 2 und 3, *Abs. 6 und 7*\* sind entsprechend anzuwenden.

---

\* *Hervorhebung durch Herausgeber. Der Gesetzgeber hat Art. 68 Abs. 6 und 7 durch Gesetz vom 23. Dezember 2020 (GVBl. S. 663) zu Art. 68 Abs. 7 und 8 geändert, diese Änderung in Art. 58 Abs. 5 Satz 2 aber nicht vollzogen. Richtig müsste es an dieser Stelle heißen „Abs. 7 und 8".*

## Abschnitt III
## Genehmigungsverfahren

**Art. 59 Vereinfachtes Baugenehmigungsverfahren.** [1]Außer bei Sonderbauten prüft die Bauaufsichtsbehörde
1. die Übereinstimmung mit
   a) den Vorschriften über die Zulässigkeit der baulichen Anlagen nach den §§ 29 bis 38 BauGB,
   b) den Vorschriften über Abstandsflächen nach Art. 6,
   c) den Regelungen örtlicher Bauvorschriften im Sinn des Art. 81 Abs. 1,
2. beantragte Abweichungen im Sinn des Art. 63 Abs. 1 und Abs. 2 Satz 2 sowie
3. andere öffentlich-rechtliche Anforderungen, soweit wegen der Baugenehmigung eine Entscheidung nach anderen öffentlich-rechtlichen Vorschriften entfällt, ersetzt oder eingeschlossen wird.

[2]Die Art. 62 bis 62b bleiben unberührt.

**Art. 60 Baugenehmigungsverfahren.** [1]Bei Sonderbauten prüft die Bauaufsichtsbehörde
1. die Übereinstimmung mit den Vorschriften über die Zulässigkeit der baulichen Anlagen nach den §§ 29 bis 38 BauGB,
2. Anforderungen nach den Vorschriften dieses Gesetzes und auf Grund dieses Gesetzes,
3. andere öffentlich-rechtliche Anforderungen, soweit wegen der Baugenehmigung eine Entscheidung nach anderen öffentlich-rechtlichen Vorschriften entfällt, ersetzt oder eingeschlossen wird.

[2]Die Art. 62 bis 62b bleiben unberührt.

**Art. 61 Bauvorlageberechtigung.** (1) Bauvorlagen für die nicht verfahrensfreie Errichtung und Änderung von Gebäuden müssen von einem Entwurfsverfasser erstellt sein, der bauvorlageberechtigt ist.

(2) Bauvorlageberechtigt ist, wer
1. die Berufsbezeichnung „Architektin" oder „Architekt" führen darf,
2. in die von der Bayerischen Ingenieurekammer-Bau geführte Liste der bauvorlageberechtigten Ingenieure eingetragen ist; vergleichbare Eintragungen anderer Länder gelten auch im Freistaat Bayern.

(3) [1]Bauvorlageberechtigt sind ferner die Angehörigen der Fachrichtungen Architektur, Hochbau oder Bauingenieurwesen, die nach dem Ingenieurgesetz die Berufsbezeichnung „Ingenieurin" oder „Ingenieur" führen dürfen, sowie die staatlich geprüften Techniker der Fachrichtung Bautechnik und die Handwerksmeister des Maurer- und Betonbauer- sowie des Zimmererfachs für
1. freistehende oder nur einseitig angebaute oder anbaubare Wohngebäude der Gebäudeklassen 1 bis 3 mit nicht mehr als drei Wohnungen,
2. eingeschossige gewerblich genutzte Gebäude mit freien Stützweiten von nicht mehr als 12 m und nicht mehr als 250 m$^2$,

Bauordnung **BayBO 40**

3. land- oder forstwirtschaftlich genutzte Gebäude,
4. Kleingaragen im Sinn der Rechtsverordnung nach Art. 80 Abs. 1 Satz 1 Nr. 3,
5. einfache Änderungen von sonstigen Gebäuden.

²Staatsangehörige eines anderen Mitgliedstaates der Europäischen Union oder eines nach dem Recht der Europäischen Gemeinschaft gleichgestellten Staates sind im Sinn des Satzes 1 bauvorlageberechtigt, wenn sie eine vergleichbare Berechtigung besitzen und dafür den staatlich geprüften Technikern der Fachrichtung Bautechnik oder den Handwerksmeistern des Maurer- und Betonbauer- sowie des Zimmererfachs vergleichbare Anforderungen erfüllen mussten.

(4) Bauvorlageberechtigt ist ferner, wer
1. unter Beschränkung auf sein Fachgebiet Bauvorlagen aufstellt, die üblicherweise von Fachkräften mit einer anderen Ausbildung als sie die in Abs. 2 genannten Personen haben, aufgestellt werden,
2. für ein Amt ab der Besoldungsgruppe A 10 in der Fachlaufbahn Naturwissenschaft und Technik, fachlicher Schwerpunkt bautechnischer und umweltfachlicher Verwaltungsdienst, qualifiziert ist, für seine Tätigkeit für seinen Dienstherrn,
3. einen berufsqualifizierenden Hochschulabschluss eines Studiums der Fachrichtung Architektur, Hochbau (Art. 49 Abs. 1 der Richtlinie 2005/36/EG) oder Bauingenieurwesen nachweist, danach mindestens zwei Jahre auf dem Gebiet der Entwurfsplanung von Gebäuden praktisch tätig gewesen ist und Bedienstete oder Bediensteter einer juristischen Person des öffentlichen Rechts ist, für die dienstliche Tätigkeit,
4. die Berufsbezeichnung „Innenarchitektin" oder „Innenarchitekt" führen darf, für die mit der Berufsaufgabe verbundenen baulichen Änderungen von Gebäuden,
5. Ingenieurin oder Ingenieur der Fachrichtung Innenausbau ist und eine praktische Tätigkeit in dieser Fachrichtung von mindestens zwei Jahren ausgeübt hat, für die Planung von Innenräumen und die damit verbundenen baulichen Änderungen von Gebäuden; Abs. 3 Satz 2 gilt entsprechend,
6. einen Studiengang der Fachrichtung Holzbau und Ausbau, den das Staatsministerium für Wohnen, Bau und Verkehr als gleichwertig mit einer Ausbildung nach Abs. 3 einschließlich der Anforderungen auf Grund der Rechtsverordnung nach Art. 80 Abs. 3 anerkannt hat, erfolgreich abgeschlossen hat, für die Bauvorhaben nach Abs. 3, sofern sie in Holzbauweise errichtet werden; Abs. 3 Satz 2 gilt entsprechend.

(5) ¹In die Liste der bauvorlageberechtigten Ingenieure nach Abs. 2 Nr. 2 ist auf Antrag von der Bayerischen Ingenieurekammer-Bau einzutragen, wer
1. auf Grund eines Studiums des Bauingenieurwesens die Voraussetzungen zur Führung der Berufsbezeichnung „Ingenieur" oder „Ingenieurin" nach dem Gesetz zum Schutze der Berufsbezeichnung „Ingenieur" und „Ingenieurin" – Ingenieurgesetz – IngG – (BayRS 702-2-W) in der jeweils geltenden Fassung, erfüllt oder einen berufsqualifizierenden Hochschulabschluss eines

Studiums der Fachrichtung Hochbau (Art. 49 Abs. 1 der Richtlinie 2005/36/EG) nachweist und

2. danach mindestens zwei Jahre auf dem Gebiet der Entwurfsplanung von Gebäuden praktisch tätig gewesen ist.

²Art. 7 des Baukammerngesetzes (BauKaG) gilt entsprechend. ³Dem Antrag sind die zur Beurteilung erforderlichen Unterlagen beizufügen. ⁴Hat die Bayerische Ingenieurekammer-Bau nicht innerhalb der in Art. 42a BayVwVfG festgelegten Frist entschieden, gilt der Antrag als genehmigt.

(6) ¹Personen, die in einem anderen Mitgliedstaat der Europäischen Union oder einem nach dem Recht der Europäischen Gemeinschaft gleichgestellten Staat als Bauvorlageberechtigte niedergelassen sind, sind ohne Eintragung in die Liste nach Abs. 2 Nr. 2 bauvorlageberechtigt, wenn sie

1. eine vergleichbare Berechtigung besitzen und
2. dafür dem Abs. 5 Satz 1 Nrn. 1 und 2 vergleichbare Anforderungen erfüllen mussten.

²Sie haben das erstmalige Tätigwerden als Bauvorlageberechtigter vorher der Bayerischen Ingenieurekammer-Bau anzuzeigen und dabei

1. eine Bescheinigung darüber, dass sie in einem Mitgliedstaat der Europäischen Union oder einem nach dem Recht der Europäischen Gemeinschaft gleichgestellten Staat rechtmäßig als Bauvorlageberechtigte niedergelassen sind und ihnen die Ausübung dieser Tätigkeiten zum Zeitpunkt der Vorlage der Bescheinigung nicht, auch nicht vorübergehend, untersagt ist, und
2. einen Nachweis darüber, dass sie in dem Staat ihrer Niederlassung für die Tätigkeit als Bauvorlageberechtigter mindestens die Voraussetzungen des Abs. 6 Satz 1 Nrn. 1 und 2 erfüllen mussten,

vorzulegen; sie sind in einem Verzeichnis zu führen. ³Die Bayerische Ingenieurekammer-Bau hat auf Antrag des Bauvorlageberechtigten zu bestätigen, dass die Anzeige nach Satz 2 erfolgt ist; sie kann das Tätigwerden als Bauvorlageberechtigter untersagen und die Eintragung in dem Verzeichnis nach Satz 2 löschen, wenn die Voraussetzungen des Satzes 1 nicht erfüllt sind.

(7) ¹Personen, die in einem anderen Mitgliedstaat der Europäischen Union oder einem nach dem Recht der Europäischen Gemeinschaft gleichgestellten Staat als Bauvorlageberechtigte niedergelassen sind, ohne dass die Voraussetzung für die Vergleichbarkeit im Sinn des Abs. 6 Satz 1 Nr. 2 erfüllt ist, sind bauvorlageberechtigt, wenn ihnen die Bayerische Ingenieurekammer-Bau bescheinigt hat, dass sie die Anforderungen des Abs. 5 Satz 1 Nrn. 1 und 2 tatsächlich erfüllen; sie sind in einem Verzeichnis zu führen. ²Die Bescheinigung wird auf Antrag erteilt. ³Abs. 5 Sätze 3 und 4 sind entsprechend anzuwenden.

(8) ¹Anzeigen und Bescheinigungen nach den Abs. 6 und 7 sind nicht erforderlich, wenn bereits in einem anderen Land eine Anzeige erfolgt ist oder eine Bescheinigung erteilt wurde; eine weitere Eintragung in die von der Bayerischen Ingenieurekammer-Bau geführten Verzeichnisse erfolgt nicht. ²Verfahren nach den Abs. 5 bis 7 können über die einheitliche Stelle nach den Vorschriften des Bayerischen Verwaltungsverfahrensgesetzes abgewickelt werden.

Bauordnung **BayBO 40**

(9) ¹Unternehmen dürfen Bauvorlagen als Entwurfsverfasser erstellen, wenn dies unter der Leitung eines Bauvorlageberechtigten nach den Abs. 2 bis 4, 6 und 7 erfolgt. ²Auf den Bauvorlagen ist der Name des Bauvorlageberechtigten anzugeben.

(10) Für Bauvorlageberechtigte, die weder Mitglied der Bayerischen Architektenkammer noch der Bayerischen Ingenieurekammer-Bau sind, gilt Art. 24 Abs. 1 Satz 2 Nr. 4 BauKaG entsprechend.

**Art. 62 Bautechnische Nachweise.** (1) ¹Die Einhaltung der Anforderungen an die Standsicherheit, den Brand-, Schall- und Erschütterungsschutz ist nach Maßgabe der Rechtsverordnung auf Grund des Art. 80 Abs. 4 nachzuweisen (bautechnische Nachweise). ²Bautechnische Nachweise sind nicht erforderlich für verfahrensfreie Bauvorhaben. ³Art. 57 Abs. 5 Satz 2 bis 5 und Regelungen auf Grund des Art. 80 Abs. 4 bleiben unberührt. ⁴Werden bautechnische Nachweise durch einen Prüfsachverständigen bescheinigt, gelten die entsprechenden Anforderungen auch in den Fällen des Art. 63 als eingehalten.

(2) Die Bauvorlageberechtigung nach Art. 61 Abs. 2, 3 und 4 Nr. 2 berechtigt zur Erstellung bautechnischer Nachweise, soweit die Art. 62a und 62b nichts Abweichendes bestimmen.

(3) ¹Tragwerksplaner nach Art. 62a Abs. 1 und Brandschutzplaner nach Art. 62b Abs. 1 Nr. 3 sind in eine von der Bayerischen Architektenkammer oder der Bayerischen Ingenieurekammer-Bau zu führende Liste einzutragen. ²Vergleichbare Berechtigungen anderer Länder gelten auch im Freistaat Bayern. ³Für Personen, die in einem anderen Mitgliedstaat der Europäischen Union oder einem nach dem Recht der Europäischen Gemeinschaft gleichgestellten Staat zur Erstellung von Standsicherheits- oder Brandschutznachweisen niedergelassen sind, gilt Art. 61 Abs. 6 bis 8 mit der Maßgabe entsprechend, dass die Anzeige oder der Antrag auf Erteilung einer Bescheinigung bei der zuständigen Bayerischen Architektenkammer oder der Bayerischen Ingenieurekammer-Bau einzureichen ist. ⁴Art. 61 Abs. 10 ist anzuwenden.

**Art. 62a Standsicherheitsnachweis.** (1) Bei Gebäuden der Gebäudeklassen 1 bis 3 und bei sonstigen baulichen Anlagen, die keine Gebäude sind, muss der Standsicherheitsnachweis erstellt sein
1. von Personen mit einem berufsqualifizierenden Hochschulabschluss eines Studiums der Fachrichtung Architektur, Hochbau (Art. 49 Abs. 1 der Richtlinie 2005/36/EG) oder des Bauingenieurwesens mit einer mindestens dreijährigen Berufserfahrung in der Tragwerksplanung oder
2. im Rahmen ihrer Bauvorlageberechtigung von
   a) staatlich geprüften Technikern der Fachrichtung Bautechnik und Handwerksmeistern des Maurer- und Betonbauer- sowie des Zimmererfachs (Art. 61 Abs. 3), wenn sie mindestens drei Jahre zusammenhängende Berufserfahrung nachweisen und die durch Rechtsverordnung gemäß Art. 80 Abs. 3 näher bestimmte Zusatzqualifikation besitzen oder
   b) Bauvorlageberechtigten nach Art. 61 Abs. 4 Nr. 6.

(2) ¹Der Standsicherheitsnachweis muss durch einen Prüfsachverständigen bescheinigt sein bei
1. Gebäuden der Gebäudeklassen 4 und 5 sowie
2. Gebäuden der Gebäudeklassen 1 bis 3, bei Behältern, Brücken, Stützmauern, Tribünen und bei sonstigen baulichen Anlagen mit einer freien Höhe von mehr als 10 m, die keine Gebäude sind, wenn dies nach Maßgabe eines in der Rechtsverordnung nach Art. 80 Abs. 4 geregelten Kriterienkatalogs erforderlich ist.

²Bei baulichen Anlagen nach Satz 1, die Sonderbauten sind, muss der Standsicherheitsnachweis durch die Bauaufsichtsbehörde, einen Prüfingenieur oder ein Prüfamt geprüft sein. ³Einer Bescheinigung oder Prüfung bedarf es nicht,
1. für Wohngebäude der Gebäudeklassen 1 und 2 sowie für oberirdische eingeschossige Gebäude mit freien Stützweiten von nicht mehr als 12 m und nicht mehr als 1600 m², die nicht oder nur zum vorübergehenden Aufenthalt einzelner Personen bestimmt sind, sowie
2. für Bauvorhaben oder deren Teile, für die Standsicherheitsnachweise vorliegen, die von einem Prüfamt oder der zuständigen Stelle eines anderen Landes allgemein geprüft sind (Typenprüfung).

⁴Im Übrigen wird der Standsicherheitsnachweis nicht geprüft.

**Art. 62b Brandschutznachweis.** (1) Der Brandschutznachweis muss erstellt sein von Personen, die
1. für das Bauvorhaben bauvorlageberechtigt sind,
2. zur Bescheinigung von Brandschutznachweisen befugt sind oder
3. nach Abschluss der Ausbildung mindestens zwei Jahre auf dem Gebiet der brandschutztechnischen Planung und Ausführung von Gebäuden oder deren Prüfung praktisch tätig gewesen sind und die erforderlichen Kenntnisse des Brandschutzes nachgewiesen haben
    a) als Angehöriger eines Studiengangs der Fachrichtung Architektur, Hochbau (Art. 49 Abs. 1 der Richtlinie 2005/36/EG), Bauingenieurwesen oder eines Studiengangs mit Schwerpunkt Brandschutz, der ein Studium an einer deutschen Hochschule oder ein gleichwertiges Studium an einer ausländischen Hochschule abgeschlossen hat, oder
    b) als Absolvent einer Ausbildung für Ämter mit Einstieg in der dritten und vierten Qualifikationsebene in der Fachlaufbahn Naturwissenschaft und Technik, Schwerpunkt feuerwehrtechnischer Dienst.

(2) ¹Der Brandschutznachweis muss durch einen Prüfsachverständigen für Brandschutz bescheinigt sein oder wird bauaufsichtlich geprüft bei
1. Sonderbauten,
2. Mittel- und Großgaragen im Sinn der Rechsverordnung nach Art. 80 Abs. 1 Satz 1 Nr. 3,
3. Gebäuden der Gebäudeklasse 5.

²Im Übrigen wird der Brandschutznachweis nicht geprüft.

Bauordnung **BayBO 40**

**Art. 63 Abweichungen.** (1) ¹Die Bauaufsichtsbehörde kann Abweichungen von Anforderungen dieses Gesetzes und auf Grund dieses Gesetzes erlassener Vorschriften zulassen, wenn sie unter Berücksichtigung des Zwecks der jeweiligen Anforderung und unter Würdigung der öffentlich-rechtlich geschützten nachbarlichen Belange mit den öffentlichen Belangen, insbesondere den Anforderungen des Art. 3 Satz 1 vereinbar sind; Art. 81a Abs. 1 Satz 2 bleibt unberührt. ²Von den Anforderungen des Art. 6 sollen Abweichungen insbesondere zugelassen werden, wenn ein rechtmäßig errichtetes Gebäude durch ein Wohngebäude höchstens gleicher Abmessung und Gestalt ersetzt wird. ³Der Zulassung einer Abweichung bedarf es nicht, wenn bautechnische Nachweise durch einen Prüfsachverständigen bescheinigt werden oder in den Fällen des Abs. 2 Satz 2 Halbsatz 1 das Vorliegen der Voraussetzung für eine Abweichung durch ihn bescheinigt wird.

(2) ¹Die Zulassung von Abweichungen nach Abs. 1 Satz 1, von Ausnahmen und Befreiungen von den Festsetzungen eines Bebauungsplans, einer sonstigen städtebaulichen Satzung oder von Regelungen der Baunutzungsverordnung ist gesondert schriftlich zu beantragen; der Antrag ist zu begründen. ²Für Anlagen, die keiner Genehmigung bedürfen, sowie für Abweichungen von Vorschriften, die im Genehmigungsverfahren nicht geprüft werden, gilt Satz 1 entsprechend; bei Bauvorhaben, die einer Genehmigung bedürfen, ist der Abweichungsantrag mit dem Bauantrag zu stellen.

(3) ¹Über Abweichungen nach Abs. 1 Satz 1 von örtlichen Bauvorschriften sowie über Ausnahmen und Befreiungen nach Abs. 2 Satz 1 entscheidet bei verfahrensfreien Bauvorhaben die Gemeinde nach Maßgabe der Abs. 1 und 2. ²Im Übrigen lässt die Bauaufsichtsbehörde Abweichungen von örtlichen Bauvorschriften im Einvernehmen mit der Gemeinde zu; § 36 Abs. 2 Satz 2 BauGB gilt entsprechend.

**Art. 64 Bauantrag, Bauvorlagen.** (1) ¹Der Bauantrag ist schriftlich bei der Gemeinde einzureichen. ²Diese legt ihn, sofern sie nicht selbst zur Entscheidung zuständig ist, mit ihrer Stellungnahme unverzüglich bei der Bauaufsichtsbehörde vor. ³Die Gemeinden können die Ergänzung oder Berichtigung unvollständiger oder unrichtiger Bauanträge verlangen.

(2) ¹Mit dem Bauantrag sind alle für die Beurteilung des Bauvorhabens und die Bearbeitung des Bauantrags erforderlichen Unterlagen (Bauvorlagen) einzureichen. ²Es kann gestattet werden, dass einzelne Bauvorlagen nachgereicht werden.

(3) In besonderen Fällen kann zur Beurteilung der Einwirkung des Bauvorhabens auf die Umgebung verlangt werden, dass es in geeigneter Weise auf dem Baugrundstück dargestellt wird.

(4) ¹Der Bauherr und der Entwurfsverfasser haben den Bauantrag und die Bauvorlagen zu unterschreiben. ²Soweit der Eigentümer oder der Erbbauberechtigte dem Bauvorhaben zugestimmt hat, ist er verpflichtet, bauaufsichtliche Maßnahmen zu dulden, die aus Nebenbestimmungen der Baugenehmigung herrühren.

## 40 BayBO

**Art. 65 Behandlung des Bauantrags.** (1) [1]Die Bauaufsichtsbehörde hört zum Bauantrag diejenigen Stellen,
1. deren Beteiligung oder Anhörung für die Entscheidung über den Bauantrag durch Rechtsvorschrift vorgeschrieben ist, oder
2. ohne deren Stellungnahme die Genehmigungsfähigkeit des Bauantrags nicht beurteilt werden kann;

die Beteiligung oder Anhörung entfällt, wenn die jeweilige Stelle dem Bauantrag bereits vor Einleitung des Baugenehmigungsverfahrens in Textform zugestimmt hat. [2]Bedarf die Erteilung der Baugenehmigung der Zustimmung oder des Einvernehmens einer anderen Körperschaft, Behörde oder sonstigen Stelle, so gilt diese als erteilt, wenn sie nicht einen Monat nach Eingang des Ersuchens verweigert wird; von der Frist nach Halbsatz 1 abweichende Regelungen durch Rechtsvorschrift bleiben unberührt. [3]Stellungnahmen bleiben unberücksichtigt, wenn sie nicht innerhalb eines Monats nach Aufforderung zur Stellungnahme bei der Bauaufsichtsbehörde eingehen, es sei denn, die verspätete Stellungnahme ist für die Rechtmäßigkeit der Entscheidung über den Bauantrag von Bedeutung.

(2) [1]Ist der Bauantrag unvollständig oder weist er sonstige erhebliche Mängel auf, fordert die Bauaufsichtsbehörde den Bauherrn zur Behebung der Mängel innerhalb einer angemessenen Frist auf. [2]Werden die Mängel innerhalb der Frist nicht behoben, gilt der Antrag als zurückgenommen, wenn der Antragsteller auf diese Rechtsfolge hingewiesen worden ist.

**Art. 66 Beteiligung des Nachbarn.** (1) [1]Den Eigentümern der benachbarten Grundstücke sind vom Bauherrn oder seinem Beauftragten der Lageplan und die Bauzeichnungen zur Zustimmung vorzulegen. [2]Die Zustimmung bedarf der Schriftform. [3]Im Bauantrag ist anzugeben, ob zugestimmt wurde. [4]Hat ein Nachbar nicht zugestimmt oder wird seinen Einwendungen nicht entsprochen, so ist ihm eine Ausfertigung der Baugenehmigung zuzustellen.

(2) [1]Der Nachbar ist Beteiligter im Sinn des Art. 13 Abs. 1 Nr. 1 BayVwVfG. [2]Art. 28 BayVwVfG findet keine Anwendung. [3]Sind an einem Baugenehmigungsverfahren mindestens zehn Nachbarn im gleichen Interesse beteiligt, ohne vertreten zu sein, so kann die Bauaufsichtsbehörde sie auffordern, innerhalb einer angemessenen Frist einen Vertreter zu bestellen; Art. 18 Abs. 1 Sätze 2 und 3, Abs. 2 BayVwVfG finden Anwendung. [4]Bei mehr als 20 Beteiligten im Sinn des Satzes 3 kann die Zustellung nach Abs. 1 Satz 4 durch öffentliche Bekanntmachung ersetzt werden; die Bekanntmachung hat den verfügenden Teil der Baugenehmigung, die Rechtsbehelfsbelehrung sowie einen Hinweis darauf zu enthalten, wo die Akten des Baugenehmigungsverfahrens eingesehen werden können. [5]Sie ist im amtlichen Veröffentlichungsblatt der zuständigen Bauaufsichtsbehörde bekannt zu machen. [6]Die Zustellung gilt mit dem Tag der Bekanntmachung als bewirkt.

(3) [1]Ein Erbbauberechtigter tritt an die Stelle des Eigentümers. [2]Ist Eigentümer des Nachbargrundstücks eine Eigentümergemeinschaft nach dem Wohnungseigentumsgesetz, so genügt die Vorlage nach Abs. 1 Satz 1 an den Ver-

Bauordnung **BayBO 40**

walter; seine Zustimmung gilt jedoch nicht als Zustimmung der einzelnen Wohnungseigentümer. ³Der Eigentümer des Nachbargrundstücks nimmt auch die Rechte des Mieters oder Pächters wahr, die aus deren Eigentumsgrundrecht folgen.

**Art. 66a Beteiligung der Öffentlichkeit.** (1) ¹Bei baulichen Anlagen, die auf Grund ihrer Beschaffenheit oder ihres Betriebs geeignet sind, die Allgemeinheit oder die Nachbarschaft zu gefährden, zu benachteiligen oder zu belästigen, kann die Bauaufsichtsbehörde auf Antrag des Bauherrn das Bauvorhaben in ihrem amtlichen Veröffentlichungsblatt und außerdem in örtlichen Tageszeitungen, die im Bereich des Standorts der Anlage verbreitet sind, öffentlich bekannt machen; verfährt die Bauaufsichtsbehörde nach Halbsatz 1, findet Art. 66 Abs. 1 und 3 keine Anwendung. ²Mit Ablauf einer Frist von einem Monat nach der Bekanntmachung des Bauvorhabens sind alle öffentlich-rechtlichen Einwendungen gegen das Bauvorhaben ausgeschlossen. ³Die Zustellung der Baugenehmigung nach Art. 66 Abs. 1 Satz 4 kann durch öffentliche Bekanntmachung ersetzt werden; Satz 1 und Art. 66 Abs. 2 Satz 6 gelten entsprechend. ⁴In der Bekanntmachung nach Satz 1 ist darauf hinzuweisen,
1. wo und wann Beteiligte nach Art. 29 BayVwVfG die Akten des Verfahrens einsehen können,
2. wo und wann Beteiligte Einwendungen gegen das Bauvorhaben vorbringen können,
3. welche Rechtsfolgen mit Ablauf der Frist des Satzes 2 eintreten und
4. dass die Zustellung der Baugenehmigung durch öffentliche Bekanntmachung ersetzt werden kann.

(2) ¹Bei der Errichtung, Änderung oder Nutzungsänderung
1. von Vorhaben nach Art. 58 Abs. 1 Nr. 4 sowie
2. baulicher Anlagen, die nach Durchführung des Bauvorhabens Sonderbauten nach Art. 2 Abs. 4 Nr. 9 bis 13, 15 und 16 sind,

ist eine Öffentlichkeitsbeteiligung nach Abs. 1 durchzuführen, wenn sie den angemessenen Sicherheitsabstand im Sinn des Art. 13 Abs. 2 Buchst. a der Richtlinie 2012/18/EU zu einem Betriebsbereich nicht einhalten. ²In die öffentliche Bekanntmachung nach Abs. 1 Satz 4 sind zusätzlich folgende Angaben aufzunehmen:
1. ob für das Vorhaben eine Umweltverträglichkeitsprüfung durchzuführen ist (§§ 3a, 8 und 9 des Gesetzes über die Umweltverträglichkeitsprüfung),
2. wo und wann die betroffene Öffentlichkeit im Sinn des Art. 3 Nr. 18 der Richtlinie 2012/18/EU Einwendungen gegen das Bauvorhaben vorbringen kann und
3. die grundsätzlichen Entscheidungsmöglichkeiten der Behörde oder, soweit vorhanden, der Entscheidungsentwurf.

³Die Baugenehmigung ist nach Art. 41 Abs. 4 BayVwVfG öffentlich bekannt zu geben und, soweit Einwendungen vorgebracht wurden, zu begründen. ⁴In der Begründung sind die wesentlichen tatsächlichen und rechtlichen Gründe, die

Behandlung der Einwendungen sowie Angaben über das Verfahren zur Beteiligung der Öffentlichkeit aufzunehmen.

**Art. 67 Ersetzung des gemeindlichen Einvernehmens.** (1) ¹Hat eine Gemeinde ihr nach § 14 Abs. 2 Satz 2, § 22 Abs. 5 Satz 1, § 145 Abs. 1 Satz 2, § 173 Abs. 1 Satz 2 Halbsatz 1 BauGB oder nach Art. 63 Abs. 3 Satz 2 Halbsatz 1 erforderliches Einvernehmen rechtswidrig versagt und besteht ein Rechtsanspruch auf Erteilung der Genehmigung, kann das fehlende Einvernehmen nach Maßgabe der Abs. 2 bis 4 ersetzt werden; in den Fällen des § 36 Abs. 1 Sätze 1 und 2 BauGB ist das fehlende Einvernehmen nach Maßgabe von Abs. 2 bis 4 zu ersetzen. ²Außer in den Fällen des § 36 Abs. 2 Satz 3 BauGB besteht kein Rechtsanspruch auf Ersetzung des gemeindlichen Einvernehmens.

(2) Art. 112 der Gemeindeordnung (GO) findet keine Anwendung.

(3) ¹Die Genehmigung gilt zugleich als Ersatzvornahme im Sinn des Art. 113 GO; sie ist insoweit zu begründen. ²Entfällt die aufschiebende Wirkung der Anfechtungsklage gegen die Genehmigung nach § 80 Abs. 2 Satz 1 Nr. 3 oder 4 VwGO, hat die Anfechtungsklage auch insoweit keine aufschiebende Wirkung, als die Genehmigung als Ersatzvornahme gilt.

(4) ¹Die Gemeinde ist vor Erlass der Genehmigung anzuhören. ²Dabei ist ihr Gelegenheit zu geben, binnen angemessener Frist erneut über das gemeindliche Einvernehmen zu entscheiden.

**Art. 68 Baugenehmigung, Genehmigungsfiktion und Baubeginn.** (1) ¹Die Baugenehmigung ist zu erteilen, wenn dem Bauvorhaben keine öffentlich-rechtlichen Vorschriften entgegenstehen, die im bauaufsichtlichen Genehmigungsverfahren zu prüfen sind; die Bauaufsichtsbehörde darf den Bauantrag auch ablehnen, wenn das Bauvorhaben gegen sonstige öffentlich-rechtliche Vorschriften verstößt. ²Die durch eine Umweltverträglichkeitsprüfung ermittelten, beschriebenen und bewerteten Umweltauswirkungen sind nach Maßgabe der hierfür geltenden Vorschriften zu berücksichtigen.

(2)\* ¹Betrifft ein Bauantrag die Errichtung oder Änderung eines Gebäudes, das ausschließlich oder überwiegend dem Wohnen dient, oder eine Nutzungsänderung, durch die Wohnraum geschaffen werden soll, und ist über diesen Bauantrag im vereinfachten Genehmigungsverfahren nach Art. 59 zu entscheiden, gilt Art. 42a BayVwVfG mit folgenden Maßgaben entsprechend:
1. Die Frist für die Entscheidung beginnt
   a) drei Wochen nach Zugang des Bauantrags oder
   b) drei Wochen nach Zugang der verlangten Unterlagen, wenn die Bauaufsichtsbehörde vor Fristbeginn eine Aufforderung nach Art. 65 Abs. 2 versandt hat.

---

\* *Beachte Art. 83 Abs. 7.*

2. Die Bescheinigung nach Art. 42a Abs. 3 BayVwVfG ist unverlangt und unverzüglich auszustellen; sie hat den Inhalt der Genehmigung wiederzugeben, eine Rechtsbehelfsbelehrung nach § 58 VwGO zu enthalten und ist dem Antragsteller, der Gemeinde sowie jedem Nachbarn zuzustellen, der dem Bauantrag nicht zugestimmt hat.
[2]Satz 1 findet keine Anwendung, wenn der Antragsteller vor Ablauf der Entscheidungsfrist gegenüber der Baugenehmigungsbehörde in Textform auf den Eintritt der Genehmigungsfiktion verzichtet hat. [3]Im Fall des Satzes 1 finden die Abs. 3 und 4 keine Anwendung.

(3) [1]Die Baugenehmigung bedarf der Schriftform. [2]Sie ist nur insoweit zu begründen, als ohne Zustimmung des Nachbarn von nachbarschützenden Vorschriften abgewichen wird oder der Nachbar gegen das Bauvorhaben in Textform Einwendungen erhoben hat; Art. 39 Abs. 2 Nr. 2 BayVwVfG und Art. 66a Abs. 2 Satz 3 bleiben unberührt. [3]Sie ist mit einer Ausfertigung der mit einem Genehmigungsvermerk zu versehenden Bauvorlagen dem Antragsteller zuzustellen. [4]Die Gemeinde erhält die Baugenehmigung und die Bauvorlagen; hat sie dem Bauvorhaben nicht zugestimmt, ist die Baugenehmigung zuzustellen.

(4) Wird die Baugenehmigung unter Auflagen oder Bedingungen erteilt, kann eine Sicherheitsleistung verlangt werden.

(5) Die Baugenehmigung wird unbeschadet der privaten Rechte Dritter erteilt.

(6) Mit der Bauausführung oder mit der Ausführung des jeweiligen Bauabschnitts darf erst begonnen werden, wenn
1. die Baugenehmigung oder eine Bescheinigung gemäß Art. 42a BayVwVfG dem Bauherrn zugegangen ist sowie
2. die Bescheinigungen nach Art. 62a Abs. 2 und Art. 62b Abs. 2 und
3. die Baubeginnsanzeige
der Bauaufsichtsbehörde vorliegen.

(7) [1]Vor Baubeginn müssen die Grundfläche der baulichen Anlage abgesteckt und ihre Höhenlage festgelegt sein. [2]Die Bauaufsichtsbehörde kann verlangen, dass Absteckung und Höhenlage von ihr abgenommen oder die Einhaltung der festgelegten Grundfläche und Höhenlage nachgewiesen wird. [3]Baugenehmigungen, Bauvorlagen, bautechnische Nachweise, soweit es sich nicht um Bauvorlagen handelt, sowie Bescheinigungen von Prüfsachverständigen müssen an der Baustelle von Baubeginn an vorliegen.

(8) Der Bauherr hat den Ausführungsbeginn genehmigungspflichtiger Bauvorhaben und die Wiederaufnahme der Bauarbeiten nach einer Unterbrechung von mehr als sechs Monaten mindestens eine Woche vorher der Bauaufsichtsbehörde schriftlich mitzuteilen (Baubeginnsanzeige).

**Art. 69 Geltungsdauer der Baugenehmigung und der Teilbaugenehmigung.** (1) Sind in ihnen keine anderen Fristen bestimmt, erlöschen die Baugenehmigung und die Teilbaugenehmigung, wenn innerhalb von vier Jahren nach ihrer Erteilung mit der Ausführung des Bauvorhabens nicht begonnen oder die

Bauausführung vier Jahre unterbrochen worden ist; die Einlegung eines Rechtsbehelfs hemmt den Lauf der Frist bis zur Unanfechtbarkeit der Genehmigung.

(2) ¹Die Frist nach Abs. 1 kann auf schriftlichen Antrag jeweils bis zu zwei Jahre verlängert werden. ²Sie kann auch rückwirkend verlängert werden, wenn der Antrag vor Fristablauf bei der Bauaufsichtsbehörde eingegangen ist.

**Art. 70 Teilbaugenehmigung.** ¹Ist ein Bauantrag eingereicht, kann der Beginn der Bauarbeiten für die Baugrube und für einzelne Bauteile oder Bauabschnitte auf schriftlichen Antrag schon vor Erteilung der Baugenehmigung gestattet werden (Teilbaugenehmigung); eine Teilbaugenehmigung kann auch für die Errichtung einer baulichen Anlage unter Vorbehalt der künftigen Nutzung erteilt werden, wenn und soweit die Genehmigungsfähigkeit der baulichen Anlage nicht von deren künftiger Nutzung abhängt. ²Art. 67 und 68 Abs. 1 und Abs. 3 bis 8 gelten entsprechend.

**Art. 71 Vorbescheid.** ¹Vor Einreichung des Bauantrags ist auf Antrag des Bauherrn zu einzelnen Fragen des Bauvorhabens ein Vorbescheid zu erteilen. ²Der Vorbescheid gilt drei Jahre, soweit in ihm keine andere Frist bestimmt ist. ³Die Frist kann auf schriftlichen Antrag jeweils bis zu zwei Jahre verlängert werden. ⁴Art. 64 bis 67, Art. 68 Abs. 1 und Abs. 3 bis 5 sowie Art. 69 Abs. 2 Satz 2 gelten entsprechend; die Bauaufsichtsbehörde kann von der Anwendung des Art. 66 absehen, wenn der Bauherr dies beantragt.

**Art. 72 Genehmigung fliegender Bauten.** (1) ¹Fliegende Bauten sind bauliche Anlagen, die geeignet und bestimmt sind, wiederholt an wechselnden Orten aufgestellt und zerlegt zu werden. ²Baustelleneinrichtungen gelten nicht als fliegende Bauten.

(2) ¹Fliegende Bauten dürfen nur aufgestellt und in Gebrauch genommen werden, wenn vor ihrer erstmaligen Aufstellung oder Ingebrauchnahme eine Ausführungsgenehmigung erteilt worden ist. ²Die Ausführungsgenehmigung wird für eine bestimmte Frist erteilt, die höchstens fünf Jahre betragen soll; sie kann auf schriftlichen Antrag von der für die Ausführungsgenehmigung zuständigen Behörde oder der nach Art. 80 Abs. 5 Nr. 5 bestimmten Stelle jeweils um bis zu fünf Jahre verlängert werden, wenn das der Inhaber vor Ablauf der Frist schriftlich beantragt. ³Die Ausführungsgenehmigung kann vorschreiben, dass der fliegende Bau vor jeder Inbetriebnahme oder in bestimmten zeitlichen Abständen jeweils vor einer Inbetriebnahme von einem Sachverständigen abgenommen wird. ⁴Ausführungsgenehmigungen anderer Länder der Bundesrepublik Deutschland gelten auch im Freistaat Bayern.

(3) Keiner Ausführungsgenehmigung bedürfen

1. fliegende Bauten bis zu 5 m Höhe, die nicht dazu bestimmt sind, von Besuchern betreten zu werden,
2. fliegende Bauten mit einer Höhe bis zu 5 m, die für Kinder betrieben werden und eine Geschwindigkeit von höchstens 1 m/s haben,

Bauordnung **BayBO 40**

3. Bühnen, die fliegende Bauten sind, einschließlich Überdachungen und sonstigen Aufbauten mit einer Höhe bis zu 5 m, einer Grundfläche bis zu 100 m² und einer Fußbodenhöhe bis zu 1,50 m,
4. erdgeschossige Zelte und betretbare Verkaufsstände, die fliegende Bauten sind, jeweils mit einer Grundfläche bis zu 75 m²,
5. aufblasbare Spielgeräte mit einer Höhe des betretbaren Bereichs von bis zu 5 m oder mit überdachten Bereichen, bei denen die Entfernung zum Ausgang nicht mehr als 3 m, oder, sofern ein Absinken der Überdachung konstruktiv verhindert wird, nicht mehr als 10 m, beträgt,
6. Toilettenwagen.

(4) [1]Für jeden genehmigungspflichtigen fliegenden Bau ist ein Prüfbuch anzulegen. [2]Wird die Aufstellung oder der Gebrauch des fliegenden Baus wegen Mängeln untersagt, die eine Versagung der Ausführungsgenehmigung rechtfertigen würden, ist das Prüfbuch einzuziehen und der für die Ausführungsgenehmigung zuständigen Behörde oder Stelle zuzuleiten. [3]In das Prüfbuch sind einzutragen
1. die Erteilung der Ausführungsgenehmigung und deren Verlängerungen unter Beifügung einer mit einem Genehmigungsvermerk versehenen Ausfertigung der Bauvorlagen,
2. die Übertragung des fliegenden Baus an Dritte,
3. die Änderung der für die Ausführungsgenehmigung zuständigen Behörde oder Stelle,
4. Durchführung und Ergebnisse bauaufsichtlicher Überprüfungen und Abnahmen,
5. die Einziehung des Prüfbuchs nach Satz 2.
[4]Umstände, die zu Eintragungen nach Nrn. 2 und 3 führen, hat der Inhaber der Ausführungsgenehmigung der dafür zuletzt zuständigen Behörde oder Stelle unverzüglich anzuzeigen.

(5) [1]Die beabsichtigte Aufstellung genehmigungspflichtiger fliegender Bauten ist der Bauaufsichtsbehörde mindestens eine Woche zuvor unter Vorlage des Prüfbuchs anzuzeigen, es sei denn, dass dies nach der Ausführungsgenehmigung nicht erforderlich ist. [2]Genehmigungsbedürftige fliegende Bauten dürfen nur in Betrieb genommen werden, wenn
1. sie von der Bauaufsichtsbehörde abgenommen worden sind (Gebrauchsabnahme), es sei denn, dass dies nach der Ausführungsgenehmigung nicht erforderlich ist oder die Bauaufsichtsbehörde im Einzelfall darauf verzichtet, und
2. in der Ausführungsgenehmigung vorgeschriebene Abnahmen durch Sachverständige nach Abs. 2 Satz 3 vorgenommen worden sind.

(6) [1]Auf fliegende Bauten, die der Landesverteidigung oder dem Katastrophenschutz dienen, finden die Abs. 1 bis 5 und Art. 73 keine Anwendung. [2]Sie bedürfen auch keiner Baugenehmigung.

**Art. 73 Bauaufsichtliche Zustimmung.** (1) [1]Nicht verfahrensfreie Bauvorhaben bedürfen keiner Baugenehmigung, Genehmigungsfreistellung, Anzeige und Bauüberwachung (Art. 57 Abs. 5, Art. 58, 68, 77 und 78), wenn

## 40 BayBO

1. die Leitung der Entwurfsarbeiten und die Bauüberwachung einer Baudienststelle des Bundes, eines Landes oder eines Bezirks übertragen sind und
2. die Baudienststelle mindestens mit einem Bediensteten, der für ein Amt ab der Besoldungsgruppe A 14 in der Fachlaufbahn Naturwissenschaft und Technik, fachlicher Schwerpunkt bautechnischer und umweltfachlicher Verwaltungsdienst, qualifiziert ist, und mit sonstigen geeigneten Fachkräften ausreichend besetzt

ist. ²Solche Bauvorhaben bedürfen der Zustimmung der Regierung (Zustimmungsverfahren). ³Die Zustimmung der Regierung entfällt, wenn

1. die Gemeinde nicht widerspricht,
2. die Nachbarn dem Bauvorhaben zustimmen und
3. keine Öffentlichkeitsbeteiligung nach Art. 66a Abs. 2 vorgeschrieben ist.

⁴Keiner Baugenehmigung, Genehmigungsfreistellung oder Zustimmung bedürfen unter den Voraussetzungen des Satzes 1 Baumaßnahmen in oder an bestehenden Gebäuden, soweit sie nicht zur Erweiterung des Bauvolumens oder zu einer der Genehmigungspflicht unterliegenden Nutzungsänderung führen.

(2) ¹Der Antrag auf Zustimmung ist bei der Regierung einzureichen. ²Die Regierung prüft

1. die Übereinstimmung des Bauvorhabens mit den Vorschriften über die Zulässigkeit der baulichen Anlagen nach den §§ 29 bis 38 BauGB und den Regelungen örtlicher Bauvorschriften im Sinn des Art. 81 Abs. 1 sowie
2. andere öffentlich-rechtliche Anforderungen, soweit wegen der Zustimmung eine Entscheidung nach anderen öffentlich-rechtlichen Vorschriften entfällt, ersetzt oder eingeschlossen wird.

³Sie führt eine Öffentlichkeitsbeteiligung nach Art. 66a Abs. 2 durch. ⁴Die Regierung entscheidet über Abweichungen von den nach Satz 2 zu prüfenden sowie sonstigen Vorschriften, soweit sie drittschützend sind; darüber hinaus bedarf die Zulässigkeit von Ausnahmen, Befreiungen und Abweichungen keiner bauaufsichtlichen Entscheidung. ⁵Die Gemeinde ist vor Erteilung der Zustimmung zu hören; § 36 Abs. 2 Satz 2 Halbsatz 1 BauGB gilt entsprechend. ⁶Im Übrigen sind die Vorschriften über das Genehmigungsverfahren entsprechend anzuwenden.

(3) ¹Die Baudienststelle trägt die Verantwortung dafür, dass die Errichtung, die Änderung, die Nutzungsänderung und die Beseitigung baulicher Anlagen den öffentlich-rechtlichen Vorschriften entsprechen; die Verantwortung für die Unterhaltung baulicher Anlagen trägt die Baudienststelle nur, wenn und solang sie der für die Anlage Verantwortliche ausschließlich ihr überträgt. ²Die Baudienststelle kann Sachverständige in entsprechender Anwendung der Art. 62a Abs. 2, Art. 62b Abs. 2 und Art. 77 Abs. 2 sowie der auf Grund des Art. 80 Abs. 2 erlassenen Rechtsverordnung heranziehen. ³Die Verantwortung des Unternehmers (Art. 52) bleibt unberührt.

(4) ¹Bauvorhaben, die der Landesverteidigung, dienstlichen Zwecken der Bundespolizei oder dem zivilen Bevölkerungsschutz dienen, sind vor Baubeginn mit Bauvorlagen in dem erforderlichen Umfang der Regierung zur Kennt-

Bauordnung  **BayBO 40**

nis zu bringen; Abs. 1 Satz 3 gilt entsprechend. ²Im Übrigen wirken die Bauaufsichtsbehörden nicht mit.

(5) ¹Für nicht verfahrensfreie Bauvorhaben der Landkreise und Gemeinden gelten die Abs. 1 Sätze 2 bis 4 sowie die Abs. 2 und 3 entsprechend, soweit der Landkreis oder die Gemeinde mindestens mit einem Bediensteten, der für ein Amt ab der Besoldungsgruppe A 14 in der Fachlaufbahn Naturwissenschaft und Technik, fachlicher Schwerpunkt bautechnischer und umweltfachlicher Verwaltungsdienst, qualifiziert ist, und mit sonstigen geeigneten Fachkräften ausreichend besetzt ist und diesen Bediensteten die Leitung der Entwurfsarbeiten und die Bauüberwachung übertragen sind. ²An Stelle der Regierung ist die untere Bauaufsichtsbehörde zuständig.

**Art. 73a Typengenehmigung.** (1) ¹Für bauliche Anlagen, die mehrfach in derselben Ausführung errichtet werden sollen, erteilt die oberste Bauaufsichtsbehörde eine allgemeine bautechnische Genehmigung (Typengenehmigung), wenn diese den Anforderungen dieses Gesetzes entsprechen. ²Für bauliche Anlagen, die in unterschiedlicher Ausführung, aber nach einem bestimmten System aus Bauteilen errichtet werden sollen, gilt Satz 1 mit der Maßgabe entsprechend, dass die Zulässigkeit der Veränderbarkeit festgelegt wird.

(2) ¹Regelt die Typengenehmigung Anforderungen an die Standsicherheit, den Brand-, Schall- und Erschütterungsschutz und stellt sie fest, welche dieser Anforderungen eingehalten sind, gilt sie insoweit als bautechnischer Nachweis im Sinn von Art. 62 bis 62b. ²Art. 81a Abs. 1 Satz 2 gilt mit der Maßgabe entsprechend, dass Art. 15 Abs. 2 und Art. 17 keine Anwendung finden. ³Art. 63 gilt entsprechend.

(3) ¹Der Antrag ist schriftlich bei der obersten Bauaufsichtsbehörde einzureichen. ²Die Typengenehmigung bedarf der Schriftform. ³Sie wird befristet für die Dauer von fünf Jahren erteilt. ⁴Die Frist kann auf schriftlichen Antrag jeweils bis zu fünf Jahre verlängert werden.

(4) Vergleichbare Typengenehmigungen anderer Länder gelten auch im Freistaat Bayern.

(5) Eine Typengenehmigung entbindet nicht von der Verfahrenspflicht nach Art. 58 bis 60.


Abschnitt IV
## Bauaufsichtliche Maßnahmen

**Art. 74 Verbot unrechtmäßig gekennzeichneter Bauprodukte.** Sind Bauprodukte entgegen Art. 21 mit dem Ü-Zeichen gekennzeichnet, kann die Bauaufsichtsbehörde die Verwendung dieser Bauprodukte untersagen und deren Kennzeichnung entwerten oder beseitigen lassen.

# 40 BayBO

**Art. 75 Einstellung von Arbeiten.** (1) ¹Werden Anlagen im Widerspruch zu öffentlich-rechtlichen Vorschriften errichtet, geändert oder beseitigt, kann die Bauaufsichtsbehörde die Einstellung der Arbeiten anordnen. ²Das gilt auch dann, wenn
1. die Ausführung eines Bauvorhabens entgegen den Vorschriften des Art. 68 Abs. 6 begonnen wurde oder
2. bei der Ausführung
   a) eines genehmigungsbedürftigen Bauvorhabens von den genehmigten Bauvorlagen,
   b) eines genehmigungsfreigestellten Bauvorhabens von den eingereichten Unterlagen
   abgewichen wird,
3. Bauprodukte verwendet werden, die entgegen der Verordnung (EU) Nr. 305/2011 keine CE-Kennzeichnung oder entgegen Art. 21 kein Ü-Zeichen tragen,
4. Bauprodukte verwendet werden, die unberechtigt mit der CE-Kennzeichnung oder entgegen Art. 21 Abs. 2 Satz 2 dem Ü-Zeichen gekennzeichnet sind.

(2) Werden unzulässige Arbeiten trotz einer verfügten Einstellung fortgesetzt, kann die Bauaufsichtsbehörde die Baustelle versiegeln oder die an der Baustelle vorhandenen Bauprodukte, Geräte, Maschinen und Bauhilfsmittel in amtlichen Gewahrsam bringen.

**Art. 76 Beseitigung von Anlagen, Nutzungsuntersagung.** ¹Werden Anlagen im Widerspruch zu öffentlich-rechtlichen Vorschriften errichtet oder geändert, so kann die Bauaufsichtsbehörde die teilweise oder vollständige Beseitigung der Anlagen anordnen, wenn nicht auf andere Weise rechtmäßige Zustände hergestellt werden können. ²Werden Anlagen im Widerspruch zu öffentlich-rechtlichen Vorschriften genutzt, so kann diese Nutzung untersagt werden. ³Die Bauaufsichtsbehörde kann verlangen, dass ein Bauantrag gestellt wird.

## Abschnitt V
## Bauüberwachung

**Art. 77 Bauüberwachung.** (1) Die Bauaufsichtsbehörde kann die Einhaltung der öffentlich-rechtlichen Vorschriften und Anforderungen und die ordnungsgemäße Erfüllung der Pflichten der am Bau Beteiligten überprüfen.

(2) ¹Die Bauaufsichtsbehörde sowie nach Maßgabe der Rechtsverordnung gemäß Art. 80 Abs. 2 der Prüfingenieur, das Prüfamt oder der Prüfsachverständige überwachen die Bauausführung bei baulichen Anlagen
1. nach Art. 62a Abs. 2 hinsichtlich des von ihr oder ihm geprüften oder bescheinigten Standsicherheitsnachweises,
2. nach Art. 62b Abs. 2 hinsichtlich des von ihr oder ihm geprüften oder bescheinigten Brandschutznachweises.

Bauordnung  **BayBO 40**

²Bei Gebäuden der Gebäudeklasse 4, ausgenommen Sonderbauten sowie Mittel- und Großgaragen im Sinn der Rechtsverordnung nach Art. 80 Abs. 1 Satz 1 Nr. 3, ist die mit dem Brandschutznachweis übereinstimmende Bauausführung vom Nachweisersteller oder einem anderen Nachweisberechtigten im Sinn des Art. 62b Abs. 1 zu bestätigen. ³Wird die Bauausführung durch einen Prüfsachverständigen bescheinigt oder nach Satz 2 bestätigt, gelten insoweit die jeweiligen bauaufsichtlichen Anforderungen als eingehalten.

(3) ¹Bei nicht oder nur zum vorübergehenden Aufenthalt einzelner Personen bestimmten oberirdischen eingeschossigen Gebäuden im Sinn des Art. 62a Abs. 2 Satz 3 Nr. 1 ist der Ersteller des Standsicherheitsnachweises nach Art. 62a Abs. 1 auch für die Einhaltung der bauaufsichtlichen Anforderungen an die Standsicherheit bei der Bauausführung verantwortlich; benennt der Bauherr der Bauaufsichtsbehörde einen anderen Tragwerksplaner im Sinn des Art. 62a Abs. 1, ist dieser verantwortlich.

(4) Im Rahmen der Bauüberwachung können Proben von Bauprodukten, soweit erforderlich, auch an fertigen Bauteilen zu Prüfzwecken entnommen werden.

(5) Im Rahmen der Bauüberwachung ist jederzeit Einblick in die Genehmigungen, Zulassungen, Prüfzeugnisse, Übereinstimmungszertifikate, Zeugnisse und Aufzeichnungen über die Prüfungen von Bauprodukten, in die CE-Kennzeichnungen und Leistungserklärungen nach der Verordnung (EU) Nr. 305/2011, in die Bautagebücher und andere vorgeschriebene Aufzeichnungen zu gewähren.

(6) Rechtsverstöße gegen die Verordnung (EU) Nr. 305/2011 sollen die Bauaufsichtsbehörde oder der Prüfsachverständige der für die Marktüberwachung zuständigen Stelle mitteilen.

**Art. 78 Bauzustandsanzeigen, Aufnahme der Nutzung.** (1) ¹Die Bauaufsichtsbehörde, der Prüfingenieur, das Prüfamt oder der Prüfsachverständige kann verlangen, dass ihm Beginn und Beendigung bestimmter Bauarbeiten angezeigt werden. ²Die Bauarbeiten dürfen erst fortgesetzt werden, wenn die Bauaufsichtsbehörde, der Prüfingenieur, das Prüfamt oder der Prüfsachverständige der Fortführung der Bauarbeiten zugestimmt hat.

(2) ¹Der Bauherr hat die beabsichtigte Aufnahme der Nutzung einer nicht verfahrensfreien baulichen Anlage mindestens zwei Wochen vorher der Bauaufsichtsbehörde anzuzeigen. ²Mit der Anzeige nach Satz 1 sind vorzulegen
1. bei Bauvorhaben nach Art. 62a Abs. 2 Satz 1 eine Bescheinigung des Prüfsachverständigen über die ordnungsgemäße Bauausführung hinsichtlich der Standsicherheit,
2. bei Bauvorhaben nach Art. 62b Abs. 2 Satz 1 eine Bescheinigung des Prüfsachverständigen über die ordnungsgemäße Bauausführung hinsichtlich des Brandschutzes (Art. 77 Abs. 2 Satz 1), soweit kein Fall des Art. 62b Abs. 2 Satz 1 Alternative 2 vorliegt,
3. in den Fällen des Art. 77 Abs. 2 Satz 2 die jeweilige Bestätigung.

**40 BayBO** — Bauordnung

³Eine bauliche Anlage darf erst benutzt werden, wenn sie selbst, Zufahrtswege, Wasserversorgungs- und Abwasserentsorgungs- sowie Gemeinschaftsanlagen in dem erforderlichen Umfang sicher benutzbar sind, nicht jedoch vor dem in Satz 1 bezeichneten Zeitpunkt.

(3) Feuerstätten dürfen erst in Betrieb genommen werden, wenn der bevollmächtigte Bezirksschornsteinfeger die Tauglichkeit und die sichere Benutzbarkeit der Abgasanlagen bescheinigt hat; ortsfeste Verbrennungsmotoren und Blockheizkraftwerke dürfen erst dann in Betrieb genommen werden, wenn er die Tauglichkeit und sichere Benutzbarkeit der Leitungen zur Abführung von Verbrennungsgasen bescheinigt hat.

SECHSTER TEIL
## Ordnungswidrigkeiten, Rechtsvorschriften

**Art. 79 Ordnungswidrigkeiten.** (1) ¹Mit Geldbuße bis zu fünfhunderttausend Euro kann belegt werden, wer vorsätzlich oder fahrlässig

1. einem Gebot oder Verbot einer Rechtsverordnung nach Art. 80 Abs. 1 bis 4 oder Art. 80a oder einer Satzung nach Art. 81 Abs. 1 oder einer vollziehbaren Anordnung der Bauaufsichtsbehörde auf Grund einer solchen Rechtsverordnung oder Satzung zuwiderhandelt, sofern die Rechtsverordnung oder die Satzung für einen bestimmten Tatbestand auf diese Bußgeldvorschrift verweist,
2. einer vollziehbaren schriftlichen Anordnung der Bauaufsichtsbehörde auf Grund dieses Gesetzes zuwiderhandelt,
3. entgegen Art. 9 Abs. 1 eine Baustelle nicht ordnungsgemäß einrichtet, entgegen Art. 9 Abs. 2 Verkehrsflächen, Versorgungs-, Abwasserbeseitigungs- oder Meldeanlagen, Grundwassermessstellen, Vermessungszeichen, Abmarkungszeichen oder Grenzzeichen nicht schützt oder zugänglich hält oder entgegen Art. 9 Abs. 3 ein Schild nicht oder nicht ordnungsgemäß anbringt,
4. Bauprodukte entgegen Art. 21 Abs. 2 Satz 1 ohne Ü-Zeichen verwendet,
5. Bauarten entgegen Art. 15 Abs. 2 Satz 1 ohne Bauartgenehmigung oder entgegen Art. 15 Abs. 3 Satz 1 ohne allgemeines bauaufsichtliches Prüfzeugnis für Bauarten anwendet,
6. entgegen Art. 21 Abs. 2 Satz 2 ein Ü-Zeichen nicht oder nicht ordnungsgemäß anbringt,
7. als Verfügungsberechtigter entgegen Art. 5 Abs. 2 Satz 1 Halbsatz 2 Zu- oder Durchfahrten, Aufstellflächen oder Bewegungsflächen nicht frei hält,
8. entgegen Art. 55 Abs. 1, Art. 63 Abs. 1 Satz 1 oder Art. 70 bauliche Anlagen errichtet, ändert oder benutzt oder entgegen Art. 57 Abs. 5 Satz 2 eine Beseitigung nicht oder nicht rechtzeitig anzeigt,
9. entgegen Art. 58 Abs. 2 Satz 5 und 6, auch in Verbindung mit Satz 7, mit der Ausführung eines Bauvorhabens beginnt,

Bauordnung **BayBO 40**

10. entgegen Art. 72 Abs. 2 Satz 1 fliegende Bauten aufstellt oder einer nach Art. 72 Abs. 2 Satz 3 mit einer Ausführungsgenehmigung verbundenen vollziehbaren Auflage zuwiderhandelt oder entgegen Art. 72 Abs. 5 Satz 1 die Aufstellung eines fliegenden Baus nicht oder nicht rechtzeitig anzeigt oder entgegen Art. 72 Abs. 5 Satz 2 einen fliegenden Bau in Gebrauch nimmt,
11. entgegen Art. 68 Abs. 6, auch in Verbindung mit Art. 57 Abs. 5 Satz 5, mit der Bauausführung, der Ausführung eines Bauabschnitts oder der Beseitigung einer Anlage beginnt, entgegen Art. 78 Abs. 1 Bauarbeiten fortsetzt, entgegen Art. 78 Abs. 2 Satz 1 in Verbindung mit Satz 2 die Aufnahme der Nutzung nicht, nicht rechtzeitig oder nicht richtig anzeigt oder entgegen Art. 78 Abs. 3 Feuerstätten, Verbrennungsmotoren oder Blockheizkraftwerke in Betrieb nimmt,
12. entgegen Art. 68 Abs. 8 den Ausführungsbeginn oder die Wiederaufnahme der Bauarbeiten nicht oder nicht rechtzeitig mitteilt,
13. entgegen Art. 50 Abs. 1 Satz 1 keine geeigneten Beteiligten bestellt oder entgegen Art. 50 Abs. 1 Satz 5 eine Mitteilung nicht oder nicht rechtzeitig erstattet oder entgegen Art. 50 Abs. 1 Satz 4 oder entgegen Art. 52 Abs. 1 Satz 2 und 3 die erforderlichen Nachweise und Unterlagen nicht bereithält.

[2]Ist eine Ordnungswidrigkeit nach Satz 1 Nrn. 9 bis 11 begangen worden, können Gegenstände, auf die sich die Ordnungswidrigkeit bezieht, eingezogen werden; § 23 des Gesetzes über Ordnungswidrigkeiten (OWiG) ist anzuwenden.

(2) Mit einer Geldbuße bis zu fünfhunderttausend Euro belegt werden kann ferner, wer
1. vorsätzlich oder fahrlässig unrichtige Angaben macht oder unrichtige Pläne oder Unterlagen vorlegt, um einen nach diesem Gesetz vorgesehenen Verwaltungsakt zu erwirken oder zu verhindern,
2. vorsätzlich oder fahrlässig unrichtige Angaben in dem Kriterienkatalog nach Art. 62a Abs. 2 Satz 1 macht,
3. ohne dazu berechtigt zu sein, bautechnische Nachweise im Sinn des Art. 57 Abs. 5 Satz 3, des Art. 62 Abs. 1 Satz 1 oder des Art. 78 Abs. 2 Satz 2 erstellt, bescheinigt oder bestätigt,
4. als Prüfsachverständiger unrichtige Bescheinigungen über die Einhaltung bauordnungsrechtlicher Anforderungen ausstellt.

**Art. 80 Rechtsverordnungen.** (1) [1]Zur Verwirklichung der in Art. 3 Satz 1, Art. 15 Abs. 1 und Art. 16 Abs. 2 Satz 1 bezeichneten Anforderungen wird das Staatsministerium für Wohnen, Bau und Verkehr ermächtigt, durch Rechtsverordnung Vorschriften zu erlassen über
1. die nähere Bestimmung allgemeiner Anforderungen der Art. 4 bis 46,
2. Anforderungen an Feuerungsanlagen (Art. 40),
3. Anforderungen an Garagen (Art. 2 Abs. 8),
4. besondere Anforderungen oder Erleichterungen, die sich aus der besonderen Art oder Nutzung der baulichen Anlagen für Errichtung, Änderung, Un-

terhaltung, Betrieb und Nutzung ergeben (Art. 2 Abs. 4), sowie über die Anwendung solcher Anforderungen auf bestehende bauliche Anlagen dieser Art,
5. Erst-, Wiederholungs- und Nachprüfung von Anlagen, die zur Verhütung erheblicher Gefahren oder Nachteile ständig ordnungsgemäß unterhalten werden müssen, und die Erstreckung dieser Nachprüfungspflicht auf bestehende Anlagen,
6. die Anwesenheit fachkundiger Personen beim Betrieb technisch schwieriger baulicher Anlagen und Einrichtungen wie Bühnenbetriebe und technisch schwierige fliegende Bauten einschließlich des Nachweises der Befähigung dieser Personen.

²In diesen Rechtsverordnungen kann wegen der technischen Anforderungen auf Bekanntmachungen besonders sachverständiger Stellen mit Angabe der Fundstelle verwiesen werden.

(2) ¹Das Staatsministerium für Wohnen, Bau und Verkehr wird ermächtigt, durch Rechtsverordnung Vorschriften zu erlassen über
1. Prüfingenieure und Prüfämter, denen bauaufsichtliche Prüfaufgaben einschließlich der Bauüberwachung und der Bauzustandsbesichtigung übertragen werden, sowie
2. Prüfsachverständige, die im Auftrag des Bauherrn oder des sonstigen nach Bauordnungsrecht Verantwortlichen die Einhaltung bauordnungsrechtlicher Anforderungen prüfen und bescheinigen.

²Die Rechtsverordnungen nach Satz 1 regeln, soweit erforderlich,
1. die Fachbereiche und die Fachrichtungen, in denen Prüfingenieure, Prüfämter und Prüfsachverständige tätig werden,
2. die Anerkennungsvoraussetzungen und das Anerkennungsverfahren,
3. Erlöschen, Rücknahme und Widerruf der Anerkennung einschließlich der Festlegung einer Altersgrenze,
4. die Aufgabenerledigung,
5. die Vergütung.

³Das Staatsministerium für Wohnen, Bau und Verkehr kann durch Rechtsverordnung ferner
1. den Leitern und stellvertretenden Leitern von Prüfämtern die Stellung eines Prüfsachverständigen nach Satz 1 Nr. 2 zuweisen,
2. soweit für bestimmte Fachbereiche und Fachrichtungen Prüfsachverständige nach Satz 1 Nr. 2 noch nicht in ausreichendem Umfang anerkannt sind, anordnen, dass die von solchen Prüfsachverständigen zu prüfenden und zu bescheinigenden bauordnungsrechtlichen Anforderungen bauaufsichtlich geprüft werden können,
3. soweit Tragwerksplaner oder Brandschutzplaner nach Art. 62 Abs. 3 noch nicht in ausreichendem Umfang eingetragen sind, anordnen, dass die Standsicherheits- oder Brandschutznachweise bauaufsichtlich geprüft werden und die Bauausführung bauaufsichtlich überwacht wird.

Bauordnung **BayBO 40**

(3) ¹Das Staatsministerium für Wohnen, Bau und Verkehr wird ermächtigt, durch Rechtsverordnung Vorschriften für eine Zusatzqualifikation im Sinn des Art. 62a Abs. 1 zu erlassen, die bezogen auf die Bauvorhaben nach Art. 61 Abs. 3 Satz 1 ausreichende Kenntnisse und Fertigkeiten hinsichtlich Standsicherheit, Schall-, Wärme- und baulichen Brandschutz sicherstellen. ²Dabei können insbesondere geregelt werden
1. die Notwendigkeit einer staatlichen Anerkennung, die die erfolgreiche Ablegung der Prüfung voraussetzt,
2. die Voraussetzungen, die Inhalte und das Verfahren für diese Prüfung,
3. das Verfahren sowie die Voraussetzungen der Anerkennung, ihren Widerruf, ihre Rücknahme und ihr Erlöschen,
4. Weiter- und Fortbildungserfordernisse sowie
5. die Maßnahmen bei Pflichtverletzungen.

(4) ¹Das Staatsministerium für Wohnen, Bau und Verkehr wird ermächtigt, durch Rechtsverordnung Vorschriften zu erlassen über
1. Umfang, Inhalt und Zahl der erforderlichen Unterlagen einschließlich der Vorlagen bei der Anzeige der beabsichtigten Beseitigung von Anlagen nach Art. 57 Abs. 5 Satz 2 und bei der Genehmigungsfreistellung nach Art. 58,
2. die erforderlichen Anträge, Anzeigen, Nachweise, Bescheinigungen und Bestätigungen, auch bei verfahrensfreien Bauvorhaben,
3. das Verfahren im Einzelnen.

²Es kann dabei für verschiedene Arten von Bauvorhaben unterschiedliche Anforderungen und Verfahren festlegen.

(5) Das Staatsministerium für Wohnen, Bau und Verkehr wird ermächtigt, durch Rechtsverordnung
1. die Zuständigkeit für die vorhabenbezogene Bauartgenehmigung nach Art. 15 Abs. 2 Satz 1 Nr. 2 und den Verzicht darauf nach Art. 15 Abs. 4 sowie die Zustimmung im Einzelfall nach Art. 20 auf ihm unmittelbar nachgeordnete Behörden zu übertragen,
2. die Zuständigkeit für die Anerkennung von Prüf-, Zertifizierungs- und Überwachungsstellen nach Art. 23 Abs. 3 auf das Deutsche Institut für Bautechnik zu übertragen,
3. das Ü-Zeichen festzulegen und zu diesem Zeichen zusätzliche Angaben zu verlangen,
4. das Anerkennungsverfahren nach Art. 23 Abs. 3, die Voraussetzungen für die Anerkennung, ihre Rücknahme, ihren Widerruf und ihr Erlöschen zu regeln, insbesondere auch Altersgrenzen festzulegen, sowie eine ausreichende Haftpflichtversicherung zu fordern,
5. die Anwendbarkeit der Art. 15 Abs. 2, Art. 17 bis 23 für bestimmte Bauprodukte und Bauarten, auch soweit sie Anforderungen nach anderen Rechtsvorschriften unterliegen, hinsichtlich dieser Anforderungen ganz oder teilweise vorzuschreiben, wenn die anderen Rechtsvorschriften dies verlangen oder zulassen,

6. besondere Sachkunde- und Sorgfaltsanforderungen nach Art. 22, insbesondere auch Mindestanforderungen an die Ausbildung, die durch Prüfung nachzuweisende Befähigung und die Ausbildungsstätten einschließlich der Anerkennungsvoraussetzungen zu stellen,
7. zu bestimmen, dass Ausführungsgenehmigungen für fliegende Bauten nur durch bestimmte Bauaufsichtsbehörden oder durch von ihm bestimmte Stellen erteilt werden, und die Vergütung dieser Stellen zu regeln.

(6) [1]Das Staatsministerium für Wohnen, Bau und Verkehr wird ermächtigt, durch Rechtsverordnung zu bestimmen, dass die Anforderungen der auf Grund des § 34 des Produktsicherheitsgesetzes (ProdSG) und des § 49 Abs. 4 des Energiewirtschaftsgesetzes erlassenen Rechtsverordnungen entsprechend für Anlagen gelten, die weder gewerblichen noch wirtschaftlichen Zwecken dienen und in deren Gefahrenbereich auch keine Arbeitnehmer beschäftigt werden. [2]Es kann auch die Verfahrensvorschriften dieser Rechtsverordnungen für anwendbar erklären oder selbst das Verfahren bestimmen sowie Zuständigkeiten und Gebühren regeln. [3]Dabei kann es auch vorschreiben, dass danach zu erteilende Erlaubnisse die Baugenehmigung einschließlich der zugehörigen Abweichungen einschließen und dass § 35 Abs. 2 ProdSG insoweit Anwendung findet.

(7) [1]Das Staatsministerium für Wohnen, Bau und Verkehr wird ermächtigt, durch Rechtsverordnung die zuständigen Behörden zur Durchführung
1. des Baugesetzbuchs,
2. des § 6b Abs. 9 des Einkommensteuergesetzes,
3. der Verordnung (EG) Nr. 765/2008, der Verordnung (EU) Nr. 305/2011 und des Bauproduktengesetzes

in den jeweils geltenden Fassungen zu bestimmen, soweit nicht durch Bundesgesetz oder Landesgesetz etwas anderes vorgeschrieben ist. [2]Die Zuständigkeiten nach Satz 1 Nr. 3 können auch auf das Deutsche Institut für Bautechnik übertragen werden.

**Art. 80a Digitale Baugenehmigung, digitale Verfahren.** [1]Die Staatsregierung wird ermächtigt, zur Digitalisierung der Baugenehmigung oder anderer bauaufsichtlicher Verfahren durch Rechtsverordnung räumlich bestimmte Abweichungen von den durch oder aufgrund dieses Gesetzes bestehenden Zuständigkeits-, Verfahrens- und Formvorschriften vorzusehen. [2]Abweichungen nach Satz 1 für Zuständigkeits- und Verfahrensvorschriften können sich auch auf die Einreichung in Papierform erstrecken. [3]Soweit die Festlegung des örtlichen Anwendungsbereichs einer Rechtsverordnung nach Satz 1 und 2 betroffen ist, kann die Staatsregierung die Ermächtigung nach Satz 1 und 2 durch Rechtsverordnung auf das Staatsministerium für Wohnen, Bau und Verkehr übertragen.

**Art. 81 Örtliche Bauvorschriften.** (1) Die Gemeinden können durch Satzung im eigenen Wirkungskreis örtliche Bauvorschriften erlassen
1. über besondere Anforderungen an die äußere Gestaltung von baulichen Anlagen zur Erhaltung und Gestaltung des Ortsbildes, insbesondere zur Begrünung von Gebäuden,

2. über das Verbot der Errichtung von Werbeanlagen aus ortsgestalterischen Gründen,
3. über die Lage, Größe, Beschaffenheit, Ausstattung und Unterhaltung von Spielplätzen, die Art der Erfüllung sowie über die Ablöse der Pflicht (Art. 7 Abs. 3),
4. über Zahl, Größe und Beschaffenheit der Stellplätze für Kraftfahrzeuge und der Abstellplätze für Fahrräder, einschließlich der Ausstattung mit Elektroladestationen, des Mehrbedarfs bei Änderungen und Nutzungsänderungen der Anlagen, der Berücksichtigung örtlicher Infrastruktur sowie die Ablösung der Herstellungspflicht und die Höhe der Ablösungsbeträge, die nach Art der Nutzung und Lage der Anlage unterschiedlich geregelt werden kann,
5. über die Gestaltung der Plätze für bewegliche Abfallbehälter, die Gestaltung und Bepflanzung der unbebauten Flächen der bebauten Grundstücke sowie über die Notwendigkeit, Art, Gestaltung und Höhe von Einfriedungen; dabei kann bestimmt werden, dass Vorgärten nicht als Arbeitsflächen oder Lagerflächen benutzt werden dürfen,
6. über von Art. 6 abweichende Maße der Abstandsflächentiefe,
   a) eine Erhöhung auf bis zu 1,0 H, mindestens 3 m, insbesondere, wenn dies die Erhaltung des Ortsbildes im Gemeindegebiet oder in Teilen des Gemeindegebiets bezweckt oder der Verbesserung oder Erhaltung der Wohnqualität dient,
   b) eine Verkürzung auf bis zu 0,4 H, mindestens 3 m, in Gemeinden mit mehr als 250 000 Einwohnern, wenn eine ausreichende Belichtung und Belüftung sowie der Brandschutz gewährleistet sind,
7. in Gebieten, in denen es für das Straßen- und Ortsbild oder für den Lärmschutz oder die Luftreinhaltung bedeutsam oder erforderlich ist, darüber, dass auf den nicht überbaubaren Flächen der bebauten Grundstücke Bäume nicht beseitigt oder beschädigt werden dürfen, und dass die Flächen nicht unterbaut werden dürfen.

(2) ¹Örtliche Bauvorschriften können auch durch Bebauungsplan oder, soweit das Baugesetzbuch dies vorsieht, durch andere Satzungen nach den Vorschriften des Baugesetzbuchs erlassen werden. ²In diesen Fällen sind, soweit das Baugesetzbuch kein abweichendes Verfahren regelt, die Vorschriften des Ersten und des Dritten Abschnitts des Ersten Teils, des Ersten Abschnitts des Zweiten Teils des Ersten Kapitels, die §§ 13, 13a, 13b, 30, 31, 33, 36, 214 und 215 BauGB entsprechend anzuwenden.

(3) ¹Anforderungen nach den Abs. 1 und 2 können in der Satzung auch zeichnerisch gestellt werden. ²Die zeichnerischen Darstellungen können auch dadurch bekannt gemacht werden, dass sie bei der erlassenden Behörde zur Einsicht ausgelegt werden. ³Hierauf ist in der Satzung hinzuweisen.

**Art. 81a Technische Baubestimmungen.** (1) ¹Die vom Staatsministerium für Wohnen, Bau und Verkehr öffentlich bekanntgemachten Technischen Baubestimmungen sind zu beachten. ²Von den Technischen Baubestimmungen kann abgewichen werden, wenn mit einer anderen Lösung in gleichem Maße

## 40 BayBO — Bauordnung

die allgemeinen Anforderungen des Art. 3 Satz 1 erfüllt werden und in der Technischen Baubestimmung eine Abweichung nicht ausgeschlossen ist; Art. 15 Abs. 2 und Art. 17 bleiben unberührt. ³Werden die allgemein anerkannten Regeln der Baukunst und Technik beachtet, gelten die entsprechenden bauaufsichtlichen Anforderungen dieses Gesetzes und der auf Grund dieses Gesetzes erlassenen Vorschriften als eingehalten.

(2) Zur Sicherstellung der Anforderungen nach Art. 3 Satz 1, Art. 15 Abs. 1 und Art. 16 Abs. 2 Satz 1 können im Rahmen der Technischen Baubestimmungen im erforderlichen Umfang Regelungen getroffen werden in Bezug auf
1. bestimmte bauliche Anlagen oder ihre Teile,
2. die Planung, Bemessung und Ausführung baulicher Anlagen und ihrer Teile,
3. die Leistung von Bauprodukten in bestimmten baulichen Anlagen oder ihren Teilen, insbesondere
   a) Planung, Bemessung und Ausführung baulicher Anlagen bei Einbau eines Bauprodukts,
   b) Merkmale von Bauprodukten, die sich für einen Verwendungszweck auf die Erfüllung der Anforderungen nach Art. 3 Satz 1 auswirken,
   c) Verfahren für die Feststellung der Leistung eines Bauproduktes im Hinblick auf Merkmale, die sich für einen Verwendungszweck auf die Erfüllung der Anforderungen nach Art. 3 Satz 1 auswirken,
   d) zulässige oder unzulässige besondere Verwendungszwecke,
   e) die Festlegung von Klassen und Stufen in Bezug auf bestimmte Verwendungszwecke,
   f) die für einen bestimmten Verwendungszweck anzugebende oder erforderliche und anzugebende Leistung in Bezug auf ein Merkmal, das sich für einen Verwendungszweck auf die Erfüllung der Anforderungen nach Art. 3 Satz 1 auswirkt, soweit vorgesehen in Klassen und Stufen,
4. die Bauprodukte, die keines Verwendbarkeitsnachweises nach Art. 17 bedürfen,
5. die Bauarten und die Bauprodukte, die nur eines allgemeinen bauaufsichtlichen Prüfzeugnisses nach allgemein anerkannten Prüfverfahren nach Art. 15 Abs. 3 oder Art. 19 bedürfen,
6. Voraussetzungen zur Abgabe der Übereinstimmungserklärung für ein Bauprodukt nach Art. 21,
7. die Art, den Inhalt und die Form technischer Dokumentation.

## SIEBTER TEIL
## Ausführungsbestimmungen zum Baugesetzbuch

**Art. 82 Windenergie und Nutzungsänderung ehemaliger landwirtschaftlicher Gebäude.** (1) § 35 Abs. 1 Nr. 5 BauGB findet auf Vorhaben, die der Erforschung, Entwicklung oder Nutzung der Windenergie dienen, nur Anwendung, wenn diese Vorhaben einen Mindestabstand vom 10-fachen ihrer Höhe

Bauordnung

zu Wohngebäuden in Gebieten mit Bebauungsplänen (§ 30 BauGB), innerhalb im Zusammenhang bebauter Ortsteile (§ 34 BauGB) – sofern in diesen Gebieten Wohngebäude nicht nur ausnahmsweise zulässig sind – und im Geltungsbereich von Satzungen nach § 35 Abs. 6 BauGB einhalten.*

(2) ¹Höhe im Sinn des Abs. 1 ist die Nabenhöhe zuzüglich Radius des Rotors. ²Der Abstand bemisst sich von der Mitte des Mastfußes bis zum nächstgelegenen Wohngebäude, das im jeweiligen Gebiet im Sinn des Abs. 1 zulässigerweise errichtet wurde bzw. errichtet werden kann.**

(3) Soll auf einem gemeindefreien Gebiet ein Vorhaben nach Abs. 1 errichtet werden und würde der in Abs. 1 beschriebene Mindestabstand auch entsprechende Wohngebäude auf dem Gebiet einer Nachbargemeinde einschließen, gilt hinsichtlich dieser Gebäude der Schutz der Abs. 1 und 2, solange und soweit die Gemeinde nichts anderes in einem ortsüblich bekannt gemachten Beschluss feststellt.

(4) Abs. 1 und 2 finden keine Anwendung,
1. wenn in einem Flächennutzungsplan für Vorhaben der in Abs. 1 beschriebenen Art vor dem 21. November 2014 eine Darstellung für die Zwecke des § 35 Abs. 3 Satz 3 BauGB erfolgt ist,
2. soweit und sobald die Gemeinde der Fortgeltung der Darstellung nicht bis einschließlich 21. Mai 2015 in einem ortsüblich bekannt gemachten Beschluss widerspricht und
3. soweit und sobald auch eine betroffene Nachbargemeinde der Fortgeltung der Darstellung nicht bis einschließlich 21. Mai 2015 in einem ortsüblich bekannt gemachten Beschluss widerspricht; als betroffen gilt dabei eine Nachbargemeinde, deren Wohngebäude in Gebieten im Sinn des Abs. 1 in einem geringeren Abstand als dem 10-fachen der Höhe der Windkraftanlagen, sofern der Flächennutzungsplan jedoch keine Regelung enthält, maximal in einem Abstand von 2 000 m, stehen.

(5) Die Frist nach § 35 Abs. 4 Satz 1 Nr. 1 Buchst. c BauGB ist nicht anzuwenden.


ACHTER TEIL
## Übergangs- und Schlussvorschriften

**Art. 83 Übergangsvorschriften.** (1) Art. 82 Abs. 1 und 2 findet keine Anwendung auf Anlagen zur Erforschung, Entwicklung oder Nutzung der Windenergie, soweit
1. vor Ablauf des 4. Februar 2014 bei der zuständigen Behörde ein vollständiger Antrag auf Genehmigung eingegangen ist, oder

---

\* *Beachte Art. 83 Abs. 1 BayBO.*
\*\* *Beachte Art. 83 Abs. 1 BayBO.*

2. die Anlage am selben Standort mit gleicher, geringfügig höherer oder niedrigerer Höhe statt einer anderen Anlage errichtet wurde, die mit Ablauf des 20. November 2014 zwar noch nicht errichtet aber entweder bereits genehmigt oder nach Nr. 1 genehmigungsfähig war.

(2) Bis zum Ablauf des 31. August 2018 für Bauarten erteilte allgemeine bauaufsichtliche Zulassungen oder Zustimmungen im Einzelfall gelten als Bauartgenehmigung fort.

(3) Als Tragwerksplaner im Sinn des Art. 62a Abs. 1 gelten die im Sinn des Art. 68 Abs. 7 Satz 2 in der bis zum 31. Dezember 2007 geltenden Fassung Nachweisberechtigten.

(4) Als Brandschutzplaner im Sinn des Art. 62b Abs. 1 gelten die im Sinn des Art. 68 Abs. 7 Satz 3 in der bis zum 31. Dezember 2007 geltenden Fassung Nachweisberechtigten sowie die auf der Grundlage der Rechtsverordnung nach Art. 90 Abs. 9 in der bis zum 31. Dezember 2007 geltenden Fassung anerkannten verantwortlichen Sachverständigen für vorbeugenden Brandschutz.

(5) Art. 53 Abs. 1 Satz 2 in der bis zum 31. Dezember 2007 geltenden Fassung findet keine Anwendung im Geltungsbereich von Satzungen, die auf Grund von Art. 91 Abs. 2 Nr. 4 in der bis zum 31. Dezember 2007 geltenden Fassung erlassen worden sind.

(6) Soweit § 20 Abs. 1 BauNVO zur Begriffsbestimmung des Vollgeschosses auf Landesrecht verweist, gilt insoweit Art. 2 Abs. 5 in der bis zum 31. Dezember 2007 geltenden Fassung fort.

(7) Die Vorschriften zur Genehmigungsfiktion gemäß Art. 68 Abs. 2 gelten für ab dem 1. Mai 2021 eingereichte Bauanträge.

**Art. 84 Inkrafttreten\*.** [1]Dieses Gesetz tritt am 1. Oktober 1962 in Kraft. [2]Die Vorschriften über die Ermächtigung zum Erlass von Rechtsverordnungen und von örtlichen Bauvorschriften treten jedoch bereits am 1. August 1962 in Kraft. [3]*(aufgehoben).*

---

\* Diese Vorschrift betrifft das Inkrafttreten des Gesetzes in der ursprünglichen Fassung vom 1. August 1962 (GVBl S. 179, ber. S. 250). Der Zeitpunkt des Inkrafttretens der späteren Änderungen ergibt sich aus den jeweiligen Änderungsgesetzen.

#  Zuständigkeitsverordnung im Bauwesen (ZustVBau)

(BayRS 2130-3-I) vom 5. Juli 1994 (GVBl. S. 573),
zuletzt geändert durch Verordnung vom 16. Juni 2020 (GVBl. S. 310)

Es erlassen auf Grund von
1. § 19 Abs. 5 und § 203 Abs. 1 und 3 des Baugesetzbuchs (BauGB) in der Fassung der Bekanntmachung vom 27. August 1997 (BGBl. I S. 2141)
   die Bayerische Staatsregierung
2. § 11 Abs. 1, 2, 3 und 7, § 13 Abs. 1 und 2 sowie § 16 Abs. 4 des Bauproduktengesetzes (BauPG) vom 10. August 1992 (BGBl. I S. 1495), zuletzt geändert durch § 16 des Gesetzes vom 22. April 1997 (BGBl. I S. 934),
   Art. 59 Abs. 2 und 3, Art. 90 Abs. 7 und 8 und Art. 92 der Bayerischen Bauordnung (BayBO) in der Fassung der Bekanntmachung vom 4. August 1997 (GVBl. S. 433, BayRS 2132-1-I)
   das Bayerische Staatsministerium des Innern
folgende Verordnung:

## INHALTSÜBERSICHT*

§ 1 Zuständigkeiten der Regierungen
§ 2 Zuständigkeiten der Landratsämter
§ 3 Zuständigkeiten für Enteignungen und vergleichbare Verfahren
§ 4 Zuständigkeit für die Bescheinigung nach § 6b Abs. 9 EStG
§ 5 Übertragung nach Art. 53 Abs. 2 BayBO
§ 6 Zuständigkeit für fliegende Bauten
§ 7 Vergütung
§ 8 Rechts- und Fachaufsicht
§ 9 Anerkennung von Prüf-, Überwachungs- und Zertifizierungsstellen
§ 10 Marktüberwachung
§ 11 Inkrafttreten, Außerkrafttreten

**§ 1 Zuständigkeiten der Regierungen.** (1) Die Regierung ist zuständige Behörde für die Zustimmung zur Beschränkung der Kosten- und Finanzierungsübersicht nach § 149 Abs. 4 Satz 1 BauGB.

(2) Die Regierung ist zuständige Behörde zum Erlaß von Rechtsverordnungen nach § 203 Abs. 1 BauGB; soweit Gemeinden aus verschiedenen Regierungsbezirken betroffen sind, ist das Staatsministerium für Wohnen, Bau und Verkehr zuständige Behörde.

**§ 2 Zuständigkeiten der Landratsämter.** (1) Die Genehmigung von Flächennutzungsplänen (§ 6 BauGB) und von Bebauungsplänen (§ 10 Abs. 2 Satz 1 BauGB) kreisangehöriger Gemeinden erteilen die Landratsämter.

(2) Absatz 1 gilt nicht für Flächennutzungspläne und Bebauungspläne der Großen Kreisstädte.

---

\* *Inhaltsübersicht nicht amtlich.*

## 41 ZustVBau — Zuständigkeitsverordnung im Bauwesen

(3) Das Verlangen, daß bestimmte Verfahrensabschnitte wiederholt werden (§ 204 Abs. 3 Satz 3 BauGB), obliegt für kreisangehörige Gemeinden mit Ausnahme der in Abs. 2 genannten Gemeinden den Landratsämtern.

(4) Schließen sich Gemeinden, die demselben Landkreis angehören, zur Wahrnehmung von Aufgaben nach dem BauGB zusammen (gemäß §§ 204, 205 BauGB oder im Sinn von § 205 Abs. 6 BauGB), so obliegen die in Abs. 1 und 3 genannten Befugnisse ebenfalls den Landratsämtern, sofern diese jeweils gemäß Abs. 1 bis 3 im Fall jeder der beteiligten Gemeinden zuständig wären.

(5) ¹Die Landratsämter sind zuständige Behörden für die Erteilung der Abweichungen nach § 246 Abs. 14 BauGB. ²Satz 1 gilt nicht für Vorhaben im Zuständigkeitsbereich Großer Kreisstädte und kreisfreier Gemeinden sowie für bauaufsichtliche Zustimmungen der Regierungen nach Art. 73 Abs. 1 BayBO.\*

### § 3 Zuständigkeit für Enteignungen und vergleichbare Verfahren.\*\*

(1) Enteignungen nach dem Baugesetzbuch und Verfahren, in denen die Enteignungsbehörde in entsprechender Anwendung der Vorschriften des Fünften Teils des Ersten Kapitels des Baugesetzbuchs zu entscheiden hat, führen die Kreisverwaltungsbehörden durch (Enteignungsbehörden).

(2) Ist in von Abs. 1 nicht erfaßten Fällen eine Entschädigung in Geld, durch Übernahme eines Grundstücks oder Begründung eines Rechts zu leisten, werden die Aufgaben der höheren Verwaltungsbehörde, die darüber mangels Einigung des Entschädigungsberechtigten und des Entschädigungsverpflichteten zu entscheiden hat, den Kreisverwaltungsbehörden übertragen (§ 18 Abs. 2 Satz 4, § 28 Abs. 6 Satz 3, § 43 Abs. 2 Satz 1, § 126 Abs. 2 Satz 2, § 150 Abs. 2, § 185 Abs. 2 Satz 2 und Abs. 3 Satz 3, § 209 Abs. 2 Satz 1 Halbsatz 2 BauGB).

(3) Die Zustimmung zum Antrag auf Durchführung einer Unternehmensflurbereinigung (§ 190 Abs. 1 Satz 1 BauGB) erteilt die Kreisverwaltungsbehörde.

### § 4 Zuständigkeit für die Bescheinigung nach § 6b Abs. 9 EStG.

Die unteren Bauaufsichtsbehörden sind zuständige Behörden für die Bescheinigung nach § 6b Abs. 9 des Einkommensteuergesetzes.

### § 5 Übertragung nach Art. 53 Abs. 2 BayBO.

(1) Die Aufgaben der unteren Bauaufsichtsbehörde im Sinn von Art. 53 Abs. 2 Satz 1 Nr. 1 BayBO werden den Städten Burghausen, Feuchtwangen, Friedberg, Sulzbach-Rosenberg, Waldkraiburg und Alzenau i. UFr. sowie dem Markt Garmisch-Partenkirchen und der Gemeinde Vaterstetten übertragen.

---

\* *Beachte § 11 Satz 2 ZustVBau.*
\*\* *Die Überschrift des § 3 ZustVBau wurde in der Inhaltsübersicht durch § 1 Nr. 1 der Verordnung zur Änderung der Zuständigkeitsverordnung im Bauwesen vom 12. Juli 2016 (GVBl. S. 191) geändert. Eine Anpassung der amtlichen Überschrift im Normtext ist nicht erfolgt.*

Zuständigkeitsverordnung im Bauwesen

(2) Die Aufgaben der unteren Bauaufsichtsbehörde im Sinn von Art. 53 Abs. 2 Satz 1 Nr. 2 BayBO werden den Städten Neustadt a. d. Aisch, Pfaffenhofen a. d. Ilm, Waldsassen, Bad Wörishofen und Wunsiedel übertragen.

**§ 6 Zuständigkeit für fliegende Bauten.** Zur Entscheidung über die Ausführungsgenehmigung für fliegende Bauten nach Art. 72 Abs. 2 BayBO sind
– die TÜV SÜD Industrie Service GmbH, München, für die Regierungsbezirke Oberbayern, Niederbayern, Oberpfalz und Schwaben und
– die LGA (Landesgewerbeanstalt Bayern), Nürnberg, für die Regierungsbezirke Oberfranken, Mittelfranken und Unterfranken zuständig.

**§ 7 Vergütung.** (1) ¹Der TÜV SÜD Industrie Service GmbH, München und der LGA (Landesgewerbeanstalt Bayern) steht für Amtshandlungen im Vollzug von Art. 72 BayBO eine Vergütung zu. ²Die Vergütung besteht aus Gebühren und Auslagen.

(2) ¹Die Höhe der Gebühren bemisst sich nach dem dieser Verordnung als **Anlage**\* beigefügten Verzeichnis. ²Soweit sich die Gebühr nach dem Zeitaufwand bestimmt, ist die Zeit anzusetzen, die unter regelmäßigen Verhältnissen von einer entsprechend ausgebildeten Fachkraft benötigt wird. ³Für jede Arbeitsstunde wird ein Betrag von 1,552 v.H. des Monatsgrundgehalts eines Staatsbeamten in der Endstufe der Besoldungsgruppe A 15 zuzüglich der gesetzlichen Umsatzsteuer berechnet; angefangene Arbeitsstunden werden zeitanteilig verrechnet. ⁴Der Betrag ist auf volle Euro aufzurunden. ⁵Bei der Abnahme von fliegenden Bauten im Rahmen der Erteilung der Ausführungsgenehmigung kann bei dringlichen vom Benutzer veranlassten Arbeiten an Samstagen oder an Sonn- und Feiertagen ein Zuschlag bis zu 70 v.H. und bei Nachtarbeit ein Zuschlag bis zu 40 v.H. erhoben werden.

(3) Als Auslagen werden die Reisekosten nach den für Landesbeamte geltenden Vorschriften und die anderen Behörden oder anderen Personen für ihre Tätigkeit zustehenden Beträge erhoben.

(4) Im übrigen findet der Erste Abschnitt des Kostengesetzes entsprechende Anwendung.

**§ 8 Rechts- und Fachaufsicht.** Beim Vollzug von Art. 72 BayBO führt die Regierung von Oberbayern die Aufsicht über die TÜV SÜD Industrie Service GmbH, München, die Regierung von Mittelfranken die Aufsicht über die LGA (Landesgewerbeanstalt Bayern).

**§ 9 Anerkennung von Prüf-, Überwachungs- und Zertifizierungsstellen.** Das Deutsche Institut für Bautechnik in Berlin ist zuständige Behörde für die Anerkennung von Prüf-, Überwachungs- und Zertifizierungsstellen nach § 7 Abs. 1 der Verordnung über das Inverkehrbringen von Heizkesseln und Gerä-

---

\* *Nicht abgedruckt.*

# 41 ZustVBau — Zuständigkeitsverordnung im Bauwesen

ten nach dem Bauproduktengesetz (BauPGHeizkesselV) und nach Art. 23 Abs. 3 BayBO.

**§ 10 Marktüberwachung.** (1) Marktüberwachungsbehörden sind
1. die Kreisverwaltungsbehörden oder, wenn ein Bauprodukt nur im bauaufsichtlichen Bereich zur Verwendung kommt, die Gemeinden nach § 5 Abs. 1 (untere Marktüberwachungsbehörden),
2. die Landesbaudirektion Bayern (höhere Marktüberwachungsbehörde),
3. das Staatsministerium für Wohnen, Bau und Verkehr (oberste Marktüberwachungsbehörde),
4. das Deutsche Institut für Bautechnik (gemeinsame Marktüberwachungsbehörde).

(2) ¹Die Marktüberwachungsbehörden nehmen die Aufgaben und Befugnisse wahr nach
1. Kapitel III der Verordnung (EG) Nr. 765/2008 bezüglich Bauprodukten im Sinn des Art. 16 Abs. 1 Satz 2 BayBO,
2. dem Produktsicherheitsgesetz (ProdSG), soweit es auf die Marktüberwachung nach dem Bauproduktengesetz Anwendung findet,
3. der Verordnung (EU) Nr. 305/2011 und
4. dem Bauproduktengesetz.

²Die Aufgaben der Marktüberwachung sind Staatsaufgaben; für die Gemeinden sind sie übertragene Aufgaben. ³Die Aufsicht über die gemeinsame Marktüberwachungsbehörde richtet sich nach Art. 5 des DIBt-Abkommens.

(3) ¹Die untere Marktüberwachungsbehörde ist zuständig für die Untersagung des Inverkehrbringens und des Warenverkehrs mit Bauprodukten und die Entwertung oder Beseitigung ihrer Kennzeichnung mit der CE-Kennzeichnung oder mit dieser verwechselbaren Zeichen nach Kapitel IV der Verordnung (EG) Nr. 765/2008 in Verbindung mit Art. 8 der Verordnung (EU) Nr. 305/2011. ²Die höhere Marktüberwachungsbehörde ist zuständig für
1. Marktüberwachungsmaßnahmen nach Art. 19 Abs. 1 der Verordnung (EG) Nr. 765/2008,
2. Maßnahmen zum Vollzug von Anordnungen der obersten Marktüberwachungsbehörde.

³Im Übrigen ist die oberste Marktüberwachungsbehörde zuständig. ⁴Die oberste Marktüberwachungsbehörde führt die Fachaufsicht über die höhere Marktüberwachungsbehörde und die unteren Marktüberwachungsbehörden; bei Gefahr im Verzug stehen ihr auch die Befugnisse der höheren Marktüberwachungsbehörde zu.

(4) Die gemeinsame Marktüberwachungsbehörde ist zuständig
1. für die einheitliche Prüfung und Bewertung von Bauprodukten in technischer Hinsicht,
2. in Fällen, in denen Bauprodukte nach den Anforderungen der Verordnung (EU) Nr. 305/2011 die in Bezug auf die wesentlichen Merkmale erklärte Leistung nicht erbringen oder eine Gefahr im Sinn des Art. 58 der Verord-

nung (EU) Nr. 305/2011 darstellen, Maßnahmen nach Art. 56 und 58 der Verordnung (EU) Nr. 305/2011, nach § 26 ProdSG und Art. 16, 19, 20, 28 und 29 der Verordnung (EG) Nr. 765/2008 zu ergreifen.

(5) [1]Stellt eine Marktüberwachungsbehörde nach Abs. 1 Satz 1 Nr. 1 bis 3 fest, dass Maßnahmen nach Abs. 3 in Betracht kommen, gibt sie die Sachbehandlung für das Bauprodukt an die gemeinsame Marktüberwachungsbehörde ab. [2]Die ausschließliche Zuständigkeit der gemeinsamen Marktüberwachungsbehörde für das Bauprodukt beginnt mit dem Zugang der Abgabeerklärung; das gilt auch für eine Zuständigkeit der gemeinsamen Marktüberwachungsbehörde für ein Bauprodukt, die durch eine Abgabeerklärung eines anderen Landes begründet worden ist. [3]Die Zuständigkeit der Marktüberwachungsbehörden bei Gefahr im Verzug bleibt unberührt.

(6) Verwaltungsakte der gemeinsamen Marktüberwachungsbehörde gelten auch im Freistaat Bayern.

(7) Die Vollstreckung von Verwaltungsakten der gemeinsamen Marktüberwachungsbehörde obliegt, abweichend von Art. 30 Abs. 1 des Verwaltungszustellungs- und Vollstreckungsgesetzes, der höheren Marktüberwachungsbehörde.

**§ 11 Inkrafttreten, Außerkrafttreten.** [1]Diese Verordnung tritt am 1. September 1994 in Kraft. [2]§ 2 Abs. 5 tritt mit Ablauf des 31. Dezember 2019 außer Kraft.

**Anlage** (zu § 7 Abs. 2 Satz 1)*

---

\* *Nicht abgedruckt.*

# PAG 50

# Gesetz über die Aufgaben und Befugnisse der Bayerischen Staatlichen Polizei (Polizeiaufgabengesetz – PAG)

(BayRS 2012–1–1–I)
in der Fassung der Bekanntmachung vom 14. September 1990 (GVBl. S. 397),
zuletzt geändert durch Gesetz vom 10. Dezember 2019 (GVBl. S. 691).

## INHALTSÜBERSICHT*

### I. Abschnitt
**Allgemeine Vorschriften**

- Art. 1 Begriff der Polizei
- Art. 2 Aufgaben der Polizei
- Art. 3 Verhältnis zu anderen Behörden
- Art. 4 Grundsatz der Verhältnismäßigkeit
- Art. 5 Ermessen, Wahl der Mittel
- Art. 6 Ausweispflicht des Polizeibeamten
- Art. 7 Verantwortlichkeit für das Verhalten von Personen
- Art. 8 Verantwortlichkeit für den Zustand von Sachen
- Art. 9 Unmittelbare Ausführung einer Maßnahme
- Art. 10 Inanspruchnahme nicht verantwortlicher Personen

### II. Abschnitt
**Befugnisse der Polizei**

- Art. 11 Allgemeine Befugnisse
- Art. 12 Auskunftspflicht
- Art. 13 Identitätsfeststellung und Prüfung von Berechtigungsscheinen
- Art. 14 Erkennungsdienstliche Maßnahmen
- Art. 15 Vorladung
- Art. 16 Platzverweis, Kontaktverbot, Aufenthalts- und Meldeanordnung
- Art. 17 Gewahrsam
- Art. 18 Richterliche Entscheidung
- Art. 19 Behandlung festgehaltener Personen
- Art. 20 Dauer der Freiheitsentziehung
- Art. 21 Durchsuchung von Personen
- Art. 22 Durchsuchung von Sachen
- Art. 23 Betreten und Durchsuchen von Wohnungen
- Art. 24 Verfahren bei der Durchsuchung von Wohnungen
- Art. 25 Sicherstellung
- Art. 26 Verwahrung sichergestellter Sachen
- Art. 27 Verwertung und Vernichtung sichergestellter Sachen
- Art. 28 Beendigung der Sicherstellung, Kosten
- Art. 29 Befugnisse für Aufgaben der Grenzkontrolle und Sicherung von Anlagen

### III. Abschnitt
**Datenverarbeitung**

- Art. 30 Allgemeine Grundsätze

#### 1. Unterabschnitt
**Datenerhebung**

- Art. 31 Grundsätze der Datenerhebung
- Art. 32 Datenerhebung

#### 2. Unterabschnitt
**Besondere Befugnisse und Maßnahmen der Datenerhebung**

- Art. 33 Offene Bild- und Tonaufnahmen
- Art. 34 Elektronische Aufenthaltsüberwachung
- Art. 35 Postsicherstellung
- Art. 36 Besondere Mittel der Datenerhebung
- Art. 37 Einsatz Verdeckter Ermittler
- Art. 38 Einsatz von Vertrauenspersonen

---

\* *Inhaltsübersicht nicht amtlich.*

# 50 PAG  Polizeiaufgabengesetz

| Art. 39 | Automatisierte Kennzeichenerkennungssysteme |
| Art. 40 | Ausschreibung zur polizeilichen Beobachtung |
| Art. 41 | Einsatz technischer Mittel in Wohnungen |
| Art. 42 | Eingriffe in den Telekommunikationsbereich |
| Art. 43 | Mitwirkungspflichten der Diensteanbieter |
| Art. 44 | Besondere Verfahrensregelungen für Maßnahmen nach den Art. 42 und 43 |
| Art. 45 | Verdeckter Zugriff auf informationstechnische Systeme |
| Art. 46 | Rasterfahndung |
| Art. 47 | Einsatz von unbemannten Luftfahrtsystemen |
| Art. 47a | Überwindung besonderer Sicherungen |
| Art. 48 | Weiterverarbeitung von Daten, Datenübermittlung, Kennzeichnung und Sicherung |
| Art. 49 | Schutz von Berufsgeheimnisträgern und des Kernbereichs privater Lebensgestaltung |
| Art. 50 | Benachrichtigungspflichten |
| Art. 51 | Protokollierung, Kontrolle durch den Landesbeauftragten für den Datenschutz |
| Art. 52 | Parlamentarische Kontrolle, Unterrichtung der Öffentlichkeit |

### 3. Unterabschnitt
**Datenspeicherung, -übermittlung und sonstige Datenverarbeitung**

| Art. 53 | Allgemeine Regeln der Datenspeicherung und sonstigen Datenverarbeitung |
| Art. 54 | Speicherung, Veränderung und Nutzung von Daten |
| Art. 55 | Allgemeine Regelungen der Datenübermittlung |
| Art. 56 | Übermittlung an öffentliche Stellen im Inland |
| Art. 57 | Übermittlung an öffentliche Stellen der Mitgliedstaaten und an Organisationen der Europäischen Union |
| Art. 58 | Übermittlung an öffentliche Stellen in Drittstaaten und an internationale Organisationen |
| Art. 59 | Übermittlung an nichtöffentliche Stellen |
| Art. 60 | Datenempfang durch die Polizei |
| Art. 61 | Datenabgleich innerhalb der Polizei |
| Art. 62 | Berichtigung, Löschung und Verarbeitungseinschränkung von Daten |
| Art. 63 | Automatisiertes Abrufverfahren |
| Art. 64 | Errichtungsanordnung für Dateien, Datenschutz-Folgenabschätzung |
| Art. 65 | Auskunftsrecht |

### 4. Unterabschnitt
**Anwendung des Bayerischen Datenschutzgesetzes**

| Art. 66 | Anwendung des Bayerischen Datenschutzgesetzes |

### IV. Abschnitt
**Vollzugshilfe**

| Art. 67 | Vollzugshilfe |
| Art. 68 | Verfahren |
| Art. 69 | Vollzugshilfe bei Freiheitsentziehung |

### V. Abschnitt
**Zwang**

#### 1. Unterabschnitt
**Erzwingung von Handlungen, Duldungen und Unterlassungen**

| Art. 70 | Zulässigkeit des Verwaltungszwangs |
| Art. 71 | Zwangsmittel |
| Art. 72 | Ersatzvornahme |
| Art. 73 | Zwangsgeld |
| Art. 74 | Ersatzzwangshaft |
| Art. 75 | Unmittelbarer Zwang |
| Art. 76 | Androhung der Zwangsmittel |

#### 2. Unterabschnitt
**Anwendung unmittelbaren Zwangs**

| Art. 77 | Rechtliche Grundlagen |
| Art. 78 | Begriffsbestimmung |
| Art. 79 | Handeln auf Anordnung |
| Art. 80 | Hilfeleistung für Verletzte |
| Art. 81 | Androhung unmittelbaren Zwangs |
| Art. 82 | Fesselung von Personen |

Polizeiaufgabengesetz **PAG 50**

| | | | |
|---|---|---|---|
| Art. 83 | Allgemeine Vorschriften für den Schußwaffengebrauch | | VII. Abschnitt **Schlußbestimmungen** |
| Art. 84 | Schußwaffengebrauch gegen Personen | Art. 91 | Einschränkung von Grundrechten |
| Art. 85 | Schußwaffengebrauch gegen Personen in einer Menschenmenge | Art. 92 | Verfahren und Zuständigkeit für gerichtliche Entscheidungen, Wegfall der Anordnungsvoraussetzungen |
| Art. 86 | Besondere Waffen, Sprengmittel | | |
| | VI. Abschnitt **Entschädigungs-, Erstattungs- und Ersatzansprüche** | Art. 93 | Verhältnis zum Kostengesetz, Verordnungsermächtigung |
| Art. 87 | Entschädigungsanspruch | Art. 94 | Opferschutzmaßnahmen |
| Art. 88 | Erstattungsanspruch | Art. 94a | Übergangsbestimmungen |
| Art. 89 | Ersatzanspruch | Art. 95 | Inkrafttreten, Außerkrafttreten |
| Art. 90 | Rechtsweg | | |

I. Abschnitt
# Allgemeine Vorschriften

**Art. 1 Begriff der Polizei.** Polizei im Sinn dieses Gesetzes sind die im Vollzugsdienst tätigen Dienstkräfte der Polizei des Freistaates Bayern.

**Art. 2 Aufgaben der Polizei.** (1) Die Polizei hat die Aufgabe, die allgemein oder im Einzelfall bestehenden Gefahren für die öffentliche Sicherheit oder Ordnung abzuwehren.

(2) Im Rahmen ihrer Aufgabe nach Abs. 1 obliegt der Polizei der Schutz privater Rechte nach diesem Gesetz nur dann, wenn gerichtlicher Schutz nicht rechtzeitig zu erlangen ist und wenn ohne polizeiliche Hilfe die Verwirklichung des Rechts vereitelt oder wesentlich erschwert werden würde.

(3) Die Polizei leistet anderen Behörden und den Gerichten Vollzugshilfe (Art. 67 bis 69).

(4) Die Polizei hat ferner die Aufgaben zu erfüllen, die ihr durch andere Rechtsvorschriften übertragen sind.

**Art. 3 Verhältnis zu anderen Behörden.** Die Polizei wird tätig, soweit ihr die Abwehr der Gefahr durch eine andere Behörde nicht oder nicht rechtzeitig möglich erscheint.

**Art. 4 Grundsatz der Verhältnismäßigkeit.** (1) Von mehreren möglichen und geeigneten Maßnahmen hat die Polizei diejenige zu treffen, die den einzelnen und die Allgemeinheit am wenigsten beeinträchtigt.

(2) Eine Maßnahme darf nicht zu einem Nachteil führen, der zu dem erstrebten Erfolg erkennbar außer Verhältnis steht.

(3) Eine Maßnahme ist nur so lange zulässig, bis ihr Zweck erreicht ist oder sich zeigt, daß er nicht erreicht werden kann.

## 50 PAG

**Art. 5 Ermessen, Wahl der Mittel.** (1) Die Polizei trifft ihre Maßnahmen nach pflichtgemäßem Ermessen.

(2) ¹Kommen zur Abwehr einer Gefahr mehrere Mittel in Betracht, so genügt es, wenn eines davon bestimmt wird. ²Dem Betroffenen ist auf Antrag zu gestatten, ein anderes ebenso wirksames Mittel anzuwenden, sofern die Allgemeinheit dadurch nicht stärker beeinträchtigt wird.

**Art. 6 Ausweispflicht des Polizeibeamten.** ¹Auf Verlangen des von einer Maßnahme Betroffenen hat der Polizeibeamte sich auszuweisen, soweit der Zweck der Maßnahme dadurch nicht beeinträchtigt wird. ²Das Nähere wird durch Dienstvorschrift geregelt.

**Art. 7 Verantwortlichkeit für das Verhalten von Personen.** (1) Verursacht eine Person eine Gefahr, so sind die Maßnahmen gegen sie zu richten.

(2) ¹Ist die Person noch nicht 14 Jahre alt oder ist für sie wegen einer psychischen Krankheit oder einer geistigen oder seelischen Behinderung zur Besorgung aller ihrer Angelegenheiten ein Betreuer bestellt, können Maßnahmen auch gegen die Person gerichtet werden, die zur Aufsicht über sie verpflichtet ist. ²Dies gilt auch, wenn der Aufgabenkreis des Betreuers die in § 1896 Abs. 4 und § 1905 des Bürgerlichen Gesetzbuchs (BGB) bezeichneten Angelegenheiten nicht erfaßt.

(3) Verursacht eine Person, die zu einer Verrichtung bestellt ist, die Gefahr in Ausführung der Verrichtung, so können Maßnahmen auch gegen die Person gerichtet werden, die die andere zu der Verrichtung bestellt hat.

(4) Die Absätze 1 bis 3 sind nicht anzuwenden, soweit andere Vorschriften dieses Gesetzes oder andere Rechtsvorschriften bestimmen, gegen wen eine Maßnahme zu richten ist.

**Art. 8 Verantwortlichkeit für den Zustand von Sachen.** (1) Geht von einer Sache eine Gefahr aus, so sind die Maßnahmen gegen den Inhaber der tatsächlichen Gewalt zu richten.

(2) ¹Maßnahmen können auch gegen den Eigentümer oder einen anderen Berechtigten gerichtet werden. ²Das gilt nicht, wenn der Inhaber der tatsächlichen Gewalt diese ohne den Willen des Eigentümers oder Berechtigten ausübt.

(3) Geht die Gefahr von einer herrenlosen Sache aus, so können die Maßnahmen gegen denjenigen gerichtet werden, der das Eigentum an der Sache aufgegeben hat.

(4) Art. 7 Abs. 4 gilt entsprechend.

**Art. 9 Unmittelbare Ausführung einer Maßnahme.** (1) ¹Die Polizei kann eine Maßnahme selbst oder durch einen Beauftragten ausführen, wenn der Zweck der Maßnahme durch Inanspruchnahme der nach den Art. 7 oder 8 Verantwortlichen nicht oder nicht rechtzeitig erreicht werden kann. ²Der von der Maßnahme Betroffene ist unverzüglich zu unterrichten.

Polizeiaufgabengesetz

(2) Für die unmittelbare Ausführung einer Maßnahme werden von den nach Art. 7 oder 8 Verantwortlichen Kosten erhoben.

**Art. 10 Inanspruchnahme nicht verantwortlicher Personen.** (1) Die Polizei kann Maßnahmen gegen andere Personen als die nach den Art. 7 oder 8 Verantwortlichen richten, wenn
1. eine gegenwärtige erhebliche Gefahr abzuwehren ist,
2. Maßnahmen gegen die nach den Art. 7 oder 8 Verantwortlichen nicht oder nicht rechtzeitig möglich sind oder keinen Erfolg versprechen,
3. die Polizei die Gefahr nicht oder nicht rechtzeitig selbst oder durch Beauftragte abwehren kann und
4. die Personen ohne erhebliche eigene Gefährdung und ohne Verletzung höherwertiger Pflichten in Anspruch genommen werden können.

(2) Die Maßnahmen nach Absatz 1 dürfen nur aufrechterhalten werden, solange die Abwehr der Gefahr nicht auf andere Weise möglich ist.

(3) Art. 7 Abs. 4 gilt entsprechend.

II. Abschnitt

## Befugnisse der Polizei

**Art. 11 Allgemeine Befugnisse.** (1) Die Polizei kann die notwendigen Maßnahmen treffen, um eine im einzelnen Fall bestehende Gefahr für die öffentliche Sicherheit oder Ordnung (Gefahr) abzuwehren, soweit nicht die Art. 12 bis 65 die Befugnisse der Polizei besonders regeln.

(2) [1]Eine Maßnahme im Sinn des Absatzes 1 kann die Polizei insbesondere dann treffen, wenn sie notwendig ist, um
1. Straftaten, Ordnungswidrigkeiten oder verfassungsfeindliche Handlungen zu verhüten oder zu unterbinden,
2. durch solche Handlungen verursachte Zustände zu beseitigen oder
3. Gefahren abzuwehren oder Zustände zu beseitigen, die Leben, Gesundheit oder die Freiheit der Person oder die Sachen, deren Erhaltung im öffentlichen Interesse geboten erscheint, bedrohen oder verletzen.

[2]Straftaten im Sinn dieses Gesetzes sind rechtswidrige Taten, die den Tatbestand eines Strafgesetzes verwirklichen. [3]Ordnungswidrigkeiten im Sinn dieses Gesetzes sind rechtswidrige Taten, die den Tatbestand einer Ordnungswidrigkeit verwirklichen. [4]Verfassungsfeindlich im Sinn des Satzes 1 Nr. 1 ist eine Handlung, die darauf gerichtet ist, die verfassungsmäßige Ordnung der Bundesrepublik Deutschland oder eines ihrer Länder auf verfassungswidrige Weise zu stören oder zu ändern, ohne eine Straftat oder Ordnungswidrigkeit zu verwirklichen.

(3) [1]Die Polizei kann unbeschadet der Abs. 1 und 2 die notwendigen Maßnahmen treffen, um den Sachverhalt aufzuklären und die Entstehung einer Gefahr für ein bedeutendes Rechtsgut zu verhindern, wenn im Einzelfall

## 50 PAG
Polizeiaufgabengesetz

1. das individuelle Verhalten einer Person die konkrete Wahrscheinlichkeit begründet oder
2. Vorbereitungshandlungen für sich oder zusammen mit weiteren bestimmten Tatsachen den Schluss auf ein seiner Art nach konkretisiertes Geschehen zulassen,

wonach in absehbarer Zeit Angriffe von erheblicher Intensität oder Auswirkung zu erwarten sind (drohende Gefahr), soweit nicht die Art. 12 bis 65 die Befugnisse der Polizei besonders regeln. ²Bedeutende Rechtsgüter sind:
1. der Bestand oder die Sicherheit des Bundes oder eines Landes,
2. Leben, Gesundheit oder Freiheit,
3. die sexuelle Selbstbestimmung,
4. erhebliche Eigentumspositionen oder
5. Sachen, deren Erhalt im besonderen öffentlichen Interesse liegt.

(4) ¹Zur Erfüllung der Aufgaben, die der Polizei durch andere Rechtsvorschriften zugewiesen sind (Art. 2 Abs. 4), hat sie die dort vorgesehenen Befugnisse. ²Soweit solche Rechtsvorschriften Befugnisse der Polizei nicht regeln, hat sie die Befugnisse, die ihr nach diesem Gesetz zustehen.

**Art. 12 Auskunftspflicht.** ¹Auf Befragen durch die Polizei ist eine Person verpflichtet, Name, Vorname, Tag und Ort der Geburt, Wohnanschrift und Staatsangehörigkeit anzugeben, wenn anzunehmen ist, daß sie sachdienliche Angaben machen kann, die zur Erfüllung einer bestimmten polizeilichen Aufgabe erforderlich sind. ²Zu weiteren Auskünften gegenüber der Polizei ist die Person nur verpflichtet, soweit für sie gesetzliche Handlungspflichten bestehen. ³Für die Dauer der Befragung kann die Person angehalten werden.

**Art. 13 Identitätsfeststellung und Prüfung von Berechtigungsscheinen.**
(1) Die Polizei kann die Identität einer Person feststellen
1. zur Abwehr
    a) einer Gefahr oder
    b) einer drohenden Gefahr für ein bedeutendes Rechtsgut,
2. wenn die Person sich an einem Ort aufhält,
    a) von dem auf Grund tatsächlicher Anhaltspunkte anzunehmen ist, daß dort
        aa) Personen Straftaten verabreden, vorbereiten oder verüben,
        bb) sich Personen ohne erforderliche Aufenthaltserlaubnis treffen, oder
        cc) sich Straftäter verbergen, oder
    b) an dem Personen der Prostitution nachgehen, oder
    c) der als Unterkunft oder dem sonstigen, auch vorübergehenden Aufenthalt von Asylbewerbern und unerlaubt Aufhältigen dient,
3. wenn sie sich in einer Verkehrs- oder Versorgungsanlage oder -einrichtung, einem öffentlichen Verkehrsmittel, Amtsgebäude oder einem anderen besonders gefährdeten Objekt oder in unmittelbarer Nähe hiervon aufhält und Tatsachen die Annahme rechtfertigen, daß in oder an Objekten dieser Art Straftaten begangen werden sollen, durch die in oder an diesen Objekten befindliche Personen oder diese Objekte selbst unmittelbar gefährdet sind,

Polizeiaufgabengesetz **PAG 50**

4. an einer Kontrollstelle, die von der Polizei eingerichtet worden ist, um Straftaten im Sinn von § 100a der Strafprozeßordnung (StPO) oder Art. 20 Abs. 1 Nrn. 1 und 3, Abs. 2 Nrn. 5 bis 7 des Bayerischen Versammlungsgesetzes (BayVersG) zu verhindern,
5. im Grenzgebiet bis zu einer Tiefe von 30 km sowie auf Durchgangsstraßen (Bundesautobahnen, Europastraßen und andere Straßen von erheblicher Bedeutung für den grenzüberschreitenden Verkehr) und in öffentlichen Einrichtungen des internationalen Verkehrs zur Verhütung oder Unterbindung des unerlaubten Aufenthalts und zur Bekämpfung der grenzüberschreitenden Kriminalität oder
6. zum Schutz privater Rechte (Art. 2 Abs. 2).

(2) ¹Die Polizei kann zur Feststellung der Identität die erforderlichen Maßnahmen treffen. ²Sie kann den Betroffenen insbesondere anhalten, ihn nach seinen Personalien befragen und verlangen, daß er mitgeführte Ausweispapiere zur Prüfung aushändigt und Kleidungsstücke sowie Gegenstände, die eine Identitätsfeststellung verhindern oder erschweren, abnimmt. ³Der Betroffene kann festgehalten werden, wenn die Identität auf andere Weise nicht oder nur unter erheblichen Schwierigkeiten festgestellt werden kann. ⁴Unter den Voraussetzungen von Satz 3 können der Betroffene sowie die von ihm mitgeführten Sachen durchsucht werden.

(3) Die Polizei kann verlangen, daß ein Berechtigungsschein zur Prüfung ausgehändigt wird, wenn der Betroffene auf Grund einer Rechtsvorschrift verpflichtet ist, diesen Berechtigungsschein mitzuführen.

**Art. 14 Erkennungsdienstliche Maßnahmen.** (1) Die Polizei kann erkennungsdienstliche Maßnahmen vornehmen, wenn
1. eine nach Art. 13 zulässige Identitätsfeststellung auf andere Weise nicht oder nur unter erheblichen Schwierigkeiten möglich ist,
2. trotz einer nach Art. 13 getroffenen Maßnahme der Identitätsfeststellung Zweifel über die Person oder die Staatsangehörigkeit bestehen,
3. dies zur vorbeugenden Bekämpfung von Straftaten erforderlich ist, weil der Betroffene verdächtig ist, eine Tat begangen zu haben, die mit Strafe bedroht ist und wegen der Art und Ausführung der Tat die Gefahr der Wiederholung besteht oder
4. dies erforderlich ist zur Abwehr einer Gefahr oder einer drohenden Gefahr für ein bedeutendes Rechtsgut.

(2) Erkennungsdienstliche Maßnahmen sind insbesondere
1. die Abnahme von Finger- und Handflächenabdrucken,
2. die Aufnahme von Lichtbildern,
3. die Feststellung äußerer körperlicher Merkmale,
4. Messungen.

(3) ¹Die Polizei kann dem Betroffenen zudem Körperzellen entnehmen und diese zur Feststellung des DNA-Identifizierungsmusters molekulargenetisch untersuchen, wenn dies zur Abwehr einer Gefahr für ein bedeutendes Rechtsgut

erforderlich ist und andere erkennungsdienstliche Maßnahmen nicht hinreichend sind. [2]Ein körperlicher Eingriff darf dabei nur von einem Arzt vorgenommen werden. [3]Die entnommenen Körperzellen sind unverzüglich nach der Untersuchung zu vernichten, soweit sie nicht nach anderen Rechtsvorschriften aufbewahrt werden dürfen. [4]Eine Maßnahme nach Satz 1 darf nur durch den Richter angeordnet werden, bei Gefahr im Verzug auch durch die in Art. 36 Abs. 4 Satz 2 und 3 genannten Personen.

(4) [1]Die molekulargenetische Untersuchung darf sich allein auf das DNA-Identifizierungsmuster erstrecken. [2]Anderweitige Untersuchungen oder anderweitige Feststellungen sind unzulässig.

(5) Sind die Voraussetzungen nach Abs. 1 oder Abs. 3 entfallen, sind die erkennungsdienstlichen Unterlagen unverzüglich zu vernichten.

(6) Für Maßnahmen nach den Abs. 1 und 3 gilt Art. 13 Abs. 2 Satz 3 entsprechend.

**Art. 15 Vorladung.** (1) Die Polizei kann eine Person schriftlich oder mündlich vorladen, wenn
1. Tatsachen die Annahme rechtfertigen, daß die Person sachdienliche Angaben machen kann, die für die Erfüllung einer bestimmten polizeilichen Aufgabe erforderlich sind, oder
2. das zur Durchführung erkennungsdienstlicher Maßnahmen oder einer elektronischen Aufenthaltsüberwachung erforderlich ist.

(2) [1]Bei der Vorladung soll deren Grund angegeben werden. [2]Bei der Festsetzung des Zeitpunkts soll auf den Beruf und die sonstigen Lebensverhältnisse des Betroffenen Rücksicht genommen werden.

(3) Leistet ein Betroffener der Vorladung ohne hinreichenden Grund keine Folge, so kann sie zwangsweise durchgesetzt werden,
1. wenn die Angaben zur Abwehr einer Gefahr oder einer drohenden Gefahr für Leib, Leben oder Freiheit einer Person erforderlich sind, oder
2. zur Durchführung der in Abs. 1 Nr. 2 genannten Maßnahmen.

(4) § 136a StPO gilt entsprechend.

**Art. 16 Platzverweis, Kontaktverbot, Aufenthalts- und Meldeanordnung.**
(1) [1]Die Polizei kann zur Abwehr
1. einer Gefahr oder
2. einer drohenden Gefahr für ein bedeutendes Rechtsgut
eine Person vorübergehend von einem Ort verweisen oder ihr vorübergehend das Betreten eines Orts verbieten. [2]Die Platzverweisung kann ferner gegen Personen angeordnet werden, die den Einsatz der Feuerwehr oder von Hilfs- oder Rettungsdiensten behindern.

(2) [1]Die Polizei kann zur Abwehr einer Gefahr oder einer drohenden Gefahr für ein bedeutendes Rechtsgut einer Person verbieten, ohne polizeiliche Erlaubnis

Polizeiaufgabengesetz **PAG 50**

1. zu bestimmten Personen oder zu Personen einer bestimmten Gruppe Kontakt zu suchen oder aufzunehmen (Kontaktverbot) oder
2. wenn die Begehung von Straftaten droht,
    a) sich an bestimmte Orte oder in ein bestimmtes Gebiet zu begeben (Aufenthaltsverbot) oder
    b) ihren Wohn- oder Aufenthaltsort oder ein bestimmtes Gebiet zu verlassen (Aufenthaltsgebot).

²Unter den in Satz 1 Nr. 1 genannten Voraussetzungen kann sie eine Person auch verpflichten, in bestimmten zeitlichen Abständen bei einer Polizeidienststelle persönlich zu erscheinen (Meldeanordnung). ³Die Anordnungen dürfen die Dauer von drei Monaten nicht überschreiten und können um jeweils längstens drei Monate verlängert werden. ⁴Die Vorschriften des Versammlungsrechts bleiben unberührt.

**Art. 17 Gewahrsam.** (1) Die Polizei kann eine Person in Gewahrsam nehmen, wenn

1. das zum Schutz der Person gegen eine Gefahr für Leib oder Leben erforderlich ist, insbesondere weil die Person sich erkennbar in einem die freie Willensbestimmung ausschließenden Zustand oder sonst in hilfloser Lage befindet,
2. das unerläßlich ist, um die unmittelbar bevorstehende Begehung oder Fortsetzung einer Ordnungswidrigkeit von erheblicher Bedeutung für die Allgemeinheit oder einer Straftat zu verhindern; die Annahme, daß eine Person eine solche Tat begehen oder zu ihrer Begehung beitragen wird, kann sich insbesondere darauf stützen, daß
    a) die Person die Begehung der Tat angekündigt oder dazu aufgefordert hat oder Transparente oder sonstige Gegenstände mit einer solchen Aufforderung mit sich führt; dies gilt auch für Flugblätter solchen Inhalts, soweit sie in einer Menge mitgeführt werden, die zur Verteilung geeignet ist,
    b) bei der Person Waffen, Werkzeuge oder sonstige Gegenstände aufgefunden werden, die ersichtlich zur Tatbegehung bestimmt sind oder erfahrungsgemäß bei derartigen Taten verwendet werden, oder ihre Begleitperson solche Gegenstände mit sich führt und sie den Umständen nach hiervon Kenntnis haben mußte, oder
    c) die Person bereits in der Vergangenheit mehrfach aus vergleichbarem Anlaß bei der Begehung von Ordnungswidrigkeiten von erheblicher Bedeutung für die Allgemeinheit oder Straftaten als Störer betroffen worden ist und nach den Umständen eine Wiederholung dieser Verhaltensweise zu erwarten ist;
3. dies zur Abwehr einer Gefahr für ein in Art. 11 Abs. 3 Satz 2 Nr. 1 bis 3 oder Nr. 5 genanntes bedeutendes Rechtsgut unerlässlich ist,
4. dies unerlässlich ist, um Maßnahmen nach Art. 16 durchzusetzen, oder
5. einer Anordnung nach Art. 34 Abs. 1 Satz 1 nicht Folge geleistet wird.

(2) Die Polizei kann Minderjährige, die sich der Obhut der Sorgeberechtigten entzogen haben oder sich an Orten aufhalten, an denen ihnen eine sittliche

Gefahr oder Verwahrlosung droht, in Gewahrsam nehmen, um sie den Sorgeberechtigten oder dem Jugendamt zuzuführen.

(3) Die Polizei kann eine Person, die aus dem Vollzug von Untersuchungshaft, Freiheitsstrafen oder freiheitsentziehenden Maßregeln der Besserung und Sicherung entwichen ist oder sich sonst ohne Erlaubnis außerhalb der Vollzugsanstalt aufhält, in Gewahrsam nehmen und in die Anstalt zurückbringen.

**Art. 18 Richterliche Entscheidung.** (1) [1]Wird eine Person auf Grund von Art. 13 Abs. 2 Satz 3, Art. 14 Abs. 6, Art. 15 Abs. 3 oder Art. 17 festgehalten, hat die Polizei unverzüglich eine richterliche Entscheidung über Zulässigkeit und Fortdauer der Freiheitsentziehung herbeizuführen. [2]Die richterliche Entscheidung kann ohne persönliche Anhörung der in Gewahrsam genommenen Person ergehen, wenn diese rauschbedingt nicht in der Lage ist, den Gegenstand der persönlichen Anhörung durch das Gericht ausreichend zu erfassen und in der Anhörung zur Feststellung der entscheidungserheblichen Tatsachen beizutragen. [3]In diesen Fällen wird die richterliche Entscheidung mit Erlass wirksam und bedarf hierzu nicht der Bekanntgabe an die in Gewahrsam genommene Person. [4]Dauert die Freiheitsentziehung länger als bis zum Ende des Tages nach dem Ergreifen, ist in den Fällen des Satzes 2 unverzüglich eine erneute richterliche Entscheidung herbeizuführen. [5]Ist eine Anhörung hierbei nicht möglich, hat sich das Gericht einen persönlichen Eindruck von der in Gewahrsam genommenen Person zu verschaffen. [6]Der Herbeiführung einer richterlichen Entscheidung bedarf es nicht, wenn anzunehmen ist, daß die Entscheidung des Richters erst nach Wegfall des Grundes der polizeilichen Maßnahme ergehen würde.

(2) [1]Ist die Freiheitsentziehung vor Erlaß einer gerichtlichen Entscheidung beendet, kann die festgehaltene Person, bei Minderjährigkeit auch ihr gesetzlicher Vertreter, innerhalb eines Monats nach Beendigung der Freiheitsentziehung die Feststellung beantragen, daß die Freiheitsentziehung rechtswidrig gewesen ist, wenn hierfür ein berechtigtes Interesse besteht. [2]Der Antrag kann bei dem zuständigen Gericht schriftlich oder durch Erklärung zu Protokoll der Geschäftsstelle dieses Gerichts gestellt werden.

(3) Für Gerichtskosten gelten die Vorschriften des Gerichts- und Notarkostengesetzes entsprechend, soweit durch Rechtsvorschrift nichts anderes bestimmt ist.

**Art. 19 Behandlung festgehaltener Personen.** (1) [1]Wird eine Person auf Grund von Art. 13 Abs. 2 Satz 3, Art. 14 Abs. 6, Art. 15 Abs. 3 oder Art. 17 festgehalten, ist ihr unverzüglich der Grund bekanntzugeben; sie ist über die ihr zustehenden Rechtsmittel zu belehren. [2]Zu der Belehrung gehört der Hinweis, daß eine etwaige Aussage freiwillig erfolgt.

(2) [1]Der festgehaltenen Person ist unverzüglich Gelegenheit zu geben, einen Angehörigen oder eine Person ihres Vertrauens zu benachrichtigen, soweit dadurch der Zweck der Freiheitsentziehung nicht gefährdet wird. [2]Unberührt

Polizeiaufgabengesetz **PAG 50**

bleibt die Benachrichtigungspflicht bei einer richterlichen Freiheitsentziehung. ³Die Polizei hat die Benachrichtigung zu übernehmen, wenn die festgehaltene Person nicht in der Lage ist, von dem Recht nach Satz 1 Gebrauch zu machen und die Benachrichtigung ihrem mutmaßlichen Willen nicht widerspricht. ⁴Ist die festgehaltene Person minderjährig oder ist für sie ein Betreuer mit dem Aufgabenkreis der Personensorge oder der Aufenthaltsbestimmung bestellt, so ist in jedem Fall unverzüglich der Betreuer oder derjenige zu benachrichtigen, dem die Sorge für die Person obliegt.

(3) ¹Die festgehaltene Person soll gesondert, insbesondere ohne ihre Einwilligung nicht in demselben Raum mit Straf- oder Untersuchungsgefangenen untergebracht werden. ²Männer und Frauen sollen getrennt untergebracht werden. ³Der festgehaltenen Person dürfen nur solche Beschränkungen auferlegt werden, die der Zweck der Freiheitsentziehung oder die Ordnung im Gewahrsam erfordert. ⁴Art. 96 Abs. 1 und 2 des Bayerischen Strafvollzugsgesetzes (BaySt-VollzG) und hinsichtlich der Verwendung technischer Mittel zudem Art. 33 Abs. 6 gelten entsprechend.

**Art. 20 Dauer der Freiheitsentziehung.** Die festgehaltene Person ist zu entlassen,
1. sobald der Grund für die Maßnahme der Polizei weggefallen ist,
2. wenn die Fortdauer der Freiheitsentziehung durch richterliche Entscheidung für unzulässig erklärt wird,
3. in jedem Fall spätestens bis zum Ende des Tages nach dem Ergreifen, wenn nicht vorher die Fortdauer der Freiheitsentziehung durch richterliche Entscheidung angeordnet ist.In der richterlichen Entscheidung ist die Dauer der Freiheitsentziehung zu bestimmen.Sie darf nicht mehr als drei Monate betragen und kann jeweils um längstens drei Monate verlängert werden.

**Art. 21 Durchsuchung von Personen.** (1) Die Polizei kann, außer in den Fällen des Art. 13 Abs. 2 Satz 4 eine Person durchsuchen, wenn
1. Tatsachen die Annahme rechtfertigen, daß sie Sachen mit sich führt, die sichergestellt werden dürfen,
2. sie sich erkennbar in einem die freie Willensbestimmung ausschließenden Zustand oder sonst in hilfloser Lage befindet,
3. eine drohende Gefahr für ein bedeutendes Rechtsgut vorliegt,
4. sie sich an einem der in Art. 13 Abs. 1 Nrn. 2 oder 5 genannten Ort aufhält oder
5. sie sich in einem Objekt im Sinn des Art. 13 Abs. 1 Nr. 3 oder in dessen unmittelbarer Nähe aufhält und Tatsachen die Annahme rechtfertigen, daß in oder an Objekten dieser Art Straftaten begangen werden sollen.

(2) Die Polizei kann eine Person, deren Identität nach diesem Gesetz oder anderen Rechtsvorschriften festgestellt werden soll oder die nach diesem Gesetz oder anderen Rechtsvorschriften festgehalten werden kann, nach Waffen, anderen gefährlichen Werkzeugen und Explosionsmitteln durchsuchen, wenn

dies nach den Umständen zum Schutz des Polizeibeamten oder eines Dritten gegen eine Gefahr für Leib oder Leben erforderlich ist.

(3) Personen dürfen nur von Personen gleichen Geschlechts oder Ärzten durchsucht werden; dies gilt nicht, wenn die sofortige Durchsuchung zum Schutz gegen eine Gefahr für Leib oder Leben erforderlich ist.

**Art. 22 Durchsuchung von Sachen.** (1) Die Polizei kann außer in den Fällen des Art. 13 Abs. 2 Satz 4 eine Sache durchsuchen, wenn
1. sie von einer Person mitgeführt wird, die nach Art. 21 durchsucht werden darf,
2. Tatsachen die Annahme rechtfertigen, daß sich in ihr eine Person befindet, die
   a) in Gewahrsam genommen werden darf,
   b) widerrechtlich festgehalten wird oder
   c) hilflos ist,
3. Tatsachen die Annahme rechtfertigen, daß sich in ihr eine andere Sache befindet, die sichergestellt werden darf,
4. sie sich an einem der in Art. 13 Abs. 1 Nrn. 2 oder 5 genannten Ort befindet oder
5. sie sich in einem Objekt im Sinn des Art. 13 Abs. 1 Nr. 3 oder in dessen unmittelbarer Nähe befindet und Tatsachen die Annahme rechtfertigen, daß Straftaten in oder an Objekten dieser Art begangen werden sollen,
6. es sich um eine bewegliche Sache handelt, die sich an einer Kontrollstelle nach Art. 13 Abs. 1 Nr. 4 befindet.

(2) ¹Betrifft die Durchsuchung ein elektronisches Speichermedium, können auch vom Durchsuchungsobjekt räumlich getrennte Speichermedien durchsucht werden, soweit von diesem aus auf sie zugegriffen werden kann. ²Personenbezogene Daten dürfen darüber hinaus nur dann weiterverarbeitet werden, wenn dies gesetzlich zugelassen ist.

(3) ¹Bei der Durchsuchung vor Ort hat der Inhaber der tatsächlichen Gewalt das Recht, anwesend zu sein. ²Ist er abwesend, so sollen sein Vertreter oder ein anderer Zeuge hinzugezogen werden.

(4) Dem Inhaber der tatsächlichen Gewalt ist auf Verlangen eine Bescheinigung über die Durchsuchung und ihren Grund zu erteilen.

**Art. 23 Betreten und Durchsuchen von Wohnungen.** (1) ¹Die Polizei kann eine Wohnung ohne Einwilligung des Inhabers betreten und durchsuchen, wenn
1. Tatsachen die Annahme rechtfertigen, daß sich in ihr eine Person befindet, die nach Art. 15 Abs. 3 vorgeführt oder nach Art. 17 in Gewahrsam genommen werden darf,
2. Tatsachen die Annahme rechtfertigen, daß sich in ihr eine Sache befindet, die nach Art. 25 Nr. 1 sichergestellt werden darf, oder
3. das zur Abwehr einer dringenden Gefahr für ein bedeutendes Rechtsgut erforderlich ist.

Polizeiaufgabengesetz

²Die Wohnung umfaßt die Wohn- und Nebenräume, Arbeits-, Betriebs- und Geschäftsräume sowie anderes befriedetes Besitztum.

(2) Während der Nachtzeit (§ 104 Abs. 3 StPO) ist das Betreten und Durchsuchen einer Wohnung in den Fällen des Abs. 1 nur zur Abwehr einer gegenwärtigen Gefahr für ein bedeutendes Rechtsgut zulässig.

(3) Wohnungen dürfen jedoch zur Abwehr dringender Gefahren jederzeit betreten werden, wenn
1. aufgrund tatsächlicher Anhaltspunkte anzunehmen ist, daß dort
   a) Personen Straftaten verabreden, vorbereiten oder verüben,
   b) sich Personen ohne erforderliche Aufenthaltserlaubnis treffen oder
   c) sich Straftäter verbergen, oder
2. sie der Prostitution dienen oder
3. sie als Unterkunft oder dem sonstigen, auch vorübergehenden Aufenthalt von Asylbewerbern und unerlaubt Aufhältigen dient.

(4) Arbeits-, Betriebs- und Geschäftsräume sowie andere Räume und Grundstücke, die der Öffentlichkeit zugänglich sind oder zugänglich waren und den Anwesenden zum weiteren Aufenthalt zur Verfügung stehen, dürfen zum Zweck der Gefahrenabwehr (Art. 2 Abs. 1) während der Arbeits-, Geschäfts- oder Aufenthaltszeit betreten werden.

**Art. 24 Verfahren bei der Durchsuchung von Wohnungen.** (1) Durchsuchungen von Wohnungen dürfen, außer bei Gefahr im Verzug, nur durch den Richter angeordnet werden.

(2) ¹Bei der Durchsuchung einer Wohnung hat der Wohnungsinhaber das Recht, anwesend zu sein. ²Ist er abwesend, so ist, wenn möglich, sein Vertreter, ein erwachsener Angehöriger oder ein nicht beteiligter Zeuge zuzuziehen.

(3) Dem Wohnungsinhaber oder seinem Vertreter ist der Grund der Durchsuchung unverzüglich bekanntzugeben, soweit dadurch der Zweck der Maßnahme nicht gefährdet wird.

(4) ¹Über die Durchsuchung ist eine Niederschrift zu fertigen. ²Sie muß die verantwortliche Dienststelle, Grund, Zeit und Ort der Durchsuchung und ihr Ergebnis enthalten. ³Die Niederschrift ist von einem durchsuchenden Beamten und dem Wohnungsinhaber oder der zugezogenen Person zu unterzeichnen. ⁴Wird die Unterschrift verweigert, so ist hierüber ein Vermerk aufzunehmen. ⁵Dem Wohnungsinhaber oder seinem Vertreter ist auf Verlangen eine Abschrift der Niederschrift auszuhändigen.

(5) Ist die Anfertigung der Niederschrift oder die Aushändigung einer Abschrift nach den besonderen Umständen des Falls nicht möglich oder würde sie den Zweck der Durchsuchung gefährden, so sind dem Betroffenen lediglich die Durchsuchung unter Angabe der verantwortlichen Dienststelle sowie Zeit und Ort der Durchsuchung schriftlich zu bestätigen.

# 50 PAG

Polizeiaufgabengesetz

**Art. 25 Sicherstellung.** (1) Die Polizei kann eine Sache sicherstellen
1. zur Abwehr
   a) einer gegenwärtigen Gefahr oder
   b) einer Gefahr oder einer drohenden Gefahr für ein bedeutendes Rechtsgut,
2. um den Eigentümer oder den rechtmäßigen Inhaber der tatsächlichen Gewalt vor Verlust oder Beschädigung einer Sache zu schützen, oder
3. wenn sie von einer Person mitgeführt wird, die nach diesem Gesetz oder anderen Rechtsvorschriften festgehalten wird, und diese Person die Sache verwenden kann, um
   a) sich zu töten oder zu verletzen,
   b) Leben oder Gesundheit anderer zu schädigen,
   c) fremde Sachen zu beschädigen oder
   d) sich oder anderen die Flucht zu ermöglichen oder zu erleichtern.

(2) [1]Unter den Voraussetzungen des Abs. 1 kann die Polizei durch Pfändung auch eine Forderung sowie sonstige Vermögensrechte sicherstellen. [2]Die Vorschriften der Zivilprozessordnung (ZPO) über die Zwangsvollstreckung in Forderungen und andere Vermögensrechte sind sinngemäß anzuwenden.

(3) [1]Unter den Voraussetzungen des Abs. 1 kann die Polizei auch Daten sicherstellen und erforderlichenfalls den weiteren Zugriff auf diese ausschließen, wenn andernfalls die Abwehr der Gefahr, der Schutz vor Verlust oder die Verhinderung der Verwendung aussichtslos oder wesentlich erschwert wäre. [2]Art. 22 Abs. 2 Satz 1 sowie Art. 48 Abs. 5 bis 7 und Art. 49 Abs. 5 gelten entsprechend. [3]Daten, die nach diesen Vorschriften nicht weiterverarbeitet werden dürfen, sind zu löschen, soweit es sich nicht um Daten handelt, die zusammen mit dem Datenträger sichergestellt wurden, auf dem sie gespeichert sind; Löschungen sind zu dokumentieren. [4]Die Bestimmungen in den Art. 26, 27 Abs. 4 und Art. 28 Abs. 2 hinsichtlich Verwahrung, Benachrichtigung, Vernichtung und Herausgabe gelten unter Berücksichtigung der unkörperlichen Natur von Daten sinngemäß.

**Art. 26 Verwahrung sichergestellter Sachen.** (1) [1]Sichergestellte Sachen sind in Verwahrung zu nehmen. [2]Läßt die Beschaffenheit der Sachen das nicht zu oder erscheint die Verwahrung bei der Polizei unzweckmäßig, sind die Sachen auf andere geeignete Weise aufzubewahren oder zu sichern. [3]In diesem Fall kann die Verwahrung auch einem Dritten übertragen werden.

(2) [1]Dem Betroffenen ist eine Bescheinigung auszustellen, die den Grund der Sicherstellung erkennen läßt und die sichergestellten Sachen bezeichnet. [2]Kann nach den Umständen des Falls eine Bescheinigung nicht ausgestellt werden, so ist über die Sicherstellung eine Niederschrift aufzunehmen, die auch erkennen läßt, warum eine Bescheinigung nicht ausgestellt worden ist. [3]Der Eigentümer oder der rechtmäßige Inhaber der tatsächlichen Gewalt ist unverzüglich zu unterrichten.

(3) [1]Wird eine sichergestellte Sache verwahrt, so hat die Polizei nach Möglichkeit Wertminderungen vorzubeugen. [2]Das gilt nicht, wenn die Sache durch den Dritten auf Verlangen eines Berechtigten verwahrt wird.

(4) Die verwahrten Sachen sind zu verzeichnen und so zu kennzeichnen, daß Verwechslungen vermieden werden.

**Art. 27 Verwertung und Vernichtung sichergestellter Sachen.** (1) Die Verwertung einer sichergestellten Sache ist zulässig, wenn
1. ihr Verderb oder eine wesentliche Wertminderung droht,
2. ihre Verwahrung, Pflege oder Erhaltung mit unverhältnismäßig hohen Kosten oder Schwierigkeiten verbunden ist,
3. sie infolge ihrer Beschaffenheit nicht so verwahrt werden kann, daß weitere Gefahren für die öffentliche Sicherheit oder Ordnung ausgeschlossen sind,
4. sie nach einer Frist von einem Jahr nicht an einen Berechtigten herausgegeben werden kann, ohne daß die Voraussetzungen der Sicherstellung erneut eintreten würden, oder
5. der Berechtigte sie nicht innerhalb einer ausreichend bemessenen Frist abholt, obwohl ihm eine Mitteilung über die Frist mit dem Hinweis zugestellt worden ist, daß die Sache verwertet wird, wenn sie nicht innerhalb der Frist abgeholt wird.

(2) [1]Der Betroffene, der Eigentümer und andere Personen, denen ein Recht an der Sache zusteht, sollen vor der Verwertung gehört werden. [2]Die Anordnung sowie Zeit und Ort der Verwertung sind ihnen mitzuteilen, soweit die Umstände und der Zweck der Maßnahme es erlauben.

(3) [1]Die Sache wird durch öffentliche Versteigerung verwertet; § 979 Abs. 1 bis 1b BGB gilt entsprechend. [2]Bleibt die Versteigerung erfolglos, erscheint sie von vornherein aussichtslos oder würden die Kosten der Versteigerung voraussichtlich den zu erwartenden Erlös übersteigen, so kann die Sache freihändig verkauft werden. [3]Der Erlös tritt an die Stelle der verwerteten Sache. [4]Läßt sich innerhalb angemessener Frist kein Käufer finden, so kann die Sache einem gemeinnützigen Zweck zugeführt werden. [5]Bei der Verwertung von Datenträgern ist sicherzustellen, dass zuvor personenbezogene Daten dem Stand der Technik entsprechend gelöscht wurden.

(4) [1]Sichergestellte Sachen können unbrauchbar gemacht oder vernichtet werden, wenn
1. im Fall einer Verwertung die Gründe, die zu ihrer Sicherstellung berechtigten, fortbestehen oder Sicherstellungsgründe erneut entstehen würden, oder
2. die Verwertung aus anderen Gründen nicht möglich ist.

[2]Abs. 2 gilt sinngemäß.

**Art. 28 Beendigung der Sicherstellung, Kosten.** (1) Die Sicherstellung ist zu beenden, sobald ihre Voraussetzungen entfallen sind.

(2) [1]Sachen sind an denjenigen herauszugeben, bei dem sie sichergestellt wurden. [2]Ist das nicht möglich, können sie an jeden herausgegeben werden, der eine Berechtigung an der Sache glaubhaft macht. [3]Die Herausgabe ist ausgeschlossen, wenn dadurch erneut die Voraussetzungen für eine Sicherstellung eintreten würden.

(3) ¹Die Sicherstellung im Sinn des Art. 25 Abs. 2 darf nicht länger als ein Jahr aufrechterhalten werden. ²Kann das Vermögensrecht nicht freigegeben werden, ohne dass die Voraussetzungen der Sicherstellung erneut eintreten, kann die Sicherstellung mit gerichtlicher Zustimmung um jeweils ein weiteres Jahr verlängert werden.

(4) ¹Sind sichergestellte Sachen verwertet worden, ist der Erlös herauszugeben. ²Ist ein Berechtigter nicht vorhanden oder nicht zu ermitteln, ist der Erlös nach den Vorschriften des BGB zu hinterlegen. ³Der Anspruch des Berechtigten auf Herausgabe des Erlöses erlischt drei Jahre nach Ablauf des Jahres, in dem die Sache verwertet worden ist.

(5) ¹Für die Sicherstellung, Verwertung und für Maßnahmen nach Art. 27 Abs. 4 werden Kosten erhoben. ²Die Kosten und die Benutzungsgebühren für die Verwahrung haben die nach Art. 7 oder 8 Verantwortlichen zu tragen. ³Die Herausgabe der Sache kann von der Zahlung der geschuldeten Beträge abhängig gemacht werden; ist eine Sache verwertet worden, so können die geschuldeten Beträge aus dem Erlös gedeckt werden. ⁴Im übrigen gilt das Kostengesetz.

(6) § 983 BGB bleibt unberührt.

***Art. 29 Befugnisse für Aufgaben der Grenzkontrolle und Sicherung von Anlagen.\**** *(1) Zur Wahrnehmung grenzpolizeilicher Aufgaben kann die Polizei*
1. *Grundstücke mit Ausnahme von Gebäuden betreten und befahren,*
2. *verlangen, daß Grundstückseigentümer und -besitzer einen Grenzpfad freilassen, an Einfriedungen Durchlässe oder Übergänge einrichten oder Wassergräben überbrücken,*
3. *auf eigene Kosten Grenzpfade, Durchlässe, Übergänge oder Brücken einrichten oder verbessern.*

*(2) ¹Die im grenzüberschreitenden Reiseverkehr tätigen Verkehrsunternehmen einschließlich der Verkehrsverwaltungen sind verpflichtet,*
1. *den mit der polizeilichen Kontrolle ihres grenzüberschreitenden Verkehrs betrauten Beamten den Zutritt zu ihren Anlagen und Beförderungsmitteln unentgeltlich zu gestatten,*
2. *sie bei dieser Tätigkeit unentgeltlich zu befördern,*
3. *den für die polizeiliche Kontrolle ihres grenzüberschreitenden Verkehrs zuständigen Dienststellen Fahr- und Flugpläne rechtzeitig mitzuteilen,*

---

\* *Hervorhebung durch Herausgeber. Siehe dazu die Entscheidung des Bayerischen Verfassungsgerichtshofs vom 28. August 2020, Vf. 10-VIII-19; Vf. 12-VII-19, GVBl. S. 558 (Entscheidungsformel und Leitsätze):*
*Art. 29 des Gesetzes über die Aufgaben und Befugnisse der Bayerischen Staatlichen Polizei (Polizeiaufgabengesetz – PAG) in der Fassung der Bekanntmachung vom 14. September 1990 (GVBl. S. 397, BayRS 2012-1-1-I), das zuletzt durch § 1 des Gesetzes vom 10. Dezember 2019 (GVBl. S. 691) geändert worden ist, verstößt gegen Art. 3 Abs. 1 Satz 1 BV (Rechtsstaatsprinzip) und Art. 101 BV (allgemeine Handlungsfreiheit) und ist nichtig.*

Polizeiaufgabengesetz **PAG 50**

*4. den in Nummer 3 genannten Dienststellen und den mit der Sicherung von Verkehrsanlagen betrauten Beamten die erforderlichen Diensträume und Parkplätze für die Dienstkraftfahrzeuge der Polizei zur Verfügung zu stellen. ²Die Unternehmen und Verkehrsverwaltungen können verlangen, daß ihnen ihre Selbstkosten vergütet werden, soweit sie diese Einrichtungen nicht ohnehin benötigen. ³Soweit ein Aufwand über das Maß hinausgeht, das für polizeieigene Einrichtungen üblich ist, wird er nicht vergütet.*

*(3) Nimmt die Polizei grenzpolizeiliche Aufgaben wahr, hat sie auch diejenigen Befugnisse, die hierzu durch Bundesrecht speziell einer mit der polizeilichen Kontrolle des grenzüberschreitenden Verkehrs beauftragten Behörde eingeräumt werden.*

III. Abschnitt
## Datenverarbeitung

**Art. 30 Allgemeine Grundsätze.** (1) Vorbehaltlich abweichender Regelung gelten die Vorschriften dieses Abschnitts für alle Datenverarbeitungen der Polizei nach diesem Gesetz, unabhängig davon, ob diese in Akten, Dateien oder anderer Form erfolgen.

(2) ¹Die Verarbeitung besonderer Kategorien personenbezogener Daten ist zulässig,
1. soweit andernfalls die Erfüllung polizeilicher Aufgaben, insbesondere die Verhütung oder Unterbindung von Straftaten, gefährdet oder wesentlich erschwert ist,
2. zur Abwehr von
   a) Gefahren oder
   b) drohenden Gefahren für ein bedeutendes Rechtsgut,
3. wenn der Betroffene der Datenverarbeitung schriftlich zugestimmt hat und die Daten nur für den Zweck verarbeitet werden, zu dem die Zustimmung erteilt wurde; vor Erteilung der Zustimmung ist der Betroffene über den Zweck der Verarbeitung sowie darüber aufzuklären, dass er die Zustimmung verweigern sowie jederzeit widerrufen kann,
4. wenn der Betroffene sie bereits offensichtlich öffentlich gemacht hat oder
5. wenn dies zu Zwecken der Eigensicherung erforderlich ist.

²Solche Daten sollen besonders gekennzeichnet und der Zugriff darauf besonders ausgestaltet werden, wenn und soweit dies der Schutz des Betroffenen erfordert.

(3) Soweit möglich soll erkennbar werden, ob Daten auf Tatsachen oder persönlichen Einschätzungen beruhen.

(4) Bei einer Datenverarbeitung im Zusammenhang mit einer begangenen oder drohenden Straftat soll nach Möglichkeit unterschieden werden, ob die Daten

# 50 PAG

1. Verdächtige,
2. Verurteilte,
3. Opfer oder
4. andere Personen

betreffen.

## 1. Unterabschnitt
## Datenerhebung

**Art. 31 Grundsätze der Datenerhebung.** (1) Die Polizei darf personenbezogene Daten nur erheben, soweit dies durch Rechtsvorschrift zugelassen ist.

(2) ¹Personenbezogene Daten sind grundsätzlich bei dem Betroffenen zu erheben. ²Sie können auch bei Behörden, sonstigen öffentlichen Stellen oder bei Dritten erhoben werden, wenn die Datenerhebung beim Betroffenen nicht oder nur mit unverhältnismäßig hohem Aufwand möglich ist oder die Erfüllung der polizeilichen Aufgaben gefährden würde.

(3) ¹Personenbezogene Daten sind von der Polizei grundsätzlich offen zu erheben. ²Die Polizei informiert in allgemeiner und jedermann zugänglicher Form über
1. die Zwecke, zu denen personenbezogene Daten verarbeitet werden,
2. den Namen und die Kontaktdaten der erhebenden Stelle und des behördlichen Datenschutzbeauftragten,
3. das Recht, sich an den Landesbeauftragten für den Datenschutz (Landesbeauftragter) zu wenden sowie dessen Kontaktdaten und
4. die Rechte auf Auskunft, Berichtigung, Löschung und Einschränkung der Verarbeitung personenbezogener Daten.

³Die Polizei informiert auf Verlangen darüber hinaus in geeigneter Weise über die Rechtsgrundlage der Datenerhebung sowie eine im Einzelfall bestehende gesetzliche Auskunftspflicht oder die Freiwilligkeit der Auskunft.

(4) ¹Eine Datenerhebung, die nicht als polizeiliche Maßnahme erkennbar sein soll, ist zulässig, wenn
1. die Erfüllung polizeilicher Aufgaben auf andere Weise gefährdet oder wesentlich erschwert würde oder
2. anzunehmen ist, dass dies überwiegenden Interessen oder Belangen des Betroffenen oder Dritter dient.

²Die Information nach Abs. 3 Satz 3 kann in diesen Fällen zunächst unterbleiben. ³Sind die Voraussetzungen für eine Datenerhebung im Sinn des Satzes 1 entfallen, ist der Betroffene zu benachrichtigen und sind unterbliebene Informationen unverzüglich zu erteilen. ⁴Dies kann in den Fällen des Satzes 1 auch auf Dauer unterbleiben, wenn es sich nur um einen kurzfristigen Eingriff handelt, an den sich keine Folgemaßnahmen anschließen. ⁵Die Benachrichtigung hat zumindest die Angaben nach Abs. 3 Satz 2, die Rechtsgrundlage der Datenerhebung und gegebenenfalls der weiteren Verarbeitung, Informationen über

die mutmaßliche Dauer der Datenspeicherung oder, falls diese Angabe nicht möglich ist, Kriterien hierfür sowie gegebenenfalls über die Kategorien der Empfänger der Daten zu enthalten. [6]Bezieht sich die Benachrichtigung auf die Herkunft personenbezogener Daten von oder deren Übermittlung an Verfassungsschutzbehörden des Bundes oder der Länder, den Bundesnachrichtendienst oder den Militärischen Abschirmdienst, ist sie nur nach Zustimmung dieser Stellen zulässig.

(5) Die Vorschriften des 2. Unterabschnitts über besondere Befugnisse und Maßnahmen der Datenerhebung bleiben unberührt.

**Art. 32 Datenerhebung.** (1) [1]Die Polizei kann personenbezogene Daten über die in Art. 7, 8 und 10 genannten Personen und über andere Personen erheben, wenn dies erforderlich ist
1. zur Gefahrenabwehr (Art. 2 Abs. 1), insbesondere
    a) zur vorbeugenden Bekämpfung von Straftaten sowie
    b) zu Zwecken des Personenschutzes, soweit sich die diesbezügliche Gefahrenabwehr auf ein in Art. 11 Abs. 3 Satz 2 Nr. 1 bis 3 oder Nr. 5 genanntes bedeutendes Rechtsgut bezieht,
2. zum Schutz privater Rechte (Art. 2 Abs. 2),
3. zur Vollzugshilfe (Art. 2 Abs. 3) oder
4. zur Erfüllung ihr durch andere Rechtsvorschriften übertragener Aufgaben (Art. 2 Abs. 4)

und die Art. 11 bis 65 die Befugnisse der Polizei nicht besonders regeln. [2]Im Fall des Satzes 1 Nr. 1 kann die Datenerhebung durch die molekulargenetische Untersuchung aufgefundenen Spurenmaterials unbekannter Herkunft zum Zwecke der Feststellung des DNA-Identifizierungsmusters, des Geschlechts, der Augen-, Haar- und Hautfarbe, des biologischen Alters und der biogeographischen Herkunft des Spurenverursachers erfolgen, wenn die Abwehr der Gefahr auf andere Weise aussichtslos oder wesentlich erschwert wäre. [3]Bei der Untersuchung dürfen andere Feststellungen als die in Satz 2 genannten nicht getroffen werden. [4]Hierauf gerichtete Untersuchungen sind unzulässig.

(2) Die Polizei kann ferner über
1. Verantwortliche für Anlagen oder Einrichtungen, von denen eine erhebliche Gefahr ausgehen kann,
2. Verantwortliche für gefährdete Anlagen oder Einrichtungen,
3. Verantwortliche für Veranstaltungen in der Öffentlichkeit,
4. Personen, deren besondere Kenntnisse und Fähigkeiten zur Gefahrenabwehr benötigt werden,

Namen, Vornamen, akademische Grade, Anschriften, Telefonnummern und andere Informationen über die Erreichbarkeit sowie nähere Angaben über die Zugehörigkeit zu einer der genannten Personengruppen erheben, soweit dies zur Vorbereitung für die Hilfeleistung in Gefahrenfällen erforderlich ist.

## 2. Unterabschnitt
## Besondere Befugnisse und Maßnahmen der Datenerhebung

**Art. 33 Offene Bild- und Tonaufnahmen.** (1) Die Polizei kann bei oder im Zusammenhang mit öffentlichen Veranstaltungen oder Ansammlungen personenbezogene Daten offen

1. auch durch den Einsatz technischer Mittel zur Anfertigung von Bild- und Tonaufnahmen oder -aufzeichnungen über die für eine Gefahr Verantwortlichen erheben, wenn tatsächliche Anhaltspunkte die Annahme rechtfertigen, dass dabei Ordnungswidrigkeiten von erheblicher Bedeutung oder Straftaten begangen werden, oder
2. mittels
    a) Bildaufnahmen oder Übersichtsaufnahmen oder
    b) Übersichtsaufzeichnungen

erheben, wenn dies wegen der Größe oder Unübersichtlichkeit der Örtlichkeit erforderlich ist; die gezielte Feststellung der Identität einer auf der Übersichtsaufzeichnung abgebildeten Person ist nur unter den Voraussetzungen der Nr. 1 zulässig.

(2) Die Polizei kann
1. zur Abwehr
    a) einer Gefahr oder
    b) einer drohenden Gefahr für ein bedeutendes Rechtsgut,
2. an den in Art. 13 Abs. 1 Nr. 2 genannten Orten, wenn sie öffentlich zugänglich sind, oder
3. an Orten, bei denen tatsächliche Anhaltspunkte die Annahme rechtfertigen, dass dort Ordnungswidrigkeiten von erheblicher Bedeutung oder Straftaten begangen werden, wenn diese Orte öffentlich zugänglich sind,

offen Bild- und Tonaufnahmen oder -aufzeichnungen von Personen anfertigen.

(3) Die Polizei kann an oder in den in Art. 13 Abs. 1 Nr. 3 genannten Objekten offen Bild- und Tonaufnahmen oder -aufzeichnungen von Personen anfertigen, soweit tatsächliche Anhaltspunkte die Annahme rechtfertigen, daß an oder in Objekten dieser Art Straftaten begangen werden sollen, durch die Personen, diese Objekte oder andere darin befindliche Sachen gefährdet sind.

(4) [1]Die Polizei kann bei Maßnahmen der Gefahrenabwehr an öffentlich zugänglichen Orten Personen offen mittels automatisierter Bild- und Tonaufzeichnung, insbesondere auch mit körpernah getragenen Aufnahmegeräten, kurzfristig technisch erfassen, wenn dies zum Schutz von Polizeibeamten oder Dritten erforderlich ist. [2]Verarbeitungsfähige Aufzeichnungen dürfen gefertigt werden, wenn dies nach den Umständen zum Schutz von Polizeibeamten oder eines Dritten vor Gefahren für ein bedeutendes Rechtsgut erforderlich ist. [3]In Wohnungen dürfen Maßnahmen nach diesem Absatz nur zur Abwehr einer dringenden Gefahr für Leben, Gesundheit oder Freiheit einer Person erfolgen, sofern damit nicht die Überwachung der Wohnung verbunden ist. [4]In Wohnungen darf zudem keine kurzfristige technische Erfassung ohne unverzügliche

Fertigung verarbeitungsfähiger Aufzeichnungen erfolgen. ⁵Es ist sicherzustellen, dass im Falle einer kurzfristigen technischen Erfassung im Sinn von Satz 1, an die sich keine unverzügliche Fertigung verarbeitungsfähiger Aufzeichnungen anschließt, die betroffenen personenbezogenen Daten unverzüglich gelöscht werden.

(5) Bei Maßnahmen nach den Abs. 1 bis 3 dürfen Systeme zur automatischen Erkennung und Auswertung von Mustern bezogen auf Gegenstände einschließlich der automatischen Systemsteuerung zu diesem Zweck verwendet werden, soweit dies die jeweilige Gefahrenlage auf Grund entsprechender Erkenntnisse erfordert.

(6) ¹Die Polizei weist bei Maßnahmen nach den Abs. 1 bis 4 in geeigneter Weise auf die Bild- und Tonaufnahmen und -aufzeichnungen hin, soweit diese nicht offenkundig sind oder Gefahr im Verzug besteht. ²Auf die Verwendung von Systemen im Sinn von Abs. 5 ist dabei gesondert hinzuweisen.

(7) Maßnahmen nach den Abs. 1 bis 5 dürfen auch dann durchgeführt werden, wenn Dritte unvermeidlich betroffen werden.

(8) ¹Bild- und Tonaufnahmen oder -aufzeichnungen und daraus gefertigte Unterlagen sind spätestens zwei Monate nach der Datenerhebung zu löschen oder zu vernichten, soweit diese nicht benötigt werden
1. zur Verfolgung von Ordnungswidrigkeiten von erheblicher Bedeutung oder Straftaten,
2. zur Überprüfung der Rechtmäßigkeit der polizeilichen Maßnahme, wenn eine solche Überprüfung zu erwarten steht, oder
3. zum Zwecke der Benachrichtigung gemäß Art. 50 Abs. 1 Satz 1 Nr. 1, wenn die Erhebung nach Abs. 5 Satz 2 erfolgt ist.

²Die Löschung ist zu dokumentieren.

(9) Für Bild- und Tonaufnahmen oder -aufzeichnungen durch die Polizei bei oder im Zusammenhang mit öffentlichen Versammlungen und Aufzügen gilt Art. 9 BayVersG.

**Art. 34 Elektronische Aufenthaltsüberwachung.** (1) ¹Zur Abwehr einer Gefahr oder einer drohenden Gefahr für ein in Art. 11 Abs. 3 Satz 2 Nr. 1 bis 3 oder Nr. 5 genanntes bedeutendes Rechtsgut kann gegenüber der dafür verantwortlichen Person angeordnet werden, die für eine elektronische Überwachung ihres Aufenthaltsorts erforderlichen technischen Mittel ständig in betriebsbereitem Zustand bei sich zu führen und deren Funktionsfähigkeit nicht zu beeinträchtigen. ²Eine Anordnung kann insbesondere mit Maßnahmen nach Art. 16 Abs. 2 verbunden werden.

(2) ¹Die Polizei darf mit Hilfe der von der verantwortlichen Person mitgeführten technischen Mittel automatisiert Daten über deren Aufenthaltsort sowie über etwaige Beeinträchtigungen der Datenerhebung erheben und speichern. ²Soweit es technisch möglich ist, ist sicherzustellen, dass innerhalb der Wohnung der verantwortlichen Person keine über den Umstand ihrer Anwesenheit

hinausgehende Aufenthaltsdaten erhoben werden. ³Soweit dies zur Erfüllung des Überwachungszwecks erforderlich ist, dürfen die erhobenen Daten zu einem Bewegungsbild verbunden werden.

(3) ¹Maßnahmen nach Abs. 1 Satz 1 dürfen nur durch den Richter angeordnet werden, bei Gefahr im Verzug auch durch die in Art. 36 Abs. 4 Satz 2 genannten Personen. ²In der schriftlichen Anordnung sind Adressat und Art sowie einzelfallabhängig Umfang und Dauer der Maßnahme zu bestimmen und die wesentlichen Gründe anzugeben. ³Die Erstellung eines Bewegungsbildes ist nur zulässig, wenn dies richterlich besonders gestattet wird; Satz 1 gilt entsprechend. ⁴Die Maßnahme ist auf höchstens drei Monate zu befristen und kann um jeweils längstens drei Monate verlängert werden.

(4) ¹Die nach Abs. 1 erhobenen Daten sind spätestens zwei Monate nach Beendigung der Maßnahme zu löschen, soweit sie nicht zulässigerweise für andere Zwecke verarbeitet werden. ²Bei jedem Abruf sind der Zeitpunkt, die abgerufenen Daten, der Bearbeiter und der Grund des Abrufs samt Geschäftszeichen zu protokollieren.

**Art. 35 Postsicherstellung.** (1) ¹Die Polizei kann ohne Wissen des Betroffenen Postsendungen sicherstellen, wenn sich diese im Gewahrsam von Personen oder Unternehmen befinden, die geschäftsmäßig Post- oder Telekommunikationsdienste erbringen oder daran mitwirken (Postdienstleister), und von einer Person versandt wurden oder an eine Person gerichtet sind,
1. die für eine Gefahr oder eine drohende Gefahr für ein in Art. 11 Abs. 3 Satz 2 Nr. 1, 2 oder Nr. 5 genanntes bedeutendes Rechtsgut verantwortlich ist, oder
2. bei der bestimmte Tatsachen die Annahme rechtfertigen, dass sie für eine Person nach Nr. 1 bestimmte oder von dieser herrührende Postsendungen entgegennimmt oder weitergibt und sie daher in Zusammenhang mit der Gefahrenlage steht, ohne diesbezüglich das Recht zur Verweigerung des Zeugnisses nach den §§ 53, 53a StPO zu haben,

sofern die Abwehr der Gefahr auf andere Weise aussichtslos oder wesentlich erschwert wäre. ²Postdienstleister haben die Sicherstellung zu ermöglichen und unter den Voraussetzungen des Satzes 1 der Polizei auf Verlangen Auskünfte über derzeit oder ehemals in ihrem Gewahrsam befindliche oder angekündigte Postsendungen zu erteilen.

(2) Maßnahmen nach Abs. 1 dürfen nur durch den Richter angeordnet werden, bei Gefahr im Verzug auch durch die in Art. 36 Abs. 4 Satz 2 genannten Personen.

(3) ¹In der schriftlichen Anordnung sind einzelfallabhängig anzugeben:
1. der Adressat der Maßnahme, möglichst mit Namen und Anschrift,
2. die Dauer,
3. eine möglichst genaue Bezeichnung des Auskunftsverlangens und der der Sicherstellung unterliegenden Postsendungen sowie
4. die wesentlichen Gründe.

Polizeiaufgabengesetz **PAG 50**

[2]Die Maßnahme ist auf höchstens drei Monate zu befristen und kann um jeweils längstens drei Monate verlängert werden.

(4) [1]Die Öffnung der ausgelieferten Postsendungen steht dem Gericht zu. [2]Es kann diese Befugnis widerruflich auf die Polizei übertragen, soweit dies in zeitlicher Hinsicht erforderlich ist. [3]Bestehen Zweifel hinsichtlich der Verwertbarkeit der erlangten Erkenntnisse, hat die Entscheidung hierüber im Benehmen mit der in Art. 41 Abs. 5 Satz 1 genannten Stelle zu erfolgen.

(5) [1]Ist eine Übertragung nach Abs. 4 Satz 2 nicht erfolgt, legt die Polizei die ihr ausgelieferten Postsendungen unverzüglich ohne vorherige inhaltliche Kenntnisnahme und ungeöffnet dem Gericht vor. [2]Dieses entscheidet unverzüglich über die Öffnung.

(6) Postsendungen sind unverzüglich an den vorgesehenen Empfänger weiterzuleiten, soweit
1. ihre Öffnung nicht angeordnet wurde oder
2. nach der Öffnung die Zurückbehaltung zur Gefahrenabwehr nicht mehr erforderlich ist.

**Art. 36 Besondere Mittel der Datenerhebung.** (1) Besondere Mittel der Datenerhebung sind
1. die planmäßig angelegte Beobachtung einer Person, die durchgehend länger als 24 Stunden oder an mehr als zwei Tagen durchgeführt werden soll (längerfristige Observation),
2. der verdeckte Einsatz technischer Mittel
   a) zur Anfertigung von Bildaufnahmen oder -aufzeichnungen außerhalb von Wohnungen, auch unter Verwendung von Systemen zur automatischen Erkennung und Auswertung von Mustern im Sinn von Art. 33 Abs. 5 und zum automatischen Datenabgleich,
   b) zur Feststellung des Standortes oder der Bewegungen einer Person oder einer beweglichen Sache,
   c) zum Abhören oder zur Aufzeichnung des außerhalb von Wohnungen nichtöffentlich gesprochenen Wortes.

(2) Die Polizei kann zur Abwehr einer Gefahr oder einer drohenden Gefahr für ein bedeutendes Rechtsgut personenbezogene Daten mit den besonderen Mitteln nach Abs. 1 erheben über
1. die hierfür Verantwortlichen,
2. Kontakt- und Begleitpersonen, wenn bestimmte Anhaltspunkte die Annahme rechtfertigen, dass sie mit der Gefahrenlage in Zusammenhang stehen oder
3. unter den Voraussetzungen des Art. 10 über die dort genannten Personen,
wenn andernfalls die Erfüllung polizeilicher Aufgaben gefährdet oder wesentlich erschwert würde.

(3) [1]Datenerhebungen nach Abs. 2 dürfen auch durchgeführt werden, wenn Dritte unvermeidbar betroffen werden. [2]Bei dem Einsatz von Mitteln nach Abs. 1 Nr. 2 Buchst. b gelten, soweit dieser nicht ausschließlich zum Schutz der

bei einem polizeilichen Einsatz tätigen Personen erfolgt (Personenschutzmaßnahme), Art. 34 Abs. 2 Satz 2 und 3, Abs. 3 Satz 3 sowie Art. 49 Abs. 4 entsprechend.

(4) ¹Maßnahmen unter Einsatz besonderer Mittel der Datenerhebung nach Abs. 1 Nr. 1 und 2 Buchst. c dürfen nur durch den Richter angeordnet werden. ²Bei Gefahr im Verzug dürfen die Maßnahmen auch durch den Leiter des Landeskriminalamts oder eines Präsidiums der Landespolizei angeordnet werden. ³Diese Anordnungsbefugnis kann auf Polizeivollzugsbeamte, die die Ausbildungsqualifizierung für die Ämter ab der vierten Qualifikationsebene absolviert haben, oder Beamte mit der Befähigung zum Richteramt, die in Ämter ab der vierten Qualifikationsebene, fachlicher Schwerpunkt Polizeivollzugsdienst, gewechselt sind, übertragen werden. ⁴In der schriftlichen Anordnung sind Adressat und Art sowie einzelfallabhängig Umfang und Dauer der Maßnahme zu bestimmen und die wesentlichen Gründe anzugeben. ⁵Die jeweilige Maßnahme ist auf höchstens drei Monate zu befristen und kann um jeweils längstens drei Monate verlängert werden.

(5) ¹Maßnahmen unter Einsatz besonderer Mittel der Datenerhebung nach
1. Abs. 1 Nr. 2 Buchst. a, soweit sie nicht auf die Fertigung von Bildaufnahmen beschränkt sind, sowie
2. Abs. 1 Nr. 2 Buchst. b

dürfen nur durch die in Abs. 4 Satz 2 und 3 genannten Personen angeordnet werden. ²Der verdeckte Einsatz technischer Mittel nach Abs. 1 Nr. 2 als Personenschutzmaßnahme darf durch die in Abs. 4 Satz 2 und 3 genannten Personen, bei Gefahr im Verzug auch durch einen vom Leiter des Landeskriminalamts oder eines Präsidiums der Landespolizei bestellten Beauftragten der Behörde oder den verantwortlichen Einsatzleiter angeordnet werden. ³Abs. 4 Satz 4 und 5 gilt entsprechend.

**Art. 37 Einsatz Verdeckter Ermittler.** (1) ¹Die Polizei kann personenbezogene Daten unter den Voraussetzungen und nach Maßgabe des Art. 36 Abs. 2 durch den Einsatz von Polizeibeamten unter einer Legende (Verdeckte Ermittler) erheben. ²Derartige Datenerhebungen dürfen auch erfolgen, wenn Dritte unvermeidbar betroffen sind.

(2) ¹Richtet sich der Einsatz eines Verdeckten Ermittlers gegen eine bestimmte Person oder soll eine nicht allgemein zugängliche Wohnung betreten werden, dürfen die Maßnahmen nur durch den Richter angeordnet werden. ²Art. 36 Abs. 4 Satz 2 bis 4 gilt entsprechend. ³Die Anordnung ist auf höchstens sechs Monate zu befristen und kann um jeweils längstens sechs Monate verlängert werden.

(3) ¹In anderen als den in Abs. 2 Satz 1 genannten Fällen dürfen die Maßnahmen nur durch die in Art. 36 Abs. 4 Satz 2 und 3 genannten Personen angeordnet werden. ²Art. 36 Abs. 4 Satz 4 gilt entsprechend. ³Die Anordnung ist auf höchstens sechs Monate zu befristen und kann um jeweils längstens sechs Monate verlängert werden.

Polizeiaufgabengesetz **PAG 50**

(4) ¹Soweit es für den Aufbau und die Aufrechterhaltung der Legende erforderlich ist, dürfen entsprechende Urkunden hergestellt, verändert oder gebraucht werden. ²Ein Verdeckter Ermittler darf mit Einverständnis des Berechtigten unter der Legende dessen Wohnung betreten. ³Er darf zur Erfüllung seines Auftrages unter der Legende am Rechtsverkehr teilnehmen. ⁴Die Sätze 1 und 3 gelten entsprechend für
1. das Auftreten und Handlungen eines Verdeckten Ermittlers in elektronischen Medien und Kommunikationseinrichtungen sowie
2. die polizeilichen Führungspersonen eines Verdeckten Ermittlers, soweit dies zur Vorbereitung, Durchführung, Lenkung oder Absicherung von dessen Einsatz erforderlich ist.

⁵Im Übrigen richten sich die Befugnisse eines Verdeckten Ermittlers nach den sonstigen Bestimmungen dieses Gesetzes und der StPO.

**Art. 38 Einsatz von Vertrauenspersonen.** (1) ¹Die Polizei kann personenbezogene Daten unter den Voraussetzungen und nach Maßgabe des Art. 36 Abs. 2 durch den Einsatz von Privatpersonen erheben, deren Zusammenarbeit mit der Polizei Dritten nicht bekannt ist (Vertrauenspersonen), wenn dies im Einzelfall zur Gefahrenabwehr erforderlich ist. ²Ein solcher Einsatz liegt nicht vor, soweit sich eine, auch wiederkehrende, polizeiliche Datenerhebung auf die Erlangung von bei dieser Person bereits vorhandenen und von dieser angebotenen Daten beschränkt. ³Datenerhebungen nach Satz 1 dürfen auch erfolgen, wenn Dritte unvermeidbar betroffen werden.

(2) ¹Richtet sich der Einsatz einer Vertrauensperson gegen eine bestimmte Person oder soll eine nicht allgemein zugängliche Wohnung betreten werden, dürfen die Maßnahmen nur durch den Richter angeordnet werden. ²Die Art. 36 Abs. 4 Satz 2 bis 4 und Art. 37 Abs. 2 Satz 3 gelten entsprechend. ³Die Anordnung kann insbesondere auch nähere Maßgaben zur Führung der Vertrauensperson enthalten.

(3) ¹In anderen als den in Abs. 2 Satz 1 genannten Fällen dürfen die Maßnahmen nur durch die in Art. 36 Abs. 4 Satz 2 und 3 genannten Personen angeordnet werden. ²Die Art. 36 Abs. 4 Satz 4 und Art. 37 Abs. 3 Satz 3 gelten entsprechend.

(4) Vertrauenspersonen dürfen insbesondere nicht eingesetzt werden, um
1. in einer Person, die nicht zur Begehung von Straftaten bereit ist, den Entschluss zu wecken, solche zu begehen,
2. eine Person zur Begehung einer über ihre erkennbare Bereitschaft hinausgehenden Straftat zu bestimmen oder
3. Daten mit Mitteln oder Methoden zu erheben, die die Polizei nicht einsetzen dürfte.

(5) Als Vertrauensperson darf nicht eingesetzt werden, wer
1. nicht voll geschäftsfähig, insbesondere minderjährig ist,
2. an einem Aussteigerprogramm teilnimmt,

3. Mitglied des Europäischen Parlaments, des Deutschen Bundestages, eines Landesparlaments oder diesbezüglicher Mitarbeiter eines solchen Mitglieds ist oder
4. im Bundeszentralregister mit einer Verurteilung als Täter eines Totschlags (§§ 212, 213 des Strafgesetzbuchs – StGB) oder einer allein mit lebenslanger Haft bedrohten Straftat eingetragen ist.

(6) ¹Eine Vertrauensperson ist fortlaufend auf ihre Zuverlässigkeit zu überprüfen. ²Die von der Vertrauensperson bei einem Einsatz gewonnenen Informationen sind unverzüglich auf ihren Wahrheitsgehalt zu prüfen. ³Ergeben sich begründete Zweifel an der Zuverlässigkeit, ist der Einsatz nicht durchzuführen oder zu beenden. ⁴Bei der Prüfung der Zuverlässigkeit ist insbesondere zu berücksichtigen, ob die einzusetzende Vertrauensperson
1. von den Geld- und Sachzuwendungen für die Tätigkeit auf Dauer als überwiegende Lebensgrundlage abhängen würde oder
2. im Bundeszentralregister mit einer Verurteilung wegen eines Verbrechens oder zu einer Freiheitsstrafe, deren Vollstreckung nicht zur Bewährung ausgesetzt wurde, eingetragen ist.

(7) Art. 37 Abs. 4 Satz 1 und 3 findet auf die polizeilichen Führungspersonen einer Vertrauensperson Anwendung, soweit dies zur Vorbereitung, Durchführung, Lenkung oder Absicherung ihres Einsatzes erforderlich ist.

**Art. 39 Automatisierte Kennzeichenerkennungssysteme.** (1) ¹Die Polizei kann durch den verdeckten Einsatz automatisierter Kennzeichenerkennungssysteme bei Vorliegen entsprechender Lageerkenntnisse in den Fällen des Art. 13 Abs. 1 Nr. 1 bis 5 Kennzeichen von Kraftfahrzeugen sowie Ort, Datum, Uhrzeit und Fahrtrichtung erfassen. ²Das gilt im Fall des Art. 13 Abs. 1 Nr. 1 Buchst. a jedoch nur bei einer Gefahr für ein bedeutendes Rechtsgut und im Fall des Art. 13 Abs. 1 Nr. 5 bei Durchgangsstraßen nur, soweit Europastraßen oder Bundesfernstraßen betroffen sind. ³Zulässig ist der Abgleich der Kennzeichen mit polizeilichen Fahndungsbeständen, die erstellt wurden
1. über Kraftfahrzeuge oder Kennzeichen,
    a) die durch Straftaten oder sonst abhandengekommen sind oder
    b) hinsichtlich derer auf Grund tatsächlicher Anhaltspunkte anzunehmen ist, dass sie bei der Begehung von Straftaten benutzt werden,
2. über Personen, die ausgeschrieben sind
    a) zur polizeilichen Beobachtung, gezielten Kontrolle oder verdeckten Registrierung,
    b) aus Gründen der Strafverfolgung, Strafvollstreckung, Auslieferung oder Überstellung,
    c) zum Zweck der Durchführung ausländerrechtlicher Maßnahmen,
    d) wegen gegen sie veranlasster polizeilicher Maßnahmen der Gefahrenabwehr.

⁴Ein Abgleich mit polizeilichen Dateien, die zur Abwehr von im Einzelfall oder im Hinblick auf bestimmte Ereignisse allgemein bestehenden Gefahren errichtet wurden, ist nur zulässig, wenn dies zur Abwehr einer solchen Gefahr erfor-

derlich ist und diese Gefahr Anlass für die Kennzeichenerfassung war. ⁵Die Kennzeichenerfassung darf nicht flächendeckend eingesetzt werden.

(2) ¹Maßnahmen nach Abs. 1 dürfen nur von den in Art. 36 Abs. 4 Satz 2 und 3 genannten Personen angeordnet werden. ²In der schriftlichen Anordnung sind Adressat und Art, einzelfallabhängig Umfang und Dauer der Maßnahme sowie die Auswahl der Fahndungsbestände oder Dateien zu bestimmen und die wesentlichen Gründe einschließlich der zugrundeliegenden Lageerkenntnisse anzugeben.

(3) ¹Die nach Abs. 1 erfassten Kennzeichen sind nach Durchführung des Datenabgleichs unverzüglich zu löschen, soweit nicht ein Kennzeichen in den abgeglichenen Fahndungsbeständen oder Dateien enthalten ist. ²Außer in den Fällen des Abs. 1 Satz 3 Nr. 2 Buchst. a dürfen Einzelerfassungen nicht zu einem Bewegungsbild verbunden werden. ³Abgleiche nach Abs. 1 dürfen nicht protokolliert werden.

**Art. 40 Ausschreibung zur polizeilichen Beobachtung.** (1) Die Polizei kann personenbezogene Daten, insbesondere die Personalien einer Person sowie Kennzeichen eines von ihr benutzten Fahrzeugs, zur polizeilichen Beobachtung oder gezielten Kontrolle ausschreiben, wenn
1. die Gesamtwürdigung der Person einschließlich ihrer bisher begangenen Straftaten erwarten lässt, dass von ihr auch künftig eine Gefahr für bedeutende Rechtsgüter ausgeht,
2. sie für eine drohende Gefahr für bedeutende Rechtsgüter verantwortlich ist oder
3. tatsächliche Anhaltspunkte die Annahme rechtfertigen, dass es sich um eine mutmaßlich mit der Gefahrenlage im Zusammenhang stehende Kontaktperson einer Person nach Nr. 1 oder Nr. 2 handelt.

(2) ¹Im Fall eines Antreffens der Personen im Sinn des Abs. 1 Nr. 1 bis 3 oder des Fahrzeugs können Erkenntnisse über das Antreffen sowie über mutmaßlich in Zusammenhang mit der Gefahrenlage stehende Begleitpersonen, Fahrzeugführer und mitgeführte Sachen an die ausschreibende Polizeidienststelle übermittelt werden. ²Ist die Ausschreibung zur gezielten Kontrolle erfolgt, gilt dies insbesondere auch für die aus Maßnahmen nach den Art. 13, 21 und 22 gewonnenen Erkenntnisse.

(3) ¹Die Ausschreibung zur polizeilichen Beobachtung oder gezielten Kontrolle darf nur durch die in Art. 36 Abs. 4 Satz 2 und 3 genannten Personen angeordnet werden. ²Art. 36 Abs. 4 Satz 4 gilt entsprechend. ³Die Maßnahme ist auf höchstens ein Jahr zu befristen und kann um jeweils längstens ein Jahr verlängert werden.

(4) Liegen die Voraussetzungen für die Anordnung nicht mehr vor, ist der Zweck der Maßnahme erreicht oder zeigt sich, dass er nicht erreicht werden kann, ist die Ausschreibung zur polizeilichen Beobachtung oder gezielten Kontrolle unverzüglich zu löschen.

**Art. 41 Einsatz technischer Mittel in Wohnungen.** (1) ¹Die Polizei kann durch den verdeckten Einsatz technischer Mittel in oder aus Wohnungen (Art. 23 Abs. 1 Satz 2) personenbezogene Daten über die für eine Gefahr Verantwortlichen erheben, wenn dies erforderlich ist zur Abwehr einer dringenden Gefahr für ein in Art. 11 Abs. 3 Satz 2 Nr. 1, 2 oder Nr. 5 genanntes bedeutendes Rechtsgut. ²Eine Maßnahme nach Satz 1 ist nur zulässig, wenn und soweit die dort genannten Gefahren nicht anders abgewehrt werden können und
1. falls zu privaten Wohnzwecken genutzte Räumlichkeiten betroffen sind, in denen sich die Person, gegen die sich die Maßnahme richtet, allein oder ausschließlich mit engsten Familienangehörigen, mit in gleicher Weise Vertrauten oder mit Berufsgeheimnisträgern nach den §§ 53, 53a StPO aufhält,
    a) tatsächliche Anhaltspunkte die Annahme rechtfertigen, dass Gespräche geführt werden, die einen unmittelbaren Bezug zu den in Satz 1 genannten Gefahren haben, ohne dass über ihren Inhalt das Zeugnis nach den §§ 53, 53a StPO verweigert werden könnte, oder
    b) die Maßnahme sich auch gegen die Familienangehörigen, Vertrauten oder Berufsgeheimnisträger richtet, oder
2. falls sich die Maßnahme gegen einen Berufsgeheimnisträger nach den §§ 53, 53a StPO selbst richtet und die zu seiner Berufsausübung bestimmten Räumlichkeiten betroffen sind, die Voraussetzungen der Nr. 1 Buchst. a vorliegen.

³Die Daten können erhoben werden, indem das nichtöffentlich gesprochene Wort abgehört oder aufgezeichnet oder Bildaufnahmen oder -aufzeichnungen, auch unter Verwendung von Systemen zur automatischen Steuerung, angefertigt werden. ⁴Wort- und bildbezogene Maßnahmen dürfen nur dann gemeinsam erfolgen, wenn die Abwehr der Gefahr auf andere Weise aussichtslos oder wesentlich erschwert wäre.

(2) ¹In den Fällen des Abs. 1 Satz 2 Nr. 1 und 2 ist eine nur automatische Aufzeichnung nicht zulässig. ²Soweit begründete Zweifel bestehen, ob ein Fall des Art. 49 Abs. 3 Satz 1 vorliegt, oder wenn auf Grund tatsächlicher Anhaltspunkte anzunehmen ist, dass Gespräche geführt werden, die einen unmittelbaren Bezug zu den in Abs. 1 Satz 1 genannten Gefahren haben, darf eine Maßnahme nach Abs. 1 Satz 1 in Form einer ausschließlich automatischen Aufzeichnung fortgeführt werden.

(3) ¹Die Maßnahme darf nur in den Wohnungen des Adressaten durchgeführt werden. ²In Wohnungen anderer Personen ist die Maßnahme zulässig, wenn es nicht Wohnungen von Berufsgeheimnisträgern nach §§ 53, 53a StPO sind und auf Grund bestimmter Tatsachen anzunehmen ist, dass
1. der in der Anordnung bezeichnete Adressat sich dort aufhält,
2. die Maßnahme in Wohnungen des Adressaten allein zur Abwehr der Gefahr oder der Straftat nicht möglich oder nicht ausreichend ist und
3. Informationen gewonnen werden können, die für die Abwehr der Gefahr von Bedeutung sind.

Polizeiaufgabengesetz **PAG 50**

[3]Die Maßnahme darf auch durchgeführt werden, wenn Dritte unvermeidbar betroffen sind.

(4) [1]Maßnahmen nach Abs. 1 Satz 1 dürfen nur durch den Richter angeordnet werden, bei Gefahr im Verzug auch durch die in Art. 36 Abs. 4 Satz 2 genannten Personen. [2]In der schriftlichen Anordnung sind Adressat, Art, Umfang und Dauer der Maßnahme zu bestimmen und die wesentlichen Gründe anzugeben. [3]Die Anordnung darf auch zum Betreten der Wohnung des Betroffenen ermächtigen, soweit dies erforderlich ist, um Maßnahmen nach Abs. 1 durchzuführen. [4]Die Maßnahme ist einzelfallabhängig auf höchstens einen Monat zu befristen und kann um jeweils längstens einen Monat verlängert werden.

(5) [1]Personenbezogene Daten, die durch Maßnahmen nach Abs. 1 erlangt wurden, dürfen nur verarbeitet werden, soweit die hierfür eingerichtete unabhängige Stelle oder, soweit dieses angerufen wurde, das zuständige Gericht sie freigegeben hat. [2]Zur Herbeiführung ihrer Entscheidung sind der unabhängigen Stelle die erhobenen Daten vollständig vorzulegen, in den Fällen des Abs. 2 Satz 2 möglichst bereits ohne vorhergehende inhaltliche Kenntnisnahme. [3]Die unabhängige Stelle gibt die Daten für die Weiterverarbeitung durch die Polizei frei, soweit sie nicht dem Kernbereich privater Lebensgestaltung zuzurechnen sind. [4]Nicht freigegebene Daten löscht die unabhängige Stelle, sobald die Frist für einen Antrag auf gerichtliche Überprüfung der von ihr getroffenen Entscheidung abgelaufen ist, ohne dass ein entsprechender Antrag gestellt wurde, oder das zuständige Gericht die Löschung angeordnet hat. [5]Löschungen sind zu dokumentieren. [6]Bei Gefahr im Verzug kann die Entscheidung nach Satz 1 auch durch die in Art. 36 Abs. 4 Satz 2 und 3 genannten Personen getroffen werden. [7]Für die nachträgliche Kontrolle der Entscheidung durch die unabhängige Stelle gilt Art. 92 Abs. 3 sinngemäß.

(6) [1]Die Anordnung eines verdeckten Einsatzes technischer Mittel in Wohnungen als Personenschutzmaßnahme obliegt der in Art. 36 Abs. 4 Satz 2 und 3 sowie Abs. 5 Satz 2 genannten Personen. [2]Außer in Fällen der Gefahr im Verzug ist eine anderweitige Verwendung der hierbei erlangten Erkenntnisse zu Zwecken der Gefahrenabwehr oder der Strafverfolgung erst zulässig, wenn zuvor die Rechtmäßigkeit der Maßnahme richterlich festgestellt ist. [3]Aufzeichnungen aus einem solchen Einsatz sind unverzüglich nach Beendigung des Einsatzes zu löschen, soweit sie nicht zur Strafverfolgung oder Gefahrenabwehr benötigt werden.

**Art. 42 Eingriffe in den Telekommunikationsbereich.** (1) [1]Die Polizei kann durch die Überwachung und Aufzeichnung der Telekommunikation personenbezogene Daten erheben

1. über die für eine Gefahr oder eine drohende Gefahr Verantwortlichen, soweit dies zur Abwehr einer Gefahr oder einer drohenden Gefahr für ein in Art. 11 Abs. 3 Satz 2 Nr. 1, 2 oder Nr. 5 genanntes bedeutendes Rechtsgut erforderlich ist, oder

## 50 PAG  Polizeiaufgabengesetz

2. über Personen, soweit bestimmte Tatsachen die Annahme rechtfertigen, dass
   a) sie für Personen nach Nr. 1 bestimmte oder von diesen herrührende Mitteilungen entgegennehmen oder weitergeben, ohne insoweit das Recht zur Verweigerung des Zeugnisses nach den §§ 53, 53a StPO zu haben, oder
   b) die unter Nr. 1 genannten Personen deren Kommunikationssysteme benutzen werden und sie daher mutmaßlich in Zusammenhang mit der Gefahrenlage stehen.

²Die Maßnahme darf dabei auch auf Kommunikationssysteme erstreckt werden, die räumlich von den durch die Betroffenen genutzten Kommunikationssystemen getrennt sind, soweit sie im Rahmen des Telekommunikationsvorgangs verwendet werden. ³Datenerhebungen nach den Sätzen 1 und 2 dürfen nur durchgeführt werden, wenn die Erfüllung einer polizeilichen Aufgabe auf andere Weise aussichtslos oder wesentlich erschwert wäre.

(2) ¹Die Überwachung und Aufzeichnung der Telekommunikation darf unter den Voraussetzungen des Abs. 1 ohne Wissen der Betroffenen in der Weise erfolgen, dass mit technischen Mitteln verdeckt auf informationstechnische Systeme zugegriffen wird, wenn
1. durch technische Maßnahmen sichergestellt ist, dass ausschließlich laufende Telekommunikation überwacht und aufgezeichnet wird, und
2. der Zugriff auf das informationstechnische System notwendig ist, um die Überwachung und Aufzeichnung der Telekommunikation insbesondere auch in unverschlüsselter Form zu ermöglichen.

²Dabei dürfen, soweit zu Zwecken des Satzes 1 unerlässlich, auch visualisierte Darstellungen der Telekommunikation ausgeleitet und erhoben werden. ³Durch technische Maßnahmen ist sicherzustellen, dass
1. an dem informationstechnischen System nur Veränderungen vorgenommen werden, die für die Datenerhebung unerlässlich sind, und
2. die vorgenommenen Veränderungen bei Beendigung der Maßnahme soweit technisch möglich automatisiert rückgängig gemacht werden.

⁴Das eingesetzte Mittel ist nach dem Stand der Technik gegen unbefugte Nutzung zu schützen. ⁵Art. 45 bleibt unberührt.

(3) ¹Die Polizei kann unter den Voraussetzungen des Abs. 1 auch technische Mittel einsetzen, um
1. zur Vorbereitung einer Maßnahme nach Abs. 1 spezifische Kennungen, insbesondere die Geräte- und Kartennummer von Mobilfunkendgeräten, sowie
2. den Standort eines Mobilfunkendgerätes zu ermitteln.

²Personenbezogene Daten Dritter dürfen dabei nur erhoben werden, wenn dies aus technischen Gründen unvermeidbar ist. ³Nach Beendigung der Maßnahme sind diese unverzüglich zu löschen. ⁴Die Löschung ist zu dokumentieren.

(4) ¹Die Polizei kann bei Gefahr oder drohender Gefahr für ein in Art. 11 Abs. 3 Satz 2 Nr. 2 genanntes bedeutendes Rechtsgut hinsichtlich des Betroffenen
1. durch die Überwachung und Aufzeichnung der Telekommunikation personenbezogene Daten erheben oder

Polizeiaufgabengesetz **PAG 50**

2. technische Mittel einsetzen, um den Standort eines von ihm mitgeführten Mobilfunkendgerätes zu ermitteln.

²Weitergehende Maßnahmen nach Art. 43 Abs. 1 und 2 bleiben unberührt.

(5) ¹Die Polizei kann zur Abwehr einer Gefahr für ein in Art. 11 Abs. 3 Satz 2 Nr. 1, 2 oder Nr. 5 genanntes bedeutendes Rechtsgut unter den übrigen Voraussetzungen des Abs. 1 Kommunikationsverbindungen durch den Einsatz technischer Mittel unterbrechen oder verhindern oder die Verfügungsgewalt darüber in anderer geeigneter Weise entziehen. ²Kommunikationsverbindungen Dritter dürfen nur unterbrochen oder verhindert werden, wenn eine gegenwärtige Gefahr für Leib, Leben oder Freiheit einer Person durch andere Mittel nicht abgewehrt werden kann. ³Unter den Voraussetzungen des Satzes 2 darf auch der Zugang der in Abs. 1 genannten Personen zu Rundfunk und Fernsehen sowie zu vergleichbaren Medien vorübergehend unterbrochen werden, auch wenn Dritte hiervon unvermeidlich mitbetroffen werden.

(6) ¹Maßnahmen nach den Abs. 1 bis 5 dürfen nur durch den Richter angeordnet werden, bei Gefahr im Verzug auch durch die in Art. 36 Abs. 4 Satz 2 und 3 genannten Personen. ²Soweit Maßnahmen nach Abs. 4 ausschließlich dazu dienen, den Aufenthaltsort einer dort genannten Person zu ermitteln, dürfen sie durch die in Art. 36 Abs. 4 Satz 2 und Abs. 5 Satz 2 genannten Personen angeordnet werden.

(7) Für personenbezogene Daten, die durch Maßnahmen nach Abs. 1 im Wege einer automatischen Aufzeichnung ohne zeitgleiche Prüfung, ob der Kernbereich privater Lebensgestaltung berührt ist, erlangt wurden, gilt Art. 41 Abs. 5 entsprechend.

**Art. 43 Mitwirkungspflichten der Diensteanbieter.** (1) Ist eine Datenerhebung nach Art. 42 Abs. 1, auch mit Mitteln des Art. 42 Abs. 2, oder Art. 42 Abs. 4 Satz 1 Nr. 1 angeordnet, hat jeder, der ganz oder teilweise geschäftsmäßig Telekommunikationsdienste erbringt oder daran mitwirkt (Diensteanbieter), nach Maßgabe der Regelungen des Telekommunikationsgesetzes (TKG) und der darauf beruhenden Rechtsverordnungen zur technischen und organisatorischen Umsetzung von Überwachungsmaßnahmen in der jeweils geltenden Fassung der Polizei die Überwachung und Aufzeichnung der Telekommunikation zu ermöglichen.

(2) ¹Unter den Voraussetzungen des Art. 42 Abs. 1 Satz 1 oder Abs. 4 Satz 1 kann die Polizei von Diensteanbietern verlangen,
1. ihr vorhandene Telekommunikationsverkehrsdaten im Sinn von § 96 Abs. 1 TKG der in Art. 42 Abs. 1 Satz 1 und Abs. 4 Satz 1 genannten Personen zu übermitteln,
2. Auskunft über deren zukünftige Telekommunikationsverkehrsdaten zu erteilen oder
3. ihr die für die Ermittlung des Standortes eines Mobilfunkendgerätes dieser Personen erforderlichen spezifischen Kennungen, insbesondere die Geräte- und Kartennummer mitzuteilen.

## 50 PAG

[2]Soweit es zur Abwehr einer dringenden Gefahr für den Bestand des Bundes oder eines Landes oder für Leib, Leben oder Freiheit einer Person erforderlich ist, kann die Polizei von Diensteanbietern auch die Übermittlung der nach § 113b TKG gespeicherten Daten zu den in Art. 42 Abs. 1 Satz 1 und Abs. 4 Satz 1 genannten Personen verlangen. [3]Die Übermittlung von Daten über Telekommunikationsverbindungen, die zu diesen Personen hergestellt worden sind, darf nur angeordnet werden, wenn die Erforschung des Sachverhalts oder die Ermittlung ihres Aufenthaltsorts auf andere Weise aussichtslos oder wesentlich erschwert wäre.

(3) Telekommunikationsverkehrsdaten sind alle nicht inhaltsbezogenen Daten, die bei der Erbringung eines Telekommunikationsdiensts auch unabhängig von einer konkreten Telekommunikationsverbindung technisch verarbeitet werden, einschließlich der nach § 113b TKG gespeicherten Daten, insbesondere
1. Berechtigungskennung, Kartennummer, Standortkennung sowie Rufnummer oder Kennung des anrufenden und angerufenen Anschlusses oder der Endeinrichtung,
2. Beginn und Ende der Verbindung nach Datum und Uhrzeit,
3. vom Kunden in Anspruch genommene Telekommunikationsdienstleistung,
4. Endpunkte fest geschalteter Verbindungen, ihr Beginn und Ende nach Datum und Uhrzeit.

(4) [1]Unter den Voraussetzungen des Art. 42 Abs. 1 Satz 1 oder Abs. 4 Satz 1 kann die Polizei von denjenigen, die geschäftsmäßig eigene oder fremde Telemedien zur Nutzung bereithalten oder den Zugang zur Nutzung vermitteln, Auskunft über dort gespeicherte Nutzungsdaten im Sinn des § 15 Abs. 1 des Telemediengesetzes (TMG) verlangen. [2]Das Auskunftsverlangen kann auch auf künftige Nutzungsdaten erstreckt werden.

(5) [1]Die Polizei kann von Diensteanbietern verlangen, dass diese ihr Auskunft über die nach den §§ 95 und 111 TKG sowie § 14 Abs. 1 TMG erhobenen Bestandsdaten erteilen, soweit dies zur Abwehr einer Gefahr oder einer drohenden Gefahr für die öffentliche Sicherheit oder Ordnung erforderlich ist. [2]Bezieht sich das Auskunftsverlangen nach Satz 1 auf Daten, mittels derer der Zugriff auf Endgeräte oder auf Speichereinrichtungen, die in diesen Endgeräten oder hiervon räumlich getrennt eingesetzt werden, geschützt wird, darf die Auskunft nur verlangt werden, wenn die gesetzlichen Voraussetzungen für die konkret beabsichtigte Nutzung der Daten im Zeitpunkt des Ersuchens vorliegen.

(6) Die Auskunft nach Abs. 5 darf auch anhand einer zu einem bestimmten Zeitpunkt zugewiesenen Internetprotokoll-Adresse verlangt werden.

(7) Die nach den Abs. 2 und 4 bis 6 verlangten Daten sind der Polizei unverzüglich zu übermitteln.

(8) [1]Maßnahmen nach den Abs. 2, 4 und 5 Satz 2 dürfen nur durch den Richter angeordnet werden, bei Gefahr im Verzug auch durch die in Art. 36 Abs. 4 Satz 2 und 3 genannten Personen. [2]Dies gilt nicht im Fall des Abs. 5 Satz 2,

wenn der Betroffene von dem Auskunftsverlangen bereits Kenntnis hat oder haben muss oder wenn die Nutzung der Daten bereits durch eine gerichtliche Entscheidung gestattet wird; das Vorliegen dieser Voraussetzungen ist aktenkundig zu machen.

(9) Für die Entschädigung der Diensteanbieter ist § 23 des Justizvergütungs- und -entschädigungsgesetzes (JVEG) entsprechend anzuwenden, soweit nicht eine Entschädigung nach dem TKG oder dem TMG zu gewähren ist.

**Art. 44 Besondere Verfahrensregelungen für Maßnahmen nach den Art. 42 und 43.** (1) ¹Anordnungen nach den Art. 42 und 43 Abs. 2, 4 und 5 Satz 2 sind schriftlich zu erlassen. ²Die Anordnung muss, soweit möglich, Namen und Anschrift des Betroffenen, gegen den sich die Maßnahme richtet, sowie die Rufnummer oder eine andere Kennung des Telekommunikationsanschlusses oder des Endgerätes, bei Maßnahmen mit Mitteln des Art. 42 Abs. 2 auch eine möglichst genaue Bezeichnung des informationstechnischen Systems, auf das zugegriffen werden soll, enthalten. ³Es genügt eine räumlich und zeitlich hinreichende Bezeichnung der Telekommunikation, sofern andernfalls die Erreichung des Zwecks der Maßnahme aussichtslos oder wesentlich erschwert wäre. ⁴In der Anordnung sind Art, Umfang und Dauer der Maßnahme zu bestimmen. ⁵Die Anordnung von Maßnahmen nach Art. 42 darf auch zur nicht offenen Durchsuchung von Sachen sowie zum verdeckten Betreten und Durchsuchen der Wohnung des Betroffenen ermächtigen, soweit dies zur Durchführung der Maßnahme erforderlich ist.

(2) ¹Die Anordnung ist einzelfallabhängig wie folgt zu befristen:
1. im Fall des Art. 42 Abs. 5 Satz 1 auf höchstens zwei Wochen,
2. in den Fällen des Art. 42 Abs. 5 Satz 2 und 3 auf höchstens drei Tage,
3. in allen anderen Fällen auf höchstens drei Monate.

²In der Anordnung sind Adressat, Art, Umfang und Dauer der Maßnahme zu bestimmen und die wesentlichen Gründe anzugeben. ³Eine Verlängerung um jeweils längstens den in Satz 1 genannten Zeitraum ist möglich, soweit die Voraussetzungen fortbestehen.

**Art. 45 Verdeckter Zugriff auf informationstechnische Systeme.** (1) ¹Die Polizei kann mit technischen Mitteln verdeckt auf informationstechnische Systeme zugreifen, um Zugangsdaten und gespeicherte Daten zu erheben,
1. von den für eine Gefahr oder drohende Gefahr Verantwortlichen, soweit dies erforderlich ist zur Abwehr einer Gefahr oder einer drohenden Gefahr für ein in Art. 11 Abs. 3 Satz 2 Nr. 1 oder Nr. 2 genanntes bedeutendes Rechtsgut oder für Güter der Allgemeinheit, deren Bedrohung die Grundlagen der Existenz der Menschen berührt, oder
2. von anderen Personen, soweit bestimmte Tatsachen die Annahme rechtfertigen, dass die unter Nr. 1 genannten Personen deren informationstechnischen Systeme benutzen oder benutzt haben und die Personen daher mutmaßlich in Zusammenhang mit der Gefahrenlage stehen.

**50 PAG**   Polizeiaufgabengesetz

²Auf informationstechnische Systeme und Speichermedien, die räumlich von dem von dem Betroffenen genutzten informationstechnischen System getrennt sind, darf die Maßnahme erstreckt werden, soweit von dem unmittelbar untersuchten informationstechnischen System aus auf sie zugegriffen werden kann oder diese für die Speicherung von Daten des Betroffenen genutzt werden. ³Maßnahmen nach den Sätzen 1 und 2 dürfen nur durchgeführt werden, wenn die Erfüllung einer polizeilichen Aufgabe auf andere Weise aussichtslos oder wesentlich erschwert wäre. ⁴Sie dürfen auch durchgeführt werden, wenn Dritte unvermeidbar betroffen werden. ⁵Die eingesetzten Mittel sind entsprechend dem Stand der Technik gegen unbefugte Benutzung zu schützen. ⁶Bei dringender Gefahr für ein in Satz 1 in Bezug genommenes Rechtsgut darf die Polizei Daten unter den übrigen Voraussetzungen des Satzes 1 löschen oder verändern, wenn die Gefahr nicht anders abgewehrt werden kann. ⁷Im Übrigen dürfen Veränderungen am informationstechnischen System nur vorgenommen werden, wenn sie für die Datenerhebung unerlässlich sind. ⁸Vorgenommene Veränderungen sind, soweit technisch möglich, automatisiert rückgängig zu machen, wenn die Maßnahme beendet wird.

(2) ¹Die Polizei kann unter den Voraussetzungen des Abs. 1 Satz 1 bis 5 auch technische Mittel einsetzen, um

1. zur Vorbereitung einer Maßnahme nach Abs. 1 spezifische Kennungen sowie
2. den Standort eines informationstechnischen Systems zu ermitteln.

²Personenbezogene Daten Dritter dürfen dabei nur erhoben werden, wenn dies aus technischen Gründen unvermeidbar ist. ³Nach Beendigung der Maßnahme sind diese unverzüglich zu löschen. ⁴Die Löschung ist zu dokumentieren.

(3) ¹Maßnahmen nach den Abs. 1 und 2 dürfen nur durch den Richter angeordnet werden, bei Gefahr im Verzug auch durch die in Art. 36 Abs. 4 Satz 2 genannten Personen. ²Die Anordnung der Maßnahmen ist schriftlich zu erlassen und zu begründen. ³Die Anordnung muss, soweit möglich, Namen und Anschrift des Adressaten sowie die Bezeichnung des informationstechnischen Systems, auf das zugegriffen werden soll, enthalten. ⁴In der Anordnung sind Art, Umfang und Dauer der Maßnahme zu bestimmen. ⁵Die Anordnung darf auch zur nicht offenen Durchsuchung von Sachen sowie zum verdeckten Betreten und Durchsuchen der Wohnung des Betroffenen ermächtigen, soweit dies zur Durchführung von Maßnahmen nach Abs. 1 oder Abs. 2 erforderlich ist. ⁶Die Anordnung ist einzelfallabhängig auf höchstens drei Monate zu befristen und kann um jeweils längstens drei Monate verlängert werden.

(4) Art. 41 Abs. 5 gilt für die durch Maßnahmen nach Abs. 1 erlangten personenbezogenen Daten entsprechend.

**Art. 46 Rasterfahndung.** (1) ¹Öffentliche und nichtöffentliche Stellen können verpflichtet werden, der Polizei personenbezogene Daten bestimmter Personengruppen aus Dateien zum Zwecke des Abgleichs mit anderen Datenbeständen zu übermitteln, soweit dies zur Abwehr einer Gefahr für ein in Art. 11

Abs. 3 Satz 2 Nr. 1, 2 oder Nr. 5 genanntes bedeutendes Rechtsgut erforderlich ist. ²Eine Verpflichtung der Verfassungsschutzbehörden des Bundes oder der Länder, des Bundesnachrichtendienstes sowie des Militärischen Abschirmdienstes zur Übermittlung nach Satz 1 erfolgt nicht.

(2) ¹Das Ersuchen um Übermittlung ist auf Namen, Anschriften, Tag und Ort der Geburt und andere für den Einzelfall benötigte Daten zu beschränken. ²Soweit die zu übermittelnden Daten von anderen Daten nicht oder nur mit unverhältnismäßigem Aufwand getrennt werden können, sind auf Anordnung auch die anderen Daten zu übermitteln; die Nutzung dieser Daten ist nicht zulässig. ³Berufsgeheimnisträger nach den §§ 53, 53a StPO sind nicht verpflichtet, personenbezogene Daten, die einem Berufs- oder besonderen Amtsgeheimnis unterliegen, zu übermitteln; hierauf ist im Ersuchen um Übermittlung hinzuweisen.

(3) ¹Die Maßnahmen dürfen nur durch den Richter angeordnet werden, bei Gefahr im Verzug auch durch die in Art. 36 Abs. 4 Satz 2 genannten Personen. ²Die Anordnung ist schriftlich zu erlassen und zu begründen. ³Sie muss den zur Übermittlung Verpflichteten bezeichnen und ist auf die Daten und Prüfungsmerkmale zu beschränken, die für den Einzelfall benötigt werden. ⁴Von der Maßnahme ist der Landesbeauftragte unverzüglich zu unterrichten.

(4) ¹Ist der Zweck der Maßnahme erreicht oder zeigt sich, dass er nicht erreicht werden kann, sind die übermittelten und im Zusammenhang mit der Maßnahme zusätzlich angefallenen Daten unverzüglich zu löschen und die Unterlagen, soweit sie nicht für eine nach Art. 48 Abs. 1 bis 3 zulässige Verarbeitung erforderlich sind, unverzüglich zu vernichten. ²Die Löschung und Vernichtung ist zu dokumentieren.

**Art. 47 Einsatz von unbemannten Luftfahrtsystemen.** (1) Bei den nachfolgenden Maßnahmen dürfen Daten unter den dort genannten Voraussetzungen auch durch den Einsatz unbemannter Luftfahrtsysteme erhoben werden:
1. offene Bild- und Tonaufnahmen oder -aufzeichnungen nach Art. 33 Abs. 1 bis 3,
2. Einsatz besonderer Mittel der Datenerhebung nach Art. 36 Abs. 1,
3. Einsatz technischer Mittel in Wohnungen nach Art. 41 Abs. 1,
4. Eingriffe in den Telekommunikationsbereich nach Art. 42 Abs. 1 bis 5 und
5. verdeckter Zugriff auf informationstechnische Systeme nach Art. 45 Abs. 1 und 2.

(2) ¹In den Fällen des Abs. 1 Nr. 1 dürfen unbemannte Luftfahrtsysteme nur dann eingesetzt werden, wenn die Offenheit der Maßnahme gewahrt bleibt. ²In diesen Fällen soll auf die Verwendung unbemannter Luftfahrtsysteme durch die Polizei gesondert hingewiesen werden.

(3) Soweit in den Fällen des Abs. 1 eine richterliche Anordnung erforderlich ist, muss diese auch den Einsatz von unbemannten Luftfahrtsystemen umfassen.

(4) Diese unbemannten Luftfahrtsysteme dürfen nicht bewaffnet werden.

**Art. 47a Überwindung besonderer Sicherungen.** (1) [1]Soweit Maßnahmen auf Grund besonderer Sicherungen an Sachen, durch die der Zutritt von Personen verhindert werden soll, nicht hinreichend durchgeführt werden können, kann die Polizei diejenigen dritten Personen, welche die besondere Sicherung geschaffen oder deren Schaffung beauftragt haben, im Rahmen des Zumutbaren verpflichten, die Sicherung selbst zu überwinden oder der Polizei die zur Überwindung der Sicherung erforderlichen Daten oder Hilfsmittel zur Verfügung zu stellen, wenn dies zur Abwehr einer Gefahr für ein nach der jeweiligen Befugnisnorm zu schützendes Rechtsgut unerlässlich ist. [2]Die Verpflichtung nach Satz 1 ist auf den zur Überwindung der Sicherung unverzichtbaren Umfang zu beschränken. [3]Sie kann mit der Verpflichtung verbunden werden, im Rahmen des Zumutbaren dafür Sorge zu tragen, dass eine Maßnahme verdeckt vorbereitet oder durchgeführt werden kann.

(2) [1]Eine Verpflichtung nach Abs. 1 darf nur durch den Richter angeordnet werden, bei Gefahr im Verzug auch durch diejenigen Personen, die die Maßnahme nach diesem Unterabschnitt, zu deren Durchführung die Verpflichtung erforderlich geworden ist, anordnen dürfen. [2]Die Anordnung ist schriftlich zu erlassen und zu begründen. [3]Sie muss Namen und Anschrift des Adressaten und soweit möglich den konkreten Umfang der benötigten Mitwirkung enthalten. [4]Die Umstände, die die Verpflichtung unerlässlich machen, sind darzulegen.

(3) [1]Die Polizei darf die übermittelten Daten oder Hilfsmittel nur zur Überwindung der Sicherung im konkreten Einzelfall nutzen und verarbeiten. [2]Nach Beendigung der Maßnahme sind die übermittelten Daten unverzüglich zu löschen. [3]Von den Verpflichteten überlassene Hilfsmittel sind auf deren Verlangen zurückzugeben, zu vernichten oder unbrauchbar zu machen. [4]Maßnahmen nach den Sätzen 2 und 3 sind zu dokumentieren.

(4) Für die Entschädigung der Verpflichteten ist § 23 Abs. 2 JVEG entsprechend anzuwenden.

(5) Die Nutzung und Verarbeitung von Daten oder Hilfsmitteln zur Überwindung von besonderen Sicherungen, die der Polizei unabhängig von einer Verpflichtung nach Abs. 1 oder auf Grund des Einverständnisses der Verpflichteten zur Verfügung stehen, bleibt unberührt.

**Art. 48 Weiterverarbeitung von Daten, Datenübermittlung, Kennzeichnung und Sicherung.** (1) Die Polizei darf die durch folgende Maßnahmen erhobenen personenbezogenen Daten für Zwecke der Gefahrenabwehr zum Schutz eines Rechtsguts, das in der jeweiligen Befugnisnorm enthalten ist, weiterverarbeiten:
1. elektronische Aufenthaltsüberwachung nach Art. 34 Abs. 1,
2. Postsicherstellung nach Art. 35 Abs. 1,
3. Einsatz besonderer Mittel der Datenerhebung nach Art. 36 Abs. 2,
4. Einsatz Verdeckter Ermittler nach Art. 37 Abs. 1,
5. Einsatz von Vertrauenspersonen nach Art. 38 Abs. 1,

6. Einsatz automatisierter Kennzeichenerkennungssysteme nach Art. 39 Abs. 1,
7. Eingriffe in den Telekommunikationsbereich nach Art. 42 Abs. 1 und 3 bis 4 oder Inanspruchnahme von Diensteanbietern nach Art. 43 Abs. 2 und 4 oder
8. Rasterfahndung nach Art. 46 Abs. 1;

ausreichend ist dabei auch ein Ansatz für weitere Sachverhaltsaufklärungen.

(2) Die Polizei darf die in Abs. 1 bezeichneten Daten an andere für die Gefahrenabwehr zuständige Behörden nur übermitteln, wenn dies zum Schutz eines Rechtsguts, das in der jeweiligen Befugnisnorm enthalten ist, erforderlich ist und die Daten insoweit einen konkreten Ermittlungsansatz erkennen lassen.

(3) Die Polizei darf personenbezogene Daten, die durch in Abs. 1 genannte Maßnahmen erhoben wurden, für Zwecke der Strafverfolgung weiterverarbeiten und an andere Strafverfolgungsbehörden übermitteln, wenn die Daten insoweit einen konkreten Ermittlungsansatz erkennen lassen und

1. wenn die Daten mittels elektronischer Aufenthaltsüberwachung nach Art. 34 Abs. 1 erhoben wurden,
   a) und die Voraussetzungen des § 68b Abs. 1 Satz 3 StGB vorliegen, zur
      aa) Feststellung des Verstoßes gegen eine Führungsaufsichtsweisung nach § 68b Abs. 1 Satz 1 Nr. 1 oder Nr. 2 StGB,
      bb) Ergreifung von Maßnahmen der Führungsaufsicht, die sich an einen Verstoß gegen eine Führungsaufsichtsweisung nach § 68b Abs. 1 Satz 1 Nr. 1 oder Nr. 2 StGB anschließen können, oder
      cc) Ahndung eines Verstoßes gegen eine Führungsaufsichtsweisung nach § 68b Abs. 1 Satz 1 Nr. 1 oder Nr. 2 StGB oder
   b) zur Verfolgung von Straftaten der in § 66 Abs. 3 Satz 1 StGB genannten Art, oder
2. wenn die Daten durch eine der in Abs. 1 Nr. 2 bis 8 genannten Maßnahmen erhoben wurden, zur Verfolgung von Straftaten, zu deren Aufklärung eine solche Maßnahme nach den entsprechenden strafprozessualen Befugnissen angeordnet werden dürfte.

(4) ¹Die Polizei darf die erhobenen Daten bei folgenden Maßnahmen in dem jeweiligen Verfahren verarbeiten:
1. Einsatz technischer Mittel in Wohnungen nach Art. 41 Abs. 1 Satz 1, auch wenn dieser nach Art. 41 Abs. 6 als Personenschutzmaßnahme erfolgt ist, und
2. verdeckter Zugriff auf informationstechnische Systeme nach Art. 45 Abs. 1 und 2.

²Wenn die Daten einen konkreten Ermittlungsansatz erkennen lassen, darf sie die Polizei
1. unter den in der jeweiligen Befugnisnorm genannten Erhebungsvoraussetzungen für Zwecke der Gefahrenabwehr auch in anderen Verfahren weiterverarbeiten und an andere für die Gefahrenabwehr zuständige Behörden übermitteln sowie

2. für Zwecke der Strafverfolgung weiterverarbeiten und an eine andere Strafverfolgungsbehörde übermitteln, sofern die Daten der Verfolgung von Straftaten dienen, zu deren Aufklärung eine solche Maßnahme nach den entsprechenden strafprozessualen Befugnissen angeordnet werden dürfte, in den Fällen des Satzes 1 Nr. 1 jedoch nur, soweit die Erhebung durch das ausschließlich akustische Abhören und Aufzeichnen des nichtöffentlich gesprochenen Wortes erfolgt ist.

(5) [1]Personenbezogene Daten, die durch die in den Abs. 1 und 4 bezeichneten Maßnahmen erhoben wurden, sind besonders zu kennzeichnen. [2]Bei Daten, die unter Inanspruchnahme von Diensteanbietern nach Art. 43 Abs. 2 erlangt wurden, ist dabei auch zwischen Daten nach § 96 Abs. 1 TKG und Daten nach § 113b TKG zu unterscheiden. [3]Durch geeignete technische Maßnahmen ist sicherzustellen, dass die Kennzeichnung auch nach einer Übermittlung an eine andere Stelle erhalten bleibt.

(6) Jede Zweckänderung ist festzustellen, zu kennzeichnen und zu dokumentieren.

(7) Personenbezogene Daten, die durch die in den Abs. 1 und 4 bezeichneten Maßnahmen erhoben wurden, sind entsprechend dem Stand der Technik gegen unbefugte Kenntnisnahme, Veränderung und Löschung besonders zu sichern.

**Art. 49 Schutz von Berufsgeheimnisträgern und des Kernbereichs privater Lebensgestaltung.** (1) [1]Ist oder wird bei folgenden Maßnahmen erkennbar, dass in ein durch ein Berufsgeheimnis nach den §§ 53, 53a StPO geschütztes Vertrauensverhältnis eingegriffen wird, ist die Datenerhebung insoweit unzulässig, es sei denn, die Maßnahme richtet sich gegen den Berufsgeheimnisträger selbst:
1. offene Bild- und Tonaufnahmen oder -aufzeichnungen in Wohnungen nach Art. 33 Abs. 4 Satz 3,
2. Postsicherstellung nach Art. 35 Abs. 1,
3. längerfristige Observation, Anfertigung von Bildaufnahmen oder -aufzeichnungen oder Abhören oder Aufzeichnen des nichtöffentlich gesprochenen Wortes nach Art. 36 Abs. 1 Nr. 1 oder Nr. 2 Buchst. a oder Buchst. c, Abs. 2,
4. Eingriffe in den Telekommunikationsbereich nach Art. 42 Abs. 1 oder
5. verdeckter Zugriff auf informationstechnische Systeme nach Art. 45 Abs. 1.

[2]Eine bereits laufende Datenerhebung ist unverzüglich und solange erforderlich zu unterbrechen oder zu beenden. [3]Dennoch erlangte Erkenntnisse dürfen nicht weiter verarbeitet werden. [4] Art. 41 Abs. 1 Satz 2 Nr. 1 und 2, Abs. 2 Satz 1 und Abs. 3 Satz 2 sowie Art. 42 Abs. 1 Satz 1 Nr. 2 bleiben unberührt.

(2) [1]Telekommunikationsverkehrsdaten nach Art. 43 Abs. 2 Satz 2, durch deren Verarbeitung in ein durch ein Berufsgeheimnis nach den §§ 53, 53a StPO geschütztes Vertrauensverhältnis eingegriffen würde, dürfen nicht erhoben werden, es sei denn, die Maßnahme richtet sich gegen den Berufsgeheimnisträger selbst. [2]Dennoch erlangte Erkenntnisse dürfen nicht weiterverarbeitet werden.

Polizeiaufgabengesetz **PAG 50**

(3) [1]Ist oder wird bei folgenden Maßnahmen erkennbar, dass dem Kernbereich privater Lebensgestaltung zuzurechnende Daten (Kernbereichsdaten) betroffen sind und bestehen keine Anhaltspunkte dafür, dass diese Daten dazu dienen sollen, ein Erhebungsverbot herbeizuführen, ist die Datenerhebung unzulässig:
1. offene Bild- und Tonaufnahmen oder -aufzeichnungen in Wohnungen nach Art. 33 Abs. 4 Satz 3,
2. Postsicherstellung nach Art. 35 Abs. 1,
3. längerfristige Observation, Anfertigung von Bildaufnahmen oder -aufzeichnungen oder Abhören oder Aufzeichnen des nichtöffentlich gesprochenen Wortes nach Art. 36 Abs. 1 Nr. 1 oder Nr. 2 Buchst. a oder c, Abs. 2,
4. Einsatz Verdeckter Ermittler nach Art. 37 Abs. 1,
5. Einsatz von Vertrauenspersonen nach Art. 38 Abs. 1,
6. Einsatz technischer Mittel in Wohnungen nach Art. 41 Abs. 1,
7. Eingriffe in den Telekommunikationsbereich nach Art. 42 Abs. 1 oder
8. verdeckter Zugriff auf informationstechnische Systeme nach Art. 45 Abs. 1.
[2]Eine bereits laufende Datenerhebung ist
1. bei den in Satz 1 Nr. 4 und 5 genannten Maßnahmen sobald dies ohne Gefährdung der eingesetzten Personen möglich ist,
2. bei den übrigen in Satz 1 genannten Maßnahmen unverzüglich
und solange erforderlich zu unterbrechen oder zu beenden. [3]Dennoch erlangte Erkenntnisse dürfen nicht weiter verarbeitet werden. [4] Art. 41 Abs. 2 Satz 2 bleibt unberührt. [5]Bei den in Satz 1 Nr. 8 genannten Maßnahmen hat die Polizei, soweit dies informations- und ermittlungstechnisch möglich ist, sicherzustellen, dass die Erhebung von Kernbereichsdaten unterbleibt. [6]Können in diesen Fällen Kernbereichsdaten vor oder bei der Datenerhebung nicht ausgesondert werden, darf auf das informationstechnische System auch dann zugegriffen werden, wenn hierbei eine Wahrscheinlichkeit besteht, dass dabei in untergeordnetem Umfang höchstpersönliche Daten miterfasst werden.

(4) Werden bei Maßnahmen der elektronischen Aufenthaltsüberwachung nach Art. 34 Daten im Sinn von Art. 34 Abs. 2 Satz 2 erhoben, dürfen diese nicht verarbeitet werden.

(5) Ergibt sich bei der Auswertung von Daten, die durch die nachfolgend benannten Maßnahmen erhoben wurden, dass sie Inhalte betreffen, über die das Zeugnis nach den §§ 53, 53a StPO verweigert werden könnte, dass sie einem Vertrauensverhältnis mit anderen Berufsgeheimnisträgern zuzuordnen sind oder dass es sich um Kernbereichsdaten handelt und die Daten keinen unmittelbaren Bezug zu den in der jeweiligen Befugnisnorm genannten Gefahren haben, dürfen diese nicht weiterverarbeitet werden:
1. Postsicherstellung nach Art. 35 Abs. 1,
2. Einsatz besonderer Mittel der Datenerhebung nach Art. 36 Abs. 2,
3. Einsatz Verdeckter Ermittler nach Art. 37 Abs. 1,
4. Einsatz von Vertrauenspersonen nach Art. 38 Abs. 1,

5. Einsatz technischer Mittel in Wohnungen nach Art. 41 Abs. 1 Satz 1, auch wenn dieser nach Art. 41 Abs. 6 als Personenschutzmaßnahme erfolgt ist,
6. Eingriffe in den Telekommunikationsbereich nach Art. 42 Abs. 1 und 3 oder Inanspruchnahme von Diensteanbietern nach Art. 43 Abs. 2 und 4 oder
7. verdeckter Zugriff auf informationstechnische Systeme nach Art. 45 Abs. 1 und 2.

(6) ¹Daten, die dem Kernbereich privater Lebensgestaltung zuzurechnen sind und nicht verarbeitet werden dürfen, sind unverzüglich zu löschen. ²Im Übrigen ist die Verarbeitung personenbezogener Daten, die durch die in Abs. 5 genannten Maßnahmen erlangt wurden und
1. die für eine nach Art. 48 Abs. 1 bis 4 zulässige Verarbeitung nicht erforderlich sind oder
2. für die ein Verbot der Weiterverarbeitung besteht,

einzuschränken, wenn sie zum Zweck der Information der Betroffenen oder zur gerichtlichen Überprüfung der Erhebung oder Verwendung der Daten noch benötigt werden. ³Andernfalls sind die Daten unverzüglich zu löschen.

(7) ¹Wurde der von einer Maßnahme Betroffene nach Art. 50 unterrichtet, sind Daten im Sinn des Abs. 6 Satz 2 zu löschen, wenn der Betroffene sich nicht innerhalb eines Monats nach Zugang der Benachrichtigung mit einem Rechtsbehelf gegen die Maßnahme gewendet hat. ²Auf die Frist ist in der Benachrichtigung hinzuweisen. ³Wurde ein Rechtsbehelf nach Satz 1 eingelegt, sind die Daten nach rechtskräftigem Abschluss des Rechtsbehelfsverfahrens zu löschen.

(8) Löschungen sind zu dokumentieren.

**Art. 50 Benachrichtigungspflichten.** (1) ¹Bei folgenden Maßnahmen sind die dort jeweils benannten Personen unverzüglich zu benachrichtigen, sobald dies ohne Gefährdung des Zwecks der Maßnahme, der eingesetzten Polizeibeamten oder Vertrauenspersonen oder der in der jeweiligen Befugnisnorm genannten Rechtsgüter geschehen kann:
1. bei offenen Bild- und Tonaufnahmen oder -aufzeichnungen mit automatischem Abgleich nach Art. 33 Abs. 5 Satz 2 die Betroffenen, wenn im Rahmen der Maßnahmen Aufzeichnungen von ihnen gefertigt wurden,
2. bei elektronischer Aufenthaltsüberwachung nach Art. 34 Abs. 1 die Adressaten der Maßnahme, wenn Bewegungsbilder nach Art. 34 Abs. 2 Satz 3 erstellt wurden, wobei die Benachrichtigung spätestens zwei Monate nach deren Beendigung zu erfolgen hat,
3. bei Postsicherstellung nach Art. 35 Abs. 1 der Absender und der Adressat der Postsendung,
4. bei Einsatz besonderer Mittel der Datenerhebung nach Art. 36 Abs. 2, Einsatz Verdeckter Ermittler nach Art. 37 Abs. 1 oder Einsatz von Vertrauenspersonen nach Art. 38 Abs. 1
   a) die Adressaten der Maßnahme,

Polizeiaufgabengesetz **PAG 50**

   b) diejenigen, deren personenbezogene Daten erhoben und weiterverarbeitet wurden, und

   c) diejenigen, deren nicht allgemein zugängliche Wohnung betreten wurde,

5. bei Ausschreibung zur polizeilichen Beobachtung oder gezielten Kontrolle nach Art. 40

   a) die Adressaten der Maßnahme und

   b) diejenigen, deren personenbezogene Daten erhoben und weiterverarbeitet wurden,

6. bei Einsatz technischer Mittel in Wohnungen nach Art. 41 Abs. 1 Satz 1 die von der Maßnahme Betroffenen, auch wenn die Maßnahme nach Art. 41 Abs. 6 als Personenschutzmaßnahme erfolgt ist,

7. bei Eingriffen in den Telekommunikationsbereich nach Art. 42 Abs. 1, 3 und 5, Inspruchnahme von Diensteanbietern nach Art. 43 Abs. 2, 4 und 5 Satz 2 oder verdecktem Zugriff auf informationstechnische Systeme nach Art. 45 Abs. 1 und 2

   a) die Adressaten der Maßnahme und

   b) diejenigen, deren personenbezogene Daten im Rahmen einer solchen Maßnahme erhoben und weiterverarbeitet wurden, und

8. bei Rasterfahndung nach Art. 46 Abs. 1 die Personen, gegen die nach Auswertung der Daten weitere Maßnahmen durchgeführt wurden.

[2]In den Fällen des Satzes 1 Nr. 4 und, wenn die Maßnahme nach Art. 41 Abs. 6 als Personenschutzmaßnahme erfolgt ist, des Satzes 1 Nr. 6, ist auch eine Gefährdung der weiteren Verwendung von Vertrauenspersonen und Verdeckten Ermittlern als bedeutender Belang zu berücksichtigen. [3]Erfolgen Maßnahmen mit Mitteln des Art. 42 Abs. 2, sind die in Satz 1 Nr. 7 genannten Personen auch darüber zu unterrichten, dass mit technischen Mitteln verdeckt auf informationstechnische Systeme zugegriffen wurde. [4]Die Benachrichtigung unterbleibt, soweit überwiegende schutzwürdige Belange eines Betroffenen entgegenstehen. [5]Zudem kann die Benachrichtigung einer in Satz 1 Nr. 1, 3 bis 5 und 7 bezeichneten Person, gegen die sich die Maßnahme nicht gerichtet hat, unterbleiben, wenn diese von der Maßnahme nur unerheblich betroffen wurde. [6]Nachforschungen zur Feststellung der Identität oder des Aufenthaltsortes einer in Satz 1 bezeichneten Person sind nur vorzunehmen, wenn dies unter Berücksichtigung der Eingriffsintensität der Maßnahme gegenüber dieser Person, des Aufwands für die Feststellung sowie der daraus für diese oder andere Personen folgenden Beeinträchtigungen geboten ist.

(2) Art. 31 Abs. 4 Satz 5 und 6 gilt entsprechend.

(3) Ist wegen desselben Sachverhalts ein strafrechtliches Ermittlungsverfahren gegen den Betroffenen eingeleitet worden, ist die Unterrichtung im Sinn des Abs. 1 in Abstimmung mit der Staatsanwaltschaft nachzuholen, sobald dies der Stand des Ermittlungsverfahrens zulässt.

(4) [1]Die weitere Zurückstellung der Benachrichtigung im Sinn des Abs. 1 bedarf der richterlichen Zustimmung, wenn sie nicht innerhalb des folgenden Zeitraums erfolgt:

## 50 PAG
Polizeiaufgabengesetz

1. sechs Monate nach Beendigung des Einsatzes technischer Mittel in Wohnungen nach Art. 41 Abs. 1 Satz 1 oder des verdeckten Zugriffs auf informationstechnische Systeme nach Art. 45 Abs. 1 oder Abs. 2 oder
2. ein Jahr nach Beendigung der übrigen in Abs. 1 Satz 1 Nr. 1 und 3 bis 8 bezeichneten Maßnahmen.

²Sind mehrere Maßnahmen in einem engen zeitlichen Zusammenhang durchgeführt worden, so beginnt die in Satz 1 genannte Frist mit der Beendigung der letzten Maßnahme. ³Die richterliche Entscheidung ist vorbehaltlich einer anderen richterlichen Anordnung jeweils nach einem Jahr erneut einzuholen. ⁴Eine Unterrichtung kann mit richterlicher Zustimmung frühestens nach dem Ablauf von fünf Jahren auf Dauer unterbleiben, wenn
1. überwiegende Interessen eines Betroffenen entgegenstehen oder
2. die Voraussetzungen für eine Benachrichtigung mit an Sicherheit grenzender Wahrscheinlichkeit auch in Zukunft nicht eintreten werden

und eine Verwendung der Daten gegen den Betroffenen ausgeschlossen ist. ⁵In diesem Fall sind die Daten zu löschen und ist die Löschung zu dokumentieren. ⁶Im Fall des Abs. 3 richten sich die gerichtliche Zuständigkeit und das Verfahren nach den Regelungen der StPO.

(5) Die Gründe für die Zurückstellung oder das Unterbleiben der Benachrichtigung sind zu dokumentieren.

**Art. 51 Protokollierung, Kontrolle durch den Landesbeauftragten für den Datenschutz.** (1) ¹Die nach den Art. 34 bis 46 durchgeführten Maßnahmen sind zu protokollieren, soweit dies ohne Gefährdung der jeweiligen Maßnahme möglich ist. ²Aus den Protokollen müssen ersichtlich sein:
1. der für die Maßnahmen und Datenerhebungen Verantwortliche,
2. Ort, Zeitpunkt und Dauer der Maßnahme,
3. Zweck und Art der Ausführung,
4. Angaben über die Weiterverarbeitung der erhobenen Daten,
5. Angaben zu den nach Art. 50 Abs. 1 Satz 1 zu unterrichtenden Personen, wobei Art. 50 Abs. 1 Satz 6 entsprechend gilt, und
6. das wesentliche Ergebnis der Maßnahme.

³Die Protokolldaten dürfen nur zur Erfüllung der Benachrichtigungpflichten nach Art. 50 Abs. 1 und der Unterrichtungspflichten nach Art. 52 sowie zu den in Art. 63 Abs. 3 Satz 1 genannten Zwecken verwendet werden; Art. 63 Abs. 3 Satz 4 gilt entsprechend.

(2) ¹Der Landesbeauftragte führt im Bereich der Maßnahmen nach den Art. 34 bis 46 im Abstand von längstens zwei Jahren eine Kontrolle durch. ²Zu diesem Zweck sind ihm die Protokolle nach Abs. 1 sowie die Dokumentationen von Datenlöschungen und Vernichtungen von Unterlagen in auswertbarer Weise zur Verfügung zu stellen. ³Sobald sie hierfür oder für die weiteren in Abs. 1 Satz 3 genannten Zwecke nicht mehr benötigt werden, sind sie zu löschen.

**Art. 52 Parlamentarische Kontrolle, Unterrichtung der Öffentlichkeit.**
(1) ¹Das Staatsministerium des Innern, für Sport und Integration unterrichtet

Polizeiaufgabengesetz **PAG 50**

das Parlamentarische Kontrollgremium nach dem Parlamentarischen Kontrollgremium-Gesetz (PKGG) jährlich über folgende durchgeführte Maßnahmen:
1. Postsicherstellung nach Art. 35 Abs. 1,
2. Einsatz besonderer Mittel der Datenerhebung nach Art. 36 Abs. 2,
3. Einsatz Verdeckter Ermittler nach Art. 37 Abs. 1,
4. Einsatz von Vertrauenspersonen nach Art. 38 Abs. 1,
5. Einsatz technischer Mittel in Wohnungen nach Art. 41 Abs. 1 Satz 1, auch wenn dieser nach Art. 41 Abs. 6 als Personenschutzmaßnahme erfolgt ist,
6. Eingriffe in den Telekommunikationsbereich nach Art. 42 Abs. 1 und 5 oder Inanspruchnahme von Diensteanbietern nach Art. 43 Abs. 2 und, soweit dort auf Art. 42 Abs. 1 Bezug genommen wird, Art. 43 Abs. 4,
7. verdeckter Zugriff auf informationstechnische Systeme nach Art. 45 Abs. 1 und
8. Rasterfahndung nach Art. 46 Abs. 1,

in den Fällen der Nrn. 5 bis 7 einschließlich etwaiger Betretungen und Durchsuchungen. ²In den Berichten ist darzustellen, in welchem Umfang von den Befugnissen aus Anlass welcher Art von Gefahrenlagen Gebrauch gemacht wurde und Betroffene informiert wurden. ³Das Parlamentarische Kontrollgremium erstattet dem Landtag jährlich einen Bericht auf der Grundlage der Unterrichtung nach den Sätzen 1 und 2. ⁴Die Grundsätze des Art. 9 Abs. 1 PKGG sind zu beachten.

(2) Das Staatsministerium des Innern, für Sport und Integration unterrichtet in geeigneter Weise jährlich die Öffentlichkeit über die Anzahl der in Abs. 1 Satz 1 genannten Maßnahmen.

3. Unterabschnitt

## Datenspeicherung, -übermittlung und sonstige Datenverarbeitung

**Art. 53 Allgemeine Regeln der Datenspeicherung und sonstigen Datenverarbeitung.** (1) Die Polizei kann personenbezogene Daten in Akten oder Dateien speichern und anderweitig verarbeiten, soweit dies durch Rechtsvorschrift zugelassen ist.

(2) ¹Die Speicherung und anderweitige Verarbeitung darf nur zu dem Zweck erfolgen, zu dem diese Daten erhoben worden sind. ²Die Verarbeitung einschließlich einer erneuten Speicherung und einer Veränderung sowie die Übermittlung zu einem anderen polizeilichen Zweck ist zulässig, soweit die Polizei die Daten zu diesem Zweck erheben dürfte oder dies anderweitig besonders gestattet ist.

(3) ¹Daten, die erhoben wurden, ohne dass die Voraussetzungen für ihre Erhebung vorgelegen haben, dürfen nur dann weiterverarbeitet werden, wenn

**50 PAG** Polizeiaufgabengesetz

1. dies zur Abwehr einer gegenwärtigen Gefahr für ein in Art. 11 Abs. 3 Satz 2 Nr. 1 oder Nr. 2 genanntes bedeutendes Rechtsgut oder für Güter der Allgemeinheit, deren Bedrohung die Grundlagen der Existenz der Menschen berührt, erforderlich ist und
2. die hierfür eingerichtete unabhängige Stelle oder das zuständige Gericht sie freigegeben hat, weil nach deren Prüfung
    a) keine Inhalte betroffen sind, über die das Zeugnis nach den §§ 53, 53a StPO verweigert werden könnte, und
    b) die Daten nicht dem Kernbereich privater Lebensgestaltung oder einem Vertrauensverhältnis mit anderen Berufsgeheimnisträgern zuzuordnen sind.

²Hinsichtlich der Entscheidung nach Satz 1 Nr. 2 gilt Art. 41 Abs. 5 Satz 4 bis 7 entsprechend.

(4) Die Polizei darf folgende Grunddaten einer Person stets verarbeiten, um die Identität der Person festzustellen:
1. Familiennamen,
2. Vornamen,
3. Geburtsnamen,
4. sonstige Namen wie Spitznamen und andere Namensschreibweisen,
5. Geschlecht,
6. Geburtsdatum,
7. Geburtsort,
8. Geburtsstaat,
9. derzeitige Staatsangehörigkeit und frühere Staatsangehörigkeiten,
10. gegenwärtiger Aufenthaltsort und frühere Aufenthaltsorte,
11. Wohnanschrift,
12. Sterbedatum sowie
13. abweichende Angaben zu den Nrn. 1 bis 12.

(5) ¹Die Dauer der Speicherung ist auf das erforderliche Maß zu beschränken. ²Für automatisierte Dateien sind Termine festzulegen, an denen spätestens überprüft wird, ob die Speicherung von Daten weiterhin erforderlich ist (Prüfungstermine). ³Für nichtautomatisierte Dateien und Akten sind Prüfungstermine oder Aufbewahrungsfristen festzulegen. ⁴Dabei ist Folgendes zu berücksichtigen:
1. der Umstand, dass es sich um Daten handelt, die besonderen Kategorien im Sinn des Art. 30 Abs. 2 zugehören,
2. der Umstand, ob es sich um tatsachen- oder einschätzungsbasierte Daten im Sinn des Art. 30 Abs. 3 handelt,
3. die verschiedenen Kategorien Betroffener im Sinn des Art. 30 Abs. 4,
4. der Speicherungszweck und
5. Art und Bedeutung des Anlasses der Speicherung.

⁵Es ist ein Verfahren festzulegen, das die Einhaltung der Fristen sicherstellt.

**Art. 54 Speicherung, Veränderung und Nutzung von Daten.** (1) Die Polizei kann personenbezogene Daten in Akten oder Dateien speichern und anderweitig verarbeiten, soweit dies zur Erfüllung ihrer Aufgaben, zu einer zeitlich befristeten Dokumentation oder zur Vorgangsverwaltung erforderlich ist.

(2) [1]Die Polizei kann insbesondere personenbezogene Daten, die sie im Rahmen strafrechtlicher Ermittlungsverfahren oder von Personen gewonnen hat, die verdächtig sind, eine Straftat begangen zu haben, speichern und anderweitig verarbeiten, soweit dies zur Gefahrenabwehr, insbesondere zur vorbeugenden Bekämpfung von Straftaten erforderlich ist. [2]Entfällt der der Speicherung zugrunde liegende Verdacht, sind die Daten unverzüglich zu löschen. [3]Die nach Art. 53 Abs. 5 festzulegenden Prüfungstermine oder Aufbewahrungsfristen betragen in der Regel bei Erwachsenen zehn Jahre, bei Jugendlichen fünf Jahre und bei Kindern zwei Jahre. [4]In Fällen von geringerer Bedeutung sind kürzere Fristen festzusetzen. [5]Die Frist beginnt regelmäßig mit dem Ende des Jahres, in dem das letzte Ereignis erfaßt worden ist, das zur Speicherung der Daten geführt hat, jedoch nicht vor Entlassung des Betroffenen aus einer Justizvollzugsanstalt oder der Beendigung einer mit Freiheitsentziehung verbundenen Maßregel der Besserung und Sicherung. [6]Werden innerhalb der Frist der Sätze 3 bis 5 weitere personenbezogene Daten über dieselbe Person gespeichert, so gilt für alle Speicherungen gemeinsam der Prüfungstermin, der als letzter eintritt, oder die Aufbewahrungsfrist, die als letzte endet.

(3) [1]In den Fällen des Art. 40 Abs. 1 kann abweichend von Abs. 2 eine längere Frist festgelegt werden. [2]Wird nach Fristablauf die Aufbewahrung fortgesetzt, ist nach spätestens drei Jahren die Aussonderung erneut zu prüfen.

(4) [1]Die Polizei kann personenbezogene Daten auch zur Aus- und Fortbildung oder zu statistischen Zwecken weiterverarbeiten. [2]Die Anonymisierung kann unterbleiben, wenn diese nicht mit vertretbarem Aufwand möglich ist oder dem Aus- und Fortbildungszweck entgegensteht und jeweils die berechtigten Interessen des Betroffenen an der Geheimhaltung der Daten nicht überwiegen. [3]Zu wissenschaftlichen Zwecken können personenbezogene Daten durch die Polizei weiterverarbeitet werden, soweit eine Verwendung anonymisierter oder pseudonymisierter Daten nicht möglich ist und das öffentliche Interesse das schutzwürdige Interesse des Betroffenen erheblich überwiegt. [4]Ausgenommen sind personenbezogene Daten, die mittels Maßnahmen nach Art. 41 Abs. 1 Satz 1 und Abs. 6 Satz 1 sowie Art. 45 Abs. 1 und 2 erhoben wurden.

(5) Die Polizei soll angemessene Maßnahmen ergreifen, dass gespeicherte personenbezogene Daten sachlich richtig, vollständig und erforderlichenfalls auf dem neusten Stand sind, und zu diesem Zweck die Qualität der Daten überprüfen.

**Art. 55 Allgemeine Regelungen der Datenübermittlung.** (1) [1]Die übermittelnde Stelle prüft die Zulässigkeit der Datenübermittlung. [2]Erfolgt die Datenübermittlung auf Grund eines Ersuchens des Empfängers, hat dieser die zur Prüfung erforderlichen Angaben zu machen. [3]Bei Ersuchen von Polizeidienststellen und sonstigen öffentlichen Stellen prüft die übermittelnde Stelle nur, ob das Ersuchen im Rahmen der Aufgaben des Empfängers liegt. [4]Erfolgt die Datenübermittlung durch automatisierten Abruf, trägt der Empfänger die Verantwortung für die Rechtmäßigkeit des Abrufs.

(2) [1]Die übermittelnde Stelle unterlässt die Übermittlung personenbezogener Daten, die erkennbar unrichtig, unvollständig oder nicht mehr auf dem gegenwärtigen Stand sind. [2]Soweit möglich unterzieht sie die Daten vor Übermittlung einer diesbezüglichen Überprüfung. [3]Die empfangende Stelle beurteilt die Richtigkeit, Vollständigkeit, die Zuverlässigkeit und Aktualität der Daten in eigener Zuständigkeit. [4]Die übermittelnde Stelle fügt nach Möglichkeit die zur Prüfung erforderlichen Informationen bei.

(3) [1]Die empfangende Stelle darf die übermittelten personenbezogenen Daten, soweit nichts anderes bestimmt ist, nur zu dem Zweck verarbeiten, zu dem sie ihr übermittelt worden sind. [2]Bestehen für die Verarbeitung besondere Bedingungen, ist die empfangende Stelle darauf hinzuweisen, soweit dieses Gesetz dies nicht besonders regelt. [3]Behörden und sonstige Stellen außerhalb des Geltungsbereichs des Grundgesetzes, über- und zwischenstaatliche Stellen sowie Personen und Stellen außerhalb des öffentlichen Bereichs sind bei der Datenübermittlung auf die Sätze 1 und 2 hinzuweisen. [4]Erweist sich die Übermittlung der Daten als unrechtmäßig, ist dies der empfangenden Stelle unverzüglich mitzuteilen. [5]Die Daten dürfen von dieser nicht mehr verarbeitet werden und sind unverzüglich in der Verarbeitung einzuschränken, wenn sie zu Zwecken der Dokumentation noch benötigt werden, andernfalls sind sie von dieser unverzüglich zu löschen.

(4) [1]Unterliegen personenbezogene Daten einem Berufs- oder besonderen Amtsgeheimnis und sind sie der Polizei von der zur Verschwiegenheit verpflichteten Person in Ausübung ihrer Berufs- oder Amtspflicht übermittelt worden, ist die Datenübermittlung durch die Polizei nur zulässig, wenn der Empfänger die Daten zur Erfüllung des gleichen Zwecks benötigt, zu dem die Polizei sie erlangt hat. [2]In die Übermittlung an Personen und Stellen außerhalb des öffentlichen Bereichs muß, außer bei Gefahr im Verzug, der Betroffene, oder soweit dies im Einzelfall nicht sachdienlich ist, die zur Verschwiegenheit verpflichtete Stelle einwilligen.

(5) Andere Rechtsvorschriften über die Datenübermittlung bleiben unberührt.

### Art. 56 Übermittlung an öffentliche Stellen im Inland.

(1) Die Polizei kann personenbezogene Daten übermitteln
1. von sich aus oder auf Ersuchen an andere Polizeidienststellen, soweit dies zur Erfüllung polizeilicher Aufgaben erforderlich ist,
2. von sich aus an Behörden oder sonstige öffentliche Stellen, soweit dies der Erfüllung polizeilicher Aufgaben oder der Gefahrenabwehr durch die empfangende Stelle dient,
3. auf Ersuchen an Behörden oder sonstige öffentliche Stellen, soweit dies der
    a) Wahrnehmung von Aufgaben der Gefahrenabwehr durch die empfangende Stelle,

Polizeiaufgabengesetz **PAG 50**

b) Verhütung oder Beseitigung erheblicher Nachteile für das Gemeinwohl oder

c) Wahrung sonstiger schutzwürdiger Interessen dient, oder

4. von sich aus oder auf Ersuchen an Verfassungsschutzbehörden des Bundes oder der Länder, den Bundesnachrichtendienst und den Militärischen Abschirmdienst, wenn die Daten zugleich konkrete Erkenntnisse zu einer Gefährdung der jeweiligen Rechtsgüter erkennen lassen, die für die Lagebeurteilung nach Maßgabe der Aufgaben der genannten Behörden bedeutsam sind.

(2) ¹Art. 48 Abs. 1 bis 4 bleibt unberührt. ²Die in Abs. 1 Nr. 4 genannten Behörden sind andere für die Gefahrenabwehr zuständige Behörden im Sinn des Art. 48.

**Art. 57 Übermittlung an öffentliche Stellen der Mitgliedstaaten und an Organisationen der Europäischen Union.** Die Polizei kann personenbezogene Daten unter den gleichen Voraussetzungen wie im Inland an Behörden und sonstige öffentliche Stellen

1. eines Mitgliedstaats oder einer Organisation der Europäischen Union oder
2. eines Staats, der die Bestimmungen des Schengen-Besitzstandes auf Grund eines Assoziierungsübereinkommens mit der Europäischen Union über die Umsetzung, Anwendung und Entwicklung des Schengen-Besitzstandes anwendet (Schengenassoziierter Staat)

übermitteln.

**Art. 58 Übermittlung an öffentliche Stellen in Drittstaaten und an internationale Organisationen.** (1) ¹Die Polizei kann personenbezogene Daten an Behörden und sonstige öffentliche Stellen anderer als der in Art. 57 genannten Staaten (Drittstaaten) sowie an internationale Organisationen übermitteln, wenn dies auf Grund eines konkreten Ermittlungsansatzes zur Verhütung, Unterbindung oder Verfolgung von Straftaten oder zur Abwehr von sonstigen Gefahren für die öffentliche Sicherheit erforderlich ist, die empfangende Stelle für diese Zwecke zuständig ist und

1. die Europäische Kommission einen Beschluss gefasst hat, wonach der Drittstaat oder die internationale Organisation ein angemessenes Datenschutzniveau bietet,
2. auf Grund völkerrechtlicher Vereinbarungen oder anderer geeigneter Garantien der Schutz personenbezogener Daten sichergestellt ist oder,
3. soweit die Voraussetzungen der Nr. 1 oder Nr. 2 nicht vorliegen, die Übermittlung erforderlich ist
   a) zur Abwehr von Gefahren für Leben, Gesundheit oder Freiheit einer Person oder für Güter der Allgemeinheit, deren Bedrohung die Grundlagen der Existenz der Menschen berührt,
   b) zur Wahrung schutzwürdiger Interessen oder Belange des Betroffenen, sofern Rechte oder Interessen Dritter nicht überwiegen, oder
   c) zur Abwehr einer gegenwärtigen Gefahr für die öffentliche Sicherheit eines Mitgliedstaats der Europäischen Union oder eines Drittstaats.

## 50 PAG

[2]Art. 48 Abs. 1 bis 4 bleibt unberührt. [3]Eine Übermittlung unterbleibt, soweit im konkreten Einzelfall
1. begründete Zweifel an der Angemessenheit des Datenschutzniveaus im Empfängerstaat bestehen,
2. schutzwürdige Interessen oder Belange des Betroffenen das öffentliche Interesse an der Übermittlung überwiegen oder
3. begründete Zweifel bestehen, ob die Weiterverarbeitung nach Übermittlung der Daten im Einklang mit der Charta der Grundrechte der Europäischen Union oder der Konvention zum Schutz der Menschrechte und Grundfreiheiten steht.

[4]Die Polizei berücksichtigt die in der Aufstellung nach § 28 Abs. 3 des Bundeskriminalamtgesetzes aufgeführten Erkenntnisse.

(2) [1]Für Übermittlungen nach Abs. 1 gilt Art. 63 Abs. 2 Satz 1 Nr. 4 und Satz 2 entsprechend. [2]Informationen über die Art der übermittelten personenbezogenen Daten sind in die Protokolle aufzunehmen. [3]Die Protokollinhalte können angemessen kategorisiert werden. [4]Für die Verwendung der Protokolldaten gilt Art. 63 Abs. 3 Satz 1 und 4, für die Kontrolle durch den Landesbeauftragten gilt Art. 51 Abs. 2 entsprechend.

(3) [1]In Fällen, in denen personenbezogene Daten aus einem anderen Mitgliedstaat der Europäischen Union übermittelt wurden, muss dieser der Übermittlung durch die Polizei zuvor nach seinem Recht zugestimmt haben. [2]Ohne Zustimmung ist eine Übermittlung durch die Polizei nur dann zulässig, wenn diese erforderlich ist, um eine gegenwärtige Gefahr für
1. die öffentliche Sicherheit eines Mitgliedstaats der Europäischen Union oder eines Drittstaats oder
2. die wesentlichen Interessen des Bundes, eines Landes oder eines anderen Mitgliedstaats der Europäischen Union

abzuwehren und die Zustimmung nicht rechtzeitig eingeholt werden kann. [3]Die Behörde oder Stelle des anderen Mitgliedstaats der Europäischen Union, die für die Erteilung der Zustimmung zuständig ist, wird im Fall des Satzes 2 unverzüglich unterrichtet. [4]Die Polizei stellt in geeigneter Weise sicher, dass ein empfangender Drittstaat oder eine empfangende internationale Organisation personenbezogene Daten nur dann an einen anderen Drittstaat oder eine andere internationale Organisation weiterleitet, wenn hierfür eine Zustimmung der übermittelnden Stelle vorliegt.

(4) [1]Die Polizei kann personenbezogene Daten im Einzelfall unmittelbar an andere als in Abs. 1 Satz 1 genannte öffentliche Stellen in Drittstaaten übermitteln, wenn
1. dies zur Erfüllung polizeilicher Aufgaben erforderlich ist,
2. eine Übermittlung an eine in Abs. 1 Satz 1 genannte Behörde oder sonstige öffentliche Stelle wirkungslos, nicht rechtzeitig möglich oder zur Gefahrenabwehr ungeeignet wäre,
3. Grundrechte des Betroffenen das öffentliche Interesse an der Übermittlung nicht überwiegen und

Polizeiaufgabengesetz **PAG 50**

4. die übrigen für die Übermittlung von Daten in Drittstaaten geltenden Voraussetzungen vorliegen.

[2]Die Polizei teilt dem Empfänger die festgelegten Zwecke mit, zu denen die Verarbeitung der Daten erfolgen darf. [3]Soweit vorhanden, soll die Polizei unverzüglich die an sich nach Abs. 1 Satz 1 zuständige Behörde oder öffentliche Stelle des Drittstaats über die Übermittlung unterrichten. [4]Abs. 2 gilt entsprechend.

(5) Die Abs. 1, 2 und 4 sind auch anzuwenden, wenn ein Ersuchen der Polizei an die dort genannten Behörden, Stellen und Organisationen die Übermittlung personenbezogener Daten erforderlich macht.

(6) [1]Das Staatsministerium des Innern, für Sport und Integration unterrichtet das Parlamentarische Kontrollgremium jährlich über erfolgte Übermittlungen nach den Abs. 1 und 4. [2]Art. 52 Abs. 1 Satz 2 bis 4 gilt entsprechend. [3]Für die Unterrichtung der Öffentlichkeit gilt Art. 52 Abs. 2 entsprechend.

**Art. 59 Übermittlung an nichtöffentliche Stellen.** (1) Die Polizei kann von sich aus personenbezogene Daten an nichtöffentliche Stellen im Inland übermitteln, soweit dies erforderlich ist

1. zur Erfüllung polizeilicher Aufgaben,
2. zur Verhütung oder Beseitigung erheblicher Nachteile für das Gemeinwohl oder
3. zur Wahrung schutzwürdiger Interessen oder Belange Einzelner, wenn kein Grund zu der Annahme besteht, dass schutzwürdige Interessen oder Belange des Betroffenen an dem Ausschluss der Übermittlung überwiegen.

(2) Die Polizei kann nichtöffentlichen Stellen im Inland auf Antrag personenbezogene Daten übermitteln, soweit diese Stellen

1. ein rechtliches Interesse an der Kenntnis der zu übermittelnden Daten glaubhaft machen und kein Grund zu der Annahme besteht, dass schutzwürdige Interessen oder Belange des Betroffenen an dem Ausschluss der Übermittlung überwiegen oder
2. ein berechtigtes Interesse geltend machen, offensichtlich ist, daß die Datenübermittlung im Interesse des Betroffenen liegt, und kein Grund zu der Annahme besteht, daß er in Kenntnis der Sachlage seine Einwilligung verweigern würde.

(3) [1]Daten, die durch eine der in Art. 48 Abs. 1 genannten Maßnahmen erhoben wurden, dürfen an nichtöffentliche Stellen nur übermittelt werden, wenn dies zum Schutz eines in der jeweiligen Befugnisnorm genannten Rechtsguts erforderlich ist. [2]Daten die durch eine der in Art. 48 Abs. 4 Satz 1 genannten Maßnahmen erhoben wurden, dürfen darüber hinaus nur dann übermittelt werden, wenn der in der jeweiligen Befugnisnorm enthaltene Gefahrengrad erreicht wird und die Übermittlung erforderlich macht.

(4) Für die Übermittlung personenbezogener Daten an nichtöffentliche Stellen eines Mitgliedstaats der Europäischen Union oder eines Schengenassoziierten Staats gelten die Abs. 1 bis 3 entsprechend.

(5) ¹Die Polizei kann personenbezogene Daten unter den Voraussetzungen des Art. 58 Abs. 4 an nichtöffentliche Stellen in Drittstaaten übermitteln. ²Art. 58 Abs. 2 und 6 gilt entsprechend.

**Art. 60 Datenempfang durch die Polizei.** (1) Öffentliche Stellen können, soweit gesetzlich nichts anderes bestimmt ist, von sich aus personenbezogene Daten an die Polizei übermitteln, wenn anzunehmen ist, daß die Übermittlung zur Erfüllung der Aufgaben der Polizei erforderlich sein kann.

(2) ¹Die Polizei kann an öffentliche Stellen Ersuchen um Übermittlung personenbezogener Daten stellen, soweit diese zur Erfüllung ihrer Aufgaben erforderlich sind. ²Die Polizei hat die zur Prüfung des Ersuchens erforderlichen Angaben zu machen. ³Die ersuchte öffentliche Stelle hat die Daten an die Polizei zu übermitteln, soweit gesetzlich nichts anderes bestimmt ist.

(3) Die Polizei kann die Verfassungsschutzbehörden des Bundes oder der Länder, den Bundesnachrichtendienst und den Militärischen Abschirmdienst um Übermittlung mit nachrichtendienstlichen Mitteln erhobener personenbezogener Daten nur ersuchen,
1. zur Abwehr einer im Einzelfall bestehenden Gefahr oder einer drohenden Gefahr für ein bedeutendes Rechtsgut oder
2. wenn die Informationen auch mit eigenen Befugnissen in gleicher Weise hätten erhoben werden können.

**Art. 61 Datenabgleich innerhalb der Polizei.** (1) ¹Die Polizei kann personenbezogene Daten der in Art. 7 und 8 genannten Personen mit dem Inhalt polizeilicher Dateien abgleichen. ²Personenbezogene Daten anderer Personen kann die Polizei nur abgleichen, wenn Tatsachen die Annahme rechtfertigen, daß dies zur Erfüllung einer bestimmten polizeilichen Aufgabe erforderlich ist. ³Die Polizei kann ferner im Rahmen ihrer Aufgabenerfüllung erlangte personenbezogene Daten mit dem Fahndungsbestand abgleichen. ⁴Der Betroffene kann außer in den Fällen des Art. 12 für die Dauer des Datenabgleichs angehalten werden. ⁵ Art. 13 bleibt unberührt.

(2) Maßnahmen im Sinn des Abs. 1 können auch unter Verwendung bildverarbeitender Systeme und durch Auswertung biometrischer Daten erfolgen, wenn andernfalls die Erfüllung polizeilicher Aufgaben gefährdet oder wesentlich erschwert würde.

(3) Rechtsvorschriften über den Datenabgleich in anderen Fällen bleiben unberührt.

**Art. 62 Berichtigung, Löschung und Verarbeitungseinschränkung von Daten.** (1) ¹Personenbezogene Daten sind zu berichtigen, wenn sie unrichtig sind. ²Die Berichtigung kann auch eine Ergänzung der Daten erforderlich machen, wenn eine mangelnde Vollständigkeit die Unrichtigkeit der Daten für den Verarbeitungszweck zur Folge hat. ³Wurden die Daten zuvor an die Polizei übermittelt, ist der übermittelnden Stelle die Berichtigung mitzuteilen, soweit dies möglich und zumutbar ist. ⁴Erweisen sich personenbezogene Daten nach ihrer

Polizeiaufgabengesetz **PAG 50**

Übermittlung durch die Polizei als unrichtig, sind sie unverzüglich gegenüber der empfangenden Stelle zu berichtigen, wenn dies zur Wahrung schutzwürdiger Interessen des Betroffenen erforderlich ist. [5]Ist die Berichtigung nicht möglich oder nicht hinreichend, ist eine weitere Verarbeitung der Daten unzulässig. [6]Die Daten sind durch die empfangende Stelle unverzüglich zu löschen oder, wenn dies nicht möglich ist, unverzüglich in der Verarbeitung einzuschränken.

(2) [1]In Dateien gespeicherte personenbezogene Daten sind unverzüglich zu löschen und die zu dem Betroffenen geführten Akten zu vernichten, wenn
1. ihre Erhebung oder weitere Verarbeitung unzulässig war,
2. sie zur Erfüllung einer rechtlichen Verpflichtung gelöscht werden müssen oder
3. bei der zu bestimmten Fristen oder Terminen vorzunehmenden Überprüfung oder aus Anlaß einer Einzelfallbearbeitung festgestellt wird, daß ihre Kenntnis für die speichernde Stelle zur Erfüllung der ihr obliegenden Aufgaben nicht mehr erforderlich ist. Art. 54 Abs. 2 Satz 3 bis 5 gilt entsprechend.

[2]Wurden die Daten übermittelt, ist dem Empfänger die Löschung unverzüglich mitzuteilen.

(3) [1]Löschung und Vernichtung unterbleiben, soweit und solange
1. Grund zu der Annahme besteht, daß schutzwürdige Interessen des Betroffenen beeinträchtigt würden,
2. die Daten für Beweiszwecke einer weiteren Aufbewahrung bedürfen,
3. dies im Einzelfall nicht oder nur mit unverhältnismäßig hohem Aufwand möglich ist oder
4. ein Fall des Art. 53 Abs. 3 oder Art. 54 Abs. 4 vorliegt.

[2]In diesen Fällen sind die Daten in der Verarbeitung einzuschränken. [3]Sie dürfen nur zu den in Satz 1 Nr. 2 und 4 genannten Zwecken oder mit Einwilligung des Betroffenen genutzt werden. [4]Wurden die Daten übermittelt, ist dem Empfänger die Verarbeitungseinschränkung mitzuteilen.

(4) [1]Der Betroffene kann nach Maßgabe der Abs. 1 bis 3 die unverzügliche Berichtigung oder Löschung verlangen. [2]Im Fall von Aussagen, Beurteilungen oder anderweitigen Wertungen betrifft die Frage der Richtigkeit nicht deren Inhalt, sondern die Tatsache, ob die Aussage, Beurteilung oder anderweitige Wertung so erfolgt ist. [3]Kann die Richtigkeit der Daten nicht erwiesen werden, werden die Daten in der Verarbeitung eingeschränkt. [4]In diesem Fall wird der Betroffene unterrichtet, bevor die Verarbeitungseinschränkung aufgehoben wird. [5]Bestehen begründete Zweifel an der Identität der antragstellenden Person, kann die Bearbeitung ihres Anliegens von der Erbringung geeigneter Nachweise abhängig gemacht werden.

(5) [1]Der Betroffene wird unverzüglich darüber in Kenntnis gesetzt, wie mit dem Antrag nach Abs. 4 verfahren wird, falls über ihn nicht unverzüglich entschieden wird. [2]Soweit ein Antrag abgelehnt wird, ist der Betroffene hierüber schriftlich und unter Mitteilung der Gründe zu unterrichten. [3]Der Betroffene ist darauf hinzuweisen, dass er Beschwerde bei dem Landesbeauftragten einlegen, seine Rechte auch über diesen ausüben oder gerichtlichen Rechtsschutz in An-

**50 PAG** Polizeiaufgabengesetz

spruch nehmen kann. ⁴Unterrichtungen können unterbleiben, soweit und solange hierdurch
1. die Erfüllung polizeilicher Aufgaben gefährdet oder wesentlich erschwert würde,
2. die öffentliche Sicherheit oder Ordnung gefährdet würde oder
3. überwiegende Rechte Dritter gefährdet würden.

(6) Bei offensichtlich unbegründeten oder in ungebührlichem Umfang gestellten Anträgen können angemessene Kosten erhoben werden, soweit nicht ausnahmsweise schon von der Bearbeitung abgesehen werden kann.

**Art. 63 Automatisiertes Abrufverfahren.** (1) ¹Die Einrichtung eines automatisierten Verfahrens, das die Verarbeitung, insbesondere die Übermittlung personenbezogener Daten durch Abruf ermöglicht, ist zulässig, soweit dieses Verfahren unter Berücksichtigung der schutzwürdigen Interessen der Betroffenen und der Erfüllung polizeilicher Aufgaben angemessen ist. ²Der Abruf durch andere als Polizeidienststellen ist nur auf Grund besonderer Rechtsvorschriften zulässig.

(2) ¹Folgende Verarbeitungsvorgänge nach Abs. 1 müssen protokolliert werden:
1. Erhebung,
2. Veränderung,
3. Abruf,
4. Offenlegung einschließlich Übermittlung,
5. Verknüpfung und
6. Löschung.

²Die Protokolle über Abrufe und Offenlegungen müssen die dafür maßgeblichen Gründe nennen sowie Datum und Uhrzeit dieser Vorgänge enthalten und, soweit möglich, die Feststellung der Identität der abrufenden oder offenlegenden Person sowie des Empfängers ermöglichen.

(3) ¹Die nach Abs. 2 erstellten Protokolle dürfen nur verwendet werden zur
1. Überprüfung der Rechtmäßigkeit der Datenverarbeitung, einschließlich der Eigenüberwachung,
2. Gewährleistung der Integrität und Sicherheit der personenbezogenen Daten,
3. Verhütung oder Verfolgung von Straftaten und Ordnungswidrigkeiten und
4. Kontrolle durch den Landesbeauftragten.

²Sie sind dem Landesbeauftragten auf Anforderung in auswertbarer Weise zur Verfügung zu stellen. ³Soweit sie für Zwecke des Satzes 1 nicht mehr benötigt werden, sind sie zu löschen. ⁴Die Auswertung für Zwecke des Satzes 1 Nr. 3 bedarf der Anordnung einer der in Art. 36 Abs. 4 Satz 2 oder Satz 3 genannten Personen.

(4) Das Staatsministerium des Innern, für Sport und Integration kann mit anderen Ländern und dem Bund einen Datenverbund vereinbaren, der eine automatisierte Datenübermittlung ermöglicht.

**Art. 64 Errichtungsanordnung für Dateien, Datenschutz-Folgenabschätzung.** (1) ¹Für den erstmaligen Einsatz von automatisierten Verfahren, mit de-

Polizeiaufgabengesetz **PAG 50**

nen personenbezogene Daten verarbeitet werden, ist in einer Errichtungsanordnung, die der Zustimmung des Staatsministeriums des Innern, für Sport und Integration bedarf, festzulegen:
1. speichernde Stelle,
2. Bezeichnung der Datei,
3. Zweck der Datei,
4. betroffener Personenkreis,
5. Art der zu speichernden Daten,
6. Eingabeberechtigung,
7. Zugangsberechtigung,
8. regelmäßige Datenübermittlungen,
9. Überprüfungsfristen, Speicherungsdauer,
10. Protokollierung von Verarbeitungsvorgängen nach Art. 63 Abs. 2,
11. besondere Regelungen über die Verarbeitung von Daten, die nach dem 2. Unterabschnitt erhoben wurden, insbesondere zum Verhältnis von Speicherinhalt und Abrufberechtigung, und
12. Angaben nach Abs. 2 Satz 4 Halbsatz 2.

[2]Nach der Zustimmung gemäß Satz 1 ist die Errichtungsanordnung dem Landesbeauftragten mitzuteilen. [3]Das gleiche gilt für wesentliche Änderungen des Verfahrens.

(2) [1]Birgt eine Datenverarbeitung oder deren Änderung auf Grund ihrer Art, ihres Umfangs, ihres Zwecks, des Einsatzes neuer Technologien oder sonstiger Umstände voraussichtlich ein hohes Risiko für die Rechte natürlicher Personen, führt die Polizei vor ihrer erstmaligen Anwendung eine Abschätzung der Folgen für den Schutz personenbezogener Daten durch. [2]In den Fällen des Art. 61 Abs. 2 gilt dies insbesondere dann, wenn durch den Abgleich Bild- oder anderweitige Aufnahmen automatisch gesteuert werden können. [3]Der Landesbeauftragte kann zudem festlegen, welche Verarbeitungsvorgänge vor ihrer erstmaligen Anwendung einer Folgenabschätzung bedürfen. [4]Die Folgenabschätzung muss den Rechten und schutzwürdigen Interessen Betroffener Rechnung tragen und eine allgemeine Beschreibung der vorgesehenen Verarbeitungsvorgänge und -zwecke, eine Bewertung der Risiken im Hinblick auf die Rechte der Betroffenen sowie eine Darstellung der vorgesehenen Abhilfe- und Schutzmaßnahmen enthalten. [5]Ist zugleich eine Errichtungsanordnung nach Abs. 1 erforderlich, so ist vor deren Erstellung eine entsprechende Folgenabschätzung vorzunehmen; die Angaben nach Satz 4 sind in die Errichtungsanordnung aufzunehmen. [6]Abs. 1 Satz 2 findet mit der Maßgabe Anwendung, dass dem Landesbeauftragten vor der erstmaligen Anwendung vorgesehener Verarbeitungsvorgänge Gelegenheit zur Stellungnahme binnen sechs Wochen zu geben ist, wobei diese Frist auf dessen Ersuchen hin auf zehn Wochen verlängert werden kann. [7]Bei Gefahr im Verzug findet Satz 6 keine Anwendung; die Mitteilung an den Landesbeauftragten ist in diesen Fällen unverzüglich nachzuholen. [8]Ihm sind auf Anforderung alle für seine Kontrolle erforderlichen und für die Polizei verfügbaren Informationen zu übermitteln.

(3) ¹Die speichernde Stelle hat in angemessenem Abstand die Notwendigkeit der Weiterführung oder Änderung ihrer Dateien zu prüfen. ²Dabei berücksichtigt sie auch die Kategorien personenbezogener Daten nach Art. 30 Abs. 2 bis 4.

**Art. 65 Auskunftsrecht.** (1) ¹Die Polizei teilt einer Person auf Antrag mit, ob sie betreffende personenbezogene Daten verarbeitet werden. ²Ist dies der Fall, erhält die Person ihrem Antrag entsprechend Auskunft über sie betreffende personenbezogene Daten und über
1. die Rechtsgrundlage und die Zwecke der Verarbeitung,
2. verfügbare Informationen zur Herkunft der Daten oder, falls dies im Einzelfall nicht möglich ist, zu den Kategorien personenbezogener Daten, die verarbeitet werden,
3. die Empfänger, gegenüber denen die personenbezogenen Daten offengelegt wurden,
4. die für deren Speicherung vorgesehene Dauer oder, falls dies im Einzelfall nicht möglich ist, die Kriterien für deren Festlegung,
5. die bestehenden Rechte auf Berichtigung, Löschung oder Verarbeitungseinschränkung und
6. die Kontaktdaten des Landesbeauftragten und die Möglichkeit, bei ihm Beschwerde einzulegen.

³Bestehen begründete Zweifel an der Identität der antragstellenden Person, kann die Erteilung der Auskunft von der Erbringung geeigneter Nachweise abhängig gemacht werden. ⁴Auskunft zur Herkunft personenbezogener Daten von oder zu deren Übermittlung an Verfassungsschutzbehörden des Bundes oder der Länder, den Bundesnachrichtendienst oder den Militärischen Abschirmdienst, wird nur mit Zustimmung dieser Stellen erteilt.

(2) ¹Die Auskunft kann unterbleiben, soweit und solange andernfalls
1. die Erfüllung polizeilicher Aufgaben gefährdet oder wesentlich erschwert würde,
2. die öffentliche Sicherheit oder Ordnung gefährdet würde oder
3. die im Einzelfall erforderliche Geheimhaltung verarbeiteter Daten gefährdet würde und das Interesse der antragstellenden Person an der Auskunftserteilung nicht überwiegt.

²Art. 50 bleibt unberührt.

(3) ¹Art. 62 Abs. 5 gilt entsprechend. ²Die Gründe für die Ablehnung eines Antrags sind von der Polizei zu dokumentieren. ³Sie sind dem Landesbeauftragten für dessen Kontrolle in auswertbarer Weise zur Verfügung zu stellen, soweit nicht das Staatsministerium des Innern, für Sport und Integration im Einzelfall feststellt, dass dadurch die Sicherheit des Bundes oder eines Landes gefährdet würde. ⁴Eine Mitteilung des Landesbeauftragten an den Betroffenen im Beschwerdeverfahren darf keine Rückschlüsse auf den Erkenntnisstand der Polizei zulassen, sofern diese nicht einer weitergehenden Auskunft zustimmt.

(4) Art. 62 Abs. 6 gilt entsprechend.

## 4. Unterabschnitt
## Anwendung des Bayerischen Datenschutzgesetzes

**Art. 66 Anwendung des Bayerischen Datenschutzgesetzes.** [1]Das Bayerische Datenschutzgesetz (BayDSG) findet für den Bereich der Polizei ergänzend Anwendung, soweit in diesem Gesetz nichts Besonderes geregelt ist. [2]Art. 24 BayDSG gilt ausschließlich in Ausübung des Hausrechts.

## IV. Abschnitt
## Vollzugshilfe

**Art. 67 Vollzugshilfe.** (1) Die Polizei leistet anderen Behörden auf Ersuchen Vollzugshilfe, wenn unmittelbarer Zwang anzuwenden ist und die anderen Behörden nicht über die hierzu erforderlichen Dienstkräfte verfügen oder ihre Maßnahmen nicht auf andere Weise selbst durchsetzen können.

(2) Soweit Dienstkräfte der Justizverwaltung nicht oder nicht ausreichend zur Verfügung stehen, führt die Polizei Personen dem Gericht oder der Staatsanwaltschaft vor und unterstützt die Gerichtsvorsitzenden bei der Aufrechterhaltung der Ordnung in der Sitzung.

(3) Die Grundsätze der Amtshilfe gelten entsprechend.

(4) Die Verpflichtung zur Amtshilfe bleibt unberührt.

**Art. 68 Verfahren.** (1) [1]Vollzugshilfeersuchen sind schriftlich zu stellen. [2]Sie haben den Grund und die Rechtsgrundlage der Maßnahme anzugeben.

(2) [1]In Eilfällen kann das Ersuchen formlos gestellt werden. [2]Es ist jedoch auf Verlangen unverzüglich schriftlich zu bestätigen.

(3) [1]Vollzugshilfeersuchen sollen an die unterste Polizeidienststelle gerichtet werden, deren Dienstbereich für den Vollzug des Ersuchens ausreicht. [2]Weisungen der Sicherheitsbehörden gehen dem Ersuchen anderer Verwaltungsbehörden vor.

(4) Die ersuchende Behörde ist von der Ausführung des Ersuchens zu verständigen.

**Art. 69 Vollzugshilfe bei Freiheitsentziehung.** (1) Hat das Vollzugshilfeersuchen eine Freiheitsentziehung zum Inhalt, ist auch die richterliche Entscheidung über die Zulässigkeit der Freiheitsentziehung vorzulegen oder in dem Ersuchen zu bezeichnen.

(2) Ist eine vorherige richterliche Entscheidung nicht ergangen, hat die Polizei die festgehaltene Person zu entlassen, wenn die ersuchende Behörde diese nicht übernimmt oder die richterliche Entscheidung nicht unverzüglich nachträglich beantragt.

(3) Die Art. 19 und 20 gelten entsprechend.

## V. Abschnitt
# Zwang

### 1. Unterabschnitt
## Erzwingung von Handlungen, Duldungen und Unterlassungen

**Art. 70 Zulässigkeit des Verwaltungszwangs.** (1) Der Verwaltungsakt der Polizei, der auf die Vornahme einer Handlung oder auf Duldung oder Unterlassung gerichtet ist, kann mit Zwangsmitteln durchgesetzt werden, wenn er unanfechtbar ist oder wenn ein Rechtsmittel keine aufschiebende Wirkung hat.

(2) Der Verwaltungszwang kann ohne vorausgehenden Verwaltungsakt angewendet werden, wenn das zur Abwehr einer Gefahr notwendig ist, insbesondere weil Maßnahmen gegen Personen nach den Art. 7 bis 10 nicht oder nicht rechtzeitig möglich sind oder keinen Erfolg versprechen, und die Polizei hierbei innerhalb ihrer Befugnisse handelt.

**Art. 71 Zwangsmittel.** (1) Zwangsmittel sind:
1. Ersatzvornahme (Art. 72),
2. Zwangsgeld (Art. 73),
3. unmittelbarer Zwang (Art. 75).

(2) Sie sind nach Maßgabe der Art. 76 und 81 anzudrohen.

(3) Die Zwangsmittel können auch neben einer Strafe oder Geldbuße angewandt und so lange wiederholt und gewechselt werden, bis der Verwaltungsakt befolgt worden ist oder sich auf andere Weise erledigt hat.

**Art. 72 Ersatzvornahme.** (1) [1]Wird die Verpflichtung, eine Handlung vorzunehmen, deren Vornahme durch einen anderen möglich ist, nicht erfüllt, so kann die Polizei die Handlung selbst ausführen oder einen anderen mit der Ausführung beauftragen. [2]Für die Ausführung der Ersatzvornahme werden vom Betroffenen Kosten erhoben. [3]Im übrigen gilt das Kostengesetz.

(2) [1]Es kann bestimmt werden, daß der Betroffene die voraussichtlichen Kosten der Ersatzvornahme im voraus zu bezahlen hat. [2]Zahlt der Betroffene die Kosten der Ersatzvornahme oder die voraussichtlich entstehenden Kosten der Ersatzvornahme nicht fristgerecht, so können die Kosten im Verwaltungszwangsverfahren beigetrieben werden. [3]Die Beitreibung der voraussichtlichen Kosten unterbleibt, sobald der Betroffene die gebotene Handlung ausführt.

**Art. 73 Zwangsgeld.** (1) Das Zwangsgeld wird auf mindestens fünfzehn und höchstens fünftausend Euro schriftlich festgesetzt.

(2) Mit der Festsetzung des Zwangsgeldes ist dem Betroffenen eine angemessene Frist zur Zahlung einzuräumen.

(3) [1]Zahlt der Betroffene das Zwangsgeld nicht fristgerecht, so wird es im Verwaltungszwangsverfahren beigetrieben. [2]Die Beitreibung unterbleibt, so-

Polizeiaufgabengesetz **PAG 50**

bald der Betroffene die gebotene Handlung ausführt oder die zu duldende Maßnahme gestattet.

(4) ¹Für die Festsetzung des Zwangsgeldes werden vom Betroffenen Kosten erhoben. ²Im übrigen gilt das Kostengesetz.

**Art. 74 Ersatzzwangshaft.** (1) ¹Ist das Zwangsgeld uneinbringlich, so kann das Verwaltungsgericht auf Antrag der Polizei die Ersatzzwangshaft anordnen, wenn bei Androhung des Zwangsgeldes hierauf hingewiesen worden ist. ²Die Ersatzzwangshaft beträgt mindestens einen Tag, höchstens zwei Wochen.

(2) Die Ersatzzwangshaft ist auf Antrag der Polizei von der Justizverwaltung nach den Bestimmungen der § 802g Abs. 2 und § 802h ZPO zu vollstrecken.

**Art. 75 Unmittelbarer Zwang.** (1) ¹Die Polizei kann unmittelbaren Zwang anwenden, wenn andere Zwangsmittel nicht in Betracht kommen oder keinen Erfolg versprechen oder unzweckmäßig sind. ²Für die Art und Weise der Anwendung unmittelbaren Zwangs gilt der 2. Unterabschnitt.

(2) Unmittelbarer Zwang zur Abgabe einer Erklärung ist ausgeschlossen.

(3) ¹Für die Anwendung unmittelbaren Zwangs werden Kosten erhoben. ²Im übrigen gilt das Kostengesetz.

**Art. 76 Androhung der Zwangsmittel.** (1) ¹Zwangsmittel sind möglichst schriftlich anzudrohen. ²Dem Betroffenen ist in der Androhung zur Erfüllung der Verpflichtung eine angemessene Frist zu bestimmen; eine Frist braucht nicht bestimmt zu werden, wenn eine Duldung oder Unterlassung erzwungen werden soll. ³Von der Androhung kann abgesehen werden, wenn die Umstände sie nicht zulassen, insbesondere wenn die sofortige Anwendung des Zwangsmittels zur Abwehr einer Gefahr notwendig ist.

(2) ¹Die Androhung kann mit dem Verwaltungsakt verbunden werden, durch den die Handlung, Duldung oder Unterlassung aufgegeben wird. ²Sie soll mit ihm verbunden werden, wenn ein Rechtsmittel keine aufschiebende Wirkung hat.

(3) ¹Die Androhung muß sich auf bestimmte Zwangsmittel beziehen. ²Werden mehrere Zwangsmittel angedroht, ist anzugeben, in welcher Reihenfolge sie angewandt werden sollen.

(4) Wird die Ersatzvornahme angedroht, so sollen in der Androhung die voraussichtlichen Kosten angegeben werden.

(5) Das Zwangsgeld ist in bestimmter Höhe anzudrohen.

(6) ¹Die Androhung ist zuzustellen. ²Das gilt auch dann, wenn sie mit dem zugrunde liegenden Verwaltungsakt verbunden ist und für ihn keine Zustellung vorgeschrieben ist.

(7) ¹Für die Androhung werden Kosten erhoben. ²Dies gilt nicht, wenn nach Absatz 2 Satz 1 verfahren wird und der Verwaltungsakt, durch den die Handlung, Duldung oder Unterlassung aufgegeben wird, kostenfrei ist. ³Im übrigen gilt das Kostengesetz.

## 2. Unterabschnitt
## Anwendung unmittelbaren Zwangs

**Art. 77 Rechtliche Grundlagen.** (1) Ist die Polizei nach diesem Gesetz oder anderen Rechtsvorschriften zur Anwendung unmittelbaren Zwangs befugt, gelten für die Art und Weise der Anwendung die Art. 78 bis 86 und, soweit sich aus diesen nichts Abweichendes ergibt, die übrigen Vorschriften dieses Gesetzes.

(2) Die zivil- und strafrechtlichen Wirkungen nach den Vorschriften über Notwehr und Notstand bleiben unberührt.

**Art. 78 Begriffsbestimmung.** (1) Unmittelbarer Zwang ist die Einwirkung auf Personen oder Sachen durch körperliche Gewalt, ihre Hilfsmittel, Waffen und Explosivmittel.

(2) Körperliche Gewalt ist jede unmittelbare körperliche Einwirkung auf Personen oder Sachen.

(3) Hilfsmittel der körperlichen Gewalt sind insbesondere Fesseln, Wasserwerfer, technische Sperren, Diensthunde, Dienstpferde, Dienstfahrzeuge, Luftfahrzeuge, Reiz- und Betäubungsstoffe sowie zum Sprengen bestimmte explosionsfähige Stoffe (Sprengmittel).

(4) [1]Als Waffen sind Schlagstock, Elektroimpulsgerät und vergleichbare Waffen, Pistole, Revolver, Gewehr, Maschinenpistole und Maschinengewehr zugelassen. [2]Waffen können auf Anordnung des Staatsministeriums des Innern, für Sport und Integration zeitlich befristet als Einsatzmittel erprobt werden.

(5) [1]Explosivmittel sind besondere Sprengmittel, namentlich Handgranaten, Sprenggeschosse, die aus Schusswaffen verschossen werden können und sonstige explosionsfähige Stoffe, die vor Umsetzung von einem festen Mantel umgeben sind. [2]Abs. 4 Satz 2 gilt entsprechend.

**Art. 79 Handeln auf Anordnung.** (1) [1]Die Polizeibeamten sind verpflichtet, unmittelbaren Zwang anzuwenden, der von einem Weisungsberechtigten angeordnet wird. [2]Dies gilt nicht, wenn die Anordnung die Menschenwürde verletzt oder nicht zu dienstlichen Zwecken erteilt worden ist.

(2) [1]Eine Anordnung darf nicht befolgt werden, wenn dadurch eine Straftat begangen würde. [2]Befolgt der Polizeibeamte die Anordnung trotzdem, so trifft ihn eine Schuld nur, wenn er erkennt oder wenn es nach den ihm bekannten Umständen offensichtlich ist, daß dadurch eine Straftat begangen wird.

(3) Bedenken gegen die Rechtmäßigkeit der Anordnung hat der Polizeibeamte dem Anordnenden gegenüber vorzubringen, soweit das nach den Umständen möglich ist.

(4) § 36 Abs. 2 und 3 des Beamtenstatusgesetzes sind nicht anzuwenden.

**Art. 80 Hilfeleistung für Verletzte.** Wird unmittelbarer Zwang angewendet, ist Verletzten, soweit es nötig ist und die Lage es zuläßt, Beistand zu leisten und ärztliche Hilfe zu verschaffen.

Polizeiaufgabengesetz **PAG 50**

**Art. 81 Androhung unmittelbaren Zwangs.** (1) ¹Unmittelbarer Zwang ist vor seiner Anwendung anzudrohen. ²Von der Androhung kann abgesehen werden, wenn die Umstände sie nicht zulassen, insbesondere wenn die sofortige Anwendung des Zwangsmittels zur Abwehr einer Gefahr notwendig ist. ³Als Androhung des Schußwaffengebrauchs gilt auch die Abgabe eines Warnschusses.

(2) Schußwaffen und Explosivmittel dürfen nur dann ohne Androhung gebraucht werden, wenn das zur Abwehr einer gegenwärtigen Gefahr für Leib oder Leben erforderlich ist.

(3) ¹Gegenüber einer Menschenmenge ist die Anwendung unmittelbaren Zwangs möglichst so rechtzeitig anzudrohen, daß sich Unbeteiligte noch entfernen können. ²Der Gebrauch von Schußwaffen gegen Personen in einer Menschenmenge ist stets anzudrohen; die Androhung ist vor dem Gebrauch durch Warnschuß zu wiederholen. ³Beim Gebrauch von technischen Sperren und Dienstpferden kann von einer Androhung abgesehen werden.

**Art. 82 Fesselung von Personen.** Eine Person, die nach diesem Gesetz oder anderen Rechtsvorschriften festgehalten wird, darf gefesselt werden, wenn Tatsachen die Annahme rechtfertigen, daß sie
1. Polizeibeamte oder Dritte angreifen, Widerstand leisten oder Sachen beschädigen wird,
2. fliehen wird oder befreit werden soll oder
3. sich töten oder verletzen wird.

**Art. 83 Allgemeine Vorschriften für den Schußwaffengebrauch.**
(1) ¹Schußwaffen dürfen nur gebraucht werden, wenn andere Maßnahmen des unmittelbaren Zwangs erfolglos angewendet sind oder offensichtlich keinen Erfolg versprechen. ²Gegen Personen ist ihr Gebrauch nur zulässig, wenn der Zweck nicht durch Schußwaffengebrauch gegen Sachen erreicht werden kann.

(2) ¹Schußwaffen dürfen gegen Personen nur gebraucht werden, um angriffs- oder fluchtunfähig zu machen. ²Ein Schuß, der mit an Sicherheit grenzender Wahrscheinlichkeit tödlich wirken wird, ist nur zulässig, wenn er das einzige Mittel zur Abwehr einer gegenwärtigen Gefahr für Leib oder Leben einer Person ist.

(3) ¹Gegen Personen, die dem äußeren Eindruck nach noch nicht 14 Jahre alt sind, dürfen Schußwaffen nicht gebraucht werden. ²Das gilt nicht, wenn der Schußwaffengebrauch das einzige Mittel zur Abwehr einer gegenwärtigen Gefahr für Leib oder Leben ist.

(4) ¹Der Schußwaffengebrauch ist unzulässig, wenn für den Polizeibeamten erkennbar Unbeteiligte mit hoher Wahrscheinlichkeit gefährdet werden. ²Das gilt nicht, wenn der Schußwaffengebrauch das einzige Mittel zur Abwehr einer gegenwärtigen Gefahr für das Leben einer Person ist.

**Art. 84 Schußwaffengebrauch gegen Personen.** (1) Schußwaffen dürfen gegen Personen nur gebraucht werden,
1. um eine gegenwärtige Gefahr für Leib oder Leben abzuwehren,
2. um die unmittelbar bevorstehende Begehung oder Fortsetzung eines Verbrechens oder eines Vergehens unter Anwendung oder Mitführung von Schußwaffen oder Sprengmitteln zu verhindern,
3. um eine Person anzuhalten, die sich der Festnahme oder Identitätsfeststellung durch Flucht zu entziehen versucht, wenn sie
   a) eines Verbrechens dringend verdächtig ist oder
   b) eines Vergehens dringend verdächtig ist und Tatsachen die Annahme rechtfertigen, daß sie Schußwaffen oder Sprengmittel mit sich führt,
4. zur Vereitelung der Flucht oder zur Ergreifung einer Person, die in amtlichem Gewahrsam zu halten oder ihm zuzuführen ist
   a) auf Grund richterlicher Entscheidung wegen eines Verbrechens oder auf Grund des dringenden Verdachts eines Verbrechens oder
   b) auf Grund richterlicher Entscheidung wegen eines Vergehens oder auf Grund des dringenden Verdachts eines Vergehens, sofern Tatsachen die Annahme rechtfertigen, daß sie Schußwaffen oder Sprengmittel mit sich führt,
5. um die gewaltsame Befreiung einer Person aus amtlichem Gewahrsam zu verhindern oder in sonstigen Fällen des Art. 107 BayStVollzG.

(2) Schußwaffen dürfen nach Absatz 1 Nr. 4 nicht gebraucht werden, wenn es sich um den Vollzug eines Jugendarrestes oder eines Strafarrestes handelt oder wenn die Flucht aus einer offenen Anstalt verhindert werden soll.

**Art. 85 Schußwaffengebrauch gegen Personen in einer Menschenmenge.** (1) Schußwaffen dürfen gegen Personen in einer Menschenmenge nur gebraucht werden, wenn von ihr oder aus ihr heraus schwerwiegende Gewalttaten begangen werden oder unmittelbar bevorstehen und andere Maßnahmen keinen Erfolg versprechen.

(2) Wer sich aus einer solchen Menschenmenge nach wiederholter Androhung des Schußwaffengebrauchs nicht entfernt, obwohl ihm das möglich ist, ist nicht als Unbeteiligter anzusehen.

**Art. 86 Besondere Waffen, Sprengmittel.** (1) [1]Maschinengewehre dürfen gegen Personen nur in den Fällen des Art. 84 Abs. 1 Nr. 1, 2 und 5 angewendet werden, wenn
1. diese Personen von Schusswaffen oder Sprengmitteln Gebrauch gemacht haben und
2. der vorherige Gebrauch anderer Waffen erfolglos geblieben ist.

[2]Der Einsatz von Explosivmitteln gegen Personen ist bereits dann zulässig, wenn diese selbst erkennbar den unmittelbaren Gebrauch von Schusswaffen, Sprengmitteln oder anderer, im Einzelfall vergleichbar gefährlicher Mittel beabsichtigen und der vorherige Gebrauch anderer Waffen durch die Polizei ersichtlich aussichtslos oder unzureichend ist.

Polizeiaufgabengesetz **PAG 50**

(2) ¹Einsätze nach Abs. 1 bedürfen der Zustimmung des Landespolizeipräsidenten als Leiter der zuständigen Abteilung im Staatsministerium des Innern, für Sport und Integration oder eines von ihm hierfür besonders Beauftragten. ²Explosivmittel dürfen bei Gefahr im Verzug auch ohne vorhergehende Zustimmung eingesetzt werden; das Staatsministerium des Innern, für Sport und Integration ist unverzüglich zu unterrichten.

(3) ¹Maschinengewehre und Explosivmittel dürfen nicht gebraucht werden,
1. um fluchtunfähig zu machen oder
2. gegen Personen in einer Menschenmenge.

²Andere Sprengmittel dürfen nicht gegen Personen angewendet werden.

(4) Im übrigen sind die Vorschriften über den Schußwaffengebrauch entsprechend anzuwenden.

## VI. Abschnitt
## Entschädigungs-, Erstattungs- und Ersatzansprüche

**Art. 87 Entschädigungsanspruch.** (1) Erleidet jemand, gegen den Maßnahmen nach Art. 10 getroffen worden sind, einen Schaden, so ist dem Geschädigten dafür Entschädigung zu leisten, soweit der Schaden durch die polizeiliche Maßnahme entstanden ist und der Geschädigte nicht von einem anderen Ersatz zu erlangen vermag.

(2) ¹Das gleiche gilt, wenn jemand, der nicht nach den Art. 7 oder 8 verantwortlich ist und gegen den nicht Maßnahmen nach Art. 10 gerichtet worden sind, durch eine polizeiliche Maßnahme getötet oder verletzt wird oder einen nicht zumutbaren sonstigen Schaden erleidet. ²Die Entschädigung ist auch zu leisten, soweit die Maßnahme auf einer richterlichen Anordnung beruht.

(3) Im Fall der Tötung ist dem Unterhaltsberechtigten in entsprechender Anwendung von § 844 Abs. 2 BGB Entschädigung zu leisten.

(4) Ein Entschädigungsanspruch nach den Absätzen 1 bis 3 besteht nicht, soweit die Maßnahme auch unmittelbar dem Schutz der Person oder des Vermögens des Geschädigten gedient hat.

(5) Ist die Entschädigungspflicht aus Anlaß von Maßnahmen der Polizei in besonderen gesetzlichen Vorschriften geregelt, so gelten diese Vorschriften.

(6) Entschädigungspflichtig ist der Träger der Polizei, welche die zur Entschädigung verpflichtende Maßnahme getroffen hat.

(7) ¹Entschädigung nach den Absätzen 1 bis 3 wird für Vermögensschäden gewährt; dabei sind Vermögensvorteile, die dem Berechtigten aus der zur Entschädigung verpflichtenden Maßnahme entstehen, zu berücksichtigen. ²Bei Freiheitsentziehungen wird Entschädigung auch für Nichtvermögensschäden entsprechend § 7 Abs. 3 des Gesetzes über die Entschädigung für Strafverfol-

gungsmaßnahmen (StrEG) gewährt. ³Ein mitwirkendes Verschulden des Berechtigten ist zu berücksichtigen. ⁴Die Entschädigung wird in Geld gewährt.

**Art. 88 Erstattungsanspruch.** (1) Ist die Polizei auf Weisung oder Ersuchen einer nichtstaatlichen Behörde tätig geworden, so ist die Körperschaft, der die Behörde angehört, dem nach Art. 87 Abs. 6 Entschädigungspflichtigen erstattungspflichtig, soweit nicht der Schaden durch ein Verschulden der Polizei bei Durchführung der Maßnahme entstanden ist.

(2) Die erstattungspflichtige Körperschaft hat dem entschädigungspflichtigen Polizeiträger die auf Grund des Art. 87 geleisteten notwendigen Aufwendungen zu erstatten.

**Art. 89 Ersatzanspruch.** (1) Hat der nach Art. 87 Abs. 6 entschädigungspflichtige Polizeiträger keinen Erstattungsanspruch nach Art. 88, so kann er von der nach Art. 7 oder 8 verantwortlichen Person Ersatz der notwendigen Aufwendungen verlangen.

(2) Hat die nach Art. 88 erstattungspflichtige Körperschaft ihre Verpflichtung erfüllt, so kann sie von dem nach Art. 7 oder 8 Verantwortlichen Ersatz der notwendigen Aufwendungen verlangen.

**Art. 90 Rechtsweg.** (1) Über die Entschädigungsansprüche nach Art. 87 entscheiden im Streitfall die ordentlichen Gerichte nach den Vorschriften der ZPO.

(2) Über die Erstattungsansprüche nach Art. 88 und die Ersatzansprüche nach Art. 89 entscheiden im Streitfall die Verwaltungsgerichte nach den Vorschriften der Verwaltungsgerichtsordnung.

VII. Abschnitt

## Schlußbestimmungen

**Art. 91 Einschränkung von Grundrechten.** Auf Grund dieses Gesetzes können die Grundrechte auf Leben und körperliche Unversehrtheit, Freiheit der Person (Art. 2 Abs. 2 Satz 1 und 2 des Grundgesetzes und Art. 102 Abs. 1 der Verfassung), auf Versammlungsfreiheit (Art. 8 Abs. 1 des Grundgesetzes und Art. 113 der Verfassung), des Brief-, Post- und Fernmeldegeheimnisses (Art. 10 des Grundgesetzes und Art. 112 Abs. 1 der Verfassung) sowie auf Freizügigkeit (Art. 11 des Grundgesetzes und Art. 109 der Verfassung) und auf Unverletzlichkeit der Wohnung (Art. 13 des Grundgesetzes und Art. 106 Abs. 3 der Verfassung) eingeschränkt werden.

**Art. 92 Verfahren und Zuständigkeit für gerichtliche Entscheidungen, Wegfall der Anordnungsvoraussetzungen.** (1) ¹Soweit Vorschriften dieses Gesetzes eine gerichtliche Entscheidung vorsehen, gelten vorbehaltlich abweichender Regelung die Vorschriften des Gesetzes über das Verfahren in Famili-

Polizeiaufgabengesetz

ensachen und in den Angelegenheiten der freiwilligen Gerichtsbarkeit entsprechend. ²Die Rechtsbeschwerde ist ausgeschlossen.

(2) ¹Für die gerichtliche Entscheidung ist vorbehaltlich abweichender Regelung das Amtsgericht am Sitz des Landgerichts zuständig, in dessen Bezirk die beantragende Polizeidienststelle ihren Sitz hat. ²Abweichend hiervon ist zuständig
1. für die Entscheidung nach Art. 18 Abs. 1 Satz 1 das Amtsgericht, in dessen Bezirk die Freiheitsentziehung vollzogen wird, und
2. für die Entscheidung nach Art. 18 Abs. 2 das Amtsgericht, in dessen Bezirk die Person von der Polizei in Gewahrsam genommen wurde.

(3) ¹Wurde bei Maßnahmen, die einem Richtervorbehalt unterliegen, bei Gefahr im Verzug jedoch durch bestimmte Polizeivollzugsbeamte angeordnet werden können, von der Eilfallkompetenz Gebrauch gemacht, ist unverzüglich eine richterliche Bestätigung der Maßnahme einzuholen. ²Satz 1 gilt außer in Fällen des Art. 41 Abs. 1 nicht, wenn die Maßnahme bereits vorher erledigt ist. ³Die Maßnahme tritt außer Kraft, soweit sie nicht binnen drei Werktagen richterlich bestätigt wird.

(4) ¹Maßnahmen, die eine richterliche Anordnung oder Bestätigung erfordern, sind unverzüglich zu beenden, sobald die Anordnungsvoraussetzungen entfallen. ²Besondere Regelungen dieses Gesetzes bleiben unberührt. ³Die Beendigung einer Maßnahme nach dem III. Abschnitt 2. Unterabschnitt, die richterlicher Anordnung bedarf, und das Ergebnis der Maßnahme sind dem anordnenden Gericht mitzuteilen.

**Art. 93 Verhältnis zum Kostengesetz, Verordnungsermächtigung.** ¹Art. 3 des Kostengesetzes ist nicht anzuwenden, soweit dieses Gesetz die Erhebung von Kosten bestimmt. ²In diesen Fällen können Kosten auch dann erhoben werden, wenn auf Grund desselben Lebenssachverhalts neben Maßnahmen nach diesem Gesetz auch Maßnahmen nach der StPO oder dem Gesetz über Ordnungswidrigkeiten (OWiG) getroffen werden, wobei etwaige für die zuletzt genannten Maßnahmen erhobene Kosten in Abzug zu bringen sind. ³Die Gebühren sind abweichend von den Art. 6 und 8 des Kostengesetzes nach dem Verwaltungsaufwand und der Bedeutung der Amtshandlung zu bemessen. ⁴Das Staatsministerium des Innern, für Sport und Integration wird ermächtigt, im Einvernehmen mit dem Staatsministerium der Finanzen und für Heimat durch Rechtsverordnung die Gebühren zu bestimmen und die pauschale Abgeltung der Auslagen zu regeln. ⁵Von der Erhebung der Kosten kann abgesehen werden, soweit sie der Billigkeit widerspricht.

**Art. 94 Opferschutzmaßnahmen.** (1) ¹Für eine Person, die Opfer einer Straftat wurde oder bei der davon auszugehen ist, dass sie in absehbarer Zeit Opfer einer Straftat werden kann, dürfen auf Anordnung der in Art. 36 Abs. 4 Satz 2 und 3 genannten Personen Urkunden und sonstige Dokumente zum Aufbau und zur Aufrechterhaltung einer vorübergehend geänderten Identität herge-

# 50 PAG

stellt, vorübergehend verändert und die entsprechend geänderten Daten verarbeitet werden, wenn
1. dies zu ihrem Schutz vor einer Gefahr für ein in Art. 11 Abs. 3 Satz 2 Nr. 2 oder Nr. 3 genanntes bedeutendes Rechtsgut erforderlich ist und
2. die Person für diese Schutzmaßnahme geeignet ist.
²Die zu schützende Person darf unter der vorübergehend geänderten Identität am Rechtsverkehr teilnehmen.

(2) Soweit erforderlich, können Maßnahmen nach Abs. 1 auch auf Angehörige einer in Abs. 1 genannten Person oder ihr sonst nahe stehende Personen erstreckt werden.

(3) Art. 37 Abs. 4 Satz 1 und 3 und 3 findet auf die mit dem Schutz betrauten Polizeibeamten Anwendung, soweit dies zur Vorbereitung, Durchführung, Lenkung oder Absicherung der Schutzmaßnahmen erforderlich ist.

**Art. 94a\* Übergangsbestimmungen.** (1) Abweichend von Art. 30 Abs. 2 Satz 2 sowie Art. 48 Abs. 5 dürfen personenbezogene Daten auch ohne eine dort vorgesehene Kennzeichnung nach den am 24. Mai 2018 für die betreffenden Dateien und automatisierten Verfahren geltenden Errichtungsanordnungen weiterverarbeitet, insbesondere übermittelt werden.

(2) ¹Protokollierungen im Sinn von Art. 63 Abs. 2 müssen bei vor dem 6. Mai 2016 eingerichteten, automatisierten Verarbeitungssystemen erst bis zum 6. Mai 2023 erfolgen, wenn andernfalls ein unverhältnismäßiger Aufwand entstünde. ²Die Anwendung von Satz 1 ist zu begründen, zu dokumentieren und dem Staatsministerium des Innern, für Sport und Integration mitzuteilen. ³Der Landesbeauftragte ist über das betroffene Verarbeitungssystem und die Gründe für die Anwendung von Satz 1 zu unterrichten.

(3) ¹Der Turnus für Prüfungen nach Art. 51 Abs. 2 Satz 1 und Unterrichtungen nach den Art. 52, 58 Abs. 6 und Art. 59 Abs. 5 Satz 2 beginnt erstmals am 1. Januar 2019. ²Bis zum 31. Dezember 2018 finden Art. 34 Abs. 9 sowie Art. 34d Abs. 8 in der am 24. Mai 2018 geltenden Fassung sinngemäß Anwendung.

**Art. 95\*\* Inkrafttreten, Außerkrafttreten.** (1) Dieses Gesetz tritt am 1. Oktober 1978 in Kraft.

(2) Außer Kraft treten:
1. Art. 94a Abs. 3 mit Ablauf des 31. Dezember 2020,
2. Art. 94a Abs. 2 mit Ablauf des 6. Mai 2023 sowie
3. Art. 94a Abs. 1 mit Ablauf des 25. Mai 2028.

---

\* *Siehe dazu Art. 95 Abs. 2 PAG.*
\*\* Diese Vorschrift betrifft das Inkrafttreten des Gesetzes in der ursprünglichen Fassung vom 24. August 1978 (GVBl S. 561). Der Zeitpunkt des Inkrafttretens der späteren Änderungen ergibt sich aus den jeweiligen Änderungsgesetzen.

# Gesetz über die Organisation der Bayerischen Polizei (Polizeiorganisationsgesetz – POG)

(BayRS 2012-2-1-I) vom 10. August 1976 (GVBl. S. 303),
zuletzt geändert durch Verordnung vom 26. März 2019 (GVBl. S. 98)

## INHALTSÜBERSICHT

Art. 1 Begriff, Träger und Gliederung der Polizei
Art. 2 Dienstkräfte der Polizei
Art. 3 Zuständigkeit, Dienstbereiche
Art. 4 Landespolizei, Verordnungsermächtigung
Art. 5 Grenzpolizei, Verordnungsermächtigung*
Art. 6 Bereitschaftspolizei, Verordnungsermächtigung
Art. 7 Landeskriminalamt
Art. 8 Polizeiverwaltungsamt
Art. 9 Zusammenarbeit
Art. 10 Besondere Zuständigkeiten, Verordnungsermächtigung
Art. 11 Dienstkräfte anderer Länder sowie des Bundes oder anderer Staaten
Art. 12 Rechtsbehelfe
Art. 13 Zentrale Datenprüfstelle
Art. 14 Verfahren der zentralen Datenprüfstelle
Art. 15 Inkrafttreten

**Art. 1 Begriff, Träger und Gliederung der Polizei.** (1) Polizei im Sinn dieses Gesetzes ist die gesamte Polizei des Freistaates Bayern.

(2) Träger der Polizei ist der Freistaat Bayern.

(3) ¹Die Polizei ist nach den Art. 4 bis 8 gegliedert. ²Oberste Dienstbehörde und Führungsstelle der Polizei ist das Staatsministerium des Innern, für Sport und Integration (Staatsministerium).

**Art. 2 Dienstkräfte der Polizei.** (1) Als Dienstkräfte des polizeilichen Vollzugsdienstes dürfen nur Beamte verwendet werden.

(2) Zur Verwarnung von Verkehrsteilnehmern nach § 57 des Gesetzes über Ordnungswidrigkeiten (OWiG) wegen Zuwiderhandlungen gegen Vorschriften des Straßenverkehrsrechts können auch Angestellte ermächtigt werden.

(3) ¹Dienstkräfte der Polizei dürfen sich während des Dienstes, in Dienst- oder Unterkunftsräumen oder in Dienstkleidung parteipolitisch nicht betätigen. ²In Dienstkleidung dürfen die Dienstkräfte politische Veranstaltungen nur dienstlich besuchen. ³Politische Abzeichen dürfen während des Dienstes und an der Dienstkleidung nicht getragen werden.

**Art. 3 Zuständigkeit, Dienstbereiche.** (1) Jeder im Vollzugsdienst tätige Beamte der Polizei ist zur Wahrnehmung der Aufgaben der Polizei im gesamten Staatsgebiet befugt.

---

\* *Artikelüberschrift in der Inhaltsübersicht nicht amtlich.*

(2) ¹Die Beamten der Polizei werden unbeschadet des Abs. 1 nach Maßgabe dieses Gesetzes in bestimmten örtlichen und sachlichen Dienstbereichen eingesetzt. ²Beamte der Polizei werden jedoch im Einzelfall auch in Dienstbereichen, in denen sie nicht eingesetzt sind, tätig, wenn
1. die dort eingesetzte Polizei nicht oder nicht rechtzeitig ausreichend zur Verfügung steht;
2. das wegen des Zusammenhangs von Dienstverrichtungen im eigenen und in einem anderen Dienstbereich zweckmäßig ist;
3. die für beide Dienstbereiche zuständige vorgesetzte Stelle sie dazu anweist oder
4. das Gericht oder die Staatsanwaltschaft nach Feststellung schwerwiegender Gründe die Dienststelle der Beamten ersucht, in einem anderen örtlichen Dienstbereich an Stelle der dort eingesetzten Polizei strafverfolgend tätig zu werden.

**Art. 4 Landespolizei, Verordnungsermächtigung.** (1) Die Bayerische Landespolizei wird im gesamten Staatsgebiet für alle der Polizei obliegenden Aufgaben eingesetzt, soweit nicht besondere örtliche und sachliche Dienstbereiche anderen Teilen der Polizei zugewiesen sind.

(2) ¹Die Landespolizei gliedert sich in
1. Präsidien, die dem Staatsministerium unmittelbar nachgeordnet sind,
2. Inspektionen und Kriminalfachdezernate, die den Präsidien unmittelbar nachgeordnet sind, und
3. soweit erforderlich, den Inspektionen unmittelbar nachgeordnete Stationen.

²Für bestimmte sachliche Dienstbereiche können besondere Inspektionen und Stationen der Landespolizei errichtet werden.

(3) Das Staatsministerium errichtet durch Rechtsverordnung die einzelnen Dienststellen der Landespolizei und bestimmt dabei insbesondere Bezeichnung, Sitz und Nachordnung.

**Art. 5 Grenzpolizei; Verordnungsermächtigung.** (1) ¹Die Bayerische Grenzpolizei ist Teil der Landespolizei. ²Sie wird insbesondere für grenzpolizeiliche Aufgaben und die Aufgaben des grenzpolizeilichen Fahndungsdienstes im Sinn des Art. 13 Abs. 1 Nr. 5 des Polizeiaufgabengesetzes eingesetzt. ³Die Zuständigkeit der übrigen Dienststellen der Landespolizei zur Wahrnehmung der in Satz 2 genannten Aufgaben bleibt unberührt.

(2) Die grenzpolizeilichen Aufgaben umfassen:
1. die polizeiliche Überwachung der Grenzen;
2. die polizeiliche Kontrolle des grenzüberschreitenden Verkehrs einschließlich
   a) der Überprüfung der Grenzübertrittspapiere und der Berechtigung zum Grenzübertritt sowie der beim Grenzübertritt mitgeführten Gegenstände und Transportmittel,
   b) der Grenzfahndung,
   c) der Beseitigung von Störungen und der Abwehr von Gefahren, die ihren Ursprung außerhalb des Bundesgebietes haben,

Polizeiorganisationsgesetz **POG 51**

3. im Grenzgebiet bis zu einer Tiefe von 30 Kilometern die Beseitigung von Störungen und die Abwehr von Gefahren, die die Sicherheit der Grenzen beeinträchtigen.

(3) ¹Die Grenzpolizei gliedert sich in
1. die Direktion der Bayerischen Grenzpolizei, angegliedert an ein Präsidium, als Führungsstelle Grenze,
2. Grenzpolizeiinspektionen,
3. Grenzpolizeistationen.

²Zudem können bei Dienststellen der Landespolizei Grenzpolizeigruppen eingerichtet werden. ³Für Fragen der grenzüberschreitenden Zusammenarbeit können durch das Staatsministerium Koordinatoren bestellt und Gemeinsame Zentren eingerichtet werden.

(4) Art. 4 Abs. 3 gilt entsprechend.

**Art. 6 Bereitschaftspolizei, Verordnungsermächtigung.** (1) ¹Die Bayerische Bereitschaftspolizei ist ein Polizeiverband, der insbesondere in geschlossenen Einheiten
1. aus besonderem Anlaß zum Schutz oberster Staatsorgane und Behörden sowie lebenswichtiger Einrichtungen und Anlagen,
2. zur Unterstützung anderer Teile der Polizei,
3. zur Katastrophenhilfe

eingesetzt wird. ²Für diese Einsätze bedarf es der Weisung des Staatsministeriums.

(2) Der Bereitschaftspolizei obliegt es ferner, Polizeivollzugsbeamte für den Einstieg in der zweiten Qualifikationsebene auszubilden und unbeschadet der Fortbildungsveranstaltungen anderer Teile der Polizei Dienstkräfte der Polizei fortzubilden.

(3) Bei der Bereitschaftspolizei besteht eine Hubschrauberstaffel, die nach Weisung des Staatsministeriums eingesetzt wird.

(4) Die Bereitschaftspolizei gliedert sich in das Präsidium, das dem Staatsministerium unmittelbar nachgeordnet ist, und in Abteilungen, Ausbildungs- und Fortbildungseinrichtungen.

(5) Das Staatsministerium errichtet durch Rechtsverordnung das Präsidium und die einzelnen Abteilungen und bestimmt deren Bezeichnung und Sitz.

**Art. 7 Landeskriminalamt.** (1) ¹Das Bayerische Landeskriminalamt ist die zentrale Dienststelle für kriminalpolizeiliche Aufgaben. ²Es ist dem Staatsministerium unmittelbar nachgeordnet. ³Das Landeskriminalamt ist weiterhin zugleich zentrale Dienststelle der Kriminalpolizei im Sinn des Bundeskriminalamtgesetzes (BKAG), Zentralstelle für die polizeiliche Datenverarbeitung einschließlich Datenübermittlung, Fernmeldeleitstelle für die polizeiliche Nachrichtenübermittlung sowie zentrale Stelle für den Digitalfunk der Behörden und Organisationen mit Sicherheitsaufgaben in Bayern (Autorisierte Stelle).

## 51 POG  Polizeiorganisationsgesetz

(2) Dem Landeskriminalamt obliegt es insbesondere

1. Nachrichten und Unterlagen für die Verhütung und polizeiliche Verfolgung von Straftaten zu sammeln und auszuwerten und über die Aufbewahrung solcher Unterlagen bei der Polizei für den Einzelfall zu entscheiden, soweit das Staatsministerium die Entscheidung nicht Dienststellen der Landespolizei übertragen hat;
2. kriminalistische Methoden weiter zu entwickeln;
3. andere Teile der Polizei über Maßnahmen zur Verhütung und polizeilichen Verfolgung von Straftaten zu beraten und die Beratung Dritter durch andere Teile der Polizei zu lenken, zu unterstützen sowie in besonderen Fällen selbst durchzuführen;
4. Einrichtungen für erkennungsdienstliche, kriminaltechnische und kriminologische Untersuchungen und Forschungen zu unterhalten;
5. auf Anforderung anderer Teile der Polizei, der Staatsanwaltschaft oder auf Anordnung des Staatsministeriums oder des Gerichts erkennungsdienstliche und kriminaltechnische Untersuchungen durchzuführen, sowie Gutachten zu erstatten und andere Teile der Polizei, soweit sie solche Aufgaben erfüllt, zu beraten und fachlich zu überwachen;
6. mit Zustimmung des Staatsministeriums Richtlinien für die Durchführung kriminalpolizeilicher Aufgaben zu erlassen;
7. als Zentralstelle Fahndungsmaßnahmen aufeinander abzustimmen sowie auf Weisung des Staatsministeriums zu lenken;
8. die Aufgaben nach dem Fluggastdatengesetz sowie einer sich daraus ergebenden polizeilichen Datenverarbeitung wahrzunehmen.

(3) ¹Dem Landeskriminalamt obliegt die polizeiliche Verfolgung

1. der Kernenergie-, Sprengstoff- und Strahlungsstraftaten in den Fällen der §§ 307, 308 Abs. 1 bis 4, §§ 309 bis 312, 326 Abs. 1 Nr. 3 dritte Alternative, auch in Verbindung mit Abs. 2, 4 und 5, § 326 Abs. 3, § 327 Abs. 1 und 3 Nr. 1, §§ 328, 330 des Strafgesetzbuchs (StGB) und der Straftaten nach § 40 des Sprengstoffgesetzes und nach §§ 19, 20, 22a des Gesetzes über die Kontrolle von Kriegswaffen;
2. des unbefugten Handels mit Betäubungsmitteln in Fällen von präsidialübergreifender, landesweiter, bundesweiter oder internationaler Bedeutung;
3. der Geld- und Wertzeichenfälschung (Achter Abschnitt StGB);
4. des unbefugten Handelns mit Schußwaffen und Munition;
5. der Gründung politisch motivierter krimineller und terroristischer Vereinigungen und der Tätigkeit für solche Vereinigungen (§§ 129, 129a, 129b StGB);
6. des Friedensverrats, Hochverrats, Landesverrats und der Gefährdung der äußeren Sicherheit (§§ 80, 80a, 81 bis 83, 93 bis 101a StGB, § 1 des NATO-Truppen-Schutzgesetzes);
7. der Straftaten, deren polizeiliche Verfolgung wegen der besonderen Gefährlichkeit, der räumlichen Ausdehnung oder wegen der besonderen Umstände der Begehung durch das Staatsministerium allgemein oder für den Einzelfall, im Bereich der Wirtschaftskriminalität und des Umweltschutzes auch

durch das Gericht oder die Staatsanwaltschaft für den Einzelfall, dem Landeskriminalamt zugewiesen wird;
8. der im Zusammenhang mit Straftaten in den Fällen der Nummern 1 bis 7 stehenden anderen Straftaten und Ordnungswidrigkeiten.

²In den Fällen des Satzes 1 obliegt dem Landeskriminalamt neben den Dienststellen der Landespolizei auch die Verhütung der jeweiligen Straftaten und Ordnungswidrigkeiten.

(4) ¹Das Staatsministerium kann in den Fällen des Abs. 3 Satz 1 Nrn. 1 bis 6 die Verhütung und polizeiliche Verfolgung für bestimmte Fallgruppen den Dienststellen der Landespolizei zuweisen. ²Das Landeskriminalamt kann in den Fällen des Abs. 3 Satz 1 Nrn. 1 bis 6 und 8 Dienststellen der Landespolizei je nach deren Dienstbereichen mit einzelnen Ermittlungshandlungen oder in den Fällen des Abs. 3 Satz 1 Nrn. 1 bis 6 mit der Verhütung und polizeilichen Verfolgung von Straftaten insgesamt beauftragen. ³Es kann der Landespolizei fachliche Weisungen erteilen, soweit es sich um die polizeiliche Verfolgung von Straftaten im Sinn des Abs. 3 Satz 1 Nrn. 1 bis 6 und 8 oder sonstiger Straftaten gegen die freiheitliche demokratische Grundordnung, den Bestand oder die Sicherheit des Bundes oder eines Landes handelt.

**Art. 8 Polizeiverwaltungsamt.** ¹Das Bayerische Polizeiverwaltungsamt nimmt zentrale Verwaltungsaufgaben der Polizei wahr. ²Es ist eine dem Staatsministerium unmittelbar nachgeordnete Dienststelle.

**Art. 9 Zusammenarbeit.** (1) Die Dienststellen der Polizei haben miteinander und mit anderen Stellen, denen die Abwehr von Gefahren für die öffentliche Sicherheit und Ordnung obliegt, zusammenzuarbeiten und die Sicherheitsbehörden über den Sicherheitszustand zu unterrichten.

(2) Unbeschadet anderer Rechtsvorschriften, insbesondere des Gerichtsverfassungsgesetzes, der Strafprozeßordnung (StPO) und des Gesetzes über Ordnungswidrigkeiten, können die Sicherheitsbehörden Dienststellen der Landespolizei Weisungen im polizeilichen Aufgabenbereich erteilen.

(3) ¹Weisungen nach Abs. 2 sollen an die unterste Polizeidienststelle gerichtet werden, deren Dienstbereich für den Vollzug der Weisung ausreicht. ²Satz 1 gilt nicht für Weisungen des Staatsministeriums und der Regierungen.

**Art. 10 Besondere Zuständigkeiten, Verordnungsermächtigung.** (1) Im Rahmen des Staatshaushaltsplans kann das Staatsministerium durch Rechtsverordnung einzelne Aufgaben der ihm unmittelbar nachgeordneten Dienststellen der Polizei einer dieser Dienststellen allein übertragen.

(2) Die Polizei darf im Zuständigkeitsbereich eines anderen Landes der Bundesrepublik Deutschland oder des Bundes nur in den Art. 11 Abs. 3 entsprechenden Fällen und nach Art. 91 Abs. 2 des Grundgesetzes und nur dann tätig werden, wenn das jeweilige Landes- oder das Bundesrecht es vorsieht.

(3) ¹Einer Anforderung von Polizei durch ein anderes Land oder den Bund ist zu entsprechen, soweit nicht die Verwendung der Polizei in Bayern dringen-

der ist als die Unterstützung der Polizei des anderen Landes oder des Bundes. ²Die Anforderung soll alle für die Entscheidung wesentlichen Merkmale des Einsatzauftrags enthalten.

**Art. 11 Dienstkräfte anderer Länder sowie des Bundes oder anderer Staaten.** (1) Die Anforderung polizeilicher Dienstkräfte anderer Länder und des Bundes zur Abwehr einer drohenden Gefahr für den Bestand oder die freiheitliche demokratische Grundordnung des Bundes oder des Freistaates Bayern (Art. 91 Abs. 1 des Grundgesetzes) ist dem Bayerischen Ministerpräsidenten vorbehalten.

(2) Zuständige Landesbehörde im Sinn von § 4 Abs. 2 Satz 1 Nr. 1 und § 35 Abs. 1 Satz 1 BKAG für Ersuchen an das Bundeskriminalamt,
1. polizeiliche Aufgaben auf dem Gebiet der Strafverfolgung in Einzelfällen wahrzunehmen, sind das Staatsministerium und die Generalstaatsanwälte bei den Oberlandesgerichten;
2. Dienstkräfte zur Unterstützung polizeilicher Strafverfolgungsmaßnahmen zu Dienststellen der Polizei zu entsenden, ist das Staatsministerium.

(3) ¹Polizeivollzugsbeamte eines anderen Landes der Bundesrepublik Deutschland können im Zuständigkeitsbereich des Freistaates Bayern Amtshandlungen vornehmen
1. auf Anforderung oder mit Zustimmung des Staatsministeriums,
2. in den Fällen des Art. 35 Abs. 2 und 3 und Art. 91 Abs. 1 des Grundgesetzes,
3. zur Abwehr einer gegenwärtigen erheblichen Gefahr, zur Verfolgung von Straftaten auf frischer Tat sowie zur Verfolgung und Wiederergreifung Entwichener, wenn die zuständige Polizei die erforderlichen Maßnahmen nicht rechtzeitig treffen kann,
4. zur Erfüllung polizeilicher Aufgaben bei Gefangenentransporten oder
5. zur Erfüllung ihrer Aufgaben in den durch Verwaltungsabkommen des Staatsministeriums mit anderen Ländern geregelten Fällen.

²In den Fällen der Nummern 3 und 5 ist die zuständige Polizeidienststelle unverzüglich zu unterrichten.

(4) ¹Werden Polizeivollzugsbeamte eines anderen Landes nach Abs. 3 tätig, haben sie die gleichen Befugnisse wie die Bayerische Polizei. ²Ihre Maßnahmen gelten als Maßnahmen derjenigen Polizeidienststelle, in deren örtlichem und sachlichem Dienstbereich sie tätig geworden sind; sie unterliegen insoweit deren Weisungen.

(5) ¹Die Abs. 3 und 4 gelten für Polizeivollzugsbeamte des Bundes und Zollbedienstete, denen der Gebrauch von Schusswaffen bei Anwendung des unmittelbaren Zwanges nach dem Gesetz über den unmittelbaren Zwang bei Ausübung öffentlicher Gewalt durch Vollzugsbeamte des Bundes gestattet ist, entsprechend. ²Das gleiche gilt für Bedienstete ausländischer Polizeibehörden und -dienststellen, soweit völkerrechtliche Verträge dies vorsehen oder das Staatsministerium Amtshandlungen dieser Polizeibehörden oder -dienststellen allgemein oder im Einzelfall zustimmt; in Bezug auf Maßnahmen der Strafver-

folgung gelten die Abs. 3 und 4 entsprechend, soweit die auf Grund einer zwischenstaatlichen Vereinbarung oder sonst nach dem Recht der internationalen Rechtshilfe zuständige Behörde zustimmt oder eine derartige Zustimmung nach den genannten Vorschriften entbehrlich ist.

**Art. 12 Rechtsbehelfe.** (1) Für Rechtsbehelfe gegen Maßnahmen der Polizei gelten die Vorschriften der Verwaltungsgerichtsordnung, soweit eine Zuständigkeit nach § 23 des Einführungsgesetzes zum Gerichtsverfassungsgesetz* nicht gegeben ist.

(2) Über Aufsichtsbeschwerden gegen Maßnahmen, deren Ablehnung oder Unterlassung oder gegen das sonstige Verhalten der Polizei entscheidet
1. das Staatsministerium, wenn es die Beschwerde an sich zieht;
2. im Übrigen die dem Staatsministerium unmittelbar nachgeordnete Polizeidienststelle, wenn die Maßnahme von einem Beamten getroffen worden ist, der dieser oder einer ihr nachgeordneten Dienststelle angehört; hat eine andere Polizeidienststelle die Einsatzleitung übernommen oder zu der Maßnahme angewiesen, so ist die Maßnahme dieser Stelle zuzurechnen.

(3) [1]Abweichend von Abs. 2 entscheidet die Staatsanwaltschaft, wenn
1. der Beschwerdeführer geltend macht, durch eine strafprozessuale Maßnahme, ihre Ablehnung oder Unterlassung in seinen Rechten verletzt zu sein, oder
2. die Beschwerde sich gegen eine Maßnahme richtet, die auf einer Anordnung der Staatsanwaltschaft beruht.

[2]Die Polizei kann der Beschwerde abhelfen, wenn die Maßnahme nicht auf einer Anordnung der Staatsanwaltschaft beruht. [3]Im übrigen hat die Polizei die Staatsanwaltschaft von Aufsichtsbeschwerden in Angelegenheiten der Strafverfolgung, die sich nicht lediglich gegen das Verhalten der Polizei richten, vor der Entscheidung zu unterrichten.

---

\* § 23 *Einführungsgesetz zum Gerichtsverfassungsgesetz vom 27. Januar 1877 (RGBl. S. 77), Gesetz zuletzt geändert durch Gesetz vom 12. Dezember 2019 (BGBl. I S. 2633), lautet:*

**§ 23** *[Justizverwaltungsakte, Rechtsweg].* (1) [1]Über die Rechtmäßigkeit der Anordnungen, Verfügungen oder sonstigen Maßnahmen, die von den Justizbehörden zur Regelung einzelner Angelegenheiten auf den Gebieten des bürgerlichen Rechts einschließlich des Handelsrechts, des Zivilprozesses, der freiwilligen Gerichtsbarkeit und der Strafrechtspflege getroffen werden, entscheiden auf Antrag die ordentlichen Gerichte. [2]Das gleiche gilt für Anordnungen, Verfügungen oder sonstige Maßnahmen der Vollzugsbehörden im Vollzug der Untersuchungshaft sowie derjenigen Freiheitsstrafen und Maßregeln der Besserung und Sicherung, die außerhalb des Justizvollzuges vollzogen werden.

(2) Mit dem Antrag auf gerichtliche Entscheidung kann auch die Verpflichtung der Justiz- oder Vollzugsbehörde zum Erlaß eines abgelehnten oder unterlassenen Verwaltungsaktes begehrt werden.

(3) Soweit die ordentlichen Gerichte bereits auf Grund anderer Vorschriften angerufen werden können, behält es hierbei sein Bewenden.

**Art. 13 Zentrale Datenprüfstelle.** (1) ¹Die Zentrale Datenprüfstelle nimmt die Aufgaben wahr, die nach dem Polizeiaufgabengesetz der Entscheidung einer hierfür eingerichteten unabhängigen Stelle bedürfen. ²Sie übt ihre Tätigkeit im Rahmen der Gesetze unabhängig und in eigener Verantwortung aus und gilt als oberste Dienstbehörde im Sinn des § 96 Satz 1 StPO und des Art. 6 Abs. 3 Satz 3 des Bayerischen Beamtengesetzes.

(2) ¹Die Zentrale Datenprüfstelle wird von einem Beamten mit der Befähigung zum Richteramt geleitet, der durch das Staatsministerium für die Dauer von fünf Jahren bestellt wird. ²Die Wiederbestellung ist zulässig. ³Die Bestellung kann ohne die schriftliche Zustimmung des Beamten nur widerrufen werden, wenn eine entsprechende Anwendung der Vorschriften des Deutschen Richtergesetzes über die Versetzung oder die Amtsenthebung von Richtern auf Lebenszeit dies zulässt. ⁴Der Leiter der Zentralen Datenprüfstelle untersteht der Dienstaufsicht durch das Staatsministerium; Abs. 1 Satz 2 bleibt unberührt.

(3) ¹Die Stellen der Bediensteten sind im Einvernehmen mit dem Leiter der Zentralen Datenprüfstelle zu besetzen. ²Die Bediensteten können gegen ihren Willen nur im Einvernehmen mit dem Leiter versetzt, abgeordnet oder umgesetzt werden. ³Sie sind in ihrer Tätigkeit im Sinn des Abs. 1 nur an die Weisungen des Leiters gebunden. ⁴Der Leiter und die Bediensteten nehmen im Rahmen ihrer Tätigkeit für die Zentrale Datenprüfstelle keine darüber hinausgehenden Aufgaben wahr. ⁵Art. 19 Abs. 5 des Bayerischen Datenschutzgesetzes (BayDSG) gilt entsprechend.

(4) ¹Die Zentrale Datenprüfstelle kann sich zur Aufgabenerfüllung der Unterstützung von Polizeidienststellen bedienen. ²Die inhaltliche Prüfung und Entscheidungsverantwortung obliegt allein der Zentralen Datenprüfstelle. ³Die nach Satz 1 eingesetzten Dienstkräfte sind hinsichtlich der ihnen bekannt gewordenen Umstände auch ihren Dienststellen gegenüber zur Verschwiegenheit verpflichtet. ⁴Art. 19 Abs. 5 Satz 2 BayDSG gilt entsprechend.

(5) Die Zentrale Datenprüfstelle wird an das Polizeiverwaltungsamt organisatorisch angegliedert.

**Art. 14 Verfahren der Zentralen Datenprüfstelle.** (1) ¹Die Zentrale Datenprüfstelle entscheidet über die Freigabe der ihr nach den Vorschriften des Polizeiaufgabengesetzes vorgelegten Daten. ²Soweit die Zentrale Datenprüfstelle Daten nicht für die Verarbeitung durch die Polizei freigibt, begründet sie ihre Entscheidung schriftlich. ³Der für die Maßnahme zuständigen Polizeidienststelle gibt sie eine Ausfertigung der Entscheidung ohne Gründe bekannt.

(2) ¹Auf Antrag der zuständigen Polizeidienststelle legt die Zentrale Datenprüfstelle die Entscheidung zusammen mit den Daten, auf die sie sich bezieht, dem Amtsgericht vor, in dessen Bezirk die Zentrale Datenprüfstelle ihren Sitz hat. ²Dieses entscheidet in entsprechender Anwendung der Vorschriften des Gesetzes über das Verfahren in Familiensachen und in den Angelegenheiten der freiwilligen Gerichtsbarkeit. ³Eine Beteiligung des durch die polizeiliche Maßnahme Betroffenen unterbleibt, es sei denn der Zweck der polizeilichen Maß-

Polizeiorganisationsgesetz

nahme wird hierdurch nicht gefährdet. ⁴Der Antrag nach Satz 1 ist binnen einer Woche ab der Bekanntgabe der Entscheidung der Zentralen Datenprüfstelle beim Amtsgericht zu stellen. ⁵Zu seiner Begründung soll die für die Maßnahme zuständige Polizeidienststelle darlegen, warum sie der Kenntnis des Inhalts der Daten bedarf.

(3) ¹Die Entscheidung des Amtsgerichts ist unanfechtbar. ²Gibt das Amtsgericht die Daten nicht für die Verarbeitung durch die Polizei frei, soll die Entscheidung den Inhalt der Daten nur offenlegen, soweit dies für die Abgrenzung der vorzunehmenden Löschung erforderlich ist.

**Art. 15 Inkrafttreten.** (1) Dieses Gesetz tritt am 1. Oktober 1976 in Kraft.

(2) Abweichend von Abs. 1 treten Art. 4 Abs. 3, Art. 5 Abs. 2 und 4, Art. 6 Abs. 5 und Art. 10 Abs. 1 am 1. September 1976 in Kraft.

# LStVG 52

# Gesetz über das Landesstrafrecht und das Verordnungsrecht auf dem Gebiet der öffentlichen Sicherheit und Ordnung (Landesstraf- und Verordnungsgesetz – LStVG)

(BayRS 2011-2-I)
in der Fassung der Bekanntmachung vom 13. Dezember 1982
(GVBl. S. 1099),
zuletzt geändert durch Gesetz vom 27. April 2020 (GVBl. S. 236)

## INHALTSÜBERSICHT

### ERSTER TEIL
**Allgemeine Vorschriften über Straftaten und Ordnungswidrigkeiten**

- Art. 1 Einteilung der Tatbestände
- Art. 2 Straftaten
- Art. 3 Ordnungswidrigkeiten
- Art. 4 Zuwiderhandlungen gegen Rechtsvorschriften oder Anordnungen für den Einzelfall
- Art. 5 Vollstreckung des Bußgeldbescheids

### ZWEITER TEIL
**Aufgaben und Befugnisse der Sicherheitsbehörden; Entschädigung**

- Art. 6 Aufgaben der Sicherheitsbehörden
- Art. 7 Befugnisse der Sicherheitsbehörden
- Art. 8 Grundsatz der Verhältnismäßigkeit
- Art. 9 Richtung der Maßnahmen
- Art. 10 Sicherheitsbehörden und Polizei
- Art. 11 Entschädigung

### DRITTER TEIL
**Einzelne Ermächtigungen und Ordnungswidrigkeiten**

#### 1. Abschnitt
**Schutz der Gesundheit und Reinlichkeit**

- Art. 12-15 *(aufgehoben)*
- Art. 16 Bekämpfung verwilderter Tauben
- Art. 17 *(aufgehoben)*
- Art. 18 Halten von Hunden

#### 2. Abschnitt
**Vergnügungen**

- Art. 19 Veranstaltung von Vergnügungen

#### 3. Abschnitt
**Weitere Vorschriften zum Schutz der öffentlichen Sicherheit und Ordnung**

- Art. 20 Staatliche Parkanlagen
- Art. 21 Unerlaubter Verkehr mit Verwahrten
- Art. 22 Notzeichen
- Art. 23 Menschenansammlungen
- Art. 23a Uniform- und politisches Kennzeichenverbot
- Art. 23b Verbot der Gesichtsverhüllung
- Art. 24 Ski- und Skibobfahren, Rodeln
- Art. 25 Zelten, Aufstellen von Wohnwagen
- Art. 26 Betreten und Befahren von Grundstücken
- Art. 27 Baden; Betreten und Befahren von Eisflächen
- Art. 28 Öffentliche Anschläge
- Art. 29 Fliegende Verkaufsanlagen
- Art. 30 Verzehr alkoholischer Getränke auf öffentlichen Flächen
- Art. 31 Gifte, Giftwaren, Arzneien
- Art. 32 Hochgiftige Stoffe

# 52 LStVG — Landesstraf- und Verordnungsgesetz

Art. 33 Überwachung
Art. 34-36 *(aufgehoben)*
Art. 37 Halten gefährlicher Tiere
Art. 37a Zucht und Ausbildung von Kampfhunden
Art. 38 Verhütung von Bränden

### 4. Abschnitt
**Schutz von Feld und Flur**

Art. 39 Feld und Flur
Art. 40 Weidefrevel
Art. 41 Feldgefährdung

### VIERTER TEIL
**Verfahren beim Erlaß von Verordnungen**

Art. 42 Verordnungen der Gemeinden, Landkreise und Bezirke
Art. 43 Vollzug der Verordnungen
Art. 44 Zuständigkeit verschiedener Behörden oder Stellen
Art. 45 Rechtmäßigkeit und Angabe der Rechtsgrundlage
Art. 46 Pflicht zum Erlaß von Verordnungen
Art. 47 *(aufgehoben)*
Art. 48 Änderung und Aufhebung von Verordnungen
Art. 49 Allgemeine Aufsichtspflicht

Art. 50 Geltungsdauer
Art. 51 Amtliche Bekanntmachung
Art. 52 Hinweis auf die Bekanntmachung
Art. 53 Mitteilungen

### FÜNFTER TEIL
**Übergangs- und Schlußvorschriften**

Art. 54 Zuständigkeiten aus Ermächtigungen vor Inkrafttreten dieses Gesetzes
Art. 55 Verordnungsermächtigungen für besondere Zuständigkeiten
Art. 56 Zuständigkeit für gemeindefreie Gebiete
Art. 57 *(aufgehoben)*
Art. 58 Einschränkung von Grundrechten
Art. 59 Zuständigkeit zur Verfolgung und Ahndung von Ordnungswidrigkeiten nach § 112 des Gesetzes über Ordnungswidrigkeiten
Art. 60 Fortbestand alten Verordnungsrechts
Art. 61 Einstweilige Vorschriften über die Stillegung und Beseitigung von Anlagen und Geräten
Art. 62 Inkrafttreten

### ERSTER TEIL
## Allgemeine Vorschriften über Straftaten und Ordnungswidrigkeiten

**Art. 1 Einteilung der Tatbestände.** (1) Die im Landesrecht mit Freiheitsstrafe oder mit Geldstrafe bedrohten Handlungen sind Straftaten.

(2) Die im Landesrecht mit Geldbuße bedrohten Handlungen sind Ordnungswidrigkeiten.

**Art. 2 Straftaten.** Auf die Straftaten des Landesrechts sind die im Allgemeinen Teil des Strafgesetzbuchs enthaltenen Vorschriften sowie die Vorschriften des Jugendgerichtsgesetzes, der Strafprozeßordnung und des Gerichtsverfassungsgesetzes anzuwenden, soweit gesetzlich nichts anderes bestimmt ist.

**Art. 3 Ordnungswidrigkeiten.** Für die Ordnungswidrigkeiten des Landesrechts gilt das Gesetz über Ordnungswidrigkeiten (OWiG), soweit gesetzlich nichts anderes bestimmt ist.

Landesstraf- und Verordnungsgesetz **LStVG 52**

**Art. 4 Zuwiderhandlungen gegen Rechtsvorschriften oder Anordnungen für den Einzelfall.** (1) Zuwiderhandlungen gegen Rechtsvorschriften im Rang unter dem Gesetz können auf Grund eines Landesgesetzes mit Strafe oder Geldbuße nur geahndet werden, wenn die Rechtsvorschrift für einen bestimmten Tatbestand auf die zugrundeliegende gesetzliche Straf- oder Bußgeldvorschrift verweist.

(2) Zuwiderhandlungen gegen Anordnungen der Verwaltungsbehörden für den Einzelfall können nach Landesrecht mit Strafe oder Geldbuße nur geahndet werden, wenn die Anordnung nicht mehr mit ordentlichen Rechtsbehelfen angefochten werden kann oder ihre Vollziehung angeordnet ist.

**Art. 5 Vollstreckung des Bußgeldbescheids.** Der Bußgeldbescheid wird nach den Vorschriften des Bayerischen Verwaltungszustellungs- und Vollstreckungsgesetzes vollstreckt, soweit nicht das Gesetz über Ordnungswidrigkeiten etwas anderes bestimmt.

ZWEITER TEIL
# Aufgaben und Befugnisse der Sicherheitsbehörden; Entschädigung

**Art. 6 Aufgaben der Sicherheitsbehörden.** Die Gemeinden, Landratsämter, Regierungen und das Staatsministerium des Innern, für Sport und Integration haben als Sicherheitsbehörden die Aufgabe, die öffentliche Sicherheit und Ordnung durch Abwehr von Gefahren und durch Unterbindung und Beseitigung von Störungen aufrechtzuerhalten.

**Art. 7 Befugnisse der Sicherheitsbehörden.** (1) Anordnungen und sonstige Maßnahmen, die in Rechte anderer eingreifen, dürfen nur getroffen werden, wenn die Sicherheitsbehörden durch Gesetz oder auf Grund eines Gesetzes dazu besonders ermächtigt sind.

(2) Soweit eine solche gesetzliche Ermächtigung nicht in Vorschriften dieses Gesetzes oder in anderen Rechtsvorschriften enthalten ist, können die Sicherheitsbehörden zur Erfüllung ihrer Aufgaben für den Einzelfall Anordnungen nur treffen, um
1. rechtswidrige Taten, die den Tatbestand eines Strafgesetzes oder einer Ordnungswidrigkeit verwirklichen, oder verfassungsfeindliche Handlungen zu verhüten oder zu unterbinden,
2. durch solche Handlungen verursachte Zustände zu beseitigen,
3. Gefahren abzuwehren oder Störungen zu beseitigen, die Leben, Gesundheit oder die Freiheit von Menschen oder Sachwerte, deren Erhaltung im öffentlichen Interesse geboten erscheint, bedrohen oder verletzen.

(3) Sind Anordnungen nach Absatz 2 nicht möglich, nicht zulässig oder versprechen sie keinen Erfolg, so können die Sicherheitsbehörden die Gefahr oder

Störung selbst, durch die Polizei oder durch vertraglich Beauftragte abwehren oder beseitigen.

(4) Die Freiheit der Person und die Unverletzlichkeit der Wohnung (Art. 2 Abs. 2 Satz 2 und Art. 13 des Grundgesetzes, Art. 102 Abs. 1 und Art. 106 Abs. 3 der Verfassung) dürfen durch Maßnahmen auf Grund der Absätze 2 und 3 nicht eingeschränkt werden.

(5) Verfassungsfeindlich im Sinn dieses Gesetzes ist eine Handlung, die darauf gerichtet ist, die verfassungsmäßige Ordnung der Bundesrepublik Deutschland oder eines ihrer Länder auf verfassungswidrige Weise zu stören oder zu ändern, ohne den Tatbestand eines Strafgesetzes oder einer Ordnungswidrigkeit zu verwirklichen.

**Art. 8 Grundsatz der Verhältnismäßigkeit.** (1) Unter mehreren möglichen und geeigneten Maßnahmen ist diejenige zu treffen, die den einzelnen und die Allgemeinheit am wenigsten beeinträchtigt.

(2) Ein durch die Maßnahme zu erwartender Schaden darf nicht erkennbar außer Verhältnis zu dem beabsichtigten Erfolg stehen.

(3) Maßnahmen sind zu beenden, wenn ihr Zweck erreicht ist oder sich zeigt, daß er nicht erreicht werden kann.

**Art. 9 Richtung der Maßnahmen.** (1) [1]Macht das Verhalten oder der Zustand einer Person Maßnahmen nach diesem Gesetz notwendig, so sind diese gegen die Person zu richten, die die Gefahr oder die Störung verursacht hat. [2]Hat ein strafunmündiges Kind oder eine Person, für die wegen einer psychischen Krankheit oder einer geistigen oder seelischen Behinderung zur Besorgung aller ihrer Angelegenheiten ein Betreuer bestellt ist, die Gefahr oder die Störung verursacht, so können die Sicherheitsbehörden ihre Maßnahmen auch gegen den richten, dem die Aufsicht über eine solche Person obliegt. [3]Dies gilt auch, wenn der Aufgabenkreis des Betreuers die in § 1896 Abs. 4 und § 1905 des Bürgerlichen Gesetzbuchs bezeichneten Angelegenheiten nicht erfaßt. [4]Hat eine Person, die zu einer Verrichtung bestellt ist, in Ausführung dieser Verrichtung die Gefahr oder die Störung verursacht, so kann die Maßnahme auch gegen den gerichtet werden, der die Person zu der Verrichtung bestellt hat.

(2) [1]Macht das Verhalten oder der Zustand eines Tieres oder der Zustand einer anderen Sache Maßnahmen nach diesem Gesetz notwendig, so sind diese gegen den Inhaber der tatsächlichen Gewalt zu richten. [2]Die Maßnahmen können auch gegen den Eigentümer oder den sonst dinglich Verfügungsberechtigten gerichtet werden; das gilt nicht, wenn der Inhaber der tatsächlichen Gewalt diese gegen den Willen des Eigentümers oder sonst dinglich Verfügungsberechtigten ausübt. [3]Soweit auf Grund besonderer Vorschriften eine andere Person verantwortlich ist, sind die Maßnahmen in erster Linie gegen diese zu richten.

(3) [1]Zur Abwehr einer unmittelbar bevorstehenden erheblichen Gefahr oder zur Beseitigung einer erheblichen Störung können Maßnahmen auch gegen eine Person gerichtet werden, die nicht nach Absatz 1 oder Absatz 2 verant-

Landesstraf- und Verordnungsgesetz  **LStVG 52**

wortlich ist; insbesondere kann sie zur Hilfeleistung angehalten werden, wenn und soweit weder Maßnahmen gegen die verantwortliche Person noch Maßnahmen nach Art. 7 Abs. 3 möglich, ausreichend oder zulässig sind. ²Maßnahmen nach Satz 1 dürfen nicht getroffen werden, wenn die nicht verantwortliche Person dadurch selbst an Leben oder Gesundheit gefährdet oder an der Erfüllung überwiegender anderweitiger Pflichten gehindert würde.

**Art. 10 Sicherheitsbehörden und Polizei.** ¹Maßnahmen der Sicherheitsbehörden nach diesem Gesetz schließen widersprechende Maßnahmen der Polizei aus. ²Das Recht der Sicherheitsbehörden, der Polizei Weisungen zu erteilen, und die Vorschriften über die Strafverfolgung und die Verfolgung von Ordnungswidrigkeiten bleiben unberührt.

**Art. 11 Entschädigung.** (1) ¹Soweit Maßnahmen auf Grund dieses Gesetzes getroffen werden, ist Art. 87 des Polizeiaufgabengesetzes sinngemäß anzuwenden. ²Zur Entschädigung verpflichtet ist der Träger der Behörde, die die Maßnahme getroffen hat; hat das Landratsamt die Maßnahme getroffen, so ist der Landkreis verpflichtet, soweit nicht der Staat nach Art. 35 Abs. 3 oder Art. 37 Abs. 5 der Landkreisordnung haftet.

(2) Stellen Maßnahmen auf Grund dieses Gesetzes eine Enteignung dar, so ist nach den Vorschriften des Bayerischen Gesetzes über die entschädigungspflichtige Enteignung Entschädigung in Geld zu leisten.

DRITTER TEIL
# Einzelne Ermächtigungen und Ordnungswidrigkeiten

1. Abschnitt
## Schutz der Gesundheit und Reinlichkeit

**Art. 12–15** *(aufgehoben)*

**Art. 16 Bekämpfung verwilderter Tauben.** (1) ¹Zur Verhütung von Gefahren für das Eigentum und zum Schutz der öffentlichen Reinlichkeit können die Gemeinden Verordnungen über die Bekämpfung verwilderter Tauben erlassen. ²In den Verordnungen kann insbesondere bestimmt werden, daß
1. das Füttern von verwilderten Tauben verboten ist,
2. die Eigentümer von Grundstücken, die Nutzungsberechtigten und ihre Vertreter Maßnahmen der Gemeinde oder deren Beauftragter zur Beseitigung der Nistplätze und Vergrämung verwilderter Tauben zu dulden haben.

(2) Mit Geldbuße kann belegt werden, wer vorsätzlich oder fahrlässig einer auf Grund des Absatzes 1 erlassenen Verordnung oder einer vollziehbaren Anordnung, die auf Grund einer solchen Verordnung getroffen wurde, zuwiderhandelt.

# 52 LStVG

Landesstraf- und Verordnungsgesetz

**Art. 17** *(aufgehoben)*

**Art. 18 Halten von Hunden.** (1) ¹Zur Verhütung von Gefahren für Leben, Gesundheit, Eigentum oder die öffentliche Reinlichkeit können die Gemeinden durch Verordnung das freie Umherlaufen von großen Hunden und Kampfhunden im Sinn des Art. 37 Abs. 1 Satz 2 in öffentlichen Anlagen sowie auf öffentlichen Wegen, Straßen oder Plätzen einschränken. ²Der räumliche und zeitliche Geltungsbereich der Verordnung ist auf die örtlichen Verhältnisse abzustimmen, wobei auch dem Bewegungsbedürfnis der Hunde ausreichend Rechnung zu tragen ist.

(2) Zum Schutz der in Absatz 1 genannten Rechtsgüter können die Gemeinden Anordnungen für den Einzelfall zur Haltung von Hunden treffen.

(3) Mit Geldbuße kann belegt werden, wer vorsätzlich oder fahrlässig einer auf Grund des Absatzes 1 erlassenen Verordnung oder einer auf Grund des Absatzes 2 erlassenen vollziehbaren Anordnung zuwiderhandelt.

## 2. Abschnitt
## Vergnügungen

**Art. 19 Veranstaltung von Vergnügungen.** (1) ¹Wer eine öffentliche Vergnügung veranstalten will, hat das der Gemeinde unter Angabe der Art, des Orts und der Zeit der Veranstaltung und der Zahl der zuzulassenden Teilnehmer spätestens eine Woche vorher schriftlich anzuzeigen. ²Für regelmäßig wiederkehrende, gleichartige öffentliche Vergnügungen genügt eine einmalige Anzeige.

(2) Absatz 1 gilt nicht für Vergnügungen, die vorwiegend religiösen, künstlerischen, kulturellen, wissenschaftlichen, belehrenden oder erzieherischen Zwecken oder der Wirtschaftswerbung dienen, sofern die Vergnügungen in Räumen stattfinden, die für Veranstaltungen der beabsichtigten Art bestimmt sind.

(3) ¹Die Veranstaltung öffentlicher Vergnügungen bedarf der Erlaubnis, wenn

1. die nach Absatz 1 erforderliche Anzeige nicht fristgemäß erstattet wird,
2. es sich um eine motorsportliche Veranstaltung handelt oder
3. zu einer Veranstaltung, die außerhalb dafür bestimmter Anlagen stattfinden soll, mehr als eintausend Besucher zugleich zugelassen werden sollen.

²Zuständig sind die Gemeinden, für motorsportliche Veranstaltungen die Kreisverwaltungsbehörden.

(4) ¹Die Erlaubnis nach Absatz 3 ist zu versagen, wenn es zur Verhütung von Gefahren für Leben, Gesundheit oder Sachgüter oder zum Schutz vor erheblichen Nachteilen oder erheblichen Belästigungen für die Allgemeinheit oder Nachbarschaft oder vor erheblichen Beeinträchtigungen der Natur oder Land-

Landesstraf- und Verordnungsgesetz **LStVG 52**

schaft erforderlich erscheint. ²Das gleiche gilt, sofern andere öffentlich-rechtliche Vorschriften entgegenstehen.

(5) ¹Die Gemeinden, für motorsportliche Veranstaltungen die Kreisverwaltungsbehörden, können zum Schutz der in Absatz 4 Satz 1 bezeichneten Rechtsgüter Anordnungen für den Einzelfall für die Veranstaltung öffentlicher Vergnügungen und sonstiger Vergnügungen treffen. ²Reichen Anordnungen nach Satz 1 nicht aus oder stehen andere öffentlich-rechtliche Vorschriften entgegen, so kann die Veranstaltung untersagt werden.

(6) ¹Die Gemeinden können durch Verordnung
1. die Veranstaltung von Vergnügungen bestimmter Art von der Anzeigepflicht nach Absatz 1 oder von der Erlaubnispflicht nach Absatz 3 ausnehmen, soweit die Gemeinden nach Absatz 3 Satz 2 zuständig sind und diese Pflichten zum Schutz der in Absatz 4 Satz 1 bezeichneten Rechtsgüter nicht erforderlich erscheinen,
2. zum Schutz der in Absatz 4 Satz 1 bezeichneten Rechtsgüter die Anzeigepflicht nach Absatz 1 auf die Veranstaltung bestimmter Arten öffentlicher Vergnügungen im Sinn des Absatzes 2 erstrecken und Anforderungen an die Veranstaltung öffentlicher oder sonstiger Vergnügungen stellen,
3. zum Schutz der in Absatz 4 Satz 1 bezeichneten Rechtsgüter eine Sperrzeit für die Veranstaltung öffentlicher Vergnügungen oder bestimmter Arten öffentlicher Vergnügungen festsetzen; in der Verordnung kann bestimmt werden, daß die Sperrzeit bei Vorliegen eines öffentlichen Bedürfnisses oder besonderer örtlicher Verhältnisse für den Einzelfall verlängert, verkürzt oder aufgehoben werden kann.

²Das Staatsministerium des Innern, für Sport und Integration kann durch Rechtsverordnung gleiches für das gesamte Staatsgebiet bestimmen.

(7) Mit Geldbuße kann belegt werden, wer vorsätzlich oder fahrlässig
1. eine öffentliche Vergnügung ohne die erforderliche Anzeige oder Erlaubnis veranstaltet,
2. als Veranstalter einer Vergnügung die mit der Erlaubnis verbundenen vollziehbaren Auflagen nicht erfüllt oder einer vollziehbaren Anordnung nach Absatz 5 nicht Folge leistet oder
3. einer Verordnung nach Abs. 6 Satz 1 Nr. 2 oder 3 zuwiderhandelt.

3. Abschnitt

# Weitere Vorschriften
# zum Schutz der öffentlichen Sicherheit und Ordnung

**Art. 20 Staatliche Parkanlagen.** (1) ¹Zur Verhütung von Gefahren für Leben, Gesundheit, Sittlichkeit, Eigentum oder die öffentliche Reinlichkeit, zur Sicherung der Erholung in der freien Natur, zum Schutz der Natur und Landschaft sowie zum Schutz vor erheblichen Nachteilen oder erheblichen Belästi-

## 52 LStVG — Landesstraf- und Verordnungsgesetz

gungen für die Allgemeinheit kann das Staatsministerium der Finanzen und für Heimat Verordnungen über die Benutzung der Grünanlagen und Grünflächen, die im Eigentum des Freistaates Bayern stehen und von der Verwaltung der staatlichen Schlösser, Gärten und Seen verwaltet werden (staatliche Parkanlagen), erlassen. ²Die Regelungen sind auf die örtlichen Verhältnisse abzustimmen. ³Das Staatsministerium der Finanzen und für Heimat kann die Ermächtigung nach Satz 1 durch Verordnung auf die Verwaltung der staatlichen Schlösser, Gärten und Seen übertragen; Verordnungen der Verwaltung der staatlichen Schlösser, Gärten und Seen sind im Bayerischen Ministerialblatt amtlich bekannt zu machen. ⁴Der Vollzug der Anlagenverordnungen obliegt der Verwaltung der staatlichen Schlösser, Gärten und Seen.

(2) Zur Verhütung von Verstößen gegen auf Grund des Abs. 1 erlassene Verordnungen können das Staatsministerium der Finanzen und für Heimat und die Verwaltung der staatlichen Schlösser, Gärten und Seen Anordnungen für den Einzelfall treffen.

(3) Mit Geldbuße kann belegt werden, wer vorsätzlich oder fahrlässig
1. einer auf Grund des Abs. 1 erlassenen Verordnung oder
2. einer auf Grund des Abs. 2 erlassenen vollziehbaren Anordnung
zuwiderhandelt.

**Art. 21 Unerlaubter Verkehr mit Verwahrten.** (1) Mit Geldbuße kann belegt werden, wer unbefugt
1. einem Verwahrten Sachen oder Nachrichten übermittelt oder sich von ihm übermitteln läßt,
2. sich mit einem Verwahrten, der sich innerhalb einer Anstalt befindet, von außen durch Worte oder Zeichen verständigt.

(2) Verwahrter im Sinn des Absatzes 1 ist, wer sich in behördlichem Gewahrsam befindet, ohne Gefangener im Sinn des § 115 OWiG zu sein.

(3) Der Versuch der Ordnungswidrigkeit kann mit Geldbuße belegt werden.

**Art. 22 Notzeichen.** (1) Das Staatsministerium des Innern, für Sport und Integration kann, soweit bundesrechtliche Vorschriften nicht bestehen, durch Verordnung vorschreiben, daß bestimmte Schallzeichen, die der Warnung vor Gefahren, dem Rufen von Hilfsdiensten oder anderen öffentlichen Zwecken dienen (öffentliche Schallzeichen), nur durch bestimmte Stellen für diese Zwecke gegeben werden dürfen.

(2) Mit Geldbuße kann belegt werden, wer
1. entgegen einer nach Absatz 1 erlassenen Verordnung öffentliche Schallzeichen gibt,
2. öffentlich vernehmbar Schallzeichen gibt, die mit öffentlichen Schallzeichen verwechselt werden können,
3. ohne berechtigten Grund um Hilfe ruft oder ein anderes Notzeichen gibt.

Landesstraf- und Verordnungsgesetz  **LStVG 52**

**Art. 23 Menschenansammlungen.** (1) ¹Zur Verhütung von Gefahren für Leben, Gesundheit, Sittlichkeit, ungestörte Religionsausübung, Eigentum oder Besitz können die Gemeinden für Ansammlungen einer größeren Anzahl von Menschen, insbesondere bei religiösen Feiern, Volksfesten und Sportveranstaltungen, Verordnungen und Anordnungen für den Einzelfall erlassen. ²Dies gilt nicht für Versammlungen im Sinn des Bayerischen Versammlungsgesetzes; die Vorschriften des Straßenverkehrsrechts bleiben unberührt.

(2) Für Ansammlungen, die über das Gebiet einer Gemeinde hinausgehen, kann auch die gemeinsame höhere Behörde Anordnungen für den Einzelfall erlassen.

(3) Mit Geldbuße kann belegt werden, wer einer auf Grund der Absätze 1 oder 2 erlassenen Verordnung oder vollziehbaren Anordnung zuwiderhandelt.

**Art. 23a Uniform- und politisches Kennzeichenverbot.** Mit Geldbuße bis zu dreitausend Euro kann belegt werden, wer außerhalb von Versammlungen öffentlich Uniformen, Uniformteile oder gleichartige Kleidungsstücke als Ausdruck einer politischen Gesinnung trägt, sofern damit eine einschüchternde Wirkung verbunden ist.

**Art. 23b Verbot der Gesichtsverhüllung.** (1) ¹Die Gemeinden können bei Vergnügungen und Ansammlungen zur Verhütung rechtswidriger Taten und zur Abwehr von Gefahren für Leben, Gesundheit, Freiheit, Sittlichkeit oder Sachgüter durch Verordnung oder Anordnung für den Einzelfall das Verhüllen des Gesichts verbieten. ²Satz 1 gilt für Kreisverwaltungsbehörden im Rahmen ihrer Zuständigkeit nach Art. 19 entsprechend. ³Zur Verhütung von Straftaten und zur Abwehr erheblicher Gefahren für eines der in Satz 1 genannten Rechtsgüter können die Gemeinden und Kreisverwaltungsbehörden durch Anordnung für den Einzelfall an bestimmten öffentlichen Orten das Verhüllen des Gesichts auch außerhalb von Vergnügungen und Ansammlungen verbieten.

(2) Mit Geldbuße kann belegt werden, wer einer auf Grund von Abs. 1 erlassenen Verordnung oder vollziehbaren Anordnung zuwiderhandelt.

**Art. 24 Ski- und Skibobfahren, Rodeln.** (1) Die Gemeinden können durch Verordnung ein Gelände außerhalb öffentlicher Wege und Plätze, das zum Skifahren, Skibobfahren oder Rodeln der Allgemeinheit zur Verfügung steht, zur Hauptabfahrt für solche Sportarten oder zum Hauptskiwanderweg erklären.

(2) ¹Die Gemeinden können durch Anordnung für den Einzelfall den Sportbetrieb auf einer Hauptabfahrt oder auf einer sonstigen Skiabfahrt, Rodelbahn oder einem Skiwanderweg vorübergehend untersagen oder beschränken, wenn es zur Verhütung von Gefahren oder sonst aus wichtigen Gründen erforderlich ist. ²Sie können für den Einzelfall zulassen, daß Hauptabfahrten und Hauptskiwanderwege zur Zeit des Sportbetriebs zur Pistenpflege, zur Versorgung von Einrichtungen oder für land- und forstwirtschaftliche Zwecke benützt werden, soweit dadurch keine Gefahren für die Sicherheit der Sporttreibenden entstehen. ³Eine Erlaubnis nach Satz 2 ist nicht erforderlich, soweit

## 52 LStVG

für den Betrieb motorisierter Schneefahrzeuge eine Ausnahme nach Art. 6 Abs. 2 des Bayerischen Immissionsschutzgesetzes (BayImSchG) zugelassen worden ist.

(3) Das Staatsministerium des Innern, für Sport und Integration kann durch Verordnung zur Verhütung von Gefahren für Leben oder Gesundheit oder zum Schutz vor erheblichen Nachteilen
1. das Verhalten beim Skifahren, Skibobfahren und Rodeln regeln,
2. bestimmen, wie
   a) Hauptabfahrten und sonstige Skiabfahrten, Rodelbahnen und Skiwanderwege,
   b) die Untersagung oder Beschränkung des Sportbetriebs auf solchem Gelände und
   c) Fahrzeuge, die sich auf Abfahrten befinden,
   gekennzeichnet sein müssen.

(4) ¹Die Kennzeichnung nach Absatz 3 Nr. 2 obliegt den Gemeinden, soweit es sich um Fahrzeuge handelt, dem Halter des Fahrzeugs. ²Die Gemeinden können ihre Kosten der Kennzeichnung von demjenigen erstattet verlangen, der die Kosten für die Instandhaltung des Sportgeländes trägt.

(5) Mit Geldbuße kann belegt werden, wer auf einer Hauptabfahrt oder einem Hauptskiwanderweg, die in der vorgeschriebenen Weise gekennzeichnet sind,
1. sich zur Zeit des Sportbetriebs zu anderen Zwecken als der Ausübung der Sportart, für die die Abfahrt oder der Wanderweg bestimmt ist, ohne Erlaubnis nach Absatz 2 Satz 2 oder ohne Ausnahmegenehmigung nach Art. 12 Abs. 2 BayImSchG aufhält,
2. zur Zeit des Sportbetriebs ein Tier laufen läßt,
3. zur Zeit des Sportbetriebs mit einem Fahrzeug fährt, das nicht nach der auf Grund des Absatzes 3 Nr. 2 erlassenen Verordnung gekennzeichnet ist,
4. sonst ein Hindernis bereitet, ohne es der Gemeinde so rechtzeitig anzuzeigen, daß Gefahren für die Sicherheit der Skifahrer, Skibobfahrer oder Rodelfahrer verhütet werden können.

(6) Mit Geldbuße kann ferner belegt werden, wer als Skifahrer, Skibobfahrer oder Rodelfahrer
1. gegen eine auf Grund des Absatzes 2 Satz 1 erlassene vollziehbare Anordnung oder
2. gegen eine auf Grund des Absatzes 3 Nr. 1 erlassene Verordnung verstößt,
3. grob rücksichtslos Leib oder Leben eines anderen gefährdet oder
4. sich als Beteiligter an einem Unfall vom Unfallort entfernt, bevor er
   a) zugunsten der anderen Unfallbeteiligten und der Geschädigten die Feststellung seiner Person und der Art seiner Beteiligung durch seine Anwesenheit und durch die Angabe, daß er an dem Unfall beteiligt ist, ermöglicht hat oder
   b) eine nach den Umständen angemessene Zeit gewartet hat, ohne daß jemand bereit war, die Feststellungen zu treffen.

Landesstraf- und Verordnungsgesetz **LStVG 52**

**Art. 25 Zelten, Aufstellen von Wohnwagen.** (1) Zur Sicherung der Erholung in der freien Natur, zum Schutz der Natur und Landschaft, zur Verhütung von Gefahren für Leben, Gesundheit, Eigentum oder Besitz, zum Schutz der Jagdausübung und zur Aufrechterhaltung der öffentlichen Ruhe können die Gemeinden, Landkreise und das Staatsministerium des Innern, für Sport und Integration durch Verordnung den Betrieb und die Benutzung von Plätzen, die zum Aufstellen und Bewohnen von mehr als drei Zelten oder Wohnwagen bestimmt sind (Campingplätze), regeln.

(2) Wer einen Campingplatz errichten und betreiben will, bedarf der Erlaubnis der Gemeinde. [2]Die Erlaubnis darf nur erteilt werden, wenn Rechtsgüter im Sinn des Absatzes 1 nicht gefährdet werden. [3]Versagungsgründe, die sich aus anderen Rechtsvorschriften, insbesondere des Naturschutzrechts, ergeben, bleiben unberührt. [4]Die Sätze 1 bis 3 gelten nicht für Campingplätze, die einer Genehmigung nach der Bayerischen Bauordnung (BayBO) bedürfen.

(3) Mit Geldbuße kann belegt werden, wer
1. einer auf Grund des Absatzes 1 erlassenen Verordnung zuwiderhandelt oder
2. ohne die nach Absatz 2 erforderliche Erlaubnis einen Campingplatz errichtet oder betreibt oder einer mit einer solchen Erlaubnis verbundenen vollziehbaren Auflage zuwiderhandelt.

**Art. 26 Betreten und Befahren von Grundstücken.** (1) [1]Zur Verhütung erheblicher Gefahren für Leben oder Gesundheit können die Gemeinden und die Landkreise durch Verordnung das Betreten und Befahren bewohnter oder unbewohnter Grundstücke oder bestimmter Gebiete auf die voraussichtliche Dauer der Gefahr verbieten. [2]Für öffentliche Wege, Straßen und Plätze gelten jedoch die Vorschriften des Straßen- und des Straßenverkehrsrechts.

(2) Absatz 1 gilt entsprechend für den Erlaß von Anordnungen für den Einzelfall durch die Gemeinden und die Landratsämter.

(3) Mit Geldbuße kann belegt werden, wer
1. einer auf Grund des Absatzes 1 erlassenen Verordnung,
2. einer auf Grund des Absatzes 2 erlassenen vollziehbaren Anordnung
zuwiderhandelt.

**Art. 27 Baden; Betreten und Befahren von Eisflächen.** (1) Zur Verhütung von Gefahren für Leben oder Gesundheit können die Gemeinden durch Verordnung das Baden an bestimmten Orten sowie das Betreten und Befahren von Eisflächen verbieten.

(2) [1]Zur Aufrechterhaltung der Sittlichkeit oder zur Verhütung von Gefahren für Leben und Gesundheit können die Gemeinden und das Staatsministerium des Innern, für Sport und Integration durch Verordnung Vorschriften über das Verhalten beim öffentlichen Baden und über Sicherheitsvorkehrungen in Badeanstalten erlassen. [2]In solchen Verordnungen kann auch bestimmt werden, daß der Badebetrieb in Badeanstalten durch geprüfte Schwimmeistergehilfen, Schwimmeister oder andere dafür ausgebildete Personen zu beaufsichtigen ist.

(3) Die Vorschriften des Bayerischen Wassergesetzes bleiben unberührt.

(4) Mit Geldbuße kann belegt werden, wer
1. einem durch Verordnung nach Absatz 1 angeordneten Verbot des Badens an bestimmten Orten oder des Betretens oder Befahrens von Eisflächen zuwiderhandelt,
2. einer Verordnung nach Absatz 2 über das Verhalten beim Baden zuwiderhandelt,
3. vorsätzlich oder fahrlässig als Inhaber oder Verantwortlicher einer Badeanstalt entgegen einer Verordnung nach Absatz 2 nicht für die erforderlichen Sicherheitsvorkehrungen sorgt oder den Badebetrieb nicht genügend beaufsichtigt.

**Art. 28 Öffentliche Anschläge.** (1) [1]Zum Schutz des Orts- und Landschaftsbilds oder eines Natur-, Kunst- oder Kulturdenkmals können die Gemeinden durch Verordnung Anschläge, insbesondere Plakate, und Darstellungen durch Bildwerfer in der Öffentlichkeit auf bestimmte Flächen beschränken. [2]Dies gilt nicht für Werbeanlagen, die von der Bayerischen Bauordnung erfaßt werden.

(2) Wer vorsätzlich oder fahrlässig einer auf Grund des Absatzes 1 erlassenen Verordnung zuwiderhandelt, kann mit Geldbuße belegt werden.

(3) Die Gemeinde kann die Beseitigung von Anschlägen, insbesondere Plakaten, und von Darstellungen durch Bildwerfer in der Öffentlichkeit anordnen, wenn sie Rechtsgüter im Sinn des Absatzes 1 beeinträchtigen.

**Art. 29 Fliegende Verkaufsanlagen.** (1) [1]Zum Schutz des Orts- und Landschaftsbilds, eines Natur-, Kunst- oder Kulturdenkmals sowie zur Aufrechterhaltung der öffentlichen Reinlichkeit können die Gemeinden durch Verordnung oder Anordnung für den Einzelfall das Aufstellen fliegender Verkaufsanlagen an bestimmten Orten außerhalb der öffentlichen Wege, Straßen und Plätze verbieten oder davon abhängig machen, daß Störungen durch geeignete Vorkehrungen verhütet werden. [2]Fliegende Verkaufsanlagen sind vorübergehend aufgestellte, dem Vertrieb von Waren dienende Stände oder ähnliche Verkaufsstellen. [3]Art. 72 BayBO bleibt unberührt.

(2) Wer vorsätzlich oder fahrlässig einer auf Grund des Absatzes 1 erlassenen Verordnung oder vollziehbaren Anordnung zuwiderhandelt, kann mit Geldbuße belegt werden.

**Art. 30 Verzehr alkoholischer Getränke auf öffentlichen Flächen.**
(1) [1]Die Gemeinden können durch Verordnung auf bestimmten öffentlichen Flächen – außerhalb von Gebäuden und genehmigten Freischankflächen – den Verzehr alkoholischer Getränke verbieten, wenn tatsächliche Anhaltspunkte die Annahme rechtfertigen, dass dort auf Grund übermäßigen Alkoholkonsums regelmäßig Ordnungswidrigkeiten oder Straftaten begangen werden. [2]Die Verordnungen nach Satz 1 sind längstens auf vier Jahre zu befristen. [3]In ihnen können die Gemeinden auch das Mitführen alkoholischer Getränke an den in der

Landesstraf- und Verordnungsgesetz **LStVG 52**

Verordnung bezeichneten Orten verbieten, wenn die Getränke den Umständen nach zum dortigen Verzehr bestimmt sind.

(2) Mit Geldbuße kann belegt werden, wer einer auf Grund des Abs. 1 erlassenen Verordnung zuwiderhandelt.

**Art. 31 Gifte, Giftwaren, Arzneien.** (1) Zur Verhütung von Gefahren für Leben und Gesundheit kann das Staatsministerium des Innern, für Sport und Integration, soweit nicht bundesrechtliche Vorschriften bestehen, Verordnungen erlassen über

1. die Erlaubnispflicht für das Zubereiten, Feilhalten, Verkaufen oder sonstige Überlassen von Giftwaren, insbesondere von Giften selbst,
2. das Aufbewahren und Befördern von Giftwaren,
3. die Erlaubnispflicht für das Zubereiten, Feilhalten, Verkaufen oder sonstige Überlassen von Arzneien sowie die Ausübung einer erteilten Erlaubnis zum Zubereiten oder Feilhalten von Arzneien.

(2) Mit Geldbuße kann belegt werden, wer

1. ohne die erforderliche Erlaubnis Gifte oder Giftwaren zubereitet, feilhält, verkauft oder sonst an andere überläßt oder
2. einer auf Grund des Absatzes 1 erlassenen Verordnung über das Aufbewahren oder Befördern von Giftwaren oder über die Ausübung der Erlaubnis zum Zubereiten oder Feilhalten von Arzneien zuwiderhandelt.

**Art. 32 Hochgiftige Stoffe.** (1) Zur Verhütung von Gefahren für Leben oder Gesundheit kann das Staatsministerium des Innern, für Sport und Integration durch Verordnung Giftwaren, die bestimmungsgemäß zur Bekämpfung schädlicher Tiere und Pflanzen verwendet werden und durch deren Verwendung neben den daran Beteiligten auch andere Menschen oder Tiere in lebensbedrohender Weise gefährdet werden können, zu hochgiftigen Stoffen erklären und bestimmen, daß

1. hochgiftige Stoffe nur mit Erlaubnis angewendet werden dürfen oder ihre Anwendung vorher anzuzeigen ist,
2. hochgiftige Stoffe nur anwenden darf, wer eine bestimmte Ausbildung nachweist,
3. die Erlaubnis im Sinn der Nummer 1 mit Auflagen verbunden und auf Grund einer Anzeige im Sinn der Nummer 1 Anordnungen für den Einzelfall erlassen werden können,
4. hochgiftige Stoffe nur unter bestimmten Schutzvorkehrungen angewendet werden dürfen,
5. das Anwenden hochgiftiger Stoffe zu überwachen ist.

(2) Mit Geldbuße kann belegt werden, wer einer auf Grund des Absatzes 1 Nrn. 1 bis 4 erlassenen Verordnung oder einer vollziehbaren Anordnung oder Auflage, die auf einer solchen Verordnung beruht, zuwiderhandelt.

(3) Die Absätze 1 und 2 gelten nicht, soweit bundesrechtliche Vorschriften bestehen.

## 52 LStVG — Landesstraf- und Verordnungsgesetz

**Art. 33 Überwachung.** (1) ¹Wer eine der in Art. 31 Abs. 1 oder Art. 32 Abs. 1 Nrn. 1 bis 4 genannten Tätigkeiten ausübt, hat den Beauftragten der kreisfreien Gemeinden, der Landratsämter, der Gesundheitsämter, der Regierungen und des Staatsministeriums des Innern, für Sport und Integration und den von diesen zugezogenen Sachverständigen die Betriebsstätten, in denen die Tätigkeiten ausgeübt werden, zugänglich zu machen, Auskünfte zu erteilen und Unterlagen vorzulegen, verschlossene Behälter zu öffnen, Untersuchungen und gegen angemessene Entschädigung die Entnahme von Proben zu gestatten, ferner Arbeitskräfte und Hilfsmittel bereitzustellen, wenn das erforderlich ist, um den Vollzug der nach Art. 31 Abs. 1 oder Art. 32 Abs. 1 erlassenen Verordnungen zu überwachen. ²Der zur Auskunft Verpflichtete kann die Auskunft auf solche Fragen verweigern, deren Beantwortung ihn selbst oder einen der in § 383 Abs. 1 Nrn. 1 bis 3 der Zivilprozeßordnung bezeichneten Angehörigen der Gefahr strafgerichtlicher Verfolgung oder eines Verfahrens nach dem Gesetz über Ordnungswidrigkeiten aussetzen würde.

(2) Wer einer Pflicht nach Absatz 1 zuwiderhandelt, kann mit Geldbuße belegt werden.

**Art. 34 bis 36** *(aufgehoben)*

**Art. 37 Halten gefährlicher Tiere.** (1) ¹Wer ein gefährliches Tier einer wildlebenden Art oder einen Kampfhund halten will, bedarf der Erlaubnis der Gemeinde, soweit das Bundesrecht nicht anderes vorschreibt. ²Kampfhunde sind Hunde, bei denen auf Grund rassespezifischer Merkmale, Zucht oder Ausbildung von einer gesteigerten Aggressivität und Gefährlichkeit gegenüber Menschen oder Tieren auszugehen ist; das Staatsministerium des Innern, für Sport und Integration kann durch Verordnung Rassen, Kreuzungen und sonstige Gruppen von Hunden bestimmen, für welche die Eigenschaft als Kampfhunde vermutet wird.

(2) ¹Die Erlaubnis darf nur erteilt werden, wenn der Antragsteller ein berechtigtes Interesse nachweist, gegen seine Zuverlässigkeit keine Bedenken bestehen und Gefahren für Leben, Gesundheit, Eigentum oder Besitz nicht entgegenstehen; ein berechtigtes Interesse zur Haltung von Hunden im Sinn des Absatzes 1 Satz 2 kann insbesondere vorliegen, wenn diese der Bewachung eines gefährdeten Besitztums dient. ²Die Erlaubnis kann vom Nachweis des Bestehens einer besonderen Haftpflichtversicherung abhängig gemacht werden. ³Versagungsgründe, die sich aus anderen Vorschriften ergeben, bleiben unberührt.

(3) Die Erlaubnispflicht nach Absatz 1 Satz 1 gilt nicht für die Haltung von Diensthunden der Polizei, des Strafvollzugs, des Bundesgrenzschutzes und der Zollverwaltung.

(4) Mit Geldbuße bis zu zehntausend Euro kann belegt werden, wer vorsätzlich oder fahrlässig
1. ein gefährliches Tier einer wildlebenden Art oder einen Kampfhund ohne die erforderliche Erlaubnis hält oder
2. die mit der Erlaubnis verbundenen vollziehbaren Auflagen nicht erfüllt.

Landesstraf- und Verordnungsgesetz **LStVG 52**

**Art. 37a Zucht und Ausbildung von Kampfhunden.** (1) Mit Geldbuße bis zu fünfzigtausend Euro kann belegt werden, wer Kampfhunde im Sinn des Art. 37 Abs. 1 Satz 2 züchtet oder kreuzt.

(2) ¹Wer Hunde mit dem Ziel einer gesteigerten Aggressivität und Gefährlichkeit gegenüber Menschen oder Tieren ausbildet, bedarf der Erlaubnis der Kreisverwaltungsbehörde, soweit das Bundesrecht nichts anderes vorschreibt. ²Die Erlaubnis darf nur erteilt werden, wenn der Antragsteller die erforderliche Sachkunde besitzt, gegen seine Zuverlässigkeit keine Bedenken bestehen und die Ausbildung Schutzzwecken dient. ³Die Erlaubnis darf nicht erteilt werden für Hunde im Sinn des Art. 37 Abs. 1 Satz 2 Halbsatz 2. ⁴Art. 37 Abs. 3 gilt entsprechend.

(3) Mit Geldbuße bis zu fünfzigtausend Euro kann belegt werden, wer vorsätzlich oder fahrlässig
1. einen Hund ohne die erforderliche Erlaubnis ausbildet oder
2. die mit der Erlaubnis verbundenen vollziehbaren Auflagen nicht erfüllt.

**Art. 38 Verhütung von Bränden.** (1) Zur Verhütung von Gefahren für Leben, Gesundheit, Eigentum oder Besitz durch Brand kann, soweit nicht bundesrechtliche oder besondere landesrechtliche Vorschriften bestehen, das Staatsministerium des Innern, für Sport und Integration Verordnungen erlassen über
1. die der Feuerbeschau unterliegenden Gebäude, Feuerungsanlagen und sonstigen Anlagen und Gegenstände, von denen Brandgefahren ausgehen können, die Ausübung der Feuerbeschau und die Beseitigung der bei der Feuerbeschau festgestellten Mängel – dabei kann bestimmt werden, dass die zuständige Behörde die Durchführung der Feuerbeschau auf Betriebe oder sonstige Einrichtungen, für die nach Art. 15 des Bayerischen Feuerwehrgesetzes Werkfeuerwehren bestehen, auf deren Kosten übertragen kann,
2. Lichtspielvorführungen und die Einrichtung von Lichtspieltheatern, insbesondere der Zuschauer- und Bildwerferräume, sowie die Ausbildungs- und Bedienungsvorschriften für Filmvorführer,
3. Theateraufführungen und sonstige Schaustellungen, die Einrichtung von Theatern und sonstigen Versammlungsstätten, insbesondere die Zuschauer- und Bühnenräume, ferner über die Ausbildung und Prüfung der technischen Bühnenvorstände,
4. die Errichtung, die Einrichtung und den Betrieb elektrischer Anlagen.

(2) In den Verordnungen nach Absatz 1 kann zugelassen werden, daß bestimmte Gemeinden abweichende Vorschriften erlassen.

(3) Zur Verhütung von Gefahren für Leben, Gesundheit, Eigentum oder Besitz durch Brand können ferner, soweit nicht bundesrechtliche oder besondere landesrechtliche Vorschriften bestehen, die Gemeinden und das Staatsministerium des Innern, für Sport und Integration Verordnungen erlassen über
1. die Verwendung von Feuer und offenem Licht in Gebäuden oder in der Nähe von Gebäuden oder brandgefährlichen Stoffen,

**52 LStVG** Landesstraf- und Verordnungsgesetz

2. Herstellung, Abgabe, Lagerung und Verwendung von Brennstoffen und brandgefährlichen Stoffen,
3. Auflagen und Schutzmaßnahmen für die Errichtung, die Einrichtung und den Betrieb brandgefährlicher Anlagen, die nicht unter Absatz 1 fallen,
4. Blitzableiter, Feuerlöscheinrichtungen und andere Schutzmaßnahmen zur Verhütung oder Beseitigung feuergefährlicher Zustände sowie zur Bekämpfung von Bränden.

(4) Mit Geldbuße kann belegt werden, wer einer auf Grund der Absätze 1 bis 3 erlassenen Verordnung oder einer vollziehbaren Anordnung, die auf Grund einer solchen Verordnung getroffen wurde, vorsätzlich oder fahrlässig zuwiderhandelt.

(5) [1]Die Eigentümer und Besitzer von Gebäuden, Anlagen oder Gegenständen, auf die sich Verordnungen nach den Absätzen 1 bis 3 beziehen, haben gegenüber den Beauftragten der Gemeinden und Landratsämter die in Art. 33 Abs. 1 Satz 1 genannten Pflichten, wenn das zur Prüfung der Brandgefährlichkeit erforderlich ist. [2]Art. 33 Abs. 1 Satz 2 gilt entsprechend.

(6) Wer den Pflichten nach Absatz 5 zuwiderhandelt, kann mit Geldbuße belegt werden.

### 4. Abschnitt
## Schutz von Feld und Flur

**Art. 39 Feld und Flur.** (1) Feld und Flur im Sinn dieses Abschnittes sind
1. alle Grundstücke außerhalb eines Forstes, die der Gewinnung von Feldfrüchten, Gartenfrüchten, Bäumen, Sträuchern oder anderen Bodenerzeugnissen dienen, insbesondere Äcker, Wiesen, Weiden, Gärten, Obstanlagen, Baumschulen und Weinberge,
2. die Wege, Gräben und Böschungen, die mit den in Nummer 1 genannten Grundstücken räumlich zusammenhängen und ihrer Bewirtschaftung dienen,
3. die Ödflächen.

(2) Anpflanzungen in öffentlichen Anlagen und in Friedhöfen fallen nicht unter Absatz 1.

**Art. 40 Weidefrevel.** Mit Geldbuße kann belegt werden, wer vorsätzlich oder fahrlässig in Feld und Flur Vieh oder Hausgeflügel unbefugt auf fremden Grundstücken weiden läßt, soweit die Tat nicht nach anderen Vorschriften mit Strafe bedroht ist.

**Art. 41 Feldgefährdung.** (1) Mit Geldbuße kann belegt werden, wer das Eigentum anderer in Feld und Flur dadurch gefährdet, daß er
1. Vieh oder Hausgeflügel außerhalb genügend umschlossener Grundstücke ohne ausreichende Aufsicht oder Sicherung läßt,

Landesstraf- und Verordnungsgesetz  **LStVG 52**

2. Tauben, ausgenommen Brieftauben, zur Saat- oder Erntezeit nicht eingeschlossen hält,
3. vor beendeter Ernte über bestellte Grundstücke Vieh treibt,
4. fremde Grundstücke abgräbt oder abpflügt.

(2) Die Gemeinden und Landkreise können die Saat- und Erntezeit durch Verordnung näher bestimmen.

VIERTER TEIL
## Verfahren beim Erlaß von Verordnungen

**Art. 42 Verordnungen der Gemeinden, Landkreise und Bezirke.** (1) [1]Verordnungen, zu deren Erlaß die Gemeinden, die Landkreise oder die Bezirke durch dieses Gesetz oder durch andere Rechtsvorschriften ermächtigt sind, werden vom Gemeinderat, vom Kreistag, vom Bezirkstag erlassen. [2]Der Erlaß solcher Verordnungen ist Angelegenheit des übertragenen Wirkungskreises, soweit nicht durch Gesetz etwas anderes bestimmt ist.

(2) [1]Ist der Erlaß einer Verordnung dringlich und duldet er keinen Aufschub bis zum Zusammentritt des nach Absatz 1 zuständigen Vertretungskörpers, so erläßt an dessen Stelle der erste Bürgermeister, der Landrat oder der Bezirkstagspräsident die Verordnung (dringliche Verordnung). [2]Hiervon ist dem Vertretungskörper in der nächsten Sitzung Kenntnis zu geben.

**Art. 43 Vollzug der Verordnungen.** Soweit nicht durch Rechtsvorschriften etwas anderes bestimmt ist, werden
1. Verordnungen der Gemeinde durch die Gemeinde,
2. Verordnungen der Landkreise durch den Landkreis oder, wenn die Verordnung das bestimmt, durch die Gemeinden oder diejenigen Gemeinden, denen die Aufgaben der unteren Bauaufsichtsbehörde übertragen sind,
3. Verordnungen der Bezirke durch den Bezirk oder, wenn die Verordnung das bestimmt, durch die Landratsämter und kreisfreien Gemeinden oder diejenigen Gemeinden, denen die Aufgaben der unteren Bauaufsichtsbehörde übertragen sind,
4. Verordnungen der Staatsministerien oder der Staatsregierung durch die Landratsämter und die kreisfreien Gemeinden oder, wenn die Verordnung das bestimmt, durch die Regierung oder die Gemeinden oder diejenigen Gemeinden, denen die Aufgaben der unteren Bauaufsichtsbehörde übertragen sind,

vollzogen.

**Art. 44 Zuständigkeit verschiedener Behörden oder Stellen.** (1) [1]Sind verschiedene Behörden oder Stellen zum Erlaß von Verordnungen zuständig, so soll die höhere Behörde oder Stelle von ihrer Befugnis nur Gebrauch machen, wenn eine einheitliche Regelung für ihren Bereich oder einen Teilbereich erforderlich oder zweckmäßig ist. [2]Sie kann insoweit in der Verordnung entgegenstehende oder gleichlautende Vorschriften der unteren Behörde oder Stelle außer Kraft setzen.

(2) Ist eine Verordnung für den örtlichen Bereich mehrerer ermächtigter Behörden oder Stellen der gleichen Verwaltungsebene erforderlich, so kann die gemeinsame höhere Behörde die Verordnung erlassen.

**Art. 45 Rechtmäßigkeit und Angabe der Rechtsgrundlage.** (1) Verordnungen dürfen dem geltenden Recht, insbesondere den Gesetzen sowie den Verordnungen einer höheren Behörde oder Stelle, nicht widersprechen.

(2) In jeder Verordnung soll ihre besondere Rechtsgrundlage angegeben werden.

**Art. 46 Pflicht zum Erlaß von Verordnungen.** (1) Erläßt eine Gemeinde, ein Landkreis oder ein Bezirk eine Verordnung, zu der diese Gebietskörperschaft ermächtigt ist, nicht, obwohl es das Wohl der Allgemeinheit zwingend erfordert, so kann die Rechtsaufsichtsbehörde die Verordnung erlassen, wenn die Gebietskörperschaft der Aufforderung der Rechtsaufsichtsbehörde, die erforderliche Verordnung binnen angemessener Frist zu erlassen, nicht nachkommt.

(2) Eine nach Absatz 1 erlassene Verordnung kann nur von der Rechtsaufsichtsbehörde, die sie erlassen hat, oder mit deren Zustimmung aufgehoben werden.

**Art. 47** *(aufgehoben)*

**Art. 48 Änderung und Aufhebung von Verordnungen.** [1]Die Vorschriften dieses Gesetzes über den Erlaß von Verordnungen gelten sinngemäß auch für die Änderung und – mit Ausnahme des Art. 50 Abs. 2 – für die Aufhebung solcher Verordnungen. [2]Besteht im geltenden Recht keine Ermächtigung mehr für den Erlaß einer Verordnung, so kann die Stelle, die früher für den Erlaß der Verordnung zuständig war, die Verordnung aufheben. [3]Besteht die Stelle nicht mehr und ist die Aufgabe auch nicht einer anderen Stelle übertragen worden, so kann das fachlich zuständige Staatsministerium die Verordnung aufheben oder die dafür zuständigen Stellen durch Verordnung bestimmen.

**Art. 49 Allgemeine Aufsichtspflicht.** (1) [1]Die Rechtsaufsichtsbehörden haben auch bereits bekanntgemachte Verordnungen, die mit dem geltenden Recht, insbesondere mit Gesetzen oder mit Verordnungen einer höheren Behörde, in Widerspruch stehen, zu beanstanden und ihre Aufhebung oder Änderung zu verlangen. [2]Das gleiche gilt, wenn die Verordnung nicht in der genehmigten Fassung bekanntgemacht worden ist.

(2) Kommt die Gemeinde, der Landkreis oder der Bezirk binnen einer von der Rechtsaufsichtsbehörde gesetzten angemessenen Frist dem Verlangen nicht nach, so hebt die Rechtsaufsichtsbehörde die beanstandete Verordnung auf.

**Art. 50 Geltungsdauer.** (1) In jeder Verordnung muss der Zeitpunkt bestimmt werden, an dem sie in Kraft tritt.

Landesstraf- und Verordnungsgesetz **LStVG 52**

(2) [1]Eine bewehrte Verordnung soll ihre Geltungsdauer festsetzen, jedoch in keinem Fall auf mehr als 20 Jahre. [2]Setzt sie keine oder eine längere Geltungsdauer fest, so gilt sie 20 Jahre, sofern sie nicht aus einem anderen Grund vorher außer Kraft tritt. [3]Die Vorschriften des Bürgerlichen Gesetzbuchs über die Berechnung von Fristen gelten entsprechend.

(3) Absatz 2 gilt nicht für Rechtsvorschriften, die auf Bundesrecht, dem Bayerischen Naturschutzgesetz oder dem Bayerischen Wassergesetz beruhen.

**Art. 51 Amtliche Bekanntmachung.** (1) Für die amtliche Bekanntmachung von Verordnungen der Gemeinden, Landkreise, Landratsämter, Bezirke und Regierungen gelten die Vorschriften über die Bekanntmachung kommunaler Satzungen entsprechend.

(2) [1]Lassen sich die Grenzen des Geltungsbereichs einer Verordnung oder die Grenzen des Bereichs, in dem einzelne ihrer Vorschriften gelten, nicht hinreichend deutlich und anschaulich beschreiben oder durch Abdruck einer genauen Karte festlegen, so genügt es, wenn die Verordnung die Grenzen des Bereichs grob umschreibt und im übrigen auf Karten (Maßstab mindestens 1 : 25 000) oder Verzeichnisse Bezug nimmt. [2]Diese Unterlagen müssen von der in der Verordnung bezeichneten Behörde archivmäßig verwahrt werden und allgemein zugänglich sein.

(3) [1]Ist es zur Verhütung erheblicher Gefahren für Leben, Gesundheit oder zum Schutz von Sachgütern erforderlich, eine Verordnung sofort bekanntzumachen und ist eine Bekanntmachung andernfalls nicht rechtzeitig möglich, so kann die Verordnung auch im Internet, in Rundfunk oder Medien oder durch geeignete Kommunikationsmittel wirksam bekannt gemacht werden. [2]Der Wortlaut der Verordnung ist anschließend nachrichtlich im amtlichen Verkündungsorgan zu veröffentlichen, soweit er nicht bereits im Rahmen der Bekanntmachung nach Satz 1 öffentlich und dauerhaft gesichert nachlesbar ist.

**Art. 52 Hinweis auf die Bekanntmachung.** Die Gemeinden haben auf die Bekanntmachung ihrer Verordnungen und von Verordnungen des Landkreises oder Landratsamtes, die im Gemeindegebiet gelten, in ortsüblicher Art hinzuweisen, sofern die Verordnungen nicht in einem Amtsblatt amtlich bekanntgemacht werden.

**Art. 53 Mitteilungen.** Verordnungen der Gemeinden, Landkreise und Landratsämter sind, wenn sie nicht in Amtsblättern amtlich bekanntgemacht werden, in amtlich beglaubigter Abschrift dem Amtsgericht, der Staatsanwaltschaft und der örtlichen Polizeidienststelle mitzuteilen, in deren Bezirk oder Dienstbereich die Verordnung gilt.

## FÜNFTER TEIL
## Übergangs- und Schlußvorschriften

**Art. 54** *(aufgehoben)*

**Art. 55 Verordnungsermächtigungen für besondere Zuständigkeiten.**
(1) ¹Das Staatsministerium für Wirtschaft, Landesentwicklung und Energie kann durch Verordnung im Einvernehmen mit dem Staatsministerium des Innern, für Sport und Integration abweichend von Art. 6 die Sicherheitsbehörden bestimmen, die für die Abwehr von Gefahren aus bergbaulichen Anlagen zuständig sind, welche nicht mehr der Bergaufsicht unterliegen. ²Zur Erfüllung dieser Aufgabe können die in der Verordnung bestimmten Behörden Anordnungen für den Einzelfall nach Art. 7 Abs. 2 oder Art. 26 Abs. 2 treffen oder Verordnungen nach Art. 26 Abs. 1 erlassen.

(2) Das Staatsministerium des Innern, für Sport und Integration kann durch Verordnung die zuständigen Behörden nach dem Schornsteinfeger-Handwerksgesetz bestimmen.

**Art. 56 Zuständigkeit für gemeindefreie Gebiete.** (1) Für die im Kreisgebiet gelegenen gemeindefreien Gebiete können die Landkreise Verordnungen in den gleichen Fällen erlassen, in denen die Gemeinden zum Erlaß von Gemeindeverordnungen ermächtigt sind.

(2) ¹Soweit die Gemeinden zu einer Erlaubnis, zu Anordnungen für den Einzelfall oder zu sonstigen Maßnahmen ermächtigt oder verpflichtet sind, treten in gemeindefreien Gebieten die Landratsämter an die Stelle der Gemeinden. ²Das gilt sinngemäß für Anzeigen, die an die Gemeinde zu richten sind.

**Art. 57** *(aufgehoben)*

**Art. 58 Einschränkung von Grundrechten.** ¹Auf Grund dieses Gesetzes können die Grundrechte der Freiheit der Person (Art. 2 Abs. 2 Satz 1 und 2 des Grundgesetzes und Art. 102 Abs. 1 der Verfassung), auf Versammlungsfreiheit (Art. 8 Abs. 1 des Grundgesetzes und Art. 113 der Verfassung), auf Freizügigkeit (Art. 11 des Grundgesetzes und Art. 109 der Verfassung), auf Unverletzlichkeit der Wohnung (Art. 13 des Grundgesetzes und Art. 106 Abs. 3 der Verfassung) und des Eigentums (Art. 14 des Grundgesetzes und Art. 103 der Verfassung) eingeschränkt werden. ²Art. 7 Abs. 4 bleibt unberührt.

**Art. 59 Zuständigkeit zur Verfolgung und Ahndung von Ordnungswidrigkeiten nach § 112 des Gesetzes über Ordnungswidrigkeiten.** Zuständige Verwaltungsbehörde für die Verfolgung und Ahndung von Ordnungswidrigkeiten nach § 112 OWiG ist bei Zuwiderhandlungen gegen Anordnungen des Landtags oder seines Präsidenten der Direktor des Landtagsamts.

**Art. 60 Fortbestand alten Verordnungsrechts.** (1) ¹Die auf Grund des bisherigen Rechts erlassenen orts-, distrikts-, bezirks-, kreis- und oberpolizeili-

Landesstraf- und Verordnungsgesetz **LStVG 52**

chen Vorschriften sowie die anderen auf gesetzlicher Ermächtigung beruhenden Vorschriften des Landesrechts, deren Übertretung mit Strafe oder als Ordnungswidrigkeit mit Geldbuße bedroht ist, treten ohne Rücksicht auf ihre Bezeichnung 20 Jahre nach dem Tag ihres Inkrafttretens, frühestens jedoch am 31. Dezember 1960, außer Kraft, wenn sie nicht aus einem anderen Grund ihre Geltung vorher verlieren. [2]Bis zu ihrem Außerkrafttreten gilt Art. 49.

(2) Absatz 1 gilt nicht
1. für Vorschriften, die auf einer fortgeltenden Ermächtigung des Bundesrechts beruhen,
2. für Satzungen der Gemeinden, Landkreise und Bezirke,
3. für Anordnungen durch amtliche Verkehrszeichen,
4. für Rechtsvorschriften, die auf dem Naturschutzrecht beruhen.

**Art. 61 Einstweilige Vorschriften über die Stillegung und Beseitigung von Anlagen und Geräten.** (1) [1]Werden Anlagen oder Geräte unter Zuwiderhandlung gegen ein Gesetz, eine Verordnung oder eine Anordnung für den Einzelfall errichtet, aufgestellt, verändert, betrieben oder in einem ordnungswidrigen Zustand erhalten und verwirklicht die rechtswidrige Tat den Tatbestand eines Strafgesetzes oder einer Ordnungswidrigkeit, so können die kreisfreien Gemeinden und die Landratsämter die Vornahme notwendiger Sicherungs- oder Ausbesserungsarbeiten oder die Stillegung anordnen. [2]Sie können auch die teilweise oder gänzliche Beseitigung der Anlage oder des Geräts anordnen, wenn Gefahr im Verzug oder ein dringendes öffentliches Interesse an einem sofortigen Vollzug besteht oder ein Straf- oder Bußgeldverfahren nicht durchgeführt werden kann. [3]Liegen diese Voraussetzungen nicht vor, so kann die Beseitigung der Anlage oder des Geräts nur angeordnet werden, wenn die Zuwiderhandlung rechtskräftig festgestellt ist. [4]Im Fall einer Genehmigungspflicht für die Anlage oder das Gerät darf die Beseitigung nach Satz 2 oder Satz 3 nur angeordnet werden, wenn die nachträgliche Genehmigung nach den Vorschriften des geltenden Rechts nicht erteilt werden kann.

(2) Absatz 1 gilt nicht, soweit Rechtsvorschriften außerhalb dieses Gesetzes besondere Bestimmungen über die Stillegung und Beseitigung von Anlagen oder Geräten enthalten.

**Art. 62 Inkrafttreten.** Dieses Gesetz tritt am 1. Januar 1957 in Kraft\*.

---

\* Diese Vorschrift betrifft das Inkrafttreten des Gesetzes in der ursprünglichen Fassung vom 17. November 1956 (BayBS I S. 327). Der Zeitpunkt des Inkrafttretens der späteren Änderungen ergibt sich aus den jeweiligen Änderungsgesetzen.

# BayAbfG 60

# Gesetz zur Vermeidung, Verwertung und sonstigen Bewirtschaftung von Abfällen in Bayern (Bayerisches Abfallwirtschaftsgesetz – BayAbfG)

(BayRS 2129-2-1-U) in der Fassung der Bekanntmachung vom 9. August 1996 (GVBl. S. 396, ber. S. 449),
zuletzt geändert durch Verordnung vom 23. November 2020 (GVBl. S. 598)

## INHALTSÜBERSICHT*

### ERSTER TEIL
**Ziele der Abfallbewirtschaftung, Pflichten der öffentlichen Hand**

Art. 1 Ziele der Abfallbewirtschaftung
Art. 2 Pflichten der öffentlichen Hand

### ZWEITER TEIL
**Träger der Abfallentsorgung**

Art. 3 Entsorgungspflichtige Körperschaften
Art. 4 Mindestausstattung mit Entsorgungseinrichtungen und -anlagen
Art. 5 Mitwirkung kreisangehöriger Gemeinden
Art. 6 *(aufgehoben)*
Art. 7 Satzungen zur Regelung der kommunalen Abfallentsorgung
Art. 8 Zusammenschlüsse
Art. 9 Besondere Einrichtungen
Art. 10 Entsorgung von Sonderabfällen

### DRITTER TEIL
**Abfallwirtschaftsplan, Abfallbilanz und Abfallwirtschaftskonzept**

Art. 11 Abfallwirtschaftsplan
Art. 12 Abfallbilanz
Art. 13 Abfallwirtschaftskonzept der entsorgungspflichtigen Körperschaft

### VIERTER TEIL
**Abfallbeseitigungsanlagen**

Abschnitt I
**Planfeststellungs- und Genehmigungsverfahren**

Art. 14 Veränderungssperre
Art. 15-19 *(aufgehoben)*

Abschnitt II
**Beseitigung und Stillegung von Deponien**

Art. 20 Baueinstellung, Beseitigungsanordnung, Betriebsuntersagung
Art. 21 Pflichten des Inhabers untersagter Deponien
Art. 22 Stillgelegte Deponien

### FÜNFTER TEIL
**Finanzielle Förderung abfallwirtschaftlicher Maßnahmen**

Art. 23 Gewährung von Finanzierungshilfen
Art. 24 Finanzielle Förderung durch die Kommunen

### SECHSTER TEIL
**Sachliche Zuständigkeit, Anordnungen für den Einzelfall, Aufsicht**

Art. 25 Sachliche Zuständigkeit
Art. 26 Anordnungen für den Einzelfall, Kosten
Art. 27 Beseitigung verbotener Ablagerungen
Art. 28 Aufsicht und Überwachung

### SIEBTER TEIL
**Ordnungswidrigkeiten**

Art. 29 Ordnungswidrigkeiten

### ACHTER TEIL
**Inkrafttreten**

Art. 30 Inkrafttreten

---

\* *Inhaltsübersicht nicht amtlich.*

## ERSTER TEIL
## Ziele der Abfallbewirtschaftung, Pflichten der öffentlichen Hand

**Art. 1 Ziele der Abfallbewirtschaftung.** (1) ¹Ziele der Abfallbewirtschaftung sind,
1. den Anfall von Abfällen so gering wie möglich zu halten (Abfallvermeidung),
2. angefallene Abfälle zur Wiederverwendung vorzubereiten (Vorbereitung zur Wiederverwendung),
3. angefallene Abfälle, insbesondere Glas, Papier, Metall, Kunststoff und Bauschutt, durch Verfahren gemäß § 3 Abs. 25 des Kreislaufwirtschaftsgesetzes (KrWG) in den Stoffkreislauf zurückzuführen (Recycling),
4. nicht durch Recycling verwertbare Abfälle auf sonstige Weise, insbesondere durch Verfüllung und energetische Verwertung, zu verwerten (sonstige Verwertung),
5. nicht verwertbare Abfälle umweltverträglich zu beseitigen (Beseitigung).

²Die Rangfolge der Ziele ergibt sich aus der Reihenfolge der Nennung in Satz 1. ³Die Ziele sind nach Maßgabe des Kreislaufwirtschaftsgesetzes, insbesondere der §§ 6, 7 und 8 KrWG, so zu verwirklichen, daß das Wohl der Allgemeinheit nicht beeinträchtigt wird, insbesondere nicht durch eine Gefährdung der menschlichen Gesundheit, der Umwelt und des Klimas.

(2) Jede einzelne Person soll durch ihr Verhalten dazu beitragen, daß die Ziele der Abfallbewirtschaftung erreicht werden.

(3) Zur Erreichung der Ziele der Abfallbewirtschaftung wirkt der Freistaat Bayern im Rahmen seiner Zuständigkeit insbesondere hin auf
1. das abfallarme und die Verwertung begünstigende Herstellen, Be- und Verarbeiten und Inverkehrbringen von Erzeugnissen,
2. die Erhöhung der Gebrauchsdauer und Haltbarkeit von Erzeugnissen,
3. die Steigerung der Wiederverwendung von Erzeugnissen,
4. die Entwicklung und Anwendung von Verfahren zur Verwertung von Abfällen,
5. die Verminderung des Schadstoffgehalts von Abfällen.

**Art. 2 Pflichten der öffentlichen Hand.** (1) ¹Staat, Gemeinden, Landkreise, Bezirke und die sonstigen juristischen Personen des öffentlichen Rechts haben vorbildhaft dazu beizutragen, daß die Ziele des Art. 1 Abs. 1 erreicht werden. ²Dazu sind finanzielle Mehrbelastungen und Minderungen der Gebrauchstauglichkeit in angemessenem Umfang hinzunehmen.

(2) Die in Absatz 1 genannten juristischen Personen sind insbesondere verpflichtet,
1. bei der Gestaltung von Arbeitsabläufen und bei ihrem sonstigen Handeln, vor allem im Beschaffungs- und Auftragswesen und bei Bauvorhaben, möglichst Erzeugnisse zu berücksichtigen, die sich durch Langlebigkeit, Reparatur-

freundlichkeit und Wiederverwendbarkeit oder Verwertbarkeit auszeichnen, im Vergleich zu anderen Erzeugnissen zu weniger oder zu entsorgungsfreundlicheren Abfällen führen und aus Abfällen hergestellt worden sind,
2. Dritte zu einer Handhabung entsprechend Nummer 1 zu verpflichten, wenn sie diesen ihre Einrichtungen oder Grundstücke zur Verfügung stellen oder Zuwendungen bewilligen.

(3) Die in Absatz 1 genannten juristischen Personen wirken im Rahmen ihrer Möglichkeiten darauf hin, daß Gesellschaften des privaten Rechts, an denen sie beteiligt sind, die Verpflichtungen des Absatz 2 beachten.

ZWEITER TEIL
## Träger der Abfallentsorgung

**Art. 3 Entsorgungspflichtige Körperschaften.** (1) [1]Die Landkreise und die kreisfreien Gemeinden sind für die in ihrem Gebiet anfallenden Abfälle öffentlich-rechtliche Entsorgungsträger im Sinn des Kreislaufwirtschaftsgesetzes (entsorgungspflichtige Körperschaften). [2]Sie erfüllen die sich aus dem Kreislaufwirtschaftsgesetz und aus diesem Gesetz ergebenden Aufgaben als Pflichtaufgaben im eigenen Wirkungskreis.

(2) [1]Die entsorgungspflichtigen Körperschaften können mit Zustimmung der zuständigen Behörde durch Satzung oder Anordnung für den Einzelfall Abfälle ganz oder teilweise von der Entsorgung ausschließen, soweit diese der Rücknahmepflicht aufgrund einer nach § 25 KrWG erlassenen Rechtsverordnung unterliegen und entsprechende Rücknahmeeinrichtungen tatsächlich zur Verfügung stehen. [2]Satz 1 gilt auch für Abfälle zur Beseitigung aus anderen Herkunftsbereichen als privaten Haushaltungen, soweit diese nach Art, Menge oder Beschaffenheit nicht mit den in Haushaltungen anfallenden Abfällen entsorgt werden können.

(3) [1]Die entsorgungspflichtigen Körperschaften haben Abfälle aus Haushaltungen, die wegen ihres Schadstoffgehalts zur Wahrung des Wohls der Allgemeinheit einer getrennten Entsorgung bedürfen, getrennt von den sonstigen Abfällen einzusammeln, zu befördern und umweltverträglich zu entsorgen. [2]Dies gilt auch für haushaltsübliche Kleinmengen vergleichbarer Abfälle aus Gewerbe- und Dienstleistungsbetrieben, soweit sie mit den in Satz 1 genannten Abfällen entsorgt werden können.

(4) [1]Die entsorgungspflichtigen Körperschaften wirken in ihrem Zuständigkeitsbereich darauf hin, daß möglichst wenig Abfall entsteht. [2]Insbesondere beraten sie die Abfallbesitzer über die Möglichkeiten zur Vermeidung und Verwertung von Abfällen. [3]Sie bestellen Fachkräfte zur Beratung der Abfallbesitzer.

(5) [1]Die entsorgungspflichtigen Körperschaften sind zur Entsorgung nach Maßgabe der Anforderungen aus § 11 Abs. 1 und § 14 Abs. 1 KrWG sowie unter Berücksichtigung der Verwertungsquoten nach § 14 Abs. 2 und 3 KrWG

verpflichtet. ²Soweit dies technisch möglich, wirtschaftlich zumutbar und ökologisch effizient ist, sollen höhere Verwertungsquoten als nach § 14 Abs. 2 und 3 KrWG angestrebt werden.

(6) Die entsorgungspflichtigen Körperschaften haben Anlagen zur Verwertung und zur Beseitigung von Abfällen nach dem Stand der Technik zu errichten, zu betreiben und entsprechend zu überwachen.

**Art. 4 Mindestausstattung mit Entsorgungseinrichtungen und -anlagen.**
(1) ¹Die entsorgungspflichtigen Körperschaften haben Erfassungssysteme zur stofflichen Verwertung vorzuhalten, die mindestens Wertstoffhöfe oder, soweit nicht gesonderte Holsysteme eingeführt sind oder werden, sonstige Bringsysteme wenigstens für Glas-, Papier-, Metall- und Kunststoffabfälle sowie, soweit dies technisch möglich und wirtschaftlich zumutbar ist, für Bioabfälle umfassen. ²Die Verpflichtung besteht nicht, soweit entsprechende privatwirtschaftliche Erfassungssysteme tatsächlich eingerichtet sind.

(2) Die entsorgungspflichtigen Körperschaften haben Anlagen zu errichten und zu betreiben, in denen die nach Ausschöpfung der Möglichkeiten nach Art. 1 Abs. 1 Satz 1 Nrn. 1 bis 4 verbleibenden Abfälle so behandelt werden, dass sie umweltfreundlich beseitigt werden können.

(3) Die entsorgungspflichtigen Körperschaften haben mindestens eine Deponie der Klasse II nach § 2 Nr. 8 der Deponieverordnung mit einer ausreichenden Nutzungsdauer verfügbar zu halten.

**Art. 5 Mitwirkung kreisangehöriger Gemeinden.** (1) ¹Die Landkreise können durch Rechtsverordnung einzelne Aufgaben der Abfallentsorgung den kreisangehörigen Gemeinden oder deren Zusammenschlüssen für deren Gebiet mit deren Zustimmung übertragen, wenn eine ordnungsgemäße Abfallentsorgung gewährleistet ist und die Festlegungen des Abfallwirtschaftsplans nicht entgegenstehen. ²Das Einsammeln, Befördern und Entsorgen von Bioabfällen kann der Landkreis im Benehmen mit den kreisangehörigen Gemeinden oder ihren Zusammenschlüssen übertragen; auf Antrag kreisangehöriger Gemeinden oder ihrer Zusammenschlüsse soll der Landkreis diese Aufgaben übertragen. ³In den Fällen der Sätze 1 und 2 nehmen die kreisangehörigen Gemeinden die Rechte und Pflichten der entsorgungspflichtigen Körperschaften wahr.

(2) ¹Die kreisangehörigen Gemeinden unterstützen den Landkreis bei der Durchführung von Verwertungsmaßnahmen auf ihrem Gebiet. ²Sie stellen insbesondere Grundstücke, Einrichtungen und Personal zur Erfassung von stofflich verwertbaren Abfällen bereit. ³Vor der Festlegung solcher Maßnahmen hat der Landkreis den kreisangehörigen Gemeinden Gelegenheit zur Stellungnahme zu geben. ⁴Die Kosten für die Leistungen der kreisangehörigen Gemeinden nach den Sätzen 1 und 2 trägt der Landkreis.

**Art. 6** *(aufgehoben)*

Abfallwirtschaftsgesetz **BayAbfG 60**

**Art. 7 Satzungen zur Regelung der kommunalen Abfallentsorgung.**
(1) ¹Die entsorgungspflichtigen Körperschaften regeln durch Satzung den Anschlußzwang (Art. 18 der Landkreisordnung, Art. 24 der Gemeindeordnung) und die Überlassungspflicht (§ 17 KrWG). ²Sie können insbesondere bestimmen, in welcher Art, in welcher Weise, an welchem Ort und zu welcher Zeit ihnen die Abfälle zu überlassen sind. ³Die Besitzer von Abfällen sind zur getrennten Überlassung zu verpflichten, soweit die Pflicht der entsorgungspflichtigen Körperschaften zur stofflichen Verwertung reicht, die getrennte Erfassung der Abfälle der Nutzung von Verwertungsmöglichkeiten oder der ordnungsgemäßen Entsorgung sonst förderlich ist oder in einem Gesetz zur Regelung der abfallrechtlichen Produktverantwortung oder in einer Rechtsverordnung nach § 25 KrWG vorgeschrieben ist. ⁴In den Fällen des Satzes 3 kann auch verlangt werden, Abfälle an zentralen Sammelstellen zu überlassen, soweit das Einsammeln am Anfallort nur mit erheblichem Aufwand möglich und das Verbringen zur Sammelstelle den Besitzern zumutbar ist.

(2) ¹Die Landkreise und die kreisfreien Gemeinden erheben für die Entsorgung der Abfälle Gebühren. ²In den Fällen des Art. 5 Abs. 1 Sätze 1 und 2 werden die Gebühren von den kreisangehörigen Gemeinden oder ihren Zusammenschlüssen erhoben, soweit Abfälle ihnen überlassen oder von ihnen ohne Überlassung eingesammelt werden. ³Soweit für bestimmte Abfälle nur einzelne Maßnahmen der Entsorgung übertragen werden, bemißt die für das Einsammeln zuständige Körperschaft die Gebühren so, daß hierin auch die Entgelte eingeschlossen sind, die der anderen Körperschaft für die Durchführung der ihr obliegenden Maßnahmen zustehen.

(3) Zur Deckung des Investitionsaufwands für ihre öffentlichen Entsorgungseinrichtungen können die entsorgungspflichtigen Körperschaften auch Beiträge erheben.

(4) ¹Soweit die Entsorgung der Abfälle einzelner Besitzer besondere Anlagen, Einrichtungen oder sonstige Aufwendungen erfordert, können wegen der daraus entstehenden Mehrkosten von den Besitzern besondere Gebühren und Beiträge erhoben werden. ²Für diese Gebühren und Beiträge kann eine angemessene Sicherheitsleistung verlangt werden.

(5) Für die Gebühren- und Beitragserhebung gelten Art. 2 Abs. 1 und 2, Art. 5, 8 und 12 bis 17 des Kommunalabgabengesetzes mit der Maßgabe entsprechend, daß
1. Beiträge auch von Gewerbetreibenden erhoben werden können,
1a. durch die erhobenen Gebühren und Beiträge alle Kosten für die Abfallablagerung abgedeckt werden müssen, d.h. die Kosten für die Errichtung und den Betrieb einer Deponie oder einer immissionsschutzrechtlich genehmigungsbedürftigen Anlage zum Lagern von Abfällen im Sinn des § 44 Abs. 4 KrWG einschließlich der Kosten einer zu leistenden Sicherheit oder eines zu erbringenden gleichwertigen Sicherungsmittels sowie die geschätzten Kosten für die Stillegung und die Nachsorge für einen Zeitraum von mindestens 30 Jahren,

2. zu den ansatzfähigen Kosten auch die durch Rückstellungen nicht gedeckten Aufwendungen für notwendige Vorkehrungen an den nach dem 10. Juni 1972 stillgelegten Abfallbeseitigungsanlagen sowie die Aufwendungen für Maßnahmen nach Art. 3 Abs. 4, Art. 5 Abs. 2 und Art. 24 gehören,
3. zu den ansatzfähigen Kosten auch die in ordnungsgemäßer Wahrnehmung der Pflichtaufgabe nach Art. 3 Abs. 1 entstandenen Aufwendungen für Planung und Entwicklung nicht verwirklichter Vorhaben gehören,
4. zu den ansatzfähigen Kosten auch die in ordnungsgemäßer Wahrnehmung der Pflichtaufgabe nach Art. 3 Abs. 1 entstandenen Aufwendungen für Maßnahmen zur Beseitigung unerlaubter Abfallablagerungen gehören, soweit ein Pflichtiger nicht in Anspruch genommen werden kann,
5. im Rahmen des Äquivalenz- und des Kostendeckungsprinzips entsprechend den Abfallmengen progressiv gestaffelte Gebühren erhoben werden können, um Anreize zur Vermeidung von Abfällen zu schaffen,
6. auf Grund einer entsprechenden Bestimmung in der Satzung der entsorgungspflichtigen Körperschaft die Ermittlung der Berechnungsgrundlagen, die Gebühren- oder Beitragsabrechnung, die Ausfertigung und Versendung der Bescheide sowie die Entgegennahme der zu entrichtenden Gebühren oder Beiträge von einem damit beauftragten zuverlässigen Dritten wahrgenommen werden können.

**Art. 8 Zusammenschlüsse.** (1) [1]Die entsorgungspflichtigen Körperschaften können zur Erfüllung ihrer Aufgaben, auch mit sonst nach dem Kreislaufwirtschaftsgesetz oder diesem Gesetz zur Abfallentsorgung Verpflichteten, nach Maßgabe des Gesetzes über die kommunale Zusammenarbeit zusammenwirken, insbesondere sich zu Zweckverbänden zusammenschließen. [2]Entsorgungspflichtige Körperschaften können auch zu Zweckverbänden zusammengeschlossen werden, sofern dies aus zwingenden Gründen des öffentlichen Wohls geboten ist, insbesondere wenn dadurch
1. die Erfüllung der Entsorgungspflicht durch die Verpflichteten erst möglich wird,
2. die Entsorgung insgesamt wesentlich wirtschaftlicher gestaltet werden kann.

(2) [1]Entsorgungspflichtige Körperschaften können sich zur Erfüllung ihrer Verpflichtungen auch an Gesellschaften des privaten Rechts beteiligen. [2]Art. 92 der Gemeindeordnung, Art. 80 der Landkreisordnung und Art. 40 des Gesetzes über die kommunale Zusammenarbeit bleiben unberührt.

**Art. 9 Besondere Einrichtungen.** (1) Der Freistaat Bayern kann unter Heranziehung der Entsorgungspflichtigen besondere Einrichtungen zur Beseitigung von Abfällen, die wegen ihrer Art, Menge oder Beschaffenheit nicht mit den in Haushaltungen anfallenden Abfällen beseitigt werden können, schaffen, übernehmen oder sich an derartigen Einrichtungen selbst beteiligen.

(2) Entsprechendes gilt für Einrichtungen, die die Verwertung, insbesondere die Vermarktung der gewonnenen Produkte betreiben oder unterstützen.

Abfallwirtschaftsgesetz **BayAbfG 60**

**Art. 10 Entsorgung von Sonderabfällen.** (1) [1]Unter Beachtung der Zielhierarchie des Art. 1 Abs. 1 sind gefährliche Abfälle im Sinn von § 3 Abs. 5 und § 48 Satz 2 KrWG vorrangig zu verwerten. [2]Die Besitzer nicht aus privaten Haushaltungen stammender gefährlicher Abfälle zur Beseitigung im Sinn von § 3 Abs. 5 und § 48 Satz 2 KrWG, die gemäß Art. 3 Abs. 2 von der Entsorgung ausgeschlossen sind (Sonderabfälle), haben sich zur Erfüllung ihrer Entsorgungspflicht der GSB Sonderabfall-Entsorgung Bayern GmbH zu bedienen. [3]Der Umfang der Überlassungspflicht nach Satz 2 sowie die Art und Weise ihrer Erfüllung bestimmen sich nach dem Abfallwirtschaftsplan.

(2) [1]Als Trägerin der Sonderabfallentsorgung hat die GSB Sonderabfall-Entsorgung Bayern GmbH die Pflicht zur Entsorgung der ihr nach Abs. 1 zu überlassenden Abfälle. [2]Der Umfang dieser Entsorgungspflicht sowie die Art und Weise ihrer Erfüllung bestimmen sich nach dem Abfallwirtschaftsplan. [3]Die GSB Sonderabfall-Entsorgung Bayern GmbH hat regionale Sammelstellen zur dezentralen Erfassung von Sonderabfall verfügbar zu halten.

DRITTER TEIL

## Abfallwirtschaftsplan, Abfallbilanz und Abfallwirtschaftskonzept

**Art. 11 Abfallwirtschaftsplan.** (1) [1]Die Staatsregierung stellt nach Anhörung der entsorgungspflichtigen Körperschaften, der sonstigen Entsorgungsträger oder ihrer Verbände und der berührten Träger öffentlicher Belange sowie der nach § 3 des Umwelt-Rechtsbehelfsgesetzes hinsichtlich des satzungsgemäßen Aufgabenbereichs der Abfallentsorgung anerkannten Vereinigungen mit einem satzungsgemäßen Tätigkeitsbereich in Bayern mit Zustimmung des Landtags einen Abfallwirtschaftsplan als Rechtsverordnung auf. [2]Der Abfallwirtschaftsplan hat die Festlegungen nach § 30 KrWG zu enthalten und ist nach Maßgabe der §§ 31 und 32 KrWG aufzustellen. [3]Der Abfallwirtschaftsplan soll eine Verteilung der Abfallbeseitigungsanlagen entsprechend den anfallenden Abfallmengen vorgeben, die eine angemessene arbeitsteilige Mitwirkung aller entsorgungspflichtigen Körperschaften sicherstellt. [4]Die Möglichkeiten der kommunalen Zusammenarbeit sollen insbesondere im Interesse der Umweltverträglichkeit berücksichtigt werden. [5]Der Abfallwirtschaftsplan kann in sachlichen und räumlichen Teilabschnitten aufgestellt werden.

(2) [1]Das Staatsministerium für Umwelt und Verbraucherschutz (Staatsministerium) kann auf Antrag einer entsorgungspflichtigen Körperschaft oder eines sonstigen Entsorgungsträgers Ausnahmen von den Festlegungen des Abfallwirtschaftsplans zulassen, wenn die Ziele des Kreislaufwirtschaftsgesetzes, dieses Gesetzes und des Abfallwirtschaftsplans nicht beeinträchtigt werden und sonstige Belange des Gemeinwohls nicht entgegenstehen. [2]Werden die Belange

# 60 BayAbfG — Abfallwirtschaftsgesetz

anderer entsorgungspflichtiger Körperschaften oder anderer sonstiger Entsorgungsträger berührt, sind diese vor der Entscheidung zu hören.

**Art. 12 Abfallbilanz.** (1) [1]Die entsorgungspflichtigen Körperschaften erstellen bis zum 31. März jeweils für das abgelaufene Jahr eine Bilanz über Art, Herkunft und Menge der angefallenen Abfälle sowie deren Verwertung, insbesondere durch Vorbereitung zur Wiederverwendung und Recycling, und deren Beseitigung. [2]Soweit Abfälle nicht verwertet wurden, ist dies zu begründen. [3]Mit der Bilanz nach Satz 1 erstellen die entsorgungspflichtigen Körperschaften eine Übersicht über die Kosten für die Abfallablagerung nach Art. 7 Abs. 5 Nr. 1a und die dafür erhobenen Gebühren und Beiträge.

(2) Die Abfallbilanz und die Übersicht nach Abs. 1 Satz 3 sind der zuständigen Behörde vorzulegen.

**Art. 13 Abfallwirtschaftskonzept der entsorgungspflichtigen Körperschaft.**
(1) [1]Die entsorgungspflichtigen Körperschaften stellen in einem Abfallwirtschaftskonzept die beabsichtigten Maßnahmen zur Vermeidung, zur Verwertung, insbesondere zur Vorbereitung zur Wiederverwendung und zum Recycling, und zur Beseitigung der in ihrem Bereich anfallenden und ihnen zu überlassenden Abfälle jeweils für einen Zeitraum von sieben Jahren im voraus dar. [2]Die Betroffenen und berührte Verbände sind vor der erstmaligen Erstellung und bei Fortschreibungen mit wesentlichen Änderungen zu hören. [3]Die Vorschriften des Gesetzes über die Umweltverträglichkeitsprüfung zu Notwendigkeit und Durchführung einer Strategischen Umweltprüfung für Pläne und Programme bleiben unberührt.

(2) [1]Das Abfallwirtschaftskonzept ist erstmals bis zum 31. Dezember 1997 zu erstellen. [2]Es ist alle sieben Jahre oder bei wesentlichen Änderungen fortzuschreiben und der zuständigen Behörde vorzulegen.

## VIERTER TEIL
## Abfallbeseitigungsanlagen

### Abschnitt I
### Planfeststellungs- und Genehmigungsverfahren

**Art. 14 Veränderungssperre.** (1) [1]Vom Beginn der Auslegung der Pläne im Planfeststellungsverfahren oder vom Beginn der Auslegung im immissionsschutzrechtlichen Genehmigungsverfahren an dürfen bis zum Abschluß des Verfahrens auf den vom Vorhaben betroffenen Flächen wesentlich wertsteigernde oder die Errichtung der geplanten Abfallbeseitigungsanlage erheblich erschwerende Veränderungen nicht vorgenommen werden. [2]Veränderungen, die auf rechtlich zulässige Weise vorher begonnen wurden, Unterhaltungsarbeiten und die Fortführung einer bisher rechtmäßig ausgeübten Nutzung werden hiervon nicht berührt.

Abfallwirtschaftsgesetz **BayAbfG 60**

(2) ¹Dauert die Veränderungssperre länger als vier Jahre, so können die Eigentümer und die sonst zur Nutzung Berechtigten für danach entstehende Vermögensnachteile vom Träger der Abfallbeseitigungsanlage nach den Vorschriften des Bayerischen Gesetzes über die entschädigungspflichtige Enteignung Entschädigung in Geld verlangen. ²Der Eigentümer einer vom Vorhaben betroffenen Fläche kann vom Träger der Abfallbeseitigungsanlage ferner verlangen, daß dieser die Fläche zu Eigentum übernimmt, wenn es dem Eigentümer wegen der Veränderungssperre wirtschaftlich nicht mehr zuzumuten ist, die Fläche in der bisherigen oder einer anderen zulässigen Art zu nutzen. ³Kommt eine Einigung über die Übernahme nicht zustande, kann der Eigentümer das Enteignungsverfahren beantragen; im übrigen gelten die Vorschriften des Bayerischen Gesetzes über die entschädigungspflichtige Enteignung sinngemäß.

(3) ¹Zur Sicherung der Planung neuer oder der geplanten Erweiterung bestehender Abfallbeseitigungsanlagen kann die zuständige Behörde Planungsgebiete festlegen. ²Für diese gilt Absatz 1 entsprechend. ³Die Festlegung ist auf höchstens zwei Jahre zu befristen. ⁴Sie tritt mit Beginn der Auslegung der Pläne im Planfeststellungsverfahren oder der Auslegung im immissionsschutzrechtlichen Genehmigungsverfahren außer Kraft. ⁵Ihre Dauer ist auf die Vierjahresfrist nach Absatz 2 anzurechnen.

(4) ¹Die Festlegung eines Planungsgebiets ist in den Gemeinden, deren Gebiet betroffen wird, auf ortsübliche Weise bekanntzumachen. ²Mit der Bekanntmachung tritt die Festlegung in Kraft. ³Planungsgebiete sind in Karten einzutragen, die in den Gemeinden während der Geltungsdauer der Festlegung zur Einsicht auszulegen sind.

(5) Die zuständige Behörde kann im Einzelfall Ausnahmen von der Veränderungssperre nach den Absätzen 1 und 3 zulassen, wenn keine überwiegenden öffentlichen Belange entgegenstehen und die Einhaltung der Veränderungssperre zu einer offenbar nicht beabsichtigten Härte führen würde.

**Art. 15 bis 19** *(aufgehoben)*

Abschnitt II
# Beseitigung und Stillegung von Deponien

**Art. 20 Baueinstellung, Beseitigungsanordnung, Betriebsuntersagung.**
¹Wird eine Deponie ohne den erforderlichen Planfeststellungsbeschluß, ohne die erforderliche Genehmigung oder entgegen den darin enthaltenen Festsetzungen errichtet, betrieben oder geändert, so kann die zuständige Behörde die Einstellung der Bauarbeiten oder die teilweise oder vollständige Beseitigung anordnen oder den Betrieb untersagen. ²Eine Beseitigungsanordnung darf nur erlassen werden, wenn nicht auf andere Weise ein rechtmäßiger Zustand hergestellt werden kann. ³Anordnungen nach Satz 1 gelten auch gegenüber den Rechtsnachfolgern. ⁴Die zuständige Behörde kann verlangen, daß ein Antrag

auf Durchführung eines Planfeststellungs- oder Genehmigungsverfahrens gestellt wird.

**Art. 21 Pflichten des Inhabers untersagter Deponien.** (1) Wird der Betrieb einer Deponie nach § 39 Abs. 1 KrWG oder nach Art. 20 Satz 1 untersagt, so ist deren Inhaber verpflichtet, die erforderlichen Vorkehrungen zu treffen, um eine Beeinträchtigung des Wohls der Allgemeinheit zu verhüten oder zu unterbinden, insbesondere um die mit der Deponie verbundenen Eingriffe in Natur und Landschaft auszugleichen.

(2) Um die Erfüllung dieser Verpflichtung sicherzustellen, trifft die zuständige Behörde die erforderlichen Anordnungen.

**Art. 22 Stillgelegte Deponien.** (1) [1]Die ehemaligen Betreiber von Deponien, die vor dem 11. Juni 1972 stillgelegt worden sind, haben das Gelände, das für die Abfallentsorgung verwendet worden ist, auf ihre Kosten zu rekultivieren. [2]Die zuständige Behörde trifft die erforderlichen Anordnungen. [3]Sind Anordnungen gegen den ehemaligen Betreiber nicht möglich oder nicht erfolgversprechend, sollen sie gegen den Grundeigentümer gerichtet werden.

(2) Die Grundeigentümer oder sonstigen Berechtigten haben die Durchführung der nach Absatz 1 erforderlichen Maßnahmen zu dulden.

FÜNFTER TEIL
# Finanzielle Förderung abfallwirtschaftlicher Maßnahmen

**Art. 23 Gewährung von Finanzierungshilfen.** (1) Zur Erfüllung der Aufgaben nach dem Kreislaufwirtschaftsgesetz und nach diesem Gesetz können Finanzierungshilfen nach Maßgabe der Absätze 2 bis 4 gewährt werden.

(2) [1]Vorhaben, die den Zielen des Art. 1 Abs. 1 Satz 1 Nrn. 1 bis 5 entsprechen, dürfen nur als Mustervorhaben gefördert werden. [2]In Ausnahmefällen können auch Maßnahmen gefördert werden, die der Erforschung oder Erprobung neuer Technologien für die Behandlung oder Ablagerung von Abfällen dienen.

(3) Die Finanzierungshilfen werden im Rahmen der zur Verfügung stehenden Haushaltmittel und nach Maßgabe der Dringlichkeit des Vorhabens gewährt.

(4) Das Staatsministerium erläßt im Einvernehmen mit dem Staatsministerium des Innern, für Sport und Integration die zur Durchführung der Finanzierung erforderlichen Verwaltungsvorschriften.

**Art. 24 Finanzielle Förderung durch die Kommunen.** Die entsorgungspflichtigen Körperschaften sollen im Rahmen der zur Verfügung stehenden Haushaltsmittel private Maßnahmen zur Abfallvermeidung, Schadstoffminimierung und Abfallverwertung unterstützen.

## SECHSTER TEIL

## Sachliche Zuständigkeit, Anordnungen für den Einzelfall, Aufsicht

**Art. 25 Sachliche Zuständigkeit.** (1) Zuständige Behörde im Sinn der Verordnungen der Europäischen Union im Bereich der Abfallwirtschaft, im Sinn des Abfallverbringungsgesetzes, des Kreislaufwirtschaftsgesetzes, des Elektro- und Elektronikgerätegesetzes, des Batteriegesetzes, des Verpackungsgesetzes, dieses Gesetzes und der auf Grund der genannten Vorschriften erlassenen Rechtsverordnungen sowie Anhörungsbehörde im Sinn des § 73 des Verwaltungsverfahrensgesetzes ist die Regierung, soweit nichts anderes bestimmt ist.

(2) Das Staatsministerium wird ermächtigt, durch Rechtsverordnung Zuständigkeiten abweichend von Absatz 1 festzulegen.

**Art. 26 Anordnungen für den Einzelfall, Kosten.** (1) Die zuständige Behörde kann zur Verhütung oder Unterbindung von Verstößen gegen Verordnungen der Europäischen Union im Bereich der Abfallwirtschaft, das Abfallverbringungsgesetz, das Kreislaufwirtschaftsgesetz, das Elektro- und Elektronikgerätegesetz, das Batteriegesetz, das Verpackungsgesetz, dieses Gesetz oder die auf Grund der genannten Vorschriften erlassenen Rechtsvorschriften Anordnungen für den Einzelfall treffen, soweit eine solche Befugnis nicht in anderen abfallrechtlichen Vorschriften enthalten ist.

(2) ¹Die Kosten von Überwachungsmaßnahmen, die bei der Überwachung von Deponien, sonstigen Abfallbeseitigungsanlagen und Abfallverwertungsanlagen sowie von Anlagen, in denen Abfälle mitbeseitigt oder mitverwertet werden, entstehen, trägt der Anlagenbetreiber. ²Kosten, die bei der Entnahme von Stichproben und deren Untersuchung entstehen, trägt die nach § 47 Abs. 3 KrWG zur Auskunft verpflichtete Person. ³In den sonstigen Fällen trägt die überwachte Person die Kosten der Überwachung, wenn die Ermittlungen ergeben, dass abfallrechtliche Vorschriften oder auferlegte Verpflichtungen nicht erfüllt worden sind.

(3) ¹Grundstücksbezogene Kosten der Ersatzvornahme ruhen als öffentliche Last auf dem Grundstück oder dem Erbbaurecht. ²Die öffentliche Last ist im Grundbuch zu vermerken.

**Art. 27 Beseitigung verbotener Ablagerungen.** (1) Wer in unzulässiger Weise Abfälle behandelt, lagert oder ablagert, ist zur Beseitigung des rechtswidrigen Zustands verpflichtet.

(2) ¹Die zuständige Behörde kann die erforderlichen Anordnungen erlassen. ²Sind solche Anordnungen nicht oder nur unter unverhältnismäßigem Aufwand möglich oder nicht erfolgversprechend, so hat die zuständige Behörde den rechtswidrigen Zustand auf Kosten des Pflichtigen zu beseitigen oder beseitigen zu lassen.

## 60 BayAbfG

**Art. 28 Aufsicht und Überwachung.** (1) ¹Oberste Aufsichtsbehörde über den Vollzug der Verordnungen der Europäischen Union im Bereich der Abfallwirtschaft, des Abfallverbringungsgesetzes, des Kreislaufwirtschaftsgesetzes, des Elektro- und Elektronikgerätegesetzes, des Batteriegesetzes, des Verpackungsgesetzes, dieses Gesetzes und der auf Grund der genannten Vorschriften erlassenen Rechtsverordnungen ist das Staatsministerium. ²Das Staatsministerium ist auch zuständig für die sonstigen in den in Satz 1 genannten Rechtsvorschriften den obersten Landesbehörden übertragenen Aufgaben. ³Die Vorschriften über die Kommunalaufsicht und das Bergwesen bleiben unberührt.

(2) ¹Das Staatsministerium hat die bei der Überwachung von Abfallbeseitigungsanlagen erfaßten Umwelteinwirkungen zu bewerten und die Öffentlichkeit über die Ergebnisse zu unterrichten. ²Das Staatsministerium kann sich zur Durchführung der Aufgaben nach Satz 1 anderer Behörden und sonstiger Dritter bedienen.

### SIEBTER TEIL
### Ordnungswidrigkeiten

**Art. 29 Ordnungswidrigkeiten.** Mit Geldbuße bis zu fünfzigtausend Euro kann belegt werden, soweit die Tat nicht nach anderen Vorschriften mit Geldbuße mit mindestens gleicher Höhe bedroht ist, wer vorsätzlich oder fahrlässig
1. sich entgegen Art. 10 Abs. 1 nicht der GSB Sonderabfall-Entsorgung Bayern GmbH bedient,
2. entgegen den Verboten des Art. 14 Abs. 1 oder 3 Veränderungen vornimmt oder
3. einer vollziehbaren Anordnung nach Art. 20 Satz 1, Art. 21 Abs. 2, Art. 22 Abs. 1 Satz 2 oder 3 oder Art. 31 Abs. 2 zuwiderhandelt.

### ACHTER TEIL
### Inkrafttreten

**Art. 30\* Inkrafttreten.** Dieses Gesetz tritt am 1. März 1991 in Kraft.

---

\* Diese Vorschrift betrifft das Inkrafttreten des Gesetzes in der ursprünglichen Fassung vom 27. Februar 1991 (GVBl. S. 64). Der Zeitpunkt des Inkrafttretens der späteren Änderungen ergibt sich aus dem Änderungsgesetz.

# BayImSchG 61

# Bayerisches Immissionsschutzgesetz (BayImSchG)

(BayRS 2129-1-1-U) vom 10. Dezember 2019 (GVBl. S. 686),
zuletzt geändert durch Gesetz vom 10. Dezember 2019
(GVBl. S. 686)

### INHALTSÜBERSICHT*

Teil 1
**Ausführung
des Bundes-Immissionsschutzgesetzes**
Art. 1  Allgemeine Zuständigkeiten
Art. 2  Besondere Zuständigkeiten
Art. 3  Luftqualität
Art. 4  Lärmaktionspläne
Art. 5  Finanzhilfen

Teil 2
**Landesrechtlicher Immissionsschutz**
Art. 6  Schutz vor Einwirkungen durch Motoren

Art. 7  Rechtsverordnungen der Gemeinden
Art. 8  Nicht gewerbliche und nicht wirtschaftliche Betriebsbereiche
Art. 9  Vermeidbare Lichtemissionen

Teil 3
**Gemeinsame und Schlussvorschriften**
Art. 10  Oberste Landesbehörde
Art. 11  Ordnungswidrigkeiten
Art. 11a  *(nicht abgedruckt)*
Art. 12  Inkrafttreten, Außerkrafttreten

Der Landtag des Freistaates Bayern hat das folgende Gesetz beschlossen, das hiermit bekannt gemacht wird:

Teil 1

## Ausführung des Bundes-Immissionsschutzgesetzes

**Art. 1 Allgemeine Zuständigkeiten.** (1) Genehmigungsbehörde im Sinne des § 10 Abs. 5 Satz 1 des Bundes-Immissionsschutzgesetzes (BImSchG) ist
1. die Regierung
   a) für Anlagen der öffentlichen Versorgung
      aa) zur Erzeugung von Strom, Dampf, Warmwasser, Prozesswärme oder erhitztem Abgas durch den Einsatz von Brennstoffen in einer Verbrennungseinrichtung, ausgenommen Anlagen zum Einsatz von Biogas und von naturbelassenem Holz mit einer Feuerungswärmeleistung von weniger als 10 MW,
      bb) zur Elektroumspannung mit einer Oberspannung von 220 kV oder mehr einschließlich der Schaltfelder,

---

\* *Inhaltsübersicht nicht amtlich.*

b) für Anlagen der öffentlichen Entsorgung zur thermischen Behandlung von Abfällen und zur Lagerung oder Behandlung gefährlicher Abfälle zur Beseitigung,
c) für Tierköperbeseitigungsanstalten und Sammelstellen,
2. das Bergamt für Anlagen, die der Aufsicht der Bergbehörde unterliegen,
3. im Übrigen die Kreisverwaltungsbehörde.

(2) Die Genehmigungsbehörde ist vorbehaltlich Art. 2 auch zuständig für den Vollzug
1. der weiteren anlagenbezogenen Vorschriften des Bundes-Immissionsschutzgesetzes und der auf dieses Gesetz gestützten Rechtsverordnungen (Immissionsschutzbehörde),
2. des § 19 Abs. 1 Satz 2 und Abs. 4 des Umwelthaftungsgesetzes.

(3) Bei nicht genehmigungsbedürftigen Anlagen ist vorbehaltlich Art. 2 Immissionsschutzbehörde
1. das Bergamt für Anlagen, die der Aufsicht der Bergbehörde unterliegen,
2. die Regierung für Anlagen, die
   a) Betriebsbereich nach § 3 Abs. 5a BImSchG oder Bestandteil eines Betriebsbereichs sind,
   b) nicht gewerblichen Zwecken dienen und
   c) nicht im Rahmen wirtschaftlicher Unternehmungen Verwendung finden,
3. im Übrigen die Kreisverwaltungsbehörde.

(4) ¹Für Maßnahmen, die einen Betriebsbereich nach § 3 Abs. 5a BImSchG betreffen, ist die Behörde zuständig, die für die Anlagen im Betriebsbereich zuständig ist. ²Wenn nach Satz 1 mehr als eine Behörde zuständig wäre, ist die Regierung oder eine von ihr bestimmte Behörde nach Satz 1 zuständig. ³Die nach Satz 2 zuständige Behörde holt vorab das Einvernehmen der weiteren betroffenen Behörden ein, es sei denn, dies ist nach den Umständen des Einzelfalls nicht geboten.

(5) Soweit Aufgaben und Befugnisse nach diesem Gesetz, dem Bundes-Immissionsschutzgesetz und den auf diese Gesetze gestützten Verordnungen keiner anderen Behörde zugewiesen sind, ist die Regierung zuständig.

**Art. 2 Besondere Zuständigkeiten.*** (1) ¹Das Landesamt für Umwelt (Landesamt) ist zuständig für

---

\* *Beachte dazu Art. 11a Abs. 1 i.V.m. Art. 12 Abs. 1 Satz 2 Bayerisches Immissionsschutzgesetz (BayImschG) vom 10. Dezember 2019 (GVBl. S. 686), zuletzt geändert durch Gesetz vom 10. Dezember 2019 (GVBl. S. 686), wonach Art. 2 BayImSchG zum 1. Januar 2021 wie folgt geändert wird:*
1. *Abs. 2 Nr. 2 (…) Buchst. c wird aufgehoben.*
2. *Nach Abs. 2 werden die folgenden Abs. 3 und 4 eingefügt:*
   (3) ¹Die Regierung von Oberfranken ist zuständig für die Aufstellung eines zentralen Lärmaktionsplans nach § 47d BImSchG für Hauptverkehrsstraßen außerhalb von Ballungsräumen, Bundesautobahnen in Ballungsräumen und Haupteisenbahnstrecken. ²Ferner ist sie zuständige Behörde für die Mitteilungen nach § 47d Abs. 7 BImSchG.

1. den Vollzug
   a) der Verordnung über die Beschaffenheit und die Auszeichnung der Qualitäten von Kraft- und Brennstoffen (10. BImSchV) hinsichtlich der darin gestellten Anforderungen an Stoffe und Erzeugnisse,
   b) des § 27 BImSchG und der Verordnung über Emissionserklärungen (11. BImSchV),
   c) des § 25 der Verordnung über Großfeuerungs-, Gasturbinen- und Verbrennungsmotoranlagen (13. BImSchV),
   d) des § 22 der Verordnung über die Verbrennung und die Mitverbrennung von Abfällen (17. BImSchV),
   e) der Bekanntgabeverordnung (41. BImSchV),
2. Feststellungen und Untersuchungen nach § 44 Abs. 1 BImSchG,
3. die Ausarbeitung von Lärmkarten nach § 47c BImSchG,
4. die staatliche Anerkennung von Fachstellen und Lehrgängen nach dem Bundes-Immissionsschutzgesetz und den auf dieses Gesetz gestützten Rechtsverordnungen.

²Das Landesamt
1. überwacht
   a) Tierkörperbeseitigungsanstalten und Sammelstellen,
   b) Anlagen zur thermischen Behandlung von Abfällen zur Beseitigung, Anlagen zur thermischen Behandlung von Siedlungsabfällen sowie Verbrennungsanlagen für Klärschlämme nach § 2 Abs. 2 der Klärschlammverordnung und
   c) Anlagen der Träger der Sonderabfallbeseitigung,
2. ist Immissionsschutzbehörde im Sinne des § 40 Abs. 2 Satz 1 BImSchG.

(2) Die Regierung ist
1. Immissionsschutzbehörde für Anlagen, die einer Genehmigung nach § 7 des Atomgesetzes bedürfen,
2. zuständig für
   a) die Einrichtung des Überwachungssystems einschließlich der Koordinierung der Überwachung nach den §§ 16 und 17 der Störfall-Verordnung (12. BImSchV) mit Ausnahme der Betriebsbereiche, die der Aufsicht der Bergbehörde unterliegen,
   b) die Aufstellung von Luftreinhalteplänen nach § 47 BImSchG und
   c) die Aufstellung von Lärmaktionsplänen nach § 47d BImSchG für Bundesautobahnen, Großflughäfen und Haupteisenbahnstrecken.

---

³Auf Antrag einer Gemeinde kann die Regierung von Oberfranken ihr durch Rechtsverordnung die Zuständigkeit nach Satz 1 für nicht gemeindeübergreifende Fälle übertragen.
(4) Zuständige Regierung für die Aufstellung eines Lärmaktionsplans nach § 47d BImSchG für einen Großflughafen ist diejenige Regierung, der die luftrechtlichen Aufgaben für diesen übertragen sind."
3. Die bisherigen Abs. 3 bis 5 werden die Abs. 5 bis 7.

(3) Die Regierung von Niederbayern ist zuständige Behörde für die Marktüberwachung nach § 10 Abs. 1 Nr. 2 der Verordnung über Emissionsgrenzwerte für Verbrennungsmotoren (28. BImSchV) und der Verordnung (EU) 2016/1628.

(4) Die Kreisverwaltungsbehörde setzt die Entschädigung nach § 42 Abs. 3 BImSchG fest.

(5) Die Gemeinde ist zuständig für den Vollzug des § 7 Abs. 2 der Geräte- und Maschinenlärmschutzverordnung (32. BImSchV).

**Art. 3 Luftqualität.** (1) [1]Das Staatsministerium für Umwelt und Verbraucherschutz kann zur Feststellung von Luftverunreinigungen die Zusammensetzung der Luft durch Messungen zeitweilig oder dauernd beobachten lassen. [2]Die mit Untersuchungen zur Überwachung der Luftqualität beauftragten Personen sind berechtigt, in Ausübung ihres Amtes Grundstücke zu betreten. [3]Das Grundrecht der Unverletzlichkeit der Wohnung (Art. 13 Abs. 1 des Grundgesetzes, Art. 106 Abs. 3 der Verfassung) wird insoweit eingeschränkt. [4]Auf die berechtigten Belange der Eigentümer und Besitzer ist Rücksicht zu nehmen.

(2) [1]Für Untersuchungsgebiete nach § 44 Abs. 2 BImSchG und besonders gefährdete oder schutzbedürftige Gebiete wird vom Landesamt ein Emissionskataster nach § 46 BImSchG aufgestellt. [2]Das Staatsministerium für Umwelt und Verbraucherschutz gibt die besonders gefährdeten oder schutzbedürftigen Gebiete bekannt.

**Art. 4 Lärmaktionspläne.** [1]Benachbarte Lärmaktionspläne sind aufeinander abzustimmen. [2]Lärmaktionspläne der Gemeinde bedürfen des Einvernehmens der Regierung. [3]Lärmaktionspläne der Regierung werden im Benehmen mit den betroffenen Gemeinden erstellt. [4]Die Umsetzung der vorgesehenen Maßnahmen richtet sich nach den hierfür verfügbaren Haushaltsmitteln und nach Maßgabe der festgestellten Prioritäten.

**Art. 5 Finanzhilfen.** [1]Zur Erfüllung von Verpflichtungen nach dem Bundes-Immissionsschutzgesetz können den Betreibern bestehender Anlagen Zuwendungen gewährt werden. [2]Die Zuwendungen werden nach Maßgabe der haushaltsrechtlichen Bestimmungen und der im Haushalt ausgewiesenen Mittel gewährt.

Teil 2

## Landesrechtlicher Immissionsschutz

**Art. 6 Schutz vor Einwirkungen durch Motoren.** (1) Es ist verboten,
1. lärm- oder abgaserzeugende Motoren unnötig laufen zu lassen,
2. motorisierte Schneefahrzeuge, insbesondere Motorschlitten, zu betreiben.

(2) Wenn ein Bedürfnis hierfür auch unter Berücksichtigung der öffentlichen Sicherheit und Ordnung sowie des Schutzes der Allgemeinheit oder Nach-

barschaft vor Lärm anzuerkennen ist, kann die Kreisverwaltungsbehörde Ausnahmen von dem Verbot nach Abs. 1 Nr. 2 zulassen.

**Art. 7 Rechtsverordnungen der Gemeinden.** (1) ¹Die Gemeinden werden ermächtigt, durch Rechtsverordnung zum Schutz vor schädlichen Einwirkungen durch Luftverunreinigungen oder Geräusche
1. die Errichtung und den Betrieb von Anlagen und die Verwendung bestimmter Brennstoffe zu verbieten, zeitlich zu beschränken oder von Vorkehrungen abhängig zu machen,
2. das Halten von Haustieren, die Benutzung von Musikinstrumenten, Tonübertragungsgeräten und Tonwiedergabegeräten und die zeitliche Beschränkung ruhestörender Hausarbeiten oder Gartenarbeiten zu regeln.

²Der Vollzug der Verordnung obliegt der Gemeinde.

(2) ¹Die Gemeinden können von Verboten auf Grund von Abs. 1 Satz 1 Nr. 1 Ausnahmen für den Einzelfall zulassen, wenn schädliche Einwirkungen nicht zu befürchten sind. ²Sie müssen Ausnahmen zulassen, wenn überwiegende öffentliche Belange dies erfordern.

**Art. 8\* Nicht gewerbliche und nicht wirtschaftliche Betriebsbereiche.**
¹Für Anlagen, die Betriebsbereich oder Bestandteil eines Betriebsbereichs sind, die nicht gewerblichen Zwecken dienen und nicht im Rahmen wirtschaftlicher Unternehmungen Verwendung finden, gelten § 20 Abs. 1a, §§ 22, 23a, 23b Abs. 1 bis 4, §§ 24 bis 25a, § 31 Abs. 2a und § 52 BImSchG sowie die auf das Bundes-Immissionsschutzgesetz gestützten Rechtsverordnungen mit Ausnahme der §§ 20 und 21 12. BImSchV entsprechend. ²Hinsichtlich der Kostenverteilung bei der Überwachung gilt die Regelung in § 52 Abs. 4 BImSchG für genehmigungsbedürftige Anlagen.

**Art. 9 Vermeidbare Lichtemissionen.** (1) Nach 23 Uhr und bis zur Morgendämmerung ist es verboten, die Fassaden baulicher Anlagen der öffentlichen Hand zu beleuchten, soweit das nicht aus Gründen der öffentlichen Sicherheit erforderlich oder durch oder auf Grund Rechtsvorschrift vorgeschrieben ist.

(2) ¹Im Außenbereich nach § 35 des Baugesetzbuchs sind beleuchtete oder lichtemittierende Werbeanlagen verboten. ²Die Gemeinde kann bis längstens 23 Uhr Ausnahmen von Satz 1 zulassen für
1. Gaststätten und
2. zulässigerweise errichtete Gewerbebetriebe an der Stätte der Leistung, soweit dafür in Abwägung mit dem Gebot der Emissionsvermeidung ein erhebliches Bedürfnis besteht.

---

\* Art. 8 dieses Gesetzes dient der Umsetzung der Richtlinie 2012/18/EU.

# 61 BayImSchG

### Teil 3
## Gemeinsame und Schlussvorschriften

**Art. 10 Oberste Landesbehörde.** ¹Das Staatsministerium für Umwelt und Verbraucherschutz ist oberste Landesbehörde für den Vollzug dieses Gesetzes, des Bundes-Immissionsschutzgesetzes sowie der auf diese Gesetze gestützten Rechtsvorschriften. ²Es ist insoweit oberste Aufsichtsbehörde.

**Art. 11 Ordnungswidrigkeiten.** (1) Mit Geldbuße bis zu fünfzigtausend Euro kann belegt werden, wer vorsätzlich oder fahrlässig
1. ohne Genehmigung nach Art. 8 Satz 1 in Verbindung mit § 23b Abs. 1 Satz 1 BImSchG eine dort genannte Anlage störfallrelevant errichtet oder ändert,
2. einer vollziehbaren Anordnung nach Art. 8 Satz 1 in Verbindung mit § 24 Satz 1 BImSchG nicht, nicht richtig, nicht vollständig oder nicht rechtzeitig nachkommt,
3. eine Anlage entgegen einer vollziehbaren Untersagung nach Art. 8 Satz 1 in Verbindung mit § 25 Abs. 1 BImSchG betreibt,
4. in Bezug auf eine Anlage im Sinne des Art. 8 Satz 1 eine der in
   a) § 62 Abs. 1 Nr. 2 BImSchG in Verbindung mit § 21 Abs. 1 12. BImSchV oder
   b) § 62 Abs. 1 Nr. 7 BImSchG in Verbindung mit § 21 Abs. 2 12. BImSchV bezeichneten Handlungen begeht

   oder
5. den Verboten nach Art. 9 Abs. 1 und Abs. 2 Satz 1 zuwiderhandelt.

(2) Mit Geldbuße bis zu zwanzigtausend Euro kann belegt werden, wer vorsätzlich oder fahrlässig
1. entgegen Art. 8 Satz 1 in Verbindung mit § 23a Abs. 1 Satz 1 BImSchG eine Anzeige nicht, nicht richtig oder nicht vollständig macht,
2. einer Vorschrift des Art. 8 Satz 1 in Verbindung mit § 52 BImSchG über die Mitwirkung im Rahmen der Überwachung zuwiderhandelt oder
3. einer Verordnung nach Art. 7 Abs. 1 Satz 1 Nr. 1 zuwiderhandelt, wenn die Verordnung für einen bestimmten Tatbestand auf diese Bußgeldvorschrift verweist.

(3) Mit Geldbuße bis zu fünftausend Euro kann belegt werden, wer vorsätzlich oder fahrlässig
1. entgegen Art. 6 Abs. 1 Nr. 1 Motoren laufen lässt,
2. entgegen Art. 6 Abs. 1 Nr. 2 motorisierte Schneefahrzeuge betreibt,
3. einer mit einer Erlaubnis nach Art. 6 Abs. 2 verbundenen vollziehbaren Auflage zuwiderhandelt,
4. einer Rechtsverordnung nach Art. 7 Abs. 1 Satz 1 Nr. 2 zuwiderhandelt, wenn die Verordnung für einen bestimmten Tatbestand auf diese Bußgeldvorschrift verweist, oder

5. einer Rechtsverordnung nach § 47 Abs. 7 BImSchG oder einer auf Grund einer solchen Rechtsverordnung erlassenen vollziehbaren Anordnung zuwiderhandelt, wenn die Verordnung für einen bestimmten Tatbestand auf diese Bußgeldvorschrift verweist.

**Art. 11a** *(nicht abgedruckt)*

**Art. 12 Inkrafttreten, Außerkrafttreten.** (1) [1]Dieses Gesetz tritt am 1. Januar 2020 in Kraft. [2]*(nicht abgedruckt)*

(2) Das Bayerische Immissionsschutzgesetz (BayImSchG) in der in der Bayerischen Rechtssammlung (BayRS 2129-1-1-U) veröffentlichten bereinigten Fassung, das zuletzt durch § 2 des Gesetzes vom 24. Juli 2019 (GVBl. S. 408) geändert worden ist, tritt mit Ablauf des 31. Dezember 2019 außer Kraft.

# BayNatSchG 62

# Gesetz über den Schutz der Natur, die Pflege der Landschaft und die Erholung in der freien Natur (Bayerisches Naturschutzgesetz – BayNatSchG)

(BayRS 791-1-UG)
vom 23. Februar 2011 (GVBl. S. 82),
zuletzt geändert durch Gesetz vom 23. November 2020 (GVBl. S. 98)

## INHALTSÜBERSICHT*

### Teil 1
**Allgemeine Vorschriften**

- Art. 1 Allgemeine Verpflichtung zum Schutz der Natur
- Art. 1a Artenvielfalt
- Art. 1b Naturschutz als Aufgabe für Erziehung
- Art. 2 Alpenschutz
- Art. 3 Land-, Forst- und Fischereiwirtschaft
- Art. 3a Bericht zur Lage der Natur

### Teil 2
**Landschaftsplanung, Landschaftspflege und allgemeiner Schutz von Natur und Landschaft**

- Art. 4 Landschaftsplanung
- Art. 5 Durchführung der Landschaftspflege; Beratung
- Art. 5a Landschaftspflegeprogramm
- Art. 5b Bayerisches Vertragsnaturschutzprogramm
- Art. 5c Bayerisches Vertragsnaturschutzprogramm Wald
- Art. 5d Biodiversitätsberatung
- Art. 6 Wegebau im Alpengebiet; genehmigungsfreie Eingriffe; Land-, Forst- und Fischereiwirtschaft
- Art. 7 Ausgleichsmaßnahmen, Ersatzzahlungen
- Art. 8 Kompensationsmaßnahmen
- Art. 9 Kompensationsverzeichnis
- Art. 10 Pisten
- Art. 11 Zuständigkeit für die Eingriffsregelung
- Art. 11a Himmelsstrahler und Beleuchtungsanlagen
- Art. 11b Gentechnikanbauverbot

### Teil 3
**Schutz von Flächen und einzelnen Bestandteilen der Natur**

- Art. 12 Form der Schutzerklärung
- Art. 13 Nationalparke
- Art. 14 Biosphärenreservate
- Art. 15 Naturparke
- Art. 16 Schutz bestimmter Landschaftsbestandteile
- Art. 17 Schutz von Kennzeichnungen; Registrierung
- Art. 18 Vollzug von Schutzverordnungen
- Art. 19 Biotopverbund, Biotopvernetzung, Arten- und Biotopschutzprogramm

### Teil 4
**Schutz des Europäischen ökologischen Netzes „Natura 2000", gesetzlicher Schutz von Biotopen**

- Art. 20 Auswahl und Festlegung von Natura 2000-Gebieten; besonderer Schutz der Gebiete
- Art. 21 Gentechnisch veränderte Organismen
- Art. 22 Zuständigkeiten für Natura 2000-Verfahren
- Art. 23 Gesetzlich geschützte Biotope
- Art. 23a Verbot von Pestiziden

---

\* *Inhaltsübersicht nicht amtlich.*

## Teil 5
### Zoos und Tiergehege
Art. 24 Zoos
Art. 25 Tiergehege

## Teil 6
### Erholung in der freien Natur
Art. 26 Recht auf Naturgenuss und Erholung
Art. 27 Betretungsrecht; Gemeingebrauch an Gewässern
Art. 28 Benutzung von Wegen; Markierungen
Art. 29 Sportliche Betätigung
Art. 30 Land- und forstwirtschaftlich genutzte Flächen
Art. 31 Beschränkungen der Erholung in der freien Natur
Art. 32 Durchführung von Veranstaltungen
Art. 33 Zulässigkeit von Sperren
Art. 34 Verfahren
Art. 35 Durchgänge
Art. 36 Eigentumsbindung und Enteignung
Art. 37 Pflichten des Freistaates Bayern und der Gebietskörperschaften
Art. 38 Sauberhaltung der freien Natur

## Teil 7
### Vorkaufsrecht, Enteignung und Erschwernisausgleich
Art. 39 Vorkaufsrecht
Art. 40 Enteignung
Art. 41 Beschränkungen des Eigentums; Grundbesitz der öffentlichen Hand
Art. 42 Erschwernisausgleich; Ausgleich von Nutzungsbeschränkungen in der Land-, Forst- und Fischereiwirtschaft

## Teil 8
### Organisation, Zuständigkeit und Verfahren
Art. 43 Behörden
Art. 44 Zuständigkeiten; Ersetzung
Art. 45 Mitwirkung von anerkannten Naturschutzvereinigungen
Art. 46 Bayerisches Landesamt für Umwelt
Art. 47 Akademie für Naturschutz und Landschaftspflege
Art. 48 Naturschutzbeiräte
Art. 49 Naturschutzwacht
Art. 50 Bayerischer Naturschutzfonds
Art. 51 Zuständigkeit für den Erlass von Rechtsverordnungen
Art. 52 Verfahren zur Inschutznahme
Art. 53 Kennzeichnung der Schutzgegenstände
Art. 54 Zutrittsrecht; einstweilige Sicherstellung; Veränderungssperre
Art. 55 Datenschutz
Art. 56 Befreiungen

## Teil 9
### Ordnungswidrigkeiten
Art. 57 Ordnungswidrigkeiten
Art. 58 Einziehung

## Teil 10
### Übergangs- und Schlussvorschriften
Art. 59 *(aufgehoben)*
Art. 60 Überleitungsvorschriften
Art. 61 Inkrafttreten

## Teil 1
# Allgemeine Vorschriften

**Art. 1 Allgemeine Verpflichtung zum Schutz der Natur (abweichend von § 2 Abs. 4 Bundesnaturschutzgesetz – BNatSchG).** ¹Naturschutz ist verpflichtende Aufgabe für Staat und Gesellschaft sowie für jeden einzelnen Bürger und für jede einzelne Bürgerin. ²Staat, Gemeinden, Landkreise, Bezirke und sonstige juristische Personen des öffentlichen Rechts sind verpflichtet, ihre Grundstücke im Sinn der Ziele und Grundsätze des Naturschutzes und der Landschaftspflege zu bewirtschaften. ³Die jeweilige Zweckbestimmung eines Grundstücks bleibt unberührt. ⁴Ökologisch besonders wertvolle Grundstücke im Eigentum von Staat, Gemeinden, Landkreisen, Bezirken und sonstigen juristischen Personen des öffentlichen Rechts dienen vorrangig den Zielen des Naturschutzes und der Landschaftspflege. ⁵Bei Überlassung von ökologisch besonders wertvollen Grundstücken an Dritte ist die Beachtung der Verpflichtung nach Satz 4 sicherzustellen.

**Art. 1a Artenvielfalt.** ¹Über § 1 Abs. 2 BNatSchG hinaus verpflichtet sich der Freistaat Bayern, zur dauerhaften Sicherung und Entwicklung der Artenvielfalt in Flora und Fauna darauf hinzuwirken, deren Lebensräume zu erhalten und zu verbessern, um einen weiteren Verlust von Biodiversität zu verhindern. ²Ziel ist, die landwirtschaftlich genutzten Flächen des Landes nach und nach, bis 2025 mindestens 20% und bis 2030 mindestens 30%, gemäß den Grundsätzen des ökologischen Landbaus gemäß der Verordnung (EG) Nr. 834/2007 und des Gesetzes zur Durchführung der Rechtsakte der Europäischen Gemeinschaft oder der Europäischen Union auf dem Gebiet des ökologischen Landbaus (Öko-Landbaugesetz – ÖLG) in der jeweils geltenden Fassung zu bewirtschaften. ³Staatliche Flächen sind bereits ab 2020 gemäß diesen Vorgaben zu bewirtschaften.

**Art. 1b Naturschutz als Aufgabe für Erziehung (zu § 2 Abs. 6 BNatSchG).** ¹Die Ziele und Aufgaben des Naturschutzes und der Landschaftspflege werden bei der pädagogischen Aus- und Fortbildung, in den Lehr- und Bildungsplänen und bei den Lehr- und Lernmitteln berücksichtigt. ²Insbesondere sind die Folgen des Stickstoffeintrages, die Auswirkungen von Schlaggrößen, die Bedeutung der Fruchtfolge-Entscheidungen und die Auswirkungen des Pestizideinsatzes und weiterer produktionsintegrierter Maßnahmen auf den Artenreichtum und das Bodenleben darzustellen. ³Im Sinne eines umfassenden Bildungsauftrags werden die Aufgaben und die Leistungen der Landwirtschaft für die Kulturlandschaft und die Gemeinwohlleistungen für die Vielfalt in der Natur vermittelt. ⁴Das ist zu integrieren in einen allgemeinen Bildungsauftrag, in dem Zusammenhänge und Wechselwirkungen in der Natur und die Bedeutung der Biodiversität vermittelt werden.

**Art. 2 Alpenschutz (abweichend von § 1 Abs. 2 bis 6 BNatSchG).** ¹Die bayerischen Alpen sind mit ihrer natürlichen Vielfalt an wild lebenden Tier- und Pflanzenarten einschließlich ihrer Lebensräume als Landschaft von einzigartiger Schönheit in ihren Naturräumen von herausragender Bedeutung zu erhalten. ²Der Freistaat Bayern kommt dieser Verpflichtung auch durch den Vollzug verbindlicher internationaler Vereinbarungen, insbesondere der Alpenkonvention, nach.

**Art. 3 Land-, Forst- und Fischereiwirtschaft (abweichend von § 5 BNatSchG).** (1) Bei Maßnahmen des Naturschutzes und der Landschaftspflege ist die besondere Bedeutung einer natur- und landschaftsverträglichen Land-, Forst- und Fischereiwirtschaft für die Erhaltung der Kultur- und Erholungslandschaft zu berücksichtigen.

(2) ¹Die Land- und Fischereiwirtschaft hat im Rahmen der guten fachlichen Praxis die Anforderungen der für sie geltenden Vorschriften, des § 17 Abs. 2 des Bundes-Bodenschutzgesetzes (BBodSchG), der sonstigen Vorschriften des Bundesnaturschutzgesetzes und dieses Gesetzes zu beachten. ²Die Forstwirtschaft hat die Vorschriften des Waldgesetzes für Bayern und die sonstigen für sie geltenden Regelungen zu beachten, wobei im Staatswald das vorrangige Ziel zu verfolgen ist, die biologische Vielfalt des Waldes zu erhalten oder zu erreichen. ³Dabei sollen die Nutz-, Schutz- und Erholungsfunktionen der Wälder erhalten bleiben.

(3) ¹Auf erosionsgefährdeten Hängen, in Überschwemmungsgebieten, auf Standorten mit hohem Grundwasserstand sowie auf Moorstandorten soll Grünland erhalten bleiben. ²Dazu sollen vorrangig vertragliche Vereinbarungen und Förderprogramme genutzt werden. ³§ 17 Abs. 8 BNatSchG gilt entsprechend.

(4) ¹Bei der landwirtschaftlichen Nutzung ist es verboten
1. Dauergrünland und Dauergrünlandbrachen umzuwandeln,
2. den Grundwasserstand in Nass- und Feuchtgrünland sowie -brachen und auf Moor- und Anmoorstandorten abzusenken, davon unberührt bleiben bestehende Absenkungs- und Drainagemaßnahmen,
3. Feldgehölze, Hecken, Säume, Baumreihen, Lesesteinhaufen, Natursteinmauern, natürliche Totholzansammlungen, Feldraine und Kleingewässer als naturbetonte Strukturelemente der Feldflur zu beeinträchtigen; eine solche Beeinträchtigung ist jede Schädigung oder Minderung der Substanz dieser Elemente, insbesondere das Unterpflügen oder Verfüllen; unberührt von diesem Verbot bleiben gewerbliche Anpflanzungen im Rahmen des Gartenbaus,
4. Dauergrünlandpflegemaßnahmen durch umbrechende Verfahren wie Pflügen oder umbruchlose Verfahren wie Drill-, Schlitz- oder Übersaat auf landwirtschaftlich genutzten Flächen, die als gesetzliche Biotope nach § 30 Abs. 2 Nr. 2 BNatSchG sowie nach Art. 23 Abs. 1 eingestuft sind, durchzuführen,
5. bei der Mahd auf Grünlandflächen ab 1 Hektar von außen nach innen zu mähen, davon unberührt bleibt stark hängiges Gelände,
6. ab dem Jahr 2020 auf 10% der Grünlandflächen der Landesfläche Bayerns die erste Mahd vor dem 15. Juni durchzuführen,
7. ab dem Jahr 2020 Grünlandflächen nach dem 15. März zu walzen und
8. ab dem 1. Januar 2022 auf Dauergrünlandflächen flächenhaft Pflanzenschutzmittel einzusetzen.

²Dauergrünland im Sinne dieses Gesetzes sind alle auf natürliche Weise entstandenen Grünlandflächen sowie angelegte und dauerhaft als Wiese, Mähweide oder Weide genutzte Grünlandflächen und deren Brachen. ³Nicht auf Dauer angelegte Ackerfutterflächen sind kein Dauergrünland im Sinne dieses Geset-

zes. ⁴Das in Satz 1 Nr. 6 für den Grünlandanteil der Landesfläche Bayerns insgesamt geregelte Schutzziel soll nach Maßgabe der verfügbaren Haushaltsmittel im Rahmen von vertraglichen Vereinbarungen oder der Teilnahme an Förderprogrammen auf Flächen einzelner Betriebe in allen Landesteilen umgesetzt werden.

(5) ¹Von dem Verbot des Abs. 4 Nr. 1 sind auf Antrag Ausnahmen zuzulassen, wenn die Beeinträchtigungen ausgeglichen werden. ² Von den Verboten des Abs. 4 Nrn. 2 bis 4 können auf Antrag Ausnahmen zugelassen werden, wenn die Beeinträchtigungen ausgeglichen oder ersetzt werden. ³Für die punktuelle Beseitigung giftiger, invasiver oder bei vermehrtem Auftreten für die Grünlandnutzung problematischen Pflanzenarten können von dem Verbot des Abs. 4 Nr. 8 auf Antrag Ausnahmen zugelassen werden.

(6) ¹Soweit auf Grund der örtlichen Witterungsverhältnisse voraussichtlich in einer erheblichen Zahl von Fällen die Voraussetzungen für die Erteilung einer Befreiung nach § 67 Abs. 1 Satz 1 BNatSchG gegeben wären, kann die Staatsregierung durch Rechtsverordnung gebietsbezogen gestatten, durch Allgemeinverfügung einen späteren als in den in Abs. 4 Satz 1 Nr. 7 genannten Zeitpunkt zu bestimmen, ab dem Grünflächen nicht mehr gewalzt werden dürfen. ²Zuständig für den Erlass der Allgemeinverfügung sind die Regierugen. ³Hinsichtlich des Prüfungsmaßstabs gilt Satz 1 entsprechend.

(7) Die Beseitigung von Unwetter-, Wild- und Weideschäden bleibt von den Verboten des Abs. 4 Satz 1 Nr. 4 und 7 unberührt.

**Art. 3a Bericht zur Lage der Natur (zu § 6 BNatSchG).** ¹Die oberste Naturschutzbehörde ist verpflichtet, dem Landtag und der Öffentlichkeit in jeder Legislaturperiode auf der Basis ausgewählter Indikatoren über den Status und die Entwicklung der biologischen Vielfalt in Bayern zu berichten (Bericht zur Lage der Natur). ²Einmal jährlich ist dem Landtag und der Öffentlichkeit ein Statusbericht zu den ökologisch genutzten Landwirtschaftsflächen im Sinne des Art. 1a vorzulegen.

Teil 2

# Landschaftsplanung, Landschaftspflege und allgemeiner Schutz von Natur und Landschaft

**Art. 4 Landschaftsplanung (Art. 4 Abs. 2 Satz 2 abweichend von § 11 Abs. 2 Satz 2 BNatSchG).** (1) Die überörtlichen raumbedeutsamen Erfordernisse und Maßnahmen zur Verwirklichung der Ziele des Naturschutzes und der Landschaftspflege werden
1. im Landschaftsprogramm als Teil des Landesentwicklungsprogramms,
2. in Landschaftsrahmenplänen als Teile der Regionalpläne dargestellt.

## 62 BayNatSchG — Bayerisches Naturschutzgesetz

(2) ¹Landschaftspläne sind Bestandteile der Flächennutzungspläne und Grünordnungspläne Bestandteile der Bebauungspläne. ²Grünordnungspläne sind von der Gemeinde aufzustellen, sobald und soweit dies aus Gründen des Naturschutzes und der Landschaftspflege erforderlich ist; sie können dabei auf Teile des Bebauungsplans beschränkt werden.

(3) ¹Ist ein Bauleitplan nicht erforderlich, gelten für das Verfahren zur Aufstellung von Landschafts- und Grünordnungsplänen sowie für die Genehmigung die Vorschriften für Bauleitpläne entsprechend. ²Der Landschaftsplan hat in diesem Fall die Rechtswirkung eines Flächennutzungsplans, der Grünordnungsplan die eines Bebauungsplans.

**Art. 5 Durchführung der Landschaftspflege; Beratung (Art. 5 Abs. 2 abweichend von § 3 Abs. 4 BNatSchG).** (1) ¹Zur Verwirklichung der Ziele des Naturschutzes und der Landschaftspflege, insbesondere zum Erhalt der biologischen Vielfalt, können die unteren und höheren Naturschutzbehörden auf der Grundlage des Bayerischen Landschaftspflegekonzepts, des Arten- und Biotopschutzprogramms sowie der Bayerischen Biodiversitätsstrategie landschaftspflegerische und -gestalterische Maßnahmen durchführen. ²Zur Umsetzung der Maßnahmen sollen die Formen der kooperativen Zusammenarbeit, insbesondere Vertragsnaturschutz- und Landschaftspflegeprogramme der obersten Naturschutzbehörde, genutzt werden. ³Auch andere Behörden und öffentliche Stellen können durch vertragliche Vereinbarungen und Förderprogramme zur Verwirklichung der Ziele des Naturschutzes und der Landschaftspflege beitragen.

(2) ¹Mit der Ausführung der Maßnahmen nach Abs. 1 sollen nach Möglichkeit land- und forstwirtschaftliche Betriebe, Zusammenschlüsse solcher Betriebe, die sich zum Zweck der gemeinschaftlichen Bodenbewirtschaftung bilden, und Selbsthilfeeinrichtungen der Land- und Forstwirtschaft beauftragt werden. ²Die Naturschutzbehörden können ferner öffentlich-rechtliche Körperschaften, Träger von Naturparken sowie Vereine und Verbände, die sich satzungsgemäß dem Naturschutz, der Landschaftspflege oder den Angelegenheiten der Erholung in der freien Natur widmen, beauftragen. ³Die Beauftragung erfolgt nur mit Einverständnis der Beauftragten. ⁴Hoheitliche Befugnisse können dadurch nicht übertragen werden.

(3) ¹Die Vorbereitung, Betreuung und Ausführung der Maßnahmen nach Abs. 1 kann auch Vereinen übertragen werden, in denen möglichst flächendeckend kommunale Gebietskörperschaften, Landwirte und anerkannte Naturschutzverbände sich gleichberechtigt und für den Naturschutz und die Landschaftspflege einsetzen (Landschaftspflegeverbände). ²Der Staat unterstützt die Träger von Naturparken und die Landschaftspflegeverbände im Rahmen der verfügbaren Haushaltmittel in ihren Tätigkeiten und gegenseitigen Abstimmung. ³Abs. 2 Satz 3 und 4 gilt entsprechend.

(4) ¹Zu den Aufgaben der staatlichen Behörden gehört im Rahmen ihrer Zuständigkeit die Beratung über die Ziele und Grundsätze des Naturschutzes und der Landschaftspflege. ²Die Beratung soll dazu beitragen, dass die Ziele des

Bayerisches Naturschutzgesetz

Naturschutzes und der Landschaftspflege auch ohne hoheitliche Maßnahmen verwirklicht werden können.

**Art. 5a Landschaftspflegeprogramm.** Zugunsten von Naturschutz und Landschaftspflege können im Rahmen der verfügbaren Haushaltsmittel insbesondere folgende Maßnahmen gefördert werden:
1. Erhaltung, Pflege, Entwicklung und Neuschaffung ökologisch wertvoller Lebensräume,
2. Erhaltung der Artenvielfalt einschließlich kommunaler Maßnahmen,
3. Naturschutzprojekte sowie Projekte zur Renaturierung von Mooren,
4. Umsetzung der Landschaftspläne,
5. Aufbau und Pflege des Biotopverbunds gemäß Art. 19 Abs. 1 und
6. naturschutzbezogene Information und Beratung.

**Art. 5b Bayerisches Vertragsnaturschutzprogramm.** Zur kooperativen Umsetzung natur- und artenschutzfachlicher Ziele kann im Rahmen der verfügbaren Haushaltsmittel die natur- und artenschutzverträgliche Bewirtschaftung und Pflege von
1. Natura 2000-Gebieten, Naturschutzgebieten, Nationalparken, Biosphärenreservaten, gesetzlich geschützten Biotopen, Streuobstbeständen und Wiesenbrütergebieten,
2. nationalen Naturmonumenten, Naturdenkmälern und geschützten Landschaftsbestandteilen,
3. Flächen mit Vorkommen geschützter oder gefährdeter Arten,
4. Flächen zum Aufbau des Biotopverbunds nach Art. 19 Abs. 1 und
5. Gewässerrandstreifen,

oder eine besonders naturverträgliche Weidetierhaltung gefördert werden.

**Art. 5c Bayerisches Vertragsnaturschutzprogramm Wald.** Zur kooperativen Umsetzung natur- und artenschutzschutzfachlicher Ziele im Privat- und Körperschaftswald können im Rahmen der verfügbaren Haushaltsmittel insbesondere in den in Art. 5b genannten Teilen der Natur und Landschaft ökologisch besonders wertvolle Nutzungsformen des Waldes und der Erhalt ökologisch besonders wertvoller Strukturen und Standorte gefördert werden.

**Art. 5d Biodiversitätsberatung.** [1]An den unteren Naturschutzbehörden werden im Rahmen der zur Verfügung stehenden Stellen Biodiversitätsberater eingesetzt. [2]Sie sollen helfen, in Zusammenarbeit mit den Eigentümern und Landbewirtschaftern, Kommunen, Erholungssuchenden, Verbänden und sonstigen Betroffenen in ökologisch wertvollen Teilen der Natur und Landschaft gemäß Art. 5b die natur- und artenschutzfachlichen Ziele und Maßnahmen umzusetzen, und den Aufbau des Biotopverbunds nach Art. 19 Abs. 1 begleiten.

**Art. 6 Wegebau im Alpengebiet; genehmigungsfreie Eingriffe; Land-, Forst- und Fischereiwirtschaft (Art. 6 Abs. 1 bis 3 abweichend von § 17 Abs. 3 BNatSchG; Art. 6 Abs. 4 abweichend von § 14 Abs. 2 BNatSchG;**

## 62 BayNatSchG — Bayerisches Naturschutzgesetz

**Art. 6 Abs. 5 abweichend von § 14 Abs. 3 BNatSchG).** (1) [1]Im Alpengebiet im Sinn der Verordnung über das Landesentwicklungsprogramm Bayern ist die Errichtung oder wesentliche Änderung von Straßen und befahrbaren Wegen, die keiner öffentlich-rechtlichen Gestattung bedarf, mindestens drei Monate vorher der unteren Naturschutzbehörde anzuzeigen. [2]Anordnungen nach § 15 BNatSchG sind nur innerhalb von drei Monaten nach der Anzeige zulässig.

(2) [1]Ein Eingriff, der nicht von einer Behörde durchgeführt wird und der keiner behördlichen Zulassung oder Anzeige nach anderen Rechtsvorschriften bedarf, kann untersagt werden, wenn erhebliche Beeinträchtigungen von Natur und Landschaft vermeidbar oder unvermeidbare erhebliche Beeinträchtigungen nicht im erforderlichen Maß auszugleichen oder zu ersetzen sind und die Belange des Naturschutzes und der Landschaftspflege bei Abwägung aller Anforderungen an Natur und Landschaft im Rang vorgehen. [2]Die Durchführung des Eingriffs kann vorläufig eingestellt werden, wenn erhebliche Beeinträchtigungen zu erwarten sind. [3]Es können die Wiederherstellung des ursprünglichen Zustands oder, soweit diese nur mit unverhältnismäßigem Aufwand möglich ist, Maßnahmen nach § 15 BNatSchG angeordnet werden.

(3) Auf Antrag des Verursachers eines Eingriffs wird ein Genehmigungsverfahren nach § 17 Abs. 3 BNatSchG durchgeführt.

(4) [1]Die land-, forst- und fischereiwirtschaftliche Bodennutzung ist ordnungsgemäß und nicht als Eingriff anzusehen, soweit dabei die Ziele des Naturschutzes und der Landschaftspflege berücksichtigt werden. [2]Die den in Art. 3 Abs. 2 genannten Anforderungen sowie den Regeln der guten fachlichen Praxis, die sich aus dem Recht der Land-, Forst- und Fischereiwirtschaft und § 17 Abs. 2 BBodSchG ergeben, entsprechende land-, forst- und fischereiwirtschaftliche Bodennutzung widerspricht in der Regel nicht den in Satz 1 genannten Zielen. [3]Als ordnungsgemäß gilt die nach dem Waldgesetz für Bayern zulässige und vorgeschriebene Waldbewirtschaftung.

(5) Nicht als Eingriff gilt die Wiederaufnahme einer land-, forst- und fischereiwirtschaftlichen Bodennutzung, wenn sie zeitweise eingeschränkt oder unterbrochen war

1. auf Grund vertraglicher Vereinbarungen oder auf Grund der Teilnahme an öffentlichen Programmen zur Bewirtschaftungsbeschränkung und wenn die Wiederaufnahme innerhalb von fünfzehn Jahren nach Auslaufen der Einschränkung oder Unterbrechung erfolgt,
2. auf Grund der Durchführung von vorgezogenen Kompensationsmaßnahmen, die vorgezogene Maßnahme aber nicht für eine Kompensation in Anspruch genommen wird.

**Art. 7 Ausgleichsmaßnahmen, Ersatzzahlungen.** [1]Ausgleichsmaßnahmen im Sinne des § 15 BNatSchG sollen im Sinne der Artenvielfalt festgelegt werden, wobei insbesondere auch auf die Förderung alter Kultursorten geachtet werden soll. [2]Ersatzzahlungen im Sinn des § 15 Abs. 6 BNatSchG sind an den Bayerischen Naturschutzfonds zu entrichten und von diesem im Bereich der vom Eingriff räumlich betroffenen unteren Naturschutzbehörde nach deren näherer Bestimmung für Maßnahmen des Naturschutzes und der Landschaftspflege zu verwenden. ³Eine Verwendung in anderen Bereichen ist möglich, wenn die betroffenen unteren Naturschutzbehörden ihr Einvernehmen erteilt haben oder nach Bestimmung der obersten Naturschutzbehörde, sofern Mittel nach zwei Jahren nicht für konkrete Maßnahmen verwendet worden sind.

**Art. 8 Kompensationsmaßnahmen (Art. 8 Abs. 1 Satz 2 abweichend von § 14 Abs. 3 BNatSchG; Art. 8 Abs. 3 abweichend von § 15 Abs. 7 und 8 BNatSchG).** (1) ¹Die untere Naturschutzbehörde bestätigt im Benehmen mit der betroffenen Fachbehörde die grundsätzliche Eignung der Fläche und der vorgesehenen vorgezogenen Ausgleichs- und Ersatzmaßnahmen nach § 16 Abs. 1 Nr. 1 BNatSchG. ²Die Wiederherstellung des Ausgangszustands bleibt bis zur Entscheidung durch die nach § 17 Abs. 1 BNatSchG zuständige Behörde möglich.

(2) Die Staatsregierung wird ermächtigt, Regelungen zur Bevorratung von vorgezogenen Ausgleichs- und Ersatzmaßnahmen, insbesondere die Erfassung, Bewertung oder Buchung vorgezogener Ausgleichs- und Ersatzmaßnahmen, deren Genehmigungsbedürftigkeit und Handelbarkeit sowie den Übergang der Verantwortung nach § 15 Abs. 4 BNatSchG auf Dritte, die vorgezogene Ausgleichs- und Ersatzmaßnahmen durchführen, durch Rechtsverordnung zu treffen.

(3) ¹Die Staatsregierung wird ermächtigt, das Nähere zur Kompensation von Eingriffen durch Rechtsverordnung zu regeln, insbesondere
1. zu Inhalt, Art und Umfang von Ausgleichs- und Ersatzmaßnahmen einschließlich Maßnahmen zur Entsiegelung, zur Wiedervernetzung von Lebensräumen und zur Bewirtschaftung und Pflege sowie zur Festlegung diesbezüglicher Standards, insbesondere für vergleichbare Eingriffsarten,
2. die Höhe der Ersatzzahlung und das Verfahren zu ihrer Erhebung.
²§ 15 Abs. 7 und 8 BNatSchG und darauf gestützte Verordnungen des Bundes finden keine Anwendung.

**Art. 9 Kompensationsverzeichnis (Art. 9 Satz 4 abweichend von § 17 Abs. 6 BNatSchG).** ¹Die für Ausgleichs- und Ersatzmaßnahmen festgesetzten Flächen sowie Flächen im Sinn des § 16 Abs. 1 BNatSchG werden im Kompensationsverzeichnis als Teil des Ökoflächenkatasters erfasst. ²Hierzu übermitteln die nach § 17 Abs. 1 BNatSchG zuständigen Behörden dem Landesamt für Umwelt rechtzeitig die für die Erfassung und Kontrolle der Flächen erforderlichen Angaben in aufbereitbarer Form. ³Die unteren Naturschutzbehörden übermitteln in den Fällen des Art. 7 und des § 16 Abs. 1 BNatSchG die erforderlichen Angaben. ⁴Die Gemeinden übermitteln die erforderlichen Angaben, wenn Flächen oder Maßnahmen zum Ausgleich im Sinn des § 1a Abs. 3 des Baugesetzbuchs in einem gesonderten Bebauungsplan festgesetzt sind oder Maßnahmen auf von der Gemeinde bereitgestellten Flächen durchgeführt werden.

**Art. 10 Pisten.** (1) [1]Das erstmalige dauerhafte Herrichten eines durch eine mechanische Aufstiegshilfe erschlossenen Geländes zum Zweck des Abfahrens mit Ski, Skibobs oder Rodeln (Skipiste) oder mit anderen Sportgeräten und seine wesentliche Änderung oder Erweiterung bedürfen der Erlaubnis. [2]Die Erlaubnispflicht für Skipisten tritt ab den in Abs. 2 genannten Schwellenwerten ein. [3]In der Erlaubnis ist über die Zulässigkeit von zugehörigen Einrichtungen mit zu entscheiden. [4]Die Entscheidung über die Erlaubnis ersetzt die Entscheidung über eine nach anderen Vorschriften erforderliche behördliche Gestattung; die Entscheidung wird im Einvernehmen mit der für die andere Gestattung zuständigen Behörde getroffen. [5]Die Erlaubnis darf nur erteilt werden, wenn dem Vorhaben keine Belange des Allgemeinwohls entgegenstehen und die Anforderungen des § 15 BNatSchG erfüllt sind; ersetzt die Erlaubnis eine andere behördliche Gestattung, darf sie unbeschadet des Halbsatzes 1 nur erteilt werden, wenn das Vorhaben den in dem anderen behördlichen Gestattungsverfahren zu prüfenden öffentlich-rechtlichen Vorschriften nicht widerspricht. [6]Die Erlaubnis kann mit Bedingungen und Auflagen versehen sowie befristet werden.

(2) [1]Betrifft das Vorhaben eine Skipiste von mehr als 10 ha, in Gebieten von gemeinschaftlicher Bedeutung oder in Europäischen Vogelschutzgebieten, in Nationalparken, Naturschutzgebieten oder Biotopen im Sinn des § 30 Abs. 2 BNatSchG von mehr als 5 ha Fläche oder soll es ganz oder zu wesentlichen Teilen in einer Höhe von über 1800 m üNN verwirklicht werden, ist eine Umweltverträglichkeitsprüfung nach Maßgabe des Fünften Teils Abschnitt III des Bayerischen Verwaltungsverfahrensgesetzes (BayVwVfG) durchzuführen. [2]Bei einer Änderung oder Erweiterung von Skipisten ist eine Umweltverträglichkeitsprüfung durchzuführen, wenn
1. der durch die Erweiterung hinzukommende Teil für sich betrachtet oder
2. das durch die Änderung oder Erweiterung entstehende Vorhaben bei einheitlicher Betrachtung erstmals die in Satz 1 genannten Schwellenwerte erfüllt.

[3]Im Fall des Satzes 2 Nr. 2 ist dem geänderten oder erweiterten Vorhaben derjenige Teil des Bestands nicht mehr zuzurechnen, der früher als zwei Jahre vor Eingang des Antrags auf Zulassung des Änderungs- oder Erweiterungsvorhabens bei der zuständigen Behörde in Betrieb genommen worden ist.

**Art. 11 Zuständigkeit für die Eingriffsregelung.** (1) Die nach § 17 Abs. 1 BNatSchG für Naturschutz und Landschaftspflege zuständige Behörde ist die Naturschutzbehörde der vergleichbaren Verwaltungsstufe.

(2) Die Beurteilung einer land-, forst- oder fischereiwirtschaftlichen Bodennutzung als Eingriff in Natur und Landschaft bedarf des Einvernehmens mit der jeweiligen Fachbehörde der vergleichbaren Verwaltungsstufe.

**Art. 11a Himmelstrahler und Beleuchtungsanlagen.** [1]Eingriffe in die Insektenfauna durch künstliche Beleuchtung im Außenbereich sind zu vermeiden. [2]Himmelstrahler und Einrichtungen mit ähnlicher Wirkung sind unzulässig. ³Beim Aufstellen von Beleuchtungsanlagen im Außenbereich müssen die Auswirkungen auf die Insektenfauna, insbesondere deren Beeinträchtigung und Schädigung, überprüft und die Ziele des Artenschutzes berücksichtigt werden. ⁴Beleuchtungen in unmittelbarer Nähe von geschützten Landschaftsbestandteilen und Biotopen sind nur in Ausnahmefällen von der zuständigen Behörde oder mit deren Einvernehmen zu genehmigen.

**Art. 11b Gentechnikanbauverbot.** Der Anbau gentechnisch veränderter Pflanzen ist in Bayern verboten.

Teil 3
## Schutz von Flächen und einzelnen Bestandteilen der Natur

**Art. 12 Form der Schutzerklärung.** (1) ¹Die Unterschutzstellung von Teilen von Natur und Landschaft nach § 20 Abs. 2 Nrn. 1, 2, 4, 6 und 7 BNatSchG erfolgt durch Rechtsverordnung, sofern in diesem Gesetz nichts anderes bestimmt ist. ²Die Unterschutzstellung eines Gebiets als Nationalpark nach § 24 Abs. 1 BNatSchG bedarf hinsichtlich der Erklärung, des Gebietsumfangs und des Schutzzwecks der Zustimmung des Landtags.

(2) Die Erklärung zum Biosphärenreservat und zum Naturpark erfolgt durch Allgemeinverfügung.

(3) Auch ohne Erlass einer Rechtsverordnung kann durch Einzelanordnung verboten werden, Gegenstände, die die Voraussetzungen des § 28 Abs. 1 BNatSchG oder des § 29 Abs. 1 BNatSchG erfüllen, zu beseitigen, zu zerstören, zu beschädigen oder zu verändern.

**Art. 13 Nationalparke.** Nationalparke sollen ergänzend zu § 24 Abs. 1 Nr. 1 BNatSchG eine Mindestfläche von 10000 ha haben.

**Art. 14 Biosphärenreservate (abweichend von § 25 BNatSchG).** (1) ¹Die oberste Naturschutzbehörde kann großflächige, repräsentative Ausschnitte von Kulturlandschaften nach Anerkennung durch die Organisation der Vereinten Nationen für Erziehung, Wissenschaft und Kultur zu Biosphärenreservaten erklären. ²Biosphärenreservate dienen in beispielhafter Weise insbesondere
1. dem Schutz, der Pflege und der Entwicklung von Kulturlandschaften und deren Biotop- und Artenvielfalt,
2. der Entwicklung einer nachhaltigen Wirtschaftsweise, die den Ansprüchen von Mensch und Natur gleichermaßen gerecht wird,
3. der Bildung für nachhaltige Entwicklung, der naturkundlichen Bildung und dem Naturerlebnis, der Beobachtung von Natur und Landschaft sowie der Forschung.

(2) Biosphärenreservate sollen entsprechend dem Einfluss menschlicher Tätigkeit in Kern-, Pflege- und Entwicklungszonen gegliedert werden.

(3) Biosphärenreservate können auch als Biosphärengebiete oder Biosphärenregionen bezeichnet werden.

**Art. 15 Naturparke (abweichend von § 27 BNatSchG).** (1) Großräumige, der naturräumlichen Gliederung entsprechende Gebiete von in der Regel mindestens 20000 ha Fläche, die
1. überwiegend als Landschaftsschutzgebiete oder Naturschutzgebiete festgesetzt sind,
2. sich wegen ihrer landschaftlichen Voraussetzungen für umweltverträgliche Erholungsformen besonders eignen,
3. der Erhaltung, Entwicklung oder Wiederherstellung einer durch vielfältige Nutzungsformen geprägten Landschaft und ihrer Arten- und Biotopvielfalt dienen und in denen zu diesem Zweck eine dauerhaft umweltgerechte Landnutzung angestrebt wird,
4. besonders dazu geeignet sind, eine nachhaltige Regionalentwicklung zu fördern und
5. durch einen Träger entsprechend ihrem Naturschutz- und Erholungszweck entwickelt und gepflegt werden,

können von der obersten Naturschutzbehörde zu Naturparken erklärt werden.

(2) Naturparkverordnungen der obersten Naturschutzbehörde gelten hinsichtlich der Festsetzung von Schutzzonen mit Verboten als Rechtsverordnungen über Landschaftsschutzgebiete weiter.

**Art. 16 Schutz bestimmter Landschaftsbestandteile.** (1) [1]Es ist verboten, in der freien Natur
1. Hecken, lebende Zäune, Feldgehölze oder -gebüsche einschließlich Ufergehölze oder -gebüsche zu roden, abzuschneiden, zu fällen oder auf sonstige Weise erheblich zu beeinträchtigen,
2. Höhlen, ökologisch oder geomorphologisch bedeutsame Dolinen, Toteislöcher, aufgelassene künstliche unterirdische Hohlräume, Trockenmauern, Lesesteinwälle sowie Tümpel und Kleingewässer zu beseitigen oder erheblich zu beeinträchtigen,
3. entlang natürlicher oder naturnaher Bereiche fließender oder stehender Gewässer, ausgenommen künstliche Gewässer im Sinne von § 3 Nr. 4 des Wasserhaushaltsgesetzes und Be- und Entwässerungsgräben im Sinne von Art. 1 des Bayerischen Wassergesetzes, in einer Breite von mindestens 5 m von der Uferlinie diese garten- oder ackerbaulich zu nutzen (Gewässerrandstreifen),
4. Bodensenken im Außenbereich im Sinne des § 35 des Baugesetzbuches zu verfüllen,
5. Alleen an öffentlichen oder privaten Verkehrsflächen und Wirtschaftswegen zu beseitigen, beschädigen oder auf sonstige Weise erheblich zu beeinträchtigen.

²Das Verbot nach Satz 1 Nr. 1 gilt nicht für
1. die ordnungsgemäße Nutzung und Pflege im Zeitraum Oktober bis 28. Februar, die den Bestand erhält,
2. schonende Form- und Pflegeschnitte zur Beseitigung des Zuwachses,
3. Maßnahmen, die zur Gewährleistung der Verkehrssicherheit öffentlicher Verkehrswege oder der öffentlich-rechtlichen Verpflichtung zur Interhaltung der Gewässer erforderlich sind.

(2) § 17 Abs. 8 BNatSchG sowie Art. 23 Abs. 3 gelten entsprechend.

**Art. 17 Schutz von Kennzeichnungen; Registrierung.** (1) Die Schutzbegriffe „Naturschutzgebiet", „Nationalpark", „Nationale Naturmonumente", „Naturdenkmal", „geschützter Landschaftsbestandteil", „Landschaftsschutzgebiet", „Naturpark", „Biosphärenreservat", „Biosphärengebiet" und „Biosphärenregion" dürfen nur für die nach den Bestimmungen dieses Teils ausgewiesenen bzw. erklärten Gebiete und Gegenstände verwendet werden.

(2) ¹Die nach diesem Teil geschützten Flächen und einzelnen Bestandteile der Natur sind in Verzeichnisse einzutragen; dies gilt nicht für den Schutz bestimmter Landschaftsbestandteile nach Art. 16. ²Die Verzeichnisse für Naturschutzgebiete, Nationalparke, Nationale Naturmonumente, Landschaftsschutzgebiete, Naturparke, Biosphärenreservate, Biosphärengebiete und Biosphärenregionen werden beim Landesamt für Umwelt, die sonstigen Verzeichnisse bei den unteren Naturschutzbehörden geführt.

**Art. 18 Vollzug von Schutzverordnungen.** (1) Eine auf Grund einer Schutzverordnung erforderliche behördliche Gestattung wird durch eine nach anderen Vorschriften erforderliche behördliche Gestattung ersetzt; diese Gestattung darf nur erteilt werden, wenn die Voraussetzungen für die Erteilung der nach der Schutzverordnung erforderlichen Gestattung vorliegen und die nach Naturschutzrecht zuständige Behörde ihr Einvernehmen erklärt.

(2) Werden Veränderungen oder Störungen von geschützten oder von einstweilig sichergestellten Gebieten oder Gegenständen oder von geplanten Naturschutzgebieten im Sinn des Art. 54 Abs. 3 im Widerspruch zu öffentlich-rechtlichen Vorschriften begonnen oder durchgeführt, sind die Vorschriften des § 17 Abs. 8 BNatSchG entsprechend anzuwenden.

**Art. 19 Biotopverbund, Biotopvernetzung, Arten- und Biotopschutzprogramm.** (1) ¹Der Freistaat Bayern schafft ein Netz räumlich oder funktional verbundener Biotope (Biotopverbund), das bis zum Jahr 2023 mindestens 10% Offenland und bis zum Jahr 2027 mindestens 13% Offenland der Landesfläche umfasst. ²Ziel ist, dass der Biotopverbund bis zum Jahr 2030 mindestens 15% Offenland der Landesfläche umfasst.

(2) Fachliche Grundlage für die Auswahl der Bestandteile des Biotopverbunds nach § 21 Abs. 3 BNatSchG ist insbesondere das Arten- und Biotopschutzprogramm. ²Es enthält

1. die Daten und Bewertung der unter dem Gesichtspunkt des Arten- und Biotopschutzes bedeutsamen Populationen, Lebensgemeinschaften und Biotope lebender Tier- und Pflanzenarten, insbesondere der in ihrem Bestand gefährdeten Arten und Lebensräume,
2. die zu ihrem Schutz, Pflege und Entwicklung erforderlichen Ziele und Maßnahmen sowie Wege zu ihrer Verwirklichung.

³Für die Auswahl von Flächen bei der funktionale Zusammenhang innerhalb des Biotopverbunds besonderes Gewicht. ⁴Zur Umsetzung sollen unter anderem entlang von Gewässern, Waldrändern und Verkehrswegen Vernetzungskorridore geschaffen werden. ⁵Die Umsetzung erfolgt im Wege kooperativer Maßnahmen. ⁶Das Arten- und Biotopschutzprogramm unterliegt als Fachkonzept der ständigen Fortentwicklung. ⁷Die Verwirklichung der Ziele und Maßnahmen des Arten- und Biotopschutzprogramms erfolgt insbesondere in Biotopverbundprojekten.

(3) Die oberste Naturschutzbehörde soll dem Landtag und der Öffentlichkeit jährlich einen Statusbericht über den Biotopverbund vorlegen.

(4) Zur Renaturierung von Mooren sowie für eine moorverträgliche land- und forstwirtschaftliche Nutzung erstellt die oberste Naturschutzbehörde im Einvernehmen mit dem Staatsministerium für Ernährung, Landwirtschaft und Forsten einen Fachplan Moore und schreibt diesen bei Bedarf fort.

## Teil 4
## Schutz des Europäischen ökologischen Netzes „Natura 2000"; gesetzlicher Schutz von Biotopen

**Art. 20 Auswahl und Festlegung von Natura 2000-Gebieten; besonderer Schutz der Gebiete (Art. 20 Abs. 2 abweichend von § 32 Abs. 4 BNatSchG).**
(1) ¹Die Staatsregierung wählt die Natura 2000-Gebiete unter Beteiligung der Betroffenen aus. ²Die oberste Naturschutzbehörde wird ermächtigt, die Natura 2000-Gebiete sowie die Gebietsbegrenzungen und die Erhaltungsziele dieser Gebiete durch Rechtsverordnung festzulegen; die Rechtsverordnung ergeht im Einvernehmen mit den Staatsministerien für Wohnen, Bau und Verkehr sowie für Ernährung, Landwirtschaft und Forsten.

(2) Die Unterschutzstellung nach § 32 Abs. 4 BNatSchG kann auch dann unterbleiben, wenn Maßnahmen auf Grund von Förderprogrammen einen gleichwertigen Schutz gewährleisten.

**Art. 21 Gentechnisch veränderte Organismen (abweichend von § 35 BNatSchG).** Auf
1. Freisetzungen gentechnisch veränderter Organismen im Sinn des § 3 Nr. 5 des Gentechnikgesetzes und

2. die land-, forst- und fischereiwirtschaftliche Nutzung von rechtmäßig in Verkehr gebrachten Produkten, die gentechnisch veränderte Organismen enthalten oder aus solchen bestehen, sowie den sonstigen, insbesondere auch nicht erwerbswirtschaftlichen, Umgang mit solchen Produkten, der in seinen Auswirkungen den vorgenannten Handlungen vergleichbar ist, innerhalb eines Natura 2000-Gebiets und eines Umgriffs von 1000 m um das Gebiet sind § 34 Abs. 1 und 2 BNatSchG entsprechend anzuwenden; im Fall der Nr. 2 gilt § 34 Abs. 6 BNatSchG entsprechend mit der Maßgabe, dass § 34 Abs. 3 bis 5 BNatSchG nicht anzuwenden sind.

**Art. 22 Zuständigkeiten für Natura 2000-Verfahren.** (1) ¹Zuständig für Entscheidungen und Maßnahmen nach § 33 Abs. 1 Satz 2 und § 34 Abs. 3 bis 5 BNatSchG ist die nach Art. 56 Satz 1 zuständige Behörde; sind danach für ein Vorhaben neben der höheren Naturschutzbehörde weitere Naturschutzbehörden zuständig, entscheidet die höhere Naturschutzbehörde über das gesamte Vorhaben. ²Die Entscheidung wird durch eine nach anderen Vorschriften erforderliche behördliche Gestattung ersetzt, soweit für diese nicht ihrerseits eine Ersetzung geregelt ist; die Entscheidung ersetzt auch eine nach Art. 56 gleichzeitig erforderliche Befreiung. ³Die behördliche Gestattung darf nur ergehen, wenn die Voraussetzungen für die Entscheidung vorliegen und die nach Satz 1 zuständige Naturschutzbehörde ihr Einvernehmen erteilt hat.

(2) ¹Zuständige Behörde nach § 34 Abs. 6 BNatSchG ist die untere Naturschutzbehörde. ²Ist das Projekt teilweise gestattungspflichtig, ist die nach Abs. 1 zuständige Behörde für das gesamte Projekt zuständig.

(3) ¹Eine Behörde, die ein Projekt durchführt, das weder einer Gestattung nach anderen Rechtsvorschriften noch einer Anzeige an eine andere Behörde bedarf, führt das Projekt unter den Voraussetzungen des § 34 Abs. 1 bis 5 BNatSchG im Einvernehmen mit der Naturschutzbehörde der vergleichbaren Verwaltungsstufe durch. ²Das Einvernehmen entfällt in Gebieten, für die Bewirtschaftungspläne im Sinn des § 32 Abs. 5 BNatSchG vorliegen oder für die die zuständigen Wasserwirtschaftsbehörden Gewässerentwicklungskonzepte aufgestellt haben, die den Anforderungen an Bewirtschaftungspläne im Sinn des § 32 Abs. 5 BNatSchG entsprechen.

(4) Die Verträglichkeitsprüfung erfolgt durch die verfahrensführende Behörde im Benehmen mit der Naturschutzbehörde der vergleichbaren Verwaltungsstufe.

(5) Zuständige Behörde nach § 34 Abs. 4 Satz 2 und Abs. 5 Satz 2 BNatSchG ist die oberste Naturschutzbehörde.

**Art. 23 Gesetzlich geschützte Biotope (Art. 23 Abs. 2 abweichend von § 30 Abs. 2, 3 und 5 BNatSchG, Art. 23 Abs. 3 abweichend von §§ 30 Abs. 3, 67 Abs. 1 BNatSchG, Art. 23 Abs. 4 abweichend von §§ 30 Abs. 3, 67 Abs. 1 BNatSchG).** (1) ¹Gesetzlich geschützte Biotope im Sinn des § 30 Abs. 2 Satz 2 BNatSchG sind auch

## 62 BayNatSchG — Bayerisches Naturschutzgesetz

1. Landröhrichte, Pfeifengraswiesen,
2. Moorwälder,
3. wärmeliebende Säume,
4. Magerrasen, Felsheiden,
5. alpine Hochstaudenfluren,
6. extensiv genutzte Obstbaumwiesen oder -weiden aus hochstämmigen Obstbäumen mit einer Fläche ab 2.500 Quadratmetern (Streuobstbestände) mit Ausnahme von Bäumen, die weniger als 50 Meter vom nächstgelegenen Wohngebäude oder Hofgebäude entfernt sind und
7. arten- und strukturreiches Dauergrünland.

²Die Staatsregierung wird ermächtigt, durch Rechtsverordnung Einzelheiten zur fachlichen Abgrenzung der in Satz 1 Nr. 6 und 7 genannten Biotope zu bestimmen.

(2) ¹Die Verbote nach § 30 Abs. 2 BNatSchG gelten nicht bei gesetzlich geschützten Biotopen, die

1. nach Inkrafttreten eines Bebauungsplans entstanden sind, wenn eine nach diesem Plan zulässige Nutzung in seinem Geltungsbereich verwirklicht wird,
2. während der Laufzeit einer vertraglichen Vereinbarung oder der Teilnahme an öffentlichen Programmen zur Bewirtschaftungsbeschränkung entstanden sind, soweit diese innerhalb einer Frist von fünfzehn Jahren nach Beendigung der vertraglichen Vereinbarung oder der Teilnahme an den öffentlichen Programmen wieder einer land-, forst- oder fischereiwirtschaftlichen Nutzung zugeführt werden.

²Die Verbote nach § 30 Abs. 2 BNatSchG gelten außerdem nicht für regelmäßig erforderliche Maßnahmen zur Unterhaltung

1. der künstlichen, zum Zweck der Fischereiwirtschaft angelegten geschlossenen Gewässer im Sinne des § 30 Abs. 2 Satz 1 Nr. 1 BNatSchG oder
2. der Obstbaumwiesen oder -weiden im Sinn des Abs. 1 Nr. 6.

(3) ¹Für eine Maßnahme kann auf Antrag eine Ausnahme zugelassen werden, wenn die Beeinträchtigungen ausgeglichen werden können oder wenn die Maßnahme aus Gründen des überwiegenden öffentlichen Interesses notwendig ist. ²Die Entscheidung über die Ausnahme wird durch eine nach anderen Vorschriften erforderliche behördliche Gestattung ersetzt; diese Entscheidung wird im Benehmen mit der zuständigen Naturschutzbehörde getroffen.

(4) ¹Abweichend von § 30 Abs. 3 und § 67 Abs. 1 BNatSchG bedürfen Maßnahmen auf Grund der öffentlich-rechtlichen Verpflichtung zur Unterhaltung der Gewässer keiner behördlichen Ausnahme- oder Befreiungsentscheidung vom Verbot des § 30 Abs. 2 Satz 1 BNatSchG. ²Sie dürfen nur unter den Voraussetzungen des Art. 23 Abs. 3 Satz 1 oder des § 67 Abs. 1 BNatSchG durchgeführt werden.

(5) Die Sicherung von Brut-, Nahrungs- und Aufzuchtbiotopen des Großen Brachvogels, der Uferschnepfe, des Rotschenkels, der Bekassine, des Weißstorchs, des Kiebitzes, des Braunkehlchens oder des Wachtelkönigs in feuchten

Wirtschaftswiesen und -weiden (Wiesenbrütergebiete) soll in geeigneter Weise, insbesondere durch privatrechtliche Vereinbarungen, angestrebt werden.

(6) [1]Für Handlungen nach § 30 Abs. 2 BNatSchG, die der Verwendung der Biotope zu intensiver landwirtschaftlicher Nutzung dienen, ist eine Umweltverträglichkeitsprüfung nach Maßgabe des Fünften Teils Abschnitt III BayVwVfG durchzuführen, wenn die Gesamtfläche der betroffenen Biotope 1 ha oder mehr beträgt. [2]Bei Änderung oder Erweiterung der intensiven landwirtschaftlichen Nutzung der Biotope ist eine Umweltverträglichkeitsprüfung durchzuführen, wenn
1. der durch die Erweiterung hinzukommende Teil für sich betrachtet oder
2. das durch die Änderung oder Erweiterung entstehende Vorhaben bei einheitlicher Betrachtung erstmals

den in Satz 1 genannten Schwellenwert erfüllt. [3]Im Fall des Satzes 2 Nr. 2 ist dem geänderten oder erweiterten Vorhaben derjenige Teil des Bestands nicht mehr zuzurechnen, der früher als zwei Jahre vor dem Eingang des Antrags auf Zulassung des Änderungs- oder Erweiterungsvorhabens bei der zuständigen Behörde in Betrieb genommen worden ist.

**Art. 23a Verbot von Pestiziden.** [1]Die Anwendung von Pestiziden (Pflanzenschutzmittel und Biozide) gemäß Art. 3 Nr. 10 der Richtlinie 2009/128/EG des Europäischen Parlaments und des Rates vom 21. Oktober 2009 über einen Aktionsrahmen der Gemeinschaft für die nachhaltige Verwendung von Pestiziden (ABl. L 309 vom 24. November 2009, S. 71) in der jeweils geltenden Fassung ist in Naturschutzgebieten, in gesetzlich geschützten Landschaftsbestandteilen und in gesetzlich geschützten Biotopen außerhalb von intensiv genutzten land- und fischereiwirtschaftlichen Flächen verboten. [2]Die Naturschutzbehörde kann die Verwendung dieser Mittel zulassen, soweit eine Gefährdung des Schutzzwecks der in Satz 1 genannten Schutzgebiete oder geschützten Gegenstände nicht zu befürchten ist. [3]Weitergehende Vorschriften bleiben unberührt.

# Teil 5
## Zoos und Tiergehege

**Art. 24 Zoos.** [1]Die Genehmigung zur Errichtung, Erweiterung, wesentlichen Änderung und zum Betrieb eines Zoos nach § 42 Abs. 2 BNatSchG schließt die Erlaubnis nach § 11 Abs. 1 Satz 1 Nrn. 2a und 3 Buchst. d des Tierschutzgesetzes mit ein. [2]Sie setzt voraus, dass die für die Erlaubnis erforderlichen Voraussetzungen vorliegen. [3]Die Zoogenehmigung wird zusammen mit der tierschutzrechtlichen Erlaubnis durch eine nach anderen Vorschriften außerhalb des Naturschutzrechts erforderliche behördliche Gestattung ersetzt; die behördliche Gestattung darf nur erteilt werden, wenn die für die Genehmigung und die Erlaubnis erforderlichen Voraussetzungen vorliegen und die hierfür zuständigen Stellen ihr Einvernehmen erklärt haben.

## 62 BayNatSchG — Bayerisches Naturschutzgesetz

**Art. 25 Tiergehege.** (1) Anträge auf Erteilung der jagdrechtlichen Genehmigung oder der Zoogenehmigung gelten als Anzeige im Sinn von § 43 Abs. 3 Satz 1 BNatSchG; dies gilt auch für die tierschutzrechtliche Anzeige.

(2) Ist bereits nach anderen Vorschriften eine Gestattung für die Errichtung, die Erweiterung, wesentliche Änderung oder den Betrieb eines Tiergeheges erforderlich, trifft die für die anderweitige Gestattung zuständige Behörde die Entscheidungen nach § 43 Abs. 3 Sätze 2 bis 4 BNatSchG im Benehmen mit der unteren Naturschutzbehörde.

(3) Eine Anzeigepflicht nach § 43 Abs. 3 Satz 1 BNatSchG besteht nicht für Gehege,
1. die unter staatlicher Aufsicht stehen,
2. die nur für kurze Zeit aufgestellt werden oder eine geringe Fläche beanspruchen oder
3. in denen nur eine geringe Anzahl von Tieren oder Tiere mit geringen Anforderungen an ihre Haltung gehalten werden.

## Teil 6
## Erholung in der freien Natur

**Art. 26 Recht auf Naturgenuss und Erholung (Art. 26 Abs. 1 Satz 2 abweichend von § 59 Abs. 2 Satz 1 BNatSchG).** (1) ¹Jedermann hat das Recht auf den Genuss der Naturschönheiten und auf die Erholung in der freien Natur. ²Dieses Recht wird nach Maßgabe des Art. 141 Abs. 3 der Verfassung und der folgenden Bestimmungen dieses Teils gewährleistet; weitergehende Rechte auf Grund anderer Vorschriften bleiben unberührt.

(2) ¹Bei der Ausübung des Rechts nach Abs. 1 ist jedermann verpflichtet, mit Natur und Landschaft pfleglich umzugehen. ²Dabei ist auf die Belange der Grundstückseigentümer und Nutzungsberechtigten Rücksicht zu nehmen. ³Die Rechtsausübung anderer darf nicht verhindert oder mehr als nach den Umständen unvermeidbar beeinträchtigt werden (Gemeinverträglichkeit).

**Art. 27 Betretungsrecht; Gemeingebrauch an Gewässern.** (1) Alle Teile der freien Natur, insbesondere Wald, Bergweide, Fels, Ödungen, Brachflächen, Auen, Uferstreifen und landwirtschaftlich genutzte Flächen, können von jedermann unentgeltlich betreten werden.

(2) ¹Das Betretungsrecht umfasst auch die Befugnisse nach Art. 28 und 29. ²Es ist beschränkt durch die allgemeinen Gesetze sowie durch Art. 30 bis 32 dieses Gesetzes.

(3) ¹Das Betretungsrecht kann von Grundeigentümern oder sonstigen Berechtigten nur unter den Voraussetzungen des Art. 33 verweigert werden. ²Das Betretungsrecht kann nicht ausgeübt werden, soweit Grundeigentümer oder sonstige Berechtigte das Betreten ihres Grundstücks durch für die Allgemein-

heit geltende, deutlich sichtbare Sperren, insbesondere durch Einfriedungen, andere tatsächliche Hindernisse oder Beschilderungen untersagt haben. ³Beschilderungen sind jedoch nur wirksam, wenn sie auf einen gesetzlichen Grund hinweisen, der eine Beschränkung des Betretungsrechts rechtfertigt.

(4) ¹Der Gemeingebrauch an Gewässern bestimmt sich nach § 25 des Wasserhaushaltsgesetzes und Art. 18 des Bayerischen Wassergesetzes. ²Der Gemeingebrauch an öffentlichen Straßen bestimmt sich nach Art. 14 des Bayerischen Straßen- und Wegegesetzes sowie § 7 des Bundesfernstraßengesetzes.

**Art. 28 Benutzung von Wegen; Markierungen.** (1) ¹Jedermann darf auf Privatwegen in der freien Natur wandern und, soweit sich die Wege dafür eignen, reiten und mit Fahrzeugen ohne Motorkraft sowie Krankenfahrstühlen fahren. ²Den Fußgängern gebührt der Vorrang.

(2) ¹Markierungen und Wegetafeln müssen ohne Beeinträchtigung des Landschaftsbilds deutlich, aussagekräftig und unter Beachtung örtlicher und überörtlicher Wanderwegenetze einheitlich gestaltet sein. ²Genügen Markierungen und Wegetafeln diesen Anforderungen nicht, kann ihre Beseitigung angeordnet werden.

(3) ¹Eigentümer oder sonstige Berechtigte haben Markierungen und Wegetafeln zu dulden, die Gemeinden oder Organisationen, die sich satzungsgemäß vorwiegend der Förderung des Naturschutzes und der Landschaftspflege widmen, mit Genehmigung der unteren Naturschutzbehörde anbringen. ²Auf die Grundstücksnutzung ist Rücksicht zu nehmen. ³Eigentümer oder sonstige Berechtigte sind vor der Anbringung zu benachrichtigen.

(4) Die Vorschriften des Straßen- und Wegerechts und des Straßenverkehrsrechts bleiben unberührt.

**Art. 29 Sportliche Betätigung.** Zum Betreten im Sinn dieses Teils gehören auch das Skifahren, das Schlittenfahren, das Reiten, das Ballspielen und ähnliche sportliche Betätigungen in der freien Natur.

**Art. 30 Land- und forstwirtschaftlich genutzte Flächen.** (1) ¹Landwirtschaftlich genutzte Flächen (einschließlich Sonderkulturen) und gärtnerisch genutzte Flächen dürfen während der Nutzzeit nur auf vorhandenen Wegen betreten werden. ²Als Nutzzeit gilt die Zeit zwischen Saat oder Bestellung und Ernte, bei Grünland die Zeit des Aufwuchses.

(2) ¹Das Radfahren, das Fahren mit Krankenfahrstühlen und das Reiten ist im Wald nur auf Straßen und geeigneten Wegen zulässig. ²Die Vorschriften des Straßen- und Wegerechts und des Straßenverkehrsrechts bleiben unberührt.

**Art. 31 Beschränkungen der Erholung in der freien Natur.** (1) Die untere oder höhere Naturschutzbehörde kann durch Rechtsverordnung oder Einzelanordnung die Erholung in Teilen der freien Natur im erforderlichen Umfang aus Gründen des Naturschutzes, zur Durchführung von landschaftspflegerischen

# 62 BayNatSchG — Bayerisches Naturschutzgesetz

Vorhaben, zur Regelung des Erholungsverkehrs oder aus anderen zwingenden Gründen des Gemeinwohls untersagen oder beschränken.

(2) Inhalt von Beschränkungen für das Reiten kann insbesondere sein,
1. das Reiten nur auf den durch die Behörde besonders dafür ausgewiesenen Wegen oder Flächen zu erlauben,
2. das Reiten nur zu bestimmten Zeiten zu gestatten,
3. für die Benutzung von Wegen und Flächen durch Reiter eine behördliche Genehmigung vorzusehen.

(3) Die untere oder höhere Naturschutzbehörde kann zum Schutz des Erholungsverkehrs und des Eigentums durch Rechtsverordnung eine Kennzeichnung der Reitpferde vorschreiben.

**Art. 32 Durchführung von Veranstaltungen.** Teilnehmern einer organisierten Veranstaltung steht das Betretungsrecht nur zu, wenn nach Art und Umfang der Veranstaltung und nach den örtlichen Gegebenheiten eine Beeinträchtigung der betroffenen Grundstücke nicht zu erwarten ist.

**Art. 33 Zulässigkeit von Sperren.** Grundeigentümer oder sonstige Berechtigte dürfen der Allgemeinheit das Betreten von Grundstücken in der freien Natur durch Sperren im Sinn des Art. 27 Abs. 3 Satz 2 nur unter folgenden Voraussetzungen verwehren:
1. Sperren können errichtet werden, wenn andernfalls die zulässige Nutzung des Grundstücks nicht unerheblich behindert oder eingeschränkt würde. Das gilt insbesondere, wenn die Beschädigung von Forstkulturen, Sonderkulturen oder sonstigen Nutzpflanzen zu erwarten ist, oder wenn das Grundstück regelmäßig von einer Vielzahl von Personen betreten und dadurch in seinem Ertrag erheblich gemindert oder in unzumutbarer Weise beschädigt oder verunreinigt wird.
2. Bei Wohngrundstücken ist eine Beschränkung nur für den Wohnbereich zulässig, der sich nach den berechtigten Wohnbedürfnissen und nach den örtlichen Gegebenheiten bestimmt.
3. Flächen können aus Gründen des Naturschutzes, zur Durchführung von landschaftspflegerischen Vorhaben oder forstwirtschaftlichen Maßnahmen, von Jagden, ferner zur Vorbereitung und Durchführung sportlicher Wettkämpfe in der freien Natur sowie aus anderen zwingenden Gründen des Gemeinwohls kurzzeitig gesperrt werden.

**Art. 34 Verfahren.** (1) [1]Bedarf die Errichtung einer Sperre im Sinn des Art. 27 Abs. 3 Satz 2 einer behördlichen Gestattung nach anderen Vorschriften, ist darüber unter Beachtung der Voraussetzungen des Abs. 2 Satz 1 im Benehmen mit der unteren Naturschutzbehörde zu entscheiden. [2]Ist eine Gestattung nach anderen Vorschriften nicht erforderlich, so darf eine Sperre in der freien Natur nur errichtet werden, wenn dies der unteren Naturschutzbehörde mindestens einen Monat vorher angezeigt wurde. [3]Sperren von Forstpflanzgärten, Forstkulturen und Sonderkulturen mit einer Fläche bis zu 5 ha bedürfen keiner

Anzeige. ⁴Für kurzzeitige Sperrungen genügt eine unverzügliche Anzeige an die untere Naturschutzbehörde.

(2) ¹Die Errichtung der Sperre ist zu untersagen, wenn dies im gegenwärtigen oder absehbaren zukünftigen Interesse der erholungsuchenden Bevölkerung erforderlich ist und die Sperre den Voraussetzungen des Art. 33 widerspricht. ²Die Untersagung ist nur innerhalb von einem Monat nach der Anzeige zulässig.

(3) Unbeschadet sonstiger Vorschriften über die Rücknahme und den Widerruf der Gestattung oder über eine Beseitigungsanordnung kann die untere Naturschutzbehörde die Beseitigung einer bereits bestehenden Sperre anordnen, wenn die Voraussetzungen vorliegen, unter denen nach Abs. 2 die Errichtung der Sperre untersagt werden müsste.

**Art. 35 Durchgänge.** ¹Grundeigentümer oder sonstige Berechtigte müssen auf einem Grundstück, das nach vorstehenden Vorschriften nicht frei betreten werden kann, für die Allgemeinheit einen Durchgang offenhalten, wenn andere Teile der freien Natur, insbesondere Erholungsflächen, Naturschönheiten, Wald oder Gewässer, in anderer zumutbarer Weise nicht zu erreichen sind, und wenn sie dadurch in sinngemäßer Anwendung der Grundsätze des Art. 33 nicht übermäßig in ihren Rechten beeinträchtigt werden. ²Die untere Naturschutzbehörde kann die entsprechenden Anordnungen treffen.

**Art. 36 Eigentumsbindung und Enteignung.** (1) Grundeigentümer oder sonstige Berechtigte haben Beeinträchtigungen, die sich aus vorstehenden Vorschriften und unter Beachtung der Grundsätze des Art. 33 aus behördlichen Maßnahmen nach Art. 34 und 35 ergeben, als Eigentumsbindung im Sinn von Art. 14 Abs. 1 Satz 2 und Abs. 2 des Grundgesetzes und von Art. 103 Abs. 2 und Art. 158 Satz 1 der Verfassung entschädigungslos zu dulden.

(2) ¹Darüber hinaus können im Einzelfall die Errichtung von Sperren untersagt und Anordnungen nach Art. 34 Abs. 3 und Art. 35 Satz 2 getroffen werden, wenn die Absperrung eines Grundstücks nicht gegen Art. 33 verstößt, wenn aber die unbeschränkte oder beschränkte Zugänglichkeit im überwiegenden Interesse einer Vielzahl Erholungsuchender geboten ist. ²Grundeigentümern oder sonstigen Berechtigten ist eine Entschädigung zu gewähren; § 68 Abs. 1 und 2 BNatSchG in Verbindung mit Art. 41 Abs. 1 sind anzuwenden.

(3) Die Beseitigung rechtmäßig errichteter baulicher Anlagen ist nach den Vorschriften dieses Teils nur gegen Entschädigung zulässig; § 68 Abs. 1 und 2 BNatSchG in Verbindung mit Art. 41 Abs. 1 sind anzuwenden.

(4) ¹Die Entschädigungspflicht nach Abs. 2 und 3 trifft den durch die Maßnahme Begünstigten. ²Bei Maßnahmen von überwiegend örtlicher Bedeutung sind die betroffenen Gebietskörperschaften, bei Maßnahmen von überwiegend überörtlicher Bedeutung ist der Freistaat Bayern begünstigt.

(5) ¹Soweit über die Entschädigung nach Abs. 2 und 3 keine Einigung zustande kommt, wird darüber auf Antrag eines Beteiligten durch die Behörde entschieden, auf deren Maßnahme die Entschädigungspflicht beruht. ²Die Be-

teiligten sind vor der Entscheidung zu hören. ³Im Übrigen gelten für das Verfahren Art. 30 Abs. 4, Art. 44 Abs. 1 und Art. 45 des Bayerischen Gesetzes über die entschädigungspflichtige Enteignung (BayEG) sinngemäß. ⁴Ergeht in angemessener Frist keine Entscheidung, so ist die Klage spätestens innerhalb eines Jahres nach Eingang des Antrags bei der Behörde zu erheben. ⁵Aus einer nicht mehr anfechtbaren behördlichen Entscheidung findet wegen der darin festgesetzten Entschädigung die Zwangsvollstreckung nach den Vorschriften der Zivilprozessordnung über die Vollstreckung von Urteilen in bürgerlichen Rechtsstreitigkeiten statt; Art. 38 Abs. 2 BayEG gilt sinngemäß.

**Art. 37 Pflichten des Freistaates Bayern und der Gebietskörperschaften (abweichend von § 62 BNatSchG).** (1) Der Freistaat Bayern, die Bezirke, die Landkreise und die Gemeinden haben die Ausübung des Rechts nach Art. 26 zu gewährleisten und Voraussetzungen für die Rechtsausübung zu schaffen.

(2) ¹In Erfüllung dieser Pflichten haben sie der Allgemeinheit die Zugänge zu landschaftlichen Schönheiten und Erholungsflächen freizuhalten und, soweit erforderlich, durch Einschränkungen des Eigentumsrechts freizumachen sowie Uferwege, Wanderwege, Erholungsparke und Spielflächen anzulegen. ²Sie stellen in ihrem Eigentum oder Besitz stehende geeignete Grundstücke in angemessenem Umfang für die Erholung zur Verfügung. ³Außerdem sollen geeignete Wege und Flächen für den Reitsport bereitgestellt werden. ⁴Grundsätzlich sollen dabei Gemeinden örtliche, Landkreise, Bezirke und der Freistaat Bayern überörtliche Maßnahmen durchführen.

(3) ¹Zum Zweck der Erfüllung ihrer Pflichten stellen die Verpflichtungsträger im Rahmen ihrer Leistungsfähigkeit öffentliche Mittel in ihren Haushalten bereit. ²Der Freistaat Bayern gewährt Gemeinden, Landkreisen und Bezirken sowie kommunalen Einrichtungen, die sich die Sicherung und Bereitstellung von Erholungsflächen zur Aufgabe gemacht haben, Zuschüsse im Rahmen des Haushalts, wenn und soweit diese Träger überörtliche Aufgaben der Erholungsvorsorge wahrnehmen.

**Art. 38 Sauberhaltung der freien Natur.** (1) ¹Bei der Ausübung des Rechts nach Art. 26 dürfen bewegliche Sachen in der freien Natur außerhalb der dafür vorgesehenen Einrichtungen nicht zurückgelassen werden. ²Werden Sachen entgegen Satz 1 zurückgelassen, kann die zuständige Naturschutzbehörde Anordnungen gegen den Verursacher treffen. ³Sie kann zurückgelassene Sachen in Verwahrung nehmen und verwerten. ⁴Für die Verwahrung, Verwertung und Herausgabe der verwahrten Sachen sowie für die Herausgabe des Erlöses finden Art. 26 bis 28 Abs. 2, 3 Satz 3 und Abs. 4 des Polizeiaufgabengesetzes sinngemäß Anwendung. ⁵Die abfallrechtlichen Vorschriften bleiben unberührt.

(2) ¹Soweit Verursacher nicht herangezogen werden können, soll die Gemeinde unbeschadet anderer Vorschriften im Rahmen ihrer Leistungsfähigkeit Beschädigungen oder Verunreinigungen, die bei Ausübung des Rechts nach Art. 26 vorgenommen wurden, oder Sachen, die entgegen der Vorschrift in

Abs. 1 zurückgelassen wurden, beseitigen. ²Abs. 1 Sätze 3 und 4 finden entsprechende Anwendung.

(3) ¹Grundstückseigentümer oder sonstige Berechtigte haben Maßnahmen im Sinn der Abs. 1 und 2 durch die untere Naturschutzbehörde, die Gemeinde oder deren Beauftragte zu dulden. ²Auf die Grundstücksnutzung ist Rücksicht zu nehmen.

Teil 7
## Vorkaufsrecht, Enteignung und Erschwernisausgleich

**Art. 39 Vorkaufsrecht.** (1) ¹Dem Freistaat Bayern sowie den Bezirken, Landkreisen, Gemeinden und kommunalen Zweckverbänden stehen Vorkaufsrechte zu beim Verkauf von Grundstücken,
1. auf denen sich oberirdische Gewässer einschließlich von Verlandungsflächen, ausgenommen Be- und Entwässerungsgräben, befinden oder die daran angrenzen,
2. die ganz oder teilweise in Naturschutzgebieten, Nationalparken, als solchen einstweilig sichergestellten Gebieten oder in geplanten Naturschutzgebieten ab Eintritt der Veränderungsverbote nach Art. 54 Abs. 3 liegen,
3. auf denen sich Naturdenkmäler, geschützte Landschaftsbestandteile oder als solche einstweilig sichergestellte Schutzgegenstände befinden.

²Dies gilt auch bei Vertragsgestaltungen, die in ihrer Gesamtheit einem Kaufvertrag nahezu gleichkommen. ³Liegen die Merkmale der Nrn. 1 bis 3 nur bei einem Teil des Grundstücks vor, so erstreckt sich das Vorkaufsrecht nur auf diese Teilfläche. ⁴Ist die Restfläche für den Eigentümer nicht mehr in angemessenem Umfang baulich oder wirtschaftlich verwertbar, so kann er verlangen, dass der Vorkauf auf das gesamte Grundstück erstreckt wird.

(2) Das Vorkaufsrecht darf nur ausgeübt werden, wenn dies gegenwärtig oder zukünftig die Belange des Naturschutzes oder der Landschaftspflege oder das Bedürfnis der Allgemeinheit nach Naturgenuss und Erholung in der freien Natur rechtfertigen.

(3) ¹Die Ausübung des Vorkaufsrechts erfolgt durch den Freistaat Bayern, vertreten durch die Kreisverwaltungsbehörde. ²Soweit der Freistaat Bayern das Vorkaufsrecht in den Fällen des Abs. 1 Satz 1 Nr. 1 wegen des Bedürfnisses der Allgemeinheit nach Naturgenuss und Erholung in der freien Natur für sich ausübt, vertritt ihn die Bayerische Verwaltung der staatlichen Schlösser, Gärten und Seen an den von ihr verwalteten oberirdischen Gewässern. ³Die Mitteilung gemäß § 469 des Bürgerlichen Gesetzbuchs (BGB) über die in Abs. 1 Sätze 1 und 2 genannten Verträge ist in allen Fällen gegenüber der Kreisverwaltungsbehörde abzugeben. ⁴Der Freistaat Bayern hat jedoch das Vorkaufsrecht zugunsten eines anderen Vorkaufsberechtigten nach Abs. 1 auszuüben, wenn dieser es verlangt. ⁵Wollen mehrere Vorkaufsberechtigte nach Abs. 1 von ihrem

## 62 BayNatSchG — Bayerisches Naturschutzgesetz

Recht Gebrauch machen, so geht das Vorkaufsrecht des Freistaates Bayern den übrigen Vorkaufsrechten vor. [6]Innerhalb der Gebietskörperschaften einschließlich der kommunalen Zweckverbände bestimmt sich das Vorkaufsrecht nach den geplanten Maßnahmen, wobei überörtliche den örtlichen Vorhaben vorgehen. [7]In Zweifelsfällen entscheidet das Staatsministerium der Finanzen und für Heimat im Einvernehmen mit der obersten Naturschutzbehörde.

(4) [1]Die Vorkaufsrechte gehen unbeschadet bundesrechtlicher Regelungen allen anderen Vorkaufsrechten im Rang vor, rechtsgeschäftlichen Vorkaufsrechten jedoch nur, wenn diese nach dem 1. August 1973 bestellt worden sind oder bestellt werden. [2]Sie bedürfen nicht der Eintragung in das Grundbuch. [3]Bei einem Eigentumserwerb auf Grund der Ausübung des Vorkaufsrechts erlöschen rechtsgeschäftliche Vorkaufsrechte.

(5) [1]Die Vorkaufsrechte können auch zugunsten eines überörtlichen gemeinnützigen Erholungsflächenvereins oder zugunsten von gemeinnützigen Naturschutz-, Fremdenverkehrs- und Wandervereinen, in den Fällen des Abs. 1 Satz 1 Nrn. 2 und 3 auch zugunsten des Bayerischen Naturschutzfonds ausgeübt werden, wenn diese einverstanden sind. [2]Wird das Vorkaufsrecht zugunsten der in Satz 1 genannten Vereine ausgeübt, ist das Einvernehmen der Immobilien Freistaat Bayern erforderlich. [3]Äußert sich dieses nicht innerhalb eines Monats, ist davon auszugehen, dass gegen die Ausübung des Vorkaufsrechts keine Bedenken bestehen.

(6) [1]In den Fällen der Abs. 3 und 5 kommt der Kauf zwischen dem Begünstigten und dem Verpflichteten zustande. [2]Im Fall des Abs. 5 haftet der ausübende Vorkaufsberechtigte für die Verpflichtungen aus dem Kauf neben dem Begünstigten als Gesamtschuldner.

(7) §§ 463 bis 468, 469, 471, 1098 Abs. 2, §§ 1099 bis 1102 BGB sind anzuwenden.

(8) [1]Abweichend von § 464 Abs. 2 BGB kann der Vorkaufsberechtigte den zu zahlenden Betrag nach dem Verkehrswert des Grundstücks im Zeitpunkt des Kaufs bestimmen, wenn der vereinbarte Kaufpreis den Verkehrswert deutlich überschreitet. [2]In diesem Fall ist der Verpflichtete berechtigt, bis zum Ablauf eines Monats nach Unanfechtbarkeit des Verwaltungsakts über die Ausübung des Vorkaufsrechts vom Vertrag zurückzutreten. [3]Auf das Rücktrittsrecht sind die §§ 346 bis 349 und 351 BGB entsprechend anzuwenden.

(9) Das Vorkaufsrecht ist ausgeschlossen, wenn der Eigentümer das Grundstück an seinen Ehegatten, eingetragenen Lebenspartner oder an eine Person veräußert, die mit ihm in gerader Linie verwandt ist.

**Art. 40 Enteignung.** Zugunsten des Freistaates Bayern, der Bezirke, Landkreise, Gemeinden und der kommunalen Zweckverbände, die sich den Belangen des Naturschutzes, der Landschaftspflege und der öffentlichen Erholung widmen, kann enteignet werden

1. zur Schaffung oder Änderung freier Zugänge zu Bergen, Gewässern und sonstigen landschaftlichen Schönheiten, von Wanderwegen, Erholungsparken,

Ski- und Rodelabfahrten, Rad- und Reitwegen, Skiwanderwegen und Loipen, zur Bereitstellung von Gewässer- und Hinterliegergrundstücken für öffentliche Badeanlagen oder Uferwege, zur Anlage von Schutzhütten, Naturlehrpfaden, Spiel-, Park-, Rast- und Aussichtsplätzen, sanitären Einrichtungen oder
2. wenn Gründe des Naturschutzes und der Landschaftspflege es zwingend erfordern.

**Art. 41 Beschränkungen des Eigentums; Grundbesitz der öffentlichen Hand.** (1) [1]Bei Beschränkungen des Eigentums im Sinn des § 68 Abs. 1 BNatSchG bestimmt sich das Nähere für die nach § 68 Abs. 2 BNatSchG zu leistende Entschädigung in Geld nach den Vorschriften des Bayerischen Gesetzes über die entschädigungspflichtige Enteignung. [2]Kommt im Fall des § 68 Abs. 2 Satz 3 BNatSchG eine Einigung über die Übernahme des Grundstücks nicht zustande, kann der Eigentümer das Enteignungsverfahren beantragen. [3]Im Übrigen gelten die Vorschriften des Bayerischen Gesetzes über die entschädigungspflichtige Enteignung sinngemäß.

(2) Staat, Gemeinden, Landkreise, Bezirke und sonstige juristische Personen des öffentlichen Rechts sollen in ihrem Eigentum befindliche geeignete Grundstücke im Tauschweg zur Verfügung stellen, wenn Beschränkungen der Nutzung privater Grundstücke aus Gründen des Naturschutzes und der Landschaftspflege für den privaten Eigentümer eine unzumutbare Belastung darstellen; dies gilt nicht für Grundstücke, die in absehbarer Zeit zur Erfüllung von Aufgaben des Staates, der Gemeinde, des Landkreises, des Bezirks oder sonstiger juristischer Personen des öffentlichen Rechts benötigt werden.

**Art. 42 Erschwernisausgleich; Ausgleich von Nutzungsbeschränkungen in der Land-, Forst- und Fischereiwirtschaft.** (1) [1]Wird Eigentümern oder Nutzungsberechtigten durch eine Versagung der Ausnahme nach Art. 23 Abs. 3 oder der Befreiung nach § 67 Abs. 1 BNatSchG die bestehende land-, forst- oder fischereiwirtschaftliche Bewirtschaftung eines nach § 30 Abs. 2 Satz 1 BNatSchG oder nach Art. 23 Abs. 1 gesetzlich geschützten Biotops wesentlich erschwert, wird ihnen dafür nach Maßgabe der verfügbaren Haushaltsmittel ein angemessener Geldausgleich gewährt. [2]Dieser Geldausgleich wird auch im Rahmen von vertraglichen Vereinbarungen oder der Teilnahme an Förderprogrammen gewährt, soweit Eigentümer oder Nutzungsberechtigte durch naturschonende Bewirtschaftung den ökologischen Wert des gesetzlich geschützten Biotops erhalten. [3]Eigentümer oder Nutzungsberechtigte erhalten im Rahmen der verfügbaren Haushaltsmittel eine Förderung, soweit sie durch naturschonende Bewirtschaftung den ökologischen Wert von Streuobstwiesen bewahren.

(2) [1]Werden in Schutzgebietsverordnungen, die nach dem 19. Juli 1995 in Kraft getreten sind, oder werden in nach diesem Zeitpunkt erlassenen Anordnungen zum Schutz von Naturdenkmälern und geschützten Landschaftsbestandteilen und Grünbeständen erhöhte Anforderungen festgesetzt, die die ausgeübte, im Sinn des Art. 6 Abs. 4 ordnungsgemäße land-, forst- oder fischereiwirtschaftliche Bodennutzung eines Grundstücks beschränken, so ist für die

dadurch verursachten wirtschaftlichen Nachteile ein angemessener Geldausgleich zu gewähren, soweit nicht eine Entschädigungspflicht nach § 68 Abs. 1 und 2 BNatSchG in Verbindung mit Art. 41 Abs. 1 besteht. ²Bei Beschränkungen durch Anordnungen in Natura 2000-Gebieten kann unter den Voraussetzungen von Satz 1 ein Geldausgleich gewährt werden. ³Das Nähere regelt die Staatsregierung durch Rechtsverordnung.

## Teil 8
## Organisation, Zuständigkeit und Verfahren

**Art. 43 Behörden.** (1) Die Durchführung des Bundesnaturschutzgesetzes, dieses Gesetzes und der auf Grund dieser Gesetze erlassenen Rechtsvorschriften ist grundsätzlich Aufgabe des Staates.

(2) Behörden für den Schutz der Natur, die Pflege der Landschaft und die Erholung in der freien Natur (Naturschutzbehörden) sind
1. das Staatsministerium für Umwelt und Verbraucherschutz als oberste Naturschutzbehörde,
2. die Regierungen als höhere Naturschutzbehörden,
3. die Kreisverwaltungsbehörden als untere Naturschutzbehörden.

(3) Die unteren und höheren Naturschutzbehörden werden mit hauptamtlichen Fachkräften ausgestattet, die von nebenamtlichen und ehrenamtlichen Mitarbeitern und Mitarbeiterinnen unterstützt werden können.

**Art. 44 Zuständigkeiten; Ersetzung.** (1) ¹Die oberste Naturschutzbehörde wird ermächtigt, durch Rechtsverordnung die Behörden zu bestimmen, die zum Vollzug von Vorschriften der Europäischen Union oder des Bundes im Bereich des Naturschutzes und der Landschaftspflege zuständig sind. ²Die Rechtsverordnung ergeht im Einvernehmen mit dem Staatsministerium, dessen Geschäftsbereich berührt wird.

(2) ¹Der Vollzug des Bundesnaturschutzgesetzes und dieses Gesetzes sowie der Vollzug der auf Grund dieser Gesetze erlassenen Rechtsverordnungen obliegt, soweit nichts anderes bestimmt ist, den unteren Naturschutzbehörden. ²Abweichend von Satz 1 sind zuständig für den Vollzug
1. des Art. 3 Abs. 2 Satz 2 die unteren Forstbehörden,
2. des Art. 11a die Immissionsschutzbehörden,
3. des Art. 11b die Behörden, die für den Vollzug des Gentechnikgesetzes zuständig sind,
4. des Art. 16 Abs. 1 Satz 1 Nr. 3 die Wasserbehörden nach Art. 63 Abs. 1 des Bayerischen Wassergesetzes,
5. der nach Art. 51 Abs. 1 Nr. 5 erlassenen Gemeindeverordnungen die Gemeinden.

(3) Zuständig für die Beobachtung von Natur und Landschaft nach § 6 BNatSchG sind die Naturschutzbehörden und das Landesamt für Umwelt.

(4) Genehmigungen nach § 40 Abs. 1 BNatSchG erteilt die höhere Naturschutzbehörde.

(5) Wird eine Entscheidung nach diesem Gesetz durch eine nach Vorschriften außerhalb dieses Gesetzes erforderliche behördliche Gestattung ersetzt, soll in der behördlichen Gestattung auf die Ersetzungswirkung hingewiesen werden.

**Art. 45 Mitwirkung von anerkannten Naturschutzvereinigungen.** [1]Sind keine oder nur geringfügige Auswirkungen auf Natur und Landschaft zu erwarten, kann von einer Mitwirkung anerkannter Naturschutzvereinigungen nach § 63 Abs. 2 BNatSchG abgesehen werden. [2]Wird von einer Mitwirkung abgesehen, ist dies zu begründen.

**Art. 46 Bayerisches Landesamt für Umwelt.** Unbeschadet sonstiger Vorschriften hat das Landesamt für Umwelt die Aufgabe,
1. die Naturschutzbehörden fachlich zu beraten,
2. bei der Durchführung von Schutz-, Pflege- und Gestaltungsmaßnahmen mitzuwirken,
3. den Vogelschutz als staatliche Vogelschutzwarte wahrzunehmen,
4. erhaltenswerte Biotope sowie Arten und deren Lebensräume zu erfassen und zu bewerten sowie die geeigneten Biotopverbundbestandteile zu ermitteln, Untersuchungen ökologisch bedeutsamer Flächen durchzuführen, Schutz- und Entwicklungskonzepte des Naturschutzes und der Landschaftspflege auf Grund von Bestandserfassungen wild lebender Tier- und Pflanzenarten eines bestimmten Gebiets zu erarbeiten und fortzuschreiben,
5. Verzeichnisse der Schutzgebiete nach Art. 17 Abs. 2 Satz 2 Halbsatz 1 sowie der ökologisch bedeutsamen Flächen (Ökoflächenkataster), die laufend fortzuschreiben sind, zu führen,
6. die Unterrichtung der Öffentlichkeit über die Aufgaben des Naturschutzes zu fördern,
7. die Grundlagen und Daten für die Beobachtung von Natur und Landschaft zusammenzuführen,
8. die Verbindung mit Naturschutzorganisationen und Institutionen des In- und Auslands zu pflegen,
9. in Zusammenarbeit mit der Akademie für Naturschutz und Landschaftspflege die Forschung auf dem Gebiet des Naturschutzes und der Landschaftspflege zu fördern,
10. bei der Aufstellung von Programmen und Plänen nach dem Bayerischen Landesplanungsgesetz, die der Verwirklichung der Zielsetzungen dieses Gesetzes dienen, mitzuwirken,
11. Artenhilfsprogramme zu entwickeln,
12. das Arten- und Biotopschutzprogramm nach Art. 19 aufzustellen und nach Bedarf fortzuentwickeln,
13. in geeigneten Zeitabständen den Stand der wissenschaftlichen Erkenntnisse über ausgestorbene oder gefährdete heimische Tier- und Pflanzenarten (Rote Listen) darzustellen.

**Art. 47 Akademie für Naturschutz und Landschaftspflege.** (1) Es besteht eine Akademie für Naturschutz und Landschaftspflege.

(2) Die Akademie hat die Aufgabe, in Zusammenarbeit mit den Hochschulen, dem Landesamt für Umwelt und anderen geeigneten Einrichtungen
1. die Durchführung von Forschungsaufgaben bei den dazu geeigneten wissenschaftlichen Einrichtungen anzuregen und zu unterstützen,
2. durch Lehrgänge, Fortbildungskurse und Öffentlichkeitsarbeit den neuesten Stand der wissenschaftlichen Erkenntnisse im Bereich Naturschutz und Landschaftspflege zu vermitteln,
3. den Austausch von Erkenntnissen und Erfahrungen zu betreiben,
4. anwendungsorientierte ökologische Forschung zu betreiben.

(3) [1]Die Akademie untersteht der Aufsicht des Staatsministeriums für Umwelt und Verbraucherschutz. [2]Das Nähere, insbesondere Rechtsform und Organisation, wird durch Rechtsverordnung der Staatsregierung geregelt.

**Art. 48 Naturschutzbeiräte.** (1) [1]Zur wissenschaftlichen und fachlichen Beratung sind bei den Naturschutzbehörden Beiräte aus sachverständigen Personen zu bilden. [2]Das Nähere, insbesondere Zusammensetzung, Stellung, Aufgabe und Entschädigung der Beiräte, regelt das Staatsministerium für Umwelt und Verbraucherschutz durch Rechtsverordnung im Einvernehmen mit den Staatsministerien der Finanzen und für Heimat, für Wohnen, Bau und Verkehr sowie für Ernährung, Landwirtschaft und Forsten.

(2) Will eine Naturschutzbehörde abweichend von einem Beschluss des bei ihr gebildeten Naturschutzbeirats entscheiden, so hat sie die Zustimmung der nächsthöheren Naturschutzbehörde einzuholen.

**Art. 49 Naturschutzwacht.** (1) [1]Zur Unterstützung der Naturschutzbehörden und der Polizei können bei der unteren Naturschutzbehörde Hilfskräfte eingesetzt werden. [2]Sie sind während der Ausübung ihres Dienstes Angehörige der unteren Naturschutzbehörde im Außendienst und dürfen Amtshandlungen nur in deren Gebiet vornehmen.

(2) Die in Abs. 1 genannten Hilfskräfte haben die Aufgabe, Zuwiderhandlungen gegen Rechtsvorschriften, die den Schutz der Natur, die Pflege der Landschaft und die Erholung in der freien Natur regeln und deren Übertretung mit Strafe oder Geldbuße bedroht ist, festzustellen, zu verhüten, zu unterbinden sowie bei der Verfolgung solcher Zuwiderhandlungen mitzuwirken.

(3) Die in Abs. 1 genannten Hilfskräfte können zur Erfüllung ihrer Aufgaben
1. eine Person zur Feststellung ihrer Personalien anhalten,
2. die angehaltene Person zu einer Polizeidienststelle bringen, wenn die Feststellung der Personalien an Ort und Stelle nicht vorgenommen werden kann oder wenn der Verdacht besteht, dass die Angaben unrichtig sind,
3. eine Person vorübergehend von einem Ort verweisen oder ihr vorübergehend das Betreten eines Orts verbieten (Platzverweis),

4. das unberechtigt entnommene Gut und Gegenstände sicherstellen, die bei Zuwiderhandlungen nach Abs. 2 verwendet wurden oder verwendet werden sollen.

(4) Die in Abs. 1 genannten Hilfskräfte müssen bei Ausübung ihrer Tätigkeit ein Dienstabzeichen tragen und einen Dienstausweis mit sich führen, der bei Vornahme einer Amtshandlung auf Verlangen vorzuzeigen ist.

(5) Das Staatsministerium für Umwelt und Verbraucherschutz kann im Einvernehmen mit den Staatsministerien des Innern, für Sport und Integration, der Finanzen und für Heimat sowie der Justiz durch Rechtsverordnung die Begründung, die Ausgestaltung und den Umfang des Dienstverhältnisses regeln sowie Vorschriften über den Dienstausweis und die Dienstabzeichen erlassen.

**Art. 50 Bayerischer Naturschutzfonds.** (1) Unter dem Namen „Bayerischer Naturschutzfonds" besteht seit dem 1. September 1982 eine rechtsfähige Stiftung des öffentlichen Rechts mit dem Sitz in München.

(2) [1]Die Stiftung fördert die Bestrebungen für die Erhaltung der natürlichen Umwelt und der natürlichen Lebensgrundlagen und trägt zur Aufbringung der benötigten Mittel bei. [2]Sie hat insbesondere nachstehende Aufgaben:
1. Förderung von Maßnahmen zum Schutz, zur Pflege und zur Entwicklung von Natur und Landschaft,
2. Förderung von Maßnahmen zum Aufbau eines landesweiten Biotopverbundsystems einschließlich der erforderlichen Vorbereitung und Abwicklung,
3. Förderung von Maßnahmen des Naturschutzes und der Landschaftspflege im Rahmen der Umsetzung der gemeindlichen Landschaftsplanung,
4. Förderung der Pacht, des Erwerbs und der sonstigen zivilrechtlichen Sicherung von Grundstücken zu Zwecken des Naturschutzes und der Landschaftspflege durch Gebietskörperschaften und Organisationen, die sich satzungsgemäß überwiegend der Förderung des Naturschutzes und der Landschaftspflege widmen,
5. Pacht, Erwerb und sonstige zivilrechtliche Sicherung von Grundstücken zu Zwecken des Naturschutzes und der Landschaftspflege,
6. Verwendung der Ersatzzahlungen nach § 15 Abs. 6 BNatSchG,
7. Mitwirkung bei der Umsetzung von Kompensationsmaßnahmen und deren Bevorratung.

[3]Die Stiftung soll sich vorrangig bestehender Einrichtungen, Stellen oder Behörden bedienen. [4]Aufgaben des Freistaates Bayern, der Bezirke, der Landkreise und der Gemeinden werden durch die Stiftung nicht berührt.

(3) Die Stiftung erfüllt ihre Aufgaben aus
1. dem Ertrag des Stiftungsvermögens,
2. Zuwendungen,
3. Erträgnissen von Ausspielungen, Ausstellungen, Veranstaltungen und Sammlungen,
4. Ersatzzahlungen nach § 15 Abs. 6 BNatSchG,
5. Aufwendungsersatz für Leistungen nach Abs. 2 Nr. 7.

(4) Der Freistaat Bayern bringt in das Vermögen der Stiftung eine Grundausstattung ein.

(5) ¹Organe der Stiftung sind der Stiftungsrat und der Vorstand. ²Der Stiftungsrat besteht aus
1. dem Staatsminister für Umwelt und Verbraucherschutz oder dessen Beauftragten als Vorsitzenden,
2. dem Vorsitzenden des Ausschusses für Umwelt und Gesundheit des Landtags,
3. je einem Vertreter der Staatsministerien für Wohnen, Bau und Verkehr, der Finanzen und für Heimat sowie für Ernährung, Landwirtschaft und Forsten,
4. einem Vertreter der kommunalen Spitzenverbände,
5. einem Vertreter der bayerischen Landschaftspflegeverbände,
6. drei vom Naturschutzbeirat beim Staatsministerium für Umwelt und Verbraucherschutz aus seiner Mitte zu wählenden Vertretern.

³Die Berufung der Mitglieder des Stiftungsrats nach Satz 2 Nrn. 4 und 5 erfolgt auf Vorschlag des jeweiligen Bereichs durch den Staatsminister für Umwelt und Verbraucherschutz. ⁴Stellvertreter können benannt werden. ⁵Bei Stimmengleichheit entscheidet die Stimme des Vorsitzenden. ⁶Der Vorstand wird vom Staatsministerium für Umwelt und Verbraucherschutz im Benehmen mit dem Stiftungsrat bestellt.

(6) Das Nähere regelt das Staatsministerium für Umwelt und Verbraucherschutz durch Satzung, bezüglich der Grundausstattung im Einvernehmen mit dem Staatsministerium der Finanzen und für Heimat.

(7) Die Stiftung untersteht unmittelbar der Aufsicht des Staatsministeriums für Umwelt und Verbraucherschutz.

### Art. 51 Zuständigkeit für den Erlass von Rechtsverordnungen.

(1) Zuständig sind
1. die Staatsregierung für den Erlass von Rechtsverordnungen über Nationalparke nach § 24 Abs. 1 und Nationale Naturmonumente nach § 24 Abs. 4 BNatSchG,
2. die höheren Naturschutzbehörden für den Erlass von Rechtsverordnungen über Naturschutzgebiete nach § 23 BNatSchG,
3. die Landkreise und kreisfreien Gemeinden für den Erlass von Rechtsverordnungen über Landschaftsschutzgebiete nach § 26 BNatSchG,
4. die unteren Naturschutzbehörden für den Erlass von Rechtsverordnungen über Naturdenkmäler nach § 28 BNatSchG,
5. für den Erlass von Rechtsverordnungen über geschützte Landschaftsbestandteile
   a) die Gemeinden zum Schutz des Bestands von Bäumen und Sträuchern ganz oder teilweise innerhalb der im Zusammenhang bebauten Ortsteile, soweit nicht die untere oder höhere Naturschutzbehörde von ihrem Verordnungsrecht nach Buchst. b oder c Gebrauch macht,
   b) die untere Naturschutzbehörde bei Schutzobjekten bis einschließlich 10 ha,
   c) im Übrigen die höhere Naturschutzbehörde.

(2) ¹Die Rechtsverordnungen erlassen die Gemeinden, Landkreise und Naturschutzbehörden, in deren Bereich der Schutzgegenstand liegt. ²Erstreckt sich ein Schutzgegenstand im Fall des Abs. 1 Nr. 2 über den Bereich mehrerer höherer Naturschutzbehörden, im Fall des Abs. 1 Nr. 4 über den Bereich mehrerer unterer Naturschutzbehörden, so wird die Rechtsverordnung von derjenigen Naturschutzbehörde erlassen, in deren Gebiet die größte Teilfläche des Schutzgegenstands liegt; die Rechtsverordnung ergeht im Einvernehmen mit den anderen betroffenen Naturschutzbehörden und ist auch von diesen amtlich bekannt zu machen. ³Im Fall des Abs. 1 Nr. 3 erlässt der Bezirk die Rechtsverordnung, wenn sich der Schutzgegenstand über den Bereich mehrerer Landkreise oder kreisfreier Gemeinden erstreckt; für Änderungen von Verordnungen, die sich ausschließlich auf das Gebiet eines Landkreises oder einer kreisfreien Gemeinde beziehen, ist der betroffene Landkreis oder die betroffene kreisfreie Gemeinde allein zuständig; die Änderungen sind auch vom Bezirk amtlich bekannt zu machen.

**Art. 52 Verfahren zur Inschutznahme.** (1) Die Entwürfe der Rechtsverordnungen nach Teil 3 sind mit Karten, aus denen sich die Grenzen des Schutzgegenstands ergeben, den beteiligten Stellen, Gemeinden und Landkreisen zur Stellungnahme zuzuleiten.

(2) ¹Die Entwürfe der Rechtsverordnungen sind mit den Karten auf die Dauer eines Monats öffentlich in den davon betroffenen Gemeinden und Landkreisen auszulegen. ²Ort und Dauer der Auslegung sind mindestens eine Woche vorher ortsüblich bekannt zu machen mit dem Hinweis, dass Bedenken und Anregungen während der Auslegungsfrist vorgebracht werden können.

(3) ¹Vor dem Erlass von Rechtsverordnungen zum Schutz von Naturdenkmälern (§ 28 BNatSchG) und Landschaftsbestandteilen (§ 29 BNatSchG) sind die betroffenen Grundeigentümer und sonstigen Berechtigten zu hören. ²Im Übrigen kann das Verfahren nach Abs. 1 und 2 durch Anhörung der Gemeinde und der betroffenen Fachbehörden und -stellen ersetzt werden. ³Sätze 1 und 2 gelten nicht für Verordnungen nach § 29 Abs. 1 Satz 2 BNatSchG zum Schutz von Bäumen und Sträuchern.

(4) Die für den Erlass der Rechtsverordnung zuständige Naturschutzbehörde oder Körperschaft prüft die fristgemäß vorgebrachten Bedenken und Anregungen und teilt das Ergebnis den Betroffenen mit.

(5) ¹Wird eine Rechtsverordnung oder nach dem Verfahren nach Abs. 1 bis 3 der Entwurf einer Rechtsverordnung erheblich geändert, so ist das Verfahren nach Abs. 1 bis 4 zu wiederholen. ²Bei unerheblichen Änderungen kann von dem Verfahren nach Abs. 1 bis 3 abgesehen werden, wenn die Belange anderer nicht berührt werden oder wenn die betroffenen Berechtigten und Stellen angehört wurden.

(6) ¹Für das Verfahren zur Inschutznahme können auch Karten und Texte in unveränderlicher digitaler Form verwendet werden. ²Eine ausreichende Möglichkeit zur Einsichtnahme muss gewährleistet sein.

# 62 BayNatSchG  Bayerisches Naturschutzgesetz

(7) [1]Eine Verletzung der Vorschriften der Abs. 1 bis 6 ist unbeachtlich, wenn sie nicht innerhalb eines Jahres nach der Bekanntmachung der Rechtsverordnung schriftlich unter Angabe der Tatsachen, die die Verletzung begründen sollen, bei der für den Erlass zuständigen Behörde geltend gemacht wird. [2]Bei der Bekanntmachung der Verordnung ist auf die Rechtsfolge nach Satz 1 hinzuweisen.

**Art. 53 Kennzeichnung der Schutzgegenstände.** (1) [1]Die Schutzgegenstände sollen durch die unteren Naturschutzbehörden in der Natur in geeigneter Weise kenntlich gemacht werden. [2]Neben der Anbringung des von der obersten Naturschutzbehörde bestimmten amtlichen Schilds soll nach Möglichkeit auf die Bedeutung des Schutzgegenstands und auf die wichtigsten Bestimmungen der Rechtsverordnung hingewiesen werden. [3]Grundeigentümer oder sonstige Berechtigte haben die Aufstellung von Schildern zu dulden. [4]Bei der Aufstellung ist auf die Grundstücksnutzung Rücksicht zu nehmen.

(2) Für Rechtsverordnungen nach Art. 31 gelten Abs. 1 Sätze 1, 3 und 4 sinngemäß.

**Art. 54 Zutrittsrecht; einstweilige Sicherstellung; Veränderungssperre (Art. 54 Abs. 3 abweichend von § 22 BNatSchG).** (1) [1]Den Bediensteten und Beauftragten der für den Vollzug des Naturschutzrechts zuständigen Behörden und Gemeinden sowie des Landesamts für Umwelt ist der Zutritt zu einem Grundstück zum Zweck von Erhebungen, die zur Erfüllung ihrer Aufgaben erforderlich sind, gestattet; dies gilt auch für die Mitglieder der Naturschutzbeiräte bei der Vorbereitung und Durchführung von Sitzungen. [2]Dies gilt insbesondere zur Vorbereitung und Durchführung der zu treffenden Maßnahmen sowie zur Ausführung von Vermessungen, Bodenuntersuchungen und ähnlichen Vorhaben. [3]Das Grundrecht nach Art. 13 des Grundgesetzes wird hierdurch eingeschränkt. [4]Die Eigentümer und Besitzer der betroffenen Grundstücke sollen vor dem Betreten in geeigneter Weise benachrichtigt werden. [5]Die Ergebnisse der Biotopkartierung sind den Eigentümern bekanntzugeben.

(2) [1]Der Erlass von einstweiligen Sicherstellungen von Schutzgebieten und Schutzgegenständen erfolgt durch die nach Art. 51 Abs. 1 zuständigen Naturschutzbehörden oder Körperschaften durch Rechtsverordnung oder Einzelordnung. [2]Die Maßnahme darf nicht ergehen, wenn die zuständige Naturschutzbehörde oder Körperschaft nicht gleichzeitig oder unmittelbar darauf das Verfahren für die endgültige Inschutznahme betreibt.

(3) [1]Ergänzend zu § 22 Abs. 3 BNatSchG sind in geplanten Naturschutzgebieten ab der Bekanntmachung der Auslegung (Art. 52 Abs. 2 Satz 2) bis zum Inkrafttreten der Schutzverordnung, längstens ein Jahr lang, alle Veränderungen verboten, soweit nicht in Rechtsverordnungen oder Einzelanordnungen nach Abs. 2 abweichende Regelungen getroffen werden. [2]Die im Zeitpunkt der Bekanntmachung ausgeübte rechtmäßige Bodennutzung bleibt unberührt. [3]In der Bekanntmachung ist auf diese Wirkung hinzuweisen.

Bayerisches Naturschutzgesetz

**Art. 55 Datenschutz.** (1) Die Naturschutzbehörden, das Landesamt für Umwelt und der Naturschutzfonds dürfen personenbezogene Daten erheben, soweit dies zur Erfüllung ihrer Aufgaben nach diesem Gesetz oder nach anderen Rechtsvorschriften erforderlich ist.

(2) Die Information nach Art. 14 der Verordnung (EU) 2016/679 (Datenschutz-Grundverordnung) kann durch ortsübliche Bekanntmachung in der Gemeinde erfolgen.

(3) Bewirtschaftungspläne nach § 32 Abs. 5 BNatSchG werden flurstücksbezogen oder nach Koordinaten in geeigneter Weise veröffentlicht.

**Art. 56 Befreiungen.** ¹Befreiungen nach § 67 Abs. 1 und 2 BNatSchG werden von der in der Rechtsverordnung bestimmten Naturschutzbehörde erteilt; fehlt eine Bestimmung, wird sie von der Naturschutzbehörde, die die Rechtsverordnung erlassen hat, bei Rechtsverordnungen über Naturschutzgebiete von der Regierung, bei Rechtsverordnungen über Landschaftsschutzgebiete von der unteren Naturschutzbehörde erteilt; bei Gemeindeverordnungen wird sie von der Gemeinde erteilt; bei Vorhaben der Landesverteidigung und des Zivilschutzes entscheidet über die Befreiung die oberste Naturschutzbehörde; im Übrigen wird die Befreiung von der höheren Naturschutzbehörde erteilt, soweit nicht in einer Rechtsverordnung nach Art. 44 Abs. 1 etwas anderes bestimmt ist. ²Befreiungen von den Verboten des Art. 16 Abs. 1, des § 30 Abs. 2 und § 61 Abs. 1 BNatSchG erteilt die untere Naturschutzbehörde. ³Die Befreiung wird durch eine nach anderen Vorschriften gleichzeitig erforderliche behördliche Gestattung ersetzt, soweit diese Gestattung nicht ihrerseits ersetzt wird; die behördliche Gestattung darf nur erteilt werden, wenn die Gründe für eine Befreiung vorliegen und die nach Satz 1 sonst zuständige Behörde ihr Einvernehmen erklärt.


Teil 9

# Ordnungswidrigkeiten

**Art. 57 Ordnungswidrigkeiten.** (1) Mit Geldbuße bis zu fünfzigtausend Euro kann belegt werden, wer vorsätzlich oder fahrlässig
1. einer vollziehbaren Einstellungsanordnung nach Art. 6 Abs. 2 Satz 2 zuwiderhandelt,
1a. entgegen Art. 11b eine gentechnisch veränderte Pflanze anbaut,
2. den Vorschriften einer nach Art. 12 Abs. 1 in Verbindung mit §§ 23, 24, 26, 28 oder § 29 BNatSchG oder einer nach Art. 54 Abs. 2 erlassenen Rechtsverordnung, soweit sie für einen bestimmten Tatbestand auf diese Bußgeldvorschrift verweist, zuwiderhandelt,
3. einer vollziehbaren Einzelanordnung nach Art. 12 Abs. 3 in Verbindung mit § 28 Abs. 1 BNatSchG oder § 29 Abs. 1 BNatSchG, nach Art. 54

## 62 BayNatSchG — Bayerisches Naturschutzgesetz

Abs. 2 oder einer vollziehbaren Untersagungsanordnung nach Art. 18 Abs. 2 zuwiderhandelt,
4. den Vorschriften einer nach § 3 Abs. 2 BNatSchG vollziehbaren Anordnung zuwiderhandelt,
5. entgegen § 30 Abs. 2 BNatSchG ein in Art. 23 Abs. 1 Nrn. 1 bis 5 aufgeführtes Biotop zerstört oder erheblich beeinträchtigt,
6. entgegen Art. 54 Abs. 3 Veränderungen in einem geplanten Naturschutzgebiet vornimmt oder
7. einer vollziehbaren Nebenbestimmung in Form der Auflage zu einer Gestattung, wenn die Auflage auf dem Bundesnaturschutzgesetz, diesem Gesetz oder einer auf Grund dieser Gesetze erlassenen Rechtsverordnung beruht, nicht nachkommt.

(2) Mit Geldbuße bis zu fünfundzwanzigtausend Euro kann belegt werden, wer
1. den Vorschriften des Art. 16 Abs. 1 zuwiderhandelt,
2. bei Ausübung des Rechts nach Art. 26
   a) Grundstücke verunreinigt oder beschädigt oder
   b) entgegen Art. 38 Abs. 1 Sachen zurücklässt,
3. den Vorschriften einer auf Grund des Art. 31 erlassenen Rechtsverordnung, die für einen bestimmten Tatbestand auf diese Bußgeldvorschrift verweist, zuwiderhandelt,
4. einer vollziehbaren Einzelanordnung nach Art. 31 zuwiderhandelt,
5. die Errichtung von Sperren im Sinn des Art. 27 Abs. 3 Satz 2 entgegen Art. 34 Abs. 1 Satz 2 oder 4 nicht oder nicht rechtzeitig anzeigt oder durch sonstige Maßnahmen die Ausübung des Betretungsrechts nach Art. 26 Abs. 1 und 2 beeinträchtigt.

(3) Mit Geldbuße bis zu zehntausend Euro kann belegt werden, wer in den Fällen des Abs. 2 Nrn. 1, 2 Buchst. a und Nr. 3 fahrlässig handelt.

(4) Mit Geldbuße kann belegt werden, wer
1. entgegen Art. 30 Abs. 2 unbefugt im Wald außerhalb von Straßen und Wegen reitet,
2. auf Privatwegen in der freien Natur, die nicht für den öffentlichen Verkehr freigegeben sind, unbefugt mit Fahrzeugen mit Motorkraft, ausgenommen Krankenfahrstühle, fährt oder parkt oder, soweit die Wege dafür ungeeignet sind, unbefugt reitet oder mit Fahrzeugen ohne Motorkraft, ausgenommen Krankenfahrstühle, fährt,
3. auf Flächen in der freien Natur, die nicht für den öffentlichen Verkehr freigegeben sind, mit Fahrzeugen mit Motorkraft, ausgenommen Krankenfahrstühle, ohne Notwendigkeit fährt oder parkt oder mit Fahrzeugen ohne Motorkraft, ausgenommen Krankenfahrstühle, unbefugt fährt,
4. gesperrte Forstkulturen oder Forstpflanzgärten betritt.

(5) Kann in einem Bußgeldverfahren wegen eines Parkverstoßes nach Abs. 1 Nr. 2, Abs. 4 Nr. 2 oder 3 der Führer des Kraftfahrzeugs, der den Parkverstoß begangen hat, nicht ermittelt werden, findet § 25a des Straßenverkehrsgesetzes entsprechende Anwendung; dies gilt auch im Fall des Abs. 8.

(6) Soweit Rechtsverordnungen und Anordnungen für einen bestimmten Tatbestand auf Bußgeldvorschriften des Art. 52 des Bayerischen Naturschutzgesetzes in der bis zum 31. August 1982 geltenden Fassung verweisen, treten die entsprechenden Bußgeldvorschriften der Abs. 1 bis 4 an deren Stelle; dies gilt auch im Fall des Abs. 8.

(7) Vorsätzliche oder fahrlässige Zuwiderhandlungen gegen Art. 7 Abs. 2, Art. 9 Abs. 4 und Art. 12 Abs. 3 in Verbindung mit Art. 9 Abs. 4 des Bayerischen Naturschutzgesetzes in der bis zum 28. Februar 2011 geltenden Fassung können mit Geldbuße bis zu fünfzigtausend Euro belegt werden, auch wenn in Rechtsverordnungen oder Anordnungen über Naturschutzgebiete, Naturdenkmäler, Landschaftsbestandteile und Grünbestände, die bis zum 31. August 1982 erlassen worden sind, eine Verweisung auf eine dem Art. 52 Abs. 1 Nr. 3 des Bayerischen Naturschutzgesetzes in der bis zum 28. Februar 2011 geltenden Fassung entsprechende frühere Bußgeldvorschrift fehlt; Art. 60 Abs. 2 gilt entsprechend.

(8) ¹Für Zuwiderhandlungen gegen Vorschriften einer nach Art. 7, 8 Abs. 1 und 4, Art. 9 Abs. 1 bis 4, Art. 10 Abs. 2, Art. 11 Abs. 2, Art. 12 oder 48 Abs. 2 des Bayerischen Naturschutzgesetzes in einer nicht mehr geltenden Fassung erlassenen Rechtsverordnung gilt Art. 52 Abs. 1 Nr. 3 des Bayerischen Naturschutzgesetzes in der bis zum 28. Februar 2011 geltenden Fassung fort. ²Für Zuwiderhandlungen gegen Vorschriften einer nach Art. 26 des Bayerischen Naturschutzgesetzes in einer nicht mehr geltenden Fassung erlassenen Rechtsverordnung gilt Art. 52 Abs. 2 Nr. 6 des Bayerischen Naturschutzgesetzes in der bis zum 28. Februar 2011 geltenden Fassung fort.

**Art. 58 Einziehung.** ¹Die durch eine Ordnungswidrigkeit nach Art. 57 gewonnenen oder erlangten oder die zu ihrer Begehung gebrauchten oder dazu bestimmten Gegenstände einschließlich der bei der Ordnungswidrigkeit verwendeten Verpackungs- und Beförderungsmittel können eingezogen werden. ²Es können auch Gegenstände eingezogen werden, auf die sich die Ordnungswidrigkeit bezieht. ³§ 23 des Gesetzes über Ordnungswidrigkeiten ist anzuwenden.

Teil 10
# Übergangs- und Schlussvorschriften

**Art. 59** *(aufgehoben)*

**Art. 60 Überleitungsvorschriften.** (1) ¹Die auf Grund des Naturschutzgesetzes vom 26. Juni 1935 in der Fassung vom 1. August 1968 (BayBS ErgB S. 1), zuletzt geändert durch Gesetz vom 31. Juli 1970 (GVBl S. 345), und die auf Grund des Bayerischen Naturschutzgesetzes in einer nicht mehr geltenden Fassung erlassenen Verordnungen und Anordnungen über den Schutz von Flächen und einzelnen Bestandteilen der Natur bleiben bis zu ihrer ausdrücklichen Aufhebung oder bis zum Ablauf ihrer Geltungsdauer in Kraft. ²Für die Aufhebung und Änderung gelten die Zuständigkeits- und Verfahrensvorschriften des Teils 8 entsprechend.

(2) ¹Für Zuwiderhandlungen gegen auf Grund des Naturschutzgesetzes vom 26. Juni 1935 in der Fassung vom 1. August 1968 (BayBS ErgB S. 1), zuletzt geändert durch Gesetz vom 31. Juli 1970 (GVBl S. 345), erlassene Verordnungen und Anordnungen gilt Art. 55 Abs. 1 Satz 3 des Bayerischen Naturschutzgesetzes in der bis zum 28. Februar 2011 geltenden Fassung fort. ²Art. 58 ist anzuwenden.

**Art. 61 Inkrafttreten.** Dieses Gesetz tritt am 1. März 2011 in Kraft.

# BayWG 63
# Bayerisches Wassergesetz (BayWG)

(BayRS 753-1-UG) vom 25. Februar 2010 (GVBl. S. 66, ber. S. 130),
zuletzt geändert durch Gesetz vom 23. Dezember 2019 (GVBl. S. 737)

## INHALTSÜBERSICHT*

### TEIL 1
### Allgemeine Bestimmungen

- Art. 1 Anwendungsbereich
- Art. 2 Einteilung der oberirdischen Gewässer
- Art. 3 Gewässerverzeichnisse
- Art. 4 Duldungspflicht
- Art. 5 Eigentum an den Gewässern erster oder zweiter Ordnung
- Art. 6 Eigentum an Gewässern, die kein selbstständiges Grundstück bilden
- Art. 7 Überflutungen
- Art. 8 Natürliche Verlandungen
- Art. 9 Künstliche Verlandungen
- Art. 10 Wiederherstellung eines Gewässers
- Art. 11 Uferabriss
- Art. 12 Uferlinie
- Art. 13 Verlassenes Gewässerbett, Inseln

### TEIL 2
### Bewirtschaftung von Gewässern

#### Abschnitt 1
#### Gemeinsame Bestimmungen

- Art. 14 Bewirtschaftung in Flussgebietseinheiten
- Art. 15 Beschränkte Erlaubnis
- Art. 16 Vorkehrungen bei Erlöschen einer Erlaubnis oder Bewilligung, eines alten Rechts oder einer alten Befugnis
- Art. 17 Rechtsverordnungen zum WHG

#### Abschnitt 2
#### Bewirtschaftung oberirdischer Gewässer

- Art. 18 Gemeingebrauch
- Art. 19 Benutzung zu Zwecken der Fischerei
- Art. 20 Genehmigung von Anlagen
- Art. 21 Gewässerrandstreifen
- Art. 22 Unterhaltungslast
- Art. 23 Übertragung und Aufteilung der Unterhaltungslast
- Art. 24 Ausführung, Ersatzvornahme und Sicherung der Unterhaltung
- Art. 25 Besondere Pflichten im Interesse der Unterhaltung
- Art. 26 Kosten der Unterhaltung, Kostenbeiträge
- Art. 27 Festsetzung der Kostenbeiträge, des Kostenersatzes und der Kostenvorschüsse

#### Abschnitt 3
#### Schiff- und Floßfahrt

- Art. 28 Schiffbare Gewässer, Schiffahrts- und Floßordnung

#### Abschnitt 4
#### Bewirtschaftung des Grundwassers

- Art. 29 Beschränkung und Erweiterung der erlaubnisfreien Benutzungen
- Art 30 Erdaufschlüsse

### TEIL 3
### Besondere wasserwirtschaftliche Bestimmungen

#### Abschnitt 1
#### Öffentliche Wasserversorgung, Wasserschutzgebiete, Heilquellenschutz

- Art. 31 Öffentliche Wasserversorgung, Wasser- und Heilquellenschutzgebiete
- Art. 32 Ausgleich für schutzgebietsbedingte Belastungen

---

\* *Inhaltsübersicht nicht amtlich.*

# 63 BayWG

Wassergesetz

Art. 33 Staatliche Anerkennung von Heilquellen

### Abschnitt 2
### Abwasserbeseitigung

Art. 34 Zur Abwasserbeseitigung verpflichtete Personen

### Abschnitt 3
### Wasserwirtschaftliche Anlagen

Art. 35 Beschneiungsanlagen
Art. 36 Hafen- und Ländeordnungen
Art. 37 Unterhaltung von wasserwirtschaftlichen Anlagen

### Abschnitt 4
### Gewässerschutzbeauftragte

Art. 38 Gewässerschutzbeauftragte bei Körperschaften

### Abschnitt 5
### Gewässerausbau

Art. 39 Ausbaupflicht
Art. 40 Ausführung des Ausbaus
Art. 41 Besondere Pflichten im Interesse des Ausbaus, Schutzvorschriften
Art. 42 Kosten des Ausbaus, Vorteilsausgleich, Anwendung anderer Vorschriften

### Abschnitt 6
### Schutz vor Hochwasser und Dürre, Wasser- und Eisgefahr

Art. 43 Besondere Regelungen für bauliche Hochwasserschutzmaßnahmen
Art. 44 Grundsätze für den Schutz vor Hochwasser und Dürre
Art. 45 Risikobewertung, Gefahrenkarten, Risikokarten, Risikomanagementpläne
Art. 46 Überschwemmungsgebiete an oberirdischen Gewässern
Art. 47 Vorläufige Sicherung
Art. 48 Hochwassernachrichtendienst
Art. 49 Verpflichtungen der Anlieger und der Unternehmer von Wasserbenutzungsanlagen
Art. 50 Verpflichtungen der Gemeinden

### Abschnitt 7
### Wasserwirtschaftliche Planung und Dokumentation

Art. 51 Maßnahmenprogramme und Bewirtschaftungspläne
Art. 52 *(aufgehoben)*
Art. 53 Wasserbuch
Art. 54 Abwasserkataster

### Abschnitt 8
### Haftung für Gewässerveränderungen

Art. 55 Sanierung von Gewässerverunreinigungen

## TEIL 4
### Enteignung, Entschädigung, Vorkaufsrecht

Art. 56 Enteignung
Art. 57 Entschädigung, Ausgleich, Vollstreckung
Art. 57a Vorkaufsrecht

## TEIL 5
### Gewässeraufsicht

Art. 58 Zuständigkeit und Befugnisse
Art. 59 Kosten der technischen Gewässeraufsicht bei Abwasseranlagen
Art. 60 Technische Gewässeraufsicht bei Kleinkläranlagen
Art. 61 Bauabnahme
Art. 62 Besondere Pflichten im Interesse der technischen Gewässeraufsicht

## TEIL 6
### Zuständigkeit, Verfahren

Art. 63 Sachliche und örtliche Zuständigkeit
Art. 64 Besondere Zuständigkeit bei integrierten Verfahren
Art. 65 Private Sachverständige
Art. 66 Prüflaboratorien
Art. 67 Antragstellung, Pläne
Art. 68 Zusammentreffen mehrerer Erlaubnis- oder Bewilligungsanträge
Art. 69 Verfahrensbestimmungen
Art. 70 Erlaubnis mit Zulassungsfiktion
Art. 71 Vorläufige Anordnung, Beweissicherung

Wassergesetz  **BayWG 63**

Art. 72 Sicherheitsleistung
Art. 73 Erlass von Rechtsverordnungen, Aufstellung von Plänen

### TEIL 7
**Bußgeldbestimmung**
Art. 74 Ordnungswidrigkeiten

### TEIL 8
**Schlussbestimmungen**
Art. 75 Alte Rechte und alte Befugnisse

Art. 76 Einschränkung von Grundrechten
Art. 77 Inkrafttreten

### Anlage 1
**Verzeichnis der Gewässer erster Ordnung**

### Anlage 2
**Technische Gewässeraufsicht bei Abwasseranlagen**

## TEIL 1
## Allgemeine Bestimmungen

**Art. 1 Anwendungsbereich (Abweichend von § 2 Abs. 2 WHG).** (1) Dieses Gesetz gilt für die in § 2 Abs. 1 des Wasserhaushaltsgesetzes (WHG) bezeichneten Gewässer, für als Heilquellen anerkannte Wasser- und Gasvorkommen und für das nicht aus Quellen wild abfließende Wasser.

(2) ¹Das Wasserhaushaltsgesetz und dieses Gesetz sind nicht anzuwenden auf
1. Be- und Entwässerungsgräben,
2. kleine Teiche und Weiher, wenn sie mit einem anderen Gewässer nicht oder nur durch künstliche Vorrichtungen verbunden sind,

soweit sie von wasserwirtschaftlich untergeordneter Bedeutung sind. ²§§ 3 bis 7, 25, 32, 37, 50 bis 61, 89, 90, 100 bis 106 WHG und Art. 4 bis 14, 18, 19, 31 bis 34, 55, 58, 59, 60, 62, 63, 74 dieses Gesetzes, ferner die Vorschriften über das Einleiten und Einbringen von Stoffen in ein Gewässer bleiben unberührt.

**Art. 2 Einteilung der oberirdischen Gewässer.** (1) Die oberirdischen Gewässer mit Ausnahme des aus Quellen wild abfließenden Wassers werden nach ihrer wasserwirtschaftlichen Bedeutung eingeteilt in:
1. Gewässer erster Ordnung: die Bundeswasserstraßen und die in dem anliegenden Verzeichnis (**Anlage 1**\*) aufgeführten Gewässer,
2. Gewässer zweiter Ordnung: Gewässer, die in das nach Art. 3 aufzustellende Verzeichnis eingetragen sind,
3. Gewässer dritter Ordnung: alle anderen Gewässer.

(2) Altarme, die mit dem Gewässer bei Mittelwasserstand verbunden sind, Nebenarme, Flutmulden, Hafengewässer und ähnliche Verzweigungen eines Gewässers (ausgenommen Seitenkanäle) gehören zu der Ordnung des Gewässers an der Stelle, an der das Seitengewässer vom Hauptgewässer abzweigt, soweit in Anlage 1\* zu diesem Gesetz oder im Verzeichnis der Gewässer zweiter Ordnung (Art. 3) nichts anderes bestimmt ist.

---
\* *Nicht abgedruckt.*

(3) ¹Soll ein Gewässer oder eine Gewässerstrecke mit nur örtlicher Bedeutung die Eigenschaft einer Bundeswasserstraße erhalten oder verlieren, so kann das Staatsministerium für Umwelt und Verbraucherschutz (Staatsministerium) die hierfür nach § 2 Abs. 1 Satz 1 des Bundeswasserstraßengesetzes erforderliche Vereinbarung mit dem Bund abschließen. ²Das Staatsministerium wird ermächtigt, in diesem Fall durch Rechtsverordnung die Ordnung des Gewässers zu bestimmen.

**Art. 3 Gewässerverzeichnisse.** (1) ¹Das Staatsministerium erlässt die Verzeichnisse über die Gewässer zweiter Ordnung und die Wildbäche durch Allgemeinverfügung. ²In das Verzeichnis der Gewässer zweiter Ordnung sind die nicht zur ersten Ordnung gehörenden Gewässer aufzunehmen, die wasserwirtschaftlich, insbesondere wegen ihrer Wasser-, Geschiebe-, Schwebstoff- oder Eisführung, wegen ihrer ökologischen Funktionen oder wegen ihrer Nutzbarkeit von größerer Bedeutung sind. ³In das Verzeichnis der Wildbäche sind die Gewässer dritter Ordnung einzutragen, die zumindest streckenweise wildbachtypische Eigenschaften aufweisen. ⁴Die Aufnahme in ein Gewässerverzeichnis nach Sätzen 1 bis 3 kann auf einzelne Gewässerabschnitte beschränkt werden.

(2) ¹Das Staatsministerium gibt ein Verzeichnis aller Wasserkörper bekannt. ²Es umfasst Oberflächenwasserkörper und Grundwasserkörper und ordnet sie Planungseinheiten zu.

**Art. 4 Duldungspflicht (Zu § 4 Abs. 5 WHG).** ¹Durch Inhalts- und Nebenbestimmungen sind Art, Maß und Dauer der Duldungspflicht, insbesondere die Folgen der Beendigung der Benutzung zu regeln. ²Die zur Duldung Verpflichteten können für Gewässerbenutzungen, für die eine behördliche Zulassung erteilt worden ist, von den die Gewässerbenutzung ausübenden Personen ein Entgelt verlangen. ³Ist der Freistaat Bayern zur Duldung verpflichtet, kann das Entgelt als Nutzungsgebühr erhoben werden. ⁴Die Gebührenpflicht, die Höhe der Gebühr, das Festsetzungs- und Erhebungsverfahren werden durch Rechtsverordnung des Staatsministeriums geregelt.

**Art. 5 Eigentum an den Gewässern erster oder zweiter Ordnung (Zu § 4 Abs. 5 WHG).** Soweit das Eigentum an einem Gewässer erster oder zweiter Ordnung einem anderen als dem Bund oder dem Freistaat Bayern zusteht, kann der Freistaat Bayern das Eigentum nach den Vorschriften des Bayerischen Gesetzes über die entschädigungspflichtige Enteignung in Anspruch nehmen.

**Art. 6 Eigentum an Gewässern, die kein selbstständiges Grundstück bilden (Zu § 4 Abs. 5 WHG).** (1) Bildet ein fließendes Gewässer kein selbstständiges Grundstück, so ist es Bestandteil der Ufergrundstücke.

(2) Gehören die Ufer verschiedenen Eigentümern, so ist vorbehaltlich abweichender privatrechtlicher Regelung Eigentumsgrenze:
1. für gegenüberliegende Ufergrundstücke eine durch die Mitte des Gewässers bei Mittelwasserstand zu ziehende Linie,

2. für nebeneinander liegende Ufergrundstücke eine von dem Endpunkt der Landgrenze rechtwinklig zu der in Nr. 1 bezeichneten Mittellinie zu ziehende Linie.

**Art. 7 Überflutungen (Zu § 4 Abs. 5 WHG).** (1) [1]Werden an Gewässern, die ein selbstständiges Grundstück bilden, Grundstücke bei Mittelwasserstand dauernd überflutet, so wächst das Eigentum an den überfluteten Flächen den Gewässereigentümern zu. [2]Die neue Grenze zwischen dem Gewässer und dem Ufergrundstück ist die Uferlinie.

(2) Ist die Überflutung künstlich herbeigeführt, so hat derjenige, der sie verursacht hat, die bisherigen Eigentümer zu entschädigen.

(3) [1]Werden an Gewässern, die kein selbstständiges Grundstück bilden, Grundstücke dauernd überflutet, so ist Art. 6 anzuwenden. [2]Für künstliche Überflutungen gilt Abs. 2.

**Art. 8 Natürliche Verlandungen (Zu § 4 Abs. 5 WHG).** (1) Eine durch allmähliches Anlanden oder durch Zurücktreten des Wassers entstandene Verlandung an fließenden Gewässern wächst den Eigentümern der Ufergrundstücke zu, wenn die Verlandung mit dem bisherigen Ufer bei Mittelwasserstand zusammenhängt und sich darauf Pflanzenwuchs gebildet hat.

(2) [1]An stehenden Gewässern, die nicht Eigentum der Anlieger sind, gehören Verlandungen innerhalb der bisherigen Eigentumsgrenze den Gewässereigentümern. [2]Die früheren Anlieger haben Zutritt zum Gewässer, soweit es erforderlich ist, um den Gemeingebrauch in der bisherigen Weise auszuüben.

(3) [1]Verlandet ein Gewässer an einer Stelle, an der mehrere Ufergrundstücke aneinandergrenzen, so verläuft die Grundstücksgrenze auf der Verlandung in Verlängerung der bisherigen Grundstücksgrenze auf dem Land. [2]Schneiden sich hierbei die Grundstücksgrenzen, so verläuft die Grundstücksgrenze vom Schnittpunkt aus in der Winkelhalbierenden der sich schneidenden Grenzen.

**Art. 9 Künstliche Verlandungen (Zu § 4 Abs. 5 WHG).** Verlandungen, die durch künstliche Einwirkungen entstanden sind, stehen im Eigentum der Gewässereigentümer.

**Art. 10 Wiederherstellung eines Gewässers (Zu § 4 Abs. 5 WHG).** (1) Hat ein Gewässer durch natürliche Ereignisse sein bisheriges Bett verlassen, so sind die davon Betroffenen insgesamt oder einzeln berechtigt, den früheren Zustand auf ihre Kosten wieder herzustellen.

(2) [1]Das Recht zur Wiederherstellung erlischt, wenn die Wiederherstellung nicht binnen fünf Jahren, gerechnet vom Schluss des Jahres, in dem sich das Gewässer verändert hat, ausgeführt ist. [2]Die Kreisverwaltungsbehörde kann die Frist zur Wiederherstellung des Gewässers im Einzelfall angemessen verlängern, wenn mit der Wiederherstellung fristgerecht begonnen wurde.

**Art. 11 Uferabriss (Zu § 4 Abs. 5 WHG).** (1) Wird ein Stück Land durch Naturgewalt von dem Ufer abgerissen und mit einem anderen Ufergrundstück vereinigt, so wird es dessen Bestandteil, wenn es von diesem Grundstück in der Natur nicht mehr unterschieden werden kann oder wenn die Vereinigung drei Jahre bestanden hat, ohne dass Eigentümer oder sonst berechtigte Personen das abgerissene Stück wieder weggenommen haben.

(2) Unter den gleichen Voraussetzungen wird ein abgerissenes Stück Land, das sich ohne Zusammenhang mit einem Ufer im Gewässer festgesetzt hat, Bestandteil des Gewässereigentums.

**Art. 12 Uferlinie (Zu § 4 Abs. 5 WHG).** (1) Die Grenze zwischen dem Gewässer und den Ufergrundstücken wird durch die Linie des Mittelwasserstands unter besonderer Berücksichtigung der Grenze des Pflanzenwuchses (Uferlinie) bestimmt.

(2) Die Uferlinie wird, falls erforderlich, durch die Kreisverwaltungsbehörde festgestellt und auf Kosten desjenigen, der die Kosten der Uferlinienfeststellung zu tragen hat, kenntlich gemacht.

**Art. 13 Verlassenes Gewässerbett, Inseln (Zu § 4 Abs. 5 WHG).** (1) Wird ein Gewässerbett vom Wasser verlassen oder tritt in einem Gewässer eine Insel hervor, die den Mittelwasserstand überragt, so bleibt das Eigentum an den hierdurch zutage getretenen Landflächen unverändert.

(2) Art. 11 und 12 gelten für Inseln entsprechend.


TEIL 2
# Bewirtschaftung von Gewässern

Abschnitt 1
## Gemeinsame Bestimmungen

**Art. 14 Bewirtschaftung in Flussgebietseinheiten.** ¹Die auf den Freistaat Bayern entfallenden Anteile der Flussgebietseinheiten der Donau, des Rheins, der Elbe und der Weser werden in Planungseinheiten bewirtschaftet. ²Die Zuordnung der Wasserkörper zu den Planungseinheiten richtet sich nach Art. 3 Abs. 2.

**Art. 15 Beschränkte Erlaubnis (Abweichend von § 10 Abs. 1 und § 15 WHG).** (1) Eine Erlaubnis im Sinn des § 10 Abs. 1 WHG (beschränkte Erlaubnis) kann erteilt werden, wenn die Voraussetzungen des § 15 Abs. 1 WHG nicht vorliegen oder nur eine beschränkte Erlaubnis beantragt wird.

(2) ¹Nur eine beschränkte Erlaubnis ist zu erteilen, wenn ein Gewässer zu vorübergehenden Zwecken und für einen Zeitraum von nicht mehr als einem

Jahr benutzt werden soll. ²Die beschränkte Erlaubnis ist dann dem Zweck des Unternehmens entsprechend zu befristen. ³Die beschränkte Erlaubnis ist als solche zu bezeichnen.

(3) Art. 70 bleibt unberührt.

**Art. 16 Vorkehrungen bei Erlöschen einer Erlaubnis oder Bewilligung, eines alten Rechts oder einer alten Befugnis.** (1) Ist eine Erlaubnis oder Bewilligung ganz oder teilweise erloschen, so können die Inhaber der bisherigen Zulassung aus Gründen des Wohls der Allgemeinheit verpflichtet werden,
1. die Anlagen für die Benutzung des Gewässers ganz oder teilweise
    a) bestehen zu lassen,
    b) auf ihre Kosten zu beseitigen und den früheren Zustand wieder herzustellen,
2. auf ihre Kosten andere Vorkehrungen zu treffen, die geeignet sind, nachteilige Folgen des Erlöschens der Erlaubnis oder Bewilligung zu verhüten.

(2) ¹Im Fall des Abs. 1 Nr. 1 Buchst. a sind diejenigen, in deren Interesse der Fortbestand der Anlage liegt, verpflichtet, für die künftige Unterhaltung und, soweit erforderlich, für den Betrieb der Anlage zu sorgen. ²Art. 26 Abs. 2 Satz 2 gilt sinngemäß.

(3) ¹Kann die Verpflichtung nach Abs. 1 oder 2 wegen Mittellosigkeit nicht erfüllt werden, so haben die in Art. 24 Abs. 2 bezeichneten Körperschaften nach Maßgabe ihrer Leistungsfähigkeit einzutreten. ²Diejenigen, die von der Erfüllung der Verpflichtung einen Vorteil haben, können zu den Kosten herangezogen werden. ³Art. 26 Abs. 2 Satz 2 und Art. 27 gelten entsprechend.

(4) Ist ein altes Recht oder eine alte Befugnis ganz oder teilweise erloschen, so gelten Abs. 1 bis 3 sinngemäß.

(5) Bei Wasserkraftanlagen, die mehr als drei Jahre nicht betrieben worden sind, kann eine Wiederaufnahme des Betriebs nur dann erfolgen, wenn sie den Anforderungen der §§ 33 bis 35 WHG entsprechen.

**Art. 17 Rechtsverordnungen zum WHG (Zu den §§ 23 und 24 WHG, abweichend von § 23 Abs. 1 und 2 und § 24 Abs. 1 WHG).** (1) Die Ermächtigungen nach § 23 Abs. 3 Satz 1, § 24 Abs. 3 Satz 1 WHG werden auf das Staatsministerium übertragen.

(2) § 23 Abs. 2 WHG findet keine Anwendung.

(3) ¹Das Staatsministerium wird ermächtigt, an Stelle der Bundesregierung im Rahmen des Art. 72 Abs. 3 Nr. 5 des Grundgesetzes Rechtsverordnungen nach § 23 Abs. 1 Nr. 4 und 7, § 23 Abs. 1 Nr. 8 – auch in Verbindung mit § 50 Abs. 5, § 23 Abs. 1 Nr. 10 bis 13 und § 24 WHG zu erlassen. ²Rechtsverordnungen der Bundesregierung nach diesen Vorschriften finden nur Anwendung, solange und soweit das Staatsministerium von der Ermächtigung zum Erlass einer Rechtsverordnung nach Satz 1 keinen Gebrauch gemacht hat.

## Abschnitt 2
## Bewirtschaftung oberirdischer Gewässer

**Art. 18 Gemeingebrauch (Zu § 25 Sätze 1 und 3 WHG).** (1) ¹Jede Person darf unter den Voraussetzungen des § 25 WHG und soweit es ohne rechtswidrige Benutzung fremder Grundstücke geschehen kann und, soweit eine erhebliche Beeinträchtigung des Gewässers und seiner Ufer sowie der Tier- und Pflanzenwelt nicht zu erwarten ist, außerhalb von Schilf- und Röhrichtbeständen oberirdische Gewässer zum Baden, Waschen, Tränken, Schwemmen, Schöpfen mit Handgefäßen, Betrieb von Modellbooten ohne Verbrennungsmotoren, Eissport und Befahren mit kleinen Fahrzeugen ohne eigene Triebkraft benutzen. ²Der Betrieb von Modellbooten mit Elektroantrieb ist nicht zulässig in Gebieten von gemeinschaftlicher Bedeutung, Europäischen Vogelschutzgebieten und Naturschutzgebieten; weitergehende naturschutzrechtliche Bestimmungen bleiben unberührt. ³Zum Gemeingebrauch gehören auch
1. das Einleiten von Grundwasser und Quellwasser,
2. das schadlose Einleiten von gesammeltem Niederschlagswasser, das nicht mit anderem Abwasser oder wassergefährdenden Stoffen vermischt ist, entsprechend den vom Staatsministerium bekannt gemachten Regeln der Technik; dies gilt nicht für Niederschlagswassereinleitungen von Flächen in Anlagen zum Umgang mit wassergefährdenden Stoffen, von Bundesfern- und Staatsstraßen, sowie von Straßen mit mehr als zwei Fahrstreifen,
3. das Entnehmen von Wasser in geringen Mengen für
   a) das Tränken von Vieh,
   b) den häuslichen Bedarf der Landwirtschaft.

⁴Die Kreisverwaltungsbehörden können bestimmen, an welchen Gewässern oder Gewässerteilen weitere Tätigkeiten der Sportausübung und Freizeitgestaltung, insbesondere das Tauchen mit Atemgerät oder das Betreiben von Modellbooten mit Verbrennungsmotor als Gemeingebrauch zulässig sind.

(2) Abs. 1 ist nicht anzuwenden auf Gewässer in Hofräumen, Gärten, Park- und Betriebsanlagen, wenn sie den Eigentümern dieser Grundstücke oder Anlagen gehören, sowie auf ablassbare, ausschließlich der Fischzucht dienende Teiche.

(3) Die Kreisverwaltungsbehörde kann durch Rechtsverordnung, Allgemeinverfügung oder Anordnung im Einzelfall Gewässer oder Gewässerteile nach Abs. 1 Satz 4 bestimmen sowie die Ausübung des Gemeingebrauchs regeln, beschränken oder verbieten, um Gefahren für Leben, Gesundheit, Eigentum, eigentumsgleiche Rechte oder Besitz zu verhüten, die Sicherheit und Leichtigkeit des Verkehrs zu erhalten, die Natur, insbesondere die Tier- und Pflanzenwelt oder das Gewässer und seine Ufer zu schützen, den Erholungsverkehr zu regeln oder die Benutzung eines Gewässers auf Grund von Erlaubnissen, Bewilligungen, alten Rechten und alten Befugnissen oder den Eigentümer- und Anliegergebrauch sicherzustellen.

**Art. 19 Benutzung zu Zwecken der Fischerei (Abweichend von § 25 Satz 3 Nr. 2 WHG).** Das Einbringen von Stoffen in oberirdische Gewässer zu Zwecken der Fischerei bedarf keiner Erlaubnis, wenn dadurch keine signifikanten nachteiligen Auswirkungen auf den Gewässerzustand zu erwarten sind.

**Art. 20 Genehmigung von Anlagen (Zu § 36 WHG).** (1) [1]Anlagen im Sinn des § 36 WHG, die nicht der Benutzung, der Unterhaltung oder dem Ausbau dienen, dürfen an Gewässern erster oder zweiter Ordnung nur mit Genehmigung der Kreisverwaltungsbehörde errichtet, wesentlich geändert oder stillgelegt werden. [2]Genehmigungspflichtig sind Anlagen, die weniger als sechzig Meter von der Uferlinie entfernt sind oder die die Unterhaltung oder den Ausbau beeinträchtigen können.

(2) Die Regierungen können durch Rechtsverordnung die Genehmigungspflicht auch für Anlagen im Sinn des § 36 WHG an Gewässern dritter Ordnung oder Teilen davon begründen, wenn und soweit das aus Gründen des Wohls der Allgemeinheit geboten ist, insbesondere um schädliche Gewässerveränderungen zu verhindern oder die Gewässerunterhaltung nicht zu erschweren.

(3) Hat die Kreisverwaltungsbehörde nicht innerhalb der nach Art. 42a Abs. 2 des Bayerischen Verwaltungsverfahrensgesetzes (BayVwVfG) festgelegten Frist entschieden, gilt die Genehmigung als erteilt.

(4) [1]Die Genehmigung kann befristet werden. [2]Sie darf nur versagt, an Bedingungen und Auflagen geknüpft oder widerrufen werden, soweit das Wohl der Allgemeinheit, insbesondere die in Abs. 2 aufgezählten Gründe, es erfordern. [3]Bei der Entscheidung ist auch das öffentliche Interesse an der Errichtung oder am Fortbestand der Anlagen zu berücksichtigen.

(5) [1]Ist eine Baugenehmigung, eine bauaufsichtliche Zustimmung oder eine Entscheidung nach § 78 Abs. 5 Satz 1 oder § 78a Abs. 2 Satz 1 WHG zu erteilen, entfällt die Genehmigung nach diesem Artikel. [2]Im Verfahren nach § 78 Abs. 5 Satz 1 oder § 78a Abs. 2 Satz 1 WHG sind insoweit auch die Voraussetzungen des Abs. 4 zu beachten.

**Art. 21 Gewässerrandstreifen (Zu § 38 WHG, abweichend von § 38 Abs. 3 bis 5 WHG).** (1) [1]Der Gewässerrandstreifen ist an Gewässern erster und zweiter Ordnung auf Grundstücken des Freistaates Bayern 10 Meter breit. [2]Auf Gewässerrandstreifen nach Satz 1 sind
1. die ackerbauliche und gartenbauliche Nutzung sowie der Einsatz und die Lagerung von Dünge- und Pflanzenschutzmitteln, ausgenommen Wundverschlussmittel zur Baumpflege und Wildbissschutzmittel, verboten und
2. Bäume und Sträucher zu erhalten, soweit die Beseitigung nicht für den Ausbau oder die Unterhaltung der Gewässer, zur Pflege des Bestandes, aus besonderen Artenschutzgründen oder zur Gefahrenabwehr erforderlich ist oder im Rahmen ordnungsgemäßer Forstwirtschaft erfolgt.

[3]§ 38 Abs. 5 WHG gilt entsprechend. [4]Art. 16 Abs. 1 Satz 1 Nr. 3 des Bayerischen Naturschutzgesetzes bleibt unberührt.

(2) Über Abs. 1 hinaus können im Rahmen der zur Verfügung stehenden Haushaltsmittel die Zwecke des Gewässerrandstreifens an allen Gewässern durch Einbeziehung der Grundstücke oder der Flächen in eine Fördermaßnahme erreicht werden, die auch dem Schutz des jeweiligen Gewässers dient.

(3) Für die mit Art. 16 Abs. 1 Satz 1 Nr. 3 des Bayerischen Naturschutzgesetzes einhergehenden Einschränkungen bisher zulässiger und tatsächlich ausgeübter Nutzungen wird nach Maßgabe der verfügbaren Haushaltsmittel ein angemessener Geldausgleich gewährt.

**Art. 22 Unterhaltungslast (Zu § 40 Abs. 1 Satz 1 WHG).** (1) Es obliegt die Unterhaltung
1. der Gewässer erster Ordnung dem Freistaat Bayern unbeschadet der Aufgaben des Bundes als Eigentümer von Bundeswasserstraßen,
2. der Gewässer zweiter Ordnung dem Freistaat Bayern,
3. der Gewässer dritter Ordnung den Gemeinden als eigene Aufgabe, soweit nicht Wasser- und Bodenverbände dafür bestehen, in gemeindefreien Gebieten den Eigentümern.

(2) Anstelle des Trägers der Unterhaltungslast nach Abs. 1 Nr. 3 obliegen dem Freistaat Bayern
1. die Unterhaltung der Gewässer, die zugleich die Grenze der Bundesrepublik Deutschland bilden,
2. die Unterhaltung und der Betrieb von Wasserspeichern mit überwiegend übergebietlicher wasserwirtschaftlicher Bedeutung, die der öffentlichen Wasserversorgung, dem Gewässerschutz, dem Hochwasserschutz und der Niedrigwasseraufhöhung dienen,
3. die Unterhaltung der ausgebauten und als solche im Wildbachverzeichnis eingetragenen Wildbachstrecken.

(3) Den Unternehmern von Wasserbenutzungsanlagen oder sonstigen Anlagen in oder an Gewässern obliegt die Unterhaltung des Gewässers insoweit, als sie durch diese Anlagen bedingt ist.

(4) Den Baulastträgern öffentlicher Verkehrsanlagen obliegt die Unterhaltung des Gewässers insoweit, als sie zum Schutz dieser Anlagen erforderlich ist.

(5) Die Unterhaltung von Hafengewässern obliegt dem Träger des Hafens.

**Art. 23 Übertragung und Aufteilung der Unterhaltungslast (Abweichend von § 40 Abs. 2 WHG).** (1) [1]Durch öffentlich-rechtlichen Vertrag, der für Gewässer dritter Ordnung der Zustimmung der Kreisverwaltungsbehörde bedarf, können Dritte die Unterhaltungslast übernehmen. [2]Die Zustimmung kann widerrufen werden, wenn die übernommenen Verpflichtungen nicht ordnungsgemäß erfüllt werden.

(2) Bürgerlich-rechtliche Verpflichtungen Dritter zur Unterhaltung von Gewässern lassen die Unterhaltungslast als solche unberührt.

(3) Die Kreisverwaltungsbehörde kann die Unterhaltungslast ganz oder teilweise auf Dritte übertragen, wenn und soweit die Unterhaltung deren In-

teressen dient oder der Aufwand für die Unterhaltung durch sie verursacht wird.

(4) Haben mehrere Unterhaltungspflichtige dieselbe Gewässerstrecke teilweise zu unterhalten, so kann die Kreisverwaltungsbehörde entweder den Unterhaltungspflichtigen eine angemessene Strecke des Gewässers zur vollständigen Unterhaltung zuweisen oder die Unterhaltungsarbeiten zwischen den Unterhaltungspflichtigen angemessen aufteilen oder bestimmen, dass einzelne unterhaltungspflichtige Personen anstelle der Unterhaltung einen Kostenbeitrag an den oder die verbleibenden Unterhaltungspflichtigen leisten.

**Art. 24 Ausführung, Ersatzvornahme und Sicherung der Unterhaltung (Zu § 40 Abs. 4 WHG).** (1) Obliegt die Unterhaltung der Gewässer dem Freistaat Bayern, so wird sie von den Wasserwirtschaftsämtern ausgeführt.

(2) [1]Sind andere als Körperschaften des öffentlichen Rechts (Art. 22 und 23) Träger der Unterhaltungslast und kommen sie ihren Verpflichtungen nicht ordnungsgemäß nach, so sind
1. für Gewässer erster und zweiter Ordnung, Wildbäche und Gewässer, die zugleich die Grenze der Bundesrepublik Deutschland bilden, der Staat,
2. für die übrigen Gewässer die Gemeinden, in gemeindefreien Gebieten die Landkreise,

verpflichtet, innerhalb ihres Gebiets die erforderlichen Unterhaltungsarbeiten auszuführen. [2]Die pflichtigen Personen haben die Kosten zu ersetzen; von ihnen können angemessene Vorschüsse verlangt werden.

(3) [1]Die Kreisverwaltungsbehörde kann zur Sicherung der Durchführung der Unterhaltung von Gewässern dritter Ordnung Rechtsverordnungen erlassen. [2]In der Rechtsverordnung kann den Trägern der Unterhaltungslast insbesondere vorgeschrieben werden, in welchem Umfang und zu welchem Zeitpunkt die Unterhaltung durchzuführen ist.

**Art. 25 Besondere Pflichten im Interesse der Unterhaltung (Zu § 41 Abs. 1 Satz 3 und abweichend von § 41 Abs. 4 WHG).** (1) [1]Die Eigentümer des Gewässers und die Anlieger haben die zur Unterhaltung erforderlichen Arbeiten und Maßnahmen am Gewässer und auf den Ufergrundstücken zu dulden. [2]Sie haben alles zu unterlassen, was die Sicherheit und den Schutz der Ufer gefährdet oder die Unterhaltung unmöglich macht oder wesentlich erschweren würde.

(2) Die Eigentümer des Gewässers und die Anlieger haben insbesondere zu dulden, dass Festpunkte eingebaut, Flusseinteilungszeichen, Höhenmaße, Warn- und Hinweisschilder aufgestellt werden.

(3) Die Anlieger und Hinterlieger haben auch zu dulden, dass auf ihren Grundstücken der Aushub vorübergehend gelagert und, soweit es nicht die bisherige Nutzung dauernd beeinträchtigt, eingeebnet wird.

## 63 BayWG

(4) [1]Der Träger der Unterhaltungslast hat den Duldungspflichtigen alle nach § 41 WHG und nach dieser Vorschrift beabsichtigten Maßnahmen rechtzeitig vorher anzukündigen. [2]§ 41 Abs. 4 WHG gilt entsprechend, auch für Fischereiberechtigte. [3]Auf die Interessen der Duldungspflichtigen ist Rücksicht zu nehmen.

**Art. 26 Kosten der Unterhaltung, Kostenbeiträge (Zu § 40 Abs. 1 Satz 3 WHG).** (1) Die Kosten der Unterhaltung treffen den Träger der Unterhaltungslast.

(2) [1]Körperschaften, die nach Art. 22 die Unterhaltungslast tragen, können nach § 40 Abs. 1 Sätze 2 und 3 WHG zu den Kosten der Unterhaltung folgende Beiträge verlangen:
1. für Gewässer erster Ordnung bis zu 10 v.H. der Unterhaltungskosten,
2. für Gewässer zweiter Ordnung bis zu 25 v.H. der Unterhaltungskosten,
3. für Gewässer dritter Ordnung die vollen Unterhaltungskosten, wenn der Träger der Unterhaltungslast eine Gemeinde ist; sind an Gewässern dritter Ordnung Wasser- und Bodenverbände Träger der Unterhaltungslast, so gilt das Wasserverbandsgesetz.

[2]Die Kosten der Unterhaltung oder der Kostenbeitrag verteilen sich auf die Beitragspflichtigen nach Satz 1 je nach ihrem Vorteil (Nutzenmehrung, Schadensabwehr) oder nach dem Einfluss, den eine Anlage in oder an einem Gewässer auf dessen Unterhaltung ausübt. [3]Die Träger der Unterhaltungslast können von den Beitragspflichtigen angemessene Vorschüsse verlangen.

(3) Die Baulastträger öffentlicher Verkehrsanlagen und Eigentümer sonstiger Anlagen haben die Mehrkosten der Unterhaltung der Gewässer zu tragen, die durch die Anlagen verursacht werden, soweit sie nicht nach Art. 22 Abs. 3 und 4 die Unterhaltung selbst ausführen.

**Art. 27 Festsetzung der Kostenbeiträge, des Kostenersatzes und der Kostenvorschüsse (Abweichend von § 42 Abs. 2 WHG).** (1) [1]Wird über die Kostenbeiträge, den Kostenersatz oder über die Kostenvorschüsse der Beteiligten keine Einigung erzielt, so werden sie von der Kreisverwaltungsbehörde festgesetzt. [2]Wenn nichts anderes bestimmt ist, so richtet sich die Höhe des Kostenbeitrags und der Kostenvorschüsse nach Art. 26 Abs. 2.

(2) [1]Bleiben wiederkehrende Unterhaltungsmaßnahmen im Wesentlichen gleich, so kann die Kreisverwaltungsbehörde das Verhältnis der Kostenbeiträge der Pflichtigen auch für die Zukunft festsetzen. [2]Das Gleiche gilt, wenn vor Durchführung einer Unterhaltungsmaßnahme Träger der Unterhaltungslast oder Pflichtige nach Art. 26 Abs. 2 die Festsetzung beantragen.

(3) [1]Die Kreisverwaltungsbehörde erteilt der unterhaltungspflichtigen Person, der ein Kostenbeitrag, Kostenersatz oder Kostenvorschuss zuerkannt wurde, auf Antrag eine vollstreckbare Ausfertigung des Festsetzungsbescheids, wenn die Voraussetzungen der Art. 19 und 23 des Bayerischen Verwaltungszustellungs- und Vollstreckungsgesetzes (VwZVG) gegeben sind. [2]Für die Voll-

Wassergesetz **BayWG 63**

streckung der Forderung gelten die Vorschriften des Achten Buchs der Zivilprozessordnung über die Zwangsvollstreckung mit Ausnahme der §§ 883 bis 898, soweit Art. 25 bis 28 VwZVG nichts anderes bestimmen.

## Abschnitt 3
## Schiff- und Floßfahrt

**Art. 28 Schiffbare Gewässer, Schifffahrts- und Floßordnung.** (1) [1]Jede Person darf schiffbare Gewässer zur Schiff- und Floßfahrt benutzen. [2]Welche Gewässer schiffbar sind, bestimmt das Staatsministerium (Zulassung).

(2) Aus Gründen des Wohls der Allgemeinheit oder wenn das Gewässer seine Bedeutung für die Schiff- und Floßfahrt verloren hat, kann das Staatsministerium die Zulassung aufheben.

(3) Die Zulassung zur Schiff- und Floßfahrt und die Aufhebung sind öffentlich bekannt zu machen.

(4) [1]An Gewässern, die nicht allgemein zur Schiff- und Floßfahrt zugelassen sind (Abs. 1), darf die Schiff- und Floßfahrt nur mit Genehmigung der Kreisverwaltungsbehörde ausgeübt werden. [2]Die Genehmigung kann versagt, an Bedingungen und Auflagen geknüpft oder widerrufen werden, soweit das Wohl der Allgemeinheit, die Sicherheit und Leichtigkeit des Verkehrs, die öffentliche Ruhe, der Schutz des Eigentums oder der Fischerei oder die Reinhaltung oder Unterhaltung des Gewässers es erfordern.

(5) Der Genehmigungspflicht nach Abs. 4 unterliegt auch das Bereithalten von Wasserfahrzeugen an oder in Gewässern für die Ausübung des Gemeingebrauchs durch Dritte.

(6) [1]Für alle oberirdischen Gewässer kann durch Rechtsverordnung der Kreisverwaltungsbehörde aus den in Abs. 4 Satz 2 genannten Gründen die Ausübung der Schiff- und Floßfahrt geregelt oder beschränkt werden. [2]Wenn eine einheitliche Regelung oder Beschränkung über den Bereich eines Regierungsbezirks hinaus erforderlich ist, so erlässt das Staatsministerium für Wohnen, Bau und Verkehr die Rechtsverordnung.

(7) Zwischenstaatliche Vereinbarungen bleiben unberührt.

## Abschnitt 4
## Bewirtschaftung des Grundwassers

**Art. 29 Beschränkung und Erweiterung der erlaubnisfreien Benutzungen (Zu § 46 Abs. 3 WHG).** (1) Eine Erlaubnis oder eine Bewilligung ist außer in den Fällen des § 46 Abs. 1 WHG nicht erforderlich für das Entnehmen, Zutagefördern, Zutageleiten oder Ableiten von Grundwasser in geringen Mengen für Zwecke der Land- und Forstwirtschaft und des Gartenbaus zur Erhaltung der Bodenfruchtbarkeit.

(2) Das Staatsministerium kann durch Rechtsverordnung für einzelne Gebiete die erlaubnisfreien Benutzungen nach Abs. 1 einschränken und die in § 46 Abs. 3 WHG vorgesehenen Bestimmungen treffen, wenn es der Grundwasservorrat nach Menge und Güte erfordert oder zulässt.

**Art. 30 Erdaufschlüsse (Abweichend von § 49 WHG).** (1) [1]Der Anzeige nach § 49 Abs. 1 Satz 1 WHG sind die zur Beurteilung erforderlichen Unterlagen beizufügen. [2]Werden Dritte mit der Durchführung der Arbeiten beauftragt, so obliegt diesen die Anzeige. [3]Bei erlaubnispflichtigen Gewässerbenutzungen, gestattungsbedürftigen Anlagen nach dem Bayerischen Abgrabungsgesetz oder nach der Bayerischen Bauordnung (BayBO) gilt der Antrag auf Genehmigung als Anzeige; in diesen Fällen kommt Abs. 2 nicht zur Anwendung. [4]Im Vollzug des § 49 Abs. 1 Satz 3 WHG ist zuständige Behörde die Kreisverwaltungsbehörde in Abstimmung mit dem Wasserwirtschaftsamt.

(2) Ist seit der Anzeige ein Monat vergangen, ohne dass eine Einstellungs- oder Beseitigungsanordnung nach § 49 Abs. 3 WHG ergangen ist, können die Arbeiten begonnen und so lange durchgeführt werden, bis auf das Grundwasser eingewirkt wird.

(3) [1]Ergibt sich, dass auf das Grundwasser eingewirkt wird, so sind die Arbeiten einzustellen, bis die Gewässerbenutzung oder der Gewässerausbau vorzeitig zugelassen oder die erforderliche Erlaubnis oder Bewilligung erteilt oder der Plan festgestellt oder genehmigt ist; dies gilt nicht für erlaubnisfreie Grundwasserbenutzungen. [2]Ist eine baurechtliche Genehmigung oder Zustimmung zu erteilen, so entfällt die wasserrechtliche Erlaubnis für das Einbringen von Stoffen in das Grundwasser.

(4) Abs. 1 und 2 gelten nicht für Arbeiten, die von Staatsbaubehörden oder unter deren Aufsicht ausgeführt werden oder die der bergbehördlichen Aufsicht unterliegen.

(5) Wird durch Arbeiten, die der bergbehördlichen Aufsicht unterliegen, unbefugt oder unbeabsichtigt Grundwasser erschlossen, so ist die Bergbehörde für die zum Schutz des Grundwassers erforderlichen Anordnungen zuständig.

TEIL 3
# Besondere wasserwirtschaftliche Bestimmungen

Abschnitt 1
## Öffentliche Wasserversorgung, Wasserschutzgebiete, Heilquellenschutz

**Art. 31 Öffentliche Wasserversorgung, Wasser- und Heilquellenschutzgebiete (Zu § 50 Abs. 5, abweichend von § 51 Abs. 1 Satz 1 Nr. 1 und zu § 51 Abs. 1 Satz 3, § 53 Abs. 4 WHG).** (1) In einer Rechtsverordnung nach § 50 Abs. 5 WHG kann bestimmt werden, dass § 101 Abs. 1 WHG für die Eigenüberwachung in Wasserschutzgebieten und Heilquellenschutzgebieten durch öffentlich-rechtliche Körperschaften oder von ihnen entsprechend beliehene Dritte Anwendung findet.

(2) Innerhalb der im Zusammenhang bebauten Ortsteile soll die Ausweisung von Wasserschutzgebieten für neue Wassergewinnungsanlagen nicht erfolgen.

(3) Soweit es dem öffentlichen Interesse entspricht, können auf Antrag Wasserschutzgebiete auch für Gewässer, die der privaten Wassergewinnung dienen, ausgewiesen werden; § 51 Abs. 2 und § 52 WHG sowie Art. 32 gelten entsprechend.

**Art. 32 Ausgleich für schutzgebietsbedingte Belastungen (Abweichend von § 52 Abs. 5 WHG).** [1]Setzt eine Anordnung nach § 52 Abs. 1 Satz 1 Nr. 1 oder 2 WHG, auch in Verbindung mit § 52 Abs. 2 und 3 WHG, erhöhte Anforderungen fest, die
1. die ordnungsgemäße land- oder forstwirtschaftliche Nutzung einschränken oder
2. Mehraufwendungen für den Bau und Betrieb land- und forstwirtschaftlicher Betriebsanlagen
   a) an bestehenden Betriebsstandorten oder
   b) an neuen Betriebsstandorten, soweit keine anderen Möglichkeiten der räumlichen Betriebsentwicklung bestehen oder geschaffen werden können,
   zur Folge haben,

so ist für die dadurch verursachten wirtschaftlichen Nachteile ein angemessener Ausgleich zu leisten, soweit nicht eine Entschädigungspflicht nach § 52 Abs. 4 WHG besteht. [2]Als Anordnungen nach Satz 1 Nr. 1 gelten auch für Wasserschutzgebiete erlassene Verbote oder Beschränkungen für die Anwendung von Pflanzenschutzmitteln. [3]Satz 1 Nr. 2 gilt auch, wenn die Mehraufwendungen durch eine wasserschutzgebietsbezogene Anordnung in einer Rechtsverordnung nach § 62 Abs. 4 WHG verursacht werden.

**Art. 33 Staatliche Anerkennung von Heilquellen.** [1]Für die Anerkennung und den Widerruf sind die Regierungen zuständig. [2]Das Anerkennungsverfahren regelt das Staatsministerium durch Rechtsverordnung.

## Abschnitt 2
## Abwasserbeseitigung

### Art. 34 Zur Abwasserbeseitigung verpflichtete Personen (Zu § 56 WHG).

(1) ¹Zur Abwasserbeseitigung sind die Gemeinden verpflichtet, soweit sich nach Abs. 3 und 5 nichts anderes ergibt. ²Sie wird von den Gemeinden im eigenen Wirkungskreis wahrgenommen.

(2) ¹Durch Satzung können Gemeinden oder Zweckverbände bestimmen, dass die Übernahme des Abwassers abgelehnt werden darf,
1. wenn das Abwasser wegen seiner Art oder Menge besser von demjenigen behandelt wird, bei dem es anfällt,
2. wenn eine gesonderte Behandlung des Abwassers wegen der Siedlungsstruktur das Wohl der Allgemeinheit nicht beeinträchtigt oder
3. solange eine Übernahme des Abwassers technisch oder wegen des unverhältnismäßig hohen Aufwands nicht möglich ist.

²In den Fällen des Satzes 1 Nrn. 2 und 3 ist ein Abwasserbeseitigungskonzept aufzustellen und fortzuschreiben. ³Liegt eine der in Satz 1 Nrn. 1 bis 3 genannten Voraussetzungen vor, so können die Kreisverwaltungsbehörden andere zur Abwasserbeseitigung verpflichtete Personen von der Übernahme von Abwasser widerruflich befreien.

(3) Den Trägern öffentlicher Verkehrsanlagen obliegt die Abwasserbeseitigung anstelle der Gemeinden, soweit sie nach anderen Vorschriften zur Entwässerung verpflichtet sind und es sich nicht um die Abwasserbeseitigung von bebauten Grundstücken handelt.

(4) Ist das Einleiten von Abwasser in ein Gewässer Dritten erlaubt oder besteht hierfür ein altes Recht oder eine alte Befugnis, so bedarf es insoweit keiner Regelung nach Abs. 2; der kommunale Anschluss- und Benutzungszwang bleibt unberührt.

(5) ¹Hat eine Gemeinde oder ein Zweckverband die Übernahme des Abwassers nach Abs. 2 Satz 1 abgelehnt oder ist eine andere zur Abwasserbeseitigung verpflichtete Person nach Abs. 2 Satz 3 oder Abs. 4 von der Pflicht zur Abwasserbeseitigung entbunden, so hat derjenige diese Pflicht zu erfüllen, der befugt ist, das Abwasser in ein Gewässer einzuleiten, oder bei dem das Abwasser anfällt. ²Die Verpflichtung der zur Einleitung befugten Person geht der Verpflichtung derjenigen vor, bei der das Abwasser anfällt, soweit in einem wasserrechtlichen Bescheid keine andere Regelung getroffen ist.

(6) Verpflichtete nach Abs. 1, 3 und 5 können sich zur gemeinsamen Erfüllung der Pflicht zur Abwasserbeseitigung zusammenschließen.

(7) Abwasser ist von demjenigen, bei dem es anfällt, der zur Beseitigung verpflichteten Person nach Abs. 1, 3 und 5 zu überlassen.

## Abschnitt 3
## Wasserwirtschaftliche Anlagen

**Art. 35 Beschneiungsanlagen.** (1) ¹Anlagen oder Einrichtungen, die der Herstellung und Verteilung von künstlichem Schnee dienen, um eine Schneedecke zu erzeugen, dürfen nur mit Genehmigung der Kreisverwaltungsbehörde errichtet, aufgestellt oder betrieben werden. ²Dies gilt auch für Erweiterungen und sonstige wesentliche Änderungen.

(2) Ist mit der Errichtung oder wesentlichen Änderung einer Anlage oder Einrichtung nach Abs. 1 eine Gewässerbenutzung oder der Ausbau eines Gewässers verbunden, so ist die Genehmigung nach Abs. 1 zusammen mit der dafür erforderlichen Gestattung zu erteilen.

(3) ¹§ 13 Abs. 1 und 2 WHG und Art. 20 Abs. 4 Satz 2 und Abs. 5 gelten entsprechend. ²Bedingungen und Auflagen sowie Versagung und Widerruf der Genehmigung sind insbesondere zulässig, um Auswirkungen zu verhüten, die den Naturhaushalt oder das Landschaftsbild beeinträchtigen können. ³Zur Beschneiung darf nur Wasser ohne Zusätze verwendet werden.

(4) ¹Eine Umweltverträglichkeitsprüfung nach Maßgabe des Gesetzes über die Umweltverträglichkeitsprüfung ist durchzuführen, wenn
1. der mit der Anlage oder Einrichtung nach Abs. 1 künstlich erzeugte Schnee auf einer Fläche aufgebracht und verteilt werden soll, die mehr als 15 ha beträgt, oder
2. sich die zum Betrieb einer Anlage oder Einrichtung nach Abs. 1 notwendigen technischen Einrichtungen ganz oder zu wesentlichen Teilen auf einer Höhe von mehr als 1 800 m üNN befinden.

²Bei der Ermittlung der Fläche im Sinn des Satzes 1 Nr. 1 sind einzelne Flächen innerhalb eines Skigebiets zusammenzurechnen, wenn sie sich auf einer Skiabfahrt befinden, deren Anfangs- und Endpunkt durch dieselbe Aufstiegshilfe verbunden sind, oder wenn gemeinsame technische Einrichtungen zur Versorgung mit Wasser oder Energie benutzt werden. ³Befindet sich die Anlage oder Einrichtung in einem Gebiet von gemeinschaftlicher Bedeutung, in einem Europäischen Vogelschutzgebiet, in einem Nationalpark, einem Naturschutzgebiet oder einem Wasserschutzgebiet oder werden gesetzlich geschützte Biotope nach Naturschutzrecht betroffen, so gilt Satz 1 Nr. 1 bei einer Fläche, die mehr als 7,5 ha beträgt. ⁴Bei Änderung oder Erweiterung einer bestehenden Beschneiungsanlage ist eine Umweltverträglichkeitsprüfung durchzuführen, wenn
1. der durch die Erweiterung hinzukommende Teil für sich betrachtet oder
2. die durch die Änderung oder Erweiterung entstehende Beschneiungsanlage bei einheitlicher Betrachtung erstmals

die Schwellenwerte nach Satz 1 oder 3 erfüllt. ⁵Im Fall des Satzes 4 Nr. 2 ist der geänderten oder erweiterten Beschneiungsanlage derjenige Teil des Bestands nicht mehr zuzurechnen, der früher als zwei Jahre vor dem Antrag auf Zulassung des Änderungs- oder Erweiterungsvorhabens in Betrieb genommen worden ist. ⁶In den Fällen des Abs. 2 sind nach wasserrechtlichen Vorschriften notwendige Umweltverträglichkeitsprüfungen mit denen, die nach den Sätzen 1, 3 oder Satz 4 erforderlich sind, in einem Verfahren zusammenzufassen.

**Art. 36 Hafen- und Ländeordnungen.** ¹Zum Wohl der Allgemeinheit, insbesondere um Gefahren für Leben, Gesundheit, Eigentum, eigentumsgleiche Rechte oder Besitz zu verhüten, die Sicherheit und Leichtigkeit des Verkehrs zu erhalten und die Reinhaltung, den Ausbau und die Unterhaltung des Gewässers nicht zu beeinträchtigen, kann die Kreisverwaltungsbehörde Rechtsverordnungen über die Benutzung von Hafen- und Ländeanlagen und über das Verhalten im Hafen- und Ländebereich (Hafen- und Ländeordnungen) erlassen. ²Dabei ist vorzuschreiben, wem jeweils der Vollzug der Hafen- und Ländeordnung obliegt. ³Abweichend von Art. 58 Abs. 1 können als Vollzugsbehörden auch bestimmt werden:
1. Behörden des Freistaates Bayern oder seiner Aufsicht unterstehende Gemeinden und Gemeindeverbände oder
2. Gesellschaften oder juristische Personen des Privatrechts (Beleihung).

⁴Eine Beleihung ist nur zulässig, wenn sie im öffentlichen Interesse liegt und die beliehene Person die Gewähr für eine ordnungsgemäße Erfüllung der Aufgaben bietet. ⁵Sie unterliegt der Rechts- und Fachaufsicht der Kreisverwaltungsbehörde. ⁶Die Bestimmungen der Gemeindeordnung über die Rechts- und Fachaufsicht gelten entsprechend.

**Art. 37 Unterhaltung von wasserwirtschaftlichen Anlagen.** ¹Die Unternehmer haben wasserwirtschaftliche Anlagen in dem bewilligten, erlaubten, genehmigten, planfestgestellten oder plangenehmigten Zustand zu erhalten. ²Sonstige Anlagen sind so zu unterhalten, dass schädliche Gewässerveränderungen vermieden werden.

Abschnitt 4
## Gewässerschutzbeauftragte

**Art. 38 Gewässerschutzbeauftragte bei Körperschaften (Abweichend von § 64 Abs. 1 WHG).** Gewässerschutzbeauftragte für Abwassereinleitungen von Gebietskörperschaften, aus Gebietskörperschaften gebildeten Zusammenschlüssen oder öffentlich-rechtlichen Wasserverbänden sind die für die Abwasseranlagen zuständigen Betriebsleiter oder sonstige Beauftragte.

## Abschnitt 5
## Gewässerausbau

**Art. 39 Ausbaupflicht.** (1) Soweit es das Wohl der Allgemeinheit erfordert und die Finanzierung, insbesondere auch durch gemeindliche Vorschüsse nach Art. 42 Abs. 2 Satz 2, gesichert ist, sind
1. die Träger der Unterhaltungslast nach Art. 22 Abs. 1 zum Ausbau eines Gewässers gemäß § 67 Abs. 2 WHG,
2. abweichend von Nr. 1 der Freistaat Bayern für Gewässer erster Ordnung zum Ausbau gemäß § 67 Abs. 2 Satz 3 WHG,
3. der Freistaat Bayern für Wildbäche sowie für Gewässer dritter Ordnung als Träger der Unterhaltungslast nach Art. 22 Abs. 2 Nrn. 1 und 2 zum Ausbau gemäß § 67 Abs. 2 WHG

verpflichtet.

(2) Die Aufgabe nach Abs. 1 ist eine öffentlich-rechtliche Verpflichtung.

**Art. 40 Ausführung des Ausbaus.** Ist der Freistaat Bayern zum Ausbau verpflichtet, so wird der Ausbau von den Wasserwirtschaftsämtern ausgeführt.

**Art. 41 Besondere Pflichten im Interesse des Ausbaus, Schutzvorschriften.**
(1) [1]Soweit es zur Vorbereitung oder Durchführung des Ausbaus erforderlich ist, haben die Anlieger und die Hinterlieger zu dulden, dass die Personen, die den Ausbau veranlassen (Unternehmer) oder deren Beauftragte die Grundstücke betreten oder vorübergehend benutzen. [2]Die Gewässereigentümer haben den Ausbau eines Gewässers, der dem Wohl der Allgemeinheit dient, zu dulden.

(2) § 41 WHG und Art. 25 gelten entsprechend.

**Art. 42 Kosten des Ausbaus, Vorteilsausgleich, Anwendung anderer Vorschriften.** (1) Die Kosten des Ausbaus tragen die Unternehmer.

(2) [1]Sind die Unternehmer zum Ausbau verpflichtet, so können sie von denen, die von dem Ausbau Vorteile haben, je nach ihrem Vorteil (Nutzenmehrung, Schadensabwehr), Beiträge und Vorschüsse verlangen. [2]Die örtlich zuständigen Gemeinden können diese Beiträge und Vorschüsse übernehmen. [3]Der den Gemeinden erwachsende Aufwand kann auf die nach Satz 1 verpflichteten Personen umgelegt werden.

(3) [1]Erlangt eine Person durch einen Ausbau, der in einem anderen Land durchgeführt wird, einen Vorteil, so ist sie verpflichtet, auf Verlangen der zuständigen Behörde des Landes, in dem der Ausbau durchgeführt wird, nach den Bestimmungen des dortigen Rechts Kostenbeiträge zu leisten. [2]Das gilt nur, soweit Gegenseitigkeit besteht.

(4) [1]Gemeinden setzen die Beiträge oder Vorschüsse nach Abs. 2 Satz 1 oder ihren Aufwand nach Abs. 2 Satz 3 selbst fest. [2]Sie können dazu durch Satzung das Nähere, insbesondere den Beitragsmaßstab und die Grundsätze der Beitragserhebung, regeln. [3]Für andere Ausbaupflichtige gelten Art. 27 Abs. 1 Satz 1 und Abs. 3 sinngemäß.

## Abschnitt 6
# Schutz vor Hochwasser und Dürre, Wasser- und Eisgefahr

**Art. 43 Besondere Regelungen für bauliche Hochwasserschutzmaßnahmen.** (1) Flächen, die sich zur Hochwasserrückhaltung und -entlastung eignen, sollen vorrangig für diese Zwecke genutzt werden.

(2) Die Regierung ist Anhörungs- und Planfeststellungsbehörde nach § 68 Abs. 1 WHG für gesteuerte Flutpolder mit einem Rückhaltevolumen von mehr als einer Million Kubikmeter.

**Art. 44 Grundsätze für den Schutz vor Hochwasser und Dürre.** (1) [1]Zur Minderung von Hochwasser- und Dürregefahren sollen Staat und Gemeinden im Rahmen ihrer Aufgaben auf
1. Erhalt oder Wiederherstellung der Versickerungsfähigkeit der Böden,
2. dezentrale Versickerung von Niederschlagswasser,
3. Maßnahmen zur natürlichen Wasserrückhaltung und zur Wasserspeicherung
hinwirken. [2]Wasserspeicher sind so zu bewirtschaften, dass Hochwasser- und Dürregefahren gemindert werden.

(2) Bei der Planung von Hochwasserschutzeinrichtungen sind die Auswirkungen der Klimaänderung angemessen zu berücksichtigen.

**Art. 45 Risikobewertung, Gefahrenkarten, Risikokarten, Risikomanagementpläne.** [1]Zuständig für die Bewertung der Hochwasserrisiken nach § 73 Abs. 1 WHG, für die Zuordnung nach § 73 Abs. 3 Satz 2 WHG und für die Erstellung von Gefahren- und Risikokarten nach § 74 WHG ist das Staatsministerium. [2]Risikomanagementpläne nach § 75 WHG sind als Fachpläne vom Staatsministerium im Einvernehmen mit den für Inneres, für Wirtschaft und für Landwirtschaft zuständigen Staatsministerien aufzustellen; Gemeinden, für deren Gebiet Maßnahmen aufgenommen werden, sind zu hören. [3]Art. 51 Abs. 1 Satz 6 gilt entsprechend. [4]Das Landesamt für Umwelt (LfU) und die Wasserwirtschaftsämter leisten fachliche Zuarbeit. [5]Die Kreisverwaltungsbehörden können mit einer Zuarbeit im Rahmen ihrer Aufgaben beauftragt werden. [6]Das Staatsministerium ist auch für den Vollzug des § 79 Abs. 1 WHG zuständig. [7]Die in den Sätzen 1, 2, 4 und 5 genannten Behörden unterrichten im Rahmen ihrer Aufgaben die Öffentlichkeit gemäß § 79 Abs. 2 WHG.

**Art. 46 Überschwemmungsgebiete an oberirdischen Gewässern (Zu § 76, abweichend von § 78 Abs. 5 Satz 1 Nr. 1 Buchst. a und § 78 Abs. 1 Satz 1 Nr. 7 WHG).** (1) [1]Überschwemmungsgebiete im Sinn des § 76 Abs. 1 WHG sind von den wasserwirtschaftlichen Fachbehörden zu ermitteln und fortzuschreiben, auf Karten darzustellen und in den jeweiligen Gebieten von den Kreisverwaltungsbehörden zur Information der Öffentlichkeit ortsüblich bekannt zu machen; Art. 47 bleibt unberührt. [2]Gleiches gilt für Wildbachgefährdungsbereiche. [3]An Gewässern dritter Ordnung können auch die Gemeinden im Benehmen mit dem Wasserwirtschaftsamt die Überschwemmungsgebiete er-

Wassergesetz **BayWG 63**

mitteln, fortschreiben, auf Karten darstellen und den Kreisverwaltungsbehörden zum Zwecke der Information der Öffentlichkeit, der vorläufigen Sicherung oder der Festsetzung übermitteln. [4]Die Wasserwirtschaftsämter stellen den Gemeinden hierzu geeignete, bei ihnen vorhandene Daten zur Verfügung.

(2) [1]Für die Ermittlung ist ein Hochwasserereignis zugrunde zu legen, das statistisch einmal in 100 Jahren zu erwarten ist (Bemessungshochwasser); für die Ermittlung des vom Bemessungshochwasser betroffenen Überschwemmungsgebiets kann, soweit eine genauere Ermittlung nicht oder nur mit unverhältnismäßigem Aufwand möglich wäre, der Flächenumgriff auch auf Grund geeigneter Höhenangaben und früherer Hochwasserereignisse geschätzt werden. [2]Für Wildbachgefährdungsbereiche ist das Bemessungshochwasser unter Berücksichtigung der wildbachtypischen Eigenschaften auf den Bereich mit signifikantem Hochwasserrisiko zu beziehen. [3]Abweichend von Satz 1 gilt für Gewässer und Gewässerabschnitte im Wirkungsbereich von Stauanlagen, die den Hochwasserabfluss maßgeblich beeinflussen können, für die Ermittlung von Überschwemmungsgebieten jeweils ein gesondertes Bemessungshochwasser, das im Einzelfall auf der Grundlage der allgemein anerkannten Regeln der Technik von den wasserwirtschaftlichen Fachbehörden festgelegt wird.

(3) [1]Überschwemmungsgebiete im Sinn des § 76 Abs. 2 WHG und Wildbachgefährdungsbereiche müssen, die sonstigen Überschwemmungsgebiete können durch Rechtsverordnung festgesetzt werden. [2]Nach früherem Recht festgesetzte Überschwemmungsgebiete gelten fort und sind gemäß Abs. 2 zu aktualisieren.

(4) In der Rechtsverordnung kann für die Umwandlung von Dauergrünland in Ackerland ein Genehmigungsvorbehalt angeordnet werden, soweit dies zum Schutz vor Hochwassergefahren erforderlich ist; § 78a Abs. 1 Satz 1 Nr. 7 WHG ist nicht anzuwenden.

(5) Zur Vermeidung von Hochwassergefahren können von der Kreisverwaltungsbehörde durch Anordnungen für den Einzelfall gegenüber den Eigentümern und Nutzungsberechtigten der Grundstücke Verbote, Beschränkungen, Duldungspflichten und Handlungspflichten erlassen werden, wenn ein Überschwemmungsgebiet festgesetzt oder vorläufig gesichert ist.

(6) Um einen schadlosen Hochwasserabfluss sicherzustellen, kann die Kreisverwaltungsbehörde in einem Überschwemmungsgebiet nach § 76 Abs. 1 WHG gegenüber den Eigentümern oder Nutzungsberechtigten der Grundstücke anordnen, Hindernisse zu beseitigen, Eintiefungen aufzufüllen, Maßnahmen zur Verhütung von Auflandungen zu treffen und die Grundstücke so zu bewirtschaften, dass ein Aufstau und eine Bodenabschwemmung möglichst vermieden werden.

(7) Ist im Einzelfall bei baulichen Anlagen eine Erfüllung der Ausgleichspflicht für verlorengehenden Rückhalteraum nach § 78 Abs. 5 Satz 1 Nr. 1 Buchst. a WHG nicht möglich, so können die Ausgleichsverpflichteten diese durch Beteiligung an der Maßnahme einer öffentlich-rechtlichen Gebietskörperschaft zur Hochwasserrückhaltung im Gemeindegebiet erfüllen, soweit die

öffentlich-rechtliche Gebietskörperschaft zustimmt; § 13 Abs. 2 Nr. 4 WHG gilt entsprechend.

**Art. 47 Vorläufige Sicherung.** (1) Für Wildbachgefährdungsbereiche gilt § 76 Abs. 3 WHG entsprechend.

(2) [1]Überschwemmungsgebiete im Sinn des § 76 Abs. 2 WHG und Wildbachgefährdungsbereiche, die von den wasserwirtschaftlichen Fachbehörden oder von den Gemeinden ermittelt und kartiert wurden und noch nicht als Überschwemmungsgebiete festgesetzt sind, gelten als vorläufig gesicherte Überschwemmungsgebiete, wenn sie als solche ortsüblich bekannt gemacht sind. [2]Satz 1 gilt für vor dem Inkrafttreten dieses Gesetzes bekannt gemachte Überschwemmungsgebiete entsprechend. [3]Die vorläufige Sicherung nach Satz 1 entfällt, soweit ein Überschwemmungsgebiet bereits in einem für verbindlich erklärten Regionalplan als Vorranggebiet für den Hochwasserschutz ausgewiesen ist; § 78 Abs. 5 und § 78a Abs. 2 WHG gilt im Vorranggebiet entsprechend. [4]Sonstige Überschwemmungsgebiete im Sinn des Art. 46 Abs. 3 können vorläufig gesichert werden; Satz 1 gilt entsprechend.

(3) [1]Die Kreisverwaltungsbehörde hat die Bekanntmachung im Sinn des Abs. 2 innerhalb von drei Monaten nach Übermittlung der vollständigen Karten zu bewirken; liegt zu diesem Zeitpunkt eine Bewertung des Hochwasserrisikos nach Art. 45 nicht vor, ist die vorläufige Sicherung mindestens auf die im ermittelten Gebiet gelegenen im Zusammenhang bebauten Ortsteile im Sinn des § 34 des Baugesetzbuchs und auf Grundstücke zu erstrecken, für die nach § 1 Abs. 1 bis 3 der Baunutzungsverordnung eine Baufläche oder ein Baugebiet im Flächennutzungsplan dargestellt oder in einem Bebauungsplan festgesetzt ist. [2]Für die Bekanntmachung gelten Art. 73 Abs. 1 Sätze 2 und 3 entsprechend; in der Bekanntmachung sind Ort und Zeit der möglichen Einsichtnahme in das Kartenwerk zu bestimmen und dessen Fundstelle im Internet anzugeben.

(4) [1]Die vorläufige Sicherung endet, sobald die Rechtsverordnung zur Festsetzung des Überschwemmungsgebiets in Kraft tritt oder das Festsetzungsverfahren eingestellt wird. [2]Sie endet spätestens nach Ablauf von fünf Jahren. [3]Im begründeten Einzelfall kann die Frist von der Kreisverwaltungsbehörde höchstens um zwei weitere Jahre verlängert werden.

**Art. 48 Hochwassernachrichtendienst (Zu § 79 Abs. 2 WHG).** [1]Zur Abwehr von Wasser- und Eisgefahr kann das Staatsministerium durch Rechtsverordnung einen vom Landesamt für Umwelt (LfU) geleiteten Hochwasserbeobachtungs-, Melde- und Vorhersagedienst (Hochwassernachrichtendienst) einrichten. [2]Die Rechtsverordnung kann vorsehen, dass Körperschaften und Anstalten des öffentlichen Rechts, Unternehmen von Wasserbenutzungsanlagen oder sonstigen Anlagen in oder an Gewässern oder Dritte für den Hochwassernachrichtendienst ihre dafür geeigneten Sachmittel zur Verfügung zu stellen oder Dienst zu leisten haben.

**Art. 49 Verpflichtungen der Anlieger und der Unternehmer von Wasserbenutzungsanlagen.** (1) [1]Die Anlieger haben, soweit es zur Bekämpfung von

Wasser-, Eis- und Murgefahr erforderlich ist, einen Uferstreifen von allen Hindernissen freizuhalten, die das Begehen und, an Gewässern erster und zweiter Ordnung sowie an Wildbächen, auch das Befahren der Anliegergrundstücke wesentlich erschweren oder unmöglich machen. ²Die Kreisverwaltungsbehörde kann verlangen, dass die Anlieger solche Hindernisse beseitigen. ³Eingriffe, die das Landschaftsbild verunstalten oder gefährden würden, dürfen nur angeordnet werden, soweit es die Abwehr von Wasser-, Eis- und Murgefahr zwingend erfordert.

(2) ¹Soweit es die Abwehr von Wassergefahr erfordert, sind die Unternehmer von Wasserbenutzungsanlagen verpflichtet, ihre Anlagen einschließlich der Nachrichtenmittel für eine Hochwasserrückhaltung oder eine Niedrigwasseraufhöhung einzusetzen. ²Die Anordnungen über Beginn, Ausmaß und Durchführung der Maßnahmen und über den Nachrichtendienst erlässt das Staatsministerium.

**Art. 50 Verpflichtungen der Gemeinden.** (1) ¹Werden zur Abwendung von Wasser-, Eis- und Murgefahr unaufschiebbare Vorkehrungen notwendig, so sind die benachbarten Gemeinden nach ihren Möglichkeiten und auf ihre Kosten zur Unterstützung der bedrohten Gemeinde verpflichtet. ²Sie haben insbesondere nach Bedarf Hilfskräfte, Materialien, Werkzeuge, Geräte und Fahrzeuge zur Verfügung zu stellen.

(2) Gemeinden, die erfahrungsgemäß von Überschwemmungen oder Muren bedroht sind, haben dafür zu sorgen, dass ein Wach- und Hilfsdienst für Wassergefahr (Wasserwehr, Dammwehr, Murenabwehr) eingerichtet wird; sie haben die dafür erforderlichen Hilfsmittel (Abs. 1 Satz 2) bereitzuhalten.

Abschnitt 7

## Wasserwirtschaftliche Planung und Dokumentation

**Art. 51 Maßnahmenprogramme und Bewirtschaftungspläne.** (1) ¹Für die Teilbereiche einer Flussgebietseinheit, die sich im Freistaat Bayern befinden, werden Beiträge zu den Bewirtschaftungsplänen und Maßnahmenprogrammen für die Flussgebietseinheit erstellt und diese mit den übrigen an der Flussgebietseinheit beteiligten Ländern koordiniert. ²Bei Flussgebietseinheiten, die auch im Hoheitsgebiet anderer Mitgliedstaaten der Europäischen Union liegen, werden die Bewirtschaftungspläne und die Maßnahmenprogramme mit den zuständigen Behörden dieser Staaten koordiniert. ³Bei Flussgebietseinheiten, die auch in Staaten liegen, die nicht Mitglied der Europäischen Union sind, koordiniert das Staatsministerium Bewirtschaftungspläne und Maßnahmenprogramme mit den Behörden dieser Staaten. ⁴Die Koordinierung erfolgt im Benehmen und, soweit auch Verwaltungskompetenzen des Bundes berührt sind, im Einvernehmen mit den zuständigen Bundesbehörden. ⁵In den Fällen der Sätze 2 und 3 ist das Einvernehmen der zuständigen Bundesbehörden auch erforderlich, soweit die Pflege der Beziehungen zu auswärtigen Staaten nach Art. 32 des Grundgesetzes berührt ist. [6]Das Staatsministerium wird ermächtigt, durch Verwaltungsabkommen mit den nach den Sätzen 1 bis 5 Beteiligten Einzelheiten der Koordinierung zu regeln.

(2) [1]Die Bewirtschaftungspläne oder deren Teile, die sich auf die im Freistaat Bayern liegenden Gebiete einer Flussgebietseinheit beziehen, sowie die entsprechenden Maßnahmenprogramme werden vom Staatsministerium im Bayerischen Ministerialblatt veröffentlicht. [2]Sie sind mit der Veröffentlichung für alle staatlichen Behörden verbindlich.

(3) Zuständige Behörde im Vollzug des § 83 Abs. 4 WHG ist die Regierung.

(4) Zuständige Behörde im Vollzug des § 85 WHG ist das Staatsministerium unter Mitwirkung der Regierungen als höhere Wasserbehörde sowie der nachgeordneten Fachbehörden.

**Art. 52** (*aufgehoben*)

**Art. 53 Wasserbuch.** (1) [1]Die Kreisverwaltungsbehörde führt für die nach § 87 WHG einzutragenden Rechtsakte von Amts wegen das Wasserbuch als Sammlung der Bescheide und Verordnungen mit deren Anlagen und den zugehörigen Planbeilagen. [2]Bei rechtzeitig angemeldeten behaupteten alten Rechten und Befugnissen tritt an die Stelle des Bescheids die Anmeldung.

(2) Entstehung, Abänderung und Untergang eintragungsfähiger Rechtsverhältnisse bleiben durch die Eintragung in das Wasserbuch unberührt.

**Art. 54 Abwasserkataster.** [1]Die Betreiber von öffentlichen Abwasserbehandlungsanlagen haben ein Abwasserkataster zu führen, in dem die Informationen über die Einleiter in die Abwasseranlagen in jeweils aktualisierter Form enthalten sind. [2]Sind die Betreiber der Abwasserbehandlungsanlage nicht Träger der Kanalisation, kann die Kreisverwaltungsbehörde zulassen, dass das Abwasserkataster vom Träger der Kanalisation geführt wird. [3]Das Abwasserkataster besteht mindestens aus dem
1. Kanalkataster, in dem
   a) der Kanalbestand,
   b) die Sonderbauwerke,
   c) die maschinellen Einrichtungen,
   d) die Messeinrichtungen,
   e) die wesentlichen Einleitungen in die Kanalisation, das sind die nach § 58 WHG genehmigungspflichtigen Einleitungen und die nach den Einleitungsbedingungen vorbehandlungspflichtigen oder besonders überwachungspflichtigen Einleitungen, und
   f) die Einleitungsstellen in die Gewässer sowie
   g) der Zustand der Anlagen
   zu beschreiben und in Übersichtsplänen darzustellen sind;
2. Einleiterkataster, in dem die wesentlichen Einleitungen namentlich und in einer den Kennzeichnungen im Kanalkataster zugeordneten Weise zu erfassen sind.

## Abschnitt 8
## Haftung für Gewässerveränderungen

**Art. 55 Sanierung von Gewässerverunreinigungen (Zu § 90 Abs. 3 WHG).**
(1) ¹Die für Gewässerverunreinigungen Verantwortlichen haben die erforderlichen Maßnahmen zur Ermittlung, Eingrenzung und Beseitigung von Verunreinigungen durchzuführen, soweit diese nicht bereits durch Vorschriften des Bundes-Bodenschutzgesetzes (BBodSchG) und des Bayerischen Bodenschutzgesetzes gefordert sind. ²Verantwortlich sind die Verursacher, deren Gesamtrechtsnachfolger, die Grundstückseigentümer und die Inhaber der tatsächlichen Gewalt über die Grundstücke. ³Im Übrigen gilt Art. 9 des Landesstraf- und Verordnungsgesetzes sinngemäß. ⁴Die allgemein anerkannten Regeln der Technik sind zu beachten.

(2) ¹Die Kreisverwaltungsbehörden können bei Gewässerverunreinigungen Anordnungen für den Einzelfall erlassen, insbesondere
1. Untersuchungsmaßnahmen anordnen,
2. die Begrenzung, Verminderung oder Beseitigung durch geeignete Maßnahmen fordern, um eine nachhaltige oder nicht unerhebliche Beeinträchtigung des Wohls der Allgemeinheit, insbesondere eine Gefährdung der öffentlichen Wasserversorgung zu verhüten, auszugleichen oder zu beseitigen,
3. Sicherungs- und Überwachungsmaßnahmen anordnen.

²Die Kreisverwaltungsbehörden können verlangen, dass ein Sanierungsplan, der die zu ergreifenden Maßnahmen nach Satz 1 Nr. 2 oder 3 enthält, zur Genehmigung vorgelegt wird. ³Die Genehmigung schließt die nach Bau- und Wasserrecht erforderlichen Verwaltungsakte mit Ausnahme einer wasserrechtlichen Erlaubnis und Bewilligung mit ein. ⁴Erstreckt sich eine Gewässerverunreinigung auf mehrere Grundstücke, kann die Kreisverwaltungsbehörde für den Sanierungsplan nach Satz 2 ein Planfeststellungsverfahren durchführen, wenn ein Verantwortlicher oder die Gesellschaft zur Altlastensanierung in Bayern mbH (GABmbH) als Vorhabensträger auftritt; § 52 Abs. 4 und 5 WHG und Art. 32 gelten entsprechend.

(3) ¹Die Kosten der Maßnahmen nach Abs. 2 trägt der Verantwortliche. ²Mehrere Verantwortliche haften als Gesamtschuldner.

(4) Soweit durch den Einsatz öffentlicher Mittel der Verkehrswert eines Grundstücks nicht nur unwesentlich erhöht wird und die Eigentümer die Kosten hierfür nicht oder nicht vollständig getragen haben, haben diese einen Wertausgleich zu leisten; § 25 BBodSchG gilt entsprechend.

## TEIL 4
## Enteignung, Entschädigung, Vorkaufsrecht

**Art. 56 Enteignung.** ¹Im Interesse einer geordneten Wasserwirtschaft, der Unterhaltung und des Ausbaus der Gewässer, der Schiff- und Floßfahrt, zur Förderung der Fischerei, zur Ermöglichung und Erleichterung der Gewässerbenutzung, der Aussiedlung aus Überschwemmungs- und Wasserschutzgebieten, zur Errichtung, zum Betrieb und zur Unterhaltung von Anlagen für Häfen, für die Gewässerbenutzung, die Wasserversorgung, die Abwasserbeseitigung und die Be- und Entwässerung und zur Mitbenutzung solcher Anlagen durch Dritte kann enteignet werden. ²§§ 96 bis 98 WHG gelten entsprechend. ³Im Übrigen ist das Bayerische Gesetz über die entschädigungspflichtige Enteignung anzuwenden.

**Art. 57 Entschädigung, Ausgleich, Vollstreckung.** ¹Für Entschädigungen nach diesem Gesetz, die außerhalb eines Enteignungsverfahrens zu leisten sind, gelten §§ 96 bis 98 WHG entsprechend; für Ausgleichsleistungen gelten § 96 Abs. 1 und 5, §§ 97 und 98 Abs. 2 WHG entsprechend. ²Der Ausgleich ist, sofern nichts anderes vereinbart wird, durch einen jährlich zum 10. Januar für das vorhergehende Kalenderjahr fällig werdenden Betrag in Geld zu leisten. ³Ein Ausgleich wird nicht geleistet, soweit die wirtschaftlichen Nachteile
1. durch betriebliche Maßnahmen ausgeglichen werden können oder
2. durch andere Leistungen aus öffentlichen Haushalten oder von dritten Personen ausgeglichen werden.

⁴Für nach diesem Gesetz oder nach dem Wasserhaushaltsgesetz festgesetzte Entschädigungs- und Ausgleichsleistungen gelten die Vorschriften des Achten Buchs der Zivilprozessordnung über die Zwangsvollstreckung mit Ausnahme der §§ 883 bis 898, soweit Art. 25 bis 28 VwZVG nichts anderes bestimmen; Art. 56 bleibt unberührt.

**Art. 57a Vorkaufsrecht (Zu § 99a WHG).** (1) ¹Das LfU führt ein Verzeichnis über die Grundstücke, für die dem Freistaat Bayern ein Vorkaufsrecht nach § 99a WHG zusteht. ²Die Einsicht des Verzeichnisses ist jedem gestattet, der ein berechtigtes Interesse darlegt. ³Notare dürfen das Verzeichnis elektronisch einsehen und bedürfen hierfür nicht der Darlegung eines berechtigten Interesses.

(2) ¹Die Ausübung des Vorkaufsrechts nach § 99a WHG erfolgt durch den Freistaat Bayern, vertreten durch das Wasserwirtschaftsamt. ²Die Mitteilung gemäß § 469 des Bürgerlichen Gesetzbuchs (BGB) über den Verkauf eines Grundstücks im Sinn des § 99a Abs. 1 WHG ist gegenüber dem Wasserwirtschaftsamt abzugeben.

(3) ¹Abweichend von § 464 Abs. 2 BGB kann der Vorkaufsberechtigte den zu zahlenden Betrag nach dem Verkehrswert des Grundstücks im Zeitpunkt des Kaufs bestimmen, wenn der vereinbarte Kaufpreis den Verkehrswert deutlich überschreitet. ²In diesem Fall ist der Verpflichtete berechtigt, bis zum Ablauf ei-

nes Monats nach Unanfechtbarkeit des Verwaltungsakts über die Ausübung des Vorkaufsrechts vom Vertrag zurückzutreten. ³Auf das Rücktrittsrecht sind die §§ 346 bis 349 und 351 BGB entsprechend anzuwenden.

(4) Das Vorkaufsrecht beschränkt sich auf Maßnahmen des technischen Hochwasserschutzes und des natürlichen Rückhalts.

TEIL 5
# Gewässeraufsicht

**Art. 58 Zuständigkeit und Befugnisse (Zu § 100 WHG).** (1) ¹Die Gewässeraufsicht obliegt den Kreisverwaltungsbehörden. ²Sie ordnen nach pflichtgemäßem Ermessen die Maßnahmen an, die im Einzelfall notwendig sind, um Beeinträchtigungen des Wasserhaushalts zu vermeiden oder zu beseitigen oder die Erfüllung von Verpflichtungen nach § 100 Abs. 1 Satz 1 WHG sicherzustellen. ³Die technische Gewässeraufsicht obliegt den dem Staatsministerium nachgeordneten Fachbehörden, soweit nicht Fachaufgaben den Kreisverwaltungsbehörden übertragen sind. ⁴Die technische Gewässeraufsicht
1. ermittelt die für die Wasserwirtschaft notwendigen Daten und Grundlagen (gewässerkundliches Messwesen),
2. überwacht die Gewässer sowie die sie beeinflussenden Anlagen und Nutzungen stichprobenartig, objektbezogen und nach pflichtgemäßem Ermessen (Gewässer- und Anlagenüberwachung),
3. errichtet und betreibt die dazu dienenden Mess- und Untersuchungseinrichtungen,
4. untersucht den natürlichen Wasserkreislauf, auch soweit er außerhalb von Gewässern stattfindet, im Hinblick auf Klimaauswirkungen.

⁵Die für die technische Gewässeraufsicht zuständigen Behörden können private Sachverständige nach Art. 65 oder Prüflaboratorien nach Art. 66 mit Kontrollen, Messungen und Untersuchungen beauftragen; die Beauftragten handeln im Namen und auf Weisung der Behörde. ⁶In den Bergbaubetrieben obliegt die gesamte Gewässeraufsicht den Bergbehörden; sie sind insoweit zu Anordnungen nach Satz 2 befugt.

(2) § 102 WHG bleibt von den Vorschriften des Teil 5 unberührt.

**Art. 59 Kosten der technischen Gewässeraufsicht bei Abwasseranlagen.** ¹Die Betreiber von Abwasseranlagen, aus denen erlaubnispflichtig in Gewässer oder genehmigungspflichtig in öffentliche Abwasseranlagen eingeleitet wird, ausgenommen Kleinkläranlagen, die einer Bescheinigungspflicht nach Art. 60 unterliegen, tragen die Kosten der behördlichen Überwachung nach Art. 58, soweit diese die Festlegungen der **Anlage 2**\* nicht überschreitet; die Kosten wer-

---
\* *Nicht abgedruckt.*

den von der für die technische Gewässeraufsicht zuständigen Behörde erhoben. ²Zu den Kosten gehören auch die Kosten von Untersuchungen, die außerhalb des Betriebs und der Grundstücke des Benutzers, insbesondere in den benutzten und in gefährdeten Gewässern erforderlich sind. ³Die Kosten können als Pauschalbeträge erhoben werden. ⁴Im Übrigen bleibt das Kostengesetz unberührt.

**Art. 60 Technische Gewässeraufsicht bei Kleinkläranlagen.** (1) ¹Bei Kleineinleitungen im Sinn des § 8 in Verbindung mit § 9 Abs. 2 Satz 2 des Abwasserabgabengesetzes haben die Betreiber von Kleinkläranlagen deren Funktionstüchtigkeit einschließlich der Zu- und Ableitungen, die ordnungsgemäße Kontrolle durch den Betreiber, die fachgerecht durchgeführte Wartung sowie die ordnungsgemäße Beseitigung der festgestellten Mängel alle zwei Jahre durch entsprechend anerkannte private Sachverständige in der Wasserwirtschaft (Art. 65) prüfen und bescheinigen zu lassen. ²Die privaten Sachverständigen legen die Bescheinigung bei Kleinkläranlagen, aus denen unmittelbar in ein Gewässer eingeleitet wird, unverzüglich der Kreisverwaltungsbehörde und bei Kleinkläranlagen, aus denen in eine Abwasseranlage Dritter eingeleitet wird, zusätzlich auch der diese Abwasseranlage betreibenden Person vor. ³Wurde nach dem 9. Juni 2006 eine Bescheinigung mit der Gesamtbewertung „ohne Mängel" ausgestellt, verlängert sich die Frist nach Satz 1 für die folgende Prüfung auf vier Jahre; dies gilt nicht für Bescheinigungen im Rahmen der Bauabnahme.

(2) ¹Die Betreiber haben die bei Prüfungen festgestellten Mängel unverzüglich zu beseitigen oder beseitigen zu lassen. ²Bei erheblichen Mängeln ist innerhalb von zwei Monaten nach Ausstellung der Bescheinigung eine Nachprüfung durchzuführen; Abs. 1 Sätze 1 und 2 gelten entsprechend.

(3) Hinsichtlich Kleinkläranlagen, aus denen in eine öffentliche Abwasseranlage eingeleitet wird, kann der Träger der öffentlichen Abwasseranlage durch Satzung bestimmen, dass die Prüfung und Bescheinigung nach Abs. 1 und 2 durch geeignete Bedienstete des Trägers der öffentlichen Abwasseranlage vorgenommen wird.

(4) Für bei Inkrafttreten dieses Gesetzes bereits bestehende Kleinkläranlagen beginnt die Frist nach Abs. 1 Satz 1 mit dem Tag der Vorlage einer Bescheinigung nach Anhang 2 Vierter Teil der Eigenüberwachungsverordnung in der bis zum Ablauf des 28. Februar 2010 geltenden Fassung bei der Kreisverwaltungsbehörde, im Übrigen mit dem Inkrafttreten dieses Gesetzes.

**Art. 61 Bauabnahme.** (1) ¹Nach Fertigstellung von Baumaßnahmen, die einer Erlaubnis, Bewilligung, Genehmigung oder Planfeststellung nach dem Wasserhaushaltsgesetz oder nach diesem Gesetz bedürfen, hat der Bauherr der Kreisverwaltungsbehörde die Bestätigung eines privaten Sachverständigen nach Art. 65 vorzulegen, aus der sich ergibt, dass die Baumaßnahmen entsprechend dem Bescheid ausgeführt oder welche Abweichungen von der zugelassenen Bauausführung vorgenommen worden sind. ²Kann durch eine Bauabnahme nach Fertigstellung der Baumaßnahmen die bescheidsgemäße Ausführung

Wassergesetz **BayWG 63**

oder eine Abweichung von der zugelassenen Ausführung nicht mehr festgestellt werden, ist eine baubegleitende Bauabnahme zu fordern. ³Die Kreisverwaltungsbehörde kann Abweichungen von der zugelassenen Ausführung ohne Änderung der wasserrechtlichen Gestattung im Sinn des Satzes 1 genehmigen, sofern die Abweichung eine schädliche Gewässerveränderung nicht erwarten lässt. ⁴Die Genehmigung kann unter Auflagen erteilt werden, soweit der zugrundeliegende Bescheid mit Auflagen verbunden werden kann. ⁵Werden durch die Abweichungen Ansprüche Dritter berührt, über die im vorausgegangenen Verfahren zu entscheiden war, so können nach Anhörung der Dritten auch Ausgleichsmaßnahmen oder Entschädigungen festgesetzt werden.

(2) ¹Die Kreisverwaltungsbehörde kann im Einzelfall auf die Bauabnahme verzichten, wenn nach Größe und Art der baulichen Anlage nicht zu erwarten ist, dass durch sie erhebliche Gefahren oder Nachteile herbeigeführt werden können, oder eine Bauabnahme nach anderen Vorschriften durchgeführt wird; dies gilt nicht für Anlagen nach Art. 70 Abs. 1 Nr. 2. ²Bauliche Anlagen des Bundes, der Länder und der Kommunen bedürfen keiner Bauabnahme nach Abs. 1, wenn der öffentliche Bauherr die Bauabnahme Beamten des höheren bautechnischen Verwaltungsdienstes übertragen hat.

**Art. 62 Besondere Pflichten im Interesse der technischen Gewässeraufsicht (Abweichend von § 91 Satz 1 WHG).** (1) Soweit es das Wohl der Allgemeinheit erfordert, sind die Eigentümer oder Nutzungsberechtigten von Grundstücken, Wasserbenutzungsanlagen oder sonstigen Anlagen in oder an einem Gewässer verpflichtet, die Errichtung, den Betrieb, die Unterhaltung oder die Mitbenutzung von Messeinrichtungen für wasserwirtschaftliche Daten einschließlich der Zufahrten und der Anlagen zu ihrer Ver- und Entsorgung, die Durchführung von Probebohrungen und Pumpversuchen sowie die Entnahme von Boden-, Biota- und Wasserproben auf ihren Grundstücken oder Anlagen zu dulden.

(2) Handlungen, die geeignet sind, den Bestand, den Betrieb oder die Unterhaltung von Messeinrichtungen für wasserwirtschaftliche Daten einschließlich der Zufahrten und der Anlagen zu ihrer Ver- und Entsorgung, die Durchführung von Probebohrungen und Pumpversuchen sowie die Entnahme von Boden-, Biota- und Wasserproben zu beeinträchtigen, können von der Kreisverwaltungsbehörde untersagt werden.

(3) Entstehen wegen der Verpflichtungen nach Abs. 1 den Eigentümern oder Nutzungsberechtigten von Grundstücken Schäden, gelten § 91 Sätze 2 und 3 WHG.

(4) Das Einbringen von Einrichtungen oder Geräten und das Einleiten oder Einbringen von Stoffen in Gewässer zum Zweck der Durchführung von Messungen und Untersuchungen im Rahmen der technischen Gewässeraufsicht bedürfen keiner Erlaubnis oder Genehmigung, soweit die Maßnahmen nicht geeignet sind, dauernd oder in einem nicht nur unerheblichen Ausmaß schädliche Veränderungen der physikalischen, chemischen oder biologischen Beschaffenheit des Wassers im Sinn des § 9 Abs. 2 Nr. 2 WHG herbeizuführen.

# 63 BayWG

## TEIL 6
## Zuständigkeit, Verfahren

**Art. 63 Sachliche und örtliche Zuständigkeit.** (1) [1]Der Vollzug des Wasserhaushaltsgesetzes, dieses Gesetzes und der auf Grund dieser Gesetze erlassenen Rechtsverordnungen ist grundsätzlich Aufgabe des Staates. [2]Der Vollzug obliegt, soweit nichts anderes bestimmt ist, den Kreisverwaltungsbehörden. [3]Werden einer kreisangehörigen Gemeinde nach Art. 53 Abs. 2 BayBO Aufgaben der unteren Bauaufsichtsbehörde übertragen, ist sie im Umfang der Übertragung Kreisverwaltungsbehörde nach Satz 1, soweit für den Vollzug eine Große Kreisstadt zuständig wäre.

(2) [1]Das Staatsministerium ist unter Mitwirkung der nachgeordneten Fachbehörden für die Aufstellung, Überprüfung und Aktualisierung der Bewirtschaftungspläne und Maßnahmenprogramme sowie der Hochwasserrisikomanagementpläne in den Teilbereichen der Flussgebietseinheiten, die sich im Freistaat Bayern befinden, und für die Koordinierung und Steuerung der Maßnahmen und Verfahren zur Erreichung der Bewirtschaftungsziele zuständig. [2]Soweit dabei die Bewirtschaftung und Nutzung land- und forstwirtschaftlich oder fischereilich genutzter Flächen betroffen ist, sind die jeweils zuständigen Fachbehörden zu beteiligen. [3]Bewilligungsbehörden für den Geldausgleich nach Art. 21 Abs. 3 sind die Ämter für Ernährung, Landwirtschaft und Forsten.

(3) [1]Das LfU und die Wasserwirtschaftsämter sind wasserwirtschaftliche Fachbehörden. [2]Sie wirken beim Vollzug des Wasserhaushaltsgesetzes und dieses Gesetzes mit, soweit nicht wasserwirtschaftliche Fachaufgaben den Kreisverwaltungsbehörden übertragen sind. [3]Sie haben außerdem, unbeschadet der Zuständigkeit sonstiger Behörden, die fachlichen Belange der Wasserwirtschaft in anderen Verfahren zu vertreten.

(4) [1]Für den Vollzug der §§ 52 bis 63 der Verordnung über Anlagen zum Umgang mit wassergefährdenden Stoffen ist das LfU zuständig. [2]Sachverständigenorganisationen sowie Güte und Überwachungsgemeinschaften mit Sitz in Bayern werden vom LfU anerkannt. [3]Sie unterliegen der Aufsicht durch das LfU.

(5) [1]Ist eine Rechtsverordnung, zu deren Erlass nach diesem Gesetz die Kreisverwaltungsbehörden zuständig sind, für das Gebiet mehrerer Kreisverwaltungsbehörden erforderlich, handelt die Kreisverwaltungsbehörde, in deren Gebiet der überwiegende Teil des Geltungsbereichs liegt. [2]Die Rechtsverordnung ergeht im Einvernehmen mit den anderen betroffenen Kreisverwaltungsbehörden und ist auch in deren Amtsbezirken amtlich bekannt zu machen. [3]Bestehen Zweifel über die örtliche Zuständigkeit, kann die gemeinsame nächst höhere Behörde die zuständige Behörde durch Rechtsverordnung bestimmen. [4]Ist auch eine Behörde eines anderen Landes zuständig, so kann das Staatsministerium mit der zuständigen Behörde des anderen Landes eine gemeinsame zuständige Behörde vereinbaren.

**Art. 64 Besondere Zuständigkeit bei integrierten Verfahren (Abweichend von § 19 Abs. 2 WHG).** (1) [1]Sieht ein bergrechtlicher Betriebsplan die Benut-

Wassergesetz **BayWG 63**

zung von Gewässern vor, so entscheiden die Bergbehörden im Einvernehmen mit den Kreisverwaltungsbehörden über die Erlaubnis und über die Bewilligung. ²Sie entscheiden auch über die Benutzung von Grubenwässern für andere als bergbauliche Zwecke.

(2) ¹Wird für ein Vorhaben, mit dem die Benutzung eines Gewässers verbunden ist, ein immissionsschutzrechtliches Genehmigungsverfahren durchgeführt, so entscheidet die für die Erteilung der immissionsschutzrechtlichen Genehmigung zuständige Behörde auch über die Erteilung der Erlaubnis oder Bewilligung. ²Für die Erteilung der Erlaubnis und der Bewilligung gilt § 10 Abs. 5 des Bundes-Immissionsschutzgesetzes entsprechend. ³Im Rahmen der Antragsberatung ist auf eine einheitliche Antragstellung für die durchzuführenden Verfahren hinzuwirken. ⁴Die Erlaubnis oder Bewilligung kann mit der Genehmigung nach dem Bundes-Immissionsschutzgesetz in einem Bescheid zusammengefasst werden.

**Art. 65 Private Sachverständige.** ¹Das Staatsministerium wird ermächtigt, durch Rechtsverordnung die Aufgaben und die Anerkennung von privaten Sachverständigen in der Wasserwirtschaft zu regeln. ²In der Rechtsverordnung können insbesondere geregelt werden
1. die Übertragung von fachlichen Aufgaben im Vollzug des Wasserhaushaltsgesetzes, dieses Gesetzes, der auf Grund dieser Gesetze erlassenen Rechtsverordnungen sowie der für wasserwirtschaftliche Zwecke erlassenen Zuwendungsrichtlinien auf private Sachverständige,
2. die Anerkennungsvoraussetzungen und das Anerkennungsverfahren,
3. Erlöschen, Rücknahme und Widerruf der Anerkennung,
4. die Aufgabenerledigung und
5. die Entgelte für die Leistungen der privaten Sachverständigen.

**Art. 66 Prüflaboratorien.** ¹Das Staatsministerium für wird ermächtigt, durch Rechtsverordnung Anforderungen an die Zulassung von privaten Prüflaboratorien und an das Laborpersonal zu stellen, die Probenahmen und analytische Untersuchungen im Vollzug des Wasserhaushaltsgesetzes, dieses Gesetzes oder im Rahmen der nach diesen Gesetzen bestehenden öffentlich-rechtlichen Verpflichtungen durchführen. ²In der Rechtsverordnung können insbesondere
1. die Teilnahme an Laboraudits und Ringversuchen, die Kompetenz hinsichtlich bestimmter Analyseverfahren und andere Maßnahmen des analytischen Qualitätsmanagements,
2. die bei der Tätigkeit einzuhaltenden Verpflichtungen wie Weiterbildungs-, Aufzeichnungs- und Mitteilungspflichten,
3. die Anforderungen an die fachliche Qualifikation, die Zuverlässigkeit und die Unabhängigkeit der Person, die das Labor leitet und des Laborpersonals sowie an die Zahl des einzusetzenden Personals und dessen Ausbildung,
4. die Anforderungen an die betriebliche Ausstattung,

5. das Zulassungsverfahren,
6. das Erlöschen und der Widerruf der Zulassung,
7. die Bekanntgabe der zugelassenen Prüflaboratorien und
8. die Entgelte für die Laborleistungen

geregelt werden.

**Art. 67 Antragstellung, Pläne.** (1) Werden Benutzungen ohne die erforderliche Erlaubnis oder Bewilligung ausgeübt, Gewässer oder Anlagen ohne die erforderliche Planfeststellung, Genehmigung, Eignungsfeststellung oder Bauartzulassung ausgebaut, errichtet, eingebaut, verwendet oder geändert, so kann die Verwaltungsbehörde verlangen, dass ein entsprechender Antrag gestellt wird.

(2) [1]Die für die Entscheidung oder Regelung der Verwaltungsbehörde erforderlichen Pläne mit Beilagen hat der vorzulegen, der die Entscheidung beantragt oder in dessen Interesse, insbesondere zum Schutz der öffentlichen Trinkwasserversorgung und von Heilquellen, sie ergehen soll. [2]Art und Zahl der in den einzelnen Verfahren erforderlichen Pläne und Beilagen bestimmt das Staatsministerium durch Rechtsverordnung.

**Art. 68 Zusammentreffen mehrerer Erlaubnis- oder Bewilligungsanträge.** [1]Treffen mehrere Erlaubnis- oder Bewilligungsanträge zusammen, die sich gegenseitig ausschließen, so entscheidet zunächst die Bedeutung der beabsichtigten Benutzung für das Wohl der Allgemeinheit unter besonderer Berücksichtigung der wasserwirtschaftlichen Auswirkungen. [2]Stehen mehrere beabsichtigte Benutzungen hiernach einander gleich, so gebührt zunächst dem Antrag der das Gewässereigentum innehabenden Person, sodann demjenigen Antrag der Vorzug, der zuerst gestellt wurde. [3]Soweit durch Vertrag oder förmlichen Bescheid eine Erlaubnis oder Bewilligung in Aussicht gestellt ist, darf sie Dritten nicht erteilt werden, es sei denn, dass die durch die Inaussichtstellung begünstigte Person zustimmt. [4]Nach Einleitung des Anhörungsverfahrens werden neue Erlaubnis- oder Bewilligungsanträge in demselben Verfahren nicht mehr berücksichtigt.

**Art. 69 Verfahrensbestimmungen (Abweichend von § 18 Abs. 2, § 21 Abs. 1, § 70 Abs. 1 WHG).** [1]Soweit das Wasserhaushaltsgesetz auf Bestimmungen des Verwaltungsverfahrensgesetzes verweist, finden die entsprechenden Regelungen des Bayerischen Verwaltungsverfahrensgesetzes Anwendung. [2]Für das Bewilligungsverfahren, das Verfahren für eine Erlaubnis nach § 15 WHG und das Verfahren für eine Genehmigung nach Art. 35 gelten Art. 72 bis 78 BayVwVfG entsprechend. [3]Besteht eine Verpflichtung zur Durchführung einer Umweltverträglichkeitsprüfung, muss das Verfahren den Anforderungen des Gesetzes über die Umweltverträglichkeitsprüfung entsprechen. [4]Sind Privatrechte streitig, kann den Beteiligten aufgegeben werden, eine Entscheidung des ordentlichen Gerichts herbeizuführen.

**Art. 70 Erlaubnis mit Zulassungsfiktion.** (1) [1]Für die folgenden Benutzungen außerhalb von Wasser- und Heilquellenschutzgebieten sowie im Altlastenkataster eingetragener Flächen ist die beschränkte Erlaubnis nach Art. 15 im Verfahren nach Art. 42a Abs. 1 BayVwVfG durchzuführen:

Wassergesetz **BayWG 63**

1. Entnehmen, Zutageleiten, Zutagefördern oder Ableiten von oberflächennahem, nicht gespannten Grundwasser für thermische Nutzungen bis einschließlich 50 kJ/s (bis zu etwa drei Wohneinheiten) und Wiedereinleiten des abgekühlten oder erwärmten und in seiner Beschaffenheit nicht weiter veränderten Wassers in das oberflächennahe Grundwasser; Einbringen von Stoffen in das oberflächennahe, nicht gespannte Grundwasser für thermische Nutzungen bis einschließlich 50 kJ/s;
2. Einleiten von in Kleinkläranlagen behandeltem Hausabwasser oder ähnlichem Schmutzwasser bis acht Kubikmeter je Tag in ein Gewässer, wenn das Bauvorhaben in einem von der Kreisverwaltungsbehörde im Einvernehmen mit dem Wasserwirtschaftsamt und nach Anhörung des Trägers der Abwasserentsorgung bezeichneten Gebiet liegt und dabei bekannt gegebene Anforderungen an die Abwasserbeseitigung erfüllt werden; die Vorschriften über die Bekanntmachung kommunaler Satzungen gelten für die Bezeichnung entsprechend;
3. Entnehmen, Zutageleiten, Zutagefördern oder Ableiten, Aufstauen, Absenken und Umleiten von oberflächennahem Grundwasser für einen vorübergehenden Zweck und Wiedereinleiten ohne nachteilige Veränderung seiner Eigenschaften in das oberflächennahe Grundwasser oder, wenn das Wiedereinleiten nicht oder nur unter unzumutbarem Aufwand möglich ist, in ein oberirdisches Gewässer;
4. Einleiten von Regenerationsmitteln in das Grundwasser zur ordnungsgemäßen Brunnenregeneration;
5. Zutagefördern von Grundwasser für die Durchführung von Pumpversuchen für die öffentliche Wasserversorgung und Wiedereinleiten ohne nachteilige Veränderung seiner Eigenschaften in das Grundwasser oder, wenn das nicht möglich oder nur unter unzumutbarem Aufwand möglich ist, in ein oberirdisches Gewässer;
6. Entnehmen, Zutageleiten, Zutagefördern oder Ableiten von oberflächennahem oder freigelegtem Grundwasser zum Zweck der Kies- oder Sandwäsche im Rahmen eines im gleichen Gebiet zugelassenen Kies- oder Sandabbaus und Wiedereinleiten des Waschwassers ohne weitere nachteilige Veränderung seiner Eigenschaften in das Grundwasser oder, wenn das nicht möglich oder nur unter unzumutbarem Aufwand möglich ist, in ein oberirdisches Gewässer.

²Entscheidet die zuständige Behörde nicht innerhalb der Frist nach Art. 42a Abs. 2 BayVwVfG, gilt die Erlaubnis als erteilt.

(2) ¹Die Frist nach Art. 42a Abs. 2 Satz 2 BayVwVfG beginnt, wenn der Antrag
1. den genauen Ort der Benutzungen durch einen Übersichts- und Lageplan nach Maßgabe der Rechtsverordnung nach Art. 67 Abs. 2 Satz 2,
2. die benutzten Gewässer,
3. den Beginn und das Ende der Benutzungen bezeichnet und
4. eine Kurzbeschreibung der verwendeten Anlagen und der Einrichtungen mit Angaben der damit maximal entnehmbaren bzw. einleitbaren Mengen und gegebenenfalls des Absenktrichters, bei Erdaufschlüssen zusätzlich mit An-

# 63 BayWG

gabe der Eindringtiefe und der Art der Abdichtung, gegebenenfalls mit Angabe der verwendeten Wärmeträgerflüssigkeiten,
5. in den Fällen des Abs. 1 Nrn. 1 und 2 ein Gutachten eines privaten Sachverständigen nach Art. 65

enthält. ²Im Gutachten ist durch den privaten Sachverständigen zu bescheinigen, dass
1. sich im Fall des Abs. 1 Nr. 1 erste Alternative die Benutzung auf oberflächennahes, nicht gespanntes Grundwasser beschränkt und die allgemein anerkannten Regeln der Technik für die Errichtung und den Betrieb der Anlage erfüllt sind,
2. im Fall des Abs. 1 Nr. 1 zweite Alternative zusätzlich bei Errichtung und Betrieb der zur Grundwasserbenutzung verwendeten Anlagen keine Verunreinigung des Grundwassers zu besorgen ist,
3. im Fall des Abs. 1 Nr. 2 die Planung der einzelnen Kleinkläranlage den bekanntgegebenen Anforderungen an die Abwasserbeseitigung, dem Abwasserbeseitigungskonzept der Gemeinde und im Übrigen den Anforderungen nach § 60 WHG entspricht.

³Art. 63 Abs. 3 bleibt im Übrigen unberührt.

(3) Die nach Abs. 1 erteilte Erlaubnis ergeht unbeschadet Rechte Dritter.

**Art. 71 Vorläufige Anordnung, Beweissicherung.** (1) ¹Aus Gründen des Wohls der Allgemeinheit kann die Verwaltungsbehörde im Vollzug des Wasserhaushaltsgesetzes und dieses Gesetzes die dem augenblicklichen Erfordernis entsprechenden vorläufigen Anordnungen treffen. ²Diese sind zu befristen.

(2) Zur Feststellung von Tatsachen, die für eine nach dem Wasserhaushaltsgesetz oder diesem Gesetz zu treffende Entscheidung von Bedeutung sein können, kann die Verwaltungsbehörde das Erforderliche anordnen, wenn sonst die Feststellung unmöglich oder wesentlich erschwert würde.

**Art. 72 Sicherheitsleistung.** (1) ¹Zur Erfüllung von Bedingungen, Auflagen und sonstigen Verpflichtungen kann die Verwaltungsbehörde Sicherheitsleistung oder den Nachweis einer Haftpflichtversicherung verlangen, soweit eine solche erforderlich ist. ²§§ 232, 234 bis 240 BGB sind entsprechend anzuwenden.

(2) Art und Ausmaß der Sicherheitsleistung und die Hinterlegungsstelle werden von der Verwaltungsbehörde bestimmt.

(3) Ist der Grund für die Sicherheitsleistung weggefallen, so hat die Verwaltungsbehörde die Rückgabe der Sicherheit anzuordnen.

**Art. 73 Erlass von Rechtsverordnungen, Aufstellung von Plänen.**
(1) ¹Rechtsverordnungen nach dem Wasserhaushaltsgesetz oder diesem Gesetz werden nach den Vorschriften des Landesstraf- und Verordnungsgesetzes erlassen. ²Für das Verfahren können auch Karten in unveränderlicher digitaler Form verwendet werden. ³Eine ausreichende Möglichkeit zur Einsichtnahme muss gewährleistet sein.

(2) Die Grenzen des Geltungsbereichs einer Rechtsverordnung nach §§ 51, 53, 76 WHG, Art. 18 und Art. 31 Abs. 3 sind, soweit erforderlich, durch den,

Wassergesetz **BayWG 63**

in dessen Interesse die Rechtsverordnung erlassen wurde, sonst durch die erlassende Behörde in der Natur in geeigneter Weise kenntlich zu machen.

(3) ¹Vor dem Erlass einer Rechtsverordnung nach §§ 51, 53, 76 WHG und Art. 31 Abs. 3 führt die Kreisverwaltungsbehörde ein Anhörungsverfahren entsprechend Art. 73 Abs. 2 bis 8 BayVwVfG durch. ²Wer Bedenken oder Anregungen vorgebracht hat, die beim Erlass der Rechtsverordnung nicht berücksichtigt wurden, ist über die Gründe zu unterrichten.

TEIL 7
## Bußgeldbestimmung

**Art. 74 Ordnungswidrigkeiten.** (1) Mit Geldbuße bis zu fünftausend Euro kann belegt werden, wer vorsätzlich oder fahrlässig
1. zur Bestimmung der Uferlinie angebrachte Zeichen (Art. 12 Abs. 2), ferner eingebaute Festpunkte, aufgestellte Flusseinteilungszeichen und andere Messeinrichtungen (Art. 62 Abs. 1) entfernt, abändert oder beschädigt,
2. entgegen Art. 28 Abs. 4 die Schiff- und Floßfahrt ausübt oder entgegen Art. 28 Abs. 5 Wasserfahrzeuge an oder in Gewässern für die Ausübung des Gemeingebrauchs durch Dritte bereithält,
3. entgegen Art. 20 Abs. 1, auch in Verbindung mit einer Rechtsverordnung nach Art. 20 Abs. 2, Anlagen errichtet, wesentlich verändert oder stilllegt,
4. entgegen Art. 35 Abs. 1 Anlagen oder Einrichtungen aufstellt, betreibt, erweitert oder wesentlich ändert,
5. einer Rechtsverordnung
   a) zur Regelung des Gemeingebrauchs (Art. 18 Abs. 3),
   b) zur Sicherung der Unterhaltung der Gewässer Dritter Ordnung (Art. 24 Abs. 3),
   c) über die Ausübung der Schiff- und Floßfahrt (Art. 28 Abs. 6),
   d) über die Benutzung von Hafen- und Ländeanlagen und das Verhalten im Hafen und Ländebereich (Art. 36),
   e) zur Festsetzung eines Überschwemmungsgebiets (§ 46 Abs. 3 in Verbindung mit § 78a Abs. 5 WHG),
   f) über den Hochwassernachrichtendienst (Art. 48)
   zuwiderhandelt, wenn die Rechtsverordnung für einen bestimmten Tatbestand auf diese Bußgeldvorschrift verweist,
6. entgegen Art. 30 Abs. 1 Sätze 1, 2 und 3 eine Anzeige nicht, nicht richtig oder nicht vollständig erstattet,
7. einer vollziehbaren Anordnung auf Grund einer Rechtsverordnung nach Art. 48 zuwiderhandelt, soweit die Rechtsverordnung für einen bestimmten Tatbestand auf diese Bußgeldvorschrift verweist,
8. einer vollziehbaren Anordnung
   a) über die Hochwasserrückhaltung oder Niedrigwasseraufhöhung (Art. 49 Abs. 2 Satz 2),

# 63 BayWG

b) zur vorläufigen Regelung eines Zustands (Art. 72 Abs. 1 Satz 1) oder zur Beweissicherung (Art. 71 Abs. 2)

zuwiderhandelt,

9. entgegen Art. 60 Abs. 1 Satz 1 private Sachverständige nicht beauftragt oder entgegen Art. 60 Abs. 2 Mängel nicht beseitigt.

(2) Mit Geldbuße bis zu fünfzigtausend Euro kann belegt werden, wer vorsätzlich oder fahrlässig

1. einer Rechtsverordnung nach § 50 Abs. 5 WHG, § 51 Abs. 1 WHG, § 53 Abs. 4 WHG oder einer vollziehbaren Anordnung auf Grund einer solchen Rechtsverordnung zuwiderhandelt, soweit die Rechtsverordnung für einen bestimmten Tatbestand auf diese Bußgeldvorschrift verweist,
2. einer vollziehbaren Anordnung
   a) zur Regelung des Gemeingebrauchs (Art. 18 Abs. 3),
   b) zum Hochwasserschutz (Art. 46 Abs. 5 und 6),
   c) zur Sanierung von Gewässerverunreinigungen (Art. 55 Abs. 2 Sätze 1 und 2),
   d) zur Gewässeraufsicht (Art. 58 Abs. 1 Satz 2)
   zuwiderhandelt.

## TEIL 8
## Schlussbestimmungen

**Art. 75 Alte Rechte und alte Befugnisse (Zu § 20 WHG).** (1) [1]In den Fällen des § 20 Abs. 1 ist eine Erlaubnis oder Bewilligung nicht erforderlich, wenn bis spätestens 1. März 1965 rechtmäßige Anlagen für die Wasserbenutzung vorhanden waren. [2]Als Recht im Sinn dieses Gesetzes gilt auch die Rechtsstellung nach Art. 207 des Wassergesetzes vom 23. März 1907.

(2) Außer in den Fällen des § 20 Abs. 1 und 2 WHG bedürfen keiner Erlaubnis oder Bewilligung Gewässerbenutzungen im Sinn des § 9 WHG, die auf Grund eines förmlichen Verfahrens nach den bisher geltenden Vorschriften, insbesondere nach Maßgabe der Art. 19, 37 bis 39, 42 und 45 bis 47 des Wassergesetzes vom 23. März 1907 zugelassen worden sind.

**Art. 76 Einschränkung von Grundrechten.** Dieses Gesetz schränkt die Grundrechte der Unverletzlichkeit der Wohnung und des Eigentums ein (Art. 13 und 14 des Grundgesetzes, Art. 103 und 106 der Verfassung).

**Art. 77 Inkrafttreten.** (1) Dieses Gesetz tritt am 1. März 2010 in Kraft.

(2) *(aufgehoben)*

## Anlage 1
### Verzeichnis der Gewässer erster Ordnung
*(nicht abgedruckt)*

## Anlage 2
### Technische Gewässeraufsicht bei Abwasseranlagen
*(nicht abgedruckt)*

BayBodSchG 64

# Bayerisches Gesetz zur Ausführung des Bundes-Bodenschutzgesetzes (Bayerisches Bodenschutzgesetz – BayBodSchG)

(BayRS 2129-4-1-U) vom 23. Februar 1999 (GVBl. S. 36),
zuletzt geändert durch Verordnung vom 9. Dezember 2020 (GVBl. S. 640)

**INHALTSÜBERSICHT\***

ERSTER TEIL
**Erfassung von schädlichen Bodenveränderungen und Altlasten, Überwachung und Gefahrenabwehr**
- Art. 1  Mitteilungs- und Auskunftspflichten
- Art. 2  Erstbewertung
- Art. 3  Katastermäßige Erfassung
- Art. 4  Duldungspflichten, Entschädigung
- Art. 5  Ergänzende Vorschriften für schädliche Bodenveränderungen und Verdachtsflächen
- Art. 6  Sachverständige und Untersuchungsstellen

ZWEITER TEIL
**Bodeninformationssystem**
- Art. 7  Zweck des Bodeninformationssystems
- Art. 8  Inhalt des Bodeninformationssystems
- Art. 9  Mitwirkungspflichten, Entschädigung

DRITTER TEIL
**Aufgaben und Zuständigkeit, Anordnungen, Pflichten der Behörden und sonstiger öffentlicher Stellen**
- Art. 10  Aufgaben und Zuständigkeit
- Art. 11  Anordnungen
- Art. 12  Pflichten der Behörden und sonstiger öffentlicher Stellen

VIERTER TEIL
**Ausgleichsleistungen, Finanzierung**
- Art. 13  Ausgleichsleistungen bei Beschränkung der land- und forstwirtschaftlichen Bodennutzung
- Art. 13a  Erkundung und Sanierung gemeindeeigener Hausmülldeponien

FÜNFTER TEIL
**Schlussvorschriften**
- Art. 14  Ordnungswidrigkeiten
- Art. 15  Außerkrafttreten

## ERSTER TEIL
## Erfassung von schädlichen Bodenveränderungen und Altlasten, Überwachung und Gefahrenabwehr

**Art. 1 Mitteilungs- und Auskunftspflichten.** [1]Die in § 4 Abs. 3 und 6 des Bundes-Bodenschutzgesetzes genannten Personen sind verpflichtet, konkrete Anhaltspunkte dafür, dass eine schädliche Bodenveränderung oder Altlast vorliegt, unverzüglich der zuständigen Behörde mitzuteilen. [2]Sie haben der zuständigen Behörde auf Verlangen die zur Erfüllung der Aufgaben nach dem Bun-

---

\*  *Inhaltsübersicht nicht amtlich.*

des-Bodenschutzgesetz und diesem Gesetz erforderlichen Auskünfte zu erteilen und Unterlagen vorzulegen. ³Die Verpflichtungen nach den Sätzen 1 und 2 bestehen nicht, soweit sich die verpflichtete Person durch die Mitteilung oder Auskunft selbst oder einen der in § 383 Abs. 1 Nr. 1 bis 3 der Zivilprozessordnung bezeichneten Angehörigen der Gefahr strafgerichtlicher Verfolgung oder eines Verfahrens nach dem Gesetz über Ordnungswidrigkeiten aussetzen würde.

**Art. 2 Erstbewertung.** ¹Die zuständige Behörde soll Flächen, bei denen auf Grund von Mitteilungen nach Art. 1 Satz 1, Art. 12 Abs. 2 oder sonstiger Erkenntnisse Anhaltspunkte dafür bestehen, dass eine schädliche Bodenveränderung oder Altlast vorliegt, einer ersten Gefährdungsabschätzung (Erstbewertung) unterziehen. ²Sie unterrichtet das Landesamt für Umwelt und die betroffene Gemeinde über das Ergebnis der Erstbewertung, wenn der Verdacht besteht oder feststeht, dass eine schädliche Bodenveränderung, von der auf Grund von Art, Ausbreitung oder Menge der Schadstoffe in besonderem Maße Gefahren, erhebliche Nachteile oder erhebliche Belästigungen für den einzelnen oder die Allgemeinheit ausgehen, oder eine Altlast vorliegt.

**Art. 3 Katastermäßige Erfassung.** (1) ¹Das Landesamt für Umwelt führt ein Kataster, in dem die von der zuständigen Behörde nach Art. 2 Satz 2 gemeldeten Flächen erfasst werden. ²Die Meldung wird dadurch bewirkt, dass die zuständige Behörde die Eintragungen im Kataster vornimmt.

(2) Die zuständige Behörde unterrichtet das Landesamt für Umwelt über die Durchführung und das Ergebnis sämtlicher Maßnahmen, die zur Untersuchung, Überwachung oder Sanierung der im Kataster erfassten Flächen vorgenommen werden und nimmt die entsprechenden Eintragungen im Kataster vor.

**Art. 4 Duldungspflichten, Entschädigung.** (1) ¹Der Grundstückseigentümer, der Inhaber der tatsächlichen Gewalt über ein Grundstück und die Betroffenen nach § 12 des Bundes-Bodenschutzgesetzes sind verpflichtet, der zuständigen Behörde und deren Beauftragten zur Wahrnehmung der Aufgaben nach dem Bundes-Bodenschutzgesetz und diesem Gesetz das Betreten der Grundstücke, Geschäfts- und Betriebsräume sowie die Vornahme von Ermittlungen und die Einrichtung von Messstellen zu gestatten. ²Zur Verhütung dringender Gefahren für die öffentliche Sicherheit und Ordnung ist auch der Zutritt zu Wohnräumen und die Vornahme von Ermittlungen in diesen zu gestatten. ³Das Grundrecht der Unverletzlichkeit der Wohnung (Art. 13 des Grundgesetzes, Art. 106 Abs. 3 der Verfassung) wird insoweit eingeschränkt.

(2) ¹Bei Ausübung der Befugnisse nach Absatz 1 ist auf die berechtigten Belange der Betroffenen nach § 12 des Bundes-Bodenschutzgesetzes Rücksicht zu nehmen. ²Für Schäden, die den Betroffenen bei Ausübung der Befugnisse nach Absatz 1 entstehen, gilt Art. 11 Abs. 1 des Landesstraf- und Verordnungsgesetzes in Verbindung mit Art. 70 Abs. 1 des Polizeiaufgabengesetzes entsprechend.

# Bodenschutzgesetz

**Art. 5 Ergänzende Vorschriften für schädliche Bodenveränderungen und Verdachtsflächen.** (1) Schädliche Bodenveränderungen und Verdachtsflächen unterliegen, soweit erforderlich und nicht abweichend oder inhaltsgleich in anderen Rechtsvorschriften geregelt, der Überwachung durch die zuständige Behörde.

(2) [1]Bei schädlichen Bodenveränderungen, von denen auf Grund von Art, Ausbreitung oder Menge der Schadstoffe in besonderem Maße Gefahren, erhebliche Nachteile oder erhebliche Belästigungen für den Einzelnen oder die Allgemeinheit ausgehen, kann die zuständige Behörde Sanierungsuntersuchungen, die Erstellung eines Sanierungsplans und die Durchführung von Eigenkontrollmaßnahmen verlangen. [2]Die §§ 13, 14, 15 Abs. 2 und 3 sowie § 24 des Bundes-Bodenschutzgesetzes gelten entsprechend.

**Art. 6 Sachverständige und Untersuchungsstellen.** (1) [1]Das Staatsministerium für Umwelt und Verbraucherschutz wird ermächtigt, durch Rechtsverordnung die Anforderungen an die Sachkunde, Zuverlässigkeit und gerätetechnische Ausstattung der Sachverständigen und Untersuchungsstellen, die Aufgaben nach dem Bundes-Bodenschutzgesetz oder nach diesem Gesetz wahrnehmen, sowie Art und Umfang ihrer Aufgaben und die Vorlage der Ergebnisse ihrer Tätigkeit zu regeln. [2]In der Rechtsverordnung können auch die von Sachverständigen oder den Leitern von Untersuchungsstellen zu erfüllenden persönlichen Voraussetzungen und die bei Ausübung ihrer Tätigkeit einzuhaltenden Verpflichtungen geregelt werden.

(2) [1]Sachverständige und Untersuchungsstellen, die nachweisen, dass sie den in der Rechtsverordnung nach Absatz 1 festgelegten Anforderungen genügen, werden auf Antrag durch das Landesamt für Umwelt zugelassen. [2]Die Zulassung kann befristet und auf bestimmte Aufgabenbereiche beschränkt werden. [3]Wird über den Antrag auf Erteilung einer Zulassung nach Satz 1 nicht innerhalb einer Frist von sechs Monaten entschieden, gilt die Zulassung als erteilt. [4]Das Zulassungsverfahren kann nach den Vorschriften des Bayerischen Verwaltungsverfahrensgesetzes über eine einheitliche Stelle abgewickelt werden. [5]Weitere Einzelheiten des Zulassungsverfahrens, die Bekanntgabe der zugelassenen Sachverständigen und Untersuchungsstellen sowie die Voraussetzungen für den Widerruf der Zulassung können in der Rechtsverordnung nach Abs. 1 geregelt werden.

(3) [1]Zulassungen anderer Länder der Bundesrepublik Deutschland gelten auch im Freistaat Bayern. [2]Gleichwertige Zulassungen anderer Mitgliedstaaten der Europäischen Union oder anderer Vertragsstaaten des Abkommens über den Europäischen Wirtschaftsraum stehen Zulassungen nach Abs. 2 gleich. [3]Sie sind der Zulassungsstelle vor Aufnahme der Tätigkeit im Original oder in Kopie vorzulegen. [4]Eine Beglaubigung der Kopie kann verlangt werden. [5]Nachweise aus einem anderen Mitgliedstaat der Europäischen Union oder einem anderen Vertragsstaat des Abkommens über den Europäischen Wirtschaftsraum

# 64 BayBodSchG

stehen inländischen Nachweisen gleich, wenn sie mit diesen gleichwertig sind oder wenn aus ihnen hervorgeht, dass die betreffenden Zulassungsvoraussetzungen erfüllt sind.

## ZWEITER TEIL
## Bodeninformationssystem

**Art. 7 Zweck des Bodeninformationssystems.** Um die geowissenschaftlichen Grundlagen für eine nachhaltige Sicherung der Funktionen des Bodens bereitzustellen, wird beim Landesamt für Umwelt ein Bodeninformationssystem geführt.

**Art. 8 Inhalt des Bodeninformationssystems.** Das Bodeninformationssystem umfasst von staatlichen oder sonstigen öffentlichen Stellen erhobene Daten aus Untersuchungen über die physikalische, chemische und biologische Beschaffenheit des Bodens, die Daten der landesweit eingerichteten Bodendauerbeobachtungsflächen und der beim Landesamt für Umwelt eingerichteten Bodenprobenbank sowie deren Auswertung und sonstige geowissenschaftliche Daten und Erkenntnisse.

**Art. 9 Mitwirkungspflichten, Entschädigung.** [1]Der Grundstückseigentümer und der Inhaber der tatsächlichen Gewalt über ein Grundstück haben den zuständigen Fachbehörden und deren Beauftragten auf Verlangen die zur Erfüllung der Aufgaben nach Art. 8 erforderlichen Auskünfte zu erteilen. [2]Sie sind auch verpflichtet, den zuständigen Fachbehörden und deren Beauftragten das Betreten des Grundstücks sowie die Vornahme von Ermittlungen zu gestatten. [3]Art. 4 Abs. 2 gilt entsprechend.

## DRITTER TEIL
## Aufgaben und Zuständigkeit, Anordnungen, Pflichten der Behörden und sonstiger öffentlicher Stellen

**Art. 10 Aufgaben und Zuständigkeit.** (1) Die zuständige Behörde hat darüber zu wachen, dass die Bestimmungen des Bundes-Bodenschutzgesetzes, dieses Gesetzes und der auf Grund dieser Gesetze erlassenen Rechtsverordnungen eingehalten und auferlegte Verpflichtungen erfüllt werden; sie wird hierbei von den dem Staatsministerium für Umwelt und Verbraucherschutz nachgeordneten Fachbehörden unterstützt.

(2) [1]Zuständige Behörde im Sinn des Bundes-Bodenschutzgesetzes, dieses Gesetzes und der auf Grund dieser Gesetze erlassenen Rechtsverordnungen ist die Kreisverwaltungsbehörde. [2]Sie beteiligt, soweit nichts anderes bestimmt ist,

bei Fragen fachlicher Art die wasserwirtschaftliche Fachbehörde; diese kann insoweit von den der zuständigen Behörde nach Art. 1 Satz 2 und Art. 4 zustehenden Rechten und Befugnissen Gebrauch machen.

(3) ¹Die Vermittlung der Grundsätze der guten fachlichen Praxis der landwirtschaftlichen Bodennutzung nach § 17 Abs. 1 Satz 2 des Bundes-Bodenschutzgesetzes obliegt den Landwirtschaftsbehörden. ²Das Amt für Ernährung, Landwirtschaft und Forsten stellt fest, ob die sich aus den Grundsätzen der guten fachlichen Praxis ergebenden Anforderungen an die Gefahrenabwehr im Sinn von § 17 Abs. 3 des Bundes-Bodenschutzgesetzes eingehalten sind.

(4) Bei Fragen, die die landwirtschaftliche oder forstwirtschaftliche Bodennutzung betreffen, entscheidet die zuständige Behörde im Einvernehmen mit dem Amt für Ernährung, Landwirtschaft und Forsten; die den Forstbehörden obliegende Aufsicht über die Erfüllung der Vorsorgepflicht bei der forstwirtschaftlichen Bodennutzung und die sachgemäße Waldbewirtschaftung bleibt unberührt.

(5) Das Nähere über das Zusammenwirken der in den Absätzen 1 bis 4 genannten Behörden regelt das Staatsministerium für Umwelt und Verbraucherschutz, soweit andere Staatsministerien betroffen sind, im Einvernehmen mit diesen, durch Verwaltungsvorschrift.

(6) Bei stillgelegten Deponien gelten bis zum Ende der Nachsorgephase die Zuständigkeiten nach Abfallrecht.

**Art. 11 Anordnungen.** Die zuständige Behörde kann Anordnungen treffen, soweit dies zur Erfüllung der sich aus diesem Gesetz oder den auf Grund dieses Gesetzes erlassenen Rechtsverordnungen ergebenden Pflichten erforderlich ist.

**Art. 12 Pflichten der Behörden und sonstiger öffentlicher Stellen.**
(1) Staat, Gemeinden, Landkreise, Bezirke und sonstige juristische Personen des öffentlichen Rechts haben vorbildhaft dazu beizutragen, dass die Zielsetzungen und Grundsätze des § 1 des Bundes-Bodenschutzgesetzes erreicht werden.

(2) Die in Absatz 1 genannten öffentlichen Stellen teilen ihre Erkenntnisse über die Besorgnis einer schädlichen Bodenveränderung sowie Anhaltspunkte dafür, dass eine schädliche Bodenveränderung oder Altlast vorliegt, unverzüglich der zuständigen Behörde mit.

## VIERTER TEIL
## Ausgleichsleistungen, Finanzierung

**Art. 13 Ausgleichsleistungen bei Beschränkung der land- und forstwirtschaftlichen Bodennutzung.** (1) Über die Gewährung eines Ausgleichs nach § 10 Abs. 2 des Bundes-Bodenschutzgesetzes entscheidet die zuständige

## 64 BayBodSchG

Behörde im Einvernehmen mit dem Amt für Ernährung, Landwirtschaft und Forsten.

(2) Die Staatsregierung wird ermächtigt, die Einzelheiten der Ausgleichsgewährung, insbesondere das Verfahren sowie Art und Umfang des Ausgleichsanspruchs, durch Rechtsverordnung zu regeln.

**Art. 13a Erkundung und Sanierung gemeindeeigener Hausmülldeponien***. (1) [1]Die Kosten für die Erkundung und Sanierung stillgelegter gemeindeeigener Hausmülldeponien tragen der Freistaat Bayern und die kreisangehörigen Gemeinden gemäß den nachfolgenden Bestimmungen gemeinsam. [2]Gemeindeeigene Hausmülldeponie ist eine Deponie, die von einer kreisangehörigen Gemeinde in Erfüllung ihrer gesetzlichen Aufgabe der Abfallentsorgung betrieben worden ist, sofern nicht ein Landkreis oder eine kreisfreie Gemeinde als entsorgungspflichtige Körperschaft im Sinn des Art. 3 Abs. 1 des Bayerischen Abfallwirtschaftsgesetzes die Inhaberstellung übernommen hat oder sofern die Deponie nicht ausschließlich für die Ablagerung mineralischer Abfälle genehmigt worden ist. [3]Eine gemeindeeigene Hausmülldeponie ist stillgelegt, wenn auf ihr nach dem 30. April 2006 keine Abfälle mehr abgelagert werden.

(2) [1]Das Staatsministerium für Umwelt und Verbraucherschutz errichtet und verwaltet mit Wirkung zum 1. Januar 2006 einen Unterstützungsfonds als staatliches Sondervermögen ohne eigene Rechtspersönlichkeit. [2]Die jährlichen Beiträge an den Unterstützungsfonds werden vom Freistaat Bayern und von den kreisangehörigen Gemeinden je zur Hälfte aufgebracht. [3]Die Beiträge betragen in der Regel je fünf Millionen Euro pro Jahr.

(3) Die Beiträge der einzelnen Gemeinden zu dem von ihnen insgesamt gemäß Abs. 2 zum Unterstützungsfonds zu leistenden Anteil bestimmen sich nach dem Verhältnis ihrer für das laufende Rechnungsjahr maßgebenden Umlagegrundlagen (Art. 18 Abs. 3 des Finanzausgleichsgesetzes – FAG).

(4) [1]Aus dem Unterstützungsfonds erhalten die Gemeinden im Rahmen der verfügbaren Mittel Zuschüsse, soweit sie nach anderen Rechtsvorschriften die Kosten für die Erkundung und die Sanierung stillgelegter gemeindeeigener Hausmülldeponien zu tragen haben. [2]Zuschussfähig sind die notwendigen Kosten für Erkundungs- oder Sanierungsmaßnahmen, soweit diese einen angemessenen Eigenanteil übersteigen. [3]Der Eigenanteil der betroffenen Gemeinde gemäß Satz 2 beträgt je Hausmülldeponie 1,5 v.H. der Umlagegrundlagen (Art. 18 Abs. 3 FAG), höchstens 200 000 Euro. [4]Maßgeblich für die Ermittlung der Umlagegrundlagen ist der Durchschnittswert der letzten drei Rechnungsjahre, die dem Jahr der Erstattungsantragstellung vorangehen. [5]Die Kosten für die Erkundung und die Sanierung gemeindeeigener Hausmülldeponien bis zu einer Höhe von 20 000 Euro trägt allein die betroffene Gemeinde. [6]Die Zuschussgewährung setzt voraus, dass die Erkundungs- oder Sanierungsmaßnah-

---

\* *Beachte Art. 15 BayBodSchG.*

men jeweils in eine nach Maßgabe der zur Verfügung stehenden Fondsmittel halbjährlich aufzustellende Prioritätenliste aufgenommen sind.

(5) ¹Das Staatsministerium für Umwelt und Verbraucherschutz wird ermächtigt, im Einvernehmen mit den Staatsministerien des Innern, für Sport und Integration und der Finanzen und für Heimat durch Rechtsverordnung die weiteren Einzelheiten, insbesondere des Berechnungs- und Erhebungsverfahrens, zu regeln. ²Es kann vorgesehen werden, dass das Landesamt für Statistik die Beiträge ermittelt und festsetzt und dass die Erhebung bei den kreisangehörigen Gemeinden im Weg der Verrechnung erfolgt. ³Ferner kann vorgesehen werden, dass bei Vorliegen einer besonderen Härte, insbesondere wenn ausgeschlossen ist, dass eine Gemeinde den Unterstützungsfonds in Anspruch nehmen kann, weil sie ihre Hausmülldeponien bereits vollständig saniert hat, der Beitrag einer Gemeinde reduziert werden kann. ⁴Die Verwaltung des Sondervermögens kann auf Dritte übertragen werden, sofern diese die erforderliche Zuverlässigkeit und Sachkunde bei der verfahrensrechtlichen Behandlung von Altlastensanierungen besitzen; die Übertragung ist stets widerruflich.

FÜNFTER TEIL
## Schlussvorschriften

**Art. 14 Ordnungswidrigkeiten.** Mit Geldbuße bis zu zehntausend Euro kann belegt werden, wer vorsätzlich oder fahrlässig
1. entgegen Art. 1 Satz 2 oder Art. 9 Satz 1 verlangte Auskünfte nicht, nicht richtig, nicht vollständig oder nicht rechtzeitig erteilt oder Unterlagen nicht vorlegt,
2. entgegen Art. 4 Abs. 1 oder Art. 9 Satz 2 das Betreten eines Grundstücks, eines Wohn-, Geschäfts- oder Betriebsraumes oder die Vornahme von Ermittlungen nicht gestattet oder
3. einer vollziehbaren Anordnung nach Art. 5 Abs. 2 in Verbindung mit § 13 Abs. 1 oder § 15 Abs. 2 Sätze 1, 3 oder 4 des Bundes-Bodenschutzgesetzes zuwiderhandelt,
4. entgegen Art. 5 Abs. 2 i.V.m. § 15 Abs. 3 Satz 1 des Bundes-Bodenschutzgesetzes eine Mitteilung nicht, nicht richtig, nicht vollständig oder nicht rechtzeitig macht.

**Art. 15 Außerkrafttreten.** Art. 13a tritt mit Ablauf des 31. Dezember 2025 außer Kraft.

# BeamtStG 70

# Gesetz zur Regelung des Statusrechts der Beamtinnen und Beamten in den Ländern (Beamtenstatusgesetz – BeamtStG)

vom 17. Juni 2008 (BGBl. I S. 1010),
zuletzt geändert durch Gesetz vom 20. November 2019 (BGBl. I S. 1626)

## INHALTSÜBERSICHT

### Abschnitt 1
### Allgemeine Vorschriften

§ 1 Geltungsbereich
§ 2 Dienstherrnfähigkeit

### Abschnitt 2
### Beamtenverhältnis

§ 3 Beamtenverhältnis
§ 4 Arten des Beamtenverhältnisses
§ 5 Ehrenbeamtinnen und Ehrenbeamte
§ 6 Beamtenverhältnis auf Zeit
§ 7 Voraussetzungen des Beamtenverhältnisses
§ 8 Ernennung
§ 9 Kriterien der Ernennung
§ 10 Voraussetzung der Ernennung auf Lebenszeit
§ 11 Nichtigkeit der Ernennung
§ 12 Rücknahme der Ernennung

### Abschnitt 3
### Länderübergreifender Wechsel und Wechsel in die Bundesverwaltung

§ 13 Grundsatz
§ 14 Abordnung
§ 15 Versetzung
§ 16 Umbildung einer Körperschaft
§ 17 Rechtsfolgen der Umbildung
§ 18 Rechtsstellung der Beamtinnen und Beamten
§ 19 Rechtsstellung der Versorgungsempfängerinnen und Versorgungsempfänger

### Abschnitt 4
### Zuweisung einer Tätigkeit bei anderen Einrichtungen

§ 20 Zuweisung

### Abschnitt 5
### Beendigung des Beamtenverhältnisses

§ 21 Beendigungsgründe
§ 22 Entlassung kraft Gesetzes
§ 23 Entlassung durch Verwaltungsakt
§ 24 Verlust der Beamtenrechte
§ 25 Ruhestand wegen Erreichens der Altersgrenze
§ 26 Dienstunfähigkeit
§ 27 Begrenzte Dienstfähigkeit
§ 28 Ruhestand bei Beamtenverhältnis auf Probe
§ 29 Wiederherstellung der Dienstfähigkeit
§ 30 Einstweiliger Ruhestand
§ 31 Einstweiliger Ruhestand bei Umbildung und Auflösung von Behörden
§ 32 Wartezeit

### Abschnitt 6
### Rechtliche Stellung im Beamtenverhältnis

§ 33 Grundpflichten
§ 34 Wahrnehmung der Aufgaben, Verhalten
§ 35 Folgepflicht
§ 36 Verantwortung für die Rechtmäßigkeit
§ 37 Verschwiegenheitspflicht
§ 38 Diensteid
§ 39 Verbot der Führung der Dienstgeschäfte
§ 40 Nebentätigkeit
§ 41 Tätigkeit nach Beendigung des Beamtenverhältnisses
§ 42 Verbot der Annahme von Belohnungen, Geschenken und sonstigen Vorteilen
§ 43 Teilzeitbeschäftigung

# 70 BeamtStG

Beamtenstatusgesetz

- § 44 Erholungsurlaub
- § 45 Fürsorge
- § 46 Mutterschutz und Elternzeit
- § 47 Nichterfüllung von Pflichten
- § 48 Pflicht zum Schadensersatz
- § 49 Übermittlungen bei Strafverfahren
- § 50 Personalakte
- § 51 Personalvertretung
- § 52 Mitgliedschaft in Gewerkschaften und Berufsverbänden
- § 53 Beteiligung der Spitzenorganisationen

Abschnitt 7
**Rechtsweg**
- § 54 Verwaltungsrechtsweg

Abschnitt 8
**Spannungs- und Verteidigungsfall**
- § 55 Anwendungsbereich
- § 56 Dienstleistung im Verteidigungsfall

- § 57 Aufschub der Entlassung und des Ruhestands
- § 58 Erneute Berufung von Ruhestandsbeamtinnen und Ruhestandsbeamten
- § 59 Verpflichtung zur Gemeinschaftsunterkunft und Mehrarbeit

Abschnitt 9
**Sonderregelungen für Verwendungen im Ausland**
- § 60 Verwendungen im Ausland

Abschnitt 10
**Sonderregelungen für wissenschaftliches Hochschulpersonal**
- § 61 Hochschullehrerinnen und Hochschullehrer

Abschnitt 11
**Schlussvorschriften**
- § 62 *(nicht abgedruckt)*
- § 63 Inkrafttreten, Außerkrafttreten

Abschnitt 1
## Allgemeine Vorschriften

**§ 1 Geltungsbereich.** Dieses Gesetz regelt das Statusrecht der Beamtinnen und Beamten der Länder, Gemeinden und Gemeindeverbände sowie der sonstigen der Aufsicht eines Landes unterstehenden Körperschaften, Anstalten und Stiftungen des öffentlichen Rechts.

**§ 2 Dienstherrnfähigkeit.** Das Recht, Beamtinnen und Beamte zu haben, besitzen
1. Länder, Gemeinden und Gemeindeverbände,
2. sonstige Körperschaften, Anstalten und Stiftungen des öffentlichen Rechts, die dieses Recht im Zeitpunkt des Inkrafttretens dieses Gesetzes besitzen oder denen es durch ein Landesgesetz oder aufgrund eines Landesgesetzes verliehen wird.

Abschnitt 2
## Beamtenverhältnis

**§ 3 Beamtenverhältnis.** (1) Beamtinnen und Beamte stehen zu ihrem Dienstherrn in einem öffentlich-rechtlichen Dienst- und Treueverhältnis (Beamtenverhältnis).

(2) Die Berufung in das Beamtenverhältnis ist nur zulässig zur Wahrnehmung
1. hoheitsrechtlicher Aufgaben oder
2. solcher Aufgaben, die aus Gründen der Sicherung des Staates oder des öffentlichen Lebens nicht ausschließlich Personen übertragen werden dürfen, die in einem privatrechtlichen Arbeitsverhältnis stehen.

**§ 4 Arten des Beamtenverhältnisses.** (1) ¹Das Beamtenverhältnis auf Lebenszeit dient der dauernden Wahrnehmung von Aufgaben nach § 3 Abs. 2. ²Es bildet die Regel.

(2) Das Beamtenverhältnis auf Zeit dient
a) der befristeten Wahrnehmung von Aufgaben nach § 3 Abs. 2 oder
b) der zunächst befristeten Übertragung eines Amtes mit leitender Funktion.

(3) Das Beamtenverhältnis auf Probe dient der Ableistung einer Probezeit
a) zur späteren Verwendung auf Lebenszeit oder
b) zur Übertragung eines Amtes mit leitender Funktion.

(4) Das Beamtenverhältnis auf Widerruf dient
a) der Ableistung eines Vorbereitungsdienstes oder
b) der nur vorübergehenden Wahrnehmung von Aufgaben nach § 3 Abs. 2.

**§ 5 Ehrenbeamtinnen und Ehrenbeamte.** (1) Als Ehrenbeamtin oder Ehrenbeamter kann berufen werden, wer Aufgaben im Sinne des § 3 Abs. 2 unentgeltlich wahrnehmen soll.

(2) Die Rechtsverhältnisse der Ehrenbeamtinnen und Ehrenbeamten können durch Landesrecht abweichend von den für Beamtinnen und Beamte allgemein geltenden Vorschriften geregelt werden, soweit es deren besondere Rechtsstellung erfordert.

(3) Ein Ehrenbeamtenverhältnis kann nicht in ein Beamtenverhältnis anderer Art, ein solches Beamtenverhältnis nicht in ein Ehrenbeamtenverhältnis umgewandelt werden.

**§ 6 Beamtenverhältnis auf Zeit.** Für die Rechtsverhältnisse der Beamtinnen auf Zeit und Beamten auf Zeit gelten die Vorschriften für Beamtinnen auf Lebenszeit und Beamte auf Lebenszeit entsprechend, soweit durch Landesrecht nichts anderes bestimmt ist.

**§ 7 Voraussetzungen des Beamtenverhältnisses.** (1) In das Beamtenverhältnis darf nur berufen werden, wer
1. Deutsche oder Deutscher im Sinne des Artikels 116 Absatz 1 des Grundgesetzes ist oder die Staatsangehörigkeit
   a) eines anderen Mitgliedstaates der Europäischen Union oder
   b) eines anderen Vertragsstaates des Abkommens über den Europäischen Wirtschaftsraum oder

c) eines Drittstaates, dem die Bundesrepublik Deutschland und die Europäische Union vertraglich einen entsprechenden Anspruch auf Anerkennung von Berufsqualifikationen eingeräumt haben,

besitzt,
2. die Gewähr dafür bietet, jederzeit für die freiheitliche demokratische Grundordnung im Sinne des Grundgesetzes einzutreten, und
3. die nach Landesrecht vorgeschriebene Befähigung besitzt.

(2) Wenn die Aufgaben es erfordern, darf nur eine Deutsche oder ein Deutscher im Sinne des Artikels 116 Absatz 1 des Grundgesetzes* in ein Beamtenverhältnis berufen werden.

(3) Ausnahmen von Absatz 1 Nr. 1 und Absatz 2 können nur zugelassen werden, wenn
1. für die Gewinnung der Beamtin oder des Beamten ein dringendes dienstliches Interesse besteht oder
2. bei der Berufung von Hochschullehrerinnen und Hochschullehrern und anderen Mitarbeiterinnen und Mitarbeitern des wissenschaftlichen und künstlerischen Personals in das Beamtenverhältnis andere wichtige Gründe vorliegen.

**§ 8 Ernennung.** (1) Einer Ernennung bedarf es zur
1. Begründung des Beamtenverhältnisses,
2. Umwandlung des Beamtenverhältnisses in ein solches anderer Art (§ 4),
3. Verleihung eines anderen Amtes mit anderem Grundgehalt oder
4. Verleihung eines anderen Amtes mit anderer Amtsbezeichnung,

soweit das Landesrecht dies bestimmt.

(2) ¹Die Ernennung erfolgt durch Aushändigung einer Ernennungsurkunde. ²In der Urkunde müssen enthalten sein
1. bei der Begründung des Beamtenverhältnisses die Wörter „unter Berufung in das Beamtenverhältnis" mit dem die Art des Beamtenverhältnisses bestimmenden Zusatz „auf Lebenszeit", „auf Probe", „auf Widerruf", „als Ehrenbeamtin" oder „als Ehrenbeamter" oder „auf Zeit" mit der Angabe der Zeitdauer der Berufung,
2. bei der Umwandlung des Beamtenverhältnisses in ein solches anderer Art die diese Art bestimmenden Wörter nach Nummer 1 und
3. bei der Verleihung eines Amtes die Amtsbezeichnung.

(3) Mit der Begründung eines Beamtenverhältnisses auf Probe, auf Lebenszeit und auf Zeit wird gleichzeitig ein Amt verliehen.

---

\* *Art. 116 Abs. 1 Grundgesetz für die Bundesrepublik Deutschland vom 23. Mai 1949 (BGBl. S. 1), Gesetz zuletzt geändert durch Gesetz vom 15. November 2019 (BGBl. I S. 1546), lautet:*
**Art. 116.** (1) Deutscher im Sinne dieses Grundgesetzes ist vorbehaltlich anderweitiger gesetzlicher Regelung, wer die deutsche Staatsangehörigkeit besitzt oder als Flüchtling oder Vertriebener deutscher Volkszugehörigkeit oder als dessen Ehegatte oder Abkömmling in dem Gebiete des Deutschen Reiches nach dem Stande vom 31. Dezember 1937 Aufnahme gefunden hat.

(4) Eine Ernennung auf einen zurückliegenden Zeitpunkt ist unzulässig und insoweit unwirksam.

**§ 9 Kriterien der Ernennung.** Ernennungen sind nach Eignung, Befähigung und fachlicher Leistung ohne Rücksicht auf Geschlecht, Abstammung, Rasse oder ethnische Herkunft, Behinderung, Religion oder Weltanschauung, politische Anschauungen, Herkunft, Beziehungen oder sexuelle Identität vorzunehmen.

**§ 10 Voraussetzung der Ernennung auf Lebenszeit.** ¹Die Ernennung zur Beamtin auf Lebenszeit oder zum Beamten auf Lebenszeit ist nur zulässig, wenn die Beamtin oder der Beamte sich in einer Probezeit von mindestens sechs Monaten und höchstens fünf Jahren bewährt hat. ²Von der Mindestprobezeit können durch Landesrecht Ausnahmen bestimmt werden.

**§ 11 Nichtigkeit der Ernennung.** (1) Die Ernennung ist nichtig, wenn
1. sie nicht der in § 8 Abs. 2 vorgeschriebenen Form entspricht,
2. sie von einer sachlich unzuständigen Behörde ausgesprochen wurde oder
3. zum Zeitpunkt der Ernennung
    a) nach § 7 Abs. 1 Nr. 1 keine Ernennung erfolgen durfte und keine Ausnahme nach § 7 Abs. 3 zugelassen war,
    b) nicht die Fähigkeit zur Bekleidung öffentlicher Ämter vorlag oder
    c) eine ihr zu Grunde liegende Wahl unwirksam ist.

(2) Die Ernennung ist von Anfang an als wirksam anzusehen, wenn
1. im Fall des Absatzes 1 Nr. 1 aus der Urkunde oder aus dem Akteninhalt eindeutig hervorgeht, dass die für die Ernennung zuständige Stelle ein bestimmtes Beamtenverhältnis begründen oder ein bestehendes Beamtenverhältnis in ein solches anderer Art umwandeln wollte, für das die sonstigen Voraussetzungen vorliegen, und die für die Ernennung zuständige Stelle die Wirksamkeit schriftlich bestätigt; das Gleiche gilt, wenn die Angabe der Zeitdauer fehlt, durch Landesrecht aber die Zeitdauer bestimmt ist,
2. im Fall des Absatzes 1 Nr. 2 die sachlich zuständige Behörde die Ernennung bestätigt oder
3. im Fall des Absatzes 1 Nr. 3 Buchstabe a eine Ausnahme nach § 7 Abs. 3 nachträglich zugelassen wird.

**§ 12 Rücknahme der Ernennung.** (1) Die Ernennung ist mit Wirkung für die Vergangenheit zurückzunehmen, wenn
1. sie durch Zwang, arglistige Täuschung oder Bestechung herbeigeführt wurde,
2. nicht bekannt war, dass die ernannte Person wegen eines Verbrechens oder Vergehens rechtskräftig zu einer Strafe verurteilt war oder wird, das sie für die Berufung in das Beamtenverhältnis nach § 8 Abs. 1 Nr. 1 als unwürdig erscheinen lässt,
3. die Ernennung nach § 7 Abs. 2 nicht erfolgen durfte und eine Ausnahme nach § 7 Abs. 3 nicht zugelassen war und die Ausnahme nicht nachträglich erteilt wird oder

4. eine durch Landesrecht vorgeschriebene Mitwirkung einer unabhängigen Stelle oder einer Aufsichtsbehörde unterblieben ist und nicht nachgeholt wurde.

(2) ¹Die Ernennung soll zurückgenommen werden, wenn nicht bekannt war, dass gegen die ernannte Person in einem Disziplinarverfahren auf Entfernung aus dem Beamtenverhältnis oder auf Aberkennung des Ruhegehalts erkannt worden war. ²Dies gilt auch, wenn die Entscheidung gegen eine Beamtin oder einen Beamten der Europäischen Union oder eines Staates nach § 7 Abs. 1 Nr. 1 ergangen ist.

## Abschnitt 3
## Länderübergreifender Wechsel und Wechsel in die Bundesverwaltung

**§ 13 Grundsatz.** Die Vorschriften dieses Abschnitts gelten nur bei landesübergreifender Abordnung, Versetzung und Umbildung von Körperschaften sowie bei einer Abordnung oder Versetzung aus einem Land in die Bundesverwaltung.

**§ 14 Abordnung.** (1) Beamtinnen und Beamte können aus dienstlichen Gründen vorübergehend ganz oder teilweise zu einer dem übertragenen Amt entsprechenden Tätigkeit in den Bereich eines Dienstherrn eines anderen Landes oder des Bundes abgeordnet werden.

(2) ¹Aus dienstlichen Gründen ist eine Abordnung vorübergehend ganz oder teilweise auch zu einer nicht dem Amt entsprechenden Tätigkeit zulässig, wenn der Beamtin oder dem Beamten die Wahrnehmung der neuen Tätigkeit aufgrund der Vorbildung oder Berufsausbildung zuzumuten ist. ²Dabei ist auch die Abordnung zu einer Tätigkeit, die nicht einem Amt mit demselben Grundgehalt entspricht, zulässig.

(3) ¹Die Abordnung bedarf der Zustimmung der Beamtin oder des Beamten. ²Abweichend von Satz 1 ist die Abordnung auch ohne Zustimmung zulässig, wenn die neue Tätigkeit zuzumuten ist und einem Amt mit demselben Grundgehalt entspricht und die Abordnung die Dauer von fünf Jahren nicht übersteigt.

(4) ¹Die Abordnung wird von dem abgebenden im Einverständnis mit dem aufnehmenden Dienstherrn verfügt. ²Soweit zwischen den Dienstherren nichts anderes vereinbart ist, sind die für den Bereich des aufnehmenden Dienstherrn geltenden Vorschriften über die Pflichten und Rechte der Beamtinnen und Beamten mit Ausnahme der Regelungen über Diensteid, Amtsbezeichnung, Zahlung von Bezügen, Krankenfürsorgeleistungen und Versorgung entsprechend anzuwenden. ³Die Verpflichtung zur Bezahlung hat auch der Dienstherr, zu dem die Abordnung erfolgt ist.

**§ 15 Versetzung.** (1) Beamtinnen und Beamte können auf Antrag oder aus dienstlichen Gründen in den Bereich eines Dienstherrn eines anderen Landes oder des Bundes in ein Amt einer Laufbahn versetzt werden, für die sie die Befähigung besitzen.

(2) [1]Eine Versetzung bedarf der Zustimmung der Beamtin oder des Beamten. [2]Abweichend von Satz 1 ist die Versetzung auch ohne Zustimmung zulässig, wenn das neue Amt mit mindestens demselben Grundgehalt verbunden ist wie das bisherige Amt. [3]Stellenzulagen gelten hierbei nicht als Bestandteile des Grundgehalts.

(3) [1]Die Versetzung wird von dem abgebenden im Einverständnis mit dem aufnehmenden Dienstherrn verfügt. [2]Das Beamtenverhältnis wird mit dem neuen Dienstherrn fortgesetzt.

**§ 16 Umbildung einer Körperschaft.** (1) Beamtinnen und Beamte einer juristischen Person des öffentlichen Rechts mit Dienstherrnfähigkeit (Körperschaft), die vollständig in eine andere Körperschaft eingegliedert wird, treten mit der Umbildung kraft Gesetzes in den Dienst der aufnehmenden Körperschaft über.

(2) [1]Die Beamtinnen und Beamten einer Körperschaft, die vollständig in mehrere andere Körperschaften eingegliedert wird, sind anteilig in den Dienst der aufnehmenden Körperschaften zu übernehmen. [2]Die beteiligten Körperschaften haben innerhalb einer Frist von sechs Monaten nach der Umbildung im Einvernehmen miteinander zu bestimmen, von welchen Körperschaften die einzelnen Beamtinnen und Beamten zu übernehmen sind. [3]Solange eine Beamtin oder ein Beamter nicht übernommen ist, haften alle aufnehmenden Körperschaften für die ihr oder ihm zustehenden Bezüge als Gesamtschuldner.

(3) [1]Die Beamtinnen und Beamten einer Körperschaft, die teilweise in eine oder mehrere andere Körperschaften eingegliedert wird, sind zu einem verhältnismäßigen Teil, bei mehreren Körperschaften anteilig, in den Dienst der aufnehmenden Körperschaften zu übernehmen. [2]Absatz 2 Satz 2 ist entsprechend anzuwenden.

(4) Die Absätze 1 bis 3 gelten entsprechend, wenn eine Körperschaft mit einer oder mehreren anderen Körperschaften zu einer neuen Körperschaft zusammengeschlossen wird, wenn ein oder mehrere Teile verschiedener Körperschaften zu einem oder mehreren neuen Teilen einer Körperschaft zusammengeschlossen werden, wenn aus einer Körperschaft oder aus Teilen einer Körperschaft eine oder mehrere neue Körperschaften gebildet werden, oder wenn Aufgaben einer Körperschaft vollständig oder teilweise auf eine oder mehrere andere Körperschaften übergehen.

**§ 17 Rechtsfolgen der Umbildung.** (1) Tritt eine Beamtin oder ein Beamter aufgrund des § 16 Abs. 1 kraft Gesetzes in den Dienst einer anderen Körperschaft über oder wird sie oder er aufgrund des § 16 Abs. 2 oder 3 von einer anderen Körperschaft übernommen, wird das Beamtenverhältnis mit dem neuen Dienstherrn fortgesetzt.

(2) Im Fall des § 16 Abs. 1 ist der Beamtin oder dem Beamten von der aufnehmenden oder neuen Körperschaft die Fortsetzung des Beamtenverhältnisses schriftlich zu bestätigen.

(3) [1]In den Fällen des § 16 Abs. 2 und 3 wird die Übernahme von der Körperschaft verfügt, in deren Dienst die Beamtin oder der Beamte treten soll. [2]Die Verfügung wird mit der Zustellung an die Beamtin oder den Beamten wirksam. [3]Die Beamtin oder der Beamte ist verpflichtet, der Übernahmeverfügung Folge zu leisten. [4]Kommt die Beamtin oder der Beamte der Verpflichtung nicht nach, ist sie oder er zu entlassen.

(4) Die Absätze 1 bis 3 gelten entsprechend in den Fällen des § 16 Abs. 4.

**§ 18 Rechtsstellung der Beamtinnen und Beamten.** (1) [1]Beamtinnen und Beamten, die nach § 16 in den Dienst einer anderen Körperschaft kraft Gesetzes übertreten oder übernommen werden, soll ein gleich zu bewertendes Amt übertragen werden, das ihrem bisherigen Amt nach Bedeutung und Inhalt ohne Rücksicht auf Dienststellung und Dienstalter entspricht. [2]Wenn eine dem bisherigen Amt entsprechende Verwendung nicht möglich ist, kann ihnen auch ein anderes Amt mit geringerem Grundgehalt übertragen werden. [3]Das Grundgehalt muss mindestens dem des Amtes entsprechen, das die Beamtinnen und Beamten vor dem bisherigen Amt innehatten. [4]In diesem Fall dürfen sie neben der neuen Amtsbezeichnung die des früheren Amtes mit dem Zusatz „außer Dienst" („a. D.") führen.

(2) [1]Die aufnehmende oder neue Körperschaft kann, wenn die Zahl der bei ihr nach der Umbildung vorhandenen Beamtinnen und Beamten den tatsächlichen Bedarf übersteigt, innerhalb einer Frist, deren Bestimmung dem Landesrecht vorbehalten bleibt, Beamtinnen und Beamte im Beamtenverhältnis auf Lebenszeit oder auf Zeit in den einstweiligen Ruhestand versetzen, wenn deren Aufgabengebiet von der Umbildung berührt wurde. [2]Bei Beamtinnen auf Zeit und Beamten auf Zeit, die nach Satz 1 in den einstweiligen Ruhestand versetzt sind, endet der einstweilige Ruhestand mit Ablauf der Amtszeit; sie gelten in diesem Zeitpunkt als dauernd in den Ruhestand versetzt, wenn sie bei Verbleiben im Amt mit Ablauf der Amtszeit in den Ruhestand getreten wären.

**§ 19 Rechtsstellung der Versorgungsempfängerinnen und Versorgungsempfänger.** (1) Die Vorschriften des § 16 Abs. 1 und 2 und des § 17 gelten entsprechend für die im Zeitpunkt der Umbildung bei der abgebenden Körperschaft vorhandenen Versorgungsempfängerinnen und Versorgungsempfänger.

(2) In den Fällen des § 16 Abs. 3 bleiben die Ansprüche der im Zeitpunkt der Umbildung vorhandenen Versorgungsempfängerinnen und Versorgungsempfänger gegenüber der abgebenden Körperschaft bestehen.

(3) Die Absätze 1 und 2 gelten entsprechend in den Fällen des § 16 Abs. 4.

Beamtenstatusgesetz **BeamtStG 70**

Abschnitt 4
## Zuweisung einer Tätigkeit bei anderen Einrichtungen

**§ 20 Zuweisung.** (1) Beamtinnen und Beamten kann mit ihrer Zustimmung vorübergehend ganz oder teilweise eine ihrem Amt entsprechende Tätigkeit zugewiesen werden
1. bei einer öffentlichen Einrichtung ohne Dienstherrneigenschaft oder bei einer öffentlich-rechtlichen Religionsgemeinschaft im dienstlichen oder öffentlichen Interesse oder
2. bei einer anderen Einrichtung, wenn öffentliche Interessen es erfordern.

(2) Beamtinnen und Beamten einer Dienststelle, die ganz oder teilweise in eine öffentlich-rechtlich organisierte Einrichtung ohne Dienstherrneigenschaft oder eine privatrechtlich organisierte Einrichtung der öffentlichen Hand umgewandelt wird, kann auch ohne ihre Zustimmung ganz oder teilweise eine ihrem Amt entsprechende Tätigkeit bei dieser Einrichtung zugewiesen werden, wenn öffentliche Interessen es erfordern.

(3) Die Rechtsstellung der Beamtinnen und Beamten bleibt unberührt.


Abschnitt 5
## Beendigung des Beamtenverhältnisses

**§ 21 Beendigungsgründe.** Das Beamtenverhältnis endet durch
1. Entlassung,
2. Verlust der Beamtenrechte,
3. Entfernung aus dem Beamtenverhältnis nach den Disziplinargesetzen oder
4. Eintritt oder Versetzung in den Ruhestand.

**§ 22 Entlassung kraft Gesetzes.** (1) Beamtinnen und Beamte sind entlassen, wenn
1. die Voraussetzungen des § 7 Absatz 1 Nr. 1 nicht mehr vorliegen und eine Ausnahme nach § 7 Absatz 3 auch nachträglich nicht zugelassen wird oder
2. sie die Altersgrenze erreichen und das Beamtenverhältnis nicht durch Eintritt in den Ruhestand endet.

(2) ¹Die Beamtin oder der Beamte ist entlassen, wenn ein öffentlich-rechtliches Dienst- oder Amtsverhältnis zu einem anderen Dienstherrn oder zu einer Einrichtung ohne Dienstherrneigenschaft begründet wird, sofern nicht im Einvernehmen mit dem neuen Dienstherrn oder der Einrichtung die Fortdauer des Beamtenverhältnisses neben dem neuen Dienst- oder Amtsverhältnis angeordnet oder durch Landesrecht etwas anderes bestimmt wird. ²Dies gilt nicht für den Eintritt in ein Beamtenverhältnis auf Widerruf oder als Ehrenbeamtin oder Ehrenbeamter.

(3) Die Beamtin oder der Beamte ist mit der Berufung in ein Beamtenverhältnis auf Zeit aus einem anderen Beamtenverhältnis bei demselben Dienstherrn entlassen, soweit das Landesrecht keine abweichenden Regelungen trifft.

(4) Das Beamtenverhältnis auf Widerruf endet mit Ablauf des Tages der Ablegung oder dem endgültigen Nichtbestehen der für die Laufbahn vorgeschriebenen Prüfung, sofern durch Landesrecht nichts anderes bestimmt ist.

(5) Das Beamtenverhältnis auf Probe in einem Amt mit leitender Funktion endet mit Ablauf der Probezeit oder mit Versetzung zu einem anderen Dienstherrn.

**§ 23 Entlassung durch Verwaltungsakt.** (1) ¹Beamtinnen und Beamte sind zu entlassen, wenn sie
1. den Diensteid oder ein an dessen Stelle vorgeschriebenes Gelöbnis verweigern,
2. nicht in den Ruhestand oder einstweiligen Ruhestand versetzt werden können, weil eine versorgungsrechtliche Wartezeit nicht erfüllt ist,
3. dauernd dienstunfähig sind und das Beamtenverhältnis nicht durch Versetzung in den Ruhestand endet,
4. die Entlassung in schriftlicher Form verlangen oder
5. nach Erreichen der Altersgrenze berufen worden sind.

²Im Fall des Satzes 1 Nr. 3 ist § 26 Abs. 2 entsprechend anzuwenden.

(2) Beamtinnen und Beamte können entlassen werden, wenn sie in Fällen des § 7 Abs. 2 die Eigenschaft als Deutsche oder Deutscher im Sinne des Artikels 116 Absatz 1 des Grundgesetzes verlieren.

(3) ¹Beamtinnen auf Probe und Beamte auf Probe können entlassen werden,
1. wenn sie eine Handlung begehen, die im Beamtenverhältnis auf Lebenszeit mindestens eine Kürzung der Dienstbezüge zur Folge hätte,
2. wenn sie sich in der Probezeit nicht bewährt haben oder
3. wenn ihr Aufgabengebiet bei einer Behörde von der Auflösung dieser Behörde oder einer auf landesrechtlicher Vorschrift beruhenden wesentlichen Änderung des Aufbaus oder Verschmelzung dieser Behörde mit einer anderen oder von der Umbildung einer Körperschaft berührt wird und eine andere Verwendung nicht möglich ist. ²Im Fall des Satzes 1 Nr. 2 ist § 26 Abs. 2 bei allein mangelnder gesundheitlicher Eignung entsprechend anzuwenden.

(4) ¹Beamtinnen auf Widerruf und Beamte auf Widerruf können jederzeit entlassen werden. ²Die Gelegenheit zur Beendigung des Vorbereitungsdienstes und zur Ablegung der Prüfung soll gegeben werden.

**§ 24 Verlust der Beamtenrechte.** (1) ¹Wenn eine Beamtin oder ein Beamter im ordentlichen Strafverfahren durch das Urteil eines deutschen Gerichts
1. wegen einer vorsätzlichen Tat zu einer Freiheitsstrafe von mindestens einem Jahr oder
2. wegen einer vorsätzlichen Tat, die nach den Vorschriften über Friedensverrat, Hochverrat und Gefährdung des demokratischen Rechtsstaates, Landesverrat und Gefährdung der äußeren Sicherheit oder, soweit sich die Tat auf eine Diensthandlung im Hauptamt bezieht, Bestechlichkeit, strafbar ist, zu einer Freiheitsstrafe von mindestens sechs Monaten verurteilt wird,

endet das Beamtenverhältnis mit der Rechtskraft des Urteils. ²Entsprechendes gilt, wenn die Fähigkeit zur Bekleidung öffentlicher Ämter aberkannt wird oder wenn die Beamtin oder der Beamte aufgrund einer Entscheidung des Bundesverfassungsgerichts nach Artikel 18 des Grundgesetzes ein Grundrecht verwirkt hat.

(2) Wird eine Entscheidung, die den Verlust der Beamtenrechte zur Folge hat, in einem Wiederaufnahmeverfahren aufgehoben, gilt das Beamtenverhältnis als nicht unterbrochen.

**§ 25 Ruhestand wegen Erreichens der Altersgrenze.** Beamtinnen auf Lebenszeit und Beamte auf Lebenszeit treten nach Erreichen der Altersgrenze in den Ruhestand.

**§ 26 Dienstunfähigkeit.** (1) ¹Beamtinnen auf Lebenszeit und Beamte auf Lebenszeit sind in den Ruhestand zu versetzen, wenn sie wegen ihres körperlichen Zustands oder aus gesundheitlichen Gründen zur Erfüllung ihrer Dienstpflichten dauernd unfähig (dienstunfähig) sind. ²Als dienstunfähig kann auch angesehen werden, wer infolge Erkrankung innerhalb eines Zeitraums von sechs Monaten mehr als drei Monate keinen Dienst getan hat und keine Aussicht besteht, dass innerhalb einer Frist, deren Bestimmung dem Landesrecht vorbehalten bleibt, die Dienstfähigkeit wieder voll hergestellt ist. ³In den Ruhestand wird nicht versetzt, wer anderweitig verwendbar ist. ⁴Für Gruppen von Beamtinnen und Beamten können besondere Voraussetzungen für die Dienstunfähigkeit durch Landesrecht geregelt werden.

(2) ¹Eine anderweitige Verwendung ist möglich, wenn der Beamtin oder dem Beamten ein anderes Amt derselben oder einer anderen Laufbahn übertragen werden kann. ²In den Fällen des Satzes 1 ist die Übertragung eines anderen Amtes ohne Zustimmung zulässig, wenn das neue Amt zum Bereich desselben Dienstherrn gehört, es mit mindestens demselben Grundgehalt verbunden ist wie das bisherige Amt und wenn zu erwarten ist, dass die gesundheitlichen Anforderungen des neuen Amtes erfüllt werden. ³Beamtinnen und Beamte, die nicht die Befähigung für die andere Laufbahn besitzen, haben an Qualifizierungsmaßnahmen für den Erwerb der neuen Befähigung teilzunehmen.

(3) Zur Vermeidung der Versetzung in den Ruhestand kann der Beamtin oder dem Beamten unter Beibehaltung des übertragenen Amtes ohne Zustimmung auch eine geringerwertige Tätigkeit im Bereich desselben Dienstherrn übertragen werden, wenn eine anderweitige Verwendung nicht möglich ist und die Wahrnehmung der neuen Aufgabe unter Berücksichtigung der bisherigen Tätigkeit zumutbar ist.

**§ 27 Begrenzte Dienstfähigkeit.** (1) Von der Versetzung in den Ruhestand wegen Dienstunfähigkeit soll abgesehen werden, wenn die Beamtin oder der Beamte unter Beibehaltung des übertragenen Amtes die Dienstpflichten noch während mindestens der Hälfte der regelmäßigen Arbeitszeit erfüllen kann (begrenzte Dienstfähigkeit).

(2) ¹Die Arbeitszeit ist entsprechend der begrenzten Dienstfähigkeit herabzusetzen. ²Mit Zustimmung der Beamtin oder des Beamten ist auch eine Verwendung in einer nicht dem Amt entsprechenden Tätigkeit möglich.

**§ 28 Ruhestand bei Beamtenverhältnis auf Probe.** (1) Beamtinnen auf Probe und Beamte auf Probe sind in den Ruhestand zu versetzen, wenn sie infolge Krankheit, Verwundung oder sonstiger Beschädigung, die sie sich ohne grobes Verschulden bei Ausübung oder aus Veranlassung des Dienstes zugezogen haben, dienstunfähig geworden sind.

(2) Beamtinnen auf Probe und Beamte auf Probe können in den Ruhestand versetzt werden, wenn sie aus anderen Gründen dienstunfähig geworden sind.

(3) § 26 Abs. 1 Satz 3, Abs. 2 und 3 sowie § 27 sind entsprechend anzuwenden.

**§ 29 Wiederherstellung der Dienstfähigkeit.** (1) Wird nach der Versetzung in den Ruhestand wegen Dienstunfähigkeit die Dienstfähigkeit wiederhergestellt und beantragt die Ruhestandsbeamtin oder der Ruhestandsbeamte vor Ablauf einer Frist, deren Bestimmung dem Landesrecht vorbehalten bleibt, spätestens zehn Jahre nach der Versetzung in den Ruhestand, eine erneute Berufung in das Beamtenverhältnis, ist diesem Antrag zu entsprechen, falls nicht zwingende dienstliche Gründe entgegenstehen.

(2) ¹Beamtinnen und Beamte, die wegen Dienstunfähigkeit in den Ruhestand versetzt worden sind, können erneut in das Beamtenverhältnis berufen werden, wenn im Dienstbereich des früheren Dienstherrn ein Amt mit mindestens demselben Grundgehalt übertragen werden soll und wenn zu erwarten ist, dass die gesundheitlichen Anforderungen des neuen Amtes erfüllt werden. ²Beamtinnen und Beamte, die nicht die Befähigung für die andere Laufbahn besitzen, haben an Qualifizierungsmaßnahmen für den Erwerb der neuen Befähigung teilzunehmen. ³Den wegen Dienstunfähigkeit in den Ruhestand versetzten Beamtinnen und Beamten kann unter Übertragung eines Amtes ihrer früheren Laufbahn nach Satz 1 auch eine geringerwertige Tätigkeit im Bereich desselben Dienstherrn übertragen werden, wenn eine anderweitige Verwendung nicht möglich ist und die Wahrnehmung der neuen Aufgabe unter Berücksichtigung ihrer früheren Tätigkeit zumutbar ist.

(3) Die erneute Berufung in ein Beamtenverhältnis ist auch in den Fällen der begrenzten Dienstfähigkeit möglich.

(4) Beamtinnen und Beamte, die wegen Dienstunfähigkeit in den Ruhestand versetzt worden sind, sind verpflichtet, sich geeigneten und zumutbaren Maßnahmen zur Wiederherstellung ihrer Dienstfähigkeit zu unterziehen; die zuständige Behörde kann ihnen entsprechende Weisungen erteilen.

(5) ¹Die Dienstfähigkeit der Ruhestandsbeamtin oder des Ruhestandsbeamten kann nach Maßgabe des Landesrechts untersucht werden; sie oder er ist verpflichtet, sich nach Weisung der zuständigen Behörde ärztlich untersuchen zu lassen. ²Die Ruhestandsbeamtin oder der Ruhestandsbeamte kann eine solche

Untersuchung verlangen, wenn sie oder er einen Antrag nach Absatz 1 zu stellen beabsichtigt.

(6) Bei einer erneuten Berufung gilt das frühere Beamtenverhältnis als fortgesetzt.

**§ 30 Einstweiliger Ruhestand.** (1) ¹Beamtinnen auf Lebenszeit und Beamte auf Lebenszeit können jederzeit in den einstweiligen Ruhestand versetzt werden, wenn sie ein Amt bekleiden, bei dessen Ausübung sie in fortdauernder Übereinstimmung mit den grundsätzlichen politischen Ansichten und Zielen der Regierung stehen müssen. ²Die Bestimmung der Ämter nach Satz 1 ist dem Landesrecht vorbehalten.

(2) Beamtinnen und Beamte, die auf Probe ernannt sind und ein Amt im Sinne des Absatzes 1 bekleiden, können jederzeit entlassen werden.

(3) ¹Für den einstweiligen Ruhestand gelten die Vorschriften über den Ruhestand. ²§ 29 Abs. 2 und 6 gilt entsprechend. ³Der einstweilige Ruhestand endet bei erneuter Berufung in das Beamtenverhältnis auf Lebenszeit auch bei einem anderen Dienstherrn, wenn den Beamtinnen oder Beamten ein Amt verliehen wird, das derselben oder einer gleichwertigen Laufbahn angehört wie das frühere Amt und mit mindestens demselben Grundgehalt verbunden ist.

(4) Erreichen Beamtinnen und Beamte, die in den einstweiligen Ruhestand versetzt sind, die gesetzliche Altersgrenze, gelten sie mit diesem Zeitpunkt als dauernd in den Ruhestand versetzt.

**§ 31 Einstweiliger Ruhestand bei Umbildung und Auflösung von Behörden.** (1) ¹Bei der Auflösung einer Behörde oder bei einer auf landesrechtlicher Vorschrift beruhenden wesentlichen Änderung des Aufbaus oder bei Verschmelzung einer Behörde mit einer oder mehreren anderen kann eine Beamtin auf Lebenszeit oder ein Beamter auf Lebenszeit in den einstweiligen Ruhestand versetzt werden, wenn das übertragene Aufgabengebiet von der Auflösung oder Umbildung berührt wird und eine Versetzung nach Landesrecht nicht möglich ist. ²Zusätzliche Voraussetzungen können geregelt werden.

(2) ¹Die erneute Berufung der in den einstweiligen Ruhestand versetzten Beamtin oder des in den einstweiligen Ruhestand versetzten Beamten in ein Beamtenverhältnis ist vorzusehen, wenn ein der bisherigen Tätigkeit entsprechendes Amt zu besetzen ist, für das sie oder er geeignet ist. ²Für erneute Berufungen nach Satz 1, die weniger als fünf Jahre vor Erreichen der Altersgrenze (§ 25) wirksam werden, können durch Landesrecht abweichende Regelungen getroffen werden.

(3) § 29 Abs. 6 gilt entsprechend.

**§ 32 Wartezeit.** Die Versetzung in den Ruhestand setzt die Erfüllung einer versorgungsrechtlichen Wartezeit voraus.

## Abschnitt 6
## Rechtliche Stellung im Beamtenverhältnis

**§ 33 Grundpflichten.** (1) ¹Beamtinnen und Beamte dienen dem ganzen Volk, nicht einer Partei. ²Sie haben ihre Aufgaben unparteiisch und gerecht zu erfüllen und ihr Amt zum Wohl der Allgemeinheit zu führen. ³Beamtinnen und Beamte müssen sich durch ihr gesamtes Verhalten zu der freiheitlichen demokratischen Grundordnung im Sinne des Grundgesetzes bekennen und für deren Erhaltung eintreten.

(2) Beamtinnen und Beamte haben bei politischer Betätigung diejenige Mäßigung und Zurückhaltung zu wahren, die sich aus ihrer Stellung gegenüber der Allgemeinheit und aus der Rücksicht auf die Pflichten ihres Amtes ergibt.

**§ 34 Wahrnehmung der Aufgaben, Verhalten.** ¹Beamtinnen und Beamte haben sich mit vollem persönlichem Einsatz ihrem Beruf zu widmen. ²Sie haben die übertragenen Aufgaben uneigennützig nach bestem Gewissen wahrzunehmen. ³Ihr Verhalten innerhalb und außerhalb des Dienstes muss der Achtung und dem Vertrauen gerecht werden, die ihr Beruf erfordert. ⁴Sie dürfen ihr Gesicht bei Ausübung des Dienstes oder bei einer Tätigkeit mit unmittelbarem Dienstbezug nicht verhüllen, es sei denn, dienstliche oder gesundheitliche Gründe erfordern dies.

**§ 35 Folgepflicht.** (1) ¹Beamtinnen und Beamte haben ihre Vorgesetzten zu beraten und zu unterstützen. ²Sie sind verpflichtet, deren dienstliche Anordnungen auszuführen und deren allgemeine Richtlinien zu befolgen. ³Dies gilt nicht, soweit die Beamtinnen und Beamten nach besonderen gesetzlichen Vorschriften an Weisungen nicht gebunden und nur dem Gesetz unterworfen sind.

(2) Beamtinnen und Beamte haben bei organisatorischen Veränderungen dem Dienstherrn Folge zu leisten.

**§ 36 Verantwortung für die Rechtmäßigkeit.** (1) Beamtinnen und Beamte tragen für die Rechtmäßigkeit ihrer dienstlichen Handlungen die volle persönliche Verantwortung.

(2) ¹Bedenken gegen die Rechtmäßigkeit dienstlicher Anordnungen haben Beamtinnen und Beamte unverzüglich auf dem Dienstweg geltend zu machen. ²Wird die Anordnung aufrechterhalten, haben sie sich, wenn die Bedenken fortbestehen, an die nächst höhere Vorgesetzte oder den nächst höheren Vorgesetzten zu wenden. ³Wird die Anordnung bestätigt, müssen die Beamtinnen und Beamten sie ausführen und sind von der eigenen Verantwortung befreit. ⁴Dies gilt nicht, wenn das aufgetragene Verhalten die Würde des Menschen verletzt oder strafbar oder ordnungswidrig ist und die Strafbarkeit oder Ordnungswidrigkeit für die Beamtinnen oder Beamten erkennbar ist. ⁵Die Bestätigung hat auf Verlangen schriftlich zu erfolgen.

(3) ¹Wird von den Beamtinnen oder Beamten die sofortige Ausführung der Anordnung verlangt, weil Gefahr im Verzug besteht und die Entscheidung der

oder des höheren Vorgesetzten nicht rechtzeitig herbeigeführt werden kann, gilt Absatz 2 Satz 3 und 4 entsprechend. ²Die Anordnung ist durch die anordnende oder den anordnenden Vorgesetzten schriftlich zu bestätigen, wenn die Beamtin oder der Beamte dies unverzüglich nach Ausführung der Anordnung verlangt.

**§ 37 Verschwiegenheitspflicht.** (1) ¹Beamtinnen und Beamte haben über die ihnen bei oder bei Gelegenheit ihrer amtlichen Tätigkeit bekannt gewordenen dienstlichen Angelegenheiten Verschwiegenheit zu bewahren. ²Dies gilt auch über den Bereich eines Dienstherrn hinaus sowie nach Beendigung des Beamtenverhältnisses.

(2) ¹Absatz 1 gilt nicht, soweit
1. Mitteilungen im dienstlichen Verkehr geboten sind,
2. Tatsachen mitgeteilt werden, die offenkundig sind oder ihrer Bedeutung nach keiner Geheimhaltung bedürfen, oder
3. gegenüber der zuständigen obersten Dienstbehörde, einer Strafverfolgungsbehörde oder einer durch Landesrecht bestimmten weiteren Behörde oder außerdienstlichen Stelle ein durch Tatsachen begründeter Verdacht einer Korruptionsstraftat nach den §§ 331 bis 337 des Strafgesetzbuches angezeigt wird.

²Im Übrigen bleiben die gesetzlich begründeten Pflichten, geplante Straftaten anzuzeigen und für die Erhaltung der freiheitlichen demokratischen Grundordnung einzutreten, von Absatz 1 unberührt.

(3) ¹Beamtinnen und Beamte dürfen ohne Genehmigung über Angelegenheiten, für die Absatz 1 gilt, weder vor Gericht noch außergerichtlich aussagen oder Erklärungen abgeben. ²Die Genehmigung erteilt der Dienstherr oder, wenn das Beamtenverhältnis beendet ist, der letzte Dienstherr. ³Hat sich der Vorgang, der den Gegenstand der Äußerung bildet, bei einem früheren Dienstherrn ereignet, darf die Genehmigung nur mit dessen Zustimmung erteilt werden. ⁴Durch Landesrecht kann bestimmt werden, dass an die Stelle des in den Sätzen 2 und 3 genannten jeweiligen Dienstherrn eine andere Stelle tritt.

(4) ¹Die Genehmigung, als Zeugin oder Zeuge auszusagen, darf nur versagt werden, wenn die Aussage dem Wohl des Bundes oder eines deutschen Landes erhebliche Nachteile bereiten oder die Erfüllung öffentlicher Aufgaben ernstlich gefährden oder erheblich erschweren würde. ²Durch Landesrecht kann bestimmt werden, dass die Verweigerung der Genehmigung zur Aussage vor Untersuchungsausschüssen des Deutschen Bundestages oder der Volksvertretung eines Landes einer Nachprüfung unterzogen werden kann. ³Die Genehmigung, ein Gutachten zu erstatten, kann versagt werden, wenn die Erstattung den dienstlichen Interessen Nachteile bereiten würde.

(5) ¹Sind Beamtinnen oder Beamte Partei oder Beschuldigte in einem gerichtlichen Verfahren oder soll ihr Vorbringen der Wahrnehmung ihrer berechtigten Interessen dienen, darf die Genehmigung auch dann, wenn die Voraussetzungen des Absatzes 4 Satz 1 erfüllt sind, nur versagt werden, wenn die dienstlichen Rücksichten dies unabweisbar erfordern. ²Wird sie versagt, ist Be-

amtinnen oder Beamten der Schutz zu gewähren, den die dienstlichen Rücksichten zulassen.

(6) [1]Beamtinnen und Beamte haben, auch nach Beendigung des Beamtenverhältnisses, auf Verlangen des Dienstherrn oder des letzten Dienstherrn amtliche Schriftstücke, Zeichnungen, bildliche Darstellungen sowie Aufzeichnungen jeder Art über dienstliche Vorgänge, auch soweit es sich um Wiedergaben handelt, herauszugeben. [2]Die gleiche Verpflichtung trifft ihre Hinterbliebenen und Erben.

**§ 38 Diensteid.** (1) [1]Beamtinnen und Beamte haben einen Diensteid zu leisten. [2]Der Diensteid hat eine Verpflichtung auf das Grundgesetz zu enthalten.

(2) In den Fällen, in denen Beamtinnen und Beamte erklären, dass sie aus Glaubens- oder Gewissensgründen den Eid nicht leisten wollen, kann für diese an Stelle des Eides ein Gelöbnis zugelassen werden.

(3) In den Fällen, in denen nach § 7 Abs. 3 eine Ausnahme von § 7 Abs. 1 Nr. 1 zugelassen worden ist, kann an Stelle des Eides ein Gelöbnis vorgeschrieben werden.

**§ 39 Verbot der Führung der Dienstgeschäfte.** [1]Beamtinnen und Beamten kann aus zwingenden dienstlichen Gründen die Führung der Dienstgeschäfte verboten werden. [2]Das Verbot erlischt, wenn nicht bis zum Ablauf von drei Monaten gegen die Beamtin oder den Beamten ein Disziplinarverfahren oder ein sonstiges auf Rücknahme der Ernennung oder auf Beendigung des Beamtenverhältnisses gerichtetes Verfahren eingeleitet worden ist.

**§ 40 Nebentätigkeit.** [1]Eine Nebentätigkeit ist grundsätzlich anzeigepflichtig. [2]Sie ist unter Erlaubnis- oder Verbotsvorbehalt zu stellen, soweit sie geeignet ist, dienstliche Interessen zu beeinträchtigen.

**§ 41 Tätigkeit nach Beendigung des Beamtenverhältnisses.** [1]Ruhestandsbeamtinnen und Ruhestandsbeamte sowie frühere Beamtinnen mit Versorgungsbezügen und frühere Beamte mit Versorgungsbezügen haben die Ausübung einer Erwerbstätigkeit oder sonstigen Beschäftigung außerhalb des öffentlichen Dienstes, die mit der dienstlichen Tätigkeit innerhalb eines Zeitraums, dessen Bestimmung dem Landesrecht vorbehalten bleibt, im Zusammenhang steht und durch die dienstliche Interessen beeinträchtigt werden können, anzuzeigen. [2]Die Erwerbstätigkeit oder sonstige Beschäftigung ist zu untersagen, wenn zu besorgen ist, dass durch sie dienstliche Interessen beeinträchtigt werden. [3]Das Verbot endet spätestens mit Ablauf von fünf Jahren nach Beendigung des Beamtenverhältnisses.

**§ 42 Verbot der Annahme von Belohnungen, Geschenken und sonstigen Vorteilen.** (1) [1]Beamtinnen und Beamte dürfen, auch nach Beendigung des Beamtenverhältnisses, keine Belohnungen, Geschenke oder sonstigen Vorteile für sich oder eine dritte Person in Bezug auf ihr Amt fordern, sich versprechen lassen oder annehmen. ²Ausnahmen bedürfen der Zustimmung ihres gegenwärtigen oder letzten Dienstherrn.

(2) Wer gegen das in Absatz 1 genannte Verbot verstößt, hat das aufgrund des pflichtwidrigen Verhaltens Erlangte auf Verlangen dem Dienstherrn herauszugeben, soweit nicht die Einziehung von Taterträgen angeordnet worden oder es auf andere Weise auf den Staat übergegangen ist.

**§ 43 Teilzeitbeschäftigung.** Teilzeitbeschäftigung ist zu ermöglichen.

**§ 44 Erholungsurlaub.** Beamtinnen und Beamten steht jährlicher Erholungsurlaub unter Fortgewährung der Bezüge zu.

**§ 45 Fürsorge.** ¹Der Dienstherr hat im Rahmen des Dienst- und Treueverhältnisses für das Wohl der Beamtinnen und Beamten und ihrer Familien, auch für die Zeit nach Beendigung des Beamtenverhältnisses, zu sorgen. ²Er schützt die Beamtinnen und Beamten bei ihrer amtlichen Tätigkeit und in ihrer Stellung.

**§ 46 Mutterschutz und Elternzeit.** Effektiver Mutterschutz und Elternzeit sind zu gewährleisten.

**§ 47 Nichterfüllung von Pflichten.** (1) ¹Beamtinnen und Beamte begehen ein Dienstvergehen, wenn sie schuldhaft die ihnen obliegenden Pflichten verletzen. ²Ein Verhalten außerhalb des Dienstes ist nur dann ein Dienstvergehen, wenn es nach den Umständen des Einzelfalls in besonderem Maße geeignet ist, das Vertrauen in einer für ihr Amt bedeutsamen Weise zu beeinträchtigen.

(2) ¹Bei Ruhestandsbeamtinnen und Ruhestandsbeamten oder früheren Beamtinnen mit Versorgungsbezügen und früheren Beamten mit Versorgungsbezügen gilt es als Dienstvergehen, wenn sie sich gegen die freiheitliche demokratische Grundordnung im Sinne des Grundgesetzes betätigen oder an Bestrebungen teilnehmen, die darauf abzielen, den Bestand oder die Sicherheit der Bundesrepublik Deutschland zu beeinträchtigen, oder wenn sie schuldhaft gegen die in den §§ 37, 41 und 42 bestimmten Pflichten verstoßen. ²Bei sonstigen früheren Beamtinnen und früheren Beamten gilt es als Dienstvergehen, wenn sie schuldhaft gegen die in den §§ 37, 41 und 42 bestimmten Pflichten verstoßen. ³Für Beamtinnen und Beamte nach den Sätzen 1 und 2 können durch Landesrecht weitere Handlungen festgelegt werden, die als Dienstvergehen gelten.

(3) Das Nähere über die Verfolgung von Dienstvergehen regeln die Disziplinargesetze.

**§ 48 Pflicht zum Schadensersatz.** ¹Beamtinnen und Beamte, die vorsätzlich oder grob fahrlässig die ihnen obliegenden Pflichten verletzen, haben dem Dienstherrn, dessen Aufgaben sie wahrgenommen haben, den daraus entstehenden Schaden zu ersetzen. ²Haben mehrere Beamtinnen oder Beamte gemeinsam den Schaden verursacht, haften sie als Gesamtschuldner.

**§ 49 Übermittlungen bei Strafverfahren.** (1) ¹Das Gericht, die Strafverfolgungs- oder die Strafvollstreckungsbehörde hat in Strafverfahren gegen Beam-

# 70 BeamtStG

tinnen und Beamte zur Sicherstellung der erforderlichen dienstrechtlichen Maßnahmen im Fall der Erhebung der öffentlichen Klage
1. die Anklageschrift oder eine an ihre Stelle tretende Antragsschrift,
2. den Antrag auf Erlass eines Strafbefehls und
3. die einen Rechtszug abschließende Entscheidung mit Begründung zu übermitteln.
[2]Ist gegen die Entscheidung ein Rechtsmittel eingelegt worden, ist die Entscheidung unter Hinweis auf das eingelegte Rechtsmittel zu übermitteln. [3]Der Erlass und der Vollzug eines Haftbefehls oder eines Unterbringungsbefehls sind mitzuteilen.

(2) In Verfahren wegen fahrlässig begangener Straftaten werden die in Absatz 1 Satz 1 bestimmten Übermittlungen nur vorgenommen, wenn
1. es sich um schwere Verstöße handelt, namentlich Vergehen der Trunkenheit im Straßenverkehr oder der fahrlässigen Tötung, oder
2. in sonstigen Fällen die Kenntnis der Daten aufgrund der Umstände des Einzelfalls erforderlich ist, um zu prüfen, ob dienstrechtliche Maßnahmen zu ergreifen sind.

(3) [1]Entscheidungen über Verfahrenseinstellungen, die nicht bereits nach Absatz 1 oder 2 zu übermitteln sind, sollen übermittelt werden, wenn die in Absatz 2 Nr. 2 genannten Voraussetzungen erfüllt sind. [2]Dabei ist zu berücksichtigen, wie gesichert die zu übermittelnden Erkenntnisse sind.

(4) [1]Sonstige Tatsachen, die in einem Strafverfahren bekannt werden, dürfen mitgeteilt werden, wenn ihre Kenntnis aufgrund besonderer Umstände des Einzelfalls für dienstrechtliche Maßnahmen gegen eine Beamtin oder einen Beamten erforderlich ist und soweit nicht für die übermittelnde Stelle erkennbar ist, dass schutzwürdige Interessen der Beamtin oder des Beamten an dem Ausschluss der Übermittlung überwiegen. [2]Erforderlich ist die Kenntnis der Daten auch dann, wenn diese Anlass zur Prüfung bieten, ob dienstrechtliche Maßnahmen zu ergreifen sind. [3]Absatz 3 Satz 2 ist entsprechend anzuwenden.

(5) Nach den Absätzen 1 bis 4 übermittelte Daten dürfen auch für die Wahrnehmung der Aufgaben nach dem Sicherheitsüberprüfungsgesetz oder einem entsprechenden Landesgesetz verwendet werden.

(6) [1]Übermittlungen nach den Absätzen 1 bis 3 sind auch zulässig, soweit sie Daten betreffen, die dem Steuergeheimnis (§ 30 der Abgabenordnung) unterliegen. [2]Übermittlungen nach Absatz 4 sind unter den Voraussetzungen des § 30 Abs. 4 Nr. 5 der Abgabenordnung zulässig.

**§ 50 Personalakte.** [1]Für jede Beamtin und jeden Beamten ist eine Personalakte zu führen. [2]Zur Personalakte gehören alle Unterlagen, die die Beamtin oder den Beamten betreffen, soweit sie mit dem Dienstverhältnis in einem unmittelbaren inneren Zusammenhang stehen (Personalaktendaten). [3]Die Personalakte ist vertraulich zu behandeln. [4]Personalaktendaten dürfen ohne Einwilligung der Beamtin oder des Beamten nur für Zwecke der Personalverwaltung oder Personalwirtschaft verarbeitet werden. [5]Für Ausnahmefälle kann landesrechtlich eine von Satz 4 abweichende Verarbeitung vorgesehen werden.

**§ 51 Personalvertretung.** Die Bildung von Personalvertretungen zum Zweck der vertrauensvollen Zusammenarbeit zwischen der Behördenleitung und dem Personal ist unter Einbeziehung der Beamtinnen und Beamten zu gewährleisten.

**§ 52 Mitgliedschaft in Gewerkschaften und Berufsverbänden.** [1]Beamtinnen und Beamte haben das Recht, sich in Gewerkschaften oder Berufsverbänden zusammenzuschließen. [2]Sie dürfen wegen Betätigung für ihre Gewerkschaft oder ihren Berufsverband nicht dienstlich gemaßregelt oder benachteiligt werden.

**§ 53 Beteiligung der Spitzenorganisationen.** [1]Bei der Vorbereitung gesetzlicher Regelungen der beamtenrechtlichen Verhältnisse durch die obersten Landesbehörden sind die Spitzenorganisationen der zuständigen Gewerkschaften und Berufsverbände zu beteiligen. [2]Das Beteiligungsverfahren kann auch durch Vereinbarung ausgestaltet werden.

Abschnitt 7

## Rechtsweg

**§ 54 Verwaltungsrechtsweg.** (1) Für alle Klagen der Beamtinnen, Beamten, Ruhestandsbeamtinnen, Ruhestandsbeamten, früheren Beamtinnen, früheren Beamten und der Hinterbliebenen aus dem Beamtenverhältnis sowie für Klagen des Dienstherrn ist der Verwaltungsrechtsweg gegeben.

(2) [1]Vor allen Klagen ist ein Vorverfahren nach den Vorschriften des 8. Abschnitts der Verwaltungsgerichtsordnung durchzuführen. [2]Dies gilt auch dann, wenn die Maßnahme von der obersten Dienstbehörde getroffen worden ist. [3]Ein Vorverfahren ist nicht erforderlich, wenn ein Landesgesetz dieses ausdrücklich bestimmt.

(3) [1]Den Widerspruchsbescheid erlässt die oberste Dienstbehörde. [2]Sie kann die Entscheidung für Fälle, in denen sie die Maßnahme nicht selbst getroffen hat, durch allgemeine Anordnung auf andere Behörden übertragen. [3]Die Anordnung ist zu veröffentlichen.

(4) Widerspruch und Anfechtungsklage gegen Abordnung oder Versetzung haben keine aufschiebende Wirkung.

## Abschnitt 8
## Spannungs- und Verteidigungsfall

**§ 55 Anwendungsbereich.** ¹Beschränkungen, Anordnungen und Verpflichtungen nach den §§ 56 bis 59 sind nur nach Maßgabe des Artikels 80a des Grundgesetzes zulässig. ²Sie sind auf Personen im Sinne des § 5 Abs. 1 des Arbeitssicherstellungsgesetzes nicht anzuwenden.

**§ 56 Dienstleistung im Verteidigungsfall.** (1) Beamtinnen und Beamte können für Zwecke der Verteidigung auch ohne ihre Zustimmung zu einem anderen Dienstherrn abgeordnet oder zur Dienstleistung bei über- oder zwischenstaatlichen zivilen Dienststellen verpflichtet werden.

(2) ¹Beamtinnen und Beamten können für Zwecke der Verteidigung auch Aufgaben übertragen werden, die nicht ihrem Amt oder ihrer Laufbahnbefähigung entsprechen, sofern ihnen die Übernahme nach ihrer Vor- und Ausbildung und im Hinblick auf die Ausnahmesituation zumutbar ist. ²Aufgaben einer Laufbahn mit geringeren Zugangsvoraussetzungen dürfen ihnen nur übertragen werden, wenn dies aus dienstlichen Gründen unabweisbar ist.

(3) Beamtinnen und Beamte haben bei der Erfüllung der ihnen für Zwecke der Verteidigung übertragenen Aufgaben Gefahren und Erschwernisse auf sich zu nehmen, soweit diese ihnen nach den Umständen und den persönlichen Verhältnissen zugemutet werden können.

(4) Beamtinnen und Beamte sind bei einer Verlegung der Behörde oder Dienststelle auch in das Ausland zur Dienstleistung am neuen Dienstort verpflichtet.

**§ 57 Aufschub der Entlassung und des Ruhestands.** ¹Die Entlassung der Beamtinnen und Beamten auf ihren Antrag kann für Zwecke der Verteidigung hinausgeschoben werden, wenn dies im öffentlichen Interesse erforderlich ist und der Personalbedarf der öffentlichen Verwaltung im Bereich ihres Dienstherrn auf freiwilliger Grundlage nicht gedeckt werden kann. ²Satz 1 gilt entsprechend für den Ablauf der Amtszeit bei Beamtenverhältnissen auf Zeit. ³Der Eintritt der Beamtinnen und Beamten in den Ruhestand nach Erreichen der Altersgrenze und die vorzeitige Versetzung in den Ruhestand auf Antrag ohne Nachweis der Dienstunfähigkeit können unter den Voraussetzungen des Satzes 1 bis zum Ende des Monats hinausgeschoben werden, in dem die für Bundesbeamtinnen und Bundesbeamte geltende Regelaltersgrenze erreicht wird.

**§ 58 Erneute Berufung von Ruhestandsbeamtinnen und Ruhestandsbeamten.** ¹Ruhestandsbeamtinnen und Ruhestandsbeamte, die die für Bundesbeamtinnen und Bundesbeamte geltende Regelaltersgrenze noch nicht erreicht haben, können für Zwecke der Verteidigung erneut in ein Beamtenverhältnis berufen werden, wenn dies im öffentlichen Interesse erforderlich ist und der Personalbedarf der öffentlichen Verwaltung im Bereich ihres bisherigen Dienstherrn auf freiwilliger Grundlage nicht gedeckt werden kann. ²Das Beamtenverhältnis endet, wenn es nicht vorher beendet wird, mit dem Ende des Monats, in dem die für Bundesbeamtinnen und Bundesbeamte geltende Regelaltersgrenze erreicht wird.

**§ 59 Verpflichtung zur Gemeinschaftsunterkunft und Mehrarbeit.**
(1) Wenn dienstliche Gründe es erfordern, können Beamtinnen und Beamte für Zwecke der Verteidigung verpflichtet werden, vorübergehend in einer Gemeinschaftsunterkunft zu wohnen und an einer Gemeinschaftsverpflegung teilzunehmen.

(2) [1]Beamtinnen und Beamte sind verpflichtet, für Zwecke der Verteidigung über die regelmäßige Arbeitszeit hinaus ohne besondere Vergütung Dienst zu tun. [2]Für die Mehrbeanspruchung wird ein Freizeitausgleich nur gewährt, soweit es die dienstlichen Erfordernisse gestatten.

Abschnitt 9

## Sonderregelungen für Verwendungen im Ausland

**§ 60 Verwendungen im Ausland.** (1) [1]Beamtinnen und Beamte, die zur Wahrnehmung des ihnen übertragenen Amtes im Ausland oder außerhalb des Deutschen Hoheitsgebiets auf Schiffen oder in Luftfahrzeugen verwendet werden und dabei wegen vom Inland wesentlich abweichender Verhältnisse erhöhten Gefahren ausgesetzt sind, können aus dienstlichen Gründen verpflichtet werden,
1. vorübergehend in einer Gemeinschaftsunterkunft zu wohnen und an einer Gemeinschaftsverpflegung teilzunehmen,
2. Schutzkleidung zu tragen,
3. Dienstkleidung zu tragen und
4. über die regelmäßige Arbeitszeit hinaus ohne besondere Vergütung Dienst zu tun.

[2]In den Fällen des Satzes 1 Nr. 4 wird für die Mehrbeanspruchung ein Freizeitausgleich nur gewährt, soweit es die dienstlichen Erfordernisse gestatten.

(2) Sind nach Absatz 1 verwendete Beamtinnen und Beamte zum Zeitpunkt des vorgesehenen Eintritts in den Ruhestand nach den §§ 25 und 26 oder des vorgesehenen Ablaufs ihrer Amtszeit wegen Verschleppung, Gefangenschaft oder aus sonstigen mit dem Dienst zusammenhängenden Gründen, die sie nicht zu vertreten haben, dem Einflussbereich des Dienstherrn entzogen, verlängert sich das Dienstverhältnis bis zum Ablauf des auf die Beendigung dieses Zustands folgenden Monats.

## Abschnitt 10
## Sonderregelungen für wissenschaftliches Hochschulpersonal

**§ 61 Hochschullehrerinnen und Hochschullehrer.** ¹Abweichend von den §§ 14 und 15 können Hochschullehrerinnen und Hochschullehrer nur mit ihrer Zustimmung in den Bereich eines Dienstherrn eines anderen Landes oder des Bundes abgeordnet oder versetzt werden. ²Abordnung oder Versetzung im Sinne von Satz 1 sind auch ohne Zustimmung der Hochschullehrerinnen oder Hochschullehrer zulässig, wenn die Hochschule oder die Hochschuleinrichtung, an der sie tätig sind, aufgelöst oder mit einer anderen Hochschule zusammengeschlossen wird oder wenn die Studien- oder Fachrichtung, in der sie tätig sind, ganz oder teilweise aufgehoben oder an eine andere Hochschule verlegt wird. ³In diesen Fällen beschränkt sich eine Mitwirkung der aufnehmenden Hochschule oder Hochschuleinrichtung bei der Einstellung auf eine Anhörung. ⁴Die Vorschriften über den einstweiligen Ruhestand sind auf Hochschullehrerinnen und Hochschullehrer nicht anzuwenden.

## Abschnitt 11
## Schlussvorschriften

**§ 62** *(nicht abgedruckt)*

**§ 63 Inkrafttreten, Außerkrafttreten.** (1) ¹Die §§ 25 und 50 treten am Tag nach der Verkündung in Kraft. ²Gleichzeitig treten die §§ 25 und 26 Abs. 3 sowie die §§ 56 bis 56f des Beamtenrechtsrahmengesetzes in der Fassung der Bekanntmachung vom 31. März 1999 (BGBl. I S. 654), das zuletzt durch Artikel 2 Abs. 1 des Gesetzes vom 5. Dezember 2006 (BGBl. I S. 2748) geändert worden ist, außer Kraft.

(2) § 62 Abs. 13 und 14 tritt für Bundesbeamtinnen und Bundesbeamte am 12. Februar 2009 in Kraft.

(3) ¹Im Übrigen tritt das Gesetz am 1. April 2009 in Kraft. ²Gleichzeitig tritt das Beamtenrechtsrahmengesetz mit Ausnahme von Kapitel II und § 135 außer Kraft.

(4) ¹Die Länder können für die Zeit bis zum Inkrafttreten des § 11 Landesregelungen im Sinne dieser Vorschrift in Kraft setzen. ²In den Ländern, die davon Gebrauch machen, ist § 8 des Beamtenrechtsrahmengesetzes nicht anzuwenden.

# Bayerisches Beamtengesetz (BayBG)

(BayRS 2030-1-1-F) vom 29. Juli 2008 (GVBl. S. 500),
zuletzt geändert durch Gesetz vom 23. Dezember 2019 (GVBl. S. 724)

## INHALTSÜBERSICHT*

Art. 1 Geltungsbereich

### TEIL 1
### Allgemeine Bestimmungen

#### Abschnitt 1
#### Begriffsbestimmungen und Zuständigkeiten

- Art. 2 Oberste Dienstbehörde
- Art. 3 Dienstvorgesetzte, Vorgesetzte
- Art. 4 Angehörige
- Art. 5 Leistungen
- Art. 6 Zuständigkeiten nach dem Beamtenstatusgesetz

#### Abschnitt 2
#### Beschwerdeweg und Rechtsschutz

- Art. 7 Antrags- und Beschwerderecht
- Art. 8 Aufschiebende Wirkung
- Art. 9 Vertretung des Dienstherrn
- Art. 10 Zustellung von Entscheidungen

#### Abschnitt 3
#### Leistungserfüllung

- Art. 11 Abtretung, Verpfändung, Aufrechnung
- Art. 12 Verjährung
- Art. 13 Rückforderung
- Art. 14 Übergang von Ansprüchen

#### Abschnitt 4
#### Verfahren bei Erlass allgemeiner beamtenrechtlicher Regelungen

- Art. 15 Zuständigkeit zum Erlass von Verwaltungsvorschriften
- Art. 16 Beteiligung der Spitzenorganisationen
- Art. 17 Beteiligung der kommunalen Spitzenverbände

### TEIL 2
### Beamtenverhältnis

#### Abschnitt 1
#### Ernennungen

- Art. 18 Ernennungszuständigkeit und Wirksamwerden von Ernennungen
- Art. 19 *(aufgehoben)*
- Art. 20 Stellenausschreibungen
- Art. 21 Verfahren und Rechtsfolgen bei nichtiger oder rücknehmbarer Ernennung

#### Abschnitt 2
#### Begründung des Beamtenverhältnisses

- Art. 22 *(aufgehoben)*
- Art. 23 Altersgrenze für die Berufung
- Art. 24 Erlöschen des privatrechtlichen Arbeitsverhältnisses zum Dienstherrn
- Art. 25 Berufung in ein Beamtenverhältnis auf Lebenszeit

#### Abschnitt 3
#### Laufbahnen
*(aufgehoben)*

#### Abschnitt 4
#### Führungspositionen auf Zeit und auf Probe

- Art. 45 Ämter mit leitender Funktion im Beamtenverhältnis auf Zeit
- Art. 46 Ämter mit leitender Funktion im Beamtenverhältnis auf Probe

---

\* *Inhaltsübersicht nicht amtlich.*

## Abschnitt 5
**Abordnung und Versetzung innerhalb des Geltungsbereichs dieses Gesetzes**
Art. 47 Abordnung
Art. 48 Versetzung
Art. 49 Zuständigkeit für Abordnung und Versetzung

## Abschnitt 6
**Rechtsstellung der Beamten, Beamtinnen, Versorgungsempfänger und Versorgungsempfängerinnen bei Auflösung oder Umbildung von Behörden oder Körperschaften**
Art. 50 Auflösung oder Umbildung von Behörden
Art. 51 Auflösung oder Umbildung einer Körperschaft
Art. 52 Rechtsfolgen der Umbildung
Art. 53 Rechtsstellung der Beamten und Beamtinnen
Art. 54 Rechtsstellung der Versorgungsempfänger und Versorgungsempfängerinnen

# TEIL 3
**Beendigung des Beamtenverhältnisses**

## Abschnitt 1
**Entlassung**
Art. 55 *(aufgehoben)*
Art. 56 Zuständigkeiten und Verfahren
Art. 57 Entlassung auf eigenen Antrag
Art. 58 Rechtsfolgen der Entlassung

## Abschnitt 2
**Verlust der Beamtenrechte**
Art. 59 Rechtsfolgen des Verlustes der Beamtenrechte
Art. 60 Wiederaufnahmeverfahren
Art. 61 Gnadenerweis

## Abschnitt 3
**Ruhestand**

### Unterabschnitt 1
**Ruhestandseintritt**
Art. 62 Altersgrenze für den gesetzlichen Ruhestandseintritt
Art. 63 Hinausschieben des Ruhestandseintritts

### Unterabschnitt 2
**Ruhestandsversetzung**
Art. 64 Ruhestandsversetzung auf Antrag
Art. 65 Verfahren bei Ruhestandsversetzungen wegen Dienstunfähigkeit
Art. 66 Zwangspensionierungsverfahren
Art. 67 Mitteilung aus Untersuchungsbefunden

### Unterabschnitt 3
**Einstweiliger Ruhestand**
Art. 68 Auflösung oder Umbildung von Behörden
Art. 69 Auflösung oder Umbildung von Körperschaften
Art. 70 Beginn des einstweiligen Ruhestands

### Unterabschnitt 4
**Gemeinsame Vorschriften**
Art. 71 Zuständigkeit für Ruhestandsversetzung, Beginn des Ruhestands

## Abschnitt 4
**Dienstzeugnis**
Art. 72 Dienstzeugnis

# TEIL 4
**Rechtliche Stellung der Beamten und Beamtinnen**

## Abschnitt 1
**Allgemeines**
Art. 73 Eid und Gelöbnis
Art. 74 Residenzpflicht
Art. 75 Bekleidung, äußeres Erscheinungsbild
Art. 76 Amtsbezeichnung

## Abschnitt 2
**Folgen der Nichterfüllung von Pflichten**
Art. 77 Dienstvergehen von Ruhestandsbeamten und Ruhestandsbeamtinnen
Art. 78 Verjährung der Schadensersatzpflicht und gesetzlicher Forderungsübergang

# Beamtengesetz BayBG 71

## Abschnitt 3
### Beschränkung der Vornahme von Amtshandlungen
Art. 79 Befreiung von Amtshandlungen

## Abschnitt 4
### Erteilung von Auskünften
Art. 80 Auskünfte an die Medien

## Abschnitt 5
### Nebentätigkeiten und Tätigkeiten von Ruhestandsbeamten und Ruhestandsbeamtinnen sowie früheren Beamten und Beamtinnen mit Versorgungsbezügen

Art. 81 Nebentätigkeit auf Verlangen des Dienstherrn, Genehmigungspflicht
Art. 82 Genehmigungsfreie Nebentätigkeit
Art. 83 Rückgriffshaftung des Dienstherrn
Art. 84 Beendigung der Nebentätigkeit im öffentlichen Dienst
Art. 85 Ausführungsverordnung
Art. 86 Beschäftigung oder Erwerbstätigkeit von Ruhestandsbeamten und Ruhestandsbeamtinnen sowie früheren Beamten und Beamtinnen mit Versorgungsbezügen

## Abschnitt 6
### Arbeitszeit, Teilzeit und Beurlaubung

Art. 87 Regelung der Arbeitszeit, Mehrarbeit
Art. 88 Antragsteilzeit
Art. 89 Familienpolitische Teilzeit und Beurlaubung
Art. 90 Arbeitsmarktpolitische Beurlaubung
Art. 91 Altersteilzeit
Art. 92 Zeitliche Höchstgrenzen, Zuständigkeit, Hinweispflicht
Art. 93 Erholungs- und Sonderurlaub
Art. 94 Rechtsfolgen der Wahl in das Parlament eines anderen Landes
Art. 95 Fernbleiben vom Dienst

## Abschnitt 7
### Besondere Fürsorgepflichten

Art. 96 Beihilfe in Krankheits-, Geburts-, Pflege- und sonstigen Fällen
Art. 97 Erfüllungsübernahme bei Schmerzensgeldansprüchen
Art. 98 Schadensersatz bei Gewalttaten Dritter und Sachschadensersatz bei Unfällen
Art. 99 Mutterschutz, Elternzeit, Schwerbehinderung, Arbeitsschutz, Gendiagnostik
Art. 100 Jugendarbeitsschutz
Art. 101 Jubiläumszuwendung

## Abschnitt 8
### Personalakten und Einsatz automatisierter Verfahren

#### Unterabschnitt 1
### Verarbeitung personenbezogener Daten

Art. 102 *(aufgehoben)*
Art. 103 Verarbeitung personenbezogener Daten

#### Unterabschnitt 2
### Personalakten

Art. 104 Führung der Personalakten
Art. 105 Beihilfeunterlagen
Art. 106 Anhörung
Art. 107 Auskunft an Beamte und Beamtinnen
Art. 108 Übermittlung von Personaldaten und Auskunft an nicht betroffene Personen
Art. 109 Entfernung von Unterlagen aus Personalakten
Art. 110 Aufbewahrung und Vernichtung von Personalakten

#### Unterabschnitt 3
### Einsatz automatisierter Verfahren

Art. 111 Einsatz automatisierter Verfahren

## TEIL 5
### Landespersonalausschuss

Art. 112 Errichtung, Unabhängigkeit
Art. 113 Zusammensetzung

# 71 BayBG

Beamtengesetz

| Art. 114 | Rechtsstellung der Mitglieder |
| Art. 115 | Aufgaben |
| Art. 116 | Geschäftsordnung |
| Art. 117 | Sitzungen, Beschlussfähigkeit |
| Art. 118 | Beweiserhebungsrecht, Amts- und Rechtshilfe |
| Art. 119 | Bekanntmachung und Bindungswirkung der Beschlüsse |
| Art. 120 | Geschäftsstelle |

## TEIL 6
### Besondere Beamtengruppen

#### Abschnitt 1
**Beamte und Beamtinnen des Landtags**

Art. 121 Beamte und Beamtinnen des Landtags

#### Abschnitt 2
**Beamtenverhältnis auf Zeit**

Art. 122 Beamte und Beamtinnen auf Zeit
Art. 123 Ruhestandseintritt

#### Abschnitt 3
**Beamte und Beamtinnen der Polizei, der Justizvollzugsanstalten, des Landesamts für Verfassungsschutz, der Feuerwehren und Notariatsbeamte und Notariatsbeamtinnen**

Art. 124 Polizeivollzugsbeamte und Polizeivollzugsbeamtinnen
Art. 125 Status der Beamten und Beamtinnen im Polizeivollzugsdienst in Ausbildung
Art. 126 *(aufgehoben)*
Art. 127 Gemeinschaftsunterkunft
Art. 128 Polizeidienstunfähigkeit
Art. 129 Altersgrenze
Art. 130 Beamte und Beamtinnen bei den Justizvollzugsanstalten
Art. 131 Beamte und Beamtinnen des Landesamts für Verfassungsschutz
Art. 132 Feuerwehrbeamte und Feuerwehrbeamtinnen
Art. 133 Notariatsbeamte und Notariatsbeamtinnen

#### Abschnitt 4
**Ehrenbeamte und Ehrenbeamtinnen**

Art. 134 Ehrenbeamte und Ehrenbeamtinnen

## TEIL 7
### Besondere Vorschriften für die unter der Aufsicht des Staates stehenden Körperschaften, Anstalten und Stiftungen des öffentlichen Rechts

Art. 135 Bestimmung von Dienstvorgesetzten oder Vorgesetzten
Art. 136 Zuständigkeiten bei nichtstaatlichen Dienstherren
Art. 137 Oberste Aufsichtsbehörde

## TEIL 8
### Dienstherrnwechsel

Art. 138 Übernahme von Kirchenbeamten und Kirchenbeamtinnen in ein Beamtenverhältnis im Sinn des Bayerischen Beamtengesetzes
Art. 139 Ausbildungskostenerstattung
Art. 140 *(aufgehoben)*

## TEIL 9
### Übergangsregelungen und Schlussvorschriften

Art. 141 Übergangsregelung zu Altersteilzeit im Blockmodell und Antragsruhestand
Art. 142 *(aufgehoben)*
Art. 142a Übergangsregelung zur Altersteilzeit
Art. 143 Übergangsregelungen zur Anhebung der Altersgrenzen
Art. 144 Übergangsregelungen zur Beihilfe
Art. 145 Vertraglich Beschäftigte im öffentlichen Dienst
Art. 146 *(aufgehoben)*
Art. 147 Inkrafttreten

Beamtengesetz **BayBG 71**

**Art. 1 Geltungsbereich.** (1) Dieses Gesetz gilt, soweit es nichts anderes bestimmt, für die Beamten und Beamtinnen des Staates, der Gemeinden, der Gemeindeverbände und der sonstigen unter der Aufsicht des Staates stehenden Körperschaften, Anstalten und Stiftungen des öffentlichen Rechts.

(2) Es gilt nicht für die Beamten und Beamtinnen der öffentlich-rechtlichen Religionsgesellschaften und ihrer Verbände.

TEIL 1
## Allgemeine Bestimmungen

Abschnitt 1
## Begriffsbestimmungen und Zuständigkeiten

**Art. 2 Oberste Dienstbehörde.** [1]Oberste Dienstbehörde ist die oberste Behörde des Dienstherrn in dem Dienstbereich, in dem der Beamte oder die Beamtin ein Amt bekleidet. [2]Als oberste Dienstbehörde von Ruhestandsbeamten, Ruhestandsbeamtinnen, sonstigen Versorgungsberechtigten oder früheren Beamten und Beamtinnen gilt die Behörde, die zuletzt oberste Dienstbehörde der Beamten und Beamtinnen war.

**Art. 3 Dienstvorgesetzte, Vorgesetzte.** [1]Dienstvorgesetzte sind diejenigen, die für beamtenrechtliche Entscheidungen über die persönlichen Angelegenheiten der ihnen nachgeordneten Beamten und Beamtinnen zuständig sind. [2]Vorgesetzte sind diejenigen, die Beamten und Beamtinnen für ihre dienstliche Tätigkeit Anordnungen erteilen können.

**Art. 4 Angehörige.** Angehörige im Sinn dieses Gesetzes sind die in Art. 20 Abs. 5 des Bayerischen Verwaltungsverfahrensgesetzes (BayVwVfG) aufgeführten Personen.

**Art. 5 Leistungen.** (1) Leistungen des Dienstherrn sind Besoldung, Versorgung und sonstige Leistungen.

(2) Sonstige Leistungen sind Kostenerstattungen und Fürsorgeleistungen, soweit sie nicht zur Besoldung oder Versorgung gehören.

(3) [1]Dienstbezüge im Sinn dieses Gesetzes sowie der auf dieses Gesetz gestützten Verordnungen sind die Grundbezüge im Sinn des Art. 2 Abs. 1 und Abs. 2 Nrn. 1 bis 5 des Bayerischen Besoldungsgesetzes (BayBesG). [2]Amtszulagen im Sinn des Art. 34 Abs. 1 BayBesG gelten als Bestandteil des Grundgehalts im Sinn dieses Gesetzes.

**Art. 6 Zuständigkeiten nach dem Beamtenstatusgesetz.** (1) Ausnahmen von dem Erfordernis einer bestimmten Staatsangehörigkeit nach § 7 Abs. 3 des

Beamtenstatusgesetzes (BeamtStG) lässt bei Beamten und Beamtinnen des Staates die oberste Dienstbehörde, im Übrigen die oberste Aufsichtsbehörde zu.

(2) Für Abordnungen und Versetzungen nach §§ 14 und 15 BeamtStG gelten Art. 49 Abs. 2 und 3 entsprechend.

(3) ¹Die Genehmigung gemäß § 37 Abs. 3 BeamtStG, vor Gericht oder außergerichtlich auszusagen oder Erklärungen abzugeben, erteilt der oder die Dienstvorgesetzte oder, wenn das Beamtenverhältnis beendet ist, der oder die letzte Dienstvorgesetzte. ²Hat sich der Vorgang, den die Äußerung betrifft, bei einem früheren Dienstherrn ereignet, so darf die Genehmigung nur mit dessen Zustimmung erteilt werden. ³Über die Versagung der Aussagegenehmigung nach § 37 Abs. 4 und 5 BeamtStG entscheidet die oberste Dienstbehörde; für die Beamten und Beamtinnen der Gemeinden, der Gemeindeverbände und der sonstigen unter der Aufsicht des Staates stehenden Körperschaften, Anstalten und Stiftungen des öffentlichen Rechts tritt an die Stelle der obersten Dienstbehörde die oberste Aufsichtsbehörde oder die von ihr durch Rechtsverordnung bestimmte Behörde. ⁴Für Beamte und Beamtinnen der Polizei und des Landesamtes für Verfassungsschutz kann das Staatsministerium des Innern, für Sport und Integration die Ausübung der Befugnis nach Satz 3 durch Rechtsverordnung auf unmittelbar nachgeordnete Behörden übertragen. ⁵Zuständig für die Entscheidung über die Herausgabe von Unterlagen nach § 37 Abs. 6 BeamtStG ist der oder die Dienstvorgesetzte oder der oder die letzte Dienstvorgesetzte.

(4) ¹Die oberste Dienstbehörde oder die von ihr bestimmte Behörde kann Beamten und Beamtinnen aus zwingenden dienstlichen Gründen die Führung der Dienstgeschäfte nach § 39 BeamtStG verbieten. ²Der Beamte oder die Beamtin soll vor Erlass des Verbots gehört werden.

(5) ¹Ausnahmen von dem Verbot der Annahme von Belohnungen, Geschenken und sonstigen Vorteilen nach § 42 Abs. 1 Satz 2 BeamtStG bedürfen der Zustimmung der obersten oder der letzten obersten Dienstbehörde. ²Die Befugnis zur Zustimmung kann auf andere Behörden übertragen werden.

(6) Übermittlungen bei Strafverfahren nach § 49 BeamtStG sind an die jeweils zuständigen Dienstvorgesetzten oder ihre Vertreter im Amt zu richten und als „Vertrauliche Personalsache" zu kennzeichnen.

Abschnitt 2
## Beschwerdeweg und Rechtsschutz

**Art. 7 Antrags- und Beschwerderecht.** (1) ¹Beamte und Beamtinnen können Anträge stellen und Beschwerden vorbringen; hierbei ist der Dienstweg einzuhalten. ²Der Beschwerdeweg bis zur obersten Dienstbehörde steht offen.

(2) Richten sich Beschwerden gegen unmittelbare Vorgesetzte (Art. 3 Satz 2), so können sie bei den nächsthöheren Vorgesetzten unmittelbar eingereicht werden.

Beamtengesetz **BayBG 71**

**Art. 8 Aufschiebende Wirkung.** Widerspruch und Anfechtungsklage gegen Abordnung oder Versetzung haben keine aufschiebende Wirkung.

**Art. 9 Vertretung des Dienstherrn.** (1) Soweit durch Gesetz, Rechtsverordnung oder Satzung nichts anderes bestimmt ist, wird der Dienstherr bei Klagen aus dem Beamtenverhältnis durch die oberste Dienstbehörde vertreten, welcher der Beamte oder die Beamtin untersteht oder bei Beendigung des Beamtenverhältnisses unterstanden hat.

(2) Besteht die oberste Dienstbehörde nicht mehr und ist eine andere Dienstbehörde nicht bestimmt, so tritt an ihre Stelle bei Beamten und Beamtinnen des Staates das Staatsministerium der Finanzen und für Heimat im Übrigen die frühere oberste Aufsichtsbehörde.

(3) Die Staatsregierung kann für den staatlichen Bereich durch Rechtsverordnung die den obersten Dienstbehörden zustehende Vertretungsbefugnis anderen Behörden übertragen.

**Art. 10 Zustellung von Entscheidungen.** [1]Verfügungen und Entscheidungen, die den Beamten und Beamtinnen oder den Versorgungsberechtigten nach den Vorschriften dieses Gesetzes bekanntzugeben sind, sind zuzustellen, wenn durch sie eine Frist in Lauf gesetzt wird oder Rechte der Beamten und Beamtinnen oder Versorgungsberechtigten berührt werden. [2]Soweit gesetzlich nichts anderes bestimmt ist, richtet sich die Zustellung nach den Vorschriften des Bayerischen Verwaltungszustellungs- und Vollstreckungsgesetzes.


Abschnitt 3
## Leistungserfüllung

**Art. 11 Abtretung, Verpfändung, Aufrechnung.** (1) Ist bundesgesetzlich nichts anderes bestimmt, können Ansprüche auf sonstige Leistungen (Art. 5 Abs. 2) nur insoweit abgetreten oder verpfändet werden, als sie der Pfändung unterliegen.

(2) Der Dienstherr kann ein Aufrechnungs- oder Zurückbehaltungsrecht gegenüber Ansprüchen auf sonstige Leistungen (Art. 5 Abs. 2) nur insoweit geltend machen, als sie pfändbar sind; diese Einschränkung gilt nicht, soweit gegen den Empfänger oder die Empfängerin ein Anspruch auf Schadensersatz wegen vorsätzlicher unerlaubter Handlung besteht.

**Art. 12 Verjährung.** [1]Ansprüche aus dem Beamtenverhältnis verjähren in drei Jahren. [2]Im Übrigen sind die §§ 194 bis 218 des Bürgerlichen Gesetzbuches entsprechend anzuwenden, soweit in diesem Gesetz nichts anderes bestimmt ist. [3]Abweichende besoldungs-, versorgungs-, und beihilferechtliche Vorschriften zur Verjährung bleiben unberührt.

## 71 BayBG

**Art. 13 Rückforderung.** Für die Rückforderung von sonstigen Leistungen (Art. 5 Abs. 2) gilt Art. 15 BayBesG entsprechend.

**Art. 14 Übergang von Ansprüchen.** ¹Werden Beamte, Beamtinnen oder Versorgungsberechtigte oder ihre Angehörigen körperlich verletzt oder getötet, so geht ein gesetzlicher Schadensersatzanspruch, der diesen Personen infolge der Körperverletzung oder der Tötung gegen Dritte zusteht, insoweit auf den Dienstherrn über, als dieser während einer auf der Körperverletzung beruhenden Aufhebung der Dienstfähigkeit oder infolge der Körperverletzung oder der Tötung zur Gewährung von Leistungen verpflichtet ist. ²Ist eine Versorgungskasse zur Gewährung der Versorgung verpflichtet, so geht der Anspruch auf sie über. ³Der Übergang des Anspruchs kann nicht zum Nachteil von Verletzten oder Hinterbliebenen geltend gemacht werden. ⁴Steht Beihilfeberechtigten gegen einen Leistungserbringer oder eine Leistungserbringerin ein Anspruch auf Rückerstattung oder Schadensersatz auf Grund einer unrichtigen Abrechnung zu, kann der Dienstherr des oder der Beihilfeberechtigten durch schriftliche Anzeige gegenüber dem Leistungserbringer, der Leistungserbringerin oder dessen beziehungsweise deren Abrechnungsstelle bewirken, dass der Anspruch insoweit auf den Dienstherrn übergeht, als dieser auf Antrag des oder der Beihilfeberechtigten zu hohe Beihilfeleistungen an den Beihilfeberechtigten oder die Beihilfeberechtigte erbracht hat. ⁵Für den Freistaat Bayern regelt die Zuständigkeit für die Überleitung nach Satz 4 das Staatsministerium der Finanzen und für Heimat durch Rechtsverordnung.

Abschnitt 4

## Verfahren bei Erlass allgemeiner beamtenrechtlicher Regelungen

**Art. 15 Zuständigkeit zum Erlass von Verwaltungsvorschriften.** Soweit dieses Gesetz nichts anderes bestimmt, erlässt die zu seiner Durchführung erforderlichen Verwaltungsvorschriften das Staatsministerium der Finanzen und für Heimat im Benehmen mit den jeweils beteiligten Staatsministerien; Verwaltungsvorschriften, die nur den Geschäftsbereich eines Staatsministeriums betreffen, erlässt dieses Staatsministerium im Einvernehmen mit dem Staatsministerium der Finanzen und für Heimat.

**Art. 16 Beteiligung der Spitzenorganisationen.** (1) Bei der Vorbereitung allgemeiner Regelungen der beamtenrechtlichen Verhältnisse durch die obersten Landesbehörden wirken die Spitzenorganisationen der zuständigen Gewerkschaften und Berufsverbände nach Maßgabe der folgenden Absätze in einer laufenden, umfassenden und vertrauensvollen Zusammenarbeit mit.

(2) ¹Die Spitzenorganisationen der zuständigen Gewerkschaften und Berufsverbände und das Staatsministerium der Finanzen und für Heimat kommen re-

gelmäßig, mindestens jedoch zweimal im Jahr, zu Gesprächen über allgemeine Regelungen beamtenrechtlicher Verhältnisse zusammen. ²Darüber hinaus können beide Seiten aus besonderem Anlass innerhalb einer Frist von einem Monat ein Gespräch verlangen.

(3) ¹Die Entwürfe allgemeiner beamtenrechtlicher Regelungen werden den Spitzenorganisationen mit einer angemessenen Frist zur Stellungnahme zugeleitet. ²Die Stellungnahmen sollen mit dem Ziel der Einigung erörtert werden. ³Die Spitzenorganisationen können in den Erörterungen verlangen, dass ihre Vorschläge, die in Gesetzentwürfen keine Berücksichtigung finden, mit Begründung und einer Stellungnahme der Staatsregierung dem Landtag mitgeteilt werden.

**Art. 17 Beteiligung der kommunalen Spitzenverbände.** Bei der Vorbereitung gesetzlicher Regelungen der beamtenrechtlichen Verhältnisse durch die obersten Landesbehörden sind die kommunalen Spitzenverbände zu beteiligen, wenn die Rechtsverhältnisse der Beamten und Beamtinnen im kommunalen Bereich berührt werden.

TEIL 2

# Beamtenverhältnis

Abschnitt 1

## Ernennungen

**Art. 18 Ernennungszuständigkeit und Wirksamwerden von Ernennungen.** (1) ¹Die Staatsregierung ernennt die Beamten und Beamtinnen der Staatskanzlei und der Staatsministerien von der Besoldungsgruppe A 16 an und die in der Besoldungsordnung B aufgeführten Vorstände der den Staatsministerien unmittelbar nachgeordneten Behörden. ²Abweichend von Satz 1 ist in den Fällen der Art. 49 Abs. 2, Art. 56 Abs. 1 und 2 und Art. 71 Abs. 1 das jeweils zuständige Mitglied der Staatsregierung Ernennungsbehörde; dieses kann die Ausübung dieser Befugnisse innerhalb der obersten Dienstbehörde übertragen. ³Das Staatsministerium der Finanzen und für Heimat ist zu unterrichten. ⁴Die übrigen Beamten und Beamtinnen des Staates werden durch die jeweils zuständigen Mitglieder der Staatsregierung ernannt; diese können die Ausübung dieser Befugnisse innerhalb der obersten Dienstbehörde oder durch Rechtsverordnung auf andere Behörden übertragen.

(2) Die Beamten und Beamtinnen der Gemeinden, der Gemeindeverbände und der sonstigen unter der Aufsicht des Staates stehenden Körperschaften, Anstalten und Stiftungen des öffentlichen Rechts werden von den nach Gesetz, Rechtsverordnung oder Satzung hierfür zuständigen Stellen ernannt.*

---

\* *Gemeindebeamte Art. 43 GO; Landkreisbeamte Art. 38 LKrO; Bezirksbeamte Art. 34 BezO; Stiftungsbeamte Art. 137 ff. BayBG.*

(3) Die Ernennung wird mit dem Tag der Aushändigung der Ernennungsurkunde wirksam, wenn nicht in der Urkunde ausdrücklich ein späterer Tag bestimmt ist.

**Art. 19** *(aufgehoben)*

**Art. 20 Stellenausschreibungen.** (1) [1]Bewerber und Bewerberinnen sind durch Stellenausschreibung zu ermitteln, wenn es im besonderen dienstlichen Interesse liegt. [2]Ein besonderes dienstliches Interesse liegt insbesondere dann vor, wenn für die Besetzung freier Stellen geeignete Regelbewerber und Regelbewerberinnen (Art. 4 Abs. 1 des Gesetzes über die Leistungslaufbahn und die Fachlaufbahnen der bayerischen Beamten und Beamtinnen – Leistungslaufbahngesetz – LlbG) beim Dienstherrn nicht zur Verfügung stehen.

(2) [1]Die Stellenausschreibung muss für die Bewerbung eine Frist von mindestens zwei Wochen vorsehen. [2]Auf gesetzliche Vorschriften, nach denen bestimmte Personengruppen bevorzugt einzustellen sind, soll besonders hingewiesen werden.

**Art. 21 Verfahren und Rechtsfolgen bei nichtiger oder rücknehmbarer Ernennung.** (1) [1]Ist eine Ernennung nichtig, hat der oder die Dienstvorgesetzte dem oder der Ernannten die weitere Führung der Dienstgeschäfte zu verbieten. [2]Das Verbot ist erst dann auszusprechen, wenn die sachlich zuständigen Stellen es abgelehnt haben, die Ernennung zu bestätigen oder eine Ausnahme nachträglich zuzulassen (§ 11 Abs. 2 BeamtStG).

(2) [1]Die Rücknahme einer Ernennung (§ 12 BeamtStG) wird von der obersten Dienstbehörde erklärt; die Erklärung ist dem Beamten, der Beamtin oder seinen oder ihren versorgungsberechtigten Hinterbliebenen zuzustellen. [2]Die Ernennung kann in den Fällen des § 12 Abs. 1 Nrn. 1 bis 3 BeamtStG nur innerhalb einer Frist von sechs Monaten, in den Fällen des § 12 Abs. 1 Nr. 4 BeamtStG nur innerhalb einer Frist von einem Jahr zurückgenommen werden, nachdem die oberste Dienstbehörde, bei den Gemeinden, den Gemeindeverbänden und den sonstigen unter der Aufsicht des Staates stehenden Körperschaften, Anstalten und Stiftungen des öffentlichen Rechts die in beamtenrechtlichen Angelegenheiten zur Vertretung nach außen berechtigte Stelle von der Ernennung und dem Rücknahmegrund Kenntnis erlangt hat.

(3) Ist eine Ernennung nichtig oder ist sie zurückgenommen worden, so sind die bis zu dem Verbot nach Abs. 1 oder bis zu der Rücknahme nach Abs. 2 vorgenommenen Amtshandlungen des oder der Ernannten in gleicher Weise gültig, wie wenn sie ein Beamter oder eine Beamtin ausgeführt hätte.

(4) Die Leistungen des Dienstherrn können belassen werden.

## Abschnitt 2
## Begründung des Beamtenverhältnisses

**Art. 22** *(aufgehoben)*

**Art. 23 Altersgrenze für die Berufung.** (1) ¹In das Beamtenverhältnis darf nicht berufen werden, wer bereits das 45. Lebensjahr vollendet hat. ²Ausnahmen kann die oberste Dienstbehörde zulassen; bei Beamten und Beamtinnen des Staates ist das Einvernehmen des Staatsministeriums der Finanzen und für Heimat, im Übrigen die Zustimmung des Landespersonalausschusses erforderlich.

(2) Abs. 1 gilt nicht für Beamte und Beamtinnen auf Zeit.

**Art. 24 Erlöschen des privatrechtlichen Arbeitsverhältnisses zum Dienstherrn.** Mit der Begründung des Beamtenverhältnisses erlischt ein privatrechtliches Arbeitsverhältnis zum Dienstherrn.

**Art. 25 Berufung in ein Beamtenverhältnis auf Lebenszeit.** ¹Ein Beamtenverhältnis auf Probe ist spätestens nach fünf Jahren in ein solches auf Lebenszeit umzuwandeln, wenn der Beamte oder die Beamtin die beamtenrechtlichen Voraussetzungen hierfür erfüllt. ²Zeiten einer Beurlaubung ohne Dienstbezüge gelten nicht als Probezeit.

## Abschnitt 3
## Laufbahnen

*(aufgehoben)*

## Abschnitt 4
## Führungspositionen auf Zeit und auf Probe

**Art. 45 Ämter mit leitender Funktion im Beamtenverhältnis auf Zeit.**
(1) ¹Die Ämter
1. der Amtschefs und Amtschefinnen, der Bereichsleiter und Bereichsleiterinnen sowie der Abteilungsleiter und Abteilungsleiterinnen in den obersten Landesbehörden,
2. der Leiter und Leiterinnen sowie der stellvertretenden Leiter und Leiterinnen von Behörden, soweit sie in der Besoldungsordnung B eingestuft sind, und
3. der Leiter und Leiterinnen von Organisationseinheiten von Behörden, soweit sie mindestens in der Besoldungsgruppe B 4 eingestuft sind,

werden zunächst im Beamtenverhältnis auf Zeit übertragen; Art. 46 findet keine Anwendung. ²Die Dauer der Amtsperiode beträgt fünf Jahre. ³Zeiten, in denen dem Beamten oder der Beamtin die leitende oder eine vergleichbare Funktion bereits übertragen worden ist, werden bei der Festlegung der Dauer der Amtsperiode angerechnet. ⁴Zeiten in einer vergleichbar oder höher bewerteten Funktion, welche der Beamte oder die Beamtin unmittelbar vor der Übertragung eines Amtes in leitender Funktion wahrgenommen hat, werden auf die Dauer der Amtsperiode angerechnet. ⁵Beamte und Beamtinnen können vor der Übertragung im Beamtenverhältnis auf Zeit auf die Anrechnung verzichten. ⁶Mit Ablauf der Amtsperiode ist dem Beamten oder der Beamtin das Amt mit leitender Funktion auf Lebenszeit zu übertragen, wenn der Beamte oder die Beamtin im Rahmen der bisherigen Amtsführung den Anforderungen des Amtes in vollem Umfang gerecht geworden ist. ⁷Eine weitere Übertragung des Amtes auf Zeit ist nicht zulässig.

(2) Abweichend von Abs. 1 wird das Amt sogleich im Beamtenverhältnis auf Lebenszeit übertragen, wenn der Beamte oder die Beamtin
1. bereits ein Amt mit mindestens demselben Endgrundgehalt im Beamten- oder Richterverhältnis auf Lebenszeit innehat oder innehatte oder
2. innerhalb von fünf Jahren nach der Übertragung des Amtes die gesetzliche Altersgrenze erreicht.

(3) Abs. 1 gilt nicht für die Ämter der Mitglieder des Obersten Rechnungshofs sowie für die Ämter, die auf Grund anderer gesetzlicher Vorschriften im Beamtenverhältnis auf Zeit übertragen werden.

(4) Die Gemeinden, Gemeindeverbände und sonstigen unter der Aufsicht des Staates stehenden Körperschaften, Anstalten und Stiftungen des öffentlichen Rechts können für ihre Beamten und Beamtinnen durch Satzung oder Beschluss des obersten Entscheidungsgremiums weitere Ämter der Besoldungsordnung B festlegen, die zunächst im Beamtenverhältnis auf Zeit vergeben werden.

(5) ¹In ein Amt mit leitender Funktion nach den Abs. 1 und 4 darf nur berufen werden, wer sich in einem Beamten- oder Richterverhältnis auf Lebenszeit befindet und in dieses Amt auch als Beamter oder Beamtin auf Lebenszeit berufen werden könnte. ²Die Staatsregierung oder das Präsidium des Landtags können im Rahmen ihrer Ernennungskompetenz Ausnahmen von Satz 1 zulassen; die Zuständigkeit des Landespersonalausschusses ist dabei zu wahren. ³Richter und Richterinnen dürfen in ein Amt nach Abs. 1 nur berufen werden, wenn sie zugleich zustimmen, bei Wiederaufleben des Richterverhältnisses auf Lebenszeit auch in einem anderen Richteramt desselben Gerichtszweigs mit mindestens demselben Endgrundgehalt verwendet zu werden.

(6) ¹Vom Tag der Ernennung an ruhen für die Dauer des Zeitbeamtenverhältnisses die Rechte und Pflichten aus dem Amt, das dem Beamten oder der Beamtin zuletzt im Beamten- oder Richterverhältnis auf Lebenszeit übertragen worden ist; das Beamtenverhältnis auf Lebenszeit oder das Richterverhältnis auf Lebenszeit besteht fort. ²Dienstvergehen, die mit Bezug auf das Beamten- oder Richterverhältnis auf Lebenszeit oder das Beamtenverhältnis auf Zeit begangen worden sind, werden so verfolgt, als stünde der Beamte oder die Beamtin nur im Beamten- oder Richterverhältnis auf Lebenszeit.

Beamtengesetz **BayBG 71**

(7) Wird der Beamte oder die Beamtin in ein anderes Amt mit leitender Funktion nach Abs. 1 Satz 1 versetzt oder umgesetzt, das in derselben oder einer niedrigeren Besoldungsgruppe eingestuft ist wie das ihm oder ihr zuletzt übertragene Amt mit leitender Funktion, so läuft die Amtszeit weiter.

(8) Vor der Übertragung eines anderen, einer höheren Besoldungsgruppe angehörenden Amtes mit leitender Funktion aus einem Beamtenverhältnis auf Zeit heraus ist dem Beamten oder der Beamtin das bisher auf Zeit übertragene Amt auf Lebenszeit zu übertragen.

(9) Der Beamte oder die Beamtin ist außer in den in diesem Gesetz oder im Beamtenstatusgesetz bestimmten Fällen
1. mit Ablauf der Amtszeit,
2. mit der Versetzung zu einem anderen Dienstherrn,
3. mit Verhängung einer Disziplinarmaßnahme, die über Verweis oder Geldbuße hinausgeht,
4. mit Beendigung des Beamten- oder Richterverhältnisses auf Lebenszeit
aus dem Beamtenverhältnis auf Zeit entlassen.

(10) ¹Mit der Entlassung aus dem Beamtenverhältnis auf Zeit endet der Anspruch auf Besoldung aus diesem Amt. ²Weitergehende besoldungsrechtliche Ansprüche bestehen nicht. ³Der Beamte oder die Beamtin darf während der Amtszeit nur die Amtsbezeichnung des übertragenen Amtes mit leitender Funktion führen; Art. 76 Abs. 4 Satz 2 findet keine entsprechende Anwendung.

(11) *(aufgehoben)*

(12) Dienstunfähige Beamte und Beamtinnen sind aus dem Beamtenverhältnis auf Zeit in den Ruhestand zu versetzen, wenn sie
1. eine Amtsperiode von mindestens zwei Jahren zurückgelegt haben und die Voraussetzungen des Art. 11 Abs. 1 des Bayerischen Beamtenversorgungsgesetzes (BayBeamtVG) erfüllen oder
2. infolge eines Dienstunfalls dienstunfähig geworden sind.

(13) Art. 17 Abs. 1 Satz 3 Nr. 4 LlbG findet keine Anwendung.

(14) *(aufgehoben)*

### Art. 46 Ämter mit leitender Funktion im Beamtenverhältnis auf Probe.

(1) ¹Für die Beamten und Beamtinnen des Freistaates Bayern legt die Staatsregierung durch Rechtsverordnung die mindestens der Besoldungsgruppe A 15 angehörenden Ämter der Leiter und Leiterinnen von Behörden oder Teilen von Behörden fest, die zunächst im Beamtenverhältnis auf Probe vergeben werden. ²Die Gemeinden, Gemeindeverbände und sonstigen unter der Aufsicht des Staates stehenden Körperschaften, Anstalten und Stiftungen des öffentlichen Rechts können für ihre Beamten und Beamtinnen durch Satzung oder Beschluss des obersten Entscheidungsgremiums die der Besoldungsordnung B angehörenden Ämter mit leitender Funktion sowie die Ämter der Leiter und Leiterinnen von Behörden oder Teilen von Behörden bestimmen, die zunächst auf Probe vergeben werden. ³Die regelmäßige Probezeit beträgt zwei Jahre; Art. 25 Satz 2 gilt entsprechend. ⁴Eine Verkürzung der Probezeit kann zugelassen werden; die

Mindestprobezeit beträgt ein Jahr. [5]Zeiten, in denen dem Beamten oder der Beamtin die leitende oder eine vergleichbare Funktion nach den Sätzen 1 und 2 bereits übertragen worden ist, werden auf die Probezeit angerechnet. [6]Zeiten in einer vergleichbar oder höher bewerteten Funktion, welche der Beamte oder die Beamtin unmittelbar vor der Übertragung eines Amtes in leitender Funktion wahrgenommen hat, werden auf die Dauer der Probezeit angerechnet. [7]Eine Verlängerung der Probezeit ist nicht zulässig. [8]Art. 46 findet keine Anwendung auf Ämter, die gemäß Art. 45 im Beamtenverhältnis auf Zeit übertragen werden.

(2) Art. 45 Abs. 5 Sätze 1 und 2, Abs. 6 bis 8 und 13 gelten entsprechend.

(3) [1]Mit dem erfolgreichen Abschluss der Probezeit ist dem Beamten oder der Beamtin das Amt nach Abs. 1 im Beamtenverhältnis auf Lebenszeit zu übertragen; eine erneute Berufung des Beamten oder der Beamtin in ein Beamtenverhältnis auf Probe zur Übertragung dieses Amtes innerhalb eines Jahres ist nicht zulässig. [2]Art. 45 Abs. 10 gilt entsprechend.

## Abschnitt 5
## Abordnung und Versetzung innerhalb des Geltungsbereichs dieses Gesetzes

**Art. 47 Abordnung.** (1) Beamte und Beamtinnen können, wenn ein dienstliches Bedürfnis besteht, vorübergehend ganz oder teilweise zu einer ihrem Amt entsprechenden Tätigkeit an eine andere Dienststelle abgeordnet werden.

(2) [1]Aus dienstlichen Gründen können Beamte und Beamtinnen vorübergehend ganz oder teilweise auch zu einer nicht ihrem Amt entsprechenden Tätigkeit abgeordnet werden, wenn ihnen die Wahrnehmung der neuen Tätigkeit auf Grund ihrer Vorbildung oder Berufsausbildung zuzumuten ist. [2]Dabei ist auch die Abordnung zu einer Tätigkeit, die nicht einem Amt mit demselben Endgrundgehalt entspricht, zulässig. [3]Die Abordnung nach den Sätzen 1 und 2 bedarf der Zustimmung des Beamten oder der Beamtin, wenn sie die Dauer von zwei Jahren übersteigt.

(3) Die Abordnung zu einem anderen Dienstherrn bedarf der Zustimmung des Beamten oder der Beamtin, wenn die neue Tätigkeit nicht einem Amt mit mindestens demselben Endgrundgehalt entspricht oder die Abordnung die Dauer von fünf Jahren übersteigt.

(4) Werden Beamte oder Beamtinnen zu einem anderen Dienstherrn abgeordnet, so sind auf sie für die Dauer der Abordnung die für den Bereich dieses Dienstherrn geltenden Vorschriften über die Pflichten und Rechte mit Ausnahme der Regelungen über Diensteid, Amtsbezeichnung, Besoldung und Versorgung entsprechend anzuwenden.

(5) Zur Zahlung der dem Beamten oder der Beamtin zustehenden Leistungen ist auch der Dienstherr verpflichtet, zu dem der Beamte oder die Beamtin abgeordnet ist.

**Art. 48 Versetzung.** (1) ¹Beamte und Beamtinnen können in ein anderes Amt einer Fachlaufbahn, für die sie die Qualifikation besitzen, versetzt werden, wenn sie es beantragen oder ein dienstliches Bedürfnis besteht. ²Eine Versetzung bedarf nicht ihrer Zustimmung, wenn das neue Amt zum Bereich desselben Dienstherrn gehört, derselben Fachlaufbahn und, soweit gebildet, demselben fachlichen Schwerpunkt angehört wie das bisherige Amt und mit mindestens demselben Endgrundgehalt verbunden ist; Stellenzulagen gelten hierbei nicht als Bestandteile des Grundgehalts.

(2) ¹Aus dienstlichen Gründen können Beamte und Beamtinnen ohne ihre Zustimmung in ein Amt mit demselben Endgrundgehalt auch einer anderen Fachlaufbahn, auch im Bereich eines anderen Dienstherrn, versetzt werden; Stellenzulagen gelten hierbei nicht als Bestandteile des Grundgehalts. ²Bei der Auflösung oder einer wesentlichen Änderung des Aufbaus oder der Aufgaben einer Behörde oder der Verschmelzung von Behörden können Beamte und Beamtinnen, deren Aufgabengebiet davon berührt ist, auch ohne ihre Zustimmung in ein anderes Amt derselben Fachlaufbahn mit geringerem Endgrundgehalt im Bereich desselben Dienstherrn versetzt werden, wenn eine ihrem bisherigen Amt entsprechende Verwendung nicht möglich ist; das Endgrundgehalt muss mindestens dem des Amtes entsprechen, das die Beamten oder Beamtinnen vor dem bisherigen Amt innehatten.

(3) Besitzen Beamte und Beamtinnen nicht die Qualifikation für die andere Fachlaufbahn, haben sie an geeigneten Maßnahmen für den Erwerb der neuen Qualifikation teilzunehmen.

(4) Werden Beamte und Beamtinnen in ein Amt eines anderen Dienstherrn versetzt, wird das Beamtenverhältnis mit dem neuen Dienstherrn fortgesetzt.

**Art. 49 Zuständigkeit für Abordnung und Versetzung.** (1) ¹Die Abordnung oder Versetzung ordnet die abgebende Stelle an, bei Abordnung oder Versetzung zu einer anderen obersten Dienstbehörde oder einem anderen Dienstherrn im Einvernehmen mit der aufnehmenden Stelle. ²Das Einvernehmen ist schriftlich zu erklären. ³In der Verfügung ist auszudrücken, dass das Einvernehmen vorliegt.

(2) Abgebende oder aufnehmende Stelle ist die für die Ernennung zuständige Behörde.

(3) Die oberste Dienstbehörde kann die Befugnis zur Abordnung oder Versetzung auf Behörden übertragen, die nicht für die Ernennung zuständig sind.

## Abschnitt 6

# Rechtsstellung der Beamten, Beamtinnen, Versorgungsempfänger und Versorgungsempfängerinnen bei Auflösung oder Umbildung von Behörden oder Körperschaften

**Art. 50 Auflösung oder Umbildung von Behörden.** Wird eine Behörde oder eine Organisationseinheit einer Behörde einer anderen Behörde angeschlossen oder gehen deren Aufgaben auf eine andere Behörde über, so werden im Zeitpunkt des Wirksamwerdens der Organisationsänderung die davon betroffenen Beamten und Beamtinnen, sofern sie nicht nach Art. 48 Abs. 2 Satz 2 versetzt oder nach Art. 68 in den einstweiligen Ruhestand versetzt werden, bei der aufnehmenden Behörde in ihrem bisherigen Amt übernommen; laufbahnrechtliche Bestimmungen bleiben unberührt.

**Art. 51 Auflösung oder Umbildung einer Körperschaft.** (1) Beamte und Beamtinnen einer juristischen Person des öffentlichen Rechts mit Dienstherrnfähigkeit (Körperschaft), die vollständig in eine andere Körperschaft eingegliedert wird, treten mit der Umbildung kraft Gesetzes in den Dienst der aufnehmenden Körperschaft über.

(2) [1]Die Beamten und Beamtinnen einer Körperschaft, die vollständig in mehrere andere Körperschaften eingegliedert wird, sind anteilig in den Dienst der aufnehmenden Körperschaften zu übernehmen. [2]Die beteiligten Körperschaften haben innerhalb einer Frist von sechs Monaten nach dem Zeitpunkt, in dem die Umbildung vollzogen ist, im Einvernehmen miteinander zu bestimmen, von welchen Körperschaften die einzelnen Beamten und Beamtinnen zu übernehmen sind. [3]Solange ein Beamter oder eine Beamtin nicht übernommen ist, haften alle aufnehmenden Körperschaften für die ihm oder ihr zustehenden Bezüge als Gesamtschuldner.

(3) [1]Die Beamten und Beamtinnen einer Körperschaft, die teilweise in eine andere Körperschaft oder mehrere andere Körperschaften eingegliedert wird, sind zu einem verhältnismäßigen Teil, bei mehreren Körperschaften anteilig, in den Dienst der aufnehmenden Körperschaften zu übernehmen. [2]Abs. 2 Satz 2 ist entsprechend anzuwenden.

(4) Abs. 1 bis 3 gelten entsprechend, wenn eine Körperschaft mit einer anderen Körperschaft oder mehreren anderen Körperschaften zu einer neuen Körperschaft zusammengeschlossen wird, wenn Teile von Körperschaften zu einem neuen Teil oder mehreren neuen Teilen einer Körperschaft zusammengeschlossen werden, wenn aus einer Körperschaft oder aus Teilen einer Körperschaft eine neue Körperschaft gebildet wird oder mehrere neue Körperschaften gebildet werden, oder wenn Aufgaben einer Körperschaft vollständig oder teilweise auf eine andere Körperschaft oder mehrere andere Körperschaften übergehen.

**Art. 52 Rechtsfolgen der Umbildung.** (1) Tritt ein Beamter oder eine Beamtin auf Grund des Art. 51 Abs. 1 kraft Gesetzes in den Dienst einer anderen Körperschaft über oder wird er oder sie auf Grund des Art. 51 Abs. 2 oder 3 von einer anderen Körperschaft übernommen, wird das Beamtenverhältnis mit dem neuen Dienstherrn fortgesetzt.

(2) Im Fall des Art. 51 Abs. 1 ist dem Beamten oder der Beamtin von der aufnehmenden oder neuen Körperschaft die Fortsetzung des Beamtenverhältnisses schriftlich zu bestätigen.

(3) [1]In den Fällen des Art. 51 Abs. 2 und 3 wird die Übernahme von der Körperschaft verfügt, in deren Dienst der Beamte oder die Beamtin treten soll. [2]Die Verfügung wird mit der Zustellung an den Beamten oder die Beamtin wirksam. [3]Der Beamte oder die Beamtin ist verpflichtet, der Übernahmeverfügung Folge zu leisten. [4]Wird diese Verpflichtung nicht erfüllt, so ist er oder sie zu entlassen.

(4) Die Abs. 1 bis 3 gelten entsprechend in den Fällen des Art. 51 Abs. 4.

**Art. 53 Rechtsstellung der Beamten und Beamtinnen.** [1]Nach Art. 51 in den Dienst einer anderen Körperschaft kraft Gesetzes übergetretenen oder von ihr übernommenen Beamten und Beamtinnen soll ein ihrem bisherigen Amt nach Bedeutung und Inhalt ohne Rücksicht auf Dienststellung und Dienstalter gleichzubewertendes Amt übertragen werden. [2]Wenn eine dem bisherigen Amt entsprechende Verwendung nicht möglich ist, kann ihnen auch ein anderes Amt mit geringerem Endgrundgehalt übertragen werden. [3]Das Endgrundgehalt muss mindestens dem des Amtes entsprechen, das der Beamte oder die Beamtin vor dem bisherigen Amt innehatte. [4]In diesen Fällen darf der Beamte oder die Beamtin neben der neuen Amtsbezeichnung die des früheren Amtes mit dem Zusatz „außer Dienst" („a. D.") führen.

**Art. 54 Rechtsstellung der Versorgungsempfänger und Versorgungsempfängerinnen.** (1) Die Vorschriften des Art. 51 Abs. 1 und 2 und des Art. 52 gelten entsprechend für die im Zeitpunkt der Umbildung bei der abgebenden Körperschaft vorhandenen Versorgungsempfänger und Versorgungsempfängerinnen.

(2) In den Fällen des Art. 51 Abs. 3 bleiben die Ansprüche der im Zeitpunkt der Umbildung vorhandenen Versorgungsempfänger und Versorgungsempfängerinnen gegenüber der abgebenden Körperschaft bestehen.

(3) Abs. 1 und 2 gelten entsprechend in den Fällen des Art. 51 Abs. 4.

## TEIL 3
# Beendigung des Beamtenverhältnisses

Abschnitt 1
## Entlassung

**Art. 55**  *(aufgehoben)*

**Art. 56 Zuständigkeiten und Verfahren.** (1) ¹Die für die Ernennung zuständige Behörde entscheidet darüber, ob die Voraussetzungen für eine Entlassung kraft Gesetzes vorliegen; sie stellt den Tag der Beendigung des Beamtenverhältnisses fest. ²Im Fall des § 22 Abs. 1 Nr. 1 BeamtStG tritt an die Stelle der für die Ernennung zuständigen Behörde die oberste Dienstbehörde, für die Beamten und Beamtinnen der Gemeinden, der Gemeindeverbände und der sonstigen unter der Aufsicht des Staates stehenden Körperschaften, Anstalten und Stiftungen des öffentlichen Rechts die oberste Aufsichtsbehörde.

(2) Im Fall einer Entlassung durch Verwaltungsakt (Entlassungsverfügung) wird die Entlassung von der Stelle verfügt, die für die Ernennung zuständig wäre, soweit gesetzlich nichts anderes bestimmt ist.

(3) Die Entlassungsverfügung ist unter Angabe des Grundes und des Zeitpunkts der Entlassung zuzustellen.

(4) ¹Die Entlassung wird wirksam
1. im Fall des § 23 Abs. 1 Nr. 1 BeamtStG mit der Zustellung der Entlassungsverfügung,
2. in den Fällen des § 23 Abs. 1 Nrn. 2 bis 4, Abs. 3 und Abs. 4 Satz 1 BeamtStG mit dem in der Entlassungsverfügung bezeichneten Zeitpunkt,
3. im Übrigen mit dem Ende des Monats, der auf den Monat folgt, in dem die Entlassungsverfügung zugestellt worden ist.

²Die Entlassung von Beamten und Beamtinnen auf Zeit nach Art. 122 Abs. 3 Satz 2 wird mit Ablauf des letzten Tages der Amtszeit wirksam.

(5) ¹Bei Entlassungen nach § 23 Abs. 1 Nr. 3, Abs. 3 Nrn. 2 und 3 sowie Abs. 4 BeamtStG sind folgende Fristen einzuhalten:

bei einer Beschäftigungszeit

bis zu drei Monaten    zwei Wochen zum Monatsschluss,

von mehr als drei Monaten    sechs Wochen zum Schluss eines Kalendervierteljahres.

²Als Beschäftigungszeit gilt die Zeit ununterbrochener Tätigkeit im Beamtenverhältnis.

**Art. 57 Entlassung auf eigenen Antrag.** (1) ¹Beamte und Beamtinnen können jederzeit gegenüber ihren Dienstvorgesetzten ihre Entlassung verlangen. ²Die Erklärung kann, solange die Entlassungsverfügung noch nicht zugegangen ist, innerhalb zweier Wochen nach Zugang bei dem oder der Dienstvorgesetzten schriftlich zurückgenommen werden, mit Zustimmung der Entlassungsbehörde auch nach Ablauf dieser Frist.

(2) ¹Die Entlassung ist zum beantragten Zeitpunkt auszusprechen. ²Sie kann so lange hinausgeschoben werden, bis die Amtsgeschäfte des Beamten oder der Beamtin ordnungsgemäß erledigt sind, längstens jedoch drei Monate; bei Lehrkräften an öffentlichen Schulen kann sie bis zum Schluss des laufenden Schulhalbjahres hinausgeschoben werden.

**Art. 58 Rechtsfolgen der Entlassung.** ¹Nach der Entlassung haben frühere Beamte und Beamtinnen keinen Anspruch auf Leistungen des Dienstherrn, soweit gesetzlich nichts anderes bestimmt ist. ²Sie dürfen die Amtsbezeichnung und die im Zusammenhang mit dem Amt verliehenen Titel nur führen, wenn ihnen die Erlaubnis nach Art. 76 Abs. 5 erteilt ist.

Abschnitt 2
## Verlust der Beamtenrechte

**Art. 59 Rechtsfolgen des Verlustes der Beamtenrechte.** ¹Endet das Beamtenverhältnis nach § 24 Abs. 1 BeamtStG, so entstehen keine Ansprüche auf Leistungen des Dienstherrn, soweit gesetzlich nichts anderes bestimmt ist. ²Beamte und Beamtinnen dürfen die Amtsbezeichnung und die im Zusammenhang mit dem Amt verliehenen Titel nicht führen.

**Art. 60 Wiederaufnahmeverfahren.** (1) ¹Im Fall des § 24 Abs. 2 BeamtStG entsteht ein Anspruch auf Übertragung eines Amtes derselben Fachlaufbahn und mit mindestens demselben Endgrundgehalt wie das bisherige Amt, sofern die Altersgrenze noch nicht erreicht ist und noch Dienstfähigkeit besteht. ²Bis zur Übertragung des neuen Amtes stehen die Leistungen des Dienstherrn zu, die aus dem bisherigen Amt zugestanden hätten.

(2) Wird auf Grund des im Wiederaufnahmeverfahren festgestellten Sachverhalts ein Disziplinarverfahren mit dem Ziel der Entfernung aus dem Beamtenverhältnis eingeleitet, so gehen die nach Abs. 1 zustehenden Ansprüche unter, wenn auf Entfernung aus dem Beamtenverhältnis erkannt wird; bis zum rechtskräftigen Abschluss des Disziplinarverfahrens können die Ansprüche nicht geltend gemacht werden.

(3) Rechtfertigt der im Wiederaufnahmeverfahren festgestellte Sachverhalt die Einleitung eines Disziplinarverfahrens mit dem Ziel der Entfernung aus dem Beamtenverhältnis nicht, wird aber auf Grund eines rechtskräftigen Strafurteils, das nach der früheren Entscheidung ergangen ist, ein Disziplinarverfahren mit dem Ziel der Entfernung aus dem Beamtenverhältnis eingeleitet, so gilt Abs. 2 entsprechend; es werden jedoch in diesem Fall die Leistungen des Dienstherrn nachgezahlt, die dem Beamten oder der Beamtin bis zur Rechtskraft des Strafurteils aus dem bisherigen Amt zugestanden hätten.

(4) Abs. 2 und 3 gelten entsprechend in Fällen der Entlassung von Beamten und Beamtinnen auf Probe oder auf Widerruf wegen eines Verhaltens der in § 23 Abs. 3 Satz 1 Nr. 1 BeamtStG bezeichneten Art.

(5) Auf die nach den Abs. 1 und 3 zustehenden Leistungen des Dienstherrn wird ein anderes Arbeitseinkommen oder ein Unterhaltsbeitrag angerechnet; Beamte und Beamtinnen sind zur Auskunft über dieses Einkommen verpflichtet.

**Art. 61 Gnadenerweis.** (1) Dem Ministerpräsidenten steht hinsichtlich des Verlustes der Beamtenrechte das Gnadenrecht zu.

(2) Wird im Gnadenweg der Verlust der Beamtenrechte in vollem Umfang beseitigt, so gilt von diesem Zeitpunkt ab Art. 60 entsprechend.

(3) Auf Unterhaltsbeiträge, die im Gnadenweg bewilligt werden, finden Art. 74 Abs. 3 und 4 des Bayerischen Disziplinargesetzes (BayDG) entsprechende Anwendung, soweit die Gnadenentscheidung nichts anderes bestimmt.

## Abschnitt 3
## Ruhestand

### Unterabschnitt 1
### Ruhestandseintritt

**Art. 62 Altersgrenze für den gesetzlichen Ruhestandseintritt.** [1]Altersgrenze für den gesetzlichen Ruhestandseintritt ist das Ende des Monats, in dem Beamte und Beamtinnen das 67. Lebensjahr vollenden. [2]Abweichend von Satz 1 ist Altersgrenze für Lehrkräfte an öffentlichen Schulen das Ende des Schulhalbjahres, in dem sie das 67. Lebensjahr vollenden; das Ende des jeweiligen Schulhalbjahres wird durch die Schulordnungen festgelegt. [3]Für einzelne Beamtengruppen kann gesetzlich eine andere Altersgrenze bestimmt werden, wenn die Eigenart der Amtsaufgaben es erfordert.

**Art. 63 Hinausschieben des Ruhestandseintritts.** (1) [1]Wenn zwingende dienstliche Rücksichten im Einzelfall die Fortführung der Dienstgeschäfte durch einen bestimmten Beamten oder eine bestimmte Beamtin erfordern, kann der Eintritt in den Ruhestand über die gesetzlich festgesetzte Altersgrenze für eine bestimmte Frist, die jeweils ein Jahr nicht übersteigen darf, hinausgeschoben werden, höchstens jedoch um insgesamt drei Jahre. [2]Die Entscheidung trifft bei den Beamten und Beamtinnen der Staatskanzlei und der Staatsministerien von der Besoldungsgruppe A 16 an, den in der Besoldungsordnung B aufgeführten Vorständen der den Staatsministerien unmittelbar nachgeordneten Behörden sowie den Generalstaatsanwälten und Generalstaatsanwältinnen die Staatsregierung, bei den übrigen Beamten und Beamtinnen die oberste Dienstbehörde.

Beamtengesetz **BayBG 71**

(2) ¹Wenn die Fortführung der Dienstgeschäfte im dienstlichen Interesse liegt, kann der Eintritt in den Ruhestand auf Antrag über die gesetzlich festgesetzte Altersgrenze für eine bestimmte Frist, die jeweils ein Jahr nicht übersteigen darf, hinausgeschoben werden, höchstens jedoch um drei Jahre oder bei sonst gesetzlich festgesetzten Altersgrenzen höchstens bis zur Vollendung des 65. Lebensjahres; der Antrag soll spätestens sechs Monate vor Erreichen der gesetzlich festgelegten Altersgrenze gestellt werden. ²Die Entscheidung trifft die Behörde, die für die Ruhestandsversetzung zuständig ist.

Unterabschnitt 2
## Ruhestandsversetzung

**Art. 64 Ruhestandsversetzung auf Antrag.** Ein Beamter oder eine Beamtin auf Lebenszeit kann auf Antrag in den Ruhestand versetzt werden, wenn er oder sie
1. das 64. Lebensjahr vollendet hat oder
2. schwerbehindert im Sinn des § 2 Abs. 2 des Neunten Buches Sozialgesetzbuch (SGB IX) ist und mindestens das 60. Lebensjahr vollendet hat.

**Art. 65 Verfahren bei Ruhestandsversetzungen wegen Dienstunfähigkeit.**
(1) Als dienstunfähig nach § 26 Abs. 1 Satz 1 BeamtStG können Beamte und Beamtinnen auch dann angesehen werden, wenn sie infolge einer Erkrankung innerhalb von sechs Monaten mehr als drei Monate keinen Dienst geleistet haben und keine Aussicht besteht, dass sie innerhalb von weiteren sechs Monaten wieder voll dienstfähig werden.

(2) ¹Bestehen Zweifel über die Dienstunfähigkeit, so ist der Beamte oder die Beamtin verpflichtet, sich nach Weisung des oder der Dienstvorgesetzten ärztlich untersuchen und, falls ein Amtsarzt oder eine Amtsärztin dies für erforderlich hält, beobachten zu lassen. ²Wer sich trotz wiederholter schriftlicher Aufforderung ohne hinreichenden Grund der Verpflichtung, sich nach Weisung des oder der Dienstvorgesetzten untersuchen oder beobachten zu lassen entzieht, kann so behandelt werden, wie wenn die Dienstunfähigkeit amtsärztlich festgestellt worden wäre.

(3) ¹Wird in den Fällen des § 26 Abs. 1 BeamtStG ein Antrag auf Versetzung in den Ruhestand gestellt, so wird die Dienstunfähigkeit dadurch festgestellt, dass der unmittelbare Dienstvorgesetzte oder die unmittelbare Dienstvorgesetzte auf Grund eines amtsärztlichen Gutachtens über den Gesundheitszustand erklärt, er oder sie halte den Beamten oder die Beamtin nach pflichtgemäßem Ermessen für dauernd unfähig, die Dienstpflichten zu erfüllen. ²Die über die Versetzung in den Ruhestand entscheidende Behörde ist an die Erklärung des oder der unmittelbaren Dienstvorgesetzten nicht gebunden; sie kann andere Beweise erheben.

(4) Wird nach der Versetzung in den Ruhestand wegen Dienstunfähigkeit die Dienstfähigkeit wiederhergestellt und beantragt der Ruhestandsbeamte oder die Ruhestandsbeamtin vor Ablauf von fünf Jahren seit der Versetzung in den Ruhestand eine erneute Berufung in das Beamtenverhältnis, ist diesem Antrag zu entsprechen, falls nicht zwingende dienstliche Gründe entgegenstehen.

**Art. 66 Zwangspensionierungsverfahren.** (1) Hält der oder die Dienstvorgesetzte den Beamten oder die Beamtin für dienstunfähig und beantragt dieser oder diese die Versetzung in den Ruhestand nicht, so teilt der oder die Dienstvorgesetzte dem Beamten, der Beamtin, dessen oder deren Vertreter oder Vertreterin schriftlich mit, dass die Versetzung in den Ruhestand beabsichtigt sei; dabei sind die Gründe für die Versetzung in den Ruhestand anzugeben.

(2) [1]Gegen die beabsichtigte Versetzung in den Ruhestand können innerhalb eines Monats Einwendungen erhoben werden. [2]Danach entscheidet die für die Versetzung in den Ruhestand zuständige Behörde. [3]Mit dem Ende des Monats, in dem die Entscheidung über die Versetzung in den Ruhestand zugestellt wird, ist bis zu deren Unanfechtbarkeit die das Ruhegehalt zuzüglich des Unterschiedsbetrags nach Art. 69 Abs. 2 Satz 1 BayBeamtVG übersteigende Besoldung mit Ausnahme der vermögenswirksamen Leistungen einzubehalten. [4]Wird die Versetzung in den Ruhestand unanfechtbar aufgehoben, sind die einbehaltenen Dienstbezüge nachzuzahlen.

**Art. 67 Mitteilung aus Untersuchungsbefunden.** (1) Wird in den Fällen des Art. 65 eine amtsärztliche Untersuchung durchgeführt, teilt der Amtsarzt oder die Amtsärztin im Einzelfall auf Anforderung der Behörde die tragenden Feststellungen und Gründe des Gutachtens sowie die in Frage kommenden Maßnahmen zur Wiederherstellung der Dienstfähigkeit mit, soweit deren Kenntnis für die Behörde unter Beachtung des Grundsatzes der Verhältnismäßigkeit für die von ihr zu treffende Entscheidung erforderlich ist.

(2) [1]Die amtsärztliche Mitteilung über die Untersuchungsbefunde nach Abs. 1 ist in einem gesonderten, verschlossenen und versiegelten Umschlag zu übersenden. [2]Die an die Behörde übermittelten Daten dürfen nur für die nach § 26 BeamtStG zu treffende Entscheidung verarbeitet oder genutzt werden. [3]Die Mitteilung ist verschlossen zur Personalakte zu nehmen.

(3) [1]Die Behörde hat vor der Untersuchung auf den Zweck der Untersuchung und auf die amtsärztliche Befugnis zur Übermittlung der Untersuchungsbefunde nach Abs. 1 an die Behörde hinzuweisen. [2]Der Amtsarzt oder die Amtsärztin übermittelt dem Beamten oder der Beamtin oder, soweit dem ärztliche Gründe entgegenstehen, dem Vertreter oder der Vertreterin eine Ablichtung der auf Grund dieser Vorschrift an die Behörde erteilten Auskünfte.

## Unterabschnitt 3
## Einstweiliger Ruhestand

**Art. 68 Auflösung oder Umbildung von Behörden.** [1]Bei der Auflösung einer Behörde oder bei einer auf Landesgesetz oder -verordnung beruhenden wesentlichen Änderung des Aufbaus oder Verschmelzung einer Behörde mit einer anderen Behörde kann ein Beamter oder eine Beamtin, dessen oder deren Aufgabengebiet von der Auflösung oder Umbildung berührt wird, in den einstweiligen Ruhestand versetzt werden, wenn eine Versetzung nach Art. 48 nicht möglich ist. [2]Die Versetzung in den einstweiligen Ruhestand ist nur dann zulässig, wenn aus Anlass der Auflösung oder Umbildung Planstellen eingespart werden. [3]Freie Planstellen im Bereich desselben Dienstherrn sollen den in den einstweiligen Ruhestand versetzten Beamten und Beamtinnen vorbehalten werden, die für diese Stellen geeignet sind.

**Art. 69 Auflösung oder Umbildung von Körperschaften.** (1) [1]Bei der Auflösung oder Umbildung einer Körperschaft (Art. 51) kann die aufnehmende oder neue Körperschaft, wenn die Zahl der bei ihr nach der Umbildung vorhandenen Beamten oder Beamtinnen den tatsächlichen Bedarf übersteigt, innerhalb einer Frist von sechs Monaten Beamte oder Beamtinnen auf Lebenszeit oder auf Zeit, deren Aufgabengebiet von der Umbildung berührt wurde, in den einstweiligen Ruhestand versetzen. [2]Die Frist des Satzes 1 beginnt im Fall des Art. 51 Abs. 1 mit dem Übertritt, in den Fällen des Art. 51 Abs. 2 und 3 mit der Bestimmung derjenigen Beamten oder Beamtinnen, zu deren Übernahme die Körperschaft verpflichtet ist; Entsprechendes gilt in den Fällen des Art. 51 Abs. 4. [3]Art. 68 Satz 3 gilt entsprechend. [4]Bei Beamten oder Beamtinnen auf Zeit, die nach Satz 1 in den einstweiligen Ruhestand versetzt sind, endet der einstweilige Ruhestand mit Ablauf der Amtszeit; sie gelten in diesem Zeitpunkt als dauernd in den Ruhestand versetzt, wenn sie bei Verbleiben im Amt mit Ablauf der Amtszeit in den Ruhestand getreten wären.

(2) In den Fällen einer landesübergreifenden Körperschaftsumbildung nach § 18 Abs. 2 Satz 1 BeamtStG beträgt die Frist sechs Monate; Abs. 1 Satz 2 gilt in diesen Fällen entsprechend.

**Art. 70 Beginn des einstweiligen Ruhestands.** [1]Der einstweilige Ruhestand beginnt, wenn nicht im Einzelfall ausdrücklich ein späterer Zeitpunkt festgesetzt wird, mit dem Zeitpunkt, in dem die Verfügung über die Versetzung in den einstweiligen Ruhestand zugestellt wird, spätestens jedoch mit dem Ende der drei Monate, die auf den Monat der Zustellung folgen. [2]Die Verfügung kann bis zum Beginn des einstweiligen Ruhestands zurückgenommen werden.

# 71 BayBG

### Unterabschnitt 4
## Gemeinsame Vorschriften

**Art. 71 Zuständigkeit für Ruhestandsversetzung, Beginn des Ruhestands.**
(1) ¹Die Versetzung in den Ruhestand sowie die Entscheidung über das Vorliegen begrenzter Dienstfähigkeit im Sinn des § 27 Abs. 1 BeamtStG wird, soweit gesetzlich nichts anderes bestimmt ist, von der Behörde verfügt, die für die Ernennung zuständig wäre. ²Die Verfügung ist zuzustellen; sie kann bis zum Beginn des Ruhestands zurückgenommen werden.

(2) Die Ruhestandsversetzung nach § 28 Abs. 2 BeamtStG bedarf der Zustimmung der obersten Dienstbehörde sowie bei Beamten und Beamtinnen des Staates der des Staatsministeriums der Finanzen und für Heimat.

(3) Der Ruhestand beginnt, abgesehen von den Fällen des § 30 Abs. 4 BeamtStG sowie der Art. 62, 64, 70 und 123 Abs. 2 Satz 3 Halbsatz 2 und Abs. 3 mit dem Ende des Monats, in dem die Verfügung über die Versetzung in den Ruhestand zugestellt worden ist, sofern nicht auf Antrag oder mit schriftlicher Zustimmung des Beamten oder der Beamtin ein früherer Zeitpunkt festgesetzt wird.

### Abschnitt 4
## Dienstzeugnis

**Art. 72 Dienstzeugnis.** ¹Nach Beendigung des Beamtenverhältnisses wird auf Antrag von dem oder der letzten Dienstvorgesetzten ein Dienstzeugnis über Art und Dauer der bekleideten Ämter erteilt. ²Das Dienstzeugnis muss auf Verlangen auch über die ausgeübte Tätigkeit, die Führung und die Leistungen Auskunft geben.

### TEIL 4
## Rechtliche Stellung der Beamten und Beamtinnen

### Abschnitt 1
## Allgemeines

**Art. 73 Eid und Gelöbnis.** (1) Der Diensteid nach § 38 BeamtStG hat folgenden Wortlaut:

„Ich schwöre Treue dem Grundgesetz für die Bundesrepublik Deutschland und der Verfassung des Freistaates Bayern, Gehorsam den Gesetzen und gewissenhafte Erfüllung meiner Amtspflichten, so wahr mir Gott helfe."

(2) ¹Der Eid kann auch ohne die Worte „so wahr mir Gott helfe" geleistet werden. ²Erklärt ein Beamter oder eine Beamtin, dass aus Glaubens- oder Ge-

wissensgründen kein Eid geleistet werden könne, so sind an Stelle der Worte „ich schwöre" die Worte „ich gelobe" zu sprechen oder es ist das Gelöbnis mit einer dem Bekenntnis der Religionsgemeinschaft oder der Überzeugung der Weltanschauungsgemeinschaft des Beamten oder der Beamtin entsprechenden, gleichwertigen Beteuerungsformel einzuleiten.

(3) ¹In den Fällen des § 38 Abs. 3 BeamtStG kann von einer Eidesleistung abgesehen werden. ²An die Stelle des Eides tritt dann ein Gelöbnis mit folgendem Wortlaut:

„Ich gelobe, meine Amtspflichten gewissenhaft zu erfüllen."

**Art. 74 Residenzpflicht.** (1) Der Beamte oder die Beamtin hat eine Wohnung so zu nehmen, dass die ordnungsmäßige Wahrnehmung der Dienstgeschäfte nicht beeinträchtigt wird.

(2) Der oder die Dienstvorgesetzte kann den Beamten oder die Beamtin anweisen, die Wohnung innerhalb einer bestimmten Entfernung von der Dienststelle zu nehmen oder eine Dienstwohnung zu beziehen, wenn die dienstlichen Verhältnisse es erfordern.

(3) Wenn besondere dienstliche Verhältnisse es dringend erfordern, kann der Beamte oder die Beamtin angewiesen werden, sich während der dienstfreien Zeit erreichbar in Nähe des Dienstorts aufzuhalten.

**Art. 75 Bekleidung, äußeres Erscheinungsbild.** (1) Beamte und Beamtinnen dürfen bei Ausübung des Dienstes ihr Gesicht nicht verhüllen, es sei denn, dienstliche Gründe erfordern dies.

(2) ¹Soweit es das Amt erfordert, kann die oberste Dienstbehörde nähere Bestimmungen über das Tragen von Dienstkleidung und das während des Dienstes zu wahrende äußere Erscheinungsbild der Beamten und Beamtinnen treffen. ²Dazu zählen auch Haar- und Barttracht sowie sonstige sichtbare und nicht sofort ablegbare Erscheinungsmerkmale.

**Art. 76 Amtsbezeichnung.** (1) Eine Amtsbezeichnung, die herkömmlich für ein Amt verwendet wird, das eine bestimmte Befähigung voraussetzt und einen bestimmten Aufgabenkreis umfasst, darf nur Beamten und Beamtinnen verliehen werden, die ein solches Amt bekleiden.

(2) ¹Soweit es das Amt erfordert, kann die oberste Dienstbehörde nähere Bestimmungen über das Tragen von Dienstkleidung und das während des Dienstes zu wahrende äußere Erscheinungsbild der Beamten und Beamtinnen treffen. ²Dazu zählen auch Haar- und Barttracht sowie sonstige sichtbare und nicht sofort ablegbare Erscheinungsmerkmale.

(3) ¹Beamte und Beamtinnen führen im Dienst die Amtsbezeichnung des ihnen übertragenen Amtes; sie dürfen sie auch außerhalb des Dienstes führen. ²Nach dem Übertritt in ein anderes Amt darf die bisherige Amtsbezeichnung nicht mehr geführt werden; in den Fällen der Versetzung in ein Amt mit geringerem Endgrundgehalt gelten Abs. 4 Sätze 2 und 3 entsprechend.

(4) ¹Ruhestandsbeamte und Ruhestandsbeamtinnen dürfen die ihnen bei der Versetzung in den Ruhestand zustehende Amtsbezeichnung mit dem Zusatz „außer Dienst (a.D.)" und die im Zusammenhang mit dem Amt verliehenen Titel weiterführen. ²Wird ihnen ein neues Amt übertragen, so erhalten sie die Amtsbezeichnung des neuen Amtes; gehört dieses Amt nicht einer Besoldungsgruppe mit mindestens demselben Endgrundgehalt an wie das bisherige Amt, so darf neben der neuen Amtsbezeichnung die des früheren Amtes mit dem Zusatz „außer Dienst (a.D.)" geführt werden. ³Ändert sich die Bezeichnung des früheren Amtes, so darf die geänderte Amtsbezeichnung geführt werden.

(5) ¹Entlassenen Beamten und Beamtinnen kann die oberste Dienstbehörde die Erlaubnis erteilen, die Amtsbezeichnung mit dem Zusatz „außer Dienst (a.D.)" sowie die im Zusammenhang mit dem Amt verliehenen Titel zu führen. ²Die Erlaubnis kann zurückgenommen werden, wenn der frühere Beamte oder die frühere Beamtin sich ihrer als nicht würdig erweist.

## Abschnitt 2
## Folgen der Nichterfüllung von Pflichten

**Art. 77 Dienstvergehen von Ruhestandsbeamten und Ruhestandsbeamtinnen.** Bei Ruhestandsbeamten und Ruhestandsbeamtinnen oder früheren Beamten und Beamtinnen mit Versorgungsbezügen gilt es über § 47 BeamtStG hinaus als Dienstvergehen, wenn sie
1. an Bestrebungen teilnehmen, die darauf abzielen, den Bestand oder die Sicherheit des Freistaates Bayern zu beeinträchtigen,
2. entgegen § 29 Abs. 2, § 30 Abs. 3 Satz 1 BeamtStG schuldhaft einer erneuten Berufung in das Beamtenverhältnis oder den Verpflichtungen nach § 29 Abs. 4 und 5 BeamtStG nicht nachkommen,
3. einer Untersagung nach § 41 Satz 2 BeamtStG zuwiderhandeln oder
4. im Zusammenhang mit dem Bezug von Leistungen des Dienstherrn falsche oder pflichtwidrig unvollständige Angaben machen.

**Art. 78 Verjährung der Schadensersatzpflicht und gesetzlicher Forderungsübergang.** (1) ¹Ansprüche nach § 48 BeamtStG verjähren in drei Jahren von dem Zeitpunkt an, in dem der Dienstherr von dem Schaden und der Person des oder der Ersatzpflichtigen Kenntnis erlangt hat, ohne Rücksicht auf diese Kenntnis in zehn Jahren von der Begehung der Handlung an. ²Hat der Dienstherr einem Dritten Schadensersatz geleistet, so tritt an die Stelle des Zeitpunkts, in dem der Dienstherr von dem Schaden Kenntnis erlangt, der Zeitpunkt, in dem der Ersatzanspruch des Dritten diesem gegenüber vom Dienstherrn anerkannt oder dem Dienstherrn gegenüber rechtskräftig festgestellt wird.

(2) Leistet der Beamte oder die Beamtin dem Dienstherrn Ersatz und hat dieser einen Ersatzanspruch gegen einen Dritten, so geht der Ersatzanspruch auf den Beamten oder die Beamtin über.

## Abschnitt 3
## Beschränkung der Vornahme von Amtshandlungen

**Art. 79 Befreiung von Amtshandlungen.** (1) Beamte und Beamtinnen sind von Amtshandlungen zu befreien, die sich gegen sie selbst oder Angehörige richten würden.

(2) Gesetzliche Vorschriften, insbesondere Art. 20 BayVwVfG, nach denen Beamte und Beamtinnen von einzelnen Amtshandlungen ausgeschlossen sind, bleiben unberührt.

## Abschnitt 4
## Erteilung von Auskünften

**Art. 80 Auskünfte an die Medien.** Auskünfte an die Medien erteilt die Leitung der Behörde oder die von ihr bestimmte Person.

## Abschnitt 5
## Nebentätigkeiten und Tätigkeiten von Ruhestandsbeamten und Ruhestandsbeamtinnen sowie früheren Beamten und Beamtinnen mit Versorgungsbezügen

**Art. 81 Nebentätigkeit auf Verlangen des Dienstherrn, Genehmigungspflicht.** (1) Beamte und Beamtinnen sind verpflichtet, auf schriftliches Verlangen ihres Dienstherrn eine Nebentätigkeit (Nebenamt, Nebenbeschäftigung) im öffentlichen Dienst zu übernehmen, sofern diese Tätigkeit ihrer Vorbildung oder Berufsausbildung entspricht und sie nicht über Gebühr in Anspruch nimmt.

(2) [1]Beamte und Beamtinnen bedürfen zur Übernahme jeder anderen Nebentätigkeit der vorherigen Genehmigung, soweit die Nebentätigkeit nicht nach Art. 82 Abs. 1 genehmigungsfrei ist. [2]Als Nebentätigkeit gilt nicht die Wahrnehmung öffentlicher Ehrenämter sowie die unentgeltliche Führung der Vormundschaft, Betreuung oder Pflegschaft für Angehörige; ihre Übernahme ist vor Aufnahme dem oder der unmittelbaren Dienstvorgesetzten schriftlich anzuzeigen.

(3) [1]Die Genehmigung ist zu versagen, wenn zu besorgen ist, dass durch die Nebentätigkeit dienstliche Interessen beeinträchtigt werden. [2]Ein solcher Versagungsgrund liegt insbesondere vor, wenn die Nebentätigkeit
1. nach Art und Umfang die Arbeitskraft des Beamten oder der Beamtin so stark in Anspruch nimmt, dass die ordnungsgemäße Erfüllung der dienstlichen Pflichten behindert werden kann,
2. den Beamten oder die Beamtin in einen Widerstreit mit dienstlichen Pflichten bringen kann,

3. in einer Angelegenheit ausgeübt wird, in der die Behörde, der der Beamte oder die Beamtin angehört, tätig wird oder tätig werden kann,
4. die Unparteilichkeit oder Unbefangenheit des Beamten oder der Beamtin beeinflussen kann,
5. zu einer wesentlichen Einschränkung der künftigen dienstlichen Verwendbarkeit des Beamten oder der Beamtin führen kann,
6. dem Ansehen der öffentlichen Verwaltung abträglich sein kann.

[3]Die Voraussetzung des Satzes 2 Nr. 1 gilt in der Regel als erfüllt, wenn die zeitliche Beanspruchung durch eine oder mehrere Nebentätigkeiten in der Woche acht Stunden überschreitet. [4]Das Vorliegen eines Versagungsgrundes nach Satz 3 ist besonders zu prüfen, wenn abzusehen ist, dass die Entgelte und geldwerten Vorteile aus genehmigungspflichtigen Nebentätigkeiten im Kalenderjahr 30 v.H. der jährlichen Dienstbezüge des Beamten oder der Beamtin bei Vollzeitbeschäftigung überschritten werden; das Ergebnis der Prüfung ist aktenkundig zu machen. [5]Die Genehmigung ist auf längstens fünf Jahre zu befristen; sie kann mit Auflagen und Bedingungen versehen werden. [6]Beamte und Beamtinnen können verpflichtet werden, nach Ablauf eines jeden Kalenderjahres ihren Dienstvorgesetzten eine Aufstellung über alle im Kalenderjahr ausgeübten genehmigungspflichtigen Nebentätigkeiten und die dafür erhaltenen Entgelte und geldwerten Vorteile vorzulegen. [7]Ergibt sich eine Beeinträchtigung dienstlicher Interessen nach Erteilung der Genehmigung, so ist diese zu widerrufen.

(4) [1]Nebentätigkeiten, die nicht auf Verlangen, Vorschlag oder Veranlassung des Dienstherrn übernommen wurden oder bei denen der oder die Dienstvorgesetzte ein dienstliches Interesse an der Übernahme der Nebentätigkeit nicht anerkannt hat, dürfen nur außerhalb der Arbeitszeit ausgeübt werden. [2]Ausnahmen dürfen nur in besonders begründeten Fällen, insbesondere im öffentlichen Interesse, zugelassen werden, wenn dienstliche Gründe nicht entgegenstehen und die versäumte Arbeitszeit nachgeleistet wird.

(5) [1]Beamte und Beamtinnen dürfen bei der Ausübung von Nebentätigkeiten Einrichtungen, Personal oder Material des Dienstherrn nur bei Vorliegen eines öffentlichen oder wissenschaftlichen Interesses mit vorheriger Genehmigung und gegen Entrichtung eines angemessenen Entgelts in Anspruch nehmen. [2]Das Entgelt hat sich nach den dem Dienstherrn entstehenden Kosten zu richten und muss den besonderen Vorteil berücksichtigen, der dem Beamten oder der Beamtin durch die Inanspruchnahme entsteht. [3]Der Beamte oder die Beamtin ist verpflichtet, soweit bei der Ausübung von Nebentätigkeiten Einrichtungen, Personal oder Material des Dienstherrn in Anspruch genommen werden, auf Verlangen über Art und Umfang der Nebentätigkeiten, die hierdurch erzielte Vergütung sowie über Art und Umfang der Inanspruchnahme Auskunft zu geben. [4]Die Vergütung sowie Art und Umfang der Inanspruchnahme können geschätzt werden, wenn hierüber keine Auskunft gegeben wird oder über entsprechende Angaben keine ausreichende Aufklärung gegeben werden kann oder Aufzeichnungen nicht vorgelegt werden, die nach beamtenrechtlichen Rechtsvorschriften zu führen sind.

(6) ¹Die Entscheidungen nach den Abs. 1 bis 5 trifft, soweit nichts anderes bestimmt ist, die oberste Dienstbehörde. ²Sie kann ihre Befugnisse durch Rechtsverordnung auf andere Behörden übertragen.

(7) ¹Anträge auf Erteilung einer Genehmigung (Abs. 2) oder auf Zulassung einer Ausnahme (Abs. 4 Satz 2) und Entscheidungen über diese Anträge bedürfen der Schriftform. ²Von den Beamten und Beamtinnen sind die für die Entscheidung erforderlichen Nachweise über Art und Umfang der Nebentätigkeit zu führen. ³Das dienstliche Interesse (Abs. 4 Satz 1) ist aktenkundig zu machen.

**Art. 82 Genehmigungsfreie Nebentätigkeit.** (1) ¹Nicht genehmigungspflichtig ist
1. eine Nebentätigkeit, die auf Vorschlag oder Veranlassung des Dienstherrn übernommen wird,
2. eine unentgeltliche Nebentätigkeit mit Ausnahme
   a) der Übernahme eines Nebenamtes, einer in Art. 81 Abs. 2 Satz 2 Halbsatz 1 nicht genannten Vormundschaft, Betreuung oder Pflegschaft sowie einer Testamentsvollstreckung,
   b) der Übernahme einer gewerblichen Tätigkeit, der Ausübung eines freien Berufs oder der Mitarbeit bei einer dieser Tätigkeiten,
   c) des Eintritts in ein Organ eines Unternehmens, sofern es sich bei dem Unternehmen nicht um eine Genossenschaft handelt, sowie der Übernahme einer Treuhänderschaft,
3. die Verwaltung eigenen oder der eigenen Nutznießung unterliegenden Vermögens,
4. eine schriftstellerische, wissenschaftliche, künstlerische Tätigkeit oder Vortragstätigkeit,
5. die mit Lehr- oder Forschungsaufgaben zusammenhängende selbstständige Gutachtertätigkeit von Professoren und Professorinnen an staatlichen Hochschulen sowie von Beamten und Beamtinnen an wissenschaftlichen Instituten und Anstalten,
6. die Tätigkeit zur Wahrung von Berufsinteressen in Gewerkschaften oder Berufsverbänden oder in Selbsthilfeeinrichtungen der Beamten und Beamtinnen.

²Die Unentgeltlichkeit einer Nebentätigkeit nach Satz 1 Nr. 2 wird durch die Gewährung einer angemessenen Aufwandsentschädigung oder einer Gegenleistung von geringem Wert nicht ausgeschlossen.

(2) ¹Liegen Anhaltspunkte für eine Verletzung von Dienstpflichten vor, können Dienstvorgesetzte verlangen, dass Beamte und Beamtinnen über Art und Umfang nicht genehmigungspflichtiger Nebentätigkeiten und die hieraus erzielten Vergütungen schriftlich Auskunft erteilen und die erforderlichen Nachweise führen. ²Eine nicht genehmigungspflichtige Nebentätigkeit ist von den Dienstvorgesetzten ganz oder teilweise zu untersagen, wenn bei ihrer Ausübung dienstliche Pflichten verletzt werden.

(3) Art. 81 Abs. 4 und 5 gelten entsprechend.

**Art. 83 Rückgriffshaftung des Dienstherrn.** ¹Werden Beamte und Beamtinnen aus ihrer Tätigkeit im Vorstand, Aufsichtsrat, Verwaltungsrat oder in einem sonstigen Organ einer Gesellschaft, Genossenschaft oder eines in einer anderen Rechtsform betriebenen Unternehmens, die sie auf schriftliches Verlangen, Vorschlag oder Veranlassung des Dienstherrn übernommen haben, haftbar gemacht, so besteht gegen den Dienstherrn Anspruch auf Ersatz des ihnen entstandenen Schadens. ²Ist der Schaden vorsätzlich oder grob fahrlässig herbeigeführt worden, so ist der Dienstherr nur dann ersatzpflichtig, wenn der Beamte oder die Beamtin auf schriftliches Verlangen eines oder einer Vorgesetzten gehandelt hat.

**Art. 84 Beendigung der Nebentätigkeit im öffentlichen Dienst.** Endet das Beamtenverhältnis, so enden, wenn im Einzelfall nichts anderes bestimmt wird, auch die Nebenämter und Nebenbeschäftigungen, die im Zusammenhang mit dem Hauptamt übertragen worden sind oder die auf schriftliches Verlangen, Vorschlag oder Veranlassung des Dienstherrn übernommen worden sind.

**Art. 85 Ausführungsverordnung.** (1) ¹Die zur Ausführung der Art. 81 bis 84 notwendigen Vorschriften über die Nebentätigkeit erlässt die Staatsregierung durch Rechtsverordnung. ²In ihr kann auch bestimmt werden,
1. welche Tätigkeiten als öffentlicher Dienst im Sinn dieser Vorschriften anzusehen sind oder ihm gleichstehen,
2. ob und inwieweit für eine im öffentlichen Dienst ausgeübte oder auf Verlangen, Vorschlag oder Veranlassung des Dienstherrn übernommene Nebentätigkeit eine Vergütung gezahlt wird oder eine erhaltene Vergütung abzuführen ist und diese Vergütung geschätzt werden kann, wenn hierüber keine Auskunft gegeben wird oder über entsprechende Angaben keine ausreichende Aufklärung gegeben werden kann oder Aufzeichnungen nicht vorgelegt werden, die nach beamtenrechtlichen Rechtsvorschriften zu führen sind,
3. inwieweit Auskunft über eine Vergütung aus einer genehmigungspflichtigen Nebentätigkeit zu erteilen ist,
4. unter welchen Voraussetzungen bei der Ausübung von Nebentätigkeiten Einrichtungen, Personal oder Material des Dienstherrn in Anspruch genommen werden dürfen und welches Entgelt hierfür zu entrichten ist,
5. das Nähere hinsichtlich der Auskunftspflicht nach Art. 81 Abs. 3 Satz 6 und Abs. 5 Satz 3, Art. 82 Abs. 2 und 3, der Schätzung nach Art. 81 Abs. 5 Satz 4, Art. 82 Abs. 3 sowie der Unentgeltlichkeit nach Art. 82 Abs. 1 Satz 1 Nr. 2 und Satz 2.

(2) ¹Im staatlichen Bereich kann das zuständige Staatsministerium in Ergänzung einer Rechtsverordnung nach Abs. 1 Satz 2 Nr. 2 die Höhe der Vergütung für eine Nebentätigkeit durch Verwaltungsvorschriften regeln. ²Wird eine Verwaltungsvorschrift nicht erlassen, ist die Höhe der Vergütung vom zuständigen Staatsministerium durch Einzelentscheidung zu bestimmen. ³Verwaltungsvorschriften und Einzelentscheidungen bedürfen der Zustimmung des Staatsministeriums der Finanzen und für Heimat.

Beamtengesetz **BayBG 71**

**Art. 86 Beschäftigung oder Erwerbstätigkeit von Ruhestandsbeamten und Ruhestandsbeamtinnen sowie früheren Beamten und Beamtinnen mit Versorgungsbezügen.** (1) ¹Der Zeitraum, in dem die Pflicht der Anzeige einer Erwerbstätigkeit oder sonstigen Beschäftigung außerhalb des öffentlichen Dienstes im Sinn des § 41 Satz 1 BeamtStG besteht, beträgt fünf Jahre vor Beendigung des Beamtenverhältnisses. ²Die Tätigkeit gemäß § 41 Satz 1 BeamtStG ist der letzten obersten Dienstbehörde gegenüber anzuzeigen. ³Die Anzeigepflicht endet nach
1. drei Jahren, wenn das Beamtenverhältnis mit dem Erreichen der in den Art. 62 und 143 genannten gesetzlichen Altersgrenze, oder zu einem späteren Zeitpunkt beendet worden ist,
2. fünf Jahren, spätestens jedoch drei Jahre nach dem in Nr. 1 bestimmten Zeitpunkt, wenn das Beamtenverhältnis zu einem früheren Zeitpunkt beendet worden ist.

(2) ¹Die Untersagung wird durch die letzte oberste Dienstbehörde ausgesprochen. ²Sie endet mit Ablauf des Zeitraums, für den eine Anzeigepflicht nach Abs. 1 besteht, spätestens mit Ablauf des in § 41 Satz 3 BeamtStG genannten Zeitpunkts. ³Die oberste Dienstbehörde kann ihre Befugnisse durch Rechtsverordnung auf andere Behörden übertragen.

Abschnitt 6
## Arbeitszeit, Teilzeit und Beurlaubung

**Art. 87 Regelung der Arbeitszeit, Mehrarbeit.** (1) Die Staatsregierung regelt die Arbeitszeit durch Rechtsverordnung.

(2) ¹Beamte und Beamtinnen sind verpflichtet, ohne Entschädigung über die regelmäßige wöchentliche Arbeitszeit hinaus Dienst zu tun, wenn zwingende dienstliche Verhältnisse dies erfordern und sich die Mehrarbeit auf Ausnahmefälle beschränkt. ²Werden sie durch dienstlich angeordnete oder genehmigte Mehrarbeit mehr als fünf Stunden im Monat über die regelmäßige Arbeitszeit hinaus beansprucht, ist innerhalb eines Jahres für die über die regelmäßige Arbeitszeit hinaus geleistete Mehrarbeit entsprechende Dienstbefreiung zu gewähren. ³Ist die Dienstbefreiung aus zwingenden dienstlichen Gründen nicht möglich, so können an ihrer Stelle Beamte und Beamtinnen in Besoldungsgruppen mit aufsteigenden Gehältern eine Vergütung erhalten.

(3) ¹Zur Bewältigung eines länger andauernden, aber vorübergehenden Personalbedarfs kann eine ungleichmäßige Verteilung der regelmäßigen Arbeitszeit festgelegt werden. ²Hierbei soll die Arbeitszeit zehn Stunden am Tag und im Jahresdurchschnitt 48 Stunden in der Woche nicht überschreiten. ³Die ungleichmäßige Verteilung der regelmäßigen Arbeitszeit soll einen Zeitraum von zehn Jahren nicht übersteigen. ⁴Die Arbeitszeiterhöhung ist durch eine Minderung der Arbeitszeit vollständig auszugleichen; die Minderung der Arbeitszeit muss sich nicht unmittelbar an den Zeitraum der Arbeitszeiterhöhung anschlie-

ßen. [5]Der Ausgleich kann auch durch eine volle Freistellung vom Dienst vorgenommen werden. [6]Für teilzeitbeschäftigte Beamte und Beamtinnen gilt Art. 88 Abs. 5 entsprechend.

(4) [1]Vollzeitbeschäftigten Beamten und Beamtinnen kann auf Antrag eine längerfristige ungleichmäßige Verteilung der regelmäßigen Arbeitszeit bewilligt werden, wenn zwingende dienstliche Belange nicht entgegenstehen. [2]Abs. 3 Sätze 2 bis 5 gelten entsprechend.

(5) [1]Werden Lehrkräfte an öffentlichen Schulen durch eine dienstlich angeordnete oder genehmigte Mehrarbeit mehr als drei Unterrichtsstunden im Monat über die regelmäßige Arbeitszeit hinaus beansprucht, ist ihnen abweichend von Abs. 2 Sätze 2 und 3 innerhalb von drei Monaten für die über die regelmäßige Arbeitszeit hinaus geleistete Mehrarbeit entsprechende Dienstbefreiung zu gewähren. [2]Ist die Dienstbefreiung nach Satz 1 aus zwingenden dienstlichen Gründen nicht möglich, so können an ihrer Stelle Lehrkräfte in Besoldungsgruppen mit aufsteigenden Gehältern eine Vergütung erhalten. [3]Ausgaben nach Satz 2 sind im Einzelplan gegen zu finanzieren durch gezielte Sperre freier und besetzbarer Stellen oder bei den übrigen Personalausgabemitteln.

**Art. 88 Antragsteilzeit.** (1) Beamten und Beamtinnen mit Dienstbezügen soll auf Antrag die Arbeitszeit bis auf die Hälfte der regelmäßigen Arbeitszeit und bis zur jeweils beantragten Dauer ermäßigt werden, soweit dienstliche Belange nicht entgegenstehen.

(2) [1]Dem Antrag nach Abs. 1 darf nur entsprochen werden, wenn der Beamte oder die Beamtin sich verpflichtet, während des Bewilligungszeitraums außerhalb des Beamtenverhältnisses berufliche Verpflichtungen nur in dem Umfang einzugehen, in dem nach Art. 81 ff. den vollzeitbeschäftigten Beamten und Beamtinnen die Ausübung von Nebentätigkeiten gestattet ist. [2]Ausnahmen hiervon sind nur zulässig, soweit dies mit dem Beamtenverhältnis vereinbar ist. [3]Wird die Verpflichtung nach Satz 1 schuldhaft verletzt, soll die Bewilligung widerrufen werden.

(3) [1]Die zuständige Dienstbehörde kann auch nachträglich die Dauer der Teilzeitbeschäftigung beschränken oder den Umfang der zu leistenden Arbeitszeit erhöhen, soweit zwingende dienstliche Belange dies erfordern. [2]Sie soll eine Änderung des Umfangs der Teilzeitbeschäftigung oder den Übergang zur Vollzeitbeschäftigung zulassen, wenn die Teilzeitbeschäftigung im bisherigen Umfang nicht zumutbar ist und dienstliche Belange nicht entgegenstehen.

(4) [1]Wenn zwingende dienstliche Belange nicht entgegenstehen, soll die Bewilligung der Teilzeitbeschäftigung nach Abs. 1 in der Weise zugelassen werden, dass zunächst während eines Teils des Bewilligungszeitraums die Arbeitszeit bis zur regelmäßigen Arbeitszeit erhöht und diese Arbeitszeiterhöhung während des unmittelbar daran anschließenden Teils des Bewilligungszeitraums durch eine entsprechende Ermäßigung der Arbeitszeit oder durch eine ununterbrochene volle Freistellung vom Dienst ausgeglichen wird. [2]Der gesamte Bewilligungszeitraum darf höchstens zehn Jahre betragen.

(5) ¹Treten während des Bewilligungszeitraums einer Teilzeitbeschäftigung nach Abs. 4 Umstände ein, welche die vorgesehene Abwicklung der vollen oder teilweisen Freistellung unmöglich machen, ist ein Widerruf abweichend von Art. 49 BayVwVfG auch mit Wirkung für die Vergangenheit in folgenden Fällen zulässig:
1. bei Beendigung des Beamtenverhältnisses,
2. beim Dienstherrnwechsel,
3. bei Gewährung von Urlaub nach Art. 90 Abs. 1 Nr. 2 oder
4. in besonderen Härtefällen, wenn dem Beamten oder der Beamtin die Fortsetzung der Teilzeitbeschäftigung nicht mehr zuzumuten ist.

²Der Widerruf darf nur mit Wirkung für den gesamten Bewilligungszeitraum und nur in dem Umfang erfolgen, der der tatsächlichen Arbeitszeit entspricht.

(6) ¹Wird langfristig Urlaub nach einer anderen als der in Abs. 5 Satz 1 Nr. 3 genannten Vorschrift bewilligt, verlängert sich der Bewilligungszeitraum um die Dauer der Beurlaubung. ²Auf Antrag oder aus dienstlichen Gründen kann die Bewilligung widerrufen werden.

**Art. 89 Familienpolitische Teilzeit und Beurlaubung.** (1) Beamten und Beamtinnen mit Dienstbezügen ist auf Antrag, wenn zwingende dienstliche Belange nicht entgegenstehen,
1. zur tatsächlichen Betreuung oder Pflege von mindestens einem Kind unter 18 Jahren oder einem oder einer nach ärztlichem Gutachten pflegebedürftigen sonstigen Angehörigen Teilzeitbeschäftigung in einem Umfang von mindestens durchschnittlich wöchentlich acht Stunden oder Urlaub ohne Dienstbezüge,
2. während der Elternzeit Teilzeitbeschäftigung auch mit weniger als wöchentlich acht Stunden
zu gewähren.

(2) ¹Der Antrag auf Verlängerung einer Beurlaubung soll spätestens sechs Monate vor Ablauf der Genehmigung einer Beurlaubung gestellt werden. ²Art. 88 Abs. 3 gilt entsprechend. ³Die zuständige Dienstbehörde kann eine Rückkehr aus dem Urlaub zulassen, wenn die Fortsetzung des Urlaubs nicht zugemutet werden kann und dienstliche Belange nicht entgegenstehen.

(3) ¹Während einer Freistellung vom Dienst nach Abs. 1 dürfen nur solche Nebentätigkeiten genehmigt werden, die dem Zweck der Freistellung nicht zuwiderlaufen. ²Die Vorschriften der Art. 81 bis 85 bleiben unberührt.

(4) ¹Während der Zeit der Beurlaubung ohne Dienstbezüge nach Abs. 1 besteht ein Anspruch auf Leistungen der Krankheitsfürsorge in entsprechender Anwendung der Beihilferegelungen für Beamte und Beamtinnen mit Dienstbezügen. ²Dies gilt nicht, wenn Beamte oder Beamtinnen berücksichtigungsfähige Angehörige von Beihilfeberechtigten werden oder Anspruch auf Familienhilfe nach § 10 des Fünften Buches Sozialgesetzbuch (SGB V) haben.

(5) ¹Soweit die Zulassungs-, Ausbildungs- und Prüfungsordnungen dies vorsehen, kann Beamten und Beamtinnen auf Widerruf im Vorbereitungsdienst aus

den in Abs. 1 genannten Gründen eine Teilzeitbeschäftigung mit mindestens der Hälfte der regelmäßigen Arbeitszeit bewilligt werden, wenn dienstliche Belange nicht entgegenstehen, die Struktur der Ausbildung dies zulässt und den unverzichtbaren Erfordernissen der Ausbildung Rechnung getragen wird. [2]Die Abs. 2 und 3 gelten entsprechend. [3]Die Sätze 1 und 2 gelten auch für die Beamten und Beamtinnen nach Art. 125.

**Art. 90 Arbeitsmarktpolitische Beurlaubung.** (1) Beamten und Beamtinnen mit Dienstbezügen nach Ablauf der Probezeit kann in einer Arbeitsmarktsituation, in der ein außergewöhnlicher Bewerbungsüberhang besteht und deshalb ein dringendes öffentliches Interesse daran gegeben ist, verstärkt Personen im öffentlichen Dienst zu beschäftigen,
1. auf Antrag Urlaub ohne Dienstbezüge bis zur Dauer von insgesamt sechs Jahren, mindestens von einem Jahr,
2. unbeschadet Nr. 1 nach Vollendung des 50. Lebensjahres auf Antrag, der sich auf die Zeit bis zum Beginn des Ruhestands erstrecken muss, Urlaub ohne Dienstbezüge

bewilligt werden, wenn dienstliche Belange nicht entgegenstehen.

(2) [1]Dem Antrag nach Abs. 1 darf nur entsprochen werden, wenn der Beamte oder die Beamtin erklärt, während der Dauer des Bewilligungszeitraums auf die Ausübung entgeltlicher Nebentätigkeiten zu verzichten und entgeltliche Tätigkeiten nach Art. 82 Abs. 1 Nrn. 4 bis 6 nur in dem Umfang auszuüben, wie sie bei Vollzeitbeschäftigung ohne Verletzung dienstlicher Pflichten ausgeübt werden könnten. [2]Wird diese Verpflichtung schuldhaft verletzt, soll die Bewilligung widerrufen werden. [3]Die zuständige Dienstbehörde darf trotz der Erklärung nach Satz 1 Nebentätigkeiten genehmigen, soweit sie dem Zweck der Bewilligung des Urlaubs nicht zuwiderlaufen. [4]Art. 89 Abs. 2 Sätze 1 und 3 gelten entsprechend.

**Art. 91 Altersteilzeit.** (1) [1]Beamten und Beamtinnen mit Dienstbezügen, die das 60. Lebensjahr vollendet haben, kann auf Antrag, der sich auf die Zeit bis zum Beginn des Ruhestands erstrecken muss, eine Teilzeitbeschäftigung mit 60 v.H. der in den letzten fünf Jahren vor Beginn der Altersteilzeit durchschnittlich geleisteten Arbeitszeit bewilligt werden, wenn dringende dienstliche Belange nicht entgegenstehen; bei schwerbehinderten Beamten und Beamtinnen im Sinn des § 2 Abs. 2 SGB IX tritt an die Stelle des 60. das 58. Lebensjahr. [2]Für Lehrkräfte an öffentlichen Schulen gilt als Altersgrenze der Beginn des Schuljahres, in dem diese das nach Satz 1 maßgebliche Lebensjahr vollenden. [3]Altersteilzeit nach Satz 1 muss einen Mindestbewilligungszeitraum von einem Jahr umfassen.

(2) [1]Entsprechend den dienstlichen Erfordernissen kann die während der Gesamtdauer der Altersteilzeit zu leistende Arbeit so eingebracht werden, dass sie
1. während des gesamten Bewilligungszeitraums durchgehend im nach Abs. 1 Satz 1 festgesetzten Umfang geleistet wird (Teilzeitmodell) oder
2. zunächst im Umfang der in den letzten fünf Jahren vor Beginn der Altersteilzeit durchschnittlich festgesetzten Arbeitszeit oder im Umfang der vor Be-

ginn der Altersteilzeit zuletzt festgesetzten Arbeitszeit geleistet wird und der Beamte oder die Beamtin anschließend vollständig vom Dienst freigestellt wird (Blockmodell).
²Art. 88 Abs. 2 gilt entsprechend. ³Treten während des Bewilligungszeitraums einer nach Satz 1 Nr. 2 im Blockmodell bewilligten Altersteilzeit Umstände ein, welche die vorgesehene Abwicklung der Freistellung vom Dienst unmöglich machen, so ist die gewährte Altersteilzeit abweichend von Art. 49 BayVwVfG mit Wirkung für die Vergangenheit in folgenden Fällen zu widerrufen:
1. bei Beendigung des Beamtenverhältnisses,
2. beim Dienstherrnwechsel,
3. bei Gewährung von Urlaub nach Art. 89 Abs. 1 Nr. 1 oder Art. 90 Abs. 1 Nr. 2 oder
4. in besonderen Härtefällen, wenn dem Beamten oder der Beamtin die Fortsetzung der Altersteilzeit nicht mehr zuzumuten ist.
⁴Ein Widerruf erfolgt nicht, soweit Zeiten aus der Ansparphase durch eine gewährte Freistellung bereits ausgeglichen wurden; dabei gelten die unmittelbar vor dem Eintritt in die Freistellungsphase liegenden Ansparzeiten als durch die Freistellung ausgeglichen. ⁵Gleichzeitig mit dem Widerruf wird der Arbeitszeitstatus entsprechend des in der Ansparphase geleisteten und nicht durch Freistellung ausgeglichenen Arbeitszeitumfangs festgesetzt. ⁶Soweit bei der Festsetzung der wöchentlichen Unterrichtsverpflichtung von Lehrkräften an öffentlichen Schulen Rundungen vorzunehmen sind, um eine in vollen Stunden bemessene Unterrichtsverpflichtung zu erreichen, sollen die entstandenen Rundungsdifferenzen im Lauf des Bewilligungszeitraums durch eine entsprechende Reduzierung oder Erhöhung der wöchentlichen Unterrichtsverpflichtung ausgeglichen werden.

(3) Abs. 1 und 2 gelten nicht für Amtschefs und Amtschefinnen, Abteilungsleiter und Abteilungsleiterinnen sowie vergleichbare Funktionsinhaber und Funktionsinhaberinnen bei staatlichen obersten Dienstbehörden sowie für die Leiter und Leiterinnen von staatlichen Behörden, deren Ämter nach Art. 45 im Beamtenverhältnis auf Zeit vergeben werden oder die mindestens in der Besoldungsgruppe R 3 eingestuft sind.

(4) ¹In Bereichen, in denen wegen grundlegender Verwaltungsreformmaßnahmen in wesentlichem Umfang Stellen abgebaut werden, gilt abweichend von Abs. 1 als Altersgrenze das vollendete 55. Lebensjahr, sofern die betroffene Planstelle oder eine Stelle einer um bis zu vier Besoldungs- oder Entgeltgruppen niedrigeren Besoldungs- oder Entgeltgruppe sukzessive, entsprechend ihres Freiwerdens, vollständig gesperrt und in den nachfolgenden Haushaltsplänen eingezogen wird. ²Abs. 3 findet in diesen Verwaltungsbereichen keine Anwendung. ³Die Staatsregierung wird für den staatlichen Bereich ermächtigt, die Bereiche im Sinn des Satzes 1 sowie nähere Bestimmungen zum Vollzug der Einsparungen durch Rechtsverordnung festzulegen. ⁴Die Gemeinden, Gemeindeverbände und sonstigen unter der Aufsicht des Staates stehenden Körperschaften, Anstalten und Stiftungen des öffentlichen Rechts können inner-

halb ihres Zuständigkeitsbereichs die Bereiche im Sinn des Satzes 1 sowie nähere Bestimmungen zum Vollzug der Einsparungen festlegen.

**Art. 92 Zeitliche Höchstgrenzen, Zuständigkeit, Hinweispflicht.** (1) [1]Die Dauer von Beurlaubungen nach Art. 89 Abs. 1 Nr. 1, Art. 90 Abs. 1 dieses Gesetzes oder Art. 9 des Bayerischen Richter- und Staatsanwaltsgesetzes (BayRiStAG) darf insgesamt 15 Jahre nicht überschreiten. [2]Unbeschadet hiervon sind Zeiten einer Beurlaubung nach Art. 89 Abs. 1 Nr. 1 dieses Gesetzes oder Art. 9 Abs. 1 BayRiStAG in Verbindungm mit Art. 8 Abs. 1 Satz 1 BayRiStAG im Umfang von bis zu zwei Jahren sowie derjenigen Zeit zu bewilligen, die der Freistellungsmöglichkeit für Arbeitnehmer nach dem Pflegezeitgesetz entspricht. [3]Bei Beamten und Beamtinnen im Schul- oder Hochschuldienst kann der Bewilligungszeitraum einer Beurlaubung nach Art. 89 Abs. 1 Nr. 1 oder Art. 90 Abs. 1 Nr. 1 auch beim Wegfall der tatbestandlichen Voraussetzungen bis zum Ende des laufenden Schulhalbjahres oder Semesters ausgedehnt werden. [4]In den Fällen des Art. 90 Abs. 1 Nr. 2 findet Satz 1 keine Anwendung, wenn eine Rückkehr zur Voll- oder Teilzeitbeschäftigung nicht zumutbar ist.

(2) Die Entscheidungen nach Art. 88 bis 91 trifft die oberste Dienstbehörde; sie kann ihre Befugnisse durch Rechtsverordnung auf andere Behörden übertragen.

(3) Bei der Beantragung einer Freistellung nach Art. 88 bis 91 ist durch die zuständige Dienststelle auf die rechtlichen Folgen der Freistellung hinzuweisen.

**Art. 93 Erholungs- und Sonderurlaub.** (1) Die Staatsregierung regelt die Erteilung und Dauer des Erholungsurlaubs sowie Voraussetzungen und Umfang einer Abgeltung durch Rechtsverordnung.

(2) Die Staatsregierung regelt ferner die Bewilligung von Urlaub aus anderen Anlässen und bestimmt, ob und inwieweit die Leistungen des Dienstherrn während dieser Zeit zu belassen sind.

(3) Hinsichtlich der Wahl des Urlaubsorts (Abs. 1 und 2) können Beschränkungen auferlegt werden, wenn es die öffentliche Sicherheit zwingend erfordert.

(4) [1]Der zu einer Tätigkeit als Mitglied einer kommunalen Vertretung notwendige Urlaub ist zu gewähren, soweit es sich um die Teilnahme an Sitzungen handelt, in denen der Beamte oder die Beamtin Sitz und Stimme hat. [2]Die Leistungen des Dienstherrn werden während des Urlaubs belassen.

(5) Die Gewährung von Wahlvorbereitungsurlaub für Beamte und Beamtinnen, die sich um einen Sitz im Deutschen Bundestag, im Bayerischen Landtag oder in der gesetzgebenden Körperschaft eines anderen Landes bewerben, richtet sich nach Art. 28 des Bayerischen Abgeordnetengesetzes.

**Art. 94 Rechtsfolgen der Wahl in das Parlament eines anderen Landes.**
(1) Für Beamte und Beamtinnen, die in gesetzgebende Körperschaften anderer Länder gewählt worden sind und deren Amt kraft Gesetzes mit dem Mandat unvereinbar ist, gelten die für die in den Bayerischen Landtag gewählten

Beamtengesetz

# BayBG 71

³Sind zwei oder mehr Kinder berücksichtigungsfähig im Sinn des Abs. 1, beträgt der Bemessungssatz eines oder einer Beihilfeberechtigten 70 v.H.; bei mehreren Beihilfeberechtigten beträgt der Bemessungssatz nur bei einem von ihnen 70 v.H. ⁴In besonderen Ausnahmefällen kann eine Erhöhung der Bemessungssätze vorgesehen werden. ⁵Die festgesetzte Beihilfe ist um 3 € je verordnetem Arzneimittel, Verbandmittel und Medizinprodukt, jedoch nicht mehr als die tatsächlich gewährte Beihilfe zu mindern (Eigenbeteiligung). ⁶Die Eigenbeteiligung unterbleibt

1. bei Aufwendungen für Waisen, für Beamte und Beamtinnen auf Widerruf im Vorbereitungsdienst, und für berücksichtigungsfähige Kinder,
2. für Beihilfeberechtigte und berücksichtigungsfähige Angehörige, die Mitglied einer gesetzlichen Krankenversicherung sind,
3. bei Aufwendungen für Schwangere im Zusammenhang mit Schwangerschaftsbeschwerden oder der Entbindung,
4. bei Aufwendungen für Spenderinnen und Spender nach Abs. 2 Satz 8,
5. soweit sie für die Beihilfeberechtigten und ihre berücksichtigungsfähigen Ehegatten oder Lebenspartner zusammen die Belastungsgrenze überschreitet. ⁷Die Belastungsgrenze beträgt 2 v.H. der Jahresdienst- bzw. Jahresversorgungsbezüge nach beamtenrechtlichen Vorschriften oder Grundsätzen ohne die kinderbezogenen Anteile im Familienzuschlag sowie der Jahresrenten aus der gesetzlichen Rentenversicherung und einer zusätzlichen Alters- und Hinterbliebenenversorgung. ⁸Für chronisch Kranke im Sinn des Fünften Buches Sozialgesetzbuch beträgt die Belastungsgrenze 1 v.H., es sei denn, sie haben die wichtigsten evidenzbasierten Untersuchungen nicht regelmäßig in Anspruch genommen oder beteiligen sich nicht hinreichend an einer adäquaten Therapie.

(3a) Eine Beihilfe wird nur gewährt, wenn sie innerhalb drei Jahren nach Entstehung der Aufwendungen oder der Ausstellung der Rechnung beantragt wird.*

(4) ¹Die obersten Dienstbehörden setzen die Beihilfen fest und ordnen die Zahlung an. ²Sie können diese Befugnisse auf andere Dienststellen übertragen. ³Das Landesamt für Finanzen setzt mit seinen Dienststellen als zentrale Landesbehörde für den staatlichen Bereich, mit Ausnahme der bei der Bayerischen Versicherungskammer beschäftigten Beamten und Beamtinnen, die Beihilfe der Berechtigten fest und ordnet deren Zahlung an; die örtliche Zuständigkeit sowie gegebenenfalls eine andere sachliche Zuständigkeit kann die Staatsregierung durch Rechtsverordnung regeln. ⁴Die sonstigen Befugnisse der obersten Dienstbehörden beim Vollzug der Beihilfevorschriften können auf das Staatsministerium der Finanzen und für Heimat übertragen werden. ⁵Die Gemeinden, Gemeindeverbände und die sonstigen der Aufsicht des Staates unterstehenden Körperschaften, Anstalten und Stiftungen des öffentlichen Rechts können zur Erfüllung ihrer Verpflichtungen nach Abs. 1 eine Versicherung abschließen oder sich der Dienstleistungen von Versicherungsunternehmen

\* *Beachte dazu Art. 144 Abs. 2 BayBG.*

# 71 BayBG

men oder sonstiger geeigneter Stellen bedienen und hierzu die erforderlichen Daten übermitteln; die Zuerkennung der Eignung setzt voraus, dass die mit der Beihilfebearbeitung betrauten Personen nach dem Verpflichtungsgesetz zur Wahrung der Daten verpflichtet werden. [6]Die mit der Beihilfebearbeitung beauftragte Stelle darf die Daten, die ihr im Rahmen der Beihilfebearbeitung bekannt werden, nur für diesen Zweck verarbeiten und nutzen. §50 Satz 3 BeamtStG, Art. 105 Satz 4, Art. 107 und 110 gelten entsprechend.

(5) [1]Das Nähere hinsichtlich des Kreises der beihilfeberechtigten Personen und der berücksichtigungsfähigen Angehörigen, des Inhalts und Umfangs der Beihilfen sowie des Verfahrens der Beihilfengewährung regelt das Staatsministerium der Finanzen und für Heimat durch Rechtsverordnung. [2]Insbesondere können Bestimmungen getroffen werden

1. hinsichtlich des Kreises der beihilfeberechtigten Personen und der berücksichtigungsfähigen Angehörigen über
   a) Konkurrenzregelungen für den Fall des Zusammentreffens mehrerer inhaltsgleicher Ansprüche auf Beihilfeleistungen in einer Person,
   b) die Gewährung von Beihilfeleistungen für Ehegatten oder Lebenspartner bei wechselnder Einkommenshöhe und bei individuell eingeschränkter Versicherbarkeit des Kostenrisikos,
   c) die Beschränkung oder den Ausschluss der Beihilfen für Ehrenbeamte und Ehrenbeamtinnen sowie Beamte und Beamtinnen, deren Dienstverhältnis auf weniger als ein Jahr befristet ist,
2. hinsichtlich des Inhalts und Umfangs der Beihilfen über
   a) die Einführung von Höchstgrenzen,
   b) die Beschränkung auf bestimmte Indikationen,
   c) die Beschränkung oder den Ausschluss für Untersuchungen und Behandlungen nach wissenschaftlich nicht allgemein anerkannten Methoden.
   d) den Ausschluss für Arznei-, Heil- und Hilfsmittel zur Behandlung der erektilen Dysfunktion, Raucherentwöhnung, Abmagerung und Zügelung des Appetits, Regulierung des Körpergewichts und Verbesserung des Haarwuchses,
   e) die Beschränkung oder den Ausschluss von Beihilfen zu Aufwendungen, die in Ländern außerhalb der Mitgliedstaaten der Europäischen Union erbracht werden,
3. hinsichtlich des Zeitpunkts des Beginns der Ausschlussfrist nach Abs. 3a bei Pauschalbeihilfen, Kuren sowie in Fällen, in denen ein Sozialhilfeträger vorgeleistet hat,
4. hinsichtlich des Verfahrens der Beihilfengewährung über
   a) die elektronische Erfassung und Speicherung von Anträgen und Belegen,
   b) die Verwendung einer elektronischen Gesundheitskarte entsprechend §291a SGB V, wobei der Zugriff der Beihilfestellen auf Daten über die in Anspruch genommenen Leistungen und deren Kosten zu beschränken ist,
   c) die Beteiligung von Gutachtern und Gutachterinnen, Beratungsärzten und Beratungsärztinnen sowie sonstigen geeigneten Stellen zur Überprüfung

40 [708]

**BayBG 71**

...igkeit und Angemessenheit einzelner geltend gemachter Auf-
...inschließlich der Übermittlung der erforderlichen Daten, wo-
...bezogene Daten nur mit Einwilligung des oder der Beihilfe-
...übermittelt werden dürfen; die Zuerkennung der Eignung
...dass die mit der Bewertung betrauten Personen nach dem
...zsgesetz zur Wahrung der Daten verpflichtet werden,
...rung der Regelungen zur Belastungsgrenze (Abs. 3 Sätze 7

gierung unterrichtet den Landtag fortlaufend über den Erlass
(Änderungen der Rechtsverordnung nach Abs. 5 Satz 1.

...sübernahme bei Schmerzensgeldansprüchen. (1) ¹Hat
die Beamtin wegen eines tätlichen rechtswidrigen Angriffs,
Ausübung des Dienstes oder außerhalb des Dienstes wegen
s Beamter oder Beamtin erleidet, einen rechtskräftig festge-
auf Schmerzensgeld gegen einen Dritten, kann der Dienst-
e Erfüllung dieses Anspruchs bis zur Höhe des festgestellten
trags übernehmen, soweit dies zur Vermeidung einer unbil-
ndig ist. ²Der rechtskräftigen Feststellung steht ein Vergleich
Nr. 1 ZPO gleich, sobald er unwiderruflich und der Höhe
ist.

illige Härte liegt insbesondere vor, wenn die Vollstreckung
rag von mindestens 500 € erfolglos geblieben ist. ²Der Dienst-
Erfüllungsübernahme verweigern, wenn auf Grund desselben
eine einmalige Unfallentschädigung (Art. 62 BayBeamtVG) oder
eich (Art. 52 BayBeamtVG) gezahlt wird.

e Übernahme der Erfüllung ist innerhalb einer Ausschlussfrist von
ren nach Rechtskraft des Urteils schriftlich unter Nachweis der Voll-
ngsversuche zu beantragen. ²Die Entscheidung trifft die oberste Dienst-
e, bei Staatsbeamten die Pensionsbehörde (Art. 9 Abs. 2 BayBeamtVG).
eit der Dienstherr die Erfüllung übernommen hat, gehen Ansprüche gegen
te auf ihn über. ⁴Der Übergang der Ansprüche kann nicht zum Nachteil des
er der Geschädigten geltend gemacht werden.

**rt. 98 Schadensersatz bei Gewaltakten Dritter und Sachschadensersatz bei Unfällen.** (1) ¹Werden durch Gewaltakte Dritter, die im Hinblick auf das pflichtgemäße dienstliche Verhalten von Beamten und Beamtinnen begangen werden, Gegenstände beschädigt oder zerstört, die den Beamten und Beamtinnen, ihren Familienangehörigen oder mit ihnen in häuslicher Gemeinschaft lebenden Personen gehören, oder den Beamten und Beamtinnen sonstige, nicht unerhebliche Vermögensschäden zugefügt, so kann der Dienstherr hierfür Ersatz leisten. ²Gleiches gilt in den Fällen, in denen sich der Gewaltakt gegen den Dienstherrn als solchen gerichtet hat.

(2) Werden in Ausübung oder infolge des Dienstes Kleidungsstücke oder sonstige Gegenstände, die üblicherweise oder aus dienstlichem Grund im

unter Berücksichtigung ihres Alters und ihres besonderen Erholungsbedürfnisses zu bemessen. ³Das Nähere regelt die Staatsregierung durch Rechtsverordnung.

(3) ¹Beamte und Beamtinnen dürfen vor Vollendung des 18. Lebensjahres nicht mit Dienstgeschäften betraut werden, bei denen Leben, Gesundheit oder die körperliche oder seelisch-geistige Entwicklung gefährdet werden. ²Dies gilt nicht für die Beschäftigung nach Vollendung des 16. Lebensjahres, soweit dies zur Erreichung des Ausbildungsziels erforderlich ist und der Schutz der Jugendlichen durch die Aufsicht eines Fachkundigen sichergestellt ist. ³Die zuständige Dienstbehörde hat bei der Errichtung und der Unterhaltung der Dienststellen einschließlich der Maschinen, Werkzeuge und Geräte und bei der Regelung der Beschäftigung die erforderlichen Vorkehrungen und Maßnahmen zum Schutz der Jugendlichen gegen Gefahren für Leben und Gesundheit sowie zur Vermeidung einer Beeinträchtigung der körperlichen oder seelisch-geistigen Entwicklung zu treffen.

(4) ¹Jugendliche unter 18 Jahren dürfen in ein Beamtenverhältnis nur berufen werden, nachdem sie ärztlich untersucht worden sind (Erstuntersuchung). ²Nach Ablauf eines Jahres seit der Einstellung ist eine erneute ärztliche Untersuchung durchzuführen (Nachuntersuchung). ³Die Erstuntersuchung hat sich auf den Gesundheits- und Entwicklungsstand sowie die körperliche Beschaffenheit, die Nachuntersuchung außerdem auf die Auswirkungen der Berufsarbeit auf Gesundheit und Entwicklung zu erstrecken. ⁴Die Kosten der ärztlichen Untersuchungen trägt der Dienstherr.

(5) ¹Ausnahmen von Abs. 3 Satz 1 sind für jugendliche Polizeivollzugsbeamte zulässig zur Eigensicherung und auf Weisung des Staatsministeriums des Innern, für Sport und Integration für Einsätze bei Naturkatastrophen, besonders schweren Unglücksfällen oder in Fällen anderer Art, die die Kräfte der Polizei in außergewöhnlichem Maß in Anspruch nehmen, soweit erwachsene Polizeibedienstete nicht zur Verfügung stehen. ²Auf die Leistungsfähigkeit der jugendlichen Polizeivollzugsbeamten ist besonders Rücksicht zu nehmen. ³Die Einsatzzeit ist auf die unbedingt notwendige Dauer zu beschränken.

**Art. 101 Jubiläumszuwendung.** ¹Den Beamten und Beamtinnen soll bei Dienstjubiläen eine Jubiläumszuwendung gewährt werden. ²Das Nähere regelt die Staatsregierung durch Rechtsverordnung.

# 71 BayBG

Beamtengesetz

## Abschnitt 8
## Personalakten und Einsatz automatisierter Verfahren

### Unterabschnitt 1
### Verarbeitung personenbezogener Daten

**Art. 102** *(aufgehoben)*

**Art. 103 Verarbeitung personenbezogener Daten.** [1]Der Dienstherr darf personenbezogene Daten über Bewerber und Bewerberinnen sowie aktive und ehemalige Beamte und Beamtinnen verarbeiten, soweit dies
1. zur Durchführung organisatorischer, personeller und sozialer Maßnahmen, insbesondere zu Zwecken der Personalverwaltung oder Personalwirtschaft erforderlich ist,
2. zusätzlich bei der Verarbeitung besonderer Kategorien personenbezogener Daten Art. 8 Abs. 1 Nr. 2, 3 und 5 sowie Abs. 2 des Bayerischen Datenschutzgesetzes (BayDSG) erlaubt

und nachfolgend nichts anderes bestimmt ist. [2]Die Verarbeitung darf nur durch Beschäftigte erfolgen, die vom Dienstherrn mit der Bearbeitung von Personalangelegenheiten betraut sind. [3]Unbeschadet der Sätze 1 und 2 dürfen Daten nach Satz 1 auch zu Zwecken der Rechnungsprüfung verarbeitet werden.

### Unterabschnitt 2
### Personalakten

**Art. 104 Führung der Personalakte.** (1) [1]Die Personalakte kann nach sachlichen Gesichtspunkten in Grundakte und Teilakten gegliedert werden. [2]Teilakten können bei der für den betreffenden Aufgabenbereich zuständigen Behörde geführt werden. [3]Eine Beschäftigungsbehörde, die nicht zugleich personalverwaltende Behörde ist, oder weitere personalverwaltende Behörden dürfen eine weitere Personalakte (Nebenakte) aus Unterlagen führen, die sich auch in der Grundakte oder Teilakten befinden, soweit deren Kenntnis für die Erledigung ihrer Aufgaben erforderlich ist. [4]In der Grundakte ist ein vollständiges Verzeichnis aller Teil- und Nebenakten aufzunehmen.

(2) [1]Die Personalakte kann in Teilen (Hybridakte) oder vollständig elektronisch geführt werden. [2]Gehen elektronische Unterlagen auf die Erfassung papiergebundener Unterlagen zurück, darf auch die ursprüngliche Papierfassung gesondert zu Beweiszwecken aufbewahrt werden. [3]Im Übrigen gelten für die Papierfassung die personalaktenrechtlichen Vorschriften entsprechend. [4]Bei der Erfassung ist entsprechend dem Stand der Technik sicherzustellen, dass die elektronischen Dokumente mit den Papierdokumenten bildlich und inhaltlich übereinstimmen, wenn sie lesbar gemacht werden. [5]Bei Hybridakten ist im Ver-

zeichnis nach Abs. 1 Satz 4 anzugeben, welche Aktenteile in welcher Form geführt werden.

(3) [1]Nicht Bestandteil der Personalakte sind Unterlagen, die besonderen, von der Person und dem Dienstverhältnis sachlich zu trennenden Zwecken dienen, insbesondere Prüfungs-, Sicherheits- und Kindergeldakten. [2]Kindergeldakten können mit Besoldungs- und Versorgungsakten verbunden geführt werden, wenn diese von der übrigen Personalakte getrennt sind und von einer von der Personalverwaltung getrennten Organisationseinheit bearbeitet werden; § 35 des Ersten Buches Sozialgesetzbuch und die §§ 67 bis 78 des Zehnten Buches Sozialgesetzbuch bleiben unberührt.

**Art. 105 Beihilfeunterlagen.** [1]Unterlagen über Beihilfen sind stets als Teilakte zu führen. [2]Diese ist von der übrigen Personalakte getrennt aufzubewahren. [3]Sie soll nur von Beschäftigten einer von der übrigen Personalverwaltung getrennten Organisationseinheit oder der zuständigen Rechnungsprüfung bearbeitet werden. [4]Die Beihilfeakte darf für andere als für Beihilfezwecke und Zwecke der Rechnungsprüfung nur verwendet oder weitergegeben werden, wenn der oder die Beihilfeberechtigte und bei der Beihilfegewährung berücksichtigte Angehörige im Einzelfall einwilligen, die Einleitung oder Durchführung eines im Zusammenhang mit einem Beihilfeantrag stehenden behördlichen oder gerichtlichen Verfahrens dies erfordert oder soweit es zur Abwehr erheblicher Nachteile für das Gemeinwohl, einer sonst unmittelbar drohenden Gefahr für die öffentliche Sicherheit oder einer schwerwiegenden Beeinträchtigung der Rechte einer anderen Person erforderlich ist. [5]Die erforderlichen personenbezogenen Daten aus Arzneimittelverordnungen im Sinn des § 1 des Gesetzes über Rabatte für Arzneimittel dürfen an den Treuhänder ausschließlich zum Zweck der Prüfung gemäß § 3 des Gesetzes über Rabatte für Arzneimittel übermittelt werden. [6]Sätze 1 bis 5 gelten entsprechend für Unterlagen über Heilfürsorge und Heilverfahren.

**Art. 106 Anhörung.** [1]Beamte und Beamtinnen sind zu Beschwerden, Behauptungen und Bewertungen, die für sie ungünstig sind oder ihnen nachteilig werden können, vor deren Aufnahme in die Personalakte zu hören, soweit die Anhörung nicht nach anderen Rechtsvorschriften erfolgt. [2]Ihre Äußerungen sind zur Personalakte zu nehmen.

**Art. 107 Auskunft an Beamte und Beamtinnen.** (1) [1]Während und nach Beendigung des Beamtenverhältnisses können Beamte und Beamtinnen Auskunft aus ihrer Personalakte und aus anderen Akten, die personenbezogene Daten über sie enthalten und für das Dienstverhältnis verarbeitet werden, in Form der Einsichtnahme verlangen. [2]Im Übrigen bestimmt die personalaktenführende Behörde, wie die Auskunft gewährt wird.

(2) Hinterbliebenen des Beamten oder der Beamtin kann Auskunft aus der Personalakte in Form der Einsichtnahme gewährt werden, soweit ein berechtigtes Interesse glaubhaft gemacht wird und dienstliche Gründe nicht entgegenstehen.

# 71 BayBG

(3) Nicht der Auskunft unterliegen:
1. Feststellungen über den Gesundheitszustand, soweit zu befürchten ist, dass die betroffene Person bei Kenntnis des Befunds weiteren Schaden an der Gesundheit nimmt,
2. Sicherheitsakten,
3. in Form der Einsichtnahme Daten einer betroffenen Person, die mit Daten Dritter oder geheimhaltungsbedürftigen nicht personenbezogenen Daten derart verbunden sind, dass ihre Trennung nicht oder nur mit unverhältnismäßig großem Aufwand möglich ist.

(4) [1]Auf Verlangen wird eine vollständige oder teilweise Kopie zur Verfügung gestellt, sofern dies keinen unverhältnismäßigen zeitlichen oder personellen Aufwand verursacht. [2]Für die Erteilung einer zweiten und jeder weiteren Kopie werden Schreibauslagen nach Art. 10 Abs. 2 des Kostengesetzes erhoben.

**Art. 108 Übermittlung von Personalakten und Auskunft an nicht betroffene Personen.** (1) Eine Übermittlung oder eine Auskunft aus der Personalakte an Behörden eines anderen Dienstherrn ist für die in Art. 103 Satz 1 genannten Zwecke nur mit Einwilligung des Beamten oder der Beamtin zulässig.

(2) Ohne Einwilligung des Beamten oder der Beamtin darf die Personalakte den zuständigen Behörden oder anderen Stellen übermittelt werden, soweit dies erforderlich ist
1. zur Erstellung ärztlicher Gutachten im Auftrag der personalverwaltenden Behörde oder der Pensionsbehörde,
2. für die Festsetzung, Berechnung und Rückforderung der Besoldung, der Versorgung oder für die Prüfung der Kindergeldberechtigung,
3. für die Prüfung und Durchführung der Buchung von Einzahlungen von den Betroffenen oder von Auszahlungen an die Betroffenen oder
4. für die Durchführung von Auswertungen für anonymisierte Statistik- und Berichtszwecke und deren Abruf.

(3) [1]Die Verarbeitung von Personalaktendaten im Auftrag der personalverwaltenden Behörde im Sinn des Art. 28 der Verordnung (EU) 2016/679 (Datenschutz-Grundverordnung) ist nur zulässig, soweit sie als unterstützende Dienstleistung im Rahmen der überwiegend automatisierten Erledigung von Aufgaben der Behörde zur Vermeidung von Störungen im Geschäftsablauf des Dienstherrn oder zur Realisierung erheblich wirtschaftlicherer Arbeitsabläufe erforderlich ist. [2]Die Beauftragung einer nicht öffentlichen Stelle als Auftragsverarbeiter setzt voraus, dass die mit der Verarbeitung von Personalaktendaten befassten Beschäftigten nach dem Verpflichtungsgesetz zur Wahrung der Daten verpflichtet werden.

(4) [1]Auskünfte an Dritte dürfen nur mit Einwilligung des Beamten oder der Beamtin erteilt werden, es sei denn, dass die Abwehr einer erheblichen Beeinträchtigung des Gemeinwohls oder der Schutz berechtigter, höherrangiger Interessen des Dritten die Auskunftserteilung zwingend erfordert. [2]Inhalt und Empfänger der Auskunft sind dem Beamten oder der Beamtin schriftlich mitzuteilen.

Beamtengesetz **BayBG 71**

(5) ¹Ohne Einwilligung des Beamten oder der Beamtin können den zuständigen Behörden Auskünfte aus der Personalakte erteilt werden, soweit dies im Einzelfall
1. zu den in Abs. 2 genannten Zwecken,
2. zur Entscheidung über die Verleihung von staatlichen Orden, Ehrenzeichen oder sonstigen staatlichen Ehrungen oder
3. im Rahmen der Art. 8a bis 8e BayVwVfG zwingend

erforderlich ist. ²Soweit eine Auskunft für die in Abs. 2 genannten Zwecke ausreichend ist, unterbleibt eine Übermittlung.

(6) ¹Die meldepflichtigen Daten über Dienstunfälle von Beamtinnen und Beamten im Sinne der Verordnung (EU) Nr. 349/2011 können über die Kommunale Unfallversicherung Bayern weitergemeldet werden. ²Einzelheiten zum Verfahren und zur Kostenerstattung können in einer Verwaltungsvereinbarung geregelt werden.

(7) ¹Übermittlung und Auskunft sind auf den jeweils erforderlichen Umfang zu beschränken. ²Ein automatisierter Datenabruf durch andere Behörden ist unzulässig, soweit durch besondere Rechtsvorschrift nichts anderes bestimmt ist.

**Art. 109 Entfernung von Unterlagen aus Personalakten.** (1) ¹Unterlagen über Beschwerden, Behauptungen und Bewertungen, auf die die Tilgungsvorschriften des Disziplinarrechts keine Anwendung finden, sind,
1. falls sich als unbegründet oder falsch erwiesen haben, mit Zustimmung des Beamten oder der Beamtin unverzüglich aus der Personalakte zu entfernen und zu vernichten,
2. falls sie für Beamte und Beamtinnen ungünstig sind oder ihnen nachteilig werden können, auf Antrag nach zwei Jahren zu entfernen und zu vernichten; dies gilt nicht für dienstliche Beurteilungen.

²Die Frist nach Satz 1 Nr. 2 beginnt bei neuen Sachverhalten im Sinn dieser Vorschrift oder bei Einleitung eines Straf- oder Disziplinarverfahrens erneut. ³Satz 2 gilt nicht, wenn sich der neue Vorwurf als unbegründet oder falsch herausstellt.

(2) ¹Mitteilungen in Strafsachen, soweit sie nicht Bestandteil einer Disziplinarakte sind, sowie Auskünfte aus dem Bundeszentralregister sind mit Zustimmung des Beamten oder der Beamtin nach drei Jahren zu entfernen und zu vernichten. ²Abs. 1 Sätze 2 und 3 gelten entsprechend.

**Art. 110 Aufbewahrung und Vernichtung von Personalakten.** (1) ¹Personalakten sind nach ihrem Abschluss von der personalaktenführenden Behörde fünf Jahre aufzubewahren. ²Personalakten sind abgeschlossen,
1. wenn der Beamte oder die Beamtin ohne Versorgungsansprüche aus dem öffentlichen Dienst ausgeschieden ist, mit Erreichen der gesetzlichen Altersgrenze, in den Fällen des § 24 BeamtStG und des Art. 11 BayDG jedoch erst, wenn mögliche Versorgungsempfänger und Versorgungsempfängerinnen nicht mehr vorhanden sind,
2. wenn der Beamte oder die Beamtin verstorben ist, mit Ablauf des Todesjahres.

[715]

# 71 BayBG

³Kann der nach Satz 2 Nr. 2 maßgebliche Zeitpunkt nicht festgestellt werden, ist Art. 10 Abs. 3 Satz 3 des Bayerischen Archivgesetzes entsprechend anzuwenden.

(2) ¹Unterlagen über Beihilfen, Heilfürsorge, Heilverfahren, Unterstützungen, Erholungsurlaub, Erkrankungen sowie Umzugs- und Reisekosten sind fünf Jahre nach Ablauf des Jahres, in dem die Bearbeitung des einzelnen Vorgangs abgeschlossen wurde, aufzubewahren. ²Sofern aus ihnen die Art der Erkrankung ersichtlich ist, sind sie unverzüglich zurückzugeben oder zu vernichten, wenn sie für den Zweck, zu dem sie vorgelegt worden sind, nicht mehr benötigt werden. ³Elektronisch gespeicherte Beihilfebelege sind spätestens ein Jahr nach Ablauf des Jahres, in dem die Unterlagen elektronisch erfasst wurden, zu löschen, sofern sie nicht darüber hinaus für die Bearbeitung oder auf Grund sonstiger gesetzlicher Vorschriften benötigt werden. ⁴Arzneimittelverordnungen im Sinn des § 1 des Gesetzes über Rabatte für Arzneimittel sind zur Geltendmachung von Rabatten nach diesem Gesetz nicht zurückzugeben. ⁵Die Vernichtung dieser Arzneimittelverordnungen erfolgt unverzüglich, sobald sie für die dort geregelten Zwecke nicht mehr benötigt werden, spätestens jedoch zehn Jahre nach Ablauf des Jahres, in dem die Arzneimittelverordnungen elektronisch erfasst wurden.

(3) Versorgungsakten sind zehn Jahre nach Ablauf des Jahres, in dem die letzte Versorgungszahlung geleistet worden ist, aufzubewahren; besteht die Möglichkeit eines Wiederauflebens des Anspruchs, sind die Akten 30 Jahre aufzubewahren.

(4) Personalakten werden nach Ablauf der Aufbewahrungsfrist vernichtet, sofern sie nicht vom zuständigen öffentlichen Archiv übernommen werden.

## Unterabschnitt 3
### Einsatz automatisierter Verfahren

**Art. 111 Einsatz automatisierter Verfahren.** (1) ¹Für die in Art. 103 genannten Zwecke dürfen automatisierte Verfahren eingesetzt werden, in denen auch Personalaktendaten verarbeitet werden dürfen. ²Werden Personalaktendaten verarbeitet, sind insoweit die Art. 103 sowie 108 bis 110 entsprechend anzuwenden. ³Personalaktendaten im Sinn des Art. 105 dürfen zudem nur im Rahmen ihrer Zweckbestimmung und nur von den übrigen Personaldateien technisch und organisatorisch getrennt verarbeitet werden.

(2) ¹Eine beamtenrechtliche Entscheidung darf nur dann auf einer ausschließlich automatisierten Verarbeitung von personenbezogenen Daten beruhen, wenn einem vorausgegangenen Antrag des Beamten oder der Beamtin vollständig entsprochen wird. ²Die Kürzung auf Grund der Regelung in Art. 96 Abs. 2 Satz 7 und Abs. 3 Satz 5 ist insofern unschädlich. ³Dem Beamten oder der Beamtin sind die über ihn oder sie in einem automatisierten Verfahren nach Abs. 1 Satz 1 gespeicherten Daten auf Verlangen mitzuteilen. ⁴Die Verarbei-

Beamtengesetz **BayBG 71**

tungs- und Nutzungsformen automatisierter Personalverwaltungsverfahren sind zu dokumentieren und einschließlich des jeweiligen Verwendungszwecks sowie der regelmäßigen Empfänger und des Inhalts automatisierter Datenübermittlung allgemein bekanntzugeben.

## TEIL 5
## Landespersonalausschuss

**Art. 112 Errichtung, Unabhängigkeit.** [1]Zur einheitlichen Durchführung beamtenrechtlicher Vorschriften wird ein Landespersonalausschuss errichtet. [2]Er übt seine Tätigkeit innerhalb der gesetzlichen Schranken unabhängig und in eigener Verantwortung aus.

**Art. 113 Zusammensetzung.** (1) [1]Der Landespersonalausschuss besteht aus sieben ordentlichen und sieben stellvertretenden Mitgliedern. [2]Sämtliche Mitglieder müssen sich in einem Beamtenverhältnis auf Lebenszeit oder auf Zeit befinden.

(2) [1]Nimmt der Landespersonalausschuss Aufgaben nach Art. 115 Abs. 1 Nr. 5 wahr, so wird die Zusammensetzung nach Abs. 1 um ein beratendes Mitglied ergänzt. [2]Das beratende Mitglied soll Erfahrung auf dem Gebiet der Personalentwicklung außerhalb öffentlich-rechtlicher Dienstherren haben.

(3) [1]Die Staatsregierung beruft die ordentlichen und die stellvertretenden Mitglieder sowie das beratende Mitglied auf die Dauer von fünf Jahren; erneute Berufung ist zulässig. [2]Drei ordentliche und drei stellvertretende Mitglieder sind aus einer staatlichen Verwaltung zu berufen, davon je ein ordentliches und ein stellvertretendes Mitglied aus dem Staatsministerium des Innern, für Sport und Integration und dem Staatsministerium der Finanzen und für Heimat. [3]Je zwei ordentliche und zwei stellvertretende Mitglieder werden auf Vorschlag der kommunalen Spitzenverbände und der Spitzenorganisationen der zuständigen Gewerkschaften und Berufsverbände berufen.

(4) Die Staatsregierung bestellt den Vorsitzenden oder die Vorsitzende und den stellvertretenden Vorsitzenden oder die stellvertretende Vorsitzende aus dem Kreis der aus einer staatlichen Verwaltung berufenen ordentlichen Mitglieder.

**Art. 114 Rechtsstellung der Mitglieder.** (1) [1]Die Mitglieder des Landespersonalausschusses sind unabhängig und nur dem Gesetz unterworfen. [2]Sie scheiden aus ihrem Amt als Mitglied des Landespersonalausschusses durch Zeitablauf und durch Beendigung des Beamtenverhältnisses oder der Zugehörigkeit zu einer staatlichen Verwaltung (Art. 113 Abs. 3 Satz 2) aus; bei Mitgliedern, die aus dem Staatsministerium des Innern, für Sport und Integration oder dem Staatsministerium der Finanzen und für Heimat berufen werden, endet die Mitgliedschaft auch bei Wechsel der Behörde. [3]Im Übrigen scheiden sie aus ihrem Amt nur unter den gleichen Voraussetzungen aus, unter denen Mitglieder eines Disziplinargerichts wegen rechtskräftiger Verurteilung im Straf- oder Disziplinarverfahren ihr Amt verlieren. [4]§ 39 BeamtStG ist nicht anzuwenden.

(2) Die Mitglieder des Landespersonalausschusses dürfen wegen ihrer Tätigkeit dienstlich nicht gemaßregelt, nicht benachteiligt und nicht bevorzugt werden.

(3) Die Mitglieder des Landespersonalausschusses dürfen bei Entscheidungen, die sie selbst oder Angehörige betreffen, nicht mitwirken.

(4) Die Dienstaufsicht über die Mitglieder des Landespersonalausschusses führt der Staatsminister der Finanzen und für Heimat.

**Art. 115 Aufgaben.** (1) Der Landespersonalausschuss hat außer den ihm in sonstigen Vorschriften dieses Gesetzes oder des Leistungslaufbahngesetzes eingeräumten Befugnissen die folgenden Aufgaben:
1. bei der Vorbereitung gesetzlicher Regelungen der beamtenrechtlichen Verhältnisse mitzuwirken,
2. bei der Vorbereitung beamtenrechtlicher Vorschriften über die Ausbildung, Prüfung und Fortbildung mitzuwirken,
3. die Aufsicht über die Prüfungen zu führen,
4. über den Antrag einer obersten Dienstbehörde auf Anerkennung einer Prüfung zu beschließen,
5. als Kompetenzzentrum dienstherrenübergreifende Konzepte für Personalentwicklungsmaßnahmen unter Einbindung der obersten Dienstbehörden zu erstellen,
6. Vorschläge zur Beseitigung von Mängeln in der Handhabung der beamtenrechtlichen Vorschriften zu machen,
7. die Dienstherren in laufbahnrechtlichen Angelegenheiten zu beraten.

(2) Die Staatsregierung kann dem Landespersonalausschuss zur einheitlichen Durchführung beamtenrechtlicher Vorschriften weitere Aufgaben durch Rechtsverordnung übertragen.

(3) Über die Durchführung seiner Aufgaben hat der Landespersonalausschuss die Staatsregierung alljährlich zu unterrichten.

**Art. 116 Geschäftsordnung.** Der Landespersonalausschuss gibt sich eine Geschäftsordnung.

**Art. 117 Sitzungen, Beschlussfähigkeit.** (1) [1]Die Sitzungen des Landespersonalausschusses sind nicht öffentlich. [2]Der Landespersonalausschuss kann Vertretern beteiligter Verwaltungen und anderen Personen die Anwesenheit bei der Verhandlung gestatten. [3]Vertreter beteiligter Verwaltungen sind auf Verlangen zu hören.

(2) Sind der oder die Vorsitzende und der oder die stellvertretende Vorsitzende verhindert, so leitet an ihrer Stelle das dienstälteste Mitglied die Verhandlungen.

Beamtengesetz **BayBG 71**

(3) Zur Beschlussfähigkeit ist die Anwesenheit von mindestens fünf Mitgliedern im Sinn des Art. 113 Abs. 1 erforderlich.

**Art. 118 Beweiserhebungsrecht, Amts- und Rechtshilfe.** (1) Der Landespersonalausschuss kann zur Durchführung seiner Aufgaben in entsprechender Anwendung der für die Verwaltungsgerichtsbarkeit geltenden Vorschriften Beweise erheben.

(2) Alle Dienststellen haben dem Landespersonalausschuss unentgeltlich Amts- und Rechtshilfe zu leisten.

**Art. 119 Bekanntmachung und Bindungswirkung der Beschlüsse.**

(1) Soweit eine Zuständigkeit des Landespersonalausschusses nach dem Leistungslaufbahngesetz oder nach diesem Gesetz begründet ist, kann dieser seine Beschlüsse in Einzelfällen oder in Gruppen von Fällen fassen.

(2) [1]Beschlüsse des Landespersonalausschusses sind, soweit sie allgemeine Bedeutung haben, bekanntzumachen. [2]Näheres regelt die Geschäftsordnung.

(3) Soweit dem Landespersonalausschuss eine Entscheidungsbefugnis eingeräumt ist, binden seine Beschlüsse die beteiligten Verwaltungen.

**Art. 120 Geschäftsstelle.** (1) [1]Der Landespersonalausschuss bedient sich zur Vorbereitung der Verhandlungen und Durchführung seiner Beschlüsse einer Geschäftsstelle, die beim Staatsministerium der Finanzen und für Heimat eingerichtet wird. [2]Die Geschäftsstelle führt ferner nach Maßgabe der Prüfungsbestimmungen im Auftrag des Landespersonalausschusses die Prüfungen (Art. 22 LlbG) durch, sofern nicht der Landespersonalausschuss die Durchführung anderen Stellen überträgt.

(2) [1]Die Staatsregierung bestellt zur Leitung der Geschäftsstelle einen Generalsekretär oder eine Generalsekretärin. [2]Er oder sie nimmt an den Verhandlungen des Landespersonalausschusses beratend teil.

TEIL 6
# Besondere Beamtengruppen

Abschnitt 1
## Beamte und Beamtinnen des Landtags

**Art. 121 Beamte und Beamtinnen des Landtags.** (1) [1]Die Beamten und Beamtinnen des Landtags sind Beamte und Beamtinnen des Staates. [2]Sie werden von dem Präsidenten oder der Präsidentin des Landtags ernannt. [3]Zur Ernennung des Direktors oder der Direktorin und der Beamten und Beamtinnen von der Besoldungsgruppe A 16 an ist die Zustimmung des Präsidiums erforderlich.

(2) [1]Oberste Dienstbehörde der Beamten und Beamtinnen des Landtags ist der Präsident oder die Präsidentin des Landtags. [2]Er oder sie übt die Dienstaufsicht über die Beamten und Beamtinnen des Landtags aus.

# 71 BayBG

(3) § 12 Abs. 1 Nr. 4 BeamtStG ist nicht anzuwenden.

(4) Abs. 1 bis 3 gelten auch für den Landesbeauftragten für den Datenschutz und die Beamten und Beamtinnen der Geschäftsstelle; Art. 19 BayDSG bleibt unberührt.

## Abschnitt 2
## Beamtenverhältnis auf Zeit

**Art. 122 Beamte und Beamtinnen auf Zeit.** (1) Die Fälle und die Voraussetzungen der Berufung in das Beamtenverhältnis auf Zeit sind gesetzlich zu bestimmen.

(2) ¹Ein Beamter oder eine Beamtin auf Zeit ist mit Ablauf der Amtszeit aus dem Beamtenverhältnis auf Zeit entlassen, wenn er oder sie nicht erneut in dasselbe Amt für eine weitere Amtszeit berufen wird und nicht in den Ruhestand tritt. ²Wird der Beamte oder die Beamtin auf Zeit im Anschluss an die Amtszeit erneut in dasselbe Amt für eine weitere Amtszeit berufen, so gilt das Beamtenverhältnis als nicht unterbrochen.

(3) ¹Soweit gesetzlich nichts anderes bestimmt ist, sind Beamte und Beamtinnen auf Zeit nach Ablauf der Amtszeit verpflichtet, das Amt weiterzuführen, wenn sie unter mindestens gleich günstigen Bedingungen für wenigstens die gleiche Zeit wieder ernannt werden sollen und das 62. Lebensjahr noch nicht vollendet haben. ²Beamte und Beamtinnen sind zu entlassen, wenn sie als Beamte oder Beamtinnen auf Zeit ihrer Verpflichtung zur Weiterführung ihres Amtes nicht nachkommen.

(4) ¹Soweit gesetzlich nichts anderes bestimmt ist, sind Beamte oder Beamtinnen auf Zeit, die aus einem Beamtenverhältnis auf Lebenszeit in ein Beamtenverhältnis auf Zeit berufen worden sind und nach Ablauf der Amtszeit das Amt nicht weiterführen, auf ihren Antrag wieder in das frühere Dienstverhältnis zu übernehmen, wenn sie die beamtenrechtlichen Voraussetzungen noch erfüllen. ²Das zu übertragende Amt muss derselben Fachlaufbahn angehören und mit mindestens demselben Endgrundgehalt verbunden sein wie das Amt, das sie im Zeitpunkt der Beendigung des Beamtenverhältnisses auf Lebenszeit innehatten. ³Der Antrag auf Übernahme ist innerhalb von drei Monaten nach Ablauf der Amtszeit zu stellen.

(5) ¹Endet das Beamtenverhältnis auf Zeit nach Abs. 2 Satz 1, erhalten entlassene Beamte und Beamtinnen auf Zeit von dem Beginn des Monats an, in dem sie den Antrag nach Abs. 4 gestellt haben, bis zur Übertragung des neuen Amtes von dem früheren Dienstherrn Bezüge in Höhe des beim Ausscheiden aus dem Beamtenverhältnis auf Lebenszeit erdienten Ruhegehalts. ²Die im Beamtenverhältnis auf Zeit verbrachte Dienstzeit gilt als Dienstzeit im Sinn des Besoldungs- und Versorgungsrechts. ³Im Übrigen gelten die Vorschriften der Art. 5 bis 10, 69 bis 74, 80 und 83 bis 93 BayBeamtVG sinngemäß; Empfänger und Empfängerinnen der Bezüge gelten insoweit als Ruhestandsbeamte und Ruhestandsbeam-

tinnen, die Bezüge gelten als Ruhegehalt. [4]Neben einem Übergangsgeld, das aus dem Beamtenverhältnis auf Zeit gewährt wird, gelten die Bezüge nach Satz 1 als Erwerbsersatzeinkommen im Sinn des Art. 83 Abs. 4 BayBeamtVG.

**Art. 123 Ruhestandseintritt.** (1) [1]Beamte und Beamtinnen auf Zeit treten mit Ablauf der Zeit, für die sie ernannt sind, in den Ruhestand, wenn sie eine Dienstzeit von mindestens zehn Jahren in einem Beamtenverhältnis mit Dienstbezügen zurückgelegt haben und weder nach Art. 122 Abs. 3 Satz 2 entlassen noch erneut in dasselbe Amt für eine weitere Amtszeit berufen werden. [2]Mit dem Erreichen der Altersgrenze treten sie in den Ruhestand, wenn sie eine Dienstzeit von mindestens zehn Jahren in einem Beamtenverhältnis mit Dienstbezügen zurückgelegt haben oder aus einem Beamtenverhältnis auf Lebenszeit zu Beamten oder Beamtinnen auf Zeit ernannt worden waren.

(2) [1]Dienstunfähige Beamte und Beamtinnen auf Zeit sind in den Ruhestand zu versetzen, wenn sie
1. eine Dienstzeit von mindestens zehn Jahren in einem Beamtenverhältnis mit Dienstbezügen zurückgelegt haben oder
2. infolge Krankheit, Verwundung oder sonstiger Beschädigung, die sie sich ohne grobes Verschulden bei Ausübung oder aus Veranlassung des Dienstes zugezogen haben, dienstunfähig geworden sind oder
3. aus einem Beamtenverhältnis auf Lebenszeit zu Beamten oder Beamtinnen auf Zeit ernannt worden waren.

[2]Sind Beamte und Beamtinnen auf Zeit aus anderen als den in Satz 1 Nr. 2 genannten Gründen dienstunfähig geworden und haben sie eine Dienstzeit von weniger als zehn Jahren in einem Beamtenverhältnis mit Dienstbezügen zurückgelegt, so können sie in den Ruhestand versetzt werden; die Entscheidung trifft die oberste Dienstbehörde, bei Beamten und Beamtinnen des Staates im Einvernehmen mit dem Staatsministerium der Finanzen und für Heimat. [3]Art. 71 Abs. 3 gilt entsprechend; der Ruhestand beginnt jedoch spätestens mit dem Ablauf der Amtszeit.

(3) [1]Beamte und Beamtinnen auf Zeit, die in den einstweiligen Ruhestand versetzt worden sind, gelten mit Erreichen der gesetzlichen Altersgrenze als dauernd im Ruhestand befindlich, wenn sie bei Verbleiben im Amt mit Erreichen der Altersgrenze in den Ruhestand getreten wären. [2]Sie gelten mit dem früheren Ablauf der Amtszeit als dauernd im Ruhestand befindlich, wenn sie bei Verbleiben im Amt in diesem Zeitpunkt eine Dienstzeit von mindestens zehn Jahren im Beamtenverhältnis mit Dienstbezügen zurückgelegt hätten oder vor Ablauf der Amtszeit nach Abs. 2 Satz 1 Nr. 2 in den Ruhestand versetzt worden wären.

Abschnitt 3

## Beamte und Beamtinnen der Polizei, der Justizvollzugsanstalten, des Landesamts für Verfassungsschutz, der Feuerwehren und Notariatsbeamte und Notariatsbeamtinnen

**Art. 124 Polizeivollzugsbeamte und Polizeivollzugsbeamtinnen.** (1) Für Beamte und Beamtinnen im Vollzugsdienst der Polizei gelten die allgemeinen beamtenrechtlichen Vorschriften, soweit gesetzlich nichts anderes bestimmt ist.

(2) [1]Dem Polizeivollzugsdienst gehören alle Beamten und Beamtinnen der Polizei in der Fachlaufbahn Polizei und Verfassungsschutz an. [2]Dem Verwaltungsdienst der Polizei gehören alle übrigen Beamten und Beamtinnen an. [3]Für Angelegenheiten der Personalverwaltung sollen auch Beamte und Beamtinnen im Polizeivollzugsdienst verwendet werden.

**Art. 125 Status der Beamten und Beamtinnen im Polizeivollzugsdienst in Ausbildung.** Die Polizeivollzugsbeamten und Polizeivollzugsbeamtinnen auf Widerruf im Vorbereitungsdienst können nach Maßgabe der Verordnung über die Fachlaufbahn Polizei und Verfassungsschutz frühestens nach Ablauf eines Jahres der Ausbildung in das Beamtenverhältnis auf Widerruf mit Dienstbezügen oder nach Beendigung einer Grundausbildung in das Beamtenverhältnis auf Probe berufen werden.

**Art. 126** *(aufgehoben)*

**Art. 127 Gemeinschaftsunterkunft.** [1]Polizeivollzugsbeamte und Polizeivollzugsbeamtinnen der Bereitschaftspolizei sind während der Ausbildung verpflichtet, in einer Gemeinschaftsunterkunft zu wohnen und an einer Gemeinschaftsverpflegung teilzunehmen. [2]Das Gleiche gilt für die übrigen Polizeivollzugsbeamten und Polizeivollzugsbeamtinnen während der Teilnahme an Lehrgängen, bei Bereitschaften sowie bei Übungen und Einsätzen im geschlossenen Verband. [3]Die oberste Dienstbehörde, die ihr unmittelbar nachgeordneten Dienststellen und die Einsatzleitung können Ausnahmen zulassen.

**Art. 128 Polizeidienstunfähigkeit.** (1) [1]Polizeivollzugsbeamte und Polizeivollzugsbeamtinnen sind dienstunfähig, wenn sie den besonderen gesundheitlichen Anforderungen für den Polizeivollzugsdienst nicht mehr genügen und nicht zu erwarten ist, dass sie ihre volle Verwendungsfähigkeit innerhalb zweier Jahre wiedererlangen (Polizeidienstunfähigkeit), es sei denn, die auszuübende Funktion erfordert bei Beamten und Beamtinnen auf Lebenszeit diese besonderen gesundheitlichen Anforderungen auf Dauer nicht mehr uneingeschränkt. [2]Die Polizeidienstunfähigkeit und die Erfüllung der Anforderungen nach Satz 1 Halbsatz 2 werden auf Grund eines amtsärztlichen Gutachtens festgestellt. [3]Bestehen Zweifel über die Polizeidienstunfähigkeit, ist Art. 65 Abs. 2 entsprechend anzuwenden. [4]Art. 67 gilt entsprechend. [5]Für die amtsärztliche Untersu-

Beamtengesetz **BayBG 71**

chung der Erfüllung der Anforderungen nach Satz 1 Halbsatz 2 gelten Sätze 3 und 4 entsprechend.

(2) ¹Wird amtsärztlich festgestellt, dass Polizeivollzugsbeamte oder Polizeivollzugsbeamtinnen den besonderen gesundheitlichen Anforderungen auf Dauer nicht mehr uneingeschränkt gerecht werden, so kann ihnen eine Funktion im Sinn des Abs. 1 Satz 1 Halbsatz 2 zugewiesen werden. ²Kann eine Funktion im Sinn des Abs. 1 Satz 1 Halbsatz 2 nicht zugewiesen werden, gilt § 27 BeamtStG entsprechend. ³Dabei kann Beamten oder Beamtinnen unter Beibehaltung ihres Amtes ohne ihre Zustimmung auch eine geringerwertige Tätigkeit im Bereich desselben Dienstherrn übertragen werden, wenn eine anderweitige Verwendung nicht möglich ist und die Wahrnehmung der neuen Aufgabe unter Berücksichtigung der bisherigen Tätigkeit zuzumuten ist; die neue Tätigkeit muss mindestens einem Amt ab ihrer Qualifikationsebene entsprechen. ⁴Polizeivollzugsbeamte und Polizeivollzugsbeamtinnen, die den besonderen gesundheitlichen Anforderungen nicht mehr uneingeschränkt gerecht werden, müssen auf Weisung der zuständigen Behörde an geeigneten und zumutbaren Maßnahmen zur Wiederherstellung ihrer uneingeschränkten Polizeidienstfähigkeit teilnehmen. ⁵Ist ein Vorgehen nach den Sätzen 1 bis 3 nicht möglich oder nicht erfolgversprechend, so ist nach Abs. 3 zu verfahren.

(3) Ist nach Abs. 1 von Polizeidienstunfähigkeit auszugehen, so finden § 26 Abs. 1 Satz 3, Abs. 2 und 3 BeamtStG entsprechende Anwendung.

**Art. 129 Altersgrenze.** ¹Für Polizeivollzugsbeamte und Polizeivollzugsbeamtinnen auf Lebenszeit gilt als Altersgrenze das Ende des Monats, in dem sie das 62. Lebensjahr vollenden. ²Beamte und Beamtinnen im Sinn des Satzes 1 können auf Antrag in den Ruhestand versetzt werden, wenn sie das 60. Lebensjahr vollendet haben.

**Art. 130 Beamte und Beamtinnen bei den Justizvollzugsanstalten.** Für Beamte und Beamtinnen auf Lebenszeit im Strafvollzugsdienst (allgemeiner Vollzugs-, Werk- und Krankenpflegedienst) bei den Justizvollzugsanstalten gilt Art. 129 entsprechend.

**Art. 131 Beamte und Beamtinnen des Landesamts für Verfassungsschutz.** Für Beamte und Beamtinnen des Landesamts für Verfassungsschutz in der Fachlaufbahn Polizei und Verfassungsschutz gilt Art. 129 entsprechend.

**Art. 132 Feuerwehrbeamte und Feuerwehrbeamtinnen.** ¹Für die Beamten und Beamtinnen des feuerwehrtechnischen Dienstes im Einsatzdienst der Feuerwehren gilt Art. 129 entsprechend. ²Dies gilt ebenso für die Beamten und Beamtinnen des feuerwehrtechnischen Dienstes, die in einer Integrierten Leitstelle tätig sind.

**Art. 133 Notariatsbeamte und Notariatsbeamtinnen.** (1) Das Staatsministerium der Justiz kann die Rechtsverhältnisse der Notariatsbeamten und Notariatsbeamtinnen durch Rechtsverordnung näher regeln und hierbei die allge-

# 71 BayBG

meinen beamtenrechtlichen Vorschriften der besonderen Organisation des Notariatswesens anpassen.

(2) Die Rechtsverordnung kann Bestimmungen enthalten über
1. die Dienstvorgesetzten, die oberste Dienstbehörde und die Aufsichtsbehörden,
2. den Dienstherrn im Sinn des § 48 BeamtStG,
3. die Einleitung und Durchführung des Disziplinarverfahrens.

Abschnitt 4
## Ehrenbeamte und Ehrenbeamtinnen

**Art. 134 Ehrenbeamte und Ehrenbeamtinnen.** (1) Für Ehrenbeamte und Ehrenbeamtinnen gelten die Vorschriften dieses Gesetzes und des Beamtenstatusgesetzes mit den sich aus der Natur des Ehrenbeamtenverhältnisses ergebenden Maßgaben:
1. Nicht anzuwenden sind insbesondere Art. 5, 11, 13, 23, 24, 45 Abs. 12, Art. 48, 50, 62 bis 71, 74, 81 Abs. 2 bis 7, Art. 82, 85 bis 87 und 123 Abs. 2 und 3 sowie §§ 15, 22 Abs. 1 Nr. 2, § 23 Abs. 1 Nrn. 3 und 5, §§ 25 bis 30 und 41 BeamtStG.
2. Das Ehrenbeamtenverhältnis kann für beendet erklärt werden, wenn der Ehrenbeamte oder die Ehrenbeamtin das 65. Lebensjahr vollendet hat; es ist für beendet zu erklären, wenn die sonstigen Voraussetzungen für die Versetzung in den Ruhestand vorliegen.

(2) Die Unfallfürsorge für Ehrenbeamte, Ehrenbeamtinnen und ihre Hinterbliebenen richtet sich nach Art. 63 BayBeamtVG.

TEIL 7
## Besondere Vorschriften für die unter der Aufsicht des Staates stehenden Körperschaften, Anstalten und Stiftungen des öffentlichen Rechts

**Art. 135 Bestimmung von Dienstvorgesetzten oder Vorgesetzten.** Haben Beamte und Beamtinnen keine Dienstvorgesetzten oder Vorgesetzten, so bestimmt die oberste Aufsichtsbehörde, wer die nach diesem Gesetz auf den oder die Dienstvorgesetzten oder Vorgesetzten übertragenen Zuständigkeiten wahrnimmt.

**Art. 136 Zuständigkeiten bei nichtstaatlichen Dienstherren.** Zuständigkeiten, die nach diesem Gesetz oder dem Beamtenstatusgesetz einer Behörde des Dienstherrn übertragen sind, werden bei den Gemeinden, den Gemeindeverbänden oder den sonstigen unter der Aufsicht des Staates stehenden Körperschaften, Anstalten und Stiftungen des öffentlichen Rechts von den nach Gesetz, Rechtsverordnung oder Satzung zuständigen Organen oder Stellen wahrgenommen.

**Art. 137 Oberste Aufsichtsbehörde.** Oberste Aufsichtsbehörde im Sinn dieses Gesetzes ist bei den Gemeinden und den Gemeindeverbänden das Staatsministerium des Innern, für Sport und Integration, bei den sonstigen unter der Aufsicht des Staates stehenden Körperschaften, Anstalten und Stiftungen des öffentlichen Rechts dasjenige Staatsministerium, in dessen Geschäftsbereich die Körperschaftsaufsicht (allgemeine Aufsicht) ausgeübt wird.

TEIL 8

## Dienstherrnwechsel

**Art. 138 Übernahme von Kirchenbeamten und Kirchenbeamtinnen in ein Beamtenverhältnis im Sinn des Bayerischen Beamtengesetzes.** (1) [1]Ein Dienstherr (§ 2 BeamtStG) kann sich öffentlich-rechtlichen Religionsgesellschaften und ihren Verbänden gegenüber verpflichten, Kirchenbeamte und Kirchenbeamtinnen im kirchlichen Schuldienst in ein Beamtenverhältnis zu übernehmen, wenn und soweit der Betrieb von Schulen, an denen Personen dieser Religionsgesellschaften oder ihrer Verbände beschäftigt sind, eingeschränkt und aus diesem Grund das Lehrpersonal erheblich vermindert wird. [2]Die Übernahmeverpflichtungen eines Dienstherrn dürfen insgesamt zwölf v.H. der in der jeweiligen Lehramtslaufbahn freiwerdenden und wieder besetzbaren Planstellen nicht übersteigen und müssen mit einer vertraglichen Regelung über die Verteilung der Versorgungslast gemäß Art. 145 verbunden sein. [3]Übernommen werden dürfen nur Kirchenbeamte und Kirchenbeamtinnen, die im Zeitpunkt der Übernahme die allgemeinen Voraussetzungen zur Berufung in das Beamtenverhältnis nach § 7 Abs. 1 BeamtStG erfüllen und entweder die erforderliche Qualifikation für die Fachlaufbahn nach Inkrafttreten einer Übernahmeverpflichtung nach Satz 1 erworben oder als Lehrkraft bereits in einem Beamtenverhältnis auf Lebenszeit oder auf Probe zu einem Dienstherrn im Sinn des § 2 BeamtStG gestanden haben. [4]Eine Übernahmeverpflichtung ist ferner nur für Kirchenbeamte und Kirchenbeamtinnen zulässig, die die wettbewerbsmäßigen Anforderungen ihres Prüfungsjahrgangs für den unmittelbaren Eintritt in den Staatsdienst als Beamter oder Beamtin auf Probe erfüllt haben; bei mehrjähriger Bewährung als hauptberufliche Lehrkraft kann eine Übernahmeverpflichtung auch dann eingegangen werden, wenn das Ergebnis der Qualifikationsprüfung geringfügig, höchstens um einen halben Notengrad, hinter den Anforderungen nach Halbsatz 1 zurückbleibt.

(2) Auf Ernennungen zur Übernahme nach Abs. 1 findet Art. 23 Abs. 1 Satz 1 keine Anwendung.

(3) [1]Eine Übernahmeverpflichtung nach Abs. 1 muss mit Wirkung für die Zukunft kündbar sein. [2]Bei Kündigung einer nach Abs. 1 eingegangenen Über-

nahmeverpflichtung bleiben die Übernahmeverpflichtungen für Kirchenbeamte und Kirchenbeamtinnen, die im Zeitpunkt der Wirksamkeit der Kündigung bereits ernannt sind, bestehen.

(4) ¹Auf die Probezeit und die Dienstzeiten im Sinn des Leistungslaufbahngesetzes sind gleichwertige Zeiten des kirchlichen Schuldienstes anzurechnen. ²Die Einstellung in einem höheren Amt als dem Eingangsamt ist zulässig, soweit der Beamte oder die Beamtin in ein Amt übernommen wird, das der letzten Dienststellung im Kirchenbeamtenverhältnis gleichwertig ist.

**Art. 139 Ausbildungskostenerstattung.** (1) ¹Wechseln Beamte oder Beamtinnen, die in der zweiten oder dritten Qualifikationsebene einsteigen, in der Zeit vom Beginn ihres Vorbereitungsdienstes oder eines gleichwertigen Qualifikationserwerbs im Sinn von Art. 38 bis 40 LlbG bis zum Ablauf von sechs Jahren nach ihrer Berufung in das Beamtenverhältnis auf Probe in, soweit eingerichtet, denselben oder einen verwandten fachlichen Schwerpunkt derselben Fachlaufbahn bei einem Dienstherrn im Geltungsbereich dieses Gesetzes, so hat der neue Dienstherr dem bisherigen Dienstherrn die Ausbildungskosten der Beamten oder Beamtinnen nach Maßgabe der folgenden Absätze zu erstatten. ²Dies gilt auch, wenn der ehemalige Beamte oder die ehemalige Beamtin beim neuen Dienstherrn in einem Arbeitnehmerverhältnis mindestens gleichwertig beschäftigt wird. ³Der neue Dienstherr hat dem bisherigen Dienstherrn einen Dienstherrnwechsel im Sinn der Sätze 1 und 2 unverzüglich mitzuteilen. ⁴Satz 1 findet keine Anwendung, wenn der Ausbildungsdienstherr Beamte oder Beamtinnen nach der Ableistung des Vorbereitungsdienstes aus Gründen, die sie nicht zu vertreten haben, nicht in ein Beamtenverhältnis auf Probe übernimmt und sie deshalb zu einem anderen Dienstherrn wechseln.

(2) ¹Abs. 1 gilt nicht für Beamte und Beamtinnen in Fällen, in denen der Vorbereitungsdienst allgemeine Ausbildungsstätte nach Art. 12 Abs. 1 Satz 1 des Grundgesetzes ist. ²Er findet auch keine Anwendung auf Fachlehrkräfte für gewerblich-technische Berufe, für Hauswirtschaft und für Schreibtechnik an beruflichen Schulen in Bayern und auf Polizeivollzugsbeamte, Polizeivollzugsbeamtinnen oder ehemalige Polizeivollzugsbeamte und Polizeivollzugsbeamtinnen, die nach Art. 128 Abs. 2 in ein Amt einer anderen Fachlaufbahn versetzt werden.

(3) ¹Ein Dienstherrnwechsel im Sinn des Abs. 1 liegt nicht vor, wenn zwischen dem Ausscheiden aus dem bisherigen Dienstverhältnis und der Begründung eines neuen Dienstverhältnisses ein Zeitraum von mehr als zwei Jahren liegt. ²Ein mehrfacher Dienstherrnwechsel steht einer erneuten Anwendung des Abs. 1 nicht entgegen.

(4) ¹Der Erstattungsbetrag setzt sich wie folgt zusammen:
1. aus einem Grundbetrag als Ausgleich für die angefallene Besoldung bei Beamten und Beamtinnen,
   – die in der zweiten Qualifikationsebene einsteigen oder eingestiegen sind, in Höhe des 30-fachen,

Beamtengesetz **BayBG 71**

- die in der dritten Qualifikationsebene einsteigen oder eingestiegen sind, in Höhe des 45-fachen

des zur Zeit des Beginns des Vorbereitungsdienstes geltenden monatlichen Anwärtergrundbetrags für einen Anwärter oder eine Anwärterin vor Vollendung des 26. Lebensjahres,

zuzüglich

2. eines Betrags als Ausgleich für die übrigen Ausbildungskosten in Höhe von
   - 15 v.H. des sich nach Nr. 1 ergebenden Betrags bei Beamten und Beamtinnen, die in der zweiten Qualifikationsebene einsteigen oder eingestiegen sind, bzw.
   - 30 v.H. des sich nach Nr. 1 ergebenden Betrags bei Beamten und Beamtinnen, die in der dritten Qualifikationsebene einsteigen oder eingestiegen sind.

[2]Bei Laufbahnen, in denen die in Art. 8 Abs. 2 Satz 1 Nr. 2 oder Nr. 3 LlbG festgelegte Dauer des Vorbereitungsdienstes unterschritten wird, ermäßigt sich der nach Satz 1 ermittelte Erstattungsbetrag entsprechend dem Verhältnis der in den jeweiligen Fachverordnungen festgelegten Dauer des Vorbereitungsdienstes zu der in Art. 8 Abs. 2 Satz 1 Nr. 2 oder Nr. 3 LlbG festgelegten Dauer des Vorbereitungsdienstes; dies gilt nicht für die Fachlaufbahn Naturwissenschaft und Technik, fachlicher Schwerpunkt feuerwehrtechnischer Dienst. [3]Hat der Beamte oder die Beamtin zum Zeitpunkt des Dienstherrnwechsels die Qualifikationsprüfung noch nicht abgelegt, so mindert sich der Erstattungsbetrag nach Satz 1 entsprechend dem Verhältnis der beim neuen Dienstherrn noch abzuleistenden Ausbildungszeit zur regelmäßigen Dauer des Vorbereitungsdienstes.

(5) [1]Der Erstattungsbetrag mindert sich für jedes volle Jahr, das der Beamte oder die Beamtin nach der Berufung in das Beamtenverhältnis auf Probe beim bisherigen Dienstherrn Dienst geleistet hat, um ein Sechstel. [2]Rückzahlungen von Anwärterbezügen auf Grund des Art. 75 Abs. 2 BayBesG sind auf den Erstattungsbetrag anzurechnen.

(6) [1]Bei einem Dienstherrnwechsel von Beamten und Beamtinnen des Freistaates Bayern zu Gemeinden und Verwaltungsgemeinschaften mit weniger als 10 000 Einwohnern ermäßigt sich der Erstattungsbetrag auf die Hälfte. [2]Maßgebend ist die amtliche Einwohnerzahl der Gemeinde oder Verwaltungsgemeinschaft, die vom Landesamt für Statistik vor dem Dienstherrnwechsel zuletzt festgestellt worden ist.

(7) Soweit bei einem Dienstherrnwechsel nach Abs. 6 die Übernahme eines Beamten oder einer Beamtin des Freistaates Bayern deshalb notwendig ist, weil von der Gemeinde oder der Verwaltungsgemeinschaft ausgebildete Anwärter oder Anwärterinnen die Qualifikationsprüfung endgültig nicht bestanden haben, beträgt die Ermäßigung zwei Drittel des Erstattungsbetrags.

(8) [1]Der Erstattungsbetrag wird vom bisherigen Dienstherrn festgesetzt und beim neuen Dienstherrn durch schriftlichen Bescheid zur Erstattung angefor-

# 71 BayBG

dert. ²Die Berechnungsgrundlagen und die Berechnung des Erstattungsbetrags sind dem erstattungspflichtigen Dienstherrn mitzuteilen.

(9) Der Erstattungsbetrag wird einen Monat nach Bekanntgabe des Bescheids fällig, sofern kein späterer Termin festgesetzt wird.

(10) Im Bereich des Freistaates Bayern wird die Erstattung durch die für den Beamten oder die Beamtin zuletzt zuständige oberste Dienstbehörde oder die von ihr bestimmte Behörde geleistet.

**Art. 140** *(aufgehoben)*

## TEIL 9
## Übergangsregelungen und Schlussvorschriften

**Art. 141 Übergangsregelung zu Altersteilzeit im Blockmodell und Antragsruhestand.** Für die Versetzung in den Ruhestand auf Antrag von Beamten und Beamtinnen, die sich am 1. August 2015 in der Freistellungsphase der Altersteilzeit im Blockmodell befinden, gelten Art. 64 und 91 Abs. 1 Satz 3 in der jeweils am 31. Juli 2015 geltenden Fassung.

**Art. 142** *(aufgehoben)*

**Art. 142a Übergangsregelung zur Altersteilzeit.** ¹Für Beamte und Beamtinnen, die Altersteilzeit vor dem 1. Januar 2010 angetreten haben, gilt Art. 91 in der am 31. Dezember 2009 geltenden Fassung. ²Für Lehrkräfte an öffentlichen Schulen, die das nach Art. 91 Abs. 1 Satz 1 maßgebliche Lebensjahr in der zweiten Hälfte des Schuljahres 2009/2010 vollenden, gilt als Altersgrenze der Beginn des folgenden Schuljahres. ³Für diese Lehrkräfte und für Lehrkräfte an öffentlichen Schulen, die die gesetzlichen Voraussetzungen des Art. 91 in der am 31. Dezember 2009 geltenden Fassung erfüllt haben, die aber aus schulorganisatorischen Gründen Altersteilzeit nicht vor dem 1. August 2010 antreten können, gilt hinsichtlich des Arbeitszeitumfangs Art. 91 Abs. 1 Satz 1 in der am 31. Dezember 2009 geltenden Fassung.

**Art. 143 Übergangsregelungen zur Anhebung der Altersgrenzen.** (1) ¹Für Beamte und Beamtinnen, die vor dem 1. Januar 1947 geboren sind, sowie für Lehrkräfte an öffentlichen Schulen, die vor dem 2. August 1947 geboren sind, findet Art. 62 in der am 31. Dezember 2010 geltenden Fassung Anwendung. ²Für Beamte und Beamtinnen, die nach dem 31. Dezember 1946 und vor dem 1. Januar 1964 geboren sind, gilt als Altersgrenze abweichend von Art. 62 Sätze 1 und 2 das Ende des Monats bzw. das Ende des Schulhalbjahres, in dem das nach folgender Tabelle maßgebliche Lebensalter erreicht wird:

Beamtengesetz **BayBG 71**

| **Beamte und Beamtinnen des Geburtsjahrgangs** | **Lebensalter** |
|---|---|
| 1947 | 65 Jahre und 1 Monat |
| 1948 | 65 Jahre und 2 Monate |
| 1949 | 65 Jahre und 3 Monate |
| 1950 | 65 Jahre und 4 Monate |
| 1951 | 65 Jahre und 5 Monate |
| 1952 | 65 Jahre und 6 Monate |
| 1953 | 65 Jahre und 7 Monate |
| 1954 | 65 Jahre und 8 Monate |
| 1955 | 65 Jahre und 9 Monate |
| 1956 | 65 Jahre und 10 Monate |
| 1957 | 65 Jahre und 11 Monate |
| 1958 | 66 Jahre |
| 1959 | 66 Jahre und 2 Monate |
| 1960 | 66 Jahre und 4 Monate |
| 1961 | 66 Jahre und 6 Monate |
| 1962 | 66 Jahre und 8 Monate |
| 1963 | 66 Jahre und 10 Monate. |

[3]Für
1. Beamte und Beamtinnen, die sich am 1. Januar 2011 in der Freistellungsphase der Altersteilzeit nach Art. 91 oder bei einer ungleichmäßigen Verteilung der Arbeitszeit auf Grund eines Arbeitszeitmodells nach Art. 87 Abs. 3 oder Art. 88 Abs. 4 bis zum Ruhestand befinden,
2. Beamte und Beamtinnen, die am 1. Januar 2011 nach Art. 89 oder 90 bis zum Beginn des Ruhestands beurlaubt sind,
3. Lehrkräfte an öffentlichen Schulen, die sich am 1. Januar 2011 in der Ansparphase der Altersteilzeit im Blockmodell (Art. 91 Abs. 2 Satz 1 Nr. 2) befinden,
findet Art. 62 in der am 31. Dezember 2010 geltenden Fassung Anwendung.

(2) [1]Für Beamte und Beamtinnen, die vor dem 1. Januar 1952 geboren sind, finden Art. 129 bis 132 in der am 31. Dezember 2010 geltenden Fassung Anwendung. [2]Für Beamte und Beamtinnen, die nach dem 31. Dezember 1951 und vor dem 1. Januar 1964 geboren sind, gilt als Altersgrenze abweichend von Art. 129 bis 132 das Ende des Monats, in dem das nach folgender Tabelle maßgebliche Lebensalter erreicht wird:

| **Beamte und Beamtinnen des Geburtsjahrgangs/-monats** | **Lebensalter** |
|---|---|
| 1952 | |
| Januar – Juni | 60 Jahre und 1 Monat |
| Juli – Dezember | 60 Jahre und 2 Monate |
| 1953 | |
| Januar – Juni | 60 Jahre und 3 Monate |
| Juli – Dezember | 60 Jahre und 4 Monate |

| 1954 | |
| --- | --- |
| Januar – Juni | 60 Jahre und 5 Monate |
| Juli – Dezember | 60 Jahre und 6 Monate |
| 1955 | |
| Januar – Juni | 60 Jahre und 7 Monate |
| Juli – Dezember | 60 Jahre und 8 Monate |
| 1956 | |
| Januar – Juni | 60 Jahre und 9 Monate |
| Juli – Dezember | 60 Jahre und 10 Monate |
| 1957 | 60 Jahre und 11 Monate |
| 1958 | 61 Jahre |
| 1959 | 61 Jahre und 2 Monate |
| 1960 | 61 Jahre und 4 Monate |
| 1961 | 61 Jahre und 6 Monate |
| 1962 | 61 Jahre und 8 Monate |
| 1963 | 61 Jahre und 10 Monate. |

³Für
1. Beamte und Beamtinnen, die sich am 1. Januar 2011 in der Freistellungsphase der Altersteilzeit nach Art. 91 oder bei einer ungleichmäßigen Verteilung der Arbeitszeit auf Grund eines Arbeitszeitmodells nach Art. 87 Abs. 3 oder Art. 88 Abs. 4 bis zum Ruhestand befinden,
2. Beamte und Beamtinnen, die am 1. Januar 2011 nach Art. 89 oder 90 bis zum Beginn des Ruhestands beurlaubt sind,

finden Art. 129 bis 132 in der am 31. Dezember 2010 geltenden Fassung Anwendung.

**Art. 144 Übergangsregelungen zur Beihilfe.** (1) ¹Nur Arbeitnehmern im Dienst der in Art. 1 Abs. 1 genannten Körperschaften, Anstalten und Stiftungen, deren Arbeitnehmer- oder Ausbildungsverhältnis bereits vor dem 1. Januar 2001 begründet wurde, wird für die Fortdauer des Arbeitnehmerverhältnisses weiterhin Beihilfe nach Art. 20 Abs. 3 BayBesG in der bis zum 31. Dezember 2000 geltenden Fassung gewährt. ²Hinsichtlich von Kindern eines Beamten oder einer Beamtin, eines Richters oder einer Richterin, die am 31. Dezember 2016 in einem Beamtenverhältnis tätig sind, wird Art. 96 Abs. 1 und 3 Satz 3 in der am 31. Dezember 2016 geltenden Fassung weiter angewendet, bis sie die Ausbildung beendet oder die kindergeldrechtliche Höchstaltersgrenze erreicht haben.

(2) Für Aufwendungen, die bis zum 1. Januar 2020 entstanden und in Rechnung gestellt worden sind, ist Art. 96 Abs. 3a in der bis zum Ablauf des 31. Dezember 2019 geltenden Fassung* weiter anzuwenden.

---

\* *Art. 96 Abs. 3a BayBG in der bis zum Ablauf des 31. Dezember 2019 geltenden Fassung lautete:*
  *(3a) Eine Beihilfe wird nur gewährt, wenn sie innerhalb eines Jahres nach Entstehung der Aufwendungen oder der Ausstellung der Rechnung beantragt wird.*

**Art. 145 Vertraglich Beschäftigte im öffentlichen Dienst.** (1) Für Personen, die auf Grund eines Vertrages im Dienst einer der in Art. 1 Abs. 1 genannten juristischen Personen des öffentlichen Rechts stehen, gelten vorbehaltlich einer Regelung durch Tarifvertrag die beamtenrechtlichen Vorschriften zum Verbot der Gesichtsverhüllung entsprechend.

(2) Für Personen, die auf Grund eines Vertrages im Dienst einer der in Art. 1 Abs. 1 genannten juristischen Personen des öffentlichen Rechts stehen, gelten vorbehaltlich einer Regelung durch Tarifvertrag § 50 BeamtStG und Art. 103 bis 111 entsprechend; Art. 110 gilt mit der Maßgabe entsprechend, dass nicht durch Gesetz oder Tarifvertrag längere Fristen vorgesehen sind.

**Art. 146** *(aufgehoben)*

**Art. 147 Inkrafttreten.** [1]Dieses Gesetz tritt am 1. April 2009 in Kraft. [2]Abweichend von Satz 1 treten Art. 45 Abs. 12 Nr. 1 und Abs. 14 mit Wirkung vom 1. April 2007 in Kraft.

# LlbG 72

# Gesetz über die Leistungslaufbahn und die Fachlaufbahnen der bayerischen Beamten und Beamtinnen (Leistungslaufbahngesetz – LlbG)

(BayRS 2030-1-4-F) vom 5. August 2010 (GVBl. S. 410), zuletzt geändert durch Gesetz vom 24. Juli 2020 (GVBl. S. 368)

### INHALTSÜBERSICHT*

### TEIL 1
### Allgemeines

- Art. 1 Geltungsbereich
- Art. 2 Begriffsbestimmungen
- Art. 3 Zuständigkeiten und Beteiligungen
- Art. 4 Allgemeine laufbahnrechtliche Voraussetzungen für die Berufung in das Beamtenverhältnis
- Art. 5 Leistung slaufbahn und Fachlaufbahnen
- Art. 6 Qualifikationserwerb
- Art. 7 Vorbildung
- Art. 8 Ausbildung
- Art. 9 Wechsel innerhalb und zwischen den Fachlaufbahnen
- Art. 10 Übernahme von Beamten und Beamtinnen und Wiedereinstellung früherer Beamter und Beamtinnen von Dienstherren innerhalb des Geltungsbereichs des Bayerischen Beamtengesetzes
- Art. 11 Sicherung der Mobilität
- Art. 12 Zweck, Art und Dauer der Probezeit im Sinn des § 4 Abs. 3 Buchst. a BeamtStG
- Art. 13 Probezeit im Sinn des § 4 Abs. 3 Buchst. b BeamtStG in Ämtern mit leitender Funktion im Beamtenverhältnis auf Probe
- Art. 14 Einstellung
- Art. 15 Dienstzeiten
- Art. 16 Übertragung höherwertiger Dienstposten
- Art. 17 Beförderungen
- Art. 17a Fiktive Laufbahnnachzeichnung
- Art. 18 Sonderregelung für Beförderungen
- Art. 19 Dienstposten an obersten Landesbehörden
- Art. 20 Modulare Qualifizierung
- Art. 21 Schwerbehinderte Menschen

### TEIL 2
### Regelbewerber und Regelbewerberinnen

#### Abschnitt 1
#### Gemeinsame Vorschriften

##### Unterabschnitt 1
##### Prüfungen

- Art. 22 Arten der Prüfungen, Prüfungsgrundsätze, Prüfungsordnungen, besondere Auswahlverfahren, Verordnungsermächtigung
- Art. 23 Zulassung zu den Prüfungen
- Art. 24 Bekanntmachung von Prüfungen

##### Unterabschnitt 2
##### Vorbereitungsdienst

- Art. 25 Grundsätze
- Art. 26 Einstellung in den Vorbereitungsdienst
- Art. 27 Gestaltung des Vorbereitungsdienstes
- Art. 28 Qualifikationsprüfung, Einstellung in das Beamtenverhältnis auf Probe
- Art. 29 Beendigung des Beamtenverhältnisses auf Widerruf

---

\* *Inhaltsübersicht nicht amtlich.*

## Abschnitt 2
### Öffentlich-rechtliches Ausbildungsverhältnis

- Art. 30 Zulassung
- Art. 31 Begründung des öffentlich-rechtlichen Ausbildungsverhältnisses
- Art. 32 Dienstpflichten
- Art. 33 Beendigung des öffentlich-rechtlichen Ausbildungsverhältnisses

### Abschnitt 3
### Qualifikationserwerb für fachliche Schwerpunkte mit Vorbereitungsdienst

- Art. 34 Einstellung in den Vorbereitungsdienst bei fachlichen Schwerpunkten mit technischer Ausrichtung
- Art. 35 Vorbereitungsdienst
- Art. 36 Probezeit
- Art. 37 Ausbildungsqualifizierung

### Abschnitt 4
### Sonstiger Qualifikationserwerb für eine Fachlaufbahn

- Art. 38 Gestaltungsgrundsätze
- Art. 39 Qualifikationsvoraussetzungen
- Art. 40 Feststellung des Qualifikationserwerbs

### Abschnitt 5
### Qualifikation von Bewerbern und Bewerberinnen aus Mitgliedstaaten

- Art. 41 Qualifikation auf Grund der Richtlinie 2005/36/EG
- Art. 42 Anwendungsbereich
- Art. 43 Anerkennung
- Art. 44 Antrag
- Art. 45 *(aufgehoben)*
- Art. 46 Entscheidung
- Art. 47 Notwendigkeit von Ausgleichsmaßnahmen
- Art. 48 Eignungsprüfung
- Art. 49 Anpassungslehrgang
- Art. 50 Abschluss des Anerkennungsverfahrens
- Art. 51 Berufsbezeichnung

## TEIL 3
### Andere Bewerber und Bewerberinnen

- Art. 52 Qualifikationsvoraussetzungen
- Art. 53 Probezeit

## TEIL 4
### Dienstliche Beurteilung

- Art. 54 Arten der dienstlichen Beurteilung
- Art. 55 Einschätzung während der Probezeit sowie Probezeitbeurteilung
- Art. 56 Periodische Beurteilung
- Art. 57 Zwischenbeurteilung
- Art. 58 Inhalt der periodischen Beurteilung und Zwischenbeurteilung
- Art. 59 Bewertung und Gesamturteil
- Art. 60 Zuständigkeit
- Art. 61 Eröffnung der dienstlichen Beurteilung
- Art. 62 Leistungsfeststellung für die Entscheidungen gemäß Art. 30 und 66 BayBesG; Öffnungsklausel für den nichtstaatlichen Bereich zu Art. 67 BayBesG
- Art. 63 *(aufgehoben)*
- Art. 64 Dienstliche Beurteilung von Lehrkräften
- Art. 65 Ausnahmegenehmigungen

## TEIL 5
### Fortbildung

- Art. 66 Grundsätze der Fortbildung

## TEIL 6
### Schluss- und Übergangsvorschriften

- Art. 67 Verordnungsermächtigung
- Art. 68 Ausnahmen, Verordnungsermächtigung
- Art. 69 Evaluation
- Art. 70 Übergangsregelungen
- Art. 70a Abweichungsmöglichkeiten aufgrund der Corona-Pandemie
- Art. 71 Außerkrafttreten

**Anlage 1**
(zu Art. 39)

**Anlage 2**
(zu Art. 49)

## TEIL 1
## Allgemeines

**Art. 1 Geltungsbereich.** (1) ¹Dieses Gesetz gilt für die Beamten und Beamtinnen des Staates, der Gemeinden, der Gemeindeverbände und der sonstigen unter der Aufsicht des Staates stehenden Körperschaften, Anstalten und Stiftungen des öffentlichen Rechts, soweit sich aus ihm nichts anderes ergibt. ²Es gilt für Richter und Richterinnen entsprechend, soweit durch besondere Rechtsvorschriften nichts anderes bestimmt ist.

(2) Dieses Gesetz gilt nicht für
1. Professoren und Professorinnen, ausgenommen Art. 55 Abs. 2 und 3,
2. Beamte und Beamtinnen auf Zeit, mit Ausnahme der Beamten und Beamtinnen in Ämtern mit leitender Funktion im Beamtenverhältnis auf Zeit (Art. 45 des Bayerischen Beamtengesetzes – BayBG),
3. Ehrenbeamte und Ehrenbeamtinnen,
4. Beamte und Beamtinnen der öffentlich-rechtlichen Religionsgesellschaften und ihrer Verbände.

(3) Mit Ausnahme des Teils 5 gilt dieses Gesetz nicht für den Polizeivollzugsdienst und die Beamten und Beamtinnen im Sicherheitsbereich des Landesamts für Verfassungsschutz, soweit Rechtsverordnungen nach Art. 68 Abs. 2 etwas anderes bestimmen.

(4) Für die Staatskanzlei und das Landtagsamt finden die für die Staatsministerien geltenden Vorschriften mit Ausnahme von Art. 67 entsprechende Anwendung.

**Art. 2 Begriffsbestimmungen.** (1) Einstellung ist eine Ernennung, durch die ein Beamtenverhältnis begründet wird.

(2) Beförderung ist eine Ernennung, durch die ein anderes Amt mit höherem Endgrundgehalt oder ein anderes Amt mit höherer Amtszulage verliehen wird.

(3) Soweit in diesem Gesetz der Begriff der obersten Dienstbehörde, des Dienstvorgesetzten bzw. Vorgesetzten oder der Begriff des Angehörigen verwendet wird, finden Art. 2 bis 4 und 135 BayBG Anwendung.

**Art. 3 Zuständigkeiten und Beteiligungen.** (1) ¹Entscheidungen nach diesem Gesetz trifft die oberste Dienstbehörde, wenn nichts anderes geregelt ist. ²Für den staatlichen Bereich kann sie ihre Zuständigkeit durch Rechtsverordnung auf die für die Ernennung zuständigen Behörden (Art. 18 BayBG) übertragen. ³Für den kommunalen Bereich finden Art. 34 der Bezirksordnung, Art. 38 der Landkreisordnung und Art. 43 der Gemeindeordnung Anwendung. ⁴Satz 2 gilt nicht in den Fällen des Art. 37 Abs. 2 Satz 2 Halbsatz 2, des Art. 60 Abs. 1 Satz 4 und soweit eine Antragstellung beim Landespersonalausschuss erforderlich ist.

(2) Soweit dieses Gesetz nichts anderes bestimmt, erlässt die zu seiner Durchführung erforderlichen Verwaltungsvorschriften das Staatsministerium der Finanzen und für Heimat im Benehmen mit den jeweils beteiligten Staats-

ministerien; Verwaltungsvorschriften, die nur den Geschäftsbereich eines Staatsministeriums oder des Obersten Rechnungshofs betreffen, erlässt dieses Staatsministerium oder der Oberste Rechnungshof.

(3) Art. 16 und 17 BayBG finden entsprechende Anwendung.

(4) Die Staatsministerien für Unterricht und Kultus und für Wissenschaft und Kunst regeln jeweils für ihren Zuständigkeitsbereich durch Verwaltungsvorschrift, welche Bildungsstände den nach diesem Gesetz vorgesehenen Bildungsvoraussetzungen gleichwertig sind.

**Art. 4 Allgemeine laufbahnrechtliche Voraussetzungen für die Berufung in das Beamtenverhältnis.** (1) Bewerber und Bewerberinnen können in das Beamtenverhältnis berufen werden, wenn sie die erforderliche Vorbildung besitzen (Regelbewerber und Regelbewerberinnen).

(2) [1]In das Beamtenverhältnis kann auch berufen werden, wer die erforderliche Qualifikation durch Lebens- und Berufserfahrung innerhalb oder außerhalb des öffentlichen Dienstes erworben hat (andere Bewerber und Bewerberinnen). [2]Dies gilt nicht für die Wahrnehmung solcher Aufgaben, für die eine bestimmte Vorbildung oder Ausbildung durch besondere Rechtsvorschrift vorgeschrieben ist oder die ihrer Eigenart nach eine besondere Vorbildung und Ausbildung zwingend erfordern. [3]Die Berufung anderer Bewerber und Bewerberinnen bedarf der Zustimmung des Landespersonalausschusses.

**Art. 5 Leistungslaufbahn und Fachlaufbahnen.** (1) Der Einstieg in die Leistungslaufbahn erfolgt entsprechend der Vor- und Ausbildung in einer der vier Qualifikationsebenen (Art. 7 und 8).

(2) [1]Innerhalb der Leistungslaufbahn bestehen folgende Fachlaufbahnen:
1. Verwaltung und Finanzen,
2. Bildung und Wissenschaft,
3. Justiz,
4. Polizei und Verfassungsschutz,
5. Gesundheit,
6. Naturwissenschaft und Technik.

[2]Soweit erforderlich, können innerhalb einer Fachlaufbahn fachliche Schwerpunkte gebildet werden. [3]Ein fachlicher Schwerpunkt umfasst alle Ämter, die auf Grund fachverwandter Vor- und Ausbildung und im Rahmen einer vorgesehenen modularen Qualifizierung erreicht werden können.

**Art. 6 Qualifikationserwerb.** (1) [1]Regelbewerber und Regelbewerberinnen erwerben die Qualifikation für eine Fachlaufbahn durch
1. Ableisten des Vorbereitungsdienstes und Bestehen der Qualifikationsprüfung,
2. Erwerb der Vorbildung und hauptberufliche Tätigkeit nach den Art. 38 bis 40,
3. Anerkennung eines in einem Mitgliedstaat im Sinn des Art. 42 Abs. 2 erworbenen Qualifikationsnachweises gemäß Art. 41 bis 51,

4. Anerkennung nach Art. 9 Abs. 2 oder 3 oder Art. 11 oder
5. Feststellung der Staatsministerien gemäß Abs. 2.

²In der ersten Qualifikationsebene entfällt die Qualifikationsprüfung.

(2) ¹Soweit die Einrichtung von fachlichen Schwerpunkten, die keinen Vorbereitungsdienst und keine Qualifikationsprüfung vorsehen und die auch nicht nach Art. 38 bis 40 geregelt sind, erforderlich ist, können die Staatsministerien die Qualifikation für eine Fachlaufbahn im Einzelfall feststellen. ²Die Qualifikationsvoraussetzungen müssen den für die betreffende Qualifikationsebene allgemein vorgeschriebenen Voraussetzungen gleichwertig sein.

(3) ¹Andere Bewerber und Bewerberinnen erwerben die Qualifikation durch Lebens- und Berufserfahrung innerhalb oder außerhalb des öffentlichen Dienstes. ²Die Qualifikation ist vor der Einstellung gemäß Art. 52 Abs. 2 festzustellen.

**Art. 7 Vorbildung.** (1) ¹Für den Einstieg in einer Qualifikationsebene ist, soweit dieses Gesetz keine abweichenden Regelungen trifft, mindestens folgende Vorbildung erforderlich:
1. für die erste Qualifikationsebene der erfolgreiche Hauptschul- oder Mittelschulabschluss,
2. für die zweite Qualifikationsebene der mittlere Schulabschluss oder der qualifizierende Hauptschul- oder Mittelschulabschluss; für einzelne Bereiche können auch Bewerber und Bewerberinnen zugelassen werden, die den Hauptschul- oder Mittelschulabschluss und eine abgeschlossene förderliche Berufsausbildung nachweisen,
3. für die dritte Qualifikationsebene die Fachhochschulreife oder eine andere Hochschulreife,
4. für die vierte Qualifikationsebene die Erste Staatsprüfung, die Erste Juristische Prüfung, ein Diplom- oder Magisterabschluss oder eine vergleichbare Qualifikation an einer Universität oder Kunsthochschule oder ein Masterabschluss.

²In den Fällen des Satzes 1 Nrn. 1 bis 3 kann auch ein vom Staatsministerium für Unterricht und Kultus als gleichwertig anerkannter Bildungsstand gefordert werden.

(2) ¹Für die Fachlehrer und Fachlehrerinnen sowie die Förderlehrer und Förderlehrerinnen kann in Rechtsverordnungen nach Art. 67 von Abs. 1 Satz 1 Nr. 3 abgewichen werden. ²Als Vorbildungsvoraussetzung kann ein Realschulabschluss oder ein vom Staatsministerium für Unterricht und Kultus als gleichwertig anerkannter Bildungsstand ausreichend sein.

**Art. 8 Ausbildung.** (1) ¹Der Vorbereitungsdienst vermittelt die berufliche Grundbildung sowie die fachlichen Kenntnisse, Methoden und berufspraktischen Fähigkeiten für den Einstieg in einer Qualifikationsebene. ²Der Vorbereitungsdienst besteht aus einer fachtheoretischen und einer berufspraktischen Ausbildung. ³Die Zulassung zum Vorbereitungsdienst darf nicht deshalb abgelehnt werden, weil die vorgeschriebene Vorbildung außerhalb des Geltungsbereichs dieses Gesetzes im Inland erworben wurde.

(2) ¹Der Vorbereitungsdienst dauert, soweit dieses Gesetz keine abweichenden Regelungen trifft, bei einem Einstieg in der
1. ersten Qualifikationsebene bis zu einem Jahr,
2. zweiten Qualifikationsebene zwei Jahre, wobei die fachtheoretische Ausbildung in der Regel sechs Monate beträgt,
3. dritten Qualifikationsebene drei Jahre; der Vorbereitungsdienst vermittelt in einem Studiengang einer Fachhochschule oder in einem gleichstehenden Studiengang mit mindestens 18monatiger fachtheoretischer und mindestens 12monatiger berufspraktischer Studienzeit die zur Aufgabenerfüllung notwendigen wissenschaftlichen Erkenntnisse und Methoden sowie die berufspraktischen Fähigkeiten und Kenntnisse.
4. vierten Qualifikationsebene mindestens zwei Jahre.
²Für die Fachlehrer und Fachlehrerinnen sowie die Förderlehrer und Förderlehrerinnen kann in Rechtsverordnungen nach Art. 67 von Satz 1 Nr. 3 abgewichen werden.

(3) ¹Im Rahmen des Vorbereitungsdienstes ist eine Qualifikationsprüfung nach den Grundsätzen des Art. 22 Abs. 3 abzulegen. ²Satz 1 gilt nicht für den Einstieg in der ersten Qualifikationsebene. ³Soweit der Vorbereitungsdienst auf eine Ausbildung in fachbezogenen Schwerpunktbereichen beschränkt ist, sind Gegenstand der Qualifikationsprüfung deren Ausbildungsinhalte.

**Art. 9 Wechsel innerhalb und zwischen den Fachlaufbahnen.** (1) ¹Ein Wechsel innerhalb derselben Fachlaufbahn ist zulässig, soweit nicht für den neuen fachlichen Schwerpunkt eine bestimmte Vorbildung, Ausbildung oder Prüfung durch besondere Rechtsvorschrift vorgeschrieben oder nach ihrer Eigenart zwingend erforderlich ist. ²Der Wechsel bedarf der Zustimmung der zuständigen aufnehmenden obersten Dienstbehörde. ³Die oberste Dienstbehörde kann die Zustimmung auch vom Nachweis einer erfolgreichen Unterweisung oder erfolgreicher Fortbildungsmaßnahmen abhängig machen.

(2) ¹Ein Wechsel zwischen den Fachlaufbahnen ist zulässig, wenn die Qualifikation für die neue Fachlaufbahn auf Grund der bisherigen Vorbildung, Ausbildung und Tätigkeit durch Unterweisung, förderliche praktische Tätigkeiten oder zusätzliche Fortbildungsmaßnahmen erworben werden kann. ²Ein Wechsel ist ausgeschlossen, wenn für die neue Fachlaufbahn oder den neuen fachlichen Schwerpunkt eine bestimmte Vorbildung, Ausbildung oder Prüfung durch besondere Rechtsvorschrift vorgeschrieben oder nach ihrer Eigenart zwingend erforderlich ist. ³Über die Anerkennung der Qualifikation entscheidet die aufnehmende oberste Dienstbehörde mit Zustimmung des Landespersonalausschusses. ⁴Der Landespersonalausschuss kann über die Art der Unterweisung, über förderliche praktische Tätigkeiten und über die Fortbildungsmaßnahmen besondere Regelungen treffen.

(3) ¹Polizeivollzugsbeamte und Polizeivollzugsbeamtinnen, die nach Art. 48 Abs. 2, Art. 128 Abs. 3 BayBG in Verbindung mit § 26 Abs. 1 Satz 3, Abs. 2, 3 oder § 29 Abs. 2 des Beamtenstatusgesetzes (BeamtStG) in die Fachlaufbahn „Verwaltung und Finanzen" übernommen werden sollen, erwerben die Qualifi-

kation für die neue Fachlaufbahn durch Unterweisung und eine mindestens einjährige Tätigkeit. ²Über die Anerkennung der Qualifikation entscheidet die aufnehmende oberste Dienstbehörde.

**Art. 10 Übernahme von Beamten und Beamtinnen und Wiedereinstellung früherer Beamter und Beamtinnen von Dienstherren innerhalb des Geltungsbereichs des Bayerischen Beamtengesetzes.** (1) ¹Bei der Übernahme von Beamten und Beamtinnen von Dienstherren innerhalb des Geltungsbereichs des Bayerischen Beamtengesetzes kann von der vorgeschriebenen Probezeit abgesehen werden, wenn die Beamten und Beamtinnen bereits in das Beamtenverhältnis auf Lebenszeit in derselben Qualifikationsebene berufen worden sind. ²Die Probezeit gilt als abgeleistet, soweit sie nach dem Erwerb der Qualifikation für dieselbe Fachlaufbahn in derselben Qualifikationsebene zurückgelegt wurde. ³Von einer erneuten Probezeit kann auch dann abgesehen werden, wenn ein Beamter oder eine Beamtin auf Lebenszeit außerhalb der modularen Qualifizierung (Art. 20) die Voraussetzungen für eine höhere Qualifikationsebene erworben hat und in diese übernommen wird. ⁴Die Übernahme kann von einer höchstens einjährigen Bewährungszeit abhängig gemacht werden; während der Bewährungszeit bleibt die bisherige Rechtsstellung unverändert.

(2) ¹Bei der Übernahme von Beamten und Beamtinnen von Dienstherren innerhalb des Geltungsbereichs des Bayerischen Beamtengesetzes ist die Einstellung in einem höheren Amt als dem besoldungsrechtlich festgelegten Eingangsamt zulässig, wenn die Übernahme in einem der letzten Dienststellung gleichwertigen Amt erfolgt. ²Erfolgt die Übernahme in einem höheren Amt als dem bisherigen Amt, so sind die Vorschriften über Beförderungen anzuwenden.

(3) Abs. 1 und 2 sind bei der Wiedereinstellung früherer Beamter und Beamtinnen von Dienstherren innerhalb des Geltungsbereichs des Bayerischen Beamtengesetzes entsprechend anzuwenden.

**Art. 11 Sicherung der Mobilität.** (1) In ein Beamtenverhältnis nach Art. 1 Abs. 1 BayBG kann übernommen werden, wer auf Grund einer Qualifikation entsprechend den Laufbahnvorschriften des Bundes oder eines anderen Landes sowie seines individuellen Berufswegs einen Stand an Wissen und Fertigkeiten aufweist, der den nach bayerischen Vorschriften erforderlichen Qualifikation gleichwertig ist.

(2) ¹Eine auf Grund von Abs. 1 erworbene Qualifikation erkennt die oberste Dienstbehörde an; im nichtstaatlichen Bereich bedarf es der Zustimmung des Landespersonalausschusses. ²Die oberste Dienstbehörde kann zusätzliche Unterweisungs- oder Fortbildungsmaßnahmen anordnen.

(3) Bei der Übernahme von Beamten und Beamtinnen und der Wiedereinstellung früherer Beamter und Beamtinnen von Dienstherren außerhalb des Geltungsbereichs des Bayerischen Beamtengesetzes ist dieses Gesetz anzuwenden; dies gilt nicht, wenn die Übernahme kraft Gesetzes oder auf Grund eines Rechtsanspruchs in ihrer bisherigen Rechtsstellung erfolgt.

**Art. 12 Zweck, Art und Dauer der Probezeit im Sinn des § 4 Abs. 3 Buchst. a BeamtStG.** (1) [1]Die Probezeit im Sinn des § 4 Abs. 3 Buchst. a BeamtStG hat den Zweck unter Anlegung eines strengen Maßstabs festzustellen, ob allen Anforderungen des Beamtenverhältnisses auf Lebenszeit dauerhaft Genüge getan werden kann. [2]Während der Probezeit soll sich der Beamte oder die Beamtin nach Erwerb der Qualifikation für seine oder ihre Fachlaufbahn für das Beamtenverhältnis auf Lebenszeit in dieser Fachlaufbahn bewähren. [3]Die Probezeit soll insbesondere unter Berücksichtigung der Arbeitsergebnisse zeigen, ob der Beamte oder die Beamtin nach Eignung, Befähigung und fachlicher Leistung in der Lage ist, die Aufgaben der Fachlaufbahn in jeder Hinsicht dauerhaft zu erfüllen. [4]Während der Probezeit soll der Einsatz auf verschiedenen Dienstposten erfolgen, soweit keine dienstlichen Gründe entgegenstehen. [5]Bei der Berechnung der Probezeit ist Art. 15 Abs. 2 entsprechend anzuwenden.

(2) [1]Die Art der Probezeit ist nach den Erfordernissen in den einzelnen Fachlaufbahnen und Qualifikationsebenen festzusetzen. [2]Die regelmäßige Probezeit dauert zwei Jahre.

(3) [1]Zeiten von Beurlaubungen unter vollständiger oder teilweiser Fortgewährung der Leistungen des Dienstherrn gelten als Probezeit. [2]Die Probezeit verlängert sich um Zeiten einer Beurlaubung unter Fortfall des Anspruchs auf Leistungen des Dienstherrn. [3]Auf die Probezeit können solche Zeiten angerechnet werden, die nach Art. 15 Abs. 4 Satz 1 Nr. 2 bis 5 als Dienstzeit gelten. [4]Zeiten gemäß Art. 15 Abs. 4 Satz 1 Nr. 5 können nur im Umfang von bis zu sechs Monaten angerechnet werden. [5]Bei einer Anrechnung ist Art. 15 Abs. 2 entsprechend anzuwenden. [6]Es ist jedoch eine Probezeit im Umfang von mindestens sechs Monaten abzuleisten. [7]Über die Anrechnung entscheidet die oberste Dienstbehörde. [8]Die oberste Dienstbehörde kann ausnahmsweise von der Mindestprobezeit absehen, wenn an der Beurlaubung ein besonderes dienstliches Interesse besteht und der Zweck der Probezeit auch während der in der Beurlaubung ausgeführten Tätigkeit erfüllt werden kann.

(4) [1]Hat sich der Beamte oder die Beamtin bis zum Ablauf der Probezeit noch nicht bewährt oder ist er oder sie noch nicht geeignet, kann die Probezeit bis zu einer Gesamtdauer von fünf Jahren verlängert werden. [2]Die Entscheidung trifft die oberste Dienstbehörde.

(5) Beamte und Beamtinnen, die sich nicht bewährt haben oder nicht geeignet sind, werden entlassen.

**Art. 13 Probezeit im Sinn des § 4 Abs. 3 Buchst. b BeamtStG in Ämtern mit leitender Funktion im Beamtenverhältnis auf Probe.** (1) [1]Für Ämter mit leitender Funktion, die auf Grund von Art. 46 BayBG zunächst im Beamtenverhältnis auf Probe vergeben werden, beträgt die Probezeit zwei Jahre. [2]Eine Verkürzung der Probezeit kann zugelassen werden; die Mindestprobezeit beträgt ein Jahr. [3]Art. 15 Abs. 2 gilt entsprechend. [4]Zeiten, in denen die leitende oder eine vergleichbare Funktion bereits übertragen worden ist, werden auf die Probezeit angerechnet. [5]Über die Verkürzung der Probezeit entscheidet die

Leistungslaufbahngesetz **LlbG 72**

oberste Dienstbehörde. [6]An Stelle der zuständigen obersten Dienstbehörden entscheiden im Rahmen ihrer Ernennungszuständigkeit über die Verkürzung der Probezeit die Staatsregierung gemäß Art. 18 Abs. 1 BayBG und für die Beamten und Beamtinnen des Landtags das Präsidium des Landtags.

(2) Die Entscheidung über das Ergebnis der Probezeit trifft die oberste Dienstbehörde durch schriftliche Feststellung; Abs. 1 Satz 6 gilt entsprechend.

**Art. 14 Einstellung.** (1) [1]Die Einstellung ist nur in dem besoldungsrechtlich festgelegten Eingangsamt zulässig. [2]Die oberste Dienstbehörde kann von Satz 1 Ausnahmen im Einzelfall zulassen; in einer Gruppe von Fällen bedarf es der Zustimmung des Staatsministeriums der Finanzen und für Heimat. [3]Eine Ausnahme nach Satz 2 ist dann zulässig, wenn der Bewerber oder die Bewerberin für das zu übertragende Amt geeignet erscheint, durch berufliche Tätigkeiten innerhalb oder außerhalb des öffentlichen Dienstes die den Anforderungen entsprechende Erfahrung erworben hat und an der Gewinnung ein dienstliches Interesse besteht.

(2) [1]Haben sich die Anforderungen an die fachliche Eignung für die Einstellung in den öffentlichen Dienst in der Zeit erhöht, in der sich die Bewerbung um Einstellung infolge der Geburt oder der Betreuung eines Kindes verzögert hat, und ist die Bewerbung innerhalb von drei Jahren nach der Geburt dieses Kindes oder sechs Monate nach Erfüllung der ausbildungsmäßigen Einstellungsvoraussetzungen erfolgt, so ist der Grad der fachlichen Eignung nach den Anforderungen zu prüfen, die zu einem Zeitpunkt bestanden haben, zu dem die Bewerbung ohne die Geburt oder die Betreuung des Kindes hätte erfolgen können. [2]Führt die Prüfung zu dem Ergebnis, dass der Bewerber oder die Bewerberin ohne diese Verzögerung eingestellt worden wäre, kann er oder sie vor anderen Bewerbern und Bewerberinnen eingestellt werden. [3]Die Zahl der Stellen, die diesen Bewerbern und Bewerberinnen in einem Einstellungstermin vorbehalten werden kann, bestimmt sich nach dem zahlenmäßigen Verhältnis der Bewerber und Bewerberinnen mit Verzögerung zu denjenigen ohne eine solche Verzögerung; Bruchteile von Stellen sind zugunsten der betroffenen Bewerber oder Bewerberinnen aufzurunden. [4]Für die Berechnung des Zeitraums der Verzögerung sind nur die einen Anspruch auf Elternzeit nach § 15 Abs. 1 Satz 1 und Abs. 2 des Bundeselterngeld- und Elternzeitgesetzes (BEEG) begründenden Zeiten sowie die Zeiten nach § 3 Abs. 2 und § 6 Abs. 1 des Mutterschutzgesetzes zu berücksichtigen. [5]Sätze 1 bis 3 gelten entsprechend, wenn sich die Bewerbung um Einstellung nur wegen der tatsächlichen Pflege eines nach ärztlichem Gutachten pflegebedürftigen sonstigen Angehörigen im Sinn des Art. 2 Abs. 3 in Verbindung mit Art. 4 BayBG verzögert. [6]Der nach Satz 5 berücksichtigungsfähige Zeitraum beträgt längstens drei Jahre.

**Art. 15 Dienstzeiten.** (1) [1]Dienstzeiten, die Voraussetzung für eine Beförderung oder für die Zulassung zur Ausbildungsqualifizierung sind, rechnen von der Begründung eines Beamtenverhältnisses auf Lebenszeit (allgemeiner Dienstzeitbeginn). [2]Art. 37 Abs. 2 bleibt unberührt.

(2) Zeiten einer Beschäftigung mit einer ermäßigten Arbeitszeit werden bei der Berechnung der Dienstzeit in vollem Umfang berücksichtigt.

(3) ¹Der allgemeine Dienstzeitbeginn wird vorverlegt um
1. Zeiten einer Beschäftigung nach dem Erwerb der Qualifikation für eine Fachlaufbahn, die vor der Berufung in das Beamtenverhältnis auf Probe in einem Beamtenverhältnis auf Zeit ausgeübt wurden,
2. a) Zeiten des Wehr- oder Zivildienstes, eines Entwicklungshelferdienstes oder eines freiwilligen sozialen oder freiwilligen ökologischen Jahres, soweit das Arbeitsplatzschutzgesetz, das Zivildienstgesetz, das Entwicklungshelfer-Gesetz oder das Soldatenversorgungsgesetz einen Ausgleich dadurch eingetretener Verzögerungen anordnet und mit diesen Zeiten die Pflicht, Grundwehrdienst oder Zivildienst abzuleisten, erloschen ist; ist eine Berücksichtigung der Zeiten gemäß der Regelung nach Buchst. b günstiger, findet diese Anwendung,
   b) Zeiten eines freiwilligen Wehrdienstes nach dem Soldatengesetz, eines Bundesfreiwilligendienstes nach dem Bundesfreiwilligendienstgesetz, eines freiwilligen sozialen oder freiwilligen ökologischen Jahres nach dem Jugendfreiwilligendienstegesetz, eines Entwicklungshelferdienstes nach dem Entwicklungshelfer-Gesetz oder eines Freiwilligendienstes im Sinn des § 32 Abs. 4 Satz 1 Nr. 2 Buchst. d des Einkommensteuergesetzes im Umfang von insgesamt höchstens 24 Monaten,
3. Zeiten der Inanspruchnahme von Elternzeit während der Probezeit sowie um Zeiten der Beurlaubung nach Art. 89 Abs. 1 Nr. 1 BayBG während der Probezeit im Umfang von bis zu 36 Monaten.

²Der allgemeine Dienstzeitbeginn soll vorverlegt werden um
1. Zeiten einer förderlichen hauptberuflichen Tätigkeit im öffentlichen Dienst, die nach dem Erwerb der Qualifikation für eine Fachlaufbahn, aber vor der Berufung in das Beamtenverhältnis auf Probe abgeleistet wurden,
2. Zeiten der tatsächlichen Betreuung oder Pflege von mindestens einem Kind unter 18 Jahren oder einem nach ärztlichem Gutachten pflegebedürftigen sonstigen Angehörigen während der Schulausbildung oder während der für den Qualifikationserwerb (Art. 6) notwendigen Zeiten im Umfang von bis zu 36 Monaten.

³Unbeschadet der Sätze 1 und 2 kann die oberste Dienstbehörde den allgemeinen Dienstzeitbeginn ausnahmsweise um weitere Zeiten vorverlegen, wenn ein besonderes dienstliches Interesse besteht. ⁴Zeiten nach den Sätzen 1 bis 3 können nur in dem Umfang Berücksichtigung finden, als nicht bereits eine Anrechnung gemäß Art. 12 Abs. 3 Satz 3 oder Art. 36 Abs. 2 und 3 erfolgt ist.

(4) ¹Als Dienstzeit gelten auch
1. die Zeiten von Beurlaubungen unter vollständiger oder teilweiser Fortgewährung der Leistungen des Dienstherrn,
2. die Zeiten von Beurlaubungen unter Fortfall des Anspruchs auf Leistungen des Dienstherrn bei einer Verwendung im öffentlichen Dienst einer zwischenstaatlichen oder überstaatlichen Einrichtung, für Aufgaben der Ent-

wicklungshilfe oder an einer deutschen Schule im Ausland oder einer europäischen Schule oder an einer staatlich genehmigten oder anerkannten privaten Schule oder als DAAD-Lektor oder DAAD-Lektorin an einer Universität im Ausland,
3. die Zeiten von Beurlaubungen unter Fortfall des Anspruchs auf Leistungen des Dienstherrn zur Ausübung einer Tätigkeit bei Fraktionen des Europäischen Parlaments, des Deutschen Bundestags und des Bayerischen Landtags sowie bei Parteien oder Wählervereinigungen und für eine Tätigkeit bei kommunalen Vertretungskörperschaften oder bei kommunalen Spitzenverbänden bis zur Dauer von insgesamt zehn Jahren,
4. im Übrigen die Zeiten von Beurlaubungen unter Fortfall des Anspruchs auf Leistungen des Dienstherrn, die überwiegend dienstlichen Interessen oder öffentlichen Belangen dienen, bis zur Dauer von insgesamt sechs Jahren,
5. Zeiten der Inanspruchnahme von Elternzeit sowie Zeiten der Beurlaubung nach Art. 89 Abs. 1 Nr. 1 BayBG; Zeiten werden im Umfang von bis zu 36 Monaten, vermindert um die Zeiten, um die der allgemeine Dienstzeitbeginn nach Abs. 3 Satz 1 Nr. 3 und Satz 2 Nr. 2 vorverlegt wurde, berücksichtigt.
²Treffen bei einer Person Zeiten von Beurlaubungen nach Satz 1 Nrn. 3 und 4 zusammen, so werden sie insgesamt bis zur Dauer von zehn Jahren berücksichtigt. ³Bei Beurlaubungen nach Satz 1 Nr. 3 kann in besonders gelagerten Fällen die oberste Dienstbehörde weitere Zeiten einer Beurlaubung als Dienstzeit berücksichtigen.

**Art. 16 Übertragung höherwertiger Dienstposten.** (1) ¹Bei der Übertragung höherwertiger Dienstposten ist ausschließlich nach dem Leistungsgrundsatz zu verfahren. ²Es muss zu erwarten sein, dass der Beamte oder die Beamtin den Anforderungen des höherwertigen Dienstpostens nach Eignung, Befähigung und fachlicher Leistung gewachsen ist. ³Das Vorliegen für den Dienstposten zwingend erforderlicher Anforderungen ist zu beachten. ⁴Grundlagen für die Entscheidung des Dienstherrn können dienstliche Beurteilungen und wissenschaftlich fundierte Auswahlverfahren, wie insbesondere systematisierte Personalauswahlgespräche, strukturierte Interviews oder Assessment-Center sein, sofern diese von Auswahlkommissionen durchgeführt werden. ⁵Werden für eine Auswahlentscheidung dienstliche Beurteilungen sowie weitere verschiedene Auswahlmethoden nach Satz 4 verwandt, bestimmt der Dienstherr die Gewichtung.

(2) ¹Sofern im Rahmen der Entscheidung über die Besetzung höherwertiger Dienstposten dienstliche Beurteilungen berücksichtigt werden und sich beim Vergleich der Gesamturteile der Beurteilungen kein Vorsprung einer der Bewerbungen ergibt, sind die darin enthaltenen Einzelkriterien gegenüber zu stellen (Binnendifferenzierung). ²In den Vergleich der Einzelkriterien sind nur die wesentlichen Beurteilungskriterien einzubeziehen. ³Diese bestimmen sich wie folgt:
1. bei einer Führungsfunktion:
   a) Führungserfolg (Art. 58 Abs. 3 Nr. 1 Buchst. e) und
   b) Führungspotential (Art. 58 Abs. 3 Nr. 2 Buchst. e);

2. bei einer sachbearbeitenden Funktion:
    a) Fachkenntnis (Art. 58 Abs. 3 Nr. 3 Buchst. a) und
    b) Entscheidungsfreude (Art. 58 Abs. 3 Nr. 2 Buchst. d);
3. bei Beamten und Beamtinnen mit einer Führungsfunktion, die für Sachbearbeitungsaufgaben in Frage kommen:
    a) Fachkenntnis (Art. 58 Abs. 3 Nr. 3 Buchst. a) und
    b) Entscheidungsfreude (Art. 58 Abs. 3 Nr. 2 Buchst. d);
4. bei Beamten und Beamtinnen mit einer sachbearbeitenden Funktion, die für Führungsaufgaben in Frage kommen:
    a) Fachkenntnis (Art. 58 Abs. 3 Nr. 3 Buchst. a),
    b) Entscheidungsfreude (Art. 58 Abs. 3 Nr. 2 Buchst. d) und
    c) Führungspotential (Art. 58 Abs. 3 Nr. 2 Buchst. e).

[4]Die obersten Dienstbehörden können für bestimmte Verwaltungsbereiche oder Aufgabenfelder aus den gemäß Art. 58 Abs. 3 und 6 Sätze 2 und 3 vorgesehenen Beurteilungskriterien weitere oder andere Kriterien sowie anderweitige Differenzierungen bei den zugrunde liegenden Gruppen festlegen. [5]Sätze 3 und 4 gelten nicht, soweit im Rahmen der Art. 64 und 65 abweichende Beurteilungssysteme verwandt werden.

(3) Abs. 2 Sätze 2 bis 5 finden im Anwendungsbereich des Art. 5 des Bayerischen Richter- und Staatsanwaltsgesetzes (BayRiStAG) keine Anwendung.

(4) [1]Soweit höherwertige Dienstposten auf Grund von Ranglisten übertragen werden, kann die Unterrichtung unterlegener Bewerber und Bewerberinnen auch dadurch erfolgen, dass ihnen die die Entscheidung tragenden Kriterien anonymisiert mitgeteilt werden, soweit sie ihnen nicht bereits bekannt sind. [2]Diese Mitteilung kann durch elektronische Informationssysteme erfolgen, soweit sie den Bewerbern und Bewerberinnen üblicherweise zugänglich sind.

(5) [1]Der Übertragung eines höheren Amtes im Weg der Beförderung oder der Ausbildungsqualifizierung muss eine Bewährung in den Dienstgeschäften dieses Amtes vorangegangen sein. [2]Die Erprobungszeit (Art. 17 Abs. 1 Satz 3 Nr. 2) beträgt mindestens drei Monate und soll sechs Monate nicht überschreiten; vor der Übertragung eines Amtes im Weg der Ausbildungsqualifizierung kann sie im Ausnahmefall bis zu einem Jahr betragen.[3]Die Erprobungszeit entfällt,
1. soweit sich der Beamte oder die Beamtin auf einem gleichwertigen Dienstposten bereits bewährt hat,
2. in den Fällen der Art. 45 und 46 BayBG.

[4]Im Anwendungsbereich des Art. 25 Satz 2 oder 3 des Bayerischen Besoldungsgesetzes (BayBesG) kann in den Fällen der Ausbildungsqualifizierung von der Erprobungszeit abgesehen werden. [5]Bewährt sich der Beamte oder die Beamtin nicht, so sind ihm oder ihr Dienstgeschäfte des bisherigen Amtes zu übertragen.

**Art. 17 Beförderungen.** (1) [1]Ämter, die regelmäßig zu durchlaufen sind, dürfen nicht übersprungen werden. [2]Die oberste Dienstbehörde bestimmt mit Zustimmung des Landespersonalausschusses, ob ein in einer Besoldungsord-

Leistungslaufbahngesetz **LlbG 72**

nung aufgeführtes Amt nicht regelmäßig zu durchlaufen ist. ³Eine Beförderung darf nicht erfolgen
1. während der Probezeit,
2. vor Ablauf einer Erprobungszeit von drei Monaten auf einem höher bewerteten Dienstposten,
3. vor Ablauf einer Dienstzeit von
   a) zwei Jahren bis zu einem Amt der Besoldungsgruppe A 9 mit Amtszulage,
   b) drei Jahren ab einem Amt der Besoldungsgruppe A 10

nach der letzten Beförderung oder nach Dienstzeitbeginn bei Einstellung in einem Beförderungsamt.
⁴Satz 3 Nr. 3 gilt nicht, wenn das bisherige Amt nicht durchlaufen zu werden brauchte oder wenn ein einer höheren Besoldungsgruppe angehörendes Eingangsamt oberhalb derselben Qualifikationsebene oder ein Eingangsamt der nächsthöheren Qualifikationsebene nach Erwerb der Qualifikation gemäß Art. 6 Abs. 1 Satz 1 Nr. 1, 2 oder Nr. 5 übertragen wird.

(2) ¹Ausnahmen von Abs. 1 Satz 3 Nrn. 1 und 3 sind zulässig zum Ausgleich beruflicher Verzögerungen, die durch die Geburt sowie die tatsächliche Betreuung oder Pflege eines Kindes unter 18 Jahren oder eines nach ärztlichem Gutachten pflegebedürftigen sonstigen Angehörigen eintreten würden. ²Verzögerungen werden jedoch nur insoweit ausgeglichen, als dies nicht bereits gemäß Art. 15 Abs. 3 Satz 1 Nr. 3, Satz 2 Nr. 2 oder Abs. 4 Satz 1 Nr. 5 erfolgt ist. ³Es werden nur Zeiten im Umfang von bis zu 36 Monaten berücksichtigt.

(3) ¹Ausnahmen von Abs. 1 Satz 3 Nr. 1 sind zulässig zum Ausgleich von Zeiten nach Art. 15 Abs. 3 Satz 1 Nr. 2. ²Eine Ausnahme ist nur insoweit zulässig, als nicht bereits gemäß Art. 15 Abs. 3 Satz 1 Nr. 2 ein Ausgleich erfolgt ist.

(4) Der Landespersonalausschuss kann auf Antrag der obersten Dienstbehörde sonstige Ausnahmen von Abs. 1 Sätzen 1 und 3 zulassen.

(5) ¹Ausnahmen von Abs. 1 Satz 1 können nur zugelassen werden, wenn zwingende Belange der Verwaltung es erfordern. ²Ausnahmen von Abs. 1 Satz 3 Nrn. 1 und 3 können, unbeschadet der Abs. 2 und 3, ferner nur unter den Voraussetzungen des Satzes 1 sowie dann zugelassen werden, wenn sich eine Ernennung aus Gründen, die nicht in der Person des Beamten oder der Beamtin liegen, erheblich verzögert hat. ³Ausnahmen bewilligt der Landespersonalausschuss auf Antrag der obersten Dienstbehörde. ⁴An dessen Stelle bewilligen Ausnahmen von Abs. 1 Satz 3 Nr. 3, soweit eine Dienstzeit von einem Jahr nicht unterschritten wird, jeweils im Rahmen ihrer Ernennungszuständigkeit die Staatsregierung gemäß Art. 18 Abs. 1 BayBG oder der Ministerpräsident gemäß Art. 5 Abs. 1 und 2 des Rechnungshofgesetzes und für die Beamten und Beamtinnen des Landtags bei Ernennungen in Ämter der Besoldungsgruppe A 16 und höher das Präsidium des Landtags.

(6) ¹Die Beförderung in ein Amt der Besoldungsgruppe A 7, A 10 oder A 14 setzt den Erwerb der Qualifikation gemäß Art. 6 für den Einstieg in der entsprechenden Qualifikationsebene, die erforderliche Ausbildungsqualifizierung gemäß Art. 37 oder erforderliche Qualifizierungsmaßnahmen im Rahmen der

modularen Qualifizierung gemäß Art. 20 voraus. ²Die Beförderung darf nicht vor Ablauf einer Dienstzeit (Art. 15) von zehn Jahren erfolgen, sofern die Qualifizierung gemäß Art. 20 erfolgt.

(7) ¹Art. 16 Abs. 1 bis 4 finden entsprechende Anwendung. ²Folgt die Beförderungsentscheidung einer vorangegangenen Übertragung eines höherwertigen Dienstpostens nach Art. 16, ist eine erneute Eignungsfeststellung entbehrlich.

**Art. 17a Fiktive Laufbahnnachzeichnung.** (1) Liegt keine verwendbare dienstliche Beurteilung vor, soll bei Elternzeit und familienpolitischer Beurlaubung ausgehend von der letzten periodischen Beurteilung eines Beamten oder einer Beamtin unter Berücksichtigung des seinerzeit angelegten Maßstabs und der durchschnittlichen Entwicklung vergleichbarer Beamter und Beamtinnen diese fiktiv fortgeschrieben werden.

(2) Bei einem Sonderurlaub, welcher dienstlichen Interessen oder öffentlichen Belangen dient, ist die letzte periodische Beurteilung gemäß Abs. 1 fortzuschreiben.

(3) Bei Freistellung von der dienstlichen Tätigkeit wegen einer Mitgliedschaft im Personalrat, als Gleichstellungsbeauftragter oder als Vertrauensperson der schwerbehinderten Menschen ist die letzte periodische Beurteilung gemäß Abs. 1 fortzuschreiben.

(4) Die fiktive Fortschreibung ist in den Fällen des Abs. 1 und Abs. 2 auf drei aufeinanderfolgende Beurteilungszeiträume zu beschränken.

(5) ¹Das Ergebnis einer Erprobungszeit ist fiktiv festzustellen. ²In den Fällen des Abs. 2 kann eine fiktive Feststellung erfolgen.

**Art. 18 Sonderregelung für Beförderungen.** (1) Ein Amt der Besoldungsgruppe A 13 darf bei einem Einstieg in der dritten Qualifikationsebene mit Eingangsamt der Besoldungsgruppe A 9 frühestens nach einer Dienstzeit (Art. 15) von acht Jahren übertragen werden.

(2) ¹Bei einem Einstieg in der vierten Qualifikationsebene darf ein Amt der Besoldungsgruppe A 15 frühestens nach einer Dienstzeit (Art. 15) von vier Jahren übertragen werden. ²Ein höheres Amt der Besoldungsordnung A als ein Amt der Besoldungsgruppe 15 darf frühestens nach einer Dienstzeit (Art. 15) von sieben Jahren übertragen werden.

(3) ¹Einem Richter oder einer Richterin oder einem Staatsanwalt oder einer Staatsanwältin, der oder die ein Amt der Besoldungsgruppe R 1 innehat, darf ein Amt der Besoldungsgruppe A 14 frühestens nach einer Dienstzeit (Art. 15) von einem Jahr, ein Amt der Besoldungsgruppe A 15 frühestens nach einer Dienstzeit (Art. 15) von vier Jahren übertragen werden. ²Einem Richter oder einer Richterin oder einem Staatsanwalt oder einer Staatsanwältin, der oder die ein Amt der Besoldungsgruppe R 2 innehat, darf ein Amt der Besoldungsgruppe A 15 übertragen werden, ein Amt der Besoldungsgruppe A 16 und höher jedoch frühestens nach einer Dienstzeit (Art. 15) von sieben Jahren. ³Art. 17 Abs. 1 Satz 3 Nr. 3 findet insoweit keine Anwendung.

## TEIL 2
## Regelbewerber und Regelbewerberinnen

Abschnitt 1
## Gemeinsame Vorschriften

Unterabschnitt 1
## Prüfungen

**Art. 22 Arten der Prüfungen, Prüfungsgrundsätze, Prüfungsordnungen, besondere Auswahlverfahren, Verordnungsermächtigung.** (1) ¹Die Prüfungen sind Einstellungs-, Zwischen- und Qualifikationsprüfungen. ²Das Vorliegen der persönlichen Eignung für öffentliche Ämter, insbesondere soziale Kompetenz, Kommunikationskompetenz sowie Organisationskompetenz kann Gegenstand von Prüfungen nach Satz 1 oder eines gesonderten wissenschaftlich fundierten Auswahlverfahrens, insbesondere eines Assessment-Centers oder eines strukturierten Interviews, sein (Abs. 8).

(2) ¹Regelbewerber und Regelbewerberinnen haben, mit Ausnahme für den Einstieg in der ersten Qualifikationsebene, eine Einstellungsprüfung abzulegen. ²Bei einem Einstieg in der zweiten und dritten Qualifikationsebene (Art. 7 Abs. 1) kann an die Stelle der Einstellungsprüfung ein besonderes Auswahlverfahren (Abs. 7) treten, das eine angemessene Berücksichtigung schulischer Leistungen vorsieht. ³Für einzelne gebildete fachliche Schwerpunkte kann durch Rechtsverordnung nach Art. 67 von einer Einstellungsprüfung und von einem besonderen Auswahlverfahren abgesehen werden.

(3) ¹Die Prüfungen und die besonderen Auswahlverfahren dienen der Auswahl und haben Wettbewerbscharakter. ²Sie müssen so angelegt sein, dass sie die Eignung der Prüflinge für die angestrebte Fachlaufbahn und Qualifikationsebene ermitteln.

(4) ¹Die Ersten Staatsprüfungen, die Erste Juristische Prüfung, die Hochschulprüfungen und die Ersten Lehramtsprüfungen gelten als Einstellungsprüfungen, soweit durch Rechtsverordnung nach Art. 67 für einen Vorbereitungsdienst, der keine allgemeine Ausbildungsstätte nach Art. 12 Abs. 1 Satz 1 des Grundgesetzes ist, nichts anderes bestimmt ist. ²Der Landespersonalausschuss kann auch andere Prüfungen als Einstellungsprüfungen oder als Ersatz für ein Auswahlverfahren anerkennen.

(5) ¹Die Einstellungsprüfungen und die besonderen Auswahlverfahren nach Abs. 7 werden im Auftrag des Landespersonalausschusses von der Geschäftsstelle des Landespersonalausschusses oder von der Stelle durchgeführt, der der Landespersonalausschuss die Durchführung der Prüfung überträgt. ²Eine Zusammenfassung verschiedener fachlicher Schwerpunkte innerhalb einer Fachlaufbahn oder von einzelnen Fachlaufbahnen ist möglich. ³Die Dienstherren haben ihren voraussichtlichen Bedarf an Bewerbern und Bewerberinnen unter

Angabe der Einstellungsvoraussetzungen öffentlich bekanntzugeben. ⁴Die Einstellungsprüfungen und die besonderen Auswahlverfahren sind rechtzeitig vor ihrem Beginn öffentlich auszuschreiben. ⁵Das Nähere regeln Rechtsverordnungen gemäß Abs. 6 und 7.

(6) Die Grundsätze des Prüfungsverfahrens nach Abs. 1 Satz 1 regelt eine von der Staatsregierung im Benehmen mit dem Landespersonalausschuss zu erlassende allgemeine Prüfungsordnung; die weiteren Prüfungsbestimmungen erlassen die Staatsministerien im Benehmen mit dem Landespersonalausschuss.

(7) ¹Das besondere Auswahlverfahren regelt die Staatsregierung im Benehmen mit dem Landespersonalausschuss durch Rechtsverordnung. ²Darin ist eine schriftliche Prüfung vorzusehen und zu regeln, in welcher Weise die in bestimmten Fächern erzielten schulischen Leistungen berücksichtigt werden. ³Wenn vergleichbare Leistungen nicht in ausreichendem Maß vorliegen, können zusätzliche Prüfungsleistungen gefordert werden. ⁴Soweit es die besonderen Verhältnisse erfordern, können die Staatsministerien im Einvernehmen mit dem Staatsministerium der Finanzen und für Heimat und dem Landespersonalausschuss durch Rechtsverordnung ergänzende oder abweichende Regelungen treffen.

(8) ¹Wird ein Auswahlverfahren nach Abs. 1 Satz 2 Alternative 2 durchgeführt, setzt die Einstellung dessen Bestehen voraus. ²Zuständig für die Durchführung des Verfahrens ist die gemäß Art. 18 BayBG für die Ernennung nach Art. 2 Abs. 1 zuständige Behörde. ³Diese bestimmt die Mitglieder der Auswahlkommission. ⁴Es können nur Beamte und Beamtinnen als Kommissionsmitglieder bestimmt werden, die für die Durchführung des Auswahlverfahrens geschult wurden und mindestens dem von den Bewerbern bzw. Bewerberinnen angestrebten Eingangsamt angehören; im nichtstaatlichen Bereich können auch Tarifbeschäftigte bestimmt werden, die neben der in Halbsatz 1 genannten Schulung mindestens über eine dem angestrebten Eingangsamt entsprechende Qualifikation verfügen. ⁵Das zu prüfende Anforderungsprofil setzt die oberste Dienstbehörde fest. ⁶Das Ergebnis des Auswahlverfahrens, „geeignet" oder „nicht geeignet", ist den Bewerbern und Bewerberinnen mitzuteilen; auf Verlangen der Bewerber oder Bewerberinnen ist das Ergebnis schriftlich zu begründen. ⁷Das Auswahlverfahren nach Abs. 1 Satz 2 Alternative 2 kann einmal wiederholt werden. ⁸Die obersten Dienstbehörden können mit Zustimmung des Landespersonalausschusses durch Rechtsverordnung, im nichtstaatlichen Bereich durch Satzung, von den Sätzen 1 bis 7 abweichende oder diese ergänzende Regelungen treffen.

**Art. 23 Zulassung zu den Prüfungen.** Zu den Prüfungen sind alle Personen zuzulassen, die die hierfür festgelegten Voraussetzungen erfüllen und nach den geltenden Rechtsvorschriften zum Beamten oder zur Beamtin in der Fachlaufbahn, für die die Prüfung abgehalten werden soll, ernannt werden können.

Leistungslaufbahngesetz **LlbG 72**

**Art. 24 Bekanntmachung von Prüfungen.** (1) Die Prüfungen sind rechtzeitig bekannt zu machen.

(2) Das Nähere regeln die Prüfungsbestimmungen.

## Unterabschnitt 2
## Vorbereitungsdienst

**Art. 25 Grundsätze.** Auf die Einstellung besteht kein Rechtsanspruch, soweit der Vorbereitungsdienst keine allgemeine Ausbildungsstätte nach Art. 12 Abs. 1 Satz 1 des Grundgesetzes ist.

**Art. 26 Einstellung in den Vorbereitungsdienst.** (1) ¹Die Auswahl wird nach dem Bedarf und nach dem Gesamtergebnis, das in der Einstellungsprüfung oder in einem besonderen Auswahlverfahren erzielt wurde, vorgenommen, soweit der Vorbereitungsdienst nicht allgemeine Ausbildungsstätte nach Art. 12 Abs. 1 Satz 1 des Grundgesetzes ist. ²Die Einstellung in den Vorbereitungsdienst erfolgt als Beamter oder als Beamtin auf Widerruf.

(2) ¹Während des Vorbereitungsdienstes führt der Beamte auf Widerruf die Dienstbezeichnung „Anwärter" und die Beamtin auf Widerruf die Dienstbezeichnung „Anwärterin". ²Soweit das Eingangsamt der Fachlaufbahn oder des fachlichen Schwerpunkts der Besoldungsgruppe A 13 angehört, lautet die Dienstbezeichnung „Referendar" oder „Referendarin". ³Die Dienstbezeichnung ist mit einem die Fachlaufbahn oder den fachlichen Schwerpunkt bezeichnenden Zusatz zu verbinden.

**Art. 27 Gestaltung des Vorbereitungsdienstes.** (1) Rechtsverordnungen nach Art. 67 regeln unter Beachtung der für die Fachlaufbahnen und soweit gebildet die jeweiligen fachlichen Schwerpunkte und Qualifikationsebenen vorgeschriebenen Voraussetzungen den Vorbereitungsdienst.

(2) Die oberste Dienstbehörde kann den Vorbereitungsdienst um höchstens drei Monate auf Antrag kürzen, wenn besondere dienstliche Gründe vorliegen und zu erwarten ist, dass die Ausbildung erfolgreich abgeschlossen wird.

(3) ¹Auf den Vorbereitungsdienst können auf Antrag angerechnet werden
1. ein früherer Vorbereitungsdienst für dieselbe Fachlaufbahn oder denselben fachlichen Schwerpunkt in derselben Qualifikationsebene, der jedoch nicht länger als fünf Jahre zurückliegen darf,
2. Zeiten einer praktischen Tätigkeit, die dem Ziel des Vorbereitungsdienstes dienen, sowie Zeiten einer gastweisen Teilnahme am Vorbereitungsdienst,
3. Zeiten eines förderlichen Studiums an einer Hochschule.

²In den Fällen des Satzes 1 Nrn. 2 und 3 ist durch Rechtsverordnung nach Art. 67 festzulegen, in welchem Umfang die Anrechnung vorgenommen werden kann.

# 72 LlbG — Leistungslaufbahngesetz

(4) ¹Bei unzureichendem Stand der Ausbildung kann der Vorbereitungsdienst durch die für die Ernennung zuständige Behörde (Art. 18 BayBG) verlängert werden. ²Der Vorbereitungsdienst gilt als entsprechend verlängert, wenn die Qualifikationsprüfung erst nach Ablauf des vorgeschriebenen Vorbereitungsdienstes beendet wird.

(5) Auf Antrag kann die für die Ernennung zuständige Behörde (Art. 18 BayBG) Beamte und Beamtinnen bei erstmaligem Nichtbestehen der Qualifikationsprüfung zu einem ergänzenden Vorbereitungsdienst zulassen, wenn die bisherigen Leistungen erwarten lassen, dass die Beamten und Beamtinnen die Wiederholungsprüfung bestehen werden.

(6) ¹In Rechtsverordnungen nach Art. 67 kann vorgesehen werden, dass Beamte und Beamtinnen, deren Leistungen im Vorbereitungsdienst nicht den für die jeweilige Qualifikationsebene zu stellenden Anforderungen entsprechen, unter näher zu bestimmenden Voraussetzungen in den Vorbereitungsdienst für die nächstniedrigere Qualifikationsebene übernommen werden können. ²Die Entscheidung hierüber obliegt der obersten Dienstbehörde. ³Das Gleiche gilt in den Fällen, in denen die Qualifikationsprüfung endgültig nicht bestanden oder auf die Wiederholungsprüfung verzichtet wurde.

**Art. 28 Qualifikationsprüfung, Einstellung in das Beamtenverhältnis auf Probe.** (1) ¹Die Qualifikationsprüfung (Art. 8 Abs. 3) kann modular aufgebaut sein oder am Ende des Vorbereitungsdienstes stehen. ²Am Ende der Vorbereitungsdienstes müssen Prüfungsteile abgelegt werden, die geeignet sind festzustellen, ob die notwendigen Kenntnisse und Fertigkeiten für die Fachlaufbahn oder den fachlichen Schwerpunkt gegeben sind. ³Die Qualifikationsprüfungen, die zum Einstieg in die vierte Qualifikationsebene berechtigen, sind die Zweiten oder Großen Staatsprüfungen.

(2) ¹Wer die vorgeschriebene Qualifikationsprüfung bestanden hat, kann bei Vorliegen der sonstigen beamtenrechtlichen Voraussetzungen in das Beamtenverhältnis auf Probe gemäß § 4 Abs. 3 Buchst. a BeamtStG berufen werden. ²Das Bestehen der Qualifikationsprüfung begründet keinen Anspruch auf Begründung eines Beamtenverhältnisses auf Probe. ³Ist der Vorbereitungsdienst keine allgemeine Ausbildungsstätte nach Art. 12 Abs. 1 Satz 1 des Grundgesetzes, so sollen die Personen, deren Übernahme in das Beamtenverhältnis auf Probe beabsichtigt ist, spätestens mit der Aushändigung des Prüfungszeugnisses ernannt werden.

**Art. 29 Beendigung des Beamtenverhältnisses auf Widerruf.** (1) ¹Das Beamtenverhältnis auf Widerruf endet außer in den in § 22 Abs. 4 und § 23 Abs. 4 BeamtStG geregelten Fällen
1. nach näherer Regelung durch Rechtsverordnung nach Art. 67, wenn die Qualifikationsprüfung nicht binnen einer angemessenen Frist abgelegt worden ist,
2. mit dem endgültigen Nichtbestehen einer vorgeschriebenen Zwischen- oder Modulprüfung.

Leistungslaufbahngesetz **LlbG 72**

²In Rechtsverordnungen nach Art. 67 kann vorgesehen werden, dass das Beamtenverhältnis auf Widerruf trotz Vorliegen der Voraussetzungen nach Satz 1 Nr. 1 oder § 22 Abs. 4 BeamtStG fortgesetzt wird. ³Im Übrigen werden Beamte und Beamtinnen, die die Ziele des Vorbereitungsdienstes nicht erreichen, entlassen.

(2) ¹Prüfungen sind, soweit die Prüfungsordnung keinen früheren Zeitpunkt bestimmt, mit der Zustellung des Prüfungszeugnisses oder der schriftlichen Mitteilung über das Nichtbestehen der Prüfung abgelegt. ²Beamte und Beamtinnen, die die Qualifikationsprüfung erstmals nicht bestanden haben, sollen auf ihren Antrag mit der Mitteilung des Prüfungsergebnisses erneut in das Beamtenverhältnis auf Widerruf berufen werden, wenn die Voraussetzungen des Art. 27 Abs. 5 vorliegen.

Abschnitt 2
# Öffentlich-rechtliches Ausbildungsverhältnis

**Art. 30 Zulassung.** (1) Bewerber und Bewerberinnen für die erste oder zweite Qualifikationsebene können vor dem Vorbereitungsdienst in einem öffentlich-rechtlichen Ausbildungsverhältnis beschäftigt werden.

(2) ¹In das öffentlich-rechtliche Ausbildungsverhältnis als Dienstanfänger oder Dienstanfängerin kann nur aufgenommen werden, wer die für die entsprechende Qualifikationsebene des angestrebten fachlichen Schwerpunkts erforderliche Vorbildung nachweist und die jeweilige vorgeschriebene Einstellungsprüfung bestanden oder an dem jeweils vorgeschriebenen besonderen Auswahlverfahren mit Erfolg teilgenommen hat. ²Art. 26 Abs. 1 Satz 1 ist entsprechend anzuwenden.

**Art. 31 Begründung des öffentlich-rechtlichen Ausbildungsverhältnisses.**
¹Das öffentlich-rechtliche Ausbildungsverhältnis wird durch die schriftliche Aufnahme als Dienstanfänger oder Dienstanfängerin durch die Stelle begründet, die für die Einstellung in das Beamtenverhältnis auf Widerruf im Vorbereitungsdienst des fachlichen Schwerpunkts zuständig wäre. ²Für die Zuständigkeit gilt Art. 18 BayBG entsprechend.

**Art. 32 Dienstpflichten.** ¹Für das öffentlich-rechtliche Ausbildungsverhältnis als Dienstanfänger oder Dienstanfängerin gelten die Vorschriften des Beamtenstatusgesetzes und des Bayerischen Beamtengesetzes über die beamtenrechtlichen Pflichten sinngemäß, soweit sich aus der Natur des Ausbildungsverhältnisses nichts anderes ergibt. ²An Stelle des Diensteides wird folgendes Gelöbnis abgelegt:
„Ich gelobe, meine Dienstpflichten gewissenhaft zu erfüllen."

**Art. 33 Beendigung des öffentlich-rechtlichen Ausbildungsverhältnisses.**
(1) Das Ausbildungsverhältnis endet mit der Berufung in das Beamtenverhältnis auf Widerruf oder durch Entlassung.

(2) ¹Dienstanfänger oder Dienstanfängerinnen können jederzeit entlassen werden. ²Sie können jederzeit ihre Entlassung beantragen; Art. 57 Abs. 1 und 2 Satz 1 BayBG sind entsprechend anzuwenden. ³Für die Entlassung ist die in Art. 31 genannte Stelle zuständig.

(3) Ein Dienstanfänger oder eine Dienstanfängerin, der oder die sich während des Ausbildungsverhältnisses bewährt hat, soll bei Vorliegen der sonstigen beamtenrechtlichen Voraussetzungen als Beamter oder Beamtin auf Widerruf in den Vorbereitungsdienst eingestellt werden.

(4) Die für Beamte und Beamtinnen im Vorbereitungsdienst maßgebenden Vorschriften des Bayerischen Beamtengesetzes über die Entlassungsfristen (Art. 56 Abs. 5 BayBG), die maßgebenden Vorschriften des Bayerischen Beamtenversorgungsgesetzes über die Unfallfürsorge sowie Art. 14 BayBG gelten entsprechend.

Abschnitt 3
## Qualifikationserwerb für fachliche Schwerpunkte mit Vorbereitungsdienst

**Art. 34 Einstellung in den Vorbereitungsdienst bei fachlichen Schwerpunkten mit technischer Ausrichtung.** (1) ¹Bewerber und Bewerberinnen für fachliche Schwerpunkte mit technischer Ausrichtung müssen für einen Einstieg in der ersten Qualifikationsebene neben den Voraussetzungen des Art. 7 Abs. 1 Satz 1 Nr. 1 die erforderlichen fachlichen Kenntnisse und praktischen Fertigkeiten nachweisen. ²Als Oberwarte und Oberwartinnen können nur Personen eingestellt werden, die eine Abschlussprüfung in einem gesetzlich geregelten, der vorgesehenen Verwendung entsprechenden Ausbildungsberuf abgelegt haben.

(2) ¹Bewerber und Bewerberinnen für einen fachlichen Schwerpunkt mit technischer Ausrichtung und Einstieg in der zweiten Qualifikationsebene können abweichend von Art. 7 Abs. 1 Satz 1 Nr. 2 Halbsatz 1 und Art. 22 Abs. 2 Satz 1 in den Vorbereitungsdienst auch eingestellt werden, wenn sie
1. eine Fachakademie oder eine öffentliche oder staatlich anerkannte Technikerschule in einer entsprechenden Fachrichtung erfolgreich besucht haben,
2. die Meister- oder Meisterinnenprüfung in einem der Fachrichtung förderlichen Handwerk oder eine entsprechende Industriemeisterprüfung,
3. eine Abschlussprüfung in einem gesetzlich geregelten, der vorgesehenen Verwendung entsprechenden Ausbildungsberuf und in der Regel eine förderliche praktische Tätigkeit von fünf Jahren nach Beendigung der Berufsausbildung oder
4. eine in einer Ausbildungsordnung vorgeschriebene, im öffentlichen Dienst abgelegte Abschlussprüfung

erfolgreich absolviert haben. ²Die jeweils erforderlichen Anforderungen nach Satz 1 werden durch Rechtsverordnung nach Art. 67 näher festgelegt.

(3) ¹Für den Einstieg in der dritten Qualifikationsebene in fachlichen Schwerpunkten mit technischer Ausrichtung, in denen ein Vorbereitungsdienst im Sinn

Leistungslaufbahngesetz **LlbG 72**

des Art. 35 Abs. 3 Sätze 2 und 3 eingerichtet ist, ist abweichend von Art. 7 Abs. 1 Satz 1 Nr. 3 und Art. 22 Abs. 2 Satz 1 ein Diplomabschluss an einer Fachhochschule oder ein Bachelorabschluss in der entsprechenden Fachrichtung oder ein vom Staatsministerium für Wissenschaft und Kunst als gleichwertig anerkannter Abschluss nachzuweisen. ²Art. 7 Abs. 2 bleibt unberührt.

**Art. 35 Vorbereitungsdienst.** (1) ¹Der Vorbereitungsdienst für den Einstieg in der ersten Qualifikationsebene dauert mindestens sechs Monate; er umfasst eine theoretische und eine praktische Ausbildung. ²Die oberste Dienstbehörde kann Dienstzeiten im öffentlichen Dienst auf Antrag auf den Vorbereitungsdienst anrechnen, soweit sie dem Ziel der Ausbildung förderlich sind.

(2) ¹Für den Einstieg in der zweiten Qualifikationsebene kann abweichend von Art. 8 Abs. 2 Satz 1 Nr. 2 die Dauer des Vorbereitungsdienstes durch Rechtsverordnung nach Art. 67 höchstens auf ein Jahr herabgesetzt werden, wenn
1. für die Einstellung eine abgeschlossene Berufsausbildung innerhalb oder außerhalb des öffentlichen Dienstes, die die notwendigen fachlichen Fähigkeiten und Kenntnisse vermittelt, oder eine förderliche zusätzliche Schulbildung erforderlich ist oder
2. es die besonderen Verhältnisse einzelner gebildeter fachlicher Schwerpunkte erfordern;

dabei ist unter Berücksichtigung des Art. 8 Abs. 2 Satz 1 Nr. 2 ein angemessenes Verhältnis zwischen fachtheoretischer und berufspraktischer Ausbildung sicherzustellen. ²Wenn die Voraussetzungen des Satzes 1 erfüllt sind, kann der Vorbereitungsdienst auf die Ausbildung in fachbezogenen Schwerpunktbereichen, verbunden mit praxisbezogenen Lehrveranstaltungen, beschränkt werden.

(3) ¹Der Vorbereitungsdienst für den Einstieg in der Dritten Qualifikationsebene in fachlichen Schwerpunkten mit nichttechnischer Ausrichtung vermittelt in einem Studiengang an der Hochschule für den öffentlichen Dienst in Bayern die wissenschaftlichen Erkenntnisse und Methoden und in berufspraktischen Studienzeiten die entsprechenden praktischen Fähigkeiten und Kenntnisse, die zur Erfüllung der Aufgaben erforderlich sind; insgesamt drei Monate der berufspraktischen Studienzeiten können auf praxisbezogene Lehrveranstaltungen entfallen, die höchstens 400 Unterrichtsstunden umfassen dürfen. ²Durch Rechtsverordnung nach Art. 67 kann die Dauer des Vorbereitungsdienstes höchstens auf ein Jahr herabgesetzt werden, wenn für die Einstellung ein mit einer Prüfung abgeschlossenes Studium nach Art. 34 Abs. 3 erforderlich ist, in dem die zur Erfüllung der der Fachlaufbahn zugrunde liegenden Aufgaben notwendigen wissenschaftlichen Erkenntnisse und Methoden vermittelt werden. ³Der Vorbereitungsdienst vermittelt insoweit in fachbezogenen Schwerpunktbereichen, verbunden mit praxisbezogenen Lehrveranstaltungen, die erforderlichen berufspraktischen Fähigkeiten und Kenntnisse. ⁴Art. 8 Abs. 2 Satz 2 bleibt unberührt.

(4) ¹Der Vorbereitungsdienst für den Einstieg in der Vierten Qualifikationsebene vermittelt durch eine Ausbildung auf wissenschaftlicher Grundlage in

fachbezogenen Schwerpunktbereichen, verbunden mit praxisbezogenen Lehrveranstaltungen, die erforderlichen berufspraktischen Fähigkeiten und Kenntnisse. ²Nach näherer Bestimmung durch Rechtsverordnung gemäß Art. 67 können auf Antrag Zeiten einer

1. berufspraktischen Tätigkeit, die Voraussetzung für die Ablegung der für die Einstellung erforderlichen Prüfung sind, im Umfang von höchstens einem Jahr,
2. förderlichen berufspraktischen Tätigkeit, die nach Bestehen der für die Einstellung erforderlichen Prüfung abgeleistet worden sind, im Umfang von höchstens sechs Monaten,
3. erfolgreich abgeschlossenen Ausbildung für einen Einstieg in der dritten Qualifikationsebene einer Fachlaufbahn im Umfang von höchstens sechs Monaten,
4. erfolgreich abgeschlossenen Ausbildung für das Lehramt an Realschulen im Umfang von höchstens einem Jahr bei der Ausbildung für das Lehramt an Gymnasien, wenn die gleiche Fächerverbindung vorliegt, auf den Vorbereitungsdienst angerechnet werden; Art. 15 Abs. 2 ist entsprechend anzuwenden.

**Art. 36 Probezeit.** (1) ¹Die oberste Dienstbehörde kann für Beamte und Beamtinnen mit erheblich über dem Durchschnitt liegenden fachtheoretischen und berufspraktischen Leistungen die Probezeit bis auf ein Jahr kürzen. ²Erheblich über dem Durchschnitt liegende fachtheoretische Leistungen können regelmäßig bei Beamten und Beamtinnen angenommen werden, die in der Qualifikationsprüfung

1. mindestens die Gesamtnote „gut" erhalten haben oder
2. eine Platzziffer erreicht haben, die im ersten Fünftel der Zahl der Prüfungsteilnehmer und Prüfungsteilnehmerinnen liegt; dabei darf die Gesamtnote „befriedigend" nicht unterschritten werden.

(2) ¹Die oberste Dienstbehörde soll Zeiten einer Tätigkeit im öffentlichen Dienst, die beim Erwerb der für die Fachlaufbahn notwendigen Qualifikation noch nicht berücksichtigt worden sind und die nach Art und Bedeutung mindestens der der Qualifikationsebene in der jeweiligen Fachlaufbahn entsprechenden Tätigkeit genügen, im Umfang von höchstens einem Jahr auf die Probezeit anrechnen. ²In vollem Umfang können Zeiten, die in einem dem Bayerischen Richter- und Staatsanwaltsgesetz unterliegendem Richterverhältnis auf Probe abgeleistet wurden, angerechnet werden. ³Zeiten, die in einem dem Bayerischen Hochschulpersonalgesetz unterliegenden Beamtenverhältnis auf Widerruf oder auf Zeit abgeleistet wurden, können mit Zustimmung des Landespersonalausschusses in vollem Umfang angerechnet werden, soweit die Tätigkeit funktionell der Tätigkeit während der Probezeit entspricht. ⁴Art. 15 Abs. 2 ist entsprechend anzuwenden.

(3) ¹Die oberste Dienstbehörde kann Zeiten einer Tätigkeit außerhalb des öffentlichen Dienstes nach Erwerb der für die Fachlaufbahn notwendigen Qualifikation, die nach Art und Bedeutung mindestens der der Qualifikationsebene

in der jeweiligen Fachlaufbahn entsprechenden Tätigkeit genügen, im Umfang von höchstens einem Jahr auf die Probezeit anrechnen. ²Art. 15 Abs. 2 ist entsprechend anzuwenden.

(4) Außer in den Fällen des Abs. 2 Satz 2 und 3 ist mindestens eine Probezeit von sechs Monaten abzuleisten.

**Art. 37 Ausbildungsqualifizierung.** (1) Beamte und Beamtinnen, die in der ersten oder zweiten Qualifikationsebene eingestiegen sind, können sich für die Ämter ab der nächsthöheren Qualifikationsebene desselben oder eines verwandten fachlichen Schwerpunkts qualifizieren, wenn sie im Rahmen der Ausbildung (Art. 8 Abs. 1 und Abs. 2 Satz 1 Nrn. 2 und 3) die entsprechende Qualifikationsprüfung bestanden haben.

(2) ¹Zur Ausbildungsqualifizierung kann zugelassen werden, wer
1. sich bei einem Einstieg in der ersten Qualifikationsebene in einer Dienstzeit (Art. 15) von mindestens zwei Jahren, in der zweiten Qualifikationsebene von mindestens drei Jahren nach Erwerb der dafür notwendigen Qualifikation bewährt hat,
2. in der letzten periodischen Beurteilung, die nicht länger als drei Jahre zurückliegen darf, eine positive Feststellung gemäß Art. 58 Abs. 5 Nr. 1 erhalten hat und
3. nach dem Ergebnis des Zulassungsverfahrens nach Abs. 3 erkennen lässt, dass er den Anforderungen in der neuen Qualifikationsebene gewachsen sein wird.

²Die oberste Dienstbehörde kann bei besonders geeigneten Beamten und Beamtinnen die nach Satz 1 Nr. 1 erforderliche Dienstzeit um höchstens ein Jahr kürzen; sie kann ferner bei der Zulassung zur Ausbildungsqualifizierung für die Ämter ab der zweiten Qualifikationsebene vom Erfordernis nach Satz 1 Nr. 3 absehen.

(3) ¹In dem Zulassungsverfahren ist festzustellen, ob der Beamte oder die Beamtin nach dem allgemeinen Bildungsstand und den fachlichen Kenntnissen für die Ausbildungsqualifizierung geeignet ist. ²Das Zulassungsverfahren führt das Staatsministerium, das nach Art. 67 für den Erlass der jeweiligen Zulassungs- und Ausbildungsordnung federführend zuständig ist, oder die von ihm beauftragte Stelle bei Bedarf durch. ³Das Zulassungsverfahren kann insbesondere in Form von Prüfungen oder von gesonderten wissenschaftlich fundierten Auswahlverfahren wie Assessment-Centern oder strukturierten Interviews durchgeführt werden. ⁴Die näheren Einzelheiten sind durch Rechtsverordnung nach Art. 67 zu regeln.

(4) ¹Die Ausbildungsqualifizierung für die Ämter ab der zweiten Qualifikationsebene kann um höchstens sechs Monate gekürzt werden, wenn der Beamte oder die Beamtin während seiner oder ihrer bisherigen Tätigkeit schon hinreichende Kenntnisse erworben hat, wie sie für die neue Qualifikationsebene gefordert werden. ²Die Ausbildungsqualifizierung für die Ämter ab der dritten Qualifikationsebene kann in ihrem berufspraktischen Teil um höchstens ein

Jahr gekürzt werden, wenn während der bisherigen Tätigkeit schon hinreichend Kenntnisse erworben wurden, wie sie für die neue Qualifikationsebene gefordert werden.

(5) Bei endgültigem Nichtbestehen einer Zwischen- oder der Qualifikationsprüfung, sind wieder Dienstgeschäfte des bisherigen Amtes zu übertragen.

(6) ¹Ist für die nächsthöhere Qualifikationsebene keine Qualifikationsprüfung vorgesehen, legt die oberste Dienstbehörde andere gleichwertige Qualifizierungsmaßnahmen fest. ²Die in Art. 8 und 35 festgelegten Bildungsziele sind dabei zu berücksichtigen. ³Die Zuständigkeit nach Satz 1 kann die oberste Dienstbehörde auf den Landespersonalausschuss übertragen.

Abschnitt 4
## Sonstiger Qualifikationserwerb für eine Fachlaufbahn

**Art. 38 Gestaltungsgrundsätze.** (1) ¹In Fachlaufbahnen kann, soweit ein dienstliches Bedürfnis besteht, auch eingestellt werden, wer
1. die Qualifikation durch ein abgeschlossenes Studium an einer Hochschule mit anschließender praktischer Tätigkeit gemäß Art. 39 erworben hat oder
2. die Voraussetzungen nach Abs. 2 erfüllt.

²Die Qualifikationsvoraussetzungen müssen den für die betreffende Qualifikationsebene allgemein vorgeschriebenen Voraussetzungen gleichwertig sein.

(2) Nach näherer Regelung durch Rechtsverordnung nach Art. 67 können die obersten Dienstbehörden mit Zustimmung des Landespersonalausschusses
1. weitere Studiengänge oder Bildungsabschlüsse als Qualifikationsvoraussetzung benennen und den Fachlaufbahnen zuordnen,
2. nähere Bestimmungen über praktische Tätigkeiten, die einem Amt der angestrebten Qualifikationsebene entsprechen müssen, treffen, sowie
3. bei Bedarf weitere Voraussetzungen verlangen.

**Art. 39 Qualifikationsvoraussetzungen.** (1) Die Qualifikation für eine Fachlaufbahn wird bei einem Einstieg in der dritten Qualifikationsebene erworben durch
1. einen Diplomabschluss an einer Fachhochschule, einen Bachelorabschluss oder einen vom Staatsministerium für Wissenschaft und Kunst als gleichwertig anerkannten Bildungsstand in einem dem fachlichen Schwerpunkt nach **Anlage 1** entsprechenden Studiengang und
2. eine hauptberufliche Tätigkeit (Abs. 3) nach Abschluss des Studiums von mindestens drei Jahren.

(2) Die Qualifikation für eine Fachlaufbahn wird bei einem Einstieg in der vierten Qualifikationsebene erworben durch
1. einen in Art. 7 Abs. 1 Satz 1 Nr. 4 geforderten Abschluss in einem dem fachlichen Schwerpunkt nach Anlage 1 entsprechenden Studiengang und

Leistungslaufbahngesetz **LlbG 72**

2. eine hauptberufliche Tätigkeit (Abs. 3) nach Abschluss des Studiums von mindestens drei Jahren, bei zusätzlichem Nachweis der Promotion von mindestens zwei Jahren nach der Promotion.

(3) [1]Die hauptberufliche Tätigkeit muss
1. nach ihrer Fachrichtung der für den Qualifikationserwerb geforderten Bildungsvoraussetzung und den Anforderungen des fachlichen Schwerpunkts, auch hinsichtlich Bedeutung und Schwierigkeit, entsprechen und
2. im Hinblick auf die Aufgaben des angestrebten fachlichen Schwerpunkts die Fähigkeit zu fachlich selbständiger Berufsausübung erwiesen haben.

[2]Ein Jahr der hauptberuflichen Tätigkeit soll auf eine Beschäftigung im öffentlichen Dienst entfallen. [3]Art. 15 Abs. 2 ist entsprechend anzuwenden. [4]Soweit es die besonderen Verhältnisse erfordern, kann die jeweils zuständige oberste Dienstbehörde abweichende Regelungen treffen. [5]Wird als Bildungsvoraussetzung ein Studienabschluss aus dem Studienbereich Informatik verlangt und nachgewiesen, kann in den Fällen des Abs. 1 bei einer Entscheidung gemäß Satz 4 auf die hauptberufliche Tätigkeit ganz oder teilweise verzichtet werden.\*

**Art. 40 Feststellung des Qualifikationserwerbs.** [1]Die zuständige oberste Dienstbehörde stellt schriftlich fest, ob auf Grund der nach Art. 39 zu fordernden Nachweise die Qualifikation für eine Fachlaufbahn erworben wurde. [2]Dabei legt sie den Zeitpunkt des Qualifikationserwerbs, die Fachlaufbahn, den fachlichen Schwerpunkt sowie die Qualifikationsebene fest.

Abschnitt 5
# Qualifikation von Bewerbern und Bewerberinnen aus Mitgliedstaaten

**Art. 41 Qualifikation auf Grund der Richtlinie 2005/36/EG.** (1) Die Qualifikation für eine Fachlaufbahn kann auch auf Grund der Richtlinie 2005/36/EG erworben werden.

(2) [1]Die angemessene Beherrschung der deutschen Sprache in Wort und Schrift ist Voraussetzung für eine Einstellung. [2]Sprachkenntnisse können überprüft werden, wenn erhebliche und konkrete Zweifel daran bestehen, dass sie für die berufliche Tätigkeit ausreichen. [3]Eine Überprüfung darf erst nach Anerkennung der Berufsqualifikation durch die Ernennungsbehörde vorgenommen werden und muss in angemessenem Verhältnis zur auszuübenden Tätigkeit stehen.

**Art. 42 Anwendungsbereich.** (1) [1]Die Art. 43 bis 51 gelten für die Anerkennung von in anderen Mitgliedstaaten erworbenen Berufsqualifikationen als Qualifikation für eine Fachlaufbahn entsprechend der Richtlinie 2005/36/EG. [2]Unberührt bleibt der Grundsatz der automatischen Anerkennung auf Grund

---
\* *Beachte Art. 71 LlbG.*

# 72 LlbG Leistungslaufbahngesetz

der Regelungen in den Art. 21 ff. der Richtlinie 2005/36/EG und der Grundsatz der Anerkennung von Berufserfahrung nach Titel III Kapitel II der Richtlinie 2005/36/EG.

(2) Mitgliedstaat im Sinn dieses Gesetzes ist
1. jeder Mitgliedstaat der Europäischen Union,
2. jeder andere Vertragsstaat des Abkommens über den Europäischen Wirtschaftsraum und
3. jeder andere Vertragsstaat, dem Deutschland und die Europäische Union vertraglich einen Rechtsanspruch auf Anerkennung von Berufsqualifikationen eingeräumt haben.

(3) Art. 16 des Bayerischen Berufsqualifikationsfeststellungsgesetzes ist anwendbar.

**Art. 43 Anerkennung.** (1) Ist der Beruf in dem anderen Mitgliedstaat reglementiert, sind die Qualifikationsnachweise, die dort erforderlich sind, um in dessen Hoheitsgebiet den Beruf aufnehmen oder ausüben zu dürfen, auf Antrag als Qualifikation für eine dem Beruf entsprechende Fachlaufbahn anzuerkennen.

(2) ¹Ist der Beruf in dem anderen Mitgliedstaat nicht reglementiert, ist die Qualifikation dennoch für eine entsprechende Fachlaufbahn anzuerkennen, wenn der Antragsteller oder die Antragstellerin den Beruf dort innerhalb der vorangegangenen zehn Jahre ein Jahr lang in Vollzeit oder während einer entsprechenden Gesamtdauer in Teilzeit ausgeübt hat und im Besitz von Befähigungs- oder Ausbildungsnachweisen ist. ²Diese Nachweise müssen
1. von einer zuständigen Behörde ausgestellt worden sein und
2. bescheinigen, dass der Inhaber auf die Ausübung des betreffenden Berufs vorbereitet wurde.

³Die einjährige Berufserfahrung darf nicht gefordert werden, wenn der vorgelegte Qualifikationsnachweis den Abschluss einer reglementierten Ausbildung bestätigt.

(3) ¹Die zuständige Behörde (Art. 44 Abs. 1) stellt fest, ob der Qualifikationsnachweis einer Fachlaufbahn oder einem fachlichen Schwerpunkt zuordenbar ist. ²Anhand eines Vergleichs zwischen den Vor- und Ausbildungsvoraussetzungen für eine Fachlaufbahn oder für einen fachlichen Schwerpunkt in der entsprechenden Qualifikationsebene und der vorgelegten Nachweise nach Abs. 1 oder Abs. 2 stellt sie fest, ob ein Defizit im Sinn des Abs. 5 besteht.

(4) Die zuständige Behörde kann den Inhabern eines Qualifikationsnachweises, der nach Art. 11 Buchst. a der Richtlinie 2005/36/EG eingestuft ist, den Qualifikationserwerb verweigern, wenn die zur Ausübung des Berufs im Freistaat Bayern erforderliche Berufsqualifikation unter Art. 11 Buchst. e der Richtlinie 2005/36/EG eingestuft ist.

(5) ¹Ausgleichsmaßnahmen (Art. 47) können verlangt werden, wenn
1. die bisherige Ausbildung sich hinsichtlich der beruflichen Tätigkeit auf Fächer bezieht, die sich wesentlich von denen unterscheiden, die im Freistaat Bayern vorgeschrieben sind, oder

Leistungslaufbahngesetz **LlbG 72**

2. die Fachlaufbahn oder der fachliche Schwerpunkt die Wahrnehmung eines umfangreicheren Aufgabenfeldes ermöglicht als der reglementierte Beruf im Mitgliedstaat des Antragstellers oder der Antragstellerin, in dem der Qualifikationsnachweis erworben wurde, und wenn sich die im Freistaat Bayern geforderte Ausbildung auf Fächer bezieht, die sich wesentlich von denen unterscheiden, die von den Qualifikationsnachweisen abgedeckt werden, die der Antragsteller oder die Antragstellerin vorlegt.

[2]Fächer unterscheiden sich wesentlich, wenn die durch sie vermittelten Kenntnisse, Fähigkeiten und Kompetenzen eine wesentliche Voraussetzung für die Ausübung des Berufs sind und die bisherige Ausbildung des Antragstellers oder der Antragstellerin diesbezüglich bedeutende Abweichungen hinsichtlich des Inhalts der für die Qualifikation für die Fachlaufbahn geforderten Ausbildung aufweist.

(6) Ist beabsichtigt, dem Antragsteller oder der Antragstellerin einen Anpassungslehrgang oder eine Eignungsprüfung aufzuerlegen, ist zunächst zu prüfen, ob die im Rahmen der bisherigen Berufspraxis oder durch lebenslanges Lernen erworbenen Kenntnisse, Fähigkeiten und Kompetenzen, die hierfür von einer einschlägigen Stelle formell als gültig anerkannt wurden, den wesentlichen Unterschied ganz oder teilweise ausgleichen können.

(7) Liegen sämtliche Voraussetzungen des Art. 4f der Richtlinie 2005/36/EG vor, so gewährt die zuständige Behörde auf Antrag und auf Einzelfallbasis einen partiellen Zugang zu einer Fachlaufbahn.

**Art. 44 Antrag.** (1) [1]Der Antrag auf Anerkennung ist an die zuständige Behörde zu richten. [2]Zuständig ist die oberste Dienstbehörde, in deren Geschäftsbereich die Begründung eines Beamtenverhältnisses angestrebt wird. [3]An die Stelle der obersten Dienstbehörde tritt bei kommunalen Körperschaften das Staatsministerium des Innern, für Sport und Integration, bei sonstigen der Aufsicht des Staates unterstehenden Körperschaften, rechtsfähigen Anstalten und Stiftungen des öffentlichen Rechts die Aufsichtsbehörde. [4]Die nach Sätzen 2 und 3 zuständige Behörde kann die Zuständigkeit auf den Landespersonalausschuss übertragen. [5]Das Informationsportal zu den Einheitlichen Ansprechpartnern (§ 2 Abs. 1 der Ausführungsverordnung Einheitlicher Ansprechpartner) ermöglicht zum Zwecke der elektronischen Verfahrensabwicklung die Verbindung mit den zuständigen Behörden.

(2) Dem Antrag sind beizufügen:
1. ein Nachweis der Staatsangehörigkeit eines Mitgliedstaates,
2. Qualifikationsnachweise,
3. Bescheinigungen oder Urkunden des Heimat- oder Herkunftsstaates darüber, dass keine Straftaten, schwerwiegenden beruflichen Verfehlungen oder sonstige, die Eignung in Frage stellenden Umstände bekannt sind; die Bescheinigungen oder Urkunden dürfen bei ihrer Vorlage nicht älter als drei Monate sein,
4. ein Nachweis, aus dem hervorgeht, zu welcher Berufsausübung der Qualifikationsnachweis im Heimat- oder Herkunftsstaat berechtigt,

5. Bescheinigungen über die Art und Dauer der nach Erwerb des Qualifikationsnachweises in einem Mitgliedstaat ausgeübten Tätigkeiten in der Fachrichtung des Qualifikationsnachweises,
6. Nachweis über Inhalte und Dauer der Studien und Ausbildungen in Form von Studienordnungen, Prüfungsordnungen, Studienbuch oder in anderer geeigneter Weise; aus den Nachweisen müssen die Anforderungen, die zur Erlangung des Abschlusses geführt haben, hervorgehen, sowie
7. eine Erklärung, welche Tätigkeit auf der Grundlage des Qualifikationsnachweises in der öffentlichen Verwaltung angestrebt wird.

(3) ¹Bei berechtigten Zweifeln und soweit unbedingt geboten, können beglaubigte Kopien verlangt werden. ²Bestehen berechtigte Zweifel, kann die zuständige Behörde von den zuständigen Behörden des Mitgliedstaats eine Bestätigung der Tatsachen verlangen, dass die Ausübung dieses Berufes durch den Antragsteller oder die Antragstellerin nicht auf Grund eines disziplinarischen Verhaltens oder einer Verurteilung wegen strafbarer Handlungen ausgesetzt oder untersagt wurde. ³Der Informationsaustausch erfolgt über das Binnenmarkt-Informationssystem.

**Art. 45** *(aufgehoben)*

**Art. 46 Entscheidung.** (1) Die zuständige Behörde bestätigt dem Antragsteller oder der Antragstellerin binnen eines Monats den Empfang der Unterlagen und teilt ihm oder ihr gegebenenfalls gleichzeitig mit, welche Unterlagen fehlen.

(2) ¹Die Entscheidung über den Antrag ist dem Antragsteller oder der Antragstellerin innerhalb von vier Monaten nach Vorlage der vollständigen Unterlagen schriftlich mitzuteilen. ²In den Fällen einer automatischen Anerkennung nach Art. 21 ff. der Richtlinie 2005/36/EG beträgt die Frist drei Monate. ³Festgestellte Defizite werden dem Antragsteller oder der Antragstellerin schriftlich mitgeteilt. ⁴Die Mitteilung muss auch Informationen zu den möglichen Ausgleichsmaßnahmen gemäß Art. 47 bis 49 enthalten, insbesondere zu den Prüfungsgebieten im Fall einer Eignungsprüfung, sowie eine Aufforderung zur Ausübung eines bestehenden Wahlrechts (Art. 47). ⁵Wird eine Ausgleichsmaßnahme auferlegt, ist die Entscheidung entsprechend Art. 14 Abs. 6 der Richtlinie 2005/36/EG zu begründen.

(3) Im Fall einer Anerkennung ist in der schriftlichen Mitteilung darauf hinzuweisen, dass die Anerkennung keinen Anspruch auf Einstellung begründet.

(4) Die Anerkennung ist insbesondere zu versagen, wenn
1. die Voraussetzungen des Art. 43 nicht erfüllt sind,
2. die für die Anerkennung erforderlichen Unterlagen trotz Aufforderung nicht in angemessener Frist vollständig vorgelegt wurden,
3. die festgelegten Ausgleichsmaßnahmen nicht erfolgreich abgeschlossen worden sind oder

Leistungslaufbahngesetz **LlbG 72**

4. der Antragsteller oder die Antragstellerin wegen schwerwiegender beruflicher Verfehlungen, Straftaten oder sonstiger Gründe für das Beamtenverhältnis nicht geeignet ist.

**Art. 47 Notwendigkeit von Ausgleichsmaßnahmen.** (1) Wird eine Ausgleichsmaßnahme auferlegt, hat der Antragsteller oder die Antragstellerin die Wahl zwischen Eignungsprüfung (Art. 48) und Anpassungslehrgang (Art. 49).

(2) Abweichend von Abs. 1 ist ein Qualifikationsnachweis für eine Fachlaufbahn oder einen fachlichen Schwerpunkt, deren oder dessen Ausübung eine genaue Kenntnis des deutschen Rechts erfordert und bei der bzw. dem Beratung oder Beistand in Bezug auf das deutsche Recht ein wesentlicher und beständiger Teil der Berufsausübung ist, beim Einstieg in der dritten oder vierten Qualifikationsebene nur anzuerkennen, wenn mit Erfolg eine Eignungsprüfung abgelegt wurde.

(3) ¹Der Antragsteller oder die Antragstellerin muss erfolgreich einen Eignungstest absolvieren, wenn die erforderliche inländische Qualifikation
1. Art. 11 Buchst. c der Richtlinie 2005/36/EG entspricht und er oder sie eine Qualifikation nach Art. 11 Buchst. a der Richtlinie 2005/36/EG besitzt oder
2. Art. 11 Buchst. d oder e der Richtlinie 2005/36/EG entspricht und er oder sie eine Qualifikation nach Art. 11 Buchst. b der Richtlinie 2005/36/EG besitzt.

²Der Antragsteller oder die Antragstellerin muss sowohl einen Anpassungslehrgang als auch eine Eignungsprüfung erfolgreich absolvieren, wenn die erforderliche inländische Berufsqualifikation Art. 11 Buchst. d der Richtlinie 2005/36/EG entspricht und er oder sie eine Qualifikation nach Art. 11 Buchst. a der Richtlinie 2005/36/EG besitzt.

**Art. 48 Eignungsprüfung.** (1) Die Eignungsprüfung ist eine die beruflichen Kenntnisse, Fähigkeiten und Kompetenzen betreffende staatliche Prüfung, mit der das Potential, die Aufgaben der angestrebten Fachlaufbahn oder des angestrebten fachlichen Schwerpunkts auszuüben, beurteilt wird.

(2) ¹Bei fachlichen Schwerpunkten mit Vorbereitungsdienst führt die Eignungsprüfung die für die Durchführung der Qualifikationsprüfung zuständige Behörde durch. ²Bei einem Qualifikationserwerb für eine Fachlaufbahn gemäß Art. 6 Abs. 1 Satz 1 Nr. 2 und Abs. 2 wird die Eignungsprüfung von der obersten Dienstbehörde durchgeführt, bei der die Einstellung angestrebt wird. ³Die Zuständigkeiten nach den Sätzen 1 und 2 können durch die oberste Dienstbehörde auf eine andere Behörde oder den Landespersonalausschuss übertragen werden.

(3) ¹Bei fachlichen Schwerpunkten mit Vorbereitungsdienst gelten die in den jeweiligen Ausbildungs- und Prüfungsordnungen genannten Prüfungsgebiete als für den fachlichen Schwerpunkt notwendige Sachgebiete. ²Bei einem Qualifikationserwerb gemäß Art. 6 Abs. 1 Satz 1 Nr. 2 und Abs. 2 sind die Prüfungsgebiete auf Grund eines Vergleichs mit den dem Qualifikationserwerb zugrunde liegenden Prüfungsgebieten der Abschlüsse festzulegen.

(4) ¹Die zuständige Behörde vergleicht die für den Qualifikationserwerb für unverzichtbar angesehenen Sachgebiete aus den Ausbildungs- und Prüfungsordnungen mit den Qualifikationen und den Erfahrungen des Antragstellers oder der Antragstellerin, die bereits in einem Mitgliedstaat erworben wurden. ²Anschließend legt die Behörde im Einzelfall, abhängig von den festgestellten Defiziten, den konkreten Inhalt und Umfang der Prüfung, insbesondere die Prüfungsgebiete fest.

(5) ¹Die Eignungsprüfung muss dem Umstand Rechnung tragen, dass im Heimat- oder Herkunftsstaat bereits eine entsprechende berufliche Qualifikation vorliegt. ²Für die Durchführung der Prüfung und die Bewertung der Prüfungsleistungen gelten die für die jeweilige Fachlaufbahn bzw. den jeweiligen fachlichen Schwerpunkt maßgeblichen Prüfungsbestimmungen und die Allgemeine Prüfungsordnung (APO) entsprechend. ³Eine Eignungsprüfung muss innerhalb von sechs Monaten nach ihrer Wahl oder Festsetzung abgelegt werden können.

**Art. 49 Anpassungslehrgang.** (1) ¹Während des Anpassungslehrgangs werden Aufgaben der angestrebten Fachlaufbahn oder des angestrebten fachlichen Schwerpunkts unter der Verantwortung eines ausgewiesenen Inhabers oder einer ausgewiesenen Inhaberin der angestrebten Qualifikation ausgeübt. ²Der Anpassungslehrgang kann mit einer Zusatzausbildung einhergehen.

(2) ¹Für die Durchführung und Organisation des Anpassungslehrgangs ist bei einem Qualifikationserwerb gemäß Art. 6 Abs. 1 Satz 1 Nrn. 1 und 2, Abs. 2 die oberste Dienstbehörde zuständig, in deren Geschäftsbereich die Begründung eines Beamtenverhältnisses angestrebt wird. ²Diese kann eine andere Behörde oder den Landespersonalausschuss mit der Durchführung und Organisation beauftragen. ³Art. 44 Abs. 1 Satz 3 gilt entsprechend. ⁴Mit der gegebenenfalls notwendigen Zusatzausbildung können die in Art. 48 Abs. 2 genannten Stellen beauftragt werden.

(3) ¹Der Anpassungslehrgang dient dazu, die im Vergleich zwischen vorhandener und geforderter Ausbildung fehlenden Qualifikationen zu erwerben. ²Er darf höchstens drei Jahre dauern. ³Die konkreten Inhalte und die konkrete Dauer werden unter Berücksichtigung des festgestellten Defizits im Hinblick auf die Erfordernisse der jeweiligen Fachlaufbahn oder des jeweiligen fachlichen Schwerpunkts von der zuständigen Behörde festgelegt. ⁴Bei fachlichen Schwerpunkten mit Vorbereitungsdienst darf der Anpassungslehrgang die Dauer des Vorbereitungsdienstes nicht überschreiten.

(4) ¹Die Rechte und Pflichten während des Anpassungslehrgangs werden durch Vertrag zwischen dem Freistaat Bayern und dem Antragsteller oder der Antragstellerin festgelegt. ²Der Antragsteller oder die Antragstellerin befindet sich während des Anpassungslehrgangs in einem öffentlich-rechtlichen Vertragsverhältnis, welches durch das als **Anlage 2** beigefügte Vertragsmuster näher geregelt wird. ³Der Anpassungslehrgang endet außer mit Ablauf der festgesetzten Zeit vorzeitig auf Antrag oder, wenn schwerwiegende Pflichtverletzungen des Antragstellers oder der Antragstellerin der Fortführung entge-

genstehen. [4]Wenn schwerwiegende Pflichtverletzungen der Fortführung des Anpassungslehrgangs entgegenstehen, wird der Vertrag schriftlich und mit sofortiger Wirkung durch die zuständige Behörde nach Abs. 2 gekündigt.

(5) [1]Der Lehrgang ist Gegenstand einer Bewertung. [2]Zur Bewertung wird die Notenskala des § 28 Abs. 6 APO herangezogen. [3]Werden die Leistungen nicht mindestens mit der Gesamtnote „ausreichend" bewertet, ist der Anpassungslehrgang nicht bestanden.

**Art. 50 Abschluss des Anerkennungsverfahrens.** [1]Mit erfolgreichem Abschluss des Anerkennungsverfahrens wird die Qualifikation für eine Fachlaufbahn erworben. [2]Gegebenenfalls ist der fachliche Schwerpunkt, soweit gebildet, festzustellen.

**Art. 51 Berufsbezeichnung.** Sofern mit der Qualifikation nach den allgemeinen gesetzlichen Bestimmungen die Befugnis verbunden ist, eine Bezeichnung zu führen, wird diese als Berufsbezeichnung geführt.

TEIL 3
## Andere Bewerber und Bewerberinnen

**Art. 52 Qualifikationsvoraussetzungen.** (1) [1]Andere Bewerber und Bewerberinnen (Art. 4 Abs. 2) können berücksichtigt werden, wenn an der Gewinnung ein besonderes dienstliches Interesse besteht. [2]Sie erwerben die Qualifikation für eine Fachlaufbahn durch Lebens- und Berufserfahrung. [3]Die für Regelbewerber und Regelbewerberinnen erforderlichen Voraussetzungen für den Qualifikationserwerb (Art. 6 Abs. 1) dürfen von ihnen nicht gefordert werden.

(2) [1]Die oberste Dienstbehörde stellt bei ihnen die Fachlaufbahn, einen gebildeten fachlichen Schwerpunkt sowie die Qualifikationsebene fest. [2]Bei der Feststellung der Qualifikation nach Satz 1 dürfen keine geringeren Anforderungen gestellt werden als sie von Regelbewerbern und Regelbewerberinnen gefordert werden. [3]Die oberste Dienstbehörde kann die Zuständigkeit nach Satz 1 auf den Landespersonalausschuss übertragen.

**Art. 53 Probezeit.** [1]Die oberste Dienstbehörde kann für Beamte und Beamtinnen bei erheblich über dem Durchschnitt liegenden Leistungen die Probezeit bis auf ein Jahr kürzen. [2]Ferner kann die oberste Dienstbehörde Zeiten einer hauptberuflichen Tätigkeit, die nach Art und Bedeutung mindestens einer Tätigkeit in einem Amt der betreffenden Fachlaufbahn und Qualifikationsebene entsprechen, im Umfang von höchstens einem Jahr auf die Probezeit anrechnen. [3]Art. 15 Abs. 2 ist entsprechend anzuwenden.

## TEIL 4
## Dienstlicher Beurteilung

**Art. 54 Arten der dienstlichen Beurteilung.** (1) ¹Dienstliche Beurteilungen sind die Einschätzung während der Probezeit, die Probezeitbeurteilung, die periodische Beurteilung, die Zwischenbeurteilung und die Anlassbeurteilung. ²Die obersten Dienstbehörden können durch Verwaltungsvorschrift weitere dienstliche Beurteilungen zulassen.

(2) Keine dienstlichen Beurteilungen sind die Zwischen- und Abschlusszeugnisse der Beamten und Beamtinnen auf Widerruf im Vorbereitungsdienst.

**Art. 55 Einschätzung während der Probezeit sowie Probezeitbeurteilung.**
(1) ¹Nach der Hälfte der regelmäßigen Probezeit ist eine Einschätzung der Eignung, Befähigung und fachlichen Leistung vorzunehmen. ²Sofern an dem erfolgreichen Abschluss der Probezeit Zweifel bestehen, sind diese, ihre Ursachen und die Möglichkeiten der Abhilfe deutlich herauszustellen. ³Wenn eine Verkürzung der Probezeit nach Art. 36 Abs. 1 oder nach Art. 53 Satz 1 in Betracht kommt, ist dazu in der Einschätzung Stellung zu nehmen.

(2) ¹Bis zum Ablauf der Probezeit erfolgt die Probezeitbeurteilung. ²In dieser sind Eignung, Befähigung und fachliche Leistung im Hinblick auf die Aufgaben der Fachlaufbahn und, soweit gebildet, des fachlichen Schwerpunkts und als Grundlage für die Übernahme in das Beamtenverhältnis auf Lebenszeit zu beurteilen.

(3) Die nähere Ausgestaltung der Einschätzung und der Probezeitbeurteilung wird durch Verwaltungsvorschriften gemäß Art. 15 BayBG geregelt.

**Art. 56 Periodische Beurteilung.** (1) ¹Fachliche Leistung, Eignung und Befähigung sind mindestens alle drei Jahre dienstlich zu beurteilen (periodische Beurteilung). ²Dies gilt nicht für Beamte und Beamtinnen auf Widerruf im Vorbereitungsdienst und während der Probezeit nach § 4 Abs. 3 Buchst. a BeamtStG. ³Satz 1 gilt auch für Beamte und Beamtinnen, die nach Art. 15 Abs. 4 Satz 1 Nr. 3 zur Ausübung einer Tätigkeit bei Fraktionen, kommunalen Vertretungskörperschaften oder kommunalen Spitzenverbänden beurlaubt wurden.

(2) ¹Die periodische Beurteilung kann zurückgestellt werden, wenn
1. gegen den Beamten oder die Beamtin ein gerichtliches Strafverfahren, ein Disziplinarverfahren, Vorermittlungen oder ein strafrechtliches Ermittlungsverfahren eingeleitet worden ist, oder
2. ein sonstiger in der Person liegender wichtiger Grund besteht.

²Nach dem rechtskräftigen Abschluss des Verfahrens, der Einstellung der Ermittlungen oder dem Wegfall des sonstigen wichtigen Grundes ist die periodische Beurteilung nachzuholen.

(3) ¹Nicht periodisch beurteilt werden Beamte und Beamtinnen in einem Amt der Besoldungsgruppe A 16 mit Amtszulage und höher. ²Die oberste

Dienstbehörde kann die periodische Beurteilung der in Satz 1 genannten Gruppe anordnen.

(4) ¹Wird als Grundlage bei der Übertragung höherwertiger Dienstposten nach Art. 16 Abs. 1 Satz 3 oder bei Beförderungen nach Art. 17 Abs. 7, Art. 16 Abs. 1 Satz 3 eine periodische Beurteilung herangezogen, ist diese bis zu dem in Verwaltungsvorschriften festzulegenden einheitlichen Verwendungsbeginn der nächsten regulären periodischen Beurteilung zu verwenden. ²Wenn sich während des laufenden periodischen Beurteilungszeitraums erhebliche Veränderungen der tatsächlichen Grundlagen der Beurteilungskriterien ergeben haben, sodass die weitere Verwendung der letzten periodischen Beurteilung bis zum nächsten darauf folgenden einheitlichen Verwendungsbeginn ausnahmsweise nicht mehr sachgerecht wäre, ist die periodische Beurteilung zu aktualisieren. ³Die Aktualisierung erfolgt nach den gleichen Verfahrensvorschriften wie die reguläre periodische Beurteilung; Satz 1 gilt entsprechend.

**Art. 57 Zwischenbeurteilung.** Eine Zwischenbeurteilung ist zu erstellen, wenn Beamte oder Beamtinnen mindestens ein Jahr nach dem Ende des der letzten dienstlichen Beurteilung zugrunde liegenden Zeitraums oder der Probezeit die Behörde wechseln, beurlaubt oder vom Dienst freigestellt werden.

**Art. 58 Inhalt der periodischen Beurteilung und Zwischenbeurteilung.**
(1) Der Beurteilung ist eine Beschreibung der Aufgaben, die im Beurteilungszeitraum wahrgenommen wurden, voranzustellen.

(2) ¹Die Beurteilung hat die fachliche Leistung in Bezug auf die Funktion und im Vergleich zu den anderen Beamten und Beamtinnen derselben Besoldungsgruppe der Fachlaufbahn und, soweit gebildet, desselben fachlichen Schwerpunkts objektiv darzustellen und außerdem von Eignung und Befähigung ein zutreffendes Bild zu geben. ²Die obersten Dienstbehörden können die Vergleichsgruppe nach Satz 1 durch weitere Kriterien enger bestimmen.

(3) Zu beurteilen ist
1. die fachliche Leistung anhand der Kriterien:
    a) Quantität,
    b) Qualität,
    c) Serviceorientierung, insbesondere gegenüber dem Bürger,
    d) Zusammenarbeit mit Kollegen und Vorgesetzten, und
    e) soweit Beamte und Beamtinnen Führungsaufgaben wahrnehmen, der Führungserfolg,
2. die Eignung anhand der Kriterien:
    a) Auffassungsgabe,
    b) Einsatzbereitschaft,
    c) geistige Beweglichkeit,
    d) Entscheidungsfreude und
    e) Führungspotential,
3. die Befähigung anhand der Kriterien:
    a) Fachkenntnisse,

b) mündliche Ausdrucksfähigkeit,
c) schriftliche Ausdrucksfähigkeit und
d) zielorientiertes Verhandlungsgeschick.

(4) [1]Die periodische Beurteilung ist mit einer detaillierten Aussage zur Verwendungseignung abzuschließen. [2]Sofern eine Verwendung in Führungspositionen in Betracht kommt, ist bei der Verwendungseignung eine differenzierte Aussage zur Führungsqualifikation zu treffen. [3]Schließlich ist darzulegen, für welche dienstlichen Aufgaben der Beamte oder die Beamtin in Betracht kommt und welche Einschränkungen gegebenenfalls bestehen.

(5) In der periodischen Beurteilung ist eine Feststellung aufzunehmen, wenn der Beamte oder die Beamtin für
1. die Ausbildungsqualifizierung,
2. die modulare Qualifizierung
in Betracht kommt.

(6) [1]Die nähere Ausgestaltung der Beurteilung wird durch Verwaltungsvorschriften gemäß Art. 15 BayBG geregelt. [2]Dabei können die Staatsministerien und der Oberste Rechnungshof für ihren Geschäftsbereich oder Teile davon weitere oder andere Beurteilungskriterien festlegen und eine vereinfachte Dokumentation der Beurteilung zulassen. [3]Die Gemeinden, Gemeindeverbände und die sonstigen unter der Aufsicht des Staates stehenden Körperschaften, Anstalten und Stiftungen des öffentlichen Rechts können für ihren Bereich von Abs. 3 abweichend weitere oder andere Beurteilungskriterien festlegen.

**Art. 59 Bewertung und Gesamturteil.** (1) [1]Die Bewertung erfolgt in einem Punktesystem mit einer Punkteskala von 1 bis 16 Punkten bezüglich der einzelnen Leistungs-, Eignungs- und Befähigungsmerkmale sowie bezüglich des Gesamturteils. [2]Die Staatsministerien und der Oberste Rechnungshof können für ihren Geschäftsbereich oder Teile davon durch Verwaltungsvorschrift eine andere Bewertung festlegen. [3]Soweit gemäß Satz 2 eine von Satz 1 abweichende Punkteskala festgelegt wird, darf 16 als Höchstpunktzahl nicht überschritten und 7 als Höchstpunktzahl nicht unterschritten werden. [4]Verbale Hinweise oder Erläuterungen zu den einzelnen Merkmalen sind zulässig. [5]Sie sind bei denjenigen Einzelmerkmalen vorzunehmen, deren Bewertung sich gegenüber der letzten periodischen Beurteilung wesentlich verschlechtert hat oder bei denen sich die Bewertung auf bestimmte Vorkommnisse gründet. [6]Die Beurteilung kann ergänzende Bemerkungen zu den Einzelmerkmalen enthalten.

(2) [1]Bei der Bildung des Gesamturteils sind die bei den Einzelmerkmalen vergebenen Wertungen unter Berücksichtigung ihrer an den Erfordernissen des Amtes und der Funktion zu messenden Bedeutung in einer Gesamtschau zu bewerten und zu gewichten. [2]Die für die Bildung des Gesamturteils wesentlichen Gründe sind in den ergänzenden Bemerkungen darzulegen.

**Art. 60 Zuständigkeit.** (1) 1Die dienstliche Beurteilung wird, soweit die Dienstaufsicht nicht anderweitig geregelt ist, von der Leitung der Behörde er-

Leistungslaufbahngesetz **LlbG 72**

stellt, der der Beamte oder die Beamtin im Zeitpunkt der dienstlichen Beurteilung angehört. ²Abgeordnete Beamte und Beamtinnen werden im Einvernehmen mit der Leitung der Behörde beurteilt, an die sie abgeordnet sind; besteht die Abordnung zu einer Dienststelle eines anderen Dienstherrn, erfolgt die Beurteilung im Benehmen mit der Leitung der Behörde, an die sie abgeordnet sind. ³Bei Beamten und Beamtinnen, die nach Art. 15 Abs. 4 Satz 1 Nr. 3 zur Ausübung einer Tätigkeit bei Fraktionen, kommunalen Vertretungskörperschaften oder kommunalen Spitzenverbänden beurlaubt wurden, erfolgt die Beurteilung im Benehmen mit der Fraktion, der Vertretungskörperschaft oder dem Spitzenverband. ⁴Die Leiter und Leiterinnen von Behörden werden von der Leitung der vorgesetzten Dienststelle beurteilt. ⁵Die oberste Dienstbehörde kann eine abweichende Regelung treffen, soweit ein dringendes dienstliches Bedürfnis gegeben ist. ⁶Bei den Behörden, die den obersten Dienstbehörden unmittelbar nachgeordnet sind, kann der Leiter oder die Leiterin der Behörde die Befugnis zur Beurteilung auf seine oder ihre allgemeine Vertretung übertragen. ⁷Im Bereich der kommunalen Dienstherren kann die Behördenleitung die Befugnis zur Beurteilung übertragen, wenn sichergestellt ist, dass die Beurteilung von einer Person erstellt wird, die zumindest die gleiche Qualifikation besitzt, wie die zu beurteilende Person.

(2) ¹Die dienstliche Beurteilung wird von den vorgesetzten Dienstbehörden überprüft. ²Die Überprüfung soll spätestens nach einer Frist von sechs Monaten nach der ersten Eröffnung abgeschlossen sein. ³Ist die vorgesetzte Dienstbehörde eine oberste Dienstbehörde, kann sie die Überprüfung der dienstlichen Beurteilungen auf eine nachgeordnete Behörde übertragen. ⁴Die obersten Dienstbehörden können für ihren Geschäftsbereich oder Teile davon bestimmen, in welchen Fällen auf die Überprüfung der dienstlichen Beurteilung verzichtet wird.

**Art. 61 Eröffnung der dienstlichen Beurteilung.** (1) ¹Die dienstliche Beurteilung ist dem Beamten oder der Beamtin zu eröffnen. ²Sie soll besprochen werden. ³Die Eröffnung der dienstlichen Beurteilung kann auf Vorgesetzte delegiert werden, die an der Erstellung der Beurteilung wesentlich mitgewirkt haben. ⁴Einwendungen sind der vorgesetzten Dienstbehörde mit vorzulegen. ⁵Ist die dienstliche Beurteilung durch die vorgesetzte Dienstbehörde abgeändert worden, ist die dienstliche Beurteilung unverzüglich, spätestens aber drei Monate nach einer Überprüfung, nochmals zu eröffnen.

(2) Die Beurteilung ist mit einem Vermerk über ihre Eröffnung zu den Personalakten zu nehmen.

**Art. 62 Leistungsfeststellung für die Entscheidungen gemäß Art. 30 und 66 BayBesG; Öffnungsklausel für den nichtstaatlichen Bereich zu Art. 67 BayBesG.** (1) ¹Leistungsfeststellungen für die Entscheidungen gemäß Art. 30 Abs. 3 Sätze 1 und 3 und Art. 66 Abs. 2 BayBesG werden mit der periodischen Beurteilung verbunden. ²Soweit es für die Anwendung der Art. 30 Abs. 3 Sätze 1 und 3, Art. 66 Abs. 2 BayBesG erforderlich ist, eine periodische Beurteilung jedoch nicht vorgeschrieben ist, hat eine gesonderte Leistungsfest-

## 72 LlbG  Leistungslaufbahngesetz

stellung zu erfolgen; Art. 60 und 61 finden entsprechende Anwendung. ³Gegenstand der Leistungsfeststellung sind die Kriterien gemäß Art. 58 Abs. 3 Nr. 1. ⁴In der Probezeit kann die Leistungsfeststellung mit den Beurteilungen gemäß Art. 55 Abs. 1 Satz 1 und Art. 55 Abs. 2 Satz 1 verbunden werden. ⁵Sie erfolgt auf Basis der Beurteilung der fachlichen Leistung gemäß Art. 55 Abs. 1 Satz 1 oder Art. 55 Abs. 2 Satz 2.

(2) ¹Für die Vergabe einer Leistungsstufe gemäß Art. 66 Abs. 1 BayBesG kommen nur diejenigen Beamten und Beamtinnen in Betracht, die in den Kriterien gemäß Art. 58 Abs. 3 Nr. 1 die jeweils in der Vergleichsgruppe höchst vergebenen Bewertungen erhalten haben. ²In der Probezeit gelten Abs. 1 Sätze 4 und 5 entsprechend. ³Die Staatsministerien und der Oberste Rechnungshof können für ihren Geschäftsbereich oder Teile davon durch Verwaltungsvorschrift regeln, dass auf der Grundlage der in der letzten periodischen Beurteilung oder gesondert getroffenen Leistungsfeststellung in regelmäßigen Zeitabständen eine weitere Vergabe von Leistungsstufen erfolgen kann. ⁴Satz 3 gilt entsprechend für die Gemeinden, Gemeindeverbände und die sonstigen unter der Aufsicht des Staates stehenden Körperschaften, Anstalten und Stiftungen des öffentlichen Rechts.

(3) Erfüllt ein Beamter oder eine Beamtin die Mindestanforderungen im Sinn des Art. 30 Abs. 3 Satz 1 BayBesG, wird dies in der Entscheidung gemäß Abs. 1 Sätze 1, 2 oder Satz 4 gesondert festgestellt.

(4) ¹Bei der Entscheidung gemäß Art. 30 Abs. 3 Satz 1 BayBesG sind sämtliche zurechenbaren Umstände des Einzelfalls zu berücksichtigen. ²Eine negative Entscheidung darf nur getroffen werden, wenn der Beamte oder die Beamtin rechtzeitig auf die Leistungsmängel ausdrücklich hingewiesen worden ist.

(5) ¹Liegen die Voraussetzungen des Art. 30 Abs. 3 Satz 1 BayBesG nicht vor (Stufenstopp), sind die Leistungen in Abständen von jeweils einem Jahr nach Beginn des Stufenstopps erneut zu überprüfen. ²Die gesonderte Leistungsfeststellung nach Satz 1 enthält die Aussage, ob die Leistungen in dem vergangenen Jahr die Voraussetzungen des Art. 30 Abs. 3 Satz 1 BayBesG erfüllt haben; Art. 60 und 61 finden entsprechende Anwendung. ³Abs. 4 gilt entsprechend. ⁴Wird eine periodische Beurteilung erstellt, gilt Abs. 1 Satz 1.

(6) ¹Soweit von Art. 58 Abs. 6 Sätze 2, 3 bzw. Art. 59 Abs. 1 Satz 2 Gebrauch gemacht wird, ist jeweils zu regeln, auf welcher Grundlage die Entscheidungen gemäß Abs. 2, 3 und 5 getroffen werden. ²Dabei ist sicherzustellen, dass die Bewertungsmaßstäbe den sich aus den Abs. 2, 3 und 5 ergebenden für die Vergabe einer Leistungsstufe, den regelmäßigen Stufenaufstieg und den Stufenstopp entsprechen.

(7) ¹Für die Vergabe einer Leistungsprämie nach Art. 67 BayBesG können Gemeinden, Gemeindeverbände und die sonstigen unter der Aufsicht des Staates stehenden Körperschaften, Anstalten und Stiftungen des öffentlichen Rechts, die an tarifvertragliche Regelungen zum Leistungsentgelt gebunden sind, den tarifvertraglichen Regelungen entsprechende Bestimmungen zur Leistungsbe-

wertung sowie zum Vergabeverfahren unter Mitwirkung der betrieblichen Kommissionen im Sinn des § 18 Abs. 7 Satz 1 des Tarifvertrags für den öffentlichen Dienst (TVöD VKA) vom 13. September 2005, oder dem entsprechender tarifvertraglicher Regelungen auch für die Beamten und Beamtinnen treffen. ²Es kann dabei von Art. 67 Abs. 1 und Art. 68 Abs. 2 BayBesG abgewichen werden. ³Im Fall einer eigenen Regelung muss gewährleistet sein, dass Leistungsbewertung und Vergabeverfahren bei den Beamten und Beamtinnen und den Tarifbeschäftigten desselben Dienstherrn einheitlich erfolgen.

**Art. 63** *(aufgehoben)*

**Art. 64 Dienstliche Beurteilung von Lehrkräften.** ¹Das zuständige Staatsministerium wird ermächtigt, im Einvernehmen mit dem Staatsministerium der Finanzen und für Heimat für die Beurteilung der staatlichen Lehrkräfte eigene Richtlinien zu erlassen, die von den Vorschriften des Teils 4 mit Ausnahme von Art. 56 Abs. 3 abweichen können. ²Die Richtlinien nach Satz 1 können für Lehrkräfte an kommunalen Schulen entsprechend angewendet werden.

**Art. 65 Ausnahmegenehmigungen.** Das Staatsministerium des Innern, für Sport und Integration kann für den Bereich der kommunalen Selbstverwaltung von Art. 56 Abs. 4 Satz 3 und Art. 59 abweichende Beurteilungssysteme zulassen.

## TEIL 5
# Fortbildung

**Art. 66 Grundsätze der Fortbildung.** (1) ¹Die dienstliche Fortbildung wird von der obersten Dienstbehörde gefördert und geregelt. ²Die einzelnen Fortbildungsmaßnahmen werden regelmäßig durch die obersten Dienstbehörden und durch die von ihnen beauftragten Behörden oder Stellen durchgeführt. ³Die Gelegenheit zur Fortbildung soll möglichst gleichmäßig gegeben werden.

(2) ¹Die Beamten und Beamtinnen sind verpflichtet, an Maßnahmen der Einführungs-, Anpassungs- und Förderungsfortbildung teilzunehmen. ²Sie sind außerdem verpflichtet, sich selbst fortzubilden, damit sie den Änderungen der Aufgaben und der Anforderungen gewachsen sind.

(3) ¹Wer seine Fähigkeiten und fachlichen Kenntnisse durch geeignete Fortbildung nachweislich wesentlich gesteigert hat, ist zu fördern und soll unter Beachtung der Grundsätze des Art. 16 Gelegenheit erhalten, Fähigkeiten und fachliche Kenntnisse auf einem höherwertigen Dienstposten anzuwenden und hierbei die besondere Eignung zu beweisen. ²Welche Fortbildungen geeignet sind, regeln die obersten Dienstbehörden.

## TEIL 6
## Schluss- und Übergangsvorschriften

**Art. 67 Verordnungsermächtigung.** ¹Die Staatsministerien und der Oberste Rechnungshof können im Einvernehmen mit dem Staatsministerium der Finanzen und für Heimat Vorschriften durch Rechtsverordnung erlassen über
1. die Zuordnung zu einer Fachlaufbahn und die Bildung von fachlichen Schwerpunkten,
2. die Zulassung zu einer Fachlaufbahn, zu gebildeten fachlichen Schwerpunkten und zu einer Qualifikationsebene, einschließlich der Festlegung von Höchstaltersgrenzen für die Einstellung in den Polizeivollzugsdienst, die zweite Qualifikationsebene des feuerwehrtechnischen Dienstes und den allgemeinen Vollzugsdienst der Justiz,
3. die Ausbildung und
4. die modulare Qualifizierung.

²Dabei sind die in der Richtlinie (EU) 2018/958 getroffenen Vorgaben zu beachten; dies gilt nicht, wenn sich die Vorschriften auf Tätigkeiten beziehen, die im Sinne von Art. 51 des Vertrags über die Arbeitsweise der Europäischen Union (AEUV) dauernd oder zeitweise mit der Ausübung hoheitlicher Gewalt verbunden sind. ³Vorschriften nach Satz 1 bedürfen der Zustimmung des Landespersonalausschusses. ⁴Die Zustimmung nach Satz 3 gilt als erteilt, wenn der Landespersonalausschuss nicht binnen sechs Monaten nach Zugang der im Verfahren nach Art. 3 Abs. 3 abgestimmten Verordnungsentwürfe entscheidet.

**Art. 68 Ausnahmen, Verordnungsermächtigung.** (1) Das Staatsministerium des Innern, für Sport und Integration kann im Einvernehmen mit dem Staatsministerium der Finanzen und für Heimat und nach Anhörung des Landespersonalausschusses durch Rechtsverordnung von Art. 7, 8, 20, 34, 35 und 37 abweichende laufbahnrechtliche Vorschriften für die Feuerwehrbeamten und Feuerwehrbeamtinnen erlassen.

(2) ¹Das Staatsministerium des Innern, für Sport und Integration kann im Einvernehmen mit dem Staatsministerium der Finanzen und für Heimat und nach Anhörung des Landespersonalausschusses durch Rechtsverordnung die Laufbahnen der Polizeivollzugsbeamten und Polizeivollzugsbeamtinnen und der Beamten und Beamtinnen im Sicherheitsbereich des Landesamts für Verfassungsschutz abweichend regeln; hierbei kann die Einheitslaufbahn festgelegt und von Art. 58 Abs. 2 abgewichen werden. ²Für die Beamten und Beamtinnen der Polizei und des Landesamts für Verfassungsschutz kann das Beurteilungs- und Beförderungsverfahren abweichend von den laufbahnrechtlichen Bestimmungen dieses Gesetzes durch Verwaltungsvorschriften geregelt werden.

**Art. 69 Evaluation.** ¹Die Staatsregierung überprüft die Auswirkungen dieses Gesetzes mit Ausnahme des Teils 4 sowie auf Grund dieses Gesetzes ergangener Rechtsverordnungen. ²Dem Bayerischen Landtag ist zum Ende des Jahres 2012 erstmals über die Auswirkungen zu berichten.

Leistungslaufbahngesetz **LlbG 72**

**Art. 70 Übergangsregelungen.** (1) [1]Für Beamte und Beamtinnen, die noch vor dem 1. April 2009 angestellt wurden, rechnet die Dienstzeit weiterhin ab dem Zeitpunkt der Anstellung; für diese Beamten und Beamtinnen ist die Vorschrift des § 11 Abs. 2 Satz 1 Nr. 2 der Laufbahnverordnung in der Fassung der Bekanntmachung vom 4. März 1996 (GVBl S. 99, ber. S. 220, BayRS 2030-2-1-2-F), zuletzt geändert durch § 3 des Gesetzes vom 20. Dezember 2007 (GVBl S. 931), weiterhin anzuwenden. [2]Auf Beamte und Beamtinnen, die bereits vor dem 1. Januar 2011 in das Beamtenverhältnis auf Probe gemäß § 4 Abs. 3 Buchst. a BeamtStG berufen worden sind, finden anstelle des Art. 12 Abs. 2 und der Art. 36 und 53 dieses Gesetzes die Art. 38 und 40 des Bayerischen Beamtengesetzes in der bis zum 31. Dezember 2010 geltenden Fassung und die §§ 37, 40, 44, 49, 56 der Laufbahnverordnung vom 1. April 2009 (GVBl S. 51, BayRS 2030-2-1-2-F) mit der Maßgabe weiterhin Anwendung, dass sich in der laufbahnrechtlichen Entwicklung dieser Beamten und Beamtinnen gegenüber einer Einstellung zum 1. Januar 2011 keine Nachteile ergeben.

(2) [1]Die Anrechnung von Erziehungszeiten für vor dem 1. Januar 2011 und nach dem 31. Dezember 2007 geborene Kinder, die über die anzurechnenden Zeiten gemäß § 10 Abs. 3 Satz 3, § 12 Abs. 3 Satz 3, Abs. 4 Satz 1 Nr. 5 der Verordnung über die Laufbahnen der bayerischen Beamtinnen und Beamten (Laufbahnverordnung – LbV) vom 1. April 2009 (GVBl S. 51, BayRS 2030-2-1-2-F) in der bis zum 31. Dezember 2010 geltenden Fassung hinausgehen, erfolgt nur auf Antrag und mit Wirkung für die Zukunft. [2]Für die Anrechnung von Erziehungszeiten für vor dem 1. Januar 2008 geborene Kinder findet § 62 Abs. 4 der Laufbahnverordnung in der Fassung der Bekanntmachung vom 4. März 1996 (GVBl S. 99, ber. S. 220, BayRS 2030-2-1-2-F), zuletzt geändert durch § 3 des Gesetzes vom 20. Dezember 2007 (GVBl S. 931), Anwendung. [3]Die Anrechnung nach den Sätzen 1 und 2 erfolgt auch für Kinder, die zum 1. Januar 2011 das achte Lebensjahr bereits vollendet haben. [4]In den Fällen von Art. 15 Abs. 3 Satz 1 Nr. 3 und Abs. 4 Satz 1 Nr. 5 erfolgt die Anrechnung von Zeiten einer Beurlaubung zur tatsächlichen Betreuung oder Pflege von einem Kind, das das achte Lebensjahr vollendet hat, sowie von einem nach ärztlichem Gutachten pflegebedürftigen sonstigen Angehörigen, nur auf Antrag, wenn die Beurlaubung bereits vor dem 1. August 2015 begonnen hat.

(3) [1]Soweit in einzelnen Laufbahnen nach der am 31. Dezember 2010 geltenden Rechtslage Beförderungen ohne Erfüllung der Voraussetzungen des § 41 Abs. 5 und der §§ 46 und 51 der Laufbahnverordnung vom 1. April 2009 (GVBl S. 51, BayRS 2030-2-1-2-F) möglich waren, kann in Rechtsverordnungen nach Art. 67 von Art. 17 Abs. 6 in entsprechendem Umfang abgewichen werden; Entsprechendes gilt für den Gerichtsvollzieherdienst. [2]Für Beamte und Beamtinnen, die den Aufstieg nach § 41 Abs. 5, §§ 46 und 51 der Laufbahnverordnung vom 1. April 2009 absolviert haben und vor dem 1. Januar 2011 in das Eingangsamt der nächsthöheren Laufbahn befördert worden sind, ist Art. 17 Abs. 1 Satz 3 Nrn. 2 und 3 Halbsatz 1 für die Beförderung in

**72 LlbG**  Leistungslaufbahngesetz

das nächsthöhere Amt derselben Fachlaufbahn bzw. soweit gebildet desselben fachlichen Schwerpunkts nicht anzuwenden.

(4) Beamte und Beamtinnen, die gemäß § 46 der Laufbahnverordnung in der bis zum 31. Dezember 2010 geltenden Fassung aufgestiegen sind, können sich für Ämter und Dienstposten, die nicht dem bisherigen Verwendungsbereich entsprechen, qualifizieren, wenn sie weitere gemäß Art. 20 erforderliche Qualifizierungsmaßnahmen erfolgreich absolvieren.

(5) [1]Art. 15 Abs. 2 gilt nur für Zeiten einer Beschäftigung nach dem 31. März 2009. [2]Zeiten vor dem 1. April 2009 berechnen sich nach dem jeweils zu dieser Zeit geltenden Rechtsstand.

(6) *(aufgehoben)*

(7) Der Binnendifferenzierung nach Art. 16 Abs. 2 und Art. 17 Abs. 7 werden nur die Beurteilungen zugrunde gelegt, deren Beurteilungsstichtag nach dem 1. Januar 2013 liegt, es sei denn auf Grund von Verwaltungsvorschriften werden Beurteilungen erfasst, die zu einem früheren Beurteilungsstichtag erstellt wurden, und bei denen die Anforderungen der Art. 16 Abs. 2 und Art. 17 Abs. 7 bereits Berücksichtigung gefunden haben.

(8) [1]Auf Beurteilungssysteme, die vor dem 1. Januar 2013 eingeführt sind, finden Art. 20 Abs. 4, Art. 37 Abs. 2 Satz 1 Nr. 2 und Art. 56 Abs. 1 Satz 1 in der bis 31. Dezember 2012 geltenden Fassung weiterhin Anwendung. [2]Art. 5 Abs. 1 Satz 1 BayRiStAG bleibt unberührt. [3]In den Fällen der Sätze 1 und 2 bestimmt sich die hinreichende Aktualität im Sinn des Art. 56 Abs. 4 Sätze 1 und 2 in der ab 1. Januar 2013 geltenden Fassung nach den sich aus den Sätzen 1 und 2 ergebenden Zeiträumen.

**Art. 70a Abweichungsmöglichkeit aufgrund der Corona-Pandemie.**
(1) [1]Soweit aufgrund von Infektionsschutzmaßnahmen zur Bewältigung der durch den Virus SARS-CoV 2 ausgelösten Pandemie Prüfungen oder sonstige Teile des Vorbereitungsdienstes nicht ordnungsgemäß und sachgerecht durchgeführt werden können, kann bei den Anforderungen für den Qualifikationserwerb gemäß Art. 6 Abs. 1 Satz 1 Nr. 1, für die Ausbildungsqualifizierung oder für die Durchführung von Prüfungen und Verfahren von folgenden Vorschriften abgewichen werden, wenn und soweit die tatsächlichen Gegebenheiten die ordnungsmäße und sachgerechte Durchführung sowie die angemessene Vorbereitung auf eine der genannten Prüfungen erheblich beeinträchtigt oder unmöglich gemacht haben:
1. Art. 8 Abs. 1 Satz 2, Art. 35
   Während des Vorbereitungsdienstes sind Telearbeit, die Beschäftigung mit für die Berufspraxis relevanten Themen außerhalb der Dienststelle, E-Learning und die Vermittlung von Wissen in angeleitetem Selbststudium zulässig.
2. Art. 8 Abs. 2 Satz 1 Nr. 2 und Nr. 3, Art. 35 Abs. 2 und 3
   Die Dauer der fachtheoretischen Ausbildung und Studienzeit in Lehreinrichtungen kann maximal auf die Hälfte reduziert werden, wenn die Lerninhalte ersatzweise insbesondere mittels E-Learning oder in angeleitetem

Selbststudium vermittelt werden; dies kann auch in der berufspraktischen Ausbildung und Studienzeit geschehen.
3. Art. 22 Abs. 1 Satz 1, Art. 28 Abs. 1 Satz 1
Auf die Zwischenprüfung oder einzelne Modulprüfungen sowie deren Wiederholungsmöglichkeit kann verzichtet werden; den Prüflingen ist ihr Ausbildungsstand in anderer geeigneter Weise mitzuteilen; Nr. 4 Teilsatz 2 gilt entsprechend.
4. Art. 8 Abs. 3 Satz 1, Art. 22 Abs. 1 Satz 1, Art. 28 Abs. 1 Satz 1 und 2
Der Prüfungsstoff und die Vorbereitungszeit können beschränkt werden; die Prüfungsnote kann aus Leistungen, die vor der Feststellung erbracht wurden oder ohne Beeinträchtigung erbracht werden konnten und weitestgehend die Anforderungen des § 2 Abs. 1 APO erfüllen, ermittelt werden, wenn die Durchführung einer Prüfung nicht möglich ist; soweit eine Prüfung danach nicht bestanden ist, muss eine geeignete Wiederholungsmöglichkeit eingeräumt werden; die Berechnung der Endpunktzahl der Qualifikationsprüfung ist anzupassen, soweit Leistungserhebungen während des Vorbereitungsdienstes nicht stattfinden konnten, die in die Endpunktzahl eingehen.
5. Art. 22 Abs. 1 Satz 2 und Abs. 8
Auf das wissenschaftlich fundierte Auswahlverfahren kann ganz oder teilweise verzichtet werden.
6. Art. 22 Abs. 2 Satz 1 und 2, Abs. 7, Art. 24, Art. 26 Abs. 1 Satz 1
Die Einstellungsprüfung kann durch eine leistungsbasierte Auswahl auf Grundlage der für den Einstieg in die jeweilige Qualifikationsebene erforderlichen Vorbildungsnachweise ersetzt werden; im Rahmen der Durchführung des besonderen Auswahlverfahrens kann von der Ablegung einer schriftlichen Prüfung abgesehen und allein die schulischen Leistungen zugrunde gelegt werden; die zu berücksichtigenden schulischen Leistungen sind bei einem Einstieg in der zweiten Qualifikationsebene gleich zu gewichten, bei einem Einstieg in der dritten Qualifikationsebene unter Einbeziehung der Fremdsprache zu 10 %, im Übrigen ebenfalls gleich zu gewichten; die Durchführung sowie die ersatzweise getroffenen Regelungen sind öffentlich bekannt zu machen.
7. Art. 27 Abs. 3
Auf den Vorbereitungsdienst können auch ohne Antrag bis zu sechs Monate angerechnet werden, in denen die Anwärterin oder der Anwärter mit Aufgaben zur Bewältigung der durch den Virus SARS-CoV 2 ausgelösten Pandemie betraut wird.
8. Art. 37 Abs. 2 Satz 1 Nr. 3, Abs. 3
Auf das Zulassungsverfahren kann verzichtet werden; stehen für die Ausbildungsqualifizierung mehr Bewerbungen zur Verfügung als Ausbildungsplätze, so ist der Leistungsvergleich allein auf Basis der periodischen Beurteilungen durchzuführen.
9. Art. 30, Art. 33
Die abweichenden Regelungen zur Zulassung, Ausbildung und Prüfung finden für die öffentlich-rechtlichen Ausbildungsverhältnisse gemäß der Art. 30 bis 33 entsprechende Anwendung.

**72 LlbG**  Leistungslaufbahngesetz

²Die ersatzweise getroffenen Regelungen müssen die Ziele der ersetzten Bestimmung soweit erfüllen, wie es in der tatsächlichen Situation möglich ist. ³Zuständig für Entscheidungen nach Satz 1 Nr. 1 bis 9 und Satz 2 ist abweichend von Art. 22 Abs. 6, Abs. 8 Satz 2 die jeweilige oberste Dienstbehörde. ⁴Hinsichtlich der Abweichung nach Satz 1 Nr. 6 Teilsatz 2 ist abweichend von Art. 22 Abs. 7 die Geschäftsstelle des Landespersonalausschusses zuständig. ⁵Sie unterrichten das Staatsministerium der Finanzen und für Heimat unverzüglich über die getroffenen Entscheidungen.

(2) ¹Soweit aufgrund von Infektionsschutzmaßnahmen zur Bewältigung der durch den Virus SARS-CoV 2 ausgelösten Pandemie die Durchführung von Maßnahmen der modularen Qualifizierung (Art. 20 Abs. 2) unmöglich wird, kann auf diese verzichtet werden, wenn und soweit durch E-Learning oder andere Formen des eigenständigen Wissenserwerbs den steigenden Anforderungen der Ämter ab der nächsthöheren Qualifikationsebene Rechnung getragen werden kann. ²Die Entscheidung trifft die gemäß Art. 20 Abs. 5 Satz 1 zuständige Behörde.

(3) Soweit in Rechtsverordnungen gemäß Art. 38 Abs. 2 Nr. 2 und 3 weitere Voraussetzungen bestimmt werden, gilt Abs. 1 Satz 1 Nr. 1 bis 4 und Nr. 7 sowie Satz 2 bis 5 entsprechend.

(4) ¹Soweit aufgrund von Infektionsschutzmaßnahmen zur Bewältigung der durch den Virus SARS-CoV 2 ausgelösten Pandemie die Durchführung des Beurteilungsverfahrens die Erfüllung der sonstigen Dienstaufgaben erheblich beeinträchtigen würde, kann der Beurteilungszeitraum (Art. 56 Abs. 1) auf höchstens fünf Jahre verlängert werden. ²Der Verwendungszeitraum (Art. 56 Abs. 4) und die Fristen des Art. 20 Abs. 4 sowie des Art. 37 Abs. 2 Nr. 2 verlängern sich entsprechend. ³Die Beurteilungen sind bis zum Vorliegen der nächsten periodischen Beurteilungen Grundlage der Leistungsfeststellung gemäß Art. 62 für die Entscheidungen nach den Art. 30 und 66 BayBesG. ⁴Die Entscheidung trifft die für die Durchführung des einheitlichen Beurteilungsverfahrens zuständige Behörde.

**Art. 71 Außerkrafttreten.** Art. 39 Abs. 3 Satz 5 tritt und Art. 70a treten Ablauf des 31. Dezember 2024 außer Kraft.

# Anlage 1

*(nicht abgedruckt)*

# Anlage 2

*(nicht abgedruckt)*

# BayEG 80

# Bayerisches Gesetz über die entschädigungspflichtige Enteignung (BayEG)

(BayRS 2141-1-I)
in der Fassung der Bekanntmachung vom 25. Juli 1978 (GVBl. S. 625),
zuletzt geändert durch Verordnung vom 26. März 2019
(GVBl. S. 98)

## INHALTSÜBERSICHT

### TEIL I
### Allgemeine Vorschriften

- Art. 1 Enteignungszweck
- Art. 2 Gegenstand der Enteignung
- Art. 3 Zulässigkeit der Enteignung
- Art. 4 Zulässigkeit der Ersatzlandenteignung
- Art. 5 Zulässigkeit der Enteignung für den Ersatz entzogener Rechte
- Art. 6 Umfang, Beschränkung und Ausdehnung der Enteignung
- Art. 7 Vorarbeiten auf Grundstücken

### TEIL II
### Entschädigung, Rückenteignung und Härteausgleich

#### Abschnitt 1
#### Entschädigung

- Art. 8 Entschädigungsgrundsätze
- Art. 9 Entschädigungsberechtigter und Entschädigungsverpflichteter
- Art. 10 Entschädigung für den Rechtsverlust
- Art. 11 Entschädigung für andere Vermögensnachteile
- Art. 12 Rechte der Nebenberechtigten
- Art. 13 Entschädigung in Geld
- Art. 14 Entschädigung in Land
- Art. 15 Entschädigung durch Gewährung anderer Rechte

#### Abschnitt 2
#### Rückenteignung

- Art. 16 Rückenteignung
- Art. 17 Entschädigung für die Rückenteignung

#### Abschnitt 3
#### Härteausgleich

- Art. 18 Härteausgleich

### TEIL III
### Verfahren

#### Abschnitt 1
#### Enteignungsverfahren

- Art. 19 Enteignungsbehörde
- Art. 20 Enteignungsantrag
- Art. 21 Nachweise
- Art. 22 Beteiligte
- Art. 23 Förmliches Verwaltungsverfahren
- Art. 24 Erforschung des Sachverhalts
- Art. 25 Wiedereinsetzung in den vorigen Stand
- Art. 26 Vorbereitung der mündlichen Verhandlung; Entscheidung ohne mündliche Verhandlung
- Art. 27 Verfügungs- und Veränderungssperre
- Art. 28 Bindungswirkung
- Art. 29 Einigung
- Art. 30 Entscheidung der Enteignungsbehörde
- Art. 31 Enteignungsbeschluß
- Art. 32 Lauf der Verwendungsfrist
- Art. 33 Verfahren bei der Entschädigung durch Gewährung anderer Rechte
- Art. 34 Ausführungsanordnung
- Art. 35 Hinterlegung
- Art. 36 Verteilungsverfahren
- Art. 37 Aufhebung des Enteignungsbeschlusses
- Art. 38 Vollstreckbarer Titel

# 80 BayEG — Enteignungsgesetz

| | | | |
|---|---|---|---|
| | **Abschnitt 2** | Art. 45 | Verfahren vor den ordentlichen Gerichten |
| | **Vorzeitige Besitzeinweisung** | Art. 46 | Gerichtlicher Vergleich |
| Art. 39 | Vorzeitige Besitzeinweisung | | |

**TEIL IV**

**Schlußvorschriften**

Abschnitt 3

**Planfeststellung**

- Art. 40 Planfeststellungsverfahren
- Art. 41 Zuständigkeit

Abschnitt 4

**Kosten und Aufwendungen der Beteiligten**

- Art. 42 Kosten
- Art. 43 Aufwendungen der Beteiligten

Abschnitt 5

**Rechtsbehelfe**

- Art. 44 Rechtsbehelfe

- Art. 47 Grundrechtseinschränkung
- Art. 48 Enteignung beweglicher Sachen
- Art. 49 Entschädigungsvorschriften in anderen Gesetzen
- Art. 50 Ordnungswidrigkeiten
- Art. 51 Abwicklung eingeleiteter Verfahren
- Art. 52 *(Änderungsbestimmung)*
- Art. 53 *(gegenstandslos)*
- Art. 54 Inkrafttreten

## TEIL I
# Allgemeine Vorschriften

**Art. 1 Enteignungszweck.** (1) ¹Nach diesem Gesetz kann enteignet werden, um Vorhaben zu verwirklichen, die dem Wohl der Allgemeinheit dienen. ²Unter dieser Voraussetzung kann insbesondere enteignet werden, um

1. Einrichtungen zu schaffen oder zu ändern, die der Gesundheits- oder Wohlfahrtspflege oder der Körperertüchtigung dienen,
2. Einrichtungen zu schaffen oder zu ändern, die Schulen, Hochschulen oder anderen Zwecken der Kultur, Wissenschaft oder Forschung dienen,
3. Einrichtungen zu schaffen oder zu ändern, die der öffentlichen Ver- oder Entsorgung dienen,
4. Transportleitungen zu schaffen oder zu ändern,
5. Einrichtungen zur Aufrechterhaltung der öffentlichen Sicherheit zu schaffen oder zu ändern,
6. Pflichtaufgaben der Bezirke, Landkreise und Gemeinden oder gesetzlich festgelegte Aufgaben von Bund, Land oder sonstigen juristischen Personen des öffentlichen Rechts zu erfüllen.

(2) Nach diesem Gesetz kann ferner enteignet werden, um

1. Vorhaben zu verwirklichen, für die andere Gesetze die Enteignung ausdrücklich zulassen,
2. Grundstücke für eine Entschädigung in Land zu beschaffen oder
3. durch Enteignung entzogene Rechte durch neue Rechte zu ersetzen.

(3) Vorschriften, die Inhalt und Schranken des Eigentums bestimmen, werden durch dieses Gesetz nicht berührt.

Enteignungsgesetz **BayEG 80**

**Art. 2 Gegenstand der Enteignung.** (1) Durch Enteignung können
1. das Eigentum an Grundstücken entzogen oder belastet werden,
2. andere Rechte an Grundstücken entzogen, geändert oder belastet werden (dingliche Rechte),
3. Rechte entzogen werden, die zum Erwerb, zum Besitz oder zur Nutzung von Grundstücken berechtigen oder die den Verpflichteten in der Nutzung von Grundstücken beschränken (persönliche Rechte),
4. soweit es in diesem Gesetz vorgesehen ist, Rechtsverhältnisse begründet werden, die persönliche Rechte gewähren,
5. die Änderung oder Beseitigung vorhandener baulicher Anlagen und Einfriedungen angeordnet werden.

(2) Auf das Zubehör eines Grundstücks und auf Sachen, die nur zu einem vorübergehenden Zweck mit dem Grundstück verbunden oder in ein Gebäude eingefügt sind, darf die Enteignung nur nach Maßgabe des Art. 6 Abs. 4 ausgedehnt werden.

(3) Zur vorübergehenden Benutzung von Grundstücken können Rechtsverhältnisse begründet werden, die persönliche Rechte gewähren.

(4) Die für Grundstücke geltenden Vorschriften dieses Gesetzes sind sinngemäß für Grundstücksteile anzuwenden.

(5) Die für das Eigentum an Grundstücken geltenden Vorschriften sind, soweit dieses Gesetz nichts anderes vorschreibt, sinngemäß für grundstücksgleiche Rechte und Rechte nach dem Wohnungseigentumsgesetz anzuwenden.

(6) Die für die Entziehung oder Belastung des Eigentums an Grundstücken geltenden Vorschriften sind auf die Entziehung, Belastung, Änderung oder Begründung der in Absatz 1 Nrn. 2 bis 4 bezeichneten Rechte sinngemäß anzuwenden.

**Art. 3 Zulässigkeit der Enteignung.** (1) Die Enteignung ist im einzelnen Fall nur zulässig, wenn das Wohl der Allgemeinheit sie erfordert und der Enteignungszweck auf andere zumutbare Weise, insbesondere aus Grundbesitz des Antragstellers, nicht erreicht werden kann.

(2) Die Enteignung zu den in Art. 1 Abs. 1 und Abs. 2 Nr. 1 bezeichneten Zwecken setzt voraus, daß der Antragsteller
1. sich nachweislich ernsthaft bemüht hat, das Grundstück zu angemessenen Bedingungen freihändig zu erwerben, und
2. glaubhaft macht, das Grundstück werde innerhalb angemessener Frist zu dem vorgesehenen Zweck verwendet werden.

**Art. 4 Zulässigkeit der Ersatzlandenteignung.** (1) Die Enteignung von Grundstücken zur Entschädigung in Land (Ersatzland) ist nur zulässig, wenn
1. die Entschädigung eines Eigentümers gemäß Art. 14 in Land festzusetzen ist und
2. es dem Enteignungsbegünstigten nicht möglich oder zumutbar ist, geeignetes Ersatzland aus eigenem Grundbesitz bereitzustellen oder freihändig zu angemessenen Bedingungen zu erwerben.

# 80 BayEG

(2) Grundstücke unterliegen nicht der Ersatzlandenteignung, wenn und soweit

1. der Eigentümer oder bei land- oder forstwirtschaftlich oder gewerblich genutzten Grundstücken auch der sonstige Nutzungsberechtigte auf sie mit seiner Berufs- oder Erwerbstätigkeit angewiesen und ihm im Interesse der Erhaltung der Wirtschaftlichkeit seines Betriebs die Abgabe nicht zuzumuten ist,
2. die Grundstücke oder ihre Erträge unmittelbar öffentlichen oder sonstigen in Art. 1 Abs. 1 und Abs. 2 Nr. 1 aufgeführten Zwecken dienen oder zu dienen bestimmt sind oder
3. die Grundstücke mit einem eigengenutzten Eigenheim oder einer eigengenutzten Kleinsiedlung bebaut sind.

(3) Im Außenbereich unterliegen Grundstücke der Ersatzlandenteignung nur, wenn sie land- oder forstwirtschaftlich genutzt werden sollen oder einem nach § 35 Abs. 1 des Baugesetzbuchs zulässigen Vorhaben dienen sollen.

(4) Die Enteignung zum Zweck der Entschädigung eines Eigentümers, dessen Grundstück zur Beschaffung von Ersatzland enteignet wird, ist unzulässig.

### Art. 5 Zulässigkeit der Enteignung für den Ersatz entzogener Rechte.
¹Die Enteignung zu dem Zweck, durch Enteignung entzogene Rechte durch neue Rechte zu ersetzen, ist nur zulässig, soweit der Ersatz in Teil II vorgesehen ist. ²Sollen nach Art. 12 Abs. 2 Satz 3 Grundstücke in Anspruch genommen werden, die nicht dem Enteignungsbegünstigten gehören, so gelten Art. 4 Abs. 1 und 2 sinngemäß.

### Art. 6 Umfang, Beschränkung und Ausdehnung der Enteignung.
(1) ¹Ein Grundstück darf nur in dem Umfang enteignet werden, in dem dies zur Verwirklichung des Enteignungszwecks erforderlich ist. ²Reicht die Belastung eines Grundstücks mit einem Recht zur Verwirklichung des Enteignungszwecks aus, so ist die Enteignung hierauf zu beschränken.

(2) ¹Soll ein Grundstück mit einem Erbbaurecht belastet werden, so kann der Eigentümer an Stelle der Belastung die Entziehung des Eigentums verlangen. ²Soll ein Grundstück mit einem anderen Recht belastet werden, so kann der Eigentümer die Entziehung des Eigentums verlangen, wenn durch die Belastung mit dem dinglichen Recht das Grundstück nicht mehr in angemessenem Umfang in der bisherigen oder einer anderen zulässigen Art genutzt werden kann.

(3) Soll ein Grundstück oder ein räumlich oder wirtschaftlich zusammenhängender Grundbesitz nur zu einem Teil enteignet werden, so kann der Eigentümer die Ausdehnung der Enteignung auf das Restgrundstück oder den Restbesitz insoweit verlangen, als diese nicht mehr in angemessenem Umfang in der bisherigen oder einer anderen zulässigen Art genutzt werden können.

(4) Der Eigentümer kann verlangen, daß die Enteignung auf die in Art. 2 Abs. 2 genannten Gegenstände ausgedehnt wird, wenn und soweit er sie infolge der Enteignung nicht mehr wirtschaftlich nutzen oder in anderer Weise angemessen verwerten kann.

Enteignungsgesetz **BayEG 80**

(5) ¹Ist zur vorübergehenden Benutzung eines Grundstücks ein Rechtsverhältnis begründet worden (Art. 2 Abs. 3), so kann der Eigentümer die Übernahme des Grundstücks verlangen, wenn die Wiederherstellung zu der bisherigen oder einer anderen zumutbaren zulässigen Nutzung unterbleiben muß, weil der Aufwand dafür wirtschaftlich in keinem vertretbaren Verhältnis zum Wert des Grundstücks stehen würde. ²Im übrigen gelten die Vorschriften dieses Gesetzes sinngemäß.

(6) ¹Ein Verlangen nach den Absätzen 2 bis 4 ist schriftlich oder zur Niederschrift bei der Enteignungsbehörde bis zum Schluß der mündlichen Verhandlung oder, wenn die mündliche Verhandlung auf Grund eines Verzichts der Beteiligten entfällt, zugleich mit der Verzichtserklärung geltend zu machen. ²Ein Verlangen nach Absatz 5 ist schriftlich oder zur Niederschrift der Enteignungsbehörde innerhalb von drei Monaten geltend zu machen, nachdem der Enteignungsbegünstigte dem Eigentümer den Abschluß der Benutzung schriftlich angezeigt hat.

**Art. 7 Vorarbeiten auf Grundstücken.** (1) ¹Die Beauftragten der Enteignungsbehörde sind befugt, schon vor Einreichung des Enteignungsantrags Grundstücke zu betreten, zu vermessen und auf ihnen andere Vorarbeiten vorzunehmen, die notwendig sind, um die Eignung der Grundstücke für Vorhaben, für die enteignet werden kann, beurteilen zu können. ²Die gleiche Befugnis steht mit Ermächtigung der Enteignungsbehörde dem Träger des Vorhabens und seinen Beauftragten zu. ³Die Ermächtigung ist zu befristen, sie kann mit Auflagen und Bedingungen versehen und von der Leistung einer Sicherheit in Höhe der nach Absatz 3 zu erwartenden Entschädigung abhängig gemacht werden. ⁴Eigentümer und Besitzer haben die in Satz 1 und 2 vorgesehenen Maßnahmen zu dulden. ⁵Wohnungen dürfen nur mit Einwilligung des Wohnungsinhabers betreten werden. ⁶Satz 5 gilt nicht für Arbeits-, Betriebs- oder Geschäftsräume während der jeweiligen Arbeits-, Geschäfts- oder Aufenthaltszeiten.

(2) ¹Eigentümer und Besitzer sind rechtzeitig von dem Betreten der Grundstücke schriftlich zu benachrichtigen. ²Die Benachrichtigung kann auch durch öffentliche Bekanntmachung in ortsüblicher Weise geschehen, wenn die Eigentümer oder Besitzer unbekannt sind oder ihre Ermittlung auf Schwierigkeiten stößt, im Fall des Absatzes 1 Satz 2 jedoch nur mit Zustimmung der Enteignungsbehörde.

(3) ¹Entstehen durch eine Maßnahme nach Absatz 1 dem Eigentümer oder Besitzer unmittelbare Vermögensnachteile, so ist dafür von dem Träger des Vorhabens eine Entschädigung in Geld zu leisten; Art. 8 bis 13 gelten sinngemäß. ²Kommt eine Einigung über die Entschädigung nicht zustande, so setzt die Enteignungsbehörde die Entschädigung fest; vor der Entscheidung sind die Beteiligten zu hören.

## TEIL II
# Entschädigung, Rückenteignung und Härteausgleich

### Abschnitt 1
## Entschädigung

**Art. 8 Entschädigungsgrundsätze.** (1) Für die Enteignung ist Entschädigung zu leisten.

(2) Die Entschädigung wird gewährt
1. für den durch die Enteignung eintretenden Rechtsverlust,
2. für andere durch die Enteignung eintretende Vermögensnachteile.

(3) [1]Vermögensvorteile, die dem Entschädigungsberechtigten (Art. 9) infolge der Enteignung entstehen, sind bei der Festsetzung der Entschädigung mindernd zu berücksichtigen. [2]Hat bei der Entstehung eines Vermögensnachteils ein Verschulden des Entschädigungsberechtigten mitgewirkt, so gilt § 254 des Bürgerlichen Gesetzbuchs sinngemäß.

(4) [1]Für die Bemessung der Entschädigung ist der Zustand des Grundstücks in dem Zeitpunkt maßgebend, in dem die Enteignungsbehörde über den Enteignungsantrag entscheidet. [2]In den Fällen der vorzeitigen Besitzeinweisung oder vorzeitigen Besitzüberlassung ist der Zustand in dem Zeitpunkt maßgebend, in dem diese wirksam wird.

**Art. 9 Entschädigungsberechtigter und Entschädigungsverpflichteter.**
(1) Entschädigung kann verlangen, wer in seinem Recht durch die Enteignung beeinträchtigt wird und dadurch einen Vermögensnachteil erleidet.

(2) [1]Zur Leistung der Entschädigung ist der Enteignungsbegünstigte verpflichtet. [2]Wird Ersatzland enteignet, so ist zur Entschädigung derjenige verpflichtet, der Ersatzland für das zu enteignende Grundstück nach Art. 14 Abs. 1 Nrn. 1 oder 2 bereitstellen müßte, wenn die Voraussetzungen dieser Vorschriften erfüllt wären.

**Art. 10 Entschädigung für den Rechtsverlust.** (1) [1]Die Entschädigung für den durch die Enteignung eintretenden Rechtsverlust bemißt sich nach dem Verkehrswert des Grundstücks oder sonstigen Gegenstands der Enteignung. [2]Der Verkehrswert wird durch den Preis bestimmt, der in dem Zeitpunkt, auf den sich die Ermittlung bezieht, im gewöhnlichen Geschäftsverkehr nach den Eigenschaften, der sonstigen Beschaffenheit und der Lage des Grundstücks ohne Rücksicht auf ungewöhnliche oder persönliche Verhältnisse zu erzielen wäre.

(2) [1]Maßgebend ist der Verkehrswert in dem Zeitpunkt, in dem die Enteignungsbehörde über die Entschädigung entscheidet. [2]Wenn und soweit eine Entschädigung vor diesem Zeitpunkt geleistet wird, ist der Zeitpunkt der Leistung maßgebend.

Enteignungsgesetz **BayEG 80**

(3) Bei der Festsetzung der Entschädigung bleiben unberücksichtigt
1. Wertänderungen, die infolge der bevorstehenden Enteignung eingetreten sind,
2. Werterhöhungen eines Grundstücks, die in der Aussicht auf eine Änderung der zulässigen Nutzung eingetreten sind, wenn die Änderung nicht in absehbarer Zeit zu erwarten ist,
3. Werterhöhungen, die nach dem Zeitpunkt eingetreten sind, in dem der Eigentümer zur Vermeidung der Enteignung ein Kauf- oder Tauschangebot des Antragstellers mit angemessenen Bedingungen (Art. 3 Abs. 2 Nr. 1) hätte annehmen können, es sei denn, daß der Eigentümer Kapital oder Arbeit für sie aufgewendet hat,
4. wertsteigernde Veränderungen, die während einer Veränderungssperre ohne behördliche Anordnung oder ohne Genehmigung der zuständigen Behörde vorgenommen worden sind,
5. Vereinbarungen, wenn sie von üblichen Vereinbarungen auffällig abweichen und Tatsachen die Annahme rechtfertigen, daß sie getroffen worden sind, um eine höhere Entschädigungsleistung zu erlangen.

(4) Es bemißt sich die Entschädigung insbesondere
1. für ein Recht, das zum Besitz oder zur Nutzung von Grundstücken oder zu wiederkehrenden Leistungen aus Grundstücken berechtigt oder das den Verpflichteten in der Nutzung von Grundstücken beschränkt, vorbehaltlich der Nummer 3 nach dem Wert, den das Rechtsverhältnis bis zur rechtlich zulässigen Beendigung für den Berechtigten hatte,
2. für ein Vorkaufsrecht, das infolge der Enteignung nicht ausgeübt werden kann, nach dem Wert, den das Recht für den Berechtigten hatte,
3. für ein mit einem Grundstück verbundenes Recht nach dem Minderwert, den das Grundstück des Berechtigten infolge des Wegfalls oder der Beschränkung des Rechts hat,
4. für die Belastung eines Grundstücks oder Rechts an einem Grundstück mit einem dinglichen Recht nach dem Minderwert, den das Grundstück oder Recht des Entschädigungsberechtigten infolge der Belastung hat; das gleiche gilt für die Begründung eines Rechtsverhältnisses der in Art. 2 Abs. 1 Nr. 4 bezeichneten Art.

(5) Wird der Wert des Eigentums an dem Grundstück durch Rechte Dritter gemindert, die an dem Grundstück aufrechterhalten, an einem anderen Grundstück neu begründet oder gesondert entschädigt werden, so ist das bei der Festsetzung der Entschädigung für den Rechtsverlust zu berücksichtigen.

(6) ¹Für bauliche Anlagen, deren Abbruch jederzeit auf Grund öffentlich-rechtlicher Vorschriften entschädigungslos gefordert werden kann, ist eine Entschädigung nur zu gewähren, wenn es aus Gründen der Billigkeit geboten ist. ²Kann der Abbruch entschädigungslos erst nach Ablauf einer Frist gefordert werden, so ist die Entschädigung nach dem Verhältnis der restlichen zu der gesamten Frist zu bemessen.

**Art. 11 Entschädigung für andere Vermögensnachteile.** (1) ¹Wegen anderer durch die Enteignung eintretender Vermögensnachteile ist eine Entschädigung nur zu gewähren, wenn und soweit diese Vermögensnachteile nicht bei der Bemessung der Entschädigung für den Rechtsverlust berücksichtigt sind. ²Die Entschädigung ist unter gerechter Abwägung der Interessen der Allgemeinheit und der Beteiligten festzusetzen, insbesondere für

1. den vorübergehenden oder dauernden Verlust, den der bisherige Eigentümer in seiner Berufstätigkeit, seiner Erwerbstätigkeit oder in Erfüllung der ihm wesensgemäß obliegenden Aufgaben erleidet, jedoch nur bis zu dem Betrag des Aufwands, der erforderlich ist, um ein anderes Grundstück in der gleichen Weise wie das zu enteignende Grundstück zu nutzen,
2. die Wertminderung, die durch die Enteignung eines Grundstücksteils oder eines Teils eines räumlich oder wirtschaftlich zusammenhängenden Grundbesitzes bei dem anderen Teil oder durch Enteignung des Rechts an einem Grundstück bei einem anderen Grundstück entsteht, soweit die Wertminderung nicht schon bei der Festsetzung der Entschädigung nach Nummer 1 berücksichtigt ist,
3. die notwendigen Aufwendungen für einen durch die Enteignung erforderlich werdenden Umzug.

(2) Im Fall des Absatzes 1 Satz 2 Nr. 2 ist Art. 10 Abs. 3 Nr. 3 anzuwenden.

**Art. 12 Rechte der Nebenberechtigten.** (1) Dingliche und persönliche Rechte, die zum Besitz oder zur Nutzung des Grundstücks berechtigen oder den Verpflichteten in der Benutzung des Grundstücks beschränken, können aufrechterhalten werden, soweit das mit dem Enteignungszweck vereinbar ist.

(2) ¹Als Ersatz für ein in Absatz 1 bezeichnetes dingliches Recht, das nicht aufrechterhalten wird, kann auf Antrag des Rechtsinhabers das Ersatzland oder ein anderes Grundstück des Enteignungsbegünstigten mit einem gleichen Recht belastet werden. ²Als Ersatz für ein in Absatz 1 bezeichnetes persönliches Recht, das nicht aufrechterhalten wird, kann auf Antrag des Rechtsinhabers ein Rechtsverhältnis begründet werden, das ein Recht gleicher Art in bezug auf das Ersatzland oder auf ein anderes Grundstück des Enteignungsbegünstigten gewährt. ³Als Ersatz für dingliche oder persönliche Rechte eines öffentlichen Verkehrsunternehmens, eines Trägers der öffentlichen Versorgung mit Elektrizität, Gas, Wärme oder Wasser oder eines Trägers der öffentlichen Verwertung oder Beseitigung von Abwässern, die auf die Rechte zur Erfüllung ihrer wesensgemäßen Aufgaben angewiesen sind, sind auf ihren Antrag Rechte gleicher Art zu begründen; soweit dazu Grundstücke des Enteignungsbegünstigten nicht geeignet sind, können zu diesem Zweck auch andere Grundstücke in Anspruch genommen werden. ⁴Anträge müssen vor Beginn der mündlichen Verhandlung schriftlich oder zur Niederschrift der Enteignungsbehörde oder, wenn die mündliche Verhandlung auf Grund eines Verzichts der Beteiligten entfällt, zugleich mit der Verzichtserklärung gestellt werden.

Enteignungsgesetz **BayEG 80**

(3) Soweit Rechte nicht aufrechterhalten oder nicht durch neue Rechte ersetzt werden, sind bei der Enteignung eines Grundstücks gesondert zu entschädigen
1. Erbbauberechtigte, Altenteilsberechtigte und Inhaber von Dienstbarkeiten und Erwerbsrechten an dem Grundstück,
2. Inhaber von persönlichen Rechten, die zum Besitz oder zur Nutzung des Grundstücks berechtigen, wenn der Berechtigte im Besitz des Grundstücks ist,
3. Inhaber von persönlichen Rechten, die zum Erwerb des Grundstücks berechtigen oder den Verpflichteten in der Nutzung des Grundstücks beschränken.

(4) [1]Berechtigte, deren Rechte nicht aufrechterhalten, nicht durch neue Rechte ersetzt und nicht gesondert entschädigt werden, haben bei der Enteignung eines Grundstücks Anspruch auf Ersatz des Werts ihres Rechts aus der Geldentschädigung für das Eigentum an dem Grundstück, soweit sich ihr Recht auf dieses erstreckt. [2]Das gilt entsprechend für die Geldentschädigungen, die für den durch die Enteignung eintretenden Rechtsverlust in anderen Fällen oder nach Art. 11 Abs. 1 Satz 2 Nr. 2 festgesetzt werden.

**Art. 13 Entschädigung in Geld.** (1) Die Entschädigung ist in einem einmaligen Betrag zu leisten, soweit dieses Gesetz nichts anderes bestimmt.

(2) Einmalige Entschädigungsbeträge sind bis zur Auszahlung mit zwei v.H. über dem Basiszinssatz nach § 247 des Bürgerlichen Gesetzbuchs jährlich von dem Zeitpunkt an zu verzinsen, in dem die Nutzungsmöglichkeit dem von der Enteignung Betroffenen entzogen oder er in ihr beschränkt wird.

(3) Für die Belastung eines Grundstücks mit einem Erbbaurecht ist die Entschädigung in einem Erbbauzins zu leisten.

(4) Auf Antrag des Eigentümers ist die Entschädigung in wiederkehrenden Leistungen festzusetzen, wenn das den übrigen Beteiligten zuzumuten ist und die Entschädigung in einem einmaligen Geldbetrag für den Eigentümer eine unzumutbare Härte darstellen würde.

**Art. 14 Entschädigung in Land.** (1) Die Entschädigung ist auf Antrag des Eigentümers in geeignetem Ersatzland festzusetzen, wenn dieser zur Sicherung seiner Berufstätigkeit, seiner Erwerbstätigkeit oder zur Erfüllung seiner ihm wesensgemäß obliegenden Aufgaben auf Ersatzland angewiesen ist und
1. der Enteignungsbegünstigte über geeignetes Ersatzland verfügt, auf das er nicht mit seiner Berufstätigkeit, seiner Erwerbstätigkeit oder zur Erfüllung der ihm wesensgemäß obliegenden Aufgaben angewiesen ist, oder
2. der Enteignungsbegünstigte geeignetes Ersatzland nach pflichtgemäßem Ermessen der Enteignungsbehörde freihändig zu angemessenen Bedingungen beschaffen kann oder
3. geeignetes Ersatzland durch Enteignung nach Art. 4 beschafft werden kann.

(2) [1]Unter den Voraussetzungen der Nummern 1 bis 3 des Absatzes 1 ist die Entschädigung auf Antrag des Eigentümers auch dann in geeignetem Ersatz-

## 80 BayEG — Enteignungsgesetz

land festzusetzen, wenn ein Grundstück enteignet werden soll, das mit einem eigengenutzten Eigenheim oder einer eigengenutzten Kleinsiedlung bebaut ist. ²Das gilt nicht, wenn nach öffentlich-rechtlichen Vorschriften der Abbruch des Gebäudes jederzeit entschädigungslos gefordert werden kann.

(3) Die Entschädigung kann auf Antrag des Eigentümers oder des Enteignungsbegünstigten ganz oder teilweise in Ersatzland festgesetzt werden, wenn diese Art der Entschädigung nach pflichtgemäßem Ermessen der Enteignungsbehörde unter gerechter Abwägung der Interessen der Allgemeinheit und der Beteiligten billig ist und bei dem Enteignungsbegünstigten die in Absatz 1 Nrn. 1 oder 2 genannten Voraussetzungen vorliegen.

(4) ¹Für die Bewertung des Ersatzlandes gilt Art. 10 entsprechend. ²Hierbei ist eine Werterhöhung zu berücksichtigen, die das übrige Grundvermögen des von der Enteignung Betroffenen durch den Erwerb des Ersatzlandes über dessen Wert nach Satz 1 hinaus erfährt. ³Hat das Ersatzland einen geringeren Wert als das zu enteignende Grundstück, so ist eine dem Wertunterschied entsprechende zusätzliche Geldentschädigung festzusetzen. ⁴Hat das Ersatzland einen höheren Wert als das zu enteignende Grundstück, so ist festzusetzen, daß der Entschädigungsberechtigte an den durch die Enteignung Begünstigten eine dem Wertunterschied entsprechende Ausgleichszahlung zu leisten hat. ⁵Die Ausgleichszahlung wird mit dem nach Art. 34 Abs. 6 Satz 1 in der Ausführungsanordnung festgesetzten Tag fällig.

(5) ¹Wird die Entschädigung in Land festgesetzt, so sollen dingliche oder persönliche Rechte, soweit sie nicht an dem zu enteignenden Grundstück aufrechterhalten werden, auf Antrag des Rechtsinhabers ganz oder teilweise nach Maßgabe des Art. 12 Abs. 2 ersetzt werden. ²Soweit das nicht möglich ist oder nicht ausreicht, sind die Inhaber der Rechte gesondert in Geld zu entschädigen; das gilt für die in Art. 12 Abs. 4 bezeichneten Berechtigten nur, soweit ihre Rechte nicht durch eine dem Eigentümer gemäß Absatz 4 zu gewährende zusätzliche Geldentschädigung gedeckt werden.

(6) Statt in Ersatzland kann die Entschädigung in grundstücksgleichen Rechten oder Rechten nach dem Wohnungseigentumsgesetz festgesetzt werden, soweit diese Rechte in gleichem Maß die Berufs- oder Erwerbstätigkeit des Berechtigten oder die Erfüllung der ihm wesensgemäß obliegenden Aufgaben ermöglichen; wer die Entschädigung in solchen Rechten ablehnt, ist mit Geld abzufinden; Art. 15 bleibt unberührt.

(7) Anträge nach den Absätzen 1, 2, 3 und 5 sind schriftlich oder zur Niederschrift der Enteignungsbehörde zu stellen, und zwar in den Fällen der Absätze 1 bis 3 nur vor Beginn und im Fall des Absatzes 5 nur bis zum Schluß der mündlichen Verhandlung oder, wenn die mündliche Verhandlung auf Grund eines Verzichts der Beteiligten entfällt, zugleich mit der Verzichtserklärung.

(8) ¹Hat der Eigentümer nach Absatz 1 oder 2 einen Anspruch auf Entschädigung in Ersatzland und beschafft er sich mit Zustimmung des Enteignungsbegünstigten außerhalb des Enteignungsverfahrens Ersatzland oder die in Ab-

Enteignungsgesetz **BayEG 80**

satz 6 bezeichneten Rechte, so hat er gegen den Enteignungsbegünstigten einen Anspruch auf Erstattung der erforderlichen Aufwendungen. [2]Der Enteignungsbegünstigte ist nur insoweit zur Erstattung verpflichtet, als er selbst Aufwendungen erspart. [3]Kommt eine Einigung über die Erstattung nicht zustande, so entscheidet die Enteignungsbehörde auf Antrag des Eigentümers im Enteignungsbeschluß oder in einem gesonderten Beschluß.

**Art. 15 Entschädigung durch Gewährung anderer Rechte.** (1) [1]Soweit es unter Abwägung der Belange der Beteiligten billig ist, kann die Entschädigung auf Antrag des Eigentümers ganz oder teilweise in Miteigentum, grundstücksgleichen Rechten, Rechten nach dem Wohnungseigentumsgesetz oder sonstigen dinglichen Rechten an diesem oder einem anderen Grundstück des Enteignungsbegünstigten festgesetzt werden. [2]Bei Wertunterschieden zwischen den Rechten nach Satz 1 und dem zu enteignenden Grundstück gilt Art. 14 Abs. 4 entsprechend.

(2) Der Antrag nach Absatz 1 ist bis zum Schluß der mündlichen Verhandlung schriftlich oder zur Niederschrift der Enteignungsbehörde oder, wenn die mündliche Verhandlung auf Grund eines Verzichts der Beteiligten entfällt, zugleich mit der Verzichtserklärung zu stellen.

Abschnitt 2

## Rückenteignung

**Art. 16 Rückenteignung.** (1) Der enteignete frühere Eigentümer kann verlangen, daß das enteignete Grundstück zu seinen Gunsten wieder enteignet wird (Rückenteignung), wenn und soweit der Enteignungsbegünstigte oder sein Rechtsnachfolger das Grundstück nicht innerhalb der festgesetzten Fristen (Art. 31 Abs. 1 Nr. 3, Art. 32) zu dem Enteignungszweck verwendet oder den Enteignungszweck vor Ablauf der Frist aufgegeben hat.

(2) Die Rückenteignung kann nicht verlangt werden, wenn
1. der Enteignete selbst das Grundstück im Weg der Enteignung erworben hatte,
2. ein Verfahren zur Enteignung des Grundstücks zugunsten eines anderen eingeleitet worden ist und der enteignete frühere Eigentümer nicht glaubhaft macht, daß er das Grundstück binnen angemessener Frist zu dem vorgesehenen Zweck verwenden wird,
3. mit der zweckgerechten Verwendung begonnen worden ist oder
4. seit Unanfechtbarkeit des Enteignungsbeschlusses 20 Jahre verstrichen sind.

(3) [1]Der Antrag auf Rückenteignung ist spätestens zwei Jahre nach Ablauf der Verwendungsfrist bei der Enteignungsbehörde einzureichen. [2]§§ 206 und 209 des Bürgerlichen Gesetzbuchs gelten entsprechend.

# 80 BayEG — Enteignungsgesetz

(4) Die Enteignungsbehörde kann die Rückenteignung ablehnen, wenn das Grundstück erheblich verändert oder ganz oder überwiegend Entschädigung in Land gewährt worden ist.

(5) ¹Der frühere Inhaber eines Rechts, das durch Enteignung nach den Vorschriften dieses Gesetzes aufgehoben ist, kann unter den Voraussetzungen des Absatzes 1 verlangen, daß ein gleiches Recht an dem früher belasteten Grundstück zu seinen Gunsten durch Enteignung wieder begründet wird. ²Ist durch Enteignung das Eigentum an einem Grundstück oder ein Recht an einem Grundstück belastet oder ein Rechtsverhältnis nach Art. 2 Abs. 1 Nr. 4 begründet worden, so kann unter den Voraussetzungen des Absatzes 1 der Eigentümer des Grundstücks oder Inhaber des Rechts oder der aus dem Rechtsverhältnis Verpflichtete die Aufhebung der Belastung oder des Rechtsverhältnisses verlangen. ³Die Vorschriften über die Rückenteignung gelten sinngemäß.

(6) Für das Verfahren gelten die Vorschriften des Dritten Teils sinngemäß.

**Art. 17 Entschädigung für die Rückenteignung.** ¹Wird dem Antrag auf Rückenteignung stattgegeben, so hat der Antragsteller dem von der Rückenteignung Betroffenen Entschädigung für den Rechtsverlust zu leisten. ²Art. 8 Abs. 2 Nr. 2 ist nicht anzuwenden. ³Die dem Eigentümer zu gewährende Entschädigung darf den bei der ersten Enteignung zugrundegelegten Verkehrswert des Grundstücks nicht übersteigen, jedoch sind Aufwendungen zu berücksichtigen, die zu einer Werterhöhung des Grundstücks geführt haben. ⁴Ist dem Antragsteller bei der ersten Enteignung eine Entschädigung für andere Vermögensnachteile gewährt worden, so hat er diese Entschädigung insoweit zurückzugewähren, als die Nachteile auf Grund der Rückenteignung entfallen. ⁵Im übrigen gelten die Vorschriften dieses Gesetzes über die Entschädigung sinngemäß.

## Abschnitt 3
## Härteausgleich

**Art. 18 Härteausgleich.** (1) ¹Entstehen einem Mieter, Pächter oder sonstigen Nutzungsberechtigten, dessen Vertragsverhältnis oder Nutzungsverhältnis durch eine Enteignung auf Grund dieses Gesetzes oder auf Veranlassung des Trägers des Vorhabens durch Kündigung oder Vereinbarung beendet wird, wirtschaftliche Nachteile, die für ihn in seinen persönlichen Lebensumständen, im wirtschaftlichen oder sozialen Bereich eine besondere Härte bedeuten und für die eine Entschädigung nach diesem Gesetz nicht zu leisten ist und die auch nicht durch sonstige Maßnahmen ausgeglichen werden, kann die Enteignungsbehörde auf Antrag einen Geldausgleich festsetzen, soweit es der Billigkeit entspricht (Härteausgleich). ²Zur Leistung des Härteausgleichs ist der Träger des Vorhabens verpflichtet. ³Als Härteausgleich kommt auch die Gewährung eines zinsgünstigen Darlehens oder einer Zinsverbilligung für ein Darlehen in Betracht.

Enteignungsgesetz **BayEG 80**

(2) Ein Härteausgleich wird nicht gewährt, soweit der Antragsteller es unterlassen hat oder unterläßt, den wirtschaftlichen Nachteil durch zumutbare Maßnahmen, insbesondere unter Einsatz eigener oder fremder Mittel abzuwenden.

(3) Der Antrag auf Härteausgleich ist innerhalb eines Jahres nach Beendigung des Vertragsverhältnisses zu stellen.


TEIL III
## Verfahren

Abschnitt 1
### Enteignungsverfahren

**Art. 19 Enteignungsbehörde.** (1) Die Enteignung wird von der Kreisverwaltungsbehörde durchgeführt (Enteignungsbehörde).

(2) Sind mehrere Kreisverwaltungsbehörden für ein Vorhaben zuständig und ist es zweckmäßig, das Verfahren einheitlich durchzuführen, so bestimmt die gemeinsame nächsthöhere Stelle die zuständige Kreisverwaltungsbehörde.

(3) Die Staatsregierung wird ermächtigt, durch Rechtsverordnung die zuständigen Behörden für die Festsetzung der Entschädigung für Beeinträchtigungen des Außenwohnbereichs (§ 9 Abs. 5 bis 7 des Gesetzes zum Schutz gegen Fluglärm) zu bestimmen.

**Art. 20 Enteignungsantrag.** (1) Der Enteignungsantrag ist bei der Enteignungsbehörde zu stellen.

(2) ¹Der Antragsteller hat mit dem Enteignungsantrag die für die Beurteilung des Vorhabens und die Bearbeitung des Enteignungsantrags erforderlichen Unterlagen einzureichen. ²Er muß insbesondere die zu enteignenden Gegenstände, soweit erforderlich unter Vorlage von Grundbuch- oder Katasterauszügen und Lageplänen, bezeichnen und er soll die Beteiligten nach Namen und Anschrift angeben.

**Art. 21 Nachweise.** (1) Die Enteignungsbehörde kann jederzeit die Durchführung des Verfahrens davon abhängig machen, daß
1. die Mittel für die Verwirklichung des Vorhabens nachgewiesen werden,
2. Sicherheit bis zur Höhe der voraussichtlichen Enteignungsentschädigung geleistet wird,
3. ein für das Vorhaben erforderlicher Planfeststellungsbeschluß oder sonst erforderliche Genehmigungen, Bewilligungen, Erlaubnisse oder Zustimmungen beigebracht werden.

(2) Von juristischen Personen des öffentlichen Rechts kann Sicherheitsleistung nur verlangt werden, wenn begründete Zweifel an ihrer Leistungsfähigkeit bestehen.

**Art. 22 Beteiligte.** (1) In dem Enteignungsverfahren sind Beteiligte
1. der Enteignungsbegünstigte,
2. der Eigentümer und diejenigen, für welche ein Recht an dem von der Enteignung betroffenen Grundstück oder an einem das Grundstück belastenden Recht im Grundbuch eingetragen oder durch Eintragung gesichert ist oder für welche ein Wasserrecht oder eine wasserrechtliche Befugnis im Wasserbuch eingetragen ist,
3. Inhaber eines nicht im Grundbuch oder Wasserbuch eingetragenen Rechts an dem Grundstück oder an einem das Grundstück belastenden Recht, eines Anspruchs mit dem Recht auf Befriedigung aus dem Grundstück oder eines persönlichen Rechts, das zum Erwerb, zum Besitz oder zur Nutzung des Grundstücks berechtigt oder die Benutzung des Grundstücks beschränkt,
4. wenn Ersatzland im Weg der Enteignung bereitgestellt werden soll, der Eigentümer und die Inhaber der in den Nummern 2 und 3 genannten Rechte hinsichtlich des Ersatzlandes,
5. die Eigentümer der Grundstücke, die durch eine Enteignung nach Art. 5 betroffen werden.

(2) [1]Die in Absatz 1 Nr. 3 bezeichneten Personen werden in dem Zeitpunkt Beteiligte, in dem die Anmeldung ihres Rechts der Enteignungsbehörde zugeht. [2]Die Anmeldung kann spätestens in der letzten mündlichen Verhandlung mit den Beteiligten erfolgen.

(3) [1]Bestehen Zweifel an einem angemeldeten Recht, so hat die Enteignungsbehörde dem Anmeldenden unverzüglich eine Frist zur Glaubhaftmachung seines Rechts zu setzen. [2]Nach fruchtlosem Ablauf der Frist ist er bis zur Glaubhaftmachung seines Rechts nicht mehr zu beteiligen.

(4) Der im Grundbuch eingetragene Gläubiger einer Hypothek, Grundschuld oder Rentenschuld, für die ein Brief erteilt ist, und jeder seiner Rechtsnachfolger hat auf Verlangen der Enteignungsbehörde eine Erklärung darüber abzugeben, ob ein anderer die Hypothek, Grundschuld oder Rentenschuld oder ein Recht daran erworben hat; die Person eines Erwerbers hat er dabei zu bezeichnen.

**Art. 23 Förmliches Verwaltungsverfahren.** [1]Das Enteignungsverfahren wird als förmliches Verwaltungsverfahren nach dem Bayerischen Verwaltungsverfahrensgesetz (BayVwVfG) durchgeführt, soweit sich aus diesem Gesetz nichts Abweichendes ergibt. [2]Im Enteignungsverfahren und soweit in diesem Gesetz Schriftform angeordnet ist, findet Art. 3a des Bayerischen Verwaltungsverfahrensgesetzes keine Anwendung.

**Art. 24 Erforschung des Sachverhalts.** (1) Die Enteignungsbehörde kann im Rahmen der Ermittlung des Sachverhalts anordnen, daß
1. Beteiligte persönlich erscheinen oder einen Vertreter entsenden, der zur Abgabe der erforderlichen Erklärungen ermächtigt ist,
2. Beteiligte Urkunden und sonstige Unterlagen vorlegen, die sich in ihrem Besitz befinden,

Enteignungsgesetz **BayEG 80**

3. Hypotheken-, Grundschuld- und Rentenschuldgläubiger die in ihrem Besitz befindlichen Hypotheken-, Grundschuld- und Rentenschuldbriefe vorlegen.

(2) ¹Die Enteignungsbehörde kann den Zustand des Grundstücks im Rahmen der Vorarbeiten oder vor dem Wirksamwerden der vorzeitigen Besitzeinweisung oder sonstiger mit dem Vorhaben zusammenhängender Maßnahmen in einer Niederschrift feststellen lassen, soweit er für die zu leistende Entschädigung von Bedeutung ist. ²Die Enteignungsbehörde soll den Zustand des Grundstücks nach Satz 1 feststellen lassen, wenn es der Eigentümer verlangt. ³Die Niederschrift ist dem Träger des Vorhabens und dem Eigentümer zuzusenden; die Beteiligten können die Niederschrift jederzeit einsehen.

**Art. 25 Wiedereinsetzung in den vorigen Stand.** ¹Die Behörde kann nach Wiedereinsetzung in den vorigen Stand an Stelle einer Entscheidung, die den durch das bisherige Verfahren herbeigeführten neuen Rechtszustand ändern würde, eine Entschädigung festsetzen. ²Art. 8 bis 13 gelten sinngemäß.

**Art. 26 Vorbereitung der mündlichen Verhandlung; Entscheidung ohne mündliche Verhandlung.** (1) ¹Das Enteignungsverfahren soll beschleunigt durchgeführt werden. ²Die Enteignungsbehörde soll schon vor der mündlichen Verhandlung alle Anordnungen treffen, die erforderlich sind, um das Verfahren möglichst in einem Verhandlungstermin zu erledigen. ³Sie soll den Beteiligten und den Behörden und Stellen, die Träger öffentlicher Belange sind und deren Aufgabenbereich berührt wird, Gelegenheit zur Äußerung geben.

(2) ¹Enteignungsverfahren können miteinander verbunden werden. ²Verbundene Enteignungsverfahren können wieder getrennt werden.

(3) ¹Die Enteignungsbehörde entscheidet nach mündlicher Verhandlung mit den Beteiligten. ²Zur mündlichen Verhandlung lädt sie die ihr bekannten Beteiligten; die Gemeinde, in deren Gebiet sich der Enteignungsgegenstand befindet, kann geladen werden. ³Die Ladung ist zuzustellen. ⁴Die Ladungsfrist beträgt zwei Wochen. ⁵Die Sachverständigen, die Gutachten für die Enteignungsbehörde erstattet haben, sollen beigezogen werden. ⁶Art. 67 Abs. 1 Sätze 4 bis 6 BayVwVfG bleiben unberührt.

(4) Die Enteignungsbehörde kann neben den Fällen des Art. 67 Abs. 2 BayVwVfG ohne mündliche Verhandlung entscheiden, wenn die Enteignung offensichtlich unzulässig ist.

(5) ¹Die Ladung muß enthalten
1. die Bezeichnung des Antragstellers und des Enteignungsgegenstands,
2. den wesentlichen Inhalt des Enteignungsantrags mit dem Hinweis, daß der Antrag mit den ihm beigefügten Unterlagen bei der Enteignungsbehörde oder einer von ihr bestimmten Stelle eingesehen werden kann,
3. die Aufforderung, etwaige Einwendungen gegen den Enteignungsantrag möglichst vor der mündlichen Verhandlung bei der Enteignungsbehörde schriftlich einzureichen oder zur Niederschrift zu erklären und etwaige Rechte spätestens in der mündlichen Verhandlung wahrzunehmen, und

4. den Hinweis, daß auch bei Nichterscheinen über den Enteignungsantrag und andere im Verfahren zu erledigende Anträge entschieden werden kann.
²Sie soll einen Hinweis auf die Verfügungs- und Veränderungssperre (Art. 27) und ein etwaiges Planfeststellungsverfahren enthalten.

(6) Die Ladung von Personen, deren Beteiligung auf einem Antrag auf Entschädigung in Land beruht, muß außer dem in Absatz 5 vorgeschriebenen Inhalt auch die Bezeichnung des Eigentümers, dessen Entschädigung in Land beantragt ist, und des Grundstücks, für das die Entschädigung in Land gewährt werden soll, enthalten.

(7) ¹Das Enteignungsverfahren ist mindestens zwei Wochen vor dem ersten Termin der mündlichen Verhandlung in ortsüblicher Weise in der Gemeinde, in deren Gebiet sich der Enteignungsgegenstand befindet, öffentlich bekanntzumachen; das gilt nicht im Fall des Absatzes 4. ²Für den Inhalt der Bekanntmachung gilt Absatz 5 sinngemäß; der erste Termin der mündlichen Verhandlung ist anzugeben.

(8) Soweit in anderen Gesetzen eine gesonderte Entscheidung über die Zulässigkeit der Enteignung durch eine andere Stelle als die Enteignungsbehörde vorgeschrieben ist, darf erst geladen und öffentlich bekanntgemacht werden, wenn diese Entscheidung getroffen ist.

(9) Ist im Grundbuch die Anordnung der Zwangsversteigerung oder Zwangsverwaltung eingetragen, so gibt die Enteignungsbehörde dem Vollstreckungsgericht von der Bekanntmachung über das Enteignungsverfahren Kenntnis, soweit dieses das Grundstück betrifft, das Gegenstand des Vollstreckungsverfahrens ist.

**Art. 27 Verfügungs- und Veränderungssperre.** (1) Von der Bekanntmachung über das Enteignungsverfahren (Art. 26 Abs. 7) an oder vom Beginn der Auslegung der Pläne im Planfeststellungsverfahren nach Art. 40, 41 an dürfen nur mit schriftlicher Genehmigung der Enteignungsbehörde
1. Verfügungen über ein Grundstück und über Rechte an einem Grundstück getroffen oder Vereinbarungen abgeschlossen werden, durch die einem anderen ein Recht zur Nutzung oder Bebauung eines Grundstücks oder Grundstücksteils eingeräumt wird,
2. erhebliche Veränderungen der Erdoberfläche oder wesentlich wertsteigernde sonstige Veränderungen des Grundstücks vorgenommen werden,
3. nicht genehmigungspflichtige, aber wertsteigernde bauliche Anlagen errichtet oder wertsteigernde Änderungen solcher Anlagen vorgenommen werden,
4. genehmigungspflichtige bauliche Anlagen errichtet oder geändert werden.

(2) ¹Sind Verfügungen oder Änderungen der in Absatz 1 bezeichneten Art vor der Bekanntmachung zu befürchten, so kann die Enteignungsbehörde die Sperre nach Absatz 1 bereits ab dem Eingang des Enteignungsantrags (Art. 20 Abs. 1) anordnen. ²Die Anordnung ist in ortsüblicher Weise in der Gemeinde, in deren Gebiet sich der Enteignungsgegenstand befindet, öffentlich bekanntzumachen.

Enteignungsgesetz **BayEG 80**

(3) Veränderungen, die in rechtlich zulässiger Weise vorher begonnen worden sind, Unterhaltungsarbeiten und die Fortführung einer bisher ausgeübten Nutzung werden hiervon nicht berührt.

(4) [1]Die Enteignungsbehörde ersucht das Grundbuchamt, die Verfügungs- und Veränderungssperre im Grundbuch einzutragen. [2]Das Grundbuchamt benachrichtigt die Enteignungsbehörde von allen Eintragungen, die nach dem Wirksamwerden der Sperre vorgenommen werden.

(5) [1]Vor Entscheidung über die Genehmigung ist der Antragsteller zu hören. [2]Die Genehmigung darf nur versagt werden, wenn Grund zu der Annahme besteht, daß das Vorhaben die Enteignung unmöglich machen oder wesentlich erschweren oder den Enteignungszweck gefährden würde. [3]Die Enteignung wird auch dann wesentlich erschwert, wenn bei der Veräußerung eines Grundstücks und bei der Bestellung oder Veräußerung eines Erbbaurechts der vereinbarte Gegenwert für das Grundstück oder das Recht über dem Wert liegt, der sich in Anwendung der Entschädigungsgrundsätze dieses Gesetzes ergibt.

(6) [1]Wird dem Enteignungsantrag stattgegeben, so kann der Enteignungsbegünstigte verlangen, daß für ihn nachteilige, nicht nach Absatz 1 genehmigte Veränderungen beseitigt oder in Geld ausgeglichen werden. [2]Die Entscheidung trifft die Enteignungsbehörde.

(7) [1]Dauert die Sperre länger als vier Jahre, so ist den Betroffenen für danach entstandene Vermögensnachteile auf Grund der Sperre eine angemessene Entschädigung in Geld zu leisten. [2]Art. 8 bis 13 gelten sinngemäß. [3]Die Enteignungsbehörde setzt die Entschädigung auf Antrag des Betroffenen im Enteignungsbeschluß oder in einem gesonderten Beschluß fest.

**Art. 28 Bindungswirkung.** [1]Ist in einem Planfeststellungsverfahren oder in einem anderen förmlichen Verfahren eine für die Beteiligten verbindliche Entscheidung über die Zulässigkeit und die Art der Verwirklichung des Vorhabens getroffen worden, so ist die unanfechtbare oder für sofort vollziehbar erklärte Entscheidung dem Enteignungsverfahren zugrundezulegen und für die Enteignungsbehörde bindend. [2]Gegen Enteignungsmaßnahmen können keine Einwendungen erhoben werden, über die in diesem Verfahren der Sache nach entschieden worden ist oder die in diesem Verfahren nicht mehr erhoben werden können.

**Art. 29 Einigung.** (1) Die Enteignungsbehörde hat auf eine Einigung zwischen den Beteiligten hinzuwirken.

(2) [1]Einigen sich die Beteiligten außerhalb des Enteignungsverfahrens über den Übergang oder die Belastung des Enteignungsgegenstands, jedoch nicht über die Höhe der Entschädigung, so wird auf Antrag eines Beteiligten das Enteignungsverfahren zur Festsetzung der Entschädigung durchgeführt. [2]Für das Verfahren gelten die Vorschriften dieses Abschnitts mit Ausnahme der Vorschriften, die sich auf den Übergang oder die Belastung des Enteignungsgegenstands beziehen. [3]Die Enteignungsbehörde kann von der öffentlichen Bekanntmachung (Art. 26 Abs. 7) absehen.

**80 BayEG** Enteignungsgesetz

(3) ¹Einigen sich die Beteiligten im Enteignungsverfahren, so hat die Enteignungsbehörde eine Niederschrift über die Einigung aufzunehmen. ²Die Niederschrift muß den Erfordernissen des Art. 31 Abs. 1 entsprechen. ³Sie ist von den Beteiligten zu unterschreiben. ⁴Ein Bevollmächtigter eines Beteiligten bedarf einer öffentlich oder amtlich beglaubigten Vollmacht; für einen Rechtsanwalt genügt eine schriftliche Vollmacht. ⁵Die beurkundete Einigung steht einem nicht mehr anfechtbaren Enteignungsbeschluß gleich. ⁶Art. 31 Abs. 3 ist entsprechend anzuwenden.

(4) ¹Einigen sich die Beteiligten im Enteignungsverfahren nur über den Übergang oder die Belastung des Enteignungsgegenstands, jedoch nicht über die Höhe der Entschädigung, so ist Absatz 3 entsprechend anzuwenden. ²Die Enteignungsbehörde hat anzuordnen, daß dem Berechtigten eine Vorauszahlung in Höhe der zu erwartenden Entschädigung zu leisten ist, soweit sich aus der Einigung nichts anderes ergibt. ³Im übrigen wird das Enteignungsverfahren fortgesetzt; Absatz 2 ist entsprechend anzuwenden.

**Art. 30 Entscheidung der Enteignungsbehörde.** (1) Soweit eine Einigung nicht zustandekommt, entscheidet die Enteignungsbehörde durch Beschluß über den Enteignungsantrag und die übrigen Anträge.

(2) ¹Auf Antrag hat die Enteignungsbehörde vorab über den Übergang oder die Belastung des Enteignungsgegenstands oder über sonstige durch die Enteignung zu bewirkende Rechtsänderungen zu entscheiden. ²In diesem Fall hat die Enteignungsbehörde anzuordnen, daß dem Berechtigten eine Vorauszahlung in Höhe der zu erwartenden Entschädigung zu leisten ist.

(3) Gibt die Enteignungsbehörde dem Enteignungsantrag statt, so entscheidet sie zugleich
1. darüber, welche Rechte der in Art. 12 bezeichneten Berechtigten an dem Gegenstand der Enteignung aufrechterhalten bleiben,
2. darüber, mit welchen Rechten der Gegenstand der Enteignung, das Ersatzland oder ein anderes Grundstück belastet wird,
3. darüber, welche Rechtsverhältnisse begründet werden, die persönliche Rechte gewähren,
4. im Fall der Entschädigung in Ersatzland über den Eigentumsübergang oder die Enteignung des Ersatzlandes.

(4) Dem Beschluß der Enteignungsbehörde ist eine Belehrung über die Rechtsbehelfe, über die Gerichte, bei denen sie einzureichen sind, und über die Frist beizufügen.

**Art. 31 Enteignungsbeschluß.** (1) Gibt die Enteignungsbehörde dem Enteignungsantrag statt, so muß der Beschluß (Enteignungsbeschluß) bezeichnen
1. die von der Enteignung Betroffenen und den Enteignungsbegünstigten,
2. die sonstigen Beteiligten,
3. den Enteignungszweck und die Frist, innerhalb deren der Enteignungsgegenstand zu dem vorgesehenen Zweck zu verwenden ist,

Enteignungsgesetz **BayEG 80**

4. die Sach- und Rechtsänderungen, die durch die Enteignung eintreten, und zwar
   a) wenn das Eigentum an einem Grundstück Gegenstand der Enteignung ist: das Grundstück nach Größe, grundbuchmäßiger, katastermäßiger oder sonst üblicher Bezeichnung; im Fall der Enteignung eines Grundstücksteils ist zu seiner Bezeichnung auf die für die Abschreibung eines Grundstücksteils nach der Grundbuchordnung erforderlichen Unterlagen Bezug zu nehmen,
   b) wenn ein anderes Recht an einem Grundstück Gegenstand einer selbständigen Enteignung ist: dieses Recht nach Inhalt und grundbuchmäßiger Bezeichnung,
   c) wenn ein persönliches Recht Gegenstand einer selbständigen Enteignung ist: dieses Recht nach seinem Inhalt und dem Grund seines Bestehens,
   d) wenn die Enteignung auf die in Art. 2 Abs. 2 bezeichneten Gegenstände ausgedehnt wird: diese Gegenstände,
   e) wenn ein Grundstück mit einem Recht belastet wird: die Art, den Inhalt, soweit er durch Vertrag bestimmt werden kann, und den Rang des Rechts, den Berechtigten und das Grundstück,
   f) wenn ein persönliches Recht begründet wird: den Inhalt des Rechtsverhältnisses und die daran Beteiligten,
   g) im Fall des Art. 2 Abs. 1 Nr. 5 die baulichen Anlagen und Einfriedungen,
5. die Art und Höhe der Entschädigungen und die Höhe der Ausgleichszahlungen nach Art. 14 Abs. 4 Satz 4 und Art. 15 Abs. 1 Satz 2 mit der Angabe, von wem und an wen sie zu leisten sind; Geldentschädigungen, aus denen andere von der Enteignung Betroffene nach Art. 12 Abs. 4 zu entschädigen sind, müssen von den sonstigen Geldentschädigungen getrennt ausgewiesen werden,
6. bei der Entschädigung in Land das Grundstück in der in Nummer 4 Buchst. a bezeichneten Weise.

(2) ¹Kann ein Grundstücksteil nicht entsprechend Absatz 1 Nr. 4 Buchst. a bezeichnet werden, so kann der Enteignungsbeschluß ihn auf Grund fester Merkmale in der Natur oder durch Bezugnahme auf die Eintragung in einem Lageplan bezeichnen. ²Wenn das Ergebnis der Vermessung vorliegt, ist der Enteignungsbeschluß durch einen Nachtragsbeschluß anzupassen.

(3) Ist im Grundbuch die Anordnung der Zwangsversteigerung oder der Zwangsverwaltung eingetragen, so gibt die Enteignungsbehörde dem Vollstreckungsgericht von dem Enteignungsbeschluß Kenntnis.

**Art. 32 Lauf der Verwendungsfrist.** (1) Die Frist, innerhalb deren der Enteignungsgegenstand zu dem vorgesehenen Zweck nach Art. 31 Abs. 1 Nr. 3 zu verwenden ist, beginnt mit dem Eintritt der Rechtsänderung.

(2) ¹Die Enteignungsbehörde kann diese Frist vor ihrem Ablauf auf Antrag verlängern, wenn
1. der Enteignungsbegünstigte nachweist, daß er den Enteignungsgegenstand ohne Verschulden innerhalb der festgesetzten Frist nicht zu dem vorgesehenen Zweck verwenden kann, oder

**80 BayEG** Enteignungsgesetz

2. vor Ablauf der Frist eine Gesamtrechtsnachfolge eintritt und der Rechtsnachfolger nachweist, daß er den Enteignungsgegenstand innerhalb der gesetzten Frist nicht zu dem vorgesehenen Zweck verwenden kann.
[2]Der enteignete frühere Eigentümer ist vor der Entscheidung über die Verlängerung zu hören. [3]Die Entscheidung ist den Beteiligten des vorangegangenen Enteignungsverfahrens zuzustellen.

**Art. 33 Verfahren bei der Entschädigung durch Gewährung anderer Rechte.** (1) Soll die Entschädigung des Eigentümers eines zu enteignenden Grundstücks gemäß Art. 15 festgesetzt werden und ist die Bestellung, Übertragung oder die Bewertung eines der dort bezeichneten Rechte im Zeitpunkt des Erlasses des Enteignungsbeschlusses noch nicht möglich, so kann die Enteignungsbehörde, wenn es der Eigentümer unter Bezeichnung eines Rechts beantragt, im Enteignungsbeschluß neben der Festsetzung der Entschädigung in Geld dem Enteignungsbegünstigten aufgeben, binnen einer bestimmten Frist dem von der Enteignung Betroffenen ein Recht der bezeichneten Art zu angemessenen Bedingungen anzubieten.

(2) [1]Bietet der Enteignungsbegünstigte binnen der bestimmten Frist ein Recht der bezeichneten Art nicht an oder einigt er sich mit dem von der Enteignung Betroffenen nicht, so wird ihm ein solches Recht auf Antrag zugunsten des von der Enteignung Betroffenen durch Enteignung entzogen. [2]Die Enteignungsbehörde setzt den Inhalt des Rechts fest, soweit dessen Inhalt durch Vereinbarung bestimmt werden kann. [3]Die Vorschriften dieses Gesetzes über das Verfahren und die Entschädigung sind sinngemäß anzuwenden.

(3) Der Antrag nach Absatz 2 kann nur innerhalb von drei Monaten nach Ablauf der bestimmten Frist gestellt werden.

**Art. 34 Ausführungsanordnung.** (1) Ist der Enteignungsbeschluß nicht mehr anfechtbar, so ordnet auf Antrag eines Beteiligten die Enteignungsbehörde seine Ausführung an (Ausführungsanordnung), wenn der Entschädigungsverpflichtete die Geldentschädigung gezahlt oder zulässigerweise unter Verzicht auf das Recht der Rücknahme hinterlegt hat.

(2) [1]Im Fall des Art. 29 Abs. 4 ist auf Antrag eines Beteiligten die Ausführungsanordnung zu erlassen, wenn der Entschädigungsverpflichtete die festgesetzte Vorauszahlung gezahlt oder in zulässiger Weise unter Verzicht auf das Recht der Rücknahme hinterlegt hat. [2]Die Enteignungsbehörde kann die Ausführungsanordnung davon abhängig machen, daß der Entschädigungsverpflichtete im übrigen für einen angemessenen Betrag Sicherheit leistet.

(3) Ist die Entscheidung nach Art. 30 Abs. 2 Satz 1 unanfechtbar, so gilt Absatz 2 sinngemäß.

(4) [1]Im Fall des Art. 31 Abs. 2 ist auf Antrag eines Beteiligten die Ausführungsanordnung zu erlassen, wenn der Entschädigungsverpflichtete die im Enteignungsbeschluß in Verbindung mit dem Nachtragsbeschluß festgesetzte Geldentschädigung gezahlt oder zulässigerweise unter Verzicht auf das Recht

Enteignungsgesetz **BayEG 80**

der Rücknahme hinterlegt hat. ²Der Nachtragsbeschluß braucht nicht unanfechtbar zu sein.

(5) ¹Die Ausführungsanordnung ist allen Beteiligten zuzustellen, deren Rechtsstellung durch den Enteignungsbeschluß betroffen wird. ²Art. 31 Abs. 3 gilt sinngemäß.

(6) ¹Mit dem in der Ausführungsanordnung festzusetzenden Tag wird der bisherige Rechtszustand durch den im Enteignungsbeschluß geregelten neuen Rechtszustand ersetzt. ²Gleichzeitig entstehen die nach Art. 31 Abs. 1 Nr. 4 Buchst. f begründeten Rechtsverhältnisse; sie gelten von diesem Zeitpunkt an als zwischen den an dem Rechtsverhältnis Beteiligten vereinbart. ³Die Ausführungsanordnung schließt die Einweisung in den Besitz des enteigneten Grundstücks und des Ersatzlandes zu dem festgesetzten Tag ein.

(7) Die Enteignungsbehörde übersendet dem Grundbuchamt eine beglaubigte Abschrift des Enteignungsbeschlusses und der Ausführungsanordnung und ersucht es, das Grundbuch entsprechend den Rechtsänderungen zu berichtigen.

**Art. 35 Hinterlegung.** (1) ¹Geldentschädigungen sind unter Verzicht auf das Recht der Rücknahme zu hinterlegen, soweit mehrere Personen als Entschädigungsberechtigte in Betracht kommen und eine Einigung über die Auszahlung dem Entschädigungsverpflichteten nicht nachgewiesen ist. ²Zu hinterlegen ist bei dem Amtsgericht, in dessen Bezirk das von der Enteignung betroffene Grundstück liegt; § 2 des Gesetzes über die Zwangsversteigerung und die Zwangsverwaltung gilt sinngemäß.

(2) Andere Vorschriften, nach denen die Hinterlegung geboten oder statthaft ist, bleiben unberührt.

**Art. 36 Verteilungsverfahren.** (1) Nach dem Eintritt des neuen Rechtszustands kann jeder Beteiligte sein Recht an der hinterlegten Summe gegen einen Mitbeteiligten, der dieses Recht bestreitet, vor den ordentlichen Gerichten geltend machen oder die Einleitung eines gerichtlichen Verteilungsverfahrens beantragen.

(2) Für das Verteilungsverfahren ist das Amtsgericht zuständig, in dessen Bezirk das von der Enteignung betroffene Grundstück liegt; § 2 des Gesetzes über die Zwangsversteigerung und die Zwangsverwaltung gilt sinngemäß.

(3) Auf das Verteilungsverfahren sind die Vorschriften über die Verteilung des Erlöses im Fall der Zwangsversteigerung mit folgenden Abweichungen sinngemäß anzuwenden:
1. Das Verteilungsverfahren ist durch Beschluß zu eröffnen,
2. die Zustellung des Eröffnungsbeschlusses an den Antragsteller gilt als Beschlagnahme im Sinn des § 13 des Gesetzes über die Zwangsversteigerung und die Zwangsverwaltung; ist das Grundstück schon in einem Zwangsversteigerungs- oder Zwangsverwaltungsverfahren beschlagnahmt, so hat es hierbei sein Bewenden,
3. das Verteilungsgericht hat bei Eröffnung des Verfahrens von Amts wegen das Grundbuchamt um die in § 19 Abs. 2 des Gesetzes über die Zwangsver-

**80 BayEG** Enteignungsgesetz

steigerung und die Zwangsverwaltung bezeichneten Mitteilungen zu ersuchen; in die beglaubigte Abschrift des Grundbuchblatts sind die zur Zeit der Zustellung des Enteignungsbeschlusses an den Enteigneten vorhandenen Eintragungen und die später eingetragenen Veränderungen und Löschungen aufzunehmen,
4. bei dem Verfahren sind die nach Art. 12 Abs. 4 bezeichneten Entschädigungsberechtigten nach Maßgabe des § 10 des Gesetzes über die Zwangsversteigerung und die Zwangsverwaltung zu berücksichtigen, wegen der Ansprüche auf wiederkehrende Leistungen jedoch nur für die Zeit bis zur Hinterlegung.

**Art. 37 Aufhebung des Enteignungsbeschlusses.** (1) [1]Ist die Ausführungsanordnung noch nicht ergangen und hat der Enteignungsbegünstigte die ihm durch den Enteignungsbeschluß auferlegten Zahlungen nicht innerhalb eines Monats nach dem Zeitpunkt geleistet, in dem der Beschluß unanfechtbar geworden ist, so kann die Aufhebung des Enteignungsbeschlusses beantragt werden. [2]Der Antrag ist dem Enteignungsbegünstigten bekanntzugeben. [3]Dem Antrag ist stattzugeben, wenn der Enteignungsbegünstigte die Zahlungen nicht innerhalb eines Monats nach Bekanntgabe des Antrags leistet.

(2) Antragsberechtigt ist jeder Beteiligte, dem eine nicht gezahlte Entschädigung zusteht oder der nach Art. 12 Abs. 4 aus ihr zu befriedigen ist.

(3) Der Aufhebungsbeschluß ist allen Beteiligten zuzustellen und dem Grundbuchamt abschriftlich mitzuteilen.

(4) [1]Der Enteignungsbegünstigte hat für alle durch den Enteignungsbeschluß entstandenen besonderen Nachteile Entschädigung zu leisten. [2]Die Enteignungsbehörde setzt Art und Höhe der Entschädigung auf Antrag des Betroffenen durch Beschluß fest.

**Art. 38 Vollstreckbarer Titel.** (1) [1]Die Zwangsvollstreckung nach den Vorschriften der Zivilprozeßordnung über die Vollstreckung von Urteilen in bürgerlichen Rechtsstreitigkeiten findet statt
1. aus der Niederschrift über eine Einigung wegen der in ihr bezeichneten Leistungen,
2. aus einem nicht mehr anfechtbaren Enteignungsbeschluß wegen der Geldentschädigung oder einer Ausgleichszahlung,
3. aus einem Beschluß nach Art. 7 Abs. 3, Art. 14 Abs. 8, Art. 18, 25, 27 Abs. 7 und Art. 37 Abs. 4, Art. 40 in Verbindung mit Art. 74 Abs. 2 Satz 3 und Art. 75 Abs. 2 Satz 4 BayVwVfG.

[2]Die Zahlungsvollstreckung wegen einer Ausgleichszahlung ist erst zulässig, wenn die Ausführungsanordnung wirksam und unanfechtbar geworden ist.

(2) [1]Die vollstreckbare Ausfertigung wird von dem Urkundsbeamten der Geschäftsstelle des Amtsgerichts erteilt, in dessen Bezirk die Enteignungsbehörde ihren Sitz hat und, wenn das Verfahren bei einem Gericht anhängig ist, von dem Urkundsbeamten der Geschäftsstelle dieses Gerichts. [2]In den Fällen

Enteignungsgesetz **BayEG 80**

der §§ 731, 767 bis 770, 785, 786 und 791 der Zivilprozeßordnung tritt das Amtsgericht, in dessen Bezirk die Enteignungsbehörde ihren Sitz hat, an die Stelle des Prozeßgerichts.

(3) Die Vollstreckung nach dem Bayerischen Verwaltungszustellungs- und Vollstreckungsgesetz bleibt im übrigen unberührt.

## Abschnitt 2
## Vorzeitige Besitzeinweisung

**Art. 39 Vorzeitige Besitzeinweisung.** (1) ¹Ist die sofortige Ausführung der beabsichtigten Maßnahme aus Gründen des Wohls der Allgemeinheit dringend geboten, so kann die Enteignungsbehörde den Träger des Vorhabens, für das enteignet werden kann, auf Antrag durch Beschluß nach mündlicher Verhandlung in den Besitz des Grundstücks einweisen. ²Für die Besitzeinweisung gilt Art. 3 sinngemäß. ³Der Beschluß ist dem Antragsteller, dem Eigentümer und dem unmittelbaren Besitzer zuzustellen. ⁴Die Besitzeinweisung wird in dem von der Enteignungsbehörde bezeichneten Zeitpunkt wirksam. ⁵Auf Antrag des unmittelbaren Besitzers ist dieser Zeitpunkt auf mindestens zwei Wochen nach Zustellung des Besitzeinweisungsbeschlusses an ihn festzusetzen, wenn das nach Abwägung der beiderseitigen Interessen gerechtfertigt ist.

(2) Die Enteignungsbehörde kann den Besitzeinweisungsbeschluß mit Auflagen, Bedingungen und Befristungen versehen und von der Leistung einer Sicherheit in Höhe der voraussichtlichen Enteignungsentschädigung abhängig machen.

(3) ¹Durch die Besitzeinweisung wird dem Besitzer der Besitz entzogen und der Eingewiesene Besitzer. ²Der Eingewiesene darf auf dem Grundstück das Vorhaben, für das die Enteignung zulässig ist, ausführen und die dafür erforderlichen Maßnahmen treffen.

(4) ¹Der Eingewiesene hat für die durch die vorzeitige Besitzeinweisung entstehenden Vermögensnachteile Entschädigung zu leisten, soweit die Nachteile nicht durch die Verzinsung der Geldentschädigung (Art. 13 Abs. 2) ausgeglichen werden. ²Art und Höhe der Entschädigung werden durch die Enteignungsbehörde im Enteignungsbeschluß oder in einem gesonderten Beschluß, für das Absatz 1 Satz 3 sinngemäß gilt, festgesetzt. ³Die Entschädigung für die Besitzeinweisung ist im Zeitpunkt ihres Wirksamwerdens fällig.

(5) ¹Wird die vorzeitige Besitzeinweisung aufgehoben, so ist der vorherige unmittelbare Besitzer wieder in den Besitz einzuweisen. ²Die vorzeitige Besitzeinweisung ist auch dann aufzuheben, wenn der Träger des Vorhabens trotz eines Verlangens des Eigentümers oder des unmittelbaren Besitzers binnen angemessener Frist, jedoch spätestens nach sechs Monaten, keinen Enteignungsantrag stellt oder der Enteignungsantrag abgewiesen oder der Enteignungsbeschluß aufgehoben wird. ³Der Eingewiesene hat für alle durch die vorzeitige

## 80 BayEG — Enteignungsgesetz

Besitzeinweisung entstandenen besonderen Nachteile Entschädigung zu leisten. [4]Absatz 4 Satz 2 gilt entsprechend.

(6) [1]Der Beschluß über die vorzeitige Besitzeinweisung, ihre Änderung oder ihre Aufhebung ist wegen der darin festgesetzten Leistungen ein vollstreckbarer Titel im Sinn des Art. 38. [2]Das gilt auch für einen gesonderten Beschluß über die Besitzeinweisungsentschädigung.

(7) Art. 19, 20, 21, 24, 25, 26 Abs. 2, 4 und 8, Art. 28 und 29 Abs. 1 gelten sinngemäß.

Abschnitt 3
## Planfeststellung

**Art. 40 Planfeststellungsverfahren.** (1) Erstreckt sich ein Vorhaben auf mehrere Grundstücke, so kann die nach Art. 41 zuständige Behörde vor der Bekanntmachung über das Enteignungsverfahren (Art. 26 Abs. 7) ein Planfeststellungsverfahren durchführen, wenn sie es für sachdienlich hält und nicht ein Planfeststellungsverfahren oder ein anderes förmliches Verfahren in anderen Gesetzen vorgesehen ist.

(2) Soweit in anderen Gesetzen eine gesonderte Entscheidung über die Zulässigkeit der Enteignung durch eine andere Stelle als die Kreisverwaltungsbehörde vorgeschrieben ist, darf der Plan nach Art. 73 Abs. 3 BayVwVfG erst ausgelegt werden, wenn diese Entscheidung getroffen ist.

**Art. 41 Zuständigkeit.** (1) Anhörungs- und Planfeststellungsbehörde ist die Kreisverwaltungsbehörde.

(2) [1]Fällt ein Planfeststellungsverfahren unter die Zuständigkeit mehrerer Kreisverwaltungsbehörden, so kann die Regierung die zuständige Kreisverwaltungsbehörde bestimmen oder das Verfahren selbst durchführen. [2]Fällt ein Planfeststellungsverfahren unter die Zuständigkeit mehrerer Regierungen, kann das Staatsministerium für Wohnen, Bau und Verkehr die zuständige Regierung bestimmen.

Abschnitt 4
## Kosten und Aufwendungen der Beteiligten

**Art. 42 Kosten.** (1) Für Amtshandlungen nach diesem Gesetz werden Kosten (Gebühren und Auslagen) nach dem Kostengesetz (KG) erhoben.

(2) [1]Für das Enteignungsverfahren und das Rückenteignungsverfahren nach Teil III Abschnitt 1 wird jeweils eine Gebühr (Verfahrensgebühr) erhoben. [2]Wird einem Antrag stattgegeben, so ist zur Zahlung der Kosten der Entschädi-

Enteignungsgesetz **BayEG 80**

gungsverpflichtete (Art. 9 Abs. 2), sonst der Antragsteller verpflichtet. [3]Wird einem Antrag auf Rückenteignung stattgegeben, so ist der von der Rückenteignung Betroffene zur Zahlung der Kosten verpflichtet. [4]Art. 2 Abs. 2 bis 4 KG bleiben unberührt.

(3) [1]Für das Verfahren über einen Antrag auf Aufhebung eines Enteignungsbeschlusses wird neben der Verfahrensgebühr nach Absatz 2 Satz 1 eine eigene Gebühr erhoben. [2]Wird dem Antrag stattgegeben, so ist zur Zahlung der Kosten der Enteignungsbegünstigte, sonst der Antragsteller verpflichtet. [3]Art. 2 Abs. 2 bis 4 KG bleiben unberührt.

(4) [1]Für Amtshandlungen nach Art. 7 ist der Träger des Vorhabens zur Zahlung der Kosten verpflichtet. [2]Art. 2 Abs. 2 bis 4 KG bleiben unberührt.

(5) Das Verfahren über einen Antrag nach Art. 18 ist kostenfrei.

**Art. 43 Aufwendungen der Beteiligten.** (1) Die Aufwendungen der Beteiligten im Enteignungs- und Besitzeinweisungsverfahren, die zur zweckentsprechenden Rechtsverfolgung oder Rechtsverteidigung notwendig sind, sind vom Schuldner der Kosten des Enteignungsverfahrens oder, wenn nur ein Besitzeinweisungsverfahren durchgeführt wird, vom Schuldner der Kosten des Besitzeinweisungsverfahrens zu erstatten.

(2) [1]Die Enteignungsbehörde setzt den Betrag der den Beteiligten zu erstattenden Aufwendungen in dem Beschluß, in dem über die Entschädigung entschieden wird, oder, wenn das beantragt und ein berechtigtes Interesse daran geltend gemacht wird, in einem gesonderten Beschluß fest. [2]Ist der gesonderte Beschluß unanfechtbar, so findet aus ihm die Zwangsvollstreckung nach den Vorschriften der Zivilprozeßordnung über die Vollstreckung von Kostenfestsetzungsbeschlüssen statt; Art. 38 Abs. 2 gilt sinngemäß.

(3) Aufwendungen eines Beteiligten für Sachverständige sind nur bis zu der Höhe erstattungsfähig, die sich aus der entsprechenden Anwendung der Vorschriften ergibt, die für die Entschädigung von Sachverständigen durch die Enteignungsbehörde maßgebend sind.

(4) [1]Wird der Enteignungsantrag abgelehnt oder zurückgenommen oder erledigt er sich auf andere Weise, so bestimmt sich der Gegenstandswert der zu erstattenden Gebühren nach der Entschädigung, die nach dem Antrag voraussichtlich festgesetzt worden wäre. [2]Eine Beweiserhebung nur zum Zweck der Ermittlung des Gegenstandswerts findet nicht statt. [3]Die Sätze 1 und 2 gelten entsprechend, wenn nur ein Besitzeinweisungsverfahren durchgeführt wird.

## Abschnitt 5
## Rechtsbehelfe

**Art. 44 Rechtsbehelfe.** (1) Für Klagen wegen der Entschädigung, wegen Ausgleichszahlungen mit Ausnahme des Härteausgleichs nach Art. 18 und wegen der Erstattung von Aufwendungen der Beteiligten ist der Rechtsweg zu den ordentlichen Gerichten gegeben.

(2) [1]Im übrigen ist, soweit nichts anderes bestimmt ist, der Verwaltungsrechtsweg gegeben. [2]Neben den Fällen der Art. 70 und 74 Abs. 1 Satz 2 BayVwVfG findet ein Vorverfahren (§ 68 der Verwaltungsgerichtsordnung) auch bei Entscheidungen nach Art. 34 und 39 nicht statt.

(3) Förmliche Rechtsbehelfe gegen die Ausführungsanordnung sind insoweit zulässig, als geltend gemacht werden kann, daß sie eine selbständige Rechtsverletzung darstellt.

**Art. 45 Verfahren vor den ordentlichen Gerichten.** (1) [1]Für die Klage sind die Landgerichte ohne Rücksicht auf den Wert des Streitgegenstands ausschließlich zuständig. [2]Örtlich ist das Landgericht ausschließlich zuständig, in dessen Bezirk der in Anspruch genommene Gegenstand liegt.

(2) [1]Die Klage ist innerhalb eines Monats nach Zustellung des Enteignungsbeschlusses zu erheben. [2]Bildet ein gesonderter Beschluß den Gegenstand der Klage, so ist die Klage innerhalb eines Monats nach Zustellung dieses Beschlusses zu erheben. [3]Die Frist ist eine Notfrist im Sinn der Zivilprozeßordnung.

(3) [1]Der Rechtsstreit vor dem ordentlichen Gericht ist zwischen dem Entschädigungsberechtigten und dem Entschädigungsverpflichteten zu führen. [2]Das gilt sinngemäß, wenn der Rechtsstreit eine Ausgleichszahlung oder die Erstattung von Aufwendungen der Beteiligten betrifft.

(4) Das Gericht kann auch von Amts wegen die Aufnahme von Beweisen anordnen und nach Anhörung der Beteiligten auch solche Tatsachen berücksichtigen, die von ihnen nicht vorgebracht worden sind.

(5) [1]Erscheint der Kläger in einem Termin zur mündlichen Verhandlung, so kann auch dann mündlich verhandelt werden, wenn einer der anderen Beteiligten nicht erscheint. [2]Über einen Antrag, den ein nicht erschienener Beteiligter in einer früheren mündlichen Verhandlung gestellt hat, kann nach Lage der Akten entschieden werden. [3]Erscheint der Kläger in einem Termin zur mündlichen Verhandlung nicht, so kann jeder andere Beteiligte eine Entscheidung nach Lage der Akten beantragen. [4]Die Vorschriften der §§ 332 bis 335, 336 Abs. 2 und § 337 der Zivilprozeßordnung gelten sinngemäß. [5]Im übrigen sind die Vorschriften über Versäumnisurteile nicht anzuwenden.

(6) Das Gericht übersendet der Enteignungsbehörde eine Ausfertigung der Entscheidung oder des Vergleichs.

**Art. 46 Gerichtlicher Vergleich.** Im Fall eines gerichtlichen Vergleichs sind Art. 29 Abs. 3, 4 und Art. 34 Abs. 2 sinngemäß anzuwenden.

## TEIL IV
## Schlußvorschriften

**Art. 47 Grundrechtseinschränkung.** Das Grundrecht der Unverletzlichkeit der Wohnung (Art. 13 des Grundgesetzes, Art. 106 Abs. 3 der Verfassung) wird durch dieses Gesetz eingeschränkt.

**Art. 48 Enteignung beweglicher Sachen.** ¹Ist in einem anderen Gesetz die Enteignung beweglicher Sachen nach diesem Gesetz vorgesehen, so gelten die Art. 3, 6, 8 bis 13, 16, 17, 19 bis 26, 29 bis 39 und 42 bis 47 sinngemäß, soweit sie auf einen beweglichen Enteignungsgegenstand angewendet werden können. ²Abweichend von Art. 45 Abs. 1 Satz 2 ist örtlich das Landgericht ausschließlich zuständig, in dessen Bezirk der Verwaltungsakt erlassen wurde.

**Art. 49 Entschädigungsvorschriften in anderen Gesetzen.** ¹Wird in einem anderen Gesetz auf die Vorschriften dieses Gesetzes über die Entschädigung verwiesen, so sind die Art. 8 bis 13 sinngemäß anzuwenden. ²Für das Verfahren vor den ordentlichen Gerichten gilt Art. 45.

**Art. 50 Ordnungswidrigkeiten.** Mit Geldbuße kann belegt werden, wer Pfähle, Pflöcke oder sonstige Markierungen, die Vorarbeiten nach Art. 7 dienen, wegnimmt, verändert, unkenntlich macht oder versetzt.

**Art. 51 Abwicklung eingeleiteter Verfahren.** ¹Enteignungsverfahren, für die der Enteignungsantrag beim Inkrafttreten dieses Gesetzes bereits eingereicht ist, sind nach den bisher geltenden Vorschriften weiterzuführen. ²Hat die Enteignungsbehörde die Entschädigung noch nicht festgesetzt, so sind die Vorschriften dieses Gesetzes über die Entschädigung und den Härteausgleich anzuwenden.

**Art. 52** *(Änderungsbestimmung)*

**Art. 53** *(gegenstandslos)*

**Art. 54 Inkrafttreten.** (1) ¹Dieses Gesetz tritt am 1. März 1975 in Kraft\*.
²*(gegenstandslos)*

(2) und (3) *(gegenstandslos)*

---

\* Betrifft die ursprüngliche Fassung vom 11. November 1974 (GVBl S. 610, ber. S. 814).

# BayLplG 81

# Bayerisches Landesplanungsgesetz (BayLplG)*

(BayRS 230-1-W) vom 25. Juni 2012 (GVBl. S. 254),
zuletzt geändert durch Verordnung vom 23. Dezember 2020 (GVBl. S. 675)

## INHALTSÜBERSICHT**

### Teil 1
**Allgemeine Vorschriften**

- Art. 1 Aufgabe und Instrumente der Landesplanung
- Art. 2 Begriffsbestimmungen
- Art. 3 Bindungswirkungen der Erfordernisse der Raumordnung
- Art. 4 Zielabweichungsverfahren

### Teil 2
**Materielle Planungsvorgaben**

- Art. 5 Leitziel und Leitmaßstab der Landesplanung
- Art. 6 Grundsätze der Raumordnung

### Teil 3
**Organisation der Landesplanung**

- Art. 7 Landesplanungsbehörden
- Art. 8 Regionale Planungsverbände
- Art. 9 Verbandssatzung
- Art. 10 Organe der Regionalen Planungsverbände
- Art. 11 Aufsicht über die Regionalen Planungsverbände
- Art. 12 Kostenerstattung an die Regionalen Planungsverbände
- Art. 13 Landesplanungsbeirat

### Teil 4
**Raumordnungspläne**

- Art. 14 Grundlagen
- Art. 15 Umweltbericht
- Art. 16 Beteiligungsverfahren
- Art. 17 Abwägung
- Art. 18 Bekanntgabe
- Art. 19 Inhalt des Landesentwicklungsprogramms
- Art. 20 Ausarbeitung und Aufstellung des Landesentwicklungsprogramms
- Art. 21 Inhalt der Regionalpläne
- Art. 22 Ausarbeitung und Aufstellung der Regionalpläne
- Art. 23 Planerhaltung

### Teil 5
**Sicherungsinstrumente der Landesplanung**

- Art. 24 Gegenstand, Zweck und Erforderlichkeit von Raumordnungsverfahren
- Art. 25 Einleitung, Durchführung und Abschluss von Raumordnungsverfahren
- Art. 26 Vereinfachtes Raumordnungsverfahren
- Art. 27 Landesplanerische Stellungnahme
- Art. 28 Untersagung raumordnungswidriger Planungen und Maßnahmen
- Art. 29 Raumordnerische Zusammenarbeit

### Teil 6
**Sonstige Vorschriften**

- Art. 30 Mitteilungs- und Auskunftspflicht
- Art. 31 Raumbeobachtung
- Art. 32 Unterrichtung des Landtags

---

\* Art. 15 bis 18 und Art. 31 dieses Gesetzes dienen der Umsetzung der Richtlinie 2001/42/EG des Europäischen Parlaments und des Rates vom 27. Juni 2001 über die Prüfung der Umweltauswirkungen bestimmter Pläne und Programme (ABl L 197 S. 30).
\*\* *Inhaltsübersicht nicht amtlich.*

## 81 BayLplG  Landesplanungsgesetz

Art. 33 Anpassungsgebot, Ersatzleistung an die Gemeinden
Art. 34 Verwaltungskosten

**Teil 7**
**Schlussbestimmungen**

Art. 35 Unanwendbarkeit des Raumordnungsgesetzes

Art. 36 Übergangsbestimmungen
Art. 37 Inkrafttreten

**Anlage 1**
(zu Art. 15 Abs. 2 Satz 2)

**Anlage 2**
(zu Art. 15 Abs. 4 Satz 1)

Teil 1
# Allgemeine Vorschriften

**Art. 1 Aufgabe und Instrumente der Landesplanung.** (1) ¹Aufgabe der Landesplanung ist es, den Gesamtraum des Freistaates Bayern und seine Teilräume auf Grund einer fachübergreifenden Koordinierung unter den Gesichtspunkten der Raumordnung zu entwickeln, zu ordnen und zu sichern. ²Dabei sind
1. unterschiedliche Anforderungen an den Raum aufeinander abzustimmen und die auf der jeweiligen Planungsebene auftretenden Konflikte auszugleichen sowie
2. Vorsorge für einzelne Nutzungen und Funktionen des Raums zu treffen.

(2) Zur Erfüllung dieser Aufgabe
1. sind Raumordnungspläne aufzustellen und bei Bedarf fortzuschreiben,
2. sind raumbedeutsame Planungen und Maßnahmen unter raumordnerischen Gesichtspunkten abzustimmen und
3. ist die raumordnerische Zusammenarbeit zu unterstützen.

(3) Die Entwicklung, Ordnung und Sicherung der Teilräume ist in die Gegebenheiten und Erfordernisse des Gesamtraums einzufügen; die Entwicklung, Ordnung und Sicherung des Gesamtraums hat die Gegebenheiten und Erfordernisse seiner Teilräume zu berücksichtigen.

(4) Landesplanung ist Aufgabe des Staates; Regionalplanung ist Teil der Landesplanung.

**Art. 2 Begriffsbestimmungen.** Im Sinn dieses Gesetzes sind
1. Erfordernisse der Raumordnung:
   Ziele der Raumordnung, Grundsätze der Raumordnung und sonstige Erfordernisse der Raumordnung;
2. Ziele der Raumordnung:
   verbindliche Vorgaben in Form von räumlich und sachlich bestimmten oder bestimmbaren, vom Träger der Raumordnung abschließend abgewogenen (Art. 17 Satz 1 Halbsatz 2) textlichen oder zeichnerischen Festlegungen in Raumordnungsplänen zur Entwicklung, Ordnung und Sicherung des Raums;

3. Grundsätze der Raumordnung:
   Aussagen zur Entwicklung, Ordnung und Sicherung des Raums als Vorgaben für nachfolgende Abwägungs- oder Ermessensentscheidungen; Grundsätze der Raumordnung können durch Gesetz oder als Festlegungen in einem Raumordnungsplan aufgestellt werden;
4. sonstige Erfordernisse der Raumordnung:
   in Aufstellung befindliche Ziele der Raumordnung, Ergebnisse förmlicher landesplanerischer Verfahren wie des Raumordnungsverfahrens und landesplanerische Stellungnahmen;
5. öffentliche Stellen:
   Behörden des Bundes und des Freistaates Bayern, kommunale Gebietskörperschaften, bundesunmittelbare und die der Aufsicht eines Landes unterstehenden Körperschaften, Anstalten und Stiftungen des öffentlichen Rechts;
6. raumbedeutsame Planungen und Maßnahmen:
   Planungen einschließlich der Raumordnungspläne, Vorhaben und sonstige Maßnahmen, durch die Raum in Anspruch genommen oder die räumliche Entwicklung oder Funktion eines Gebietes beeinflusst wird, einschließlich des Einsatzes der hierfür vorgesehenen öffentlichen Finanzmittel;
7. Raumordnungspläne:
   zusammenfassende, überörtliche und fachübergreifende Pläne gemäß Art. 19 und 21;
8. Festlegungen:
   Ziele und Grundsätze der Raumordnung in Raumordnungsplänen.

**Art. 3 Bindungswirkungen der Erfordernisse der Raumordnung.** (1) [1]Bei
1. raumbedeutsamen Planungen und Maßnahmen öffentlicher Stellen,
2. Entscheidungen öffentlicher Stellen über die Zulässigkeit raumbedeutsamer Planungen und Maßnahmen anderer öffentlicher Stellen und
3. Entscheidungen öffentlicher Stellen über die Zulässigkeit raumbedeutsamer Planungen und Maßnahmen von Personen des Privatrechts, die der Planfeststellung oder der Genehmigung mit der Rechtswirkung der Planfeststellung bedürfen,

sind Ziele der Raumordnung zu beachten sowie Grundsätze und sonstige Erfordernisse der Raumordnung in Abwägungs- oder Ermessensentscheidungen zu berücksichtigen. [2]Satz 1 Nrn. 1 und 2 gelten entsprechend bei raumbedeutsamen Planungen und Maßnahmen, die Personen des Privatrechts in Wahrnehmung öffentlicher Aufgaben durchführen, wenn öffentliche Stellen an den Personen mehrheitlich beteiligt sind oder die Planungen und Maßnahmen überwiegend mit öffentlichen Mitteln finanziert werden. [3]Weitergehende Bindungswirkungen von Erfordernissen der Raumordnung nach Maßgabe der für diese Entscheidungen geltenden Vorschriften bleiben unberührt.

(2) Bei sonstigen Entscheidungen öffentlicher Stellen über die Zulässigkeit raumbedeutsamer Planungen und Maßnahmen von Personen des Privatrechts

sind die Erfordernisse der Raumordnung nach den für diese Entscheidungen geltenden Vorschriften zu berücksichtigen.

(3) § 5 des Raumordnungsgesetzes (ROG) bleibt unberührt.

**Art. 4 Zielabweichungsverfahren.** (1) [1]Die oberste Landesplanungsbehörde kann im Einzelfall in einem besonderen Verfahren die Abweichung von einem Ziel der Raumordnung zulassen, wenn die Abweichung unter raumordnerischen Gesichtspunkten vertretbar ist und die Grundzüge der Planung nicht berührt werden. [2]Die Zulassung erfolgt im Einvernehmen mit den fachlich berührten Staatsministerien und im Benehmen mit den betroffenen Gemeinden, bei Abweichungen von einem Ziel in einem Regionalplan auch im Benehmen mit dem Regionalen Planungsverband. [3]Die Zulassung der Abweichung ausschließlich von einem in einem Regionalplan festgelegten Ziel der Raumordnung obliegt der für die Verbindlicherklärung nach Art. 22 Abs. 1 Satz 2 zuständigen höheren Landesplanungsbehörde im Einvernehmen mit den berührten Fachbehörden der entsprechenden Verwaltungsstufe oder, sofern diese nicht vorhanden sind, der nächsthöheren Verwaltungsstufe sowie im Einvernehmen mit dem Regionalen Planungsverband und im Benehmen mit den betroffenen Gemeinden; Satz 1 gilt entsprechend.

(2) Antragsbefugt sind öffentliche Stellen und Personen des Privatrechts nach Art. 3 Abs. 1 Satz 2, die das Ziel der Raumordnung zu beachten haben.

Teil 2
# Materielle Planungsvorgaben

**Art. 5 Leitziel und Leitmaßstab der Landesplanung.** (1) Leitziel der Landesplanung ist es, gleichwertige Lebens- und Arbeitsbedingungen in allen Teilräumen zu schaffen und zu erhalten.

(2) Leitmaßstab der Landesplanung ist eine nachhaltige Raumentwicklung, die die wirtschaftlichen, ökologischen und sozialen Belange des Raums in Einklang bringt und zu einer dauerhaften, großräumig ausgewogenen Ordnung führt.

**Art. 6 Grundsätze der Raumordnung.** (1) Die Grundsätze der Raumordnung sind im Sinn des Leitziels nach Art. 5 Abs. 1 und des Leitmaßstabs nach Art. 5 Abs. 2 anzuwenden und durch Festlegungen in Raumordnungsplänen zu konkretisieren, soweit dies erforderlich ist.

(2) Grundsätze der Raumordnung sind:
1. Nachhaltige Raumentwicklung:
   Im gesamten Staatsgebiet und in seinen Teilräumen sollen ausgeglichene infrastrukturelle, wirtschaftliche, ökologische, soziale und kulturelle Verhältnisse angestrebt werden. Dabei sollen in allen Teilräumen die nachhaltige Daseinsvorsorge gesichert, nachhaltiges Wirtschaftswachstum und Innova-

Landesplanungsgesetz **BayLplG 81**

tion unterstützt, Entwicklungspotenziale und eine raumtypische Biodiversität gesichert, Gestaltungsmöglichkeiten mittel- und langfristig offengehalten und Ressourcen geschützt werden. Demographischen, wirtschaftlichen, sozialen und anderen raumstrukturverändernden Herausforderungen soll Rechnung getragen werden. Auf einen Ausgleich raumstruktureller Ungleichgewichte zwischen den einzelnen Teilräumen soll hingewirkt werden.

2. Raumstruktur:
Die prägende Vielfalt des gesamten Landesgebiets und seiner Teilräume soll gesichert werden. Auf Kooperationen innerhalb von Teilräumen und von Teilräumen miteinander soll mit dem Ziel der Stärkung und Entwicklung des Gesamtraums und seiner Teilräume hingewirkt werden. Es soll dafür Sorge getragen werden, dass Verdichtungsräume und ländliche Räume auch künftig ihre vielfältigen Aufgaben für die Gesellschaft erfüllen können. Ländliche Teilräume sollen unter Berücksichtigung ihrer unterschiedlichen wirtschaftlichen und naturspezifischen Entwicklungspotenziale als Lebens- und Wirtschaftsräume mit eigenständiger Bedeutung erhalten und entwickelt werden. Gebiete, zwischen denen intensive Lebens- und Wirtschaftsbeziehungen bestehen oder entwickelt werden sollen, sollen zu Regionen zusammengefasst werden. Gemeinden, die sich als Mittelpunkt der Daseinsvorsorge eines in der Regel überörtlichen Verflechtungsbereichs eignen, können in den Raumordnungsplänen als Zentrale Orte festgelegt werden. Die Zentralen Orte sollen so über das ganze Staatsgebiet verteilt werden, dass für alle Bürger die Versorgung mit Gütern, Dienstleistungen und Infrastruktureinrichtungen des wirtschaftlichen, sozialen und kulturellen Bedarfs in zumutbarer Erreichbarkeit gesichert ist; dies gilt auch in dünn besiedelten Teilräumen.

3. Vermeidung von Zersiedelung; Flächensparen:
[1]Eine Zersiedelung der Landschaft soll vermieden werden. [2]Die Siedlungstätigkeit soll räumlich konzentriert und vorrangig auf vorhandene Siedlungen mit ausreichender Infrastruktur ausgerichtet werden. [3]Der Freiraum soll erhalten werden; es soll ein großräumig übergreifendes, ökologisch wirksames Freiraumverbundsystem geschaffen werden. [4]Die weitere Zerschneidung der offenen Landschaft und von Waldflächen soll so weit wie möglich vermieden werden. [5]Bei der erstmaligen planerischen Inanspruchnahme von Freiflächen im Außenbereich für Siedlungs- und Verkehrszwecke soll angestrebt werden, dass eine Begrenzung auf eine Richtgröße von 5 ha pro Tag landesweit bis spätestens zum Jahr 2030 erreicht wird. [6]Auch kommt dem Umstand, wofür und wie die betroffenen Flächen genutzt werden sollen, maßgeblich Bedeutung zu. [7]Dabei ist zu berücksichtigen, in welchem Ausmaß es bei der Inanspruchnahme der Flächen zu einer Bodenversiegelung kommt und welche Maßnahmen für den Umwelt-, Klima- und Artenschutz getroffen werden. [8]Insbesondere sollen die Potenziale für die Wiedernutzbarmachung von Flächen, für die Nachverdichtung und für andere Maßnahmen zur Innenentwicklung der Städte und Gemeinden sowie zur Entwicklung vorhandener Verkehrsflächen ausgeschöpft werden. [9]Geeignete

Maßnahmen zur Verminderung der Flächeninanspruchnahme sollen unterstützt werden.
4. Versorgungs- und Infrastrukturausstattung:
Der Erhalt und die bedarfsgerechte Weiterentwicklung der notwendigen Infrastruktureinrichtungen sind in allen Teilräumen von besonderer Bedeutung. Überörtliche Einrichtungen der kommunalen Vorsorge sowie der Bildung und Kultur, des Sozialwesens, der medizinischen Versorgung und des Sports, ferner der Verwaltung und der Rechtspflege sollen bevorzugt in den Zentralen Orten gebündelt werden. Geeignete räumliche Voraussetzungen für die Erhaltung der Innenstädte und örtlichen Zentren für die wohnortnahe Versorgung der Bevölkerung sind von besonderer Bedeutung. Dem Schutz kritischer Infrastrukturen soll Rechnung getragen werden. Es sollen die räumlichen Voraussetzungen für nachhaltige Mobilität einschließlich eines integrierten Verkehrssystems geschaffen werden. Die Anbindung an überregionale Verkehrswege und eine gute und verkehrssichere Erreichbarkeit der Teilräume untereinander durch schnellen und reibungslosen Personen- und Güterverkehr sind von besonderer Bedeutung. Die Voraussetzungen für die Verlagerung von Verkehr auf umweltverträglichere Verkehrsträger wie Schiene und Wasserstraße sollen verbessert werden. Raumstrukturen sollen so gestaltet werden, dass die Verkehrsbelastung verringert und zusätzlicher Verkehr vermieden wird. Eine gute Erreichbarkeit der Zentralen Orte, insbesondere mit öffentlichen Verkehrsmitteln, soll gewährleistet werden. Ein barrierefreier Zugang, insbesondere zu Infrastruktureinrichtungen, soll ermöglicht werden.
5. Energieversorgung:
Den räumlichen Erfordernissen für eine kostengünstige, sichere und umweltverträgliche Energieversorgung einschließlich des Ausbaus von Energienetzen soll Rechnung getragen werden. Dabei sollen die räumlichen Voraussetzungen für den Ausbau der erneuerbaren Energien, für eine Steigerung der Energieeffizienz und für eine sparsame Energienutzung geschaffen werden.
6. Wettbewerbsfähige Wirtschaftsstrukturen:
Die räumlichen Voraussetzungen für eine langfristig wettbewerbsfähige und räumlich ausgewogene Wirtschaftsstruktur und wirtschaftsnahe Infrastruktur sowie für ein ausreichendes und vielfältiges Angebot an Arbeits- und Ausbildungsplätzen sollen erhalten und entwickelt werden. Geeignete räumliche Rahmenbedingungen für eine möglichst ausgewogene Branchenstruktur der gewerblichen Wirtschaft, für eine ausgewogene Versorgung mit Handwerks- und sonstigen Dienstleistungsbetrieben sowie für die Sicherung des Bestands und der Weiterentwicklung und die Neuansiedlung von leistungsfähigen kleinen und mittelständischen Unternehmen sowie der Freien Berufe sollen gewährleistet werden. Insbesondere in Räumen, in denen die Lebensverhältnisse in ihrer Gesamtheit im Verhältnis zum Landesdurchschnitt wesentlich zurückgeblieben sind oder ein solches Zurückbleiben zu befürchten ist, sollen die Entwicklungsvoraussetzungen gestärkt

Landesplanungsgesetz  **BayLplG 81**

werden. Die räumlichen Voraussetzungen für die vorsorgende Sicherung sowie für die geordnete Aufsuchung und Gewinnung von standortgebundenen Rohstoffen sollen geschaffen werden. Die räumlichen Voraussetzungen für eine nachhaltige Wasserwirtschaft und die vorsorgende Sicherung der Versorgung von Bevölkerung und Wirtschaft mit Wasser in ausreichender Menge und Güte sollen geschaffen werden. Die räumlichen Voraussetzungen für die Land- und Forstwirtschaft in ihrer Bedeutung für die Nahrungs- und Rohstoffproduktion sollen erhalten und entwickelt werden. Die Wettbewerbsfähigkeit der Tourismuswirtschaft soll gestärkt werden.

7. Landschaftsbild:
Das Landschaftsbild Bayerns soll in seiner Vielfalt, Eigenart und Schönheit bewahrt werden. Kultur- und Naturlandschaften sollen erhalten und entwickelt werden. Historisch geprägte und gewachsene Kulturlandschaften sollen in ihren prägenden kulturellen und ökologischen Merkmalen und mit ihren Kultur- und Naturdenkmälern erhalten bleiben. Es sollen die räumlichen Voraussetzungen dafür geschaffen werden, dass die Land- und Forstwirtschaft und der Naturschutz ihren Beitrag dazu leisten können, das Landschaftsbild und die natürlichen Lebensgrundlagen zu schützen.

8. Ökologische Funktionen des Raums:
Der Raum soll in seiner Bedeutung für die Funktionsfähigkeit der Böden, des Wasserhaushalts, des Klimas, der Erholung sowie als Lebensraum der Tier- und Pflanzenwelt einschließlich der jeweiligen Wechselwirkungen entwickelt, gesichert oder, soweit erforderlich, möglich und angemessen, wiederhergestellt werden. Wirtschaftliche und soziale Nutzungen des Raums sollen unter Berücksichtigung seiner ökologischen Funktionen gestaltet werden. Naturgüter sollen sparsam und schonend in Anspruch genommen werden. Das Gleichgewicht des Naturhaushalts soll nicht nachteilig verändert werden. Grundwasservorkommen sollen geschützt, die Reinhaltung der Gewässer soll sichergestellt werden. Wälder sollen in ihrer Funktion für Klima, Natur- und Wasserhaushalt sowie für die Erholung erhalten und soweit erforderlich verbessert werden. Den Erfordernissen des Biotopverbunds soll Rechnung getragen werden. Für den vorbeugenden Hochwasserschutz soll vor allem durch Sicherung oder Rückgewinnung von Auen, Rückhalteflächen und Entlastungsflächen Sorge getragen werden. Der Schutz der Allgemeinheit vor Lärm und die Reinhaltung der Luft soll sichergestellt werden. Den räumlichen Erfordernissen des Klimaschutzes soll Rechnung getragen werden, sowohl durch Maßnahmen, die dem Klimawandel entgegenwirken, als auch durch solche, die der Anpassung an den Klimawandel dienen. Insbesondere in den Berggebieten soll dem Schutz vor Naturgefahren besondere Bedeutung beigemessen werden. Die Funktionsfähigkeit der Schutzwälder im Alpenraum soll erhalten und soweit erforderlich verbessert werden.

9. Verteidigung und Zivilschutz:
Den räumlichen Erfordernissen der Verteidigung und des Zivilschutzes soll Rechnung getragen werden.

10. Integration im Bundesgebiet und im europäischen Raum:
Die räumlichen Voraussetzungen für den Zusammenhalt im Bundesgebiet und im europäischen Raum sollen gewährleistet werden. Die Zusammenarbeit im europäischen Raum, mit dem Bund und den Ländern sowie die grenzüberschreitende Zusammenarbeit der Teilräume und Regionen sollen unterstützt werden.

Teil 3

## Organisation der Landesplanung

**Art. 7 Landesplanungsbehörden.** Landesplanungsbehörden sind das Staatsministerium für Wirtschaft, Landesentwicklung und Energie als oberste Landesplanungsbehörde und die Regierungen als höhere Landesplanungsbehörden.

**Art. 8 Regionale Planungsverbände.** (1) [1]Träger der Regionalplanung sind die Regionalen Planungsverbände. [2]Sie erfüllen diese Aufgabe im übertragenen Wirkungskreis. [3]Darüber hinaus können sie Aufgaben ihrer Mitglieder in der Regionalentwicklung wahrnehmen.

(2) Die Regionalen Planungsverbände können keine regionalen Flächennutzungspläne im Sinn des § 13 Abs. 4 ROG aufstellen.

(3) [1]Die Regionalen Planungsverbände sind Zusammenschlüsse der Gemeinden und Landkreise einer Region. [2]Sie entstehen in allen Regionen mit dem Inkrafttreten der Einteilung des Staatsgebiets in Regionen gemäß Art. 19 Abs. 2 Nr. 1. [3]Mitglieder eines Regionalen Planungsverbands sind ausschließlich die Gemeinden, deren Gebiet in der Region liegt, und die Landkreise, deren Gebiet ganz oder teilweise zur Region gehört.

(4) Die Regionalen Planungsverbände bedienen sich zur Ausarbeitung des Regionalplans und zur Erstellung der regionalplanerischen Arbeitsunterlagen für die Verbandsorgane der jeweils für ihren Sitz zuständigen höheren Landesplanungsbehörde, die hierfür die erforderlichen Mittel zur Verfügung stellt.

(5) [1]Unbeschadet der besonderen Bestimmungen dieses Gesetzes sind auf die Regionalen Planungsverbände die für Zweckverbände geltenden Vorschriften anzuwenden. [2]Soweit darin auf die für Gemeinden, Landkreise oder Bezirke geltenden Regelungen verwiesen wird, sind die für Landkreise vorgesehenen Bestimmungen anzuwenden. [3]Die in den anzuwendenden Vorschriften begründeten Zuständigkeiten staatlicher Behörden werden durch die Landesplanungsbehörden der entsprechenden Verwaltungsstufe wahrgenommen.

**Art. 9 Verbandssatzung.** (1) [1]Die Verbandssatzung muss die angemessene Vertretung unterschiedlicher Interessen der Verbandsmitglieder sicherstellen. [2]Eine Regelung nach Art. 8 Abs. 1 Satz 3 bedarf der Mehrheit von zwei Dritteln der Mitglieder der Verbandsversammlung, wenn die Aufgabenwahrnehmung umlagerelevant ist.

Landesplanungsgesetz  **BayLplG 81**

(2) [1]Der Erlass der Verbandssatzung und deren Änderungen sind der zuständigen höheren Landesplanungsbehörde anzuzeigen. [2]Sie dürfen nur in Kraft gesetzt werden, wenn die zuständige höhere Landesplanungsbehörde nicht innerhalb einer Frist von sechs Wochen nach Eingang der Anzeige die Verletzung von Rechtsvorschriften geltend macht oder erklärt, dass keine Verletzung von Rechtsvorschriften geltend gemacht wird.

(3) [1]Die Verbandssatzung wird von der zuständigen höheren Landesplanungsbehörde erlassen, wenn aus rechtlichen Gründen von der höheren Landesplanungsbehörde geforderte Satzungsänderungen innerhalb einer angemessenen Frist nicht beschlossen werden. [2]Den Verbandsmitgliedern ist vorher Gelegenheit zur Stellungnahme zu geben.

**Art. 10 Organe der Regionalen Planungsverbände.** (1) [1]Organe der Regionalen Planungsverbände sind die Verbandsversammlung, der Planungsausschuss und der Verbandsvorsitzende. [2]Die Verbandssatzung kann außerdem einen Regionalen Planungsbeirat vorsehen.

(2) [1]In der Verbandsversammlung sind nur die von den Verbandsmitgliedern entsandten Verbandsräte oder deren Stellvertreter stimmberechtigt. [2]Jedes Verbandsmitglied entsendet einen Verbandsrat. [3]Abstimmungen erfolgen nach der Einwohnerzahl der zur Region gehörenden Gebiete der Verbandsmitglieder mit der Maßgabe, dass jeder Verbandsrat für je angefangene 1 000 Einwohner eine Stimme erhält. [4]Dabei ist der zum Jahresschluss fortgeschriebene Bevölkerungsstand mit Wirkung zum 1. Januar des übernächsten Jahres für die Dauer von zwei Jahren zugrunde zu legen. [5]Die Einwohner kreisangehöriger Gemeinden werden der Gemeinde und dem Landkreis jeweils einmal zugerechnet. [6]Die Einwohner kreisfreier Gemeinden und gemeindefreier Gebiete zählen doppelt. [7]Kein Verbandsmitglied erhält mehr als 40 v.H. der Stimmen. [8]Die Verbandssatzung kann vorsehen, dass kein Verbandsmitglied mehr als 40 v.H. der anwesenden Stimmen geltend machen kann; eine entsprechende Regelung bedarf der Mehrheit von zwei Dritteln der gesetzlichen Stimmenzahl. [9]In der Verbandsversammlung ist für Beschlüsse und bei Wahlen neben der jeweils notwendigen Stimmenmehrheit die Zustimmung von mindestens einem Viertel der anwesenden Verbandsräte erforderlich. [10]Für die Fälle einer umlagenrelevanten Aufgabenwahrnehmung gemäß Art. 8 Abs. 1 Satz 3 kann die Verbandssatzung besondere Regelungen des Stimmrechts treffen. [11]Art. 32 Abs. 2 Satz 1 des Gesetzes über die kommunale Zusammenarbeit (KommZG) ist nicht anzuwenden.

(3) [1]Die Verbandsversammlung ist ausschließlich zuständig für
1. die Wahl des Verbandsvorsitzenden und der Stellvertreter,
2. die Verbandssatzung,
3. Gesamtfortschreibungen des Regionalplans und
4. die Angelegenheiten nach Art. 34 Abs. 2 Nrn. 3 bis 5 KommZG, sofern die Verbandssatzung nicht die Zuständigkeit des Planungsausschusses bestimmt.

# 81 BayLplG — Landesplanungsgesetz

²Die Verbandsversammlung kann die Beschlussfassung über Teilfortschreibungen des Regionalplans bis zur abschließenden Beschlussfassung des Planungsausschusses (Abs. 5 Nr. 2) an sich ziehen.

(4) ¹Dem Planungsausschuss gehören außer dem Verbandsvorsitzenden mindestens zehn, höchstens 30 Vertreter der Verbandsmitglieder an. ²Der Planungsausschuss setzt sich aus Vertretern der kreisangehörigen Gemeinden, der kreisfreien Gemeinden und der Landkreise entsprechend den Stimmanteilen dieser Gruppen in der Verbandsversammlung zusammen. ³Die Vertreter der jeweiligen Gruppen werden durch die von diesen Gruppen entsandten Verbandsräte bestellt.

(5) Der Planungsausschuss ist zuständig für
1. die Verfahrensschritte zur Ausarbeitung des Regionalplans,
2. Teilfortschreibungen des Regionalplans; Abs. 3 Satz 2 bleibt unberührt und
3. Stellungnahmen im Rahmen von Verfahren, an denen der Regionale Planungsverband beteiligt wird.

**Art. 11 Aufsicht über die Regionalen Planungsverbände.** (1) Die Regionalen Planungsverbände unterliegen der Aufsicht der für ihren Sitz zuständigen höheren Landesplanungsbehörde.

(2) Die oberste und höhere Landesplanungsbehörde können unbeschadet weitergehender Befugnisse die Einladung zu Sitzungen der Organe der Regionalen Planungsverbände verlangen; ihre Vertreter können an den Sitzungen beratend teilnehmen.

**Art. 12 Kostenerstattung an die Regionalen Planungsverbände.** ¹Der Freistaat Bayern ersetzt den Regionalen Planungsverbänden den notwendigen Aufwand für die Aufgaben nach Art. 8 Abs. 1 Satz 1. ²Das Nähere wird durch Rechtsverordnung der Staatsregierung bestimmt.

**Art. 13 Landesplanungsbeirat.** (1) ¹Bei der obersten Landesplanungsbehörde besteht ein Landesplanungsbeirat; den Vorsitz führt die oberste Landesplanungsbehörde. ²Die oberste Landesplanungsbehörde beruft die Mitglieder auf Vorschlag von Organisationen des gesellschaftlichen Lebens, insbesondere aus den Bereichen der Ökologie, der Ökonomie, des Sozialwesens, der Kultur und der Kirchen, deren Aufgaben durch raumbedeutsame Planungen und Maßnahmen berührt werden, sowie auf Vorschlag der kommunalen Spitzenverbände Bayerns. ³Sie kann Sachverständige als weitere Mitglieder in den Landesplanungsbeirat berufen.

(2) ¹Der Landesplanungsbeirat soll die oberste Landesplanungsbehörde durch Gutachten, Anregungen und Empfehlungen unterstützen. ²Er ist von der obersten Landesplanungsbehörde nach Maßgabe dieses Gesetzes an der Ausarbeitung und Aufstellung des Landesentwicklungsprogramms zu beteiligen und zu grundlegenden Fragen der Raumordnung und Landesplanung zu hören.

Landesplanungsgesetz **BayLplG 81**

(3) Das Nähere, insbesondere die Bestimmung der vorschlagsberechtigten Organisationen nach Abs. 1 Satz 2, die Rechtsstellung der Mitglieder und die Entschädigung der Sachverständigen, regelt das Staatsministerium für Wirtschaft, Landesentwicklung und Energie durch Rechtsverordnung.

Teil 4
## Raumordnungspläne

**Art. 14 Grundlagen.** (1) [1]Raumordnungspläne sind für einen regelmäßig mittelfristigen Zeitraum aufzustellen. [2]Sie enthalten Festlegungen.

(2) [1]Festlegungen in Raumordnungsplänen können auch Gebiete bezeichnen,
1. die für bestimmte raumbedeutsame Funktionen oder Nutzungen vorgesehen sind und andere raumbedeutsame Nutzungen in diesem Gebiet ausschließen, soweit diese mit den vorrangigen Funktionen oder Nutzungen nicht vereinbar sind (Vorranggebiete),
2. in denen bestimmten raumbedeutsamen Funktionen oder Nutzungen bei der Abwägung mit konkurrierenden raumbedeutsamen Nutzungen besonderes Gewicht beizumessen ist (Vorbehaltsgebiete) oder
3. in denen bestimmte raumbedeutsame Funktionen oder Nutzungen ausgeschlossen sind (Ausschlussgebiete).

[2]Eignungsgebiete (§ 7 Abs. 3 Satz 2 Nr. 3 ROG) und Vorranggebiete mit der Wirkung von Eignungsgebieten (§ 7 Abs. 3 Satz 3 ROG) können nicht festgelegt werden. [3]Die Belange, für die in Regionalplänen Vorrang- oder Vorbehaltsgebiete festgelegt werden können, werden im Landesentwicklungsprogramm bestimmt.

(3) In den Raumordnungsplänen sind Ziele und Grundsätze der Raumordnung als solche zu kennzeichnen.

(4) Die Festlegungen in den Raumordnungsplänen sind zu begründen.

(5) Raumordnungspläne können in räumlichen und sachlichen Teilabschnitten ausgearbeitet und aufgestellt werden.

(6) [1]Raumordnungspläne sind bei Bedarf fortzuschreiben. [2]Für Fortschreibungen gelten die Vorschriften für Raumordnungspläne entsprechend.

**Art. 15 Umweltbericht.** (1) Als gesonderter Bestandteil des Begründungsentwurfs ist frühzeitig ein Umweltbericht zu erstellen.

(2) [1]Im Umweltbericht werden die voraussichtlichen erheblichen Auswirkungen, die die Verwirklichung des Raumordnungsplans auf
1. Menschen, einschließlich der menschlichen Gesundheit, Tiere, Pflanzen und die biologische Vielfalt,
2. Fläche, Boden, Wasser, Luft, Klima und Landschaft,
3. Kulturgüter und sonstige Sachgüter sowie
4. die Wechselwirkung zwischen den vorgenannten Schutzgütern

hat, entsprechend dem Planungsstand ermittelt, beschrieben und bewertet. ²Im Einzelnen umfasst der Umweltbericht die in der **Anlage 1** genannten Angaben, soweit sie angemessenerweise gefordert werden können und unter Berücksichtigung des gegenwärtigen Wissensstandes und der allgemein anerkannten Prüfmethoden auf der jeweiligen Planungsebene erkennbar und von Bedeutung sind.

(3) ¹Die für die Ausarbeitung des Raumordnungsplans zuständige Stelle
1. legt unter Beteiligung der Behörden, deren umwelt- und gesundheitsbezogener Aufgabenbereich von den Umweltauswirkungen des Raumordnungsplans berührt werden kann, den Untersuchungsrahmen der Umweltprüfung einschließlich des erforderlichen Umfangs und Detaillierungsgrads des Umweltberichts fest und
2. erstellt den Umweltbericht auf der Grundlage der Stellungnahmen der in Nr. 1 genannten Behörden.

²Behörden nach Satz 1 sind beim Landesentwicklungsprogramm die jeweiligen obersten Landesbehörden, bei den Regionalplänen die jeweiligen höheren oder, sofern diese nicht vorhanden sind, obersten Landesbehörden.

(4) ¹Von der Erstellung des Umweltberichts kann bei geringfügigen Änderungen von Raumordnungsplänen abgesehen werden, wenn durch eine überschlägige Prüfung unter Berücksichtigung der in **Anlage 2** genannten Kriterien festgestellt worden ist, dass die Änderungen voraussichtlich keine erheblichen Umweltauswirkungen haben werden. ²Diese Feststellung ist unter Beteiligung der in Abs. 3 genannten Behörden zu treffen. ³Die zu dieser Feststellung führenden Erwägungen sind in den Begründungsentwurf aufzunehmen.

(5) Der Umweltbericht kann bei Regionalplänen auf zusätzliche oder andere erhebliche Umweltauswirkungen beschränkt werden, wenn für das Landesentwicklungsprogramm, aus dem der Regionalplan entwickelt ist, bereits eine Umweltprüfung durchgeführt worden ist.

**Art. 16 Beteiligungsverfahren.** (1) ¹Bei der Aufstellung von Raumordnungsplänen sind zu beteiligen:
1. die öffentlichen Stellen und in Art. 3 Abs. 1 Satz 2 genannten Personen des Privatrechts, für die eine Beachtenspflicht begründet werden soll,
2. die in Art. 15 Abs. 3 genannten Behörden,
3. die nach Naturschutzrecht im Freistaat Bayern anerkannten Vereine, soweit sie in ihrem satzungsgemäßen Aufgabenbereich berührt sind,
4. die betroffenen Wirtschafts- (mit Land- und Forstwirtschafts-) und Sozialverbände und
5. die Öffentlichkeit.

²Zum Entwurf des Landesentwicklungsprogramms sind zusätzlich auch die kommunalen Spitzenverbände im Freistaat Bayern zu beteiligen. ³Rechtsansprüche werden durch die Beteiligung nicht begründet.

(2) ¹Im Rahmen der Beteiligung zum Landesentwicklungsprogramm wird der Entwurf mindestens einen Monat lang von der obersten Landesplanungsbe-

Landesplanungsgesetz **BayLplG 81**

hörde zur Einsicht ausgelegt und in das Internet eingestellt. ²Ort und Zeit der Auslegung sowie die einschlägige Internetadresse sind vorher bekannt zu machen; die nach Abs. 1 Satz 1 Nr. 1 bis 4 und Satz 2 zu Beteiligenden erhalten eine gesonderte Mitteilung. ³In der Bekanntmachung, im Internet sowie in der gesonderten Mitteilung ist jeweils darauf hinzuweisen, dass sowie gegenüber welcher Stelle und innerhalb welcher Frist Gelegenheit zur schriftlichen oder elektronischen Äußerung besteht. ⁴Mit Ablauf der Frist nach Satz 3 sind alle Äußerungen ausgeschlossen, die nicht auf besonderen privatrechtlichen Titeln beruhen. ⁵Eine entsprechende Information ist in die Hinweise nach Satz 3 aufzunehmen.

(3) ¹Im Rahmen der Beteiligung zu Regionalplänen wird der Entwurf mindestens einen Monat lang
1. von den regional betroffenen höheren Landesplanungsbehörden, Landratsämtern und kreisfreien Gemeinden zur Einsicht ausgelegt und
2. vom zuständigen Regionalen Planungsverband und den höheren Landesplanungsbehörden nach Nr. 1 in das Internet eingestellt.

²Ort und Zeit der Auslegung sowie die einschlägige Internetadresse sind von den in Satz 1 Nr. 1 genannten Stellen vorher ortsüblich bekannt zu machen; die nach Abs. 1 Satz 1 Nr. 1 bis 4 zu Beteiligenden erhalten vom zuständigen Regionalen Planungsverband eine gesonderte Mitteilung. ³Abs. 2 Satz 3 bis 5 gilt entsprechend.

(4) ¹Raumordnungspläne benachbarter Planungsräume innerhalb des Bundesgebiets sind aufeinander abzustimmen. ²Wird ein Raumordnungsplan außerhalb des Geltungsbereiches dieses Gesetzes mit der obersten Landesplanungsbehörde oder einem Regionalen Planungsverband (beteiligte Stellen) abgestimmt, ist zur Beteiligung der Öffentlichkeit der Entwurf des Raumordnungsplans mit der Begründung sowie dem übermittelten, im Rahmen der Umweltprüfung erstellten Unterlagen unverzüglich bei den höheren Landesplanungsbehörden, in deren Zuständigkeitsbereich Auswirkungen des Raumordnungsplans zu erwarten sind, auszulegen und von der beteiligten Stelle in das Internet einzustellen. ³Für die Dauer der Auslegung gilt Abs. 2 Satz 1 entsprechend, soweit Vorgaben der beteiligenden Stelle nicht entgegenstehen; Abs. 1 Satz 3, Abs. 2 Satz 2 Halbsatz 1 und Satz 3 gelten entsprechend mit der Maßgabe, dass die vorgebrachten Äußerungen der beteiligten Stelle zuzuleiten sind. ⁴Sofern im Rahmen der Umweltprüfung erstellte Unterlagen übermittelt worden sind, ist den in Art. 15 Abs. 3 genannten Behörden innerhalb einer angemessenen Frist Gelegenheit zur Stellungnahme zu geben.

(5) ¹Soweit die Durchführung eines Raumordnungsplans erhebliche Umweltauswirkungen auf einen anderen Staat haben kann, ist dieser nach §§ 60 und 61 des Gesetzes über die Umweltverträglichkeitsprüfung (UVPG) zu beteiligen. ²Wird die Durchführung eines Raumordnungsplans voraussichtlich erhebliche sonstige Auswirkungen auf das Gebiet eines anderen Staates haben, ist dieser nach den Grundsätzen der Gegenseitigkeit und Gleichwertigkeit zu beteiligen.

# 81 BayLplG — Landesplanungsgesetz

(6) ¹Wird der Entwurf des Raumordnungsplans nach Durchführung der Verfahren nach Abs. 1 bis 5 geändert, sind diese Verfahren erneut durchzuführen. ²Werden durch die Änderungen die Grundzüge der Planung nicht berührt, kann
1. die Beteiligung nach Abs. 1 Satz 1 Nr. 1 bis 4 und Satz 2 auf die von der Änderung Betroffenen beschränkt werden,
2. die Abstimmung nach Abs. 4 entfallen, wenn die Änderung keine erheblichen Auswirkungen auf die benachbarten Planungsräume hat und
3. die Beteiligung nach Abs. 5 entfallen, wenn die Änderung keine erheblichen Umweltauswirkungen auf einen anderen Staat haben kann oder voraussichtlich keine erheblichen sonstigen Auswirkungen auf das Gebiet eines anderen Staates hat.

³Stellungnahmen können nur zu den Änderungen abgegeben werden. ⁴Die Frist nach Abs. 2 Satz 1 oder Abs. 3 Satz 1 kann angemessen verkürzt werden. ⁵Werden durch die Änderungen keine neuen Beachtenspflichten eingeführt oder bestehende verstärkt, kann von der erneuten Durchführung der Verfahren nach den Abs. 1 bis 6 abgesehen werden.

**Art. 17 Abwägung.** ¹Bei der Aufstellung der Festlegungen in Raumordnungsplänen sind die öffentlichen und privaten Belange, soweit die Belange auf der jeweiligen Planungsebene erkennbar und von Bedeutung sind, abzuwägen; bei der Festlegung von Zielen der Raumordnung sind die Belange abschließend abzuwägen. ²In der Abwägung sind auch
1. die im Rahmen des Art. 20 Abs. 1 oder Art. 22 Abs. 1 Satz 1 eingeholten Beiträge,
2. der nach Art. 15 erstellte Umweltbericht,
3. die Ergebnisse der nach Art. 16 durchgeführten Beteiligungsverfahren und
4. bei Regionalplänen sowie bei flächenhaften Festlegungen im Landesentwicklungsprogramm die Flächennutzungspläne und die Ergebnisse der von Gemeinden beschlossenen sonstigen städtebaulichen Planungen

zu berücksichtigen.

**Art. 18 Bekanntgabe.** ¹Ab dem Tag des Inkrafttretens ist das Landesentwicklungsprogramm von der obersten Landesplanungsbehörde, der Regionalplan von den regional betroffenen höheren Landesplanungsbehörden auszulegen und in das Internet einzustellen; hierauf ist im jeweiligen Veröffentlichungsblatt hinzuweisen. ²Die Begründung des Raumordnungsplans enthält auch
1. eine zusammenfassende Erklärung,
    a) wie Umwelterwägungen in den Raumordnungsplan einbezogen wurden,
    b) wie der nach Art. 15 erstellte Umweltbericht, die Ergebnisse der Beteiligungsverfahren nach Art. 16, beim Landesentwicklungsprogramm auch des Verfahrensschritts nach Art. 20 Abs. 1 Satz 2, sowie die geprüften Alternativen in der Abwägung berücksichtigt wurden,
2. eine Zusammenstellung der Maßnahmen, die für eine Überwachung erheblicher Umweltauswirkungen bei der Verwirklichung des Raumordnungsplans gemäß Art. 31 durchgeführt werden sollen.

Landesplanungsgesetz **BayLplG 81**

**Art. 19 Inhalt des Landesentwicklungsprogramms.** (1) [1]Das Landesentwicklungsprogramm legt die Grundzüge der anzustrebenden räumlichen Ordnung und Entwicklung des Staatsgebiets fest. [2]Insoweit können auch für überregionale Teilräume besondere Festlegungen getroffen werden. [3]Festlegungen zu einzelnen Planungen und Maßnahmen können in das Landesentwicklungsprogramm aufgenommen werden, wenn die Planungen und Maßnahmen für das ganze Staatsgebiet oder größere Teile desselben raumbedeutsam sind.

(2) Das Landesentwicklungsprogramm enthält
1. die Einteilung des Staatsgebiets in Regionen; eine Region soll sich regelmäßig auf das zusammenhängende Gebiet mehrerer Landkreise unter Einbeziehung kreisfreier Gemeinden erstrecken, wobei das Gebiet einzelner Gemeinden nicht geteilt werden darf,
2. die Festlegung der Zentralen Orte, Vorgaben für deren Sicherung und, soweit erforderlich, deren weiterer Entwicklung hinsichtlich ihrer zentralörtlichen Aufgaben sowie Vorgaben für die Bestimmung der Zentralen Orte der Grundversorgung; Art. 21 Abs. 2 Nr. 1 bleibt unberührt,
3. die Gebiete, die hinsichtlich ihrer Problemlage, ihres Ordnungsbedarfs und ihrer angestrebten Entwicklung einheitlich zu behandeln sind (Gebietskategorien), sowie die entsprechend ihrer jeweiligen Eigenart erforderlichen übergeordneten Festlegungen und
4. landesweit raumbedeutsame Festlegungen, insbesondere zur Siedlungsstruktur, zum Verkehr, zur Wirtschaft (mit Land- und Forstwirtschaft), zur Energieversorgung, zum Sozialwesen, zur Gesundheit, Bildung, Kultur sowie zur Freiraumsicherung, sofern nicht die jeweiligen Belange fachrechtlich hinreichend gesichert sind.

**Art. 20 Ausarbeitung und Aufstellung des Landesentwicklungsprogramms.** (1) [1]Das Landesentwicklungsprogramm wird von der obersten Landesplanungsbehörde im Benehmen mit den übrigen Staatsministerien ausgearbeitet. [2]Der Landesplanungsbeirat ist anzuhören.

(2) Die im Landesentwicklungsprogramm enthaltenen Festlegungen werden von der Staatsregierung mit Zustimmung des Landtags als Rechtsverordnung beschlossen.

**Art. 21 Inhalt der Regionalpläne.** (1) [1]Regionalpläne sind aus dem Landesentwicklungsprogramm zu entwickeln. [2]Sie legen unter Beachtung der im Landesentwicklungsprogramm festgelegten Ziele der Raumordnung die anzustrebende räumliche Ordnung und Entwicklung einer Region fest.

(2) Regionalpläne enthalten
1. die Festlegung der Zentralen Orte der Grundversorgung sowie Vorgaben für deren Sicherung und, soweit erforderlich, deren weiterer Entwicklung hinsichtlich ihrer zentralörtlichen Aufgaben,
2. Festlegungen zu den Gebietskategorien und
3. regionsweit raumbedeutsame Festlegungen, insbesondere zur Siedlungsstruktur, zum Verkehr, zur Wirtschaft (mit Land- und Forstwirtschaft), zur

Energieversorgung, zum Sozialwesen, zur Gesundheit, Bildung, Kultur sowie zur Freiraumsicherung, sofern nicht die jeweiligen Belange fachrechtlich hinreichend gesichert sind.

**Art. 22 Ausarbeitung und Aufstellung der Regionalpläne.** (1) [1]Regionalpläne werden von den zuständigen Regionalen Planungsverbänden im Benehmen mit den öffentlichen Stellen, deren Aufgaben berührt werden, ausgearbeitet und von den Regionalen Planungsverbänden beschlossen. [2]Die in den Regionalplänen enthaltenen Festlegungen werden als Rechtsverordnung beschlossen und auf Antrag des Regionalen Planungsverbands durch die zuständige höhere Landesplanungsbehörde für verbindlich erklärt. [3]Die Veröffentlichung der Rechtsverordnung erfolgt durch Auslegung bei der zuständigen höheren Landesplanungsbehörde; hierauf ist in deren Amtsblatt hinzuweisen. [4]Erstreckt sich die Region auch auf andere Regierungsbezirke, erfolgen die Auslegung und der Hinweis im Amtsblatt auch bei den dortigen höheren Landesplanungsbehörden.

(2) [1]Bei der Verbindlicherklärung stimmt sich die höhere Landesplanungsbehörde mit den berührten Fachbehörden der entsprechenden Verwaltungsstufe oder, sofern diese nicht vorhanden ist, der nächsthöheren Verwaltungsstufe ab. [2]Art. 95 Abs. 2 der Landkreisordnung gilt entsprechend. [3]Von der Verbindlicherklärung können einzelne in einem beschlossenen Regionalplan enthaltene Festlegungen ausgenommen werden, soweit die Voraussetzungen für die Ablehnung eines nach Abs. 1 Satz 2 gestellten Antrags vorliegen und die ausgenommenen Festlegungen die angestrebte räumliche Ordnung und Entwicklung der Region im Übrigen nicht oder nur unwesentlich berühren. [4]Die höhere Landesplanungsbehörde kann geringfügige oder dringende Änderungen der Festlegungen selbst vornehmen, soweit die Voraussetzungen für die Ablehnung eines nach Abs. 1 Satz 2 gestellten Antrags vorliegen; Art. 14 bis 18 gelten entsprechend.

(3) [1]Über den Antrag nach Abs. 1 Satz 2 ist grundsätzlich innerhalb einer Frist von drei Monaten, bei umfangreichen Fortschreibungen innerhalb von sechs Monaten zu entscheiden. [2]Die Frist beginnt mit der Einreichung der erforderlichen Unterlagen.

**Art. 23 Planerhaltung.** (1) Eine Verletzung von Verfahrens- oder Formvorschriften dieses Gesetzes ist für die Rechtswirksamkeit eines Raumordnungsplans nur beachtlich, wenn

1. die Vorschriften des Art. 16 über das Beteiligungsverfahren verletzt worden sind; dabei ist unbeachtlich, wenn einzelne Personen oder öffentliche Stellen nicht beteiligt worden sind oder eine grenzüberschreitende Beteiligung fehlerhaft erfolgt ist, die entsprechenden Belange jedoch unerheblich waren oder in der Entscheidung berücksichtigt worden sind;
2. die Vorschriften des Art. 14 Abs. 4 über die Begründung des Raumordnungsplans sowie seiner Entwürfe verletzt worden sind; dabei ist unbeachtlich, wenn die Begründung unvollständig ist; oder
3. der mit der Veröffentlichung verfolgte Hinweiszweck nicht erreicht wurde.

(2) Für die Rechtswirksamkeit der Regionalpläne ist unbeachtlich, wenn
1. Art. 21 Abs. 1 Satz 1 hinsichtlich des Entwickelns des Regionalplans aus dem Landesentwicklungsprogramm verletzt worden ist, ohne dass hierbei die sich aus dem Landesentwicklungsprogramm ergebende geordnete räumliche Entwicklung beeinträchtigt worden ist, oder
2. diese aus Festlegungen im Landesentwicklungsprogramm entwickelt worden sind, die wegen Verletzung von Verfahrens- oder Formvorschriften nach Veröffentlichung des Regionalplans für unwirksam erklärt werden.

(3) ¹Für die Abwägung nach Art. 17 ist die Sach- und Rechtslage im Zeitpunkt der Beschlussfassung über den Raumordnungsplan maßgebend. ²Mängel im Abwägungsvorgang sind nur erheblich, wenn sie offensichtlich gewesen sind und das Ergebnis der Abwägung beeinflusst haben.

(4) Bei Anwendung des Art. 15 gilt ergänzend zu Abs. 1 bis 3:
1. Ein für die Rechtmäßigkeit des Raumordnungsplans beachtlicher Mangel des Umweltberichts (Art. 15) besteht, wenn der Umweltbericht in wesentlichen Punkten unvollständig ist und diese Punkte nicht Bestandteil der zusammenfassenden Erklärung nach Art. 18 Satz 3 Nr. 1 sind.
2. Unterbleibt nach Art. 15 Abs. 4 die Erstellung des Umweltberichts, gilt die Vorprüfung des Einzelfalls als ordnungsgemäß durchgeführt, wenn die Vorprüfung entsprechend den Vorgaben des Art. 15 Abs. 4 durchgeführt worden ist und ihr Ergebnis nachvollziehbar ist. Dabei ist unbeachtlich, wenn einzelne öffentliche Stellen nicht beteiligt worden sind; andernfalls besteht ein für die Rechtswirksamkeit des Raumordnungsplans beachtlicher Mangel.

(5) ¹Wenn folgende Mängel nicht innerhalb eines Jahres seit Veröffentlichung des Raumordnungsplans unter Darlegung des die Verletzung begründenden Sachverhalts schriftlich oder elektronisch geltend gemacht worden sind, werden sie unbeachtlich:
1. eine nach Abs. 1 Nrn. 1 und 2 beachtliche Verletzung der dort bezeichneten Verfahrens- und Formvorschriften,
2. eine unter Berücksichtigung von Abs. 2 Nr. 1 beachtliche Verletzung des Art. 21 Abs. 1 Satz 1,
3. nach Abs. 3 beachtliche Mängel des Abwägungsvorgangs oder
4. eine nach Abs. 4 beachtliche Verletzung der Vorschriften über die Umweltprüfung.

²Die Mängel sind beim Landesentwicklungsprogramm gegenüber der obersten Landesplanungsbehörde, bei Regionalplänen gegenüber dem Regionalen Planungsverband geltend zu machen. ³In der Veröffentlichung des Raumordnungsplans ist auf die Voraussetzungen für die Geltendmachung der Verletzung von Vorschriften sowie auf die Rechtsfolgen hinzuweisen.

(6) Der Raumordnungsplan kann durch ein ergänzendes Verfahren zur Behebung von Fehlern auch rückwirkend in Kraft gesetzt werden.

(7) Die Verpflichtung der zuständigen höheren Landesplanungsbehörde, im Rahmen der Verbindlicherklärung gemäß Art. 22 Abs. 1 Satz 2 die Einhaltung auch der Vorschriften, deren Verletzung sich nach Abs. 1 bis 6 nicht auswirkt, zu überprüfen, sowie Art. 11 Abs. 1 bleiben unberührt.

# 81 BayLplG

Landesplanungsgesetz

## Teil 5
## Sicherungsinstrumente der Landesplanung

**Art. 24 Gegenstand, Zweck und Erforderlichkeit von Raumordnungsverfahren.** (1) Gegenstand von Raumordnungsverfahren sind Vorhaben von erheblicher überörtlicher Raumbedeutsamkeit.

(2) [1]Vorhaben nach Abs. 1 sind vor der Entscheidung über die Zulässigkeit in einem Raumordnungsverfahren auf ihre Raumverträglichkeit zu überprüfen. [2]Hierbei sind die raumbedeutsamen Auswirkungen des Vorhabens unter überörtlichen Gesichtspunkten, einschließlich der überörtlich raumbedeutsamen Belange des Umweltschutzes, zu prüfen; insbesondere werden die Übereinstimmung mit den Erfordernissen der Raumordnung und die Abstimmung mit anderen raumbedeutsamen Planungen und Maßnahmen geprüft. [3]§ 49 Abs. 1 UVPG findet keine Anwendung. [4]Gegenstand der Prüfung nach Satz 2 sind auch die vom Träger des Vorhabens eingeführten Alternativen. [5]Die nach Art. 25 Abs. 1 Sätze 1 und 2 zuständige Landesplanungsbehörde kann beim Träger des Vorhabens darauf hinwirken, dass ernsthaft in Betracht kommende Alternativen eingeführt werden. [6]Raumordnungsverfahren werden ausschließlich im öffentlichen Interesse durchgeführt.

(3) Von einem Raumordnungsverfahren kann abgesehen werden, wenn das Vorhaben
1. Zielen der Raumordnung offensichtlich entspricht oder widerspricht oder
2. den Festsetzungen eines den Zielen der Raumordnung angepassten Bebauungsplans nach § 30 Abs. 1 oder § 12 des Baugesetzbuchs (BauGB) entspricht oder widerspricht und sich die Zulässigkeit des Vorhabens nicht nach einem Planfeststellungsverfahren oder einem sonstigen Verfahren mit den Rechtswirkungen der Planfeststellung bestimmt.

**Art. 25 Einleitung, Durchführung und Abschluss von Raumordnungsverfahren.** (1) [1]Für die Entscheidung über die Einleitung sowie für die Durchführung des Raumordnungsverfahrens sind die höheren Landesplanungsbehörden zuständig. [2]Die oberste Landesplanungsbehörde kann bei Vorhaben, von denen mehrere höhere Landesplanungsbehörden betroffen werden, eine von ihnen für zuständig erklären; diese entscheidet im Benehmen mit den übrigen betroffenen höheren Landesplanungsbehörden. [3]Bei Vorhaben von öffentlichen Stellen des Bundes, von anderen öffentlichen Stellen, die im Auftrag des Bundes tätig sind, sowie von Personen des Privatrechts nach § 5 Abs. 1 ROG entscheidet die höhere Landesplanungsbehörde im Benehmen mit der zuständigen Stelle oder Person über die Einleitung des Raumordnungsverfahrens.

(2) Über die Notwendigkeit, ein Raumordnungsverfahren durchzuführen, ist innerhalb einer Frist von vier Wochen nach Einreichung der hierfür erforderlichen Unterlagen zu entscheiden.

(3) [1]Die Verfahrensunterlagen haben sich auf die Angaben zu beschränken, die notwendig sind, um die Bewertung der unter überörtlichen Gesichtspunkten

Landesplanungsgesetz **BayLplG 81**

raumbedeutsamen Auswirkungen des Vorhabens zu ermöglichen. [2]Notwendig sind in der Regel folgende Angaben:
1. die Beschreibung des Vorhabens nach Art und Umfang, Bedarf an Grund und Boden sowie vorgesehenen Folgefunktionen, einschließlich der vom Träger des Vorhabens eingeführten Alternativen unter Angabe der wesentlichen Auswahlgründe, und
2. die Beschreibung der entsprechend dem Planungsstand zu erwartenden erheblichen Auswirkungen des Vorhabens, insbesondere auf die Wirtschafts-, Siedlungs- und Infrastruktur sowie auf die Umwelt, und der Maßnahmen zur Vermeidung, Verminderung oder zum Ausgleich erheblicher Umweltbeeinträchtigungen sowie der Ersatzmaßnahmen bei nicht ausgleichbaren Eingriffen in Natur und Landschaft.

[3]Bei Vorhaben der Verteidigung entscheidet das hierfür zuständige Bundesministerium oder die von ihm bestimmte Stelle, bei Vorhaben des Zivilschutzes die zuständige Stelle über Art und Umfang der Angaben für das Vorhaben.

(4) [1]Im Raumordnungsverfahren sind zu beteiligen:
1. die öffentlichen Stellen und sonstigen Planungsträger, die von dem Vorhaben berührt sind,
2. die nach Naturschutzrecht im Freistaat Bayern anerkannten Vereine, soweit sie in ihrem satzungsgemäßen Aufgabenbereich berührt sind,
3. die betroffenen Wirtschafts- (mit Land- und Forstwirtschafts-) und Sozialverbände,
4. die benachbarten Länder, soweit sich das Vorhaben im dortigen Gebiet auswirken kann,
5. die Nachbarstaaten nach den Grundsätzen der Gegenseitigkeit und Gleichwertigkeit, sofern das Vorhaben erhebliche Auswirkungen auf sie haben kann, und
6. die Öffentlichkeit.

[2]Rechtsansprüche werden durch die Beteiligung nicht begründet. [3]Bei Vorhaben der Verteidigung oder des Zivilschutzes können die in Abs. 3 Satz 3 genannten Stellen die Beteiligung der Öffentlichkeit nach Satz 1 Nr. 6 einschränken oder ausschließen.

(5) [1]Im Rahmen der Beteiligung werden die Verfahrensunterlagen für einen angemessenen Zeitraum von höchstens einem Monat
1. von den Gemeinden, in denen sich das Vorhaben voraussichtlich auswirkt, zwei Wochen nach Zugang zur Einsicht ausgelegt und
2. von der höheren Landesplanungsbehörde in das Internet eingestellt.

[2]Ort und Zeit der Auslegung sowie die einschlägige Internetadresse sind von den Gemeinden vorher ortsüblich bekannt zu machen; die nach Abs. 4 Satz 1 Nr. 1 bis 5 zu Beteiligenden erhalten von der höheren Landesplanungsbehörde eine gesonderte Mitteilung. [3]In der Bekanntmachung, im Internet sowie in der gesonderten Mitteilung ist jeweils darauf hinzuweisen, dass sowie gegenüber welcher Stelle und innerhalb welcher Frist Gelegenheit zur schriftlichen oder elektronischen Äußerung besteht. [4]Die Gemeinden leiten die bei ihnen vorge-

brachten Äußerungen nach Ablauf der Äußerungsfrist unverzüglich der höheren Landesplanungsbehörde zu; sie können dazu eine eigene Stellungnahme abgeben.

(6) [1]Das Raumordnungsverfahren ist nach Vorliegen der vollständigen Verfahrensunterlagen innerhalb einer Frist von höchstens sechs Monaten mit einer landesplanerischen Beurteilung abzuschließen. [2]Die Öffentlichkeit ist von der landesplanerischen Beurteilung durch ortsübliche Bekanntmachung und durch Einstellung in das Internet zu unterrichten.

**Art. 26 Vereinfachtes Raumordnungsverfahren.** [1]Vorhaben nach Art. 24 Abs. 1 können in einem vereinfachten Raumordnungsverfahren auf ihre Raumverträglichkeit überprüft werden, wenn bereits ein Bauleitplan- oder Zulassungsverfahren für das Vorhaben eingeleitet ist. [2]Die Beteiligung nach Art. 25 Abs. 4 erfolgt, indem die für das Raumordnungsverfahren erheblichen Stellungnahmen sowie Äußerungen der Öffentlichkeit, die in dem Bauleitplan- oder Zulassungsverfahren abgegeben werden, herangezogen werden.

**Art. 27 Landesplanerische Stellungnahme.** Wird kein Raumordnungsverfahren durchgeführt, werden in Bauleitplan- und Zulassungsverfahren landesplanerische Stellungnahmen von der höheren Landesplanungsbehörde abgegeben.

**Art. 28 Untersagung raumordnungswidriger Planungen und Maßnahmen.** (1) Die oberste Landesplanungsbehörde kann raumbedeutsame Planungen und Maßnahmen sowie die Entscheidung über deren Zulässigkeit gegenüber den in Art. 3 genannten öffentlichen Stellen unbefristet untersagen, wenn Ziele der Raumordnung entgegenstehen.

(2) Die oberste Landesplanungsbehörde kann raumbedeutsame Planungen und Maßnahmen sowie die Entscheidung über deren Zulässigkeit gegenüber den in Art. 3 genannten öffentlichen Stellen befristet untersagen, wenn sich ein oder mehrere Ziele der Raumordnung in Aufstellung befinden und wenn zu befürchten ist, dass die Planung oder Maßnahme die Verwirklichung der vorgesehenen Ziele der Raumordnung unmöglich machen oder wesentlich erschweren würde.

(3) [1]Die Untersagung erfolgt im Einvernehmen mit den beteiligten Staatsministerien. [2]Äußert sich ein beteiligtes Staatsministerium nicht innerhalb eines Monats nach Zugang des Bescheidentwurfs, gilt das Einvernehmen als erteilt.

(4) Die Untersagung erfolgt von Amts wegen oder auf Antrag eines Planungsträgers, dessen Aufgaben durch die zu untersagende Planung oder Maßnahme berührt werden.

(5) Der Träger der zu untersagenden Planung oder Maßnahme ist zu hören.

(6) [1]Die Dauer der Untersagung nach Abs. 2 beträgt bis zu zwei Jahre. [2]Die Untersagung kann um ein weiteres Jahr verlängert werden.

(7) Anfechtungsklagen gegen eine Untersagung haben keine aufschiebende Wirkung.

(8) ¹Muss der Träger der untersagten Planung oder Maßnahme auf Grund der Untersagung einen Dritten entschädigen, so ersetzt ihm der Freistaat Bayern die hierdurch entstehenden notwendigen Aufwendungen. ²Die Ersatzleistung ist ausgeschlossen, wenn die Untersagung von dem Planungsträger verschuldet ist oder aus Anlass der Untersagung aus anderen Rechtsgründen Entschädigungsansprüche bestehen.

**Art. 29 Raumordnerische Zusammenarbeit.** ¹Zur Entwicklung, Ordnung und Sicherung des Raums sollen die Träger der Landes- und Regionalplanung mit den maßgeblichen öffentlichen Stellen und Personen des Privatrechts zusammenarbeiten oder auf die Zusammenarbeit dieser Stellen und Personen hinwirken. ²Die Zusammenarbeit nach Satz 1 kann innerhalb eines Teilraums, zwischen Teilräumen sowie grenzüberschreitend erfolgen. ³Formen der Zusammenarbeit können insbesondere sein:
1. Vertragliche Vereinbarungen und
2. Maßnahmen zur eigenständigen Entwicklung von Teilräumen wie regionale Entwicklungskonzepte sowie regionale und interkommunale Netzwerke und Kooperationsstrukturen.

Teil 6
# Sonstige Vorschriften

**Art. 30 Mitteilungs- und Auskunftspflicht.** (1) ¹Die Staatsministerien teilen die von ihnen beabsichtigten oder im Rahmen ihrer Zuständigkeit zu ihrer Kenntnis gelangenden raumbedeutsamen Planungen und Maßnahmen unverzüglich der obersten Landesplanungsbehörde mit. ²Die sonstigen öffentlichen Stellen des Freistaates Bayern und die Personen des Privatrechts nach Art. 3 Abs. 1 Satz 2 sind zu entsprechender unverzüglicher Mitteilung gegenüber den höheren Landesplanungsbehörden verpflichtet.

(2) Die sonstigen privaten Planungsträger sind verpflichtet, den Landesplanungsbehörden auf Verlangen Auskunft über raumbedeutsame Planungen und Maßnahmen zu erteilen.

(3) ¹Die Landesplanungsbehörden unterrichten die öffentlichen Stellen und privaten Planungsträger über die sie betreffenden Erfordernisse der Raumordnung. ²Die höheren Landesplanungsbehörden teilen den Regionalen Planungsverbänden die raumbedeutsamen Planungen und Maßnahmen in der Region mit.

**Art. 31 Raumbeobachtung.** Die Landesplanungsbehörden erfassen, verwerten und überwachen fortlaufend die raumbedeutsamen Tatbestände und Entwicklungen.

# 81 BayLplG
Landesplanungsgesetz

**Art. 32 Unterrichtung des Landtags.** Die Staatsregierung berichtet dem Landtag jeweils zur Mitte der Wahlperiode über wesentliche raumbedeutsame Entwicklungen im Freistaat Bayern.

**Art. 33 Anpassungsgebot, Ersatzleistung an die Gemeinden.** (1) Die oberste Landesplanungsbehörde kann im Einvernehmen mit den beteiligten Staatsministerien verlangen, dass die Gemeinden ihre rechtswirksamen Bauleitpläne den Zielen der Raumordnung anpassen.

(2) Muss eine Gemeinde einen Dritten gemäß §§ 39 bis 44 BauGB entschädigen, weil sie einen rechtsverbindlichen Bebauungsplan auf Grund der Ziele der Raumordnung geändert oder aufgehoben hat, so ist ihr vom Freistaat Bayern Ersatz zu leisten.

(3) Ein Anspruch auf Ersatzleistung ist ausgeschlossen, wenn die Gemeinde die höhere Landesplanungsbehörde nicht rechtzeitig von dem Entwurf des angepassten Bebauungsplans unterrichtet hat oder soweit die Gemeinde von einem durch die Maßnahme Begünstigten Ersatz verlangen kann.

**Art. 34 Verwaltungskosten.** [1]Für Amtshandlungen auf Grund dieses Gesetzes werden keine Verwaltungskosten erhoben. [2]Abweichend von Satz 1 erhebt die oberste Landesplanungsbehörde bei Zielabweichungsverfahren (Art. 4) vom Antragsteller die notwendigen Kosten für Gutachten als Auslagen.

Teil 7
## Schlussbestimmungen

**Art. 35 Unanwendbarkeit des Raumordnungsgesetzes.** Das Raumordnungsgesetz findet im sachlichen Anwendungsbereich dieses Gesetzes keine Anwendung.

**Art. 36 Übergangsbestimmungen.** [1]Art. 23 Abs. 1 bis 4 sind auf Raumordnungspläne entsprechend anzuwenden, die auf der Grundlage des vor dem in Art. 37 genannten Zeitpunkt geltenden Rechts aufgestellt worden sind. [2]Unbeschadet des Satzes 1 sind Fehler, die auf der Grundlage des Art. 20 des Bayerischen Landesplanungsgesetzes in der am 30. Juni 2012 geltenden Fassung unbeachtlich sind oder durch Fristablauf unbeachtlich geworden sind, auch weiterhin für die Rechtswirksamkeit dieser Raumordnungspläne unbeachtlich. [3]In der 18. Wahlperiode ist der Bericht abweichend von Art. 32 im Jahr 2019 nach Maßgabe der zu Beginn dieser Wahlperiode geltenden Fassung dieses Gesetzes vorzulegen.

**Art. 37 Inkrafttreten.** Dieses Gesetz tritt am 1. Juli 2012 in Kraft.

## Anlage 1
(zu Art. 15 Abs. 2 Satz 2)

Der Umweltbericht nach Art. 15 besteht aus
1. einer Einleitung mit folgenden Angaben:
   a) Kurzdarstellung des Inhalts und der wichtigsten Ziele des Raumordnungsplans,
   b) Darstellung der in den einschlägigen Gesetzen und Plänen festgelegten Ziele des Umweltschutzes, die für den Raumordnungsplan von Bedeutung sind, und der Art, wie diese Ziele und die Umweltbelange bei der Aufstellung berücksichtigt wurden;
2. einer Beschreibung und Bewertung der Umweltauswirkungen, die nach Art. 15 Abs. 2 ermittelt wurden, mit Angaben der
   a) Bestandsaufnahme der einschlägigen Aspekte des derzeitigen Umweltzustands, einschließlich der Umweltmerkmale der Gebiete, die voraussichtlich erheblich beeinflusst werden, einschließlich der Gebiete von gemeinschaftlicher Bedeutung und der Europäischen Vogelschutzgebiete im Sinn des Bundesnaturschutzgesetzes (BNatSchG),
   b) Prognose über die Entwicklung des Umweltzustands bei Durchführung der Planung und bei Nichtdurchführung der Planung,
   c) geplanten Maßnahmen zur Vermeidung, Verringerung und zum Ausgleich der nachteiligen Auswirkungen und
   d) anderweitigen Planungsmöglichkeiten, wobei die Ziele und der räumliche Geltungsbereich des Raumordnungsplans zu berücksichtigen sind;
3. folgenden zusätzlichen Angaben:
   a) Beschreibung der wichtigsten Merkmale der verwendeten technischen Verfahren bei der Umweltprüfung sowie Hinweise auf Schwierigkeiten, die bei der Zusammenstellung der Angaben aufgetreten sind, zum Beispiel technische Lücken oder fehlende Kenntnisse,
   b) Beschreibung der geplanten Maßnahmen zur Überwachung der erheblichen Auswirkungen der Durchführung des Raumordnungsplans auf die Umwelt und
   c) allgemein verständliche Zusammenfassung der erforderlichen Angaben nach dieser Anlage.

## Anlage 2
(zu Art. 15 Abs. 4 Satz 1)

Nachstehende Kriterien sind anzuwenden, soweit auf Anlage 2 Bezug genommen wird:
1. Merkmale des Raumordnungsplans, insbesondere in Bezug auf
   a) das Ausmaß, in dem der Raumordnungsplan einen Rahmen im Sinn des § 35 Abs. 3 UVPG setzt;

## 81 BayLplG  Landesplanungsgesetz

   b) das Ausmaß, in dem der Raumordnungsplan andere Pläne und Programme beeinflusst;
   c) die Bedeutung des Raumordnungsplans für die Einbeziehung umweltbezogener, einschließlich gesundheitsbezogener Erwägungen, insbesondere im Hinblick auf die Förderung der nachhaltigen Entwicklung;
   d) die für den Raumordnungsplan relevanten umweltbezogenen, einschließlich gesundheitsbezogener Probleme;
   e) die Bedeutung des Raumordnungsplans für die Durchführung nationaler und europäischer Umweltvorschriften.
2. Merkmale der möglichen Auswirkungen und der voraussichtlich betroffenen Gebiete, insbesondere in Bezug auf
   a) die Wahrscheinlichkeit, Dauer, Häufigkeit und Umkehrbarkeit der Auswirkungen;
   b) den kumulativen und grenzüberschreitenden Charakter der Auswirkungen;
   c) die Risiken für die Umwelt, einschließlich der menschlichen Gesundheit (z.B. bei Unfällen);
   d) den Umfang und die räumliche Ausdehnung der Auswirkungen;
   e) die Bedeutung und die Sensibilität des voraussichtlich betroffenen Gebiets auf Grund der besonderen natürlichen Merkmale, des kulturellen Erbes, der Intensität der Bodennutzung des Gebiets jeweils unter Berücksichtigung der Überschreitung von Umweltqualitätsnormen und Grenzwerten;
   f) folgende Gebiete:
      aa) Natura 2000-Gebiete nach § 7 Abs. 1 Nr. 8 BNatSchG,
      bb) Naturschutzgebiete gemäß § 23 BNatSchG, soweit nicht bereits von Doppelbuchst. aa erfasst,
      cc) Nationalparke gemäß § 24 BNatSchG, soweit nicht bereits von Doppelbuchst. aa erfasst,
      dd) Biosphärenreservate und Landschaftsschutzgebiete gemäß §§ 25 und 26 BNatSchG,
      ee) gesetzlich geschützte Biotope gemäß § 30 BNatSchG und Art. 23 Abs. 1 des Bayerischen Naturschutzgesetzes,
      ff) Wasserschutzgebiete gemäß § 51 des Wasserhaushaltsgesetzes (WHG), Heilquellenschutzgebiete gemäß § 53 Abs. 4 WHG sowie Überschwemmungsgebiete gemäß § 76 WHG und vorläufig gesicherte Überschwemmungsgebiete nach Art. 47 des Bayerischen Wassergesetzes,
      gg) Bannwald gemäß Art. 11 Abs. 1 des Waldgesetzes für Bayern (BayWaldG),
      hh) Naturwaldreservate gemäß Art. 12a BayWaldG,
      ii) Gebiete, in denen die in den Gemeinschaftsvorschriften festgelegten Umweltqualitätsnormen bereits überschritten sind,
      kk) Gebiete mit hoher Bevölkerungsdichte, insbesondere Zentrale Orte im Sinn des Art. 6 Abs. 2 Nr. 2 Satz 6,

Landesplanungsgesetz **BayLplG 81**

ll) in amtlichen Listen oder Karten verzeichnete Denkmäler, Ensembles, Bodendenkmäler oder Gebiete, die von der durch die Länder bestimmten Denkmalschutzbehörde als archäologisch bedeutende Landschaften eingestuft worden sind,

mm) von der UNESCO erfasstes Weltkultur- und -naturerbe.

# BayStrWG 82

# Bayerisches Straßen- und Wegegesetz (BayStrWG)

(BayRS 91-1-I) in der Fassung der Bekanntmachung
vom 5. Oktober 1981 (GVBl. S. 448),
zuletzt geändert durch Gesetz vom 23. Dezember 2020 (GVBl. S. 683)

## INHALTSÜBERSICHT*

### ERSTER TEIL
### Allgemeine Vorschriften

#### Abschnitt 1
#### Grundsatzvorschriften

- Art. 1 Geltungsbereich
- Art. 2 Bestandteile der Straßen
- Art. 3 Einteilung der Straßen, Verordnungsermächtigung
- Art. 4 Ortsdurchfahrten
- Art. 5 *(aufgehoben)*
- Art. 6 Widmung
- Art. 7 Umstufung
- Art. 8 Einziehung
- Art. 9 Straßenbaulast
- Art. 10 Sicherheitsvorschriften

#### Abschnitt 2
#### Eigentum

- Art. 11 Eigentumsübergang
- Art. 12 Grundbuchberichtigung und Vermessung
- Art. 13 Ausübung des Eigentums am Straßengrund und Erwerbspflicht

#### Abschnitt 3
#### Gemeingebrauch und Sondernutzung

- Art. 14 Gemeingebrauch
- Art. 15 Beschränkungen des Gemeingebrauchs
- Art. 16 Verunreinigung
- Art. 17 Straßenanlieger
- Art. 18 Sondernutzung nach öffentlichem Recht, Verordnungsermächtigung
- Art. 18a Sondernutzung für stationsbasiertes Carsharing
- Art. 18b Unerlaubte Sondernutzung
- Art. 19 Zufahrten
- Art. 20 *(aufgehoben)*
- Art. 21 Vorrang anderer Genehmigungsverfahren
- Art. 22 Sondernutzung nach bürgerlichem Recht
- Art. 22a Abweichende Regelungen

#### Abschnitt 4
#### Anbau an Straßen und Schutzmaßnahmen

- Art. 23 Errichtung baulicher Anlagen
- Art. 24 Errichtung oder Änderung baulicher Anlagen
- Art. 25 *(aufgehoben)*
- Art. 26 Freihaltung von Sichtdreiecken
- Art. 27 Baubeschränkungen für geplante Straßen
- Art. 27a Entschädigung wegen Baubeschränkungen
- Art. 27b Veränderungssperre
- Art. 28 *(aufgehoben)*
- Art. 29 Schutzmaßnahmen
- Art. 30 Bepflanzungen, Straßenbegleitflächen

#### Abschnitt 5
#### Kreuzungen und Umleitungen

- Art. 31 Kreuzungen und Einmündungen öffentlicher Straßen
- Art. 32 Kosten für Kreuzungen öffentlicher Straßen, Verordnungsermächtigung
- Art. 32a Kreuzungen mit Gewässern
- Art. 33 Unterhaltung der Straßenkreuzungen, Verordnungsermächtigung
- Art. 33a Unterhaltung der Kreuzungen mit Gewässern
- Art. 34 Umleitungen

---

\* *Inhaltsübersicht nicht amtlich.*

# 82 BayStrWG — Straßen- und Wegegesetz

### Abschnitt 6
**Planfeststellung und Enteignung**

- Art. 35 Planungen
- Art. 36 Planfeststellung
- Art. 37 Umweltverträglichkeitsprüfung
- Art. 38 Verwaltungsverfahren
- Art. 39 Zuständigkeiten im Planfeststellungsverfahren
- Art. 40 Enteignung

### ZWEITER TEIL
**Träger der Straßenbaulast für Staatsstraßen und Kreisstraßen**

- Art. 41 Träger der Straßenbaulast
- Art. 42 Träger der Straßenbaulast für Ortsdurchfahrten, Verordnungsermächtigung
- Art. 43 *(aufgehoben)*
- Art. 44 Straßenbaulast Dritter
- Art. 45 Unterhaltung von Straßenteilen bei fremder Straßenbaulast

### DRITTER TEIL
**Gemeindestraßen und sonstige öffentliche Straßen**

#### Abschnitt 1
**Gemeindestraßen**

- Art. 46 Einteilung der Gemeindestraßen
- Art. 47 Straßenbaulast für Gemeindestraßen
- Art. 48 Gemeindeaufgaben für Ortsdurchfahrten mit geteilter Straßenbaulast
- Art. 49 Kostenausgleich bei Gemeindeverbindungsstraßen
- Art. 50 *(aufgehoben)*
- Art. 51 Gemeindliche Beleuchtungs-, Reinigungs-, Räum- und Streupflicht, Verordnungsermächtigung
- Art. 52 Straßennamen und Hausnummern

#### Abschnitt 2
**Sonstige öffentliche Straßen**

- Art. 53 Einteilung der sonstigen öffentlichen Straßen
- Art. 54 Straßenbaulast und Eigentum an öffentlichen Feld- und Waldwegen, Verordnungsermächtigung
- Art. 54a Straßenbaulast an beschränktöffentlichen Wegen
- Art. 55 Straßenbaulast für Eigentümerwege
- Art. 56 Gemeinsame Vorschriften für sonstige öffentliche Straßen

#### Abschnitt 3
**Straßen in gemeindefreien Gebieten**

- Art. 57 Straßenbaulast in gemeindefreien Gebieten

### VIERTER TEIL
**Aufsicht und Zuständigkeit**

- Art. 58 Straßenbaubehörden, Verordnungsermächtigung
- Art. 59 Verwaltung der Kreisstraßen, Verordnungsermächtigung
- Art. 60 Fachtechnische Bedienstete
- Art. 61 Straßenaufsichtsbehörden
- Art. 62 Straßenaufsicht
- Art. 62a Behörden nach dem Bundesfernstraßengesetz, Verordnungsermächtigung
- Art. 63 Straßenstatistik
- Art. 64 Technische Vorschriften, Verordnungsermächtigung

### FÜNFTER TEIL
**Ordnungswidrigkeiten**

- Art. 65 *(aufgehoben)*
- Art. 66 Bußgeldvorschriften

### SECHSTER TEIL
**Übergangs- und Schlußvorschriften**

- Art. 67 Straßen- und Bestandsverzeichnis (Übergangsvorschrift zu Art. 3)
- Art. 68 Sondernutzung (Übergangsvorschrift)
- Art. 69 Hoheitliche Wahrnehmung der Dienstaufgaben
- Art. 70 Eigentum an Ortsdurchfahrten der Bundesstraßen
- Art. 71 Übernahme der Aufgaben aus der Straßenbaulast durch die Landkreise oder Bezirke
- Art. 72 Inkrafttreten

# ERSTER TEIL
# Allgemeine Vorschriften

## Abschnitt 1
## Grundsatzvorschriften

**Art. 1 Geltungsbereich.** ¹Dieses Gesetz regelt die Rechtsverhältnisse an den dem öffentlichen Verkehr gewidmeten Straßen, Wegen und Plätzen (öffentliche Straßen) mit Ausnahme der Bundesfernstraßen. ²Für diese gilt das Gesetz nur, soweit das ausdrücklich bestimmt ist.

**Art. 2 Bestandteile der Straßen.** Zu den Straßen gehören
1. der Straßenkörper;
   das sind insbesondere
   a) der Straßengrund, der Straßenunterbau, die Fahrbahndecke, die Brücken, Tunnels, Durchlässe, Dämme, Gräben, Entwässerungsanlagen, Böschungen, Stützmauern und Lärmschutzanlagen,
   b) die Fahrbahnen (Richtungsfahrbahnen), die Trenn-, Seiten-, Rand- und Sicherheitsstreifen und die Omnibushaltebuchten, ferner die Gehwege und Radwege, soweit sie mit einer Fahrbahn in Zusammenhang stehen und mit dieser gleichlaufen (unselbständige Gehwege und Radwege),
2. der Luftraum über dem Straßenkörper,
3. das Zubehör;
   das sind die Verkehrszeichen, die Verkehrseinrichtungen und die Verkehrsanlagen aller Art, die der Sicherheit oder Leichtigkeit des Straßenverkehrs oder dem Schutz der Anlieger dienen, und die Bepflanzung,
4. die Nebenanlagen;
   das sind solche Anlagen, die überwiegend den Aufgaben der Straßenbauverwaltung dienen, z.B. Straßenmeistereien, Gerätehöfe, Lager, Lagerplätze, Ablagerungs- und Entnahmestellen, Hilfsbetriebe und -einrichtungen.

**Art. 3 Einteilung der Straßen, Verordnungsermächtigung.** (1) Die Straßen werden nach ihrer Verkehrsbedeutung in folgende Klassen eingeteilt:
1. Staatsstraßen;
   das sind Straßen, die innerhalb des Staatsgebiets zusammen mit den Bundesfernstraßen ein Verkehrsnetz bilden und dem Durchgangsverkehr zu dienen bestimmt sind.
2. Kreisstraßen;
   das sind Straßen, die dem überörtlichen Verkehr innerhalb eines Landkreises, dem Verkehr zwischen benachbarten Landkreisen und kreisfreien Gemeinden oder dem erforderlichen Anschluß von Gemeinden an das überörtliche Verkehrsnetz dienen oder zu dienen bestimmt sind; sie sollen mindestens an einem Ende an eine Bundesfernstraße, Staatsstraße oder andere Kreisstraße anschließen.
3. Gemeindeverbindungsstraßen, Ortsstraßen (Gemeindestraßen nach Art. 46).

4. Öffentliche Feld- und Waldwege, beschränkt-öffentliche Wege, Eigentümerwege (sonstige öffentliche Straßen nach Art. 53).

(2) ¹Für die Staatsstraßen und die Kreisstraßen werden Straßenverzeichnisse, für die Gemeindestraßen und die sonstigen öffentlichen Straßen Bestandsverzeichnisse geführt. ²In die Verzeichnisse sind alle Straßen gemäß ihrer Straßenklasse aufzunehmen. ³Die Straßenverzeichnisse werden von der obersten Straßenbaubehörde, die Bestandsverzeichnisse von den Straßenbaubehörden geführt. ⁴Das Nähere über den Inhalt und die Führung der Verzeichnisse wird durch Rechtsverordnung des Staatsministeriums für Wohnen, Bau und Verkehr (Staatsministerium) geregelt.

**Art. 4 Ortsdurchfahrten.** (1) ¹Eine Ortsdurchfahrt ist der Teil einer Staatsstraße oder Kreisstraße, der innerhalb der geschlossenen Ortslage liegt und auch zur Erschließung der anliegenden Grundstücke bestimmt ist oder der mehrfachen Verknüpfung des Ortsstraßennetzes dient. ²Geschlossene Ortslage ist der Teil des Gemeindegebiets, der in geschlossener oder offener Bauweise zusammenhängend bebaut ist. ³Einzelne unbebaute Grundstücke, zur Bebauung ungeeignetes oder ihr entzogenes Gelände oder einseitige Bebauung unterbrechen den Zusammenhang nicht.

(2) ¹Die Regierung setzt nach Anhörung der Gemeinde und des Trägers der Straßenbaulast die Grenzen der Ortsdurchfahrt fest. ²Sie kann dabei zugunsten der Gemeinde von den Vorschriften des Abs. 1 abweichen, wenn die Länge der Ortsdurchfahrt wegen der Art der Bebauung in einem offensichtlichen Mißverhältnis zur Einwohnerzahl der Gemeinde steht.

**Art. 5** *(aufgehoben)*

**Art. 6 Widmung.** (1) Widmung ist die Verfügung, durch die eine Straße die Eigenschaft einer öffentlichen Straße erhält.

(2) ¹Die Widmung wird von der Straßenbaubehörde, für Staatsstraßen von der obersten Straßenbaubehörde verfügt; ist die Straßenbaulast geteilt, so widmet die für die Fahrbahn zuständige Straßenbaubehörde. ²Ist die widmende Straßenbaubehörde nicht Organ des Trägers der Straßenbaulast, so ist zur Widmung dessen Zustimmung erforderlich. ³Beschränkungen der Widmung auf bestimmte Benutzungsarten sind in der Verfügung festzulegen und vom Träger der Straßenbaulast kenntlich zu machen.

(3) Die Widmung setzt voraus, daß der Träger der Straßenbaulast das dingliche Recht hat, über das der Straße dienende Grundstück zu verfügen, oder daß der Eigentümer und ein sonst zur Nutzung dinglich Berechtigter der Widmung zugestimmt haben, oder daß der Träger der Straßenbaulast den Besitz des der Straße dienenden Grundstücks durch Vertrag, durch Einweisung oder in einem sonstigen gesetzlich geregelten Verfahren erlangt hat.

(4) Die Widmung von Kreisstraßen ist der das Straßenverzeichnis führenden Behörde mitzuteilen.

(5) Durch bürgerlich-rechtliche Verfügungen oder durch Verfügungen im Weg der Zwangsvollstreckung oder der Enteignung über die der Straße dienenden Grundstücke oder Rechte an ihnen wird die Widmung nicht berührt.

(6) ¹Bei Straßen, deren Bau in einem Planfeststellungsverfahren geregelt wird, kann die Widmung in diesem Verfahren mit der Maßgabe verfügt werden, daß sie mit der Verkehrsübergabe wirksam wird, wenn die Voraussetzungen des Abs. 3 in diesem Zeitpunkt vorliegen. ²Der Träger der Straßenbaulast hat den Zeitpunkt der Verkehrsübergabe sowie Beschränkungen der Widmung öffentlich bekanntzumachen und bei Kreisstraßen der das Straßenverzeichnis führenden Behörde mitzuteilen. ³Eine Bekanntmachung ist entbehrlich, wenn die zur Widmung vorgesehenen Straßen in den im Planfeststellungsverfahren ausgelegten Plänen als solche kenntlich gemacht worden sind.

(7) ¹Bei Straßen, deren Bau in einem Bebauungsplan geregelt wird und für die die Gemeinde Träger der Straßenbaulast ist, kann die Widmung in diesem Verfahren mit der Maßgabe verfügt werden, dass sie mit der Verkehrsübergabe wirksam wird, wenn die Voraussetzungen des Abs. 3 in diesem Zeitpunkt vorliegen. ²Abs. 6 Satz 2 und 3 gelten entsprechend.

(8) Wird eine Straße verbreitert, begradigt, unerheblich verlegt oder ergänzt, so gilt der neue Straßenteil durch die Verkehrsübergabe als gewidmet, sofern die Voraussetzungen des Abs. 3 vorliegen.

**Art. 7 Umstufung.** (1) ¹Hat sich die Verkehrsbedeutung einer Straße geändert, so ist sie in die entsprechende Straßenklasse (Art. 3) umzustufen (Aufstufung, Abstufung). ²Das gleiche gilt, wenn eine Straße nicht in die ihrer Verkehrsbedeutung entsprechende Straßenklasse eingeordnet ist oder überwiegende Gründe des öffentlichen Wohls für die Umstufung vorliegen.

(2) ¹Die Aufstufung zur Staatsstraße und die Abstufung einer Staatsstraße verfügt die oberste Straßenbaubehörde. ²Sind sich bei anderen Straßen die beteiligten Träger der Straßenbaulast über die Umstufung einer Straße einig und erhebt die für die künftige Straßenklasse zuständige Straßenaufsichtsbehörde binnen zwei Monaten nach Anzeige keine Erinnerung, so verfügt die für die künftige Straßenklasse zuständige Straßenbaubehörde die Umstufung. ³Ist die Straßenbaulast geteilt, so stuft die für die Fahrbahn künftig zuständige Straßenbaubehörde um. ⁴Kommt keine Einigung zustande, so entscheidet über die Umstufung die für die beteiligte höhere Straßenklasse zuständige Straßenaufsichtsbehörde.

(3) Die Umstufung von Kreisstraßen ist der das Straßenverzeichnis führenden Behörde mitzuteilen.

(4) Die Umstufung soll nur zum Ende eines Haushaltsjahres ausgesprochen und drei Monate vorher angekündigt werden.

(5) ¹Art. 6 Abs. 6 und 7 gelten entsprechend. ²Die Umstufung wird mit der Ingebrauchnahme für den neuen Verkehrszweck wirksam.

(6) Wird im Zusammenhang mit einer Maßnahme nach Art. 6 Abs. 8 ein Teil der Straße oder ein Teil einer anderen Straße in diese einbezogen, so gilt diese mit dem Zeitpunkt der Inbetriebnahme für den neuen Verkehrszweck als umgestuft.

**Art. 8 Einziehung.** (1) [1]Hat eine Straße jede Verkehrsbedeutung verloren oder liegen überwiegende Gründe des öffentlichen Wohls vor, so ist sie durch Verfügung der Straßenbaubehörde, eine Staatsstraße durch Verfügung der obersten Straßenbaubehörde, einzuziehen; ist die Straßenbaulast geteilt, so zieht die für die Fahrbahn zuständige Straßenbaubehörde nach Anhörung der Gemeinde ein. [2]Die Teileinziehung einer Straße kann angeordnet werden, wenn überwiegende Gründe des öffentlichen Wohls für eine nachträgliche Beschränkung der Widmung auf bestimmte Benutzungsarten, -zwecke und -zeiten vorliegen.

(2) [1]Die Absicht der Einziehung ist drei Monate vorher in den Gemeinden, die von der Straße berührt werden, ortsüblich bekanntzumachen. [2]Die Bekanntmachung kann unterbleiben, wenn Teile einer Straße im Zusammenhang mit unwesentlichen Änderungen eingezogen werden sollen.

(3) Die Einziehung von Kreisstraßen ist der das Straßenverzeichnis führenden Behörde mitzuteilen.

(4) Mit der Einziehung einer Straße entfallen Gemeingebrauch (Art. 14) und widerrufliche Sondernutzungen (Art. 18 ff.).

(5) [1]Art. 6 Abs. 6 und 7 gelten entsprechend. [2]Die Einziehung wird mit der Sperrung wirksam.

(6) [1]Wird eine Straße begradigt, unerheblich verlegt oder in sonstiger Weise den verkehrlichen Bedürfnissen angepaßt und wird damit ein Teil der Straße dem Verkehr auf Dauer entzogen, so gilt dieser Teil mit der Sperrung als eingezogen. [2]Einer Ankündigung bedarf es nicht.

**Art. 9 Straßenbaulast.** (1) [1]Die Straßenbaulast umfaßt alle mit dem Bau und der Unterhaltung der Straße zusammenhängenden Aufgaben. [2]Die Träger der Straßenbaulast haben nach ihrer Leistungsfähigkeit die Straßen in einem dem gewöhnlichen Verkehrsbedürfnis und den Erfordernissen der öffentlichen Sicherheit und Ordnung genügenden Zustand zu bauen und zu unterhalten. [3]Soweit sie hierzu unter Berücksichtigung ihrer Leistungsfähigkeit außerstande sind, haben sie auf den nicht verkehrssicheren Zustand vorbehaltlich anderweitiger Maßnahmen der Straßenverkehrsbehörden durch Verkehrszeichen hinzuweisen. [4]Beim Bau und bei der Unterhaltung der Straßen sind die Belange der älteren Menschen und Kinder zu berücksichtigen. [5]Die Belange von Menschen mit Behinderung und von Menschen mit sonstigen Mobilitätsbeeinträchtigungen werden berücksichtigt mit dem Ziel, Barrierefreiheit ohne besondere Erschwernis zu ermöglichen, soweit nicht andere überwiegende öffentliche Belange, insbesondere solche der Verkehrssicherheit, entgegenstehen.

(2) [1]Beim Bau und der Unterhaltung der Straßen sind die allgemein anerkannten Regeln der Baukunst und Technik zu beachten. [2]Dabei ist mit Grund und Boden sparsam umzugehen und die Flächeninanspruchnahme in Abwä-

Straßen- und Wegegesetz **BayStrWG 82**

gung insbesondere mit den Notwendigkeiten der Sicherheit und Leichtigkeit des Verkehrs sowie der Schonung von Naturhaushalt und Landschaftsbild so weit wie möglich zu begrenzen.

(3) [1]Zu den Aufgaben nach Abs. 1 gehören nicht das Schneeräumen, das Streuen bei Schnee- oder Eisglätte, die Reinigung und die Beleuchtung. [2]Die Träger der Straßenbaulast sollen jedoch unbeschadet der Verkehrssicherungspflicht oder der Verpflichtung Dritter die Straßen bei Schnee und Eisglätte räumen und streuen.

(4) [1]Wechselt die Straßenbaulast, so hat der bisherige Träger der Straßenbaulast dafür einzustehen, daß er ihr in dem durch die bisherige Straßenklasse gebotenen Umfang genügt, insbesondere den notwendigen Grunderwerb durchgeführt hat. [2]Ist eine abzustufende Straße nicht ordnungsgemäß ausgebaut, so hat er dafür nur insoweit einzustehen, als der Ausbauzustand hinter den Anforderungen der künftigen Straßenklasse zurückbleibt.

**Art. 10 Sicherheitsvorschriften.** (1) Die Straßenbaubehörde trägt die Verantwortung dafür, daß die öffentlich-rechtlichen Vorschriften und die allgemein anerkannten Regeln der Technik eingehalten werden.

(2) [1]Die Straßenbaubehörde kann Prüfingenieure, Prüfämter und Prüfsachverständige in entsprechender Anwendung der auf Grund des Art. 80 Abs. 2 der Bayerischen Bauordnung (BayBO) erlassenen Rechtsverordnungen heranziehen. [2]Art. 62 Abs. 1 Satz 4 BayBO gilt entsprechend.

(3) Abs. 2 gilt auch für Bundesstraßen.

Abschnitt 2
# Eigentum

**Art. 11 Eigentumsübergang.** (1) [1]Mit Inkrafttreten dieses Gesetzes geht das Eigentum an der Straße mit Ausnahme der Nebenanlagen mit den jeweiligen dinglichen Belastungen entschädigungslos auf den Träger der Straßenbaulast über, soweit es bisher bereits Gebietskörperschaften zustand. [2]Das gilt auch für die zugehörigen Verkehrszeichen und Verkehrseinrichtungen. [3]Eine nach Art. 18 Abs. 1 erteilte Erlaubnis zur Sondernutzung bleibt unberührt.

(2) [1]Hat der bisherige Eigentümer die Straße berechtigterweise über den Gemeingebrauch hinaus benutzt (Sondernutzung), so ist der neue Eigentümer verpflichtet, etwaige Anlagen in dem bisherigen Umfang weiterhin zu dulden. [2]Art. 18 Abs. 3 gilt entsprechend.

(3) Verbindlichkeiten, die zur Durchführung früherer Bau- und Unterhaltungsmaßnahmen von dem bisherigen Träger der Straßenbaulast eingegangen wurden, sind vom Übergang ausgeschlossen.

(4) [1]Wechselt der Träger der Straßenbaulast, so gehen mit der Straßenbaulast das Eigentum des bisherigen Trägers der Straßenbaulast an den Straßenbe-

standteilen (Art. 2 Nr. 1 bis 3), den ausschließlich zur Straße gehörenden Nebenanlagen (Art. 2 Nr. 4) und alle Rechte und Pflichten, die mit der Straße im Zusammenhang stehen, ohne Entschädigung auf den neuen Träger der Straßenbaulast über, soweit das Eigentum einer Gebietskörperschaft zustand. ²Abs. 3 gilt entsprechend.

(5) ¹Bei Einziehung einer Straße kann der frühere Eigentümer innerhalb eines Jahres verlangen, daß ihm das Eigentum an Straßengrundstücken mit den in Abs. 1 genannten Belastungen ohne Entschädigung übertragen wird, wenn es vorher nach Abs. 1 oder 4 übergegangen war. ²Die Abs. 2 und 3 gelten entsprechend.

**Art. 12 Grundbuchberichtigung und Vermessung.** (1) ¹Beim Übergang des Eigentums an Straßen nach Art. 11 Abs. 1 und 4 ist der Antrag auf Berichtigung des Grundbuchs von dem neuen Eigentümer zu stellen. ²Das Eigentum wird gegenüber dem Grundbuchamt durch eine mit dem Amtssiegel oder Amtsstempel versehene Bestätigung nachgewiesen, die bei Staats- und Kreisstraßen, soweit sie in die Baulast des Freistaates Bayern, eines Landkreises oder einer kreisfreien Gemeinde fallen, von der Straßenbaubehörde, bei den übrigen Straßen von der Straßenaufsichtsbehörde des neuen Eigentümers erteilt wird.

(2) Der bisherige Träger der Straßenbaulast ist nicht verpflichtet, das übergehende Grundstück vorschriftsmäßig vermessen und vermarken zu lassen.

**Art. 13 Ausübung des Eigentums am Straßengrund und Erwerbspflicht.**
(1) Ist der Träger der Straßenbaulast für eine Straße nicht Eigentümer der Grundstücke, die für die Straße in Anspruch genommen sind, so steht ihm einschließlich der Befugnisse aus Art. 22 (Sondernutzungen nach bürgerlichem Recht) die Ausübung der Rechte und Pflichten des Eigentümers in dem Umfang zu, wie es die Aufrechterhaltung des Gemeingebrauchs erfordert.

(2) ¹Der Träger der Straßenbaulast hat auf Antrag des Eigentümers oder eines sonst dinglich Berechtigten die für die Straße in Anspruch genommenen Grundstücke oder ein dingliches Recht daran binnen einer Frist von fünf Jahren seit Inbesitznahme zu erwerben. ²Kommt eine Einigung nicht zustande oder kann ein dingliches Recht an dem Grundstück durch Rechtsgeschäft nicht übertragen werden, so kann der Eigentümer oder der sonst dinglich Berechtigte die Durchführung des Enteignungsverfahrens beantragen. ³Im übrigen gelten die Vorschriften des Bayerischen Gesetzes über die entschädigungspflichtige Enteignung (BayEG) sinngemäß.

(3) ¹Die Frist nach Abs. 2 ist gehemmt, solange der Berechtigte den Antrag nach Abs. 2 Satz 1 nicht gestellt hat oder die Abwicklung des Grunderwerbs aus anderen Gründen verzögert wird, die der Träger der Straßenbaulast nicht zu vertreten hat. ²Waren bei Inkrafttreten dieses Gesetzes bereits Grundstücke für eine Straße in Anspruch genommen, so beginnt die Frist mit Inkrafttreten dieses Gesetzes zu laufen.

(4) ¹Soweit ein dinglich Berechtigter in dem Verfahren nach Art. 6 Abs. 3 nicht beteiligt ist, hat der Träger der Straßenbaulast das dingliche Recht auf An-

trag abzulösen, sobald der dinglich Berechtigte die Befriedigung aus dem Grundstück beanspruchen kann. ²Abs. 2 Satz 1 und Abs. 3 Satz 1 gelten entsprechend.

(5) Die Abs. 2 und 3 gelten nicht, wenn und solang dem Träger der Straßenbaulast durch eine Dienstbarkeit oder ein sonstiges dingliches Recht die Verfügungsbefugnis nach Art. 6 Abs. 3 bei Inkrafttreten dieses Gesetzes eingeräumt war oder wenn er diese Verfügungsbefugnis nach Art. 67 Abs. 3 und 4 erlangt hat.

## Abschnitt 3
## Gemeingebrauch und Sondernutzung

**Art. 14 Gemeingebrauch.** (1) ¹Die Benutzung der Straßen im Rahmen ihrer Widmung für den Verkehr (Gemeingebrauch) ist jedermann gestattet. ²Es ist kein Gemeingebrauch, wenn jemand die Straße nicht vorwiegend zum Verkehr, sondern zu anderen Zwecken benutzt.

(2) Der Gemeingebrauch ist unentgeltlich und gebührenfrei, soweit nicht durch Gesetz Ausnahmen zugelassen sind.

(3) Auf die Aufrechterhaltung des Gemeingebrauchs besteht kein Rechtsanspruch.

(4) ¹Muß eine Straße wegen der Art des Gebrauchs durch einen anderen aufwendiger hergestellt oder ausgebaut werden, als es dem regelmäßigen Verkehrsbedürfnis entspricht, so hat der andere dem Träger der Straßenbaulast die Mehrkosten für den Bau und die Unterhaltung zu vergüten. ²Das gilt nicht für Haltestellenbuchten für den Linienverkehr. ³Der Träger der Straßenbaulast kann angemessene Vorschüsse oder Sicherheiten verlangen.

**Art. 15 Beschränkungen des Gemeingebrauchs.** ¹Für Straßenbauarbeiten und zur Verhütung außerordentlicher Schäden an der Straße, die durch deren baulichen Zustand bedingt sind, kann die Straßenbaubehörde den Gemeingebrauch vorübergehend beschränken. ²Die Straßenverkehrsbehörde ist hiervon rechtzeitig zu unterrichten. ³Der Träger der Straßenbaulast hat die Beschränkungen kenntlich zu machen.

**Art. 16 Verunreinigung.** Wer eine Straße über das übliche Maß hinaus verunreinigt, hat die Verunreinigung ohne Aufforderung unverzüglich zu beseitigen; andernfalls kann der Träger der Straßenbaulast die Verunreinigung auf Kosten des Verursachers beseitigen.

**Art. 17 Straßenanlieger.** (1) Den Eigentümern oder Besitzern von Grundstücken, die an einer Straße liegen (Straßenanlieger), steht kein Anspruch darauf zu, daß die Straße nicht geändert oder eingezogen wird.

(2) ¹Werden auf Dauer Zufahrten oder Zugänge durch die Änderung oder die Einziehung von Straßen unterbrochen oder wird ihre Benutzung erheblich erschwert, so hat der Träger der Straßenbaulast einen angemessenen Ersatz zu

schaffen oder, soweit dies nicht zumutbar ist, nach den Vorschriften des Bayerischen Gesetzes über die entschädigungspflichtige Enteignung Entschädigung in Geld zu leisten. ²Mehrere Anliegergrundstücke können durch eine gemeinsame Zufahrt angeschlossen werden, deren Unterhaltung (Art. 19 Abs. 5) den Anliegern gemeinsam obliegt. ³Die Verpflichtung nach Satz 1 entsteht nicht, wenn die Grundstücke eine anderweitige ausreichende Verbindung zu dem öffentlichen Wegenetz besitzen oder wenn die Zufahrten auf einer widerruflichen Erlaubnis beruhen.

(3) ¹Werden für längere Zeit Zufahrten oder Zugänge durch Straßenarbeiten unterbrochen oder wird ihre Benutzung erheblich erschwert, ohne daß von Behelfsmaßnahmen eine wesentliche Entlastung ausgeht, und wird dadurch die wirtschaftliche Existenz eines anliegenden Betriebs gefährdet, so kann dessen Inhaber eine Entschädigung in der Höhe des Betrags beanspruchen, der erforderlich ist, um das Fortbestehen des Betriebs bei Anspannung der eigenen Kräfte und unter Berücksichtigung der gegebenen Anpassungsmöglichkeiten zu sichern. ²Der Anspruch richtet sich gegen den, zu dessen Gunsten die Arbeiten im Straßenbereich erfolgen. ³Abs. 2 Satz 3 gilt entsprechend.

(4) Wird durch den Bau oder die Änderung einer Straße der Zutritt von Licht oder Luft zu einem Grundstück auf Dauer entzogen oder erheblich beeinträchtigt, so hat der Träger der Straßenbaulast für dadurch entstehende Vermögensnachteile nach den Vorschriften des Bayerischen Gesetzes über die entschädigungspflichtige Enteignung Entschädigung in Geld zu gewähren.

(5) ¹Soweit es die Sicherheit oder Leichtigkeit des Verkehrs erfordert, kann die Straßenbaubehörde anordnen, daß Zugänge oder Zufahrten geändert oder verlegt oder, wenn das Grundstück eine anderweitige ausreichende Verbindung zu dem öffentlichen Wegenetz besitzt, geschlossen werden. ²Die Befugnis zum Widerruf einer Erlaubnis nach Art. 18 Abs. 2 bleibt unberührt. ³Abs. 2 gilt entsprechend.

**Art. 18 Sondernutzung nach öffentlichem Recht, Verordnungsermächtigung.** (1) ¹Die Benutzung der Straßen über den Gemeingebrauch hinaus (Sondernutzung) bedarf der Erlaubnis der Straßenbaubehörde, in Ortsdurchfahrten der Erlaubnis der Gemeinde, wenn durch die Benutzung der Gemeingebrauch beeinträchtigt werden kann. ²Soweit die Gemeinde nicht Träger der Straßenbaulast ist, darf sie die Erlaubnis nur mit Zustimmung der Straßenbaubehörde erteilen.

(2) ¹Die Erlaubnis darf nur auf Zeit oder auf Widerruf erteilt werden. ²Soweit die Gemeinde nicht Träger der Straßenbaulast ist, hat sie eine widerruflich erteilte Erlaubnis zu widerrufen, wenn die Straßenbaubehörde dies aus Gründen des Straßenbaus oder der Sicherheit oder Leichtigkeit des Verkehrs verlangt.

(2a) ¹Für Sondernutzungen können Sondernutzungsgebühren erhoben werden. ²Sie stehen in Ortsdurchfahrten den Gemeinden, im übrigen dem Träger der Straßenbaulast zu. ³Das Staatsministerium regelt die Erhebung und Höhe der Sondernutzungsgebühren durch Rechtsverordnung, soweit sie dem Freistaat Bayern als Träger der Straßenbaulast zustehen. ⁴Die Landkreise und Gemeinden können dies durch Satzung regeln, soweit ihnen die Sondernutzungsgebühren zustehen. ⁵Für die Bemessung der Sondernutzungsgebühren sind Art und Ausmaß der Einwirkung auf die Straße und den Gemeingebrauch sowie das wirtschaftliche Interesse des Gebührenschuldners zu berücksichtigen.

(3) ¹Der Erlaubnisnehmer hat dem Träger der Straßenbaulast alle Kosten zu ersetzen, die diesem durch die Sondernutzung zusätzlich entstehen. ²Hierfür kann der Träger der Straßenbaulast angemessene Vorschüsse und Sicherheiten verlangen.

(4) Der Erlaubnisnehmer ist verpflichtet, die Sondernutzungsanlagen nach den bestehenden gesetzlichen Vorschriften und allgemein anerkannten Regeln der Technik zu errichten und zu unterhalten.

(5) Wechselt der Träger der Straßenbaulast, so bleibt eine nach Abs. 1 erteilte Erlaubnis bestehen.

(6) Der Erlaubnisnehmer hat bei Sperrung, Änderung, Umstufung oder Einziehung der Straße keinen Ersatzanspruch gegen den Träger der Straßenbaulast.

**Art. 18a Sondernutzung für stationsbasiertes Carsharing.** (1) ¹Unbeschadet der sonstigen straßenrechtlichen Bestimmungen zur Sondernutzung kann die Gemeinde Flächen auf öffentlichen Straßen für stationsbasiertes Carsharing bestimmen und im Wege eines diskriminierungsfreien und transparenten Auswahlverfahrens einem Carsharinganbieter für einen Zeitraum von längstens acht Jahren zur Verfügung stellen. ²Das Auswahlverfahren ist öffentlich bekanntzumachen und kann auch durch ein von der Gemeinde damit beliehenes kommunales Unternehmen erfolgen. ³Die §§ 2, 5 Abs. 1 Satz 3, Abs. 2 Satz 3 und 4, Abs. 6 Satz 5 des Carsharinggesetzes gelten mit der Maßgabe entsprechend, dass sich Verweise auf das Bayerische Verwaltungsverfahrensgesetz (BayVwVfG) beziehen. ⁴Art. 18 gilt mit der Maßgabe entsprechend, dass die Sondernutzungserlaubnis nicht auf Widerruf erteilt werden darf.

(2) Die Erteilung der Sondernutzungserlaubnis kann auch davon abhängig gemacht werden, dass der Erlaubnisnehmer umweltbezogene oder solche Kriterien erfüllt, die einer Verringerung des motorisierten Individualverkehrs besonders dienlich sind.

**Art. 18b Unerlaubte Sondernutzung.** (1) ¹Werden Autowracks oder andere Fahrzeuge verbotswidrig abgestellt oder wird sonst eine Straße ohne die erforderliche Erlaubnis nach Art. 18 oder Art. 18a benutzt oder kommt der Erlaubnisnehmer seinen Pflichten nicht nach, so kann die Straßenbaubehörde die erforderlichen Anordnungen erlassen. ²Sind solche Anordnungen nicht oder nur unter unverhältnismäßigem Aufwand möglich oder nicht erfolgversprechend, so kann sie den rechtswidrigen Zustand auf Kosten des Pflichtigen beseitigen oder beseitigen lassen.

(2) Die Straßenbaubehörde kann von der Straße entfernte Gegenstände bis zur Erstattung ihrer Aufwendungen zurückbehalten.

(3) ¹Ist der Eigentümer oder Halter der von der Straße entfernten Gegenstände innerhalb angemessener Frist nicht zu ermitteln oder kommt er seinen Zahlungspflichten innerhalb von zwei Monaten nach Zahlungsaufforderung nicht nach oder holt er die Gegenstände innerhalb einer ihm schriftlich gestellten angemessenen Frist nicht ab, so sind die Gegenstände auf Antrag der Straßenbaubehörde von der Kreisverwaltungsbehörde zu verwerten. ²In der Aufforderung zur Zahlung oder Abholung ist auf die Möglichkeit der Verwertung hinzuweisen. ³Im übrigen sind die Vorschriften des Polizeirechts über die Verwertung sichergestellter Gegenstände entsprechend anzuwenden.

(4) Die Abs. 2 und 3 gelten auch für die Bundesfernstraßen mit der Maßgabe, daß die Befugnis zur Zurückbehaltung nach Abs. 2 der für die Erteilung der Sondernutzungserlaubnis zuständigen Behörde zusteht.

(5) Zu Maßnahmen nach den Abs. 1, 2 und 4 ist auch die Kreisverwaltungsbehörde befugt.

(6) Die Befugnisse nach anderen Rechtsvorschriften bleiben unberührt.

**Art. 19 Zufahrten.** (1) ¹Zufahrten zu Staats- und Kreisstraßen außerhalb der zur Erschließung bestimmten Teile der Ortsdurchfahrten sowie zu Gemeindeverbindungsstraßen (Art. 46 Nr. 1) gelten als Sondernutzungen im Sinn des Art. 18. ²Art. 18 Abs. 2a ist nicht anwendbar.

(2) Art. 18 Abs. 4 findet mit der Maßgabe Anwendung, daß die Straßenbaubehörde von dem Erlaubnisnehmer alle Maßnahmen hinsichtlich der örtlichen Lage, der Art und der Ausgestaltung der Zufahrt verlangen kann, die aus Gründen der Sicherheit oder Leichtigkeit des Verkehrs erforderlich sind.

(3) Eine Erlaubnis nach Art. 18 ist auch einzuholen, bevor eine erlaubnisbedürftige Zufahrt geändert wird oder bevor sich der Verkehr auf der Zufahrt nach Art oder Dichte wesentlich vergrößert.

(4) Der Erlaubnis nach Art. 18 Abs. 1 bedarf es nicht, wenn Zufahrten
1. zu baulichen Anlagen geschaffen oder geändert werden, die dem Verfahren nach Art. 23 oder 24 unterliegen,
2. in einem Flurbereinigungsverfahren mit Zustimmung der Straßenbaubehörde neu geschaffen oder geändert werden.

(5) Für die Unterhaltung von Zufahrten, die keiner Erlaubnis nach Art. 18 Abs. 1 bedürfen, sowie von Zugängen gilt Art. 18 Abs. 4 entsprechend.

**Art. 20** *(aufgehoben)*

**Art. 21 Vorrang anderer Genehmigungsverfahren.** ¹Ist nach den Vorschriften des Straßenverkehrsrechts eine Erlaubnis für eine übermäßige Straßenbenutzung oder eine Ausnahmegenehmigung erforderlich oder ist nach den Vorschriften des Baurechts eine Baugenehmigung erforderlich, bedarf es keiner Erlaubnis nach Art. 18 Abs. 1. ²Vor ihrer Entscheidung hat die hierfür zuständige Behörde das Einvernehmen mit der sonst für die Sondernutzungserlaubnis zuständigen Behörde herzustellen. ³Die von dieser geforderten Bedingungen,

Auflagen und Sondernutzungsgebühren sind dem Antragsteller in der Erlaubnis, Ausnahmegenehmigung oder Baugenehmigung aufzuerlegen.

**Art. 22 Sondernutzung nach bürgerlichem Recht.** (1) Die Einräumung von Rechten zur Benutzung der Straßen über den Gemeingebrauch hinaus richtet sich nach bürgerlichem Recht, wenn durch die Benutzung der Gemeingebrauch nicht beeinträchtigt werden kann.

(2) Die Benutzung der Straßen für Zwecke der öffentlichen Versorgung regelt sich stets nach bürgerlichem Recht, es sei denn, daß der Gemeingebrauch nicht nur für kurze Dauer beeinträchtigt wird.

**Art. 22a Abweichende Regelungen.** [1]Die Landkreise und Gemeinden können die Sondernutzungen an Straßen oder Teilen davon in ihrer Baulast auch abweichend von den Art. 18, 18a, 19 und 22 Abs. 1 durch Satzung regeln und an Stelle eines privaten Entgelts Gebühren erheben. [2]Art. 18 Abs. 2a Satz 4 und 5 gilt entsprechend. [3]Art. 22 Abs. 2 bleibt unberührt.

Abschnitt 4
## Anbau an Straßen und Schutzmaßnahmen

**Art. 23 Errichtung baulicher Anlagen.** (1) [1]Außerhalb der zur Erschließung der anliegenden Grundstücke bestimmten Teile der Ortsdurchfahrten dürfen bauliche Anlagen
1. an Staatsstraßen in einer Entfernung bis zu 20 m,
2. an Kreisstraßen in einer Entfernung bis zu 15 m,

jeweils gemessen vom äußeren Rand der Fahrbahndecke, nicht errichtet werden. [2]Dies gilt nicht für Aufschüttungen und Abgrabungen geringeren Umfangs. [3]Sind besondere Fahrbahnen, wie Radwege, getrennt von der Hauptfahrbahn angelegt, dann werden die Entfernungen vom Rand der Decke der Hauptfahrbahn ab gerechnet.

(2) [1]Ausnahmen von den Anbauverboten nach Abs. 1 können zugelassen werden, wenn dies die Sicherheit und Leichtigkeit des Verkehrs, besonders wegen der Sichtverhältnisse, Verkehrsgefährdung, Bebauungsabsichten und Straßenbaugestaltung gestattet. [2]Die Entscheidung wird im Baugenehmigungsverfahren durch die untere Bauaufsichtsbehörde im Einvernehmen mit der Straßenbaubehörde oder, wenn kein Baugenehmigungsverfahren durchgeführt wird, in einem eigenen Verfahren durch die Straßenbaubehörde getroffen. [3]Soweit nach Art. 73 Abs. 1 BayBO die Regierung zuständig ist, trifft diese die Entscheidung.

(3) Abs. 1 gilt nicht, wenn das Bauvorhaben den Festsetzungen eines Bebauungsplans im Sinn des Baugesetzbuchs entspricht, der mindestens die Begrenzung der Verkehrsflächen und die an diesen gelegenen überbaubaren Grundstücksflächen enthält und unter Mitwirkung der Straßenbaubehörde zustande gekommen ist.

# 82 BayStrWG

(4) ¹Die Gemeinden können durch Satzung vorschreiben, daß bestimmte Gemeindeverbindungsstraßen vom Anbau nach Abs. 1 freizuhalten sind, soweit dies für die Sicherheit oder Leichtigkeit des Verkehrs, besonders im Hinblick auf Sichtverhältnisse, Verkehrsgefährdung, Bebauungsabsichten und Straßenbaugestaltung erforderlich ist. ²Das Anbauverbot darf sich nur auf eine Entfernung bis zu 10 m, gemessen vom Rand der Fahrbahndecke, erstrecken.

**Art. 24 Errichtung oder Änderung baulicher Anlagen.** (1) ¹Unbeschadet der Vorschrift des Art. 23 dürfen baurechtliche oder nach anderen Vorschriften erforderliche Genehmigungen nur im Einvernehmen mit der Straßenbaubehörde erteilt werden, wenn bauliche Anlagen längs
1. von Staatsstraßen in einer Entfernung bis zu 40 m und
2. von Kreisstraßen in einer Entfernung bis zu 30 m,

jeweils gemessen vom Rand der Fahrbahndecke, errichtet, erheblich geändert oder so anders genutzt werden sollen, daß Auswirkungen auf die Sicherheit und Leichtigkeit des Verkehrs zu erwarten sind. ²Das Einvernehmen darf nur verweigert oder von Auflagen abhängig gemacht werden, soweit dies für die Sicherheit oder Leichtigkeit des Verkehrs, besonders wegen der Sichtverhältnisse, Verkehrsgefährdung, Bebauungsabsichten und Straßenbaugestaltung erforderlich ist.

(2) Das Einvernehmen ist auch erforderlich, wenn infolge der Errichtung, Änderung oder anderen Nutzung von baulichen Anlagen außerhalb der zur Erschließung der anliegenden Grundstücke bestimmten Teile der Ortsdurchfahrten
1. Grundstücke eine Zufahrt (Art. 19 Abs. 1) zu einer Staatsstraße oder Kreisstraße erhalten sollen oder
2. die Änderung einer bestehenden Zufahrt zu einer Staats- oder Kreisstraße erforderlich würde.

(3) ¹Ist in den Fällen der Abs. 1 und 2 eine baurechtliche oder anderweitige Genehmigung nicht erforderlich, so entscheidet die Straßenbaubehörde. ²Art. 23 Abs. 2 Satz 3 gilt entsprechend.

(4) Art. 23 Abs. 3 gilt entsprechend.

**Art. 25** *(aufgehoben)*

**Art. 26 Freihaltung von Sichtdreiecken.** ¹Bauliche Anlagen dürfen nicht errichtet oder geändert werden, wenn die Sichtverhältnisse bei höhengleichen Kreuzungen von Straßen mit dem öffentlichen Verkehr dienenden Eisenbahnen dadurch beeinträchtigt werden. ²Das gleiche gilt für höhengleiche Kreuzungen und Einmündungen von Straßen außerhalb der geschlossenen Ortslage.

**Art. 27 Baubeschränkungen für geplante Straßen.** ¹Für geplante Straßen gelten die Beschränkungen der Art. 23 bis 26 vom Beginn der Auslegung der Pläne im Planfeststellungsverfahren an. ²Wird auf die Auslegung verzichtet, so gelten sie von dem Zeitpunkt an, zu dem den Betroffenen Gelegenheit gegeben wird, den Plan einzusehen.

Straßen- und Wegegesetz **BayStrWG 82**

**Art. 27a Entschädigung wegen Baubeschränkungen.** (1) [1]Wird nach den Art. 23 bis 26 die bauliche Nutzung eines Grundstücks, auf deren Zulassung bisher ein Rechtsanspruch bestand, ganz oder teilweise aufgehoben, so kann der Eigentümer und ein sonst zur Nutzung Berechtigter insoweit nach den Vorschriften des Bayerischen Gesetzes über die entschädigungspflichtige Enteignung Entschädigung in Geld verlangen, als seine Vorbereitungen zur baulichen Nutzung des Grundstücks in dem bisher zulässigen Umfang für ihn an Wert verlieren oder eine wesentliche Wertminderung des Grundstücks eintritt. [2]Zur Entschädigung ist der Träger der Straßenbaulast verpflichtet, im Fall des Art. 26 Satz 1 unbeschadet seiner Ausgleichsansprüche nach dem Eisenbahnkreuzungsgesetz.

(2) Im Fall des Art. 27 entsteht der Anspruch nach Abs. 1 erst, wenn der Plan unanfechtbar festgestellt oder mit der Ausführung begonnen worden ist, spätestens jedoch vier Jahre nach Auslegung der Pläne.

**Art. 27b Veränderungssperre.** (1) [1]Vom Beginn der Auslegung der Pläne im Planfeststellungsverfahren oder von dem Zeitpunkt an, zu dem den Betroffenen Gelegenheit gegeben wird, den Plan einzusehen, dürfen auf den vom Plan betroffenen Flächen bis zu ihrer Übernahme durch den Träger der Straßenbaulast wesentlich wertsteigernde oder das Straßenbauvorhaben erheblich erschwerende Veränderungen nicht vorgenommen werden. [2]Veränderungen, die in rechtlich zulässiger Weise vorher begonnen worden sind, Unterhaltungsarbeiten und die Fortführung einer bisher ausgeübten Nutzung sind hiervon ausgenommen.

(2) [1]Dauern diese Beschränkungen länger als vier Jahre, so können die Eigentümer und die sonst zur Nutzung Berechtigten für danach eintretende Vermögensnachteile vom Träger der Straßenbaulast nach den Vorschriften des Bayerischen Gesetzes über die entschädigungspflichtige Enteignung Entschädigung in Geld verlangen. [2]Der Eigentümer einer vom Plan betroffenen Fläche kann vom Träger der Straßenbaulast ferner verlangen, daß er die Fläche zu Eigentum übernimmt, wenn es dem Eigentümer wegen dieser Beschränkungen wirtschaftlich nicht mehr zuzumuten ist, die Fläche in der bisherigen oder einer anderen zulässigen Art zu nutzen. [3]Kommt eine Einigung über die Übernahme nicht zustande, kann der Eigentümer das Enteignungsverfahren beantragen; im übrigen gelten die Vorschriften des Bayerischen Gesetzes über die entschädigungspflichtige Enteignung sinngemäß.

(3) [1]Zur Sicherung der Planung neuer Staatsstraßen und Kreisstraßen können die Regierungen nach Anhörung der Gemeinden, deren Gebiet betroffen wird, Planungsgebiete festlegen. [2]Für diese gilt Abs. 1 entsprechend. [3]Die Festlegung ist auf höchstens zwei Jahre zu befristen. [4]Die Frist kann, wenn besondere Umstände es erfordern, auf höchstens vier Jahre verlängert werden. [5]Sie tritt mit Beginn der Auslegung der Pläne im Planfeststellungsverfahren oder von dem Zeitpunkt an, zu dem den Betroffenen Gelegenheit gegeben wird, den Plan einzusehen, außer Kraft. [6]Ihre Dauer ist auf die Vierjahresfrist nach Abs. 2 anzurechnen.

[845]

# 82 BayStrWG

(4) ¹Die Festlegung eines Planungsgebiets ist in den Gemeinden, deren Gebiet betroffen wird, auf ortsübliche Weise bekanntzumachen. ²Planungsgebiete sind außerdem in Karten einzutragen, die in den Gemeinden während der Geltungsdauer der Festlegung zur Einsicht auszulegen sind.

(5) Die Regierungen können im Einzelfall Ausnahmen von den Abs. 1 und 3 zulassen, wenn keine überwiegenden öffentlichen Belange entgegenstehen.

**Art. 28** *(aufgehoben)*

**Art. 29 Schutzmaßnahmen.** (1) Zum Schutz der Straßen vor nachteiligen Einwirkungen der Natur, insbesondere Schneeverwehungen, Steinschlag, Vermurungen, Überschwemmungen, haben die Eigentümer und Besitzer von benachbarten Grundstücken (Anlieger, Hinterlieger) die notwendigen Einrichtungen zu dulden.

(2) ¹Anpflanzungen aller Art und Zäune sowie Stapel, Haufen und ähnliche mit dem Grundstück nicht festverbundene Gegenstände dürfen nicht angelegt werden, soweit sie die Sicherheit und Leichtigkeit des Verkehrs beeinträchtigen können. ²Soweit sie bereits vorhanden sind, haben die Eigentümer und Besitzer ihre Beseitigung zu dulden.

(3) ¹Die Straßenbaubehörde hat den Betroffenen die Anlage von Einrichtungen nach Abs. 1 oder die Beseitigung von Anlagen nach Abs. 2 mindestens 14 Tage vorher schriftlich anzukündigen, es sei denn, daß Gefahr im Verzug ist. ²Die Betroffenen können diese Maßnahmen im Benehmen mit der Straßenbaubehörde selbst durchführen.

(4) Der Träger der Straßenbaulast hat den Eigentümern und Besitzern die durch Maßnahmen nach den Abs. 1 und 2 Satz 2 verursachten Aufwendungen und Schäden angemessen zu vergüten.

**Art. 30 Bepflanzungen, Straßenbegleitflächen.** (1) ¹Zur Bepflanzung des Straßenkörpers ist nur der Träger der Straßenbaulast befugt. ²Dem Natur- und Landschaftsschutz ist Rechnung zu tragen.

(2) ¹Begrünte Teile der Trenn-, Seiten-, Rand- und Sicherheitsstreifen, Böschungen und sonstige straßenbegleitende Grundstücksteile (Straßenbegleitflächen) sind bei Staatsstraßen mit dem Ziel zu bewirtschaften, die Luftreinhaltung, die Artenvielfalt und den Biotopverbund zu fördern. ²Im Rahmen der Wirtschaftlichkeit und vorbehaltlich der Verkehrssicherheit sollen bei Staatsstraßen die Straßenbegleitflächen als Magergrünland bewirtschaftet und Lärmschutzanlagen begrünt werden. ³Den Landkreisen und Gemeinden wird empfohlen, bei Kreis- und Gemeindestraßen entsprechend zu verfahren.

## Abschnitt 5
## Kreuzungen und Umleitungen

**Art. 31 Kreuzungen und Einmündungen öffentlicher Straßen.** (1) ¹Zu den Kreuzungen öffentlicher Straßen gehören höhengleiche Kreuzungen, Überführungen und Unterführungen. ²Einmündungen öffentlicher Straßen stehen den Kreuzungen gleich. ³Münden mehrere Straßen an einer Stelle in eine andere Straße ein, so gelten diese Einmündungen als Kreuzung aller beteiligten Straßen.

(2) ¹Über den Bau neuer sowie über die wesentliche Änderung bestehender Kreuzungen zwischen Straßen verschiedener Baulastträger wird durch die Planfeststellung entschieden, wenn eine solche durchgeführt wird. ²Dabei ist zugleich die Aufteilung der Kosten zu regeln, soweit die beteiligten Baulastträger keine Vereinbarung geschlossen haben.

(3) ¹Der Bau oder die Änderung einer Kreuzung soll durch Vereinbarung einem der beteiligten Träger der Straßenbaulast übertragen werden. ²Kommt keine Einigung zustande, so entscheidet, falls nicht ein Plan festgestellt wird, die für die beteiligte höhere Straßenklasse zuständige Straßenaufsichtsbehörde; in Zweifelsfällen wird die zuständige Straßenaufsichtsbehörde durch die oberste Straßenaufsichtsbehörde bestimmt.

(4) Ergänzungen an Kreuzungsanlagen sind wie Änderungen zu behandeln.

**Art. 32 Kosten für Kreuzungen öffentlicher Straßen, Verordnungsermächtigung.** (1) ¹Beim Bau einer neuen Kreuzung hat der Träger der Straßenbaulast für die hinzukommende Straße die Kosten der Kreuzung zu tragen. ²Zu ihnen gehören auch die Kosten der Änderung, die durch die neue Kreuzung an den anderen öffentlichen Straßen unter Berücksichtigung der übersehbaren Verkehrsentwicklung notwendig sind. ³Die Änderung einer bestehenden Kreuzung ist als neue Kreuzung zu behandeln, wenn eine Straße, die nach der Beschaffenheit ihrer Fahrbahn nicht geeignet und nicht dazu bestimmt war, einen allgemeinen Kraftfahrzeugverkehr aufzunehmen, zu einer diesem Verkehr dienenden Straße ausgebaut wird.

(2) ¹Werden mehrere sich kreuzende Straßen gleichzeitig neu angelegt oder werden an bestehenden Kreuzungen neue Anschlußstellen geschaffen, so haben die Träger der Straßenbaulast die Kosten der Kreuzung in dem Verhältnis der Fahrbahnbreiten der an der Kreuzung beteiligten Straßenäste zu tragen. ²Bei der Berechnung der Fahrbahnbreiten sind die Gehwege und Radwege, die Trennstreifen und die befestigten Seitenstreifen einzubeziehen.

(3) Wird eine höhenungleiche Kreuzung geändert, so fallen die dadurch entstehenden Kosten
1. demjenigen Träger der Straßenbaulast zur Last, der die Änderung verlangt,
2. den beteiligten Trägern der Straßenbaulast zur Last, die die Änderung verlangen, und zwar im Verhältnis der Fahrbahnbreiten der an der Kreuzung beteiligten Straßenäste nach der Änderung.

# 82 BayStrWG

(4) ¹Wird eine höhengleiche Kreuzung geändert, so gilt für die dadurch entstehenden Kosten der Änderung Abs. 2. ²Beträgt der durchschnittliche tägliche Verkehr mit Kraftfahrzeugen auf einem der an der Kreuzung beteiligten Straßenäste nicht mehr als 20 v.h. des Verkehrs auf anderen beteiligten Straßenästen, so haben die Träger der Straßenbaulast der verkehrsstärkeren Straßenäste im Verhältnis der Fahrbahnbreiten den Anteil der Änderungskosten mitzutragen, der auf den Träger der Straßenbaulast des verkehrsschwächeren Straßenastes entfallen würde.

(5) Zugunsten leistungsschwacher Träger der Straßenbaulast können Ausnahmen von der Kostenregelung der Abs. 1 bis 4 vereinbart werden.

(6) Das Staatsministerium kann durch Rechtsverordnung näher regeln, welche Aufwendungen zu den in den Abs. 1 bis 4 genannten Kosten gehören und für den mit solchen Baumaßnahmen verbundenen Verwaltungsaufwand Pauschalbeträge festsetzen.

**Art. 32a Kreuzungen mit Gewässern.** (1) ¹Werden Straßen neu angelegt oder ausgebaut und müssen dazu Kreuzungen mit Gewässern (Brücken oder Unterführungen) hergestellt oder bestehende Kreuzungen geändert werden, so hat der Träger der Straßenbaulast die dadurch entstehenden Kosten zu tragen. ²Die Kreuzungsanlagen sind so auszuführen, daß unter Berücksichtigung der übersehbaren Entwicklung der wasserwirtschaftlichen Verhältnisse der Wasserabfluß nicht nachteilig beeinflußt wird.

(2) ¹Werden Gewässer ausgebaut (§ 67 des Wasserhaushaltsgesetzes) und werden dazu Kreuzungen mit Straßen hergestellt oder bestehende Kreuzungen geändert, so hat der Träger des Ausbauvorhabens die dadurch entstehenden Kosten zu tragen. ²Wird eine neue Kreuzung erforderlich, weil ein Gewässer hergestellt wird, so ist die übersehbare Verkehrsentwicklung auf der Straße zu berücksichtigen. ³Wird die Herstellung oder Änderung einer Kreuzung erforderlich, weil das Gewässer wesentlich umgestaltet wird, so sind die gegenwärtigen Verkehrsbedürfnisse zu berücksichtigen. ⁴Verlangt der Träger der Straßenbaulast weitergehende Änderungen, so hat er die Mehrkosten hierfür zu tragen.

(3) ¹Wird eine Straße neu angelegt und wird gleichzeitig ein Gewässer aus anderen als straßenbaulichen Gründen hergestellt oder wesentlich umgestaltet, so daß eine neue Kreuzung entsteht, so haben der Träger der Straßenbaulast und der Unternehmer des Gewässerausbaus die Kosten der Kreuzung je zur Hälfte zu tragen. ²Die Leistungsfähigkeit der Beteiligten ist bei der Kostenverteilung zu berücksichtigen.

(4) ¹Werden eine Straße und ein Gewässer aus anderen als straßenbaulichen Gründen gleichzeitig ausgebaut und wird infolgedessen eine bestehende Kreuzungsanlage geändert oder durch einen Neubau ersetzt, so haben der Träger des Gewässerausbaus und der Träger der Straßenbaulast die dadurch entstehenden Kosten für die Kreuzungsanlage in dem Verhältnis zu tragen, in dem die Kosten bei getrennter Durchführung der Maßnahme zueinander stehen würden.

Straßen- und Wegegesetz **BayStrWG 82**

²Gleichzeitigkeit im Sinn des Satzes 1 liegt vor, wenn baureife Pläne vorhanden sind, die eine gleichzeitige Baudurchführung ermöglichen.

(5) Kommt über die Kreuzungsmaßnahme oder ihre Kosten eine Einigung nicht zustande, so ist darüber durch Planfeststellung zu entscheiden.

**Art. 33 Unterhaltung der Straßenkreuzungen, Verordnungsermächtigung.** (1) Bei höhengleichen Kreuzungen obliegt dem Träger der Straßenbaulast für die Straße der höheren Straßenklasse die Unterhaltung der Kreuzung in der Fahrbahnbreite seiner Straße und der kreuzungsbedingten Verkehrszeichen, -einrichtungen und -anlagen; im übrigen hat der Träger der Straßenbaulast für die kreuzende Straße die Kreuzung zu unterhalten.

(2) Bei Über- oder Unterführungen unterhält der Träger der Straßenbaulast für die Straße der höheren Straßenklasse das Kreuzungsbauwerk; die übrigen Teile der Kreuzung unterhält der Träger der Straßenbaulast für die Straße, zu der sie gehören.

(3) ¹In den Fällen des Art. 32 Abs. 1 hat der Träger der Straßenbaulast für die neu hinzukommende Straße dem Träger der Straßenbaulast für die vorhandene Straße die Mehrkosten der Unterhaltung zu erstatten, die ihm nach den Vorschriften der Abs. 1 und 2 entstehen. ²Die Mehrkosten sind auf Verlangen eines Beteiligten abzulösen, wenn das dem anderen Beteiligten zumutbar ist.

(4) ¹Nach einer Änderung einer bestehenden Kreuzung haben die Träger der Straßenbaulast ihre veränderten Unterhaltungskosten ohne Ausgleich zu tragen. ²Zu den Unterhaltungskosten gehören auch die Aufwendungen für spätere Erneuerungen und für die Wiederherstellung, wenn die Kreuzung durch höhere Gewalt zerstört wird.

(5) Bisherige Regelungen werden in dem Zeitpunkt hinfällig, in dem nach Inkrafttreten dieses Gesetzes eine Änderung der Kreuzung durchgeführt worden ist.

(6) Die Vorschriften über die Unterhaltung von Kreuzungsbauwerken und über die Tragung der Kosten gelten nicht, soweit hierüber anderes vereinbart wird.

(7) Das Staatsministerium kann durch Rechtsverordnung allgemein bestimmen,
1. welcher Teil einer Kreuzungsanlage zu welcher Straße und welche Teile zum Kreuzungsbauwerk gehören,
2. wie Ablösungsbeträge zu berechnen und zu entrichten sind.

**Art. 33a Unterhaltung der Kreuzungen mit Gewässern.** (1) ¹Der Träger der Straßenbaulast hat die Kreuzungsanlage auf seine Kosten zu unterhalten, soweit nichts anderes vereinbart oder durch Planfeststellung bestimmt wird. ²Die Unterhaltungspflicht des Trägers der Straßenbaulast erstreckt sich nicht auf Leitwerke, Leitpfähle, Dalben, Absetzpfähle oder ähnliche Einrichtungen zur Sicherung der Durchfahrt unter Brücken im Zug von Straßen für die Schifffahrt sowie auf Schiffahrtszeichen. ³Soweit diese Einrichtungen auf Kosten des Trägers der Straßenbaulast herzustellen waren, hat dieser dem Unterhaltungspflichtigen die Unterhaltungskosten und die Kosten des Betriebs dieser Ein-

## 82 BayStrWG — Straßen- und Wegegesetz

richtungen zu ersetzen oder auf Verlangen, soweit ihm dies zumutbar ist, abzulösen. [4]Art. 33 Abs. 7 gilt entsprechend.

(2) [1]Wird im Fall des Art. 32a Abs. 2 eine neue Kreuzung hergestellt, hat der Träger des Ausbauvorhabens die Mehrkosten für die Unterhaltung und den Betrieb der Kreuzungsanlage zu erstatten oder auf Verlangen, soweit ihm dies zumutbar ist, abzulösen. [2]Ersparte Unterhaltungskosten für den Fortfall vorhandener Kreuzungsanlagen sind anzurechnen. [3]Art. 33 Abs. 7 gilt entsprechend.

(3) Die Abs. 1 und 2 gelten nicht, wenn bei dem Inkrafttreten dieses Gesetzes die Kostentragung auf Grund eines bestehenden Rechts anders geregelt ist.

**Art. 34 Umleitungen.** (1) Bei vorübergehenden Verkehrsbeschränkungen nach Maßgabe des Art. 15 sind die Träger der Straßenbaulast für andere öffentliche Straßen verpflichtet, eine Umleitung des Verkehrs auf ihre Straßen zu dulden.

(2) Soweit eine Umleitung des Verkehrs möglich und zumutbar ist, sind die Träger der Straßenbaulast für die Umleitungsstrecke vor Anordnung der Verkehrsbeschränkung zu unterrichten; der zuständigen Straßenverkehrsbehörde ist diese Umleitungsstrecke vorzuschlagen.

(3) [1]Die Straßenbaubehörde hat ferner im Benehmen mit dem Träger der Straßenbaulast für die Umleitungsstrecke festzustellen, welche Maßnahmen notwendig sind, um die Umleitungsstrecke für die Aufnahme des zusätzlichen Verkehrs verkehrssicher zu machen. [2]Die hierfür nötigen Mehraufwendungen sind dem Träger der Straßenbaulast für die Umleitungsstrecke zu erstatten. [3]Dies gilt auch für Aufwendungen, die der Träger der Straßenbaulast für die Umleitungsstrecke zur Beseitigung der durch die Umleitung verursachten Schäden machen muß.

(4) [1]Muß die Umleitung ganz oder zum Teil über private Straßen und Wege geleitet werden, die dem öffentlichen Verkehr dienen, so ist der Eigentümer zur Duldung der Umleitung auf Anforderung durch die Straßenbaubehörde verpflichtet. [2]Abs. 3 Satz 1 und 2 gelten entsprechend. [3]Der Träger der Straßenbaulast der umgeleiteten Strecke hat die Umleitungsstrecke auf Antrag des Eigentümers in einen verkehrssicheren Zustand zu versetzen, während der Umleitung zu unterhalten und nach Aufhebung der Umleitung auf Antrag des Eigentümers den früheren Zustand wieder herzustellen.

(5) Die Abs. 1 bis 4 gelten entsprechend, wenn neue Staats- oder Kreisstraßen vorübergehend über andere öffentliche Straßen oder Wege an das Straßennetz angeschlossen werden müssen.

Straßen- und Wegegesetz

## Abschnitt 6
## Planfeststellung und Enteignung

**Art. 35 Planungen.** (1) [1]Bei örtlichen und überörtlichen Planungen, welche die Änderung bestehender oder den Bau neuer Staatsstraßen und Kreisstraßen zur Folge haben können, hat die Planungsbehörde das Einvernehmen mit der Straßenaufsichtsbehörde unbeschadet weitergehender gesetzlicher Vorschriften rechtzeitig herzustellen. [2]Bei den übrigen Straßen ist die Straßenbaubehörde rechtzeitig zu beteiligen.

(2) Bei Planungen, welche den Bau neuer oder die wesentliche Änderung bestehender Straßen von übergeordneter Bedeutung betreffen, sind die Erfordernisse der Raumordnung und Landesplanung zu beachten.

(3) Die Landkreise und die Gemeinden haben beabsichtigte Neubauten oder wesentliche Änderungen ihrer Straßen der Regierung mitzuteilen.

**Art. 36 Planfeststellung.** (1) [1]Neue Staatsstraßen dürfen nur gebaut werden, wenn vorher der Plan festgestellt ist. [2]Das gleiche gilt für wesentliche Änderungen.

(2) Bei Kreisstraßen und Gemeindeverbindungsstraßen ist die Planfeststellung durchzuführen, wenn es sich um Straßen von besonderer Bedeutung, insbesondere um Zubringerstraßen zu Bundesfernstraßen, handelt.

(3) Unbeschadet der Regelungen der Abs. 1 und 2 ist bei Staats-, Kreis-, Gemeindeverbindungs- und Ortsstraßen, für die Art. 37 eine Umweltverträglichkeitsprüfung vorschreibt, die Planfeststellung durchzuführen.

(4) [1]Unbeschadet der Abs. 1 bis 3 ist bei Staats-, Kreis-, Gemeindeverbindungs- und Ortsstraßen die Planfeststellung durchzuführen, wenn die geplante Maßnahme
1. den angemessenen Sicherheitsabstand im Sinn des Art. 13 Abs. 2 Buchst. a der Richtlinie 2012/18/EU zu einem Betriebsbereich nicht einhält und
2. Ursache von schweren Unfällen im Sinn des Art. 3 Nr. 13 der Richtlinie 2012/18/EU sein kann oder wenn durch sie das Risiko oder die Folgen eines solchen Unfalls vergrößert werden können.

[2]Der Träger der Straßenbaulast gibt öffentlich bekannt, dass eine Planfeststellung nach dieser Vorschrift unterbleibt, wenn seine Prüfung ergibt, dass die Voraussetzungen nach Satz 1 Nr. 1, nicht aber nach Satz 1 Nr. 2 gegeben sind.

(5) Wird es notwendig, von einer in einem Bebauungsplan aufgenommenen Planung für eine Staats- oder Kreisstraße abzuweichen oder diese Planung zu ergänzen, so ist insoweit ein Planfeststellungsverfahren durchzuführen.

(6) Ist nach diesem Gesetz oder nach dem Bundesfernstraßengesetz (FStrG) ein Plan festzustellen, so kann in den Plan auch der Bau oder die Änderung anderer öffentlicher Straßen einbezogen werden, soweit solche Baumaßnahmen zwischen den Trägern der Straßenbaulast vereinbart sind oder straßenaufsichtlich gefordert werden könnten.

## 82 BayStrWG

**Art. 37 Umweltverträglichkeitsprüfung.** Bei Staats-, Kreis-, Gemeindeverbindungs- und Ortsstraßen ist eine Umweltverträglichkeitsprüfung durchzuführen, wenn
1. Schnellstraßen im Sinn der Begriffsbestimmung des Europäischen Übereinkommens über die Hauptstraßen des internationalen Verkehrs vom 15. November 1975 (BGBl. 1983 II S. 246) gebaut werden,
2. vier- oder mehrstreifige Straßen gebaut oder bestehende Straßen zu vier- oder mehrstreifigen Straßen ausgebaut oder verlegt werden, soweit der neu gebaute, ausgebaute oder verlegte Straßenabschnitt
   a) eine durchgehende Länge von mindestens 10 km aufweist oder
   b) eine durchgehende Länge von mindestens 5 km aufweist und auf einer Länge von mehr als 5 v.H. gesetzlich geschützte Biotope mit einer Fläche von mehr als 1 ha, Natura 2000-Gebiete, Nationalparke oder Naturschutzgebiete durchschneidet,
3. ein-, zwei- oder dreistreifige Straßen gebaut werden, soweit der neu gebaute Straßenabschnitt eine durchgehende Länge von mindestens 10 km aufweist und auf einer Länge von mehr als 5 v.H. Gebiete oder Biotope nach Nr. 2 Buchst. b durchschneidet oder
4. soweit nicht bereits von Nr. 2 erfasst, wenn Straßen durch Anbau mindestens eines weiteren Fahrstreifens auf einer durchgehenden Länge von mindestens 10 km geändert werden und der zu ändernde Straßenabschnitt auf einer Länge von mehr als 5 v.H. Gebiete oder Biotope nach Nr. 2 Buchst. b durchschneidet.

**Art. 38 Verwaltungsverfahren.** (1) [1]Planfeststellung und Plangenehmigung entfallen, soweit für das von der Baumaßnahme berührte Gebiet ein Bebauungsplan besteht, der den Anforderungen des Art. 23 Abs. 3 entspricht. [2]Art. 74 Abs. 7 BayVwVfG bleibt unberührt.

(2) Die Auslegung des Planfeststellungsbeschlusses kann unterbleiben, wenn der Kreis der Betroffenen bekannt ist und nicht die Voraussetzungen von Art. 36 Abs. 4 oder Art. 37 vorliegen.

(3) [1]Bei allen Vorhaben im Sinn des Art. 36 Abs. 4
1. sind Art. 73 Abs. 3 Satz 2, Art. 74 Abs. 6 und 7 sowie Art. 76 Abs. 2 und 3 BayVwVfG nicht anwendbar,
2. muss die Bekanntmachung der Auslegung zusätzlich die Angaben nach Art. 15 Abs. 2 der Richtlinie 2012/18/EU enthalten und
3. muss der ausgelegte Plan zusätzlich die Angaben nach Art. 15 Abs. 3 der Richtlinie 2012/18/EU enthalten.

[2]Wenn die Planfeststellung ausschließlich auf Grund von Art. 36 Abs. 4 durchzuführen ist, kann die Anhörungsbehörde auf eine Erörterung verzichten.

**Art. 39 Zuständigkeiten im Planfeststellungsverfahren.** (1) Die Regierung führt das Anhörungsverfahren (Art. 73 BayVwVfG) durch und stellt den Plan fest (Art. 74 BayVwVfG).

(2) Die Regierung ist Anhörungs- und Planfeststellungsbehörde im Planfeststellungsverfahren nach dem Bundesfernstraßengesetz.

Straßen- und Wegegesetz **BayStrWG 82**

**Art. 40 Enteignung.** (1) Zur Erfüllung der Aufgaben aus der Straßenbaulast kann nach den Vorschriften des Bayerischen Gesetzes über die entschädigungspflichtige Enteignung enteignet werden.

(2) Der nach Art. 38 festgestellte oder genehmigte Plan ist dem Enteignungsverfahren zugrunde zu legen und für die Enteignungsbehörde bindend.

ZWEITER TEIL
## Träger der Straßenbaulast für Staatsstraßen und Kreisstraßen

**Art. 41 Träger der Straßenbaulast.** [1]Träger der Straßenbaulast sind:
1. für die Staatsstraßen der Freistaat Bayern,
2. für die Kreisstraßen die Landkreise und kreisfreien Gemeinden.

[2]Dies gilt auch für die Ortsdurchfahrten, soweit nicht die Straßenbaulast für diese den Gemeinden obliegt (Art. 42).

**Art. 42 Träger der Straßenbaulast für Ortsdurchfahrten, Verordnungsermächtigung.** (1) [1]Die Gemeinden mit mehr als 25 000 Einwohnern sind Träger der Straßenbaulast für die Ortsdurchfahrten im Zug von Staats- und Kreisstraßen. [2]Maßgebend ist die durch die jeweils letzte Volkszählung festgestellte Einwohnerzahl. [3]Das Ergebnis einer Volkszählung wird mit Beginn des dritten Haushaltsjahres nach dem Jahr verbindlich, in dem die Volkszählung stattgefunden hat. [4]Werden Gemeindegrenzen geändert oder neue Gemeinden gebildet, ist die bei der Volkszählung festgestellte Einwohnerzahl des neuen Gemeindegebiets maßgebend. [5]In diesen Fällen wechselt die Straßenbaulast für die Ortsdurchfahrten mit Beginn des dritten Haushaltsjahres nach dem Jahr der Gebietsänderung, wenn sie bisher dem Freistaat Bayern oder einem Landkreis oblag, sonst mit der Gebietsänderung. [6]Die Gemeinde bleibt abweichend von den Sätzen 1 bis 5 Träger der Straßenbaulast für die Ortsdurchfahrten im Zug der Staats- und Kreisstraßen, wenn sie es mit Zustimmung der Rechtsaufsichtsbehörde gegenüber dem Träger der Straßenbaulast erklärt. [7]Für die Gehwege dieser Ortsdurchfahrten und die Ortsdurchfahrten von Kreisstraßen in kreisfreien Gemeinden gilt Art. 47 Abs. 3 entsprechend.

(2) Soweit die Gemeinden Träger der Straßenbaulast für Ortsdurchfahrten sind, bedürfen alle Straßenbauvorhaben, die die Planungen, insbesondere die Ausbauabsichten des Trägers der Straßenbaulast für die anschließenden freien Strecken berühren, der vorherigen Zustimmung der Straßenaufsichtsbehörde.

(3) [1]Wenn dem Freistaat Bayern oder einem Landkreis die Straßenbaulast für eine Ortsdurchfahrt obliegt, erstreckt sie sich nicht auf Gehwege und Parkplätze. [2]Auf Radwege erstreckt sich die Straßenbaulast des Freistaats Bayern oder eines Landkreises nur, wenn solche auch auf den anschließend freien Strecken vorhanden oder vorgesehen sind. [3]Führt die Ortsdurchfahrt über Straßen und Plätze, die erheblich breiter angelegt sind, als die Staatsstraße oder Kreis-

## 82 BayStrWG

straße es erfordert, so hat die Straßenbaubehörde die seitliche Begrenzung der Ortsdurchfahrt mit der Gemeinde besonders zu vereinbaren. [4]Kommt keine Vereinbarung zustande, so entscheidet die Regierung.

(4) [1]Das Staatsministerium kann im Einvernehmen mit dem Staatsministerium der Finanzen und für Heimat und nach Anhörung der kommunalen Spitzenverbände durch Rechtsverordnung bestimmen, wie bei gemeinsamen Maßnahmen die Kosten des Baus und der Unterhaltung unter den Trägern der Straßenbaulast aufzuteilen sind. [2]Hierbei ist zu berücksichtigen, inwieweit derartige Maßnahmen den Aufgaben des einen oder des anderen Trägers der Straßenbaulast zu dienen bestimmt sind. [3]Die Rechtsverordnung soll hiervon abweichende Vereinbarungen zwischen den beteiligten Trägern der Straßenbaulast zulassen.

**Art. 43** *(aufgehoben)*

**Art. 44 Straßenbaulast Dritter.** (1) Die Art. 41 und 42 gelten nicht, soweit die Straßenbaulast auf Grund anderer gesetzlicher Vorschriften oder auf Grund öffentlich-rechtlicher Verpflichtungen anderen Trägern obliegt oder übertragen wird.

(2) Bürgerlich-rechtliche Verpflichtungen Dritter über die Erfüllung der Aufgaben aus der Straßenbaulast lassen die Straßenbaulast als solche unberührt.

**Art. 45 Unterhaltung von Straßenteilen bei fremder Straßenbaulast.**
[1]Obliegt nach Art. 44 Abs. 1 die Baulast für Straßenteile, die im Zug einer Staatsstraße oder Kreisstraße liegen, wie Brücken und Durchlässe, einem anderen als dem Träger der Straßenbaulast nach Art. 41 und 42, so ist dieser zum Zweck der Behebung eines Notstands berechtigt und verpflichtet, auf Kosten des anderen alle Maßnahmen zu ergreifen, die zur Erhaltung der Verkehrssicherheit erforderlich sind. [2]Der nach Art. 44 Abs. 1 verpflichtete Träger der Straßenbaulast ist vorher tunlichst zu verständigen.

DRITTER TEIL
# Gemeindestraßen und sonstige öffentliche Straßen

Abschnitt 1
## Gemeindestraßen

**Art. 46 Einteilung der Gemeindestraßen.** Gemeindestraßen sind:
1. Gemeindeverbindungsstraßen;
   das sind Straßen, die den nachbarlichen Verkehr der Gemeinden oder der Gemeindeteile untereinander oder deren Verbindung mit anderen Verkehrswegen vermitteln.

2. Ortsstraßen;
das sind Straßen, die dem Verkehr innerhalb der geschlossenen Ortslage oder innerhalb des räumlichen Geltungsbereichs eines Bebauungsplans im Sinn des Baugesetzbuchs dienen, mit Ausnahme der Ortsdurchfahrten von Bundesstraßen, Staatsstraßen und Kreisstraßen.

**Art. 47 Straßenbaulast für Gemeindestraßen.** (1) Die Gemeinden sind Träger der Straßenbaulast für die erforderlichen Gemeindestraßen innerhalb des Gemeindegebiets.

(2) Ist eine Gemeindestraße ordnungsgemäß hergestellt, so hat die Straßenbaubehörde sie unverzüglich zu widmen.

(3) Die Gemeinden können durch Satzung die Eigentümer solcher Grundstücke, die über Ortsstraßen erschlossen werden, und die sonst zur Nutzung dinglich Berechtigten zur Unterhaltung der Gehwege verpflichten oder zu den Kosten nach dem Maß dieser Verpflichtung heranziehen, soweit der Gehweg überwiegend dem Grundstückseigentümer oder dem sonst zur Nutzung dinglich Berechtigten dient.

(4) Die Art. 44 und 45 gelten entsprechend.

**Art. 48 Gemeindeaufgaben für Ortsdurchfahrten mit geteilter Straßenbaulast.** (1) Die Gemeinden sind Träger der Straßenbaulast für Gehwege, Radwege und Parkplätze, die nicht nach Art. 42 Abs. 3 in der Straßenbaulast des Freistaates Bayern oder eines Landkreises stehen.

(2) Für diese Bestandteile der Ortsdurchfahrten gelten die Art. 44 und 45, für die Gehwege auch Art. 47 Abs. 3 entsprechend.

(3) Art. 47 Abs. 3 gilt für die Gehwege aller Ortsdurchfahrten von Bundesstraßen entsprechend.

**Art. 49 Kostenausgleich bei Gemeindeverbindungsstraßen.** Wenn eine Gemeindeverbindungsstraße ausschließlich oder überwiegend dem Verkehrsbedürfnis anderer Gemeinden dient, sind diese verpflichtet, nach Maßgabe ihres Nutzens der Gemeinde, durch deren Gebiet die Straße verläuft, die im Rahmen der Straßenbaulast erforderlichen Aufwendungen zu erstatten.

**Art. 50** *(aufgehoben)*

**Art. 51 Gemeindliche Beleuchtungs-, Reinigungs-, Räum- und Streupflicht, Verordnungsermächtigung.** (1) [1]Zur Aufrechterhaltung der öffentlichen Sicherheit und Ordnung haben die Gemeinden innerhalb der geschlossenen Ortslage nach ihrer Leistungsfähigkeit die öffentlichen Straßen zu beleuchten, zu reinigen, von Schnee zu räumen und alle gefährlichen Fahrbahnstellen, die Fußgängerüberwege und die Gehbahnen bei Glätte zu streuen, wenn das dringend erforderlich ist und nicht andere auf Grund sonstiger Rechtsvorschriften (insbesondere der Verkehrssicherungspflicht) hierzu verpflichtet sind. [2]Dabei sollen vorrangig umweltfreundliche Streumittel verwendet werden. [3]Die

## 82 BayStrWG — Straßen- und Wegegesetz

Verwendung von Streusalz und umweltschädlichen anderen Stoffen ist dabei auf das aus Gründen der Verkehrssicherheit notwendige Maß zu beschränken.

(2) [1]Die Gemeinden sind verpflichtet, das Streuen an gefährlichen Fahrbahnstellen und Fußgängerüberwegen bei Glätte allgemein als eigene Aufgabe zu übernehmen, wenn ihnen dies zumutbar ist. [2]Im Zweifelsfall entscheidet hierüber die Aufsichtsbehörde.

(3) Den Gemeinden werden die Kosten für das Schneeräumen und für das Streuen der gefährlichen Fahrbahnstellen und der Fußgängerüberwege von demjenigen ersetzt, der im allgemeinen für diese Straßenteile verkehrssicherungspflichtig wäre.

(4) Zur Aufrechterhaltung der öffentlichen Reinlichkeit können die Gemeinden über die Reinhaltung und Reinigung der öffentlichen Straßen Rechtsverordnungen erlassen und darin die Eigentümer von Grundstücken, die innerhalb der geschlossenen Ortslage an öffentliche Straßen angrenzen oder über sie erschlossen werden, und die zur Nutzung dinglich Berechtigten auch zu Leistungen auf eigene Kosten verpflichten.

(5) [1]Zur Verhütung von Gefahren für Leben, Gesundheit, Eigentum oder Besitz können die Gemeinden die in Abs. 4 genannten Personen durch Rechtsverordnung verpflichten,
a) die Gehwege sowie die gemeinsamen Geh- und Radwege der an ihr Grundstück angrenzenden oder ihr Grundstück erschließenden öffentlichen Straßen und,
b) soweit kein Weg im Sinne von Buchst. a besteht, die an ihr Grundstück angrenzenden oder ihr Grundstück erschließenden öffentlichen Straßen in der für den Fußgängerverkehr erforderlichen Breite

bei Schnee oder Glatteis auf eigene Kosten während der üblichen Verkehrszeiten in sicherem Zustand zu erhalten. [2]In solchen Rechtsverordnungen sind Beginn und Ende der üblichen Verkehrszeit zu bestimmen; der Beginn darf nicht vor 6 Uhr, das Ende nicht nach 22 Uhr liegen.

(6) Straßen im Sinn dieser Vorschrift sind auch die Bundesstraßen.

### Art. 52 Straßennamen und Hausnummern.
(1) Die Gemeinden können den öffentlichen Straßen Namen geben und Namensschilder anbringen.

(2) Die Hausnumerierung und die Verpflichtung der Grundstückseigentümer, die Kosten hierfür zu tragen, regeln die Gemeinden durch Satzung nach Art. 23 der Gemeindeordnung, soweit nicht bundesrechtliche Vorschriften bestehen.

## Abschnitt 2
## Sonstige öffentliche Straßen

**Art. 53 Einteilung der sonstigen öffentlichen Straßen.** Sonstige öffentliche Straßen sind:
1. die öffentlichen Feld- und Waldwege;
 das sind Straßen, die der Bewirtschaftung von Feld- und Waldgrundstücken dienen;
2. die beschränkt-öffentlichen Wege;
 das sind Straßen, die einem beschränkt-öffentlichen Verkehr dienen und eine besondere Zweckbestimmung haben können. Hierzu zählen die Friedhof-, Kirchen- und Schulwege, die Wanderwege (Art. 141 Abs. 3 Satz 2 der Verfassung), die Geh- und Radwege, soweit diese nicht Bestandteile anderer Straßen sind (selbständige Geh- und Radwege), sowie die Fußgängerbereiche;
3. die Eigentümerwege;
 das sind Straßen, die von den Grundstückseigentümern in unwiderruflicher Weise einem beschränkten oder unbeschränkten öffentlichen Verkehr zur Verfügung gestellt werden und keiner anderen Straßenklasse angehören.

**Art. 54 Straßenbaulast und Eigentum an öffentlichen Feld- und Waldwegen, Verordnungsermächtigung.** (1) [1]Träger der Straßenbaulast für ausgebaute öffentliche Feld- und Waldwege sind die Gemeinden. [2]Träger der Straßenbaulast für nicht ausgebaute öffentliche Feld- und Waldwege sind diejenigen, deren Grundstücke über den Weg bewirtschaftet werden (Beteiligte). [3]Die Gemeinde kann durch Satzung auch nicht ausgebaute öffentliche Feld- und Waldwege in ihre Baulast überführen.

(2) [1]Werden bisher nicht ausgebaute öffentliche Feld- und Waldwege ausgebaut, so geht die Baulast auf die Gemeinde über,
1. wenn der Ausbau im Rahmen der Flurbereinigung erfolgt, mit der Beendigung des Ausbaus,
2. in den übrigen Fällen mit dem Beginn des Ausbaus durch die Gemeinde.

[2]Werden öffentliche Feld- und Waldwege neu gebaut, so wird die Gemeinde Träger der Baulast,
1. wenn der Neubau im Rahmen der Flurbereinigung erfolgt, mit der Verkehrsübergabe,
2. in den übrigen Fällen mit dem Beginn des Baus durch die Gemeinde.

(3) [1]Obliegt die Baulast an öffentlichen Feld- und Waldwegen den Gemeinden, so können sie bis zu 75 v.H. ihrer nicht anderweitig gedeckten sächlichen Aufwendungen aus der Baulast auf die Beteiligten umlegen, und zwar im Verhältnis der Größen der in Abs. 1 Satz 2 genannten Grundstücke; forstwirtschaftlich genutzte Flächen sind zu zwei Dritteln, minderwertige landwirtschaftliche Nutzflächen (insbesondere Hutungen, Streuwiesen und Ödländereien) zu einem Drittel anzurechnen. [2]Die Gemeinden können durch Satzung bestimmen, daß auch noch die durch die Bewirtschaftung bedingte Art und Häufigkeit der Wegebenutzung zu berücksichtigen ist. [3]Sie können angemesse-

ne Vorschüsse verlangen. [4]Die Umlegung von Aufwendungen für den Ausbau und Neubau außerhalb eines Flurbereinigungsverfahrens ist nur zulässig, wenn eine nach den Grundstücksgrößen gemäß Satz 1 zu ermittelnde Mehrheit der Beteiligten der Baumaßnahme zugestimmt hat.

(4) [1]Obliegt die Baulast den Beteiligten, so haben diese eine Einigung über die Art und den Umfang ihrer Verpflichtungen anzustreben. [2]Kommt keine Einigung zustande, so entscheidet die Gemeinde und, wenn sie selbst beteiligt ist, die Straßenaufsichtsbehörde unter Beachtung des Abs. 3 Satz 1.

(5) Für öffentliche Feld- und Waldwege in der Baulast von Gemeinden gilt Art. 49 und für die hiernach erstattungspflichtigen Gemeinden auch Abs. 4 entsprechend.

(6) Das Staatsministerium kann im Einvernehmen mit dem Staatsministerium für Ernährung, Landwirtschaft und Forsten durch Rechtsverordnung regeln, durch welche Merkmale ein ausgebauter öffentlicher Feld- und Waldweg (Abs. 1 Satz 1) bestimmt ist.

(7) [1]Für öffentliche Feld- und Waldwege in der Baulast der Beteiligten ist Art. 13 nicht anzuwenden. [2]Die Gemeinde hat auf Kosten der Beteiligten das Eigentum an den Grundstücken zu erwerben, die einem solchen Feld- und Waldweg dienen, wenn das ein nach Abs. 1 Satz 2 nicht beteiligter Eigentümer der Wegfläche verlangt. [3]Die Befugnisse nach Art. 40 kann auch in diesem Fall nur die Gemeinde wahrnehmen.

**Art. 54a Straßenbaulast an beschränkt-öffentlichen Wegen.** (1) Träger der Straßenbaulast für die beschränkt-öffentlichen Wege sind die Gemeinden.

(2) Art. 49 gilt entsprechend.

**Art. 55 Straßenbaulast für Eigentümerwege.** (1) [1]Träger der Straßenbaulast für Eigentümerwege sind die Grundstückseigentümer. [2]Die Straßenbaulast beschränkt sich auf die Unterhaltung dieser Wege in dem Umfang, in dem sie bei Inkrafttreten dieses Gesetzes oder bei ihrer Errichtung für den Verkehr bestimmt waren, sofern nicht weitergehende öffentlich-rechtliche Verpflichtungen bestehen. [3]Die Grundstückseigentümer sind berechtigt, die Benutzung eines Eigentümerwegs von einem Entgelt abhängig zu machen. [4]Die Höhe des Entgelts bedarf der Genehmigung der Straßenaufsichtsbehörde. [5]Das Entgelt darf nicht höher angesetzt werden, als zur Deckung der Unterhaltskosten erforderlich ist.

(2) Kreuzungen von Eigentümerwegen mit Staatsstraßen, Kreisstraßen oder Gemeindestraßen gelten als Sondernutzungen nach Art. 19 an diesen Straßen; Einmündungen stehen den Kreuzungen gleich.

**Art. 56 Gemeinsame Vorschriften für sonstige öffentliche Straßen.**

(1) Die Sondernutzung an sonstigen öffentlichen Straßen richtet sich ausschließlich nach bürgerlichem Recht.

(2) Die Art. 44 und 45 sind entsprechend anzuwenden; dasselbe gilt für Art. 22 a, soweit eine Gemeinde Träger der Straßenbaulast ist.

### Abschnitt 3
## Straßen in gemeindefreien Gebieten

**Art. 57 Straßenbaulast in gemeindefreien Gebieten.** (1) In gemeindefreien Gebieten sind Träger der Straßenbaulast für solche Straßen, die innerhalb des Gemeindegebiets in der Straßenbaulast der Gemeinden stünden, die Eigentümer der gemeindefreien Grundstücke.

(2) Die Art. 44, 45 und 49 gelten entsprechend.

### VIERTER TEIL
## Aufsicht und Zuständigkeiten

**Art. 58 Straßenbaubehörden, Verordnungsermächtigung.** (1) Oberste Straßenbaubehörde ist das Staatsministerium.

(2) Straßenbaubehörden sind, soweit nicht in den folgenden Absätzen etwas anderes bestimmt ist,
1. für Staatsstraßen mit Ausnahme der Ortsdurchfahrten, die in der Straßenbaulast der Gemeinden stehen:
die Staatlichen Bauämter,
2. für Kreisstraßen mit Ausnahme der Ortsdurchfahrten, die in der Straßenbaulast der Gemeinden stehen:
die Landkreise und die kreisfreien Gemeinden,
3. für alle innerhalb des Gemeindegebiets gelegenen Gemeindestraßen, öffentlichen Feld- und Waldwege und beschränkt-öffentlichen Wege und für Ortsdurchfahrten von Staatsstraßen und Kreisstraßen, die in der Straßenbaulast der Gemeinden stehen, und für Gehwege, Radwege und Parkplätze im Sinn des Art. 48:
die Gemeinden,
4. für die im gemeindefreien Gebiet gelegenen Gemeindestraßen, öffentlichen Feld- und Waldwege und beschränkt-öffentlichen Wege, die in der alleinigen Straßenbaulast des Freistaates Bayern oder einer kommunalen Gebietskörperschaft stehen:
diese Körperschaften, im übrigen die Kreisverwaltungsbehörden,
5. für Eigentümerwege, die in der alleinigen Straßenbaulast des Freistaates Bayern, einer kommunalen Gebietskörperschaft oder eines Zweckverbands stehen:
diese Körperschaften, im übrigen die Gemeinden.

(3) Werden die Kreisstraßen nach Art. 59 von den Staatlichen Bauämtern verwaltet, so nehmen diese die den Straßenbaubehörden nach Art. 15, 18 und 19 obliegenden Aufgaben und Befugnisse wahr.

(4) [1]Die Straßenbaubehörden können für die Ortsdurchfahrten von Staatsstraßen in Gemeinden, die bei der nach Art. 42 Abs. 1 maßgeblichen Volkszäh-

lung mehr als 9000, aber nicht mehr als 25 000 Einwohner hatten, ihre Befugnisse durch Vereinbarung ganz oder teilweise auf die Gemeinden übertragen. [2]Die Vereinbarung ist nach den für Gemeindesatzungen geltenden Vorschriften bekanntzumachen.

(5) [1]Ist in den Fällen des Abs. 2 Nr. 4 und 5 der Freistaat Bayern alleiniger Träger der Straßenbaulast, so ist Straßenbaubehörde die Behörde, welche das für die Straße in Anspruch genommene Grundstück verwaltet. [2]Das Staatsministerium kann in solchen Fällen im Einvernehmen mit den beteiligten anderen Staatsministerien die Befugnisse der Straßenbaubehörde ganz oder teilweise durch Rechtsverordnung auf eine andere staatliche Behörde übertragen.

**Art. 59 Verwaltung der Kreisstraßen, Verordnungsermächtigung.** (1) [1]Die Landkreise können die Verwaltung ihrer Kreisstraßen mit Ausnahme der Ortsdurchfahrten in Gemeinden mit mehr als 25 000 Einwohnern den örtlich zuständigen Staatlichen Bauämtern übertragen. [2]Die Übertragung erfolgt durch Vereinbarung zwischen dem Staatlichen Bauamt und dem Landkreis. [3]Diese ist vom Kreistag zu beschließen, bedarf der Form des Art. 35 Abs. 2 der Landkreisordnung und ist vom Vorstand des Staatlichen Bauamts zu unterzeichnen.

(2) [1]Das Staatliche Bauamt handelt bei der Verwaltung der Kreisstraßen im Auftrag des Landkreises; es wird gegenüber dem Landkreis von seinem Vorstand vertreten. [2]Das Staatliche Bauamt verwaltet die Kreisstraßen nach den in der Vereinbarung festgelegten Richtlinien. [3]Sein Vorstand vertritt insoweit den Landkreis nach außen; Art. 35 Abs. 2 der Landkreisordnung gilt entsprechend. [4]Bei der Verwaltung der Kreisstraßen untersteht das Staatliche Bauamt den technischen Weisungen der staatlichen Straßenbauverwaltung.

(3) [1]Für die Verwaltung der Kreisstraßen haben die Landkreise eine angemessen Vergütung an den Freistaat Bayern zu entrichten. [2]Das Staatsministerium setzt im Einvernehmen mit dem Staatsministerium der Finanzen und für Heimat nach Anhörung des Bayerischen Landkreistags durch Rechtsverordnung die Höhe der Vergütung fest. [3]Diese Festsetzung darf nur zu Beginn eines neuen Haushaltsjahres in Kraft gesetzt werden und ist jeweils sechs Monate vorher bekanntzugeben.

(4) [1]Vereinbarungen nach Abs. 1 können nur für den Zeitraum von mindestens acht Haushaltsjahren abgeschlossen werden. [2]Wenn eine Vereinbarung nicht spätestens zwei Jahre vor ihrem Ablauf gekündigt wird, so verlängert sie sich jeweils um weitere vier Haushaltsjahre. [3]Eine vorzeitige Auflösung der Vereinbarung ist in gegenseitigem Einvernehmen möglich. [4]Bei einer Änderung des Vergütungssatzes für die Verwaltung der Kreisstraßen nach Abs. 3 Satz 2 können die Landkreise die Vereinbarungen unverzüglich nach der Bekanntmachung nach Abs. 3 Satz 3 mit Wirkung für den Beginn des folgenden Haushaltsjahres kündigen.

**Art. 60 Fachtechnische Bedienstete.** (1) Die Träger der Straßenbaulast haben sich bei der Erfüllung ihrer Aufgaben (Art. 9) der erforderlichen fachkundigen Personen zu bedienen.

(2) ¹Die Landkreise und die kreisfreien Gemeinden sind verpflichtet, für die ihnen obliegende Verwaltung von Straßen die notwendigen fachlich vorgebildeten und geeigneten Bediensteten einzustellen. ²Hierzu gehört mindestens ein graduierter Ingenieur der Fachrichtung Bauingenieurwesen.

(3) Abs. 2 Satz 1 gilt auch für kreisangehörige Gemeinden oder Verwaltungsgemeinschaften.

**Art. 61 Straßenaufsichtsbehörden.** (1) Oberste Straßenaufsichtsbehörde ist das Staatsministerium.

(2) Obere Straßenaufsichtsbehörden sind die Regierungen, soweit sie nicht Straßenaufsichtsbehörden sind.

(3) Straßenaufsichtsbehörden sind
1. für Staatsstraßen und Kreisstraßen und für Gemeindestraßen kreisfreier Gemeinden die Regierungen,
2. im übrigen die Kreisverwaltungsbehörden.

**Art. 62 Straßenaufsicht.** (1) Die Straßenaufsicht überwacht die Erfüllung der Aufgaben, die den Trägern der Straßenbaulast und den Straßenbaubehörden obliegen.

(2) ¹Die Straßenaufsicht über die Gemeinden, Landkreise, Bezirke und Zweckverbände ist Rechtsaufsicht; sie beschränkt sich darauf, die Erfüllung der gesetzlich festgelegten und der übernommenen Pflichten aus der Straßenbaulast und die Gesetzmäßigkeit der Verwaltungstätigkeit zu überwachen. ²Im übrigen gelten unbeschadet des Art. 61 die für die Rechtsaufsicht über die genannten Körperschaften maßgeblichen allgemeinen Vorschriften.

(3) ¹Die Straßenaufsicht über andere Träger der Straßenbaulast erstreckt sich auch auf das Ermessen. ²Die Straßenaufsichtsbehörden können in diesen Fällen uneingeschränkt Weisungen erteilen und alle nach Abs. 2 Satz 2 zulässigen Maßnahmen ergreifen.

**Art. 62a Behörden nach dem Bundesfernstraßengesetz, Verordnungsermächtigung.** (1) ¹Oberste Landesstraßenbaubehörde ist das Staatsministerium. ²Straßenbaubehörden sind für die Bundesstraßen
1. die Staatlichen Bauämter,
2. die Gemeinden, soweit sie Träger der Straßenbaulast sind.

(2) ¹Oberste Straßenaufsichtsbehörde für die Bundesstraßen ist das Staatsministerium. ²Straßenaufsichtsbehörden für die Bundesstraßen sind die Regierungen.

(3) Höhere Verwaltungsbehörden sind die Regierungen.

(4) Den Antrag nach § 6 Abs. 3 FStrG stellt die für die neue Straßenklasse zuständige Straßenbaubehörde.

(5) ¹Das Staatsministerium kann durch Rechtsverordnung die nach dem Bundesfernstraßengesetz der obersten Landesstraßenbaubehörde zustehenden Befugnisse ganz oder teilweise auf nachgeordnete Behörden übertragen. ²In der

# 82 BayStrWG

Straßen- und Wegegesetz

Rechtsverordnung können auch die weiteren nach dem Bundesfernstraßengesetz für den Vollzug zuständigen Landesbehörden bestimmt werden. ³In der Rechtsverordnung kann auch bestimmt werden, daß Entscheidungen nach dem Bundesfernstraßengesetz in einem auf Grund sonstiger Rechtsvorschriften durchzuführenden Verfahren zu treffen sind. ⁴Ferner kann die entscheidende Behörde an das Einvernehmen mit einer anderen Behörde gebunden werden.

**Art. 63 Straßenstatistik.** Die Träger der Straßenbaulast sind auf Verlangen der obersten Straßenaufsichtsbehörde oder der von ihr ermächtigten Behörde zu statistischen Angaben über ihre Straßen verpflichtet.

**Art. 64 Technische Vorschriften, Verordnungsermächtigung.** Das Staatsministerium kann durch Rechtsverordnung für jede Straßenklasse allgemeine technische Vorschriften über den Bau und über die Unterhaltung erlassen.

## FÜNFTER TEIL
## Ordnungswidrigkeiten

**Art. 65** *(aufgehoben)*

**Art. 66 Bußgeldvorschriften.** Mit Geldbuße kann belegt werden, wer vorsätzlich oder fahrlässig

1. eine Straße über das übliche Maß hinaus verunreinigt (Art. 16) und diese Verunreinigung nicht unverzüglich beseitigt,
2. eine Straße unbefugt zu Sondernutzungen gebraucht oder die mit der Erlaubnis verbundenen vollziehbaren Auflagen nicht erfüllt oder der Unterhaltungspflicht nach Art. 18 Abs. 4, auch in Verbindung mit Art. 18a Abs. 1 Satz 4, zuwiderhandelt,
3. entgegen Art. 23 Abs. 1, Art. 24 Abs. 1 bauliche Anlagen errichtet, ändert oder anders nutzt oder vollziehbaren Auflagen nicht nachkommt, unter denen die Straßenbaubehörde eine Ausnahme zugelassen oder eine Genehmigung erteilt hat,
4. dem Art. 29 Abs. 2 Satz 1 zuwiderhandelt,
5. einer auf Grund des Art. 51 Abs. 4 oder 5 erlassenen Rechtsverordnung zuwiderhandelt, soweit sie für einen bestimmten Tatbestand auf diese Bußgeldvorschrift verweist.

SECHSTER TEIL
# Übergangs- und Schlußvorschriften

**Art. 67 Straßen- und Bestandsverzeichnis (Übergangsvorschrift zu Art. 3).**
(1) Die Straßen, die bisher als Landstraßen I. und II. Ordnung im Straßenverzeichnis eingetragen sind, werden Staatsstraßen und Kreisstraßen.

(2) Straßen im Sinn der *Art. 28 und 29 der Bayerischen Gemeindeordnung vom 17. Oktober 1927 (GVBl. S. 293)* bleiben nach Maßgabe und in dem Umfang der bisherigen Vorschriften bis zur unanfechtbaren Entscheidung über ihre Aufnahme in das Bestandsverzeichnis öffentliche gemeindliche Straßen.

(3) [1]Die Bestandsverzeichnisse sind von den Straßenbaubehörden innerhalb von drei Jahren seit Inkrafttreten dieses Gesetzes anzulegen. [2]Sie sind nach Anlegung sechs Monate lang in den Gemeinden, für gemeindefreie Gebiete bei der Kreisverwaltungsbehörde, zur öffentlichen Einsicht aufzulegen. [3]Die Straßenbaubehörden haben den Lauf dieser Frist vorher öffentlich bekanntzumachen. [4]Soweit die Beteiligten bekannt sind, sind sie gegen Zustellungsnachweis zu unterrichten. [5]Die Verwaltungsgerichte entscheiden auch über die bürgerlich-rechtlichen Fragen unter Ausschluß des Rechtswegs vor den ordentlichen Gerichten.

(4) Wird eine Eintragung nach Abs. 3 im Bestandsverzeichnis unanfechtbar, so gilt eine nach Art. 6 Abs. 3 erforderliche Zustimmung als erteilt und die Widmung als verfügt.

(5) [1]Ist eine Straße nicht im Straßenverzeichnis nach Abs. 1 eingetragen oder nach Abs. 3 nicht im Bestandsverzeichnis aufgenommen worden, so gilt sie nicht als öffentliche Straße. [2]Abs. 2 bleibt unberührt.

**Art. 68 Sondernutzung (Übergangsvorschrift).** [1]Bei Inkrafttreten dieses Gesetzes bestehende unwiderrufliche Nutzungsrechte an öffentlichen Straßen können zur Beseitigung von Beeinträchtigungen des Gemeingebrauchs durch Enteignung aufgehoben werden. [2]Art. 40 gilt entsprechend.

**Art. 69 Hoheitliche Wahrnehmung der Dienstaufgaben.** Die aus dem Bau und der Unterhaltung der öffentlichen Straßen einschließlich der Bundesfernstraßen und die aus der Überwachung der Verkehrssicherheit dieser Straßen sich ergebenden Aufgaben werden von den Bediensteten der damit befaßten Körperschaften in Ausübung eines öffentlichen Amtes wahrgenommen.

**Art. 70 Eigentum an Ortsdurchfahrten der Bundesstraßen.** [1]Mit Inkrafttreten dieses Gesetzes geht das Eigentum an den Ortsdurchfahrten der Bundesstraßen auf die Gemeinden über, soweit sie Träger der Straßenbaulast für diese Ortsdurchfahrten nach dem Bundesfernstraßengesetz sind und das Eigentum bisher bereits einer Gebietskörperschaft mit Ausnahme der Bundesrepublik Deutschland zustand. [2]Art. 11 Abs. 1 bis 3 gelten entsprechend.

# 82 BayStrWG

Straßen- und Wegegesetz

**Art. 71 Übernahme der Aufgaben aus der Straßenbaulast durch die Landkreise oder die Bezirke.** Soweit die Landkreise nach Art. 52 der Landkreisordnung Aufgaben aus der Straßenbaulast kreisangehöriger Gemeinden oder die Bezirke nach Art. 49 der Bezirksordnung solche Aufgaben der Landkreise und kreisfreien Gemeinden übernehmen, sind sie Dritte im Sinn des Art. 44 Abs. 1 und Straßenbaubehörde.

**Art. 72 Inkrafttreten.** Das Gesetz ist dringlich; es tritt am 1. September 1958 in Kraft\*.

---

\* Diese Vorschrift betrifft das Inkrafttreten des Gesetzes in der ursprünglichen Fassung vom 11. Juli 1958 (GVBl. S. 147). Der Zeitpunkt des Inkrafttretens der späteren Änderungen ergibt sich aus den jeweiligen Änderungsgesetzen.

# BayVersG 83
# Bayerisches Versammlungsgesetz (BayVersG)

(BayRS 2180-4-I) vom 22. Juli 2008 (GVBl. S. 421),
zuletzt geändert durch Verordnung vom 26. März 2019 (GVBl. S. 98)

## INHALTSÜBERSICHT

### ERSTER TEIL
#### Allgemeine Bestimmungen
- Art. 1 Grundsatz
- Art. 2 Begriffsbestimmungen, Anwendungsbereich
- Art. 3 Versammlungsleitung
- Art. 4 Leitungsrechte und -pflichten
- Art. 5 Pflichten der teilnehmenden Personen
- Art. 6 Waffenverbot
- Art. 7 Uniformierungs- und Militanzverbot
- Art. 8 Störungsverbot, Aufrufverbot
- Art. 9 Bild- und Tonaufnahmen oder -aufzeichnungen

### ZWEITER TEIL
#### Versammlungen in geschlossenen Räumen
- Art. 10 Veranstalterrechte und -pflichten
- Art. 11 Ausschluss von Störern, Hausrecht
- Art. 12 Beschränkungen, Verbote, Auflösung

### DRITTER TEIL
#### Versammlungen unter freiem Himmel
- Art. 13 Anzeige- und Mitteilungspflicht
- Art. 14 Zusammenarbeit
- Art. 15 Beschränkungen, Verbote, Auflösung
- Art. 16 Schutzwaffen- und Vermummungsverbot

### VIERTER TEIL
#### Befriedeter Bezirk
- Art. 17 Befriedeter Bezirk
- Art. 18 Schutz des Landtags
- Art. 19 Zulassung von Versammlungen

### FÜNFTER TEIL
#### Straf- und Bußgeldvorschriften
- Art. 20 Strafvorschriften
- Art. 21 Bußgeldvorschriften
- Art. 22 Einziehung

### SECHSTER TEIL
#### Schlussbestimmungen
- Art. 23 Einschränkung von Grundrechten
- Art. 24 Zuständigkeiten
- Art. 25 Keine aufschiebende Wirkung der Klage
- Art. 26 Kosten
- Art. 27 *(aufgehoben)*
- Art. 28 Inkrafttreten, Außerkrafttreten, Übergangsregelung

## ERSTER TEIL
## Allgemeine Bestimmungen

**Art. 1 Grundsatz.** (1) Jedermann hat das Recht, sich friedlich und ohne Waffen öffentlich mit anderen zu versammeln.

(2) Dieses Recht hat nicht,
1. wer das Grundrecht der Versammlungsfreiheit gemäß Art. 18 des Grundgesetzes verwirkt hat,

2. wer mit der Durchführung oder Teilnahme an einer Versammlung die Ziele einer nach Art. 21 Abs. 2 des Grundgesetzes für verfassungswidrig erklärten Partei oder Teil- oder Ersatzorganisation einer Partei fördern will,
3. eine Partei, die nach Art. 21 Abs. 2 des Grundgesetzes für verfassungswidrig erklärt worden ist, oder
4. eine Vereinigung, die nach Art. 9 Abs. 2 des Grundgesetzes oder nach dem Vereinsgesetz verboten ist.

**Art. 2 Begriffsbestimmungen, Anwendungsbereich.** (1) Eine Versammlung ist eine Zusammenkunft von mindestens zwei Personen zur gemeinschaftlichen, überwiegend auf die Teilhabe an der öffentlichen Meinungsbildung gerichteten Erörterung oder Kundgebung.

(2) Eine Versammlung ist öffentlich, wenn die Teilnahme nicht auf einen individuell feststehenden Personenkreis beschränkt ist.

(3) Soweit nichts anderes bestimmt ist, gilt dieses Gesetz nur für öffentliche Versammlungen.

**Art. 3 Versammlungsleitung.** (1) $^1$Der Veranstalter leitet die Versammlung. $^2$Er kann die Leitung einer natürlichen Person übertragen.

(2) Veranstaltet eine Vereinigung die Versammlung, ist Leiter die Person, die den Vorsitz der Vereinigung führt, es sei denn, der Veranstalter hat die Leitung nach Abs. 1 Satz 2 auf eine andere natürliche Person übertragen.

(3) Abs. 1 und 2 gelten nicht für Spontanversammlungen nach Art. 13 Abs. 4.

**Art. 4 Leitungsrechte und -pflichten.** (1) Der Leiter
1. bestimmt den Ablauf der Versammlung, insbesondere durch Erteilung und Entziehung des Worts,
2. hat während der Versammlung für Ordnung zu sorgen,
3. kann die Versammlung jederzeit schließen und
4. muss während der Versammlung anwesend sein.

(2) $^1$Der Leiter kann sich zur Erfüllung seiner Aufgaben der Hilfe einer angemessenen Anzahl volljähriger Ordner bedienen. $^2$Die Ordner müssen weiße Armbinden mit der Aufschrift „Ordner" oder „Ordnerin" tragen; zusätzliche Kennzeichnungen sind nicht zulässig. $^3$Der Leiter darf keine Ordner einsetzen, die Waffen oder sonstige Gegenstände mit sich führen, die ihrer Art nach geeignet und den Umständen nach dazu bestimmt sind, Personen zu verletzen oder Sachen zu beschädigen.

(3) $^1$Polizeibeamte haben das Recht auf Zugang und auf einen angemessenen Platz
1. bei Versammlungen unter freiem Himmel, wenn dies zur polizeilichen Aufgabenerfüllung erforderlich ist,
2. bei Versammlungen in geschlossenen Räumen, wenn tatsächliche Anhaltspunkte für die Begehung von Straftaten vorliegen oder eine erhebliche Gefahr für die öffentliche Sicherheit zu besorgen ist.

²Polizeibeamte haben sich dem Leiter zu erkennen zu geben; bei Versammlungen unter freiem Himmel genügt es, wenn dies die polizeiliche Einsatzleitung tut.

**Art. 5 Pflichten der teilnehmenden Personen.** (1) Personen, die an der Versammlung teilnehmen, haben die zur Aufrechterhaltung der Ordnung getroffenen Anweisungen des Leiters oder der Ordner zu befolgen.

(2) Wer aus der Versammlung ausgeschlossen wird, hat sie unverzüglich zu verlassen.

(3) Wird eine Versammlung aufgelöst, haben sich alle teilnehmenden Personen unverzüglich zu entfernen.

**Art. 6 Waffenverbot.** Es ist verboten, Waffen oder sonstige Gegenstände, die ihrer Art nach zur Verletzung von Personen oder zur Beschädigung von Sachen geeignet und den Umständen nach dazu bestimmt sind, ohne Erlaubnis der zuständigen Behörde
1. bei Versammlungen mit sich zu führen oder
2. auf dem Weg zu Versammlungen mit sich zu führen, zu Versammlungen hinzuschaffen oder sie zur Verwendung bei Versammlungen bereitzuhalten oder zu verteilen.

**Art. 7 Uniformierungs- und Militanzverbot.** Es ist verboten,
1. in einer öffentlichen oder nichtöffentlichen Versammlung Uniformen, Uniformteile oder gleichartige Kleidungsstücke als Ausdruck einer gemeinsamen politischen Gesinnung zu tragen oder
2. an einer öffentlichen oder nichtöffentlichen Versammlung in einer Art und Weise teilzunehmen, die dazu beiträgt, dass die Versammlung oder ein Teil hiervon nach dem äußeren Erscheinungsbild paramilitärisch geprägt wird, sofern dadurch eine einschüchternde Wirkung entsteht.

**Art. 8 Störungsverbot, Aufrufverbot.** (1) Störungen, die bezwecken, die ordnungsgemäße Durchführung öffentlicher oder nichtöffentlicher Versammlungen zu verhindern, sind verboten.

(2) Es ist insbesondere verboten,
1. in der Absicht, nicht verbotene öffentliche oder nichtöffentliche Versammlungen zu verhindern oder zu sprengen oder sonst ihre Durchführung zu vereiteln, Gewalttätigkeiten vorzunehmen oder anzudrohen oder erhebliche Störungen zu verursachen oder
2. bei einer öffentlichen Versammlung dem Leiter oder den Ordnern in der rechtmäßigen Erfüllung ihrer Ordnungsaufgaben mit Gewalt oder Drohung mit Gewalt Widerstand zu leisten oder sie während der Ausübung ihrer Ordnungsaufgaben tätlich anzugreifen.

(3) Es ist verboten, öffentlich, in einer öffentlichen oder nichtöffentlichen Versammlung, im Internet oder durch Verbreiten von Schriften, Ton- oder Bildträgern, Datenspeichern, Abbildungen oder anderen Darstellungen zur Teil-

nahme an einer Versammlung aufzufordern, deren Durchführung durch ein vollziehbares Verbot untersagt oder deren vollziehbare Auflösung angeordnet worden ist.

**Art. 9 Bild- und Tonaufnahmen oder -aufzeichnungen.** (1) [1]Die Polizei darf bei oder im Zusammenhang mit Versammlungen Bild- und Tonaufnahmen oder -aufzeichnungen von Teilnehmern nur offen und nur dann anfertigen, wenn tatsächliche Anhaltspunkte die Annahme rechtfertigen, dass von ihnen erhebliche Gefahren für die öffentliche Sicherheit oder Ordnung ausgehen. [2]Die Maßnahmen dürfen auch durchgeführt werden, wenn Dritte unvermeidbar betroffen werden.

(2) [1]Die Polizei darf Übersichtsaufnahmen von Versammlungen unter freiem Himmel und ihrem Umfeld zur Lenkung und Leitung des Polizeieinsatzes nur offen und nur dann anfertigen, wenn dies wegen der Größe oder Unübersichtlichkeit der Versammlung im Einzelfall erforderlich ist. [2]Übersichtsaufnahmen dürfen aufgezeichnet werden, soweit Tatsachen die Annahme rechtfertigen, dass von Versammlungen, von Teilen hiervon oder ihrem Umfeld erhebliche Gefahren für die öffentliche Sicherheit oder Ordnung ausgehen. [3]Die Identifizierung einer auf den Übersichtsaufnahmen oder -aufzeichnungen abgebildeten Person ist nur zulässig, soweit die Voraussetzungen nach Abs. 1 vorliegen.

(3) [1]Die nach Abs. 1 oder 2 angefertigten Bild-, Ton- und Übersichtsaufzeichnungen sind nach Beendigung der Versammlung unverzüglich auszuwerten und spätestens innerhalb von zwei Monaten zu löschen, soweit sie nicht benötigt werden

1. zur Verfolgung von Straftaten bei oder im Zusammenhang mit der Versammlung oder
2. im Einzelfall zur Gefahrenabwehr, weil die betroffene Person verdächtig ist, Straftaten bei oder im Zusammenhang mit der Versammlung vorbereitet oder begangen zu haben, und deshalb zu besorgen ist, dass von dieser Person erhebliche Gefahren für künftige Versammlungen ausgehen.

[2]Soweit die Identifizierung von Personen auf Bild-, Ton- und Übersichtsaufzeichnungen für Zwecke nach Satz 1 Nr. 2 nicht erforderlich ist, ist sie technisch unumkehrbar auszuschließen. [3]Bild-, Ton- und Übersichtsaufzeichnungen, die aus den in Satz 1 Nr. 2 genannten Gründen nicht gelöscht wurden, sind spätestens nach Ablauf von sechs Monaten seit ihrer Entstehung zu löschen, es sei denn, sie werden inzwischen zur Verfolgung von Straftaten nach Satz 1 Nr. 1 benötigt.

(4) [1]Soweit Übersichtsaufzeichnungen nach Abs. 2 Satz 2 zur polizeilichen Aus- und Fortbildung benötigt werden, ist hierzu eine eigene Fassung herzustellen, die eine Identifizierung der darauf abgebildeten Personen unumkehrbar ausschließt. [2]Sie darf nicht für andere Zwecke genutzt werden. [3]Die Herstellung einer eigenen Fassung für Zwecke der polizeilichen Aus- und Fortbildung ist nur zulässig, solange die Aufzeichnung nicht nach Abs. 3 zu löschen ist.

(5) ¹Die Gründe für die Anfertigung von Bild-, Ton- und Übersichtsaufzeichnungen nach Abs. 1 und 2 und für ihre Verwendung nach Abs. 3 Satz 1 Nrn. 1 und 2 sind zu dokumentieren. ²Werden von Übersichtsaufzeichnungen eigene Fassungen nach Abs. 4 Satz 1 hergestellt, sind die Notwendigkeit für die polizeiliche Aus- und Fortbildung, die Anzahl der hergestellten Fassungen sowie der Ort der Aufbewahrung zu dokumentieren.

(6) Die Befugnisse zur Erhebung personenbezogener Daten nach Maßgabe der Strafprozessordnung und des Gesetzes über Ordnungswidrigkeiten bleiben unberührt.

ZWEITER TEIL
## Versammlungen in geschlossenen Räumen

**Art. 10 Veranstalterrechte und -pflichten.** (1) Bestimmte Personen oder Personenkreise können in der Einladung von der Teilnahme an der Versammlung ausgeschlossen werden.

(2) ¹Pressevertreter können nicht ausgeschlossen werden. ²Sie haben sich gegenüber dem Leiter oder gegenüber den Ordnern als Pressevertreter auszuweisen.

(3) ¹Der Veranstalter hat der zuständigen Behörde auf Anforderung Familiennamen, Vornamen, Geburtsnamen und Anschrift (persönliche Daten) des Leiters mitzuteilen, wenn Tatsachen die Annahme rechtfertigen, dass dieser die Friedlichkeit der Versammlung gefährdet. ²Die zuständige Behörde kann den Leiter ablehnen, wenn die Voraussetzungen nach Satz 1 vorliegen.

(4) ¹Der Veranstalter hat der zuständigen Behörde auf Anforderung die persönlichen Daten eines Ordners im Sinn des Abs. 3 Satz 1 mitzuteilen, wenn Tatsachen die Annahme rechtfertigen, dass dieser die Friedlichkeit der Versammlung gefährdet. ²Die zuständige Behörde kann den Ordner ablehnen, wenn die Voraussetzungen nach Satz 1 vorliegen.

(5) Die zuständige Behörde kann dem Veranstalter aufgeben, die Anzahl der Ordner zu erhöhen, wenn ohne die Erhöhung eine Gefahr für die öffentliche Sicherheit zu besorgen ist.

**Art. 11 Ausschluss von Störern, Hausrecht.** (1) Der Leiter kann teilnehmende Personen, die die Ordnung erheblich stören, von der Versammlung ausschließen.

(2) Der Leiter übt das Hausrecht aus.

**Art. 12 Beschränkungen, Verbote, Auflösung.** (1) Die zuständige Behörde kann die Durchführung einer Versammlung in geschlossenen Räumen beschränken oder verbieten, wenn

## 83 BayVersG

1. der Veranstalter eine der Voraussetzungen des Art. 1 Abs. 2 erfüllt,
2. Tatsachen festgestellt sind, aus denen sich ergibt, dass der Veranstalter oder der Leiter Personen Zutritt gewähren wird, die Waffen oder sonstige Gegenstände im Sinn des Art. 6 mit sich führen,
3. Tatsachen festgestellt sind, aus denen sich ergibt, dass der Veranstalter oder sein Anhang einen gewalttätigen Verlauf der Versammlung anstrebt, oder
4. Tatsachen festgestellt sind, aus denen sich ergibt, dass der Veranstalter oder sein Anhang Ansichten vertreten oder Äußerungen dulden wird, die ein Verbrechen oder ein von Amts wegen zu verfolgendes Vergehen zum Gegenstand haben.

(2) ¹Nach Versammlungsbeginn kann die zuständige Behörde die Versammlung unter Angabe des Grundes beschränken oder auflösen, wenn
1. der Veranstalter eine der Voraussetzungen des Art. 1 Abs. 2 erfüllt,
2. die Versammlung einen gewalttätigen Verlauf nimmt oder eine unmittelbare Gefahr für Leben oder Gesundheit der teilnehmenden Personen besteht,
3. der Leiter Personen, die Waffen oder sonstige Gegenstände im Sinn des Art. 6 mit sich führen, nicht sofort ausschließt und nicht für die Durchführung des Ausschlusses sorgt, oder
4. durch den Verlauf der Versammlung gegen Strafgesetze verstoßen wird, die ein Verbrechen oder ein von Amts wegen zu verfolgendes Vergehen zum Gegenstand haben, oder wenn in der Versammlung zu solchen Straftaten aufgefordert oder angereizt wird und der Leiter dies nicht unverzüglich unterbindet.
²In den Fällen von Satz 1 Nrn. 2 bis 4 ist die Auflösung nur zulässig, wenn andere Maßnahmen der zuständigen Behörde, insbesondere eine Unterbrechung, nicht ausreichen.

### DRITTER TEIL
## Versammlungen unter freiem Himmel

**Art. 13 Anzeige- und Mitteilungspflicht.** (1) ¹Wer eine Versammlung unter freiem Himmel veranstalten will, hat dies der zuständigen Behörde spätestens 48 Stunden vor ihrer Bekanntgabe fernmündlich, schriftlich, elektronisch oder zur Niederschrift anzuzeigen. ²Bei der Berechnung der Frist bleiben Samstage, Sonn- und Feiertage außer Betracht. ³Bei einer fernmündlichen Anzeige kann die zuständige Behörde verlangen, die Anzeige schriftlich, elektronisch oder zur Niederschrift unverzüglich nachzuholen. ⁴Eine Anzeige ist frühestens zwei Jahre vor dem beabsichtigten Versammlungsbeginn möglich. ⁵Bekanntgabe einer Versammlung ist die Mitteilung des Veranstalters von Ort, Zeit und Thema der Versammlung an einen bestimmten oder unbestimmten Personenkreis.

(2) ¹In der Anzeige sind anzugeben
1. der Ort der Versammlung,
2. der Zeitpunkt des beabsichtigten Beginns und des beabsichtigten Endes der Versammlung,
3. das Versammlungsthema,

4. der Veranstalter und der Leiter mit ihren persönlichen Daten im Sinn des Art. 10 Abs. 3 Satz 1 sowie
5. bei sich fortbewegenden Versammlungen der beabsichtigte Streckenverlauf.

²Der Veranstalter hat wesentliche Änderungen der Angaben nach Satz 1 der zuständigen Behörde unverzüglich mitzuteilen.

(3) Entsteht der Anlass für eine geplante Versammlung kurzfristig (Eilversammlung), ist die Versammlung spätestens mit der Bekanntgabe fernmündlich, schriftlich, elektronisch oder zur Niederschrift bei der zuständigen Behörde oder bei der Polizei anzuzeigen.

(4) Die Anzeigepflicht entfällt, wenn sich die Versammlung aus einem unmittelbaren Anlass ungeplant und ohne Veranstalter entwickelt (Spontanversammlung).

(5) Die zuständige Behörde kann den Leiter ablehnen, wenn Tatsachen die Annahme rechtfertigen, dass dieser die Friedlichkeit der Versammlung gefährdet.

(6) ¹Der Veranstalter hat der zuständigen Behörde auf Anforderung die persönlichen Daten eines Ordners im Sinn des Art. 10 Abs. 3 Satz 1 mitzuteilen, wenn Tatsachen die Annahme rechtfertigen, dass dieser die Friedlichkeit der Versammlung gefährdet. ²Die zuständige Behörde kann den Ordner ablehnen, wenn die Voraussetzungen nach Satz 1 vorliegen.

(7) Die zuständige Behörde kann dem Veranstalter aufgeben, die Anzahl der Ordner zu erhöhen, wenn ohne die Erhöhung eine Gefahr für die öffentliche Sicherheit zu besorgen ist.

**Art. 14 Zusammenarbeit.** (1) ¹Die zuständige Behörde soll dem Veranstalter Gelegenheit geben, mit ihr die Einzelheiten der Durchführung der Versammlung zu erörtern. ²Der Veranstalter ist zur Mitwirkung nicht verpflichtet.

(2) Die zuständige Behörde kann bei Maßnahmen nach Art. 15 berücksichtigen, inwieweit der Veranstalter oder der Leiter nach Abs. 1 mit ihr zusammenarbeiten.

**Art. 15 Beschränkungen, Verbote, Auflösung.** (1) Die zuständige Behörde kann eine Versammlung beschränken oder verbieten, wenn nach den zur Zeit des Erlasses der Verfügung erkennbaren Umständen die öffentliche Sicherheit oder Ordnung bei Durchführung der Versammlung unmittelbar gefährdet ist oder ein Fall des Art. 12 Abs. 1 vorliegt.

(2) Die zuständige Behörde kann eine Versammlung insbesondere dann beschränken oder verbieten, wenn nach den zur Zeit des Erlasses der Verfügung erkennbaren Umständen
1. die Versammlung an einem Tag oder Ort stattfinden soll, dem ein an die nationalsozialistische Gewalt- und Willkürherrschaft erinnernder Sinngehalt mit gewichtiger Symbolkraft zukommt, und durch sie
   a) eine Beeinträchtigung der Würde der Opfer zu besorgen ist, oder

b) die unmittelbare Gefahr einer erheblichen Verletzung grundlegender sozialer oder ethischer Anschauungen besteht oder
2. durch die Versammlung die nationalsozialistische Gewalt- und Willkürherrschaft gebilligt, verherrlicht, gerechtfertigt oder verharmlost wird, auch durch das Gedenken an führende Repräsentanten des Nationalsozialismus, und dadurch die unmittelbare Gefahr einer Beeinträchtigung der Würde der Opfer besteht.

(3) Maßnahmen nach Abs. 1 oder 2 sind rechtzeitig vor Versammlungsbeginn zu treffen.

(4) Nach Versammlungsbeginn kann die zuständige Behörde eine Versammlung beschränken oder auflösen, wenn die Voraussetzungen für eine Beschränkung oder ein Verbot nach Abs. 1 oder 2 vorliegen oder gerichtlichen Beschränkungen zuwidergehandelt wird.

(5) Die zuständige Behörde kann teilnehmende Personen, die die Ordnung erheblich stören, von der Versammlung ausschließen.

(6) Eine verbotene Versammlung ist aufzulösen.

**Art. 16 Schutzwaffen- und Vermummungsverbot.** (1) Es ist verboten, bei Versammlungen oder sonstigen öffentlichen Veranstaltungen unter freiem Himmel oder auf dem Weg dorthin Schutzwaffen oder Gegenstände mit sich zu führen, die als Schutzwaffen geeignet und den Umständen nach dazu bestimmt sind, Vollstreckungsmaßnahmen eines Trägers von Hoheitsbefugnissen abzuwehren.

(2) Es ist auch verboten,
1. an derartigen Veranstaltungen in einer Aufmachung teilzunehmen, die geeignet und den Umständen nach darauf gerichtet ist, die Feststellung der Identität zu verhindern, oder den Weg zu derartigen Veranstaltungen in einer solchen Aufmachung zurückzulegen,
2. bei derartigen Veranstaltungen oder auf dem Weg dorthin Gegenstände mit sich zu führen, die geeignet und den Umständen nach dazu bestimmt sind, die Feststellung der Identität zu verhindern, oder
3. sich im Anschluss an oder sonst im Zusammenhang mit derartigen Veranstaltungen mit anderen zu einem gemeinschaftlichen friedensstörenden Handeln zusammenzuschließen und dabei
    a) Waffen oder sonstige Gegenstände, die ihrer Art nach zur Verletzung von Personen oder Beschädigung von Sachen geeignet und den Umständen nach dazu bestimmt sind, mit sich zu führen,
    b) Schutzwaffen oder sonstige in Nr. 2 bezeichnete Gegenstände mit sich zu führen oder
    c) in einer in Nr. 1 bezeichneten Aufmachung aufzutreten.

(3) Die zuständige Behörde kann Ausnahmen von den Verboten nach Abs. 1 und 2 zulassen, wenn eine Gefährdung der öffentlichen Sicherheit oder Ordnung nicht zu besorgen ist.

(4) Abs. 1 und 2 gelten nicht für Gottesdienste unter freiem Himmel, kirchliche Prozessionen, Bittgänge und Wallfahrten, gewöhnliche Leichenbegängnisse, Züge von Hochzeitsgesellschaften und hergebrachte Volksfeste.

(5) Die zuständige Behörde kann Personen, die den Verboten nach Abs. 1 und 2 zuwiderhandeln, von der Versammlung ausschließen.

## VIERTER TEIL
## Befriedeter Bezirk

**Art. 17 Befriedeter Bezirk.** [1]Für den Landtag des Freistaates Bayern wird ein befriedeter Bezirk gebildet. [2]Der befriedete Bezirk um das Landtagsgebäude umfasst das nachfolgend umgrenzte Gebiet der Landeshauptstadt München: Max-Weber-Platz, Innere Wiener Straße, Wiener Platz, Innere Wiener Straße, Am Gasteig, Ludwigsbrücke, Westufer der Isar, Prinzregentenbrücke, südliches Rondell am Friedensengel, Prinzregentenstraße, Ismaninger Straße, Max-Weber-Platz. [3]Die angeführten Straßen und Plätze sind nicht Teil des befriedeten Bezirks.

**Art. 18 Schutz des Landtags.** [1]Versammlungen unter freiem Himmel sind innerhalb des befriedeten Bezirks verboten. [2]Ebenso ist es verboten, zu Versammlungen nach Satz 1 aufzufordern.

**Art. 19 Zulassung von Versammlungen.** (1) Nicht verbotene Versammlungen unter freiem Himmel können innerhalb des befriedeten Bezirks zugelassen werden.

(2) [1]Anträge auf Zulassung von Versammlungen nach Abs. 1 sind spätestens sieben Tage vor der Bekanntgabe schriftlich, elektronisch oder zur Niederschrift beim Staatsministerium des Innern, für Sport und Integration einzureichen. [2]Art. 13 Abs. 2 und 3 gelten entsprechend.

(3) Über Anträge auf Zulassung entscheidet das Staatsministerium des Innern, für Sport und Integration im Einvernehmen mit dem Präsidenten des Landtags.

(4) Durch die Zulassung werden die übrigen Vorschriften dieses Gesetzes, insbesondere Art. 13 bis 15, nicht berührt.

## FÜNFTER TEIL
## Straf- und Bußgeldvorschriften

**Art. 20 Strafvorschriften.** (1) Mit Freiheitsstrafe bis zu zwei Jahren oder mit Geldstrafe wird bestraft, wer
1. entgegen Art. 6 eine Waffe oder einen sonstigen Gegenstand der dort bezeichneten Art mit sich führt, zu einer Versammlung hinschafft, bereithält oder verteilt,

## 83 BayVersG — Versammlungsgesetz

2. entgegen Art. 8 Abs. 2 Nr. 1 Gewalttätigkeiten vornimmt oder androht oder eine erhebliche Störung verursacht oder
3. entgegen Art. 16 Abs. 2 Nr. 3 Buchst. a sich mit anderen zu einem gemeinschaftlichen friedensstörenden Handeln zusammenschließt und dabei Waffen oder sonstige Gegenstände der dort bezeichneten Art mit sich führt.

(2) Mit Freiheitsstrafe bis zu einem Jahr oder mit Geldstrafe wird bestraft, wer
1. entgegen Art. 4 Abs. 2 Satz 3 Ordner verwendet,
2. entgegen Art. 8 Abs. 2 Nr. 2 einer dort genannten Person Widerstand leistet oder sie tätlich angreift,
3. entgegen Art. 8 Abs. 3 oder Art. 18 Satz 2 zur Teilnahme an einer Versammlung auffordert,
4. als Veranstalter oder als Leiter einer vollziehbaren Anordnung nach Art. 12 Abs. 1 oder 2 Satz 1, Art. 15 Abs. 1, 2 oder 4 oder einer gerichtlichen Beschränkung zuwiderhandelt,
5. entgegen Art. 16 Abs. 1 eine Schutzwaffe oder einen einschlägigen Gegenstand mit sich führt,
6. entgegen Art. 16 Abs. 2 Nr. 1 an einer derartigen Veranstaltung teilnimmt oder den Weg dorthin zurücklegt oder
7. entgegen Art. 16 Abs. 2 Nr. 3 sich mit anderen zu einem gemeinschaftlichen friedensstörenden Handeln zusammenschließt und dabei den in Art. 16 Abs. 2 Nr. 3 Buchst. b oder c bezeichneten Verboten zuwiderhandelt.

**Art. 21 Bußgeldvorschriften.** (1) Mit Geldbuße bis zu dreitausend Euro kann belegt werden, wer
1. als Leiter entgegen Art. 4 Abs. 3 Satz 1 Polizeibeamten keinen Zugang oder keinen angemessenen Platz einräumt,
2. entgegen Art. 7 Nr. 1 eine Uniform, ein Uniformteil oder ein gleichartiges Kleidungsstück trägt,
3. entgegen Art. 10 Abs. 2 Satz 1 Pressevertreter ausschließt,
4. als Veranstalter Personen als Leiter der Versammlung einsetzt, die von der zuständigen Behörde nach Art. 10 Abs. 3 Satz 2 oder Art. 13 Abs. 5 abgelehnt wurden,
5. als Veranstalter Ordner einsetzt, die von der zuständigen Behörde nach Art. 10 Abs. 4 Satz 2 oder nach Art. 13 Abs. 6 Satz 2 abgelehnt wurden,
6. einer vollziehbaren Anordnung nach Art. 12 Abs. 1 oder 2 Satz 1, Art. 15 Abs. 1, 2 oder 4 oder einer gerichtlichen Beschränkung zuwiderhandelt,
7. als Veranstalter oder als Leiter eine Versammlung unter freiem Himmel ohne Anzeige nach Art. 13 Abs. 1 Satz 1 oder Abs. 3 durchführt, ohne dass die Voraussetzungen nach Art. 13 Abs. 4 vorliegen,
8. entgegen Art. 16 Abs. 2 Nr. 2 einen einschlägigen Gegenstand mit sich führt, oder
9. entgegen Art. 18 Satz 1 an einer dort genannten Versammlung teilnimmt.

(2) Mit Geldbuße bis zu fünfhundert Euro kann belegt werden, wer
1. als Leiter Ordner einsetzt, die anders gekennzeichnet sind, als es nach Art. 4 Abs. 2 Satz 2 zulässig ist,

2. entgegen Art. 5 Abs. 2 die Versammlung nicht unverzüglich verlässt,
3. entgegen Art. 5 Abs. 3 sich nicht unverzüglich entfernt,
4. trotz wiederholter Zurechtweisung durch den Leiter oder einen Ordner fortfährt, entgegen Art. 8 Abs. 1 eine Versammlung zu stören,
5. als Veranstalter entgegen Art. 10 Abs. 3 Satz 1 persönliche Daten nicht oder nicht richtig mitteilt oder
6. entgegen Art. 13 Abs. 2 Satz 2 eine Mitteilung nicht macht.

**Art. 22 Einziehung.** [1]Gegenstände, auf die sich eine Straftat nach Art. 20 oder eine Ordnungswidrigkeit nach Art. 21 Abs. 1 Nrn. 6, 8 oder 9 oder Abs. 2 Nr. 4 bezieht, können eingezogen werden. [2]§ 74a des Strafgesetzbuchs und § 23 des Gesetzes über Ordnungswidrigkeiten sind anzuwenden.

SECHSTER TEIL
## Schlussbestimmungen

**Art. 23 Einschränkung von Grundrechten.** Die Grundrechte der Versammlungsfreiheit (Art. 8 Abs. 1 des Grundgesetzes, Art. 113 der Verfassung) und der Meinungsfreiheit (Art. 5 Abs. 1 Satz 1 des Grundgesetzes, Art. 110 Abs. 1 Satz 1 der Verfassung) werden nach Maßgabe dieses Gesetzes eingeschränkt.

**Art. 24 Zuständigkeiten.** (1) Polizei im Sinn dieses Gesetzes ist die Polizei im Sinn des Art. 1 PAG.

(2) [1]Zuständige Behörden im Sinne dieses Gesetzes sind die Kreisverwaltungsbehörden. [2]Ab Beginn der Versammlung und in unaufschiebbaren Fällen kann auch die Polizei Maßnahmen treffen.

(3) [1]Bei Versammlungen unter freiem Himmel, die über das Gebiet einer Kreisverwaltungsbehörde hinaus gehen (überörtliche Versammlungen), genügt der Veranstalter seiner Anzeigepflicht, wenn er die Versammlung gegenüber einer zuständigen Kreisverwaltungsbehörde anzeigt. [2]Dies gilt nicht bei Eilversammlungen nach Art. 13 Abs. 3. [3]Die Kreisverwaltungsbehörde unterrichtet unverzüglich die übrigen betroffenen Kreisverwaltungsbehörden und die Regierung; berührt die Versammlung mehrere Regierungsbezirke, unterrichtet sie das Staatsministerium des Innern, für Sport und Integration.

(4) [1]Bei überörtlichen Versammlungen kann die Regierung bestimmen, dass eine der nach Abs. 2 Satz 1 zuständigen Kreisverwaltungsbehörden im Benehmen mit den übrigen über Verfügungen nach Art. 6, 13 Abs. 1 Satz 3, Abs. 5 bis 7, Art. 15 und 16 Abs. 3 entscheidet. [2]Bei überörtlichen Versammlungen, die mehrere Regierungsbezirke berühren, kann das Staatsministerium des Innern, für Sport und Integration diese Bestimmung treffen.

**Art. 25 Keine aufschiebende Wirkung der Klage.** Klagen gegen Entscheidungen nach diesem Gesetz haben keine aufschiebende Wirkung.

# 83 BayVersG

**Art. 26 Kosten.** Mit Ausnahme von Entscheidungen über Erlaubnisse nach Art. 6 sind Amtshandlungen nach diesem Gesetz kostenfrei.

**Art. 27** *(aufgehoben)*

**Art. 28 Inkrafttreten, Außerkrafttreten, Übergangsregelung.** (1) ¹Dieses Gesetz tritt am 1. Oktober 2008 in Kraft. ²Es ersetzt nach Art. 125a Abs. 1 Satz 2 des Grundgesetzes das Gesetz über Versammlungen und Aufzüge (Versammlungsgesetz) in der Fassung der Bekanntmachung vom 15. November 1978 (BGBl I S. 1789), zuletzt geändert durch Art. 1 des Gesetzes vom 24. März 2005 (BGBl I S. 969).

(2) *(aufgehoben)*

# Bayerisches Integrationsgesetz (BayIntG)

(BayRS 26–6-A) vom 13. Dezember 2016 (GVBl. S. 335),
zuletzt geändert durch Verordnung vom 26. März 2019 (GVBl. S. 98)

Der Landtag des Freistaates Bayern hat das folgende Gesetz beschlossen, das hiermit bekannt gemacht wird:

### INHALTSÜBERSICHT*

Präambel
Art. 1 Integrationsziele
Art. 2 Begriffsbestimmungen
Art. 3 Allgemeine Integrationsförderung
Art. 4 Deutsche Sprache
Art. 5 Vorschulische Sprachförderung
Art. 6 Frühkindliche Bildung
Art. 7 Schulen
Art. 8 Hochschulen
Art. 9 Kommunen
Art. 10 Verantwortung der Wirtschaft
Art. 11 Rundfunk und Medien
Art. 12 Landesleistungen
Art. 13 Achtung der Rechts- und Werteordnung
Art. 14 Unterlaufen der verfassungsmäßigen Ordnung
Art. 15 Bayerischer Integrationsbeauftragter, Bayerischer Integrationsrat
Art. 16 Ausschluss der Klagbarkeit
Art. 17 Einschränkung von Grundrechten
Art. 18 Inkrafttreten, Außerkrafttreten

## Präambel

¹Bayern ist Teil der deutschen Nation mit gemeinsamer Sprache und Kultur.

²Es ist tief eingewurzelt in Werte und Traditionen des gemeinsamen christlichen Abendlandes und weiß zugleich um den jüdischen Beitrag zu seiner Identität.

³Die Würde des Menschen, die Freiheit der Person, die Gleichheit und Gleichberechtigung aller Menschen, das Recht jedes Einzelnen auf ein selbstbestimmtes, aber auch selbstverantwortliches Leben und die Unterscheidung von Staat und Religion sind als Frucht der Aufklärung tragende Grundlage unserer Rechts- und Gesellschaftsordnung.

⁴Die nationalsozialistische Willkürherrschaft, die Verbrechen des Dritten Reichs und die Schrecken des Zweiten Weltkrieges haben gelehrt, dass allein eine grundrechtlich ausgerichtete Herrschaft des Rechts vor Terror, Diktatur und Spaltung bewahrt und Voraussetzung für Frieden und Freiheit ist.

⁵Jeder Einzelne ist daher zur Wahrung des Rechts und zur Loyalität gegenüber Volk und Verfassung, Staat und Gesetzen verpflichtet.

---

\* *Inhaltsübersicht nicht amtlich.*

[6]Die demokratische Verfasstheit des Gemeinwesens bindet umgekehrt alle Staatsgewalt an die Stimme des Volkes.

[7]Die Solidarität mit den Schwächeren und Hilfsbedürftigen ist Gebot der Gemeinschaft wie jedes Einzelnen, setzt aber zugleich voraus, dass in erster Linie jeder zunächst selbst verpflichtet ist, Verantwortung für sich und die Seinen zu übernehmen und sein Möglichstes dazu beizutragen.

[8]Die Gemeinschaft kann nur leisten, was gemeinsam von allen erwirtschaftet wird, und darf daher von jedem seinen Beitrag erwarten.

[9]Ganz Bayern ist geformt von gewachsenem Brauchtum, von Sitten und Traditionen.

[10]Die freiheitliche Lebensweise in einer offenen und pluralen Gesellschaft erfordert gleichermaßen gegenseitige Toleranz und Achtung der kulturellen Prägung unseres Landes.

[11]In den zurückliegenden Jahrzehnten ist es so zur neuen Heimat für Viele geworden, die sich hier eingebracht und eingelebt haben.

[12]Das lange geschichtliche Ringen unserer Nation und unseres ganzen Kontinents um Einheit, Recht, Frieden und Freiheit verpflichtet auf das errungene gesamteuropäische Erbe und das Ziel eines gemeinsamen europäischen Weges.

[13]Dieser identitätsbildende Grundkonsens wird täglich in unserem Land gelebt und bildet die kulturelle Grundordnung der Gesellschaft (Leitkultur).

[14]Diese zu wahren, den gesellschaftlichen Zusammenhalt zu sichern und Migrantinnen und Migranten zu einem Leben in unserer Gesellschaft zu befähigen, ist Zweck dieses Gesetzes.

**Art. 1 Integrationsziele.** [1]Bayern bekennt sich zu seiner Verantwortung gegenüber allen, die aus anderen Staaten kommen und hier nach Maßgabe der Gesetze Aufnahme gefunden haben oder Schutz vor Krieg und Verfolgung suchen. [2]Es ist Ziel dieses Gesetzes, diesen Menschen für die Zeit ihres Aufenthalts Hilfe und Unterstützung anzubieten, um ihnen das Leben in dem ihnen zunächst fremden und unbekannten Land zu erleichtern (Integrationsförderung), sie aber zugleich auf die im Rahmen ihres Gast- und Aufenthaltsstatus unabdingbare Achtung der Leitkultur zu verpflichten und dazu eigene Integrationsanstrengungen abzuverlangen (Integrationspflicht). [3]Das soll zugleich einer Überforderung der gesellschaftlich-integrativen und der wirtschaftlichen Leistungsfähigkeit des Landes und seiner kommunalen Ebenen entgegenwirken.

**Art. 2 Begriffsbestimmungen.** (1) [1]Migrantinnen und Migranten im Sinne dieses Gesetzes sind alle Ausländerinnen und Ausländer, die sich dauerhaft berechtigt in Bayern aufhalten. [2]Gleichgestellt sind Ausländerinnen und Ausländer, die eine Aufenthaltsgestattung besitzen und bei denen ein rechtmäßiger und dauerhafter Aufenthalt zu erwarten ist. [3]Nicht erfasst sind Personen, die nach Regelungen im Sinne des § 1 Abs. 1 Satz 5 des Aufenthaltsgesetzes (AufenthG) oder nach § 1 Abs. 2 Nr. 2 und 3 AufenthG vom Erfordernis eines Aufenthaltstitels befreit sind.

(2) Ausländerinnen und Ausländer
1. nach § 1 Abs. 2 Nr. 1 AufenthG und nach § 28 der Aufenthaltsverordnung (AufenthV),
2. die einen Aufenthaltstitel nach § 18 AufenthG besitzen, wenn der Ausübung der Beschäftigung nach § 2 Abs. 3, § 4 oder § 10 der Beschäftigungsverordnung (BeschV) zugestimmt wurde oder sie nach § 2 Abs. 1 Nr. 3, § 3 oder § 5 BeschV ohne Zustimmung zulässig ist,
3. die einen Aufenthaltstitel nach den §§ 18b bis 21 AufenthG besitzen,
4. für die § 41 AufenthV gilt oder
5. die als Angehörige der in den Nrn. 1 bis 4 genannten Personen einen Aufenthaltstitel zum Familiennachzug besitzen oder
6. die Ehegatten oder Lebenspartner eines Deutschen sind,

sind Migrantinnen und Migranten nur in Bezug auf die Regelungen dieses Gesetzes über die Integrationsförderung.

(3) [1]Die Regelungen dieses Gesetzes über die Integrationsförderung gelten entsprechend für Deutsche, die in besonderer Weise integrationsbedürftig sind und
1. außerhalb der heutigen Grenzen der Bundesrepublik Deutschland geboren und nach 1955 in das heutige Gebiet der Bundesrepublik Deutschland zugewandert sind oder
2. zumindest einen Eltern- oder Großelternteil haben, der die Bedingungen der Nr. 1 erfüllt.

[2]In besonderer Weise integrationsbedürftig ist insbesondere, wer die deutsche Sprache nicht mindestens auf dem Niveau A2 des Gemeinsamen Europäischen Referenzrahmens für Sprachen beherrscht.

**Art. 3 Allgemeine Integrationsförderung.** (1) [1]Bildung ist ein zentraler Schlüssel zur Integration. [2]Der Staat unterstützt sowohl minderjährige als auch erwachsene Migrantinnen und Migranten darin, spezifische Bildungslücken auszugleichen, die ihren Grund nicht in ihren persönlichen Anlagen und Bildungsanstrengungen haben, sondern auf strukturellen Bildungsdefiziten ihres Herkunftsstaats beruhen oder migrationsbedingt sind. [3]Die Zugangsvoraussetzungen zu den einzelnen schulischen Bildungswegen und -einrichtungen einschließlich begründeter Ausnahmen für Schülerinnen und Schüler nichtdeutscher Muttersprache regeln die Schulordnungen auf Basis der einschlägigen gesetzlichen Ermächtigungen.

(2) Der Staat unterstützt Migrantinnen und Migranten durch geeignete Angebote in dem ihnen abverlangten Bemühen, sich mit den in der heimischen Bevölkerung vorherrschenden Umgangsformen, Sitten und Gebräuchen vertraut zu machen, soweit sich diese von denjenigen in den Herkunftsstaaten unterscheiden.

(3) [1]Eltern leisten durch Erziehung und Wertevermittlung einen wesentlichen Beitrag zu einer gelingenden Integration. [2]Der Staat unterstützt Migrantinnen und Migranten durch geeignete Angebote darin, die tatsächliche Durch-

setzung der Gleichberechtigung von Frauen und Männern in Deutschland anzunehmen, einzuüben und auch selbstbewusst zu vertreten.

(4) [1]Gelingende Integration bedarf der gegenseitigen Rücksichtnahme und Toleranz sowie des Respekts vor der Einzigartigkeit, der Lebensgeschichte und den Prägungen des jeweils anderen. [2]Der Staat fördert an der Leitkultur ausgerichtete Angebote, die Migrantinnen und Migranten in politischer Bildung, deutscher Geschichte einschließlich der Lehren aus den Verbrechen des Dritten Reiches und in der Rechtskunde unterweisen und ihnen die heimische Kultur, Wirtschafts- und Gesellschaftsordnung näherbringen. [3]Er fördert zugleich die interkulturelle Sensibilität von Bevölkerung und Verwaltung und unterstützt integrativ wirkende Projekte.

(5) Der Staat unterstützt Angebote der Migrationsberatung, um den Migrantinnen und Migranten im Bedarfsfall einzelfallgerechte Hilfe und Unterstützung in den eigenen Integrationsbemühungen zu gewähren.

(6) [1]Das an den Integrationszielen dieses Gesetzes ausgerichtete bürgerschaftliche Engagement von und für Migrantinnen und Migranten soll in allen Bereichen der Gesellschaft gestärkt werden. [2]Migrantinnen und Migranten werden ermutigt, durch bürgerschaftliches Engagement einen Beitrag zum Gemeinwohl zu leisten und sich auf diese Weise zu unserem Land und seinen Werten zu bekennen. [3]Der Staat erkennt den wichtigen Beitrag an, den Verbände und Vereine leisten, wenn sie über Angebote informieren, für Teilnahme werben und sich aktiv in den politischen Prozess einbringen. [4]Er unterstützt die ehrenamtliche Arbeit vor Ort durch geeignete Angebote, insbesondere zur Information und Koordinierung.

(7) Der Staat unterstützt Angebote der Rückkehrberatung, um ausreisepflichtigen oder rückkehrwilligen Ausländerinnen und Ausländern bedarfsgerechte Hilfe und Unterstützung für die Rückkehr in ihre Herkunftsstaaten zu gewähren.

(8) [1]Migrationsbedingte Erwägungen können im Rahmen von Ermessensentscheidungen berücksichtigt werden, soweit dies den in Art. 1 genannten Integrationszielen in geeigneter Weise dienen kann. [2]Alle staatlichen Behörden verwirklichen im Rahmen ihrer Zuständigkeiten und der geltenden Gesetze die Integrationsziele dieses Gesetzes.

(9) [1]Förderungen nach diesem Artikel erfolgen nach Maßgabe gesonderter Förderrichtlinien. [2]Diese sind jeweils gemäß den haushaltsrechtlichen Bestimmungen zu befristen und mit einem Haushaltsvorbehalt zu versehen.

**Art. 4 Deutsche Sprache.** (1) [1]Nur wer deutsch spricht, kann sich vollumfänglich in das öffentliche Leben und Arbeiten einfügen. [2]Eigenes Engagement beim Spracherwerb liegt daher im wohlverstandenen Eigeninteresse der Migrantinnen und Migranten.

(2) Wer volljährig ist und sich in den vorangegangenen sechs Jahren mindestens drei Jahre in Deutschland ständig aufgehalten hat, soll sich mit jedermann in deutscher Sprache angemessen verständigen können.

(3) [1]Der Staat unterstützt Migrantinnen und Migranten in den ersten sechs Jahren nach ihrer Einreise nach Deutschland in ihren Bemühungen, die deutsche Sprache in Wort und Schrift zu erlernen. [2]Art. 3 Abs. 9 gilt entsprechend. [3]Wer aus selbst zu vertretenden Gründen das im Rahmen einer gewährten Förderung mindestens erwartbare Sprachniveau nicht erreicht, kann vorbehaltlich anderweitiger Bestimmungen nach Maßgabe einschlägiger Förderrichtlinien zur angemessenen Erstattung von Förderkosten verpflichtet werden.

(4) [1]Die notwendigen Kosten für die Heranziehung eines Dolmetschers oder Übersetzers durch Behörden können Personen im Sinne des Abs. 2 auch dann auferlegt werden, wenn eine Kostenauferlegung nicht nach anderen Vorschriften vorgesehen ist. [2]Haftungsansprüche wegen fehlerhafter Übersetzung gegen die Körperschaft, deren Behörde den Dolmetscher oder Übersetzer herangezogen hat, sind ausgeschlossen.

**Art. 5 Vorschulische Sprachförderung.** (1) [1]Die Träger von Kindertageseinrichtungen fördern die sprachliche Entwicklung der Kinder von Anfang an und tragen hierbei den besonderen Anforderungen von Kindern aus Migrantenfamilien und Kindern mit sonstigem Sprachförderbedarf Rechnung. [2]Kinder sollen lernen, sich entwicklungsangemessen in der deutschen Sprache sowie durch die allgemein übliche Mimik und Körpersprache auszudrücken, längeren Darstellungen oder Erzählungen zu folgen und selbst Geschichten zusammenhängend zu erzählen. [3]Sie sollen Wortschatz, Begriffs- und Lautbildung, Satzbau und sprachliche Abstraktion in der deutschen Sprache entsprechend ihrem Entwicklungsstand erweitern und verfeinern. [4]Die Verwendung der lokalen Dialekte wird unterstützt und gepflegt. [5]Das pädagogische Personal muss über die erforderlichen deutschen Sprachkenntnisse verfügen und soll die notwendigen interkulturellen Kompetenzen im erforderlichen Umfang fortentwickeln.

(2) [1]Ab der ersten Hälfte des vorletzten Kindergartenjahres (Art. 26 Abs. 1 Satz 5 des Bayerischen Kinderbildungs- und -betreuungsgesetzes – BayKiBiG) vor Eintritt der Vollzeitschulpflicht wird bei allen Kindern zur frühzeitigen Feststellung und Förderung einer entsprechenden Entwicklung für die spätere Leistungsfähigkeit in der Schule der Sprachstand erhoben. [2]Zuständig ist die Kindertageseinrichtung, die das Kind besucht. [3]Besucht das Kind keine Kindertageseinrichtung, führt die Sprachstandserhebung die Grundschule durch, in der die Schulpflicht voraussichtlich zu erfüllen ist. [4]In den Fällen des Satzes 3 müssen die Erziehungsberechtigten dafür sorgen, dass ihr Kind an der Sprachstandserhebung teilnimmt.

(3) [1]Ein Kind, bei dem das Ergebnis der Sprachstandserhebung nach Abs. 2 erwarten lässt, dass seine Deutschkenntnisse für eine erfolgreiche Teilnahme am Unterricht der Grundschule nicht ausreichen werden, soll in der Zeit bis zur Einschulung einen Vorkurs zur Förderung der deutschen Sprachkenntnisse besuchen. [2]Die Erziehungsberechtigten des Kindes können durch die nach Abs. 2 Satz 2 oder 3 zuständige Stelle über mögliche weitere Fördermaßnahmen, eine gegebenenfalls bestehende finanzielle Unterstützung und die Vorzüge eines re-

## 84 BayIntG

gelmäßigen Kindergartenbesuchs informiert werden. [3]Wird ein solches Gespräch in den Fällen des Abs. 2 Satz 3 angeboten, sind sie zur Teilnahme verpflichtet.

(4) Erfüllt ein Träger einer Kindertageseinrichtung die sich aus Abs. 1 und 2 oder Art. 6 ergebenden Verpflichtungen nicht, richten sich Widerruf und Rücknahme der Erlaubnis für den Betrieb der Einrichtung nach § 45 Abs. 2 Nr. 2, Abs. 7 des Achten Buches Sozialgesetzbuch.

(5) Das Nähere zu den Abs. 1 bis 4 kann das Staatsministerium für Familie, Arbeit und Soziales im Einvernehmen mit dem Staatsministerium für Unterricht und Kultus durch Rechtsverordnung regeln.

(6) Mit Geldbuße kann von der Kreisverwaltungsbehörde belegt werden, wer den Pflichten nach Abs. 2 Satz 4 oder Abs. 3 Satz 3 zuwiderhandelt.

**Art. 6 Frühkindliche Bildung.** [1]Alle Kinder in Kindertageseinrichtungen sollen zentrale Elemente der christlich-abendländischen Kultur erfahren. [2]Der Träger einer Kindertageseinrichtung hat dafür Sorge zu tragen, dass sie lernen, sinn- und werteorientiert und in Achtung vor religiösen Überzeugungen zu leben sowie eine eigene von Nächstenliebe getragene religiöse oder weltanschauliche Identität zu entwickeln. [3]Zur Bildung der gesamten Persönlichkeit der Kinder unterstützt und stärkt das pädagogische Personal die Entwicklung von freiheitlich-demokratischen, religiösen, sittlichen und sozialen Werthaltungen. [4]Die Kindertageseinrichtungen sollen dazu beitragen, die Integrationsbereitschaft der Familien von Migrantinnen und Migranten zu fördern.

**Art. 7 Schulen.** (1) [1]Die Schulen fördern im Rahmen ihres Bildungs- und Erziehungsauftrags nach Art. 131 der Verfassung die in Art. 1 genannten Integrationsziele. [2]Hierzu unterstützen sie die Integrationsbemühungen von Migrantinnen und Migranten und die interkulturelle Kompetenz aller Schülerinnen und Schüler und vermitteln in diesem Zusammenhang auch die grundlegende Rechts- und Werteordnung der Verfassung. [3]Sie sollen darauf hinwirken, dass die Schülerinnen und Schüler Menschen in ihrer Unterschiedlichkeit offen und unbefangen annehmen.

(2) Auf die interkulturelle und integrative Kompetenz soll im erforderlichen Umfang in der Aus- und Fortbildung der Lehrkräfte besonderer Wert gelegt werden.

(3) [1]Für Schülerinnen und Schüler nichtdeutscher Muttersprache können insbesondere in Pflichtschulen gesonderte Klassen und sonstige Fördermaßnahmen zur Sprachförderung und schulischen Integration eingerichtet werden. [2]Ziel ist eine frühestmögliche Aufnahme in den Unterricht der Regelklassen.

(4) [1]Die Teilnahme am Unterricht ist Grundvoraussetzung schulischer Integration. [2]Befreiungen vom Unterricht aus religiösen Gründen, die sich nicht lediglich auf einzelne Tage beschränken, sind auf die verfassungsrechtlich zwingenden Fälle zu beschränken. [3]Vorrangig sind organisatorische oder prozedurale Maßnahmen auszuschöpfen.

Integrationsgesetz

**Art. 8 Hochschulen.** ¹Hochschulen können für studieninteressierte, nicht immatrikulierte Migrantinnen und Migranten besondere Förderangebote einrichten, insbesondere um ihnen den Erwerb der deutschen Sprache zu erleichtern, sie über Bildungs- und Ausbildungswege zu informieren und einzelne spezifische Bildungslücken auszugleichen, die ihren Grund nicht in ihren persönlichen Anlagen und Bildungsanstrengungen haben, sondern auf strukturellen Bildungsdefiziten ihres Herkunftsstaats beruhen oder migrationsbedingt sind. ²Die Hochschulen sind nicht befugt, Prüfungen abzunehmen, die zu einem allgemeinen Bildungsabschluss führen. ³Entsprechende Angebote können jeweils längstens zwei Jahre an einer Hochschule in Anspruch genommen werden. ⁴Die Hochschulen regeln die Einzelheiten durch Satzung, insbesondere zum Status der Migrantinnen und Migranten, den Zugangs- und Zulassungsvoraussetzungen zu den Angeboten, möglichen Prüfungen und zur Datenerhebung und Datennutzung. ⁵Die Bestimmungen über den Hochschulzugang und die Hochschulzulassung bleiben unberührt.

**Art. 9 Kommunen.** ¹Die örtliche Gemeinschaft leistet einen unverzichtbaren Beitrag, die Integration von Migrantinnen und Migranten zu fördern, sie bei der Erfüllung ihrer Integrationspflichten zu unterstützen und das wechselseitige kulturelle Verständnis zu erleichtern. ²Die Gemeinden, Landkreise und Bezirke tragen dabei im Rahmen der kommunalen Selbstverwaltung, ihrer jeweiligen finanziellen Leistungsfähigkeit und nach Maßgabe der Gesetze besondere Mitverantwortung für die in Art. 1 genannten Integrationsziele.

**Art. 10 Verantwortung der Wirtschaft.** (1) ¹Die bayerische Wirtschaft trägt im Rahmen des Art. 151 der Verfassung Mitverantwortung für die in Art. 1 genannten Integrationsziele. ²Die staatlichen Förderprogramme insbesondere nach dem Mittelstandsförderungsgesetz können die Bemühungen einzelner Unternehmen positiv berücksichtigen, Migrantinnen und Migranten, die zur Ausübung einer Erwerbstätigkeit berechtigt sind, auf Unternehmenskosten die deutsche Sprache und die Leitkultur zu vermitteln und die in Art. 1 genannten Integrationsziele zu fördern.

(2) ¹Qualifizierte Migrantinnen und Migranten sollen im Rahmen der geltenden Gesetze den heimischen Arbeitsmarkt bereichern. ²Das Potenzial der dualen Berufsausbildung und der schulisch strukturierten Aus- und Weiterbildung soll für die Qualifizierung der Migrantinnen und Migranten nutzbar gemacht werden.

**Art. 11 Rundfunk und Medien.**\* *¹Der Bayerische Rundfunk und die nach dem Bayerischen Mediengesetz an der Veranstaltung von Rundfunk Beteiligten*

---

\* *Hervorhebung durch Herausgeber. Beachte die Entscheidung des Bayerischen Verfassungsgerichtshofs vom 3. Dezember 2019, Vf. 6-VIII-17 und Vf. 7-VIII-17 (GVBl. S. 764):* Art. 11 des Bayerischen Integrationsgesetzes (BayIntG) vom 13. Dezember 2016 (GVBl. S. 335, BayRS 26–6-A) verstößt gegen Art. 111a BV (Freiheit des Rund-

*unterstützen im Rahmen ihres Programmauftrags die Integration.* ²*Die Angebote in Rundfunk und Telemedien sollen einen Beitrag zur Vermittlung der deutschen Sprache und der Leitkultur leisten.*

**Art. 12 Landesleistungen.** (1) ¹Landesrechtliche Leistungen und Angebote dürfen Ausländerinnen und Ausländern über 16 Jahren, die nicht zu den Personen nach Art. 2 Abs. 2 zählen, nur bewilligt oder ausgezahlt werden, wenn deren Identität durch
1. einen gültigen Pass oder amtlichen Lichtbildausweis ihres Herkunftsstaats,
2. einen gültigen Aufenthaltstitel,
3. eine gültige Bescheinigung über die Aufenthaltsgestattung nach § 63 des Asylgesetzes (AsylG),
4. einen gültigen Ankunftsnachweis nach § 63a AsylG oder
5. einen Abgleich mit den im Ausländerzentralregister gespeicherten Daten zuverlässig bestätigt ist. ²Die Behörden können bei verbleibenden Identitätszweifeln verlangen, dass die Identität durch Abgleich von Fingerabdrücken mit den im Ausländerzentralregister gespeicherten Daten bestätigt wird. ³Solange die Person im Ausländerzentralregister nicht erfasst ist, kann die Bewilligung und Auszahlung verweigert werden.

(2) ¹Wer
1. sich als nicht freizügigkeitsberechtigter Ausländer vor, bei oder nach Einreise nach Deutschland seines Passes, Lichtbildausweises oder eines anderen Identitätsnachweises seines Herkunftsstaats entledigt hat, um den Nachweis seiner Identität oder Herkunft zu erschweren, oder
2. eine landesrechtliche Leistung durch Vorlage von gefälschten Ausweisdokumenten oder durch unrichtige Angaben zu Identität oder Herkunft erlangt oder zu erlangen versucht hat,

verwirkt den Anspruch auf die landesrechtliche Leistung oder das Angebot für den Zeitraum von fünf Jahren ab Einreise (Nr. 1) oder Tathandlung (Nr. 2), soweit auf sie kein unbedingter grundrechtlich verbürgter Anspruch besteht. ²Bereits erteilte Bewilligungen werden ohne Rücksicht auf Vertrauensschutz auch mit Wirkung für die Vergangenheit für die gesamte Zeit der nach Satz 1 bestehenden Verwirkung zurückgenommen. ³Im Übrigen gilt Art. 48 des Bayerischen Verwaltungsverfahrensgesetzes in allen Fällen des Satzes 1 entsprechend. ⁴Die zuständigen Behörden können die Identität desjenigen, von dem auf Grund tatsächlicher Anhaltspunkte anzunehmen ist, dass er einen Sachverhalt nach Satz 1 verwirklicht hat, auch unter Abnahme von Finger- und Handflächenabdrücken feststellen, mit dem Ausländerzentralregister abgleichen, speichern, nutzen und zusammen mit Angaben zur verwirklichten Tat öffentli-

---

funks) sowie gegen Art. 110 BV (Recht der freien Meinungsäußerung) und ist nichtig. Davon ausgenommen ist die in Art. 11 Satz 2 BayIntG normierte Verpflichtung, in den Angeboten des Rundfunks einen Beitrag zur Vermittlung der deutschen Sprache zu leisten.

Integrationsgesetz **BayIntG 84**

chen oder nicht-öffentlichen Stellen nach näherer Maßgabe des Bayerischen Datenschutzgesetzes übermitteln.

(3) ¹*Landesrechtliche Leistungen und Angebote können in den Fällen des Art. 13 Abs. 3 oder Art. 14 Abs. 2 in angemessenem Umfang gekürzt bzw. ganz oder teilweise versagt werden.* ²*Abs. 2 Satz 3 und 4 gilt entsprechend.*\*

**Art. 13 Achtung der Rechts- und Werteordnung.**\*\* *(1)* ¹*Wer durch demonstrative Regelverstöße, Verunglimpfen oder sonst durch nach außen gerichtetes Verhalten beharrlich zum Ausdruck bringt, dass er die freiheitliche demokratische Grundordnung, insbesondere die Achtung vor den im Grundgesetz konkretisierten Menschenrechten, vor allem das Recht der Persönlichkeit auf Leben und freie Entfaltung und die Gleichberechtigung von Mann und Frau ablehnt, kann durch die Sicherheitsbehörden verpflichtet werden, sich einem Grundkurs über die Werte der freiheitlichen demokratischen Grundordnung zu unterziehen.* ²*Satz 1 gilt entsprechend bei Ablehnung des staatlichen Gewaltmonopols, des Verhältnisses von Religion und Staat, der gewaltlosen Erziehung von Kindern und des Schutzes von Minderjährigen oder der Beachtung des deutschen Straf-, Ehe- und Familienrechts.* ³*Die strafrechtliche Verantwortlichkeit bleibt unberührt.*

(2) Abs. 1 gilt entsprechend für denjenigen, der durch wiederholte schwerwiegende Regelverstöße oder sonst durch ein offenkundig rechtswidriges Verhalten erkennen lässt, dass ihm die Rechts- und Werteordnung in ihren Grundsätzen unbekannt oder gleichgültig ist.

(3) Mit Geldbuße kann belegt werden, wer entgegen einer vollziehbaren Anordnung nach Abs. 1 Satz 1 oder Abs. 2 nicht an dem Grundkurs Rechts- und Werteordnung teilnimmt oder dessen Durchführung behindert.

**Art. 14 Unterlaufen der verfassungsmäßigen Ordnung.** (1) Es ist verboten
1. öffentlich, in einer Versammlung oder durch Verbreiten von Schriften dazu aufzufordern, die geltende verfassungsmäßige Ordnung zu missachten und stattdessen einer mit ihren Grundsätzen nicht zu vereinbarenden anderen Rechtsordnung zu folgen,
2. es zu unternehmen, andere Personen einer solchen Ordnung zu unterwerfen oder
3. es zu unternehmen, eine solche Ordnung oder aus ihr abgeleitete Einzelakte zu vollziehen oder zu vollstrecken.

---

\* *Hervorhebung durch Herausgeber. Beachte die Entscheidung des Bayerischen Verfassungsgerichtshofs vom 3. Dezember 2019, Vf. 6-VIII-17 und Vf. 7-VIII-17 (GVBl. S. 764):* Die Nichtigkeit der Art. 13 und 14 Abs. 2 BayIntG erfasst auch Art. 12 Abs. 3 BayIntG.
\*\* *Hervorhebung durch Herausgeber. Beachte die Entscheidung des Bayerischen Verfassungsgerichtshofs vom 3. Dezember 2019, Vf. 6-VIII-17 und Vf. 7-VIII-17 (GVBl. S. 764):* Art. 13 BayIntG verstößt gegen Art. 110 BV (Recht der freien Meinungsäußerung) und ist nichtig.

*(2)* ¹*Wer gegen das Verbot nach Abs. 1 verstößt, kann mit Geldbuße bis zu fünfzigtausend Euro belegt werden.* ²*Die Verfolgung verjährt in fünf Jahren, und zwar auch dann, wenn die Tat durch Verbreitung von Druckwerken begangen wird.* \*

**Art. 15 Bayerischer Integrationsbeauftragter, Bayerischer Integrationsrat.**
(1) Die Staatsregierung beruft im Rahmen des Bayerischen Beauftragtengesetzes eine Persönlichkeit zu ihrer Beratung und Unterstützung in Fragen der Integrations-, Asyl- und Migrationspolitik (Bayerischer Integrationsbeauftragter).

(2) Der Integrationsbeauftragte kann zu seiner Beratung Vertreter von Verbänden, die die Integration von Migrantinnen und Migranten fördern wollen, heranziehen (Bayerischer Integrationsrat).

**Art. 16 Ausschluss der Klagbarkeit.** ¹Subjektive Rechte und klagbare Rechtspositionen werden durch die in diesem Gesetz begründeten Förderungen, Angebote oder Begünstigungen nicht begründet. ²Sämtliche finanzwirksamen Maßnahmen erfolgen nach Maßgabe des Staatshaushalts.

**Art. 17 Einschränkung von Grundrechten.** Auf Grund dieses Gesetzes können die Grundrechte auf Freiheit der Person, Versammlungsfreiheit, Unverletzlichkeit der Wohnung und Eigentum (Art. 2 Abs. 2 Satz 2, Art. 8 Abs. 1, Art. 13 und 14 des Grundgesetzes, Art. 101, 102 Abs. 1, Art. 103, 106 Abs. 3 und Art. 113 der Verfassung) eingeschränkt werden.

**Art. 18 Inkrafttreten, Außerkrafttreten.** (1) ¹Dieses Gesetz tritt am 1. Januar 2017 in Kraft. ²Abweichend von Satz 1 treten in Kraft:
1. Art. 8 mit Wirkung vom 15. März 2016,
2. Art. 5 Abs. 2, 3, 6 und Art. 17a Abs. 5 am 1. August 2017.

(2) ¹Art. 8 tritt mit Ablauf des 30. September 2021 außer Kraft. ²Entsprechende Angebote der Hochschulen laufen zu dem in Satz 1 genannten Datum aus.

---

\* *Hervorhebung durch Herausgeber. Beachte die Entscheidung des Bayerischen Verfassungsgerichtshofs vom 3. Dezember 2019, Vf. 6-VIII-17 und Vf. 7-VIII-17 (GVBl. S. 764):* Art. 14 Abs. 2 BayIntG verstößt gegen Art. 3 Abs. 1 Satz 1 BV (Rechtsstaatsprinzip) und ist nichtig.

# Stichwortverzeichnis

Fette Zahl = Gesetzesnummer; magere Zahl = § oder Artikel

**Abbruch** → bauliche Anlagen
**Abfallablagerung**
- Beseitigung verbotener A. **60** 31
- → Deponien
- Forschungsvorhaben **60** 23
- Ziel der Abfallbewirtschaftung **60** 1

**Abfallbehälter 40** 81
**Abfallbehandlung**
- Anlagen **60** 4
- Begriff, Zielsetzung **60** 1
- thermische A. **60** 1
- verbotene A. **60** 31

**Abfallberatung 60** 3
**Abfallbehörde 60** 29 ff.
**Abfallbeseitigung**
- u. Abwasser **63** 34
- Anlagen
  - im Abfallwirtschaftsplan **60** 11
  - Deponien **60** 4, 20–22
  - Errichtung und Betrieb **60** 3 f.
  - Mindestausstattung mit A. **60** 4
  - Planfeststellungs- u. Genehmigungsverfahren **60** 14
  - Überwachung **60** 3, 32
- Anschlußzwang **60** 7; **30** 24; **31** 18
- Bauordnungsrecht **40** 43
- Beitrags- u. Gebührenerhebung **60** 7
- besondere Einrichtungen **60** 9
- → entsorgungspflichtige Körperschaften
- kommunale Zusammenarbeit **60** 8, 11
- u. privatrechtliche Gesellschaften **60** 8, 10
- Sammelstellen **60** 4, 7, 10
- Satzungen **60** 7
- Sonderabfälle **60** 10

- → Überlassungspflicht
- Wegnahmeverbot **60** 6
- Zusammenschlüsse **60** 8

**Abfallbilanz 60** 12
**Abfallgebühren 60** 7
**Abfallstoffe** Aufbewahrung **40** 43
**Abfalltrennung 60** 3, 7
**Abfallvermeidung 60** 1 ff., 24
**Abfallverwertung**, stoffliche **60** 1, 4, 9, 11 f., 24
**Abfallbewirtschaftung**
- finanzielle Förderung **60** 23–25
- Pflichten der öffentlichen Hand **60** 2
- Planung **60** 11 ff.
- Träger der Abfallentsorgung **60** 3 ff.
- Ziele **60** 1

**Abfallwirtschaftskonzept 60** 13
**Abfallwirtschaftsplan 60** 5, 10, 11
**Abgaben**
- Abgabenberechtigte **37** 1
- Beiträge **37** 5–7
- Bescheide **37** 12
- zur Einnahmebeschaffung **30** 62; **31** 56; **32** 54; **38** 42
- Feuerschutzabgabe **37** 4
- Kommunalabgabengesetz **37** 1–22
- Verbrauch- u. Aufwandsteuern, örtliche **37** 3
- Verpflichtung Dritter **37** 11
- Wahrscheinlichkeitsmaßstab, Wirklichkeitsmaßstab **37** 5
- Widerspruch im Kommunalabgabenrecht **22** 15
- Zustellungsverfahren **21** 17

**Abgabegefährdung 37** 16
**Abgabehinterziehung 37** 14
**Abgabenordnung 21** 25, 30; **37** 13

[887]

## Stichwortverzeichnis

**Abgabeverkürzung** 37 15
**Abgabesatzung** 37 2, 11
**Abgeordnete** des Landtags 10 13 f.
- Anklage gegen A. 10 61; 11 2, 44
- freies Mandat 10 13
- Freistellung 10 30
- Immunität 10 28, 32
- Indemnität 10 27, 32
- Zeugnisverweigerungsrecht 10 29, 32

**Abgrabung**
- keine bauliche Anlage 40 2

**Ablösung** d. Stellplatzbaupflicht 40 47

**Abordnung** v. Beamten 30 43; 31 38; 32 34; 70 13 f., 54, 61; 71 47, 49; 72 60

**Abruf** v. Daten 50 63 f.

**Abschlußwände** → als Brandwände 40 28

**Abschreibungen** 37 8, 19
**Abstände** 40 6, 28
**Abstandsflächen** 40 6, 81
**Abstellplätze** 40 2, 57, 81
- für Fahrräder 40 46, 81

**Abstimmungen**
- Durchführung 12 10–18
- bei Gebietsänderungen 30 11; 31 8; 32 8
- Geheimnis 12 13
- Kommunalverfassungsrecht
  - Abstimmungspflicht 30 48; 31 42; 32 39
  - Ausschluß wegen persönlicher Beteiligung 30 49; 31 43; 32 40
  - geheime, offene 30 51; 31 45; 32 42
- Mehrheitsprinzip 10 2
- d. Mitglieder des Verfassungsgerichtshofs 11 24
- bei regionalen Planungsverbänden 81 7
- → Wahl, → Wahlrecht

**Abstufung** v. Straßen 82 7
**Abwasseranlagen**
- Abwasserkataster 63 54
- Kosten der technischen Gewässeraufsicht 63 59

**Abwasserbeseitigung**
- Anschlußzwang 30 24
- Bauordnungsrecht 40 41, 78
- Gebührenbemessung 37 8
- Wasserrecht 63 34, 56

**Abwasserkataster** 63 54
**Abweichungen**
- v. Abstandsflächen 40 6
- v. Anforderungen
  - d. Bauaufsicht 40 63
  - b. baulichen Maßnahmen f. besondere Personengruppen 40 48
- v.d. zugelassenen Ausführung 63 61

**Abwicklung** e. Zweckverbands 38 47

**Adelsbezeichnungen** 10 118
**Adressat** polizei- u. sicherheitsrechtlicher Maßnahmen 50 7 f., 10; 52 9

**Akademie** f. Naturschutz u. Landschaftspflege 62 47

**Akten**, Berichtigung, Vernichtung u. Verarbeitungsbeschränkung 50 62

**Akteneinsicht**
- d. Beteiligten beim Verfassungsgerichtshof 11 19
- d. Beteiligten im Verwaltungsverfahren 20 29
- durch d. Bauaufsichtsbehörde 40 77
- b. öffentlicher Bekanntgabe d. Baugenehmigung 40 66
- durch d. Untersuchungsausschuß d. Landtags 10 25

**Alimentation** 10 31, 58
**alkoholische Getränke** 52 30
**Allgemeinverfügung** 20 35
- Absehen v. Anhörung 20 28

## Stichwortverzeichnis

- Absehen v. Begründung **20** 39
- dinglicher Verwaltungsakt **20** 35; **82** 6
- öffentliche Bekanntmachung **20** 41
- wasserrechtliche **63** 18

**Allzuständigkeit** d. Gemeinden **30** 6

**Alpenschutz 62** 2, 6

**alte Befugnisse**, Wasserrecht **63** 16, 18, 53, 75

**alte Menschen**
- bauliche Maßnahmen **40** 48
- Belange im Straßenbau **82** 9

**alte Rechte**, Wasserrecht **63** 16, 18, 53, 75

**Altersgrenze**
- Bauordnungsrecht **40** 80
- f. Ministerpräsidenten, untere A. **10** 44
- f. Mitglieder des Verfassungsgerichtshofs, untere A. **11** 5
- f. Richter **10** 87
- f. Stellvertreter d. Landrats **31** 32

**Altersteilzeit 71** 64, 91, 141, 142, 142a

**Altlasten 63** 55; **64** 1, 2, 12

**Amtsblatt 30** 26; **34** 10; **36** 1; **31** 20; **32** 19

**Amtsdauer**
- Bürgermeister **30** 34
- Gemeinderatsmitglieder **30** 31, 41
- Landrat **31** 31
- Landtagsabgeordnete **10** 16
- Mitglieder d. Landesplanungsbeiräte **81** 13
- Mitglieder d. Verwaltungsrats **30** 97; **31** 84; **32** 81a
- Verbandsräte **38** 31
- Verbandsvorsitzender **38** 35
- Verfassungsrichter **11** 4

**Amtsenthebung**, Richter **10** 87

**Amtsgericht 21** 20

**Amtshaftung:** → Haftung

**Amtshilfe**
- allgemeine Regelungen **20** 4–8
- durch Polizeikräfte **50** 67
- Entgegennahme v. Anträgen durch die Gemeinde **30** 58
- f. d. Verfassungsgerichtshof **11** 18

**Amtspflichtverletzung**
- → Haftung
- Straßenbau u. -unterhaltung als Hoheitsaufgabe **82** 72

**Amtssprache 20** 23

**Amtstafel 36** 1; **30** 26

**Amtsverlust 30** 48; **31** 42; **32** 39

**Amtszeit:** → Amtsdauer

**Analogieverbot 52** 2

**Anbauverbot:** Abstand baulicher Anlagen v. Straßen **82** 23

**Androhung** v. Zwangsmitteln
- durch d. Polizei
  - allgemein **50** 71, 76
  - unmittelbarer Zwang **50** 81
- durch Verwaltungsbehörden
  - allgemein **21** 36, 30
  - A. v. Zwangsgeld als Leistungsbescheid **21** 31
  - Entbehrlichkeit in unaufschiebbaren Fällen **21** 35
  - Rechtsbehelfe **21** 38

**Aneignungsrecht** bei wildwachsenden Pflanzen u. Früchten **10** 141

**Anerkennungsverfahren 40** 23, 80

**Angehörige**
- als vom Verfahren ausgeschlossene Personen **20** 20
- → Beteiligung persönliche

**Angelegenheiten**, laufende **30** 37; **31** 34; **32** 35b

**Angestellte**
- als polizeiliche Dienstkräfte **51** 2
- d. Gebietskörperschaften **30** 42 f.; **31** 38; **32** 34

**Anhalten**
- durch Naturschutzwacht **62** 49
- durch Polizei **50** 12 f.

Stichwortverzeichnis

**Anhörung** (Verfahren)
- v. Beteiligten
  - vor Erlaß eines VA  20 28
  - vor Umdeutung eines VA  20 47
  - vor Zusicherung eines VA  20 38
  - Nachholung bei Verfahrensfehler, Wiedereinsetzung  20 45
  - im förmlichen Verwaltungsverfahren  20 66
  - im Planfeststellungsverfahren  20 73
- Beteiligtenstellung  20 13
- bei Wahl der Verfassungsrichter  11 4

**Anhörungsbehörde**  20 73; 60 29; 80 41

**Anhörungs- u. Auslegungsverfahren**  62 52
- → Beteiligungsverfahren
- naturschutzrechtliche Inschutznahme  62 52

**Anhörungserfordernis**
- Abfallwirtschaftskonzept  60 13
- Abfallwirtschaftsplan  60 11
- zum Bauantrag  40 65
- im Enteignungsverfahren  80 26, 32
- d. Entsorgungspflichtigen  60 11
- vor Ersatzzwangshaft  21 33
- d. Gemeinde
  - b. Ersetzung des gemeindlichen Einvernehmens  40 67
  - im Zustimmungsverfahren  40 73
- im Landesplanungsrecht  81 13, 16, 20, 28
- Namensänderung  30 2
- bei naturschutzrechtlicher Inschutznahme  62 52
- im Planfeststellungsverfahren  20 73
- d. Träger öffentlicher Belange  20 73; 60 11; 80 26
- v. Verbänden  60 11, 13
- bei Erlaß wasserrechtlicher Rechtsverordnungen  63 73
- im wasserrechtlichen Genehmigungsverfahren  63 61, 68, 70
- Zweckvereinbarung mit Übertragung v. Aufgaben  38 10

**Anhörungsrecht** d. Staatsregierung vor dem Landtag  10 24

**Anklage**
- gegen Abgeordnete  10 61; 11 2, 44
- gegen ein Mitglied d. Staatsregierung  10 59, 61; 11 2, 31–43

**Anlieger**
- an Gewässer
  - Anliegergebrauch  63 8, 18
  - Duldungspflicht  63 25, 41
  - Verpflichtungen bei Wasser-, Eis-, Murgefahr  63 49
- Straßenanlieger  82 17

**Anordnung** v. unmittelbarem Zwang  50 79

**Anordnungen für den Einzelfall**
- abfallrechtliche  60 30
- bodenschutzrechtliche  64 11
- immissionsschutzrechtliche  61 11
- d. Verwaltungsbehörden, Zuwiderhandlungen  52 4
- wasserrechtliche  63 18 f.

**Anordnungsbehörde**
- Aufgaben  21 21, 24, 28, 30
- Begriff iSd VwZVG  21 20

**Anschläge**, öffentliche  52 28

**Anschluß- u. Benutzungszwang**  30 24; 31 18, 83; 60 7; 63 34

**Anstalten des öffentlichen Rechts**
- kommunale Zusammenarbeit  38 1, 4, 17
- Zustellung  21 1

**Anstaltsseelsorge**  10 148

**Antrag**
- Antragsprinzip  20 22
- Bauantrag  40 64, 65, 71, 70, 76
- Beratung über Antrag im Verwaltungsverfahren  20 25

# Stichwortverzeichnis

- Beweisantrag im Verwaltungsverfahren **20** 24
- Pflicht zur Entgegennahme im Verwaltungsverfahren **20** 24
- auf Ersatzzwangshaft **21** 33
- im förmlichen Verwaltungsverfahren **20** 64
- Nachholung im Verwaltungsverfahren **20** 45
- Wiederaufgreifen des Verfahrens **20** 51
- Wiedereinsetzung/Frist **20** 32
- u. Zulassungsfiktion **63** 70

**Antragsruhestand 71** 141

**Antragstellung**
- bei d. Gemeinde statt bei zuständiger Behörde **30** 58
- beim Verfassungsgerichtshof
  - allgemein **11** 14
  - besondere Verfahren, Antragsberechtigung **11** 46, 48, 49
  - durch Bevollmächtigte **11** 16, 47–49

**Antragsverlangen** d. Behörde **63** 67

**Anwesenheitsrecht** bei Durchsuchungen **50** 22, 24

**Anzeigepflicht**
- Arbeitsgemeinschaften, kommunale **38** 5
- Bauordnungsrecht **40** 50, 57, 68, 72, 78, 80; **41** 10
- bei Betretung **62** 54; **80** 7
- versammlungsrechtliche **83** 13
- wirtschaftliche Unternehmungen **30** 96; **31** 84; **32** 81a
- f. öffentliche Vergnügungen **52** 19
- f. Wegebau im Alpengebiet **62** 6
- f. Zweckverbände **38** 48
- b. Zweckvereinbarung **38** 12

**Äquivalenzprinzip 37** 5 f. **60** 7

**Arbeit 10** 166–177

**Arbeitsbedingungen**
- allgemein **10** 167
- kommunaler Bediensteter **30** 43; **31** 38; **32** 34

**Arbeitsgemeinschaften,** kommunale
- besondere **38** 5 f.
- einfache **38** 4
- Gründung allgemein **38** 2

**Arbeitsgerichte 10** 177

**Arbeitszeit 10** 173

**Architekt,** → als bauvorlageberechtigter Entwurfsverfasser **40** 61

**Artenhilfsprogramm 62** 46

**Artenschutz 62** 19

**Artenschutzprogramm 62** 19, 46

**Artenvielfalt 62** 1a

**Arzneien 52** 31, 33

**Asylrecht 10** 105

**Aufenthalts- und Meldeanordnung 50** 16

**Aufenthaltsräume 40** 2, 25, 27–30, 34, 45, 57

**Aufgabenübertragung**
- auf Gemeinden **10** 11
- Bürgermeister **30** 37
- kommunale Zusammenarbeit **38** 8, 17, 22
- Landrat **31** 34
- Regierung **32** 35b

**Aufhebung**
- besonderer Arbeitsgemeinschaften **38** 6
- von Beschlüssen u. Verfügungen d. Gemeinde **30** 112 f.
- d. Besitzeinweisung **80** 39
- des Enteignungsbeschlusses **80** 37, 42
- öffentlicher Nutzungsrechte **30** 82
- eines Planfeststellungsbeschlusses **20** 77
- d. Zweckbestimmung bei fiduziarischen Stiftungen **30** 85; **31** 73; **32** 71
- von Verwaltungsakten **20** 43
- von Zweckvereinbarungen **38** 14

**Auflage**
- nach Bauordnungsrecht **40** 68, 72, 79

## Stichwortverzeichnis

- bei Verwaltungsakten **20** 36, 49
- im Planfeststellungsbeschluß **20** 74 f.
- nach Wasserrecht **63** 4, 20, 28, 35, 61, 72

**Auflösung:** → v. Versammlungen
**Aufrufverbot:** → Versammlungen
**Aufsaugung**, Verbot d. A.:
→ Subsidiaritätsprinzip
**aufschiebende Wirkung 21** 19, 21a
**Aufschüttung**
- bauliche Anlage **40** 2
- → verfahrensfreie Bauvorhaben **40** 57
- → verfahrensfreie Beseitigung **40** 57

**Aufsicht**
- im Abfallrecht **60** 32
- im Immissionsschutz **61** 19
- → Kommunalaufsicht
- im Straßenrecht **82** 61 f.
- b. Vollzug d. Art **85** BayBO **41** 8
- über Regionale Planungsverbände **81** 11
- über Zweckverbände **38** 49–52

**Aufsichtsbehörde**
- Entscheidung über
  - Amtshilfeersuchen **20** 5
  - Besorgnis d. Befangenheit **20** 21
  - örtliche Zuständigkeit **20** 3
  - → Fachaufsichtsbehörde
- Recht zum Selbsteintritt **20** 3a
- Staatsregierung als oberste A. **10** 55
- → Rechtsaufsichtsbehörde
- f. Zweckverbände **38** 50

**Aufsichtsverwaltungsakte**, Widerspruch **30** 120; **31** 106
**Aufstufung** v. Straßen **82** 7
**Aufwandsentschädigung**
- → Entschädigungsansprüche f. ehrenamtliche Tätigkeit
- f. Landtagsabgeordnete **10** 31

**Aufwandsteuern**, örtliche **37** 3
**Aufwendungen**, außerplanmäßige u. überplanmäßige **30** 66; **31** 60; **32** 58
**Aufwendungserstattung**
- im Enteignungsrecht **80** 43
- bei Untersagung raumordnungswidriger Planungen u. Maßnahmen **81** 28

**Aufzüge 40** 6, 35, 37, 48
**Ausbau** v. Gewässern **63** 39–42, 67
**Ausbeutung 10** 151, 156
**Ausbildungsanspruch 10** 128
**Ausbildungsverhältnis**
- Beendigung **72** 33
- Begründung **72** 31
- Dienstpflichten **72** 32
- Zulassung **72** 30

**Auseinandersetzung 38** 14, 47
**Ausfertigung** v. Gesetzen **10** 76
**Ausführung**, unmittelbare **50** 9; **52** 7
**Ausführungsgenehmigung** f. fliegende Bauten **40** 72, 79; **41** 6 f.
**Ausführungsanordnung**, Enteignungsbeschluß **80** 34
**Ausführungsverordnungen 10** 55
**Ausgaben**, außerplanmäßige u. überplanmäßige **30** 66; **31** 60; **32** 58
**Ausgänge 40** 33 f.
**Ausgleichsleistungen**, bodenschutzrechtlich **64** 13
**Ausgleichsmaßnahmen 63** 61
**Ausgleichspflicht**, naturschutzrechtliche **60** 21; **62** 42
**Auskunftsanspruch**
- über Rechte d. Beteiligten im _Verwaltungsverfahren **20** 25
- d. Kreisräte gegen das Landratsamt **31** 23
- gegen die Polizei **50** 65

**Auskunftspflicht**
- gegenüber Polizei **50** 12, 43
- privater Planungsträger **81** 30

- bei Umgang mit Giftwaren **52** 33
- bodenschutzrechtliche **64** 1, 9
- **Auslagen:** → Kosten
- **Ausland,** Zustellung **21** 14, 15
- **Ausländer**
  - Integration → Integration von Migranten
  - Leitkultur **84** Präambel, 1, 3, 6, 10, 11
  - Rückkehrberatung **84** 3
  - Zuständigkeit f. Abschiebung **21** 30
- **Auslegung**
  - Anhörungs- u. Auslegungs_verfahren **62** 52
  - Haushaltssatzung **30** 65; **31** 59; **32** 57
  - Planfeststellungsbeschluß **20** 74; **82** 38
  - im Planfeststellungsverfahren **20** 73; **82** 38
- **ausmärkische Gebiete:**
  → gemeindefreie Gebiete
- **Ausnahmegerichte 10** 86
- **Aussageverweigerungsrecht:**
  → Zeugnisverweigerungsrecht
- **Ausschluß**
  - v. Amtswaltern im Verwaltungsverfahren **20** 20 f., 71
  - v. Beratung u. Abstimmung **30** 49; **31** 43; **32** 40; **38** 33
  - d. Öffentlichkeit: Öffentlichkeit
  - v. Störern aus dem
    - Bezirkstag **32** 44
    - Gemeinderat **30** 53
    - Kreistag **31** 47
  - v. Wählergruppen
    - Antragsrecht u. Voraussetzungen **10** 15; **11** 46
    - Entscheidung durch Verfassungsgerichtshof **10** 15, 62; **11** 2, 46 f.
  - aus d. Zweckverband **38** 44
- **Ausschüsse** (Kommunalrecht)
  - → Bezirksausschuß

- → Kreisausschuß
- d. Gemeinderats
  - Aufgaben **30** 32
  - Geschäftsgang **30** 45, 55
  - Zusammensetzung, Vorsitz **30** 33
  - → vorberatende A.
- Werkausschuß: → Eigenbetriebe
- **Ausschüsse** (Verwaltungsverfahren) **20** 88–93
  - Ausschluß v. Mitgliedern **20** 20, 71
  - Begriff **20** 88
  - Folgen fehlender o. fehlerhafter Mitwirkung **20** 44
  - im förmlichen Verwaltungsverfahren **20** 71
  - Mitwirkung, Nachholung **20** 45
  - Mitwirkung bei Zusicherung **20** 38
- **Aussetzung** v. Verfahren vor dem Verfassungsgerichtshof **11** 35
- **Ausstandsverzeichnis 21** 24
- **Ausstellungsplätze 40** 2, 57
- **Austauschvertrag,** subordinationsrechtlicher **20** 56
- **Auswanderung 10** 109
- **Ausweispflicht**
  - gegenüber d. Polizei **50** 13
  - d. Naturschutzwacht **62** 49
  - d. Polizei **50** 6
- **Außenwände 40** 6, 26, 28, 30, 33 f.
- **Außenwerbung:** → Werbeanlagen
- **Auszahlungen,** außerplanmäßige u. überplanmäßige **30** 66; **31** 60; **32** 58
- **Automaten 40** 2, 57
- **automatisierte Kennzeichenerkennung 50** 39, **48**
- **Autowracks 82** 18a

**Baden 52** 27
**Bäder 40** 42
**Balkone 40** 6, 25, 29

Stichwortverzeichnis

**Banken**
- → Kreditgenossenschaften, → Sparkassen
- Verbot d. Beteiligung an B. **30** 91; **31** 79; **32** 77

**barrierefreies Bauen 40** 48

**Bauabnahme 40** 77 f.; **63** 61, s.a. → Gebrauchsabnahme

**Bauantrag 40** 58, 64, 65, 70, 71, 76

**Bauart 40** 2, 3, 19 f., 33, 79

**Bauartzulassung 63** 67

**Bauaufsichtsbehörden**
- Aufbau **40** 53
- Aufgaben **40** 54
- Befugnisse
  - allgemein **40** 54
  - Verbot v. Bauprodukten **40** 74
  - Baubeseitigung, Nutzungsuntersagung **40** 76
  - Bauüberwachung **40** 77
  - Einstellung von Arbeiten **40** 75
- Große Kreisstadt **33** 1
- Organisation u. Personal **4\*0** 53
- Straßenrecht **82** 10
- Übertragung v. Aufgaben **40** 53; **41** 5
- u. Verwaltungsgemeinschaft **35** 1
- Zuständigkeit **40** 53; **41** 4
- Zuständigkeit bei anderen Genehmigungsverfahren **40** 56

**Bauausführung**, allgemeine Anforderungen **40** 9 ff.

**Baubeginn 40** 68

**Baubeschränkungen 82** 27, 27a

**Baubeseitigung 40** 76

**Baueinstellung**
- Bauordnungsrecht: → Einstellung von Arbeiten
- bei Deponien **60** 20

**Bauernland 10** 163

**Baufreiheit 40** 68

**Baugenehmigung**
- Abweichungen **40** 63
- f. Anlagen in o. an Gewässern **63** 20
- Antrag: → Bauantrag
- digitale Baugenehmigung **40** 80a
- Erteilung u. Versagung **40** 72
- Fiktion **40** 68
- f. fliegende Bauten: → Ausführungsgenehmigung
- Geltungsdauer **40** 77
- Geltung gegenüber dem Rechtsnachfolger **40** 60
- Genehmigungsfreiheit **40** 55–58, 72, 73
- Genehmigungsfreistellung **40** 56, 58, 73, 80
- Nachbarbeteiligung **40** 6, 66, 68, 73
- öffentliche Bauvorhaben **40** 73
- Teilbaugenehmigung **40** 69 f.
- vereinfachtes Verfahren **40** 59
- Verfahren **40** 59 ff.
- Versagungsgründe im Straßenrecht **82** 23, 24
- Voraussetzungen **40** 68
- Vorbescheid **40** 71

**Baugenehmigungsverfahren 40** 60, 80a

**Baugestaltung 40** 8

**Baugrundstück 40** 3, 4 ff.

**Bauherr**
- u. Ablösungsvertrag mit Gemeinde **40** 47
- Begriff **40** 50
- Rechte u. Pflichten **40** 9, 49 f., 58, 64, 66, 68, 77 f., s.a. → Anzeigepflichten
- Name auf dem Bauschild **40** 9
- Rechtsnachfolger **40** 54

**Bauingenieur**, als bauvorlageberechtigter → Entwurfsverfasser **40** 61

**Bauleitplan**, Anpassungsgebot **81** 33

**bauliche Anlagen**
- Abbruch, s. – → Beseitigung
- allgemeine Anforderungen **40** 3
- Änderung **40** 3, 9 ff., 15, 19, 47, 49, 53 ff., 57 f., 73, 75 f., 80; **80** 2

- Anordnung **40** 3, 11 f.
- Anwendbarkeit d. Bayerischen Bauordnung **40** 1
- Bauausführung, allg. Anforderungen **40** 9 ff.
- Baugestaltung **40** 8
- u. barrierefreies Bauen **40** 48
- Begriff **40** 2
- Beseitigung **40** 3, 9 f., 49, 53 f., 73, 75 f.
  - b. Enteignung **80** 2
  - rechtmäßiger b. A. **62** 36
  - verfahrensfreie Beseitigung **40** 57
- Betretungsrecht **30** 24; **31** 18; **32** 18; **40** 54
- Errichtung **40** 3, 9 ff., 15, 19, 49, 53 ff., 57 f., 73, 75 f., 80
- Genehmigungspflicht **40** 55 ff.
- Höhenlage der b. A. **40** 68
- Instandhaltung **40** 3, 9, 11 f., 15, 19
- Nutzung **40** 13 f., 53 f., 57, 70, 78 f.
- Nutzungsänderung **40** 47 ff., 53 ff., 57 f., 73, 81 f.
- Nutzungsuntersagung **40** 76
- an Straßen **82** 23–26

**Baumaßnahmen** u. Nachtragshaushalt **30** 68; **31** 62; **32** 60

**Baumbestand 40** 81

**Bauprodukte**
- Anforderungen, Nachweise, Verfahren **40** 15–18, 20–23, 52, 80
- Bauüberwachung
  - allgemein **40** 77
  - Sanktionen **40** 74 f., 79
- Begriff **40** 2
- Geltung der BayBO **40** 1
- → Prüfstellen
- → Übereinstimmungszeichen
- → Überwachungsstellen
- → Zertifizierungsstellen
- Zuständigkeiten **41** 9–12; **33** 1

**Bauschild 40** 9

**Baustelle 40** 9, 52, 68, 75, 79

**Baustelleneinrichtungen 40** 52, 58, 72

**bautechnische Nachweise 40** 62

**Bauüberwachung 40** 73, 77 f.

**Bauvorlage 40** 61, 64, 68, 72 f., 75

**Bauvorlageberechtigung 40** 61

**Bauwesen**, Zuständigkeitsverordnung **41** 1–14

**Bayerischer Naturschutzfonds 62** 50

**Bayerischer Rundfunk**, keine Anwendung des VwVfG **20** 2

**Beamte**
- Abordnung **30** 43; **31** 38; **32** 34; **70** 13 f., 54, 61; **71** 47, 49; **72** 60
- Angehörige v. Beamten **71** 4; **72** 2
- Antragsruhestand **71** 141
- Arbeitsschutz **71** 99
- Arbeitszeit **70** 27, 59 f.; **71** 87
- Ausbildung **72** 4 f., 8, 14, 35, 37
- Ausbildungsqualifizierung **72** 15 f., 37, 58
- → Ausbildungsverhältnis
- Auslandsverwendung **70** 56, 60
- → Beamtengruppen, besondere B.
- → Beamtenverhältnis
- → Beendigung d. Beamtenverhältnisses
- Beförderung **72** 2, 15, 16, 17 f., 56, 70
- Beihilfe **71** 96, 105
- → Begründung d. Beamtenverhältnisses
- → Dienstaufsicht
- Beurteilung, dienstliche
  - Arten **72** 54
  - Ausnahmen **72** 65
  - Bewertung **72** 59
  - Einschätzung während der Probezeit **72** 55
  - Eröffnung **72** 61

Stichwortverzeichnis

- Gesamturteil **72** 59
- Lehrkräfte **72** 64
- periodische B. **72** 56, 58, 62
- Probezeitbeurteilung **72** 55
- Richter **72** 63
- Staatsanwälte **72** 63
- Zuständigkeit **72** 60
- Zwischenbeurteilung **72** 57 f.
- Bewerber
  - andere Bewerber **72** 4, 6, 52 f.
  - Regelbewerber **71** 20; **72** 4, 6, 22
- Dienstbehörde, oberste D. **71** 2; **72** 2
- → Dienstherr
- Dienstkleidung **70** 60; **71** 75
- Dienstvergehen **70** 47; **71** 77 f.
- Dienstvorgesetzte **71** 3, 135; **72** 2
- Dienstzeugnis **71** 72
- Dienstzeit **71** 122 f., 123; **72** 15, 17 ff., 35, 37, 70
- → Ehrenbeamte
- Eid und Gelöbnis **70** 23, 38; **71** 73; **72** 32
- Einstellung **72** 2, 14, 21, 25 f., 28, 34, 46, 70
- Elternzeit **71** 99
- Entlassung: → Beendigung des Beamtenverhältnisses
- → Ernennung
- Feuerwehrbeamte **71** 132
- Forderungsübergang **71** 14, 78
- Fortbildung **72** 66
- Führungspositionen auf Zeit und auf Probe **70** 4; **71** 45 f.
- Fürsorge **70** 45; **71** 96–101
- Gendiagnostik **71** 99
- → Haftung
- wiss. Hochschulpersonal **70** 7, 61
- Inkompatibilität bzgl. eines Wahlamtes **30** 31; **31** 24; **32** 23
- bei d. Justizvollzugsanstalten **71** 130
- Kirchenbeamte **71** 138
- Kostenerstattung **71** 139 f.
- Landespersonalausschuß **71** 112–120; **72** 3 f., 9, 11, 17 f., 20, 22, 36 f., 38, 44, 48 f., 52, 67 f.
- d. Landtags **71** 121; **72** 13, 17, 18,
- → Laufbahnen
- auf Lebenszeit **70** 4, 8, 10, 18, 25 f., 30 f.; **71** 25; **72** 10, 12
- Leistungen d. Dienstherrn **71** 5
- Leistungserfüllung **71** 11–14
- → Leistungsprinzip
- Mehrarbeit **70** 59; **71** 87
- Mobilitätssicherung **72** 11
- Mutterschutz **71** 99
- Nebentätigkeit **70** 40; **71** 81–85
- Notariatsbeamte **71** 133
- Personalakten **70** 50; **71** 102–111
- Personalvertretung **70** 51
- Personalwesen **70** 50 f.; **71** 102–120
- → Pflichten der B.
- → Polizeibeamte
- Polizeivollzugsbeamte **71** 124–129; **72** 9, 21, 68
- auf Probe **70** 4, 8, 10, 22 f., 23, 28, 30; **71** 46; **72** 12 f.
- Probezeit **70** 4, 10, 25, 46, 138; **72** 10, 12 ff., 17, 36, 53, 54 ff., 62
- Prüfungen **10** 94; **70** 22 f.; **72** 20, 22 ff., 28 f., 37
- Qualifikation aus Mitgliedstaaten
  - Anerkennungsverfahren **72** 41 f., 44 ff.
  - Anerkennungsvoraussetzungen **72** 43
  - Antrag auf Anerkennung **72** 44
  - Anpassungslehrgang **72** 49
  - Ausgleichsmaßnahmen **72** 47
  - Berufsbezeichnung **72** 51
  - Bewertung **72** 45
  - Eignungsprüfung **72** 48
  - Entscheidung **72** 46
- Qualifikationsebenen **72** 5 ff., 20, 22, 27 f., 34 ff., 38 ff., 43, 51

Stichwortverzeichnis

- Qualifikationserwerb
  - sonstiger Qualifikationserwerb **72** 38 ff.
  - mit Vorbereitungsdienst **72** 34 ff.
- Qualifizierung **72** 5, 15 ff., 20, 37, 58, 67, 70
- → Rechte der B.
- → Rechtsschutz: Beamtenverhältnis
- Rechtsstellung **10** 95; **70** 33–53; **71** 50 ff., 73 ff.; **72** 10 f.
- Rückforderung von Leistungen **71** 13, 21
- → Ruhestand: Beendigung des Beamtenverhältnisses
- Schmerzensgeldansprüche **71** 97
- Schwerbehinderung **71** 64, 91, 99; **72** 21
- im Spannungs- und Verteidigungsfall **70** 55–59
- → Schadensersatz
- Teilzeitbeschäftigung **70** 43; **71** 87–92
- → Urkundsbeamte
- Übernahme **30** 90; **31** 78; **32** 76; **38** 23; **70** 17, 56; **71** 52, 69, 138 f.; **72** 10 f., 55
- Übertragung höherwertiger Dienstposten **72** 16 f., 56
- Urlaub **70** 44; **71** 93
- Verantwortlichkeit **70** 36
- d. Landesamts für Verfassungsschutz **71** 131; **72** 1, 68
- Versetzung **70** 13, 15, 22, 54, 61; **71** 48 f.
- Versorgungsempfänger **70** 19; **71**, 54
- Vorbildung **72** 7
- Vorbereitungsdienst **70** 4, 23, 96, 125, 139; **72** 6, 8, 22, 25 ff., 30, 33, 34 f., 48 f., 56
- → Wahlbeamte, kommunale
- Wechsel **70** 13–19; **72** 9, 21, 57; **72** 26, 29
- auf Widerruf **70** 4, 8, 22 f.; **72** 26, 29, 33, 36, 54
- Wiedereinstellung **72** 10 f.
- auf Zeit **30** 41; **31** 31; **70** 4, 6, 8, 18, 22, 57; **71** 45, 122 f.
- Zuständigkeiten **71** 6, 15, 18, 49, 56, 71, 135 ff.; **72** 3, 13, 17, 18, 31, 37, 44, 52, 60
- Zuweisung einer Tätigkeit **70** 20

**Beamtengesetz**, Geltungsbereich des B. **71** 1

**Beamtengruppen**, besondere
- → Ehrenbeamte
- Feuerwehrbeamte **71** 132
- Beamte bei d. Justizvollzugsanstalten **71** 130
- Kirchenbeamte **71** 138
- Beamte d. Landesamtes für Verfassungsschutz **71** 131
- → Wahlbeamte, kommunale

**Beamtenstatusgesetz**, Geltungsbereich des B. **70** 1

**Beamtenverhältnis**
- Arten **70** 4
- → Beendigung des B.
- → Begründung des B.: Ernennung von Beamten
- Berufung in das B. **70** 3, 7, 8; **72** 4
- erneute Berufung in das B. **70** 29, 31, 58
- Definition **70** 3
- → Ernennung
- Lebenszeitprinzip **70** 4
- Leistungsgrundsatz **72** 16
- Pflichten: → Pflichten der Beamten
- auf Probe **70** 4, 8, 10, 22 f., 23, 28, 30; **71** 46; **72** 12 f.
- Rechte: → Rechte der Beamten
- Rechtsschutz
  - Antrags- und Beschwerderecht **71** 7
  - aufschiebende Wirkung v. Widerspruch u. Anfechtungsklage **70** 54; **71** 8

[897]

11

Stichwortverzeichnis

- Vertretung d. Dienstherrn **71** 9
- Verwaltungsrechtsweg **70** 54
- Widerspruchsbehörde **70** 54
- Erforderlichkeit d. Widerspruchs **22** 15; **70** 54
- Zustellung von Entscheidungen **71** 10
- Umwandlung **70** 8
- Verfahren b. Erlaß beamtenrechtl. Regelungen **71** 15–17
- Voraussetzungen **70** 7
- auf Widerruf **70** 4, 8, 22 f.; **71** 125; **72** 26, 29, 33, 54, 56
- auf Zeit **30** 41; **31** 31; **70** 4, 6, 8, 18, 22, 57; **71** 45, 122 f.

**Beanstandung** v. Beschlüssen u. Vorlage zur Rechtsaufsicht **30** 59; **31** 54; **32** 52

**Beanstandungsrecht** d. Rechtsaufsichtsbehörde
- Beschlüsse u. Verfügungen **30** 112; **31** 98; **32** 94
- Verordnungen **52** 49

**Beauftragter** im Sicherheitsrecht **52** 7

**Bebauungsplan**
- Aufstellung **30** 23, 32
- Genehmigung **41** 2
- u. Naturschutz **62** 4, 9, 23

**Bedachung** **40** 30

**Bedarfsdeckung** **10** 152, 155

**Bedienstete**
- fachtechnische, Bauingenieur **82** 60
- → Gemeindebedienstete
- u. kommunale Zusammenarbeit **38** 7 f., 38
- d. Regierung f. den Bezirk **32** 35a
- Verpflichtungsgeschäfte, Vollmacht **30** 38; **31** 35; **32** 33a
- d. Verwaltungsgemeinschaft **34** 7

**Bedingung**
- bei Verwaltungsakten **20** 36

- nach Bauordnungsrecht **40** 68
- nach Wasserrecht **63** 4, 20, 28, 35, 72

**Beendigung** d. Beamtenverhältnisses
- Beendigungsgründe **70** 21; **72** 29
- Entfernung aus dem Beamtenverhältnis **70** 21
- Entlassung
  - auf eigenen Antrag **71** 57
  - Aufschub **70** 57
  - kraft Gesetzes **70** 21 f.
  - Rechtsfolgen **71** 57
  - durch Verwaltungsakt **70** 21, 23
  - Vorbereitungsdienst **72** 29
- Ruhestand
  - Altersgrenze **70** 21, 25, 57; **71** 62, 143
  - auf Antrag **71** 64
  - Aufschub **70** 57
  - Dienstunfähigkeit **70** 21, 26–29; **71** 65–67
  - einstweiliger R. **70** 18, 21, 30 f., 61; **71** 68–70
  - Eintritt in den R. **70** 21, 57, 60; **71** 71, 123
  - Hinausschieben **71** 63
  - Versetzung in den R. **70** 18, 21, 26, 28, 30, 32, 54, 61; **71** 71, 123
  - Wartezeit **70** 32
  - Zuständigkeiten und Verfahren **71** 56, 71
- Tätigkeit nach B. **70** 41
- Verlust der Beamtenrechte **70** 24; **71** 59–61

**Beeinträchtigung** v. Natur u. Landschaft **62** 6

**Befangenheit** **20** 21, 44, 71

**Beförderung**
- Beamte allgemein **10** 94; **72** 2, 15, 16, 17 f., 56, 70
- Kommunalbeamte **30** 43; **31** 38; **32** 34

**Befreiung** v. naturschutzrechtlichen Vorschriften **62** 56

**befriedeter Bezirk**, → Versammlungen
**Befristung** v. Verwaltungsakten
 **20** 36; **63** 15, 20, 71
**Befugnisse**
– → Polizei
– → Sicherheitsbehörden
– Übergang b. Zweckvereinbarung
 **38** 8, 22
**Begabtenförderung 10** 128
**Beglaubigung 20** 33 f.
**Begnadigungsrecht 10** 47; **20** 2
**Begründung**
– Freiheitsentziehung **50** 19
– Verwaltungsakte **20** 39, 45
– Wohnungsdurchsuchung **50** 24
**Begrünung 40** 7
**Behinderte**
– barrierefreies Bauen **40** 48
– behindertengerechte Aufzüge
 **40** 37
– Benachteiligungsverbot
 **10** 118a
– eigener Wirkungskreis d. Bezirke
 **32** 48
– u. Straßenbau **82** 9
**Behörden**
– Begriff d. VwVfG **20** 1
– Begriff d. VwZVG **21** 1
– Beteiligungsfähigkeit **20** 11
– Einrichtung **10** 77
– Handlungsfähigkeit **20** 12
– Mitwirkung bei Zusicherung
 **20** 38
– Organisation **10** 77
– örtliche Zuständigkeit **20** 3, 3a
– polizeiliche Ausrüstung **51** 8
– Staatsregierung als oberste leitende
 u. vollziehende B. **10** 43
– Verwaltungsvollstreckung gegen
 B. **21** 29
**Beichtgeheimnis 10** 144
**Beihilfe** für Beamte **71** 96
**Beistand** im Verwaltungsverfahren
 **20** 14, 27

**Beiträge**
– zur Abfallentsorgung **60** 7
– Ausbau v. Gewässern **63** 42
– zu wasserrechtl. Bewirtschaftungsplänen und Maßnahmeprogrammen **63** 51
– im Kommunalabgabenrecht
 **37** 5–7, 19
– Unterhaltung v. Gewässern **63** 23,
 26 f.
– Zweckverband: → Umlage
**Beitreibung**
– v. Geldbußen **52** 5
– Verwaltungsvollstreckung allgemein **21** 24–27
– v. Zwangsgeld **50** 73
**Bekanntgabe**
– e. Verwaltungsakts **20** 41, 43
**Bekanntmachung**
– abfallrechtliche Planungsgebiete
 **60** 14
– Baugenehmigung **40** 66
– Bekanntmachungsverordnung
 **36** 1 ff.
– Einziehung **82** 8
– Ergebnis e. Bürgerentscheids
 **30** 18a; **31** 12a
– im förmlichen Verwaltungsverfahren **20** 63, 67, 69
– Gesetze **10** 76
– Maßnahmen e. Zweckverbands
 **38** 48
– öffentliche **20** 74
 – im Internet **20** 72a
 – Zustellung **21** 15
– Planfeststellungsbeschluss **20** 74
– Planfeststellungsverfahren **20** 72,
 73
– Raumordnungspläne **81** 16, 23, 25
– Rechtsvorschriften d. Verwaltungsgemeinschaft **34** 10; **36** 1–3
– Satzungen
 – d. Bezirke **32** 19
 – d. Gemeinden **30** 26; **36** 1–3

Stichwortverzeichnis

- Haushaltssatzungen **30** 65; **31** 59; **32** 57
- d. Landkreise **31** 20
- d. Unternehmenssatzungen **30** 96; **31** 83; **32** 81
- d. Verbandssatzung **38** 21
- aufgrund Zweckvereinbarung **38** 11
- d. Zweckverbände **38** 24
- Sitzungen u. Beschlüsse d. Kommunalparlamente **30** 52; **31** 46; **32** 43
- Verordnungen **52** 51 f.
- Verwaltungsverfügungen **30** 27; **31** 21; **32** 20
- Widmung **82** 6
- Zweckvereinbarungen **38** 13

**Belehrung**
- bei Datenerhebung **50** 31
- bei Freiheitsentziehung **50** 19

**Beleuchtung**
- öffentlicher Straßen **82** 51
- Räume **40** 33

**Beleuchtungsanlagen 62** 11a

**Belichtung**
- u. Abstandflächen **40** 6, 81
- Räume **40** 45

**Beliehene**
- b. Dritte **63** 31
- b. Hafengesellschaften privaten Rechts **63** 36

**Belüftung**
- u. Abstandsflächen **40** 6
- b. Aufbewahrung fester Abfallstoffe **40** 43
- Aufzüge **40** 37
- → Lüftung
- → Lüftungsanlagen
- Räume **40** 33, 45 f.
- sanitäre Anlagen **40** 42

**Benachrichtigung**
- → Anzeigepflicht
- bei Freiheitsentziehung **50** 19

**Benutzung**
- → öffentliche Einrichtungen
- v. Gewässern **63** 4, 16, 18 f., 29 f., 35, 56, 64, 67 f., 70, 75
- v. Straßen
- → Gemeingebrauch
- → Sondernutzung

**Benutzungsgebühren 37** 8
**Benutzungszwang:** → Anschlußu. B.
**Beobachtung** von Natur und Landschaft **62** 44, 46

**Beratung**
- v. Abfallbesitzern **60** 3
- im Naturschutz **62** 5, 48
- im Verwaltungsverfahren **20** 25

**Beratungsgegenstände:** → Tagesordnung
**Berechtigungsscheine 50** 13
**Bereitschaftspolizei 51** 6
**Bericht zur Lage der Natur 62** 3a
**Bergamt 61** 1

**Bergbehörden**
- wasserrechtliche Aufgaben und Befugnisse **63** 58, 64
- wasserrechtliche Zuständigkeit **63** 30

**Berichtigung**
- v. Akten u. Daten **50** 62
- Entscheidungen des Verfassungsgerichtshofs **11** 25
- Verwaltungsakt **20** 42

**Berichterstatter** am Verfassungsgerichtshof **11** 21, 24
**Berufsbeamtentum 10** 95
**Berufsrichterplenum** des Verfassungsgerichtshofs **11** 3
- Geschäftsordnung **11** 30
- Geschäftsverteilung **11** 10

**Begründung** d. Beamtenverhältnisses
- Altersgrenze **71** 23
- u. privatrechtliche Arbeitsverhältnisse **71** 24
- Beamtenverhältnis auf Lebenszeit **71** 25
- durch Einstellung **72** 2

## Stichwortverzeichnis

**Beschlagnahme**
- bei Landtagsabgeordneten **10** 29
- → Sicherstellung

**Beschlüsse**
- → Beschlußfassung
- → Vollzug
- Vorlage zur Rechtsaufsichtsbehörde **30** 59; **31** 54; **32** 52

**Beschlußfähigkeit**
- d. Ausschüsse gemäß VwVfG **20** 90
- Bezirkstag **32** 38
- Gemeinderat **30** 47
- Kreistag **31** 41
- Landtag **10** 23
- Staatsregierung **10** 54
- Verbandsversammlung **38** 33

**Beschlußfassung**
- Ausschüsse nach VwVfG **20** 91
- Bezirkstag **32** 42
- Gemeinderat **30** 51
- Kreistag **31** 45
- Landtag **10** 23
- bei Verfassungsänderung **10** 75
- Zweckverband **38** 33

**Beschlußunfähigkeit** v.
- Bezirkstag **32** 96
- Gemeinderat **30** 114
- Kreistag **31** 100

**Beschneiungsanlagen 40** 56; **63** 35

**beschränkt-öffentliche Wege**
- Begriff **82** 3, 53
- Sondernutzung **82** 56
- Straßenbaulast **82** 54a

**beschränkte Erlaubnis 63** 15

**Beschwerde:** Petitionsrecht

**Beseitigung** s. → bauliche Anlagen

**Beseitigungsanordnung**
- f. bauliche Anlagen **40** 76; **62** 36
- f. Deponien **60** 20
- nach Veränderungssperre **80** 27
- f. verbotene Abfallablagerungen **60** 31

**Beseitigungsanspruch**, Vollstreckungsfolgen **21** 39

**Besitzeinweisung 80** 39, 43; **22** 6

**Bestandsdatenauskunft 50** 43

**Bestandsgarantie** d. Gemeinden **30** 10

**Bestandskraft** (öffentlich-rechtlicher Vertrag)
- Anpassung u. Kündigung **20** 60
- über örtliche Verbrauch- u. Aufwandsteuern **37** 3

**Bestandskraft** (Verwaltungsakt)
- Abgabenbescheide **37** 12
- allgemein **20** 43–52
- Durchbrechung durch
  - Rücknahme **20** 48
  - Wiederaufgreifen **20** 51
  - Widerruf **20** 51

**Bestattungseinrichtungen**, Benutzungszwang **30** 24

**Besteuerung:** → Steuern

**Besteuerungsverfahren**, Zustellung **21** 17

**Bestimmtheit**
- Androhung v. Zwangsmitteln **21** 36; **50** 76
- Verwaltungsakte **20** 37
- Bestimmtheitsgrundsatz im Landesstrafrecht **52** 2

**Beteiligte**
- → Akteneinsicht
- Amtswalter als B. **20** 20
- → Anhörung
- Arbeitsgemeinschaften, kommunale **38** 1, 4
- Begriff im VwVfG **20** 13
- Bekanntgabe eines Verwaltungsakts an B. **20** 41, 43
- im Enteignungsverfahren **80** 22
- im förmlichen Verwaltungsverfahren **20** 66
- an Massenverfahren **20** 18, 67, 69, 73 f.
- Mitwirkung an Sachverhaltsermittlung **20** 26
- b. Wahlstreitigkeiten **11** 48

Stichwortverzeichnis

- Zweckverbände **38** 1, 17
- b. Zweckvereinbarungen **38** 1, 7, 15

**Beteiligte am Bau 40** 49–52
**Beteiligung**
- bei Abstimmung von Raumordnungsplänen **81** 16
- bei Absehen von Umweltbericht **81** 15
- des Landesplanungsbeirates **81** 13
- der Öffentlichkeit **40** 66a
- persönliche
  - Ausschluß v. Beratung u. Abstimmung **30** 49; **31** 43; **32** 40; **38** 33
  - → Unvereinbarkeit v. Amt u. Angehörigenverhältnis
- bei Regionalplänen **81** 22
- im Raumordnungsverfahren **81** 25, 26
- bei Untersagung raumordnungswidriger Planungen und Maßnahmen **81** 28
- → v. Verbänden

**Beteiligungsfähigkeit 20** 11
**Beteiligungsverfahren 81** 16, 25, 26
**Betreten:** → Zutrittsrecht
**Betretungsrecht**, s.a. → Zutrittsrecht
- bodenschutzrechtlich **64** 4, 9
- zu baul. Anlagen **30** 24; **31** 18; **32** 18; **40** 54
- zur Erholung in freier Natur **10** 141; **62** 27–35

**Betreuter**
- Freiheitsentziehung **50** 19
- Stellung im Verwaltungsverfahren **20** 12
- Zustellung an B. **21** 7

**Betriebs- u. Geschäftsgeheimnis 20** 30
**Betriebsräte 10** 175
**Betriebssatzung:** → Eigenbetriebe

**Betriebsuntersagung f.** Deponien **60** 20 f.
**Beurteilung, dienstliche:** → Beamte
**Bevollmächtigte**
- d. Bezirks **32** 33a
- d. Gemeinde **30** 38
- d. Kreises **31** 35
- im Verwaltungsverfahren **20** 14 f., 27
  - Bekanntgabe eines Verwaltungsaktes an B. **20** 41
  - Ersatz d. Kosten **20** 80
  - u. Zustellung **21** 8
- vor dem Verfassungsgerichtshof **11** 16, 19, 47–49

**bewehrte Satzung:** → Satzungen
**Beweisaufnahme**
- im Rechtsstreit über Enteignungen **80** 45
- Verfassungsgerichtshof **11** 23, 37, 39

**Beweiserhebung**
- im Verwaltungsverfahren **20** 26
- im förmlichen Verwaltungsverfahren **20** 65
- Untersuchungsausschüsse des Landtags **10** 25

**Bewilligung**, wasserrechtliche
- Antragstellung **63** 67
- mehrere Anträge **63** 68
- u. Bauabnahme **63** 61
- Entbehrlichkeit **63** 29
- u. Gemeingebrauch **63** 18
- Grundwasserbenutzung **63** 30
- u. Sanierungsplan **63** 55
- Verfahrensvorschriften **63** 69
- Vorkehrungen bei Erlöschen **63** 16
- besondere Zuständigkeiten **63** 64

**Bewirtschaftung von Gewässern**
→ Gewässer
**Bewirtschaftungsplan 63** 21
**Bezirke**
- abfallrechtliche Vorbildpflicht **60** 2

Stichwortverzeichnis

- Abgabenberechtigung **37** 1
- Bezirksordnung **32** 1 ff.
  - Aufsicht u. Rechtsmittel **32** 90–100
  - Bezirkswirtschaft **32** 53–89
  - Verfassung u. Verwaltung **32** 21–52
  - Wesen u. Aufgaben **32** 1–20
- → eigener Wirkungskreis
- kommunale Zusammenarbeit **38** 1, 3, 4, 7, 17
- → übertragener Wirkungskreis
- Vollstreckung v. Geldforderungen d. B. **21** 26
- als Vollzugsbehörde **52** 43

**Bezirksaufgaben**
- → eigener Wirkungskreis
- Übertragung auf d. Regierung **32** 35b

**Bezirksausschuß**
- Regierungsbezirk
  - Aufgaben **32** 25, 29
  - Einberufung **32** 27
  - Geschäftsgang **32** 46
  - Vorsitz **32** 32 f.
  - Wahl v. Vertrauensleuten **22** 11
  - Zusammensetzung **32** 26
- Stadtbezirk **30** 18a, 18b, 60, 60a

**Bezirksbürger 32** 11 ff., 22

**Bezirksgebiet 32** 7, 16

**Bezirkshaushalt:** → Kommunalhaushalte

**Bezirkshoheit 32** 16

**Bezirkskasse 30** 82

**Bezirksräte**
- Anzahl **32** 23
- Ausschluß **32** 40, 44
- Indemnität **32** 42
- Teilnahme- u. Abstimmungspflicht **32** 39
- Vereidigung **32** 24
- Wahl **32** 12, 23

**Bezirksrecht**, Satzungshoheit **32** 17

**Bezirkstag 32** 22 ff.
- als Hauptorgan d. Bezirks **32** 21
- Aufgaben **32** 22
- Auflösung durch Rechtsaufsicht **32** 96
- u. weitere Ausschüsse **32** 28 f., 46
- Beschlußfähigkeit **32** 38
- Beschlußfassung, Wahlen **32** 42
- → Bezirksausschuß
- → Bezirksräte
- Entscheidung über Personalfragen **32** 34
- Geschäftsordnung **32** 37
- Rechtsstellung **32** 22
- Sitzung
  - Einberufung **32** 24
  - Hausrecht **32** 44
  - Niederschrift **32** 45
  - Öffentlichkeit **32** 43
  - Vorsitz **32** 32
- vorbehaltene Angelegenheiten **32** 29
- Wahl d. Bezirkstagspräsidenten **32** 30
- Zusammensetzung **32** 23

**Bezirkstagspräsident 32** 30 ff.
- Beanstandungsrecht, Anrufung d. Rechtsaufsichtsbehörde **32** 52
- Leitung u. Verteilung d. Geschäfte **32** 37
- Stellung im Kommunalunternehmen **32** 81a
- Stellvertreter **32** 30 f., 96
- Vorsitz im Bezirkstag u. Bezirksausschuß **32** 32
- Vertreter in d. Verbandsversammlung **38** 31
- Vertretung des Bezirks **32** 33a
- Wahl u. Rechtsstellung **32** 30
- Zuständigkeit **32** 33

**Bezirksumlage 32** 54 f.

**Bezirksverwaltung 32** 2, 35

**Bezirksverwaltungsstellen 30** 60

**Bild- u. Tonaufnahmen oder -aufzeichnungen 50** 33, 47, 49; **83** 9

[903]

Stichwortverzeichnis

**Bildungsträger 10** 133
**Bildungsziele 10** 131
**Bindungswirkung** der Entscheidungen des Verfassungsgerichtshofs **11** 29
**Biodiversitätsberatung 62** 5d
**Biosphärenreservate, -gebiete und -regionen 62** 14
– → geschützte Flächen und Naturbestandteile, allgemeine Vorschriften
**Biotope 62** 23
**Biotopschutz 62** 14, 15, 19, 23, 42, 46
**Biotopschutzprogramm 62** 5, 19, 46
**Biotopverbund(system) 62** 19, 46, 58
**Biotopverbundprojekte 62** 19
**Biotopvernetzung 62** 16
**Blitzschutzanlagen 40** 44; **52** 38
**Bodeninformationssystem**
– Inhalt **64** 8
– Zweck **64** 7
**Bodennutzung**
– land- und forstwirtschaftlich **64** 10, 13
– Bodendauerbeobachtungsflächen **64** 8
**Bodenprobenbank 64** 8
**Bodenveränderungen,** schädliche **64** 1, 2, 5, 12
**Bodenverteilung 10** 161
**Brandschutz**
– → Abstandsflächen
– abweichende örtliche Vorschriften **52** 38
– bauordnungsrechtliche Anforderungen **40** 4 ff., 12, 24–34, 37–40, 43, 62, 77–81, 83; **52** 38
**Brandwände 40** 28, 30, 33
**Breitensport 30** 57
**Brennstoffe 40** 40; **52** 38
**Brennstoffversorgung 40** 40
**Briefgeheimnis 10** 25, 48, 112

**Briefwahl 12** 15
**Bringsysteme 60** 4
**Brunnen 40** 57
**Bundesfernstraßen 82** 1, 3
**Bundespolizei,** Bauvorhaben **40** 73
**Bundesstraßen 82** 62a, 73
**Bundeswasserstraßen 63** 2, 22
**Bürgerantrag 30** 18b; **31** 12b
**Bürgerbegehren u. Bürgerentscheid**
– auf Gemeindeebene **30** 18a
– auf Landkreisebene **31** 12a
– verfassungsrechtliche Verankerung **10** 7, 12
**Bürgermeister**
– Amtszeit **30** 34
– Beanstandungsrecht, Anrufung d. Rechtsaufsichtsbehörde **30** 59
– als Hauptorgan d. Gemeinde **30** 29
– Inkompatibilitäten **30** 31
– Anordnung d. Neuwahl durch die Rechtsaufsichtsbehörden **30** 114
– Oberbürgermeister **30** 34
– Rechtsstellung **30** 34 ff.
– Stellung im Kommunalunternehmen **30** 97
– Stellvertreter **30** 39
– Verhinderung **30** 39, 114
– Vertreter in d. Verbandsversammlung **38** 31
– Vertretung d. Gemeinde **30** 38
– Vollzug gesetzlicher Vorschriften **30** 59
– Vorsitz im Gemeinderat **30** 36
– Wahl durch Gemeindebürger **10** 11; **30** 17
– Zuständigkeit **30** 37
**Bürgerversammlung 30** 18
**Bürgerverzeichnis 30** 18a
**Bürgschaften 30** 72; **31** 66; **32** 64
**Bußgeld:** → Geldbuße

# Stichwortverzeichnis

**Campingplätze**
- Bauordnungsrecht
  - → C. als Sonderbauten **40** 2
  - → verfahrensfreie Bauvorhaben auf C. **40** 57
  - → verfahrensfreie Beseitigung best. baulicher Anlagen auf C. **40** 57
  - Vorrang anderer Gestattungsverfahren **40** 56
- Begriff, Erlaubnispflicht **52** 25
- Kurbeitrag **37** 7

**Carsharing 82** 18a

**cessio legis**, Kostenforderung **21** 41

**CE-Kennzeichnung 40** 15, 75

**CE-Zeichen 41** 11

**clausula rebus sic stantibus**
- bei öffentlich-rechtlichem Vertrag **20** 60; **37** 3
- bei Zusicherung **20** 38

**Dächer 40** 6, 30, 36
**Dachraum 40** 25, 27, 28, 29, 32
**Dammwehr 63** 50
**Daten 20** 33; **50** 30–66
**Datenabgleich** innerhalb d. Polizei **50** 61
**Datenberichtigung 50** 62
**Datenempfang 50** 60
**Datenerhebung 50** 31–52; **71** 102; **83** 9
- Beamtenrecht **71** 102
- besondere Befugnisse und Maßnahmen **50** 33 ff.
- → Bild- u. Tonaufnahmen
- Generalklausel **50** 32
- Grundsätze **50** 30 f.
- Informationspflicht **50** 31
- Observation **50** 33, 49
- offene D. **50** 31
- bei öffentlichen Veranstaltungen **50** 33
- polizeiliche Beobachtung **50** 40
- Unmittelbarkeit **50** 31

- verdeckte D. **50** 31
- verdeckter Einsatz technischer Mittel **50** 36, 41
- Einsatz verdeckter Ermittler **50** 37, 48, 49, 50, 52
- Verhältnismäßigkeit **50** 32
- Einsatz v. Vertrauenspersonen **50** 38, 48, 49, 50, 52
- b. Versammlungen **83** 9
- Voraussetzungen **50** 30 f.

**Datenlöschung 50** 62
**Datennutzung 50** 53 f.
**Datenschutz**
- Anwendung des Datenschutzgesetzes **50** 66
- Auskunftsrecht **50** 65
- im Naturschutzrecht **62** 55
- b. Rasterfahndung **50** 46

**Datenspeicherung 50** 53 f., 64
**Datenübermittlung**
- allgemeine Regelungen **50** 55
- an d. Polizei → Datenempfang
- an nichtöffentliche Stellen **50** 59
- an öffentliche Stellen **50** 56–58
- automatisiertes Abrufverfahren **50** 63
- Zentralstelle **51** 7

**Datenverarbeitung 50** 53–65; **51** 7
**Datenverarbeitungsanlagen 20** 33
**Datenverarbeitungsbeschränkung 50** 62
**Datenverbund 50** 63
**Decken 40** 28, 29, 30, 33 f., 36, 38, 43
**Deckungsgrundsatz 10** 79
**Demokratie**
- an Hochschulen **10** 138
- Bildungsziel **10** 131
- Bedeutung d. Gemeinden **10** 11
- → Mehrheitsprinzip
- u. Presse **10** 111
- repräsentative D. **10** 2, 4, 13 f.

Stichwortverzeichnis

- unmittelbare D.: → Bürgerbegehren, → Bürgerentscheid, → Volksbegehren, → Volksentscheid
- Volksstaat **10** 2
- Wahrung d. Grundgedanken d. D. bei Verfassungsänderungen **10** 75
- im Wirtschaftsleben **10** 154

**Denkmäler 40** 18, 57
**Denkmalpflege 32** 48
**Denkmalschutz 10** 141; **40** 18
**Deponien**
- Beseitigung und Stillegung **60** 20–22
- Pflicht zu Errichtung und Betrieb **60** 4

**Dienstaufsicht**
- des Bezirkstagspräsidenten **32** 34
- des ersten Bürgermeisters **30** 37, 43
- des Gemeinschaftsvorsitzenden **34** 6
- des Landrats **31** 37 f.
- der Staatsminister **10** 55
- über den Präsidenten des Verwaltungsgerichtshofs **22** 4
- des Verbandsvorsitzenden im Zweckverband **38** 38
- der Werkleitung **30** 95; **31** 82; **32** 80

**Diensteid:** → Eid
**Dienstherr**
- Dienstherrnfähigkeit **30** 97; **31** 84; **32** 81a; **34** 1; **38** 23; **70** 2
- Dienstherrnwechsel **70** 138–140

**Dienstsiegel 30** 4; **31** 3; **32** 3
**digitale Verfahren 40** 80a
**dingliche Rechte**
- Ablösung durch den Träger d. Straßenbaulast **82** 13
- als Enteignungsgegenstand **80** 2
- Entschädigung **80** 12, 15

- bei Ersatzlandentschädigung **80** 14
- u. polizei- u. sicherheitsrechtliche Maßnahmen **50** 8; **52** 9
- Rückenteignung **80** 16 f.

**diplomatische Vertretung,** Zustellung **21** 14
**Diskontinuität** im Landtag **10** 16
**Dispens** (Baurecht) **40** 69, s.a. → Abweichungen
**Disziplinarangelegenheiten 10** 95; **22** 15
**Doppelbestrafung 10** 104
**Drittanfechtung 20** 50
**Dritte**
- als Beliehene **63** 31, 36
- im Verwaltungsverfahren **20** 13
- Straßenbaulast **82** 44, 79
- Verpflichtung als Steuerschuldner **37** 11

**Duldungspflicht**
- bei abfallrechtlichen Maßnahmen **60** 22
- bei naturschutzrechtlichen Maßnahmen **62** 28, 36, 38, 53
- im Wasserrecht **63** 4, 25, 41, 46, 62
- örtliche Leitungen **30** 24
- im Bodenschutzrecht **64** 4

**Durchsuchung**
- v. Fahrzeugen **50** 22
- v. Personen **50** 13, 21
- v. Sachen **50** 13, 22
- v. Wohnungen **50** 23 f.
- bei Landtagsabgeordneten **10** 29

**Dürre 63** 44

**Ehe 10** 124
**Ehrenämter**
- allg. Vorschriften **20** 81–86
  - Abberufung **20** 86
  - Ausübung **20** 83
  - Entschädigung **20** 85

- Pflicht zur Übernahme **10** 121; **20** 82
- Verschwiegenheit **20** 84
- d. Bezirks **32** 13–14a
- d. Gemeinde **30** 19–20a
- d. Landkreises **31** 13–14a
- im Zweckverband **38** 30

**Ehrenbeamte 70** 5, 8, 22; **71** 134
- Bezirkstagspräsident u. Stellvertreter **32** 30
- Bürgermeister **30** 34 f.
- Stellvertreter d. Landrats **31** 32

**Ehrenbürger 30** 16

**Ehrungen 20** 2

**Eid**
- d. Beamten **10** 187; **71** 73
- d. Bezirksräte **32** 24
- d. Gemeinderäte **30** 31
- d. Kreisräte **31** 24
- d. Mitglieder d. Staatsregierung **10** 56
- d. Mitglieder des Verfassungsgerichtshofs **11** 7
- kein staatlicher Zwang zu religiöser Eidesformel **10** 107
- Verfassungseid **10** 187

**eidliche Vernehmung 20** 27, 65

**Eigenbeteiligung** am Investitionsaufwand **37** 5

**Eigenbetriebe**
- Abschlußprüfung **30** 107; **31** 93; **32** 89
- Begriff, allgemeine Regeln **30** 88; **31** 76; **32** 74
- Betriebssatzung, Werkleitung, Werkausschuß **30** 88; **31** 76; **32** 74; **38** 40
- eines Zweckverbands **38** 40
- in d. Haushaltssatzung **30** 63; **31** 57; **32** 55
- örtliche Rechnungsprüfung **30** 103; **31** 89; **32** 85
- Umwandlung in Kommunalunternehmen **30** 89–90; **31** 77–78; **32** 75–76

**Eigenengagement:** → Integration von Migranten

**eigener Wirkungskreis d. Bezirke**
- allgemein **10** 10; **32** 5, 48
- nur Rechtsaufsicht **32** 91
- beispielhafte Aufzählung **32** 48
- Satzungshoheit **32** 17

**eigener Wirkungskreis d. Gemeinden**
- Abwasserbeseitigung **63** 34
- allgemein **10** 11 f.; **30** 7, 57
- allseitiger W. d. G. **30** 6
- als Mitglied einer Verwaltungsgemeinschaft **34** 4
- nur Rechtsaufsicht **10** 83; **30** 109
- Beispiele **10** 83; **30** 57
- Bürgerbegehren und Bürgerentscheid **10** 12; **30** 18a
- kreisfreier Gemeinden
  - Abfallentsorgung **60** 3
  - Übernahme v. Aufgaben durch den Bezirk **32** 49
- Satzungshoheit **30** 23
- Übernahme v. Aufgaben durch den Landkreis **31** 52, durch den Bezirk **32** 49
- Übertragung v. Aufgaben durch Zweckvereinbarung **34** 4
- (weitere) Verfassungsaufträge
  - Bekämpfung v. Schmutz u. Schund **10** 110
  - billiger Wohnraum **10** 106
  - Erziehung **10** 126
  - Familie **10** 125
  - Friedhöfe **10** 149
  - Kunst u. Wissenschaft **10** 140
  - Natur- u. Denkmalschutz **10** 141
  - öffentliche Leistungen an Religionsgemeinschaften **10** 145
  - Schulorganisation **10** 133
- Widerspruchsbescheid, Zweckmäßigkeitsprüfung und Rechtsaufsicht **30** 119

## Stichwortverzeichnis

**eigener Wirkungskreis d. Landkreise**
- allgemein **10** 10; **31** 5, 51
- Abfallentsorgung **60** 3
- Bürgerbegehren und Bürgerentscheid **10** 12; **31** 12a
- nur Rechtsaufsicht **31** 95
- Satzungshoheit **31** 17
- Übernahme v. Aufgaben durch den Bezirk **32** 49
- Widerspruchsbescheid, Zweckmäßigkeitsprüfung und Rechtsaufsicht **31** 105

**Eigenkontrollmaßnahmen 64** 5

**Eigentum**, privates
- Anspruch auf Übernahme
  - bei Eigentum an Straßengrund **82** 13
  - bei enteignender Maßnahme **62** 36, 40
  - im Enteignungsverfahren **80** 6
  - bei Veränderungssperre **60** 14
  - bei staatlichem Vorkaufsrecht **62** 39
- Beschränkungen im Naturschutzrecht **62** 41 f.
- Grundrecht
  - Einschränkungen **21** 40; **52** 58; **61** 3; **63** 101
  - Gewährleistung **10** 103, 159, 163
- geistiges **10** 162
- an Gewässern **63** 5 ff., 9, 11
- Inanspruchnahme im Planfeststellungsverfahren **20** 74
- an Ortsdurchfahrten d. Bundesstraßen **82** 73
- d. Religionsgemeinschaften **10** 146
- → Sozialbindung
- Sozialisierung **10** 160

**Eigentum**, öffentliches
- Begrünung von Gebäuden und Freiflächen **40** 7

- Bodenschätze, Verkehr, Energie **10** 160
- Regelung d. Benutzung durch Satzung **30** 24; **31** 18; **32** 18

**Eigentümer**
- als Adressat v. Maßnahmen **50** 8; **52** 9
- Beteiligung am Enteignungsverfahren **80** 22
- → Duldungspflicht
- Erschwernisausgleich **62** 42

**Eigentümerwege 82** 3, 53, 55 f.

**Eigentumsübergang** auf den Träger d. Straßenbaulast **82** 11

**Eigenüberwachung 63** 31, 60

**Eignungsprinzip 10** 94

**Eignungsprüfung 20** 2

**Einberufung**
- Bezirksausschuß **32** 27
- Bezirkstag **32** 24
- Gemeinderat **30** 46
- Kreisausschuß **31** 28
- Kreistag **31** 25
- Landtag **10** 17
- Verbandsversammlung **38** 32

**Einbürgerung 10** 6

**Einfriedung 40** 6, 57, 81; **50** 29; **82** 29

**Eingaben**
- gleichförmige E. im VwVfG
  - Begriff, Verfahren **20** 17
  - Vertretung **20** 17, 19
- → Petitionsrecht

**Eingliederung**
- gemeindefreier Gebiete **30** 11, 13a
- kreisfreier Gemeinden in den Landkreis **30** 5a

**Eingriffe** in Natur u. Landschaft **62** 6 ff.
- Ausgleichs- und Ersatzmaßnahmen **62** 7 ff.
- Ausgleichspflicht **60** 21
- Begriff **62** 6
- Ersatzzahlungen **62** 7

Stichwortverzeichnis

- Kompensationsmaßnahmen **62** 8
- Kompensationsverzeichnis **62** 9
- Zuständigkeit u. Verfahren **62** 11

**einheitliche Stelle:** → Verfahren über eine einheitliche Stelle

**Einladung**
- des Regierungspräsidenten zum Bezirkstag **32** 37
- zu Sitzungen d. Kommunalparlamente **30** 45, 47; **31** 40 f.; **32** 37 f.

**Einleiten**
- v. Abwasser **63** 18, 34, 38, 54, 60, 70
- v. Wasser als Gemeingebrauch **63** 18
- in öffentliche Abwasserbehandlungsanlagen **63** 54
- v. Stoffen im Rahmen der technischen Gewässeraufsicht **63** 62

**Einleitung** v. Verwaltungsverfahren
- Hilfe durch d. Gemeinde **30** 58
- Offizialprinzip **20** 22

**Einnahmen**
- d. Bezirke **32** 54
- d. Gemeinden **30** 62
- d. Kreise **31** 56
- Entgelte **30** 62; **31** 56; **32** 54
- Steuern **30** 62; **31** 56
- Umlagen **31** 56; **32** 54; **38** 42

**Einrichtungen**
- Benutzung öffentlicher E. **30** 21; **31** 15; **32** 15
- Bereitstellung f. den Bezirk **32** 35a
- gemeinschaftliches Betreiben **38** 7
- Mitbenutzung kraft Zweckvereinbarung **38** 7
- d. Zweckverbands **38** 34

**Einschreiben 21** 4

**Einsichtsrecht**
- zur Bauüberwachung **40** 77
- bei Raumordnungsverfahren **81** 25

- wasserrechtliches Kartenwerk **63** 47, 73

**Einstellung**
- von Arbeiten an baulichen Anlagen **40** 75
- v. Vollstreckungsmaßnahmen **21** 22

**Einstellungsanordnung**
- Deponien **60** 20
- Baurecht **40** 75
- b. Eingriffen in Natur u. Landschaft **62** 6

**einstweilige Anordnung 11** 26
**einstweilige Sicherstellung 62** 54

**Einvernehmen**
- Baurecht
  - E. d. Gemeinde **35** 1; **40** 63
  - Ersetzung d. gemeindlichen E. **40** 67
- d. Bezirkstagspräsidenten zur Bestellung leitender Verwaltungsbeamter **32** 35a
- d. Bezirkstags zur Ernennung des Regierungspräsidenten **32** 36
- im Bodenschutzrecht **64** 10
- d. Straßenaufsichtsbehörde bei Planungen **82** 35
- d. Straßenbaubehörde bei Baugenehmigungen **82** 23 f.

**Einwendungen**
- Ausschluss **40** 66a
- gegen die Vollstreckung **21** 21
- Dritter im Planfeststellungsverfahren **20** 73

**Einwohner 30** 15; **31** 11; **32** 11
**Einwohnerzahl 30** 122; **31** 107; **34** 8

**Einzelgenehmigung** für Kredite **30** 71; **31** 65; **32** 63

**Einziehung**
- v. Gegenständen
  - Naturschutzrecht **62** 58
  - → Sicherstellung
- öffentlicher Straßen **82** 8, 11
- d. Prüfbuches **40** 72

[909]

23

Stichwortverzeichnis

**Eisenbahn 40** 56
**Eisflächen 52** 27
**Eisgefahr 35** 1; **63** 49 f.
**elektrische Anlagen**, Brandverhütung **52** 38
**elektronische Form 20** 3a
**elektronische Verwaltung**
– Aktenführung **71** 104
– Beihilfe **71** 96, 110
– Dokumente **20** 3a
  – Beglaubigung **20** 33
  – Zugangsfiktion **20** 15
  – Zustellung **21** 2, 5 f., 14
– Zustellungsfiktion **21** 5
– Kommunikation **20** 3a, 8b
– Raumordnungsverfahren **81** 25
– Rechnungsprüfung **30** 108; **31** 92; **32** 88
– Verfahren über eine einheitliche Stelle **20** 71e
– Verpflichtungsgeschäfte **30** 38; **31** 35; **32** 33a; **38** 37
– Versammlungen **83** 13, 19
– Verwaltungsakt **20** 37, 39, 41, 44, 69
**Eltern 10** 126
**Empfangsbekenntnis 21** 5
**Empfangsbevollmächtigter**
– im Verwaltungsverfahren **20** 15
– Zustellung **21** 8
**Enteignung**
– u. abfallrechtliche Veränderungssperre **60** 14
– nach Baurecht, Zuständigkeit **41** 3
– nach dem Enteignungsgesetz **80** 1 ff.
  – Besitzeinweisung **80** 39
  – beweglicher Sachen **80** 48
  – → Enteignungsbeschluß
  – Enteignungsgegenstand **80** 2
  – → Enteignungsverfahren
  – Enteignungszweck **80** 1
  – Entschädigung **80** 8–15,
    → Entschädigungsansprüche

– → Ersatzlandenteignung
– Härteausgleich **80** 18
– Rechtsbehelfe **80** 44–46
– Rückenteignung **80** 16 f., 42
– Umfang **80** 6
– Zulässigkeit **80** 3–5
– durch Maßnahmen nach LStVG **52** 11
– für Naturschutz o. Landschaftspflege **62** 36, 40
– für Straßenbau **82** 40, 70
– Unbeachtlichkeit der E. für die Widmung einer Straße **82** 6
– verfassungsrechtliche Bestimmungen **10** 159, 163
– wasserrechtliche Bestimmungen **63** 56 f.
**Enteignungsbehörde 80** 19; **41** 3
**Enteignungsbeschluß 80** 31, 37, 42
**Enteignungsverfahren 80** 19–46
– Anhörung **80** 26, 32
– Antrag **80** 20
– Beteiligte **80** 22
– Einigung **80** 29, 38
– als förmliches Verwaltungsverfahren **80** 23
– Ladung, mündliche Verhandlung **80** 26
– Planfeststellung **80** 21, 40 f.
– Rechtsbehelfsbelehrung **80** 30
– Sicherheitsleistung **80** 21
– Verfügungs- u. Veränderungssperre **80** 27
– Wiedereinsetzung in den vorigen Stand **80** 25
– Zwangsvollstreckung **80** 38
**Entfaltung d. Persönlichkeit 10** 101
**Entgelt**
– f. Gewässerbenutzung **63** 4
– f. Wegebenutzung **82** 55
**Entlassung**
– v. Beamten: → Beendigung des Beamtenverhältnisses

## Stichwortverzeichnis

- festgehaltener Personen **50** 20, 69
- Mitgliedsgemeinde aus d. Verwaltungsgemeinschaft **34** 9
**Entnazifizierung 10** 184
**Entschädigungsansprüche**
- abfallrechtliche **60** 14
- bei Aufhebung öffentlicher Nutzungsrechte **30** 82 f.
- bodenschutzrechtliche **64** 4, 9
- f. ehrenamtliche Tätigkeit **20** 85; **30** 20a; **31** 14a; **32** 14a; **38** 30
- bei Enteignung
  - allgemein **10** 159; **80** 8–18
  - durch Gewährung v. Rechten **80** 15, 33
  - b. Verfügungs- u. Veränderungssperre **80** 27
  - Vorarbeiten **80** 7
  - b. vorzeitiger Besitzeinweisung **80** 39
- immissionsschutzrechtliche **61** 2
- naturschutzrechtliche **62** 36, 41 f.
- im Planfeststellungsverfahren **20** 74 f.
- polizei- u. sicherheitsrechtliche **50** 87, 90; **52** 11
- bei Rücknahme eines Verwaltungsakts **20** 48, 50
- bei Sozialisierung **10** 160
- Straßenrecht **82** 17, 27a f.
- Wasserrecht **63** 31, 57, 61
- bei Widerruf eines Verwaltungsakts **20** 49 f.
**entsorgungspflichtige Körperschaften**
- Abfallbilanz **60** 12
- Begriff **60** 3
- Erlaß v. Satzungen **60** 7
- Mindestausstattung **60** 4
- Zusammenschlüsse **60** 8
**Entwicklungsgebiete 81** 19
**Entwurfsverfasser**
- auf d. Bauschild **40** 9

- Bauvorlageberechtigung **40** 61, 64
- Verantwortlichkeit **40** 51
**Erbrecht 10** 103
**Erbschaftsteuer 10** 123
**Erdaufschlüsse 63** 30
**Erholung**, Recht auf E. **10** 174
**Erholung in der freien Natur** **10** 141; **62** 26–38
**Erholungsort**, Kurbeitrag **37** 7
**Erholungsparke 62** 37
**Erholungsurlaub 10** 174
**Erinnerung** gegen Kostenfestsetzungsbeschluß **11** 28
**erkennungsdienstliche Maßnahmen 50** 14 f.
**Erlaß v. Verordnungen**
- im Naturschutzrecht
  - Ausgleich von Nutzungsbeschränkungen **62** 42
  - Beschränkungen der Erholung in der freien Natur **62** 31
  - einstweilige Sicherstellung **62** 54
  - Festlegung Europäischer Vogelschutzgebiete **62** 20
  - Festlegung bestimmter Zuständigkeiten **62** 44
  - Unterschutzstellung von Natur und Landschaft **62** 12
  - Verfahren bei Inschutznahme **62** 52
  - Zuständigkeit zum Erlaß bestimmter Rechtsverordnungen **62** 51
- nach LStVG
  - Pflicht zum Erlaß **52** 46
  - Rechtmäßigkeit **52** 45
  - Zuständigkeit **52** 42, 44, 46
**Erlaß v. Verwaltungsvorschriften**
- nach LABV **23** 6
**Erlaubnis**
- öffentliche Vergnügungen **52** 19
- Straßen- u. Wegerecht **82** 18
- Wasserrecht

- beschränkte E. **63** 15
- erlaubnisfreie Benutzungen **63** 19, 29, 75
- Erlöschen **63** 16
- Grundwasserbenutzung **63** 29 f., 70
- mit Zulassungsfiktion **63** 70

**Ermächtigung**
- zum Erlaß v. Rechtsverordnungen
  - einzelne Ermächtigungen: → Rechtverordnungen
  - Ersatzverordnungen **52** 46
  - Grundsatz **10** 55
- zum Erlaß örtlicher Bauvorschriften **40** 81

**Ermessen**
- allgemein **20** 40
- u. Aufsicht **30** 109; **31** 95; **32** 91
- u. eigener Wirkungskreis **30** 7; **31** 5; **32** 5
- u. Vergleichsvertrag **20** 55
- bei Festsetzung eines Zwangsgeldes **21** 31
- d. Polizei **50** 5
- → bei Rücknahme eines Verwaltungsakts **20** 48
- bei Verwaltungsakten u. Umdeutung **20** 47
- → bei Widerruf eines Verwaltungsakts **20** 49

**Ernennung von Beamten**
- durch Einstellung **72** 2
- Fälle **70** 8
- Form **70** 8
- durch Gebietskörperschaften **30** 43; **31** 38; **38** 38
- Kriterien **70** 9
- auf Lebenszeit **70** 10
- Leistungsprinzip **10** 94; **70** 9
- Nichtigkeit **70** 11
- Rücknahme **70** 12
- rückwirkende E. **70** 8
- unmittelbar durch d. Staatsregierung **10** 55
- Urkundsprinzip **70** 8

- Stellenausschreibungen **71** 20
- Verfahren bei Nichtigkeit oder Rücknehmbarkeit **71** 21
- Zuständigkeit **71** 18

**Erörterungstermin**
- im Planfeststellungsverfahren **20** 73
- Besonderheiten im Straßenrecht **82** 38

**Ersatzanspruch** gegen Störer **50** 89 f.

**Ersatzlandenteignung** **80** 4, 9, 14

**Ersatzmaßnahmen**
- bei Eingriffen in Natur u. Landschaft **62** 7 ff.
- bei geschützten Flächen u. Naturbestandteilen **62** 18

**Ersatzvornahme**
- Abfallrecht **60** 22, 31
- Polizeirecht **50** 72
- Kommunalaufsicht **30** 113; **40** 67; **31** 99; **32** 95
- kraft Satzungsrechts **30** 24; **31** 18
- Unterhaltung v. Gewässern **63** 24
- Vollstreckungsrecht
  - Androhung **21** 36
  - Widerstand gegen E. **21** 34
  - Zulässigkeit **21** 29, 32

**Ersatzzuständigkeit**, Verordnungsrecht **52** 46

**Ersatzzustellung** **21** 5

**Ersatzzwangshaft**, Voraussetzungen, Höchstdauer **21** 33, 37; **50** 74

**Erschließung**
- → Anschluß- u. Benutzungszwang
- Bauordnungsrecht **40** 4, 58
- u. Beiträge nach KAG **37** 5
- Erstattung v. Kosten f. Grundstücksanschlüsse **37** 9
- → Vorhaben- u. Erschließungsplan

**Erschwernisausgleich**, naturschutzrechtlicher **62** 42

**Erstattungsanspruch**
- b. Aufhebung eines Verwaltungsaktes **20** 49a
- b. Aufhebung o. Änderung des Bebauungsplans **81** 33
- b. polizeirechtlicher Entschädigungspflicht **50** 88–90
- im Vollstreckungsrecht **21** 28

**Erstbewertung,** bodenschutzrechtliche (Gefährdungsabschätzung) **64** 2

**Ertrag** wirtschaftlicher Unternehmen **30** 94; **31** 81; **32** 79

**Erwachsenenbildung 10** 139; **30** 57

**Erwerbsgartenbau,** Gebäude **40** 57

**Erwerbspflicht:** → Eigentum, Anspruch auf Übernahme

**Erziehungsrechte**
- Eltern **10** 126, 137
- Religionsgemeinschaften **10** 127, 136

**Europa**
- Bekenntnis **10** 3a
- → europäische Verwaltungszusammenarbeit
- Gesetzgebung **10** 70
- → „Natura 2000" (Europäisches ökologisches Netz)

**europäische Verwaltungszusammenarbeit**
- Anwendbarkeit **20** 8e
- Form und Behandlung von Ersuchen **20** 8b
- Grundsätze **20** 8a
- Kosten **20** 8c
- Mitteilungen von Amts wegen **20** 8d

**Explosivmittel 50** 78, 81, 86

**Fachaufsicht**
- Begriff, Inhalt, Grenzen **30** 109; **31** 95; **32** 91
- über Große Kreisstädte **30** 115

- Sinn d. F. **30** 108; **31** 94; **32** 90
- → übertragener Wirkungskreis
- Widerspruch gegen aufsichtlichen VA **30** 120; **31** 106

**Fachaufsichtsbehörde**
- allgemein **30** 115; **31** 101; **32** 97
- Befugnisse, Verhältnis zur Rechtsaufsicht **30** 116; **31** 102; **32** 98
- Erlaß eines Widerspruchsbescheids **30** 119; **31** 105

**Fahnen 30** 4; **31** 3; **32** 3; **38** 25; → Landesfarben

**Fahrgastunterstände 40** 57

**Familie 10** 124 f.

**Fehlbetrag:** → Nachtragshaushaltssatzung

**Fehlerhaftigkeit** v. Verwaltungsakten
- Aufhebung **20** 46
- Berichtigung offenbarer Unrichtigkeiten **20** 42
- Heilung v. Verfahrens- u. Formfehlern **20** 45
- Nichtigkeit **20** 44
- Umdeutung **20** 47

**Feiertage**
- als Wahltage **10** 14
- Anwendung v. Zwangsmitteln **21** 37
- Schutz **10** 147
- Vergütung des Lohnausfalls **10** 174
- Zustellung **21** 5

**Feld u. Flur 52** 39–41

**Feldwege,** öffentliche **82** 3, **53** f., 56

**Fenster 40** 5, 31, 33 f., 35, 36, 45 f., 48, 57

**Ferienausschuß 30** 32

**Fernsprechgeheimnis 10** 112

**Fernwärmeversorgung 30** 24

**Fesselung** einer Person **50** 82

**Festhalten** einer Person
- Behandlung d. P. **50** 19
- Entlassung **50** 20
- richterliche Entscheidung **50** 18

Stichwortverzeichnis

- Zulässigkeit **50** 17
- u. Vorladung **50** 15

**Festnahme 10** 102

**Festsetzungsverfahren 23** 4

**Feuerbeschau 52** 38

**Feuerlöscheinrichtungen 52** 38

**Feuerschutzabgabe 37** 4

**Feuersicherheit 30** 57; **31** 51

**Feuerstätten 40** 1 f., 39 f., 78 f.

**Feuerungsanlagen 40** 39 f., 80; **52** 38

**finaler Rettungsschuß 50** 83

**Finanzamt** als Vollstreckungsbehörde **21** 25, 30, 44

**Finanzausgleich**, Verwaltungsgemeinschaften **34** 11

**Finanzgerichtsordnung 21** 25

**Finanzhoheit**

- d. Bezirke **32** 16
- d. Gemeinden **10** 83; **30** 22
- d. Landkreise **31** 16

**Finanzierungshilfen**

- abfallwirtschaftliche **60** 23 ff.

**Finanzplanung**, mittelfristige **30** 70; **31** 64; **32** 62; **38** 41

**Finanzverwaltung 20** 2; **21** 1

**Fingerabdrücke 50** 14

**Fischereiwirtschaft 62** 3, 6, 11, 21, 23, 42; **63** 19, 56

**Flächennutzungspläne 41** 2; **38** 4

**fliegende Bauten 40** 2, 72, 79 f.; **41** 6 f.

**fliegende Verkaufsanlagen 52** 29

**Floßfahrt 63** 28, 56, 74

**Fluglärm 33** 1

**Flure**

- u. barrierefreies Bauen **40** 48
- → notwendige Flure

**Folgenbeseitigungsanspruch 21** 39

**Forderungsübergang:** → cessio legis

**formelle Gesetze 10** 70

**Formfehler**

- → Schriftform
- b. Verwaltungsakten **20** 45 f.

- b. öffentlich-rechtlichen Verwaltungsverträgen **20** 59

**Formfreiheit** v. Verwaltungsakten **20** 37

**förmliches Verwaltungsverfahren 20** 63–71

- Anhörung v. Beteiligten **20** 66
- Anordnung durch Rechtsvorschrift **20** 63
- Anwendung **20** 63
- Entscheidung **20** 69 f.
- Form des Antrags **20** 64
- mündliche Verhandlung **20** 67 f.
- Pflicht zur Mitwirkung v. Zeugen u. Sachverständigen **20** 65
- vor einem Ausschuß **20** 71

**Forschungsbetreuung** im Umweltschutz **62** 46 f.

**Forstwirtschaft 62** 3, 5 f., 11, 21, 23, 30, 33, 42

**Fraktionen**

- Antragsberechtigung bei Wahlprüfung **11** 48

**freies Mandat 10** 13

**Freifahrt 10** 31

**Freihaltung** v. Sichtdreiecken **82** 26 f.

**Freiheit der Person**

- Einschränkungen **21** 40; **30** 124; **31** 110; **32** 104; **37** 20; **50** 91; **52** 58
- Gewährleistung **10** 102; **52** 7

**freiheitliche demokratische Grundordnung**

- u. Beamte **10** 96
- u. Rundfunk **10** 111a
- u. Wählergruppen **10** 15

**Freiheitsentziehung**

- durch
  - Anhalten **50** 12 f.; **62** 49
  - Durchsuchung **50** 21
- Entschädigung **50** 87
- → Ersatzzwangshaft
- polizeilicher Gewahrsam **50** 17–20

- durch Naturschutzwacht **62** 49
- Rechtsgarantien **10** 102; **50** 19
- unerlaubter Verkehr mit Verwahrten **52** 21
- in Vollzugshilfe **50** 69

**Freistaat 10** 1

**Freistellung**
- zur Ausübung eines Landtagsmandates **10** 30

**Freiverband 38** 17, 46

**Freizügigkeit 10** 109

**Fremdenverkehrsbeitrag 37** 6

**fremdsprachliche Erklärungen 20** 23

**Fremdüberwachung 40** 22 f.

**Frieden 10** Vorspruch

**Friedhöfe 10** 149

**Fristen**
- für beschränkte wasserrechtliche Erlaubnis **63** 15
- bei Erlaubnis mit Zulassungsfiktion **63** 70
- u. Genehmigungsfiktion **63** 20, 22
- bei technischer Gewässeraufsicht **63** 60
- im Verfahren vor dem Verfassungsgerichtshof **11** 17, 22
- im Verwaltungsverfahren
  - f. Antrag auf Entschädigung **20** 75
  - behördliche, gesetzliche **20** 31
  - Berechnung **20** 31
  - f. Bekanntmachung v. Erörterungsterminen **20** 73
  - f. Einwendungen im Planfeststellungsverfahren **20** 73
  - bei Notwendigkeit v. Übersetzungen **20** 23
  - f. öffentliche Bekanntmachung im förmlichen V. **20** 67
  - b. Rücknahme eines Verwaltungsakts **20** 48
  - Verlängerung behördlicher F. **20** 31
- Verjährungsunterbrechung durch Verwaltungsakt **20** 53
- b. Widerruf eines Verwaltungsakts **20** 49
- b. Wiederaufgreifen des Verfahrens **20** 51
- Wiedereinsetzung bei fehlender Begründung o. Anhörung **20** 45
- Wiedereinsetzung bei gesetzlichen F. **20** 32
- im Vollstreckungsverfahren
  - Androhung v. Zwangsmitteln **21** 36; **50** 76
  - Mahnfrist **21** 23
  - Zahlungsverbot **21** 26
- bei vorläufiger Anordnung **63** 71
- bei vorläufiger Sicherung in Überschwemmungsgebieten **63** 47
- zur Wiederherstellung eines Gewässers **63** 10
- kommunale Zusammenarbeit **38** 5, 16, 27 f.

**Früchte**, Aneignungsrecht **10** 141

**Fünf-Prozent-Hürde 10** 14

**Fürsorge**
- für Beamte **71** 96 ff.
- öffentliche
  - durch Gebietskörperschaften **31** 51; **30** 57; **32** 48
  - verfassungsrechtliche Bestimmungen **10** 125, 168

**Fürsorgeerziehung 10** 126

**Fußgängerbereiche 82** 53

**Garagen**
- u. Abstandflächen **40** 6
- Anforderungen **40** 80
- u. barrierefreies Bauen **40** 48
- Bauvorlageberechtigung **40** 61
- Begriff **40** 2
- Mittel- und Großgaragen **40** 62, 77
- → verfahrensfreie Bauvorhaben **40** 57

Stichwortverzeichnis

- → verfahrensfreie Beseitigung **40** 57
- **Gänge** offene **40** 34
- **Gärfutterbehälter 40** 57
- **Gärten 52** 39
- **Gartenkultur 31** 51
- **Gebäude,** Begriff **40** 2
- **Gebietsänderungen 30** 11–14, 32; **31** 8–10, 30; **32** 8–10, 29
- **Gebietskörperschaften**
  - Begriff **10** 11; **30** 1; **31** 1; **32** 1
- **Gebietsreform 10** 9
- **Gebühren**
  - Abfallentsorgung **60** 7
  - Amtshilfe **20** 8
  - Benutzungsgebühren **37** 8
  - Enteignungsrecht **80** 42 f.
  - Gebietsänderungen **30** 14; **31** 10; **32** 10
  - → Kosten
  - Straßenrecht **82** 14, 18
  - Wasserrecht **63** 4
  - im Zweckverband **38** 42
- **Gefahr**
  - Abwehr **50** 2 f., 11, 32; **52** 6 f.; **60** 27
  - bauordnungsrechtlicher Begriff **40** 3
- **gefährliche Tiere 52** 37, 37a
- **Gefährdungsabschätzung:** → Erstbewertung
- **gegenseitige Unterstützung** bei Verfahren über eine einheitliche Stelle **20** 71d
- **Gegenstandswert 11** 28
- **Geheimhaltung**
  - als Grenze d. Amtshilfe **20** 5
  - → Verschwiegenheitspflicht
  - durch Gebietskörperschaften **30** 56a; **31** 50a; **32** 47a
  - im Verwaltungsverfahren **20** 29 f.
- **Gehwege 82** 42, 47, 53; beschränkt-öffentliche Wege
- **geistiges Eigentum 10** 162

- **Geistliche 10** 144
- **Geld- u. Kreditwesen 10** 157
- **Geldanlagen 30** 74; **31** 68; **32** 66
- **Geldbuße**
  - Abfallrecht **60** 33
  - Baurecht **40** 79
  - Bodenschutzrecht **64** 14
  - Enteignungsrecht **80** 50
  - Immissionsschutz **61** 18
  - Kommunalabgabenrecht **37** 15–17
  - Naturschutz **62** 57
  - Straßenrecht **82** 66
  - Wasserrecht **63** 74
  - nach LStVG
    - Vollstreckung **52** 5
    - Voraussetzungen **52** 4, 12 ff.
  - → Zwangsmaßnahmen d. Gebietskörperschaften
  - u. Zwangsmittel **21** 36; **50** 71
- **Gelöbnis:** → Eid
- **Geltungsdauer**
  - Baugenehmigung u. Teilbaugenehmigung **40** 69
  - als Nebenbestimmung **20** 36
  - Verordnungen **52** 50
  - Vorbescheid **40** 71
- **Gemeindeaufgaben**
  - allseitiger Wirkungskreis **30** 6
  - → eigener Wirkungskreis
  - → übertragener Wirkungskreis
- **Gemeindebedienstete 30** 38 f., 42–44
- **Gemeindebürger 30** 15 ff.
  - Bürgerbegehren u. Bürgerentscheid **30** 18a
  - Gleichheit **10** 11
  - u. Gemeinderat **30** 30
- **Gemeindedienste 30** 24
- **gemeindefreie Gebiete**
  - Begriff **10** 11; **30** 10a
  - Sonderregelungen **30** 10a–14
  - Straßenbaulast **82** 57
  - u. kommunale Zusammenarbeit **38** 1

Stichwortverzeichnis

- Zuständigkeit nach LStVG **52** 56
- **Gemeindegebiet 10** 11; **30** 10, 22
- **Gemeindehaushalt:** → Kommunalhaushalte
- **Gemeindehoheit 30** 22
- **Gemeindekasse 30** 100
- **Gemeinden**
  - abfallrechtliche Pflichten **60** 2 ff., 5
  - Abgabenberechtigung **37** 1
  - als Bauaufsichtsbehörde **40** 53 f.; **33** 1
  - Bauvorhaben d. G. **40** 73
  - u. örtliche Bauvorschriften **40** 63, 81
  - → eigener Wirkungskreis
  - Gemeindeordnung **30** 1 ff.
    - Aufsicht und Rechtsmittel **30** 108–120
    - Gemeindewirtschaft **30** 61–107
    - Verfassung und Verwaltung **30** 29–60a
    - Wesen und Aufgaben **30** 1–28
  - kommunale Zusammenarbeit **38** 1, 3, 4, 7, 17
  - u. regionale Planungsverbände **81** 8, 10
  - Satzungsermächtigung **63** 34
  - als allgemeine Sicherheitsbehörde **52** 6
  - → übertragener Wirkungskreis
  - Verfassungsgarantien **10** 11 f.
  - Verwaltung d. Realsteuern, Zuständigkeit **37** 18
  - Vollstreckung v. Geldforderungen d. G. **21** 26
  - als Vollzugsbehörde **52** 43; **62** 44
  - Wasser-, Eis- und Murgefahr **63** 50
- **Gemeindepolizei 10** 83; **38** 1; **51** 3
- **Gemeinderat**
  - als Hauptorgan d. Gemeinde **30** 29

- Aufgaben **30** 30
- Auflösung durch Rechtsaufsicht **30** 114
- Ausschüsse **30** 32 f., 55
- Beschlußfähigkeit **30** 47
- Beschlußfassung, Wahlen **30** 51
- Geschäftsleitung **30** 46
- Geschäftsordnung **30** 45, 55
- u. Gesetzesvollzug **30** 59
- Mitglieder
  - Amtsdauer **30** 31
  - Ausschluß **30** 49, 53
  - berufsmäßige **30** 40 f.
  - Teilnahme- u. Abstimmungspflicht **30** 48
  - Wahl **30** 17
- Rechtsstellung **30** 30
- Sitzungen
  - Hausrecht **30** 53
  - Niederschrift **30** 54
  - Öffentlichkeit **30** 52
  - Vorsitz **30** 36
- Zusammensetzung **30** 31
- **Gemeindesenate 30** 32
- **Gemeindestraßen 82** 3, 46–52
- **Gemeindetafel 30** 26; **36** 1
- **Gemeindeverbände**
  - als Selbstverwaltungskörper **10** 10
  - Vollstreckung v. Geldforderungen **21** 26
  - wirtschaftliches u. kulturelles Eigenleben **10** 10
- **Gemeindeverbindungsstraßen 82** 3, 46, 49
- **Gemeindeverwaltung**, Überwachung **30** 30
- **Gemeindewald 30** 74
- **Gemeingebrauch**
  - u. Benutzung öffentlicher Einrichtungen **30** 21; **31** 15; **32** 15
  - oberirdischer Gewässer **62** 27; **63** 8, 18, 74
  - v. Straßen
    - Begriff u. Wesen **82** 14

[917]

31

Stichwortverzeichnis

- Beschränkung **82** 15
- u. Eigentum **82** 13
- u. Einziehung **82** 8
- → Sondernutzung

**Gemeinschaftsanlagen** **40** 78

**Gemeinschaftsversammlung** d. Verwaltungsgemeinschaft **34** 6, 8

**Gemeinschaftsvorsitzender** d. Verwaltungsgemeinschaft **34** 6

**Gemeinverträglichkeit** d. Erholung in d. freien Natur **62** 26

**Gemeinwohl**
- Staatsziel **10** 3
- u. Auflagen im Planfeststellungsbeschluß **20** 74, 76
- u. Kündigung eines öffentlichrechtlichen Vertrags **20** 60
- u. Widerruf eines Verwaltungsakts **20** 49
- → Wohl des Bundes o. eines Landes
- u. Ziele der Abfallbewirtschaftung **60** 1

**Gemeinwohlbindung**
- aller Betätigungen **10** 117
- d. Arbeit **10** 166
- des Eigentums **10** 103, 141, 158, 163; **62** 36
- wirtschaftlicher Tätigkeit **10** 151

**Genehmigung**
- Abgabesatzung, besondere **37** 2
- von Abweichungen **63** 61
- → Baugenehmigung
- Beschneiungsanlagen **63** 35
- Bestellung v. Sicherheiten **30** 72; **31** 66; **32** 64
- digitale Genehmigung **40** 80a
- Entgelt f. Benutzung v. Eigentümerwegen **82** 55
- Enteignungsverfahren **80** 21
- Fiktion **20** 42a; **40** 68
- Haushaltsführung, vorläufige **30** 69; **31** 63; **32** 61
- Sanierungsplan **63** 55
- Schiff- und Floßfahrt **63** 28

- Typengenehmigung **40** 73a
- Übertragung v. Kassengeschäften **30** 101; **31** 87; **32** 83
- Übertragung v. Nutzungsrechten **30** 80
- Unterwerfungsklauseln im öffentl.-rechtl. Vertrag **20** 61
- Verpflichtungsermächtigungen **30** 67; **31** 61; **32** 59
- wasserrechtlicher Anlagen **63** 20
- als Wirksamkeitsvoraussetzung **30** 117; **31** 103; **32** 99; **37** 2
- f. Zweckverbände **38** 17, 20, 48
- f. Zweckvereinbarungen **38** 12, 16

**Genehmigungsbehörde** (Kommunalrecht) **30** 117; **31** 103; **32** 99; **38** 48, 50

**Genehmigungsfiktion** **20** 42a; **40** 68

**genehmigungsfreie Vorhaben**, Bauordnungsrecht **40** 56–58, 72 f.

**Genehmigungspflicht**
- bauordnungsrechtliche
  - Grundsatz **40** 55
  - → genehmigungsfreie Vorhaben

**Genehmigungsverfahren**
- baurechtliche **40** 59 ff., 80a
- wasserrechtliche **63** 20, 64, 69

**Generalklauseln** **50** 11; **52** 7; **40** 54

**Generallandesanwalt:** → Landesanwaltschaft

**Generalsekretär** am Verfassungsgerichtshof **11** 11 f.

**Gentechnikanbauverbot** **62** 11b

**geplante Straßen**, Baubeschränkungen **82** 27

**Gerichte**
- Arbeitsgerichte **10** 177
- f. besondere Sachgebiete **10** 86
- rechtliches Gehör **10** 91
- Verteidiger **10** 91

## Stichwortverzeichnis

- Verfassungsgerichtshof **10** 60 ff.; **11** 1 ff.
- Verwaltungsgerichte **10** 93
- Zustellung nach VwZVG **21** 1

**Gerichtssprache 11** 24
**Gerichtsverwaltung 20** 2
**Gerüste 40** 1
**Gesamtgenehmigung f.** Kredite **30** 71; **31** 65; **32** 63
**Geschäftsbereiche 10** 49
**Geschäftsleitung 30** 46; **31** 40; **32** 37; **38** 39
**Geschäftsordnung**
- d. Bezirkstags **32** 37
- d. Gemeinderats **30** 37, 45, 55
- d. Kreistags **31** 34, 40
- d. Landtags **10** 20
- d. Staatsregierung **10** 53
- d. Verfassungsgerichtshofs **11** 30
- d. Verwaltungsgerichte **22** 9
- d. Verwaltungsgerichtshofs **22** 9

**Geschäftsstelle**
- beim Verfassungsgerichtshof **11** 13
- d. Verwaltungsgerichte **22** 10
- d. Zweckverbands **38** 39

**Geschäftsverteilung**
- in d. Gebietskörperschaften **30** 46; **31** 40; **32** 37
- d. Staatsregierung **10** 50
- d. Verfassungsgerichtshofs **11** 10

**geschützte Flächen und Naturbestandteile**
- allgemeine Vorschriften
  - Befreiungen **62** 56
  - einstweilige Sicherstellung **62** 54
  - Form der Schutzerklärung **62** 12
  - Inschutznahmeverfahren **62** 52
  - Kennzeichnung **62** 53
  - Registrierung **62** 17
  - Schutz von Kennzeichnungen **62** 17

- Vollzug von Schutzverordnungen **62** 18
- Zuständigkeit **62** 51
- Arten- und Biotopschutzprogramm **62** 19, 46
- Biosphärenreservate, -gebiete und -regionen **62** 14
- geschützte Landschaftsbestandteile **62** 16
- Nationalparke **62** 13
- Naturdenkmäler **62** 39, 42
- Naturparke **62** 15
- Naturschutzgebiete **62** 39, 54

**Gesellschaftsordnung 10** Vorspruch
**Gesellschaftsreise,** Kurbeitrag **37** 7
**Gesellschaft zur Altlastensanierung 63** 55
**Gesetz**
- Bestimmung durch Gesetz
  - Bezirksname, Sitz d. Bezirksverwaltung **32** 2
  - Bildung v. Verwaltungsgemeinschaften **34** 2
  - Enteignung, Sozialisierung **10** 159 f.
  - Fürsorgeerziehung **10** 126
  - Gebietsänderungen **30** 12; **32** 8
  - Gliederung des Staatsgebietes **10** 9
  - Kredite, Sicherheitsleistungen d. Staates **10** 82
  - Landeswappen **10** 1
  - Rundfunkwesen **10** 111a
  - Sondergerichte **10** 86
  - Staatsangehörigkeit **10** 6
  - Staatshaushalt **10** 78
  - Übertragung v. Aufgaben an Gemeinden **10** 11
  - Verringerung des Grundstockvermögens **10** 81
- und Grundrechte
  - → Rechtsstaat

Stichwortverzeichnis

- G. als Grundrechtsschranke **10** 98, 101
- Schutz der Grundrechte durch G. **10** 99
- → Verfassungsmäßigkeit v. G.

**Gesetzesbeschlüsse** **10** 72
**Gesetz- u. Verordnungsblatt** **10** 76; **11** 25, 30
**Gesetzesinitiative**
- Landtag **10** 71
- Staatsregierung **10** 47, 55, 71
- Volk **10** 71, 74

**Gesetzesvorbehalt** **10** 70
**Gesetzesvorlagen** **10** 55
**Gesetzgebung** **10** 70–76
- u. Europäische Union **10** 70
- u. Menschenwürde **10** 100
- Volk, Volksvertretung, Gewaltenteilung **10** 5

**gesetzlicher Vertreter**, Zustellung **21** 7
**Gesetzmäßigkeit d. Verwaltung** **10** 55; **30** 56; **31** 50; **32** 47
**Gestaltung** baulicher Anlagen **40** 3, 8
**Gestaltungswirkung** d. Planfeststellung **20** 75
**Gesundheit**
- u. Einschränkung v. Grundrechten **10** 98
- eigener Wirkungskreis **10** 83; **30** 57; **31** 51; **32** 48

**Gesundheitswesen** Einrichtungen **40** 48
**Getränkesteuer** **37** 3
**Gewächshaus** **40** 57, 61
**Gewährleistung** beim Wechsel d. Straßenbaulast **82** 9
**Gewahrsam:** → Freiheitsentziehung
**Gewährträgerschaft f.** Kommunalunternehmen **30** 96; **31** 83; **32** 81
**Gewährverträge:** → Verpflichtungen, kreditähnliche
**Gewalt:** → körperliche G.

**Gewaltbereitschaft** v. Wählergruppen **10** 15; **11** 46
**Gewaltenteilung** **10** 5, 70
**Gewässer**
- Anlagen **63** 16, 20, 22, 35 ff., 49, 56, 58, 74
- Ausbau **63** 35 f., 39–42, 56
- Benutzung
  - Benutzungsbedingungen **63** 4
  - Beschneiungsanlagen **63** 35
  - besondere Zuständigkeiten **63** 64
  - Enteignung **63** 56
  - Erdaufschlüsse **63** 30
  - Erlaubnis mit Zulassungsfiktion **63** 70
  - erlaubnisfreie Benutzung, Gemeingebrauch **62** 27; **63** 18, 29, 74
  - Fischerei **63** 19
  - Folgen der Beendigung **63** 4
  - Schiff- u. Floßfahrt **63** 28
  - Stauanlagen **63** 46
- Bewirtschaftung
- gemeinsame Bestimmungen **63** 14–17
- Grundwasser **63** 29 f.
- oberirdische Gewässer **63** 18–27
- Schiff- und Floßfahrt **63** 28
- Eigentum **63** 5–9, 11, 13
- Einteilung **63** 2
- G. erster Ordnung **63** 2, 5, 20–22, 24, 26, 39, 49
- G. zweiter Ordnung **63** 2 f., 5, 20–22, 24, 26, 49
- G. dritter Ordnung **63** 2 f., 20–24, 26, 39, 46, 74
- Kreuzung mit Straßen **82** 32a, 33a
- schiffbare G. **63** 28
- Unterhaltung **63** 16, 22–27, 37, 56
- Verzeichnisse **63** 3

**Gewässeraufsicht** **63** 58–62, 74
**Gewässerbett**, verlassenes **63** 13

**gewässerkundliches Meßwesen**
63 58
**Gewässerschutz** 63 21 f.
**Gewässerschutzbeauftragter**
63 38
**Gewässerverunreinigungen**,
Sanierung 63 55, 74
**Gewässerverzeichnisse** 63 3
**Gewissen** 10 Vorspruch
**Gewissensfreiheit** 10 107
**Gewohnheitsrecht** u. Nutzungs-
rechte 30 80
**Gifte u. Giftwaren** 52 31–33
**Glaubensfreiheit** 10 107
**gleichförmige Eingaben** 20 17, 19
**Gleichgewicht**, gesamtwirtschaft-
liches 30 61; 31 55; 32 53
**Gleichheit**
- u. Staatsbürgerschaft 10 7
- d. Gemeindebürger 10 11
- vor dem Gesetz 10 118
- v. Männern u. Frauen
  - allgemein 10 118
  - in d. Ehe 10 124
  - Lohngleichheit 10 168
**Gleichstellung** deutscher Staats-
angehöriger 10 8
**Gliederung** des Staatsgebiets 10 9
**Gott** 10 Vorspruch, 131
**Grenzgebiet**, Identitätsfeststellung v.
Personen 50 13
**Grenzkontrolle**, Befugnisse 50 29
**Grenzpfade** 50 29
**Grenzpolizei** 51 5
**grenzpolizeiliche Aufgaben** 51 4
**Grenzschutz** 51 5
**Große Kreisstadt**
- Aufgaben im übertragenen
  Wirkungskreis 30 9; 33 1
- Bauordnungsrecht 41 2, 11
- Erklärung zur G. K. 30 5a
- Fachaufsicht 30 115
- notwendiges Fachpersonal 30 42
- Rechtsaufsicht 30 116

- Status nach Eingliederung kreis-
  freier Gemeinden 30 5a
- Widerspruch gegen Aufsichtsverwaltungsakte 30 120
**Großgaragen** 40 62, 77
**Gruben** 40 41, 57
**Grünbestände** 62 42, 57;
  → Baumbestand
**Grundbuch** 80 27; 82 12
**Grundpflichten**
- Bauordnungsrecht 40 49
- Beamtenrecht 70 33
- Verfassungsrecht 10 117, 121 f.,
  141
**Grundrechte**
- Einschränkungen
  - allgemein 10 98
  - durch die BayBO 40 54
  - durch das BayBodSchG 64 4
  - durch das BayEG 80 47
  - durch das BayImSchG 61 3
  - durch das BayWG 63 76
  - durch die BezO 32 104
  - durch die GO 30 124
  - durch das KAG 37 20
  - durch die LKrO 31 110
  - durch das LStVG 52 58
  - durch das PAG 50 91
  - durch das VwZVG 21 40
- Grundrechtskatalog 10 98 ff.
- Schutz 10 98, 99; → Verfassungsbeschwerde; → Popularklage
**Grundstockvermögen** 10 81
**Grundstück**
- Bebauung mit Gebäuden 40 4
- Betreten u. Befahren 50 29; 52 26;
  64 4
- Durchgänge 62 35
- → Einfriedung
- Geltung d. BayBO 40 1
- Höhenlage 40 68
- nicht überbaute Flächen 40 7
- Tausch 62 41
- Zustandsermittlung 80 24
- → Zutrittsrecht

Stichwortverzeichnis

**Grundstücksanschlüsse:** →
Erschließung
**Grundwasser** 63 3, 18, 29 f., 70
**Grünordnungsplan** 62 4
**Gutachtertätigkeit** 30 49; 31 43;
32 40

**Hafen** 63 36, 56, 74
**Hafen- und Ländeanlagen** 63 36, 74
**Hafen- und Ländeordnungen**
63 36
**Haftbefehl** 10 102
**Haftung**
– Amtshaftung 10 97
– → Indemnität
– f. den Landrat 31 35
– f. die Staats- u. Kreisbediensteten
31 37
– b. Unternehmen des privaten
Rechts
 – obligatorische Haftungs-
 begrenzung 30 92; 31 80 f.;
 32 78 f.
 – für/der Vertreter d. Gebiets-
 körperschaft 30 93; 31 80;
 32 78
**Haltung gefährlicher Tiere** 52 37, 37a
**Hand- u. Spanndienste** 30 24;
31 18
**Handgranaten** 50 78
**Handlungsfähigkeit** im
Verwaltungsverfahren 20 12
**Handlungsformen im VwVfG**
– → Allgemeinverfügung 20 35
– → öffentlich-rechtlicher Vertrag
20 54–62
– → Verwaltungsakt 20 35–53
**Handlungsfreiheit** 10 101
**Handlungsstörer** 50 7; 52 9
**Handwerk** 10 153
**Härteausgleich**
– bei Enteignung 80 18, 42
– bei Straßenausbaubeitrag 37 19a

**Hauptamt,** richterliches 11 5, 8
**Hauptorgane**
– d. Bezirks 32 21
– d. Gemeinde 30 29
– d. Landkreises 31 22
**Haushalt**
– → Kommunalhaushalte
– → Staatshaushalt
**Hausmülldeponien,** Erkundung und
Sanierung 64 13a
**Hausnummern** 82 52
**Hausrecht**
– des Bezirkstagsvorsitzenden
32 44
– des Gemeinderatsvorsitzenden
30 53
– des Kreistagsvorsitzenden 31 47
– des Landtagspräsidenten 10 21
**Hebammenhilfe** 31 51
**Heilbad**
– Kurbeitrag 37 7
– Name 30 2
**Heilquellen** 63 1, 31, 33, 67, 70
**Heilquellenschutzgebiet** 63 31, 70
**Heilung v. Verfahrensfehlern**
– Folgen f. Kostentragung 20 80
– b. Verwaltungsakt 20 45
– b. Zusicherung 20 38
– b. Zustellung 21 9
**Heimatpflege** 32 48
**Herausgabe**
– sichergestellter Sachen 50 28
– v. Urkunden u. Sachen 20 52
**Hilfeleistung**
– f. Verletzte bei unmittelbarem
Zwang 50 80
– Unbeteiligter 52 9
**hilflose Person** 50 17
**Hilfspflicht** 10 122
**Himmelsstrahler** 62 11a
**Hinterlegung** 80 35 f.
**Hinterlieger** v. Gewässern 63 25, 41
**Hinzuziehung** als Beteiligte im
Verwaltungsverfahren 20 13

**Hochhäuser** als → Sonderbauten **40** 2
**Hochschulen** **10** 138, 150; **84** 8, 19
**Höchstalter:** → Altersgrenze
**Hochwasserschutz**
- bauliche Schutzmaßnahmen **63** 43
- Bemessungshochwasser **63** 46
- Grundsätze **63** 44
- Hochwasserabfluß **63** 46
- Hochwassergefahren **63** 46
- Hochwassernachrichtendienst **63** 48, 74
- Hochwasserrisiken **63** 45, 47
- Hochwasserrisikomanagementpläne **63** 63
- Hochwasserrückhaltung **63** 46, 49, 74
- → Überschwemmungsgebiete
- Unterhaltungslast **63** 22

**Hörbehinderte** **32** 48
**Hubschrauberstaffel** **51** 6
**Hundehaltung** **52** 18; → Kampfhunde

**Identitätsfeststellung** **50** 13 f., 21; **62** 49
**Immissionsschutz**
- Aufsicht **61** 19
- Betriebsbereiche **61** 8
- Emmissionskataster **61** 3
- Entschädigungsansprüche **61** 2
- Finanzhilfen **61** 5
- Geldbuße **61** 18
- genehmigungsbedürftige Anlagen **61** 1 f., 8, 11
- Immissionsschutzbehörde **61** 1
- Landesamt für Umwelt **61** 2, 3
- Lärmaktionspläne **61** 4
- Lichtemissionen **61** 9
- Luftqualität **61** 3
- Messung der Luftzusammensetzung **61** 3
- Motoren **61** 6
- öffentliche Sicherheit und Ordnung **61** 6, 9

- Ordnungswidrigkeiten **61** 11
- Rechtsverordnungen **61** 2, 7, 8
- Überwachung **61** 2, 3, 8, 11
- Zuständigkeiten **61** 1 f.

**Immunität** **10** 28, 32
**Indemnität**
- d. Bezirksräte **32** 42
- d. Gemeinderäte **30** 51
- d. Kreisräte **31** 45
- d. Landtagsabgeordneten **10** 27, 32

**Information** b. Bürgerentscheiden **30** 18a; **31** 12a
**Informationsfreiheit** **10** 112
**Informationspflichten** bei Verfahren über eine einheitliche Stelle **20** 71c
**Informationsrecht**
- d. Rechtsaufsichtsbehörde **30** 111; **31** 97; **32** 93
- bei wirtschaftlichen Unternehmen **30** 94a; **31** 81a; **32** 79a

**Ingenieur**, Bauvorlageberechtigung **40** 61
**Inhaber d. tatsächlichen Gewalt**
- als Adressat **50** 8; **52** 9
- Anwesenheitsrecht bei Durchsuchungen **50** 22

**Initiativrecht:** → Gesetzesinitiative
**Inkompatibilitäten**
- → Unvereinbarkeit v. Amt u. Angehörigenverhältnis
- Unvereinbarkeit verschiedener öffentlicher Funktionen
- Bezirkstagsmitglied **32** 23
- Bürgermeister **30** 31
- Gemeinderatsmitglied **30** 31
- Kreistagsmitglied **31** 24
- Mitglied d. Verbandsversammlung **38** 30
- Mitglieder des Verfassungsgerichtshofs **10** 68; **11** 5, 8, 31
- Mitglieder des Verwaltungsrats v. Kommunalunternehmen **30** 97; **31** 84; **32** 81a

[923]

## Stichwortverzeichnis

- Rechnungsprüfungsamt
  30 104; **31** 90; **32** 86
- **Inkrafttreten**
- Gesetze **10** 76
- Satzungen **30** 26; **31** 20; **32** 19
- Verordnungen **52** 50
- **Inschutznahme** im Naturschutzrecht **62** 52
- **Inseln 63** 13
- **Insolvenzverfahren 30** 77; **31** 71; **32** 69
- **Instandhaltung** s. → bauliche Anlagen
- **Institut f. Bautechnik 40** 15–17, 19, 80; **41** 9, 12
- **Investitionen**
- im Haushalt **30** 63; **31** 57; **32** 55
- **Integrationsbeauftragter**
  → Integration von Migranten
- **Integrationsförderung**
  → Integration von Migranten
- **Integrationspflicht** → Integration von Migranten
- **Integrationsrat** → Integration von Migranten
- **Integrationsziele** → Integration von Migranten
- **Integration von Migranten**
- Ausländer **84** 2
- Beauftragter **84** 15
- Begriffe **84** 2
- christlich-abendländische Kultur **84** 6
- Eigenengagement **84** 3, 4
- entsprechende Anwendbarkeit **84** 2
- Förderung **84** 1, 2, 3, 5, 7, 16
- Hochschulen **84** 8, 19
- Identitätsbestätigung **84** 12
- Kindertageseinrichtungen **84** 5, 6
- Klagbarkeit **84** 17
- Kommunen **84** 9
- Landesleistungen **84** 12
- Leitkultur **84** Präambel, 1, 3, 6, 10, 11
- Migranten **84** 2
- Pflicht **84** 1, 5, 9, 13
- Rat **84** 15
- Rechts- und Werteordnung **84** 13
- Rückkehrberatung **84** 3
- Rundfunk und Medien **84** 11
- Schulen **84** 7
- Sprachförderung **84** 4, 5, 7, 8, 10, 11
- verfassungsmäßige Ordnung **84** 14
- Wirtschaft **84** 10
- Ziele **84** 1
- **integrierte Verfahren 63** 64
- **Investitionen**
- im Haushalt **30** 63; **31** 57; **32** 55
- im Nachtragshaushalt **30** 68; **31** 62; **32** 60
- u. überplanmäßige Ausgaben, Aufwendungen und Auszahlungen **30** 66; **31** 60; **32** 58
- u. vorläufige Haushaltsführung **30** 69; **31** 63; **32** 61
- **Investitionsaufwand 37** 5; **60** 7
- **Investitionsprogramm**
- u. mittelfristige Finanzplanung **30** 70; **31** 64; **32** 62
- **ius emigrandi 10** 109

- **Jagdausübung 62** 25, 33
- **Jagdsteuer 37** 3
- **Jahresabschluß**
- Bezirke **32** 84 f.
- Eigenbetriebe **30** 103, 107; **31** 89, 93; **32** 85, 89
- Gemeinden **30** 102 f.
- Kommunalunternehmen **30** 91, 107; **31** 79, 93; **32** 77, 89
- Landkreise **30** 88 f.
- **Jugendertüchtigung 30** 57; **10** 83
- **Jugendhilfe 30** 57; **32** 48
- **Jugendschutz 10** 126

## Stichwortverzeichnis

**juristische Personen des öffentlichen Rechts**
- kommunale Zusammenarbeit **38** 1, 3, 4, 7, 17
- u. Verwaltungsvollstreckung
  - Durchführung d. Vollstreckung **21** 26 f., 30
  - Vollstreckung gegen j. P. **21** 29

**Justizhilfe:** → Vollzugshilfe

**Kamine** **40** 28, 40
**Kampfhunde** **52** 37, 37a
**Kanalisation** **30** 24
**Kapitalbildung** **10** 157
**Kassenaufsicht**, staatliche **32** 82
**Kassengeschäfte** **30** 100 f.; **31** 86 f.; **32** 82 f.; **38** 43
**Kassenkredite** **30** 63, 73; **31** 57, 67; **32** 55, 65
**Kassenprüfung:** → Prüfungswesen
**Kassenverwalter** **30** 100; **31** 86; **32** 82; **38** 43
**Katastermäßige Erfassung**, bodenschutzrechtliche **64** 3
**Kellergeschoß** **40** 2, 25, 27, 29, 33 ff., 37
**Kellerlichtschächte** **40** 35
**Kennzeichenerkennungssysteme** **50** 39, 48
**Kennzeichnung**
- im Naturschutz **62** 17, 53
- v. Wintersportanlagen **52** 24

**kerntechnische Anlage** **61** 2
**Kies- u. Sandabbau** **63** 70
**Kies- u. Sandwäsche** **63** 70
**Kinder**
- Belange im Bauordnungsrecht **40** 2, 7, 36 f., 46, 48, 57, 72, 81
- Integration von Migranten **84** 5, 6
- köstlichstes Gut eines Volkes **10** 125
- strafunmündige K. **50** 7; **52** 9
- Belange im Straßenbau **82** 9

**Kinderspielplätze** **40** 7, 57, 81

**Kirchen:** → Religionsgemeinschaften
**Kirchensteuer** **10** 143
**Kirchenverträge** **10** 182
**Kleinkläranlagen** **63** 59 f., 70
**Kneippheilbad, -kurort** **30** 2; **37** 7
**Koalitionsfreiheit** **10** 170
**Kommunalaufsicht**
- und Abfallrecht **60** 32
- allgemein **10** 55
- Ausnahmegenehmigungen zur Erprobung neuer Modelle **30** 117a; **31** 103a; **32** 99a
- über Bezirke **32** 90–99
- über Gemeinden **10** 83; **30** 108–117
- über gemeindefreie Gebiete **30** 10a
- über Landkreise **31** 94–103
- Sinn d. K. **30** 108; **31** 94; **32** 90
- → Fachaufsicht
- → Rechtsaufsicht

**kommunaler Integrationsbeitrag:** → Integration von Migranten
**kommunale Selbstverwaltung**
- allseitiger Wirkungskreis d. Gemeinden **30** 6
- → eigener Wirkungskreis
- → übertragener Wirkungskreis

**kommunale Spitzenverbände**
- Aufteilung d. Straßenbaulast **82** 42
- Beteiligung b. Erlaß beamtenrechtlicher Regelungen **71** 17
- Landesplanung **81** 13, 16

**kommunale Zusammenarbeit**
- Abfallentsorgung **60** 8, 11
- allgemeine Vorschriften **38** 1–3
- Arbeitsgemeinschaften **38** 4–6
- Aufsicht u. Rechtsbehelfe **38** 49–52
- Zweckverbände **38** 17–55
  - Änderung d. Satzung u. Auflösung **38** 44–48

[925]

39

Stichwortverzeichnis

- Bildung u. grundsätzliche Bestimmungen **38** 17–29
- Verbandswirtschaft **38** 40–43
- Verfassung u. Verwaltung **38** 29–39
- Zweckvereinbarungen **38** 7–16

**kommunaler Prüfungsverband**, bayerischer **30** 105, 107; **31** 91, 93; **32** 87, 89; **38** 43

**Kommunalhaushalte**
- allg. Haushaltsgrundsätze **30** 61; **31** 55; **32** 53
- Erprobung neuer Modelle **30** 117a; **31** 103a; **32** 99a
- mittelfristige Finanzplanung **30** 70; **31** 64; **32** 62; **38** 41
- Grundsätze d. Einnahmebeschaffung **30** 62; **31** 56; **32** 54
- Haushaltsplan **30** 63 f.; **31** 57 f.; **32** 55 f.
- Haushaltssatzung
  - Inhalt **30** 63; **31** 57; **32** 55
  - kein Bürgerentscheid **30** 18a; **31** 12a
  - Verfahren **30** 65; **31** 59; **32** 57
  - v. Verwaltungsgemeinschaften **34** 8
  - v. Zweckverbänden **38** 40 f.
- Nachtragshaushalt **30** 66, 68; **31** 60, 62; **32** 58, 60
- → Rechnungslegung
- Planabweichungen **30** 66; **31** 60; **32** 58
- Verpflichtungsermächtigungen **30** 63, 67; **31** 57, 61; **32** 56, 59
- vorläufige Haushaltsführung **30** 69; **31** 63; **32** 61

**Kommunalunternehmen**
- Begriff, Aufgaben, Satzung, Haftung **30** 89; **31** 77; **32** 75
- Errichtung, Ausführungsvorschriften **30** 89, 123; **31** 77, 109; **32** 75, 103
- kommunale Zusammenarbeit **38** 1

- Organe, Personal **30** 90; **31** 78; **32** 76
- Rechnungsprüfung, Abschlußprüfung **30** 106 f.; **31** 92 f.; **32** 88 f.
- sonstige Vorschriften **30** 91; **31** 79; **32** 77

**Kommunalvermögen 10** 12; **30** 74 ff.; **31** 68 ff.; **32** 66 ff.

**Kommunalwahlen**
- Bezirkstag **32** 12, 23
- Bürgermeister **10** 11; **30** 17
- Gemeinderat **10** 11; **30** 17
- Kreistag **31** 12
- Landrat **31** 12
- Wahlrechtsgrundsätze **10** 12

**Kompensationsmaßnahmen** im Naturschutz **62** 8 f.

**Kompostierung 60** 1, 5

**Konkordate 10** 182

**konsolidierter Jahresabschluß** **30** 102a; **31** 88a; **32** 84a

**konsularische Vertretung**, Zustellung **21** 14

**Kontaktverbot 50** 16

**Konzentrationswirkung** d. Planfeststellung **20** 75

**körperliche Gewalt 50** 78

**körperliche Unversehrtheit 21** 40; **50** 91

**Körperschaften** des öffentlichen Rechts
- als Dienstherren **38** 23
- Bezirke **32** 1
- Gemeinden **30** 1
- Kirchen, Religions- u. weltanschauliche Gemeinschaften **10** 143
- kommunale Zusammenarbeit **38** 1–4, 7, 17
- Landkreise **31** 1
- oberste Aufsichtsbehörde **10** 55
- Verwaltungsgemeinschaften **34** 1

**Kosten**
- Bürgerentscheid **30** 18a; **31** 12a

40 [926]

## Stichwortverzeichnis

- Ersatzvornahme  21 36, 41a; **50** 72
- Gebühren u. Auslagen
  - Ausführungsgenehmigung  **41** 7
  - Enteignungsverfahren  **80** 42 f.
  - polizeiliche Maßnahmen  **50** 9, 28, 72 f., 75 f., 93
  - Gebührenbestimmung  **50** 93; **80** 43
- Gewässerausbau  **63** 42
- Gewässerunterhaltung  **63** 23 f., 26 f.
- Regionalpläne  **81** 12
- Sanierung von Gewässerverunreinigungen  **63** 55
- Schneeräumen, Streuen  **82** 51
- → Straßenbaulast
- technische Gewässeraufsicht bei Abwasseranlagen  **63** 59
- Umlage d. Verwaltungsgemeinschaft  **34** 8
- Verfassungsgerichtshof  **11** 27 f.
- Vollstreckungsverfahren  **21** 25, 41, 41a
- Widerspruchsverfahren  **20** 80

**Kostendeckungsprinzip**  **37** 5–9; **60** 7

**Kostenersatz**
- b. Erfüllung übertragener Aufgaben durch Zweckvereinbarung  **38** 10
- im Verfahren des Verfassungsgerichtshofs  **11** 27 f.
- im Vollstreckungsverfahren  **21** 40
- im Widerspruchsverfahren  **20** 80

**Kostenfreiheit**
- Amtshandlungen d. Landesplanung  **81** 34
- Härteausgleich b. Enteignung  **80** 42
- Verfahren des Verfassungsgerichtshofs  **11** 27

**Kostenspaltung**  **37** 5

**Kostenvoranschlag** bei Ersatzvornahme  **21** 36

**Kostenvorschuß**  **11** 27 f.

**Kräne**  **40** 1

**Krankenhäuser**  **31** 51; **38** 40; **40** 2

**Krankheit**, übertragbare  **52** 12

**Kredite**
- Beteiligung an privaten Unternehmen  **30** 94; **31** 82; **32** 80
- Genehmigung, Ermächtigung, Sicherheiten  **30** 71; **31** 65 f.; **32** 63 f.
- Grundsätze d. Einnahmenbeschaffung  **30** 62; **31** 56; **32** 54
- → Kassenkredite
- kreditähnliche Verpflichtungen  **30** 72; **31** 66; **32** 64
- Schuldenbremse  **10** 82
- Staatshaushalt  **10** 82
- vorläufige Haushaltsführung  **30** 69; **31** 63; **32** 61

**Kreditermächtigungen**  **30** 63; **31** 57; **32** 55

**Kreditgenossenschaften**  **30** 87

**Kreditwesen**, allgemein  **10** 157

**Kreisangehörigkeit**  **30** 5

**Kreisaufgaben**
- → eigener Wirkungskreis d. Landkreise
- Übernahme durch den Bezirk  **32** 49

**Kreisausschuß**
- Aufgaben  **31** 26, 30, 54
- Einberufung  **31** 28
- Geschäftsgang  **31** 40
- Vorsitz  **31** 33
- Zusammensetzung  **31** 27

**Kreisbehörde**, Landratsamt  **31** 37

**Kreisbürger**  **31** 11–14a, 23

**Kreiseinwohner**  **31** 12b

**kreisfreie Gemeinde**
- als entsorgungspflichtige Körperschaft  **60** 3 ff.
- als Stimmkreis  **10** 14
- Aufgaben  **30** 8 f.
- Eingliederung in einen Landkreis  **30** 5a

Stichwortverzeichnis

- als ersuchte Kreisverwaltungsbehörde **21** 30
- Übernahme v. Aufgaben durch die Bezirke **32** 49
- Widerspruch gegen Aufsichtsverwaltungsakte **30** 120
- Fachpersonal **30** 42
- Rechtsaufsichtsbehörde **30** 110
- Rechnungsprüfungsamt **30** 104
- als Vollzugsbehörde **52** 43

**Kreisfreiheit** **30** 5
**Kreisgebiet** **31** 1, 7, 16
**Kreishoheit** **31** 16
**Kreiskasse** **31** 86
**Kreislaufwirtschaft** **60** 1 ff.
**Kreisorgan** **31** 12b
**Kreisräte**
- Anzahl **31** 24
- Auskunftsrecht **31** 23
- Ausschluß **31** 43, 47
- Indemnität **31** 45
- Teilnahme- u. Abstimmungspflicht **31** 42
- Wahl **31** 12

**Kreisrecht** **31** 9, 17
**Kreisstraßen** **82** 3, 4, 6, 7, 8, 19, 23, 41, 59
**Kreistag**
- als Hauptorgan d. Kreises **31** 22
- Anhörung zur Kreisfreiheit **30** 5
- Aufgaben **31** 23
- Auflösung durch Rechtsaufsicht **31** 100
- Beschlußfähigkeit **31** 41
- Beschlußfassung, Wahlen **31** 45
- Entscheidung über Personalfragen **31** 38
- Geschäftsordnung **31** 40
- u. Gesetzesvollzug **31** 54
- → Kreisausschuß
- → Kreisräte
- Rechtsstellung **31** 23
- Sitzung
  - Einberufung **31** 25
  - Hausrecht **31** 47

- Niederschrift **31** 48
- Öffentlichkeit **31** 46
- Vorsitz **31** 33
- vorbehaltene Angelegenheiten **31** 30
- Wahl **31** 12
- Wahl d. stellvertretenden Landrats **31** 32, 36
- Zusammensetzung **31** 24

**Kreisumlage** **31** 56 f.
**kreisunmittelbare Städte** **10** 9
**Kreisunmittelbarkeit** **30** 5
**Kreisverwaltung** **31** 2, 23
**Kreisverwaltungsbehörde**
- Landratsamt **31** 37, 53
- Große Kreisstadt **30** 9; **33** 1
- kreisfreie Gemeinde **30** 9
- als Enteignungsbehörde **80** 19, 41; **41** 3
- als Genehmigungsbehörde nach BImSchG **61** 1
- als Immissionsschutzbehörde **61** 1, 2, 6
- als Marktüberwachungsbehörde **41** 11
- als untere Bauaufsichtsbehörde **40** 53 f.
- als untere Bodenschutzbehörde **64** 10
- als untere Naturschutzbehörde **62** 43
- als Straßenaufsichtsbehörde **82** 61
- als Vollstreckungsbehörde **21** 30
- im Wasserrecht **63** 10, 12, 18, 20 f., 23 f., 27 f., 30 f., 34 f., 36, 45 ff., 49, 52–55, 58, 60–64, 73
- u. unerlaubte Sondernutzung v. Straßen **82** 18a

**Kreuzungen** **82** 26, 31–33a, 55
**Kulturpflege** **30** 57
**Kulturstaat** **10** 3; **10** 10
**Kündigung**
- kommunaler Zusammenarbeit **38** 6, 14, 44

- verwaltungsrechtlicher Verträge **20** 60
- **Kunstförderung 10** 140
- **Kunstfreiheit 10** 108
- **Kurbeitrag 37** 7
- **Kurort 37** 7

**Ladung**
- im Enteignungsverfahren **80** 26
- im förmlichen Verwaltungsverfahren **20** 67
- u. öffentliche Zustellung **21** 15
- zum Verfassungsgerichtshof **11** 15, 22

**Lager- u. Abstellplätze 40** 2, 57
**Laienrichter 10** 88
**Landesamt für Umwelt**, Aufgaben und Zuständigkeiten
- nach AbfG **60** 29
- nach BodSchG **64** 3, 6
- nach ImSchG **61** 2 f.
- nach NatSchG **62** 17, 44, 46 f., 55
- nach WG **63** 45, 48, 63

**Landesanwaltschaft**
- Aufgaben **23** 1, 3–5
- Außenstellen **23** 1
- Dienstaufsicht **23** 2
- Dienstvorgesetzter **23** 2
- als Disziplinarbehörde **23** 1
- als Disziplinarvorgesetzter **23** 1
- Errichtung **23** 1
- Geschäfte **23** 1
- Sitz **23** 1
- Verfahrensarten **23** 3–5
- Vertretung des Freistaates Bayern **23** 3
- Vertretung des öffentlichen Interesses **23** 5
- Vertretung der Staatskasse **23** 4
- Weisungsgebundenheit **23** 5

**Landesanwälte**
- Anwaltstracht **23** 2
- Ernennung **23** 2

**Landesbeauftragter für den Datenschutz 10** 33a

**Landesentwicklungsprogramm**
- Abwägung **81** 17
- Anhörungsverfahren **81** 16
- Ausarbeitung und Aufstellung **81** 20
- Bekanntgabe **81** 18
- Grundlagen **81** 14
- Inhalt **81** 19
- u. Landesplanungsbeirat **81** 13
- Planerhaltung **81** 23
- u. Regionalpläne **81** 21
- u. Umweltbericht **81** 15
- Unterrichtung des Landtags **81** 32
- Wesen u. Inhalt **81** 14, 19
- Wirkungen **81** 21, 32

**Landesfarben 10** 1
**Landesfinanzbehörden 21** 1
**Landeshauptstadt 30** 3
**Landeskriminalamt 51** 7
**Landespersonalausschuß 71** 112–120
**Landespflege 31** 51

**Landesplanung**
- Aufgabe **81** 1
- Begriffsbestimmungen **81** 2
- Datengrundlagen und Überwachung **81** 30–32
- Instrumente **81** 1
- landesplanerische Stellungnahme **81** 27
- Leitziel und Leitmaßstab **81** 5
- Organisation **81** 7–13
- Raumordnungspläne **81** 14–23
- Sicherungsinstrumente **81** 24–29
- u. Straßenplanung **82** 35

**Landesplanungsbehörden**
- Begriff oberste/höhere L. **81** 4
- Funktionen **81** 4, 8 f., 11, 13, 16, 18, 20, 22–25, 27 f., 30 f., 33 f.

**Landesplanungsbeiräte**
- Anhörung **81** 20
- Begriff **81** 13
- Bildung u. Organisation **81** 13

**Landespolizei 51** 4

Stichwortverzeichnis

**Landesstrafrecht** 52 2
**Landesverteidigung:**
– → Verteidigungsangelegenheiten
**Landeswahlgesetz** 10 14
**Landeswahlleiter** 11 47 f.
**Landeswappen** 10 1
**Landkreise**
– als Gebietseinheiten („Bezirke") 10 9
– Abgabenberechtigung 37 1
– abfallrechtliche Pflichten 60 2 ff.
– bautechnisches Personal 40 53
– → eigener Wirkungskreis
– Eingliederung kreisfreier Gemeinden 30 5a
– Landkreisordnung 31 1 ff.
  – Aufsicht und Rechtsmittel 31 94–106
  – Landkreiswirtschaft 31 55–93
  – Verfassung und Verwaltung 31 22–54
  – Wesen und Aufgaben 31 1–21
– als entsorgungspflichtige Körperschaft 60 3
– Übernahme v. Aufgaben durch die Bezirke 32 49
– → übertragener Wirkungskreis
– Verwaltung d. Realsteuern, Zuständigkeit 37 18
– als Vollzugsbehörde 52 43
– Vollstreckung v. Geldforderungen d. L. 21 26
– kommunale Zusammenarbeit 38 1, 3, 4, 7, 17
**Landrat**
– Amtszeit 31 31
– Beanstandungsrecht, Anrufung d. Rechtsaufsichtsbehörde 31 54
– Befugnisse, Haftung 31 34 f.
– u. Bestellung e. Beauftragten 31 100
– Geheimhaltung 31 50a
– Inkompatibilitäten 30 31; 31 24
– Rechtsstellung 31 31

– Stellung im Kommunalunternehmen 31 84
– Stellvertreter 31 32, 36
– Vertreter in d. Verbandsversammlung 38 31
– u. Vollzug
  – d. Staatsaufgaben 31 37
  – gesetzlicher Vorschriften 31 54
– Wahl 31 12
– Zuständigkeit 31 34
**Landratsamt**
– bautechnisches Personal 40 53
– Selbsteintritt gegenüber einem L. 20 3a
– als Sicherheitsbehörde 52 6
– u. Staatsaufgaben 31 37, 53;
  → Kreisverwaltungsbehörde
– Stellung, Personal 31 37
– als Vollzugsbehörde 52 43
– Zuständigkeiten im Bauwesen 41 2
**Landschaftsbestandteile** 62 16
– → geschützte Flächen und Naturbestandteile, allgemeine Vorschriften
**Landschaftsbild** 40 8; 52 28 f.
**Landschaftspflege**
– Akademie f. Naturschutz 62 47
– Bayerischer Naturschutzfond 62 50
– Durchführung 62 5
– Eingriffe in Natur und Landschaft 62 6
– Enteignung 62 40
– Erholung in der freien Natur 62 31
– Flächensperrung 62 33
– Grundstücksbewirtschaftung u. L. 62 1
– Grundstückstausch 62 41
– Land-, Forst- u. Fischereiwirtschaft 62 3, 5
– Landschaftsplanung 62 4
– Landschaftspflegeverbände 62 5, 50

- im Straßenrecht  **82** 9, 30
- Verbände  **62** 5
- Verträge  **62** 5
- Vorkaufsrecht  **62** 39
- Zuständigkeitsbestimmung  **62** 44

**Landschaftspflegeverbände  62** 5
**Landschaftspläne  62** 4, 5a
**Landschaftsprogramm  62** 4
**Landschaftsrahmenpläne  62** 4
**Landschaftsschutzgebiete**
- → geschützte Flächen und Naturbestandteile, allgemeine Vorschriften

**Landtag**
- Abberufung, Auflösung, Neuwahl  **10** 18
- → Abgeordnete
- → Anklage gegen ein Mitglied der Staatsregierung
- Einberufung bei Notstand  **10** 48
- Gesetzgebungsverfahren  **10** 70–76
- Hausrecht u. Polizeigewalt  **10** 21
- Minderheitenrechte
  - Antrag auf Wahlprüfung  **10** 63; **11** 2, 48
  - Einsetzung v. Untersuchungsausschüssen  **10** 25
  - Organstreit  **10** 64; **11** 2, 49
- Öffentlichkeit d. Verhandlungen  **10** 22
- Präsidium  **10** 20, 32
- Satzungsautonomie, Geschäftsordnung  **10** 20
- u. Staatshaushalt
  - Feststellung  **10** 70, 78
  - Bindung an den Deckungsgrundsatz  **10** 79
- Tagungen  **10** 17
- Untersuchungsausschüsse  **10** 25
- Verhältnis zur Staatsregierung  **10** 24, 44, 59
- Verlust d. Mitgliedschaft  **10** 19, 33, 63
- Vollzug des Landtagshaushalts  **10** 21
- Wahl d. Verfassungsrichter  **11** 4
- Zitierrecht  **10** 24
- Zusammentritt  **10** 16
- Zwischenausschuß  **10** 26

**Landtagspräsident:** → Präsident des Landtags
**Landwirtschaft**
- Bauordnungsrecht  **40** 41, 57, 61, 82
- u. Naturschutz  **62** 3, 5 f., 11, 21, 23, 27, 30, 42
- verfassungsrechtliche Grundlagen  **10** 163–165

**Lärmaktionspläne  61** 4
**Lärmkarten  61** 2
**Lärmschutz**
- durch Bepflanzung  **40** 81
- nach BayImSchG  **61** 2, 4, 6
- → Schallschutz

**Lastenausgleich  20** 2; **21** 43
**Laufbahnen v. Beamten**
- Fachlaufbahn
  - Arten  **72** 5
  - Qualifikationserwerb  **72** 6, 34 ff., 38 ff.
  - Wechsel  **72** 9
- Laufbahnnachzeichnung  **72** 17a
- Leistungslaufbahn  **72** 5
- Versetzung  **70** 15; **71** 48

**Lebensgrundlagen**, natürliche  **10** 3, 141; **40** 3; **62** 50
**Legende** verdeckter Ermittler  **50** 37
**Lehre**, Freiheit d. L.  **10** 108
**Lehrer**, Rechtsstellung  **10** 133, 136
**Leistungsbescheid**
- Begriff  **21** 23
- Vollstreckung  **21** 23–28
- Androhung v. Zwangsgeld als L.  **21** 31

**Leistungsprinzip  10** 94, 116
**Leistungsvermögen**
- d. Gebietskörperschaften  **30** 57; **31** 51; **32** 48

Stichwortverzeichnis

- Übernahme v. Gemeindeaufgaben durch den Kreis **31** 52
- Übernahme v. Kreisaufgaben durch den Bezirk **32** 49

**Leitkultur 84** Präambel 1, 3, 6, 10, 11
**Leitungen 40** 1, 28, 38 ff., 57, 78
**Lichtspielwesen 52** 38
**Loggien 40** 45
**Luftfahrtsysteme 50** 47
**Luftkurort**, Kurbeitrag **37** 7
**Luftqualität 61** 3
**Luftreinhaltepläne 61** 8
**Luftreinhaltung** u. Baumerhaltung **40** 81
**Lüftung 40** 6, 39, 42 f., 46; s.a. → Belüftung
**Lüftungsanlagen 40** 39

**Mahnung** im VwZVG **21** 23
**Märkte 30** 3
**Marktgemeinderat 30** 30
**Marktüberwachung 41** 11
**Marktüberwachungsbehörden 41** 11
**Maschinengewehre 50** 86
**Massenverfahren**
- Akteneinsicht **20** 29
- Absehen v. d. Begründung eines Verwaltungsakts **20** 39
- im Planfeststellungsrecht **20** 73 f.
- Vertreter v. Beteiligten bei gleichem Interesse **20** 18 f.
- Vertreter bei gleichförmigen Eingaben **20** 17, 19

**Maßnahmen**, polizei- u./o. sicherheitsrechtliche
- Entschädigung **50** 87–90; **52** 11
- Generalklauseln **50** 11; **52** 7
- Gesetzesvorbehalt **50** 11; **52** 7
- gesundheitsrechtliche **52** 12, 15 f.
- Kollisionsregelung **52** 10
- b. kommunaler Zusammenarbeit **38** 11, 22
- → Kosten

- Rechtsbehelfe **51** 12
- Richtung **50** 7 f., 10; **52** 9
- Sekundärmaßnahme **50** 75
- typisierte M. **50** 12–65
- unmittelbare Ausführung **50** 9; **52** 7
- Wahl **50** 4 f.
- v. Dienstkräften anderer Länder **51** 11

**Mauern** u. Einfriedungen **40** 6, 57, 62, 81
**Mehrfachkompetenz 52** 6, 44
**Mehrheitsprinzip**
- b. Beschlüssen besonderer Arbeitsgemeinschaften **38** 5
- b. Beschlüssen d. Verbandsversammlung **38** 33
- b. Bezirkstagsbeschlüssen **32** 42
- b. Bürgerentscheiden **30** 18a; **31** 12a
- b. Gemeinderatsbeschlüssen **30** 51
- b. Kreistagsbeschlüssen **31** 45
- b. Landtagsbeschlüssen **10** 23
- b. Regierungsbeschlüssen **10** 54
- b. Wahlen u. Abstimmungen allgemein **10** 2

**Meinungsfreiheit 10** 48, 110
**Menschenansammlungen 52** 23
**Menschenmenge**, Schußwaffengebrauch **50** 81, 85 f.
**Menschenwürde**
- Achtung d. M. als Bildungsziel **10** 131
- Achtung d. M. als Grundrecht **10** 100
- u. dienstliche Anordnung **50** 79
- Mißachtung d. M. als historische Erfahrung **10** Vorspruch
- u. Wirtschaftsordnung **10** 151

**Menschlichkeit 10** Vorspruch
**Messungen, Luftzusammensetzung 61** 3
**Migranten:** → Integration von Migranten

**Militanzverbot:** → Versammlungen
**Mindestlöhne** **10** 169
**Ministeranklage:** → Anklage
**Ministerpräsident**
- Abschluß v. Staatsverträgen **10** 72
- Amtsdauer **10** 44
- Aufgaben u. Befugnisse **10** 45, 47, 50
- Eid **10** 56
- Gehalt u. Versorgung **10** 58
- Rücktritt **10** 44
- Staatskanzlei **10** 52
- Stellvertreter **10** 46
- Verhältnis zum Landtag **10** 24, 44, 72
- Verbot v. Nebentätigkeiten **10** 57
- Wahl **10** 44

**Mitberatungsrecht**, Bürgerversammlung **30** 18
**Mitbestimmung** **10** 175 f.
**Mitgliedsgemeinden** v. Verwaltungsgemeinschaften **35** 1
**Mitteilung**
- d. Ausführung d. Vollzugshilfe **50** 68
- d. Ausführungsanordnung **80** 34
- Bodenveränderung/Altlast **64** 1
- des Enteignungsbeschlusses **80** 31
- d. Errichtung v. online-Anschlüssen **50** 64
- über raumbedeutsame Planungen u. Maßnahmen **81** 30
- Straßenplanung **82** 35
- bei Vorkaufsrecht **62** 39
- v. Verordnungen **52** 53

**Mittel**, notwendige **10** 83, **30** 8; **31** 6; **32** 6
**Mittelstandsförderung** **10** 153, 156
**Mittelwasserstand** **63** 2, 6–8, 12 f.
**Mitwirkung**
- anerkannter Naturschutzvereinigungen **62** 42
- einer Behörde im Verwaltungsverfahren **20** 44 f.
- Pflicht im Bodenschutzrecht **64** 9
- wegen persönlicher Beteiligung Ausgeschlossener **30** 49; **31** 43; **32** 40

**Mobilitätssicherung:** → Beamte
**Monopolbildung** **10** 156
**Moore** **62** 3, 5a, 19, 23
**Müllverbrennung:** → thermische Abfallbehandlung
**mündliche Verhandlung**
- im Enteignungsverfahren **80** 26, 45
- im förmlichen Verwaltungsverfahren **20** 67 f.
- Öffentlichkeitsgrundsatz **10** 90
- vor dem Verfassungsgerichtshof
  - b. einstweiliger Anordnung **11** 26
  - Grundsatz **11** 22
  - b. Ministeranklage **11** 38 f.
  - b. Popularklagen **11** 55
  - b. Verfassungsbeschwerden **11** 53

**Murenabwehr** **63** 50
**Murgefahr** **63** 49 f.
**Mustersatzung** **37** 2
**Mutterschutz** **10** 125; **71** 99

**Nachbarbeteiligung** **40** 6, 66, 73
**Nachbargrundstück** **40** 10, 30, 66
**Nachholung** v. Verfahrenshandlungen
- Frist, Folgen **20** 45
- → Heilung v. Verfahrensfehlern
- Wiedereinsetzung

**Nachtragshaushaltssatzung** **30** 66, 68; **31** 60, 62; **32** 58, 60
**Nachtzeit**
- Zustellung **21** 5
- Anwendung v. Zwangsmitteln **21** 37

Stichwortverzeichnis

**Nachweise** bautechnische Nachweise
**Name** 30 2; **31** 2; **32** 2; **34** 3
**Nationale Naturmonumente**
– → geschützte Flächen und Naturbestandteile, allgemeine Vorschriften
**Nationalparke 62** 13
– → geschützte Flächen und Naturbestandteile, allgemeine Vorschriften
„**Natura 2000**" (Europäisches ökologisches Netz)
– Ausgleich von Nutzungsbeschränkungen **62** 42
– besonderer Schutz **62** 20
– Gebiete **62** 20
– gentechnisch veränderte Organismen **62** 21
– Zuständigkeiten **62** 22
**Naturdenkmäler 62** 39, 42
– → geschützte Flächen und Naturbestandteile, allgemeine Vorschriften
**Naturgenuß**
– → Erholung in d. freien Natur
– Recht auf N. **10** 141; **62** 26
– u. Vorkaufsrecht **62** 39
**Naturhaushalt** u. Straßenbau **82** 9, 30
**Naturparke 62** 15, 39
– → geschützte Flächen und Naturbestandteile, allgemeine Vorschriften
**Naturschutz**
– Akademie für N. und Landschaftspflege **62** 47
– als Aufgabe für Erziehung **62** 1b
– als allgemeine u. staatliche Verpflichtung **10** 3; **62** 1 f.
– Beratung **62** 5
– Bericht zur Lage der Natur **62** 3a
– Beschränkung der Erholung in freier Natur **62** 31
– eigener Wirkungskreis **10** 141; **30** 57; **31** 51; **32** 48; **82** 9, 30

– Datenschutz **62** 55
– Enteignung **62** 40
– Grundstückstausch **62** 41
– → Inschutznahme
– Land-, Forst- und Fischereiwirtschaft **62** 3, 6, 11, 21, 23, 42
– Landschaftspflege **62** 4
– Landschaftspflegeprogramm **62** 5a
– Ordnungswidrigkeiten **62** 57
– Sperren **62** 33
– Untersagung von Eingriffen **62** 6
– Verträge **62** 3, 5, 5b, 5c, 6, 23, 42
– Vorkaufsrecht **62** 39
**Naturschutzbehörden 62** 43 f.
**Naturschutzbeiräte 62** 48
**Naturschutzfonds 62** 7, 39, 50, 55
**Naturschutzgebiete 62** 39, 54
– → geschützte Flächen und Naturbestandteile, allgemeine Vorschriften
**Naturschutzverbände 60** 11; **62** 5
**Naturschutzvereine 62** 5
**Naturschutzvereinigungen 62** 45
**Naturschutzwacht 62** 49
**Nebenbestimmungen**
– b. Fristverlängerung im Verwaltungsverfahren **20** 31
– zum Verwaltungsakt **20** 36
**Nebentätigkeit** v. Regierungsmitgliedern **10** 57
**Neurologie 32** 48
**Neuwahl**
– nach Gebietsänderungen **30** 13; **31** 9; **32** 9
– Landtag **10** 16, 18
– Ministerpräsident **10** 44
**nichteheliche Kinder 10** 126
**Nichtförmlichkeit** des Verwaltungsverfahrens **20** 10
**Nichtigkeit**
– öffentlich-rechtlicher Verträge **20** 59

- v. Rechtsvorschriften **11** 25
- → Verfassungsmäßigkeit v. Gesetzen
- Verwaltungsakte **20** 43 f.

**Nichtstörer** **50** 10, 87; **52** 9, 11
**Niederlegung**
- Dokument **21** 5
- Ehrenämter **30** 19; **31** 13; **32** 13

**Niederschrift**
- über Einigung im Enteignungsverfahren **80** 29
- über mündliche Verhandlung im Verwaltungsverfahren **20** 68
- über örtliche Rechnungsprüfung **30** 103; **31** 89; **32** 85
- über Sitzungen v. Ausschüssen nach VwVfG **20** 93
- über Verhandlungen d.
  - Bezirkstags **32** 45
  - Gemeinderats **30** 54
  - Kreistags **31** 48
- über Wohnungsdurchsuchung **50** 24
- Zwangsvollstreckung aus N. **80** 38

**Normenkontrolle**
- allgemein **10** 65
- abstrakte N.: → Popularklage
- konkrete N.: → Richtervorlage
- Zuständigkeit **22** 5

**Notbekanntmachung** v. Verordnungen **52** 51
**Notstand**
- u. Anwendung unmittelbaren Zwangs **50** 77
- polizeilicher **50** 10
- sicherheitsrechtlicher **52** 9
- verfassungsrechtlicher **10** 48

**Notwehr** **50** 77
**notwendige Flure** **40** 25, 27, 29, 33 f., 38
**notwendige Treppen** **40** 32 f.
**Notzeichen** **52** 22
**Nutzungsberechtigter**, Erschwernisausgleich **62** 42

**Nutzungsgebühr** **63** 4
**Nutzungsrechte**, öffentliche **30** 80–83
**Nutzungsuntersagung** **40** 76

**Oberbürgermeister** **30** 34; **31** 24
**obere Rechtsaufsichtsbehörde**
- d. Gemeinden **30** 110
- d. Landkreise **31** 96

**Oberlandesgericht München** **11** 1
**Oberlichte** **40** 30, 33
**Oberste Bauaufsichtsbehörde** **40** 53
**Oberste Dienstbehörde** d. Polizei **51** 1
**Oberste Landesplanungsbehörde** **81** 4, 7, 11, 13, 16, 18, 20, 23, 25, 28, 30, 33, 34
**Oberste Landesstraßenbaubehörde** **82** 62a
**Oberste Naturschutzbehörde** **62** 43
**Oberste Straßenaufsichtsbehörde** **82** 61, 62a
**Oberste Straßenbaubehörde** **82** 58
**Oberster Rechnungshof** **10** 80
**Observation** **50** 33, 47, 49
**offenbare Unrichtigkeiten** **20** 42; **11** 25
**öffentliche Ämter** **10** 107, 116
**öffentliche Anschläge** **52** 28
**öffentliche Bekanntmachung:** → Bekanntmachung
**öffentliche Einrichtungen**
- Anschluß- u. Benutzungszwang **30** 24; **31** 18
- Beiträge zur Deckung des Investitionsaufwands **37** 5
- Benutzungsanspruch **30** 21; **31** 15; **32** 15
- Benutzungsgebühren **37** 8
- eigener Wirkungskreis **30** 57; **31** 51; **32** 48

Stichwortverzeichnis

- Regelung d. Benutzung durch
  - Satzung **30** 24; **31** 18; **32** 18
  - Allgemeinverfügung **20** 35
- **öffentliche Feld- u. Waldwege 82** 3, 53 f., 58
- **öffentliche Nutzungsrechte 30** 80–83
- **öffentliche Planungsträger**
- u. Eingriff in d. Natur **62** 11
- **öffentliche Sicherheit u./o. Ordnung**
  - Aufgabe d. Polizei **50** 2
  - Aufgaben d. Sicherheitsbehörden **52** 6
  - Befugnisse d. Polizei **50** 11 ff.
  - Befugnisse d. Sicherheitsbehörden **52** 7, 12 ff.
  - im Bauordnungsrecht **40** 3
  - im Bodenschutzrecht **64** 4
  - eigener Wirkungskreis d. Gemeinden **30** 57
  - Einschränkung v. Grundrechten **10** 98
  - gemeindliche Beleuchtungs-, Reinigungs-, Räum- u. Streupflicht **82** 51
  - Immissionsschutz **61** 6, 9
  - Notstand **10** 48
  - u. Straßenbaulast **82** 9
- **öffentliche Straßen**
  - Gemeindestraßen **82** 3, 46–52
  - sonstige **82** 3, 53–56
- **öffentliche Vergnügung 52** 19
- **öffentliche Verkehrsflächen 52** 26
- **öffentliche Zustellung 21** 15
- **öffentlicher Dienst**
  - u. Gebietskörperschaften **30** 42 f.; **31** 37 f.; **32** 34
  - Zugang **10** 94
- **öffentliches Interesse**
  - → Gemeinwohl
  - u. Aussagegenehmigung f. ehrenamtlich Tätige **20** 84
  - u. Unterlassen d. Anhörung Beteiligter **20** 28

- u. Rücknahme eines Verwaltungsakts **20** 48
- u. Verwaltungsvollstreckung o. Mahnung **21** 23
- u. Widerruf eines Verwaltungsakts **20** 49
- u. Zuweisung eines Beamten in ein Kommunalunternehmen **30** 97; **31** 84; **32** 81a
- **Öffentlichkeit**
  - Bezirkstag **32** 43
  - Gemeinderat **30** 52
  - Gerichte **10** 90
  - Kreistag **31** 46
  - Landtag **10** 22, 25; **11** 4
  - Verbandsversammlung **38** 32
  - Verfassungsgerichtshof **11** 24
  - Verwaltungsverfahren **20** 29, 68
- **Öffentlichkeitsbeteiligung, frühe 20** 25
- **öffentlich-rechtlicher Vertrag 20** 54–62
  - Anpassung u. Kündigung **20** 60
  - Anwendung des BGB **20** 59, 62
  - Arten: subordinationsrechtlicher, koordinationsrechtlicher **20** 54
  - Austauschvertrag **20** 56
  - Nichtigkeit **20** 59
  - Schriftform **20** 57
  - mit Steuerschuldnern **37** 3
  - Teilnichtigkeit **20** 59
  - über kommunale Zusammenarbeit **38** 4, 7
  - Übertragung d. Unterhaltungslast an Gewässern **63** 23, 68
  - Unterwerfung unter die sofortige Vollstreckung **20** 61
  - Vergleichsvertrag **20** 55
  - Vollstreckung **20** 61
  - Wegfall d. Geschäftsgrundlage **20** 60
  - Zulässigkeit **20** 54
  - Zustimmung v. Dritten u. Behörden **20** 58
- **Offizialprinzip 20** 22

**Ökoflächenkataster** 62 9, 46
**Online-Anschluss** 50 63 f.
**Opferschutzmaßnahmen** 50 94
**Opportunitätsprinzip** 50 5
**Orden u. Ehrenzeichen** 10 118
**Ordnungsgeld**
– b. Ablehnung v. Ehrenämtern 30 19; **31** 13; **32** 13
– gegen Bezirksräte **32** 39
– gegen Gemeinderäte **30** 48
– gegen Kreisräte **31** 42
**Ordnungswidrigkeiten**
– allgemeine Vorschriften
  – Befugnisse d. Polizei **50** 11, 17–20
  – Befugnisse d. Sicherheitsbehörden **52** 7
  – Begriff **50** 11; **52** 1
  – Geltung des OWiG **52** 3
– abfallrechtliche **60** 33
– abgabenrechtliche **37** 15–17
– bauordnungsrechtliche **40** 79
– bodenschutzrechtliche **64** 14
– enteignungsrechtliche **80** 50
– immissionsschutzrechtliche **61** 18
– naturschutzrechtliche **62** 57 f.
– straßenrechtliche **82** 66
– wasserrechtliche **63** 74
**Organe**
– d. Bezirks **32** 21 ff.
– d. Gemeinde **30** 29 ff.
– d. Kommunalunternehmens **30** 97; **31** 84; **32** 81a
– d. Landkreises **31** 22 ff.
– d. Landtags **10** 20
– regionaler Planungsverbände **81** 10
– d. Zweckverbands **38** 29
**Organisation**
– d. Polizei **51** 1 ff.
– regionaler Planungsverbände **81** 8 ff.
– d. Verwaltungsbehörden **10** 77
**Organstreit** **10** 64; **11** 2, 49

**örtliche Angelegenheiten** 30 1
**örtliche Bauvorschriften**
– Abweichungen **40** 63
– bauaufsichtliche Zustimmung **40** 73
– Erlaß **40** 81
– Genehmigungsfreistellung **40** 58
– Normenkontrolle **22** 5
– Übertragung auf beschließende Ausschüsse **30** 32
– vereinfachtes Baugenehmigungsverfahren **40** 59
**örtliche Gemeinschaft** **30** 7
**örtliche Verbrauch- u. Aufwandsteuern** **37** 3
**Ortsbild** **40** 81; **52** 28 f.
**Ortsdurchfahrten** **82** 4, 41 f., 46, 48, 68, 73
**Ortsrecht**
– u. Gebietsänderungen **30** 12
– u. Gemeindepolizei **51** 3
– Satzungshoheit **30** 23
**Ortssprecher** **30** 60a
**Ortsstraßen** **82** 3, 46
**Ortsversammlung** **30** 60a

**Parkplätze**
– → Garagen u. → Stellplätze
– Straßenbaulast **82** 42
**Parlamentarismus**, Grundsatz **10** 13
**Parlamentsberichterstattung** **10** 22
**Parteien**
– u. Ausschluß v. Wählergruppen **10** 15; **11** 46 f.
– u. Beamtenpflichten **10** 96
– u. Polizeidienstkräfte **51** 2
**Personalakten** **71** 102–111
**Personalnachweise** **10** 95
**Personalvertretungsrecht** **22** 2, 12
**persönliche Freiheit**
– v. Abgeordneten: → Immunität
– → Freiheit der Person
– → Freiheitsentziehung

[937]

## Stichwortverzeichnis

**persönliche Rechte**, Enteignung
 80 2, 12, 14, 16 f.
**Persönlichkeit**, Entfaltung 10 101
**Pestizide** 62 23a
**Petitionsrecht** 10 115; 30 56
**Pflanzen**, Aneignungsrecht
 10 141
**Pflanzenschutz:** → Artenschutz
**Pflegeeinrichtungen** 30 123;
 31 109; 32 103
**Pflichtaufgabe**
– Bezirk 32 48; **64** 12
– Gemeinde 30 57; 60 3; **64** 12
– Landkreis 31 51; 60 3; **64** 12
– u. Zweckvereinbarung 38 16
**Pflichten der Beamten**
– Annahmeverbot 70 42
– Anzeigepflicht 70 40 f.
– Aussageverbot 70 37
– Eid und Gelöbnis 70 38; 71 73
– Dienstkleidung 71 75
– Dienstleistungspflicht 70 34, 56
– voller persönlicher Einsatz
 70 34
– Gehorsamspflicht 70 35
– Gemeinschaftsunterkunft 70 59
– Gerechtigkeitspflicht 70 33
– Geschäftsführungsverbot 70 39
– Grundpflichten 70 33
– Mäßigungspflicht 70 33
– Mehrarbeit 70 59
– Neutralitätspflicht 10 96; 70 33
– Nichterfüllung, Folgen der N. 70
 47 f.; 71 77 f.
– Residenzpflicht 71 74
– im Spannungs- u. Verteidigungsfall
 70 56, 59
– Treuepflicht 70 3
– Uneigennützigkeitspflicht 70 34
– Verfassungstreuepflicht 10 96;
 70 33
– einwandfreies Verhalten 70 34
– Verschwiegenheitspflicht 70 37
– Weisungsgebundenheit 70 35
– Zurückhaltungspflicht 70 33

**Pflichtverband** 38 27 f., 46, 48
**Pflichtvereinbarung** 38 16
**Pisten** 62 10
**Pläne**
– Bauleitpläne,
 – Anpassungsgebot 81 33
 – im Wasserrecht 63 47
– bergrechtlicher Betriebsplan
 63 64
– Grünordnungspläne 62 4
– → Landesentwicklungsprogramm
 – Abwägung 81 17
 – Anhörungsverfahren 81 16
 – Ausarbeitung und Aufstellung
  81 20, 22
 – Bekanntgabe 81 18
 – Grundlagen 81 14
 – u. Grundsätze der Raumordnung
  81 6
 – Inhalt 81 19, 21
 – Instrument der Landesplanung
  81 1
 – u. Landesplanungsbeirat
  81 13
 – Planerhaltung 81 23
 – u. Regionalpläne 81 21
 – u. Umweltbericht 81 15
 – Unterrichtung des Landtags
  81 32
– Landschaftspläne 62 4
– Lärmaktionspläne 61 4
– Luftreinhaltepläne 61 2
– → Regionalpläne
– wasserrechtliche Pläne
 – Aufstellung 63 73
 – Bewirtschaftungspläne 63 21,
  51, 63
 – Lagepläne 63 70
 – Risikomanagementpläne 63 45,
  63
 – Sanierungspläne 63 55
 – Übersichtspläne 63 54, 70
**Planerhaltung** 81 23
**Planfeststellungsverfahren**
– nach VwVfG

- Anhörungsverfahren **20** 73
- anwendbare Vorschriften **20** 72
- Planfeststellungsbeschluß **20** 74, 77
- Planänderung vor Fertigstellung des Vorhabens **20** 76
- Plangenehmigung **20** 74
- Rechtswirkungen d. Planfeststellung **20** 75
- Zusammentreffen mehrerer Vorhaben **20** 78
- f. Abfallbeseitigungsanlagen **60** 14
- u. Enteignung **80** 21, 28, 40 f.
- im Straßen- u. Wegerecht **82** 6, 27–27b, 36, 38, 39
- im Wasserrecht **63** 43, 55, 61, 67

**Planungen**
- Abstimmung in kommunaler Zusammenarbeit **38** 4
- → Kommunalhaushalte
- → Pläne
- raumbedeutsame P. u. Maßnahmen **81** 1–3, 13, 24 f., 28, 30
- Sicherung **63** 52
- Straßen **82** 35

**Planungsträger** **81** 2, 8, 25, 28–30

**Planungsverbände**
- nach BauGB **38** 1
- → regionale P.

**Planungsvorgaben** **81** 5 f.

**Planungsvorhaben** v. allgemeiner Bedeutung **81** 32

**Platzverweisung** **50** 16 f.; **62** 49

**plebiszitäre Elemente:** → Bürgerbegehren; → Bürgerentscheid → Volksbegehren; → Volksentscheid

**politische Betätigung** **51** 2

**Polizei**
- Anforderung durch ein anderes Land **51** 10
- Aufgaben **10** 99; **50** 2 f.
- Ausrüstung **51** 8
- Befugnisse **50** 11–29
- Begriff **50** 1
- Bereitschaftspolizei **51** 6
- besondere Zuständigkeiten **51** 10
- → Datenerhebung
- Dienstkräfte anderer Länder u. d. Bundes **51** 11
- → Gemeindepolizei
- Gliederung **51** 4 ff.
- Grenzpolizei **51** 5 (alte Fassung)
- grenzpolizeiliche Aufgaben **51** 4
- Landeskriminalamt **51** 7
- Landespolizei **51** 4
- → Maßnahmen
- Polizeiverwaltungsamt **51** 8
- Träger **51** 1
- → unmittelbarer Zwang **50** 75, 77–86
- Verhältnis zu anderen Behörden **50** 3
- Verhältnis zu Sicherheitsbehörden **50** 68; **51** 9; **52** 10
- Vollzugshilfe
  - allgemein **50** 2, 67–69
  - bei Verwaltungsvollstreckung **21** 37
- Zusammenarbeit **51** 9

**Polizeibeamte**
- Ausweispflicht **50** 6
- parteipolitische Betätigung **51** 2

**Polizeidienstkräfte**
- allgemein **51** 2; **50** 1
- Anforderung durch andere Länder **51** 10
- Anforderung v. P. anderer Länder **51** 11
- P. anderer Länder u. d. Bundes

**Polizeigewalt** im Landtagsgebäude **10** 21

**polizeiliche Beobachtung** **50** 40
**polizeiliche Generalklausel** **50** 11
**polizeilicher Notstand** **50** 10
**polizeipflichtige Person** **50** 7 f., 10; **52** 9

**Popularklage** **10** 98; **11** 2, 55
**Post**, Zustellung **21** 2–4

Stichwortverzeichnis

**Post- u. Fernmeldegeheimnis**
10 25, 48, 112

**Präsident des Landtags**
- Aufgaben u. Befugnisse  10 18, 21, 29
- Einberufung des Landtags  10 17
- Vertretung Bayerns nach außen 10 44
- Wahl  10 20

**Präsident des Verfassungsgerichtshofs**
- Aufgaben u. Befugnisse  11 3, 6, 7, 10–12, 20, 26
- Vertretung  11 12
- Wahl  11 4 f.

**Präsident des Verwaltungsgerichtshofs**  22 3

**Präsidium des Landtags**  10 20, 32

**Präventivgewahrsam**  50 17 f.

**Pressefreiheit**  10 48, 111

**private Rechte**
- Schutz durch d. Polizei  50 2
- u. Bauordnungsrecht  40 16, 68

**Privatisierung** im Kommunalrecht  30 61; 31 55; 32 53

**Privatschulen**  10 134

**Probezeit:** → Beamte

**Proporz** bei Besetzung v. Ausschüssen  30 33; 31 27; 32 26

**Protokollbestände**  50 63

**Prozeßkostenhilfe**  11 28

**Prüfbuch**  40 72

**Prüflaboratorien**  63 66

**Prüfstellen f.** Bauprodukte  40 15, 17, 21, 23, 80; 41 9 f., 12

**Prüfungen** im Beamtenrecht  10 94; → Beamte

**Prüfungsrecht** bei wirtschaftlichen Unternehmen  30 94a; 31 81a; 32 79a

**Prüfungswesen**
- Abschlußprüfungen v. Eigenbetrieben u. Kommunalunternehmen  30 107; 31 93; 32 89
- Ausführungsvorschriften  30 123; 31 109; 32 103
- Erprobung neuer Modelle 30 117a; 31 103a; 32 99a
- → Rechnungsprüfungsamt
- Rechnungs- u. Kassenprüfung
  - Inhalt  30 106; 31 92; 32 88
  - örtliche  30 103; 31 89; 32 85
  - überörtliche  30 105; 31 91; 32 87
- d. Zweckverbände  38 43

**Prüfzeugnis f.** Bauprodukte  40 15, 17, 19 ff., 77

**Psychiatrie**  32 48

**Qualifikationsebenen:** → Beamte

**Quellenschutzgebiete**  63 31, 70

**Quorum**
- → Beschlußfähigkeit
- f. Bürgerbegehren  30 18a; 31 12a

**Radfahren in freier Natur**  62 30, 40

**Radwege**  82 42, 48, 53, 58

**Rassenhaß**  10 119

**Rasterfahndung**  50 46

**raumbedeutsame Maßnahmen u. Planungen**  81 1–3, 13, 24, 28, 30

**Raumbeobachtung**  81 31

**Raumordnung**
- Anpassung v. Bauleitplänen  81 33
- Bindungswirkung der Erfordernisse der R.  81 3
- Erfordernisse  81 1–3, 24, 30
- Festlegungen  81 2, 6, 14, 17, 19–22
- Grundsätze  81 6, 14
- → Landesplanung
- Raumordnungsverfahren 81 24 ff.
- raumordnerische Zusammenarbeit  81 29
- Sicherung  81 24 ff.
- Straßenplanung  82 35
- Überwachungspflicht  81 31

54 [940]

- Unterrichtung **81** 32
- Ziele **81** 4, 14, 21, 24, 28

**Raumordnungspläne 81** 14 ff.

**Realisierbarkeitsnachweis** im Enteignungsverfahren **80** 21

**Rechnungshof 10** 80

**Rechnungslegung**
- Eigenbetriebe **30** 95; **31** 82; **32** 80
- Gebietskörperschaften **30** 102; **31** 88; **32** 84
- Staatsregierung **10** 80

**Rechnungsprüfung:**
→ Prüfungswesen

**Rechnungsprüfungsamt 30** 104; **31** 90; **32** 86; **38** 43

**Rechte der Beamten**
- Amtsbezeichnung **71** 76
- Alimentationsprinzip **71** 5
- Dienstzeugnis **71** 72
- Erholungsurlaub **70** 44; **71** 93
- Fürsorgepflicht des Dienstherrn **70** 45; **71** 96 ff.
- Mutterschutz und Elternzeit **70** 46
- Personalakten **70** 50; **71** 106 ff.
- Personalvertretung **70** 51
- Sonderurlaub **71** 93
- Teilzeitbeschäftigung **70** 43
- Vereinigungsfreiheit **70** 52

**Rechte Dritter 40** 16, 68

**rechtliches Gehör 10** 91; **11** 26

**Rechtsaufsicht**
- Begriff, Inhalt, Grenzen **30** 109; **31** 95; **32** 91
- Bestimmung eines Gemeindenamens **30** 2
- → eigener Wirkungskreis
- Mittel der R.
  - Auflösung des Bezirkstags **32** 96, Gemeinderats **30** 114, Kreistags **31** 100
  - Beanstandung **30** 112; **31** 98; **32** 94
  - Bestellung eines Beauftragten **30** 114; **31** 100; **32** 96

- Ersatzvornahme **30** 113; **31** 99; **32** 95
- Anordnung d. Neuwahl d. Bürgermeisters u./o. Gemeinderats **30** 114
- Sinn d. R. **30** 108; **31** 94; **32** 90
- Straßenaufsicht **82** 62
- über Zweckverbände **38** 49
- Widerspruch gegen aufsichtlichen VA **30** 120; **31** 106

**Rechtsaufsichtsbehörde**
- allgemein **30** 110; **31** 96; **32** 92; **38** 50
- als Genehmigungsbehörde **30** 117; **31** 103; **32** 99
- Befugnisse
  - Aufhebung öffentlicher Nutzungsrechte **30** 82
  - Beanstandung, Erlaß, Aufhebung v. Verordnungen **52** 46, 49
  - Erlaß eines Widerspruchsbescheids **30** 119; **31** 105
  - → Rechtsaufsicht, Mittel der R.
  - Informationsrecht **30** 111; **31** 97; **32** 93
- u. Unterstützung d. Fachaufsichtsbehörde **30** 116; **31** 102; **32** 98
- Pflicht zur Vorlage bei der R.
- besondere Abgabesatzung **37** 2
- Haushaltssatzung **30** 65; **31** 59; **32** 57
- Satzungen allgem. **30** 25; **36** 3
- Unternehmenssatzung **30** 96; **31** 83; **32** 81
- vermeintlich rechtswidrige Beschlüsse d. Kommunalparlamente **30** 59; **31** 54; **32** 52

**Rechtsbehelf**
- Disziplinarrecht **22** 14
- Enteignungen **80** 44
- förmlicher R. gegen Verwaltungsakte **20** 79
- im Verwaltungsverfahren **22** 14
- polizeiliche Maßnahmen **51** 12

Stichwortverzeichnis

- u. Vollstreckungsverfahren
  - keine aufschiebende Wirkung d. R. **21** 21a
  - Entscheidung über R. **21** 26
  - Vollstreckungsvoraussetzungen **21** 19
  - R. gegen Androhung v. Zwangsmittel **21** 38
- Wahlsachen **22** 14
- Wiederaufgreifen als außerordentlicher R. **20** 51

**Rechtsbehelfsfrist**, Versäumung: → Wiedereinsetzung

**Rechtsgarantien** bei Freiheitsentziehung **10** 102

**Rechtsgrundlage**
- Angabe bei Verordnungen **52** 45
- → Rechtsstaat

**Rechtshilfe:** → Amtshilfe

**Rechtspflege** **10** 84–93, 99 f.

**Rechtsstaat** **10** 3, 5
- gesetzliche Ermächtigung f. Rechtsverordnungen **10** 55
- Gesetzmäßigkeit d. Verwaltung **10** 55, 70, 77; **52** 45
- Grundrechte **10** 98 ff.
- Ministerverantwortlichkeit **10** 51, 53, 24
- Willkürverbot **10** 118

**Rechtsverhältnis** als Enteignungsgegenstand **80** 2

**Rechtsverordnungen**
- Allgemeines: → Verordnungen
- einzelne Ermächtigungen
  - abfallwirtschaftsrechtliche **60** 5, 11, 29
  - bauordnungsrechtliche **40** 15, 19, 47, 53, 56, 62, 73, 77, 79, 80
  - bodenschutzrechtliche **64** 6, 10, 13
  - immissionsschutzrechtliche **61** 1, 2. 7, 8, 11
  - f. Kommunalunternehmen **30** 96; **31** 83; **32** 81
  - b. kommunaler Zusammenarbeit **38** 11, 22, 26
  - sonst. kommunalrechtliche **30** 5 f., 9, 12, 13a f., 27, 32, 63, 71 f., 95, 123; **31** 8–10, 21, 30, 57, 65 f., 82, 109; **32** 9, 17, 29, 55, 63 f., 80, 103; **34** 3 f.
  - naturschutzrechtliche **62** 8, 12, 20, 31, 42, 44, 47–49, 51, 54
  - planungsrechtliche **81** 12 f., 20, 22, 35
  - sicherheitsrechtliche **52** 12 ff., 55
  - straßenrechtliche **82** 3, 18, 32, 33, 42, 51, 54, 58 f., 62a, 64
  - vollstreckungsrechtliche **21** 27
  - wasserrechtliche **63** 2 ff., 17 f., 20 f., 24, 28, 29, 31 ff., 36, 46 ff., 52, 63, 65 ff., 70, 73 f., 80

**Rechtsweg**
- Entschädigungsansprüche
  - Amtshaftung **10** 97
  - wegen Enteignung **10** 159; **80** 44
  - wegen polizeilicher Maßnahmen **50** 90
  - bei Widerruf eines Verwaltungsakts **20** 49
- Sonderzuweisungen **22** 13

**Rechtswegerschöpfung** **11** 51

**Recycling:** → stoffliche Abfallverwertung

**Regale** **40** 2, 57

**Regelbewerber:** → Beamte

**Regeln d. Baukunst** (u. Technik) **40** 3; **82** 9, 64; → technische Baubestimmungen

**Regeln der Technik**, technische Regeln **40** 3, 15, 17, 19 ff.; **63** 18, 46, 55, 70

**Regiebetrieb**, → Umwandlung in ein Kommunalunternehmen **30** 88; **31** 76; **32** 74

## Stichwortverzeichnis

**Regierung**
- abfallrechtliche Zuständigkeit **60** 29
- als Anhörungsbehörde **60** 29; **80** 41
- baurechtliche Zuständigkeit **40** 53, 61, 73; **41** 1
- u. Bezirk **32** 35–36
- als Behörde für Marktüberwachung **61** 2
- als Genehmigungsbehörde nach BImSchG **61** 1
- als höhere Landesplanungsbehörde **81** 7
- als höhere Naturschutzbehörde **62** 43
- als Immissionsschutzbehörde **61** 1 f., 4
- als Planfeststellungsbehörde **80** 41
- als Sicherheitsbehörde **52** 6
- als Überwachungsbehörde **61** 4
- als Straßenaufsichtsbehörde **82** 61, 62a
- als Vollstreckungsbehörde **21** 26

**Regierungsbezirke** **10** 9 f., 185; **32** 8

**Regierungspräsident**
- u. Bezirkstag **32** 36 f., 52
- Ernennung **32** 36

**Region**, Begriff **81** 6, 19, 21

**regionale Planungsverbände** **81** 4, 8–12, 16, 22, 23, 30

**Regionalpläne**
- Abwägung **81** 17
- Anhörungsverfahren **81** 16
- Ausarbeitung und Aufstellung **81** 22
- Bekanntgabe **81** 18
- Gesamtfortschreibungen **81** 10
- Grundlagen **81** 14
- u. Grundsätze der Raumordnung **81** 6
- Inhalt **81** 21
- u. Landesentwicklungsprogramm **81** 21
- Kostenerstattung **81** 11
- Planerhaltung **81** 23
- Teil der Landesplanung **81** 1
- u. regionale Planungsverbände **81** 10
- u. Umweltbericht **81** 15
- im Wasserrecht **63** 47
- Wesen u. Inhalt **81** 1, 14, 21
- Wirkungen **81** 6, 21
- u. Zielabweichungsverfahren **81** 4
- u. Ziele der Raumordnung **81** 2

**Reinigung** öffentlicher Straßen **82** 51

**Reinlichkeit** **30** 57; **52** 12–18

**Reisekosten** **41** 7

**Reiseverkehr**, grenzüberschreitender **50** 29

**Reiten** in freier Natur **62** 28–31, 37

**Rekultivierungspflicht** **60** 22

**Religion**, Schutz **10** 144

**Religionsausübung** **10** 107

**Religionsgemeinschaften**
- als Körperschaften des öffentlichen Rechts **10** 143
- Ausnahme vom Zwang zur Benutzung öffentlicher Einrichtungen **30** 24
- Eigentumsgewährleistung **10** 146
- → Erziehungsrechte
- Frage nach d. Zugehörigkeit **10** 107
- Freiheit, Selbstverwaltung **10** 142
- Garantie staatlicher u. kommunaler Leistungen **10** 145
- keine Anwendung des VwVfG **20** 2
- Rechtsfähigkeit **10** 143
- Recht auf Hochschulen u. theologische Fakultäten **10** 150
- Zulassung zur Anstaltsseelsorge **10** 148

**Religionsunterricht** **10** 136 f.

## Stichwortverzeichnis

**Remonstration** 50 79
**Ressortprinzip** 10 51
**Ressorts** 10 49
**Reststoffdeponie**, Errichtungs- u. Betreibungspflicht 60 4
**Rettungsschuß**, finaler 50 83
**Rettungsweg**
– erster und zweiter R. 40 31
– Fenster 40 35
– Flure 40 34
– Treppenräume 40 33
– Zugänge und Zufahrten 40 5
**Richter**
– Ausübung d. Staatsgewalt 10 4 f.
– gesetzlicher R. 10 86
– Laienrichter 10 88
– Unabhängigkeit 10 85, 87
**richterliche Entscheidung**
– bei Freiheitsentziehung 50 18, 20, 69
– bei verdecktem Einsatz technischer Mittel 50 41
– bei Wohnungsdurchsuchung 50 24
**Richtervorlage** 10 92, 65; 11 2, 50
**Richtlinien**
– Abgrenzungen in d. Haushaltssatzung 30 66; 31 60; 32 58
– laufende Angelegenheiten 30 37; 31 34; 32 22, 35b; 38 5
**Richtlinienkompetenz** 10 47, 51
**Rote Liste** 62 46
**Rückenteignung** 80 16 f., 42
**Rückkehrberatung f. Migranten** 84 3
**Rückkreisung** 30 5a
**Rücklagen** 30 76; 31 70; 32 68
**Rücknahme** eines Verwaltungsakts
– allgemeine Regelungen
  – Durchbrechung der Bestandskraft 20 43
  – Grundsätze 20 48
  – im Rechtsbehelfsverfahren 20 50

– Rückforderung v. Urkunden u. Sachen 20 52
– u. Wiederaufgreifen d. Verfahrens 20 51
– bei Zusicherung 20 38
– Anerkennung privater Sachverständiger 63 65
**Rückstellungen** 30 76; 31 70; 32 68
**Rückwirkung** v. Satzungen 30 26; 31 20; 32 19; 37 2
**Rückwirkungsverbot** 10 104; 52 2
**Ruhestand** der Beamten:
→ Beendigung des Beamtenverhältnisses
**ruhestörende Betätigungen** 61 6 f.
**Rundfunkfreiheit** 10 111a

**Sachverständige**
– Heranziehung im Verwaltungsverfahren 20 26, 65 f.
– im Bauordnungsrecht 40 16, 54, 56 f., 62 f.; 68, 72 f., 77–80, 83
– im Bodenschutzrecht 64 6
– Kosten bei Enteignung 80 43
– im Verfahren vor d. VfGH 11 23, 37, 38
– Wasserrecht 63 58, 60 f., 65, 70, 74
**salvatorische Klauseln** 52 11; 81 28; 82 40
**Sammelstellen f.** Abfälle 60 4, 7, 10
**Sammlung d. Vorschriften** 36 4
**Sanierung** v. Gewässerverunreinigungen 63 55
**Sanierungsplan** 63 55; 64 5
**Sanierungsuntersuchungen** 64 5
**Sanitäre Anlagen** 40 42
**Satzungen**
– nach BauGB 41 2
– → Bekanntmachung
– bewehrte S.
  – Begriff 30 24; 31 18; 32 18; 38 26

- Geldbußen u. Verwarnungs-
  gelder **30** 28; **31** 21; **32** 20
- Zulässigkeit **30** 23; **31** 17;
  **32** 17; **38** 26
- Inhalt kommunaler S. **30** 24;
  **31** 18; **32** 18; **41** 4a
- → Kommunalhaushalte, Haus-
  haltssatzung
- Rechtsschutz
  - Normenkontrollverfahren
    **22** 5
  - Popularklage **10** 98; **11** 2, 55
- Regelungen für Einzelbereiche
  - kommunale Abfallentsorgung
    **60** 3, 7
  - Abgabesatzungen **37** 2
  - Abstand baulicher Anlagen v.
    Gemeindeverbindungsstraßen
    **82** 23
  - → Eigenbetriebe
  - Genehmigungspflicht von
    Grundstücksteilungen **41** 4a
  - → Kommunalunternehmen
  - Kostenerstattung f. Grund-
    stücksanschlüsse **37** 9
  - örtliche Bauvorschriften **40** 81
  - Sondernutzung an Straßen
    **82** 18, 22a
  - Straßenbaulast **82** 54
  - Unterhaltung v. Erschließungs-
    straßen **82** 47
  - Wasserrecht **63** 34, 60, 70
  - → Verbandssatzung
- Vollzug **30** 27; **31** 21; **32** 20;
  **35** 1

**Satzungsautonomie**
- d. Bezirke **32** 17
- d. Gemeinden **10** 11; **30** 23
- d. Landkreise **31** 17
- d. Landtags, Geschäftsordnung
  **10** 20
- d. Zweckverbände **38** 22
- kraft Zweckvereinbarung
  **38** 11

**Sauberhaltung** d. Natur **62** 38

**Säumniszuschläge** **37** 13
**Schadensersatz**
- durch Beamte **70** 48; **71** 83, 98
- durch d. Dienstherrn d. Beamten
  **71** 14, 78
- s.a. → Entschädigungsansprüche
- und Erstattungsanspruch **21** 28
- Forderungsübergang **71** 14, 78
- und Folgenbeseitigung **21** 39
- Straßenrecht **82** 29
- Vollstreckungsrecht

**Schadstoffe** **64** 2
**Schadstoffminimierung** **60** 1, 24
**Schallschutz**
- bei baulichen Anlagen **40** 13, 62,
  80
- Entschädigung f. Schallschutz-
  maßnahmen **61** 2
- → Lärmschutz

**Schallzeichen** **52** 22
**Schiedsgerichtsbarkeit** **22** 12
**Schiff- u. Floßfahrt** **63** 28
**Schlachthöfe** **30** 24
**Schlichtung**
- Arbeitsrecht **10** 177
- Zweckverbände **38** 51

**Schmutz u. Schund** **10** 110
**Schneeräumung** **82** 9, 51
**Schneeverwehungen** **82** 29
**Schriftform**
- Baurecht **40** 6, 16, 50, 58, 63 f.,
  66, 68–72, 75, 79, 83
- Ersetzung **20** 3a
- förmliches Verwaltungsverfahren
  **20** 74
- Verpflichtungserklärungen
  - d. Bezirks **32** 33a
  - d. Gemeinde **30** 38
  - d. Landkreises **31** 35
  - d. Zweckverbands **38** 37
- Verwaltungsakt **20** 37, 49a
- verwaltungsrechtlicher Vertrag
  - Begründung **20** 57
  - Kündigung **20** 60
- Zusicherung **20** 38

Stichwortverzeichnis

**Schriftführer** 11 22
**Schrothheilbad, -kurort** 30 2; 37 7
**Schuldenbremse** 10 82
**Schulen**
– Ausbildungsanspruch 10 128
– Ausgabe v. Verfassungstexten 10 188
– u. Bauordnungsrecht
  – barrierefreies Bauen 40 48
  – → S. als Sonderbauten 40 2
– Bildungsziele 10 131
– Integration von Migranten 84 7
– Privatschulen 10 134
– Religionsunterricht 10 136 f.
– Schulaufbau, Schulwahl 10 132
– Schulaufsicht 10 130
– Schulorganisation 10 133
– Schulpflicht und Kostenfreiheit 10 129
– Volksschulen 10 135
– Widerspruch im Schulrecht 22 15
**Schußwaffengebrauch** 50 81, 83–86
**Schutzgewahrsam** 50 17–20
**Schwerbehinderte:** → Beamte; → Behinderte
**Schwimmbecken** 40 57
**Sehbehinderte** 32 48
**Sekundärmaßnahme** 50 75
**Selbstanklage** v. Regierungsmitgliedern o. Abgeordneten 10 61
**Selbsteintritt** 20 3a
**Selbstverantwortung**, Stärkung durch Aufsicht 30 108; 31 94; 32 90
**Selbstversammlungsrecht** des Landtags 10 17
**Selbstverwaltung**
– d. Bezirke 10 10; 32 1
– d. Gemeinden 10 11; 30 1
– d. Hochschulen 10 138
– d. Landkreise 10 10; 31 1
– d. Religionsgemeinschaften 10 142

– d. Zweckverbände 38 2
– im Wirtschaftsleben 10 154
**Seuchen** 52 12
**Sicherheit**, Grundrecht 10 99
**Sicherheiten**
– Genehmigung 30 72; 31 66; 32 64
– b. Kreditaufnahme 30 71; 31 65; 32 63
**Sicherheitsbehörden**, allgemeine
– Begriff u. Aufgaben 52 6
– Befugnisse 52 7, 12 ff.
– Verhältnis zur Polizei 52 10; 50 68; 51 9
**Sicherheitsgewahrsam** 50 17–20
**Sicherheitsleistung**
– im Abfallrecht 60 7
– im Baurecht 40 68
– im Enteignungsverfahren 80 21
– im Wasserrecht 63 72
**sicherheitsrechtliche Generalklausel** 52 7
**Sicherheitstreppenraum** 40 31, 34
**Sicherstellung**
– v. Sachen
  – durch d. Naturschutzwacht 62 49
  – durch d. Polizei 50 25–28
  – → Einziehung v. Gegenständen
– v. Schutzgebieten u. Schutzgegenständen 62 54
**Sichtdreiecke** 82 26
**Simultangebrauch** 10 149
**Sittlichkeit** 10 98, 101
**Sitz**
– Bezirksverwaltung 32 2
– Kreisverwaltung 31 2
– Verfassungsgerichtshof 11 1
– Verwaltungsgemeinschaft 34 3
– Verwaltungsgerichte 22 1
**Sitzungsort** des Verfassungsgerichtshofs 11 20
**Sitzungspolizei** 11 24; 50 67
**Sitzungszwang** 30 47; 31 41; 32 38

## Stichwortverzeichnis

**Skipiste 62** 10
**Skisport 52** 24
**sofortige Vollziehbarkeit 21** 21a
**sofortige Vollziehung** u. Vollstreckbarkeit **21** 19
**Solaranlagen 40** 6, 57
**Sonderabfälle 60** 10
**Sonderaufgaben**, Geschäftsbereiche **10** 49
**Sonderbauten 40** 2, 31, 54, 57–59, 62, 77
**Sondergerichte 10** 86
**Sondernutzung**
– an Kreis- u. Gemeindestraßen **82** 22a
– an sonstigen öffentlichen Straßen **82** 56
– Gebühren **82** 18
– nach bürgerlichem Recht **82** 22
– nach öffentlichem Recht **82** 18–21
– u. Eigentumsübergang **82** 11
– u. Einziehung **82** 8
– Übergangsvorschrift **82** 69
– unerlaubte S. **82** 18a, 66
**Sonderschulwesen 32** 48
**Sondervotum** bei Entscheidungen des Verfassungsgerichtshofs **11** 25
**Sonnenkollektoren 40** 57
**Sonntage**
– als Wahltage **10** 14
– Anwendung v. Zwangsmitteln **21** 37
– Schutz **10** 147
– Zustellung **21** 5
**Sorgfaltspflicht** im Ehrenamt **30** 20; **31** 14; **32** 14
**Sozialbindung** des Eigentums
– Grundsatz **10** 158, 103
– Landwirtschaft **10** 163
– Naturschutz **10** 141; **62** 36
– Straßengrund **82** 13
**Sozialhilfe 32** 48
**Sozialisierung 10** 160
**Sozialstaat 10** 3

**Sozialversicherung 10** 171
**Spanndienste 30** 24; **31** 18
**Sparkassen 30** 64, 87; **31** 58, 75
**Sparsamkeit 30** 61; **31** 55; **32** 53
**Speiseeissteuer 37** 3
**Sperren** auf Grundstücken **62** 33–35
**Sperrung** v. Daten → Verarbeitungsbeschränkung v. Daten
**Sperrzeit 52** 19
**Spielflächen 62** 37
**Spitzenorganisationen**, Beteiligung bei Erlass beamtenrechtlicher Regelungen **70** 53; **71** 16
**Sport** in der freien Natur **62** 29
**Sprachbehinderte 32** 48
**Sprache**
– Gerichtssprache **11** 24
– Integration von Migranten **84** 4, 5, 7, 8, 10, 11
– Verwaltungsverfahren **20** 23
**Sprengmittel 50** 78, 86
**Spruchgruppen 11** 3
**Staatsangehörigkeit**, bayerische **10** 6
**Staatsanwälte 10** 89
**Staatsanwaltschaft**, Zustellung nach VwZVG **21** 1
**Staatsaufgaben**
– → Kreisverwaltungsbehörde
– → übertragener Wirkungskreis
– → Staatsziele
**Staatsbehörde** Landratsamt **31** 37
**Staatsbürger 10** 4, 7
**Staatsform 10** 1
**Staatsgebiet 10** 9, 11; **81** 1, 6, 8, 16, 19
**Staatsgewalt 10** 2, 4
**Staatshaftung:** → Haftung
**Staatshaushalt**
– Bindung d. Staatsregierung **10** 55
– Deckungsgrundsatz **10** 79
– Feststellung durch formelles Gesetz (Haushaltsplan) **10** 70, 78

Stichwortverzeichnis

- kein Volksentscheid **10** 73
- Rechnungslegung, Rechnungshof **10** 80

**Staatskanzlei** **10** 52

**Staatskirche** **10** 142

**Staatsminister**
- Berufung u. Entlassung **10** 45
- Dienstaufsicht **10** 55
- Eid **10** 56
- Gehalt u. Versorgung **10** 58
- Verbot einer Nebentätigkeit **10** 57
- Verhältnis zum Landtag **10** 24, 51
- Vertretung durch Staatssekretäre **10** 51

**Staatsoberkasse** **32** 82

**Staatsordnung** **10** Vorspruch

**Staatsregierung**
- als vollziehende Gewalt **10** 5, 43
- Anklage gegen Mitglieder **10** 61; **11** 2, 31–43
- Antrag auf Entscheidung über Ausschluß v. Wählergruppen **10** 15; **11** 46 f.
- Antrag auf Ausschluß d. Öffentlichkeit im Landtag **10** 22
- Aufhebung v. Grundrechten, Notstand **10** 48
- Äußerung im Verfassungsbeschwerdeverfahren **11** 52
- Beschlußfassung **10** 54
- Einrichtung v. Behörden **10** 77
- Entlastung, Rechnungslegung **10** 80
- Ernennung des Präsidenten des Verwaltungsgerichtshofs **22** 3
- Gehalt, Versorgung **10** 58
- Geschäftsbereiche **10** 49 f.
- Geschäftsführungsgrundsätze **10** 55
- Geschäftsordnung **10** 53
- Stellungnahme zum Volksbegehren **10** 74
- Verhältnis zum Landtag **10** 24, 44–51, 55; **50** 52
- Vorsitz **10** 47

- Weisung zum Volksentscheid **10** 74
- Zusammensetzung **10** 43, 50

**Staatssekretäre**
- Berufung u. Entlassung **10** 45
- Eid **10** 56
- Teil d. Staatsregierung **10** 43
- Weisungsgebundenheit **10** 51
- Verbot einer Nebentätigkeit **10** 57
- Zuweisung bestimmter Geschäftsbereiche **10** 50

**Staatsstraßen**
- Baubeschränkungen **82** 23 f.
- Begriff **82** 3
- Einziehung **82** 8
- u. Ortsdurchfahrt **82** 4
- Planfeststellung **82** 35 f.
- Straßenaufsichtsbehörde **82** 61
- Straßenbaubehörde **82** 58
- Straßenbaulast **82** 41–45
- Umstufung **82** 7
- Widmung **82** 6
- Zufahrten **82** 19

**Staatsvermögen** **10** 12, 81

**Staatsverträge** **10** 72, 181 f.

**Staatsverwaltung** **10** 53, 55, 77–83

**Staatsziele u. Staatsaufgaben**
- in der Abfallbewirtschaftung **60** 1 f.
- Arbeitsförderung **10** 166
- Ausbildung u. Begabtenförderung **10** 128
- Bekämpfung v. Schmutz u. Schund **10** 110
- Erwachsenenbildung **10** 139
- Kunst- u. Wissenschaftsförderung **10** 140
- Schutz d. Arbeitskraft **10** 167
- Schutz geistigen Eigentums **10** 162
- Schutz v. Ehe u. Familie **10** 124–126
- Schutz v. Müttern **10** 125

Stichwortverzeichnis

- Schutz v. Kulturgütern **10** 3, 141
- Umweltschutz **10** 3, 141
- Wirtschaftslenkung **10** 152–157
- Wohnungswesen **10** 106, 125

**Stadtbezirke 30** 18a, 60
**Städte 30** 3
**Stadtrat:** → Gemeinderat
**Standsicherheit 40** 10, 24, 57, 62, 77 f., 80
**Stauanlagen 63** 46
**Stellenplan**
- d. Bezirks **32** 34, 56, 60
- d. Gemeinden **30** 44, 64, 68
- d. Kreises **31** 39, 58, 62

**Stellplätze** für Kraftfahrzeuge
- u. barrierefreies Bauen **40** 47
- als bauliche Anlage **40** 2
- Begriff **40** 2
- Beseitigung **40** 57
- örtliche Bauvorschriften **40** 81
- Stellplatzbaupflicht
  - Umfang **40** 47
  - Ablösung **40** 47
- → verfahrensfreie Bauvorhaben **40** 57
- → verfahrensfreie Beseitigung **40** 57
- Verhältnis zu Grünflächen **40** 7

**Stellvertreter**
- Bezirkstagspräsident **32** 30 f.
- Bürgermeister **30** 39, 35
- Landrat **31** 32, 36
- Ministerpräsident **10** 46

**Steuern**
- Erhebung durch
  - Gemeinden **30** 62; **37** 2 f.
  - Landkreise **31** 56; **37** 2 f.
  - Religionsgemeinschaften **10** 143
- Steuerwesen allgemein **10** 123

**Steuervereinbarungen 37** 3
**Stichentscheid 30** 18a; **31** 12a
**Stichfrage 30** 18a; **31** 12a
**Stiftung Bayerischer Naturschutzfonds 62** 50

**Stiftungen des öffentlichen Rechts**, kommunale Zusammenarbeit **38** 1, 4, 17
**Stiftungen**, fiduziarische **30** 84 f.; **31** 72 f.; **32** 70 f.
**Stimmbezirk 12** 5
**Stimmengleichheit**
- Bürgerentscheid **30** 18a; **31** 12a
- Kommunalrecht **30** 51; **31** 45; **32** 42
- Staatsregierung **10** 54

**Stimmenthaltung**, Verbot für
- Bezirksräte **32** 39
- Gemeinderatsmitglieder **30** 48
- Kreisräte **31** 42
- Mitglieder des Verfassungsgerichtshofs **11** 24
- Mitglieder d. Staatsregierung **10** 54

**Stimmkreise 10** 14; **12** 5
**Stimmrecht**
- Ausschluss **12** 2
- Ausübung **12** 3
- b. Bürgerentscheid **30** 18a; **31** 12a
- u. Staatsbürgerschaft **10** 4, 7
- Voraussetzungen **12** 1

**stoffliche Abfallverwertung 60** 1, 4, 9, 11 f., 24
**Störer**
- Ersatzanspruch gegen S. **50** 89 f.
- Handlungsstörer **50** 7; **52** 9
- Zustandsstörer **50** 8; **52** 9

**Strafe 10** 104
**Straftaten**
- Abgabenhinterziehung **37** 14
- Begriff **50** 11; **52** 1
- Verhütung o. Unterbindung **50** 11, 13, 17; **52** 7

**Störungsverbot:** → Versammlungen
**Strafverteidiger 10** 91
**Straßen**
- Anbau **82** 23 ff.
- Bau u. Unterhaltung als Hoheitsaufgabe **82** 72
- Bestandteile **82** 2

Stichwortverzeichnis

- Eigentum  **82** 11–13
- Einteilung in Klassen  **82** 3
- Einziehung  **82** 8
- Gemeindestraßen  **82** 3, 46–52
- Gemeingebrauch  **82** 14 f.
- Kreuzungen  **82** 31 ff.
- Planfeststellung u. Enteignung  **82** 35–40
- Sondernutzung nach bürgerlichem Recht  **82** 22
- Sondernutzung nach öffentlichem Recht  **82** 18 ff.
- sonstige öffentliche S.  **82** 3, 53–56
- technische Vorschriften  **82** 64
- Umleitungen  **82** 34
- Umstufung  **82** 7
- Verunreinigung  **82** 16
- → Widmung  **82** 6

**Straßen- u. Wasserbauämter**  **82** 58 f., 62a
**Straßenanlieger**  **82** 17
**Straßenaufsicht**  **82** 62
**Straßenaufsichtsbehörden**  **82** 61, 62a
**Straßenausbaubeitrag**, Härteausgleich  **37** 19a
**Straßenbauarbeiten**, Gemeingebrauch  **82** 15
**Straßenbaubehörden**  **82** 58, 62a
**Straßenbaulast**
- allgemein  **82** 9
- Dritter  **82** 44 f.
- in gemeindefreien Gebieten  **82** 57
- f. Gemeindestraßen  **82** 47
- geteilte S.  **82** 42, 48
- Kreuzungen  **82** 32–33a
- Mehraufwendungen durch besondere Gebrauchsarten  **82** 14, 34
- f. Ortsdurchfahrten  **82** 41 f.
- f. sonstige öffentliche Straßen  **82** 54–56
- f. Staats- u. Kreisstraßen  **82** 41
- Wechsel  **82** 9, 11

**Straßenbenutzung**, übermäßige  **82** 21
**Straßenbegleitflächen**  **82** 30
**Straßenbild**  **40** 8, 81
**Straßenkörper**  **82** 2
**Straßennamen**  **82** 52
**Straßenplanung**, Baubeschränkungen  **82** 27
**Straßenreinigung**  **82** 16, 51; **30** 24
**Straßenstatistik**  **82** 63
**Straßenverkehrsbehörde**  **33** 1; **35** 1
**Straßenverwaltung**  **31** 51
**Straßenverzeichnis**  **82** 3, 6, 8, 67
**Streupflicht**  **82** 51
**Stromversorgung**  **10** 152
**Stundung** v. Abgaben  **37** 13
**subordinationsrechtlicher Vertrag**  **20** 54–62
**Subsidiarität**
- beim Erlaß v. Verordnungen  **52** 44
- im Polizeirecht  **50** 3
- wirtschaftliche Betätigung, Verbot d. Aufsaugung  **30** 89; **31** 77; **32** 75

**Suchtkranke**  **32** 48
**Sühneversuch** im Privatklageverfahren  **35** 1

**Tagesordnung**  **30** 46, 52; **31** 46; **32** 43; **38** 32
**Tageszeitung**, amtliche Bekanntmachung  **36** 1 f.; **20** 73 f.; **30** 26; **34** 10
**Tarifverträge**  **10** 169; **30** 43; **31** 38; **32** 34
**Tauben**  **52** 16
**technische Baubestimmungen**  **40** 3, 15, 19
**technische Gebäudeausrüstung**  **40** 37 ff., 57
**technische Gewässeraufsicht**  **63** 58–60

**technische Vorschriften**
- Bau u. Unterhaltung v. Straßen **82** 64

**Teilbaugenehmigung** **40** 69 f.
**Teileinziehung** v. Straßen **82** 8
**Teilnahmepflicht** an Ratssitzungen **30** 48; **31** 42; **32** 39
**Teilnahmerecht**, planungsrechtliches **81** 13, 15, 25 f.
**Teilnichtigkeit** eines Verwaltungsaktes **20** 44
**Telegraphengeheimnis** **10** 112
**Telekommunikationsanlagen** **40** 57
**Termine** **20** 31
**Terminierung** v. Sitzungen des Verfassungsgerichtshofs **11** 20
**Theater**, Brandverhütung **52** 38
**Theologische Hochschulen** u. Fakultäten **10** 150
**Tiere**
- Gehege **62** 25
- Haltung gefährlicher T. **52** 37, 37a
- Hundehaltung **52** 18
- auf Wintersportanlagen **52** 24
- → Zoos

**Tierschutz:** → Artenschutz
**Titel**, Verleihung u. Führung **10** 118
**tödlicher Schuß** **50** 83
**Tonaufnahmen** → Bild- und Tonaufnahmen
**Tötung**, Entschädigungsanspruch **50** 87, 90
**Träger öffentlicher Belange**
- → Anhörungserfordernis
- Herstellung des Benehmens mit T. **20** 74

**Traufkante** **40** 35
**Trennung** von Verfahren
- Enteignungsverfahren **80** 26
- vor dem Verfassungsgerichtshof **11** 34

**Trennwände** **40** 27, 34, 43, 57

**Treppen**
- u. barrierefreies Bauen **40** 48
- erster und zweiter Rettungsweg **40** 31
- notwendige Treppen **40** 32
- notwendiger Treppenraum **40** 33
- Umwehrungen **40** 36

**Treppenräume** **40** 31, 33 f., 37 f.
**Treuepflicht**
- d. Beamten **10** 96
- d. Bürger **10** 117

**Trinkwasserversorgung** **30** 57; **31** 51
**Türen** **40** 34 f., 37, 48
**Typengenehmigung** **40** 73a
**Übereinstimmungserklärung** **40** 20 f.
**Übereinstimmungsnachweis** **40** 15, 20
**Übereinstimmungszeichen** **40** 15, 20, 74 f., 79 f.
**Übereinstimmungszertifikat** **40** 20, 22, 77
**Überflutung** **63** 7
**Überlassungspflicht**
- Abfälle **60** 7, 10
- Abwasser **63** 34
- Sonderabfälle **60** 10

**Überlieferung**, kulturelle **10** 3
**überörtliche Angelegenheiten** **31** 1; **32** 1
**überörtliche Gemeinschaft**, eigener Wirkungskreis **31** 5; **32** 5
**Überschwemmungsgebiete**
- Anordnungen für den Einzelfall **63** 46
- Bekanntmachung **63** 46
- Bemessungshochwasser **63** 46
- Darstellung **63** 46
- Enteignung **63** 56
- Ermittlung **63** 46
- Fortschreibung **63** 46
- Festsetzung **63** 46 f.
- Pflicht zur Festsetzung **63** 46

Stichwortverzeichnis

- Verpflichtungen der Gemeinden **63** 50
- vorläufige Sicherung **63** 47

**Übersetzungen 20** 23

**Übersichtsaufnahmen und -aufzeichnungen,** b. Versammlungen **83** 9

**übertragbare Krankheiten 52** 12

**übertragener Wirkungskreis**
- der Bezirke
  - allgemein **10** 10; **32** 6, 50
  - als Verordnungsgeber nach LStVG **52** 42
  - Bindung an Weisungen **32** 6
  - Erlaß des Widerspruchsbescheids **32** 100
  - Fachaufsicht **32** 91, 97 f.
  - Mittel, notwendige **10** 83; **32** 6
  - Zuweisung, selbständige Besorgung **32** 6
  - u. Zweckverbände **38** 20
  - u. Zweckvereinbarung **38** 12
- der Gemeinden
  - allgemein **10** 11; **30** 8, 58
  - als Bauaufsichtsbehörde **40** 54
  - als Verordnungsgeber nach LStVG **52** 42
  - Aufgaben d. Abfallentsorgung **60** 5
  - Bereithaltung v. Vordrucken, Annahme v. Anträgen **30** 58
  - Bindung an Weisungen **10** 83; **30** 8
  - Erlaß des Widerspruchsbescheids **30** 119
  - Fachaufsicht **10** 83; **30** 109, 115 f.
  - Mittel, notwendige **10** 83; **30** 8
  - u. Verwaltungsgemeinschaft **34** 4; **35** 1
  - Zuweisung, selbständige Besorgung **30** 8
  - u. Zweckverbände **38** 20
  - u. Zweckvereinbarung **38** 12
- kreisfreier Gemeinden u. Großer Kreisstädte **30** 9
- der Landkreise
  - allgemein **10** 10; **31** 6, 53
  - als Verordnungsgeber nach LStVG **52** 42
  - Bindung an Weisungen **31** 6
  - Erlaß des Widerspruchsbescheids **31** 105
  - Fachaufsicht **31** 95, 101 f.
  - Mittel, notwendige **10** 83; **31** 6
  - Zuweisung, selbständige Besorgung **31** 6
  - u. Zweckverbände **38** 20
  - u. Zweckvereinbarung **38** 12

**Übertragung**
- v. Aufgaben
  - d. Gemeinden an den Kreis **31** 52
  - d. Kreises an den Bezirk **32** 49
  - auf e. Kommunalunternehmen **30** 96; **31** 83; **32** 81
  - durch Zweckvereinbarung **38** 7–16
  - auf e. Zweckverband **38** 17 ff.
- v. Kassengeschäften **30** 101; **31** 87; **32** 83
- d. Unterhaltungslast an Gewässern **63** 23

**Überwachung**
- Abfallbeseitigungsanlagen **60** 32
- Anlagenüberwachung nach ImSchG **61** 2
- → Bauprodukte
- Bauüberwachung **40** 56, 73, 77 f., 80
- Bodenschutzrecht **64** 5
- Giftwaren u. Arzneien **52** 33
- kerntechnische Anlagen **61** 2
- Kommunalverwaltungen **30** 30; **31** 23; **32** 22
- Luftüberwachung **61** 3
- Wasserrecht **63** 31, 54 f., 58 f.
- Wirtschaft **10** 152

**Überwachungsstellen 40** 15, 22 f.,
80; **41** 9 f., 12
**Uferabriß 63** 11
**Uferbeeinträchtigung 63** 18
**Ufergrundstücke 63** 6–8, 11, 25
**Uferlinie 63** 12, 20, 74
**Uferstreifen 63** 49
**Uferwege 62** 37
**Umgemeindung 30** 11–14
**Umlage**
– Verwaltungsgemeinschaft **34** 8
– Zweckverband **38** 19, 42
**Umlauf**, Abstimmung beim Verfassungsgerichtshof **11** 24
**Umleitungen 82** 34
**Umschuldung 30** 69; **31** 63; **32** 61
**Umstufung 82** 7
**Umwehrungen 40** 36
**Umweltbeobachtung 62** 44, 46
**Umweltbericht 81** 15
**Umweltschutz**
– Bildungsziel **10** 131
– eigener Wirkungskreis **30** 57; **31** 51; **32** 48
– Forschungsbetreuung **62** 47
– Staatsziel **10** 3
– → Landesamt f. U.
– → Landschaftspflege
– → Naturschutz
**Umweltverträglichkeitsprüfung**
**20** 78a; **62** 10, 23; **63** 35, 69; **82** 37
– Planfeststellungsverfahren **82** 38
– Verwaltungsverfahren **20** 78a
**Unabhängigkeit**
– Rechnungshof **10** 80
– Richter **10** 85, 87
**Unanfechtbarkeit** v. Verwaltungakten
– → Rücknahme bei U. **20** 48
– → Widerruf bei U. **20** 49
– Verjährungsunterbrechung **20** 53
**Unbeachtlichkeit** v. Verfahrensfehlern **20** 46

**Unbeteiligter**
– als Adressat polizeilicher Maßnahmen **50** 10; **52** 9
– Pflicht zur Hilfeleistung; **52** 9
– Schusswaffengebrauch **50** 83, 85
**unbewohnte Flächen 10** 11
**unbemannte Luftfahrtsysteme**
**50** 47
**uneheliche Kinder 10** 126
**Ungültigkeitserklärung** d. Landtagswahlen **10** 19, 63; **11** 2, 48
**Uniformierungsverbot**, b. Versammlungen **83** 7
**Universitäten 10** 138, 150
**unmittelbare Ausführung 50** 9;
**52** 7
**unmittelbarer Zwang**
– Androhung **50** 81
– Anordnung **50** 79
– Anwendung **50** 77–86
– Begriff **50** 78
– Fesselung **50** 82
– Hilfeleistung f. Verletzte **50** 80
– Maschinengewehre, Sprengmittel **50** 86
– → Schußwaffengebrauch
– strafrechtliche Wirkungen **50** 77, 79
– → Verhältnismäßigkeitsprinzip
– bei Vollstreckung v. Verwaltungsakten **21** 34
– Vollzugshilfe d. Polizei **50** 67
– Zulässigkeit, Kosten **50** 75
**Unparteilichkeit**
– v. Beamten **10** 96
– d. Kommunalverwaltungen **30** 56; **31** 50; **32** 47
**Unrichtigkeiten**, offenbare **20** 42; **11** 25
**Unterbindungsgewahrsam**
**50** 17–20
**Unterhaltung**
– → Instandhaltung baulicher Anlagen

[953]

Stichwortverzeichnis

- → Straßenbaulast
- wasserrechtliche Unterhaltung
  - Ausführung  63 24
  - Duldung  63 62
  - Enteignung  63 56
  - Ersatzvornahme  63 24
  - Kosten  63 26 f.
  - besondere Pflichten  63 25
  - Sicherung  63 24, 74
  - Unterhaltungslast  63 22 f.
  - wasserwirtschaftlicher Anlagen  63 37

**Unternehmen**, wirtschaftliche
- allgemein  30 86 f.; 31 74 f.; 32 72 f.
- des privaten Rechts  30 92 f.; 31 80 f.; 32 78 f.
- → Eigenbetriebe
- Informationsrechte  30 94; 31 82; 32 80
- → Kommunalunternehmen
- e. Zweckverbands  38 40

**Unternehmensflurbereinigung**  41 3

**Unternehmenssatzung:** → Kommunalunternehmen

**Unternehmer**
- am Bau  40 52, 73
- Gewässerausbau  63 22, 37, 41 f., 48 f.

**Unterricht**, öffentlicher  30 57

**Untersagungsanordnung** im Naturschutzrecht  62 6, 18, 31, 36

**Unterschriftslisten:** → gleichförmige  Eingaben

**Unterstützung:** → gegenseitige Unterstützung

**Untersuchungsausschüsse** des Landtags  10 25

**Untersuchungsgebiete**  61 3
**Untersuchungsgrundsatz**  20 24
**Untersuchungsstellen**  64 6
**Unterwerfung** unter sofortige Vollstreckung  20 61

**Unvereinbarkeit**
- verschiedener öffentlicher Funktionen: → Inkompatibilitäten
- v. Amt u. Angehörigenverhältnis
  - Ausschluß v. Beratung u. Abstimmung wg. persönlicher Beteiligung  30 49; 31 43; 32 40; 38 33
  - Mitgliedschaft im Gemeinderat  30 31
  - Kassenverwalter  30 100; 31 86; 32 82
  - Rechnungsprüfer  30 104; 31 90; 32 86
  - im Verwaltungsverfahren allgemein  20 20

**Unverletzlichkeit der Wohnung**
- Einschränkungen  21 40; 30 124; 31 110; 32 104; 37 20; 40 54; 50 91; 52 58; 61 3; 63 76; 80 47
- Gewährleistung  10 106; 52 7
- → Zutrittsrecht

**Unwirksamkeit**
- v. Verwaltungsakten bei Nichtigkeit  20 43
- d. Zusicherung  20 38

**Urkunden**
- Beglaubigung v. Abschriften  20 33
- Rückforderung  20 52
- Vorlage beim Verfassungsgerichtshof  11 18

**Urkundsbeamte**  22 10
**Urlaub**  10 30, 174
**Urteil** des Verfassungsgerichtshofs  11 40 f.
**Ü-Zeichen:** → Übereinstimmungszeichen

**Veränderungssperre**
- für Abfallbeseitigungsanlagen  60 14, 33
- vor Inschutznahme v. Flächen  62 54

- im Enteignungsverfahren **80** 27
- im Straßenrecht **82** 27b
- Zustimmung zur Verlängerung **41** 1 f.

**Veranstaltungen**
- Datenerhebung b. V. **50** 32 f.
- Gewässernutzung **63** 18
- in der freien Natur **62** 32
- Menschenansammlungen **52** 23
- u. Straßennutzung **82** 21
- Vergnügungen **52** 19

**verantwortliche Person:** → Störer

**Verantwortung**
- u. Amtshilfe **20** 7
- u. Anwendung unmittelbaren Zwangs **50** 79
- Baurecht **40** 49, 51 f., 61, 73, 77, 80, 83
- d. Staatsminister **10** 51

**Verarbeitungsbeschränkung v. Daten 50** 62

**Verbände**
- Bayerischer Versorgungsverband **34** 7
- → regionale Planungsverbände
- Verfahrensbeteiligung
  - Abfallwirtschaft **60** 11, 13
  - Raumordnung **81** 25
- Schiedsgerichtsbarkeit **22** 12
- → Zweckverband

**Verbandsausschuß 38** 29
**Verbandsräte 38** 30 f.
**Verbandssatzung 38** 18–29, 32–35, 40, 42, 44, 47 f., 51
**Verbandsversammlung 38** 29–39, 41, 44, 46 f.
**Verbandsvorsitzender 38** 29–39, 47
**Verbandswirtschaft 38** 40–43
**Verbindlicherklärung** v. Regionalplänen **81** 22 f.
**Verbindlichkeiten**, nicht vorgesehene **30** 66; **31** 60; **32** 58

**Verbindung**
- v. Enteignungsverfahren **80** 26
- v. Verfahren vor dem Verfassungsgerichtshof **11** 34

**Verbot von Pestiziden 62** 23a
**Verbrauchsteuern**, örtliche **37** 3
**Verbrennungsmotoren 40** 40, 78 f.; **61** 6
**Verdachtsflächen 64** 5
**verdeckter Ermittler 50** 37, 48, 49, 50, 52
**verdeckter Einsatz technischer Mittel 50** 45, 47, 49, 52
**Verdichtungsräume 41** 2
**vereinfachtes Verfahren 40** 59
**Vereidigung:** → Eid
**Vereinigungsfreiheit 10** 114, 170
**Verfahren über eine einheitliche Stelle**
- Anwendbarkeit **20** 71a
- elektronisches Verfahren **20** 71e
- gegenseitige Unterstützung **20** 71d
- Informationspflichten **20** 71c

**Verfahrensfehler 20** 44–46
**verfahrensfreie Bauvorhaben 40** 50, 57, 62 f., 80
**verfahrensfreie Beseitigung** baulicher Anlagen **40** 57
**Verfahrensgrundsätze** im Verwaltungsverfahren **20** 9–30
- Antragsprinzip **20** 22
- Geheimhaltung **20** 30
- Grundsatz d. begrenzten Parteiöffentlichkeit **20** 29
- Nichtförmlichkeit **20** 10
- rechtliches Gehör **20** 28
- Untersuchungsgrundsatz **20** 24

**Verfassungsänderung 10** 75; **11** 2, 49
**Verfassungsbeschwerde 10** 48, 66, 120; **11** 2, 51–54
**Verfassungseid:** → Eid
**verfassungsfeindliche Handlung 50** 11; **52** 7
**Verfassungsgerichtshof 10** 60–69, **11** 1 ff.

Stichwortverzeichnis

- Allgemeine Verfahrensvorschriften **11** 14–30
- Aufgaben allgemein **10** 60
- Besetzung **10** 68; **11** 3
- Besondere Verfahrensvorschriften **11** 31–55
- Bildung **10** 68
- Bindungswirkung d. Entscheidung **11** 29
- einstweilige Anordnung **11** 26
- Entscheidung **11** 25
- Mitglieder
  - Ausschließung u. Ablehnung **11** 9
  - Wahl **10** 68; **11** 4–6
- Sitz **11** 1
- Zusammensetzung u. Organisation **11** 3–13
- Zuständigkeiten **11** 2
  - Anklagen gegen Regierungsmitglieder u. Abgeordnete **10** 59, 61; **11** 2, 31–44
  - Ausschluß v. Wählergruppen **10** 15, 62; **11** 2, 46 f.
  - Beschwerde gegen Notstand **10** 48
  - Normenkontrollen **10** 65, 75 (Verfassungsänderung **11** 49), 92 (Richtervorlage **11** 50), 98 (Popularklage **11** 55)
  - Organstreitigkeiten **10** 64; **11** 2, 49
  - Sonderzuweisungen **10** 67; **11** 2
  - Verfassungsbeschwerden **10** 66, 48, 120; **11** 2, 51–54
  - Wahlprüfung **10** 33, 63; **11** 2, 48

**Verfassungsmäßigkeit** v. Gesetzen
- Entscheidung über V. **10** 65; **11** 2, 25, 49, 55
- b. Grundrechtseinschränkungen **10** 98
- → Richtervorlage

- v. verfassungsändernden Gesetzen **10** 75; **11** 2, 49

**Verfassungsstreit:** → Organstreit
**Verfassungstext 10** 75, 188
**Verfassungstreue** v. Beamten **10** 96
**Verfügungssperre** im Enteignungsverfahren **80** 27
**Vergabung:** → Kommunalvermögen
**Vergleich**
- Begriff **20** 55
- gerichtlicher V. bei Enteignung **80** 46

**Vergleichsvertrag 20** 55
**Vergnügungen 52** 19
**Vergnügungssteuer 37** 3
**Vergütung**
- f. Verwaltung d. Kreisstraßen **82** 59
- f. kommunale Bedienstete **30** 43; **31** 38; **32** 34

**Verhältnismäßigkeitsprinzip**
- Abfallrecht **60** 20
- Enteignungen **80** 3
- Polizei- u. Sicherheitsrecht **50** 4; **52** 8
- Verwaltungsvollstreckung **21** 29, 34

**Verhältniswahl 10** 12, 14
**Verhandlung:** → mündliche V.
**Verjährung**, Unterbrechung durch Verwaltungsakt **20** 53
**Verkehr**, öffentlicher **30** 57
**Verkehrsanlagen 40** 1
**Verkehrsflächen 40** 5 f., 9, 35, 79
**Verkehrsbedeutung 82** 3, 7 f.
**Verkehrssicherungspflicht 82** 51
**Verkehrsübergabe** u. Widmung **82** 6
**Verkündung** v. Gesetzen **10** 76
**Verlandungen 63** 8 f.
**Vermögenswirtschaft**
- d. Bezirke **32** 66–71, 80
- d. Gemeinden **30** 74–85, 95
- d. Kreise **31** 68–73, 82
- d. Zweckverbände **38** 40

**Vermummungsverbot:**
- → Versammlungen

**Vernichtung**
- v. Akten **50** 45
- sichergestellter Sachen **50** 27

**Veröffentlichung**
- → Bekanntmachung
- v. Entscheidungen des Verwaltungsgerichtshof **22** 8
- v. Umweltdaten über Abfallbeseitigungsanlagen **60** 32

**Verordnungen**
- Änderung u. Aufhebung **52** 48 f.
- Angabe d. Rechtsgrundlage **52** 45
- Ausführungs- und Verwaltungsverordnungen **10** 55
- Bekanntmachung **52** 51 f.
- dringliche V. **52** 42; **38** 26
- Ersatzverordnungen **52** 46
- Geltungsdauer **52** 50
- Mitteilungen **52** 53
- Pflicht zum Erlaß **52** 46
- spezialgesetzliche Verordnungsermächtigungen: → Rechtsverordnungen
- übertragener Wirkungskreis **52** 42
- Verfahren beim Erlaß **52** 42–53; **38** 26
- u. Verfassungsrecht **10** 55
- Vollzug **35** 1; **52** 43
- im Wasserrecht **63** 77, 80
- Zuständigkeit allgemein **52** 44

**Verordnungsrecht**, altes **52** 60

**Verpflichtungen**, kreditähnliche **30** 72; **31** 66; **32** 64

**Verpflichtungsermächtigungen** **30** 63 f., 67; **31** 57 f., 61; **32** 55 f., 59

**Verpflichtungsgeschäfte** **30** 38; **31** 35; **32** 33a

**Versammlungen**
- Anzeige- und Mitteilungspflicht **83** 13
- Auflösung **83** 12, 15
- Aufrufverbot **83** 8
- u. befriedeter Bezirk **83** 17–19
- Begriff **83** 2
- Beschränkungen **83** 12, 15, 20
- Bild- u. Tonaufnahmen oder -aufzeichnungen **83** 9
- Datenerhebung **83** 9
- unter freiem Himmel **83** 13–16
- Leitung **83** 3
- Leitungsrechte und -pflichten **83** 4, 11
- Militanzverbot **83** 7
- in geschlossenen Räumen **83** 10–12
- Störungsverbot **83** 8
- Teilnehmerpflichten **83** 5
- überörtliche V. **83** 24
- Übersichtsaufnahmen und -aufzeichnungen **83** 9
- Uniformierungsverbot **83** 7
- Veranstalterpflichten **83** 10, 13
- Veranstalterrechte **83** 10
- Vermummungsverbot **83** 16
- → Versammlungsfreiheit
- → Versammlungsgesetz
- Versammlungsrecht **83** 1
- Versammlungsverbot **83** 12, 15, 18
- Waffenverbot **83** 6, 16
- Zusammenarbeit **83** 14

**Versammlungsfreiheit** **10** 48, 113; **83** 1

**Versammlungsgesetz**
- Anwendungsbereich **83** 2
- Klagewirkung **83** 25
- Kosten **83** 26
- Straf- und Bußgeldvorschriften **83** 20–22
- Zuständigkeiten **83** 24

**Versammlungsstätten**
- u. Bauordnungsrecht
  - → Sonderbauten **40** 2
  - → verfahrensfreie Bauvorhaben **40** 57

Stichwortverzeichnis

- → verfahrensfreie Beseitigung **40** 57
- Landesstrafrecht **52** 38

**Versammlungsverbot:**
→ Versammlungen

**Versäumnisurteile** bei Enteignungen **80** 45

**Verschwiegenheitspflicht**
- ehrenamtlich Tätiger **20** 84; **30** 20; **31** 14; **32** 14
- → Geheimhaltung

**Versetzung** v. Richtern **10** 87

**Versicherung an Eides Statt 20** 27

**Versorgung** d. Mitglieder d. Staatsregierung **10** 58

**Versorgungsanlagen**, öffentliche **40** 9, 40, 56 f., 78 f.

**Versorgungsempfänger:** → Beamte

**Versorgungsverband**, Bayerischer **34** 7

**Verteidiger 10** 91

**Verteidigungsangelegenheiten**
- Bauvorhaben **40** 57, 72 f.
- → Beamte
- Landesplanung **81** 6, 25
- Verwaltungsverfahren **20** 95
- Zuständigkeit d. Bürgermeisters **30** 74

**Verteilungsverfahren 80** 36

**Vertragsfreiheit 10** 151

**Vertragsnaturschutz 62** 3, 5, 5b, 5c, 6, 23, 42

**Vertrauensperson 50** 38, 48, 49, 50, 52

**Vertrauensschutz**
- Einschränkung bei Rücknahme u. Widerruf v. Verwaltungsakten im Rechtsbehelfsverfahren **20** 50
- bei Rücknahme eines Verwaltungsakts **20** 48
- bei Widerruf eines Verwaltungsakts **20** 49

**vertretbare Handlung 21** 32; **50** 72

**Vertreter** im Verwaltungsverfahren
- Bestellung v. Amts wegen **20** 16, 18
- f. Beteiligte mit gleichem Interesse **20** 18 f.
- Bevollmächtigte u. Beistände **20** 14
- bei gleichförmigen Eingaben **20** 17, 19
- Empfangsbevollmächtigter **20** 15
- Fristversäumnis **20** 32
- Zustellung **21** 7 f.

**Vertretung**
- Bezirk **32** 33a, 35b
- des öffentlichen Interesses **23** 5
- Eigenbetrieb **30** 88; **31** 76; **32** 74
- des Freistaates Bayern **23** 3
- Gemeinde **30** 38
- Kommunalunternehmen **30** 90; **31** 78; **32** 76
- Land **10** 44, 47; **23** 3
- Landkreis **31** 35
- Landtag **10** 21; **11** 31
- bei Beteiligung an Unternehmen **30** 93; **31** 80; **32** 78
- der Staatskasse **23** 4
- des Zweckverbands **38** 37
- im Zweckverband **38** 31

**Vertretungsverbot 30** 50; **31** 44; **32** 41

**Verunstaltung 40** 8

**Verursacherprinzip 62** 38

**Verwahrter 52** 21

**Verwahrung** sichergestellter Sachen **50** 26–28

**Verwaltung 10** 77–83
- → elektronische Verwaltung
- Grundsätze d. Verwaltungsorganisation **10** 77, 55, 51
- → klimaneutrale Verwaltung
- u. Menschenwürde **10** 100
- → Selbstverwaltung

**Verwaltungsakt 20** 35–53
- → Allgemeinverfügung
- Anhörung vor Erlaß **20** 28

- Begriff  **20** 35
- Begründungspflicht bei Schriftform  **20** 39
- Bekanntgabe  **20** 41, 43
- Berichtigung  **20** 42
- Bestandskraft  **20** 43 ff.
  - Aufhebbarkeit  **20** 46; **40** 53
  - → Rücknahme  **20** 48
  - Wiederaufgreifen des Verfahrens  **20** 51
  - → Widerruf  **20** 49
- Bestimmtheit  **20** 37
- Ermessen
  - bei Erlaß  **20** 40
  - bei Rücknahme, Widerruf, Wiederaufgreifen  **20** 48–51
  - → Fehlerhaftigkeit  **20** 44–47
- Formanforderungen  **20** 37
- Genehmigungsfiktion  **20** 42a; **40** 68
- Nichtigkeit  **20** 43 f.
- Nebenbestimmungen  **20** 36
- → Planfeststellungsbeschluß  **20** 72
- Rechtsbehelfe  **20** 79
- → Rücknahme  **20** 48
- Umdeutung  **20** 47
- → Verfahrensfehler
- Verjährungsunterbrechung durch V.  **20** 53
- → Vertrauensschutz
- u. Verwaltungsverfahren  **20** 9
- u. förmliches Verwaltungsverfahren  **20** 69
- Vollstreckung  **21** 18–39
- Widerspruch, Kosten  **20** 80
- Wirksamkeit  **20** 43
- Zusicherung  **20** 38

**Verwaltungsgemeinschaft**
- Aufgaben  **34** 4
- Aufgaben d. Mitgliedsgemeinden  **35** 1
- Auflösung u. Entlassung  **34** 9
- Bedienstete  **34** 7
- Bildung u. Erweiterung  **34** 2
- Finanzen  **34** 8
- u. kommunale Zusammenarbeit  **38** 1, 3
- Organe  **34** 6
- Wesen u. Rechtsform  **34** 1
- Zuständigkeit f. Verwaltungsvollstreckung  **21** 30

**Verwaltungsgerichte**
- allgemeine Aufgaben  **10** 83, 93
- Entscheidung b. Verwaltungsvollstreckung  **21** 26
- Sitz u. Bezeichnung  **22** 1

**Verwaltungsgerichtshof**, Oberverwaltungsgericht  **22** 1 ff.

**Verwaltungsgerichtsordnung**
- Anwendung bei Rechtsbehelfen  **20** 79; **21** 38
- Ausführungsgesetz  **22** 1–18

**Verwaltungshoheit**  **10** 11; **30** 22; **31** 16; **32** 16

**Verwaltungsprivatrecht**  **10** 160

**verwaltungsrechtlicher Vertrag:**
→ öffentlich-rechtlicher Vertrag

**Verwaltungsverbund** v. Regierung u. Bezirk  **32** 35

**Verwaltungsverfahren**
- Bayerisches Verwaltungsverfahrensgesetz  **20** 1 ff.
- Beginn  **20** 22
- Begriff  **20** 9
- → förmliches V.
- Ermessen  **20** 40
- Fristen u. Termine  **20** 31
- integrierte V.  **63** 64
- länderübergreifendes  **20** 3, 94
- → Planfeststellungsverfahren  **20** 72 ff.
- Rechtsbehelfsverfahren  **20** 79 f.
- Richtlinien in d. Verfassung  **10** 77
- vereinfachtes Verfahren  **40** 59
- → Verfahrensgrundsätze
- wasserrechtliche Besonderheiten  **63** 64, 69
- Widerspruchsverfahren  **20** 79 f.
- Wiedereinsetzung  **20** 32

**Verwaltungsverfügungen** 30 27; 31 21; 32 20
**Verwaltungsverordnungen**, Erlaß durch Staatsregierung 10 55
**Verwaltungszusammenarbeit**
→ europäische Verwaltungszusammenarbeit
**Verwaltungszwang**
– Androhung 21 36
– Anwendung 21 37
– Begriff, Zulässigkeit nach VwZVG 21 29
– Beseitigung v. Vollstreckungsfolgen 21 39
– polizeilicher V. 50 70–86
– Rechtsbehelfe 21 38
– Zuständigkeiten 21 30
– → Zwangsmittel
**Verwandte**
– → Beteiligung, persönliche
– → Unvereinbarkeit v. Amt u. Angehörigenverhältnis
**Verwarnungsgelder** 30 28; 31 21; 32 20
**Verweigerung d. Annahme** 21 5
**Verwendbarkeit** v. Baustoffen 40 15 ff., 18, 52
**Verwendungsfrist** bei Enteignung 80 31 f.
**Verwertung**
– sichergestellter Sachen 50 27
– → stoffliche Abfallverwertung
**Verzicht** auf Landtagsmandat 10 19
**Verzinsung**
– des Anlagekapitals 37 8
– b. Erstattung nach Aufhebung eines VA 20 49a
– d. Kosten der Ersatzvornahme 21 41a
**Vogelschutz** 62 20, 23, 46
**Volk** 10 Vorspruch, 2, 5, 13
**Völkerhaß** 10 119
**Völkerrecht** 10 84, 99
**völkerrechtliche Vereinbarung** 21 24

**völkerrechtliche Verträge** 51 11
**Völkerversöhnung** 10 131
**Volksbefragung** 12 88a
**Volksbegehren** 10 7, 71, 74
– Bekanntmachung 12 65
– Eintragung, ungültige 12 70
– Eintragungsberechtigung 12 69
– Eintragungsbezirke 12 67
– Vorlage an den Landtag 12 72 f.
– Zulassungsantrag 12 63–66
**Volksentscheid**
– zur Abberufung des Landtags 10 18
– Ergebnis 12 78, 79, 86
– Gegenstand 12 75
– Gesetzesbeschluß 10 72
– kein V. über d. Staatshaushalt 10 73
– obligatorischer V. bei Verfassungsänderung 10 75
– Prüfung 12 80
– staatsbürgerliches Recht 10 7
– Stimmabgabe 12 76
– Stimmen, ungültige 12 77
– Stimmzettel 12 76
– Verfassungsänderung 12 88
– Voraussetzungen 10 74
**Volkshochschulen** 10 139
**Volksschulen** 10 135
**Volksstaat** 10 2
**Volksvertretung** 10 4 f.
**Vollgeschoß** 40 61, 83
**Vollmacht:** → Bevollmächtigte
**Vollstreckung**
– allgemeine Vorschriften 21 18–22
– von Leistungsbescheiden 21 23–28
– sonstiger Verwaltungsakte 21 29–39
– durch Kommunalunternehmen 30 98; 31 85; 32 81b
– Kosten 21 41
– aus subordinationsrechtlichem Vertrag mit Unterwerfungsklausel 20 61

- Urteile des Verfassungsgerichtshofs **10** 69; **11** 29
- **Vollstreckungsanordnung** **21** 24, 26
- **Vollstreckungsbehörde**
  - Begriff **21** 20
  - f. Leistungsbescheide d. Gemeinden **21** 26
  - f. Leistungsbescheide d. Staates **21** 25; → Finanzamt
  - f. sonstige Verwaltungsakte **21** 30
- **Vollstreckungsfolgen**, Beseitigungsanspruch **21** 39
- **Vollstreckungsgericht** **21** 20
- **Vollstreckungsschuldner** **21** 19
- **Vollstreckungsvoraussetzungen**
  - allgemeine **21** 19
  - besondere
    - Leistungsbescheid **21** 23
    - Handlung, Duldung, Unterlassung **21** 29
- **vollziehende Gewalt** **10** 5
- **Vollziehung**, sofortige **21** 19
- **Vollzug**
  - Beschlüsse d. Kommunalparlamente **30** 18a; 36, 59; **31** 12a; 33, 54; **32** 32, 52
  - Entscheidungen des Verfassungsgerichtshofs **10** 69; **11** 29
  - gesetzlicher Vorschriften **30** 59; **31** 54; **32** 52
- **Vollzugshilfe** d. Polizei **50** 2, 67–69
- **Vorarbeiten** vor Enteignungen **80** 7, 42
- **Vorauszahlung**
  - Entschädigung **80** 29
  - Kommunalabgaben **37** 5 f., 8
- **Vorbauten** **40** 6, 28, 45
- **Vorbehaltsgebiete** **81** 14
- **vorberatende Ausschüsse**
  - d. Bezirkstags **32** 25–29, 46
  - d. Gemeinderats **30** 32 f., 55
  - d. Kreistags **31** 26–30, 49
- Vorbescheid 40 71

[961]

- **Vorbildpflicht**, abfallrechtliche **60** 2
- **Vordrucke** **30** 58
- **Vorentscheidung** zum Enteignungsverfahren **80** 28
- **Vorhaltekosten** **37** 8
- **Vorkaufsrecht** zu Naturschutzzwecken **62** 39
- **vorkonstitutionelles Recht** **10** 186
- **Vorladung** **50** 15, 18
- **Vorlagepflicht**
  - Entwürfe v. Wappen u. Fahnen **30** 4; **31** 3; **32** 3
  - d. Gerichte **10** 92
- **vorläufige Haushaltsführung** **30** 69; **31** 63; **32** 61
- **Vormundschaftsgericht** **20** 16
- **Vorranggebiete** **81** 14
- **Voruntersuchung** des Verfassungsgerichtshofs **11** 37
- **vorzeitige Besitzeinweisung** **80** 39
- **Vorzensur** **10** 111

- **Waffen**
  - Anwendung **50** 77–86
  - polizeirechtlicher Begriff **50** 78
  - Verbot von Waffen **83** 6, 16
- **Wahl**
  - durch Ausschüsse n. VwVfG **20** 92
  - v. Beamten allgemein **10** 94
  - im Bezirkstag **32** 42
  - des Bezirkstagspräsidenten **32** 30
  - im Gemeinderat **30** 51
  - → Kommunalwahlen
  - im Kreistag **31** 45
  - des Landtags
    - Grundsätze, Wahldauer **10** 14, 16
    - Wahlprüfung, Ungültigkeitserklärung **10** 19, 33, 63; **11** 2, 48
  - Mehrheitsprinzip **10** 2
  - des Ministerpräsidenten **10** 44
  - des Präsidenten des Verfassungsgerichtshofs **11** 4 f.

Stichwortverzeichnis

- d. Richter des Verfassungsgerichtshofs **10** 68; **11** 4 f.
- in d. Verbandsversammlung **3** 8 33
- des Verbandsvorsitzenden **38** 35

**Wahl der Mittel 50** 5;
→ Verhältnismäßigkeitsprinzip

**Wählbarkeit**
- Landtagsabgeordneter **10** 14
- Mitglieder des Verfassungsgerichtshofs **11** 5
- Stellvertreter d. Landrats **31** 32
- Verlust **10** 19, 33, 63

**Wahlbeamte, kommunale 71** 1
**Wahlberechtigung 10** 14;
s.a. → Wahlrecht

**Wahldauer**
- → Amtsdauer
- Landtag **10** 16

**Wählergruppen**, Ausschluß **10** 15, 62; **11** 2, 46 f.
**Wahlgleichheit 10** 14
**Wahlkreise 10** 14; **12** 5
**Wahlorgane 12** 6–9
**Wahlperiode:** → Wahldauer
**Wählerverzeichnis 12** 4
**Wahlprüfung:** → Wahl des Landtags

**Wahlrecht**
- d. Bezirksbürger **32** 11 f.
- d. Gemeindebürger **30** 15, 17
- d. Kreisbürger **31** 11 f.
- passives: → Wählbarkeit
- u. Volksstaat **10** 2
- → Wahlberechtigung
- u. Staatsbürgerschaft **10** 4, 7

**Wahlrechtsgrundsätze 10** 14, 12
**Wahlschein 12** 4
**Wahlstreitigkeiten 10** 63; **11** 2, 48
**Wahlvorschläge** für Verfassungsrichter **11** 6
**Wahrscheinlichkeitsmaßstab**
- Versagungsgründe bei besonderen Abgabensatzungen **37** 2

- Vorteile d. Beitragspflichtigen **37** 5

**Wald:** → Vertragsnaturschutzprogramm Wald
**Waldwege 82** 3, 53 f., 58
**Wände 40** 6, 25 ff., 33 f., 37, 57
**Wanderwege 10** 141; **62** 28, 37, 40; **82** 53
**Wandhöhe 40** 6
**Wappen 10** 1; **30** 4; **31** 3; **32** 3; **38** 25
**Wärmeschutz f.** bauliche Anlagen **40** 13, 30, 62, 80
**Warnschuß 50** 81
**Wasserbau 32** 48
**Wasserbauten 40** 56
**Wasserbuch 63** 53
**Wassergefahr 35** 1; **63** 46, 49 f.
**wassergefährdende Stoffe 63** 17 f.
**Wasserschutzgebiete 63** 31 f., 35, 56
**Wasserspeicher 63** 22, 44
**Wasserversorgung**
- Anschluß- u. Benutzungszwang **30** 24
- Enteignung **63** 56
- Erlaubnis mit Zulassungsfiktion **63** 70
- Gebührenbemessung **37** 8
- Gefährdung **63** 55
- Rechtsverordnung **63** 31
- Unterhaltung von Wasserspeichern **63** 22

**Wasserversorgungsanlagen**
- Bauordnungsrecht **40** 56, 78 f.

**Wasserwehr 63** 50
**Wasserwirtschaftsämter 63** 24, 30, 45 f., 63, 70

**Wege**
- freie Benutzung **62** 28
- → beschränkt-öffentliche W.
- *Eigentümerwege* **82** 3, 53, 55 f.
- Waldwege **82** 3, 53 f., 58
- Wanderwege **10** 141; **82** 53

**Wegebau** im Alpengebiet **62** 6

**Wegnahmeverbot** getrennt
bereitgestellter Abfälle **60** 6, 33
**Weidefrevel 52** 40
**Weisung** d. Staatsregierung zum
Volksentscheid **10** 74
**Weisungsrecht**
– des Bezirkstagspräsidenten **32** 33
– d. Fachaufsichtsbehörden gegenüber
  – Bezirken **32** 6, 91, 98
  – Gemeinden **30** 8, 109, 116
  – Landkreisen **31** 6, 95, 102
– d. Gemeinderats/Kreistags/
Bezirkstags gegenüber d.
Kommunalunternehmen **30** 97;
**31** 84; **32** 81a
– d. Ministers gegenüber Staatssekretären **10** 51
– d. Staatsregierung **23** 5
– u. Selbsteintritt **20** 3a
– d. Sicherheitsbehörden gegenüber
d. Polizei **50** 68; **51** 9; **52** 10
**Werbeanlagen**
– Baugestaltung **40** 8
– Begriff **40** 2
– örtliche Bauvorschriften **40** 81
– sicherheitsrechtliche Vorschriften
**52** 28
– → verfahrensfreie Bauvorhaben
**40** 57
– → verfahrensfreie Beseitigung
**40** 57
– Vorrang anderer Gestattungsverfahren **40** 56
**Werkausschuß:** → Eigenbetriebe
**Werkleitung:** → Eigenbetriebe
Werksfeuerwehren **52** 38
**Wertansätze** bei Vermögenswirtschaft **30** 74; **31** 68; **32** 66
**Wertsteigerungen** des Bodens
**10** 161
**wichtiger Grund**
– Kündigung kommunaler
Zusammenarbeit **38** 6, 14, 44
– einstweilige Anordnung **11** 26

**Widerruf eines Verwaltungsakts**
– allgemeine Regelungen
  – Durchbrechung der Bestands-
kraft **20** 43
  – Grundsätze **20** 49
  – im Rechtsbehelfsverfahren
**20** 50
  – Rückforderung v. Urkunden u.
Sachen **20** 52
  – Vorbehalt des W. **20** 36
  – u. Wiederaufgreifen d.
Verfahrens **20** 51
  – bei Zusicherung **20** 38
– Anlagengenehmigung **63** 20
– Anerkennung privater Sach-
verständiger **63** 65
– Befreiung von der Abwasserüber-
nahme **63** 34
– Beschneiungsanlagen **63** 35
– Erlaubnis d. Sondernutzung nach
öffentlichem Recht **82** 18
– Schiff- und Floßfahrt **63** 28
– staatliche Anerkennung v. Heil-
quellen **63** 33
– Übertragung u. Aufteilung der
Unterhaltslast **63** 23
– Zulassung privater Prüflaboratorien **63** 66
**Widerrufsvorbehalt** bei
Verwaltungsakten **20** 36
**Widerspruch**
– gegen Aufsichtsverwaltungsakte
**30** 120; **31** 106
– gegen Verwaltungsakte
  – allgemein **20** 79 f., **22** 14 f.
  – Ausschluß **22** 15
  – Möglichkeit
    – Ausbildungs- und Studien-
förderungsrecht **22** 15
    – Beamtenrecht **22** 15
    – Kommunalabgabenrecht
**22** 15
    – Prüfungsentscheidungen
**22** 15

Stichwortverzeichnis

- Rundfunkgebührenrecht **22** 15
- Schulrecht **22** 15
- d. Polizei **51** 12

**Widerspruchsbescheid**, zuständige Behörde **30** 119; **31** 105; **32** 100; **38** 52; **51** 12

**Widerspruchsverfahren**
- Geltung der VwGO **20** 79
- Kostenerstattung **20** 80
- Rücknahme u. Widerruf eines Verwaltungsakts im W. **20** 50
- Zustellung nach Bundesrecht **21** 1

**Widmung** öffentlicher Straßen
- Begriff, Inhalt, Voraussetzungen **82** 6
- Gemeindestraßen **82** 47
- u. Gemeingebrauch **82** 14 f.
- Wesen **20** 35

**Wiederaufgreifen des Verfahrens**
- Anspruch des Betroffenen **20** 51
- nicht im Planfeststellungsverfahren **20** 72

**Wiederaufnahmeverfahren** vor dem Verfassungsgerichtshof **11** 43

**Wiedereinsetzung**
- Enteignungsverfahren **80** 25
- Verfahren vor dem Verfassungsgerichtshof **11** 17
- Verwaltungsverfahren
  - allgemein **20** 32
  - wegen Verfahrens- o. Formfehler **20** 45

**Wiedergutmachung** **10** 183; **20** 2

**Wiederherstellung** eines Gewässers **63** 10

**Windenergie** **40** 82
**Winterdienst** **82** 9, 51
**Wintersportanlagen** **52** 24; **62** 10
**Wirklichkeitsmaßstab** **37** 2
**Wirksamkeit**
- v. Entscheidungen des Verfassungsgerichtshofs **11** 25, 43
- v. Verwaltungsakten **20** 43

**Wirkungskreis**
- allseitiger W. d. Gemeinden **30** 6
- → eigener W.
- → übertragener W.

**Wirtschaft** **10** 151 ff.; **84** 10
**wirtschaftliche Unternehmen**: → Unternehmen
**Wirtschaftlichkeit** **30** 61, 74, 95; **31** 55, 68, 83; **32** 53, 66, 81
**Wirtschaftsprüfer** **30** 107; **31** 93; **32** 89
**Wirtschaftsüberwachung** **10** 152
**Wirtschaftsverbände** **10** 154, 179
**Wissenschaftsförderung** **10** 140
**Wissenschaftsfreiheit** **10** 108
**Wochenende**, freies **10** 174
**Wochenendhäuser** **40** 57
**Wochenendplätze**
- als → Sonderbauten **40** 2
- → verfahrensfreie Bauvorhaben auf W. **40** 57
- → verfahrensfreie Beseitigung best. baulicher Anlagen auf W. **40** 57
- Vorrang anderer Gestattungsverfahren **40** 56

**Wohl des Bundes o. eines Landes**
- u. Amtshilfe **20** 5
- u. Akteneinsicht **20** 29

- bauordnungsrechtliche Vorschriften **40** 7, 30 f., 33–39, 48, 54, 61, 66
- → Unverletzlichkeit d. W.
- verdeckter Einsatz technischer Mittel **50** 41, 47–50, 52
- → Zutrittsrecht

**Wohnungsbau** als Staatsaufgabe **10** 106
**Wohnwege** **40** 4
**Würde:** → Menschenwürde

**Zahlungsverbot** **21** 26
**Zapfsäulen** **40** 57
**Zäune:** → Einfriedung
**Zelten** **52** 25
**Zensur** **10** 111
**zentrale Orte** **81** 6, 19, 21, Anlage 2
**Zentralisation**, Vermeidung **10** 77
**Zertifizierungsstellen f. Bauprodukte** **40** 22 f., 80; **41** 9 f., 12
**Zeugen**
- Vernehmung im Verwaltungsverfahren **20** 26, 65 f.
- Aussagegenehmigung f. ehrenamtlich tätige Bürger **20** 84; **30** 20; **31** 14; **32** 14

**Zeugnisverweigerungsrecht**
- Geistliche **10** 144
- Landtagsabgeordnete **10** 29, 32

**Ziele d. Raumordnung u. Landesplanung** **81** 2 f., 5, 14, 17, 21, 24, 28, 33
**Zielabweichungsverfahren** **81** 4
**Zitierrecht** des Landtags **10** 24
**Zivilprozeßordnung**, Anwendung bei
- Vollstreckung d. Ersatzzwangshaft **21** 33; **50** 74
- Vollstreckung v. Leistungsbescheiden **21** 26
- Vollzug v. Urteilen des Verfassungsgerichtshof **11** 30

**Zivilschutz**, Bauvorhaben **40** 73

**Zoos** **62** 24
**Zufahrt** **40** 4 ff., 57, 78; **82** 17, 19
**Zugang** zur freien Natur **10** 141; **62** 26–29, 31, 33–35, 38
**Zugangsfiktion**
- b. Nichtbestellen e. Empfangsbevollmächtigen **20** 15
- b. öffentlicher Zustellung **21** 15
- einfacher Brief **21** 17
- Einschreiben **21** 4

**Zügigkeit**
- i. nichtförmlichen Verwaltungsverfahren **20** 10

**Zulassung**
- v. Bauprodukten **40** 15 ff.
- schiffbare Gewässer **63** 28

**Zurückbehaltungsrecht** bei Herausgabe sichergestellter Sachen **50** 28

**Zusammenarbeit**
- raumordnerische **81** 29
- versammlungsrechtliche **83** 14

**Zusammenschlüsse:** → Zweckverband

**Zusammensetzung**
- Bezirksausschuß **32** 26
- Bezirkstag **32** 23
- Gemeinderat **30** 31
- Kreisausschuß **31** 27
- Kreistag **31** 24
- Landtag **10** 13
- Staatsregierung **10** 43
- Verfassungsgerichtshof **10** 68, **11** 3

**Zusicherung** eines Verwaltungsakts **20** 38

**Zuständigkeit(en)**
- abfallrechtliche **60** 29
- Anordnung v. Wohnungsdurchsuchungen **50** 24
- Antragstellung bei Gemeinde statt bei zuständiger Behörde **30** 58
- Aufhebung v. Verordnungen **52** 49
- → Aufsicht

Stichwortverzeichnis

- f. Aussagegenehmigung ehrenamtlich Tätiger 20 84
- → Bauaufsichtsbehörde
- im Bauwesen 40 80; 41 1 ff.
- beamtenrechtliche 71 6, 15, 18, 49, 56, 71, 135 ff.; 72 3, 13, 17, 18, 31, 37, 44, 52, 60
- Bezirkstagspräsident 32 33
- Bürgermeister 30 37
- Enteignungsrecht
  - Enteignungsbehörde 80 19; 41 3
  - Klage 80 45
  - Planfeststellung 80 41
- zum Erlaß v. Verordnungen 38 26; 52 42
  - Ersatzzuständigkeit 52 46
  - Rechtsaufsichtsbehörde 52 46, 49
  - Subsidiaritätsprinzip 52 44
- f. gemeindefreie Gebiete 52 56
- immissionsschutzrechtliche 61 1 f.
- kommunale Steuern 37 18
- naturschutzrechtliche
  - allgemeine Z. 62 44, 51
  - f. Befreiungen 62 56
  - bei Eingriffen in Natur u. Landschaft 62 11
  - Naturschutzbehörden 62 43
- Landesamt f. Umwelt 62 46
- Landrat 31 34
- örtliche Z. im Verwaltungsverfahren 20 3, 44, 46
- planungsrechtliche 81 4, 8–11, 15 f., 18, 22–25
- Regelung durch Gesetz 10 77
- Rücknahme eines Verwaltungsaktes 20 48
- Straßenaufsichtsbehörden 82 61
- Straßenbaubehörden 82 58
- Übertragung v. Befugnissen 82 58, 59
- Verbandsversammlung 38 34, 38
- Verbandsvorsitzender 38 36
- Verfassungsgerichtshof 11 2

- Verfolgung v. Ordnungswidrigkeiten 52 59
- Verordnungsermächtigungen für besondere Zuständigkeiten 52 55
- versammlungsrechtliche 83 24
- Vollstreckungsrecht
  - Abschiebung v. Ausländern 21 30
  - Geldforderungen d. Gemeinden u. Gemeindeverbände 21 26
  - Geldforderungen d. Staats 21 25
  - sonstige Verwaltungsakte 21 30
- Vollzug v. Verordnungen 52 43
- Vollzug gesetzlicher Vorschriften 30 59; 31 54; 32 52
- Wasserrecht 63 30, 31, 33, 42, 45, 51, 58, 63
- Wiederaufgreifen des Verfahrens 20 51
- Wiedereinsetzung im Verwaltungsverfahren 20 32
- Widerruf eines Verwaltungsakts 20 49

**Zustellung**
- im Verwaltungsverfahren
  - Planfeststellungsbeschluß 20 73 f.
  - Verwaltungsakt 20 41, 69
- nach VwZVG
  - Anwendung von ZPO-Vorschriften 21 5
  - Begriff 21 2
  - bei Behörden 21 7
  - im Besteuerungsverfahren 21 17
  - an Bevollmächtigte 21 8
  - an Ehegatten 21 8a
  - elektronische Dokumente 21 2, 5 f., 14
  - an gesetzliche Vertreter 21 7
  - Geltungsbereich 21 1
  - bei juristischen Personen 21 7
  - bei Personenvereinigungen 21 7